永川年鉴

YONGCHUAN YEARBOOK

2022

重庆市永川区地方志编纂委员会 编

方志出版社
Publishing House of Local Records

图书在版编目（CIP）数据

永川年鉴. 2022 / 重庆市永川区地方志编纂委员会编. —北京 : 方志出版社, 2022.12
ISBN 978-7-5144-5569-4

Ⅰ. ①永… Ⅱ. ①重… Ⅲ. ①永川区—2022—年鉴
Ⅳ. ①Z527.193

中国版本图书馆CIP数据核字(2022)第252635号

责任编辑：李志瑜
责任校对：刘玉霞
责任印制：梅中英
出 版 者：方志出版社
地　　址：北京市朝阳区潘家园东里9号（国家方志馆4层）
邮　　编：100021
网　　址：http://www.zgfzcb.cn
发　　行：方志出版社图书营销中心（010-67110500）
印　　刷：重庆市圣立印刷有限公司
开　　本：889毫米×1194毫米　1/16
印　　张：27.25
字　　数：1200千字
版　　次：2022年12月第1版
印　　次：2022年12月第1次印刷
定　　价：368.00元

重庆市永川区地方志编纂委员会

《永川年鉴（2022）》编辑部

撰稿人员名单

（按姓氏笔画排序）

马艳波	马寒卿	王 成	王 春	王 婷	王艺桦	王中炜
王世峰	王东林	王莉莉	王乾臣	王鳐霏	尹有刚	尹道书
孔梦瑶	孔雪燕	邓寻腾	甘 伟	石 佳	龙相军	卢 颜
叶 勇	叶红梅	付本兵	付海龙	代 淼	冯照琴	吕文彬
朱光耀	华 颖	刘 力	刘 巧	刘 伟	刘 华	刘 畅
刘 钢	刘 燕	刘长江	刘龙宇	刘生才	刘志兰	刘志锋
刘南汐	刘思薇	刘俊松	刘喜悦	刘朝政	齐海明	许仁元
孙渝梦	阳善婷	牟根串	苏 沙	苏培军	李 琦	李方银
李金容	李治碧	李俊辉	李洵飒	李焕梅	李媛媛	杨 建
杨 勇	杨 鸿	杨昕益	杨春梅	杨智勇	杨渝永	肖 洋
肖海婷	吴广磊	吴兰兰	吴念松	吴修明	吴素杰	吴聪聪
何 刚	何 勤	何 滨	何仁聘	何玲莉	余 力	余 偲
沈君丽	宋 丹	张 顺	张 淞	张华春	张庆平	张庆邻
张江伟	张辛欣	张莎莎	张高敏	张瑞君	陈 臣	陈 坤
陈 涛	陈 娟	陈方静	陈汝冬	陈俐如	陈博恩	陈廖筠
陈德强	苟长青	范贤容	范玲玲	范潇丹	易善勇	罗 义
罗 乐	罗 洋	罗世科	罗庆雨	罗凌峰	罗瑞恒	周 申
周 凯	周小芳	周之兰	周卓越	周治洪	周雪峰	周裕淑
庞 庆	郑 伟	屈 茜	屈 洋	屈祖瑶	胡 晓	胡志建
胡明鸣	钟沛原	姜入富	洪月强	贺春香	秦 瑜	夏悦茗
徐菁菁	徐新喜	凌小红	郭蕴韬	唐 建	唐 盾	唐 琳
唐志会	唐科明	海 虹	黄冰冰	黄江涛	黄家利	黄梦舟
梅嘉瑜	盛秀文	康成梅	望 静	梁 婷	彭 松	彭 俊
彭国庆	彭明贤	蒋 状	蒋思江	韩 涛	曾 义	曾令燕
曾晓漫	游 阳	游洪冰	谢远兵	谢应友	雷雨薇	蔡 敏
廖 娟	廖诗佳	谭 娟	樊 雪	黎 方	潘运凯	戴禄红

编辑说明

一、《永川年鉴》是由重庆市永川区地方志编纂委员会主持编纂，重庆市永川区档案馆承编的地方综合年鉴。1997年首次出版，坚持一年一卷，《永川年鉴（2022）》为第26卷。

二、《永川年鉴（2022）》以马克思列宁主义、毛泽东思想、邓小平理论、“三个代表”重要思想、科学发展观、习近平新时代中国特色社会主义思想为指导，坚持辩证唯物主义和历史唯物主义的立场、观点和方法，全面、客观、系统记述区域发展情况。

三、《永川年鉴（2022）》全面记述永川区2021年政治、经济、文化和社会发展的基本情况，记述时限为2021年1月1日至2021年12月31日。凡在文中直书月、日的，均指2021年内的日期，文中“年内”指2021年。数据增加或减少未说明与某一年份比较，即2021年与2020年比较。

四、《永川年鉴（2022）》采用分类编辑法，按类目、分目、条目组成，少数分目增设次分目。本卷设特载、专文、大事记、永川概览、中国共产党永川区委员会、永川区人民代表大会、永川区人民政府、中国人民政治协商会议永川区委员会、中国共产党永川区纪律检查委员会 永川区监察委员会、民主党派・工商联、群众团体、法治、军事、经济管理、农业、工业、建筑业・房地产业、商贸服务业、旅游业、金融业、开放型经济、交通运输、城乡发展、生态环境、科学技术、教育、文化、卫生・体育、社会生活、应急管理、镇・街道、人物・荣誉、附录、索引。全书条目标题用黑体字加【 】表示，个别包含多方面内容的条目则在段首加楷体标题提示，方便查阅。全书采用规范的语体文、记述体，直陈其事，文字力求简洁、朴实。

五、《永川年鉴（2022）》涉及历史纪年，清及以前使用帝王年号纪年，括注公元纪年。民国纪年使用阿拉伯数字，括注公元纪年。数字和单位用法按国家法定规定书写，农田土地面积沿用“亩”为计量单位。

六、本年鉴数字用法、标点符号、计量单位分别执行国家标准《出版物上数字用法》（GB/T15835—2011）、《标点符号用法》（GB/T15834—2011）、《国际单位制及其应用》（GB3100—1993）和《有关量、单位、符号的一般原则》（GB3101—1993）。

七、《永川年鉴（2022）》稿件、图片由各撰稿单位提供，并经单位主要负责人审核。主要数据和统计资料由永川区统计局提供，统计部门未涉及的用各撰稿单位提供的数据。

◆荣誉称号

◆获得荣誉单位或项目

◆荣誉颁发部门或单位

2018—2020周期国家卫生城市（区）
永川区
2021年1月6日，全国爱国卫生运动委员会

全国优秀健走示范区
永川区
2021年11月23日，中国疾控中心慢病中心

河长制湖长制工作推进力度大、河湖管理保护成效明显的地方
永川区
2021年4月30日，国务院办公厅

公立医院综合改革第二批国家级示范城市
永川区
2021年6月1日，国务院医改领导小组秘书处 国家卫生健康委 财政部 国家中医药管理局

全国基层中医药工作先进单位复审合格
永川区
2021年3月1日，国家中医药管理局

首批全国县域足球典型
永川区
2021年5月27日，国家体育总局

第八届文旅融合创新论坛2021文化旅游优选目的地
永川区
2021年9月1日，新华网

朱沱镇规划建设管理环保办公室
全国脱贫攻坚先进集体
2021年2月，中共中央国务院

全国根治拖欠农民工工资工作先进集体
区人力社保局
2021年1月1日，人力资源和社会保障部

全国检察机关文明接待室
区检察院
2021年11月17日，最高人民检察院

全国检察宣传先进单位
区检察院
2021年8月1日，最高人民检察院

全面推行河长制湖长制工作先进集体
区水利局
2021年，水利部

新区晨曦

2018—2020年进一步改善医疗服务先进典型医院
区儿童医院
2021年1月1日，国家卫生健康委员会

2016—2020年全国普法工作先进单位
区生态环境局
2021年11月17日，全国普法办公室

全国妇联维权先进集体
区妇联
2021年12月，全国妇联

全国农业产业强镇
仙龙镇
2021年4月28日，农业农村部　财政部

全国群众体育先进单位
区文化旅游委体育科
2021年9月2日，国家体育总局

全国示范性老年友好型社区
南大街街道兴南路居委会
2021年10月9日，国家卫生健康委员会等

全国第二批乡村治理示范村
永荣镇白云寺村
2021年9月23日，农业农村部　中央宣传部　民政部　司法部等

全国第八批民主法治示范社区
中山路街道卧龙凼社区
2021年2月7日，司法部　民政部

2018—2020年度全国侨联系统优秀“侨胞之家”
中山路街道卧龙凼社区
2021年2月1日，中国侨联

全国巾帼文明岗
区中医院脑外科（普外科）护理组
2021年3月1日，全国妇联

2020年西部计划绩效考核优秀等次服务县项目办
区西部计划项目办公室
2021年3月24日，全国大学生志愿服务西部计划项目管理办公室

2019—2020年度全国血站系统表现突出采血班组
重庆市血液中心永川分中心华茂血站点班
2021年1月1日，国家卫生健康委员会

（杨明彬 摄）

土地面积	1576平方千米
年末常住人口	114.92万人
地区生产总值	1144.20亿元
地方一般公共预算收入	43.80亿元
规模以上工业增加值增长	10.50%
社会消费品零售总额	505.30亿元
进出口总额	57.70亿元
旅游总收入	185.60亿元
全区金融机构本外币存款年末余额	917.50亿元
全区金融机构本外币贷款年末余额	715.90亿元

远眺永川城

城镇常住居民人均可支配收入	45764元
农村常住居民人均可支配收入	23950元
汽车摩托车产业产值	460.40亿元
电子信息产业产值	225亿元
智能装备产业产值	267亿元
智能家居及材料产业产值	185.60亿元
特色消费品产业产值	347.60亿元
永川豆豉产业产值	16.96亿元
大数据产业营业收入	326亿元
大中专院校在校学生	16.30万人

（刘洪兵 摄）

2021年7月13日，花园城市——永川

（刘洪兵 摄）

2021年11月13日，冬日兴龙大道

（陈科儒 摄）

2021年11月30日，凤凰湖公园秋色　　（陈科儒　摄）

2021年4月27日，永川区汇龙大道一转盘　　（杨振宇　摄）

2021年7月13日，棠城公园　　（陈科儒 摄）

2021年3月31日，永川区汇龙大道三转盘　　（杨振宇 摄）

2021年12月28日，中国共产党重庆市永川区第十五次代表大会在文化艺术中心举行　（陈科儒 摄）

2021年8月18日，重庆永川综合保税区开工仪式举行　（袁卿予 摄）

2021年11月19日，长城汽车重庆分公司第30万台汽车下线　（陈科儒 摄）

2021年4月12日，永川区自动驾驶公交车启动运营活动举行　（袁卿予 摄）

2021年4月19日，第九届重庆永川国际茶文化旅游节开幕式在神女湖公园幸福广场举行　（陈仕川 摄）

2021年8月23日，2021中国国际智能产业博览会永川N3馆　（陈科儒 摄）

2021年11月14日，第三届川渝厨艺邀请赛暨永川美食文化节在永川华茂中心开幕 （陈科儒 摄）

2021年9月，团区委组织开展“创建无废城市 绿色体验之旅”青少年研学实践活动 （团区委 供图）

2021年6月28日，永川区庆祝中国共产党成立100周年座谈会召开，会上颁发“光荣在党50年”纪念章
（袁卿予 摄）

2021年6月28日，“巴渝儿女歌唱党”万人同唱一首歌活动在兴龙湖公园举行　（鲁思刚 摄）

2021年6月29日，重庆城市科技学院人文学院开展“永远跟党走，颂歌献给党”主题活动

（陈仕川 摄）

2021年6月25日晚，永川区庆祝中国共产党成立100周年戏剧展演活动在永川文化艺术中心举行。——京剧《打虎上山》片段

（刘洪兵 摄）

2021年8月3日，志愿者在茶山竹海街道棠麓源小区开展疫情防控知识宣传

（陈仕川　摄）

2021年11月9日，3—11岁儿童在永川体育馆接种新冠肺炎疫苗

（陈仕川　摄）

2021年8月5日，永川区首辆移动接种车为长城汽车重庆分开公司职工接种新冠疫苗

（周敏　摄）

2021年11月2日，重庆医科大学附属永川医院腾空演练

（周晓东 摄）

2021年8月31日，永川区中医院医务人员到重庆城市职业学院进行核酸采样

（陈仕川 摄）

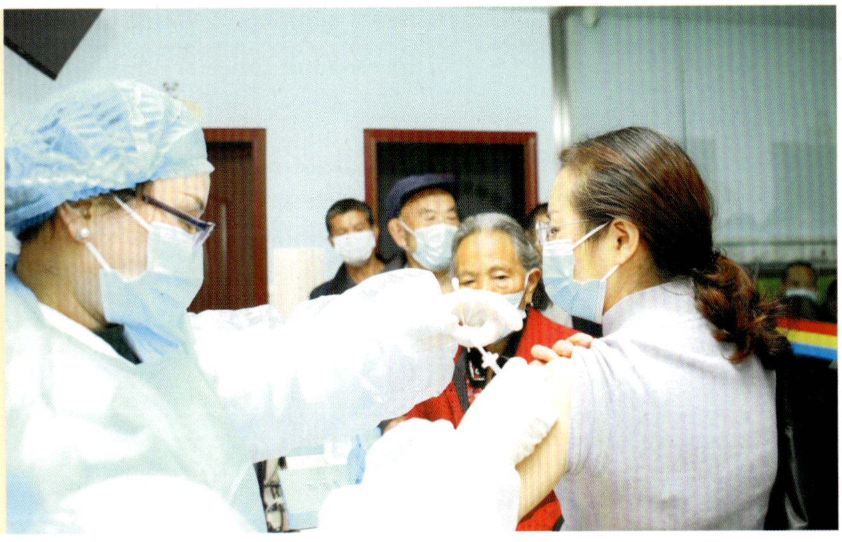

2021年10月26日，群众在永川区大安街道社区卫生服务中心接种新冠疫苗加强针

（陈仕川 摄）

2021年5月18日，重庆市第六届运动会开幕式在永川体育中心举行

（陈科儒 摄）

2021年5月18日，重庆市第六届运动会开幕式文体展演——自动驾驶汽车

（陈科儒 摄）

2021年5月18日，重庆市第六届运动会开幕式文体展演——主题曲《六运好运》

（陈科儒 摄）

2021年5月18日，重庆市第六届运动会开幕式在永川体育中心举行

（陈科儒 摄）

2021年4月26日，重庆市第六届运动会击剑比赛现场

（陈科儒 摄）

2021年4月26日，重庆市第六届运动会女子摔跤比赛现场

（陈科儒 摄）

2021年5月13日，重庆市第六届运动会男子排球比赛现场

（陈科儒 摄）

2021年5月26日，重庆市第六届运动会田径赛场

（陈科儒 摄）

2021年4月3日，李波夺得重庆市第六届运动会半程马拉松赛男子组冠军

（陈科儒 摄）

2021年4月3日，冯丹夺得重庆市第六届运动会半程马拉松赛女子组冠军

（刘洪兵 摄）

2021年6月6日，重庆市第六届残疾人运动会开幕式——运动员入场

（袁卿予 摄）

2021年6月6日，重庆市第六届残疾人运动会开幕式，共唱主题歌《为爱奔跑》

（陈仕川 摄）

2021年6月8日，重庆市第六届残疾人运动会乒乓球比赛现场

（区残联 供图）

2021年6月4日，重庆市第六届残疾人运动会排舞比赛现场

（区残联 供图）

2021年6月3日，重庆市第六届残疾人运动会硬地滚球比赛现场

（区残联 供图）

2021年6月2日，重庆市第六届残疾人运动会旱地冰壶比赛现场

（区残联 供图）

2021年4月3日，永川马拉松赛在兴龙湖公园开赛 （陈亦 摄）

2021年4月3日，永川马拉松赛在兴龙湖公园开赛 （陈科儒 摄）

2021年4月3日，永川马拉松参赛选手跑过人民广场 （陈科儒 摄）

2021年4月3日，永川马拉松赛比赛途中 （陈科儒 摄）

奔向未来　　（陈科儒 摄）

一对母女在观音山公园享受闲暇时光　　（陈科儒 摄）

目　录

特　载

解放思想　守正创新　担当实干　加快打造高质量发展先行区、高品质生活示范区
——在中国共产党重庆市永川区第十五次代表大会上 …… 1
重庆市永川区人民代表大会常务委员会工作报告
——在重庆市永川区第十八届人民代表大会第一次会议上 …… 10
重庆市永川区人民政府工作报告
——在重庆市永川区第十八届人民代表大会第一次会议上 …… 15
汇集众智　凝聚合力　共同谱写高质量发展先行区、高品质生活示范区新篇章
——在区政协十六届一次会议上的报告 …… 23

专　文

重庆市第六届运动会在永川区举行 …… 28
概况 …… 28
开幕式 …… 28
闭幕式 …… 29
服务保障 …… 29
重庆市第六届残疾人运动会在永川区举行 …… 30
概况 …… 30
开幕式 …… 30
闭幕式 …… 31
长城汽车·2021永川马拉松赛举行 …… 31
概况 …… 31
新闻发布会 …… 32

大事记

1月 …… 33
2月 …… 33
3月 …… 33
4月 …… 34
5月 …… 35
6月 …… 35
7月 …… 36
8月 …… 36
9月 …… 36
10月 …… 37
11月 …… 38
12月 …… 38

永川概览

城市标识 …… 39
城市形象 …… 39
城市地标 …… 39
区树 …… 39
区花 …… 40
自然地理 …… 40
位置面积 …… 40
地质地貌 …… 40
山脉 …… 40
河流 …… 41
气候 …… 41
土地资源 …… 42
矿产资源 …… 42
水资源 …… 42
生物资源 …… 43
旅游资源 …… 43

建置区划 …… 44
建置沿革 …… 44
行政区划 …… 45
历史人文 …… 47
人口 …… 47
物质文化遗存 …… 47
非物质文化遗产 …… 47
特色美食 …… 49
民族 …… 50
宗教 …… 50
经济社会发展 …… 50
概况 …… 50
工业经济发展 …… 50
服务业发展 …… 50
现代农业发展 …… 50
乡村振兴和城市提升 …… 50
改革开放创新 …… 50
社会民生 …… 51

中国共产党永川区委员会

综　述 …… 52
概况 …… 52
党的建设 …… 52
成渝地区双城经济圈建设 …… 52
经济建设 …… 53
民生保障 …… 54
生态建设 …… 54
社会治理 …… 55
文化建设 …… 55
社会主义民主法治建设 …… 55
重要会议 …… 59
区委全委会议 …… 59
区委常委会议 …… 59
全面深化改革 …… 62
概况 …… 62
重点改革项目 …… 62
组织工作 …… 63
概况 …… 63
党的政治建设 …… 63
党史学习教育 …… 63
区镇村换届选举 …… 63
干部选拔任用 …… 63
年轻干部培养 …… 63
公务员职务与职级并行 …… 63
干部监督管理 …… 64
人才管理 …… 64
农村基层党建 …… 64
城市基层党建 …… 64
行业领域党建 …… 64
宣传工作 …… 64
概况 …… 64
理论学习 …… 64
党史学习教育 …… 65
新闻宣传 …… 65
主题宣传 …… 65
出版印刷管理 …… 65
统战工作 …… 65
概况 …… 65
思想政治引领 …… 65
民主党派工作 …… 66
党外代表人士工作 …… 66
新的社会阶层人士统战工作 …… 66
民营经济统战工作 …… 66
打造营商环境最优区 …… 66
民族事务 …… 67
宗教事务 …… 67
侨务工作 …… 67
对台工作 …… 67
网络安全和信息化管理 …… 68
概况 …… 68
网络舆论管理 …… 68
网络安全保障 …… 68
网信队伍建设 …… 68
机构编制 …… 68
概况 …… 68
机构编制资源配置管理 …… 68
机构职能优化协同 …… 68
行政体制改革 …… 69
事业单位登记管理 …… 69
公立医院人员总量备案管理试点 …… 69
机关党建 …… 69
概况 …… 69
思想政治建设 …… 69
机关党组织建设 …… 69
基层党组织建设 …… 70
老干部工作 …… 70
概况 …… 70
老干部管理 …… 70

老干部政治和生活待遇 …… 70
离退休干部党组织建设 …… 70
老干部活动 …… 71
老干部作用发挥 …… 71
重庆市老干部休养所 …… 71
保密工作 …… 71
概况 …… 71
保密管理 …… 71
保密宣传 …… 71
党校教育 …… 72
概况 …… 72
干部培训 …… 72
教学管理 …… 72
理论研究 …… 72
基础设施建设 …… 72
交流协作 …… 72
督查工作 …… 73
概况 …… 73
专项督查 …… 73
关心下一代工作 …… 73
概况 …… 73
组织建设 …… 73
主题教育活动 …… 73
青少年法治教育 …… 74
社会服务 …… 74
党史研究 …… 74
概况 …… 74
党史资料征集 …… 74
党史编研成果 …… 74
党史宣传教育 …… 74

永川区人民代表大会

重要会议 …… 75
概况 …… 75
永川区第十七届人民代表大会第六次会议 …… 75
永川区第十七届人民代表大会第七次会议 …… 75
区人大常委会议 …… 75
区十七届人大常委会主任会议 …… 76
决议决定　人事任免 …… 78
决议决定 …… 78
人事任免 …… 78
监督工作 …… 78
预算决算审查监督 …… 78
国有资产管理监督 …… 78
生态环境监督 …… 78
社会事业监督 …… 78
执法检查 …… 78
人大代表工作 …… 78
概况 …… 78
人大代表建议及办理 …… 78
人大代表培训 …… 79
人大代表联系群众 …… 79
人大代表调研 …… 79
专门委员会及常委会办事机构 …… 79
区人大监察和法制委员会 …… 79
区人大社会建设委员会 …… 79
区人大财政经济委员会 …… 79
区人大城乡建设环境保护委员会 …… 79
区人大常委会人事代表工作委员会 …… 80
区人大常委会农业与农村工作委员会 …… 80
区人大常委会教育科学文化卫生工作委员会 …… 80
区人大常委会预算工作委员会 …… 80

永川区人民政府

重要会议 …… 81
概况 …… 81
区政府全体会议 …… 81
区政府常务会议 …… 81
重点民生实事 …… 84
老旧小区改造 …… 84
“四好农村路”建设 …… 84
乡村清洁示范院落建设 …… 84
就业创业帮扶 …… 84
饮用水水质提升工程 …… 84
城市道路照明改造工程 …… 84
永川区图书馆工程 …… 84
智慧城市建设 …… 84
社会综合治理工程 …… 84
农村公路生命安全防护工程（市级） …… 85
社区体育文化公园建设（市级） …… 85
综合政务 …… 85
政务公开 …… 85
建议和提案办理 …… 85
政务督查 …… 85
政务服务 …… 85
概况 …… 85

行政审批制度改革 …… 85
互联网+政务服务 …… 85
“放管服”改革 …… 86
“川渝通办”服务 …… 86
政务服务阵地建设 …… 86
政务信息化 …… 86
概况 …… 86
智慧办公 …… 86
政务外网建设 …… 86
政府网站管理 …… 86
信息安全管理 …… 87
智慧永川建设 …… 87
概况 …… 87
大数据应用发展管理 …… 87
政务数据资源整合与应用 …… 87
永川区智慧城市综合指挥中心 …… 87
人事人才 …… 88
概况 …… 88
事业单位人员管理 …… 88
人才引进培育 …… 88
乡村人才培育培养 …… 89
职业技能提升 …… 89
信访工作 …… 89
概况 …… 89
信访积案化解 …… 90
信访突出问题治理 …… 90
网上信访 …… 90
社会风险评估 …… 90
领导干部接访下访 …… 90
矛盾纠纷排查化解 …… 90
机关事务管理 …… 90
概况 …… 90
公务接待 …… 90
公务用车管理 …… 90
办公用房管理 …… 90
食堂管理 …… 90
周转用房管理服务 …… 91

中国人民政治协商会议永川区委员会

综述 …… 92
概况 …… 92
政协委员构成 …… 92
政治协商 …… 92
重要会议 …… 92
政协永川区第十五届委员会第五次会议 …… 92
区政协常委会议 …… 92
区政协主席会议 …… 93
委员提案 …… 94
政协永川区第十五届委员会第五次会议提案 …… 94
提案征集 …… 94
提案办理 …… 94
民主监督　参政议政 …… 94
民主监督 …… 94
凝聚共识 …… 94
专门委员会 …… 94
提案委员会 …… 94
经济委员会 …… 95
农业和农村委员会 …… 95
城乡建设环境保护委员会 …… 95
教卫体和文化文史委员会 …… 95
社会法制和民族宗教委员会 …… 96
学习和联络委员会 …… 96

中国共产党永川区纪律检查委员会 永川区监察委员会

综　述 …… 97
概况 …… 97
巡视巡察 …… 97
纪检监察体制改革 …… 97
区纪委全委会议 …… 97
区纪委常委会议 …… 98
纪律审查 …… 98
概况 …… 98
换届纪律 …… 98
“四种形态”处理 …… 98
专项治理 …… 98
作风建设 …… 98
“干部作风建设年”活动 …… 98
群众身边的突出问题处置 …… 98
队伍建设 …… 99
纪检干部培训 …… 99
纪检干部监督 …… 99
反腐倡廉教育 …… 99
廉洁教育 …… 99

廉洁文化宣传 …… 99

民主党派·工商联

中国国民党革命委员会永川区委员会 …… 100
概况 …… 100
组织建设 …… 100
参政议政 …… 100
社会服务 …… 100
民革重庆市永川区第四次代表大会 …… 101
中国民主同盟永川区委员会 …… 101
概况 …… 101
组织建设 …… 101
参政议政 …… 101
社会服务 …… 101
民盟重庆市永川区第六次代表大会 …… 101
中国民主建国会永川区委员会 …… 101
概况 …… 101
组织建设 …… 102
参政议政 …… 102
社会服务 …… 102
民建重庆市永川区第六次代表大会 …… 102
中国民主促进会永川区委员会 …… 102
概况 …… 102
组织建设 …… 102
参政议政 …… 102
社会服务 …… 102
民进重庆市永川区第五次代表大会 …… 103
中国致公党永川区支部 …… 103
概况 …… 103
思想建设 …… 103
组织生活 …… 103
参政议政 …… 103
中国九三学社永川区委员会 …… 103
概况 …… 103
组织建设 …… 103
参政议政 …… 104
社会服务 …… 104
九三学社重庆市永川区第五次代表大会 …… 104
永川区工商业联合会 …… 104
概况 …… 104
商会建设 …… 104
“诚信永商”建设 …… 104
服务民营企业 …… 104
非公经济人士培训 …… 105
社会责任实践 …… 105
参政议政 …… 105
服务方式优化 …… 105
永川区工商联（总商会）第十三次会员代表大会 …… 105

群众团体

永川区总工会 …… 106
概况 …… 106
工会组织建设 …… 106
职工权益维护 …… 106
培养选树工匠人才 …… 106
劳动技能竞赛 …… 107
工会帮困扶贫 …… 107
职工活动 …… 107
职工普惠服务 …… 107
永川区工会第十四次代表大会 …… 107
第三届十大“永川工匠”“服务标兵”发布典礼 …… 107
2021 年成渝地区双城经济圈现代制造业技能大赛 …… 107
“中国梦·劳动美”永川区职工电视歌唱大赛 …… 108
“学党史、守初心、担使命”知识竞赛 …… 108
“学党史 感党恩 跟党走”职工故事大赛 …… 108
中国共产主义青年团永川区委员会 …… 108
概况 …… 108
基层组织建设 …… 109
青少年思想道德建设 …… 109
青少年活动 …… 109
青年志愿服务行动 …… 109
青年创新创业行动 …… 109
青少年权益维护 …… 110
服务大局 …… 110
共青团重庆市永川区第十九次代表大会 …… 110
永川区青少年宫 …… 110
重庆西部计划志愿者乡村振兴创新项目设计大赛复赛 …… 110
永川区妇女联合会 …… 110
概况 …… 110
妇女思想引领 …… 111
妇联组织建设 …… 111
家庭文明建设 …… 111
妇女儿童权益维护 …… 111
妇女儿童关爱救助 …… 111
美丽家园建设 …… 111

"母亲心理成长计划" …… 111
永川区第十三次妇女代表大会 …… 111
"书香润万家·亲子诵读"家庭诵读大赛 …… 112
"最美家庭""最美阳台""最美庭院"评选活动 …… 112
永川区科学技术协会 …… 112
概况 …… 112
"3+1"改革试点区工作 …… 112
科技下乡 …… 112
科技志愿服务 …… 113
科普宣传 …… 113
科普阵地建设 …… 113
青少年科技活动 …… 113
科技创新与服务 …… 113
学术交流 …… 113
"科创中国"永川区试点城市建设 …… 113
中国—俄罗斯光电关键技术国际学研讨会 …… 114
2021中国汽车零部件科技创新大会暨2021第三期科创中国@重庆双月论坛 …… 114
首届数智化助力乡村振兴永川论坛 …… 114
全国汽车工程领域专业技术转移转化能力提升交流培训会 …… 114
"科普大篷车渝州行"永川站活动 …… 114
全国科普日系列活动 …… 114
区科协第七届委员会第六次全体会议 …… 114
区科协第七届委员会第七届全体会议 …… 114
永川区第十一届青少年科技创新大赛 …… 114
永川区归侨侨眷联合会 …… 114
概况 …… 114
侨界思想政治引领 …… 115
引资引智 …… 115
联络联谊 …… 115
参政议政 …… 115
服务侨界 …… 115
文化宣传 …… 116
永川区第六次归侨侨眷代表大会 …… 116
永川区文化艺术界联合会 …… 116
文艺活动 …… 116
文艺成果 …… 116
文艺人才培养 …… 116
川渝两地文化艺术交流 …… 117
永川区庆祝2021年"中国农民丰收节"暨首届乡村艺术节 …… 117
永川区残疾人联合会 …… 117
概况 …… 117
残疾人基础建设 …… 117
残疾人康复 …… 117
残疾人就业 …… 117
残疾人扶贫 …… 117
残疾人社会保障 …… 117
残疾人权益保护 …… 118
残疾人教育 …… 118
残疾人文体活动 …… 118
志愿者助残 …… 118
永川区失能残疾人集中供养中心 …… 118
永川区红十字会 …… 118
概况 …… 118
组织建设 …… 118
救助工作 …… 118
应急救护 …… 118
遗体器官捐献和造血干细胞采集 …… 118
红十字会志愿服务 …… 118

法　治

政法委及综治 …… 119
概况 …… 119
维护社会大局稳定 …… 119
法治永川建设 …… 119
社会治理体系建设 …… 119
川渝政法交流合作 …… 119
政法队伍建设 …… 120
执法司法督查 …… 120
永川区社会矛盾纠纷联合调处中心 …… 120
法治政府建设 …… 120
概况 …… 120
规范性文件审查 …… 120
行政处罚案卷评查 …… 120
行政权力清单与责任清单编制 …… 120
行政执法改革 …… 121
行政执法人员管理 …… 121
行政执法规范化建设 …… 121
行政复议与应诉 …… 121
纠纷化解 …… 121
公　安 …… 121
概况 …… 121
打击违法犯罪 …… 121
机构人员 …… 121
经济犯罪侦查 …… 122
禁毒工作 …… 122

社会治安治理 …… 122
社会面巡逻防控 …… 122
出入境管理 …… 122
户政管理 …… 123
道路交通安全管理 …… 123
机动车及驾驶人管理 …… 123
执法规范化建设 …… 123
服务民生警务 …… 123
网络安全管理 …… 123
基层基础工作 …… 124
实战化警务培训 …… 124
从优待警 …… 124
公安队伍建设 …… 124
永川区公安局执法办案管理中心 …… 124
检 察 …… 125
概况 …… 125
打击刑事犯罪 …… 125
社会治安综合治理 …… 125
服务经济发展 …… 125
公益诉讼 …… 125
刑事检察监督 …… 126
刑事执行监督 …… 126
民事行政监督 …… 126
接受监督 …… 126
未成年人司法保护 …… 126
法 院 …… 126
概况 …… 126
刑事审判 …… 126
民事审判 …… 126
商事审判 …… 127
行政审判 …… 127
执行工作 …… 127
司法改革 …… 127
人大监督 …… 127
典型案例 …… 127
司法行政 …… 127
概况 …… 127
依法治区 …… 128
行政复议应诉 …… 128
普法依法治理 …… 128
法律服务 …… 128
社区矫正 …… 128
安置帮教 …… 128
法律援助 …… 129
公证工作 …… 129
司法鉴定 …… 129
国家统一法律职业资格考试 …… 129
仲 裁 …… 129
概况 …… 129
案件办理 …… 129
仲裁案例 …… 129

军 事

永川区人武部 …… 130
概况 …… 130
兵员征集 …… 130
国防动员准备 …… 130
军事训练 …… 130
民兵队伍建设 …… 130
国防教育 …… 131
学生军训 …… 131
参建参治 …… 131
武警执勤一大队 …… 131
概况 …… 131
思想政治教育 …… 131
执勤战备 …… 131
人民防空 …… 131
概况 …… 131
人防工程建设管理 …… 131
人防宣传教育 …… 131
人防干部队伍建设 …… 131

经济管理

宏观经济管理 …… 132
概况 …… 132
经济发展规划编制与实施 …… 132
经济结构与产业布局 …… 132
固定资产投资 …… 132
区级重点项目 …… 132
市级重点项目 …… 132
政府投资与管理 …… 132
永川区国家城乡融合发展试验区建设 …… 132
推动成渝地区双城经济圈建设重庆四川党政联席会议第三次会议 …… 133
能源管理 …… 133
概况 …… 133

能源规划 …… 133
煤炭行业管理 …… 133
页岩气开发 …… 133
清洁能源发展 …… 133
能源安全监督管理 …… 134

国有资产监督管理 …… 134
概况 …… 134
国有企业改革 …… 134
国资国企管理 …… 134
国有资产综合利用 …… 134

公共资源交易管理 …… 134
概况 …… 134
公共资源交易改革 …… 134
公共资源交易服务 …… 135
交易现场管理 …… 135
集中采购代理项目管理 …… 135
川渝异地远程评标合作 …… 135
建设工程全流程电子招投标 …… 135
公共资源交易大数据分析系统 …… 135
场地迁建信息化项目建设 …… 135

财　政 …… 136
概况 …… 136
财政收入 …… 136
财政支出 …… 136
组织收入 …… 136
支出管控 …… 136
财政管理改革 …… 136
财政保障民生 …… 136
财政支持实体经济发展 …… 137
财政支持农业农村发展 …… 137
财政支持污染防治 …… 137
财政支持防范化解重大风险 …… 137
财政支持城市品质提升 …… 137
国库收付 …… 137
政府采购 …… 137
政府债务管理 …… 137
国有资产管理 …… 137
财政监督 …… 137
会计事务管理 …… 138

税　务 …… 138
概况 …… 138
税收征收管理 …… 138
纳税服务 …… 138
风险防控 …… 138

审　计 …… 138
概况 …… 138
政策贯彻落实跟踪审计 …… 139
财政预算执行审计 …… 139
经济责任审计 …… 139
自然资源资产审计 …… 139
投资审计 …… 139
专项资金审计 …… 139
审计信息化建设 …… 139
内部审计 …… 139
永川区首届内部审计工作理论研讨会 …… 139

统　计 …… 139
地方调查统计 …… 139
概况 …… 139
电子统计台账试点工作 …… 139
数据质量管理 …… 139
统计基层基础建设 …… 140
统计督察整改 …… 140
统计名录库管理 …… 140
统计交流合作 …… 140
统计法治监督 …… 140
统计法治建设 …… 140
信息化建设和管理 …… 141
统计服务 …… 141
国民经济核算 …… 141
统计年鉴编纂 …… 141
农村经济统计 …… 141
统计设计管理 …… 141
工业统计 …… 142
能源统计 …… 142
建设领域统计 …… 142
贸易外经统计 …… 142
服务业统计 …… 142
人口和就业统计 …… 143
社会科技和文化产业统计 …… 143
国家调查统计 …… 143
概况 …… 143
统计法治建设 …… 143
综合统计与设计管理 …… 144
统计调查项目管理 …… 144
统计服务 …… 144
住户调查 …… 144
农业统计调查 …… 144
农业农村统计统计 …… 144
房地产价格调查 …… 145
工业生产者价格调查 …… 145

主要农产品生产者价格与中间消耗调查 …… 145
劳动力调查 …… 145
市场监督管理 …… 146
概况 …… 146
市场主体注册登记 …… 146
市场监管法治建设 …… 146
市场主体信用体系建设 …… 146
价格监管 …… 146
反不正当竞争与反垄断 …… 146
广告监管 …… 146
产品质量安全监管 …… 146
计量管理 …… 146
标准化管理 …… 146
认证认可管理 …… 146
食品安全监管 …… 147
药品化妆品医疗器械安全监管 …… 147
特种设备安全监管 …… 147
消费者权益保护 …… 147
市场监管综合执法 …… 147
重庆市计量质量检测研究院第三分院 …… 147
重庆市永川区食品药品检验所 …… 147
物价管理 …… 148
市场价格监测 …… 148
收费和价格管理 …… 148

农　业

综　述 …… 149
概况 …… 149
机构改革 …… 149
农业基础设施建设 …… 149
农田建设 …… 149
强农惠农政策落实 …… 149
巩固拓展脱贫攻坚成果 …… 149
消费扶贫 …… 150
农业信息化 …… 150
农业保险 …… 150
种植业 …… 150
概况 …… 150
粮食生产 …… 150
油料生产 …… 150
茶叶生产 …… 150
永川秀芽第五届斗茶大会 …… 151
水果生产 …… 151
蔬菜生产 …… 151
蚕桑生产 …… 151
调味品生产 …… 152
重庆金玖生态农业园 …… 152
农业植保 …… 152
概况 …… 152
农作物病虫预报与防治 …… 152
植物检疫 …… 152
种子管理 …… 152
农业植保技术管理 …… 152
林　业 …… 153
概况 …… 153
永川区“区树”“区花”评选活动 …… 153
林业行政审批制度改革 …… 153
林产业建设 …… 153
主要林产品 …… 153
畜牧业 …… 153
概况 …… 153
畜牧业疫病防控 …… 153
生猪养殖 …… 153
畜牧品种改良 …… 153
饲料兽药生产管理 …… 154
畜产品质量安全监管 …… 154
畜牧养殖污染治理 …… 154
渔　业 …… 154
概况 …… 154
淡水养殖 …… 154
渔业生态资源保护 …… 154
长江禁捕退捕 …… 154
池塘养殖尾水治理 …… 154
渔业安全生产监管 …… 154
农业部水产健康养殖示范场创建 …… 154
农村产业发展 …… 154
概况 …… 154
农村产业结构调整 …… 154
泸永荔枝龙眼、茶叶产业联盟 …… 155
休闲农业与乡村旅游示范点建设 …… 155
农业新型经营主体培育 …… 155
农产品生产加工流通 …… 155
农业机械化 …… 155
概况 …… 155
农机购置补贴 …… 155
农机技术推广 …… 155
农田宜机化改造 …… 155
农机社会化服务 …… 155

农机安全监管 …… 155
农业科技推广和服务 …… 156
概况 …… 156
基层农业技术培训 …… 156
高素质农民培育及认定 …… 156
农民技术职称评定 …… 156
农业行政执法 …… 156
概况 …… 156
质量抽检 …… 156
违法案件查处 …… 156
农业法治宣传 …… 156
特色农产品 …… 156
土特产品 …… 156
标准化生产 …… 156
农产品品牌培育 …… 157
名特优新农产品 …… 157
重庆名牌农产品 …… 157
农村合作经营管理 …… 157
概况 …… 157
减轻农民负担 …… 158
农村土地承包及流转管理 …… 158
农村土地承包经营纠纷解决 …… 158
农村合作经济组织建设 …… 158
水利 …… 158
概况 …… 158
重点水利项目前期工作 …… 158
重点水利工程建设 …… 158
水旱灾害防御 …… 160
农业水价改革 …… 160
水利安全质量监管 …… 160
水利行政执法监管 …… 160
水利行政审批 …… 161
水文水质监测 …… 161
永川区水利学会 …… 161

工　业

综　述 …… 162
概况 …… 162
工业经济发展举措 …… 162
区级重点工业项目 …… 162
工业招商引资 …… 162
工业生产要素保障 …… 162
工业技能培训 …… 162
服务企业发展 …… 162
中国国际智能产业博览会永川展厅 …… 163
工业技术改造 …… 163
工业运行监测 …… 163
概况 …… 163
工业安全生产 …… 163
工业转型升级 …… 163
概况 …… 163
重点产业转型升级 …… 163
长城汽车股份有限公司重庆分公司汽车冲压及焊装智能化工厂 …… 163
重庆航凌电路板有限公司定制化 PCB 产品柔性制造智能化工厂 …… 164
重庆永信科技有限公司显示面板减薄研磨镀膜智能化工厂 …… 164
重庆红江机械有限责任公司大功率船用柴油机核心零部件制造智能化工厂 …… 164
国家智能制造试点示范项目 …… 164
工业技术创新 …… 164
概况 …… 164
技术创新和研发项目申报 …… 164
专题培训 …… 164
企业人才工作 …… 165
支柱产业 …… 165
概况 …… 165
汽车摩托车产业 …… 165
电子信息产业 …… 165
智能装备产业 …… 165
智能家居及材料产业 …… 165
特色消费品产业 …… 165
战略新兴产业 …… 165
概况 …… 165
生物医药及大健康产业 …… 166
新能源产业 …… 166
民用航空产业 …… 166
大数据产业 …… 166
概况 …… 166
大数据产业发展 …… 166
重庆云谷·永川大数据产业园 …… 166
川南渝西大数据产业联盟 …… 166
工业企业 …… 166
概况 …… 166
长城汽车股份有限公司重庆分公司 …… 166
重庆雅迪科技有限公司 …… 167
重庆理文造纸有限公司 …… 167

中小企业 …… 167
概况 …… 167
融资服务 …… 167
清理拖欠中小企业账款 …… 167
电力工业 …… 167
概况 …… 167
电网建设 …… 167
电力重点工程建设 …… 167
居民用电提升工程 …… 168
销售电价 …… 168
电网服务 …… 168
电力科技创新 …… 168

建筑业·房地产业

建筑业 …… 169
概况 …… 169
民工工资管理 …… 169
科技和创新工作 …… 169
农房建设 …… 169
农村建筑人才培养 …… 169
建筑市场管理 …… 169
建设工程招投标管理 …… 169
建筑工程监理 …… 169
建设工程项目审批改革 …… 169
建设项目审查与审批 …… 169
建设工程消防设计审查验收 …… 170
建设工程质量管理 …… 170
预拌砼行业 …… 170
建筑工程安全管理 …… 170
建设工程档案管理 …… 170
城乡建设纠纷调处 …… 170
建筑企业管理 …… 170
建筑执业教育 …… 170
勘察设计 …… 170
概况 …… 170
市场管理 …… 170
房地产业 …… 170
概况 …… 170
城镇房屋住用安全管理 …… 171
房屋征收管理 …… 171
农村住房安全管理 …… 171
房地产市场 …… 171
房地产开发企业资质管理 …… 171
房地产开发项目管理 …… 171
房屋交易 …… 171
房地产市场调控 …… 171
房地产市场矛盾风险化解 …… 171
房地产中介 …… 171
房屋租赁 …… 171
春季房地产展示交易会 …… 171
秋季房地产展示交易会 …… 172
不动产登记管理 …… 172
概况 …… 172
不动产登记 …… 172
物业管理 …… 172
概况 …… 172
物业行为监管 …… 172

商贸服务业

综　述 …… 173
概况 …… 173
城乡商贸网络体系 …… 173
商贸重点项目 …… 173
大型商圈商场 …… 174
重点商品交易市场 …… 174
概况 …… 174
家具建材交易市场 …… 174
农产品交易市场 …… 175
家电交易市场 …… 175
机车市场 …… 175
电商物流市场 …… 175
特种商品流通 …… 175
成品油 …… 175
再生资源 …… 175
酒类管理 …… 175
电子商务 …… 175
概况 …… 175
电商人才培养 …… 176
电商品牌培育 …… 176
消费扶贫 …… 176
永川区·彭水县消费帮扶对接会 …… 176
永川—彭水消费帮扶展示展销暨第三届永川电商节 …… 176
2021 爱尚重庆·永川区网上年货节暨年货云展会 …… 176
物流业 …… 176
概况 …… 176

快递末端网点备案 …… 176
快递下乡工程 …… 176
永川快递智能分拣中心 …… 177
会展业 …… 177
概况 …… 177
第三届中国西部国际投资贸易洽谈会永川展位 …… 177
第三届中国西部国际投资贸易洽谈会永川专场签约仪式暨永川区2021年第2次招商引资项目集中签约活动 …… 178
第三届川渝厨艺邀请赛暨永川美食文化节 …… 178
2021永川春季旅游消费节 …… 178
“领事机构、商协会和外商投资企业永川行”活动 …… 179
2021永川夜生活节 …… 179
住宿餐饮业 …… 179
概况 …… 179
特色街区 …… 179
供销合作 …… 180
概况 …… 180
村级综合服务社建设 …… 180
为农服务 …… 180
春耕农资稳价保供 …… 180
废弃农膜回收利用 …… 180
农业全程社会化服务 …… 180
“巴渝工匠”杯重庆市第三届茶叶行业职业技能竞赛 …… 180
第二届“永川秀芽”杯全国茶叶加工工职业技能竞赛总决赛 …… 180
粮食流通 …… 181
概况 …… 181
粮食行政执法 …… 181
粮食流通监管 …… 181
粮食安全保障机制 …… 181
地方储备粮扩容 …… 181
专项经营 …… 181
烟草现代零售终端建设 …… 181
烟草经营 …… 181
烟草专卖管理 …… 181
食盐市场管理 …… 182
邮　政 …… 182
重庆市邮政管理局七分局 …… 182
中国邮政集团有限公司重庆市永川片区分公司 …… 182
通　信 …… 183
中国电信股份有限公司永川分公司 …… 183
中国移动通信集团重庆有限公司永川分公司 …… 184
中国联合网络通信有限公司永川分公司 …… 184

旅游业

综　述 …… 185
概况 …… 185
旅游接待 …… 185
旅游基础设施建设 …… 185
旅游服务 …… 185
旅游项目建设 …… 185
概况 …… 185
旅游规划 …… 186
永川博物馆景区建设 …… 186
乐和乐都景区建设 …… 186
茶山竹海景区建设 …… 186
松溉古镇景区建设 …… 186
石笋山景区建设 …… 186
乡村旅游 …… 186
概况 …… 186
乡村旅游建设 …… 187
旅游营销 …… 187
概况 …… 187
第九届重庆永川国际茶文化旅游节专题营销 …… 187
永川春游赏花季专题营销 …… 187
第十二届西瓜旅游文化节暨采果季 …… 187
旅游管理 …… 188
概况 …… 188
景区管理 …… 188
星级酒店管理 …… 188
旅游行业监管 …… 188
旅游安全管理 …… 188
旅游饭店选介 …… 188
旅游商品 …… 188
旅行社 …… 188
旅游线路 …… 189
概况 …… 189
四季精华游 …… 189
精品线路游 …… 189

金融业

综　述 …… 190
概况 …… 190

金融产业招商引资 …… 190
金融风险防范与处置 …… 190
小微企业融资 …… 190
银行服务发展 …… 190
支持实体经济发展 …… 190
普惠金融 …… 190
金融助力乡村振兴 …… 191
中国人民银行永川中心支行 …… 191
概况 …… 191
货币政策传导 …… 191
地方金融维稳 …… 191
货币发行及现金管理 …… 191
国库管理 …… 191
外汇监管 …… 191
支付结算管理 …… 192
金融统计 …… 192
征信体系建设 …… 192
金融消费权益保护 …… 192
金融消费纠纷调解室 …… 192
普惠金融服务 …… 192
银　行 …… 193
概况 …… 193
银行业监管 …… 193
中国银行股份有限公司重庆永川支行 …… 193
中国农业银行股份有限公司永川支行 …… 193
工商银行永川片区支行 …… 193
建设银行重庆永川支行 …… 193
交通银行股份有限公司重庆永川支行 …… 194
重庆农村商业银行永川支行 …… 194
重庆银行永川支行 …… 195
重庆永川北银村镇银行股份有限公司 …… 195
邮政储蓄银行永川区支行 …… 195
招商银行永川支行 …… 196
中信银行永川支行 …… 197
成都银行股份有限公司重庆永川支行 …… 197
光大银行永川支行 …… 197
中国民生银行永川小微支行 …… 198
恒丰银行永川支行 …… 198
重庆三峡银行永川支行 …… 198
兴业银行永川支行 …… 198
平安银行重庆永川支行 …… 198
浦发银行永川支行 …… 199
保　险 …… 199
概况 …… 199
保险业监管 …… 199
中国大地财险渝西中心支公司 …… 199
安诚保险永川中心支公司 …… 199
天安财产保险股份有限公司重庆市永川支公司 …… 199
中国平安财产保险股份有限公司永川支公司 …… 199
中国人民财产保险股份有限公司永川支公司 …… 200
太平财产保险有限公司永川支公司 …… 200
中华财险永川中心支公司 …… 200
中国太平洋财产保险股份有限公司永川支公司 …… 200
阳光财产保险股份有限公司重庆市永川中心支公司 …… 200
大家财产保险有限责任公司永川支公司 …… 201
国任财产保险股份有限公司重庆分公司永川支公司 …… 201
国寿财险永川支公司 …… 201
太平洋寿险永川中心支公司 …… 201
平安人寿永川中心支公司 …… 201
太平人寿保险有限公司永川中心支公司 …… 201
泰康人寿保险有限公司重庆永川中心支公司 …… 201
新华人寿保险股份有限公司重庆分公司永川营销服务部 …… 201
阳光人寿保险股份有限公司重庆市永川中心支公司 …… 201
人保寿险永川区支公司 …… 202
百年人寿保险股份有限公司重庆市永川中心支公司 …… 202
中国人寿永川区支公司 …… 202
幸福人寿永川中心支公司 …… 202
富德生命人寿永川中心支公司 …… 202
国华人寿保险股份有限公司永川中心支公司 …… 202
恒大人寿保险有限公司重庆分公司永川营销服务部 …… 202
证　券 …… 202
概况 …… 202
西南证券股份有限公司重庆永川证券营业部 …… 202
其他金融机构 …… 202
概况 …… 202
重庆市永川区中小企业融资担保有限公司 …… 202
重庆市双业融资担保有限公司 …… 203
重庆市汇恒小额贷款有限公司 …… 203
永川区银桥小额贷款有限责任公司 …… 203
永川区聚翔小额贷款有限责任公司 …… 203
永川区亿发小额贷款有限责任公司 …… 203

开放型经济

对外贸易及外经合作 …… 204

概况 …… 204
利用外资 …… 204
进出口贸易 …… 204
平台建设 …… 204
永川获批中国（重庆）自由贸易试验区（永川高新区）联动创新区 …… 204
永川综合保税区获批 …… 204
对外交往 …… 205
招商引资 …… 205
概况 …… 205
招商责任体系建设 …… 205
招商格局优化 …… 205
中介招商 …… 205
产业招商 …… 205
展会招商 …… 205
投资促进 …… 206
永川国家高新技术产业开发区 …… 206
概况 …… 206
规划编制 …… 206
产业发展 …… 206
职业教育基础设施建设 …… 206
创新创业 …… 206
西部职业教育基地建设 …… 206
首届西部职业教育高峰会 …… 207
西部职业教育基地优质师资共享平台 …… 207
中国—老挝职业教育发展共同体 …… 207
2021“一带一路”暨金砖国家技术创新大赛国内总决赛 …… 207
成渝地区双城经济圈高新技术产业开发区协同创新战略联盟 …… 207
成渝地区大数据与人工智能产业职业教育集团 …… 208
2021 年重庆市职业教育高质量发展主题巡讲暨教学视导活动 …… 208
永川高新区凤凰湖产业园 …… 208
概况 …… 208
基础设施建设 …… 208
招商引资 …… 208
项目建设 …… 209
企业服务 …… 209
永川高新区三教产业园 …… 209
概况 …… 209
基础设施建设 …… 209
招商引资 …… 209
项目建设 …… 210
企业服务 …… 210
中国建筑卫生陶瓷协会 2021 技术与装备论坛 …… 210
永川高新区港桥产业园 …… 210
概况 …… 210
招商引资 …… 210
项目建设 …… 211
企业服务 …… 211
西部港桥木材交易市场 …… 211
四望山物流园项目 …… 211
海关监管 …… 211
概况 …… 211
助力柠檬产业规模化 …… 211
助推永川综合保税区申报建设 …… 211

交通运输

综　述 …… 212
概况 …… 212
交通规划 …… 212
高铁建设 …… 212
高速公路建设 …… 212
干线公路建设 …… 213
农村公路建设 …… 213
交通安全生产 …… 213
行政审批 …… 213
交通执法 …… 213
智慧交通建设 …… 213
公路运输 …… 214
概况 …… 214
城市客运 …… 214
农村客运 …… 214
货物运输 …… 214
公路运政管理 …… 214
道路运输行业安全监管 …… 214
道路运输市场规范 …… 214
公路服务站（点）建设 …… 214
公路站场管理 …… 215
从业资格管理 …… 215
维修管理 …… 215
公路工程质量管理 …… 215
网约车管理 …… 215
公路路政管理 …… 215
公路养护 …… 215
水路运输 …… 215
概况 …… 215

永川区港航服务中心 …… 216
重庆永川海事处 …… 216
铁路运输 …… 216
概况 …… 216
永川东火车站 …… 216
航空运输 …… 217
概况 …… 217
航空运输管理 …… 217

城乡发展

国土空间规划 …… 218
概况 …… 218
重点规划统筹 …… 218
建设规划 …… 218
村镇规划 …… 218
测绘管理 …… 218
历史文化保护 …… 219
地理信息社会服务 …… 219
永川区规划展览馆 …… 219
城市建设 …… 219
概况 …… 219
城市提升行动 …… 219
城市更新行动 …… 219
城市重点工程建设 …… 219
城市道路建设 …… 219
城镇天然气供应业 …… 220
概况 …… 220
用气保障 …… 220
天然气管网建设 …… 220
页岩气管线建设 …… 220
储气设施设备建设 …… 220
燃气安全 …… 220
天然气价格 …… 220
新区建设 …… 220
概况 …… 220
招商引资及产业发展 …… 220
新区基础设施建设 …… 220
新区市政建设 …… 221
城市经营 …… 221
2021 中国科技影视高峰论坛 …… 221
第五届中国客服节 …… 221
“服务公社”信息惠民平台 …… 221
人民大学文化科技园 …… 222
科大讯飞人工智能产业基地 …… 222
全国最大数字虚拟影棚建成 …… 222
科技生态城建设 …… 222
实验小学建成 …… 222
永川区图书馆装修工程完成 …… 222
维稳处突支队营房及新城派出所建成 …… 222
星光社区便民服务中心建成 …… 222
城镇建设 …… 223
小城镇建设 …… 223
老旧小区改造 …… 223
市政市容管理 …… 223
概况 …… 223
市政基础设施维护管理 …… 223
城市供水监督管理 …… 223
城市照明设施建设 …… 223
环境卫生管理 …… 223
生活垃圾分类及处置 …… 224
垃圾处置费征收 …… 224
城市管理执法 …… 224
城市智能化管理 …… 224
城市公厕建设及管理 …… 224
城市生态园林建设 …… 224
永川区静脉产业园 …… 224
乡村振兴 …… 225
概况 …… 225
农村人居环境整治 …… 225
乡村振兴示范点建设 …… 225
成渝地区双城经济圈乡村振兴学院联盟 …… 225
供排水 …… 225
概况 …… 225
城区供水保障 …… 225
农村供水保障 …… 225
农村水价综合改革 …… 226
城镇排水 …… 226

生态环境

综　述 …… 227
概况 …… 227
生态环保规划 …… 227
生态环境监测 …… 227
生态保护与修复 …… 227
高新区生态环境分局 …… 227

环境质量…… 228
水环境质量 …… 228
大气环境质量 …… 228
声环境质量 …… 228
土地资源保护…… 228
耕地保护 …… 228
土地变更调查 …… 228
土地整治复垦 …… 228
何埂镇新泉村土地整理项目 …… 228
土地征收 …… 228
土地供应与监管 …… 228
土地储备 …… 228
矿产资源保护…… 228
概况 …… 228
矿产资源管理 …… 229
自然资源执法监察 …… 229
地质灾害防治 …… 229
水资源保护…… 229
水资源管理 …… 229
河长制工作 …… 229
河道管理 …… 229
水土保持 …… 230
节约用水 …… 230
饮用水水源地保护 …… 230
智慧河长管理系统 …… 231
森林资源保护…… 231
概况 …… 231
全面推行林长制 …… 231
森林资源监管 …… 231
森林防火 …… 231
林业有害生物防控 …… 231
林区安全建设 …… 231
造林绿化 …… 232
湿地保护管理 …… 232
节能工作…… 232
节能宣传培训 …… 232
公共机构节能 …… 232
建筑节能管理 …… 232
“无废城市”建设 …… 232
污染防治…… 232
概况 …… 232
水污染防治 …… 233
农村面源污染治理 …… 233
农业农村污染防治 …… 233
大气污染防治 …… 233
土壤污染防治 …… 233
噪声污染防治 …… 233
辐射放射及固体危险废物污染防治 …… 233
环境监管…… 233
概况 …… 233
生态环境审批 …… 233
生态环境督察 …… 233
生态环境执法 …… 233
自然保护地监管 …… 234

科学技术

综　述…… 235
概况 …… 235
科技创新投入体系建设 …… 235
科技成果转化 …… 235
科技项目招商引资 …… 235
科技人才引育 …… 236
永川国家农业科技园区 …… 236
永川区 2021 年科技活动周…… 236
科技体制改革…… 236
科技金融创新 …… 236
科技项目管理创新 …… 236
科技平台建设…… 236
概况 …… 236
科技型企业培育 …… 237
环文理学院创新生态圈建设 …… 237
重庆市农业科学院茶叶研究所 …… 237
重庆市农业科学院特色作物研究所 …… 237
高新技术推广应用…… 237
高新技术产业发展 …… 237
新能源汽车 …… 237
创新创业 …… 237
“双创”示范基地 …… 238
参加创新创业比赛 …… 238
气　象…… 238
概况 …… 238
气象预警和应急联动体系建设 …… 238
气象综合监测和预警信息发布 …… 238
公共气象服务 …… 239
重大活动气象服务保障 …… 239
乡村振兴气象保障 …… 239
气象装备运行保障 …… 239
气象设施建设 …… 239

人工影响天气作业 …… 239
防雷安全监管执法 …… 239
气象防灾减灾科普宣传 …… 239
知识产权保护 …… 240
概况 …… 240
永川区知识产权综合保护工作启动仪式 …… 240

教　育

综　述 …… 241
概况 …… 241
教育民生工程 …… 242
经费保障 …… 242
教师队伍 …… 242
教育督导评估 …… 242
均衡教育 …… 242
师德师风 …… 242
教育资助 …… 242
安全稳定 …… 242
教育科研 …… 242
法治教育 …… 242
德育教育 …… 242
体育艺术教育 …… 243
教育装备与信息化建设 …… 243
心理健康教育 …… 243
基础教育 …… 243
概况 …… 243
学前教育 …… 243
义务教育 …… 243
普通高中教育 …… 243
特殊教育 …… 243
第十九届中小学生艺术节 …… 243
学校简介 …… 243
职业教育 …… 244
概况 …… 244
重庆市工业高级技工学校 …… 244
重庆市农业机械化学校 …… 246
永川职业教育中心 …… 246
重庆市经贸中等专业学校 …… 247
重庆市渝西卫生学校 …… 249
重庆市永川民进学校 …… 250
华绣中等专业学校 …… 250
重庆市华为技工学校 …… 251
重庆医科大学第五临床学院 …… 251
高等教育 …… 252
概况 …… 252
重庆文理学院 …… 252
重庆城市科技学院 …… 253
重庆水利电力职业技术学院 …… 254
重庆城市职业学院 …… 256
重庆财经职业学院 …… 258
重庆科创职业学院 …… 259
重庆智能工程职业学院 …… 260
永川广播电视大学 …… 261
成人教育与民办教育 …… 262
成人教育 …… 262
社区教育 …… 262
永川区全民终身学习活动周 …… 262
民办教育 …… 262

文　化

综　述 …… 263
概况 …… 263
川渝两地文化交流 …… 263
公共文化 …… 263
概况 …… 263
公共文化基础设施建设 …… 263
永川图书馆 …… 264
永川区文化艺术馆 …… 264
文化志愿服务 …… 264
永川博物馆 …… 264
玉屏书院 …… 264
永川图书馆新馆建成 …… 264
群众文化 …… 264
概况 …… 264
文化惠民工程 …… 264
群众文化活动 …… 264
民俗文化活动 …… 265
重庆市第六届运动会开幕式文艺展演 …… 265
重庆市第六届残疾人运动会开幕式文艺展演 …… 265
“他吸引了全世界的目光——纪念周恩来总理珍品展” …… 265
“唱支山歌给党听”永川区庆祝中国共产党建党 100 周年合唱比赛 …… 265
“巴渝儿女歌唱党”万人同唱一首歌永川分会场活动 …… 266
我们永远向太阳——庆祝中国共产党成立 100 周年

重庆市“红岩少年”阅读大赛 …… 266
重庆市第八届“海棠香国”美术作品展 …… 266
2021 重庆市街舞大赛永川分赛 …… 266
文学艺术 …… 266
概况 …… 266
文学活动与创作 …… 266
美术活动与创作 …… 267
书法活动与创作 …… 267
摄影活动与创作 …… 267
舞蹈艺术活动与创作 …… 267
诗词活动与创作 …… 268
音乐活动与创作 …… 268
曲艺活动与创作 …… 268
民间文艺活动与创作 …… 269
楹联活动与创作 …… 269
文艺创作活动及评论 …… 269
档案管理 …… 269
概况 …… 269
档案法治建设 …… 269
档案接收整理 …… 269
档案安全管理 …… 270
档案业务指导 …… 270
档案开发利用 …… 270
档案宣传教育 …… 270
地方志 …… 270
概况 …… 270
志书编纂与出版 …… 270
年鉴编纂与出版 …… 270
旧志整理与出版 …… 270
地方志资源开发利用 …… 270
地方志信息化建设 …… 270
文化遗产保护 …… 270
概况 …… 270
文物保护 …… 270
文物考古发掘 …… 270
非物质文化遗产保护传承 …… 271
文化遗产宣传活动 …… 271
文化市场管理 …… 271
概况 …… 271
文化市场综合执法 …… 271
文化部门行政审批 …… 271
永川区社会科学联合会 …… 271
概况 …… 271
社科研究 …… 271
社科普及 …… 271
社科服务 …… 272
融媒体 …… 272
概况 …… 272
重大主题宣传 …… 272
现场直播 …… 272
高清转播 …… 272
新闻宣传 …… 272
媒体融合发展 …… 273
新媒体建设 …… 273
社会服务 …… 273
渝西都市报 …… 273
今日永川 …… 273
永川手机报 …… 273
永川电视台 …… 273
《川渝黔融媒体城际新闻》开播 …… 273
永川人民广播电台 …… 273
重庆广播电视信息网络有限公司永川分公司 …… 274
概况 …… 274
业务服务 …… 274
公共文化服务建设 …… 274
重庆市新华书店集团有限公司永川分公司 …… 274
概况 …… 274
门店经营 …… 274
教材教辅发行 …… 274
党政读物发行 …… 274
惠民文化活动 …… 274

卫生·体育

卫　生 …… 275
综　述 …… 275
概况 …… 275
医药卫生体制改革 …… 275
公共卫生服务 …… 275
国家基本药物制度实施与药品集中采购 …… 275
卫生采购项目 …… 276
卫生项目建设 …… 276
卫生人才 …… 276
成渝地区双城经济圈建设卫生健康一体化发展 …… 276
成渝地区双城经济圈建设卫生健康一体化工作联席会 …… 276
医政管理 …… 276
概况 …… 276
医疗安全管理 …… 277

医疗质量控制 …… 277
院内感染管理 …… 277
医院运行规范化 …… 277
医疗行业作风建设 …… 277
医疗秩序维护 …… 277
护理管理 …… 277
血液管理 …… 278
社会医疗救助 …… 278
疾病预防控制 …… 278
概况 …… 278
传染病防治 …… 278
疫苗接种 …… 278
慢性病综合防治 …… 278
地方病防治 …… 279
职业病防治 …… 279
精神疾病防治 …… 279
疾病监测 …… 279
食品安全监测 …… 279
卫生监督 …… 279
概况 …… 279
卫生监督执法体系建设 …… 279
规范化卫生健康监督执法机构建设 …… 279
卫生行政处罚 …… 279
执法办案质量年 …… 279
卫生监督协管 …… 280
打击非法行医 …… 280
医疗机构监督 …… 280
放射卫生监督 …… 280
公共场所卫生监督 …… 280
学校卫生监督 …… 280
生活饮用水卫生监督 …… 280
职业卫生监督 …… 280
消毒产品卫生监督 …… 280
传染病卫生监督 …… 280
生物安全 …… 280
基层卫生 …… 280
农村卫生 …… 280
社区卫生 …… 281
基层医疗卫生人员培训 …… 281
卫生对口支援 …… 281
妇幼保健 …… 281
概况 …… 281
孕产妇保健 …… 281
血液采供 …… 281
概况 …… 281
血液采集 …… 281
无偿献血宣传 …… 281
献血服务 …… 281
中医事业 …… 281
概况 …… 281
中医医院改革与管理创新 …… 281
中医科研 …… 282
中医药服务能力建设 …… 282
中医药人才培养 …… 282
医学教育 …… 282
概况 …… 282
卫生学校教育 …… 282
继续医学教育 …… 282
专业职称考试 …… 282
健康永川 …… 282
爱国卫生运动 …… 282
“国家卫生区”创建成果巩固 …… 283
基层卫生创建 …… 283
健康教育与健康促进 …… 283
“互联网+医疗健康”服务体系建设 …… 283
智慧医疗建设 …… 283
老年人健康服务 …… 283
医疗机构 …… 283
重庆医科大学附属永川医院 …… 283
重庆市永川区人民医院 …… 284
重庆市永川区中医院 …… 285
重庆市永川区妇幼保健院 …… 285
重庆市永川区儿童医院 …… 287
体 育 …… 288
综 述 …… 288
概况 …… 288
体育设施建设 …… 288
体育场馆管理 …… 288
全民健身服务体系建设 …… 289
竞技体育 …… 289
概况 …… 289
出席赛事 …… 289
体育人才培养 …… 289
永川区青少年儿童体育学校 …… 289
“茶山竹海杯”第一届成渝地区双城经济圈围棋对抗赛 …… 289
重庆市第四届老年人运动会乒乓球比赛 …… 290
群众体育 …… 290
概况 …… 290
体育惠民行动 …… 290

中国冰雪大篷车百场巡回（重庆站）启动仪式暨永川区站推广活动 …… 290
永川区“体彩杯”第三届全民健身运动会 …… 290
永川区第七届社区体育节 …… 290

社会生活

人口和计划生育 …… 291
概况 …… 291
人口状况 …… 291
计划生育奖励扶助 …… 291
计划生育特殊家庭关怀扶助 …… 291
“三孩”政策实施 …… 291
区计划生育协会服务 …… 291
就业服务 …… 291
概况 …… 291
招用工平台服务 …… 292
高校毕业生就业 …… 292
农村劳务开发 …… 292
创业带动就业 …… 292
2021 年永川区“大创慧谷”大学生创新创业大赛 …… 292
永川区健康养老行业职业技能竞赛 …… 293
永川区社会服务行业职业技能竞赛 …… 293
永川区制造行业职业技能大赛 …… 293
2021 年永川区家政服务职业技能竞赛 …… 293
2021 年全国行业职业技能竞赛暨中国船舶集团有限公司职业技能竞赛（数控车工项目） …… 293
劳动管理 …… 293
概况 …… 293
居民收入分配 …… 293
劳动关系 …… 293
劳务派遣及劳动合同管理 …… 293
农民工工资支付保障 …… 294
劳动保障监察执法 …… 294
社会保险 …… 294
概况 …… 294
全民参保登记 …… 294
养老金发放及调整 …… 294
机关事业单位养老保险 …… 294
工伤保险 …… 294
失业保险 …… 294
社保基金监管 …… 294
社保降费减负 …… 295
国企退休人员社会化管理移交社区 …… 295
城乡居民合作医疗保险 …… 295
职工医疗保险 …… 295
职工医保“两病” …… 295
大病保险 …… 295
公务员医疗保险 …… 295
药品价格管理 …… 295
医疗救助 …… 295
医保基金监管 …… 296
医保监督检查 …… 296
定点医疗机构管理 …… 296
门诊慢特病费用跨省直接结算试点 …… 296
医保服务站建设试点 …… 296
永川区获批创建“智慧医保”创新应用示范区 …… 296
全民免费接种新冠疫苗 …… 296
张春贤到永川调研“医疗保障法”立法 …… 296
医疗保障基金跨区域监管协作 …… 296
国家医保信息平台正式上线 …… 297
重庆市医保服务站工作推进会在永川召开 …… 297
全市医保基金监管座谈会在永川召开 …… 297
社会救助 …… 297
社会救助体系建设 …… 297
城乡最低生活保障 …… 297
流浪乞讨救助 …… 297
特困人员供养 …… 297
临时救助 …… 297
困难群众基本生活保障 …… 297
乡镇临时救助备用金 …… 297
慈善救助 …… 297
互联网募捐活动 …… 298
永川“中华慈善日”活动和“99 公益日”活动 …… 298
社会福利 …… 298
福利补贴发放 …… 298
福利彩票销售管理 …… 298
儿童福利 …… 299
困境儿童和农村留守儿童关爱保护 …… 299
未成年人保护中心 …… 299
社会养老服务体系建设 …… 299
永川区养老产业展览会 …… 299
永川“智慧养老”云平台 …… 299
重庆市永川区亮哥医养中心 …… 299
重庆静星健康养老服务有限公司 …… 299
重庆智老尊享养老服务有限公司 …… 300
永川区高敬鸿胜利路街道养老服务中心 …… 300
重庆市永川区夕阳之家 …… 300
永川区双石养老服务老年公寓 …… 300

重庆市永川区和睦家养老服务中心 …… 300

住房保障 …… 300

保障性住房管理 …… 300

住房公积金归集 …… 300

住房公积金提取 …… 300

住房公积金贷款 …… 300

社区建设 …… 301

基层群众自治 …… 301

社区治理创新 …… 301

社会工作专业人才队伍建设 …… 301

社会事务 …… 301

概况 …… 301

区划地名管理 …… 301

婚姻和收养登记 …… 301

殡葬管理服务 …… 301

社会组织管理 …… 302

区民政局婚姻收养登记处办公地点搬迁 …… 302

“懂沟通、会表达”亲子教育小组活动 …… 302

红炉镇佛泉寺公益性公墓一期工程 …… 302

老龄政策落实 …… 302

老龄工作宣传 …… 302

老年食堂推广 …… 302

精神文明建设 …… 302

文明行为促进 …… 302

未成年人思想道德建设 …… 302

志愿服务 …… 303

身边好人和道德模范评选 …… 303

社会主义核心价值观 …… 303

文明创建活动 …… 303

全国文明城区创建 …… 303

退役军人事务 …… 303

概况 …… 303

退役军人思想政治建设 …… 303

退役军人安置 …… 303

退役军人就业创业 …… 303

优待抚恤 …… 303

拥军拥属 …… 303

褒扬纪念 …… 304

基层基础服务体系建设 …… 304

区军休中心服务保障 …… 304

区退役军人服务中心服务保障 …… 304

“9·30”公祭日活动 …… 304

军供保障 …… 305

全国重点军供站创建 …… 305

移　民 …… 305

概况 …… 305

移民后期扶持 …… 305

应急管理

防灾减灾 …… 307

自然灾害 …… 307

风险监测 …… 307

灾害信息员队伍建设 …… 307

灾害防治管理 …… 307

救灾物资保障 …… 307

安全生产 …… 307

概况 …… 307

安全生产责任体系建设 …… 307

压实安全监管责任 …… 308

安全生产综合执法 …… 308

安全生产队伍建设 …… 308

安全生产三年专项整治行动 …… 308

企业安全生产标准化创建 …… 309

安全宣传与培训 …… 309

消　防 …… 309

概况 …… 309

消防监管 …… 309

消防执勤备战 …… 310

消防队伍管理 …… 310

应急救援 …… 310

概况 …… 310

应急值守 …… 310

应急预警信息发布 …… 310

应急指挥信息化平台建设 …… 310

“12350”热线 …… 311

应急演练 …… 311

应急救援队伍建设 …… 311

卫生应急 …… 311

镇·街道

临江镇 …… 312

概况 …… 312

政治建设 …… 312

经济建设 …… 312

城镇建设 …… 312

社会建设 …… 313

何埂镇…… 313
概况 …… 313
政治建设 …… 313
经济建设 …… 313
城镇建设 …… 313
社会建设 …… 313
中国共产党永川区何埂镇第八次代表大会 …… 314
松溉镇…… 314
概况 …… 314
政治建设 …… 314
经济建设 …… 314
城镇建设 …… 314
社会建设 …… 315
中国乡村振兴青年服务站和重庆文理学院乡村振兴学院打鱼河村工作站授牌仪式 …… 315
2021 永川・松溉春季旅游消费节 …… 315
中国共产党松溉镇第八次代表大会 …… 315
松溉镇第八届人民代表大会第一次会议 …… 315
朱沱镇…… 315
概况 …… 315
政治建设 …… 315
经济建设 …… 315
城镇建设 …… 316
文化建设 …… 316
社会建设 …… 316
乡村振兴 …… 316
生态文明建设 …… 317
朱沱镇公共服务中心投入使用 …… 317
全国卫生镇创建 …… 317
中国共产党朱沱镇第八次代表大会 …… 317
朱沱镇第八届人民代表大会第一次会议 …… 317
仙龙镇…… 317
概况 …… 317
政治建设 …… 317
经济发展 …… 317
城镇建设 …… 317
社会事业 …… 318
现代农业发展 …… 318
五间镇…… 318
概况 …… 318
政治建设 …… 318
经济建设 …… 318
城镇建设 …… 319
社会建设 …… 319
来苏镇…… 319
概况 …… 319
政治建设 …… 319
经济建设 …… 319
城镇建设 …… 319
生态文明建设 …… 319
社会建设 …… 320
来苏镇第七届人民代表大会第十次会议 …… 320
来苏镇第七届人民代表大会第十一次会议 …… 320
中国共产党来苏镇第八次代表大会第一次会议 …… 320
来苏镇第八届人民代表大会第一次会议 …… 320
宝峰镇…… 321
概况 …… 321
政治建设 …… 321
经济建设 …… 321
城镇建设 …… 321
社会事业 …… 321
红炉镇…… 321
概况 …… 321
政治建设 …… 321
经济发展 …… 321
城镇建设 …… 322
社会事业 …… 322
永荣镇…… 322
概况 …… 322
政治建设 …… 322
经济建设 …… 323
城镇建设 …… 323
生态文明建设 …… 323
社会建设 …… 323
永荣镇第七届人民代表大会第十次会议 …… 324
永荣镇第七届人民代表大会第十三次会议 …… 324
双石镇…… 324
概况 …… 324
政治建设 …… 324
经济建设 …… 324
城镇建设 …… 324
社会建设 …… 324
三教镇…… 325
概况 …… 325
政治建设 …… 325
经济建设 …… 325
城镇建设 …… 325
社会建设 …… 325
中国共产党永川区三教镇第八次代表大会 …… 325
三教镇第八届人民代表大会第一次会议 …… 326

板桥镇…… 326
概况 …… 326
政治建设 …… 326
经济发展 …… 326
城镇建设 …… 326
社会事业 …… 326
青峰镇…… 327
概况 …… 327
政治建设 …… 327
经济建设 …… 327
社会建设 …… 327
青峰场镇中心街区改造工程 …… 328
中国共产党永川区青峰镇第八次代表大会 …… 328
青峰镇第八届人民代表大会第一次会议 …… 328
金龙镇…… 328
概况 …… 328
政治建设 …… 328
经济建设 …… 328
文化建设 …… 328
社会建设 …… 329
生态文明建设 …… 329
中国共产党重庆市永川区金龙镇第八次代表大会 …… 329
金龙镇第八届人民代表大会第一次会议 …… 329
吉安镇…… 329
概况 …… 329
政治建设 …… 329
经济建设 …… 330
城镇建设 …… 330
社会建设 …… 330
中山路街道…… 330
概况 …… 330
政治建设 …… 330
经济建设 …… 331
城区建设 …… 331
社会建设 …… 331
社会治理创新 …… 331
胜利路街道…… 331
概况 …… 331
政治建设 …… 332
经济发展 …… 332
城区建设 …… 332
社会事业 …… 332
生态文明建设 …… 332
率先打造社会矛盾纠纷联调中心 …… 333
多元合作互助推进社区居家养老服务 …… 333
安全风险管理平台投用 …… 333
南大街街道…… 333
概况 …… 333
经济发展 …… 333
城镇建设 …… 333
社会事业 …… 334
重庆市乡村振兴示范村（黄瓜山村）开园 …… 334
茶山竹海街道…… 334
概况 …… 334
政治建设 …… 334
经济建设 …… 334
城乡建设 …… 334
社会事业 …… 335
茶山竹海路段绿色公路提升项目 …… 335
卫星湖街道…… 335
概况 …… 335
政治建设 …… 335
经济建设 …… 335
城镇建设 …… 336
社会建设 …… 336
星湖路片区街区改造工程 …… 336
国家卫生镇创建通过初评估 …… 336
页岩气勘探工作启动 …… 336
大安街道…… 336
概况 …… 336
政治建设 …… 337
经济发展 …… 337
城区建设 …… 337
社会事业 …… 337
陈食街道…… 337
概况 …… 337
政治建设 …… 337
经济建设 …… 338
城区建设 …… 338
社会事业 …… 338
土地征收 …… 338

人物·荣誉

全国五一劳动奖章…… 339
重庆市第六届劳动模范…… 339
重庆市先进工作者…… 340
2021 年度“感动永川人物” …… 340
第三届十大“永川工匠” …… 342

永川区第三届十大“服务标兵” …………………………… 343
集体荣誉………………………………………………………… 344
个人荣誉………………………………………………………… 353

附　录

重庆市永川区人民代表大会常务委员会工作报告……… 370
重庆市永川区人民政府工作报告……………………………… 374
组织机构及负责人名录……………………………………… 387
重庆市永川区2021年国民经济和社会发展统计公报 … 397

索　引

……………………………………………………………………… 400

解放思想　守正创新　担当实干
加快打造高质量发展先行区、高品质生活示范区

——在中国共产党重庆市永川区第十五次代表大会上

中共重庆市永川区委书记　张智奎

（2021年12月28日）

中国共产党重庆市永川区第十五次代表大会，是我区在实现第一个百年奋斗目标，踏上实现第二个百年奋斗目标新的赶考之路的关键时刻，召开的一次十分重要的大会。

大会的主题是：高举中国特色社会主义伟大旗帜，坚持以习近平新时代中国特色社会主义思想为指导，深入学习贯彻党的十九届六中全会精神、习近平总书记“七一”重要讲话精神和对重庆工作系列重要指示批示精神，全面落实党中央决策部署及市委工作要求，解放思想、守正创新、担当实干，加快打造高质量发展先行区、高品质生活示范区，奋力谱写好社会主义现代化建设的永川篇章。

一、区第十四次党代会以来的工作

区第十四次党代会以来的五年，是永川人民抢抓历史性机遇，推动永川发展取得重大进展的五年。五年来，面对复杂严峻的经济形势，面对决战脱贫攻坚、决胜全面小康的重大使命，面对推动成渝地区双城经济圈建设和重庆“一区两群”协调发展的重大机遇，面对新冠肺炎疫情的严重冲击，在党中央及市委的坚强领导下，十四届区委紧紧围绕把总书记殷殷嘱托全面落实在永川大地上这条主线，坚决打好“三大攻坚战”，深入实施“八项行动计划”，团结带领全区干部群众砥砺前行、真抓实干，胜利完成区第十四次党代会确定的主要任务。

——综合经济实力显著增强。经济总量迈过千亿元大关。产业转型升级步伐加快，去落后产能成效明显，新引进长城、雅迪等一批龙头企业，推动工业经济翻开崭新篇章。数字经济蓬勃发展，重庆云谷·永川大数据产业园成为全市单体规模最大的大数据产业基地。现代服务业持续壮大，现代特色高效农业初具规模，成功创建首批国家农村产业融合发展示范园。

——城乡建设水平大幅提升。九永高速、永泸高速（永川段）建成通车，永川成为重庆中心城区以外首个拥有高速环线的区县。渝昆高铁及永川南站加快建设，大安通用机场建成投用，区域综合交通枢纽功能初步显现。城市品质进一步提升，规划馆、博物馆、体育馆等一批功能设施建成投用，刷新了城市地标。永川成为人口净流入城市。镇域服务功能不断完善，建成一批乡村振兴示范点，带动乡村面貌持续改善。

——改革开放创新成效明显。供给侧结构性改革持续深化，农村改革试验区建设、医共体建设等走在全国前列，社会救助综合改革试点经验全市推广，完成机构改革各项工作。永川国家高新区、综合保税区获批建设，永川海关、永川港海关监管场所设立。营商环境持续改善，市场主体活力得到有效激发和保护。成功举办世界木材与木制品贸易大会、国际女足锦标赛、国际茶文化旅游节，承办推动成渝地区双城经济圈建设重庆四川党政联席会议第三次会议、重庆市第六届运动、重庆市第六届残疾人运动会等活动，永川对外影响力不断提升。建成创新靶向药物等一批国家级科技创新和成果转化平台，全社会研发经费投入占比提升到2.75%。

——生态环境质量持续改善。污染防治攻坚战实现突破，临江河流域综合治理取得重大成果，水质由劣Ⅴ类提升到Ⅲ类，带动全域水环境大幅改善。长江永川段水质常年稳定在Ⅱ类。交通、工业、生活和扬尘污染防治成效明显，全区环境空气质量持续向好。建成垃圾渗滤液处理等一批固废危废处置设施，带动土壤污染防治能力大幅提升。深入实施国土绿化行动，全区森林覆盖率达到51%。

——社会民生事业全面进步。精准脱贫攻坚战圆满收官，如期实现全面小康。全力做好疫情防控，集中收治并全部治愈渝西8个区90名确诊病例。用心用力办好民生实事，完成一批老旧小区改造提升。创业就业形势良好，调查失业率控制在5%以内。义务教育加快发展，新建成投用中小学校9所，成功创建全国义务教育发展基本均衡区。职业教育量质并举，职业院校达到17所、职教学生达到15.8万人。新区妇幼保健院、儿童医院建成投用，新区人民医院完成扩建，新区中医院加快建设，打造区域性医疗中心取得积极进展。城乡文体、科教等公共服务和医疗、救助等社会保障水平进一步提升。

——民主法治建设不断加强。支持和保障区人大及其常委会依法行使职权、区政府依法行政、区政协依章程开展工作，党的领导核心作用充分发挥。创新推进各领域统战工作，爱国统一战线持续巩固壮大。工会、共青团、妇联等群团组织桥梁纽带作用进一步加强。党管武装工作取得新成效，成功创建全市“双拥”模范城。全面依法治区扎实推进。防范化解重大风险攻坚战、扫黑除恶专项斗争成效明显。社会治理水平进一步提升，建成投用社会矛盾纠纷联调中心，实现矛盾纠纷一站式、全链条化解。创新设立乡贤评理堂，成为新时代“枫桥经验”的重庆实践。

——全面从严治党纵深推进。坚持把党的政治建设作为党的根本性建设，推动全区党员、干部切实增强“四个意识”、坚定“四个自信”、做到“两个维护”，牢记“国之大者”，以实际行动践行市委“三个确保”政治承诺。常态化开展贯彻落实习近平总书记对重庆所作重要讲话和系列重要指示批示精神“回头看”，扎实推进中央及市委巡视、国家及市级专项督察检查、审计等反馈问题整改工作，坚决做到有令必行、有禁必止。持之以恒深学笃用习近平新时代中国特色社会主义思想，不断把学习成果转化为生动实践、工作实效。推进“两学一做”学习教育常态化制度化，深入开展“不忘初心、牢记使命”主题教育，扎实开展党史学习教育和“四史”宣传教育，组织开展庆祝建党100周年系列活动。深入贯彻新时代党的组织路线，以提升组织力为重点，推动各领域党建工作不断加强。圆满完成镇村换届工作，有序推进区级领导班子换届。大力实施科教兴区和人才强区行动计划，人才工作效能稳步增强。牢牢掌握意识形态工作领导权。严格落实中央八项规定及其实施细则精神，强化监督执纪，党风廉政建设和反腐败斗争不断向纵深发展。

过去五年，是永川经济社会发展综合实力提升最快、转型发展成效最大、人民群众得实惠最多的时期之一。全区干部群众充分发扬“永立潮头、海纳百川”的永川精神，勇争一流、追求卓越，推动永川获得国家城乡融合发展试验区、国家卫生区、全国法治政府建设示范区等一批“国字号”金字招牌，成为首批全国“科创中国”试点城市、首批全国市域社会治理现代化试点创建城市、国家城市医联体建设试点城市，双创、河长制、公立医院综合改革等工作受到国务院通报表扬。

过去五年，是永川大事、喜事、难事交织，发展历程极不平凡的五年。我们迎来了中国共产党成立100周年、新中国成立70周年、改革开放40周年，更加坚定了在中国共产党的领导下、走中国特色社会主义道路的信心决心。面对突如其来的新冠肺炎疫情、“六稳”“六保”的艰巨任务、旱涝交替的自然灾害、令人痛心的安全事故，广大党员、干部关键时刻冲得上去、危难关头豁得出来，敢于担当、迎难而上，与全区人民一道，化解了一个又一个风险、战胜了一个又一个挑战，全力维护永川来之不易的稳定环境和发展局面。事实证明：全区各级党组织是经得起考验的战斗堡垒，永川干部队伍是一支能打仗、打硬仗、打胜仗的坚强团队！只要我们继续艰苦奋斗、团结奋斗、不懈奋斗，就一定能在新的赶考之路上再创佳绩、再铸辉煌！

五年砥砺奋进，经验弥足珍贵。回顾区第十四次党代会以来的生动实践，我们深切地体会到：做好永川的工作，必须旗帜鲜明讲政治，自觉在思想上政治上行动上同以习近平同志为核心的党中央保持高度一致，坚持以习近平新时代中国特色社会主义思想武装头脑、指导实践、推动工作，不折不扣落实好党中央决策部署及市委工作要求。必须牢固树立以人民为中心的发展思想，坚持人民至上，坚持发展为了人民、发展依靠人民、发展成果由人民共享，不断激发全体人民的积极性、主动性、创造性，满足人民对美好生活的向往。必须完整准确全面贯彻新发展理念，锚定更高质量、更有效率、更加公平、更可持续、更为安全的发展，切实破解发展难题、增强发展动力、厚植发展优势。必须深化改革开放创新，破除制约高质量发展、高品质生活的体制机制障碍，强化有利于提高资源配置效率、有利于调动全社会积极性的改革开放创新举措，持续增强发展动力活力。必须强化系统观念，坚持从全局谋划一域、以一域服务全局，积极融入、服务国家战略及全市发展大局，统筹发展和安全，着力固根基、扬优势、补短板、强弱项。必须坚持党要管党、全面从严治党，以永远在路上的清醒和坚定，推动自我净化、自我完善、自我革新、自我提高，强化全面从严治党的引领保障作用，凝聚加快永川发展的强大合力。这些经验启示，我们要倍加珍惜、长期坚持、丰富发展。

五年砥砺前行，成绩来之不易。永川发展所取得的成绩，是以习近平同志为核心的党中央领航定向、坚强领导的结果，是市委、市政府科学决策、正确领导的结果，离不开市级各部门、社会各界的大力支持，得益于历届区委班子接续奋斗奠定的坚实基础，归功于全区干部群众携手同心、拼搏实干。在此，我代表十四届区委，向全区广大党员和干部群众，向老领导、老同志，向各民主党派、无党派、各人民团体和社会各界人士，向驻永部队和武警官兵，向参与永川建设的同志们，向所有关心、支持永川发展的朋友们，表示衷心的感谢并致以崇高的敬意！

在总结成绩的同时，也要更加清醒地看到，前进的道路上仍面临不少风险和挑战，我们的工作离市委的要求和群众的期待还有不小差距。区域发展竞争加剧，永川发展不平衡不充分的问题仍然存在，工业规模质量效益还有待提升，战略性新兴产业发展不足，城乡区域协调发展任务繁重，一些体制机制障碍尚未破除，开放创新平台作用发挥不够充分，生态环境保护压力依然较大，基础设施和公共服务存在不少短板，社会治理有待加强，干部素质能力还需进一步提高，等等。对此，我们必须高度重视，认真加以解决。

二、今后五年的总体要求和奋斗目标

今后五年，永川将迎来加快推动高质量发展、创造高品质生活的战略机遇期。从全球看，世界百年未有之大变局加速演进，新一轮科技革命和产业变革深入推进，国际力量对比深刻调整，我国经济韧性强，长期向好的基本面不会改变，为永川发展提供了良好的外部环境。从全国看，党中央深入推进“一带一路”倡议，长江经济带发展以及新时代西部大开发、成渝地区双城经济圈建设等战略，川渝共建川南渝西融合发展试验区和泸永江融合发展示范区，为永川发展提供了难得的历史机遇。从全市看，重庆推动“一区两群”协调发展和主城都市区同城化发展，为永川发展提供了重要的政策支撑。就永川而言，突出的区位优势、扎实的产业基础、互联互通的交通设施、宜居宜业的城乡环境、蓬勃发展的职业教育和勇争一流的干事创业氛围，为永川发展积蓄了更多的有利条件。

今后五年，永川发展的总体要求是：高举中国特色社会主义伟大旗帜，深入贯彻党的十九大和十九届历次全会精神，坚持以马克思列宁主义、毛泽东思想、邓小平理论、“三个代表”重要思想、科学发展观、习近平新时代中国特色社会主义思想为指导，全面贯彻党的基本理论、基本路线、基本方略，全面落实习近平总书记对重庆提出的营造良好政治生态，坚持“两点”定位、“两地”“两高”目标、发挥“三个作用”和推动成渝地区双城经济圈建设等重要指示要求，坚决落实党中央决策部署及市委工作要求，统筹推进“五位一体”总体布局，协调推进“四个全面”战略布局，把握新发展阶段，完整准确全面贯彻新发展理念，融入新发展格局，坚持稳中求进工作总基调，以推动高质量发展为主题，以深化供给侧结构性改革为主线，以改革创新为根本动力，以满足人民日益增长的美好生活需要为根本目的，统筹发展和安全，强化党建引领示范，奋力谱写永川高质量发展、高品质生活新篇章。

今后五年，永川发展的总体思路是：全面实施“2235”发展思路，着力以产聚人兴城、以城留人促产，推动永川各项事业发展再上新台阶。

——*坚持两大发展定位*。成渝地区双城经济圈枢纽节点。永川位于成渝发展主轴上，必须发挥好左传右递、承东接西的重要作用，努力在成渝地区双城经济圈建设中打头阵、挑重担、作示范。重庆主城都市区战略支点。永川作为重庆主城都市区支点城市，必须发挥好战略支点的作用，加快提升产业核心竞争力、城市综合承载力、发展辐射带动力，在重庆主城都市区同城化发展中作出更大贡献。

——*紧扣两大发展任务*。打造高质量发展先行区。这是市委对永川发展提出的明确要求。我们必须立足现实基础，发挥比较优势，扛起肩上责任，在推动高质量发展中敢为人先、开拓进取，推动各项事业走在前、当标杆。打造高品质生活示范区。这是市委对永川发展寄予的殷切期望。推动高质量发展的最终目的是让广大人民群众享受高品质生活，我们必须坚持以人民为中心的发展思想，在推动生态更优美、保障更健全、配套更完善、文化更繁荣、社会更和谐上下功夫、作示范，不断提高人民群众生活品质。

——*突出三大发展重点*。加快建设区域性中心城市。推动空间布局更加优化、基础设施更加健全、公共服务更加完善，提高集聚力和辐射力，打造区域综合交通物流枢纽和区域性创新中心、消费中心、金融中心、医疗中心、应急救援中心，使城市成为承载产业和人口的主载体，发挥节点和支点作用的主支撑。着力建设现代制造业基地。做大做强国家高新区，加速集聚科技资源，激活创新要素，推动产业集群发展，形成对周边区域具有强大带动力的先进制造业集聚区。提质建设西部职教基地。推动职业教育特色发展、提质扩容，深化产教融合、校企合作，提高吸引力和影响力，使永川成为技术技能人才培养成长的摇篮。

——*实施五大发展行动*。产业能级提升行动。加大组链延链补链强链力度，加快产业高端化、智能化、绿色化、融合化发展，促进产业不断转型升级、扩大规模，提高科技创新力和核心竞争力。产城景融合发展行动。注重以产兴城、产城一体、城景互融，打造相互融合、相互支撑、相得益彰的有机整体，全方位提升城市品质和能级。城乡融合发展行动。统筹城市提升与乡村振兴，加快城乡要素流通，促进新型工业化、信息化、城镇化、农业现代化同步发展，推动城乡各美其美、美美与共。开放创新发展行动。强化开放引领，以开放倒逼改革、破解瓶颈制约，用开放促进创新、厚植发展优势，增强发展动力活力。绿色低碳发展行动。围绕碳达峰碳中和目标，着力转变发展方式，构建绿色低碳循环发展体系，实现生态美、产业兴、百姓富有机统一。

今后五年，永川发展的奋斗目标是：五大发展行动深入实施，成渝地区双城经济圈枢纽节点、重庆主城都市区战略支点功能作用更加突出，高质量发展先行区、高品质生活示范区建设成效明显，基本建成“双百”区域性中心城市、现代制造业基地、西部职教基地。

——*经济规模质量效益迈上新台阶*。经济实力实现新跨越。主要经济指标较快增长，经济总量在全市占比进一步提升。产业转型升级实现新跨越。初步构建起集群更加完善，规模效应进一步显现，核心竞争力持续增强的现代产业体系，经济实现质的稳步提升，对周边地区发展的带动能力显著增强。发展动力活力实现新跨越。

高质量发展的政策体系更加健全，开放的广度和深度显著提升，创新活力进一步增强，市场主体发展动能更加强劲。

——城乡建设发展迈上新台阶。城市建设取得新突破。产城景融合发展更加深入，城市产业集聚能力、综合承载力、公共服务能力显著提升，力争城区面积达到100平方千米、人口达到100万人。产业、职教与城市发展融合更加紧密，成为全国知名的“职教基地、智造重镇、品质之城”。乡村建设取得新突破。脱贫攻坚成果巩固拓展，乡村振兴成效显著，农村人居环境明显改善，乡风民风焕然一新，建成一批国家级、市级乡村振兴示范点。城乡融合发展取得新突破。城乡基础设施和基本公共服务一体化水平显著提升，要素流动更加畅通、体制机制更加完善，城乡发展和城乡居民生活水平差距逐步缩小。

——生态文明建设迈上新台阶。绿色低碳发展展现新成果。国土空间开发更加科学有效，能源资源配置更加合理、利用效率大幅提升，生产生活方式绿色转型成效明显。突出生态环境问题治理展现新成果。污染防治攻坚战深入推进，生态保护卓有成效，山清水秀的自然之美有力呈现。现代环境治理体系建设展现新成果。生态文明制度体系更加健全，市场主体和公众参与环境治理积极性明显提高，基本构建起导向清晰、决策科学、执行有力、激励有效、多元参与、良性互动的环境治理体系。

——民生事业发展迈上新台阶。城乡居民收入达到新水平。就业更加充分更有质量，居民收入增长和经济增长基本同步，共同富裕取得积极进展。基本公共服务达到新水平。教育、医疗、养老等基本公共服务供给更加优质均衡，社会文明程度进一步提高。社会保障达到新水平。多层次社会保障体系更加健全，社会保障能力明显提高，人民享受到更殷实、更安康、更舒适的高品质生活。

——社会治理现代化迈上新台阶。法治建设得到新提升。宪法和法律得到有效实施，社会公平正义进一步彰显，政府作用更好发挥，行政效率和公信力显著提升。社会治理创新得到新提升。政治引领作用、法治保障作用、德治教化作用、自治基础作用、智治支撑作用进一步增强，共建共治共享的社会治理制度更加完善。平安建设得到新提升。防范化解重大风险能力和水平不断提高，突发公共事件应急能力显著增强，自然灾害防御水平明显提升，发展安全保障更加有力，群众获得感、幸福感、安全感更加充实、更有保障、更可持续。

市委对永川高质量发展寄予厚望，全区人民对高品质生活充满向往。站在新的起点上，憧憬永川发展的美好未来，我们信心百倍、壮志满怀。只要我们咬定青山不放松、撸起袖子加油干，我们的目标就一定能够实现！

三、加强党的全面领导和党的建设，为打造高质量发展先行区、高品质生活示范区提供坚强保证

办好永川的事，关键在党，关键在全区各级党组织和广大党员干部。要旗帜鲜明讲政治，在学思践悟中坚定政治方向，在破立并举中净化政治生态，在固强补弱中提升治理效能，做到管党有方、治党有力、建党有效。

（一）坚持把党的政治建设摆在首位。深入学习宣传贯彻党的十九届六中全会精神，推动全区党员、干部切实将“两个确立”的政治成果转化为“两个维护”的政治自觉，转化为对习近平新时代中国特色社会主义思想的忠实践行，转化为履好职责、做好工作的实际行动，坚决兑现市委“三个确保”政治承诺，提高政治判断力、政治领悟力、政治执行力。一以贯之学懂弄通做实习近平新时代中国特色社会主义思想，更好做到用心学进去、用情讲出来、用力做起来。深化拓展党史学习教育和“四史”宣传教育成果，弘扬伟大建党精神和共产党人精神谱系，引导全区党员、干部坚定理想信念，做到对党绝对忠诚。严明政治纪律和政治规矩，持续巩固发展良好政治生态。

（二）充分发挥党的领导核心作用。坚持和加强党的全面领导，支持区人大、政府、政协和监委、法院、检察院依法依章程履行职能、开展工作。巩固和发展最广泛的爱国统一战线，支持民主党派、工商联和无党派人士履职尽责、发挥作用。认真做好民族宗教工作。进一步增强工会、共青团、妇联等群团组织的政治性、先进性、群众性。用心用情用力做好老干部工作，加强涉老组织建设，持续做好关心下一代工作。严格落实意识形态工作责任制，深入践行社会主义核心价值观，着力凝聚发展正能量。坚持党管武装，扎实做好国防建设、军民融合等工作，积极创建全国“双拥”模范城。

（三）着力打造高素质专业化干部人才队伍。坚持新时期好干部标准，持续优化区管领导班子结构，着力引进培育一批专业紧缺、岗位亟需的优秀干部。加强年轻干部思想淬炼、政治历练、实践锻炼、专业训练，实施年轻干部“四百计划”，全面提升专业能力、塑造专业精神。切实抓好领导班子和领导干部教育培训，开展读书学习活动，引导党员干部学习历史知识、厚植文化底蕴、强化生态观念。加强调查研究，坚持“三严三实”，着力打造忠诚干净担当的干部队伍。坚持党管人才，持续涵养近悦远来人才生态，加快建设成渝地区有影响力的人才高地。

（四）不断夯实党的基层基础。牢固树立大抓基层的鲜明导向，深入实施农村党建提升、城市党建引领、模范机关创建、国企党建提质、“两新”党建攻坚行动，统筹推进其他各领域党建工作，推动基层党建全面升级。严格党内组织生活，提升党员发展质量，加强党员教育管理，充分发挥党员先锋模范作用。进一步健全和落实党组织领导的城乡基层治理体系，以“党建+”为抓手，着力打造一批基层治理品牌。

（五）深入推进党风廉政建设和反腐败斗争。持之以恒落实中央八项规定及其实施细则精神，毫不松懈纠治“四风”，深入开展形式主义、官僚主义专项整治，持续整治群众身边腐败和作风问题，巩固拓展作风建设成果。深化政治巡察，突出政治监督，进一步健全完善监督体系，推动各类监督贯通协同、提质增效。始终保持惩治腐败高压态势，一体推进不敢腐、不能腐、不想腐。认真落实“三个区分开来”要求，深化标本兼治，着力营造风清气正、干净干事的良好氛围。

党政军民学，东西南北中，党是领导一切的。我们要坚持党的全面领导不动摇，坚决维护党的核心和党中央权威，不断提高党的建设质量，为永川加快高质量发展、创造高品质生活提供坚强保证！

四、统筹城市提升和乡村振兴，着力打造“双百”区域性中心城市

永川既有精美城市、也有广袤农村。要统筹好城市提升和乡村振兴两个基本面，着力提升城市功能品质，激发乡村动力活力，加快打造成渝发展主轴的品质之城、中心城市，建设产业兴旺、生态宜居、乡风文明、治理有效、生活富裕的美丽乡村。

（一）进一步优化城镇空间布局。科学优化国土空间布局，加快构建“一中心、两组团、十二镇”的城镇体系，持续提升新型城镇化质量。突出主城区作为全区政治、经济、文化中心的功能定位，启动科技生态新城建设，同步精耕细作老城、新城存量空间，全面提升产业承载力、要素集聚力和区域辐射力，做大做强主城区。有序推进港桥组团建设，着力构建水公铁一体化的集疏运现代交通运输体系，以产业发展为引领，推动朱沱镇、松溉镇一体化发展，打造沿江经济示范带；持续优化三教组团功能，推进三教产业园和三教镇、板桥镇融合发展。按照“因地制宜、突出特色”的原则，推动农商旅融合，发展镇域经济。有序推进场镇改造提升，建设美丽宜居小镇，更好发挥镇域连接城乡、服务“三农”、多点支撑的作用。

（二）加快推动基础设施建设。围绕打通大动脉、畅通微循环，实施交通强区计划，在铁公水空上持续发力，着力打造区域综合交通枢纽。加快渝昆高铁建设，推进永川至重庆中心城区市域铁路规划建设，着力构建“一枢纽九干线三支线”的铁路网。加快推进成渝高速扩能、永自高速等项目建设，着力构建“一环十一射”的高速公路网，基本实现“镇镇通高速”。积极推进永川至重庆中心城区的东西快速物流通道建设。着力提升永川港运营能力，有序推进朱沱港区建设。充分发挥大安通用机场作用，打造航空培训、产业培育、休闲消费、应急救援基地。优化域内交通网络，加大普通干线公路改造力度，完善城市综合交通系统，推动农村公路提档升级，着力形成内畅外联的交通运输体系。扎实推进渝西水资源配置工程、天然气骨干气源管线接入工程、500千伏输配电工程等基础设施项目和以5G为代表的新型基础设施建设，持续增强经济社会发展保障能力。

（三）深入实施城市提升。坚持以产聚人兴城、以城留人促产，全面提升城市能级，打造美丽公园城市，建设生活品质之城。高水平规划建设科技生态新城，突出科技导向、产业支撑、生态本底、人居核心理念，加强统筹谋划，把握开发节奏，创新开发模式，强化高端要素资源配置，加快布局一批科技创新、生物医药及大健康、职业教育、文旅融合等示范项目，适度超前实施一批具有先导性、牵引性作用的基础设施和配套设施项目，打造成渝地区双城经济圈科技创新新平台、产业发展新园区、智慧城市新高地、生态城市新典范，成为践行新发展理念、推动高质量发展的示范新区。推动新城区提档升级，加强产业培育，提升环境品质，完善公共服务配套，促进产业人口要素高效集聚，全面增强城市活力和竞争力，打造宜居宜业宜游的高品质新城区。推进老城有机更新，实施三年提质改造计划，推进街道创生、里巷更新、商业活化，深化背街小巷综合整治，支持老旧房屋电梯加装，加快望城公园、桃花山公园建设，推动三河汇碧—北山公园片区改造升级，加强城市文脉和历史风貌保护传承，充分彰显永川城市底蕴和魅力。

（四）全面推进乡村振兴。严格落实“四个不摘”要求，推动巩固拓展脱贫攻坚成果同乡村振兴有效衔接。聚焦产业振兴，加快农业专业化、标准化、规模化、集约化发展，打造一批“一村一品”示范村镇。聚焦人才振兴，完善乡村人才支持政策，加大人才培养力度，积极外引回引各类人才来永或返乡创业，持续增强乡村发展活力。聚焦文化振兴，加强农村思想道德建设和公共文化建设，大力弘扬传统文化、新乡贤文化，带动形成文明乡风、良好家风、淳朴民风。聚焦生态振兴，深入开展农村人居环境整治，推进农村“厕所革命”，进一步完善农村生活设施，推动风貌改造，建设一批美丽院落、美丽乡村。聚焦组织振兴，持续加强农村基层党组织带头人队伍建设。注重以点带面，集中连片打造一批乡村振兴示范区，增强乡村振兴的带动性和影响力。

（五）大力促进城乡融合发展。扎实推进国家城乡融合发展试验区建设，统筹城乡规划建设，促进产业发展协同协作、基础设施互联互通、公共服务共建共享。进一步健全城乡融合发展体制机制和政策体系，引导城乡要素双向流动。试行以经常居住地登记户口制度，建立健全常住地提供基本公共服务制度，促进农业转移人口全面融入城市，提高市民化质量。积极推进土地流转和地票、林票交易，推行农村集体经营性建设用地入市制度，探索农村宅基地入市制度改革，切实为农村发展注入新动能。

城市提升是永川发展的最强动力，乡村振兴是永川发展的最大潜力，城乡融合是永川发展的最高境界。我们要坚持工农互促、城乡互补，协调发展、共同繁荣，努力实现城市让生活更美好、乡村让城市更向往！

五、加快产业转型升级，着力打造现代制造业基地

产业是发展的根基。要以永川国家高新区高质量发展为引领，以产业集群发展为重点，以提升质量和效益为核心，加快构建规模效益显著、核心竞争力突出的现代产业体系。

（一）做大做强永川国家高新区。高新区是科技的集聚地、创新的孵化器、产业的集聚区，是永川未来发展的出路所在、希望所在、魅力所在。聚焦“高”“新”两篇文章，坚持“发展高科技、实现产业化”方向，努力把高新区打造成为先进制造集聚区、创新驱动引领区、开放发展先行区、产城职创融合发展示范区。加快推动高新区实体化、一体化运行，促进高新区和园区深度融合发展。进一步明晰高新区各板块功能定位、发展方向和发展重点，通盘考虑产业布局，着力集聚科技资源，以科技引领支撑产业高质量发展。坚持创新引领、数智赋能、场景驱动、生态营造协同发力，围绕新兴产业，加快布局新赛道、培育新动能，壮大高新技术企业集群，吸引培育一流创新人才，打造一批知名高校、科研院所、研发中心等创新平台，加强对科技创新创业的服务支持，努力集聚更多创新因子，释放更大创新活力。

（二）培育壮大先进制造业集群。牢固树立工业强区理念，实施工业倍增计划，以亩产论英雄、以科技促转型、以绿色谋长远、以安全守底线，着力构建“5+3”产业体系，发展壮大汽车摩托车、电子信息、智能装备、智能家居及材料、特色消费品5大支柱产业，创新培育生物医药及大健康、新能源、民用航空3大新兴产业，打造一批百亿级千亿级先进制造业集群，推动规上工业总产值实现翻番。强化招商引资，坚持一个产业一个规划、一个团队、一套政策、一个生态体系，依托优势存量招引关联企业，围绕主导产业招引头部企业，着力引进培育一批“链主企业”，实施一批组链延链补链强链项目，以链成群、以群固链，推动产业链上下游配套、同类企业集群发展。加大招才引智力度，加速人才、技术集聚，持续增强产业发展内生动力。积极承接先进科技成果转化项目，加快培育战略性新兴产业。强化科技赋能，促进传统产业智能化、绿色化转型。坚持抓大、扶小、育新有机结合，支持企业上云上规上市，推动大中小企业融通发展。

（三）建设西部数字产业基地。围绕数字产业化、产业数字化，依托重庆云谷·永川大数据产业园，加快打造西部数字产业基地。聚焦数字影视产业，着力引进一批数字文创、影视制作龙头企业，积极构建产业生态，打造全国一流的数字影视产业基地。提档升级服务外包产业，加速推动呼叫中心向“智能客服”“数据服务”转型。提速壮大软件、人工智能及物联网、自动驾驶、云计算、新型电商等重点产业，不断提升数字经济规模效益。加强对新技术、新业态、新模式的前瞻研判，引导企业加紧研究、适时布局未来虚拟世界与现实社会相交互的重要平台。推动数字经济与实体经济融合发展，打造一批工业互联网平台、5G+数字化车间、智能工厂，促进制造业加速向数字化、网络化、智能化发展。以智慧交通、智慧医疗试点为突破，以智能中枢、大数据运行管理平台为重点，加快建设新型智慧城市。积极拓展数字化应用场景，加强数字社会、数字政府建设，提升全民数字素养，打造具有示范引领作用的智慧名城。积极参与国内外数字经济合作，切实营造推动数字经济发展的浓厚氛围。

（四）提档升级现代服务业。落实好扩大内需战略，突出地域特色、文化特色、产业特色，加快消费供需优化升级，着力留住本地消费、吸引外来消费，打造区域性消费中心，助推重庆国际消费中心城市培育建设和巴蜀国际消费目的地建设。大力发展商贸业，规划建设低密度生态商务区，统筹布局标志性消费商圈、特色名街名镇、特色夜市街区、历史文化街区，培育发展多元化专业市场集群。大力发展现代物流业，加快推进物流园区、物流节点、镇村物流配送点建设，完善物流配送体系，积极引育市场主体，打造区域物流枢纽。大力发展现代金融业，持续壮大金融机构，引育融资租赁、基金管理、汽车金融等新型金融机构，支持金融产品创新，打造区域性金融中心，在西部金融中心建设中发挥应有作用。强化全域旅游理念，大力发展现代旅游业，推进文旅、商旅多元融合，提档升级乐和乐都、茶山竹海、松溉古镇等景区，积极开发新景点，打造“双城会客厅、西部欢乐城”。创新发展现代会展业。加快发展工业设计、中介服务、科技服务等服务业，推动现代服务业与先进制造业渗透融合。促进线上线下服务业融合发展。

（五）持续壮大现代特色高效农业。深入实施优质粮油工程，推进宜机化改造，加大高标准农田、千年良田及粮油标准化生产基地建设力度，加快农业现代化进程。严禁耕地“非农化”、防止“非粮化”，切实保障粮食安全。依托国家农业科技园区和市级现代农业园区，发挥特作所、茶研所等科研院所作用，做大做强茶叶、食用菌、特色水果等优势产业，积极发展生姜、辣椒等调味作物，与泸州、江津共同打造跨区域优质茶叶、晚熟龙眼荔枝、花椒产业带，做靓“永川秀芽”品牌。大力培育新型农业经营主体，健全农机社会化服务体系，提升农业综合生产能力。加快发展豆豉等农产品加工业，提升电商进农村水平，推动一、二、三产业融合发展。

产业强，则永川强。我们要把制造业转型升级放在更加突出的位置，紧紧依靠科技创新推动制造业高质量发展，加快培育数字经济，大力发展现代服务业和特色高效农业，全力打造成渝地区双城经济圈新的重要增长极！

六、推动产城职创融合发展，着力打造西部职教基地

职业教育是永川的靓丽名片。要坚持特色引领、提质扩容、产教融合，深化城校互动、校企合作，加快产城职创融合发展，深化与泸州、江津等地的合作，共建“中国西部职教城”，共塑“巴蜀工匠”品牌，为西部高质量发展提供源源不断的人才及技能支撑。

（一）创新推动提质扩容。实施职教提质工程，支持中职院校加快双优建设，支持高职院校加快双高建设和办本建大，支持应用型本科院校加快双一流建设。积极推动筹建重庆技术大学，持续深化教师、教材、教法改革，加强学科和专业群建设，加快培养更多高素质技术技能人才、能工巧匠、大国工匠。实施职教扩容工程，支持做大现有院校，着力引进优质院校，进一步壮大职教规模。创新职业院校投资建设模式，健全多元办学格局，引导激励企业和社会力量举办高质量职业教育。

（二）深入推进产教融合。支持院校对接永川及西部主导产业开设更多紧缺专业、新兴专业，形成紧密对接产业链、创新链的专业体系，提升院校供给水平。充分发挥西部职教集团作用，打造一批产教融合型企业、示范园区，争创全国产教融合试点城市。

加快建设产教融合集成平台，推动专业供给与产业需求精准对接、无缝衔接。完善政策措施，引导职教毕业生在永川高质量就业创业。

（三）持续优化职教生态。加快职普融通、纵向贯通，创新职普双向融通联合育人模式，一体化设计职业教育人才培养体系，支持中职与高职、高职与应用本科贯通的长学制培养，增强职业教育适应性。完善职教激励政策，支持职业院校引进更多高层次人才。发挥集聚优势，加强服务创新，推动职业院校“师资共享、专业共建、人才共育、设施共用”。积极举办西部职教高峰会等全国性、区域性论坛活动，持续提升职教基地知名度和影响力。

（四）着力推进教育科技人文融合发展。加快环重庆文理学院创新生态圈建设，支持职业院校建设大学科技园，推进技术创新研究院、科技企业孵化器、众创空间等创新载体建设，加大高层次人才引进力度，开展关键技术攻关，推进科技成果转化，升级发展国家双创示范基地。大力发展职教文化产业、文化服务，提升文化消费活力，促进校园文化与城市文化相融合。

职业教育前途广阔、大有可为。我们要抢抓机遇、乘势而上，加大制度创新、政策供给、投入力度，加快建设全国知名、人才充盈、活力充沛的西部职教基地！

七、全面推动改革创新，加快建设开放永川

开放是推动高质量发展的必由之路。要坚定不移扩大开放，以高水平开放倒逼改革、促进创新，不断激发内生源动力、引入外部生产力、增强核心竞争力，推动永川高质量发展。

（一）全面拓展对内对外开放的广度和深度。抢抓国家战略机遇，在更大范围、更宽领域、更深层次推进开放合作，统筹做好通道带物流、物流带经贸、经贸带产业文章，努力在成渝发展主轴带头开放、带动开放。拓展开放通道，依托港口，加快融入长江经济带，畅通东向出海大通道；依托铁路，推动与重庆客货运枢纽站无缝衔接，贯通中欧班列、渝满俄班列、西部陆海新通道，打通与“一带一路”沿线国家地区的物流大通道；依托高速公路，向西连通四川高速网、向东接入重庆枢纽线，更好发挥左传右递、承东接西作用。强化重要枢纽连接线建设，加快构建多式联运便捷运输体系，实现永川出海出境大通道畅通联动。提升开放平台，高标准推进综合保税区建设，充分发挥加工制造中心、研发设计中心、物流分拨中心、检验维修中心、销售服务中心作用。启动自贸试验区联动创新区建设，积极申报创建海峡两岸产业合作区，推动中德产业园、中新互联互通合作项目特色发展。积极参与、承办国际性全国性区域性节会活动，打造形式多样、具有更大影响的开放活动平台。优化开放环境，对标世界银行营商环境评价标准，全力打造市场化法治化国际化营商环境。发展开放型经济，深度融入国内国际双循环，加大人才、技术、资本引进力度，主动谋划并承接国际国内产业转移。扎实推进服务业扩大开放综合试点，加强外贸外资外经联动，着力培育引进一批有竞争力的市场主体。深化与毗邻地区合作，围绕建设基础设施网络、健全现代产业体系、构建开放合作格局、推进生态共建共保、完善公共服务体系等方面协同发力，加快推进川南渝西融合发展试验区、泸永江融合发展示范区建设。

（二）持续深化重要领域和关键环节改革。扎实推进中央、重庆部署的改革事项在永川实施落地，积极争取国家和市级改革试点、工作试验示范等在永川先行探索，力争再攻坚突破一批具有标志性、引领性的重大改革项目。深化农业农村改革，扎实推进全国农村宅基地制度改革试点、农村集体产权制度改革，积极稳妥推进农村“三变”改革，推动“三社”融合发展。深化“放管服”改革，深入开展“互联网+政务服务”，全面提升政务服务效率和水平。深化投融资体制改革，支持社会资本参与补短板和新型基础设施建设，规范有序推进政府和社会资本合作，强化重大项目资金、用地等要素保障。深化预算管理制度改革，推动预算绩效管理提质增效。持续深化国资国企改革，推动区属国有企业转型做实。认真落实公共资源交易改革要求，着力提高公共资源配置效率和公平性。

（三）大力推进以科技创新为核心的全面创新。坚持依靠科技创新、依靠创新转型。加快布局创新力量，瞄准国家战略实施和国企改革动向，积极争取国家重大科技专项落户永川。大力培育创新主体，强化大中小企业融通创新，推动政产学研用协同创新，培育一批专精特新“小巨人”企业，发展一批高技术性和高成长性企业。着力激发创新人才活力，建立人才引进培养长期稳定支持机制，加快形成以创新能力、质量、实效、贡献为导向的科技创新人才评价体系。完善优化科技创新生态，推动科研评价制度改革，试点“揭榜挂帅”机制，加大科技创新财政投入力度，促进更多科技成果在永川转移转化，加快建设区域性创新中心。

开放促进繁荣，改革推动发展，创新引领未来。我们要坚持开放共赢，全面深化改革，勇于变革创新，让永川发展的动力活力充分迸发，努力在高质量发展中抢占新机遇、塑造新优势、赢得新未来！

八、坚持生态优先绿色低碳发展，加快建设美丽永川

良好生态环境是最普惠的民生福祉，绿水青山就是金山银山。要坚持目标导向、问题导向，深入打好污染防治攻坚战，推动减污降碳协同增效、促进经济社会发展全面绿色转型。

（一）以碳达峰碳中和引领绿色发展。认真落实碳达峰碳中和工作要求，精准制定实施方案，有序推进碳达峰。着力优化产业结构、能源结构、交通运输结构、用地结构，推动能耗双控向碳排放双控转变。积极参与全市排污权、碳排放权、生态地票交易。深入落实全面节约战略，着力构建市场导向的绿色技术创新体系，推进资源全面节约、集约、循环利用。大力倡导简约适度、绿色低碳的生活方式。

（二）深入打好污染防治攻坚战。把修复长江生态环境摆在压倒性位置，加强沿江污染源治理，切实筑牢长江上游生态屏障。加强水污染防治，完

善流域横向生态保护补偿等机制，持续巩固临江河流域治理成果，确保国控、市控断面稳定达标。加强大气污染防治。持续深化土壤污染治理，强化固废危废污染防控，推进“无废城市”建设。加强农业面源污染防治，扎实做好社会综合噪声治理等工作。加快建设水、气等在线监测平台，不断提高污染防治智能化水平。

（三）加强生态环境保护。统筹“山水林田湖草”系统治理，加强长江上游永川段珍稀特有鱼类、茶山竹海等自然保护地和城市生态系统建设保护，一体推进山脉、森林、耕地、河流、湖库湿地等生态保护，严格落实长江十年禁渔，强化生物多样性保护，科学推进国土绿化，严守生态保护红线，着力维护生态安全。推进矿山地质环境治理恢复，深入开展重点流域、区域及设施尾水生态修复，加强水土流失综合治理，切实提升生态质量。积极创建“绿水青山就是金山银山”实践创新基地、生态文明建设示范区。健全现代环境治理体系，认真落实河长制、林长制要求，加快智慧生态环保建设，加大生态文明宣传力度，推动形成共建共治共享的良好格局。

环境就是民生，青山就是美丽，蓝天也是幸福。我们要像保护眼睛一样保护生态环境，像对待生命一样对待生态环境，坚定不移走生态优先、绿色低碳发展的道路，让永川天更蓝、水更清、山更绿、空气更清新！

九、切实保障和改善民生，加快建设幸福永川

人民对美好生活的向往，就是我们的奋斗目标。要牢固树立以人民为中心的发展思想，统筹推进经济发展和民生保障，坚持尽力而为、量力而行办好民生实事，一件接着一件办，一年接着一年干，切实让群众看到新变化、得到新实惠。

（一）持续提高居民收入水平。以共同富裕为导向，充分激发劳动者积极性、主动性、创造性，推动居民收入增长与经济增长保持同步。扎实做好“六稳”“六保”工作，认真落实减税降费政策，帮助市场主体特别是中小微企业、个体工商户减负纾困、恢复发展。坚持就业优先，办好创新创业节和成渝地区双城经济圈创新创业邀请赛，推动农民工就近就地创业就业，加大对高校（职教）毕业生、退役军人、残疾人、农村转移劳动力等重点群体和新业态新模式从业人员培训支持力度，提高经济增长的就业带动力。合理开发公益性岗位，确保零就业家庭动态清零。实施中等收入群体培育工程，拓宽低收入群体增收渠道，持续改善收入和财富分配格局。

（二）积极打造现代化教育强区。在着力建设西部职教基地的同时，强力推进基础教育高质量发展。实施学前教育普及普惠工程，加快构建以公办为主导、公办民办并举的办园格局，积极创建国家学前教育普及普惠区。实施义务教育优质均衡工程，优化资源配置，推动集团化办学，积极创建国家义务教育优质均衡发展区。实施普通高中示范提质工程，加快推进永川中学一流高中建设，引进一批优质教育资源，培树一批示范品牌学校，推动优质特色发展。提升教育开放水平，支持枫叶国际学校打造西南地区一流国际学校。推动“双减”落地落实，提升课堂教学、作业管理和课后服务质量，规范校外培训机构。全面推进学校教育教学改革发展，做优做强教育科研体系，实施中小学名师、名校长、名班主任培养工程，不断提升教学质量水平。扎实做好特殊教育、专门教育工作。推动新技术与教育教学融合应用，实施智慧教育能力提升工程，打造全国智慧教育示范区。

（三）着力推进卫生健康事业高质量发展。严格落实“外防输入、内防反弹”各项措施，抓实抓细常态化新冠肺炎疫情防控。健全完善公共卫生体系，强化监测预警、医防融合，加快建设渝西公共卫生应急医院、三级疾控中心、国家中医紧急医学救援基地，提升突发公共卫生事件应对能力。加快建设重庆医学副中心，推进与江苏中医院共建国家区域医疗中心。持续深化医药卫生体制改革，构建整合型医疗卫生服务体系，加快推进区人民医院、妇幼保健院创建三级医院，提档升级区中医院，推动医疗保障和医药服务高质量协同发展，打造区域性医疗中心。加快健康永川建设，推动医疗与康养结合，提高全生命周期健康服务管理普及率。

（四）加快建设文化强区。积极开展全国文明城区创建，完善新时代文明实践体系，推动社会文明程度整体提升。加快发展文化体育事业，进一步完善公共文化体育服务体系，规划建设永川美术馆、科技馆等文化设施，着力形成一批城市人文地标。坚持以人民为中心的创作导向，不断推出反映新时代新气象、体现永川元素、彰显永川特色的文艺精品。推广全民阅读，加快建设“书香永川”。深度挖掘中国书法之乡、太极拳之乡等文化内涵，打造文化特色标签。加快发展文化产业，持续壮大娱乐、演艺等传统产业，着力培育创意策划、游戏动漫等新兴产业，积极发展茶、竹文化产品研发与销售等特色产业，大力发展群众健身、赛事服务、运动康养等体育健康产业，打造成渝地区双城经济圈文化强区。深化媒体融合发展，加大城市形象宣传推介力度，构建大外宣格局，传播永川声音，讲好永川故事。坚持依法管网治网，营造清朗的网络空间。

（五）切实提高社会保障水平。深入推进全民参保计划，持续扩大社会保障覆盖面。深化“一门受理、协同办理”社会救助综合改革，加快构建以基本生活救助、专项社会救助和急难社会救助为主体、社会力量参与为补充的新时代社会大救助体系。加快完善住房保障体系。积极探索公建民营、民建公助、委托代理服务等模式，提高公共服务专业化水平。切实保障妇女、儿童、退役军人、残疾人等重点群体基本权益。认真贯彻落实积极应对人口老龄化国家战略，推动老龄事业和产业高质量发展，让老年人共享改革发展成果、安享幸福晚年。

江山就是人民，人民就是江山。我们要坚持一切为了人民、一切依靠人民，坚持为人民执政、靠人民执政，坚持发展为了人民、发展依靠人民、发展成果由人民共享，坚定不移走全体人民共同富裕道路，努力让永川人民享受到更高品质的生活！

十、统筹发展和安全，加快建设平安永川

平安是人民幸福安康的基本要求。要牢固树立和认真贯彻总体国家安全观，增强忧患意识，做到居安思危，切实巩固政治安全、社会安定、人民安宁的良好局面。

（一）切实筑牢国家安全屏障。坚定维护国家政权安全、制度安全、意识形态安全，严密防范和严厉打击敌对势力渗透、破坏、颠覆、分裂、暴恐活动。统筹传统安全和非传统安全，毫不松懈抓好重点领域国家安全工作，着力防范化解宗教、金融、房地产等领域风险，实现高质量发展和高水平安全的良性互动。

（二）全面提高安全保障能力。加快推进社会治安防控体系现代化，常态化推进扫黑除恶，加大电信网络诈骗、跨境赌博等突出违法犯罪打击防范力度，不断巩固提升群众安全感。夯实网格管理，推进群防群治，打牢社会治理基层基础，巩固平安永川建设基本盘。认真落实食品药品安全战略。深入推进应急管理体系和能力现代化建设，加快建设区域性应急救援中心，全面提升安全生产保障能力和防灾减灾救灾能力，坚决遏制较大及以上安全事故和自然灾害发生，牢牢守住安全发展底线。

（三）加强和创新社会治理。深化“枫桥经验”重庆实践永川行动，强化一站式矛盾纠纷综合调处服务，构建“网格站岗、信访吹哨、调解为先、法治兜底”的社会矛盾纠纷全链条集成解决机制。深化社会治理云网工程智能应用平台建设，不断提升社会治理智能化水平。坚持党建引领基层社会治理，充分发挥党员、社会组织在基层治理和公共服务中的作用，持续擦亮“乡贤评理堂”品牌，着力打造人人有责、人人尽责、人人享有的基层治理共同体。

（四）持续深化法治永川建设。严格宪法和法律实施，加强重要领域和新兴领域法规学习研究贯彻。巩固全国法治政府建设示范区创建成果，健全依法决策机制，深化综合行政执法改革、行政复议体制改革，推动政府依法行政。深化司法体制综合配套改革，推动侦查权、检察权、审判权相互配合、相互制约的体制机制有效运转。深入推进全民守法，扎实做好“八五”普法工作，加快推进社会信用体系建设，提高公共法律服务水平，持续加强法治乡村建设、青少年法治教育，切实在全社会形成办事依法、遇事找法、解决问题用法、化解矛盾靠法的良好环境。

安全是发展的前提，法治是发展的保障。我们要充分发挥党的领导和制度优势，进一步固根基、扬优势、补短板、强弱项，守一片净土、保一方平安，推动永川安定繁荣、确保人民安居乐业！

时代是出卷人，我们是答卷人，人民是阅卷人。唯有以史为鉴、开创未来，才能不辱使命、不负重托。让我们更加紧密地团结在以习近平同志为核心的党中央周围，全面贯彻习近平新时代中国特色社会主义思想，不断增强“四个意识”、坚定“四个自信”、做到“两个维护”，牢记“国之大者”，认真落实党中央决策部署及市委工作要求，大力弘扬伟大建党精神，牢记殷殷嘱托、践行初心使命，埋头苦干、勇毅前行，奋力开创高质量发展先行区、高品质生活示范区新局面，为实现中华民族伟大复兴的中国梦作出新的更大贡献！

（区委办公室）

重庆市永川区人民代表大会常务委员会工作报告

——在重庆市永川区第十八届人民代表大会第一次会议上

重庆市永川区人大常委会主任　王志飞

（2022年1月10日）

过去五年主要工作

过去五年，区人大常委会坚持以习近平新时代中国特色社会主义思想为指导，深入贯彻习近平总书记关于坚持和完善人民代表大会制度的重要思想，贯彻党的十九大和十九届历次全会精神，坚持党的全面领导，民主法治建设扎实推进，人大工作创新提升。五年来，我们发挥人民代表大会制度优势，聚焦发展所需、人民所盼，凝聚智慧力量，形成推动高质量发展的强大动力。五年来，我们紧紧依靠全体代表，在中共重庆市永川区委坚强领导下，依法履职尽责，主动担当作为，扎实有效工作，各项目标任务圆满完成。五年来，区人大常委会召开会议44次，听取和审议“一府一委两院”工作报告70项，开展执法检查8项、专项评议7项、专题询问1项，依法作出决议决定57项，任免国家机关工作人员320人次，督办代表建议2317件，受理人民群众来信来访1298件次。

一、始终坚持党的全面领导，展现绝对忠诚的政治担当

区人大常委会切实强化思想自觉、政治自觉、行动自觉，始终与区委同心同向、同频共振。

坚持不懈用党的理论引领人大工作。坚持把学习贯彻习近平新时代中国特色社会主义思想作为头等大事和首要政治任务，认真学习习近平总书记系列重要讲话、重要指示精神，深入学习贯彻习近平总书记关于坚持和完善人民代表大会制度的重要思想，增强“四个意识”，坚定“四个自信”，落实“两个确立”，做到“两个维护”，牢记“国之大者”，自觉在思想上政治上行动上同以习近平同志为核心的党中央保持高度一致，做到绝对忠诚、绝对纯洁、绝对可靠。

坚定不移把党的领导贯穿人大工作。坚持党管干部和人大依法任免相统一，严格执行任前法律知识考试、供职报告、票决任免、公开向宪法宣誓等制度，听取干部履职情况报告并开展满意度测评29人次，为党的路线、方针、政策得以顺利贯彻执行提供保障。坚持重要事项、重要活动和重要会议及时向区委请示汇报，协助区委召开人大工作会议和纪念永川人大设立常委会40周年座谈会、出台《关于加强和改进新时代人大工作的意见》等文件。

坚决有力以党的决策统揽人大工作。坚持把区委决策部署作为人大常委会讨论决定重大事项的行动方向。先后对临江河流域综合整治、“区树”“区花”确定等重大问题，依法作出决议决定，及时把区委重大决策部署转化为全区人民的共同意愿。紧扣坚决打好防范化解重大风险攻坚战、脱贫攻坚战、污染防治攻坚战等重点工作，抓好统筹协调，开展“挂牌督办”，保障区委决策部署有效落实。围绕成渝地区双城经济圈建设，与泸州市人大常委会签订合作协议，建立两地人大协同推动川渝融合发展示范区建设工作机制。赴浙江、上海等地学习考察，走访星星冷链、雅迪摩托等企业总部，向区委提出持续优化营商环境考察建议。全力支持疫情防控、复工复产复学，组织人大代表和人大机关干部深入社区、企业、学校等防疫一线，协助做好疫情防控工作。

二、始终聚焦依法有效监督，扛起促进发展的责任担当

区人大常委会紧扣改革发展大局，精选监督议题，改进监督方式，强化监督实效，积极贡献人大力量。

聚焦经济运行，以监督助推发展速度。听取审议国民经济和社会发展“十三五”规划中期实施情况报告，督促区人民政府按照项目化、清单化、责任化要求推动规划全面实施。评议全区商务工作，着力促进全区现代商贸服务业持续健康发展。评议民营企业发展法治环境，推动全面优化营商环境促进民营经济发展意见得到落实。专题询问全区旅游产业发展情况，推动永川全域旅游加快发展。调研我区现代制造业基地建设、大数据产业、特色轻工产业、金融业发展以及“十三五”规划完成和“十四五”规划编制等情况，每年集中视察重点项目推进情况，积极推动我区经济高质量发展。

聚焦财政预算，以监督挖掘发展深度。贯彻落实中央关于人大预算监督重点向支出预算和政策拓展的要求，坚持每年审议财政预算执行情况报告，审查批准预算调整和决算，提出推进重点项目建设、提高资金使用绩效等方面审议意见。建成人大预算联网监督平台，实施预算执行动态监督，加强重大项目监督，有效防范和化解财政风险，提高财政资金使用绩效。听取审议预算执行审计和审计查出问题整改情况报告，督促区人民政府强化问题整改与责任追究。落实中央关于建立国有资产管理情况报告制度改革要求，先后听取审议行政事业类、企业类、自然资源类国有资产管理情况报告，督促完善管理制度，提升国有资产保值增值管理水平。

聚焦生态环保，以监督积蓄发展厚度。牢固树立“绿水青山就是金山银山”的理念。作出实施临江河流域综合整治的决定，坚持每年听取审议临江河流域综合整治情况报告，开展视察调研，推动流域水质从劣Ⅴ类提升并稳定保持在Ⅲ类。听取审议环境状况和环境保护目标完成情况报告，评议农业面源污染防治工作，视察城镇污水处理设施建设运行情况和垃圾处理情况，督促区人民政府健全监管体系。调研饮用水水源地规范化建设情况，视察水资源配置工程建设管理运行情况，推动区人民政府实施农村供水管网改造三年计划，保障全区人民饮水安全。听取审议森林防火基础能力建设情况报告，调研楠木保护利用情况，构建绿色生态屏障。

聚焦城乡统筹，以监督提升发展亮度。听取审议脱贫攻坚工作、推进全国农村改革试验区建设、农村人居环境整治情况报告，调研乡村人才振兴试验示范工作推进情况、供销合作社服务“三农”情况，集中视察全区“两不愁三保障”情况，全力助推脱贫攻坚，服务乡村振兴。检查我区贯彻实施城乡规划法和市城乡规划条例情况，调研城市公园建设管理、城区人行道管理维护情况，集中视察全区道路交通安全、中心城区交通缓堵三年行动计划实施情况和城市综合管理提升行动方案实施情况，推动城乡建设提质增速。

聚焦民生实事，以监督增进发展温度。紧扣人民群众日益增长的美好生活需要，及时将民生关切纳入监督范围。评议全区学前教育工作，听取审议公办幼儿园建设情况报告，调研职教基地建设情况，推动教育优质均衡发展。听取审议我区创建国家食品安全示范城市、医保基金管理使用等工作报告，着眼构建更加公平高效的卫生健康服务体系。检查未成年人保护法及市未成年人保护条例贯彻情况，听取审议社会救助综合改革工作情况报告，调研社区居家养老情况，重视特殊人群的权益保障。听取审议基本公共文化服务建设情况报告，调研汉东古城保护利用情况，助力文化强区建设。

聚焦法治建设，以监督保障发展力度。听取审议“七五”普法工作报告，作出开展“八五”普法决议，推动落实“谁执法谁普法”责任制。坚持每年调查法治政府建设推进情况，促进区人民政府提升依法决策水平、规范公正文明执法。制定规范性文件备案审查工作办法，听取审议规范性文件备案审查工作报告，备案审查区人民政府规范性文件 164 件，维护法制统一。听取审议区监委开展整治群众反映强烈问题专项工作报告，巩固提升监察监督效能。听取审议区人民法院民商事审判工作情况报告、区人民检察院法律监督情况报告，调研行政审判、基本解决执行难、公安机关打击管辖刑事犯罪等工作情况，视察检察机关提升检察办案能力情况，作出支持检察机关提起公益诉讼决定，支持和督促司法机关依法履行职能，维护社会公平正义。检查律师法、工会法实施情况，视察劳动人事争议案件仲裁审理情况、城区“雪亮工程”实施情况，推动社会治理体系和治理能力现代化。积极参与地方立法工作，就《重庆市优化营商环境条例（草案）》等 23 件法规开展立法、修法调研，提出立法、修法建议。

三、始终强化代表主体地位，践行人民至上的使命担当

区人大常委会始终坚持代表主体地位，支持保障代表依法履职，努力使代表工作更好地体现人民利益、反映人民意愿、增进人民福祉。

代表联系群众机制不断完善。制定并实施区人大代表联系人民群众办法、代表“回娘家”实施意见，密切代表与人民群众的联系。市、区、镇三级人大代表每季度到代表之家、站、点“回娘家”，察民情、听民意、聚民智、解民忧，联系服务群众更接地气。坚持开展区人大常委会组成人员集中走访代表和民情联络员活动，收集 2299 条建议转交“一府两院”研究处理，及时回应代表和群众关切。人大代表牢记“人民选我当代表、我当代表为人民”的职责使命，在疫情防控、脱贫攻坚、乡村振兴、水环境治理工作中，与人民群众想在一起、干在一起，为打赢疫情防控阻击战、决胜脱贫攻坚作出了积极贡献。

代表履职服务载体不断丰富。坚持开展初任培训、综合培训、专题培训，在厦门大学、兰州大学、市人大代表培训中心等地举办代表培训班 8 期，提升代表履职能力。持续推进全区人大代表家、站、点规范化建设，搭建代表联系群众平台。建成区人大代表履职服务信息系统，初步实现代表工作线上线下互动、网上网下交流。坚持邀请代表参与区人大常委会各项履职活动，拓宽代表知情知政渠道。注重发挥示范引领作用，评选表扬优秀代表建议、履职优秀代表，营造争先创优良好氛围。全面推行代表履职清单制，制定区人大代表履职评价办法，代表履职有目标有方向。落实代表述职和报告履职情况制度，组织 320 余名区人大代表向选区选民述职，26 名在永市人大代表向区人大常委会报告履职情况。

代表建议办理质量不断提升。制定代表建议重点督办工作试行办法、代表建议办理工作评价规则。坚持以代表建议重点督办为抓手，每年选取十至十五件代表建议，由区人民政府领导领办、区人大常委会领导督办，带动代表建议办理质效全面提升。创新代表建议办理“二次评价”机制，组织代表对承办单位每一条建议的办理工作，都从办理态度、办理效能、办理结果、综合评价四个方面，进行满意度二次评价，对综合评价为“不满意”的，督促承办单位重新办理。五年来，向“一府两院”交办代表建议 2317 件，群众关心关注的绝大多数热点难点问题得到有效解决。

四、始终注重人大自身建设，激发守正创新的事业担当

区人大常委会始终把讲政治、转作风、提效能作为切入点和着力点，不断加强自身建设，为高质量做好新时期人大工作奠定坚实基础。

把党的建设作为增强人大履职水平的内生动能。区人大常委会党组认真落实全面从严治党主体责任，推动“两学一做”常态化制度化，巩固深化“不忘初心、牢记使命”主题教育成果，扎实开展党史学习教育，切实增强机关党组织战斗力、凝聚力、号召力。坚持把党建抓在平常、融入日常、化为经常，以基层党组织“三基建设”为着力点，从严落实“三会一课”制

度，逐一整改区委巡察发现的问题，推动机关党组织规范化建设，实现党建与履职互相促进，支部战斗堡垒作用和党员先锋模范作用得到更好发挥。

把制度建设作为提升人大履职能力的关键要素。修订区人大常委会议事规则和主任会议议事规则，制定专项工作评议、规范性文件备案审查等办法，完善专题询问、执法检查等工作制度，为开展工作提供坚实的制度保证。完善《区人大常委决议决定和审议意见督办办法》，推动区政府及相关部门单位认真落实决议决定和审议意见。实施《镇街人大工作创先争优评价办法》，指导镇街人大在监督工作、代表工作等方面创新项目25个。高标准建设代表联络点261个，镇街人大工作科学化规范化水平不断提升。

把新闻宣传作为展现人大履职成效的重要平台。人大新闻宣传工作取得新进展，《永川人大》刊物栏目和内容更加丰富，办刊质量明显提升；《重庆日报》《公民报》等主流媒体多次集中报道永川人大工作。市级以上新闻媒体刊发永川人大工作相关稿件392篇，充分展示人大工作成效和代表履职风采。《以法治呵护碧水清流》等15篇新闻稿件获重庆人大新闻奖。纪念永川人大设立常委会40周年的短视频作品《光辉历程铿锵脚步》获全市人大系统优秀作品奖和最具人气奖。

回顾五年的工作，我们深刻认识到，坚持“五个必须”是人大工作取得成效的宝贵经验。一是必须旗帜鲜明讲政治。只有毫不动摇地坚持党对人大工作的领导，才能充分发挥人大制度独特的政治优势。二是必须以民为本守初心。只有把增进人民福祉、维护人民群众根本利益作为人大工作的出发点和落脚点，才能推动人民代表大会制度更加深入人心。三是必须依法履职担使命。只有紧扣全区改革发展稳定大局谋篇布局、精耕细作，才能促进经济社会和民生事业又好又快发展。四是必须情系代表增活力。只有坚持在思想上尊重代表、工作上依靠代表、情感上凝聚代表，才能充分激发全体代表的履职热情。五是必须知行合一强根基。只有不断加强思想淬炼，政治历练，实践锻炼，业务训练，才能夯实做好新时代人大工作的基础。

区人大常委会过去五年取得的成绩，是区委坚强领导的结果，是全体代表、区人大常委会组成人员和区人大机关同志积极作为的结果，是“一府一委两院”支持配合的结果，也是全区人民及社会各方面共同努力的结果。在此，我谨代表区第十七届人大常委会，向关心和支持人大工作的同志们、朋友们致以崇高的敬意和衷心的感谢！

回顾过去五年的工作，我们也清醒地认识到，对照新时代党对人大工作的新要求和人民群众的新期盼，区人大常委会的工作仍存在一些差距：跟踪监督、创新监督的能力水平需要进一步提升；服务代表、联系群众的方式方法需要进一步完善；自我革新、自我提高的压力动力需要进一步增强。对此，我们将在今后的工作中加以改进。

今后五年及2022年主要工作

永川人大工作将迎来高质量发展的战略机遇期。以习近平同志为核心的党中央高度重视人大工作，推动人民代表大会制度理论和实践创新取得重大成果，形成了习近平总书记关于坚持和完善人民代表大会制度的重要思想，人民代表大会制度更加成熟、更加定型。去年10月，中央人大工作会议首次在北京召开，习近平总书记出席会议并发表重要讲话，为做好新时代人大工作指明了方向、提供了遵循。刚刚胜利闭幕的区第十五次党代会，提出了“2235”总体发展思路，明确了全区发展方向，为我们围绕全区大局、作出人大贡献提供了坚强领导和坚定信心。只要我们乘势而上、接续奋斗，新时代人大工作必将大有可为、大有作为！

今后五年，区人大常委会工作的总体要求是：坚持以习近平新时代中国特色社会主义思想为指导，深入学习贯彻党的十九大以来历次中央全会精神，认真贯彻落实中央人大工作会议精神，增强“四个意识”，坚定“四个自信”，落实“两个确立”，做到“两个维护”，牢记“国之大者”，坚持党的领导、人民当家作主、依法治国有机统一，贯彻落实党中央决策部署和市委工作要求，在区委坚强领导下，认真履行宪法法律赋予的各项职责，努力践行全过程人民民主，切实加强自身建设，把区人大常委会打造成为坚持中国共产党领导的政治机关、保证人民当家作主的国家权力机关、全面担负宪法法律赋予的各项职责的工作机关、始终同人民群众保持密切联系的代表机关，奋力推动新时代人大工作迈上新台阶、开创新局面，为永川打造高质量发展先行区、高品质生活示范区，开启全面建设社会主义现代化国家新征程而不懈努力！

今后五年工作：坚持党的全面领导，牢牢把握人大工作正确政治方向。自觉用习近平新时代中国特色社会主义思想、习近平法治思想、习近平关于坚持和完善人民代表大会制度的重要思想武装头脑、指导实践、推动工作。充分发挥区人大常委会党组在人大工作中的领导作用，严格执行请示报告制度，依法履职尽责主动作为，依法行使重大事项决定权，依法做好选举任免工作，确保区委部署到哪里，人大工作就跟进到哪里，人大职能作用就发挥到哪里，不折不扣完成区委交办的工作任务。

坚持紧扣大局，切实增强人大监督针对性实效性。紧紧围绕全面贯彻实施宪法和法律，维护国家法治统一，强化行政、监察、司法领域法律执行，促进依法行政、依法监察、公正司法，推动全社会尊法学法守法用法，在推进法治建设上下功夫见实效。紧紧围绕落实区委“2235”总体发展思路和我区“十四五”规划，认真履行监督职能，依法监督、正确监督、有效监督，在助力“一城两基地”建设和实施“五大发展行动”上下功夫见实效。综合运用法定监督手段，增强人大监督刚性，在改进监督方式上下功夫见实效。

坚持提质增效，充分发挥各级人大代表主体作用。人大工作的活力在代表，动力在代表，潜力也在代表。围绕区委中心工作，确定代表年度活动主题。加强代表培训工作的系统化、规范化、专业化，持续提升代表依法履职能力。加强代表履职服务保障，创新代表小组活动方式，邀请代表广泛参与区镇人大各项工作。完善代表建议沟通督办机制，推进代表建议办理情况向社会公开，实现代表议案建议内容高质量、办理高质量。

*坚持开拓创新，全面加强区人大常委会“四个机关”建设。*贯彻落实中央人大工作会议精神，以政治建设为统领，全面加强区人大常委会思想、组织、能力、制度、作风等各方面建设。配强工作力量，更好地发挥区人大各专门委员会、区人大常委会各工作委员会和人大老干部作用，把人大干部培养选拔使用融入全区干部队伍建设总体规划，不断提升人大机关干部队伍的执行力、凝聚力和战斗力，完善议事和工作制度，努力构建统一高效、创新改革、充满活力的人大工作机制，营造风正劲足、团结和谐的人大工作氛围。

*2022年主要工作：*2022年，我们将迎来党的二十大，迎来市第六次党代会，也是第十五届区委、第十八届区人大常委会的开局之年。我们要认真贯彻区十五次党代会精神，落实市人大工作要求，围绕群众普遍关注的热点难点问题，聚焦中心工作、聚情民生关切、聚合代表力量、聚力依法履职，坚持科学的目标、创新的思维、改革的举措、务实的作风，推动人大各项工作开好局、起好步。

一、讲政治顾大局，坚定自觉坚持党的全面领导

始终确保人大工作在党的全面领导下进行。紧紧围绕区委决策部署统筹推进人大工作，及时向区委请示报告人大的重要会议、重要工作、重大事项，确保区委决策全面贯彻、区委部署全面落实、区委意图全面实现。坚持党的领导，对事关全区经济社会发展的重大事项，依法作出决议决定。按照法律有关规定，对区人民政府提请的预算调整、决算等法定重大事项作出决议决定。坚持党管干部原则，严格按法定程序做好选举任免，把党委推荐人选任命为地方国家机关工作人员。认真落实宪法宣誓制度，坚持区人大常委会任命干部任期内报告履职情况制度，不断增强任命人员的宪法意识、责任意识和自觉接受人大监督意识。

二、敢担当求实效，精准有度开展依法监督

*围绕依法治区开展监督。*认真履行宪法法律赋予的监督职责，加强对宪法法律实施情况的监督检查。全面落实宪法宣誓制度情况，维护宪法权威和尊严。检查社区矫正法、公共文化服务保障法、市水利工程管理条例等贯彻实施情况。督促相关单位认真落实“八五”普法规划，增强普法工作实效。坚持听取法治政府建设情况年度报告，视察行政审批工作，强化相关部门依法行政意识。听取审议区监委专项工作报告。听取审议规范性文件备案审查工作报告，探索制定备案审查工作专家库运行管理办法。以维护社会公平正义和提高司法工作公信力为重点，调研区人民法院加强社会矛盾纠纷多元化解推动诉源治理工作情况、区人民检察院刑事执行检察工作情况，切实加强对司法工作的监督。

*围绕高质量发展开展监督。*紧扣产业转型升级，听取审议科技创新助力现代制造业基地建设情况的报告。紧扣现代服务业发展，调研现代商贸物流业发展情况。紧扣推进重点工作，听取审议区人民政府工作报告重点工作任务半年完成情况报告、计划执行情况报告。紧扣统筹城市提升和乡村振兴，听取科技生态城规划报告，调研永川镇域街区整治提升、全域推进农田宜机化改造、“稻+”生态综合种养，视察城市新区规划建设、乡村旅游和全区交通重点项目。紧扣生态环境保护，听取环境状况和环境保护目标完成情况年度报告。紧扣防范重大风险，审查批准区级预算调整和决算，听取审议预算执行、审计工作、审计查出问题整改、国有资产管理情况等报告，加大对政府重大项目投资、政府债务监督力度。

*围绕民生福祉开展监督。*紧扣保障和改善民生，视察重点民生实事建设情况，让民生实事件件有着落、事事有回音。视察全区食品安全情况，保障群众“舌尖上的安全”。调研教育“双减”政策落实情况，推动教育优质发展。调研退役军人事务工作，推动退役军人各项政策落实。听取审议市人力资源市场条例实施情况报告，促进就业创业。视察社会养老服务体系建设情况，促进全区养老服务体系健康发展。

三、提能力优服务，有力有效发挥代表作用

*充分发挥代表主体作用。*实施代表走访选区选民“全覆盖”计划，以调研、视察、走访、座谈等方式，广泛了解反映群众呼声与期盼，密切代表同人民群众的联系。强化市、区、镇人大代表“三级联动”，对群众反映强烈、事关改革发展的重大问题，以问题清单、责任清单、结果清单“三单制”推动问题解决，在助力经济社会发展、创新社会治理和保障改善民生上形成更大合力。探索开展多种代表活动方式，建立人大工作专家库，提高视察调研精准性，充分发挥代表专业特长和专家库“智囊团”作用。

*加强代表履职服务管理。*提升代表履职水平，制定代表年度培训计划，开展代表初任培训、专题培训，紧贴代表关注和履职需要，推动代表培训“全覆盖”“精准化”。持续深化代表之家、站、点规范化建设，完善代表联系群众载体平台。深入实施代表履职清单制，建立健全代表履职档案，落实履职登记、向选民述职等制度，坚持评选履职优秀代表，广泛宣传代表先进事迹，推动代表牢记使命担当，忠诚为党分忧，忠实为民代言。

*提升代表议案建议办理质效。*督促代表建议承办单位加强与代表的沟通联系，建立办理代表建议答复承诺解决事项台账，抓好跟踪落实。深化代表建议办理“二次评价”，继续抓好代表建议重点督办，完善以大数据为支撑的代表议案建议信息系统，推进代表建议及办理情况向社会公开，实行全程动态监督。坚持把代表建议作为开展监督、改进工作的重要抓手，努力把代表“好声音”转化为经济社会发展好成效。

四、担使命善作为，从严从实加强自身建设

*加强思想政治建设。*贯彻落实新时代党的建设总要求，健全学习机制，

强化理论武装，不断提高政治判断力、政治领悟力、政治执行力。加强人大常委会党组、机关党组建设，履行全面从严治党主体责任。提高政治站位，保持斗争精神，敢于斗争、善于斗争、依法斗争，在推进党和人民的伟大事业中展现人大的使命担当。

加强组织纪律作风建设。加强人大常委会领导班子和人大工作队伍建设，配强人大工作力量，提升人大干部履职能力，增强依法履职观念，深入贯彻落实中央八项规定精神，坚持求真务实，深入调查研究，坚决防止形式主义、官僚主义。推进机关文化建设、规范化建设、信息化建设，提高人大机关保障服务和离退休干部服务水平，打造政治坚定、服务人民、尊崇法治、发扬民主、勤勉尽责的人大工作队伍。加强对街道人大工作领导和对镇人大工作指导，推动工作创新，全面提升全区人大工作实效。

加强制度建设。制定完善各项议事制度和工作制度，提高议事工作质量效率，形成统一高效、创新改革、充满活力的运行机制。加强人大理论研究和宣传舆论工作，深化对人大工作规律特点的认识和把握，统筹运用传统媒体和新兴媒体，讲好人大故事，传递人大好声音，推动人民代表大会制度深入人心。

万里征程风正劲，千钧重任再扬帆！让我们更加紧密团结在以习近平同志为核心的党中央周围，紧跟区委重大决策部署，紧扣推动永川经济社会发展和民主法治建设，紧贴人民美好生活向往，在中共重庆市永川区委的坚强领导下，勇毅前行，奋发有为，开创新时代永川人大工作新局面，为永川打造高质量发展先行区、高品质生活示范区作出新的贡献，以优异的成绩迎接党的二十大胜利召开！

（区人大常委会办公室）

重庆市永川区人民政府工作报告

——在重庆市永川区第十八届人民代表大会第一次会议上

重庆市永川区人民政府区长 常晓勇

（2022 年 1 月 8 日）

一、过去五年工作回顾

过去五年，是永川坚持以习近平新时代中国特色社会主义思想为指导，深入学习贯彻党的十九大和十九届历次全会精神，抢抓历史性机遇，推动发展取得重大进展的五年。面对千年梦想与百年目标交汇、世纪疫情与百年变局交织、历史机遇与风险挑战交错的复杂形势，在中央和市委、市政府坚强领导下，在区委直接领导下，在区人大、区政协监督支持下，我们紧紧依靠全区人民，立足新发展阶段，贯彻新发展理念，融入新发展格局，坚决打好“三大攻坚战”，深入实施“八项行动计划”，统筹推进稳增长、促改革、调结构、惠民生、防风险、保稳定，圆满完成了区第十七届人民代表大会第一次会议确定的目标任务。全区地区生产总值从 2016 年的 695.7 亿元增加到 2021 年的 1144.2 亿元，年均增长 8.7%，成为全市第 8 个地区生产总值突破千亿大关的区县。规上工业总产值从 742 亿元增加到 1550.2 亿元，年均增长 15.3%。五年累计完成固定资产投资 2413.8 亿元，年均增长 10.1%。社会消费品零售总额从 308.3 亿元增加到 505.8 亿元，年均增长 13.2%。一般公共预算收入达到 43.8 亿元。主要经济指标持续位居全市前列。

过去五年，我们践行创新发展理念，综合实力显著增强。坚持“工业强区”不动摇，发展动能和质量显著提升，永川步入高质量发展轨道。工业经济加快发展。招商引资实现重大突破，长城汽车、雅迪电动车、东鹏陶瓷等一批龙头企业相继落户，翻开了永川工业发展新篇章。产业转型升级步伐加快，煤炭、钢铁过剩产能有序化解，汽车摩托车产业成为永川工业支柱产业，建成全国最大高端皮卡基地、全国最大生活用纸生产基地、西部最大新能源摩托车产业基地。服务业稳步发展。数字经济快速崛起，引进百度、中国人民大学文创产业园、爱奇艺、科大讯飞等头部企业，建成全国最大先进影像制作中心、西南最大数据处理交付基地、西南服务外包示范基地、全市单体规模最大的大数据产业基地。国内首条 L4 级自动驾驶公交线路投入商业化运营。智慧交通、智慧医疗成为全市示范样板。商贸消费加快复苏，引进星巴克、海底捞等渝西首店 34 家，批发零售业销售额年均增长 32%。乐和乐都、茶山竹海、松溉古镇提档升级，旅游收入和接待人次分别年均增长 22.3%、13.4%。金融业加快发展，存贷款规模达到 1630 亿元，存贷比 80.7%，金融业增加值占比从 2.68%提高到 4%。现代农业提质发展。粮食生产持续稳定，“米袋子”“菜篮子”供应保障充足有力。茶叶、特色水果、花椒等经济作物种植面积达 38.1 万亩，年栽培食用菌 1.4 亿袋，建成全市最大的名优茶、食用菌和早熟梨生产基地。创新能力不断增强。研发经费支出占比从 1.48%提高到 2.75%，高新技术企业从 52 家增加到 190 家，获批国家高新区、国家农业科技园区、国家双创示范基地、“科创中国”试点城市。高新区产业转型升级工作获国家四部委通报表扬。永川融入成渝地区双城经济圈建设迈出新步伐。

过去五年，我们践行协调发展理念，城乡面貌大幅提升。坚持抓统筹促融合，抓实乡村振兴和城市提升两个基本面，推动城乡一体化发展。战略地位更加凸显。积极融入成渝地区双城经济圈建设和“一区两群”协调发展，永川纳入重庆主城新区，被确定为现代制造业基地、西部职教基地，成为重庆规划的战略支点城市和百万人口规模大城市。川渝党政联席会第三次会议在永川召开。城市品质不断提升。规划馆、博物馆、体育馆、图书馆等功能大件建成投用，会展中心、中交世通大厦等城市地标加快建设，城市夜景焕新升级。全面实施城市更新，持续深化“大城三管”，改造老旧小区 330 个，整治城市“痛点” 73 处，三河汇碧片区旧貌换新颜。科技生态新城启动建设。中心城区面积由 68.3 平方千米拓展到 82.8 平方千米，常住人口城镇化率从 63.5% 提高到 70.6%，成为人口净流入城市。乡村振兴扎实推进。建设“四好农村路” 3800 千米，率先在全市实现水泥路“组组通”，成为全国首批“四好农村路”示范区。提升场镇人居环境 168 万平方米，农村改厕 4.5 万户，建成示范清洁院落 433 个。入选国家城乡融合发展试验区，成渝地区首个乡村振兴国家级专家服务基地在永川挂牌。永川大地铺展出乡村振兴的崭新画卷。

过去五年，我们践行绿色发展理念，生态环境明显改善。坚持走生态优先绿色发展道路，切实担起上游责任，共抓大保护、不搞大开发，加快构筑长江上游生态屏障。污染防治攻坚战取得阶段性成果。举全区之力实施临江河流域综合治理，推动水质由劣Ⅴ类提升到Ⅲ类，工作经验作为生态环保实践范例全国推广。协同推进环保五大行动，城区黑臭水体全面消除，长江干流和小安溪、九龙河流域水质稳定达标；主要污染物排放明显降低，空气质量优良天数平均达到 308 天，PM2.5 平均浓度下降 27.2%；建成垃圾渗滤液处理设施、餐厨垃圾处理中心等固废危废处置设施，带动土壤污染防治能力大幅提升；完成国土绿化营造林 51.4 万亩，森林覆盖率达到 51%。生态保护修复不断加强。强化“三线一单”管控，建立生态环境分区管控体系和现代环境治理体系。全面推行河长制、林长制，开展山水林田湖草系统治理，长江禁捕退捕成果持续巩固。中央和市级各类督察、暗访反映的环境问题得到有效解决。绿色低碳转型提速。坚决落实碳达峰、碳中和要求，单位地区生产总值能耗累计下降 22.2%，能耗“双控”和碳强度下降目标全面完成。“绿水青山就是金山银山”理念深入人心、惠泽永川。

*过去五年，我们践行开放发展理念，对外开放实现突破。*坚持以开放促改革助发展，内陆开放高地建设迈出新步伐。开放通道加快拓展。“一环六射”高速路网全面形成，“一纵一横”高铁双通道加快推进，成为重庆中心城区外首个拥有高速公路环线和2条国家高铁大通道的区县，迈入“20分钟重庆、50分钟成都、2小时昆明”高铁时代。大安通用机场通航。初步建成区域综合交通枢纽。开放平台不断提升。永川综合保税区、重庆（国家）自贸试验区联动创新区成功获批，国家服务业扩大开放综合试点、重庆服务贸易创新发展试点相继落户，永川海关、永川港海关监管场所正式设立。开放环境日益优化。深入推进国资国企、投融资、“放管服”、商事制度、公共资源交易监管、农业农村等重点领域改革，市场化、国际化、法治化营商环境加快建设。开放型经济持续壮大。鼓励和支持长城汽车、雅迪电动车、理文纸业等企业开拓海外市场、扩大出口规模，进出口总额累计达到 194 亿元。成功举办世界木材与木制品贸易大会、国际女足锦标赛、国际茶文化旅游节等活动，积极参加进博会、智博会、西洽会等展会。永川正大踏步走向开放前沿。

*过去五年，我们践行共享发展理念，社会事业全面进步。*牢固树立以人民为中心的发展思想，扎实做好普惠性、基础性、兜底性民生建设。一般公共预算民生支出占比始终保持在80%以上。脱贫攻坚圆满收官。聚焦“两不愁三保障”和饮水安全问题持续发力，13428 名农村贫困人口全部脱贫，如期实现全面小康。社会保障扩面提质。城镇居民实现充分就业，城乡居民养老保险、医疗保险参保率稳定在 95%以上。城乡低保标准分别增长 27.2%、47.1%。城镇居民、农村居民人均可支配收入年均增长 7.8%、9.1%。教育事业加快发展。小学和初中适龄人口入学率、高中阶段教育入学率达到 100%、97.8%，提前三年完成市级目标。西部职教基地纳入教育部、重庆市共建内容，重庆文理学院成功申硕，重庆智能工程学院建成投用，职教中心新校区、雅迪现代制造职业学院开工建设，大中专院校达 17 所、在校学生 15.8 万人。医疗水平不断提升。标准化基层医疗机构和村卫生室实现全覆盖，中新国际肿瘤医院、新妇幼保健院、区儿童医院建成投用，渝西区域医疗中心、新中医院等项目加快建设。文体事业稳步发展。开展文化惠民、体育健身活动 9673 场次，成功承办市六运会、市残运会等重大赛事活动，永川城市形象和生机活力广受赞誉。安全稳定持续向好。有效应对新冠肺炎疫情、煤矿事故、社会稳定等各类风险挑战，全面抓好疫情防控和疫苗接种，扎实推进安全生产专项整治三年行动，信访工作连续获得全市先进，常态化推进扫黑除恶专项斗争，人民群众生命财产安全得到有力守护。顺利完成第七次人口普查。国家卫生区、全国义务教育发展基本均衡区、国家城市医联体建设试点城市、全国首批市域社会治理现代化试点地区、全国气排球之乡等一批“国字号”名片花落永川。河长制、公立医院综合改革、大众创业万众创新等工作受到国务院通报表扬。永川全面小康成色更足、质量更高。

五年来，我们始终把党的政治建设贯穿政府自身建设全过程，持续推进“两学一做”学习教育常态化制度化，扎实开展“不忘初心、牢记使命”主题教育、党史学习教育，抓紧抓实中央及市委巡视、国家及市级专项督察检查、审计等反馈问题整改，持续深入肃清孙政才恶劣影响和薄熙来、王立军流毒，坚决肃清邓恢林流毒影响，良好政治生态持续巩固。严格落实重大事项向区委请示报告制度，自觉接受区人大及其常委会法律监督、工作监督和区政协民主监督，科学编制并按程序提请审议“十四五”规划纲要及 29 个专项规划，认真办理人大代表建议 2250 件、政协提案 2247 件，做到件件有着落、事事有回音。严格依法行政，修订完善区政府会议制度，加强和改进政务公开、行政复议、执法规范化等工作，健全合法性审查“四个一律”工作机制，政府工作法治化水平不断提升，成功创建全国首批法治政府建设示范区。严格执行中央八项规定及其实施细则精神，扎实推进基层减负，政府系统党风廉政建设和反腐败工作不断深入，“靠作风吃饭、凭实绩说话”的干事创业氛围更加浓厚。

五年来，国防动员和后备力量建设稳步推进，退役军人事务和双拥共建深入开展。民族宗教、外事、侨务、港澳台、审计、统计、档案、保密、消防、人防、气象、地震、机关事务、供销、科普、军供等工作取得新成效，工会、妇女、儿童、青年、老龄、慈善、残疾人、红十字等事业取得新进步。

*看似寻常最奇崛，成如容易却艰辛。*过去五年，是永川大事、喜事、难事交织，发展历程极不平凡的五年，也是永川经济社会发展综合实力提升最快、转型发展成效最大、人民群众得实惠最多的时期之一。五年栉风沐雨、披荆斩棘，五年春华秋实、硕果累累。永川发展所取得的成绩都是习近平新时代中国特色社会主义思想科学指引的结果，是市委、市政府和区委正确领导的结果，是区人大、区政协监督支持的结果，是历届领导班子接续奋斗和老领导、老同志关心帮助的结果，更是广大干部群众同心同德、努力拼搏的结果。在此，我代表区人民政府，向全区人民，向人大代表、政协委员，向各民主党派、工商联、各人民团体和社会各界人士，向驻永部队、武警官兵、公安民警、消防救援队伍，向所有关心和支持永川发展的区内外、海内外朋友们，致以崇高的敬意和衷心的感谢！

*成绩来之不易，经验弥足珍贵。*回顾五年奋斗历程，我们深切感受到：方向正确才能行稳致远。道路决定命运，旗帜就是方向。只有始终坚持“两个确立”，一切行动听党中央指挥、

向总书记看齐，所有工作部署都以贯彻中央精神为前提，才能确保各项事业沿着总书记指引的正确方向前进。人民至上才能不忘初心。江山就是人民，人民就是江山。只有坚持以人民为中心的发展思想，把人民群众对美好生活的向往作为我们的奋斗目标，想群众之所想、急群众之所急、解群众之所困，才能践行好共产党人的初心与使命。目标坚定才能阔步前行。心中有目标，行动有力量。只有始终围绕推动高质量发展、创造高品质生活奋斗目标，坚定不移抓招商、建项目、促转型，凝心聚力抓改革、促开放、保稳定，才能推动永川高质量发展之路越走越宽广。守正创新才能永葆活力。知常明变者赢，守正创新者进。只有立足新发展阶段、贯彻新发展理念、融入新发展格局，与时俱进、开拓创新，致广大而尽精微，才能为永川发展注入源源不断的动力。真抓实干才能继往开来。大道至简，实干为要。只有发扬求真务实的优良作风，锤炼敢于担当的政治品格，提高狠抓落实的能力本领，才能不断开创永川经济社会高质量发展新局面。

常怀远虑、居安思危，我们也清醒地认识到，永川发展还面临一些突出困难和问题：产业能级还有待提升，战略性新兴产业支撑力还不强，产业集群还缺乏科技型龙头型企业支撑；城市功能、城市品质还需不断完善提升；城乡区域协调发展任务还很重；一些深层次体制机制障碍尚未有效破解；开放创新平台作用发挥还不够充分；生态环境还比较脆弱；基础设施和公共服务还存在不少短板；安全监管和社会治理能力还需进一步加强；干部能力水平与高质量发展要求还有诸多不适应等等。对此，我们一定要保持清醒头脑，进一步解放思想、守正创新、担当实干，努力把各项工作做得更好，决不辜负全区人民的重托和期望！

二、今后五年总体要求和目标任务

今后五年，是我国开启全面建设社会主义现代化国家新征程、向第二个百年奋斗目标进军的重要五年，是永川推动高质量发展、创造高品质生活，夯实共同富裕坚实基础的关键五年。我们既要积极应对世界百年未有之大变局加速演进，新一轮科技革命和产业变革深入发展，新冠肺炎疫情影响仍在持续等风险挑战；又要紧紧抓住“一带一路”、长江经济带发展、新时代西部大开发、成渝地区双城经济圈建设等国家战略和重庆“一区两群”协调发展等重大机遇；更要牢牢把握永川突出的区位优势、扎实的产业基础、完备的交通体系、优美的城市环境、充沛的人才资源等有利条件，乘势而上，推动新发展，实现新跨越。刚刚闭幕的区第十五次党代会，为永川未来发展谋定了前进方向、擘画了宏伟蓝图、凝聚了强大力量。我们要切实把思想和行动统一到党代会部署上来，坚持项目化、清单化、责任化推进，把“路线图”转化为“施工图”和“时间表”，将党代会各项要求转化为政府实际行动，努力在社会主义现代化建设新征程中闯出一片新天地、干成一番新事业！

今后五年，区政府工作的总体要求是：坚持以习近平新时代中国特色社会主义思想为指导，全面贯彻落实党的十九大和十九届历次全会精神，进一步增强“四个意识”、坚定“四个自信”、做到“两个维护”，自觉落实“两个确立”，弘扬伟大建党精神，统筹推进“五位一体”总体布局，协调推进“四个全面”战略布局，立足新发展阶段，完整、准确、全面贯彻新发展理念，积极融入和服务新发展格局，坚持稳中求进工作总基调，以推动高质量发展为主题，以深化供给侧结构性改革为主线，以改革创新为根本动力，以满足人民日益增长的美好生活需要为根本目的，贯彻实施永川“2235”总体发展思路，聚焦成渝地区双城经济圈建设和“一区两群”协调发展，统筹疫情防控和经济社会发展，统筹发展和安全，推动各项事业发展再上新台阶，奋力谱写永川高质量发展、高品质生活新篇章。

今后五年，区政府工作的奋斗目标是：区第十五次党代会确定的五大发展行动深入实施，成渝地区双城经济圈枢纽节点、重庆主城都市区战略支点功能作用更加突出，高质量发展先行区、高品质生活示范区建设成效更加明显，基本建成“双百”区域性中心城市、现代制造业基地、西部职教基地。

——*经济发展实现新跨越*。初步构建起集群更加完善、规模效应进一步显现、核心竞争力持续增强的现代产业体系，高质量发展政策体系更加健全，开放广度和深度进一步拓展，主要经济指标较快增长，经济总量在全市占比进一步提升。

——*城乡建设取得新突破*。产城景融合发展更加深入，力争城区面积达到100平方千米、城镇人口达到100万人。脱贫攻坚成果巩固拓展，乡村振兴成效显著。城乡基础设施和基本公共服务一体化水平显著提升，城乡居民生活水平差距逐步缩小。

——*生态文明展现新成果*。生产生活方式绿色转型成效明显，山清水秀自然之美有力呈现，基本构建起导向清晰、决策科学、执行有力、激励有效、多元参与、良性互动的环境治理体系。

——*人民生活达到新水平*。共同富裕取得积极进展，文化、教育、医疗、养老等基本公共服务供给更加优质均衡，社会文明程度进一步提高，人民享受更殷实、更安康、更舒适的高品质生活。

——*社会治理得到新加强*。行政效率和公信力显著提升，共建共治共享的社会治理制度更加完善，防范化解重大风险能力和水平不断提高，群众获得感、幸福感、安全感更加充实、更有保障、更可持续。

行动，才能创造更好结果；实干，才能成就美好未来。历史不会等待犹豫者、懈怠者、畏难者，只会眷顾坚定者、奋进者、搏击者。只要我们始终坚持“成渝地区双城经济圈枢纽节点、重庆主城都市区战略支点”两大发展定位，紧扣“打造高质量发展先行区、高品质生活示范区”两大发展任务，突出“加快建设区域性中心城市、着力建设现代制造业基地、提质建设西部职教基地”三大发展重点，实施“产业能级提升行动、产城景融合发展行动、城乡融合发展行动、开放创新发展行动、绿色低碳发展行动”五大发展行动，咬定青山不放松、撸起袖子加油干，永川高质量发展、高品质生活的美好愿景就一定能够实现！

三、2022年政府工作安排

2022年是“十四五”规划承上启下关键一年，也是新一届区政府履新开局之年。推动高质量发展、创造高品质生活，我们必须全力以赴、全面发力，不断提升发展的含金量、含新量、含绿量，奋力实现更高质量、更有效率、更加公平、更可持续、更为安全的发展，以优异成绩迎接党的二十大胜利召开。综合考虑各方面因素，按照“稳字当头、稳中求进”要求，今年经济社会发展主要预期目标是：地区生产总值增长7.5%以上；规上工业增加值增长9.5%左右；固定资产投资增长8%左右；社会消费品零售总额增长10%左右；一般公共预算收入增长6%左右，税收增长8%左右；居民收入与经济增长基本同步；能耗强度目标在“十四五”规划期内统筹考虑。

重点做好八个方面的工作：

（一）实施产业能级提升行动，加快构建具有核心竞争力的现代产业体系

推动高质量发展，首要任务是经济高质量发展，重中之重是推动产业能级提升，构建现代产业体系。

加快建设现代制造业基地。深入实施工业倍增计划，推动永川从“工业大区”向“工业强区”蝶变。着力构建“5+3”产业体系。坚持抓招商、建项目、调结构、促转型，做强支柱产业，壮大战新产业，布局未来产业。开工新明珠绿色智能生产基地（一期）、理文30万吨纸业一体化项目、星星冷链（二期）等92个项目，投产蜂巢发动机变速器扩能项目、江山欧派、西部港桥木材交易中心（二期）等38个项目，加快推进汽车摩托车、电子信息、智能装备、智能家居及材料、特色消费品等五大支柱产业提质发展，积极推动生物医药及大健康、新能源、民用航空等三大新兴产业集群发展，打造高端化、智能化、绿色化产业集群。提升产业链供应链现代化水平。围绕产业链部署创新链、围绕创新链布局产业链，加快构建产业链、供应链、创新链、资金链协同发展的产业生态。全面推行链长制，聚焦“5+3”产业体系梳理产业链图谱，紧盯龙头企业和“专精特新”企业精准招商，抓住初创企业培育孵化，加大建链延链补链强链力度，全年引进投资亿元以上项目100个、10亿元以上项目10个、50亿元以上项目2个，正式合同额750亿元以上。加强重点企业供应链管理，确保供应链安全稳定。夯实产业发展基础。加快智慧园区和新基建建设，大力发展“5G+工业互联网”，推动企业“上云用数赋智”，建成数字化车间、智能工厂10个，新增企业“上云上平台”30户。开工建设热电联产、来（苏）三（教）线至港桥产业园燃气管道、川南-渝西天然气管道等项目，推动凤凰湖铁路专用线投入运营，加快页岩气综合利用，提升园区要素保障水平。

加快建设西部数字产业基地。依托重庆云谷·永川大数据产业园，集聚“云联数算用”全要素群，塑造“住业游乐购”全场景集，推动数字产业化、产业数字化，力争数字经济产值突破350亿元。做强数字影视产业。依托达瓦数字制作平台，开工建设西部科技影视基地，打造全国数字影视产业基地。依托中国人民大学文创产业园，构建数字文创人才引进体系，加快引进腾讯影业、B站、完美世界等头部品牌，创建国家级文化和科技融合示范基地、国家级文化创意产业园。培育人工智能产业。启动建设科大讯飞人工智能产业基地，推动百度自动驾驶网约车商业化示范运营，构建智能硬件产业生态，探索人工智能应用新场景。升级服务外包产业。依托阿里云、华为云构建云计算产业生态，推动呼叫中心加速向智能客服、数据服务转型，建成投用重庆云谷大数据中心，打造西南云计算产业基地和服务外包高地。加快智慧城市建设。落实云长制，建成智能中枢（一期）、城市数字底座、运营管理中心等核心平台，推进城市运行“一网统管”、公共服务“一网通办”、应急管理“一网调度”、基层治理“一网治理”，让城市更智慧、更便捷、更温暖。

提档升级现代服务业。落实好扩大内需战略，突出地域特色、文化特色、产业特色，加快消费供需优化升级。打造区域性消费中心。深入实施“巴渝新消费”行动，积极引导“永货精品”进街区、进商超、进平台，提质发展首店经济、平台经济、潮经济，促进消费向高端化与大众化并重、快节奏与慢生活兼具升级。规划建设低密度生态商务区，建成长城爱情汽车广场，优化提升渝西广场、万达广场，做精做特华茂中心、协信星光广场，推动永川里城市秀场开业运营，打造集夜味、夜养、夜赏、夜玩、夜购于一体的兴龙湖夜间经济核心区，叫响“浪漫永川里、璀璨不夜城”品牌。打造区域性金融中心。支持金融机构在永川设立区域性总部、结算中心、业务管理中心。引育融资租赁、基金管理、汽车金融等新型金融机构。推动民生银行永川支行开业运营、华夏银行在永川设立支行，全区存贷款规模达到1700亿元以上。坚持外引内培并重，多措并举支持企业上市，力争实现上市企业“零的突破”。打造区域物流枢纽。做大做强吉之汇农贸市场、西部港桥木材交易中心等专业市场，建成投用环球锦标建材仓储物流中心，推进凤凰湖供应链物流枢纽、渝西快递物流分拨中心等物流园区建设，加快形成安全高效的物流体系。全年货运总量达到3700万吨以上。创新发展现代会展业。加快建设会展中心，建成投用中交世通大厦。举办中国科技影视高峰论坛、先进制造业论坛暨博览会等大型展会活动，打造成渝地区会展名城。

（二）实施产城景融合发展行动，加快打造近悦远来的美好城市

高品质生活是城市建设发展的核心要义，需要城区、校区、景区、园区深度融合，促进城市品质品位不断提升。

城校融合建设西部职教基地。坚持校在城中、城校一体，以职业院校优化城市空间布局、以职业教育促进城市功能提升、以职教学生带动城市人口流入、以职教人才支撑产业高质量发展。全力争取支持。建立部市共建机制，成立西部职教基地领导机构，推动市政府出台《关于加快西部职教基地发展的若干措施》，在资源集聚、土地供应、资金保障、产教融合等方面争取更大支持。加快提质扩容。支

持重庆文理学院建大，积极筹建重庆技术大学，推动高职院校加快“双高”建设、中职院校加快“双优”建设，创新职普双向融通联合育人模式，探索中职与高职、高职与应用本科贯通的长学制培养。统筹推进重庆文理学院、重庆电子工程职业学院永川校区建设，建成投用职教中心新校区，加快推进重庆智能工程学院（二期）建设。加大优质院校引进力度，鼓励上市公司、龙头企业领办职业教育，构建多元化办学格局。深化产教融合。大力引企入校、引校入企，推动教育链、人才链与产业链、创新链有机衔接，促进职教学生留永就业，打造“产城职创”融合发展样板城市。用好职教师资共享平台，扩大“双师”型教师队伍规模。精心举办西部职业教育高峰会、职业教育改革发展论坛等活动，努力形成“办学校来永川、兴企业来永川、读职教来永川、选人才来永川”的良好氛围。

城景融合打造全域旅游升级版。突出“主客共享、多元融合”理念，让城区成为景区的“客厅”、景区成为城区的“花园”，打造“双城会客厅、西部欢乐城”。做靓核心景区。加强品牌IP打造，丰富沉浸式、互动化游乐业态，优化消费体验场景，全面提档升级乐和乐都。深入挖掘地域文化资源，讲好历史文化故事，促进松溉古镇内涵发展。加快完善景区基础设施，提升景观品质和服务功能，扩大茶山竹海对外影响。支持石笋山景区改造提升。启动汉东古城公园规划。做精乡村旅游。以泛黄瓜山片区为核心，推动乡村旅游与自然风光、风土人情、特色产业有机结合，让田园变公园、农房变客房、劳作变体验、产品变商品，打造“都市慢生活”乡村休闲旅游度假区。做长消费链条。围绕“吃住行游购娱，商养学闲情奇”等要素，办好文化旅游惠民消费季和赏花季、采果季等节会活动，打造一批“有看头”的打卡胜地、“有尝头”的永川味道、“有买头”的旅游商品、“有念头”的网红民宿，让八方游客在永川体味欢乐、放松心情、滋养心灵。

产城融合提升宜居宜业水平。坚持以产聚人兴城、以城留人促产，让永川这座城市有产业、有支撑，有平台、有梦想，有品位、有未来。坚持以产聚人兴城。始终把产业作为发展的根基，注重先进制造业与现代服务业深度融合，加大数字经济、工业设计、现代物流、科技服务、检验检测等产业培育力度，加快城市经济发展。推动凤凰湖产业园向南延伸、港桥产业园向北拓展，力争新拓展园区面积4平方公里，实现产业带动人口集聚、园区带动城市拓展。坚持以城留人促产。统筹做好生产、生活、生态空间布局，优化提升商贸、教育、医疗、娱乐、居住等功能配套，加强美丽园区、美丽厂区建设，启动滨江城镇规划编制，促进城市生产空间集约高效、生活空间宜居适度、生态空间山清水秀，打造美丽公园城市，建设生活品质之城。

（三）实施城乡融合发展行动，加快形成各美其美、美美与共的城乡格局

高质量发展基础在城市，潜力在农村，必须推动城乡融合发展，努力实现城市让生活更美好、乡村让人们更向往。

建设“双百”区域性中心城市。完成国土空间总体规划修编，持续推进城市提升工作，加快建设国际化、绿色化、智能化、人文化现代城市。统筹老城、新城、科技生态新城发展。实施三年提质改造计划，加强对老城历史建筑、自然景观、人文环境的保护利用，推进“三河汇碧+北山公园”片区改造提升，让老城区更有烟火气、书香味、岁月感。用好用活存量空间，完善强化功能配套，打造宜居宜业宜游的高品质新城区。加强科技生态新城基础设施建设，创新开发运营模式，强化高端要素资源配置，打造成渝地区双城经济圈科技创新新平台、产业发展新园区、智慧城市新高地、生态城市新典范，成为践行新发展理念、推动高质量发展的示范新区。加快推进城市更新。突出小规模、渐进式、微改造，推动街道创生、里巷更新、商业活化，改造老旧小区100个，加装电梯60部，提升同文里、书院巷等老马路、老街巷10个。实施供水设施改造和管道直饮水覆盖5000户。全面推进生活垃圾分类，新增两网融合示范点100个，城区生活垃圾回收利用率达到40%。开展物业管理专项整治，提升小区物业服务水平。

大力实施“增绿添园”和“绿道”建设，加快推进望城公园、桃花山公园建设，新建小游园、小憩园、小公园18个，实施坡坎崖壁绿化美化建设11处，新增绿化面积70万平方米，创建国家生态园林城区。深化“大城三管”，强化“马路办公”，推动城区缓堵促畅，规范街面停车秩序，优化名豪—重医附属永川医院片区交通组织，完成路平整治7万平方米，以“小切口”服务“大民生”，让城市干净整洁有序、山清水秀城美、宜居宜业宜游。加强基础设施建设。围绕打通“大动脉”、畅通“微循环”实施交通强区计划，打造区域综合交通枢纽。规划建设永川至重庆中心城区东西快速物流通道、永川至重庆中心城区市域铁路，加快推动永川城区至港桥产业园南北快速通道前期工作，释放城市发展空间。开工建设永川至自贡高速、500千伏输变电站、白沙水库、城区四水厂，启动成渝高速、和平水库等项目改扩建，推进渝昆高铁、江泸北线高速、永津永璧高速、渝西水资源配置工程等项目建设，建成白鹤滩至江苏800千伏特高压直流输电线路永川段，扎实做好成渝铁路扩能、永川港、长征渠等重大项目前期工作，提升城市配套发展能力。

推进美丽乡村建设。深入实施乡村振兴战略，促进农业高质高效、乡村宜居宜业、农民富裕富足。推动农业“接二连三”。新增茶叶种植面积5000亩，稳定食用菌栽培规模，发展壮大名优茶、食用菌、特色水果、调味品作物等产业集群，着力打造泸永江区域优质茶叶、晚熟龙眼荔枝、花椒产业带，提升永川秀芽、永川豆豉品牌竞争力。依托国家农业科技园区，建好泛黄瓜山乡村振兴示范区、十里原乡现代农业产业园，由点带面推动乡村振兴“处处兴”“全域兴”。全面落实粮食安全责任制，持续抓好“米袋子”“菜篮子”建设，严禁耕地“非农化”、防止“非粮化”。实施种业振兴行动和“千年良田”工程，集

中连片推动农田宜机化改造和高标准农田建设9万亩，提高农业综合生产能力。大力发展农产品加工业，开展“互联网+”农产品出村进城工程，让更多农产品走出乡村、拥抱市场。全面加强乡村建设。实施场镇环境提升工程，全面提升管线路网、给排水设施、教育医疗、农贸市场等服务配套水平。深入实施农村人居环境整治，新改建“四好农村路”260千米，完成农村改厕1500户，实施天然气入户4000户，建设清洁示范院落200个，改造农村供水管网40千米。持续推动卫生镇、美丽场镇、美丽家园创建，让群众看得见青山绿水、留得住悠悠乡愁。

加快城乡融合发展。坚持工农互促、城乡互补、协调发展、共同繁荣，加快构建城乡一体化发展新格局。壮大镇域经济。引导镇街因地制宜、特色发展，促进三教镇、板桥镇和三教产业园融合发展，推动朱沱镇、松溉镇和港桥产业园一体化发展，打造沿江经济示范带，提升镇域经济支撑力。创新融合机制。扎实推进国家城乡融合发展试验区9大类25项改革试点。审慎开展农村宅基地制度改革，加大闲置宅基地及农房开发利用力度。建立进城落户农民自愿有偿转让退出农村权益制度，促进农业人口转移。搭建城中村改造合作平台、城乡产业协同发展平台，推动城乡基本公共服务均等化、基础设施一体化。扩面推进“三变”改革，加快“三社”融合发展，多措并举增加农民收入。抓实有效衔接。深化“万企兴万村”活动，发挥乡村振兴帮扶团作用，推动巩固拓展脱贫攻坚成果同乡村振兴有效衔接，让脱贫群众生活更上一层楼。鼓励人才下乡。建立农业科技人员“区管镇用、下沉到村”机制，积极外引回引各类人才来永或返乡创业，让更多“田秀才”“土专家”“农创客”在农村广阔天地大展才华、大显身手！

（四）实施开放创新发展行动，加快建设区域性开放高地

开放创新是推动高质量发展的根本路径，必须坚持开放带动、创新驱动、改革推动，不断增强经济社会发展的动力和活力。

更高水平扩大开放。做好“通道带物流、物流带经贸、经贸带产业”文章，融入国内国际双循环体系。提升开放通道能级。畅通东西南北“四向”通道，推动铁公水空多式联运，依托长江黄金水道、中欧班列、西部陆海新通道、渝满俄班列，更好融入长江经济带、“一带一路”、中蒙俄经济走廊等，让更多永川造走出国门、走向世界。完善开放平台体系。封关运行永川综合保税区，充分发挥加工制造中心、研发设计中心、物流分拨中心、检验维修中心、销售服务中心作用，打造全市重要的现代制造业进出口加工基地、服务贸易示范基地。推进重庆（国家）自贸试验区联动创新区建设，积极创建海峡两岸产业合作区，推动中德产业园、中新互联互通合作项目特色发展，构建多元化国际化开放平台。提升开放型经济水平。抢抓RCEP生效机遇，推进服务业扩大开放综合试点，加快发展外贸新业态新模式，新增外贸主体20家，实现进出口贸易总额55亿元、实际利用外资2.1亿美元。加强毗邻地区合作。编制泸永江融合发展示范区发展规划和三年工作计划，加快推动川南渝西融合发展试验区、泸永江融合发展示范区建设。

更加全面推动创新。高水平建设永川国家高新区。聚焦“高”“新”定位，发展高科技、实现产业化。推动高新区实体化、一体化运行，促进高新区和园区深度融合，更好发挥高新区在现代制造业基地建设中的支撑作用。启动实施科技型中小企业创新发展、“专精特新”企业培育、规上企业研发机构倍增计划，新增科技型企业200家、高新技术企业30家、“专精特新”企业10家，规上企业设立研发机构比例达到35%以上。发挥高校和科研机构创新源头作用。支持环重庆文理学院创新生态圈、茶研所、特作所发展，支持职业院校建设大学科技园，加快推进西南大学生物技术研究院、重庆绿色电池研究院建设。加大知名高校和科研院所来永布局研究院和中试基地引进力度，新增市级以上研发平台10个、新型研发机构6家。支持产业链核心企业组建创新联合体，强化高校与企业的创新对接，让更多科技成果走出实验室、变为新动能。激发人才创新活力。完善人才引进政策，开展科技人员兴园兴企兴乡村活动，让科技人员英雄有用武之地。依托国家双创示范基地，做大做响“永创汇”品牌，办好成渝地区双城经济圈创新创业联盟峰会，让更多优秀人才在永川发展有空间、干事有平台、价值有体现。

更深层次推进改革。深化“放管服”改革。积极争取市级审批权限向高新区下放，扩大行政审批“最多跑一次”范围，发布“零跑腿”清单，更大力度减时间、减环节、减材料、减跑动。提质扩面“双随机、一公开”监管，审慎包容柔性执法，做到“无事不扰、无处不在”。强化落实助企纾困政策，持续开展机关干部进企业“四帮一体验”活动，推行园区“管家式”服务，全力打造营商环境最优区。深化土地资源利用改革。构建“以亩产论英雄”机制，推广工业项目标准地出让，探索协商分割或整宗收购处置闲置低效用地，推动集约节约高效用地。稳妥实施委托用地审批权改革试点。深化投融资改革。建立政府投融资决策联席会议制度，提高投融资决策水平。创新投融资模式，拓展资产证券化、公募REITs等权益类筹资渠道。优化政府债务结构，降低政府融资成本，多渠道化解政府债务。深化财税体制改革。加大预算收入统筹力度，规范预算支出管理，推进财政支出标准化，强化预算执行和绩效管理，提高预算约束力。深化国资国企改革。完成国有企业改革三年行动任务，实施国企改革重组，推进平台公司市场化转型和AA+信用评级，加快国资监管职能转变，持续激发国企发展内生动力。

（五）实施绿色低碳发展行动，加快建设山清水秀的美丽永川

绿色是高质量发展的底色，是高品质生活的成色，必须学好用好“两山论”，走深走实“两化路”，努力实现生态美、产业兴、百姓富的有机统一。

有序做好“双碳”工作。严控“两高”项目盲目发展。制定实施重点

领域碳排放碳达峰实施方案，着力优化产业结构、能源结构、交通运输结构、用地结构。采取关停淘汰、限期整改、技术提升、节能改造等措施，引导“两高”项目总量减排、源头减排、结构减排。强化“三线一单”约束，统筹做好能耗管控和能源保供，推动能耗“双控”向碳排放“双控”转变。构建绿色低碳产业体系。发展壮大节能环保、清洁生产、清洁能源产业，优先保障和推进低能耗高产出、产业链带动作用明显项目。鼓励和引导重点用能企业加大节能增效力度，推行企业循环式生产、产业循环式组合、园区循环化改造。倡导简约适度、绿色低碳生活方式。推广装配式建筑、绿色建材和钢结构住宅，加大智能制造、节能技术、节能产品在工程建设的应用，稳妥开展分布式光伏发电开发试点，加快构建绿色用能体系。落实全面节约战略，开展绿色机关、绿色家庭、绿色学校、绿色社区创建，鼓励群众绿色出行，让低碳生活成为社会新风尚。

持续改善生态环境质量。深入打好污染防治攻坚战，让永川天更蓝、地更绿、水更清、空气更清新。打好碧水保卫战。落实河长制，持续抓好临江河流域管护，完成大陆溪流域湾凼段整治，推动“三排、三乱、三率”等问题整改。启动长江上游水土保持生态科技示范园、污水处理厂（四期）建设，推行城镇排水设施“厂网一体化”管理，完善城镇污水溢流应急设施，强化流域源水补给和生态修复，不断保护改善水环境。打好蓝天保卫战。推进固定污染源总量控制试点，抓好高污染燃料禁燃区管控，实施北山片区空气污染专项治理，强化工业、交通、扬尘等领域污染整治，空气质量优良天数达到 315 天以上。打好净土保卫战。强化土壤污染调查、管控、治理和修复，持续加强农业面源污染防治，实施化肥减量增效 50 万亩次。完成临江河、来苏河等流域农药包装废弃物回收处理试点。启动静脉产业园环保示范基地建设。创建“无废城市”。

扎实推进生态保护修复。加强自然资源保护。统筹推进山水林田湖草系统治理，全面落实长江“十年禁渔”，加强长江上游永川段珍稀特有鱼类、茶山竹海等自然保护地保护。持续做好中央和市级环保督察、卫片执法、“绿盾”行动等反馈问题整改。强化生态系统修复。落实林长制，探索“林区警长制”，扎实开展森林资源“四乱”突出问题专项整治。强化关闭煤矿环境治理，加快推进绿色矿山建设，实施 32 个露天矿山综合整治。深入实施“两岸青山·千里林带”和森林质量精准提升工程，推进陡坡、重要水源地、污染耕地退耕还林还草，新增营造林 2 万亩。不断提高区树、区花种植覆盖率，彰显永川“桢楠独秀、海棠飘香”城市魅力。

（六）切实保障和改善民生，加快建设共建共享的幸福永川

高质量发展是群众看得见的发展，高品质生活是群众满意的生活，必须把让群众过上好日子作为工作的出发点和落脚点，切实把人民至上理念落实到千家万户。

加强就业和社会保障。注重既做大做好“蛋糕”，又切好分好“蛋糕”，在高质量发展中提高居民收入、促进共同富裕。坚持就业优先导向。加大企业稳岗减负政策落实力度，分类帮扶高校毕业生、退役军人、农村转移劳动力、残疾人等重点群体稳定就业，完成职业技能提升培训 8000 人，新增创业市场主体 1.1 万户、城镇就业 2.4 万人。深入开展“根治欠薪”工作。加强网约车、外卖、快递劳务等新业态从业人员培训和劳动权益保障。健全社会保障体系。全面推行全民参保计划，加强医保基金监管。持续开展爱心养老“助餐、助浴、助医”活动，完成居家适老化改造 200 户以上，支持老龄组织发展和关工委建设，规划建设老年大学，加快构建老龄友好型社会。深化“一门受理、协同办理”社会救助综合改革，加强困难群众、低收入群体基本生活兜底，大力发展妇女、儿童、残疾人、慈善等福利事业，让每一名身处困境者都能得到制度性保障。

促进教育公平发展和质量提升。落实立德树人根本任务，坚持德智体美劳五育并举，办好人民满意教育。推进学前教育普及普惠发展。加强小区配套幼儿园治理，新改扩建公办幼儿园 3 所，稳步提升公办幼儿园比例，学前教育普惠率达到 85% 以上，创建国家学前教育普及普惠区。推进义务教育优质均衡发展。建成投用文昌中学、萱花中学新校区、红旗小学新校区，推进永川五中、北山中学改扩建，开工建设旺龙湖小学，规划建设子庄中学。扩大优质教育覆盖面，推进集团化办学、学区制管理，加强师资有序流动，创建国家义务教育优质均衡发展区。推进普通高中教育示范提质发展。支持永川中学打造全市一流高中、其他区属高中打造特色学校，支持枫叶国际学校加快发展。加强师德师风建设，强化青少年心理健康教育和近视防控。认真贯彻“双减”政策要求，让教育回归本质，让孩子绽放自我。

打造重庆医学副中心。以卫生健康事业高质量发展，助力人民群众高品质生活。提升医疗服务能力。支持区中医院与江苏省中医院共建国家区域医疗中心。推动区妇幼保健院、区人民医院、区儿童医院三级医院创建。建成渝西区域医疗中心，加快建设中新国际肿瘤医院（二期）、重庆血液中心永川分中心、渝西精神卫生传染病救治中心。深化医药卫生体制改革。完善区人民医院、区中医院薪酬制度改革，加快“三通”建设，构建紧密型区域“医共体”，持续推进药品和医用耗材带量采购，推动公立医院改革走深走实。实施健康中国永川行动。持续开展爱国卫生运动，创建健康城市示范区。推动新的生育政策落地见效，构建生育友好型社会。

推动文化体育繁荣发展。坚持以文化人、以体育人，打造成渝地区双城经济圈文化强区。提质扩面文明创建。大力培育和践行社会主义核心价值观，加强家庭、家教、家风建设，深入推进全国文明城区创建，扎实开展礼让斑马线等志愿服务活动，让永川处处呈现文明景象。持续推动文化惠民。启动美术馆、科技馆建设，提档升级群众文化艺术馆、文化艺术中心。繁荣文艺精品创作，力争原创舞台艺术作品实现国家级奖项“零的突破”。发挥“中国书法之乡”优势，

将书法文化融入城市发展、百姓生活。倡导全民阅读，建设“书香永川”。加快发展体育事业。开展全民健身运动，增设一批公共体育设施，提高群众健康水平。办好全国第四届老运会气排球比赛、永川马拉松、“中国杯”茶山竹海定向越野、市第二届智力运动会等赛事活动，创建中国围棋之乡，扩大永川对外影响力。

千头万绪的事，说到底是千家万户的事。今年，我们将组织实施城区交通缓堵、背街小巷整治、就业创业帮扶等18件38项重点民生实事，扎实办好人口“一老一小”、住房“一旧一危”、就业“一生一困”、交通“一堵一安”等具体问题，做到民生投入只增不减、惠民力度只强不弱、惠民实事只多不少，让永川人民的日子越过越和美、越过越幸福！

（七）更好统筹发展和安全，加快建设更高水平的平安永川

没有安全就没有高质量发展、高品质生活，必须始终坚持生命至上、安全第一，更好把统筹发展和安全融入高质量发展、高品质生活各领域全过程。

科学精准做好疫情防控。抓好外防输入。抓实入境人员、高风险岗位人员、进口冷链食品及货物管控，严格落实人、物、环境同防，强化国内中高风险地区来永返永人员健康管理，坚决阻断疫情传播渠道。抓好内防反弹。加强常态化疫情监测，扎实做好重点场所疫情防控，抓好重点人群查漏补种和加强针疫苗接种，引导群众做好个人防护。抓好应急保障。加强核酸检测、医疗救治等能力建设，做好防控物资、隔离场所储备，确保防控不松懈、疫情不反弹、发展不停步。

加强和创新社会治理。推进市域社会治理现代化试点。深化“枫桥经验”重庆实践永川行动，充分发挥“乡贤评理堂”作用，夯实网格管理，推进群防群治，打造人人有责、人人尽责、人人享有的基层治理体系。加强和改进信访工作。推进信访“治重化积”专项工作，构建“网格站岗、信访吹哨、调解为先、法治兜底”的社会矛盾纠纷解决机制，努力将矛盾化解在基层。创建全国信访工作示范区。深入推进平安永川建设。完善立体化智能化社会治安防控体系，加大全民反诈工作力度，防范打击跨境赌博等突出违法犯罪，推动扫黑除恶长效常治。全力做好党的二十大安保维稳工作。

筑牢安全生产防线。深刻汲取“12.4”事故教训，痛定思痛，警钟长鸣，时刻绷紧安全生产这根弦。压实安全生产责任。全面推行“两单两卡”，加快重点企业安全监管信息化建设，严格落实企业一线岗位人员责任制，持续抓好安全监管常态化“十条措施”和民爆物品、游乐场所等12个领域专项监管，做到守土有责、守土担责、守土尽责。强化安全隐患治理。持续开展道路交通、建设施工、消防、危化、食品药品等重点领域大排查大整治大执法，全面完成安全生产专项整治三年行动，从最坏处打算，从细微处着手，坚决遏制较大以上安全生产事故发生。完善应急救援体系。优化“两委四指十专委”组织体系，更好发挥统筹协调作用。组建市救援队渝西支队，开工建设区域应急救援中心、区域应急物资储备库，提升应急保障水平。

（八）全心全意为人民服务，加快打造人民满意的服务型政府

政府自身建设是推动高质量发展、创造高品质生活的有力保证，必须始终坚持与人民群众站在一起、想在一起、干在一起，真正把政府工作做到群众心坎里。

旗帜鲜明讲政治。把政治建设摆在首位，增强“四个意识”、坚定“四个自信”、做到“两个维护”，自觉落实“两个确立”，不断提高政治判断力、政治领悟力、政治执行力。深入学习贯彻党的十九届六中全会精神，从党的百年奋斗历程中汲取智慧力量。注重学习历史知识、厚植文化底蕴、强化生态观念，巩固提升党史学习教育成果，确保政府工作沿着正确方向前行。坚持在战略部署上“扣扣子”、在干事创业上“担担子”、在工作落实上“钉钉子”，推动中央、市委、市政府和区委各项部署落地见效。

依法行政重规范。全面落实法治政府建设实施纲要，巩固全国法治政府建设示范区成果。规范行政决策行为，敬畏历史、敬畏文化、敬畏生态，慎重决策、慎重用权。自觉接受人大监督、政协监督、监察监督、司法监督，主动接受社会和舆论监督，认真办理人大代表建议和政协提案。扎实开展“八五”普法，引导群众办事依法、遇事找法、化解矛盾靠法、解决问题用法。严格规范公正文明执法，支持司法机关依法独立行使职权，让人民群众在每一宗案件中感受到公平正义。

高效务实勇担当。引导政府系统干部树牢“负责意识”，摒弃“避责思维”，主动干事担当，做到全状态抓工作、满负荷抓落实，形成说了算、定了干、马上办的务实作风，确保定一件干一件、抓一件成一件。发扬“挤”和“钻”的精神，坚持在干中学、学中干，加强经济知识、科技知识学习，提高政治能力、专业能力、落实能力。健全完善考核评价机制，让干部有热情、有激情，想干事、能干事，干成事、不出事，始终保持积极进取、干事创业的精神状态。

清正廉洁守底线。严格落实中央八项规定及其实施细则精神，驰而不息转变作风，加强“文来文往”“群来群去”等形式主义、官僚主义整治，持续为基层松绑减负。严肃财经纪律，落实好过紧日子要求。加强对“一把手”和领导班子的监督，引导干部知敬畏、存戒惧、守底线。聚焦重点领域、重要部门、关键岗位，聚焦群众身边腐败和损害群众利益问题，持之以恒正风肃纪反腐。深化拓展“以案四说”“以案四改”，健全不敢腐、不能腐、不想腐有效机制，大力营造风清气正的政治生态。

历史长河奔流不息，时代考卷常答常新。再出发，更广阔的征程已经开启；向未来，更伟大的胜利就在前方！让我们更加紧密团结在以习近平同志为核心的党中央周围，在市委、市政府和区委的坚强领导下，不忘初心、牢记使命，踔厉奋发、笃行不息，不负历史、不负时代、不负人民，奋力谱写永川高质量发展、高品质生活新篇章，为实现中华民族伟大复兴的中国梦而不懈奋斗！（区政府办公室）

汇集众智 凝聚合力 共同谱写高质量发展先行区、高品质生活示范区新篇章

——在区政协十六届一次会议上的报告

张 健

（2022 年 1 月 7 日）

过去五年工作回顾

过去五年，在中共重庆市永川区委领导下，区政协及其常委会以习近平新时代中国特色社会主义思想为指导，深入贯彻习近平总书记关于加强和改进人民政协工作的重要思想和《政协章程》，坚持发扬民主和增进团结相互贯通、建言资政和凝聚共识双向发力，充分发挥协商民主重要渠道和专门协商机构的重要作用，围绕中心、服务大局，献智出力、尽心履职，为永川经济社会发展作出了积极贡献。

五年来，区政协及其常委会坚持在继承中发展、在发展中创新，有重点，有特点，有亮点：

这五年，我们全面贯彻中央、市委、区委政协工作会议精神，凝聚奋进前行的“政协共识”。协助召开区委新时代加强和改进人民政协工作会议，深入学习习近平总书记在中央政协工作会议暨庆祝人民政协成立 70 周年大会上的重要讲话精神，认真落实中央和市委政协工作会议新部署新要求，及时对照《区委关于新时代加强和改进人民政协工作的实施意见》主要目标和重点工作，细化分解 62 项工作任务，着力在坚持党对政协工作的全面领导、发挥专门协商机构作用、履行凝聚共识职能、强化委员责任担当、健全工作制度等方面下功夫，引导区政协各参加单位和全体委员进一步增强做好新时代政协工作的使命感和责任感，为政协工作提供坚强的政治保证。

这五年，我们紧扣改革、发展、稳定协商议政，贡献服务大局的“政协智慧”。自觉将政协工作融入区委、区政府工作大局中去谋划、去推进，想党委政府之所想、急党委政府之所急，找准切入点、着力点，开展 186 项务实有效的协商议政活动，形成专题参政议政材料 320 份，既直面不足、又提出建议，既立足当下、又着眼长远，既有对“热问题”的“冷思考”、也有对“冷领域”的“热关注”，与党委政府思想同心、目标同向，行动同步、携手同行，广泛凝聚人心、倾力服务中心，发挥了政协服务改革发展稳定的独特作用。

这五年，我们聚焦民生实事、难事、急事建言践行，展现履职为民的“政协作为”。紧扣社会主要矛盾变化，把人民对美好生活的向往作为履职的出发点、落脚点，组织各界别委员深入基层，察民情、听民声、汇民智，政协成为反映社情民意的“直通车”、集中群众智慧的“蓄水池”，征集民生类提案 802 件，反映民生类社情民意信息 765 件，推动群众的烦心事、操心事有效解决。广泛动员全体政协委员和社会各界力量，持续开展“关爱基金”公益行动，关注贫困家庭、爱洒困难学生，坚持每年一次集中募捐，每年 8 月定时资助 100 名困难大学生入学，持续 11 年累计募款 1343 万元，资助 1191 人次，让群众切实感到政协组织离自己很近、政协委员同自己很亲。

这五年，我们开展文化、智慧、活力政协建设，彰显守正出新的“政协风采”。着眼新时代政协工作特点和规律，制定出台《关于建设“文化政协、智慧政协、活力政协”的意见》，明确路线图，列出时间表。策划举办 34 次文化讲座，编辑出版《永川历史文化遗存探寻》《非遗永川》《重庆人文丛书——永川篇》等文史资料，展示“书香政协”形象；开发建成网上一站式委员履职管理服务平台和无纸化办公系统，组织委员开展形式多样、各具特色的活动 500 余次，在推动委员提升文化修养、提高履职能力、迸发履职活力等方面取得明显成效，有力促进了政协自身建设，推动了政协工作高质量发展。

五年来，区政协及其常委会认真履行职责，全面推进各项工作。

一、突出党的领导，夯实政治引领“压舱石”

坚守初心听党话。全力构建以党组理论学习中心组学习为引领的学习制度，把学习习近平新时代中国特色社会主义思想作为“必修课”，把贯彻习近平总书记关于加强和改进人民政协工作的重要思想作为“专业课”。多平台多形式多层次组织全体委员和机关干部集体学习 236 次，认真学习中共十九大和十九届历次全会精神，及时学习习近平总书记最新重要讲话，学出高度认同，学出使命担当，进一步筑牢增强“四个意识”、坚定“四个自信”、做到“两个维护”的思想根基，更加坚定自觉坚持中国共产党的领导。

坚定立场跟党走。自觉接受区委的领导，区政协党组充分发挥把方向、管大局、保落实的作用，及时将区委的重大决策部署和对政协工作的要求通过民主程序转化为政协组织的决定，教育和引导广大政协委员、各党派团体和社会各界人士把智慧和力量凝聚到区委确定的目标任务上来。区政协的工作安排和重大活动及时报区委纳入总体工作部署，协商、调研、视察、评议、通报选题列入年度计划并报区

委批准实施，以确保在区委集中统一领导下主动负责、协调一致地开展。

坚固基础强党建。深入落实新时代人民政协党的建设工作要求，构建区政协党组、机关党组、机关党总支、机关党支部和临时党组织“一体式”组织体系，建立党组成员联系党员委员、党员委员联系党外委员制度，实现党的组织对党员委员的全覆盖、党的工作对政协委员全覆盖。严格落实管党治党主体责任，认真开展“不忘初心、牢记使命”主题教育和党史学习教育，积极推进“两学一做”学习教育常态化制度化，党内政治生活严肃规范，党风廉政建设切实加强，政治生态持续向好。

二、突出政协主业，发出推动发展“好声音”

紧扣中心任务协商。坚持每年制定协商计划，不断完善以全体会议为龙头，以专题议政性常委会议、主席会议和专题协商为重点，以对口协商、界别协商、提案办理协商、网络协商等为常态的协商格局。召开全体会议5次，对“一府两院”工作报告、计划预算报告、“十四五”规划和2035年远景目标编制等深入协商讨论，提出建议168条，为区委、区政府科学民主决策提供参考。围绕加快建设成渝地区双城经济圈现代制造业和西部职教基地、编制高速环线内175平方千米城市空间规划、打造高质量发展先行区、推动产城景融合发展等重大工作，召开专题议政性常委会议进行重点协商，形成专题协商意见5篇，得到区委、区政府重视和采纳。坚持协商于决策之前和决策实施之中，对重点项目安排、城市副中心规划建设、财政资金使用效益、页岩气资源开发利用、汽车产业发展、国企国资改革、市六运会承办、博物馆陈列布展、五大山脉林业生态保护、中小河流治理工程等，及时召开主席会议、专委会对口协商会议、提案办理协商会议和网络协商会议，多方协调、充分协商、形成共识，厚植全区高质量发展的民意基础。

紧盯重点工作监督。发挥协商式监督的特色优势，重点监督性议题纳入年度协商计划，寓监督于评议、视察、会议等工作之中，做到监督有计划、有题目、有载体、有成效。按照“全体行动、全程参与、全域覆盖”的原则，连续五年联动开展“一河段一委员”专项民主监督，帮助发现问题886个，提出建议319条，形成监督意见6篇，区委、区政府主要领导多次作出批示要求认真落实，市政协主要领导高度认可，批转各区县学习借鉴。以促进工业和商贸发展、优化营商环境、提高城市管理效能、推动创建国家卫生区、提升公共文化服务效能为重点，对区经信委、区商务委、区城市管理局、区文化旅游委和区市场监督管理局工作开展民主评议，对部门改进工作、创新作为、务实履职进行有效监督和督促。组织委员就重点工业项目、重大基础设施、重点社会事业项目、科技生态城、智慧交通建设和“永川职教24条”落实、旅游景区升级改造等开展视察36次，参加委员2300余人次；建立委员关注重点问题情况通报制度，就川南渝西融合发展试验区推进、机构改革涉及的部门运行、工业企业降本增效、扫黑除恶、人口普查、党风廉政建设等62项工作听取情况通报，让委员在“听情况、看变化”中加强交流互动，增进理解认同，推动党政重大工作部署全面落实。

紧贴民生关注议政。秉承人民政协为人民理念，注意选择人民群众关注的实际问题，组织委员参政议政，积极建言献策。组成专题调研组，就打赢脱贫攻坚战、乡村振兴行动、做大做强“永川豆豉”“永川秀芽”“永川香珍”特色产业、推进养殖行业专项整治及转型发展、改善农村散居特困人员养老和农产品质量安全、农村集体产权制度改革、农村生活垃圾治理、农村饮水安全保障、乡村旅游发展、就业创业帮扶培训等，深入一线调查研究，分别形成调研报告，为全面建成小康社会贡献委员智慧。面向社会征集“百姓提案”，建立大会发言转化重点提案机制，组织委员就城区中小学建设、“四好农村路”修建和发展医养结合健康养老产业、打造“中国西部足球城”、管好住宅小区消防安全、推进居民小区双电源建设、留住永川历史文化记忆等进行大会发言，多数转化确定为重点提案，区领导领办督办，承办部门协同办理落实。认真听取群众呼声和诉求，积极反映社情民意信息957篇，编辑整理502篇，报送全国政协、市政协采用32篇，报送区委、区政府150篇。关于推动企业复工复产、迁建职教中心、加强菜茵岩生态长廊保护、规范老旧住宅电梯加装、打击保健品会销等建议引起有关方面重视，为化解社会矛盾、推动解决群众难事发挥了积极作用。

三、突出团结联合，汇聚同心筑梦“正能量”

横向带动聚内力。每年以“界别活动月”为载体，23个界别组织委员深入基层一线、项目现场、界别群众，正面发声，宣传政策，加油鼓劲，团结各界群众跟党走。加强与各民主党派、工商联、人民团体和无党派人士的合作，畅通知情明政渠道，创优参政议政条件，所提交的大会发言、提案、社情民意信息分别占总数的72%、76%、69%，维护和发展了团结民主、生动活泼的政治局面。围绕贯彻落实中央民族宗教政策，组织视察调研活动，有效促进了民族团结、宗教和睦。搭建各界人士合作联谊平台，加强与非公经济人士、党外知识分子、新的社会阶层人士和台侨人士的联系，积极参与庆祝中国共产党成立100周年、新中国和人民政协成立70周年等重大节庆活动，为永川改革发展凝聚了人心、汇聚了力量。

上下联动增合力。落实区委安排，区政协主席会议成员尽心指导联系镇街工作，切实履行脱贫攻坚、河长、林长职责，直接参与全区水环境治理、营商环境优化和有关重点工作的协调服务，取得显著成效。主动接受市政协的工作指导，全力配合市政协开展构建内陆开放高地、建立现代基础设施体系、打造西部科学城、加快发展智能家居产业、建设山清水秀美丽之地等调研协商，提交调研报告34篇，为永川发展寻谋问计。重视发挥住永市政协委员作用，邀请列席区政协会议，共同参与调研视察，五年共撰写提案101篇、反映社情民意信息192篇，在市级层面为永川发展呼吁建言。

面对突如其来的新冠肺炎疫情，区政协班子成员带头深入疫情防控一线督导，带队登门走访指导帮扶 343 户企业复工复产和院校复学复课，机关党员干部主动下沉青峰镇开展排查值守，广大委员踊跃参与战疫宣传、联防联控、志愿服务、捐款捐物，用实际行动诠释为国履职、为民尽责的使命担当。

内外互动添助力。拓宽与市内外 50 余个政协组织的互动交流，学习借鉴好经验好做法。积极融入成渝地区双城经济圈建设，与相关区市县政协开展互访交流、联合巡河和书画摄影巡展 116 次，签订《永川泸州友好政协交流合作协议》，联合泸州市政协共同向上提交提案，推进深度合作。加强与全国各地政协的联系交往，接待广东、江苏、浙江、山东、河北、贵州等地政协来永考察 18 次，在沟通交流产业发展、招商引资、园区经济、土地利用、乡村振兴、社会治理等工作的同时，宣传永川发展环境和历史文化，讲好永川故事，提升永川知名度和对外影响力。以专委会为依托，带着协商调研课题，组织委员外出学习考察 110 余次，以“走出去”的方式开阔眼界、更新理念、启发思路、汲取经验、推介永川。以“乡情”为纽带，加强与“创业他乡永川人”的联络联谊，为他们搭建了解家乡、关心家乡、参与家乡建设的平台。

四、突出固本强基，种好政协履职“责任田”

健全完善制度机制。制定协商工作规则，出台加强改进民主监督、调查研究、凝聚共识、学习工作的实施意见，修订完善政协全体会议、常委会议、专门委员会、提案工作规则和委员管理、重点提案遴选督办办法，进一步完善会议组织、经常性工作、机关建设等相关制度体系，推进职能履行制度化、规范化、程序化。改进调研视察组织方式，采取现场看、网上议，“线上线下”一齐动，让委员看得更多、了解更透、议得更充分。按照机构改革要求，优化专委会机构设置，完善专委会联系界别机制，加强专委会对界别学习、调研、视察、协商等活动的统筹、组织和服务。开展“一委一品”建设，专委会在政协工作中的基础性作用进一步发挥，彰显了“专”的特点、“联”的畅通、“优”的能力。

激发委员履职热情。坚持委员学习全覆盖，以党校、高校为依托，每年集中开展委员履职能力提升培训，专门举办常委培训“清华班”“武大班”，着力提升委员履职能力。认真落实委员履职服务和管理办法，完善履职档案信息库，实时统计委员履职情况，实行动态管理、定期通报、量化考核、年度表彰，累计评选表扬优秀政协委员 74 名，“委员作业”质量不断提高。坚持直接联系委员制度，区政协主席会议成员每年走访委员 100 名，助力解决委员履职中的实际问题，倾情开展委员生日慰问活动，让委员感受到政协组织的温暖。及时发现和挖掘委员典型，加强委员履职情况宣传报道，累计国家级、市级媒体刊播稿件 160 篇、区级媒体刊播稿件 938 篇，《重庆新闻联播》报道区政协创新开展“百姓提案”工作情况，编发“永川微政协”、《永川政协》会刊、《永川政协周况》内刊 479 期，极大增强了委员的荣誉感和归属感。

加强政协机关建设。坚持从严要求、从严教育、从严考核、从严管理，严格执行中央八项规定及其实施细则精神和区委具体规定的要求，自觉落实意识形态工作责任制，扎实抓好巡视巡察反馈意见整改，大力支持派驻纪检监察组履行职责，政协机关风清气正。举办形式多样、积极向上的党建活动，用心策划、精心组织机关工会活动，集中开展“家访周”活动，干部履职热情高涨。以“写作提质年”为主题，创造条件，开辟渠道，丰富形式，让机关干部在“学中悟”“事上练”，队伍建设充满活力。区政协机关 17 名同志获评区政协先进工作者，6 名同志获区委表彰的优秀共产党员、优秀党务工作者、临江河综合整治和脱贫攻坚工作先进个人等称号，机关党建工作走在全区前列，创作的《最深的牵挂》代表永川区在全市微宣讲比赛中获得第一名，区政协理论研讨、宣传等工作每年受到市政协表彰。

十五届区政协任期的五年，既是政协工作围绕中心、凝聚合力、求实创新、成果丰硕的五年，也是广大委员深入基层、服务发展、倾心履职、奉献真情的五年。这些成绩的取得，是中共重庆市永川区委坚强领导的结果，是区人大常委会和区政府鼎力支持的结果，是区级各民主党派、工商联、无党派人士、各人民团体踊跃参与的结果，是历届老领导、老同志和社会各方面关心帮助的结果，是广大委员和机关干部职工团结奋斗的结果。在此，我谨代表区政协第十五届常委会表示由衷的敬意和诚挚的感谢！

回顾过去五年工作，我们深刻认识和体会到：

——必须始终以坚持党的领导为主轴，建设“重要阵地”。中国共产党的领导是成立政协时的初心所在，是人民政协事业发展进步的根本保证。我们只有崇尚学习、加强学习，始终把学习当成一项经常性工作来对待，排在第一时间、放在第一议程，积极搭建并做实做优用好学习载体，实现学习常态化、在线化、信息化，以创新理论武装头脑，构筑思想信念之基，把坚持中国共产党的领导内化于心、外化于行，团结带领广大委员坚定贯彻执行党的决策部署，才能把政协建设成为坚持和加强党对各项工作领导的重要阵地。

——必须始终以围绕中心履职为主线，构建“重要平台”。围绕党委和政府的中心工作履行职能，是人民政协工作的基本遵循。我们只有在大局下思考、在大局下行动，把履职重点放在永川长远问题的思考谋划上，放在实施发展战略的协同推进上，放在改善民生的对策研究上，科学搭建知情协商议政平台，积极探索协商新形式，让协商主体愿协商、会协商、善协商，才能把政协建设成为发扬民主、参与国是、团结合作的重要平台。

——必须始终以推进协商民主为主责，畅通“重要渠道”。人民政协是专门协商机构，在协商中促进广泛团结、推进多党合作、实践人民民主，是新时代赋予人民政协职能定位的新内涵。我们只有强化协商功能，深刻认识建言资政是协商成果、凝聚共识也是协商成果，甚至是更重要的成果，

在选题、组织和成果报送反馈上下功夫，一体设计、一体落实建言成果和思想收获，以道交友、以诚待人、以理服众、以商求同，才能把政协建设成为在共同思想政治基础上化解矛盾和凝聚共识的重要渠道。

这些认识和体会，有待于在今后的履职实践中进一步深化和完善。同时，我们工作中仍存在许多不足，主要是：双向发力的机制还不完善，协商平台的个性特点和吸引力有待改进，个别委员参政议政水平还需提升等。对于这些问题，都需要在今后的工作实践中认真研究，切实加以解决。

今后五年的工作建议

未来五年，是全面实施“十四五”规划的五年，也是永川抓住新机遇、迈上新台阶的五年。站在“两个一百年”奋斗目标的历史交汇点上，面对“两个大局”的交互激荡，在成渝地区双城经济圈建设深入推进、重庆主城都市区同城化发展的历史机遇期，中共重庆市永川区第十五次代表大会提出了永川“2235”总体发展思路，绘就了永川发展新蓝图，为区政协事业发展指明了前进方向。全体委员要在中共重庆市永川区委坚强领导下，在十六届区政协常委会团结带领下，以习近平新时代中国特色社会主义思想为指导，深入贯彻习近平总书记关于加强和改进人民政协工作的重要思想和《政协章程》，坚持团结和民主两大主题，全面落实中共重庆市永川区第十五次代表大会精神，倾力建设“学习型、文化型、服务型、创新型、智囊型”政协，充分发挥专门协商机构作用，在建言献策和凝聚共识上双向发力，切实履行政治协商、民主监督、参政议政职能，为打造高质量发展先行区、高品质生活示范区贡献智慧和力量。

一、提高政治站位，在筑牢思想基础上达到新境界

坚定不移把党的领导贯穿于政协工作各方面、全过程。以学为先，进一步健全完善以党组理论学习中心组为引领，常委会议集中学习、主席会议专题学习、委员集中学习培训相配套的学习制度体系，深入学习习近平新时代中国特色社会主义思想，学习宣传贯彻中共二十大、市第六次和区第十五次党代会精神，推动学习贯彻往深里走、往实里走、往心里走，以理论大学习、思想大武装促进政协工作质量大提升。持续引领各党派团体和政协委员、机关干部，进一步夯实共同思想政治基础，增强“四个意识”，坚定“四个自信”，做到“两个维护”，牢记“国之大者”，自觉在政治立场、政治方向、政治原则、政治道路上同以习近平同志为核心的中共中央保持一致。主动接受区委对区政协工作的领导，严格落实请示报告制度，引领带动社会各界人士把思想和行动统一到区委的决策部署上来，做到党委政府工作推进到哪里，政协工作就跟进到哪里，确保政协事业始终沿着正确方向阔步前进。

二、着力凝聚共识，在促进团结民主上营造新气象

人心是最大的政治，共识是奋进的动力。坚持以中国特色社会主义文化和社会主义核心价值观凝聚共识，用中华民族长期形成的天下为公、兼容并蓄、求同存异等优秀政治文化感召社会各界人士，努力弘扬“永立潮头、海纳百川”的永川精神，和风细雨、春风化雨做好理顺情绪、提振信心的工作，唤起全区人民共同奋斗的精神力量，形成全区上下心往一处想、劲往一处使的良好局面。坚持一致性与多样性的统一，充分发挥政协代表性强、包容性大的优势，密切与各民主党派、工商联和无党派人士的联络联谊，畅通党外知识分子、非公有制经济人士、新的社会阶层人士意见诉求表达渠道，做好少数民族界和宗教界委员专题学习考察、界别协商、反映社情民意等工作，定期走访台侨人士和“创业他乡永川人”，搭建建言资政平台，广泛宣传党的主张，最大限度调动一切可以调动的积极因素，团结一切可以团结的力量，汇聚改革发展的正能量。做好宣传推介、穿针引线、铺路搭桥工作，积极争取市政协和各地政协组织对永川发展的关注和支持，广泛引导和发动委员为建设家乡引智、引资、引力，为永川高质量发展添智出力。

三、推进政治协商，在服务发展大局上担负新使命

充分发挥政协作为专门协商机构的职能作用，突出服务大局的角色定位，围绕中心有序开展政治协商。聚焦永川“2235”总体发展思路，按照“大格局、小切入”的原则，高站位选择协商课题，制定实施年度协商计划，围绕“成渝地区双城经济圈枢纽节点、重庆主城都市区战略支点”两大发展定位当参谋，围绕“打造高质量发展先行区、高品质生活示范区”两大发展任务建实言，围绕“建设现代制造业基地、西部职教基地、双百区域性中心城市”三大发展重点献良策，围绕“产业能级提升、产城景融合、城乡融合、开放创新、绿色低碳”五大发展行动出主意，在商以求同、协以成事中服务永川发展大局。大力推进协商民主广泛多层制度化发展，进一步强化协商意识，拓宽协商领域，丰富协商形式，培育协商文化，增加协商密度，健全协商机制。积极搭建“渝事好商量·协商永在线”协商新载体，推动政协协商与基层协商有效衔接，拓展基层群众参与政协协商渠道，努力打造成为凝聚共识、汇聚民智、协商于民、协商为民的新平台。

四、加强民主监督，在促进政策落实上体现新担当

准确把握政协民主监督的性质定位，进一步探索创新协商式监督的模式形式、方式方法、载体平台，坚持问题导向，开展有针对性的民主监督活动，切实做到在协商中参与、在参与中监督、在监督中支持、在支持中推动改革和发展。提升会议监督，在常委会议、主席会议等会议中增加监督性议题比重，会前做深调研、精心准备，会后抓好监督意见办理的跟踪反馈，确保监督实效。完善视察监督，“好中差”结合精心选择视察点，帮助发现问题、找出症结，提出建设性意见。强化提案监督，鼓励和引导委员多提监督性提案，在重点提案中增加监督性提案的比重，加大联合督办、跟踪督办、办理公示力度。深化评议监督，推动民主评议监督规范化、常态化，强化民主评议结果运用，动真碰硬、不走过场。规范特约监督，支

持委员在多领域发挥作用，开展经常性监督，推动民主监督向更深、更实、更广领域延伸，进一步扩大民主监督影响力。

五、积极参政议政，在有效建言献策上实现新作为

充分发挥政协“人才库”“智囊团”的优势，注意选择党政所需、群众所盼、政协所能的课题，组织委员开展专题调研、大会发言、反映社情民意。围绕区第十五次党代会提出的构建“5+3”产业体系、打通对外开放大通道、实施乡村振兴战略、提升生态环境质量、发展民生事业、实现社会治理现代化等发展改革重点，深入调查研究，开展咨询论证，广集众人之智，善建务实之言，确保“问题看得清、观点讲得透、对策提得准”，为区委、区政府科学决策提供具有前瞻性的真知灼见。继续把大会发言安排在政协全会开幕会举行，不断提高发言内容的水平质量，让更多党政领导直接听到委员协商建言的声音，进一步提升参政议政成效。广泛收集社情民意信息，以真挚的情感深入基层一线，多到田间走一走、多去街头看一看、多与群众聊一聊，使政协的建议更加符合民意，使“人民”与“政协”紧紧相连，“政协”与“人民”心心相印。

六、强化自身建设，在激发内生动力上展示新形象

重视和加强自身建设是政协事业永葆生机、蓬勃发展的重要保证。持续加强政协党的建设，严格落实全面从严治党的政治责任，自觉落实意识形态责任制，严肃党内政治生活，深化党史学习教育和“四史”宣传教育成果，实现党的组织对党员委员的全覆盖、党的工作对政协委员的全覆盖体系化、规范化、常态化，全面提高党的建设质量。深入开展“书香政协”建设，推动政协两支队伍多读书、读好书、长本事、增才干。持续加强委员队伍建设，以创新的精神和思维，积极探索委员履职新载体和新平台，强化教育培训服务管理，引导委员增强为国履职、为民尽责的情怀，把事业放在心上，把责任扛在肩上，“懂政协、会协商、善议政、守纪律、讲规矩、重品行”，争当界别群众的代表、本职工作的模范、政协履职的主体。持续加强政协机关建设，健全完善管理制度，优化机关运行机制，着力打造忠诚、干净、担当的高素质政协机关干部队伍，为政协履行职能提供高质量服务，促进政协事业再上新台阶。

新一届政协群贤荟萃，新一届政协任重道远。让我们更加紧密团结在以习近平同志为核心的中共中央周围，在中共重庆市永川区委的坚强领导下，愿进政协门、乐做政协人、爱干政协事，奋力谱写新时代政协事业新篇章，为开创高质量发展先行区、高品质生活示范区新局面作出新的更大贡献！

（区政协办公室）

重庆市第六届运动会在永川区举行

【概况】 重庆市第六届运动会于2021年3月1日至5月31日在永川区举行，历时92天。该届运动会分成年组和青少年组，设成年组14个项目、青少年组27个项目，共计888个小项，同时设有3个表演项目。共有代表团44个，运动员13565人、领队1021人、教练2020人、裁判员2147人参赛。其中，永川代表团共派出835名运动员，参加田径、游泳、跳水、艺术体操等51个项目的角逐。该届运动会共产生金牌1238枚，96人、234次破95项重庆市纪录。其中，成年组产生金牌112枚，青少年组产生金牌879枚，青少年组政策性奖励计入金牌247枚。沙坪坝区、渝中区、九龙坡区分别获总分榜一、二、三名。东道主永川区代表团获总分榜第四名。43个代表团获得体育道德风尚奖，155支运动队获得体育道德风尚奖运动队，1747名运动员获得个人体育道德风尚奖，197名裁判员获得体育道德风尚奖裁判员。18个比赛场地被评为最佳赛区，12个单位荣获“重庆市第六届运动会优秀竞赛组织单位”称号。

【开幕式】 2021年5月18日晚，重庆市第六届运动会在永川体育中心开幕。为时2小时的开幕式，分为开幕仪式、文体展演及点火仪式三个部分。当晚7时48分，伴随着欢快的运动员进行曲，抗击新冠肺炎疫情英雄、脱贫攻坚代表、裁判员、各区县运动员、行业代表团等方阵迈着矫健的步伐，精神饱满地步入会场。副市长陆克华主持开幕式。重庆市委副书记、市长唐良智宣布重庆市第六届运动会开幕。市委常委、秘书长、市政府常务副市长王赋致辞。重庆市第六届运动会执行委员会主任、永川区委书记滕宏伟致欢迎词。文体展演分为《山水之城·美丽之地》《勇立潮头·海纳百川》《百年荣光·再铸辉煌》三个篇章。每个章节都利用声、光、电、数字影像等高科技元素，在舞台空中增加使用VR虚拟现实、维亚塔LED、全息投影等技术，将科技元素与体育精神相融合，与场内表演者互动结合，唯美的演出让现场观众体验到永川和祖国的美。表演结束后，主火炬点燃仪式开始。重庆市青年女篮主力队员李青阳、世界围棋“八冠王”古力、重庆市第六届运动会首枚金牌获得者甘雨沁、全国攀岩锦标赛冠军马自达、著名田径运动员别舸先后传递火炬，共同奔向火炬台。在火炬台前等待他们的，是一位特殊的火炬手——该届运动会的吉祥物“好运娃娃”，这个“好运娃娃”是由虚拟动捕技术和AR技术合成。火炬手们在全场观众的欢呼声中点燃主火炬，把开幕式推向高潮。在韩磊、谭维维演唱的主题曲《六运好

2021年5月18日，重庆市第六届运动会开幕式在永川体育中心举行

（陈科儒　摄）

运》和烟花秀中，重庆市第六届运动会开幕式结束。开幕式累计投入3500余万元，共3000余名工作人员参演、7800余人现场观看，并通过重庆卫视、华龙网向全国直播。

【闭幕式】　2021年5月31日，重庆市第六届运动会在永川体育馆落下帷幕。市体育局副局长张欣主持闭幕式。重庆市人民政府副市长陆克华出席并宣布闭幕。市体育局局长丁洪致闭幕词，重庆市第六届运动会执行委员会主任、永川区委书记滕宏伟致辞。为感谢永川区对重庆市第六届运动会所作的贡献，市体育局局长丁洪向永川区委副书记、区长张果赠送用大红酸枝木雕塑的一头犍牛，谐音“六运好运”，象征着永川的城市精神——“永立潮头·海纳百川”。伴随着重庆市第六届运动会会歌的优美旋律，重庆市运动会会旗、重庆市第六届运动会会旗徐徐降下，在永川体育中心熊熊燃烧14天的主火炬缓缓熄灭。随后，市体育局局长丁洪，永川区委副书记、区长张果，合川区区长徐万忠进行会旗交接。闭幕式上，还举行精彩的文体展演。

【服务保障】　重庆市第六届运动会是永川有史以来承办的规模最大、时间最长、人数最多、期待最高的体育盛会。永川区秉承“当好东道主，办好六运会”的理念，积极开展各项筹办工作，并举全区之力，迎难而上，担当作为，奉献奋斗，保证赛会精彩开局和完美收官，为各方来宾奉献一场异彩纷呈、惠民难忘的体育盛会，在重庆体育事业发展的历史画卷上留下浓墨重彩的一页。

强化组织领导，树立担当气魄。2017年永川区组建重庆市第六届运动会筹备委员会，由永川区委、区政府主要负责人担任主任，相关区级负责人担任副主任，共设综合协调部、开（闭）幕式执行部、场地竞赛部、组团参赛部、宣传推介部、市容环境部、资金物资保障部、后勤接待部、安全保障部、信访维稳部、投资促进与市场开发部、志愿服务部、纪检监察部等13个办事机构，陆续印发《永川区承办重庆市第六届运动会工作方案的通知》《重庆市第六届运动会工作方案》《重庆市第六届运动会工作指南》《重庆市第六届运动会体育中心功能提升方案》《重庆市第六届运动会开幕式工作方案汇编》等，明确各工作部人员、工作职责和工作日程，确定总经费和项目经费、开（闭）幕式、赛事具体安排、场馆安排使用情况、观众组织举措、疫情防控举措、要素保障举措及安保维稳举措等。筹备会各部认真落实各项文件、相关会议精神，形成上下联动、各司其职、合力推进筹备工作的良好局面。

保障硬件投入，提升靓丽气质。累计投入1.8亿元与重庆文理学院合建新体育馆。累计投入2200万元，完成永川体育中心钢结构维修、座椅更换、消防整改、外环境整治，以及老体育馆消防改造、外墙装修等。除永川体育中心外，永川区还对棠城体育馆等老旧场馆进行提档升级。本着节约、高效和长远利用的原则，不常开展的项目器材采用租赁方式获取，赛后能长期使用的项目器材采用采购方式获取，器材租赁费用为434.5万元，器材采购费用为651.3万元。

反复演练排练，保持连贯气势。重庆市第六届运动会筹备委员会制定并强力执行开幕式文体展演彩排预演方案、排练时序倒排表，5月6日至5月17日连续组织排练。共组织6次分篇章批次排练、1次间断性联排、2次整体联排和2次联排审看、1次预演，全体演员、会歌歌手、火炬手、卫视直播员、志愿者和相关工作人员等共计4000余人均坚守岗位、连续作战，排练中发现的问题均得到及时调整和改正。

做好宣传推广，营造热烈气氛。重庆市第六届运动会赛事期间，共刊发各类宣传报道1351篇，其中中央级媒体55篇、全国大众媒体115篇、市级媒体303篇、新媒体65篇、赛事官方媒体平台813篇。“重庆市第六届运动会”关键词在各类平台相关结果1660万条，覆盖人群5000余万人次。

抓好安保维稳，创造祥和气象。永川区精心制发“1+50”赛事安保方案，累计部署警力2.5万余人次，统筹民兵、保安9000余人次。一是强化人员核查。全面落实开闭幕式和马拉松、公路自行车赛等各项活动观众、参赛选手、安保维稳、赛事和活动服务等5万余名人员背景资格审查，共计筛查发现涉政、涉恐、有前科等不适宜参加人员300余人次，及时进行相关调整。二是强化疫情防控。共核查4万余名人员活动轨迹，确保参赛人员及其共同居住的家庭成员在赛前14天无疫情中高风险地区旅居史，确保防疫安全。开展现场疫情防控指导100余次，派出防疫指导人员30余人，疾控专项车辆3辆，对所有参与人员开展核酸检测，通过集中、上门和自行组织多种方式进行采样，共采样1.5万余人。三是强化住地安保。赛事涉

2021年5月31日，重庆市第六届运动会闭幕式在永川体育馆举行　（刘洪兵　摄）

及15个赛场和25个住地，涵盖城区各大场馆和宾馆酒店，共出动5000余名警力，开展全天候定点值守，督导酒店落实隐患排查整改，指导完善各项安全措施，加强对酒店的巡逻防控，妥善处置各类案（事）件，确保涉赛人员的安全。四是强化舆情引导。坚持24小时网络巡查处置，加大对新浪、网易、搜狐等大型综合性网站及带时事评论分析的热点、敏感网站、论坛的监控力度，发现处置涉及重庆市第六届运动会相关舆情1万余条。五是强化医疗保障。累计派出医疗机构15家、医护人员1951名、120救护车873台、应急处置伤员3345名，保障天数92天，保障药品及物资费用3.8万元，其间未发生严重伤亡事件。

做细后勤接待，展现城市气度。一是做好对口接待。由44个区级部门或单位对口接待到永川区的44个代表团和市级单位，后勤人员开展一对一服务，提前同各代表团沟通确定到永川区的时间、方式，做好高速路口迎接工作，并引导代表团参加赛事安排的各项活动。在运动员、裁判员报到、住宿、就餐、赛事以及代表团参加活动等各个环节，均确定专人负责，并安排84名后勤接待礼宾负责引导，确保各项流程无缝衔接、顺利推进。在对口接待中，全体工作人员坚持相互补台，遇事不推诿，积极协调处理，努力做到让参赛队带着焦虑来、满意去，彰显东道主应有的素养。二是合理安排食宿。各代表团入住酒店与比赛场馆距离均不远，可步行速达，遇有特殊情况均协调车辆接送。共25家食宿单位为整个赛事提供接待服务，优选当季时令菜肴和本地特色菜品精心编排菜单。对客房进行消杀和空气清洁，每个酒店均安排一名组委会工作人员和2名志愿者，赛事期间坚持24小时值守，第一时间处理各代表团遇到的问题。该次运动会后勤接待费共投入158万元，出动100余名党员志愿者，累计接待裁判员1776人，代表团领队、教练、运动员15033人。

（区文化旅游委　刘龙宇）

重庆市第六届残疾人运动会在永川区举行

【概况】　重庆市第六届残疾人运动会于2021年6月6日至6月13日在永川区举行。该届运动会由重庆市残疾人联合会、重庆市体育局主办，永川区人民政府承办。主题是“同梦同行”，与重庆市第六届运动会的“六运好运”两相呼应，体现残疾人与健全人“残健共融、平等共享”的理念。吉祥物取名“康康”，包含有两层含义：一是突出康复是残疾人事业永恒主题，鼓励残疾人积极参与康复，保持健康体魄。二是在新时代背景下，残疾人共同奔小康的美好憧憬。“康康”的设计，突出重庆“山水之城、美丽之地”的目标定位，展现重庆深厚的文化底蕴和鲜明的地域特色。主题曲名为《为爱奔跑》，曲作者是歌手郭峰，词作者是永川区残疾人联合会理事长林梅，歌词传递的是“残健共融、同梦同行”的扶残理念和大爱情怀。共有41个代表队参赛，有运动员、领队、教练员3400余人，志愿者、工作人员600余人。比赛项目有田径、游泳、乒乓球、羽毛球、跆拳道、射击、射箭、旱地冰壶、硬地滚球、特奥轮滑、排舞、啦啦操、三人制聋人篮球、围棋、象棋等15个大项，共产生金牌347枚。永川区等10个代表团获“最佳竞赛组织单位”荣誉称号，31个代表团获“体育道德风尚奖”，重庆科创学院等6个单位获“最佳赛区”荣誉称号。重庆市残疾人运动会是全市残疾人的综合性运动会，每四年举办一届。该项赛事是永川区继承办重庆市第六届运动会外，承办的又一项重大赛事，在全国率先实现省级全运会、省级残运会同城同时举办。

重庆市第六届残疾人运动会吉祥物——康康

【开幕式】　2021年6月6日晚，重庆市第六届残疾人运动会开幕式在永川体育馆举行。重庆市残疾人联合会党组书记、理事长赵如均主持开幕式。重庆市委副书记吴存荣宣布重庆市第六届残疾人运动会开幕，中国残疾人联合会党组成员、副理事长王梅梅致贺词。重庆市副市长胡明朗致开幕词。该届运动会执行委员会主任、永川区委书记滕宏伟致欢迎辞。为时90分钟的开幕式分为开幕仪式、文体展演及点火仪式三个部分。当晚7时，伴随着欢快的运动员进行曲，裁判员、各区县代表团迈着矫健的步伐，精神饱满地步入会场。开幕仪式后，进行文体展演。文体展演围绕“向光而行，与梦共曜”主题，共分为《我是你的阳光》《我是你的伙伴》《我们共赴未来》三个篇章。文体展演在舞美设计中融入重庆、永川及各区县的独特地理环境风貌，布设大面积LED激光设备，依靠超大地屏、侧屏、空中网幕实现裸眼3D高科技效果。表演结束后，火炬点燃仪式开始。世界啦啦操锦标赛亚军周恒宇，“中国第十届残疾人运动会暨第七届特殊奥林匹克运动会”女子站立三级SL3单打冠军肖祖贤，全国残疾人锦标赛女子单打、全国第十届残疾人运动会双打和单打冠军李雯，全国残疾人田径锦标赛100米、200米冠军陶志强传递火炬，并共同点燃电子火炬。最后，烟花秀以及由郭峰、赖潘演唱的主题曲《为爱奔跑》将开幕式推向高潮。

2021 年 6 月 6 日，重庆市第六届残疾人运动会开幕式在永川体育馆举行，图为文体展演——主题歌《为爱奔跑》 （陈仕川 摄）

【闭幕式】 2021 年 6 月 11 日，重庆市第六届残疾人运动会在永川体育馆落下帷幕。永川区委副书记潘文峰主持闭幕式，重庆市残疾人联合会党组书记、理事长赵如均致闭幕词，并宣布重庆市第六届残疾人运动会闭幕。受滕宏伟委托，张果代表永川区委、区人大、区政府、区政协向顽强拼搏、取得佳绩的教练员和运动员表示祝贺，向对该届运动会给予大力支持、作出贡献的各参赛代表团、裁判员、赛事服务者以及社会各界人士表示感谢。伴随着重庆市第六届残疾人运动会会歌的优美旋律，重庆市残疾人运动会会旗和重庆市第六届残疾人运动会会旗徐徐降下。随后，市残疾人联合会二级巡视员孙连尚、永川区政府副区长文焱、合川区政府副区长吴景明进行会旗交接。闭幕式上还进行文体展演。

（区残联 付海龙）

长城汽车·2021 永川马拉松赛暨重庆市第六届运动会半程马拉松赛举行

【概况】 2021 年 4 月 3 日上午 8 时，长城汽车·2021 永川马拉松赛暨重庆市第六届运动会半程马拉松赛在兴龙湖公园鸣枪起跑。该次赛事由中国田径协会、重庆市体育局、永川区人民政府主办，其中半程马拉松赛是重庆市第六届运动会中的一项赛事，长城汽车股份有限公司冠名赞助，主题是“新征程·勇往直前”。赛事分为马拉松组（42.20 千米）、半程马拉松组（21.10 千米）、迷你马拉松组（5 千米）3 个组别。比赛 14 时结束，历时 6 个小时。起点从兴龙湖公园出发，经人民大道、汇龙大道、学府大道、兴龙大道、凤龙大道、昌龙大道、和畅大道，最终折返回到兴龙湖公园。赛道串联永川知名制造企业、文旅景点和地标建筑，经过兴龙湖公园、观音山公园、凤凰湖公园等景点和长城汽车制造厂、雅迪电动车制造厂、中船重工等代表性制造企业，并有重庆农业机械化学校、永川民进学校、永川职业教育中心、重庆城市职业学院等职教学校和乐和乐都景区组织的氛围营造表演。共有专业选手、爱好者 2.3 万余人参赛，吸引 11 万市民现场观看。经过激烈角逐，岑万江获马拉松男子组第一名，贾亚亚获马拉松女子组第一名。李波获重庆市第六届运动会半程马拉松男子组冠军，冯丹获重庆市第六届运动会半程马拉松女子组冠军，张雪康获得永川马拉松半程马拉松男子组冠军，丁常琴获得永川马拉松半程马拉松女子组冠军。中央电视台体育频道直播 90 分钟，对赛事和永川城市建设、经济社会发展进行宣传报道。该次赛事盛况空前，万人开跑，声势浩荡，人潮涌动，在全区

2021 年 4 月 3 日，永川马拉松在兴龙湖公园开跑 （陈科儒 摄）

掀起全民健身热潮。

【新闻发布会】 2021年3月29日，长城汽车·2021永川马拉松赛暨重庆市第六届运动会半程马拉松赛新闻发布会在重庆市政府新闻发布中心举行。永川区委副书记、区长张果在发布会上宣布，由中国田径协会、重庆市体育局、永川区人民政府主办，重庆市田径协会、重庆市永川区文化和旅游发展委员会、重庆茶山竹海旅游开发有限公司承办，长城汽车股份有限公司冠名赞助的长城汽车·2021永川马拉松暨重庆市第六届运动会半程马拉松于4月3日（星期六）8时在永川兴龙湖公园鸣枪起跑。发布会上，张果还就项目设置、赛事特色等作主发布。该次赛事以“新征程·勇往直前”为主题，设置马拉松组（42.195千米）、半程马拉松组（21.0975千米）、迷你马拉松组（5千米）三个组别。赛事规模1.8万人，其中马拉松1400人、半程马拉松2600人、迷你马拉松14000人。该次赛事总奖金28.5万元，其中，马拉松冠军奖金10000元，半程马拉松冠军奖金6000元。同时，为吸引更多运动爱好者和永川当地市民参与，还设置年龄分组奖和永川籍奖，5个年龄组共200名选手可获现金奖励；永川籍奖录取永川本地的男、女选手各30名。赛事所有组别名次按选手获得最高一项奖励颁发奖金，后面名次不递补。该次马拉松赛是中国田径协会核定的A1赛事，选手成绩可计入中国田协以及国际田联的马拉松赛成绩排名。其中的半程马拉松赛将与重庆市第六届运动会半程马拉松赛合并举行。比赛中，选手可以欣赏到永川“三面青山、六水环绕、九湖美景”的城市风采，比赛全程通过央视体育频道现场直播。根据防疫工作要求，该次赛事除马拉松特邀选手外，仅限重庆户籍或非重庆户籍但赛前半年常住重庆的跑友参与。所有参赛选手均需持绿色健康码参赛。参赛选手可凭居民身份证在永川自愿免费接种新冠疫苗。发布会现场，媒体记者就赛事影响、项目设置、特色亮点、防疫安保等进行提问。

（区文化旅游委　刘龙宇）

大事记

1月

6日　永川区被全国爱国卫生委员会命名为“2018—2020周期国家卫生城市（区）”。

10日　共青团中央、教育部、全国少工委联合下发《关于表彰2020年度“全国优秀少先队员”“全国优秀少先队辅导员”“全国优秀少先队集体”的决定》，永川区五间小学蔡芷涵被表彰为“全国优秀少先队员”。

11日　中共中央宣传部、教育部评选出10名2020年“最美大学生”。重庆财经职业学院2018级学生于婷婷被表彰为2020年全国“最美大学生”。

12日　经区委组织部、区人力社保局、区农业农村委研究决定命名苏功六等50名乡村人才为“永川乡村之星”，分为返乡入乡创业人才、乡村技能人才、新型农业经营主体带头人、乡村治理人才、高素质农民、乡村旅游人才、乡村教育人才、乡村文化人才、乡村卫生人才、乡村电商人才10个类别。

13日　农业农村部公布全国首批农机使用一线“土专家”名单，重庆圆桂农机股份合作社理事长周元贵、重庆陶义农机专业合作社理事长李刚和永川区黄杨农业机械专业合作社理事长黄泽兵等入选全国农机化“土专家”，表彰他们为丘陵地区农机化推广起到示范带头作用。

20日　中国科协召开2020年“科创中国”年度工作会议，永川区“重庆市大数据产业人才联盟”案例入选“科创中国”创新组织典型案例。

21日　重庆新泰机械有限责任公司、重庆重交再生资源开发股份有限公司、重庆金泽鑫科技有限公司入选工业和信息化部第二批专精特新“小巨人”企业名单。

25日　由《中华工商时报》报社发起的2020年度“创新中国”工商联（商会）工作案例榜单发布，永川区《“诚信永商”建设构建长效发展机制》荣获“创新中国”副省级城市和地市级工商联工作最佳案例。

27—28日　政协重庆市永川区第十五届委员会第五次会议在永川区文化艺术中心召开。

28日　由永川广播电台的音乐广播（调频FM93.2）和都市广播（调频FM104.2）整合而成的“永川之声”（调频FM100.7）正式开播。

同日　永川区临江商会被中华全国工商业联合会评为全国“四好”商会。

28—29日　重庆市永川区第十七届人民代表大会第六次会议在永川区文化艺术中心召开，会议审议批准《重庆市永川区国民经济和社会发展第十四个五年规划和二〇三五年远景目标纲要》。

2月

3日　永川区妇幼保健院新院区开诊。

4日　由农业农村部和中央广播电视总台联合主办的“乡村振兴人物榜”专题晚会在CCTV-17农业农村频道播出，永川区何埂镇新型职业农民林其鑫入围“乡村振兴人物榜”十大重点人物。

25日　全国脱贫攻坚总结表彰大会在北京人民大会堂隆重举行。永川区组织收看全国脱贫攻坚总结表彰大会直播。

同日　四川省成都市浦江县委常委、统战部部长、县中德合作区管委会党工委书记冉启良带队到永川区对接成渝地区双城经济圈产业合作示范园区共建工作。

3月

1日　重庆市第六届运动会开赛仪式在永川体育馆举行。同日太极拳、跆拳道项目开赛，永川区运动员彭新会以9.23分的成绩夺得女子二十四式太极拳比赛金牌。它是该届运动会的首枚金牌。

5日　推动成渝地区双城经济圈建设联合办公室2021年第一次主任调度会在永川区举行，共签约项目9个，总投资175亿元。

8日　永川区党史学习教育动员大会召开。区委书记、区党史学习教育领导小组组长滕宏伟在动员大会上强调“扎实开展党史学习教育，为开启新征程汇聚磅礴力量”。

9日 浙江星星冷链集成股份有限公司再次在凤凰湖产业园追加一个智能冷链配套产业项目。该项目占地106亩，总投资5亿元。

10日 永川区与福建省好邻居食品工业有限公司、福建省传艺古建筑工程有限公司、福建谷金贸易有限公司、伊仕登科技（厦门）有限公司举行集中签约仪式，5个项目落户三教产业园。

12日 中山路街道卧龙凼社区被司法部、民政部评选为第八批“全国民主法治示范村（社区）”。

15日 中国乡村振兴青年服务站和重庆文理学院乡村振兴学院打鱼河村工作站授牌仪式在松溉镇打鱼河村举行。

22日 重庆市首个数智化乡村振兴学院在重庆智能工程职业学院揭牌成立。当天还举办首届数智化助力乡村振兴永川论坛。

24日 永川区西部计划项目办公室获评“2020年西部计划绩效考核优秀等次服务县项目办”。这是该项目办连续三年获此殊荣。

25日 永川区失能残疾人集中供养中心投用，建筑面积5560平方米，有床位248张。

25—26日 永川区委书记滕宏伟率党政代表团到重庆市彭水苗族土家族自治县考察交流对口协同工作，双方签署对口协同发展合作协议。

28日 重庆城市科技学院转设揭牌仪式举行。该校是由重庆大学城市科技学院转设的一所独立设置的本科层次民办普通高等学校。

29日 推动成渝地区双城经济圈建设信访协作联席会议第二次会议在永川举行，川渝两地签署《成渝地区双城经济圈建设互派信访干部交流锻炼合作协议》。

同日 长城汽车·2021永川马拉松赛暨重庆市第六届运动会半程马拉松赛新闻发布会在重庆市政府新闻发布中心举行。

同日 永川中学、昌南中学被共青团中央评为2021年度“小平科技创新实验室”建设学校。

30日 由中共重庆市永川区委与重庆日报报业集团合作出版的《渝西

2021年3月30日，《渝西都市报》创刊并公开发行仪式　（袁卿予　摄）

都市报》创刊并公开发行，新媒体平台同步运营。

31日 永川区健康管理协会成立大会暨关爱自闭症儿童主题活动在永川区儿童医院（集嫒医院）举行。永川区儿童医院（集嫒医院）与神女湖小学、重庆城市科技学院签约，共同开展儿童青少年心理健康管理院校合作试点。

4月

1日 永川区“学雷锋”志愿者标兵表彰大会在永川区行政服务中心236会议室举行，黄家利等100名“学雷锋”志愿者标兵获表彰。

3日 长城汽车·2021永川马拉松赛暨重庆市第六届运动会半程马拉松赛在兴龙湖公园鸣枪开赛。

6日 在永川区行政服务中心市场监管局跨省通办（川渝通办）窗口，永川区市场监管局工作人员向四川鹏鼎佳源商贸有限公司相关负责人颁发全区首张“川渝通办”营业执照。

8日 由川南渝西文化旅游联盟（四川省泸州市、宜宾市、内江市、自贡市，重庆市永川区、江津区、荣昌区）共同举办的文化旅游推介会在重庆市渝中区举行，七市区联合推介文旅并启动川南渝西文化旅游环线。

12日 全国首台L4级自动驾驶公交车在永川区投用，面向市民开放运营，投放线路从神女湖到观音山，全程8.8千米、4个站点。

14日 永川区《干部进驻企业“四帮一体验”》上榜重庆市优化营商环境十佳创新案例。

15—16日 彭水苗族土家族自治县委书记钱建超率党政代表团到永川区考察交流对口协同工作，双方签署对口协同发展文化旅游、消费、教育、卫生健康合作协议。

16—18日 由重庆市教委主办的第七届全国大学生工程训练综合能力竞赛（重庆赛区）在重庆文理学院举行，共有来自成渝地区的26所高校、260余支参赛队伍，1000余名选手参加。

17日 永川区与雅迪科技集团有限公司再次签署合作协议——雅迪电动车整车进出口制造基地、雅迪现代制造技术职业学院落户永川。

19日 第九届重庆永川国际茶文化旅游节在神女湖公园幸福广场开幕。该次茶旅节从4月持续到6月，共举办五大主题活动和五大特色活动弘扬茶文化，描绘“茶竹春满园”的永川春色。

23日 永川博物馆获批为国家AAA级旅游景区。

24日 永川区中医院举行海扶微无创治疗中心开诊仪式，这是渝西地区首家公立医院引进该设备和技术。

27日 2021年庆祝“五一”国际劳动节暨“建功‘十四五’、奋进新征程”主题劳动和技能竞赛动员大会在北京人民大会堂举行。重庆市永川区中医院骨科主任彭志财、国网重庆市电力公司永川供电分公司无人机技术员何涛、重庆市永川区水利局水生态建设与河长制工作科科长蔡兰兰获得“全国五一劳动奖章”，重庆医科大学附属永川医院感染科获得“全国五一巾帼标兵岗”荣誉称号。

同日 2021年永川区庆“五一”暨第三届十大“永川工匠”“服务标兵”发布典礼在永川文化艺术中心举行。李戈、刘恩、刘涛、牛晓东、谭其、汪兴林、王川、吴清和、余廷勇、周伟获评第三届十大“永川工匠”，邓波、邓鸣善、董天红、何梅、黄小波、李时根、刘闻斌、万力铭 、许家永、晏華获评第三届十大“服务标兵”。发布典礼上讲述他们的先进事迹，并授予证书和纪念章。

同日 “巴渝工匠”杯重庆市第十四届高等职业院校学生职业技能竞赛花艺赛项在重庆城市职业学院开赛，来自全市11所高职院校的21支队伍、84名选手参赛。

28日 由重庆智能工程职业学院依托华为（永川）联合技术创新中心与永川区人民医院协同创新、共同研发的重庆首家智能科技产品“智慧健康小屋”投用。

同日 永川区人民大道兴龙湖东西牌坊段试运行通车，通车时间为07:00—19:30，19:30—次日07:00，其余时间封闭管理。

30日 国务院办公厅发布《关于对2020年落实有关重大政策措施真抓实干成效明显地方予以督查激励的通报》，永川区在“河长制湖长制工作推进力度大、河湖管理保护成效明显的地方”和“公立医院综合改革成效较为明显的地方”两个事项中榜上有名。

5月

12日 “科创中国”重庆挂点工作组组长、中国科协创新战略研究院副院长赵立新率“科创中国”科技服务团到永川区调研，对接推进“科创中国”试点城市建设工作。

13日 “川渝黔融媒体城际新闻”平台启动仪式在永川区融媒体中心举行。四川、重庆、贵州三地20家融媒体中心（电视台）共同创办川渝黔融媒体城际新闻平台。

13—14日 中国建筑卫生陶瓷2021技术与装备论坛在永川江鸿国际大饭店举行。永川区与中国建筑卫生陶瓷协会签署合作协议，共建中国建筑卫生陶瓷绿色智能制造示范区。

18日晚 重庆市第六届运动会开幕式在永川体育中心举行，重庆市委副书记、市长唐良智，市人大常委会主任张轩，市政协主席王炯出席。

同日 重庆市委副书记、市长唐良智到永川区调研，对永川区保持高质量发展态势给予肯定。

19日 360政企安全集团与永川国家高新区、重庆智能工程职业学院在观音山签约中心签订战略合作协议。360政企安全集团将与永川区联合打造国家级大数据安全靶场，共建重庆智能工程职业学院360网络安全产业学院、360网络安全技术研究院。

20日 2021年（第五届）中国客户服务节暨客服论坛在重庆解放碑威斯汀举行，客户服务产业基地落户永川。

20—22日 重庆市第四届老年人体育健身运动会乒乓球赛在永川体育中心综合馆举行，来自全市43个代表队、83支队伍参加比赛。

20—23日 第三届中国西部国际投资贸易洽谈会在重庆国际博览中心举行。永川共参加2个展位布展，分别为重庆馆永川高新区、成渝地区双城经济圈馆永川馆。

21日 第三届中国西部国际投资贸易洽谈会永川专场签约仪式暨永川区2021年第2次招商引资项目集中签约活动举行，永川签约69个项目，总投资274亿元。

同日 国家智慧医保实验室下发《关于同意重庆市永川区创建“智慧医保”创新应用示范区的通知》，批准永川区为全国创建“智慧医保”创新应用示范区。

27日 推动成渝地区双城经济圈建设重庆四川党政联席会议第三次会议在永川区江鸿国际大饭店召开。重庆市委书记陈敏尔主持会议并讲话，四川省委书记、省人大常委会主任彭清华出席会议并讲话。

同日 国家体育总局办公厅公布全国101个“首批全国县域足球典型”名单，永川区名列其中。

同日 “巴渝工匠”杯重庆市第三届茶叶行业职业技能竞赛在重庆市经贸中等专业学校开赛。来自重庆市23个区县21所职业院校、45家企业的66支代表队，194名选手分别参加茶叶加工（手工制茶）、茶艺两个赛项的竞赛。

29日 “川渝一家亲，六一手拉手”永川、彭水、泸州三地青少年共庆六一活动在永川青少年宫举行，来自四川省泸州市、重庆市永川区、重庆市彭水苗族土家族自治县的90名青少年参加活动。

31日 重庆市第六届运动会闭幕式在永川体育馆举行，重庆市人民政府副市长陆克华出席闭幕式。

6月

3日 川南渝西地区首个大数据产业联盟在永川成立，已有百度、携程、华为等知名企业在内的入盟单位300余家。

4日 永川区与重庆电子工程职业学院签署合作协议，在科技生态城共建重庆电子工程职业学院永川校区。

6—11日 重庆市第六届残疾人运动会在永川区举行。重庆市委副书记吴存荣，中国残疾人联合会党组成员、副理事长王梅梅出席开幕式。

7日 中国工业软件大会在重庆召开，永川大数据产业园获批成为重庆软件产业园（特色型）。

9日 国家发展改革委、科技部、工信部、自然资源部等四部委对产业转型升级示范区建设评估结果为优秀的7个城市、对真抓实干取得明显成效的6个园区和6个项目予以通报表扬，其中永川国家高新区获评产业转型升级示范园区。

同日 国家卫生健康委职业健康司副司长、一级巡视员王建冬一行到永川区专题调研健康企业创建工作。

10 日 重庆市永川区乡村振兴局挂牌成立，标志着永川“三农”工作重心实现历史性转移，由决战决胜脱贫攻坚进入全面实施乡村振兴战略的新阶段。

11—14 日 2021 悦来 · 国际数字娱乐博览会在重庆国际博览中心举行。永川馆以“文汇永川 数创未来”为主题，汇集达瓦科技、爱奇艺、九紫科技等企业以及动作捕捉、XR 技术、全景声混等“黑科技”产品。

11 日至 7 月 10 日 “他吸引了全世界的目光——纪念周恩来总理珍品展”在永川博物馆开展。

18 日 川渝合作儿科耳鼻喉科学术交流会暨专科联盟成立大会在永川区儿童医院召开。

同日 重庆市永川区、荣昌区与四川省自贡市、内江市共同签署合作框架协议，加快在住房保障、房地产市场监管、物业服务、行业协会合作交流等方面协同发展。

24 日 共青团重庆市委邀请全国和重庆市级人大代表、政协委员到永川区开展“共青团与人大代表、政协委员面对面”市级示范活动。

28 日 永企汇 · 永川区企业服务综合平台上线，实现企业服务“一网通办”“一网数控”“一网智服”。

30 日 永川区龙马大道陈食连接段道路通车，六道岭 110 千伏变电站投运，长城汽车蜂巢动力项目投产。

同日 永川区医疗保障局、荣昌区医疗保障局签订医疗保障基金跨区协同管理合作协议，从 2021 年 7 月 1 日至 12 月 30 日，对两区定点医疗机构使用医疗保障基金情况（包括职工医保、居民医保、大额医疗保险、医疗救助等）实施常态化交叉管理。

7 月

1 日 川渝两地基础电信企业在川渝全境内推出八项跨区通信服务，具体包含亲情号跨区互设、跨区缴费、跨区停机/复机、跨区修改密码、跨区补卡、跨区换卡、跨区销户、跨区投诉处理。

6 日 国务院批复同意设立重庆永川综合保税区。它是全国第 152 个综合保税区，重庆市设立的第 6 个综合保税区。

同日 成渝地区双城经济圈乡村振兴国家级专家服务基地在重庆文理学院揭牌。它是成渝地区双城经济圈首个乡村振兴国家级专家服务基地。

9 日 “科创中国”重庆试点城市建设工作座谈会在永川区召开。中国科协党组副书记徐延豪出席会议并讲话。

9—11 日 2021“重庆好礼”旅游商品（文创产品）大赛暨外事礼品征集活动在荣昌区举行。云岭牌永川秀芽获金奖，永川豆豉“嘿下饭”、小炉红白酒 · 重庆礼遇系列获银奖，云岭牌永川秀芽、永川桢楠香品礼盒入选“重庆好礼”外事礼品，永川区文化旅游委获优秀组织奖。

11 日 重庆市永川区人民政府与中国人民大学就共建人民大学文化科技园西部分园项目签署合作协议。

13 日 永川区人民政府与重庆交通大学共建重庆交通大学永川研究院项目签约仪式在永川区行政服务中心 236 会议室举行。

19 日 永川区金融赋能实体经济高质量发展论坛暨 2021 年政银企融资对接会召开，13 家银行、4 个部门、19 家企业现场签约。

22 日 永川区与西南大学生物学研究中心共同在永川科技生态城打造生物技术产业园和茶生物科技总部。

22—25 日 在 2021 中国国际数字和软件服务交易会上，重庆云谷 · 永川大数据产业园荣获突出贡献奖。

26 日 重庆市文化和旅游发展委员会同意永川区融媒体中心开办“永川融媒体中心综合频道”，覆盖范围为永川行政区域内。

8 月

1 日 永川区人民医院联合朱沱镇卫生院共同投建的血透室投入使用，是永川首个镇卫生院血透室。

4 日 0 时 永川区医疗保障经办机构及 1199 家医疗保障定点医药机构顺利上线国家医保信息平台，实现医疗保障数据与国家医保数据库联网共享。

9 日 永川高新区汽摩智造创新型产业集群入选科技部 2021 年度创新型产业集群试点（培育）名单，是重庆市唯一入选的产业集群。

16 日 位于永川区妇幼保健院门诊大楼右侧的永川区婚姻收养登记处启用。

19 日 重庆永信科技有限公司、重庆红江机械有限责任公司上榜工信部第三批专精特新“小巨人”企业名单。

23 日 永川区举行 2021 中国国际智能产业博览会专场签约仪式，签约项目 98 个，总投资 258.19 亿元。

24 日 在重庆市经济信息委及《重庆日报》联合举办的 2021 重庆市大数据智能化智慧应用精选案例发布会上，永川“服务公社”信息平台项目入选十大“智慧政务”精选案例。

9 月

1—2 日 2021 中国特色旅游商品大赛在四川国际旅游交易博览中心举行。永川区选送的云岭牌永川秀芽、外祖母牌永川豆豉嘿下饭荣获金奖，小炉红牌重庆礼遇系列荣获铜奖。

6 日 重庆医科大学护理学院永川分院揭牌仪式在永川区举行，主要承担护理专升本教学任务，已招收学生 350 名。

10 日 永川区五间镇新建、景圣村医保服务站投入使用，是重庆市首个村级医保服务站。

13 日 重庆紫光化工股份有限公司、川亿电脑（重庆）有限公司、重庆红江机械有限责任公司上榜 2021 重庆百强制造业企业，重庆重交再生资源开发股份有限公司上榜 2021 重庆百强服务业企业。

15—17 日 2021 年成渝地区双城经济圈建设专家服务团暨海外赤子为国服务行动计划“走进永川”举行。川渝两地 19 名优秀专家对永川区 5 个行业领域、18 个帮扶项目、35 个受援单位进行一对一指导，帮助解决问题 20 余个。

24 日 由退役军人事务部褒扬纪念司和最高人民检察院第八监察厅组成的调研组，到永川调研烈士纪念设施管理保护专项行动工作。

28 日 重庆市第八届“海棠香国”美术作品展在永川文艺空间展出，共展出以中国共产党成立 100 周年为主题创作的美术作品 111 幅。

29—30 日 重庆市永川区第十七届人民代表大会第七次会议在永川区文化艺术中心召开。常晓勇当选为重庆市永川区人民政府区长，喻彤当选为重庆市永川区监察委员会主任。

10 月

13—15 日 永川区委书记张智奎带队赴合肥、武汉等地考察学习园区建设、产业发展等情况。

13—15 日 重庆文理学院在第七届中国国际“互联网+”大学生创新创业大赛全国总决赛中获国家奖 1 金 1 银 5 铜，其中材料科学与工程学院/新材料技术研究院崔建强团队的“国产大飞机用隔音隔热超细玻璃纤维棉”项目获金奖。

15 日 第三届川渝厨艺邀请赛暨永川美食文化节在永川区华茂中心开幕，“线上+线下”共计 3000 余户商家、企业参加。

同日 永川区桂山公园革命烈士纪念碑园、集成电路创业史陈列馆被命名为重庆市爱国主义教育基地。

16 日 2021 年首届中新肿瘤论坛暨重庆市中西医结合胃肠外科学术交流会在永川区举行，新加坡百汇癌症中心教授傅权方、新加坡鹰阁医院教授陈俊海等业界大咖及各区县胃肠外科领域专家 200 余人参会。

2021 年 10 月 23—24 日，群舞《书记，爸爸》亮相第十三届全国舞蹈展演

（喻伟　陈阳　摄）

21 日 黄炎培职业教育研究院西部职业教育基地分院揭牌仪式在永川国家高新区会议室举行。

21—22 日 第二届“永川秀芽”杯全国茶叶加工工职业技能竞赛总决赛在重庆市经贸中等专业学校举行。

22 日 港桥产业园“上大压小”热电联产项目获重庆市发展和改革委员会核准。它是重庆“十四五”期间获得核准的首个燃气—蒸汽联合循环热电联产项目。

同日 2021 年“全国大众创业万众创新活动周”永川会场活动暨成渝地区双城经济圈创新创业大赛智能制造专项赛永川选拔赛在永川大学生创业基地启动。

23 日 “巴渝工匠”杯 2021 年重庆市首届工业互联网技能竞赛在永川区开赛，共有 46 家企业及院校，65 支参赛队，130 名选手参赛。

23—24 日 由永川区文化旅游委打造，永川区文化艺术馆和重庆文理学院音乐学院共同创作演出的群舞《书记，爸爸》参加在广州举行的第十三届全国舞蹈展演，在广东艺术剧院进行两场精彩演出。它是永川区原创舞蹈首次站上全国舞蹈艺术领域规格最高、影响最大、水准最高的舞台。

24 日 民政部党组书记、部长李纪恒率调研组到永川区调研社会救助改革等工作。

同日 永川籍运动员陶志强在全国第十一届残疾人运动会上获跳高铜牌，28 日获 100 米铜牌。

27 日 永川区司法局孙良卫被司法部评为全国司法所模范个人。

28 日 永川区第七届创新创业节——2021 年永川区“大创慧谷”大学生创新创业大赛决赛在重庆财经职业学院举行，“灭火卫士”项目夺得决赛一等奖，“智能农机—科技助推乡村振兴”项目和“基于大数据技术与人力资源驱动的解决方案”项目并列获得二等奖。

28—31 日 2021“一带一路”暨金砖国家技能发展与技术创新大赛之数据分析与可视化赛项（高校组）国内总决赛在重庆智能工程职业学院举行。来自中国、阿富汗、孟加拉国、刚果等国内外的 54 支参赛队 270 名参赛选手及教练员、裁判员参加。

30 日 永川区代表团在第七届中国·重庆职业技能大赛暨“巴蜀工匠”杯新职业技能大赛中获得 1 金 3 银 9 铜 12 优胜，以总成绩 64 分荣登大赛排行榜第二名，奖牌总数第一名，荣获“特别贡献奖”。

同日 中国—俄罗斯光电关键技术国际学术研讨会在永川区举行。

11 月

2 日 永荣镇白云寺村农业农村部评为第二批全国乡村治理示范村，成为乡村治理的全国样板之一。

9 日 农业农村部官网发布第五批全国农村创业创新优秀带头人典型案例推荐名单，重庆桢楠中药研究所有限公司张益丽榜上有名。

12 日 重庆文理学院获国务院学位委员会批准，成为硕士学位授予单位，同时获批的还有机械、材料与化工、农业等三个硕士专业学位授权点。该学校是永川区首个获批硕士学位授予单位的高校。

同日 永川国家农业科技园区、永川秀芽众创空间、永川区圣水湖现代农业农民返乡创业园区、永川区农副产品及食品加工基地返乡创业园、永川十里荷香智慧田园综合体等五个农村创业园区（基地）入选全国农村创业园区（基地）目录。

24—25 日 永川区委书记张智奎率党政代表团到彭水苗族土家族自治县交流考察，双方签署联合招商合作协议。

25 日 重庆市永川区第十七届人大常委会第四十二次会议决定批准楠木为永川区“区树”，海棠为永川区“区花”。

26 日 永川区 2021 年第三次重点项目集中开工活动在三教产业园举行。该次集中开工的重点项目共有 36 个，总投资 117.5 亿元，涵盖汽摩及零部件、智能装备、科技研发、新型材料、商贸物流等重点领域。

28 日 百度自动驾驶巴士“Robobus”在重庆永川完成商业化模式探索，全面开启商业化试点。首批投入商业运营的自动驾驶公交车有 3 辆，巡航速度为每小时 40 千米，运营路线途经神女湖公园、重庆农业机械化学校、兴龙湖公园、重庆文理学院东门、观音山公园等站点，双向里程 10 千米。

2021 年 11 月 28 日，百度自动驾驶巴士“Robobus”在重庆市永川区开启商业化运营试点（陈仕川 摄）

29 日 永川国家高新技术产业开发区入选科技部国家高新区企业创新积分制试点。

30 日 “中国—老挝职业教育发展共同体”成立仪式在重庆城市职业学院举行。成立仪式上，进行共同体章程、工作规划讨论与表决，举行共同体成立与成员单位授牌、共同体 Logo 发布、签署共同体倡议、中老职业教育发展共同体共享学院共建签约、共同体项目发布等。

同日 在全国双拥主题文艺作品征集评选活动中，永川区凤凰湖中学教师蒋世会设计的双拥主题标识荣获全国三等奖。

永川区推送的双拥主题标识

12 月

10 日 “西部职业教育集团”备案通过重庆市教育委员会审批。

13 日 泸永江融合发展示范区 2021 年常务副市（区）长协调会在永川区举行，研究贯彻落实《泸永江融合发展总体方案》任务分工方案、泸永江融合发展示范区建设 2022 年重点工作任务和 2021 年推动泸永江融合发展示范区建设领导小组会议方案。

同日 2021 年度“感动永川人物”颁奖典礼在永川文化艺术中心举行。王雨明、刘学民、吕祥杰、何天鸿、陈炜、余俊、张华、张吉莲、周宗良、陶志强等 10 人获 2021 年度“感动永川人物”荣誉称号。

15 日 科大讯飞人工智能产业基地项目签约落户重庆云谷·永川大数据产业园。

17 日 驻永川区的中铁二十一局五公司承建的济青高铁跨荣潍高速公路特大桥获 2020—2021 年度国家优质工程奖。

22 日 成渝地区大数据与人工智能产业职业教育集团在永川区成立。

27—28 日 中国共产党重庆市永川区第十五次代表大会在永川区文化艺术中心召开。会议明确提出，未来五年，永川将全面推进实施“2235”总体发展思路，并把“着力建设现代制造业基地”作为三大发展重点之一，“实施产业能级提升行动”作为五大行动之首。

28 日 妇女联合会授予永川区妇女联合会中华全国维护妇女儿童权益先进集体称号。

（区档案馆许仁元 李治碧 重庆财经职业学院孔雪燕）

永川概览

城市标识

【城市形象】 永川区实施“七个一”工程，即一扇窗展示永川、一本书或刊物读懂永川、一部片介绍永川、一句话记住永川、一首歌唱响永川、一台剧演绎永川、一群人感动永川，讲述永川故事、传播永川声音、展示永川形象，让更多的人了解永川、热爱永川、投资永川。在重庆有线电视“全域重庆”开通“今日永川”窗口，创办出刊区委外宣刊物《今日永川》，制作《茶竹和韵 智汇永川》城市宣传片，提炼永川人文精神为“勇立潮头，海纳百川”，定制歌曲《永川，我为你而来》并拍摄 MV，创排本土方言轻喜剧《管家婆》，评选“感动永川人物”。

（区委宣传部　王艺桦）

城市 Logo　该方案以永川的“永”字经抽象艺术转变而成。形似“凤凰”，寓意永川生生不息、腾飞壮大，标识简单、大气、美观、内涵丰富，便于记忆和宣传。2011 年将其注册为商标。（区委宣传部　何滨）

中国·重庆 永川
YONGCHUAN
CHONGQING · CHINA

永川城市 Logo

【城市地标】 永川区的城市地标很多，如永川博物馆、永川图书馆、永川规划展览馆、永川体育馆等。永川体育馆位于兴龙大道旁文理学院 B 区，是国家乙级体育场馆。占地面积 36.3 亩，总建筑面积 22803 平方米，设观众席 5000 席，其中固定座椅 2960 席、活动座椅 1960 席，停车位 175 个。主要用于承办省（市）级专项体育比赛、全国性单项室内比赛、举办公共集会和演艺演出等活动，同时也为广大市民提供一个高标准、高层次的休闲健身活动场所，是重庆市第六届运动会乒乓球、羽毛球、篮球项目赛场，重庆市第六届运动会闭幕式也在此举行。

（区文化旅游委　刘龙宇）

【区树】 永川区的“区树”是楠木（桢楠）。楠木（学名：Phoebe zhennan），为樟科楠，是国家二级保护植物。该树种为高大乔木，最高可以长到 30 余米，胸径可长到 1 米，树干通直，树叶终年不谢，是很好的庭园观赏和绿化树种。楠木木质坚硬耐腐蚀，纹理直而结构细密，不易变形和开裂，且木材带有特殊的香味，能避免虫蛀，是造船、建筑、家具、雕刻和精密模具的良材。楠木木材和枝叶含芳香油，蒸馏可得楠木油，是高级香料。永川国有林场巴岳山山脉张家湾林区有 960 余亩桢楠林。2017 年 7 月，中国林学会发布科考报告：确认在永川区巴岳山张家湾林区发现国内面积最大的桢楠天然林。胸径超过 6 厘米的楠木有 4000 余株，最大树龄已超过 110 年。该片桢楠林于 2016 年被国家林业局纳入国家林木种质资源库。2015 年 10 月，永川区政府办公室印发林业楠木行动方案，从 2016 年起在全区推广楠木种植，每年免费发放桢楠苗 100 万株。截至 2021 年年底，“楠木行动”累计发放桢楠苗 300 万株。

（区林业局　蔡玲）

永川体育馆　（陈科儒　摄）

海棠花　　（林业局　供图）

【区花】　永川区的“区花”是海棠。海棠（学名：Malus spectabilis），为苹果属多种植物和木瓜属几种植物的通称与俗称。代表植物海棠花和木瓜都是蔷薇科的灌木或小乔木，花有白、粉红、玫瑰红等，花期4月，果期9—10月。为中国著名观赏树种，各地习见栽培。海棠类多用于城市绿化、美化的观赏花木（虽然其中不乏果实有很高食用价值的品种）。其中，许多是著名的观赏植物，如：西府海棠、垂丝海棠、贴梗海棠和木瓜海棠，习称“海棠四品”。据《永川县志》记载：古昌州海棠独香。“海棠香国”原指古代昌州，就是2021年的重庆市永川区、大足区、荣昌区一带。永川区从2000年开始在市政绿化中大量运用，贴梗海棠和垂丝海棠栽植最多。海棠其花姿美、花色艳，深受广大市民喜爱。

（区林业局　蔡玲）

自然地理

【位置面积】　永川位于长江上游北岸、重庆西部，东邻江津区，东北靠璧山区，北接铜梁区，西接荣昌区，南与四川省合江县、泸县接壤。地处北纬28°56′～29°34′、东经105°38′～106°05′。东距重庆中心城区55千米，西离成都276千米，是成渝地区双城经济圈枢纽节点、重庆主城都市区战略支点。2021年，永川区辖区面积1576平方千米，中心城区面积82.8平方千米。

【地质地貌】　永川区地质构造隶属新华夏系第三沉降带川东褶皱带永川帚状褶皱束。该束在境内表现为一系列北东—西南走向，展布不对称的高幅度紧密褶皱。其特点是背斜狭窄，向斜宽敞，背斜展布呈北紧南松的扫帚状。从东至西，依次分布着5条背斜，即花果山（亦称云雾山）背斜、箕山背斜、黄瓜山背斜、巴岳山背斜、英山背斜，3个向斜，即石庙（石竹）向斜、板桥（三教）向斜和来苏向斜。境内地貌轮廓受上述地质构造和岩性控制，背斜相应形成5条条状低山、山脉走向（即原来的北东—西南向）的构造线。其中，东面的花果山、西面的巴岳山和英山包围县境，箕山和黄瓜山纵贯其间。5条山脉大致组成“川”字形的山岭群。其海拔高度一般变化在400～800米。箕山的薄刀岭最高，海拔1025米，松溉镇长江边的大矶塆最低，海拔199米。各条山体的宽度和形态，则受控于褶皱力度的强弱和疏密不同而有所分异。花果山、巴岳山和箕山，系窄背斜构成，山体尖薄，两翼陡峻，峭峰林立，主要由三叠系须家河组厚砂岩组成。黄瓜山由厢状背斜发育而成，山体宽厚，山顶平缓，亦由须家河组砂岩组成。英山（西山）系复式背斜构成，呈现出“一山两岭一槽”地形特征，除两翼仍为须家河组砂岩组成外，轴部槽谷地带出露三叠纪嘉陵江石灰岩与飞仙关暗紫色页岩。至于宽敞的向斜，经外营力切割，大多发生地形倒置现象，负地形发育，形成各式丘陵沟谷地貌，其相对高差变化在50～200米。其中，板桥、来苏两向斜，地势西南高、东北低，大多发育为浅丘或中丘宽谷地貌。石庙向斜地势呈南北低、中部高，大多形成桌状高丘地貌。3个向斜均广泛出露侏罗纪的沙溪庙组和遂宁组灰紫色或红棕色砂页岩和厚泥岩，环山麓带分布着自流井组暗紫色砂泥岩。最后总体构成永川区山丘坝、台地兼具的地貌体和格局。　（区档案馆）

【山脉】　永川区境内的山，按其海拔高度只有低山一类，属华蓥山向西南延伸的余脉。云雾山、巴岳山、英山、箕山、黄瓜山5条低山均呈北东向西南走向，呈“川”字排列。

云雾山　在境内东南，起于璧山区原马坊乡官井坝，入市境原隆济乡云雾山村，向西南延伸至原聚美乡出市境至江津县茨坝倾没，海拔450～700米，系县境东面屏障，永川、璧山、江津3县界山。山体尖薄，山峰陡峭，起伏连绵，全长35千米。其上有石笋山（海拔694.4米），断岩峭壁，怪石嶙峋，地势极为险要。山上农田甚少，多为森林冷沙土，主产松、杉，亦产茶叶。地下矿藏有煤、铁、石灰石、石英砂、耐火黏土等。

巴岳山　在境内北部。山体由铜梁区延伸至李家沟入境，至双石镇（原太平乡）倾没，在境内长19.5千米，海拔490～920米，系永川区与大足县的界山。山形较陡，褶皱紧密，山顶在境内部分比较平缓。其上农田亦少，多为冷沙土。主产松、杉、楠竹和杂竹。开垦有成片茶园，国营新胜茶场在其上。地下矿藏有煤、石灰石、白云石、石英砂等。

英山（又名阴山）　在境内西南，与巴岳山鱼贯而行。北起双石镇的回龙寺（同心号村）南至宝峰镇的万寿山，全长20.9千米，海拔490～759米。远望，与巴岳山一起成为境内西面的屏障。其上有嘉陵江组石灰岩展布，经流水侵蚀溶解，形成条状平缓槽谷，两侧为须家河组厚砂岩出露，风化剥蚀结果形成陡峭脊岭，构成“一山两岭一槽”的复式低山地貌。槽形似船，长11千米，宽1.5千米，为原新店乡所在地。嘉陵江组石灰岩在其山区温凉湿润气候条件影响下，发育成矿子黄泥土属，多为农耕地。须家河厚砂岩发育成冷沙土属，多为林业用地，主产松、杉、香樟、楠木和桂树。该山地下矿藏有煤、铁、水泥原料石灰石和黏土。

箕山　在境内北部，系重庆市铜梁区西温泉山向南延伸的余脉，在金龙镇燃灯寺入境，直抵永川区东北的萱花寺下倾，长27千米，海拔470米以上，山势陡峭尖薄，呈锯齿状。最高峰薄刀岭，海拔1025米，为全区最高点。山上耕地少、林地多，主产楠竹、楠木和松、杉，茶，国家AAAA级旅游风景区茶山竹海就在此山。重庆市新胜茶场和全国茶叶观光示范基地茶叶研究所在山上建有成片茶叶基地。煤、石英石、陶瓷黏土的蕴藏量大。

黄瓜山　原名泸龙山，又名王瓜山，在境内南部，起于南大街办事处白塔村，向西南延伸至与泸县相连的吉安乡镇倾没。长24.4千米，海拔450~648米，与箕山萱花寺遥相对望，形如“川”字中间的一竖。山体呈厢状，顶部平缓，上有成片梯田梯土。主产水稻、姜、地瓜、油菜、茶叶和花生，也盛产梨、李、桃等水果。黄瓜山大米，质地优良，油浸色，蛋白质含量高，煮成饭香气扑鼻，曾有供应四川省成都市、重庆市宾馆和首脑机关的任务。黄瓜山姜，色白、肉嫩，鲜食或制咸菜均可，尤其是制作泡菜堪称上品。地瓜，皮薄肉细，味甜汁多，入口化渣。花生，果实均匀，籽粒饱满，享有盛誉的松溉盐花生就是采用该种花生为原料。梨树品种繁多，品质优良，花期和采果期游人如织。2004年被评为全国农业观光旅游示范点。山岩多为林地，主产松、杉、油茶和茶叶，还有少量成片楠竹。地下资源主要有石油、天然气、石英砂。

【河流】　永川区境内河流除长江外，另有小安溪、永川河等6条长年流水性河流。控制总面积为1880.88平方千米（含四川省泸县229.4平方千米，重庆市荣昌区、重庆市大足区、重庆市双桥区75.8平方千米），支流250条，构成树枝状的水面，是全区工农业用水的主要水源。

长江　沿境内南端流过，由四川省合江县、永川区交界处的采溪口（高程201.2米）入境，到松溉镇大矶墒（高程199米）出境。流长17.6千米（河心距），集支流12条，流域面积（区内56.85平方千米），自然落差2.2米。断面（朱沱水文站）最大流量53400立方米/秒，最小流量1790立方米/秒，最高水位216.31米，最低水位196.24米，最大流速5.19米/秒。松溉镇温中坝海拔200米。

小安溪河　属涪江水系，在境内西南，发源于永荣镇白龙洞（高程355米），向北流经红炉镇、双石镇、胜利路万寿村、板桥镇柳溪、双河口（高程230米）入铜梁区，汇入涪江。在境内流长65.65千米（干流49.15千米），汇集大小支流69条，流域面积402平方千米，自然落差12.5米，平均坡度1.9‰，平均流量5.43立方米/秒。双石桥以下逐段建有闸坝，可通小木船和小型机动船。

永川河（原名临江河）　属长江水系，在境内中部，发源于宝峰镇华家寺（高程396米），向北流经南大街、中山路办事处、临江镇，在何埂镇（原聚美乡）江永桥（高程230米）转南经江津区朱杨溪注入长江。在境内流长87.35千米（干流74千米），汇集支流82条，流域面积556.48平方千米，自然落差166米，平均坡度1.9‰，平均流量6.35立方米/秒。上游有中型水库（关门山水库）1座，蓄水1435万立方米，是城区居民饮水和工业用水的主要水源。

九龙河　长江水系，位于境内东北，发源于大安街道（原石竹乡月耳塘，高程385米），向北流经金龙镇，转向南至大安街道云雾山村鸡公嘴（高程250米）汇入璧河注入长江。在境内流长41.65千米（干流28.4千米），集支流42条，流域面积201.2平方千米，自然落差135米，平均坡度3.24‰，平均流量2.2立方米/秒。可供农灌和沿河两岸农民生活用水。

圣水河　在境内南部，发源于吉安镇向阳村（高程360米），南流何埂聚美的两河口（高程233米）汇入江津区朱杨溪注入长江。在境内流长30.3千米（干流25.55千米），集支流15条，流域面积99.4平方千米，自然落差127米，平均坡度4.19‰，平均流量1.2立方米/秒。其上建有中型水库（上游水库）1座，蓄水2985万立方米。

大陆溪　在境内南部，发源于吉安镇金门村（高程370米），向南流到四川省泸县，再向南流至朱沱镇四明村入境，在松溉镇（高程200米）汇入长江。全长124.4千米，在境内流长40千米（干流34.35千米），集支流19条。总流域面积455.4平方千米，在境内流域面积226平方千米，自然落差170米，平均坡度4.25‰。平均流量5.52立方米/秒。

龙溪河　在境内南部，源于宝峰镇庆阳村（高程390米），流经原永泸乡庆云村（高程370米）汇入四川省泸县三溪口水库。在境内流长11.7千米（干流0.5千米），集支流4条，流域面积33.75平方千米。（区档案馆）

【气候】　2021年，永川区气候主要特征为：气温偏高，降雨量偏少，日照时数偏少，气象灾害总体偏重，旱重于涝。年平均气温18.6℃，较常年偏高0.9℃，各月气温波动幅度大。年总降雨量880.7毫米，较常年偏少1成，时空分布不均，呈夏季多冬季少分布。年总日照时数1031.0小时，较常年同期偏少2成。入春早、出夏晚，春夏两季持续时间长。全年10℃以上活动积温为6399.9℃，农业气象条件总体上属正常略差年景。年度高温总体正常偏强，高温日数偏多。汛期强降水、秋冬季大雾是2021年影响交通的主要灾害性天气。全年共出现5次区域性暴雨天气，5次强降温天气，4次8级以上大风天气，≥35℃的高温日数28天，2段气象干旱天气，2段连阴雨天气。

气温　2021年，永川年平均气温18.6℃，较常年（17.7℃）同期偏高0.9℃，较2020年（18.3℃）同期偏高0.3℃。冬季气温9.3℃，较常年同期偏高0.9℃。春季气温18.5℃，较常年同期偏高0.7℃。夏季气温27.2℃，较常年同期显著偏高1.0℃。秋季气温18.6℃，较常年同期略偏高0.3℃。年内各月气温波动较大，月平均气温1月、4月、11月较常年同期偏低0.3～2.0℃，5月与常年同期持平，其余月份较常年同期偏高0.3～3.9℃。年极端最高气温40.9℃（8月3日），极端最低气温-0.4℃（1月18日）。

降水　2021年，永川区总降水量880.7毫米，较常年同期偏少1成，较2020年（1162.8毫米）偏少2成。冬季降水量为50.0毫米，春季为161.4毫米，夏季为372.7毫米，秋季为299.5毫米。与常年同期相比，冬季偏少1成，春季偏少3成，夏季偏少3成，秋季偏多4成。降水量各月分布不均，2月至7月较常年同期偏少，其中3月较常年同期偏少1成，5月较常年同期偏少3成，7月较常年同期偏少4成，4月较常年同期显著偏少5成，2月、6月较常年同期显著偏少8成。1月、8月至12月较常年同期偏多。其中，1月较常年同期偏多4成，8月较常年同期显著偏多6成，9月较常年同期显著偏多8成，10月至12月与常年同期基本持平。年内日最大降水量92.2毫米，出现在9月16日。年内全区降水量空间分布不均，据56个气象监测站雨量分析，各镇街降水量在556.8～1423.8毫米之间。

日照　2021年，永川区总日照时数1031.0小时，较常年同期偏少15%，较2020年（1048.0小时）偏少2%。2020/2021年冬季日照156.4小时，较常年同期偏多33%。春季日照225.2小时，较常年同期偏少36%。夏季日照355.2小时，较常年同期偏少30%。秋季日照254.0小时，较常年同期偏少5%。1—3月、9月、12月较常年同期偏多2成至1倍，其余月份日照时数较常年同期偏少1～6成。

季节转换　2021年，永川区入春早、出夏晚，春夏两季持续时间长。永川在1月30日入春，较常年同期（2月12日）偏早13天。5月9日入夏，较常年同期（5月18日）偏早9天。10月6日入秋，较常年同期（9月25日）偏晚11天。12月17日入冬，较常年同期（12月4日）偏晚13天。

气象灾害　2021年，永川区主要灾害性天气是暴雨、强降温、大风、高温。全年共出现5场暴雨天气过程，时间分别是7月16日、8月12日、8月26日、9月12日、9月16日。其中“7·16”为年内最强区域性大暴雨过程。7月15日20时至16日20时，永川区出现区域性暴雨天气过程，雨量普降暴雨到大暴雨。五间、南大街黄瓜山、板桥大坪村等16个雨量站点达到大暴雨，永荣、青峰莲花石、仙龙等32个雨量站点达到暴雨。其中，五间雨量最大为163.3毫米，永川城区雨量为66.3毫米，过程最大小时雨量为55.4毫米（板桥大坪村，7月16日00时—01时）。

2021年，永川区共出现5次强降温天气，其中，3次特强降温天气，2次强降温天气。2月24日至26日，过程降温幅度为9.0℃。3月18日至21日，过程日平均气温下降11.7℃。10月4日至7日，过程日平均气温下降12.7℃。11月6日至7日，过程日平均气温下降8.5℃。12月24日至27日，过程日平均气温下降6.5℃。

2021年，永川区共出现4次8级以上大风天气。5月3日，永川区大部地区出现7～8级阵性大风。其中，三教风速最大20.8米/秒，城区极大风速16.0米/秒。5月10日，永川区大部地区出现6～7级阵性大风，局地8级。其中，三教风速最大18.8米/秒，城区极大风速达12.2米/秒。8月18日，永川区大部地区出现5～6级阵性大风，局地7～8级。其中，临江风速最大18.2米/秒，城区极大风速8.7米/秒。11月7日，永川区大部地区出现7~8级阵性大风。其中，三教风速最大20.6米/秒，城区极大风速16.4米/秒。

2021年，永川区≥35℃高温日数为28天，较常年（17.8天）偏多10.2天，较2020年（25天）偏多3天。≥37℃高温日数为9天，较常年（5.4天）偏多3.6天，较2020年（10天）偏少1天。≥40℃高温日数为2天，较常年（0.6天）偏多1.4天，较2020年（0天）偏多2天。5月、6月出现≥35℃的高温天气的日数分别为1天、3天，未出现≥37℃的高温天气。7月，≥35℃高温日数为12天，其中≥37℃高温日数为3天。8月，≥35℃高温日数为8天，其中≥37℃高温日数为6天，≥40℃高温日数为2天。9月、10月出现≥35℃的高温日数分别为2天。全区23个镇街（区域站）≥35℃高温日数为8～66天，≥37℃且<40℃高温日数为3～25天，≥40℃高温日数为0～14天（表3）。其中，松溉、双石、仙龙等52个监测站点出现≥40℃的高温天气，松溉≥40℃的高温日数最多，14天。日最高气温45.2℃（松溉，8月3日）为永川区年内区域站极端最高气温。永川区共出现6段区域高温过程，依次是：6月13日至14日、7月13日至15日、7月21日至23日、7月26日至8月6日、9月25日至26日、10月3日至4日，其中7月26日至8月6日的区域高温过程最长，持续12天。

（区气象局　李焕梅）

【土地资源】　根据2021年土地变更调查数据，永川区土地面积236.78万亩。其中，湿地0.17万亩，占比0.07%；耕地80.74万亩，占比34.10%；种植园地21.76万亩，占比9.19%；林地61.30万亩，占比25.89%；草地0.26万亩，占比0.11%；水域14.23万亩，占比6.01%；城镇村及工矿40.26万亩，占比17%；交通运输用地3.97万亩，占比1.68%；水工建筑用地0.21万亩，占比0.09%；其他土地13.88万亩，占比5.86%。

（区规划自然资源局　王成）

【矿产资源】　2021年，永川区范围内已发现矿种有25种，开发利用有建筑石料用灰岩、水泥用灰岩、建筑石料用白云岩、玻璃用砂岩、建筑用砂岩、陶瓷用砂岩、耐火用砂岩、水泥配料用砂岩、伊利石黏土、砖石用页岩、页岩气和天然气12种，共设采矿权32宗。（区规划自然资源局　王成）

【水资源】　永川是一个季节性缺水、水质性缺水和工程性缺水的城市。全区大小河流233条，各类水利工程8363座（处、口），多年平均过境水资源量2710亿立方米。因地理位置较低，全区平均水资源量7.30亿立方米，人均水资源占有量为640立方米，仅为重庆市平均水资源占有量的1/2，不足全国的1/3，属重度缺水地区。降雨时空分布不均，东北边雨量多，西南边雨量少。全年70%的降雨集中在5—9月，呈区域性、季节性丰缺，水资源开发利用难度大，工程性缺水突出。2021年全区供水总量3.43亿立方米，其中地表水源供水量3.39亿立方米、地下水源供水量0.02亿立方米、其他水源供水量0.02亿立方米。用水总量3.43亿立方米。其中，农业用水量2.24亿立方米、工业用水量0.39亿立方米、生活用水量0.71亿立方米、生态环境补水量0.09亿立方米。

（区水利局　吴素杰）

【生物资源】　2021年，永川区植物共有101科、263种。主要森林植被类型有：常绿阔叶林，主要组成树种巨尾桉；常绿落叶阔叶混交林，主要组成树种有樟、樗、青冈、栎属、枫香、槭、桤木、光皮桦、合欢、野樱桃、山胡椒、木姜子等；常绿落叶针阔混交林，主要组成树种有樟、樗、青冈、木荷、光皮桦、栎类、枫香、马尾松、杉木等；以马尾松、杉木、湿地松、柳杉、柏木等单一或混交组成的暖性针叶林；以楠竹、麻竹、慈竹、苦竹、硬头黄、撑绿竹、刺楠竹、斑竹等为主组成的单一或混交竹林。就分布范围和面积而论，以马尾松、巨尾桉和竹林最广最宽。林下植物常见种和指示种有里白、华里白、鳞毛蕨、紫萁、金粉蕨、海金沙、荚蒾、八爪金龙、杜鹃、芒、南烛、悬钩子等。林区内有较多的野生动物资源，据查鸟类有23个科、39种；兽类9科、16种。主要野生动物有鸳鸯、画眉、野兔、野猪、山羊、松鼠、鹌鹑、百灵鸟、蛇、黄鼠狼、竹鸡、猫头鹰、鸽子、斑鸠、啄木鸟、白头翁、白鹤、白鹭、秧鸡、八哥、刺猬等。　（区林业局　陈霞）

【旅游资源】　永川旅游资源丰富，古有“永川八景”，即“三河汇碧”“桂山秋月”“竹溪夜雨”“铁岭夏莲”“八角攒青”“石松百尺”“圣水双清”“龙洞朝霞”。2021年，永川区有国家A级旅游景区6个。其中，AAAA级景区3个（茶山竹海、乐和乐都、石笋山），AAA级景区3个（松溉古镇、桃花源、永川博物馆）。全区共有住宿接待单位480个，接待床位17697张。其中，星级旅游饭店9家（五星级3家，四星级1家，三星级5家），接待床位2176张。有休闲农业与乡村旅游点66个，农家乐（乡村酒店）158家。有旅行社4家，旅行社分社2家，旅行社服务网点52个。

茶山竹海景区　位于永川区茶山竹海街道，是国家AAAA级旅游景区。占地面积117平方千米，森林覆盖率97%。景区内3万亩连片茶园和5万亩浩瀚竹海交相辉映，形成独特的茶竹共生景观，有桂山茶园、青龙茶园、大山坪茶园3大片茶园，拥有犀牛竹海、金盆竹海、扇子湾竹海、白云湾竹海、大岚垭竹海6大片竹海。主要景点有桂山茶园、金盆竹海、朱德楼、宝吉寺、十面埋伏外景地、翡翠长廊、天子殿、薄刀岭等。景区内有金盆湖度假别墅酒店、中华茶艺山庄，重庆市级旅游商贸特色街区——茶竹天街，全国农业旅游示范点——“永川秀芽”茶叶科技观光示范基地，“中国杯”国际定向越野巡回赛事重庆示范基地。这里是导演张艺谋执导的武侠片《十面埋伏》国内唯一外景地，也是中国国际象棋队集训基地和中国美术家协会创作基地。

乐和乐都主题公园　位于永川区卫星湖街道，是国家AAAA级旅游景区，是集动物世界、器械游乐、文化风情演艺、湖滨休闲、科普教育、餐饮住宿为一体的综合性主题乐园。分为地球村、欢乐世界（娱乐天堂）、野生动物世界、度假酒店、水上乐园、熔岩之城6大板块。地球村占地面积261.28亩，由流金堡、流金广场、世界广场、主题酒店、出口商业等6个部分组成，汇聚来自世界各地的特色风味美食和旅游商品。在以器械游乐为主题的娱乐天堂，游客可以体验吉尼斯世界纪录保持者十环云霄飞车、全球第四套金刚等30余套大中型机动游乐设备带来的独特感官刺激。乐和乐都动物世界，有300余种、1000余只珍禽异兽在此云集出没，动物规模和种类位居全国前列。游客可以体验与非洲狮、猛虎、黑熊擦身而过的惊心动魄，以及慢生活庄园的闲暇时光。水上乐园拥有千人造浪池、竞速滑道、塔西提水寨、儿童精灵戏水池等大型设备，配置异域风情的特色演艺。在以动物演艺为主题的综合剧场，游客可以观看皇家大马戏表演、海豚剧场等演艺节目。

石笋山景区　位于永川区何埂镇，是国家AAAA级旅游景区。景区属一级林区，多马尾松、松树、油桐，间植茶树、桃、李、梨等生态林、经济林，是市级森林公园。景区里有3000亩绿色有机茶生产加工基地，栽种1000亩优质猕猴桃、高山西瓜等水果。景区以“情山”和“仙缘”为文化主题，自然风光资源以“峰”多、“林”茂、“湖”蓝、“石”奇为特色，主景

石笋山景区　（陈亦　摄）

观男女石笋峰为牛郎“钟林奇”和富家女“玉秀英”爱情幻化的石峰仙境。历史人文资源以“寨”“寺”“庙”等仙踪道场为主。最具代表性的是海拔700米以上的仿古“云雾长城”。长城中穿插着鹊桥汇、一见钟情、山盟海誓、永结同心、孔雀台、汇天桥、汇仙楼、云朋桥、霞友台、紫云台等景观小品，古寨内保留有脚板坟、霸王坟、甘露井、云峰寺等历史遗迹。景区山崖上密布鳄鱼石、大圣石、乌龟石、大地之母、老鹰岩等天然石雕像。

松溉古镇景区　位于永川区松溉镇，是国家AAA级旅游景区。古镇濒临长江，明清两朝曾两度设置县衙，入选第四批中国历史文化名镇，有“一品古镇，十里老街，百年风云，千载文脉，万里长江”的美誉。古镇地势起伏大，面积1平方千米，有纵横交错的街巷26条，青石板路蜿蜒长6000米。有明清时代四合院、雕楼、吊脚楼、古县衙、皇帝御批祠堂——罗家祠堂、夫子坟、陈公堰等一批历史文化遗迹，承载着百年风云，千年遗韵。主要景点有古县衙、玉皇观、魁星阁、紫云宫、罗家祠堂、樊家祠堂、陈家大院、陈少南故居、新运纺纱厂等。石梯上还可窥到历史留下的足迹，见证着当年“白日千人拱手，入夜万盏明灯”的辉煌。

桃花源景区　位于永川区黄瓜山村，是国家AAA级旅游景区。景区内林木葱茏、瀑潭相映、鸟语花香、四季如画。景区占地2000亩，有夫妻石、百羊滩、老鹰岩、情人谷、烟波灵湖、银河瀑布、万年冰臼、千年古刹（善觉寺）遗址等景点。

永川博物馆景区　位于永川区文昌路801号，是国家AAA级旅游景区。主体建筑是仿古式框架结构，建筑面积12535平方米，配套建有长600米的景观河道以及3座跨河拱桥。有馆藏可移动文物1700余套、5000余件，其中国家二级文物12件，国家三级文物119件。包括石器、陶器、瓷器、玉器、铜器、铁器、木器等十几个类别，文物年代横跨新石器时代至近现代，明清文物占多数。展馆共分三层，涵盖自然、历史和人文领域，主要展区有秀美永川、沧海桑田、恐龙故园、自然宝物、远古追踪、汉风醇厚、兴盛永川等。

2021年8月9日，黄瓜山中华梨村　（刘洪兵　摄）

黄瓜山乡村旅游区　位于南大街街道黄瓜山村。黄瓜山山势雄伟，地貌奇特，因其山形如黄瓜而得名，平均海拔高度550米，年平均气温18℃~22℃，森林覆盖率80%。景区内乡村自然风光宜人，农业产业化基础态势良好，乡村旅游基础设施完善，是永川旅游的一大名片。在景区可欣赏森林景观大道、游客接待中心、中华梨村、桃花源、重野等景点，可品尝狩猎场、怡秀静园、建工农庄、野猪林等乡村特色美食园的餐饮，可游览6万亩连片成型的梨、蓝莓、枇杷、向日葵等农业园区，让游人领略现代农业规模景观化。黄瓜山乡村旅游区先后被评定为是全国休闲农业与乡村旅游示范区、全国农业旅游示范区、重庆市统筹城乡改革试点示范区、重庆市现代农业示范区。

（区文化旅游委　刘龙宇）

建置区划

【建置沿革】　永川历史悠久，早在新石器时代人们就在这片土地上繁衍生息。夏商属梁州，周属巴国，秦属巴郡。据《元和郡县志》记载：唐大历十一年（776）置县，隶属昌州。

五代州县设置，仍沿唐制。永川县隶属剑南道东川昌州。

北宋时，永川县仍属昌州。咸平四年（1001），四川分设益州路、利州路、梓州路、夔州路，永川县隶梓州路。重和元年（1118）改梓州路为潼川府路，永川县隶属潼川府路。南宋因之。

元朝在全国各地置行中书省，下辖路、府、州、县，开创中国地方置行省之制。至元十五年（1278），南宋钓鱼城守将王立以城降元，重设合州。至元二十年（1283）昌州废，永川县并入合州。至元二十二年（1285）合州改隶重庆路，永川隶属重庆路合州。元末，明玉珍起义，至正二十三年（1363）建都重庆，国号“夏”，设置大足县辖永川县地。

明洪武六年（1373）复置永川县，属重庆路。

清康熙元年（1662），璧山县入永川县。雍正七年（1729）复置璧山县，永川仍专治。嘉庆七年（1802）以后，再于府、厅、州、县之上，增设道。永川县属四川省川东道重庆府。

民国元年（1912）3月12日，成渝两军政府合并成立四川都督府，设重庆镇抚府，永川县隶属四川都督府重庆镇抚府。同年6月，重庆镇抚府撤销，永川县直属四川都督府。民国2年（1913），废府设道，永川县属四川省川东道行政公署。民国3年（1914）

6月，改为四川省东川道行政公署，后更名为东川道道尹公署，永川县均属之。民国18年（1929）撤道，永川县直属四川省政府。民国24年（1935），四川省划为18个行政督察区，四川省第三行政督察区专员公署设在永川县。民国30年（1941），专员公署迁巴县，永川县仍属之，直至解放。

1949年12月4日，永川和平解放。永川县隶属川东人民行政公署巴县区行政专员公署。同年12月20日，专员公署迁璧山，改名璧山区行政专员公署。1951年4月，专员公署迁至江津县，更名为江津区专员公署。1952年8月，川东人民行政公署撤销。同年9月1日，四川省人民政府成立，江津区专员公署更名为四川省人民政府江津区专员公署。1955年5月2日，更名为四川省江津专员公署。1960年，江津专员公署迁至永川。1969年9月，成立四川省江津地区革命委员会。1978年5月，改为四川省江津地区行政公署。1981年7月，更名为四川省永川地区行政公署。直至1983年3月，永川县均分属之。1983年3月3日，国务院（国函字26号）批复撤销永川地区行政公署，原永川地区所辖县并入重庆市，永川县隶属重庆市人民政府。

1992年3月9日，民政部（民行批25号）批复撤销永川县，设置重庆市永川市（县级），原永川县的行政区域为永川市的行政区域。1997年3月14日，八届全国人大五次会议通过《关于批准设立重庆直辖市的决定》，批准设立重庆直辖市，撤销原重庆市，永川市（县级）隶属重庆直辖市。

2006年10月22日，国函〔2006〕110号批准，撤销重庆市永川市，设立重庆市永川区，原永川市的行政区域为永川区的行政区域。（区档案馆）

【行政区划】 2021年，永川区行政区划无调整，仍辖临江、何埂、松溉、朱沱、仙龙、五间、来苏、宝峰、红炉、永荣、双石、三教、板桥、青峰、金龙、吉安16个镇，辖中山路、胜利路、南大街、茶山竹海、卫星湖、大安、陈食7个街道，共有56个社区、207个村。（区民政局 王乾臣）

2021年永川区村（居）民委员会设置情况一览表

表1

镇街名称	面积（平方千米）	人口（人）	村民委员会		居民委员会	
			数量（个）	名称	数量（个）	名称
胜利路街道	37.42	104140	8	杨家店村、万寿村、杨广桥村、永钢村、永青村、胜利村、丰田村、堂皇坝村	6	胜利路社区、萱花路社区、玉屏路社区、张家坡社区、文曲路社区、万寿社区
中山路街道	54.3	185534	6	双龙村、瓦子铺村、孙家口村、望城村、北大桥村、三星村	12	卧龙凼社区、英井路社区、中山路社区、昌州路社区、汇龙路社区、中河坝社区、红河路社区、兴龙湖社区、棠城社区、花果社区、桃花岛社区、星光社区
南大街街道	78.2	68340	7	小南村、大南村、代家店村、黄瓜山村、谭家坝村、八角寺村、兴隆村	6	小桥子社区、兴南路社区、泸州街社区、火车站社区、永隆场社区、黄文场社区
茶山竹海街道	76.05	20717	7	茶竹村、安溪村、萱花村、云峰村、桂花村、大桥村、茶园村	1	粽粑社区
卫星湖街道	67.83	38751	7	大竹溪村、凤龙村、小竹溪村、南华村、七郎村、石龟寺村、石脚迹村	1	星湖社区
大安街道	83.06	61386	12	高庙村、铁山村、灵英村、铜鼓村、花果山村、小坎村、云雾山村、德胜桥村、官音岩村、荷花村、二郎坝村、高坡村	3	陈家祠社区、石庙社区、茶店社区
陈食街道	74.69	53835	14	卢家岩村、朱龙花村、莱茵岩村、梅家桥村、复兴寺村、双河口村、马银村、冯家坪村、长滩河村、莲花塘村、梓潼观村、瓦窑村、芋荷湾村、陈青桥村	1	陈食社区
青峰镇	49.13	26391	5	凌阁堂村、莲花石村、牌坊坝村、佛岩寺村、胡豆坪村	1	青峰场社区
金龙镇	73.46	33450	7	金龙村、燃灯村、嘉阜村、解放村、灯坪村、洞子口村、金鼎村	1	金龙场社区

续表 1

镇街名称	面积（平方千米）	人口（人）	村民委员会		居民委员会	
			数量（个）	名称	数量（个）	名称
临江镇	77.1	38010	10	隆顺村、高滩村、普安村、九龙村、天堂村、龙洞桥村、龙安村、天星村、桂林村、兴隆村	1	临江社区
何埂镇	80.38	55373	15	丰乐村、狮子村、沙坪村、李家湾村、花园村、长丰村、新泉村、石笋山村、鱼龙村、联盟村、玉宝村、转角店村、仓宝村、一碗水村、科名村	1	何埂社区
松溉镇	34.46	20264	5	旗山村、打鱼河村、新街子村、茅园村、鱼岭村	2	松江社区、文昌宫社区
仙龙镇	83.19	51263	12	巨龙村、石宝寺村、牛门口村、大磨子村、大牌坊村、大石坝村、粉店村、太平桥村、张家村、金宝山村、双星村、金石村	2	仙龙社区、张家场社区
吉安镇	60.01	28289	7	寒泸村、铜凉村、黄沙村、向前村、尖山村、石松村、金门村	1	吉安场社区
五间镇	37.7	25202	7	新建村、合兴村、友胜村、双创村、和平村、景圣村、珍宝村	1	五间社区
来苏镇	93.21	53153	13	观音井村、关门山村、塔院村、柏树桥村、梳妆台村、石牛寺村、水磨滩村、磨心桥村、唐家坪村、王坪村、大松林村、五根松村、大双庆村	1	来苏场社区
宝峰镇	38.17	20524	5	泸永桥村、龙凤桥村、天星桥村、五家坡村、杨大口村	1	宝峰场社区
双石镇	64.52	29440	9	丁家岩村、脚盆井村、牛尾铺村、五龙桥村、响滩子村、太平村、大涧口村、复生桥村、中心桥村	3	双石社区、太平社区、中心桥社区
红炉镇	64	25788	5	红庆村、红石村、万胜村、会龙桥村、龙井口村	4	红欣社区、周家院社区、四合厂社区、新店社区
永荣镇	59.91	16607	4	东岳村、白云寺村、云谷村、子庄村	2	永兴社区、韦家沟社区
三教镇	107.79	62724	13	石岭村、永玻村、石龙村、郝家坝村、玉峰村、陡沟河村、三台村、新观音村、利民村、双坪村、云龙村、牌坊村、永安村	2	川主庙社区、双河口社区
板桥镇	53.77	32717	11	大坪村、柳溪村、龙门滩村、新桥村、古佛村、高洞子村、凉风垭村、本尊村、欧家坝村、通明村、汪家岩村	1	板桥场社区
朱沱镇	127.65	86709	18	汉东村、围子山村、水渡滩村、新岸山村、涨谷村、九层岩村、马道子村、转龙村、福良村、石碓窝村、滩子口村、四明村、江永村、龙宝山村、龙汇垭村、笋桥村、四望山村、大河村	2	港口社区、福龙桥社区
合　计	1576	1138607	207		56	

（永川区民政局　永川区公安局）

历史人文

【人口】 2021年，永川区常住人口114.92万人，比上年减少0.07万人。其中，城镇常住人口81.75万人，常住人口城镇化率为71.14%，比上年提高1.2个百分点。全区户籍人口113.86万人。其中，男性57.33万人，女性56.53万人。城镇人口52.15万人。人口自然增长率-1.19‰。人口出生率5.34‰，出生人口5971人。人口死亡率6.53‰，死亡人口7297人。出生婴儿男女性别比1.08∶1。

（区公安局　尹道书）

【物质文化遗存】 永川这片神奇的土地上留存有丰富的古生物化石，有生活在晚侏罗纪的肉食性恐龙化石标本——“上游永川龙”，有永川宝峰马门溪龙、青峰马门溪龙，有永川渝州鱼、鱼龙、龟、蚌等水生爬行动物化石，还有“永川石松”、硅化木、榧树等植物化石。永川还有很多人文遗存，有春秋战国的冷兵器——青铜柳叶剑、东汉崖墓群、唐宋汉东古城遗址、当代石龙山摩崖书法石刻群等。

上游永川龙　在上游水库坝基350米处发现。化石体长7米，站立高度4米，头大，颌上有匕首状锋利牙齿，后肢长，前肢短，靠两脚行走，爪大尖锐。经专家鉴定，化石为（距今1.4亿年）晚侏罗纪异常凶猛的肉食性恐龙，属肉食龙次亚目巨齿龙科，是该目该科新种。将其定名为“上游永川龙”，是当时世界上第一具最为完整的肉食性恐龙，在国内外引起轰动。英国古生物学家曾专程到永川参观。

永川石松　发现于吉安镇石松村。石上有松纹状，共有长三五尺不等的化石百余节，大的需两人合抱，故名“石松百尺”。1985年将石松主干3段运回永川县城。2004年将放到人民广场，供市民观赏。

石龙山摩崖题刻“艺庐”第十一代传人刘声道，曾在头发丝上刻出“毛主席万岁，中国共产党万岁”字样，能在1平方厘米大小的象牙上，刻600余字并组成孙中山的头像。20世纪80年代，他在永川三教石龙山的崖壁断面上，打造出一幅不朽巨作——石龙山摩崖题刻。石刻作品有360余幅，有毛泽东、孙中山、张爱萍、郭沫若、楚图南、吴玉如、齐白石等伟人和名人的作品。

【非物质文化遗产】 永川区的非物质文化遗产内容丰富，有国家级非物质文化遗产1个，即永川豆豉酿制技艺；重庆市级非物质文化遗产13个，即永川豆豉、艺庐微刻、松溉熊氏杆秤制作技艺、松溉盐白菜制作技艺、永川高氏烟火架制作技艺、双石小金龙、重庆剪纸（艺香剪纸）、三峡蝶画、朱沱酸萝卜传统腌制技艺、俏表嫂手撕大头菜制作技艺、“小炉红”传统高粱红酒酿造技艺、永川秀芽手工制作技艺、川东花生传统制作技艺；永川区级非物质文化遗产70个，即李氏刻瓷、半山窑烧陶、板桥鱼鳅灯舞、朱沱狮灯（舞）、烙画、永川松花皮蛋等。

（区文化旅游委）

2021年永川区非物质文化遗产项目一览表

表2

序号	级别	批次	审批时间	项目名称	项目类型
1	国家级	第二批	2008.6	永川豆豉酿制技艺	传统技艺
2	重庆市级	第一批	2007.5	永川豆豉	传统技艺
3	重庆市级	第一批	2007.5	艺庐微刻	传统技艺
4	重庆市级	第二批	2009.9	松溉熊氏杆秤制作技艺	传统技艺
5	重庆市级	第二批	2009.9	松溉盐白菜制作技艺	传统技艺
6	重庆市级	第四批	2014.1	永川高氏烟火架制作技艺	传统技艺
7	重庆市级	第五批	2016.6	双石小金龙	传统舞蹈
8	重庆市级	第六批	2019.6	重庆剪纸（艺香剪纸）	传统美术
9	重庆市级	第六批	2019.6	三峡蝶画	传统美术
10	重庆市级	第六批	2019.6	朱沱酸萝卜传统腌制技艺	传统技艺
11	重庆市级	第六批	2019.6	俏表嫂手撕大头菜制作技艺	传统技艺
12	重庆市级	第六批	2019.6	“小炉红”传统高粱红酒酿造技艺	传统技艺
13	重庆市级	第六批	2019.6	永川秀芽手工制作技艺	传统技艺
14	重庆市级	第六批	2019.6	川东花生传统制作技艺	传统技艺
15	永川区级	第一批	2008	“永川豆豉”酿造技艺	传统技艺
16	永川区级	第一批	2008	“艺庐”微刻	传统技艺

续表 2

序号	级别	批次	审批时间	项目名称	项目类型
17	永川区级	第一批	2008	松溉熊氏杆秤制作技艺	传统技艺
18	永川区级	第一批	2008	松溉盐白菜传统制作技艺	传统技艺
19	永川区级	第一批	2008	陈食烟火架制作技艺	传统技艺
20	永川区级	第二批	2010	永川松花皮蛋制作技艺	民间手工技艺
21	永川区级	第二批	2010	朱沱山歌	传统音乐
22	永川区级	第二批	2010	朱沱牛灯	民间民俗
23	永川区级	第二批	2010	何埂民间故事	民间文学
24	永川区级	第二批	2010	松溉东岳庙会	民间习俗
25	永川区级	第二批	2010	双石小金龙	民间舞蹈
26	永川区级	第二批	2010	吉安板凳龙	民间舞蹈
27	永川区级	第二批	2010	三教肉莲花	民间舞蹈
28	永川区级	第二批	2010	三教花号	民间音乐
29	永川区级	第二批	2010	临江草把龙	民间舞蹈
30	永川区级	第二批	2010	板桥泥鳅灯	民间舞蹈
31	永川区级	第二批	2010	板桥锣鼓	民间音乐
32	永川区级	第二批	2010	高跷	民间舞蹈
33	永川区级	第二批	2010	花船	民间舞蹈
34	永川区级	第二批	2010	钱枪	民间舞蹈
35	永川区级	第三批	2017	烙画	传统美术
36	永川区级	第三批	2017	剪纸（唐礼茂）	传统美术
37	永川区级	第三批	2017	剪纸（官连琼）	传统美术
38	永川区级	第三批	2017	蝶画	传统美术
39	永川区级	第三批	2017	糖画	传统美术
40	永川区级	第三批	2017	永川秀芽	传统技艺
41	永川区级	第三批	2017	川东花生	传统技艺
42	永川区级	第三批	2017	俏表嫂大头菜	传统技艺
43	永川区级	第三批	2017	谢三姐红豆腐	传统技艺
44	永川区级	第三批	2017	黄大嫂红豆腐	传统技艺
45	永川区级	第三批	2017	珠算	民俗
46	永川区级	第四批	2018	川剧	传统戏曲
47	永川区级	第四批	2018	清音	曲艺
48	永川区级	第四批	2018	梅门拳	传统体育
49	永川区级	第四批	2018	核雕	传统美术
50	永川区级	第四批	2018	李氏刻瓷	传统美术
51	永川区级	第四批	2018	闽南影雕	传统美术
52	永川区级	第四批	2018	临江棕编	传统技艺
53	永川区级	第四批	2018	双石竹编	传统技艺
54	永川区级	第四批	2018	油纸伞传统制作技艺	传统技艺
55	永川区级	第四批	2018	来苏梳妆台香肠制作技艺	传统技艺

续表 2

序号	级别	批次	审批时间	项目名称	项目类型
56	永川区级	第四批	2018	朱沱五千年酸萝卜传统腌制技艺	传统技艺
57	永川区级	第四批	2018	“青峰红”高粱酒酿造技艺	传统技艺
58	永川区级	第四批	2018	“小炉红”传统高粱红酒酿造技艺	传统技艺
59	永川区级	第四批	2018	朱沱豆油酿造技艺	传统技艺
60	永川区级	第四批	2018	半山窑—万才烧陶器技艺	传统技艺
61	永川区级	第四批	2018	香十二手工药香制作技艺	传统技艺
62	永川区级	第四批	2018	永川秀芽传统茶艺表演技艺	传统技艺
63	永川区级	第四批	2018	永川豆腐乳传统酿制技艺	传统技艺
64	永川区级	第四批	2018	“节之道”竹艺	传统技艺
65	永川区级	第四批	2018	“银安牌”梨膏制作技艺	传统技艺
66	永川区级	第四批	2018	九大碗传统制作技艺	传统技艺
67	永川区级	第四批	2018	朱沱余汤肉制作技艺	传统技艺
68	永川区级	第四批	2018	双竹星湖鱼制作技艺	传统技艺
69	永川区级	第四批	2018	川味香肠传统制作技艺	传统技艺
70	永川区级	第四批	2018	易琼红豆腐制作技艺	传统技艺
71	永川区级	第四批	2018	“兄弟伙”豆腐干制作技艺	传统技艺
72	永川区级	第四批	2018	松溉成人礼	民俗
73	永川区级	第五批	2021	朱沱狮灯舞	民间舞蹈
74	永川区级	第五批	2021	茶园坡红豆腐制作技艺	传统技艺
75	永川区级	第五批	2021	谢氏谷芽粑制作技艺	传统技艺
76	永川区级	第五批	2021	沙坝红白酒制作技艺	传统技艺
77	永川区级	第五批	2021	食留香清香型白酒烤制技艺	传统技艺
78	永川区级	第五批	2021	龙之韵火锅调料制作技艺	传统技艺
79	永川区级	第五批	2021	锅中乐火锅调料制作技艺	传统技艺
80	永川区级	第五批	2021	汤香耗儿鱼调料制作技艺	传统技艺
81	永川区级	第五批	2021	甜面酱制作技艺	传统技艺
82	永川区级	第五批	2021	古法涂香制作技艺	传统技艺
83	永川区级	第五批	2021	焖墩皮蛋制作技艺	传统技艺
84	永川区级	第五批	2021	杜圣堂骨伤中医疗法	传统医药

【特色美食】 2021 年，永川区特色美食有杨大余汤肉、罗家祠堂九大碗、晓秧锅鲜货火锅、朱沱豆花、汪氏卤香兔、味当先姜丝兔、汤香耗儿鱼、来苏头刀菜、手撕盘龙黄鳝、姜酒鸡等。

杨大余汤肉　汤底由正宗猪大骨精心熬制而成，用猪鲜格子肉，猪黄喉、猪脊髓、猪肝、猪粉肠、猪血、盐白菜及长江水等作原料，将原材料用苕粉、盐拌均匀分别放入汤中煮，根据材料多少掌握好时间起锅即可。该菜品汤鲜爽口，咸淡适中，是开胃菜中的一道佳品，在川渝地区享有美名。

罗家祠堂九大碗　“九大碗”，是指宴席的规格由九大碗主菜组成。首先上席的是头碗，头碗是宾客吃而不厌的蒸菜。然后陆续上席的有鱼、鸡、鸭、带骨酥肉、糯米丸子、糯米夹沙肉、蛋类制品、烧白、肘子等，所有菜肴都经过细心调味，然后用竹蒸笼蒸制而成。

晓秧锅鲜货火锅　永川特色自创火锅品牌，以中餐的产品至上思维重新定义火锅，开创鲜货火锅模式。在川渝地区及全国拥有 30 余家门店。

朱沱豆花　本着传统做法，选用优质大豆制作而成，豆花口味滋润鲜嫩、顺滑、浓香。蘸料品种丰富，有传统的，也有新研发的，顾客可根据个人口味自行调制，是朱沱豆花的特色。

汪氏卤香兔　采用传统卤制配方，优选上等兔肉，配以天然植物香料、食用盐，用传统卤制方法制作而成，产品鲜香自然，极富地方浓郁风味，配以自家特制佐料，口感更佳，食之难忘。

味当先姜丝兔 味当先是永川宝藏级的馆子，姜丝兔、香辣兔、香辣兔肚、延边牛肉等深受食客追捧。

汤香耗儿鱼 汤香耗儿鱼选用深海耗儿鱼，辅料以精盐、胡椒粉、去皮芝麻、味精、干海椒、干花椒、白糖、自制底料等，善用三椒，一菜一格、百菜百味，口味多变，包含鱼香、家常、麻辣、红油、蒜泥、姜汁、陈皮、芥末、纯甜、怪味等多种口味。用盐、姜、葱、白酒把耗儿鱼腌制1小时。锅中加入大骨汤，放入自制底料，依次放盐、味精、胡椒面、白糖、耗儿鱼煮开5~7分钟，倒入盆中。锅中放菜籽油，加入干海椒、花椒、芝麻炸香淋入盆中即可。

来苏头刀菜 20世纪90年代，来苏仔猪远近闻名，当时经营一个小餐馆的刘体国经过多次摸索，通过精心烹制，做成营养丰富，色香味俱佳的美食“头刀菜”，引来无数倾慕之客。

手撕盘龙黄鳝 宏彬餐馆创始人经多次研究，自创出“手撕盘龙黄鳝”。黄鳝肉味鲜美、营养丰富，还有着独特的药用价值，在民间，流传着“夏吃一条鳝，冬吃一枝参”的说法，盘龙黄鳝形如盘龙一样，一条条盘起。手撕入口，干香、麻辣，给人一种爽口的味道。

姜酒鸡 早在200年前，姜酒鸡就是朱沱九大碗中一道名菜。永川区朱沱镇雷小二餐馆经过不断改进，逐渐悟出姜酒鸡烹饪密诀，达到鲜嫩、清香，让食者回味无穷。

（区商务委 唐琳）

【民族】 2021年，永川区有少数民族人口1.9万余人，其中散居（常住）少数民族居民6500人，大中专院校少数民族学生1.3万余人，涉及回族、藏族、维吾尔族、苗族、彝族、壮族、布依族、土家族等43个民族。

（区委统战部 龙相军）

【宗教】 2021年，永川区有宗教团体3个，即区佛教协会、区天主教爱国会、区基督教三自爱国运动委员会。登记开放的宗教活动场所有25处，其中佛教19处、天主教2处，基督教4处。备案的宗教教职人员25人。其中，佛教21人、基督教3人、天主教1人。 （区委统战部 龙相军）

经济社会发展

【概况】 2021年，永川区主动服务和融入成渝地区双城经济圈建设和“一区两群”协调发展，统筹疫情防控和经济社会发展，统筹发展和安全，扎实做好“六稳”（稳就业、稳金融、稳外贸、稳外资、稳投资、稳预期工作）“六保”（保居民就业、保基本民生、保市场主体、保粮食能源安全、保产业链供应链稳定、保基层运转）工作，实现“十四五”良好开局。

【工业经济发展】 2021年，永川区引进长城汽车西南智能制造中心、新明珠西南绿色智能生产基地、新领先医药等项目302个，正式合同额756亿元。星星冷链、环球锦标建材仓储物流中心、重庆羊羊羊食品有限公司（自嗨锅）等74个项目开工建设，蜂巢发动机、蜂巢变速器、西南木材加工交易中心（一期）等66个项目建成投产。长城炮、坦克300产销两旺，全国每4台皮卡就有1台永川造。永川国家高新区产业转型升级工作获国家四部委真抓实干成效明显通报表扬。汽摩智造创新型产业集群入选全国2021年度创新型产业集群试点。

【服务业发展】 2021年，永川区新引进中国人民大学文创产业园、爱奇艺、科大讯飞等企业70家，建成全国最大先进影像制作中心、西南最大数据处理交付基地和西南服务外包示范基地。重庆云谷永川大数据产业园获批中国最具活力软件园、市级文化产业示范园区、市级软件产业园。国内首条L4级自动驾驶公交线路投入商业化运营。智慧交通、智慧医疗成为全市示范样板。川南渝西大数据产业联盟在永川区成立。商贸消费恢复增长，累计引进星巴克、海底捞、京东旗舰店等渝西首店34家，批发、零售业销售额分别增长32.6%、22%，入选全国夜经济影响力20强区县。乐和乐都慢生活庄园建成投用，茶山竹海提档升级，松溉古镇改造开街，旅游收入和接待人次分别增长17.9%、13.2%。金融机构总量74家，位居渝西第1位，存贷款规模1633亿元，位居渝西第3位，存贷比78.0%。

【现代农业发展】 2021年，永川区粮食生产持续稳定，“米袋子”“菜篮子”供应保障充足有力。茶叶、特色水果、花椒等经济作物种植面积38.5万亩，栽培食用菌1.4亿袋，建成全市最大的名优茶、食用菌和早熟梨基地。永川秀芽、永川豆豉荣获2021中国特色旅游商品大赛金奖。

【乡村振兴和城市提升】 2021年，永川区将脱贫攻坚与乡村振兴有效衔接，乡村振兴局正式挂牌。黄瓜山村成为市级乡村振兴示范村。整治“蓝棚顶”19万平方米、农房安全隐患1098户、农村公路临水临崖隐患101千米。提升场镇人居环境35万平方米，改造农村户厕5000户，建成示范清洁院落200个。建设高标准农田6.8万亩，完成农田宜机化改造2.8万亩。重庆文理学院、重庆智能工程职业学院设立乡村振兴学院。成渝地区首个乡村振兴国家级专家服务基地在永川区揭牌。城市提升持续推进。完成国土空间总体规划修编基础工作。启动科技生态新城建设，智慧湖全球招标设计。龙马大道正式通车，中交世通大厦主体完工，会展中心加快建设，城市夜景焕新升级。全年累计改造老旧小区330个，整治城市“痛点”73处，“三河汇碧”片区旧貌换新颜。持续深化“大城三管”，改造城市道路100万平方米，治乱拆违20万平方米，治理提升坡坎崖60万平方米。智慧城市运营管理中心建成投用。新型城镇化综合试点经验全国推广。

【改革开放创新】 2021年，永川区开放发展势头强劲。国家服务业扩大开放综合试点、重庆服务贸易创新发展试点相继落户，获批建设重庆（国家）自贸试验区联动创新区。长城汽车远销50多个国家和地区。全年进出口贸易总额57.7亿元，比上年增长51.2%。创新能力不断增强。西南大学生物技术产业园、重庆交大永川研究院相继签约，新增科技型企业263家、高新技术企业31家、市级以上科技平台11个。OLED柔性显示屏激光高频切割装备等5个科研项目在永川转化。新增知识价值信用贷款2.98亿元。新入选重庆英才13人，集聚国家级、市级高层次人才202人。农业科技园区等5个园区入选全国农村创业园区。重点改革持续深化。56项证明事项实行告知承诺，111项政务服务事项实现跨省通办，174项川渝通办事项全网通办，“一网通办、一窗综办”事项780项。市场主体突破10万户，率先在全国实现区级行政复议机构“立、审、诉”分离。稳妥推进农村宅基地制度改革试点，农业设施登记抵押担保融资6亿元。工程招投标全程电子化，公共资源交易增收节支7.6亿元。率先在全市完成区县经营性国有资产集中统一监管和全民所有制企业改革。“诚信永商”建设步伐加快。能源集团淘汰煤炭落后产能涉永遗留问题化解工作有序推进。

【社会民生】 2021年，永川区全面落实常态化疫情防控措施，稳妥推进新冠疫苗接种，12岁以上人群全程接种率99.9%。教育事业加快发展，实验小学建成投用，中山小学完成搬迁。全面落实“双减”政策，义务教育学校课后服务全覆盖。新建名师名校长名班主任工作室21个。西部职教基地纳入教育部、重庆市共建内容，重庆文理学院申硕成功，签约重庆电子工程职业学院永川校区、雅迪现代制造技术职业学院，职教中心（一期）主体完工。全区有大中专院校17所、在校学生15.6万人。新妇幼保健院建成投用，渝西区域医疗中心、重庆血液中心永川分中心开工建设。区域医学影像中心、心电诊断中心实现基层服务全覆盖。基层医院救护车全部更新。文体事业稳步发展。永川图书馆新馆、玉屏书院、城市书房24小时图书馆建成投用。开展文化惠民、体育健身活动1680场次。举办2021永川马拉松赛、首届成渝地区双城经济圈围棋对抗赛、市第八届海棠香国美术作品展等文体活动。承办市第六届运动会、市第六届残疾人运动会，永川城市形象和生机活力广受赞誉。社会保障扩面提质。新增城镇就业2.7万人，养老、工伤、失业保险参保110.8万人次。“一门受理、协同办理”社会救助改革经验全国推广。累计发放各类救助资金2.8亿元，惠及困难群众3.2万人。建成镇街养老服务中心11个、村级养老互助点141个。贫困失能残疾人集中供养中心投用。深入开展“我为群众办实事”实践活动，20件民生实事如期完成。顺利完成第七次人口普查和村居换届。完成建党100周年等重要节点安保维稳工作。社会矛盾纠纷联调中心建成投用。成功创建全国信访工作“三无”区。扎实推进安全生产专项整治三年行动，抓实安全监管常态化“十条措施”，道路交通、高层消防、古镇古街、燃气管网和危化品等领域安全隐患整治成效明显。实施全民反诈行动，常态化推进扫黑除恶斗争，人民群众生命财产安全得到有力守护。

（区政府办公室　张淞）

中国共产党永川区委员会

综 述

【概况】 2021 年，中共永川区委以习近平新时代中国特色社会主义思想为指导，全面落实党中央决策部署及市委工作要求，统筹疫情防控和经济社会发展，统筹发展和安全，推动各项工作取得积极进展。全区地区生产总值 1144.2 亿元，比上年增长 9.4%。固定资产投资总额 440 亿元，比上年增长 11%。社会消费品零售总额 505.3 亿元，比上年增长 21.3%。城镇、农村常住居民人均可支配收入分别为 45764 元、23950 元，分别比上年增长 8.4%、10.4%。城镇新增就业人员 2.69 万人。

【党的建设】 2021 年，中共永川区委履行全面从严治党主体责任，深入学习贯彻习近平新时代中国特色社会主义思想，全面落实习近平总书记视察重庆重要讲话精神，认真贯彻新时代党的建设总要求和新时代党的组织路线，以党的政治建设为统领，以庆祝建党 100 周年为主线，扎实开展党史学习教育，统筹推进党的建设各项工作，全面从严治党引领保障作用充分发挥，为"十四五"开好局、起好步提供了坚强政治保证和组织保证。区委常委会先后研究 33 次、67 个党建有关议题，研究 13 次、22 个纪检监察工作有关议题，有力推进党中央全面从严治党各项决策部署及市委工作要求落地落实。始终坚持把党的政治建设作为党的根本性建设，切实增强"四个意识"、坚定"四个自信"、做到"两个维护"，牢记"国之大者"，以实际行动践行市委"三个确保"政治承诺。坚持把全面贯彻习近平新时代中国特色社会主义思想作为首要政治任务和长期战略任务，按照学懂弄通做实的要求，用党的创新理论武装头脑、指导实践、推动工作，教育引导广大党员干部特别是领导干部从思想上正本清源、固本培元，铸牢信仰之基、补足精神之钙、把稳思想之舵。对标对表总书记重要讲话精神，按照党中央决策部署和市委工作要求，紧紧围绕"学党史、悟思想、办实事、开新局"，坚持专班推进、专门部署、专项落实、专项督查，把感悟思想伟力作为首要任务，把"我为群众办实事"实践活动贯穿始终，重点在学、讲、看、做四个环节上下功夫，全区党员干部学史明理、学史增信、学史崇德、学史力行的氛围更加浓厚。深入学习贯彻《中国共产党组织工作条例》，坚持系统观念，注重精准施策，不断优化理念思路、机制办法、工作举措，推进党的组织工作科学化制度化规范化，组织工作质量不断提高，全区 263 个村（社区）按期换届率 100%，一次性选举成功率 100%，书记主任"一肩挑"比例 100%。深入贯彻十九届中央纪委五次全会精神及五届市纪委五次全会精神，召开十四届区纪委六次全会，一以贯之落实全面从严治党方针，坚持稳中求进工作总基调和严的主基调，突出抓住"关键少数"，持之以恒正风肃纪反腐，不敢腐、不能腐、不想腐的综合功效不断提高。严格执行请示报告制度，全年累计向市委请示报告关于贯彻落实上级相关会议文件精神、经济社会发展重要事项、干部人事任免等情况 51 件次。

扎实做好建党 100 周年庆祝活动。及时组织全区干部群众收听收看庆祝中国共产党成立 100 周年大会直播，召开全区庆祝建党 100 周年座谈会，组织开展全区新党员代表集中宣誓、"两优一先"评选表彰、"光荣在党 50 年"纪念章颁发等活动，增强全区党员干部使命感、责任感、荣誉感。打造兴龙湖大型庆祝灯光秀场，设置大型党史主题公益广告牌 220 块、宣传海报及标语 1.1 万余条（幅），着力形成浓厚氛围。举办庆祝中国共产党成立 100 周年系列文艺演出活动 300 余场次，组织开展庆祝建党 100 周年图片巡展、"初心百年永相随"书法展、"纪念周恩来总理珍品展"、庆祝建党 100 周年优秀影片展映观影等系列活动，不断掀起庆祝活动热潮。

【成渝地区双城经济圈建设】 2021 年，中共永川区委制定出台《贯彻落实〈成渝地区双城经济圈建设规划纲要〉实施方案》，认真谋划、加快推进现代制造业基地、西部职教基地和川南渝西融合发展试验区建设，细化"六大专项合作"具体任务，切实把规划纲要转化为永川方案、永川行动、永川举措。编制印发《永川区推动成渝地区双城经济圈建设2021年重点工作任务》，确定重点工作67项，结合实际进一步细化分解任务99项，逐条明确责任单位，推动项目化、事项化、清单化落实。编制印发《永川区2021年度推动“一区两群”协调发展工作计划》《永川区加快建设重庆主城都市区战略支点实施方案》，推动永川更好融入主城都市区同城化发展。加大沟通衔接，积极向上对接，加强工作汇报联系，配合市政府和市级部门编制成渝地区双城经济圈建设相关专项规划，争取上级加大规划、政策、项目等方面支持力度，一批重大项目、重点工程、重要政策纳入市级规划“大盘子”。深化合作机制，常态化运行永泸党政联席会议、常务副市（区）长协调会议、联合办公室、专项工作组等合作机制，与四川省内江市、泸州市等地互派年轻干部挂职锻炼，推动协调联动更加密切。承办推动成渝地区双城经济圈建设重庆四川党政联席会议第三次会议、成渝地区双城经济圈建设联合办公室2021年第一次主任调度会、信访协作联席会议第二次会议、政法工作座谈会、卫生健康一体化发展工作联席会等5次省级会议，有力助推川渝合作，充分展示永川形象。狠抓落地落实。全面加强战略协作、政策协同、工作协调，加快推进合作事项落实。与江津、泸州联合印发《泸永江融合发展示范区2021年重点工作任务》，完成投资105.7亿元，超出年度计划投资任务。加快基础设施建设，开工建设5条跨境通道，有序推进川渝天然气千亿立方米产能基地、川南至渝西天然气管道永川段等项目建设，加快提升基础设施互联互通水平。深化产业合作，加快“3+3”优势产业集群（带）建设，牵头举办泸永江融合发展示范区重大项目集中签约活动，新签约汽车摩托车等一批产业项目，以实际行动走深走实川渝合作。联手推进生态环境保护治理，共同开展跨界河流联防联治、大气污染联防联控、重大林业有害生物联合巡察等活动，有力有效做好跨界生态环保问题整改。深化人才协同，成立成渝地区双城经济圈首个乡村振兴国家级专家服务基地，推动泸永江三地互派科技特派员，进一步强化区域发展人才支撑。联合打击违法犯罪，率先在川渝地区构建跨区域110报警“一键可达、一体联动”新机制，联手侦破首例跨川渝地区、公安部部督特大非法处置危废物案。落实双城经济圈“放管服”改革要求，扎实推进川渝通办事项，让两地群众和市场主体享受更多“同城待遇”。开展对口协同彭水县工作，印发《永川区·彭水县“十四五”对口协同发展实施方案》，签订《永川区·彭水县对口协同发展联合招商合作协议》等8个专项合作协议，推动优势互补、高效联动，打造区域协同发展样板。

【经济建设】 2021年，中共永川区委统筹经济运行调度。牢牢把握扩大内需这个战略基点，扎实做好“六稳”工作、全面落实“六保”任务，持续巩固经济高质量增长良好势头。树牢“招商为要、项目为王”理念，围绕重点产业链开展精准招商，新引进长城汽车扩能项目、新明珠陶瓷、新领先医药等项目268个，招商引资综合考核排名、项目落地开工数、市外项目到位资金三项指标排在全市前列。围绕“工业项目突破年”主题，清单化开展调度，推动项目“三提前一提速”，太平洋精锻、蜂巢易创汽车发动机生产基地等32个工业项目建成投产，普康医疗等100个项目开工建设，东鹏瓷砖投产第三条生产线。全区固定资产投资比上年增长11%。提升产业链供应链稳定性和竞争力，建立31条重点发展产业链“链长制”，统筹协调产业链上下游问题，分链条做好战略设计和精准施策。加强煤电油气运调度，抓好能源保供。大力促进消费平稳回暖，以培育建设区域性消费中心城市为抓手，着力稳住大宗商品消费、深挖线上消费、发展新兴消费，加快释放消费潜力，全区社会消费品零售总额505.3亿元，比上年增长21.3%。千方百计保市场主体，全面落实促进生产经营稳定发展27条、帮助企业解难纾困10条等举措，常态化开展“四帮一体验”，帮助企业申报政策1060个，涉及资金10638万元，解决问题1097个。

加快产业转型升级步伐。以深化供给侧结构性改革为主线，加快产业转型升级、能级提升，推动产业结构不断向中高端水平迈进。大力推动制造业高质量发展，着力培育壮大汽车摩托车、电子信息、智能装备、家居及建材、特色消费品等支柱型产业集群，加快打造现代制造业基地。全区规模以上工业企业总产值、增加值分别比上年增长18.7%、11.8%。大力发展商贸物流、现代金融、现代旅游、现代会展、工业设计等现代服务业，推进先进制造业和现代服务业深度融合，扎实推进服务业扩大开放综合试点，全面提升发展质量效益。全区规模以上服务业营业收入比上年增长29.1%。深化农业结构调整，依托国家农业科技园区和市级现代农业园区，重点发展茶叶、食用菌、特色水果等特色高效农业，积极发展乡村旅游、农村电商，促进农业“接二连三”。加大农田宜机化改造力度，实施高标准农田建设，不断提升农业现代化水平。全区农业增加值比上年增长6.4%。

推进以大数据智能化为引领的科技创新。坚持把科技创新摆在全局的核心位置，召开区委全会研究部署，出台《关于深入推动科技创新支撑引领高质量发展的决定》，完善政策举措，着力打造区域性创新中心。实施“百家高新技术企业”培育行动计划，全区新增高新技术企业30家、科技型企业250家。积极促进科技成果转化，集聚各方创新资源，引进重庆交大永川研究院、干细胞医疗研究中心等一批科创项目。大力发展数字经济，推动国内首条L4级自动驾驶公交线路投入商业化运营，建成全国最大的数字虚拟影棚、渝西大数据中心、大数据产业公共实训基地，重庆云谷·永川大数据产业园聚集数字产业项目445家，从业人员1.9万人。牵头组建“川南渝西大数据产业联盟”，举办2021中国科技影视高峰论坛，全区数字经济影响力不断提升。推进数字经济与实体经济深度融合，出台《智能制造赋能实施方案》，建成一批智能工厂、数字化车间，永川国家高新区汽摩智造创新型产业集群作为全市唯一、入选全国2021年度创新型产业集群试点。全面落实“云长制”，加快数据迁云整合，建成智慧城市综合指挥中心，以智慧医疗、智慧交通试点为突破，推动新型智慧城市建设取得新成效。

推动职业教育特色发展。加强系统谋划，开展工作对接，进一步优化职业教育发展布局，着力打造西部职教基地。坚持特色引领、提质扩容，重庆文理学院获批成为硕士学位授予单位，重庆城市科技学院转设为独立民办普通本科学校，重庆城市职业学院等4所高职院校入选市级“双高”院校建设名单。新签约重庆电子工程职业学院永川校区，全区职业院校17所，在校学生15.6万人。深化产教融合、校企合作，常态化开设订单班、中国特色现代学徒制试点班90个，新设立重庆智能工程职业学院数智化乡村振兴学院等二级学院3个，新增设一批特色专业，全区职业院校毕业生就业率91%。着力优化职教生态，创新推出共享优质师资网络平台并正式上线启用。举办首届西部职业教育高峰会，西部职教基地知名度、影响力不断提升。

【民生保障】 2021年，中共永川区委召开脱贫攻坚总结表彰大会，出台《关于实现巩固拓展脱贫攻坚成果同乡村振兴有效衔接的实施意见》，编制“十四五”时期巩固拓展脱贫攻坚成果同乡村振兴有效衔接规划。落实产业、就业、健康、教育、低保等39项衔接措施，建立巩固拓展脱贫攻坚成果项目库，储备并分年度实施衔接项目549个。健全充实区委农村工作暨实施乡村振兴战略领导小组，组建23个由区领导任团长的乡村振兴区级帮扶团。挂牌组建乡村振兴局，完成驻村工作队干部轮换。健全防返贫监测和帮扶机制，精准识别并持续监测207户脱贫不稳定户、边缘易致贫户和突发严重困难户，全部“一对一”落实帮扶措施，实现“两不愁三保障”及饮水安全问题动态清零。

下大力气解决群众急难愁盼问题。坚持就业优先政策，认真落实援企稳岗政策，开展“春风行动”“找的就是你”网络直播招聘，制定实施促进返乡入乡创业22条、大学生创业创新激励若干措施等扶持政策，持续打造“永创汇”创新创业活动品牌，发放创业担保贷款5414万元。全区新增创业主体1.2万户，城镇新增就业2.69万人。落实“菜篮子”“米袋子”责任制，加强市场运行监测和稳价保供工作，做好电力迎峰度夏保障工作，确保群众生产生活正常。修订完善基础教育高质量发展“16条”及实施细则，推动义务教育优质均衡发展。扎实做好“双减”工作，大力整顿治理校外培训机构，义务教育阶段课后服务实现中小学校全覆盖、有需求的学生全覆盖。深化医药卫生体制改革，医共体“三通”试点获市政府办公厅督查激励。开工建设渝西公共卫生应急医院、重庆血液中心永川分中心，启动建设区中医院二期项目、渝西精神卫生传染病救治中心，加快推进国家中医紧急医学救援基地建设，不断完善疾病联防联控机制，让群众就医更加便捷、更有保障。实施全民参保计划，推进社会保险法定人员全覆盖，城乡居民养老保险参保率超过95%。实施工伤保险同舟计划，惠及职工12.8万人。深化“一门受理、协同办理”社会救助综合改革，完善临时救助制度，实施临时救助9814人次，支出救助资金1835.5万元。进一步扩大保障性租赁住房供给力度，解决新市民、新就业大学生、产业工人等群体住房困难问题。

认真办好民生实事。推动养老服务高质量发展，开展居家适老化改造。持续深化公办养老机构改革，实现社会化运营率不低于60%。红星七色光幼儿园投用，红星旺龙湖幼儿园、实验小学幼儿园进入装修阶段。户籍高校毕业生就业率90.5%，5817名城镇就业困难人员实现就业。完成4个片区241个老旧小区改造、195户农村危房改造，金科路口、玉清东路与昌州大道交接处等一批城市交通堵乱点得到有效整治，一般道路、农村道路实现重特大事故“零发生”。深入开展“我为群众办实事”实践活动，制定《“我为群众办实事”区级层面重点民生项目清单》，确定区级层面重点民生实事项目81件、镇街和部门重点民生实事项目1366件。建立群众问题收集制度，定期收集掌握群众具体问题，加强督促检查和考核问效，及时跟踪推进实事办理落地情况，确保把好事办好，把实事办实。民生实事符合进度要求，部分任务已全面完成。

【生态建设】 2021年，中共永川区委全面落实《中华人民共和国长江保护法》，坚决贯彻“共抓大保护、不搞大开发”方针，强化“上游意识”，担起“上游责任”，统筹山水林田湖草系统治理。优化生态空间布局，完成生态保护红线评估调整，启动生态保护红线勘界定标前期工作。强化自然保护地有效监管，加强长江上游永川段珍稀特有鱼类保护，有力推进茶山竹海森林公园“绿盾行动”问题整改，完成33个退出矿山复绿工作。持续实施国土绿化提升行动，全面落实林长制，深入贯彻市1号总林长令，扎实开展森林资源乱侵占、乱搭建、乱采挖、乱捕食等“四乱”突出问题专项整治行动，推进“两岸青山·千里林带”、国家储备林、天然林保护、退耕还林等工程，全区林地面积96.42万亩，森林覆盖率51%。坚决抓实督察反馈问题整改，印发《贯彻落实重庆市中央生态环境保护督察报告整改方案》，以最端正的态度、最坚定的决心、最严厉的措施，一体推进中央和市级督察检查反馈问题整改工作往深里改、往实里走。37项整改任务已完成整改28项，其余9项任务按时序稳步推进。打好碧水保卫战，全面落实河湖长制，持续贯彻落实市级第1、2、3号总河长令，以临江河流域综合治理为抓手，常态化开展水污染源头专项整治、农村“千沟万塘”黑臭水体专项治理，深入实施污水收集率、污水处理率和处理达标率专项行动，加大污水管网、污水处理厂（站）“厂网一体”改造修复力度，大陆溪国控断面水质保持Ⅳ类标准，临江河、小安溪、九龙河市控断面水质均值达到地表水Ⅲ类标准。着力打好蓝天保卫战，强化工业、交通、扬尘、生活污染协同治理，全区空气质量优良天数323天，环境空气质量逐年向好。着力打好净土保卫战，强化土壤污染管控、治理和修复，全区受污染耕地安全利用率超过95%。落实碳达峰、碳中和工作要求，大力推进绿色生产，有序推进节能低碳化改造、资源循环利用等项目建设，创建市级绿色工厂3家，签约中利300兆瓦屋顶分布式光伏发电生产项目，建成后预计平均每年可节省8.5万吨标准煤，减少23万吨二氧化碳排放。着力推动绿色出行，推进大宗货物运输公转铁、公转水，加快淘汰老旧柴油车辆，大力推广新能源汽车。开展绿色机关、绿色学校、绿色社区等创建，引导群众践行绿色消费方式，绿色健康生活蔚然成风。加强基础设施绿色升级，全面推广绿色建材，大力发展装配式建筑、绿色建筑，城镇新建绿色建筑占新建建筑比例持续提升。

【社会治理】 2021年，中共永川区委坚持“外防输入、内防反弹、人物同防”，拧紧责任链条，细化防控措施，坚决守住来之不易的成果。及时妥善处置无症状感染者密接等20余起涉疫事件，派出51名医务人员支援江津区开展大规模核酸采样，稳妥有序做好春秋季在永大中专院校开学疫情防控工作。紧盯防控薄弱环节和短板弱项，围绕运行机制、疫情处置、监测发现、场所管理、人员管控、院感防控等方面，不断健全制度、补齐漏洞，引导群众做好个人防护，织密织牢常态化疫情防控网络。广泛开展爱国卫生运动，有序推进疫苗接种工作，超额完成全程接种任务，全区连续680天无新增本地确诊病例。

完成大庆安保任务。以建党100周年大庆安保为抓手，从严从细从实做好安保维稳各项工作。精心组织开展“喜迎建党百周年·忠诚履职保平安”行动，深入开展“维护国家政治安全10大专项行动”，坚持动态信息日报告、稳定形势周研判、联席会议月协商、工作实绩季问效的全过程统筹协调机制，推动情报收集、风险预警、应急处置、跟踪督办一体化闭环运行。全面加强对党政机关、学校医院、民生设施、交通枢纽等重点部位巡查巡逻巡防，坚决防范打击敌对势力渗透破坏、暴恐分裂、邪教和非法宗教活动。着力化解矛盾纠纷，突出开展“治重化积”专项行动、重点领域专项治理，集中力量攻坚化解“骨头案”“钉子案”，累计化解重点领域矛盾纠纷438件。严格落实领导干部接访机制，建成中西部地区规模最大、功能最全的一站式社会矛盾纠纷联合调处中心，创新“网格站岗、信访吹哨、调解为先、法治兜底”全链条集成解决机制。全年受理群众信访事项件次下降8.6%、人次下降9.45%。保持打击违法犯罪高压态势，推进常态化扫黑除恶、全民反诈专项行动，刑事案件破案2250件，犯罪嫌疑人抓获数同比上升17.7%，帮助群众止损1.03亿元、挽回损失138万元。开展扫黄禁赌、缉枪治爆、乱点治理，社会治安可防案件发案数持续下降。

着力加强和创新社会治理。以创建全国市域社会治理现代化试点合格城市为抓手，大力推进方法手段创新、特色经验创建，不断健全网格化管理服务体系，提高基层治理社会化、法治化、智能化、专业化水平。依托乡贤评理堂推动乡村善治，获评全市深化改革复制推广经验、政法领域改革十佳范例。深入实施云网工程，搭建“一平台双网格多应用”智治运行体系，基本实现一平台管全程、一张网治全域。持续深化平安综治云、法治茶话会、邻里议事厅等基层治理试点，践行好新时代“枫桥经验”。

着力防范化解重大风险。坚持底线思维，增强忧患意识，提高防控能力，强化重大风险源头治理、动态管理、应急处理。持续强化政府债务管控，扎实推进金融信贷风险排查整治，严控新增债务，全力巩固“退红”成果，牢牢守住不发生系统性风险的底线。狠抓安全生产，全面落实安全生产“百日行动”“十条措施”，有序推进安全生产专项整治三年行动，扎实开展重点行业安全大排查大整治大执法，累计检查企业23.44万家次、整治安全隐患19.69万余处，安全生产事故起数、死亡人数实现“双下降”。着力提升自然灾害防治能力，强化森林防火、防汛抗旱等基础设施建设和维护，完成预警信息发布平台升级改造，持续提升城市排涝能力，强化52处地灾隐患点“四重”群测群防管理，成功应对9次暴雨、风暴等灾害性天气过程，确保全年无灾险情发生。

【文化建设】 2021年，中共永川区委着力打造文艺精品，永川作家出版的《叶片上的童话》等3本诗绘本集上榜抖音儿童文学爆款榜第1名，《家园》等3件美术作品入选全国美展，摄影作品《晒青稞》入选中国第18届国际摄影艺术展。大力发展影视、动漫等新兴数字文化创意产业，依托重庆云谷影视产业创新服务中心，引进国际、国内影视产业资源，加快打造集影视项目立项、制片、摄制、出品、宣发、明星经纪为一体的影视产业服务基地。推动文旅融合发展，石笋山景区成功创建国家AAAA级旅游景区，永川博物馆成功创建国家AAA级旅游景区。乐和乐都、松溉古镇分别入选重庆文旅新地标40强以及最美历史文化古迹20强。体育事业蓬勃发展，提档升级永川体育中心、棠城体育馆等各类体育场地2682个，人均体育面积居全市前列。全面实现“城区10分钟健身圈”和“农村15分钟健身圈”。

【社会主义民主法治建设】 2021年，中共永川区委扎实推进全面依法治区。召开区委全面依法治区委员会会议3次，认真学习贯彻中央依法治国工作会议、市委全面依法治市工作会议精神。编制印发《重庆市永川区〈法治中国建设规划（2020—2025年）〉实施方案》，聚焦司法、执法、普法等重点环节推出25条措施。加快推进法治政府建设，规范和完善行政权力和公共服务事项清单，加强政府法律顾问和公职律师管理，大力推动政府守信践诺，严格执行规范性文件审查和管理工作。深化司法体制综合配套改革，加快智慧法院、智慧检务、智慧警务、智慧司法建设，创新推出“云上共享法庭”，高标准建成执法办案管理中心。深入推进行政复议体制改革，成为全国首个区县级实现“立、审、诉”分离的行政复议机构。扎实做好中央依法治国办法治督察迎检工作，法治政府建设成效及学习宣传习近平法治思想、社会矛盾纠纷联合调处中心、行政争议化解中心、法治茶话会等四项经验亮点得到充分肯定。出台法治社会建设实施方案和“八五”普法规划，公共法律服务水平不断提高。

推动新时代人大工作创新发展。深入学习贯彻中央人大工作会议精神，全面落实新时代加强和改进人大工作的重点任务，不断推动人民代表大会制度完善和发展。支持区人大及其常委会依法履职，加强对“一府一委两院”的工作监督和法律监督，强化对重大事项决定和人事任免工作监督。支持区人大及其常委会增强监督实效，听取和审议“一府一委两院”专项工作报告 17 项，开展执法检查 2 项、专项评议 1 项、专题调研 8 项，组织集中视察 9 项，就加强公益诉讼工作、确定区树区花、开展“八五”普法等作出决议决定 19 项。更好发挥代表作用，区人大代表履职管理平台建成投运，完成全区 261 个代表家站点规范化建设，集中交办代表建议 394 件，代表建议办理质量实现整体提升。

支持政协更好发挥作用。深入贯彻总书记关于加强和改进人民政协工作的重要思想，坚持团结和民主两大主题，推动协商民主广泛、多层、制度化发展。支持政协充分发挥社会主义协商民主的重要渠道和专门协商机构作用，认真履行政治协商、民主监督、参政议政职能，积极围绕全区中心工作开展协商议政、建言献策。组织开展“现代制造业基地高质量发展”“科技生态新城规划建设工作”等重点协商 10 次、视察评议 7 次、调研 12 次，交办提案 485 件、办结 485 件。加强委员履职能力建设，搭建协商议政平台，建立各党派、工商联和无党派人士参加政协工作共同性事务的情况交流机制，健全完善多层次联系委员制度，政协工作水平不断提升。

统筹抓好统战、群团等工作。扎实开展全区统一战线大走访大谈心活动，走访商会组织 48 家、企业 3600 余次，同党外人士谈心谈话 2630 余人次。务实推进政党协商，全年组织协商 2 次，形成建议报告 27 篇、党外人士建言 170 余篇。完成全区 5 个民主党派区委会、区工商联、区知联会换届工作，顺利实现新老交替和政治交接。深入开展民族团结进步创建，加强宗教领域风险隐患排查整治，促进民族和谐、宗教和顺。扎实做好港澳台统战工作和侨务工作。承办成渝地区双城经济圈现代制造业技能大赛、主办永川区健康养老行业职业技能竞赛，广泛开展“中国梦·劳动美”等主题宣传教育活动，大力弘扬劳模精神、劳动精神、工匠精神。深化群团改革创新，不断提高人民团体组织群众、引导群众、服务群众和维护群众合法权益的能力。完成区工会、共青团、妇联等群团组织换届工作，坚持党管武装根本原则，军地融合深度发展取得新成效。

（区委办公室　唐盾）

2021 年中共永川区委重要文件目录

表 3

序号	发文单位	文号	文件名
1	区委、区政府	永川委〔2021〕1 号	《中共重庆市永川区委重庆市永川区人民政府关于表彰全区招商引资工作先进集体和先进个人的决定》
2	区委、区政府	永川委〔2021〕9 号	《中共重庆市永川区委重庆市永川区人民政府关于表彰永川区 2020 年度脱贫攻坚工作先进集体和先进个人的决定》
3	区委、区政府	永川委〔2021〕62 号	《中共重庆市永川区委重庆市永川区人民政府关于表彰永川区创建国家卫生区工作先进集体和先进个人的决定》
4	区委、区政府	永川委〔2021〕63 号	《中共重庆市永川区委重庆市永川区人民政府关于表彰永川区临江河流域综合整治工作先进集体和先进个人的决定》
5	区委、区政府	永川委发〔2021〕12 号	《中共重庆市永川区委重庆市永川区人民政府关于实施工业倍增行动加快建设成渝地区双城经济圈现代制造业基地的意见》
6	区委、区政府	永川委发〔2021〕13 号	《中共重庆市永川区委重庆市永川区人民政府关于加快永川科技生态城高质量建设发展的意见》
7	区委、区政府	永川委发〔2021〕18 号	《中共重庆市永川区委重庆市永川区人民政府关于持续打造营商环境最优区的实施意见》
8	区委、区政府	永川委发〔2021〕17 号	《中共重庆市永川区委重庆市永川区人民政府关于持续打造营商环境最优区的实施意见》
9	区委、区政府	永委〔2021〕1 号	《感谢信》
10	区委、区政府	永委〔2021〕16 号	《中共重庆市永川区委重庆市永川区人民政府转发〈中共重庆市永川区委宣传部、重庆市永川区司法局关于开展法治宣传教育的第八个五年规划（2021—2025 年）〉的通知》
11	区委、区政府	永川委函〔2021〕4 号	《中共重庆市永川区委重庆市永川区人民政府关于申报新时代“两个健康”先行区创建工作经验首批试点推广城市的函》

续表 3

序号	发文单位	文号	文件名
12	区委办、区府办	永川委办〔2021〕2 号	《中共重庆市永川区委办公室重庆市永川区人民政府办公室关于成立永川综合保税区筹建工作领导小组的通知》
13	区委办、区府办	永川委办〔2021〕3 号	中共重庆市永川区委办公室重庆市永川区人民政府办公室关于做好人民群众就地过年服务保障工作的通知
14	区委办、区府办	永川委办〔2021〕5 号	《中共重庆市永川区委办公室重庆市永川区人民政府办公室关于成立永川区农村宅基地制度改革试点工作领导小组的通知》
15	区委办、区府办	永川委办〔2021〕13 号	《中共重庆市永川区委办公室重庆市永川区人民政府办公室关于印发〈2021 年永川马拉松赛暨重庆市第六届运动会半程马拉松赛总体方案〉的通知》
16	区委办、区府办	永川委办〔2021〕16 号	《中共重庆市永川区委办公室重庆市永川区人民政府办公室关于建立区领导联系乡村振兴工作机制的通知》
17	区委办、区府办	永川委办〔2021〕25 号	《中共重庆市永川区委办公室重庆市永川区人民政府办公室关于调整区拥军优属拥政爱民工作领导小组成员的通知》
18	区委办、区府办	永川委办〔2021〕28 号	《中共重庆市永川区委办公室重庆市永川区人民政府办公室关于调整区委农村工作暨实施乡村振兴战略领导小组的通知》
19	区委办、区府办	永川委办〔2021〕32 号	《中共重庆市永川区委办公室重庆市永川区人民政府办公室关于建立领导干部汛期应急值班制度的通知》
20	区委办、区府办	永川委办〔2021〕33 号	《中共重庆市永川区委办公室重庆市永川区人民政府办公室关于命名永川区第二批爱国主义教育基地的通知》
21	区委办、区府办	永川委办〔2021〕36 号	《中共重庆市永川区委办公室重庆市永川区人民政府办公室关于对接市级行政权力事项下放至永川高新区工作的通知》
22	区委办、区府办	永川委办〔2021〕45 号	《中共重庆市永川区委办公室关于调整永川区临江河流域综合治理指挥部》
23	区委办、区府办	永川委办〔2021〕49 号	《中共重庆市永川区委办公室关于成立达瓦项目推进工作专班的通知》
24	区委办、区府办	永川委办〔2020〕57 号	《中共重庆市永川区委办公室重庆市永川区人民政府办公室关于做好 2022 年元旦春节期间有关工作的通知》
25	区委办、区府办	永川委办发〔2021〕1 号	《中共重庆市永川区委办公室重庆市永川区人民政府办公室关于认真做好全区村（社区）“两委”换届工作的通知》
26	区委办、区府办	永川委办发〔2021〕2 号	《中共重庆市永川区委办公室重庆市永川区人民政府办公室关于印发〈永川区促进中医药传承创新发展实施方案〉的通知》
27	区委办、区府办	永川委办发〔2021〕4 号	《中共重庆市永川区委办公室重庆市永川区人民政府办公室关于印发〈永川区茶山竹海国家森林公园“绿盾行动”整治提升工作方案〉的通知》
28	区委办、区府办	永川委办发〔2021〕5 号	《中共重庆市永川区委办公室重庆市永川区人民政府办公室关于印发〈对接成渝地区双城经济圈重点规划编制工作任务分解〉的通知》
29	区委办、区府办	永川委办发〔2021〕6 号	《中共重庆市永川区委办公室关于印发〈中共重庆市永川区委 2021 年政党协商计划〉的通知》
30	区委办、区府办	永川委办发〔2021〕12 号	《中共重庆市永川区委办公室重庆市永川区人民政府办公室关于印发〈永川区安全生产监督管理特别规定（试行）〉的通知》
31	区委办、区府办	永川委办发〔2021〕18 号	《中共重庆市永川区委办公室重庆市永川区人民政府办公室关于印发〈永川区加快建设重庆主城都市区战略支点实施方案（2021—2022 年）〉的通知》
32	区委办、区府办	永川委办发〔2021〕19 号	《中共重庆市永川区委办公室重庆市永川区人民政府办公室关于印发〈重庆市永川区落实国家统计局督察重庆市防范和惩治统计造假弄虚作假情况反馈意见整改工作方案〉的通知》
33	区委办、区府办	永川委办发〔2021〕21 号	《中共重庆市永川区委办公室重庆市永川区人民政府办公室印发〈关于强化知识产权保护的具体措施〉的通知》
34	区委办、区府办	永川委办发〔2021〕22 号	《中共重庆市永川区委办公室重庆市永川区人民政府办公室关于印发〈永川区全面推行林长制工作方案〉的通知》

续表 3

序号	发文单位	文号	文件名
35	区委办、区府办	永川委办发〔2021〕24 号	《中共重庆市永川区委办公室重庆市永川区人民政府办公室关于印发〈重庆市永川区改革完善社会救助制度重点举措〉的通知》
36	区委办、区府办	永川委办发〔2021〕25 号	《中共重庆市永川区委办公室重庆市永川区人民政府办公室关于 2020 年度区管党政领导班子考核结果的通报》
37	区委办、区府办	永川委办发〔2021〕26 号	《中共重庆市永川区委办公室重庆市永川区人民政府办公室关于印发〈永川区 2021 年度区管领导班子综合考核实施办法〉的通知》
38	区委办、区府办	永川委办发〔2021〕27 号	《中共重庆市永川区委办公室重庆市永川区人民政府办公室关于印发〈重庆市永川区行政复议体制改革实施方案〉的通知》
39	区委办、区府办	永川委办发〔2021〕28 号	《中共重庆市永川区委办公室重庆市永川区人民政府办公室关于印发区级有关部门和镇街生态环境保护责任清单的通知》
40	区委办、区府办	永川委办发〔2021〕29 号	《中共重庆市永川区委办公室重庆市永川区人民政府办公室关于印发〈永川区超标粮食处置管理实施方案〉的通知》
41	区委办、区府办	永川委办文〔2021〕10 号	《中共重庆市永川区委办公室重庆市永川区人民政府办公室关于确定区级乡村振兴重点帮扶镇、村的请示》
42	区委办、区府办	〔2021〕—5	《中共重庆市永川区委办公室重庆市永川区人民政府办公室关于印发〈永川区落实河长制督查工作方案〉的通知》
43	区委办、区府办	〔2021〕—9	《中共重庆市永川区委办公室重庆市永川区人民政府办公室关于召开全区党政办公室主任会议的通知》
44	区委办、区府办	〔2021〕—62	中共重庆市永川区委办公室重庆市永川区人民政府办公室关于表扬重庆市第六届运动会筹办工作先进集体和先进个人的通报
45	区委办、区府办	〔2021〕—75	《中共重庆市永川区委办公室重庆市永川区人民政府办公室关于印发〈永川区“为科技工作者办实事助科技工作者作贡献”工作清单〉的通知》
46	区委办、区府办	〔2021〕—76	《中共重庆市永川区委办公室重庆市永川区人民政府办公室关于印发〈永川区 2021 年粮食安全工作要点〉的通知》
47	区委办、区府办	〔2021〕—81	《中共重庆市永川区委办公室重庆市永川区人民政府办公室关于印发〈永川区“区树”“区花”评选活动方案〉的通知》
48	区委办、区府办	〔2021〕—83	《中共重庆市永川区办公室关于召开习近平总书记“七一”重要讲话精神学习交流会暨全区优化营商环境会议的通知》
49	区委办、区府办	〔2021〕—85	《中共重庆市永川区委办公室重庆市永川区人民政府办公室关于加强高温天气防范应对工作的通知》
50	区委办、区府办	〔2021〕—91	《中共重庆市永川区委办公室关于参加区委理论学习中心组（扩大）2021 年第 11 次专题学习会暨学习贯彻习近平总书记“七一”重要讲话精神市委宣讲团报告会的通知》
51	区委办、区府办	〔2021〕—97	《中共重庆市永川区委办公室重庆市永川区人民政府办公室关于印发〈永川区应对公共安全事件军地应急联动机制〉的通知》
52	区委办、区府办	〔2021〕—100	《中共重庆市永川区委办公室重庆市永川区人民政府办公室印发〈关于加快构建政策体系培育新型农业经营主体的实施方案〉的通知》
53	区委办、区府办	〔2021〕—113	《中共重庆市永川区委办公室重庆市永川区人民政府办公室关于进一步做好近期值班工作的通知》

重要会议

【区委全委会议】 2021年，中国共产党重庆市永川区第十四届委员会（简称区委第十四届）共召开3次全体委员会议。

区委第十四届第九次全体会议 2021年6月3日召开。全会的主要任务是深学笃用习近平总书记关于科技创新的重要论述和对重庆提出的系列重要指示要求，深入贯彻习近平总书记在两院院士大会和中国科协第十次全国代表大会上的重要讲话精神，认真落实重庆市委五届十次全会精神，安排部署加快建设成渝地区重要的区域性创新中心相关工作。会议审议通过《中共重庆市永川区委关于深入推动科技创新支撑引领高质量发展的决定》和《中国共产党重庆市永川区第十四届委员会第九次全体会议决议》。

区委第十四届第十次全体会议 2021年9月26日召开。全会认真贯彻党中央决策部署和市委工作要求，研究部署中国共产党重庆市永川区第十五次代表大会有关事宜，审议通过《关于召开中国共产党重庆市永川区第十五次代表大会的决议》。全会决定，12月下旬召开中国共产党重庆市永川区第十五次代表大会。

区委第十四届第十一次全体会议 2021年12月16日召开。全会全面贯彻习近平新时代中国特色社会主义思想，深入学习贯彻党的十九届六中全会精神及市委五届十一次全会精神，听取并审议张智奎代表区委常委会所作的区委十四届八次全会以来工作报告和抓党建工作报告，审议通过《中共重庆市永川区委关于深入学习宣传贯彻党的十九届六中全会精神的决定》《第十四届区委向第十五次党代会的报告》《第十四届区纪委向第十五次党代会的工作报告》。常晓勇就《中共重庆市永川区委关于深入学习宣传贯彻党的十九届六中全会精神的决定（讨论稿）》向全会作说明。

【区委常委会议】 2021年，中国共产党重庆市永川区第十四届常务委员会共召开会议44次，分别是第164次至第207次，共传达学习、研究审议议题448个。中国共产党重庆市永川区第十五届常务委员会共召开会议2次，共研究议题3个。

中共永川区第十四届常务委员会第164次会议 2021年1月5日，在区政府一楼人防指挥中心召开。会议学习贯彻习近平总书记在中央政治局就加强知识产权保护工作举行第二十五次集体学习时的重要讲话精神、全市民营经济统战工作会议精神、全市村（社区）“两委”换届工作会议精神。听取2020年党风廉政建设和反腐败、公安、反恐怖、安全生产和自然灾害防治、生态环境保护、群团等工作的汇报，审议《永川区贯彻落实〈重庆市积极应对人口老龄化实施方案〉重点任务分工》《2021年重点项目及民生实事建议计划》《永川区推动泸永江融合发展示范区建设2021年重点工作任务》《永川区负有安全生产监督管理职责主要部门2021年度安全生产监督检查计划》《永川区村（社区）“两委”换届工作建议方案》。

中共永川区第十四届常务委员会第165次会议 2021年1月12日，在区政府一楼人防指挥中心召开。会议学习贯彻国家主席习近平二〇二一年新年贺词精神及市委、市政府2021年新年贺词精神和市委常委会扩大会议精神，审议《永川区国民经济和社会发展第十四个五年规划和二〇三五年远景目标纲要》《关于表彰永川区招商引资先进集体、先进个人建议方案》《永川区实施重要农产品保障战略重点举措》《永川区乡村旅游发展规划（2020—2030年）》、区“两会”有关文件。会议听取区人大常委会党组、区政府党组、区政协党组、区法院党组、区检察院党组、区委党校2020年工作情况的汇报，听取2020年全区信访稳定工作、临江河流域综合治理工作情况的汇报，研究其他事项。

中共永川区第十四届常务委员会第166次会议 2021年2月2日，在区政府一楼人防指挥中心召开。会议学习贯彻习近平总书记对政法工作的重要指示精神和中央、市委政法工作会议精神，听取2020年政法和平安建设工作情况汇报。会议还学习贯彻全国安全生产电视电话会议精神和全市疫情防控安全生产工作视频调度会议精神、《重庆市河长制条例》精神，审议《永川区贯彻落实〈重庆市河长制条例〉工作方案》《中共重庆市永川区委常委会2021年工作要点》《十四届区纪委六次全会工作报告》《永川区贯彻落实〈重庆市河长制条例〉工作方案》《2021年全区干部教育培训班次计划》，听取2020年区委巡察工作情况的汇报等，通报《重庆市永川区人民政府工作规则》《重庆市永川区人民政府常务会议工作规则》。

中共永川区第十四届常务委员会第167次会议 2021年2月26日，在区政府一楼人防指挥中心召开。会议学习贯彻习近平总书记春节前夕赴贵州看望慰问各族干部群众时的讲话精神、在中共中央国务院春节团拜会上的讲话精神。会议还审议《关于“七一勋章”提名和全国“两优一先”初步推荐对象的建议方案》《关于成立区委落实中央第十二巡视组巡视反馈意见整改工作领导小组的通知》《表彰永川区2020年度脱贫攻坚先进集体和先进个人的决定》《永川区安全生产监督管理特别规定（试行）》《〈渝西都市报〉出版发行方案》。

中共永川区第十四届常务委员会第168次会议 2021年3月9日，在区政府一楼人防指挥中心召开。会议学习贯彻习近平总书记在全国脱贫攻坚总结表彰大会上和党史学习教育动员大会上的重要讲话精神及《重庆市生态环境保护督察工作实施办法》，审议《重庆市永川区庆祝中国共产党成立100周年活动方案》《永川区开展党史学习教育实施指导方案》《永川区政法队伍教育整顿实施方案》《永川区国企改革行动实施方案（2021—2022年）》。

中共永川区第十四届常务委员会第169次会议 2021年3月16日，在区政府一楼人防指挥中心召开。会议学习贯彻习近平总书记在全国两会期间重要讲话精神、全国两会精神及全市领导干部会议精神，审议《关于区总工会等5个群团组织召开换届选举大会的请示》《2021年全区意识形态工作要点》《2021 年永川区纪检监察工作要点》。

中共永川区第十四届常务委员会第 170 次会议　2021 年 3 月 23 日，在区政府一楼人防指挥中心召开。会议贯彻 2021 年全市教育工作会议精神，审议《关于推荐重庆市脱贫攻坚先进个人和先进集体候选对象的建议方案》《重庆市永川区人民政府 重庆市彭水苗族土家族自治县人民政府对口协同发展 2021 年度协议》《永川区贯彻落实〈成渝地区双城经济圈建设规划纲要〉实施方案》《永川区实现巩固拓展脱贫攻坚成果同乡村振兴有效衔接的实施方案》。

中共永川区第十四届常务委员会第 171 次会议　2021 年 4 月 8 日，在区政府一楼人防指挥中心召开。会议学习贯彻习近平总书记在福建考察时的重要讲话精神及市委常委会会议精神。审议《关于开展“干部作风建设年”活动的实施方案》《关于全面推进乡村振兴加快农业农村现代化的实施意见》《永川区安全生产违法行为举报奖励办法》《关于建立企业落实安全生产主体责任公示制度的通知》。

中共永川区第十四届常务委员会第 172 次会议　2021 年 4 月 13 日，在区政府一楼人防指挥中心召开。会议学习贯彻习近平总书记对革命文物工作的重要指示精神及市委常委会会议精神，审议《永川区成渝地区双城经济圈现代制造业基地建设“十四五”规划》《永川区智慧医疗试点项目框架合作协议》《永川区智慧交通试点项目框架合作协议》。

中共永川区第十四届常务委员会第 173 次会议　2021 年 4 月 20 日，在区政府一楼人防指挥中心召开。会议学习贯彻习近平总书记在中共中央政治局第二十八次集体学习时的重要讲话精神，分析全区一季度经济形势，听取全区一季度生态环境保护、安全生产和平安稳定工作情况汇报，审议《全市“两优一先”推荐对象建议方案》。

中共永川区第十四届常务委员会第 175 次会议　2021 年 4 月 30 日，在区政府一楼人防指挥中心召开。会议学习贯彻习近平总书记对职业教育工作、打击治理电信网络诈骗犯罪工作的重要指示精神，学习贯彻习近平总书记在博鳌亚洲论坛 2021 年年会开幕式、领导人气候峰会上的重要讲话精神，安排部署假期有关工作。会议审议《永川区关于推动基础设施高质量发展的实施意见》《重庆市永川区关于强化知识产权保护的具体措施》《重庆市永川区落实企业安全生产主体责任特别规定（试行）》。

中共永川区第十四届常务委员会第 176 次会议　2021 年 5 月 12 日，在区政府一楼人防指挥中心召开。会议学习贯彻习近平总书记在广西考察时的重要讲话精神、中共中央政治局第二十九次集体学习时的重要讲话精神、听取十九届中央第六轮巡视汇报时的重要讲话精神。会议还学习贯彻全市乡村振兴驻乡驻村工作视频会议精神，听取全区 2021 年防汛抗旱工作情况汇报，审议《永川区加快建设重庆主城都市区战略支点实施方案（2021—2022 年）》《关于做好经济发达镇赋权事项承接工作的通知》。

中共永川区第十四届常务委员会第 177 次会议　2021 年 5 月 24 日，在区政府一楼人防指挥中心召开。会议学习贯彻中国共产党重庆市第五届委员会第十次全体会议精神，学习贯彻重庆市市长唐良智到永川区调研时的讲话精神，审议《关于实施工业倍增行动加快建设成渝地区双城经济圈现代制造业基地的意见》及七个重点专项工程实施方案，审议《关于加快永川科技生态城高质量建设发展的意见》《永川区庆祝中国共产党成立 100 周年“永远跟党走”群众性主题宣传教育活动方案》《西部职教基地共享优质师资管理办法（试行）》。

中共永川区第十四届常务委员会第 178 次会议　2021 年 6 月 1 日，在区政府一楼人防指挥中心召开。会议学习贯彻习近平总书记在推进南水北调后续工程高质量发展座谈会、在河南省南阳市调研、在全球健康峰会上的重要讲话精神，学习贯彻推动成渝地区双城经济圈建设重庆四川党政联席会议第三次会议精神，全市区县、乡镇领导班子换届工作会议精神。会议还听取全区河长制工作、全民反诈专项行动工作情况的汇报，审议《永川区新时代文明实践中心志愿服务工作指南》《关于加快永川科技生态城高质量建设发展的意见》《永川区失能残疾人集中供养中心运行方案》。

中共永川区第十四届常务委员会第 179 次会议　2021 年 6 月 15 日，在区政府一楼人防指挥中心召开。会议学习贯彻习近平总书记在中共中央政治局第三十次集体学习时的重要讲话精神，学习贯彻习近平总书记在两院院士大会和中国科协第十次全国代表大会上的重要讲话精神，研究部署庆祝建党 100 周年安全稳定工作。会议还审议《永川区 2021 年粮食安全工作要点》《永川区·彭水自治县“十四五”对口协同发展实施方案》。

中共永川区第十四届常务委员会第 180 次会议　2021 年 6 月 24 日，在区政府一楼人防指挥中心召开。会议学习贯彻习近平总书记对湖北十堰市张湾区艳湖社区集贸市场燃气爆炸事故作出的重要指示精神及重庆市委常委会扩大会议精神，听取全区安全生产工作情况汇报，安排部署近期安全稳定工作。会议还听取 2021 年上半年西部职教基地、公安、信访稳定工作情况汇报，审议《重庆市永川区集体土地征收补偿安置办法》《永川区全面推行林长制工作方案》。

中共永川区第十四届常务委员会第 181 次会议　2021 年 7 月 7 日，在区政府一楼人防指挥中心召开。会议学习贯彻习近平总书记在庆祝中国共产党成立 100 周年“七一勋章”颁授仪式和庆祝中国共产党成立 100 周年大会上的重要讲话精神，学习贯彻习近平总书记在中共中央政治局第三十一次集体学习时的重要讲话精神。会议听取区委 2021 年上半年落实全面从严治党主体责任情况的汇报、2021 年上半年成渝地区双城经济圈建设工作开展情况暨下半年工作打算的汇报、2021 年上半年全区党风廉政建设和反腐败工作情况、全区安全生产和自然灾害防治以及防大汛抗大旱“两线作战”工作情况的汇报，审议《关于调整重庆市永川区安全生产委员会和重庆市永川区减灾委员会组成机构及人员的通知》《关于明确重点行业安全生产属事属地监管责任和联动机制的通知》《关于表彰永川区创建国家卫生区先进集体和先进个人的决定》《关于表彰永川区临江河流域综合整治工作先进集体和先进个人的决定》。

中共永川区第十四届常务委员会第182次会议　2021年7月13日，在区政府一楼人防指挥中心召开。会议学习贯彻习近平总书记在中国共产党与世界政党领导人峰会上的重要讲话精神，审议《重庆市第一批政法队伍教育整顿中央第十三督导组、市级第六指导组反馈意见整改落实任务清单》《关于做好镇党委换届选举有关工作的建议方案》《关于严肃换届纪律加强换届风气监督的工作方案》《重庆市永川区第十六届政协委员协商提名工作方案》《重庆市永川区人大换届选举工作实施方案》。

中共永川区第十四届常务委员会第183次会议　2021年7月20日，在区政府一楼人防指挥中心召开。会议学习贯彻习近平总书记在《中共中央办公厅关于贯彻新发展理念专项督查调研的情况报告》上的重要批示精神，听取2021年上半年全区招商引资和全区生活垃圾分类工作情况的汇报，审议《永川区级有关部门和镇街生态环境保护责任清单》。

中共永川区第十四届常务委员会第184次会议　2021年7月27日，在区政府一楼人防指挥中心召开。会议学习贯彻习近平总书记关于防汛救灾工作重要指示精神、在中央政治局常委会会议听取中国共产党成立100周年庆祝活动总结报告时的重要讲话精神，学习贯彻习近平总书记关于完整、准确、全面贯彻新发展理念的重要指示精神。会议听取2021年上半年全区乡村振兴推进情况、水生态环境保护工作、幼儿园安全隐患拉网式排查整治工作、永川综合保税区筹建工作情况的汇报，审议《关于防止耕地“非粮化”稳定粮食生产的实施意见》《2021年度区管领导班子综合考核实施办法》。

中共永川区第十四届常务委员会第186次会议　2021年8月3日，在区政府一楼人防指挥中心召开。会议学习贯彻习近平总书记对深入推进农村厕所革命的重要指示精神，贯彻落实市委关于疫情防控工作相关会议精神，研究部署全区疫情防控及疫苗接种工作。审议《重庆市永川区军民融合发展“十四五”规划》《永川区提升污水收集率、污水处理率和处理达标率专项行动工作方案》。

中共永川区第十四届常务委员会第187次会议　2021年8月11日，在区政府一楼人防指挥中心召开。会议学习贯彻习近平总书记关于疫情防控重要指示精神及市委常委会会议精神，对全区疫情防控工作进行再安排再部署再落实。听取全区碳达峰碳中和工作情况的汇报、2021年上半年平安永川建设暨防范化解重大风险工作情况的汇报。

中共永川区第十四届常务委员会第188次会议　2021年8月18日，在区政府一楼人防指挥中心召开。会议学习贯彻市疫情防控工作相关会议精神，听取全区疫情防控及疫苗接种工作情况的汇报，审议《教育卫生系统部分干部调整建议方案》。

中共永川区第十四届常务委员会第189次会议　2021年8月24日，在区政府一楼人防指挥中心召开。会议学习贯彻习近平总书记关于档案工作重要指示精神及市委常委会会议精神，传达全国农业防灾减灾和秋粮生产视频调度会议、全市巩固拓展脱贫攻坚成果同乡村振兴有效衔接重点工作视频调度会议精神，研究部署相关工作。会议还听取2021年上半年全区未成年人思想道德建设工作情况的汇报、全区全民反诈专项行动工作情况的汇报，审议《全面开展排查整顿农村发展党员违规违纪问题工作建议方案》《2021年公务员职级晋升建议方案》。

中共永川区第十四届常务委员会第190次会议　2021年9月7日，在区政府一楼人防指挥中心召开。会议传达学习习近平总书记在中央民族工作会议、中央党校（国家行政学院）中青年干部培训班开班式上的重要讲话精神，学习贯彻习近平总书记致中国—上海合作组织数字经济产业论坛、2021中国国际智能产业博览会贺信和在河北承德考察时的重要讲话精神，听取全区“双减”工作、法治政府建设工作推进情况汇报，听取中央巡视反馈意见整改落实进展情况汇报。会议宣布市委决定，常晓勇任永川区委委员、常委、副书记，提名为永川区人民政府区长人选。

中共永川区第十四届常务委员会第191次会议　2021年9月15日，在区政府一楼人防指挥中心召开。会议学习贯彻习近平总书记在中央财经委员会第十次会议上的重要讲话精神、给全国高校黄大年式教师团队代表的回信精神，研究全区“万企兴万村”行动等。会议还研究区第十五次党代会、区十七届人大七次会议筹备工作相关事宜，学习传达全市文娱领域综合治理工作电视电话会议精神。

中共永川区第十四届常务委员会第194次会议　2021年9月26日，在区政府一楼人防指挥中心召开。会议学习贯彻习近平总书记关于粮食安全的重要指示批示精神，学习传达重庆主城都市区工作座谈会精神，听取全区机要保密工作情况的汇报。

中共永川区第十四届常务委员会第196次会议　2021年10月12日，在区政府一楼人防指挥中心召开。会议学习贯彻习近平总书记在中央政治局第三十三次集体学习时的重要讲话精神、中央人才工作会议上的重要讲话精神、陕西考察时的重要指示精神、致第18届中国—东盟博览会和中国—东盟商务与投资峰会贺信精神等，研究部署有关工作。会议还听取2021年前三季度全区安全生产与自然灾害防治工作情况的汇报。

中共永川区第十四届常务委员会第198次会议　2021年10月28日，在区政府一楼人防指挥中心召开。会议传达学习习近平总书记在中央人大工作会议上的重要讲话精神，学习贯彻习近平总书记在纪念辛亥革命110周年大会上的重要讲话精神、在《生物多样性公约》第十五次缔约方大会领导人峰会上的主旨讲话精神和对老龄工作的重要指示精神，分析研究全区前三季度经济形势，安排部署当前经济工作。会议审议《西部职教基地“十四五”发展规划和2035年远景目标纲要》《永川区婚俗改革试点工作实施方案》《关于明确永川区“区树”“区花”的建议方案》《2021年永川企业发展30强、20家成长型企业评价办法》。

中共永川区第十四届常务委员会第199次会议 2021年11月10日，在区政府一楼人防指挥中心召开。会议学习贯彻习近平总书记在中央政治局第三十四次集体学习时的重要讲话精神，学习贯彻习近平总书记在深入推动黄河流域生态保护和高质量发展座谈会上的重要讲话精神和在山东省考察时的重要指示精神，传达学习习近平总书记在第四届中国国际进口博览会开幕式上的重要讲话精神，听取《成渝地区双城经济圈建设规划纲要》推进落实情况汇报。会议学习传达全国加强换届风气监督工作电视电话会议精神，听取2021年第三季度平安永川建设暨防范化解重大风险工作情况汇报，研究部署全区疫情防控工作。

中共永川区第十四届常务委员会第201次会议 2021年11月18日，在区政府一楼人防指挥中心召开。会议学习贯彻中国共产党第十九届中央委员会第六次全体会议精神，讨论永川区第十五次党代会报告。会议审议《中共重庆市永川区委宣传部、重庆市永川区司法局关于开展法治宣传教育的第八个五年规划（2021—2025年）》。

中共永川区第十四届常务委员会第204次会议 2021年11月26日，在区政府一楼人防指挥中心召开。会议学习贯彻市委人才工作会议精神，听取关于调整区镇选举委员会部分组成人员的汇报，审议《关于区第十五次党代会代表候选人预备人选建议名单》。

中共永川区第十四届常务委员会第205次会议 2021年12月7日，在区委八楼常委会议室召开。会议学习贯彻习近平总书记在第三次“一带一路”建设座谈会上和近期对外工作的重要讲话精神，审议区委十四届十一次全会、区第十五次党代会相关事宜。

中共永川区第十四届常务委员会第206次会议 2021年12月13日，在区政府一楼人防指挥中心召开。会议传达学习中央经济工作会议精神，学习贯彻习近平总书记在全国宗教工作会议上的重要讲话精神，听取2021年全面推行林长制工作情况汇报，审议区党代会、区“两会”有关事项。

中共永川区第十四届常务委员会第207次会议 2021年12月21日，在区政府一楼人防指挥中心召开。会议学习贯彻《成渝地区双城经济圈建设规划纲要》等文件精神及推动成渝地区双城经济圈建设重庆四川党政联席会议第四次会议精神，听取区人大常委会党组、区政府党组、区政协党组2021年工作情况汇报。会议还审议区委关于2021年度落实全面从严治党主体责任情况的报告、2022年全区重点项目及民生实事实施计划，听取中央巡视反馈意见整改落实进展情况，区法院党组、区检察院党组2021年工作情况汇报，2021年全区贯彻执行中央八项规定精神和市委实施意见、党风廉政建设、意识形态、宣传思想及食品安全工作情况汇报，研究区“两会”相关事宜。

中共永川区第十五届常务委员会第1次会议 2021年12月30日在区政府一楼人防指挥中心召开。会议通报区委常委分工事宜。

中共永川区第十五届常务委员会第2次会议 2021年12月30日在区政府一楼人防指挥中心召开。会议审议《关于书香永川建设的实施意见》《永川城市形象宣传推介“十大行动”方案》《中共重庆市永川区人大常委会党组关于增补永川区第十八届人民代表大会第一次会议主席团常务主席的请示》，研究其他工作。

（区委办公室　唐盾）

全面深化改革

【概况】 2021年中共永川区委全面深化改革委员会办公室（简称区委改革办）出台《区委深改委2021年工作要点》《2021年区级重点改革项目督察问效计划》《2021年改革经验总结复制推广计划》《贯彻落实〈关于抓好中央巡视反馈意见整改落实进一步加强改革试点工作的若干措施〉的分工方案》，明确2021年重点改革任务、督察计划、改革成效亮点的总结推广等各项工作要求，成体系部署2021年全区改革工作。不断完善“明确时间、议题收集、议程确定、讲话起草、会议通知、上会议题质量把关、文件规范印制、会议纪要起草送审印发、会议议定事项办理落实情况跟踪督办”等会议机制，全年共筹备召开会议6次。建立区委深改委会议议题预安排制度与适时收集制度相结合的机制，结合市委改革办“1+X”会议安排，在两次会议召开的空档期，提前确定下一次区委深改委会议主题及承办单位，会商拟定上会议题预安排，通知相应单位及时撰写，并于下一次市委深改委会议召开后第2天报送。同时，提前收集全区各专项小组拟上会议题，科学统筹会议议题类型，尽量做到学习贯彻、听取汇报、审议文件等类型兼顾。出台《关于加强和改进改革信息工作的通知》，从加大报送力度、提高编写质量、突出报送重点4个方面提出明确要求，收集全区改革信息工作分管领导及信息员名单、明确改革信息工作计分办法及通报制度、建立改革信息工作微信群、召开全区改革信息工作部署会，多方面传导改革信息考核压力、规范信息工作报送。全年市委改革办共收录永川改革工作成效亮点23条，改革要情第5、7、8期连续刊载永川推进河长制、公立医院综合改革、宅基地制度改革、工业项目“标准地”出让改革等亮点做法。编发区级改革要情、改革工作简报各2期，其中《永川区入选国家能源局整县（市、区）屋顶分布式光伏开发试点地区》获区委书记张智奎批示。

【重点改革项目】 2021年，区委改革办闭环管理2020年区级重点改革项目推进情况，对2020年未完成的39项改革项目纳入2021年台账继续实施动态管理。全年完成18项，21项顺利推进。动态更新2021年区级重点改革项目推进情况，97项改革项目完成90项，2项顺利推进，因市级相关要求暂未明确或市级文件暂未出台而未推进5项。加强永川区承接中央改革试点任务推进及经验总结推广工作。系统梳理出十八届三中全会以来永川承接中央改革试点共计47项，其中已完成30项，17项顺利推进。针对已完成的试点任务，要求进一步加强试点经验总结和复制推广，对正在推进中的试点任务密切关注推进情况，动态更新台账。积极争取新的改革试点任务，全区各部门共计争取新的中央改革试点6项，分别为康复辅助器具产业第二批国家综合创新试点、国家“智慧医保”创新示范区、2021年度创新型产业集群试点、整县（市、区）屋顶分布式光伏开发试点、全国农业社会化服务创新试点县、全国第二批企业创新积分试点。全区各部门共争取市级试点共5项，分别为市区政务数据协同试点区、中国（重庆）自由贸易试验区联动创新区（第一批）、婚俗改革试验区。（区委办公室　罗义）

组织工作

【概况】　2021年，永川区以庆祝中国共产党成立100周年为契机，推荐8个集体、8名个人获全国“两优一先”（优秀党务工作者、优秀共产党员、先进基层党组织）称号，评选表彰“两优一先”集体200个、个人100名，发放“光荣在党50年”纪念章8700余枚。全区有党组织2215个，其中党委132个，党总支298个，党支部1785个。中共党员49706人，比上年增长1.4%。其中，公有制经济单位党员11408人（占党员总数的23.0%），非公经济和社会党组织党员3849人（占党员总数的7.7%），农牧渔民党员22698人（占党员总数的45.7%），离退休党员10951人（占党员总数的22.0%），其他党员800人（占党员总数的1.6%）。女党员14365人（占党员总数的28.9%），少数民族党员214人（占党员总数的0.4%），大学专科学历及以上党员19980人（占党员总数的40.2%）。

【党的政治建设】　2021年，区委组织部坚持把“两个维护”作为最高政治原则和根本政治规矩，坚持以政治建设统领组织工作，把讲政治要求融入谈心谈话、考察考核、管理监督、基层党建等各项工作。加强政治训练，持续强化“四个意识”教育，引导全区党员干部从政治上看问题、想事情、作决策、抓落实。坚持把学习贯彻习近平新时代中国特色社会主义思想作为党员、干部和公务员学习教育培训的主课、首课、必修课。举办党的十九届六中全会专题培训班、党校主体培训班、组工干部专题培训班、村（社区）党组织书记培训班、党员集中冬训等各类培训班次120余期，培训干部26580人次。规范执行“三会一课”“主题党日”、组织生活会等基本制度，常态化开展党员过“集体政治生日”，派出9个督导组督导全区处级领导班子开好民主生活会。抓好中央巡视反馈意见涉及组织建设意见整改，巩固发展良好政治生态。

【党史学习教育】　2021年，区委组织部牵头开展党史学习教育专题培训，带动全区2217个党组织开展各类学习3.5万余场次。区委主要领导带头讲党史、讲党课，带动全区千余名基层党组织书记到小区楼栋、项目工地、田间地头等场所讲专题党课1920余场，推动党史学习教育进村社区、进园区、进机关、进行业。开展新党员入党宣誓暨老党员重温入党誓词、重忆入党初心活动，引导党员干部永葆初心本色、践行使命担当。

【区镇村换届选举】　2021年，区委组织部建立区、镇、村三级换届责任体系，紧扣提名推荐、审查考察、大会选举等关键环节，健全清单化管理、图表化推进、手册化操作、模版化运行、机制化落实工作法，分层分类细化工作方案、严格程序规范、加强业务培训，确保党组织在换届中始终处于主导地位。印发《关于严肃换届纪律加强换届风气监督工作方案》，大力推行换届纪律规定进培训课堂、进新闻媒体、进宣传橱窗、进手机网络，集中组织观看《警钟长鸣》，层层签订守纪承诺书，为党员干部划出红线、标出禁区。按照干部管理权限和“六必谈”（换届启动后，各级党委书记和纪检监察机关、组织部门主要负责人，要采取集中谈话和个别谈话相结合的方式全覆盖开展谈心谈话，做到本级领导班子成员必谈、本级党委管理的主要领导干部必谈、退出领导岗位干部必谈、新进班子人员必谈、差额考察人选必谈、负责换届工作人员必谈，提出纪律要求，督促带头执行）要求，开展卸任、继任、新任干部谈心谈话。抽调16名干部，组建换届巡回督察组、换届风气监督检查组和换届风气监督员队伍，畅通电话、网络、信箱等反映渠道，实时监测换届风气。开展重难点村（社区）整顿，推进书记、主任“一肩挑”，新一届“两委”成员学历、年龄实现“一升一降”，按期换届率、一次性选举成功率、“一肩挑”完成率均为100%。严格按程序选配干部，市委规定的刚性指标全面落实，班子结构和整体功能得到优化。区级换届工作平稳有序推进，“两代表一委员（党代表、人大代表、政协委员）”结构进一步优化。

【干部选拔任用】　2021年，区委组织部开展区级部门和镇街集中回访考察，严格执行干部工作方案预审、干部选拔任用事前报告制度，按干部调整批次和人头开展干部选用全程纪实。全年在脱贫攻坚、招商引资、产业发展、水污染治理、优化营商环境等重点领域提拔干部179人、进一步使用干部37人。

【年轻干部培养】　2021年，区委组织部加强干部系统理论教育，选派50名优秀年轻干部参加中央、市委、区委中青年干部培训。选派3名干部到区信访办挂职，跟踪四川省崇州市、四川省泸州市挂职干部的成长情况，选派3名优秀年轻干部参与重庆市彭水县对口帮扶。开展选调生座谈会，建立传帮带机制，兑现到村任职补助资金，帮助提供人才公寓。全年新提拔“80后”区管干部73人。

【公务员职务与职级并行】　2021年，区委组织部全面推行公务员职务与职级并行制度，晋升二级巡视员6名、一级至四级调研员 103 名、一级至四级主任科员 211 人。

【干部监督管理】 2021 年，区委组织部坚持严管和厚爱结合、激励和约束并重，查核个人事项报告 362 人，开展选人用人专项检查 2 轮、查找问题 41 个，常态化专项审核干部档案 351 份。发挥考核“指挥棒”作用，优化区管领导班子综合考核实施办法，全区嘉奖年度考核优秀 687 人、记三等功 115 人。落实乡镇工作补贴政策，不断巩固敢担当、善作为的干事创业氛围。

【人才管理】 2021 年，区委组织部依托重庆大数据产业联盟，吸纳 120 所成渝地区有关院校、336 家企业加盟，牵头组建川南渝西首个大数据产业联盟。先后与四川省崇州市、四川省泸州市、四川省自贡市、四川省德阳市等召开交流座谈会，达成协同发展意向。举办川渝党政联席会议第三次会议、首届西部职业教育高峰会，完成西部职教基地挂牌。会同重庆文理学院开展“百万英才兴重庆”——“博士渝行周”活动，81 名博士与高校、企业负责人面对面沟通。优化整合“永川英才 16 条”“引才 39 条”“职教 24 条”等人才政策，建成国家级高新技术开发区等人才发展平台 3 个，建成百度无人驾驶研究院等市级以上人才创新创业平台 135 个。累计引进国家级、市级高层次人才 195 人。做好重庆英才计划第三批评选申报工作，13 名优秀人才入选。组建人才服务专员队伍，为企业、人才协调解决实际问题。区领导带头，各级党组织班子成员积极参与，走访慰问重点专家人才 650 余名。出台《永川高层次人才服务管理办法（试行）》，筹集并安置使用“拎包入住”式人才公寓 2600 余套，为引进人才提供医疗保健、配偶就业、子女入学等服务。

【农村基层党建】 2021 年，永川区印发农村党员发展工作 3 年规划，累计发展党员 211 名。投入 290 万元，升级改造村级便民服务中心 20 个。制定出台社区工作者职业体系建设办法，健全村（社区）干部待遇正常增长机制，建立社区工作者“三岗九级”晋升体系，全覆盖保障城镇职工养老保险待遇。畅通机关事业单位定向招录渠道，20 余名优秀村（社区）干部成功考录为镇街干部，村（社区）干部反映多年的待遇偏低、养老没托底等一批老大难问题得到解决。深化农村基层党建示范创建三年行动，创建规范镇 11 个、规范村 150 个，整顿转化软弱涣散基层党组织 9 个。选派 35 名优秀机关干部，组建驻镇驻村工作队 8 支，打造党员带富示范园 31 个。承办全市新任驻村第一书记培训示范班。常态化开展村（社区）“两委”班子年度回访，实施“一村一名大学生”培育计划，建立镇街副职“一对一”帮带制度。落实本土人才配备要求，全区村（社区）“两委”成员中挂职本土人才、返乡大学生等群体 658 人。

【城市基层党建】 2021 年，区委组织部依托 292 个城市网格，新组建商圈楼宇综合党委、街区功能党支部、小区党支部等基层党组织 43 个，划分楼栋党小组 480 余个。突出共建共治共享，深化街道赋权扩能、部门资源下沉、社区减负增效，推动条块融合互联互动。

【行业领域党建】 2021 年，区委组织部启动“模范机关”创建工作，开展“百名书记上党课”“青年党员上讲台”“三进三服务”等活动。把党的建设与国有企业品牌创建、企业文化挖掘有机融合，形成“国企先锋”“筑路人精神”“我是一滴水”等党建品牌。在非公有制经济领域中，在互联网、快递物流等新业态中新建党组织 25 个。全区非公有制经济和社会组织党组织覆盖率分别为 89.5%、88.3%。公立医院党建 10 项重点任务全面落实，中小学校党组织领导的校长负责制有序推进。

（区委组织部　卢颜）

宣传工作

【概况】 2021 年，永川区宣传思想文化战线紧紧围绕庆祝中国共产党成立 100 周年主题主线，认真落实举旗帜、聚民心、育新人、兴文化、展形象使命任务，以党史学习教育为重要抓手，完成各项任务。中共永川区委宣传部（简称区委宣传部）机关有内设科室 6 个，直属事业单位 2 个（即区互联网信息服务中心，区新时代文明实践指导中心），有在岗职工 30 人。

【理论学习】 2021 年，区委宣传部印发《2021 年度全区党委（党组）理

2021 年 5 月 12 日，永川区“学习新思想 共赞 100 年 奋进新征程”微宣讲比赛总决赛在永川融媒体中心举行

（区委宣传部　供图）

论学习中心组学习意见》，有序推进各级党委（党组）中心组学习。区委理论学习中心组把学习贯彻习近平新时代中国特色社会主义思想作为重中之重，以自己学、自己讲为主，开展集中学习研讨17次。组建全区理论学习中心组学习巡听旁听工作组，列席旁听所有镇街和部门党委（党组）理论学习中心组专题学习会。学好用好习近平《论中国共产党历史》《习近平新时代中国特色社会主义思想学习问答》等理论书籍，订阅发放3.2万余册。开展“学习新思想 共赞100年 奋进新征程”微宣讲比赛，永川选手进入全市决赛并获二等奖。打造“学习贯彻习近平总书记‘七一’重要讲话精神云课堂”，10名宣传委员进网络宣讲。做好党的十九届六中全会宣讲工作的前期筹备工作。编印理论刊物《永川观察》5期。

【党史学习教育】 2021年，永川区聚焦“学、讲、看、做”，增强党史学习教育的针对性实效性。举办区级党员领导干部党史学习教育专题读书班8期，区管领导干部党史学习教育专题培训班2期，中青年干部学党史、人大代表学党史、基层书记学党史等专题培训班9期，深学细悟“七一”重要讲话精神，做到常学常新。在永川头条App、永川手机台等开设党史学习专栏，推出“忆党史·听故事”“党史朗诵者”等特色节目。聚焦习近平总书记关于党史学习教育重要论述和“七一”重要讲话精神，遴选19名领导干部、党校教师、理论骨干，组成区委宣讲团开展主题宣讲。市管党员领导干部和各级党组织书记围绕“七一”重要讲话精神讲好专题党课，用心学进去、用情讲出来。实施22处革命文物保护利用项目，打造“家门口的红色学堂”。举办纪念周恩来总理珍品展、初心百年永相随书法展等红色专题展览，兴起观展览、学党史的热潮。将党史元素融入兴龙湖夜景灯饰中，让党史知识随处可见、抬头可学。确定区级层面重点民生实事项目81件、镇街和部门重点民生实事项目1366件，《建好“四好农村路”绘织乡村振兴网》经验做法入选重庆市“我为群众办实事”实践活动典型案例。

【新闻宣传】 2021年，永川区开展“奋斗百年路 启航新征程”大型主题采访活动，围绕疫情防控、工业产业、职业教育、乡村振兴、城市提升、优化营商环境、商贸物流等重点，在《人民日报》上稿8篇，央视上稿19条，《重庆日报》头版采用23篇、重庆电视台新闻联播采用45条、新华社通稿21篇。其中，《人民日报》刊发《永川职业教育：学校教的，就是工作用的》、央视稿《重庆（永川）春茶盛采期 茶农抢抓农时采摘》。在市政府新闻发布厅举行长城汽车·2021永川马拉松暨重庆市第六届运动会半程马拉松新闻发布会、重庆永川综合保税区建设启动新闻发布会等市级发布会2场次。结合优化营商环境、乡村振兴、平安校园等主题，策划开展“发言人来了——我为群众办实事”活动5场次。组织开展永川区安全生产百日行动、政法队伍教育整顿、采茶节等区级发布会15场次。聚焦建党百年主题，紧紧围绕“两基地一城市”（“双百”区域性中心城市、现代制造业基地、西部职教基地）建设功能地位，全媒体适时开设《奋斗百年路 启航新征程》《赋能“两基地”永川开新局》《唱好双城记 建好经济圈》等系列专栏20余个。永川头条App装机量突破60万户，荣获“重庆市十佳客户端”称号。永川融媒抖音号粉丝突破30万人，平台获赞量750.5万次。“永川之声”广播频率每月在喜马拉雅平台收听流量11.7万次，居重庆区县第一。

【主题宣传】 2021年，区委宣传部针对节假日疫情防控和新冠疫苗接种，制作宣传标语10016条，发放张贴疫情防控、疫苗接种宣传海报56.6万余份，制作橱窗公示栏5700个，悬挂宣传横幅10016条（幅）。组建“永远跟党走”新乡贤宣讲队，通过乡贤乡语做好群众性主题宣传教育活动。加强重大赛事活动宣传推介。做好重庆市第六届运动会、永川马拉松赛事的社会宣传，在城区主干道、车站广场、商圈等场地张贴海报、宣传标语口号，营造热烈的赛事氛围。开展“全民反诈”社会宣传，印发《永川区全民反诈专项行动宣传工作方案》，在全社会营造打击整治电信网络诈骗的浓厚氛围。

【出版印刷管理】 2021年，永川区把新闻出版、印刷涉及行政服务事项全部纳入行政服务大厅综合服务窗口。优化办事流程，开展“四减”服务，即办事项比例100%，全程网办比例100%，满意度好评率为100%。优化《永川区新闻出版局办事服务指南》，开展审批结果免费快递送达服务。通过全市一体化政务服务平台进行集中管理，全年办理政务服务事项133次，行政审批事项65次。年度检验出版物零售单位162家，其中网络发行（零售）备案36家。年度检验印刷企业79家，其中包装装潢印刷品印刷企业39家，其他印刷品印刷企业40家。

（区委宣传部 王艺桦）

统战工作

【概况】 2021年，永川区统一战线各部门、各领域、各界以学习贯彻习近平总书记关于加强和改进统一战线工作的重要思想为主线，以“学党史、讲条例、增合力、促发展”大走访大谈心活动为载体，开展统战工作“迈新步，开新局”主题年活动，着力抓思想引领、抓服务大局、抓政策落实、抓风险防范、抓能力提升，推进各领域统战工作高质量新发展。

【思想政治引领】 2021年，中共永川区委统一战线工作部（简称区委统战部）深化拓展“不忘初心、与党同心”系列教育活动，围绕爱党爱国爱社会主义主题，组织开展中共党史、新中国史、改革开放史、社会主义发展史和统一战线史的学习教育。组织各民主党派利用理论学习中心组学习、召开全体会议等方式，学习、领会习近平总书记在庆祝中国共产党成立100周年大会上的重要讲话、党的十九届六中全会和习近平总书记系列重要讲话精神。举办统一战线红色革命理想信念教育培训班、党外代表人士座谈会、暑期谈心会，讲好中国共产党同各民主党派长期共存、互相监督、肝胆相照、荣辱与共的故事。制定永川区《学习宣传贯彻〈中国共产党统一战线工作条例〉的实施方案》，将其纳入区委党校主体培训班内容，纳入区社会主义学院培训计划，纳入全区中小学校教学计划。在全区范围内开展宣讲300余场次，悬挂横幅100余条，制作展板30余副，发放条例读本1000余册。结合“学党史、讲条例、增合力、促发展”大走访大谈心活动，邀请市委统战部常务副部长王庆、市委统战部教育培训处处长于孝东到永川区宣讲条例。区委统战部部务会成员结合大走访活动，分片区、分行业、分领域宣讲条例20余场次。制定《永川区贯彻落实〈中国共产党统一战线工作条例〉的具体举措》，明确重点任务、细化责任清单、落实责任单位。将条例贯彻落实情况纳入区委督查工作计划，开展专题督查4次，累计督查镇街、部门50余个。制定《永川区统一战线庆祝中国共产党成立100周年系列活动方案》，组织各民主党派、工商联、无党派人士集中收看庆祝中国共产党成立100周年大会直播，举办永川区统一战线庆祝中国共产党成立100周年“永远跟党走”诗歌朗诵会。引导统战成员单位开展党史知识竞赛、演讲比赛、征文活动、赠书活动等10余场次。引导民营企业融入成渝地区双城经济圈建设，参与“泸永江”融合发展示范区规划建设。

【民主党派工作】 2021年，区委统战部抓好永川区《贯彻落实〈中共中央关于加强中国特色社会主义参政党建设的意见〉的具体措施》落实。制定2021年度政党协商计划，组织党外人士就加快建设现代制造业基地、西部职教基地和打造高质量发展先行区、高品质生活示范区等课题开展调查研究，形成调研报告39篇，提出意见建议266条，其中区委、区政府吸纳落实30条，办结236条，办结率88.7%。全年召开专题协商6次、暑期谈心1次、人事协商2次。开展“民主党派作风建设年”活动，指导各民主党派建立健全述职和民主评议制度，建立监督委员会，组织学习《各民主党派中央关于纪律处分工作座谈会纪要》，各民主党派区委会机关工作制度化规范化水平得到提升。全区各民主党派共发展新成员58名。协助各民主党派区委会、区知联会完成换届工作，其中继任主委（会长）5人、专职副主委1人、兼职副主委（副会长）13人，新提名主委1人、专职副主委4人、兼职副主委（副会长）13人。协商确定新一届区政协委员建议人选345名，其中民主党派人士155名、比上一届增加22名。坚持区级领导联系党外代表人士制度，全年区委、区政府领导与党外代表人士交心谈心60余人次，邀请民主党派主要负责人、无党派代表人士参加各类考察调研活动10余人次。坚持民主党派定期列席对口联系部门会议、互相通报工作制度，召开对口联系单位情况通报会10余次。认真落实《新的社会阶层党外代表人士列名联系工作制度》，对接联系新的社会阶层代表人士纳入联谊交友活动18次。

【党外代表人士工作】 2021年，区委统战部将党外优秀年轻干部纳入全区干部培养总体规划，全年举办红色革命理想信念教育、统一战线新成员、参政议政能力等培训班7期，300余人参加培训。组织党外优秀年轻干部参加各级各类调训20余人次，4名党外优秀干部参与机关干部进企业“四帮一体验”活动，推荐党外优秀党外年轻干部参加市级挂职锻炼。全年提拔党外部门正职3名、副处级干部12名，交流党外干部副处级10名，其中2名交流到政府部门和区人大常委会办公室任职。区党外中青年知识分子联谊会新吸纳会员72人，推荐会员57人加入民主党派。

【新的社会阶层人士统战工作】 2021年，永川区出台《重庆市永川区新的社会阶层人士统战工作联席会议成员单位职责分工方案（试行）》。组织新的社会阶层人士到黔江区开展“重走万里长征路，学好百年建党史”活动，参观遵义会议旧址、娄山关、四渡赤水遗址土城、二郎滩渡口等红军长征遗址。挂牌成立新的社会阶层专业人士“汇智园”实践创新基地，引导新的社会阶层人士建言献策，组织开展调研活动，提交调研报告5篇。区新的社会阶层人士联合会申报的重庆市人大常委会基层立法联系点工作顺利推进。支持区新的社会阶层人士联合会举办大数据与物业管理法治化、数据化、智能化研讨会。协助区新的社会阶层人士联合会联合区法院、永川高新区举办“法律服务进园区”、联合区妇联举办“新时期如何更好依法保障妇女合法权益研讨会”、联合税务部门开展税收政策知识讲座和研讨会等。

（区委统战部　张高敏）

【民营经济统战工作】 2021年，区委统战部通过举办营商环境专题培训班、民营企业家能力素质提升培训班、企业家沙龙等活动，学习宣传习近平总书记关于民营经济重要论述。完善民营经济代表人士综合评价指标体系，制定实施年轻一代民营经济代表人士健康成长促进计划，引导他们继承发扬听党话、跟党走的光荣传统，积极参与光彩事业、乡村振兴和公益慈善事业。落实同民营经济代表人士谈心交心制度，发挥党员民营企业家和民营经济代表人士的示范作用、商会党组织的组织作用、理想信念教育基地的阵地作用，推动民营经济健康发展。

【打造营商环境最优区】 2021年，永川区出台《关于持续打造营商环境最优区的实施意见》，开展营商环境集中整治。区委统战部依据中国营商环境评价体系，成立20个营商环境专项小组，做好对标国际先进优化营商环境及考核评价工作。开展“诚信永商、法治民企”建设，评定“优质诚信企业”85家。完善民营企业反映困难问题交办转办督办制度，持续为民营企业纾困解难。常态化开展机关干部进驻企业“四帮一体验”活动，构建“亲清”政商关系，活动得到企业一致好评，获得前市长唐良智、向东副市长肯定性批示，获评重庆市优化营商环境十佳创新案例，在全国工商联

《改革情况》专刊刊发。发挥“民营企业纠纷调解中心”作用，免费高效为企业化解矛盾纠纷，被司法部授予“全国模范人民调解委员会”荣誉称号。举办营商环境培训班、民营企业家培训班、民营企业大讲堂、民营企业家沙龙等活动，畅通拓展政企沟通交流渠道。永川国家高新区荣获中国十佳优质营商环境产业园区。

（区委统战部　黎方）

【民族事务】　2021年，区委统战部认真贯彻落实中央、市委民族工作会议精神，区委常委会、区委理论学习中心组（扩大）会、区委统一战线工作领导小组、民族宗教工作领导小组会议专题学习中央、市委民族工作会议精神，以及习近平总书记在西藏、河北承德等地考察时的重要讲话精神等10余次。加强中华民族共同体意识教育，将民族政策学习融入大中小学课堂与生活，引导师生树立正确的国家观、民族观、历史观、文化观，增强“五个认同”（认同伟大祖国、中华民族、中华文化、中国共产党、中国特色社会主义）。组织开展第十一个民族团结进步宣传周活动，播放LED标语115条，发放宣传单4200余份，宣传赶场23场次，召开少数民族群众座谈会、院坝会30余场次、民族文艺演出9场次、走访慰问300余人次、集中义诊15场次。助力乡村振兴，争取市级少数民族发展资金60万元，改扩建公路5.2千米、整治示范院落1个，受益人数2000余人。加强到永川务工、经商少数民族流动人口管理服务，解决少数民族流动人口子女就近入学1人次，协助40余名西藏昌都大学生在永川开展就业能力及个人素养提升专题培训。区政协委员中有少数民族人士9人、区人大代表中有少数民族人士2人。

【宗教事务】　2021年，永川区持续开展和谐寺观教堂创建活动，指导宗教界开展以“以史为鉴、同愿同行，扎实推进我国宗教中国化”主题讲经交流活动。开展“四进”（“国旗、宪法和法律法规、社会主义核心价值观、中华优秀传统文化”进宗教活动场所）活动，全区25处宗教活动场所全覆盖。印发《宗教工作应知应会手册》800册，开展国家安全法治宣传教育，宗教活动场悬挂宣传横幅30余条。成立以区委常委、统战部部长为组长的依法治理非法宗教活动工作领导小组，统筹抓好非法宗教活动治理和宗教问题整改。落实宗教工作三级网络两级责任制，持续巩固基督教私设聚会点、农村乱建庙宇和滥塑宗教造像专项治理成果。指导和支持全区性宗教团体、宗教活动场所建立完善各项规章制度，强化制度的落实和执行。区政协委员中有宗教界代表人士5人，2名场所负责人在重庆市佛学院读本科。争取市、区两级寺观教堂维修补助资金85万元，完成南大街街道大佛寺罗汉堂、红炉镇佛泉寺大雄宝殿、福音堂房顶、来苏镇梳妆台寺排危及消防整改，以及大安街道普光寺、胜利路街道灵岩寺危岩整治。（区委统战部　龙相军）

【侨务工作】　2021年，区委统战部通过政治学习、支部学习、侨界活动等方式组织侨界干部和广大侨界群众学习党的十九届五中、六中全会精神和习近平总书记“七一”重要讲话精神，学习习近平总书记关于侨务工作的重要论述，把大家的思想和行动统一到中央、市委、区委的决策部署上来，引导广大归侨、侨眷更加积极弘扬爱国、爱乡、爱家人的优良传统，思想上同心同德、目标上同心同向、行动上同心同行。区委统战部开展侨界智库服务永川企业活动。利用侨界智库人才培养、科学研究、技术创新的优势与特长，与永川东鹏、永信等企业对接，为侨界智库专家和永川企业在项目宣传、成果转化、项目融资、项目落地等方面架起桥梁。从10月开始，每2个月定期开展一次“侨智沙龙”活动，通过建立人才跟踪服务机制，开展校企合作、主题论坛、项目分享会、创业培训、人才交流会、政策解读等活动，做实做优校地合作和校企合作。在传统节日、生病去世、重大灾难、生日寿辰，坚持送爱心送温暖，全年走访慰问侨界群众和困难侨眷侨属37户。通过举行侨法知识竞赛和开展侨法进社区活动、聘请法律顾问等方式，开展侨法宣传活动。在“渝快办”平台受理归侨、侨眷身份认定，归侨、华侨子女、归侨子女考生身份确认两项行政确认事项及华侨回国定居的初审工作。

【对台工作】　2021年，永川区有常住台胞90人，台资企业20家，总产值110.64亿元，完成贸易往来16.7亿元，用工11761人。区委统战部通过座谈会、走访企业等形式面对面听取台胞台商的意见建议，利用微信群、QQ群等网络平台广泛宣传“惠台31条措施”“惠台26条措施”“农林22条措施”和“重庆惠台58条”等惠台措施。在元旦、春节、端午、中秋等传统佳节，召开台资企业座谈会，邀请辖区台胞、台属、台商、台干共度佳节、畅叙友谊，了解他们生产生活中的实际困难和问题，听取他们对台办工作的意见建议，现场答复、协调解决困难问题6个。开展“大谈心大走访”活动，区台办与区台联会走访川亿电脑、荣艺电子、致伸科技、西胜电子、瀚荃电子等台资企业20余次，帮助台胞、台属、台商、台企解决困难问题10余件。组织3次现场招聘会，协助致伸科技、川亿电脑、台川橡塑、富胜科技、西胜电子等10余家台资企业招工2000余名。安排42名机关干部进驻富胜科技、荣艺电子、台川橡塑、川亿电脑等17家台资企业开展“四帮一体验”（帮企业做好疫情防控、解决困难问题、落实优惠政策、完善发展思路，体验企业发展艰辛，查找自身服务差距）活动，帮助企业在做好疫情防控、解决困难问题、完善发展措施、落实惠企政策，为川亿电脑、致伸科技、富胜科技等10家台资企业争取惠企资金320万元。协调交通部门延伸公交线路3条，方便台资企业员工出行。协调区教委，解决致伸科技3名干部（管理人员）子女就近入学问题。协调区卫生健康委和区人民医院，帮助致伸科技、西胜电子、原秀科技、台川橡塑、荣艺电子等11家台资企业、62名干部（管理人员）免费接种新冠疫苗。

（区委统战部　陈娟）

2021 年 12 月 22 日，2021 年度永川好网民揭晓仪式在永川融媒体中心举行

（区委宣传部　供图）

网络安全和信息化管理

【概况】　2021 年，永川区互联网信息服务中心（简称区互联网信息服务中心）内设网络理论科、网络信息化建设科、网络宣传科、网络应急科 4 个科室。区互联网信息服务中心创新网络治理体系，建设清朗有序的网络舆论空间。

【网络舆论管理】　2021 年，区互联网信息服务中心建立源头管控体系。制定《永川区网络舆情信源风险防控规定》《永川区网络值班管理规范》，落实 7×24 小时值班，完成中国共产党成立 100 周年、十九届六中全会等重要时段的值守，妥善处置疫情防控等高风险突发舆情。

【网络安全保障】　2021 年，区互联网信息服务中心全面清理网络安全风险，完成网络安全重点风险隐患整改。通过网络安全监测平台对全区重点网站进行安全监测，发布风险预警，发现并修复安全漏洞。全年网络安全事件零发生。

【网信队伍建设】　2021 年，区互联网信息服务中心加强专业人才队伍建设。开展网信系统干部“四力（脚力、眼力、脑力、笔力）”培训，举行新媒体现状与运用、网络意识形态等主题培训 7 期，累计参训 1200 余人次。评选一批舆情信息工作先进个人并给予奖励，激发舆情信息工作积极性。制定实施《永川区网络名人队伍建设工作方案》，梳理出属地有影响力的网络名人账号，建立信息台账，开展培训 4 次。　（区委宣传部　王艺桦）

机构编制

【概况】　2021 年，中共永川区委机构编制委员会办公室（简称区委编办）坚持稳中求进工作基调，狠抓工作落实，巩固深化机构改革成果，统筹配置各类机构编制资源，为全区经济社会发展提供有力的体制机制保障。

【机构编制资源配置管理】　2021 年，区委编办坚持“管住把严”“盘活用好”的原则，统筹编制资源，探索进一步合理规范人员编制使用管理。将区级各部门所属事业单位空余编制收回，保障中小学机构编制需要。调整后，中小学教职工编制总量 8900 余名。根据在校学生数量变化和工作实际，备案中小学教职工编制。增加永川区疾病预防控制中心编制，及时补充工作人员编制。在确保全区各单位日常补充人员使用编制需求基础上，加大动态调整力度，保障军队转业干部安置、退役士兵安置、选调生招录、村（社区）干部招录公务员、紧缺人才引进等政策性编制需求 300 余名。组织专人梳理全区开发区管理机构的机构编制沿革及存在的问题，形成《永川区清理规范开发区管理机构工作方案》并获批。开展第二次全区机构编制核查工作，对全区各单位机构批复和实际设置情况、编制核定及实有人员情况、领导职数核定及配备情况、实名制数据等进行全口径核查。

【机构职能优化协同】　2021 年，区委编办将区委政法委所属事业单位社会信息服务中心更名为社会治安综合治理中心，充实社会治安综合治理相关公共服务职责，相应核定增加事业编制。将区发展改革委所属事业单位招投标服务中心更名为招投标事务中心，完善其职能职责。不再保留区扶贫开发领导小组，将其职能并入区委

2021 年 11 月 18 日，区委编办工作人员到大安街道核查法人公示信息

（胡明鸣　摄）

农村工作暨实施乡村振兴战略领导小组，办公室设在区委农业农村工委。将区农业农村委的挂牌机构扶贫开发办公室更名为乡村振兴局，负责巩固拓展扶贫攻坚成果、统筹推进实施乡村振兴战略有关具体工作。

【行政体制改革】 2021年，区委编办深化综合行政执法改革，推进行政复议体制改革。印发《重庆市永川区应急管理综合行政执法支队机构职能编制规定》，将永川区安全生产行政执法支队更名为永川区应急管理综合行政执法支队，是区应急局管理的行政执法机构。将执法支队综合保障、后勤服务、财务人事交由主管部门统筹，整合优化职能和编制配备，合理设置内设机构。将区公安局、区人力社保局、区生态环境局、区交通局、区农业农村委、区文化旅游委、区卫生健康委、区林业局、区教委、区民政局、区财政局、区住房城乡建委、区城市管理局、区水利局、区应急局承担的行政复议事项划转至区司法局。工作机制和机构设置均实现“立审分离”，构建以区政府为行政复议机关，行政复议委员会为议事协调机构，行政复议委员会办公室为统筹协调组织机构，区司法局为具体案件承办机构的体制。

【事业单位登记管理】 2021年，区委编办开展法人公示信息核查。通过全国事业单位网上登记管理系统，采取摇号方式，从全区事业单位法人名录库中随机抽取140个事业单位进行书面核查。抽取区社会治安综合治理中心、区医疗保障事务中心等14个事业单位进行实地核查，对核查出的问题当面沟通，当面交办，确保核查发现的问题得到有效整改。

【公立医院人员总量备案管理试点】 2021年，区委编办对区中医院开展调研，拟定《永川区中医院人员总量备案管理实施方案》报重庆市委编委备案。8月底，重庆市委编办已下达永川区中医院第一批人员总量数额。永川区中医院人员总量备案管理试点工作顺利推进。 （区委编办 胡明鸣）

机关党建

【概况】 2021年，中共重永川区委区直属机关工作委员会（简称区委直属机关工委）以党的政治建设为统领，以创建模范机关为目标，突出问题导向、强化使命担当，为加快建设“双百”区域性中心城市、现代制造业基地和西部职教基地提供坚强的组织保证。区委直属机关工委下辖基层党组织262个。其中，机关党委10个，党总支34个，党支部218个（其中离退休党支部46个）。管理党员4735名。其中，在职党员3303名，离退休党员1432名。

【思想政治建设】 2021年，区委直属机关工委引导机关基层党组织贯彻落实习近平新时代中国特色社会主义思想、“七一”重要讲话精神、党的十九大和十九届历次全会精神，推动机关党员干部将“两个确立”的政治成果转化为“两个维护”的政治自觉，转化为对习近平新时代中国特色社会主义思想的忠实践行。

【机关党组织建设】 2021年，区委直属机关工委牵头建立有名称、有载体、有理念、有特色、队伍建设好、工作成效好的“四有两好”创建标准，创建“护旗方阵 服务标兵”“思如诗”大讲堂、“新城朗读者”等党建品牌21个，打造中心组学习“示范班”23个，培养党员自主学习“模范生”172名。建立“周末红”志愿服务先锋队75个，策划“让行走的党课点亮初心使命”党建活动，形成区政协机关党总支“清音说唱颂党恩”情景式党课、区公安局机关党委“自校+点校”沉浸式主题党日活动、区税务局机关党委“共建共享”支部工作法等典型案例3个。成立党员突击队，做好与基层党组织共建、与群众结对、与企业解难工作。建立QQ、微信互动交流群10个，引导3264名党员干部在网络学习平台交流互动2万余次。依托微信小程序，办好“党史百分百”通关竞赛，在线开展“青年党员上讲台”“忆百年党史听党员故事”活动。用好“智慧党建”平台，开展党员基本信息采集、审核、汇总工作，推进党员组织关系网上转接246个、党内统计数据网上填报分析263份、组织生活和志愿服务活动网上展示6000余次。运用多媒体技术，组织机关党员集中观看警示教育片180余场次，开展党风廉政专题学习500余场次。

2021年10月19日，区委直属机关工委在区委党校举办党务干部培训班
（区委直属机关工委 供图）

【基层党组织建设】 2021年，区委直属机关工委牵头制定工作规划、年度工作要点、党建责任清单、党建业务规程等。拟定“一幅躬耕图、八根实作柱、三大平台展示”为主体的“183”支部示范点创建方案，打造示范基层党组织。牵头做好庆祝建党100周年系列活动，“组织一次主题党日活动、开展一次《中国共产党章程》专题学习交流、重温一次入党志愿誓词、开展一次集中志愿服务活动、机关党组织书记讲一次党课”等“五个一”活动。牵头制定《党建工作责任清单制度》《党建工作提醒制度》，建立健全学习型机关基层党组织建设办法、机关党员干部培训计划、青年理论学习小组建设规范、党建协作组工作规范。严格落实书记抓基层党建工作述职评议制度，督促区委直属机关工委直属党委（党总支）全覆盖开展下属党支部书记述职评议考核工作。指导区级部门党组（党委、党工委）履行全面从严治党主体责任。

（区委直属机关工委 韩涛）

老干部工作

【概况】 2021年，中共永川区委老干部局（简称区委老干局）秉持以人为本、服务为先的理念，引导老干部永葆本色、踊献余热、咏享幸福。全区有离休干部、处级以上退休干部1411人。其中，离休干部29人，区（市、县）职岗位退休干部37人，处级退休干部1345人。

【老干部管理】 2021年，区委老干局印发《永川区离退休干部开展党史学习教育方案》的通知，指导全区各单位开展好离退休干部党史学习教育和建党100周年庆祝活动。通过全区离退休党支部书记微信群转发重庆市委老干局党史学习资料12期，开展“学党史、感党恩、跟党走”知识竞赛。组织专题辅导3次，编写学习资料推送微信工作群，在“永川老干”微信公众号推出专刊2期，并开展挑战赛，15000余人参与，答题6万余次。建立由28名老干部组成的党史学习教育宣讲团，到部门、镇街、村社、学校宣讲100余场，听众9000余人次。向老干部征集革命实物，联合区档案馆举办100件革命实物展。举办老干部党史学习教育专题班，组织厅级退休干部和党建协作组组长开展党史专题学习。组织离退休干部参观党史展览，到五间剿匪遗址开展现场教育，到聂荣臻纪念馆等爱国主义教育基地开展红色教育。组织关工委老干部、老战士、老专家、老教师、老劳模到井冈山接受党性教育，重温革命历程。召开2020年新退休处级干部座谈会，30余人参加“集体谈话”。举办离退休干部理论学习骨干培训班，55名离退休干部集中学习8天。组织全区离退休党支部书记培训2期，处级干部轮训1期，400余人次参加培训。永川区老年大学开办6个系、13个专业、75个班，培训学员5300人。推进老年大学迁建前期工作。支持老年书画研究会、老年体育协会、老年科技协会工作。

2021年5月26日，区委老干部局在区委党校举办全区离退休干部党支部书记培训暨处级退休干部轮训 （张万喜 摄）

【老干部政治和生活待遇】 2021年，永川区委常委会专题研究老干部工作，全区“两会”及重大活动邀请老干部参加，《政府工作报告》等重大决策听取老干部意见，开展经济社会发展情况通报2次。举行2021年老干部网上迎春座谈会，区委、区政府给全区离退休干部送上新春慰问信，老年节举行隆重的庆祝大会。区级领导坚持“一对一”联系老干部，用心推进“一人一策”精准服务。摸清情况、落实待遇、个性服务、真情服务，提出学习、活动、作用发挥、生活照料、医疗保障5大类、20条服务措施。落实老干部各项权益，完善未来5年老干部共享改革开放成果定额增长机制。全年看望慰问特殊困难老干部、生病住院老干部190余人次。元旦、春节、国庆节、老年节等重大节日期间走访慰问老干部，发放慰问金370余万元。

【离退休干部党组织建设】 2021年，区委老干局继续推行党建协作组、协作组联动、党工委班子成员联系党建协作组、离退休党组织与社区党组织结对共建等机制。协作组、联动组开展交流学习30余次，交叉讲党课36场，撰写调研报告6篇。宣传“示范党支部”的经验，5个党支部成功创建“示范党支部”。继续在永川区老年大学、青城山避暑地、海南避寒地建立临时党支部。组织离退休党支部书记10名参加重庆市离退休党支部书记培训。2个党组织和4名离退休干部党员获永川区委表彰。至年底，全区有离退休干部党组织78个，其中机关事业单位离退休党组织73个，市级部门单位离退休党组织5个。

【老干部活动】 2021年，区委老干局组织全区离退休干部收看庆祝中国共产党成立100周年大会直播。组织老干部座谈、访谈、录视频，征集征文、书画、摄影等，共收到作品582件，遴选优秀作品272件汇编成册，优秀视频在“永川老干”微信公众号展播12期。组织区委老干局门球队参加渝西片区五届七次老干部门球赛、永川“松鹤迎春杯”等10余场比赛，组织老干部到四川省泸州市参加川南老干部书画交流，到四川省内江市等地开展气排球交流10余次。组织全区离休干部和区（市、县）职岗位退休干部到茶山竹海街道、南大街街道、何埂镇等地考察乡村振兴，到职教中心等地调研全区职业教育发展。开展庆祝中国共产党成立100周年系列活动。联合区老体协举办“重庆市永川区庆祝第九个老年节暨老年体育健身展示推广活动”。三八节组织部分离退休女干部到桃花岛开展活动，老年节组织全区离休干部和局退休干部走进重庆智能工程学院，感受新科技带来的生活和工作方式的变化。

【老干部作用发挥】 2021年，区委老干局联合区政府人民建议征集办公室开展“我为成渝地区双城经济圈建设建言献策”征集，收到老干部建议意见49条，书面建议20份。组织13名老干部围绕“永川与毗邻地区融合发展”开展调研，调研报告得到区委书记张智奎批示。围绕“打好千沟万塘专项整治”“脱贫攻坚让贫困村变美丽乡村”等课题开展调研，提出意见建议20余条。“五老（老干部、老战士、老专家、老教师、老劳模）”、老干部革命传统教育团、法治宣讲团开展宣讲50余场。100余名退休干部参与新乡贤文化建设，1000余名银发志愿者定期、不定期开展志愿服务。36名机关事业单位退休人员返乡下乡创新创业，服务乡村振兴，帮助农村青年唐万超种植百香果3万余株，协调解决政策、资金、技术等问题。推进“中华魂”主题教育读书活动，开展聆听一次红色故事、阅读一本红色书籍、参观一次红色教育基地、重走一次红色之路、开展一次志愿服务的“五个一”活动。继续开展“关爱成长、爱心奉献”“希望工程·圆梦行动”等系列帮扶活动，筹集资金帮扶贫困学子132名。 （区委老干局 刘华）

【重庆市老干部休养所】 2021年，重庆市老干部休养所抓好离休干部“一人一策”工作。完善基本信息册，充实服务档案“一人一册”，为老同志量身定制服务保障策略。健全结对联系册，在职干部与老同志结成“三对一”关爱对子，定制爱心服务卡，24小时提供“不打烊”服务。充实生活保障册，建立老同志生活服务保障日登记、月汇总、季总结工作机制。建立医疗服务册，完善健康档案，及时了解老同志健康状况。扩展学习活动册，创新老同志学习形式，组织老同志开展好学习活动、文体活动。完善“1+N”服务体系。把碎片化服务保障工作模块化，在个性化亲情陪伴板块，开展文艺表演、拉家常等服务90余次。慰问板块，重要节日、老同志生日和生病住院慰问244人次。保障板块，开展“每周一餐”、代购物品、代缴水电费、上门维修等服务500余次。落实家庭医生登记，开展健康知识讲座4次，组织老同志集中核酸检测1次，上门配送口罩等防疫物资144件。坚持老同志生病住院信息“一周一报”，为老同志购买意外伤害保险34份，努力保障老同志健康平安。优化服务管理举措。建立老同志走访看望、开展活动、生活服务、物资管理等台账8类，规范涉老资金、物资使用，杜绝管理漏洞。以离退休党支部为平台，结合党史学习教育和庆祝建党100周年活动，组织老同志参加“千秋伟业正风华”征文，开展“寻找红色记忆”“我看脱贫攻坚新成就·展望乡村新发展”实地调研、诵读革命经典等活动，助力老同志发挥作用。党支部结合实际制定任务清单，列出“I”心服务、“绿色干休所”行动、助力“老有所学”等19条具体措施并抓好落实，编印《智能手机使用手册》，为老同志提供水电维修、陪同就医、邮寄资料等服务70余人次，冲印照片120余张。全年8名党员、1个党支部获局机关党委表彰，所党委被市委直属机关工委表彰为先进基层党组织。成立安全工作领导小组，完善物业管理实施办法、大院安全管理规定、安全事故应急处置预案、监控室管理规定等，定期开展安全大检查和“红袖章”安全巡逻，建立消防设施设备台账，完成监控升级改造，聘请法律顾问，大院安全防范能力不断提升。制定《重庆老干部休养所常态化疫情防控管理办法》和应急处置预案，设置每日疫情通报栏。到居民家中排查80户，开展集中核酸检测3次，坚持外来人员登记排查、体温检测，多措并举，守住疫情第一防线。 （重庆市老干部休养所）

保密工作

【概况】 2021年，中共永川区委机要保密局（简称区委机要保密局）学习习近平总书记关于保密工作的重要指示批示精神，全面贯彻落实党中央决策部署和市委工作要求，始终以“规范、高效、优质、标杆”为目标，坚持党管保密不动摇、监督检查不缺位、队伍建设不放松，推动全区保密工作高质量发展。

【保密管理】 2021年，区委机要保密局完善涉密人员分类管理机制和配套措施，建立涉密人员调整动态报备制度，动态更新全区涉密人员管理数据库。指导机关、单位规范开展定密管理，完成定密事项报备任务。开展全区党政机关信息设备及系统调查摸底，组织并指导各机关单位对非涉密计算、非涉密网络、非涉密储存设备等进行专项自查。开展新闻宣传报道保密审查、文件定密指导、涉密载体印制和涉密会议保障等服务。对辖区中高考、公务员招录、司法考试、护士考试、英语四六级等重要考试进行保密指导，配合牵头单位完成试卷运送、试卷保密室安全检查、考试期间保密巡视等工作。

【保密宣传】 2021年，区委机要保密局将保密培训纳入新进公务员、全区办公室主任、重要涉密人员培训课程。开展“五法”（国防法、国家安全法、军事设施保护法、保密国家秘密法、反间谍法）普法知识竞赛和保密宣传进机关、进校园、进社区、进企业活动，定期对重点领域涉密人员开展保密培训。自制的宣传片《身边的保密防线》获“重庆市庆祝建党100周年保密宣传教育作品征集活动”优秀组织奖和一等奖，在商场、学校、公交车、电梯等场所滚动播放，全民安全意识、保密意识持续提升。

（区委机要保密局　曾义）

党校教育

【概况】　2021年，中共永川区委党校（简称区委党校）举办各类培训班次46期，培训学员5145人次。组建“党员教师义务宣讲团”，到基层开展理论、政策宣讲90余场次，受众1万余人次。开展“无烟单位”和“节水节约型”机关创建，开展文明城市创建志愿服务活动8批次。

【干部培训】　2021年，区委党校坚持以教学为中心，落实教育培训计划。全年共举办主体班4个，培训学员203人。专题班8个，培训学员1500人。公务员轮训班次2期，培训学员172人。外接四川省泸州市、重庆市彭水县、新疆维吾尔自治区等地培训班次3个，培训学员120人。外接现场教学10次，培训学员600人；社会主义学院专题班1个，培训党员50人。做好重庆学习论坛永川分会场的组织保障工作，承担各类视频培训8期，培训学员500人次。配合其他部门开展各类专题培训10余期，累计培训2000人次。

【教学管理】　2021年，区委党校科学构建课程体系，不断改进教学方式。在各类主体班中实施行动教学法，创新开展“导研式教学法”，进一步完善“4大模块+13个单元+29个专题+N种教学形式”的课程体系。通过组织原著研读活动，开展外出现场教学、区情走访调研、优化营商环境体验和线上教学等方式开展教学。案例式、研讨式、体验式等特色课程占总课时比例35%，课堂讲授式课程的更新率50%。在习近平新时代中国特色社会主义思想学习单元中，逐步完善以“总论+分论”为横轴、以“理论教学+案例教学”为纵轴的课程体系，教学内容共涉及34个专题，占主体班总学时的72%。落实意识形态工作责任制，在讲台上增设“党校课堂有纪律”的提示牌，加强课堂、网络、论坛报告会等阵地管理。把讲政治贯穿于培训班教学、管理全过程，坚持实行课前教案审核、课中全程跟听和课后及时反馈制度。培训前，要求每位学员签署参训责任书，并在开班仪式上进行遵纪宣誓。培训中，实施严格的请销假制度和指纹打卡考勤，结合学员日常表现进行量化考核公示，将此作为评优直接依据。重要节点和活动，班主任通过班级微信群进行必要的纪律提醒和规矩要求。完善细化学员量化考核办法，将学习任务分为“日常表现”“交流活动”“科研资政”3个方面，细化为17项加减分指标。考核结果上墙公示、每天更新、全程公开，保证考核工作的权威性和客观性。被评为重庆市级“优化营商环境现场教学实践基地”。

2021年4月9日，中共永川区委党校组织中青班学员在“中国共产党100周年与中国共产党章程”情景剧中学党章　（张娜　摄）

【理论研究】　2021年，区委党校教职工在各类公开刊物上发表理论文章38篇。4篇理论文章在片区协作组“新发展阶段、新发展理念、新发展格局”理论研讨会上获奖，1篇理论文章入选中共中央党校报刊社与中共成都市委党校联合举办的“学习贯彻习近平总书记‘七一’重要讲话精神加快推动成渝地区双城经济圈建设”学术研讨会论文集。川渝党校（行政院校）“成渝地区双城经济圈建设”专项课题3项结项。中共重庆市委党校（重庆行政学院）2020年度校（院）级课题3项结项。川渝党校（行政院校）系统2021年党史研究专项课题2项申报立项。重庆社院区县委托课题1项、区委重点调研课题2项完成研究工作。组织中青班学员围绕“脱贫攻坚与乡村振兴有效衔接”开展调研，形成研究报告5篇。全年共有24篇调研报告获得区级领导批示，10项研究成果被区级相关部门采纳应用。

【基础设施建设】　2021年，区委党校加强校园基础设施建设，校园设施日趋完善。投入14.66万元，改造综合楼七楼培训教室。投入10.46万元，完成603、614教室LED安装。投入3.5万元，配齐七楼培训教室学员用桌椅。投入4.56万元，将612教室改造为学员休息室，将412教室改造为教研、科研室。投入13.75万元，维修消防管网，解决渗漏问题，消除消防安全隐患。投入1.36万元，更换综合楼电梯钢丝绳、接触器等有严重安全隐患的配件，完成变压器加油抢修、拆除后操场有安全隐患的防护网。

【交流协作】　2021年，区委党校主动融入成渝地区双城经济圈建设，与四川省泸州市委党校签订交流合作协议，就优秀师资互派、培训班次互办、教学基地共享、科研课题互做、资政报告互鉴、办学经验互学等方面开展协同发展合作。四川省宜宾市、四川省绵阳市等友好兄弟地市党校就加强异地培训合作、教学课程合作、教学师资合作、教学基地合作等方面达成战略合作协议。全年邀请成渝地区双城经济圈建设研究相关领域专家学者6人次，重庆大学、重庆社科院、重庆市委党校等专家教授20人次，其他兄弟党校优秀教师3人次。领导干部上讲台20人次，其中区级领导8人次。围绕中国共产党成立100周年集中打造6个专题，4个纳入公务员培训班课程体系，1个在全市党校（行政院校）系统第五协作片区第七届精品课评选中获二等奖。　（区委党校　张辛欣）

督查工作

【概况】　2021年，中共永川区委办公室督查室紧扣区委的重大决策部署和重要工作安排，配合参与“平安永川”、脱贫攻坚“回头看”“作风建设年”专项督查等。适时督办成渝地区双城经济圈建设、对口协同彭水工作任务进展情况，及时梳理区委书记履行粮食安全主体责任、2021年重点工作任务进度等情况。全年开展现场督查、书面督查60余次。

【专项督查】　2021年，中共永川区委办公室督查室对全区贯彻落实习近平总书记对重庆所作重要讲话和系列重要指示批示精神情况开展“回头看”，督促责任单位落地落实。对中央第十二巡视组反馈意见的整改落实情况开展督查，建立、实施销号制度，对已完成事项进行严格复核，对已完成的事项做到整改到位一项，销号一项。至年末，123项整改措施已全部完成整改，均已销号。

督查区委各项决策部署和领导指示批示的落实情况　中共永川区委办公室督查室完善区委常委会会议议定事项通报制度，抓好督促检查。做好区委其他重要会议、文件、指示批示落实情况的收集整理、现场核查、进度通报等各项督查工作。全年分解交办会议议定事项457项，办结406项，完成率88.8%。交办区委书记指示批示22次，发出督查事项交办通知单29次，形成督查专报41期，获得主要领导批示8次。

督查提案办理工作　中共永川区委办公室督查室采取专项督办、联合督办、跟踪督办等形式，建立督办工作台账，分阶段开展督查。不断完善提案登记、交办、催办、审签、督办等制度，抓住办前调查研究、办中走访沟通、办后征询意见等关键环节，增强办理答复的针对性。全年共督查办结人大代表建议46件、政协委员提案25件，办结率100%，满意率100%。

督查检查考核年度计划　中共永川区委办公室督查室按照“只做减量不做增量”的原则，合并关联性较强的督查事项，保证市级督查检查全覆盖且不漏项。全年督查检查考核全年计划33项，与上年基本持平。全年开展29项，2项取消开展，2项延期开展。

督查基层减负工作　中共永川区委办公室督查室及时传达市委有关精神及相关要求，实时做好数据统计，每季度按时向市委报送相关落实情况，不断督促区级部门“少开会、开短会、开管用的会”“少发文、发短文、发有用的文”，让镇街腾出更多时间抓发展。全年区级层面共召开会议340次，减幅2.03%。全区共制发文件2700个，减幅12.28%。

（区委办公室　黄冰冰）

关心下一代工作

【概况】　2021年，永川区各级关工委以培养担当民族复兴大任的时代新人为宗旨，以培养和践行社会主义核心价值观为主线，开展社会主义核心价值观教育、法制教育、帮困助学等活动。区委、区政府高度重视，把关心下一代工作纳入议事日程，主要领导亲自参加区关工委开展的活动，多次对全区关心下一代工作作出批示。

【组织建设】　2021年，区关工委加大组织建设力度，调整基层关工委组织人员。全区镇街、局级部门关工委主任均由书记担任，选优配强常务副主任和副主任，明确离退休党支部书记（副书记）任所在单位关工委副主任。“三团两队”（革命传统教育团、科普宣讲团、法制教育团、校外辅导队、爱心志愿服务队）组织完善、制度健全。全区有关工委组织453个，在23个镇街、263个行政村（社区）、115所中小学、5个区级部门、17所大中专院校、30个企业均建立关工委，形成纵向到底的组织体系。

【主题教育活动】　2021年，区关工委开展“中华魂”（民族复兴的旗帜）主题教育活动，征订“中华魂”读本6万册，10万余人参与读书活动，收到征文4000余篇，1000余名选手参加演讲征文比赛。在全国线上读书活动中，永川中学罗然然获演讲成果展示特等奖，子庄小学何柳获一等奖，萱花小学柏维洺获三等奖。在全国中华魂（科技托起强国梦）主题教育活动中，区教委被评为先进集体，兴龙湖小学李晨睿攻获一等奖，萱花小学柏维洺等2人获二等奖，红河小学郑苏航等8人获三等奖，兴龙湖小学冷雪梅等3人被评为优秀辅导员。在永川区中华魂（科技托起强国梦）主题教育征文比赛中，65人获奖。在永川区中华魂（科技托起强国梦）主题教育读书活动演讲比赛中，112人获奖，85人被评为优秀指导教师。清明节期间，组织校外辅导员和革命传统教育团成员录制微视频等，在网上开展“传承红色基因，争做时代新人”主题教育活动，学校师生代表、在职干部职工、学生家长等5000余人参加活动。在六一儿童节、教师节、学校开学等重要节点，关工委校外辅导员对所联系学校有重点地开展爱国主义、社会公德、党史学习等社会主义核心价值观教育100余场，2万余名青少年学生接受教育，引导广大青少年树立正确的世界观、人生观、价值观。

【青少年法治教育】　2021年，区关工委开展第四届“关爱明天、普法先行”青少年普法教育活动。区宣讲团成员到所联系的镇街、学校宣讲《中华人民共和国宪法》《中华人民共和国民法典》《中华人民共和国国旗法》《中华人民共和国预防未成年人犯罪法》《中华人民共和国未成年人保护法》等40余场次，1万余中小学生接受法治教育。会同区委政法委、区教委、区委老干部局等部门，动员青少年走进永川区法治宣传教育基地、消防安全教育馆、“莎姐”法治教育基地，面对面接受宣传教育。联合区委政法委、区教委、区司法局等单位开展法律知识和法律服务进校园、进社区、进村社、进企业活动。开展校园周边环境整治、网吧义务监督、社区矫正活动，预防青少年犯罪。

【社会服务】　2021年，区关工委动员社会各方面的力量，依托“四团二队”（革命传统教育团、科技教育团、法制教育团、老干部关爱团、校外辅导队、爱心志愿服务队），服务青少年健康成长。六一儿童节前后，组织爱心企业开展第四届“关爱成长，爱心奉献”活动周系列活动，为2所学校捐赠教学用品，开展走访慰问贫困学生、资助校园建设等活动。开展“圆梦大学、金秋助学”“冬季送温暖”等关爱活动，筹集经费25万余元，帮扶贫困学生200余人。围绕区委、区政府中心工作，参与社会治理、乡村振兴、脱贫攻坚等工作。帮助“双带”（带头致富，带动群众共同富裕）农村青年人才解决创业中遇到的困难。利用“五基地一中心”（青少年国防教育实践基地、青少年拓展训练基地、青年创业示范基地、青少年科普教育实践基地、青年创业就业培训实践基地、青少年近视防控中心），为青少年办实事、办好事。

（区关工委　李方银、陈坤）

党史研究

【概况】　2021年，中国共产党永川区委党史研究室（简称区委党史研究室）发挥党史工作存史、资政、育人功能，征集革命实物100件，充实爱国主义教育基地。以党史著述编纂为重点，出版发行《图说永川党史》《口述永川党史》。强化党史宣传教育作用，制作图片展板在全区巡回展出，开展讲党课等活动，提升党史工作影响力。

【党史资料征集】　2021年，区委党史研究室收集20余名老干部、劳模、退役军人等捐赠的100件革命实物，充实永川区档案馆爱国主义教育基地展陈内容。全年共接待团体参观120余批次，5000余人。征集、整理永川区脱贫攻坚口述史料11篇。

【党史编研成果】　2021年，区委党史研究室完成《图说永川党史》《口述永川党史》的史料征集、编纂、出版发行工作。《图说永川党史》6万余字，图片521张。图文并茂地展现中共永川地方党组织在100年历史长河中取得的辉煌成就。《口述永川党史》32万余字，收录永川地区主要领导、先进典型人物、重要事件亲历、亲闻、亲见者的口述史料、回忆文章100篇，展示永川共产党人为实现理想拼搏奋进的光辉历程。撰写《永川区革命遗址遗迹现状》调研报告1篇。

【党史宣传教育】　2021年，区委党史研究室为全区党史学习教育提供《中国共产党重庆历史·永川区卷》《红色记忆》等党史书3000余册，音像视频资料《永川档案》32集。拍摄《永远跟党走——永川党史百年风华》宣传视频，2021年7月6日在重庆电视台科教频道播出。制作《永远跟党走——永川百年党史巡礼》图片展板100块，在全区巡回展出。制作《永川党史百年风华》党课课件，为板桥镇、区农业农村委、来苏镇、萱花中学、茶山竹海街道茶园村等单位讲党课8场。指导陈食聂荣臻元帅纪念馆、板桥红色记忆馆布展，加强红炉罗汉特支等革命遗址遗迹、纪念场馆建设，打造党史学习教育现场教学点4个。邀请市委党史研究室领导到永川作“党在重庆百年历史的基本特点和重要启示”专题报告。对“刘安恭故居”的保护和申报文物保护单位提出建议。推进全区革命遗址遗迹的修复保存与乡村振兴、红色旅游相结合，提升永川红色文化品质。协同区妇联录制女性故事3集。　（区档案馆　冯照琴）

2021年10月28日，永川区“中华魂”主题教育读书活动演讲比赛在兴龙湖小学举行　（李方银　摄）

永川区人民代表大会

重要会议

【概况】 2021年，永川区第十七届人民代表大会常务委员会（简称区人大常委会）共召开常委会会议9次、主任会议15次，听取和审议“一府一委两院”工作报告17项，开展执法检查2项、专项评议1项、专题调研8项，组织代表集中视察9项。

【永川区第十七届人民代表大会第六次会议】 2021年1月28—29日召开。28日在区文化艺术中心举行开幕会，应到会代表320名，实到285名。会议听取、审议并批准区人民政府工作报告、区人大常委会工作报告、区人民法院工作报告、区人民检察院工作报告、《重庆市永川区国民经济和社会发展第十四个五年规划和二〇三五年远景目标纲要》《重庆市永川区2020年国民经济和社会发展计划执行情况》《重庆市永川区2021年国民经济和社会发展计划报告（草案）》《重庆市永川区2020年预算执行情况和2021年区级预算报告（草案）》。

【永川区第十七届人民代表大会第七次会议】 2021年9月29日至30日召开。9月29日在区文化艺术中心举行开幕会，应到会代表312名，实到285名。大会表决通过总监票人、监票人名单，进行大会选举。常晓勇当选为重庆市永川区人民政府区长，喻彤当选为重庆市永川区监察委员会主任。大会举行向宪法宣誓仪式，常晓勇、喻彤在主席台前向宪法庄严宣誓。

【区人大常委会会议】 2021年，区人大常委会共召开9次常委会议，听取全区经济社会发展重大事项报告，进行专题审议。

区十七届人大常委会第35次会议 2021年1月7日在区人大机关四楼大会议室召开。会议审议通过《关于召开重庆市永川区第十七届人民代表大会第六次会议的决定（草案）》，审议召开区十七届人大六次会议相关事项（大会主席团成员及秘书长名单草案、列席人员名单草案、议案审查委员会名单草案、大会建议日程）。初审《重庆市永川区人大常委会工作报告》，审议通过代表资格审查委员会主任委员赵洪生作的《关于个别代表的代表资格的审查报告（草案）》。审议区人民法院关于提请审议汪莉免职的议案、区人民检察院关于提请审议杨德志等人职务任命的议案。会议进行人事任免，向新任命人员颁发任命书，组织有关任命人员向宪法宣誓。

区十七届人大常委会第36次会议 2021年3月25日在区人大机关四楼大会议室召开。会议听取和审议区政府副区长杨华受区政府委托作的《关于区人大常委会水污染防治工作评议意见研究处理情况的报告》，进行满意度测评，测评结果为满意。听取和审议区人大监察法制委主任委员杨晓铭受主任会议委托作的《永川区人大常委会2017—2020年度规范性文件备案审查工作情况的报告》。书面听取区人民政府组成部门2020年度工作情况报告。审议《关于接受吕杰同志辞去区人民政府副区长职务请求的决定（草案）》。审议区人民政府《关于提请审议谭立荣同志免职的议案》。会议进行人事任免。

区十七届人大常委会第37次会议 2021年5月28—29日在区人大机关四楼大会议室召开。会议评议区人民政府农业面源污染防治工作情况，听取和审议《永川区人民政府农业面源污染防治工作情况报告》《关于永川区农业面源污染防治情况的调查报告》《永川区人民政府关于永川区“十三五”及2020年环境状况和环境保护目标完成情况的报告》《关于永川区“十三五”及2020年环境状况和环境保护目标完成情况的调查报告》《永川区人民政府关于永川区公办幼儿园建设情况的报告》《关于全区公办幼儿园建设情况的调查报告》《永川区人民政府关于永川区“七五”普法工作情况的报告》《永川区人民政府关于“七五”普法工作情况的调查报告》《重庆市永川区人大常委会关于加强检察机关公益诉讼工作的决定（草案）》。会议听取永川区人大常委会任命的有关人员履职情况的报告，审议通过《重庆市永川区人大常委会关于接受徐静秋等同志辞去重庆市永川区第十七届人民代表大会代表职务请求的决定（草案）》。审议《关于提请审议马仁友等同志职务任免的议案》《关于提请审议徐静秋等同志职务任免的议案》。会议进行人事任免。

区十七届人大常委会第 38 次会议　2021 年 7 月 28 日在区人大机关四楼大会议室召开。会议听取和审议《永川区 2021 年 1—6 月国民经济和社会发展计划执行情况的报告》《永川区 2021 年 1—6 月预算执行情况的报告》《关于〈永川区政府工作报告〉重点工作任务半年完成情况的报告》。审议通过《重庆市永川区人民代表大会常务委员会关于重新确定镇级人民代表大会代表名额的决定（草案）》《重庆市永川区人民代表大会常务委员会关于设立重庆市永川区选举委员会的决定（草案）》《关于接受文焱同志辞去副区长职务请求的决定（草案）》《关于检查〈中华人民共和国城乡规划法〉和〈重庆市城乡规划条例〉实施情况的报告》《关于提请审议〈重庆市永川区人大常委会规范性文件备案审查办法（草案）〉的议案》《关于提请审议赵玉志同志免职的议案》等。审议通过相关人事任免。

区十七届人大常委会第 39 次会议　2021 年 8 月 30 日在区人大机关四楼大会议室召开。会议审议通过《重庆市永川区人大常委会关于设立镇级选举委员会的决定（草案）》。

区十七届人大常委会第 40 次会议　2021 年 9 月 27 日在区人大机关四楼大会议室召开。会议听取和审议《关于 2020 年度国有资产管理情况的综合报告》《关于国有自然资源资产管理情况的报告》《2020 年度国有自然资源资产管理情况的调查报告》《区人民政府办理区十七届人大六次会议代表建议批评和意见工作情况的报告》《区十七届人大六次会议代表建议办理情况的调查报告》《关于区监委整治群众反映强烈问题工作情况的报告》《关于区监委整治群众反映强烈问题工作情况的调研报告》《关于检查〈中华人民共和国未成年人保护法〉和〈重庆市未成年人保护条例〉实施情况的报告》。听取《关于物业管理工作情况的报告》《关于〈区人大常委会关于区政府农业面源污染防治情况报告的评议意见〉研究处理情况的报告》。会议还审议通过《重庆市永川区人大常委会关于接受张果同志辞去区人民政府区长职务请求的决定（草案）》《重庆市永川区人大常委会关于接受夏庆英同志辞去区监察委员会主任职务请求的决定（草案）》《重庆市永川区人大常委会关于召开重庆市永川区第十七届人民代表大会第七次会议的决定（草案）》《重庆市永川区人大常委会代表资格审查委员会关于个别代表的代表资格的报告（草案）》。审议召开重庆市永川区第十七届人民代表大会第七次会议相关事项。

区十七届人大常委会第 41 次会议　2021 年 11 月 5 日在区人大机关四楼大会议室召开。会议审议通过《永川区人大常委会关于调整重庆市永川区区、镇人民代表大会代表换届选举日的决定（草案）》。

区十七届人大常委会第 42 次会议　2021 年 11 月 25 日在区人大机关四楼大会议室召开。会议听取和审议《永川区人民政府关于法治政府建设工作情况的报告》《永川区人民政府关于审计查出问题整改落实情况的报告》等，审议并通过相关人事任免。会议还审议通过《永川区人民政府关于预算调整的报告》，批准 2021 年区级预算调整方案。审议通过《重庆市永川区人大常委会关于永川区“区树”“区花”的决定草案》《重庆市永川区人大常委会关于开展第八个五年法治宣传教育的决议（草案）》《重庆市永川区人大常委会关于同意王志飞等辞去区镇选举委员会职务的决定（草案）》《重庆市永川区人大常委会关于赵洪生等担任区镇选举委员会职务的决定（草案）》等。审议《关于提请审议谭全华等职务任免的议案》《关于提请审议徐秀霞等职务任免的议案》《关于提请审议郑朝明等职务任免的议案》《关于提请审议张明春等职务任免的议案》《关于提请审议周赟珏等免职的议案》《关于提请审议张苗等任职的议案》。会议进行人事任免。会议决定免去刘建中的重庆市永川区人民政府副区长、重庆市永川区公安局局长职务，任命徐秀霞为重庆市永川区人民政府副区长，任命陈波为重庆市永川区人民政府副区长、重庆市永川区公安局局长。任免事项表决后，新任命的人员依次接受任命书，并进行宪法宣誓仪式。

区十七届人大常委会第 43 次会议　2021 年 12 月 15 日在区人大机关四楼大会议室召开。会议审议通过《关于召开区第十八届人民代表大会第一次会议的决定（草案）》《关于代表资格的审查报告（草案）》、审议召开区十八届人大一次会议相关事项（主席团成员和秘书长名单草案、列席人员名单草案、计划预算审查委员会组成人员名单草案、议案审查委员会组成人员名单草案、会议日程草案），初审区人大常委会工作报告。

【区十七届人大常委会主任会议】2021 年，区人大常委会共召开主任会议 15 次，研究提出常委会会议议程草案，听取区人民政府及其部门的专项工作汇报，向常委会会议提出议案，讨论决定提请常委会会议审议的任免事项。

区十七届人大常委会第 70 次主任会议　2021 年 2 月 4 日在区人大机关 405 会议室召开。会议通过区人大常委会 2021 年工作要点，决定区十七届人大常委会第 36 次会议建议议题。

区第十七届人大常委会第 71 次主任会议　2021 年 3 月 22 日在区人大机关 405 会议室召开。会议听取规范性文件备案审查工作情况的报告、关于接受吕杰辞去重庆市永川区人民政府副区长职务请求的决定（草案）的说明、关于提请审议谭立荣免职议案的说明，决定提请常委会会议审议。会议研究通过区人大常委会评议区人民政府农业面源污染防治工作方案、区人大常委会开展现代制造业基地专题调研方案，听取区人大代表履职服务管理系统建设情况报告。

区第十七届人大常委会第 72 次主任会议　2021 年 3 月 25 日在区人大机关 405 会议室召开。会议决定将《关于接受吴继祥辞去区第十七届人民代表大会代表职务请求的决定（草案）》提请区十七届人大常委会第 36 次会议审议。

区第十七届人大常委会第 73 次主任会议　2021 年 4 月 9 日在区人大机关 405 会议室召开。会议研究决定区十七届人大常委会第37次会议建议议题，决定授予陈庆嘉等35人2020年度优秀区人大代表称号，确定《关于加大乡村产业振兴投入力度的建议》等45件代表建议为优秀代表建议，确定区交通局等10个单位为办理代表建议工作先进单位，予以通报表扬。同意区十七届人大六次会议代表建议交办会方案，确定《关于建设成渝地区双城经济圈现代制造业基地的建议》等10件重点督办代表建议。听取2020年镇街人大代表之家站点建设情况报告。

区第十七届人大常委会第74次主任会议　2021年5月21日在区人大机关405会议室召开。会议审议区人大常委会议题调查组《关于农业面源污染防治工作情况的调查报告》《关于公办幼儿园建设情况的调查报告》《关于2020年环境状况和环境保护目标完成情况的调查报告》《关于“七五”普法工作情况的调查报告》《关于区人大常委会任命的有关人员履职情况的调查报告》，决定提请常委会会议审议。审议《关于加强检察机关公益诉讼工作的决定（草案）》《关于接受徐静秋等人辞去区第十七届人民代表大会代表职务请求的决定（草案）》，决定提请常委会会议审议。听取关于提请审议徐静秋等人职务任免议案的说明、关于提请审议马仁友等人职务任免议案的说明，决定提请常委会会议审议。

区第十七届人大常委会第75次主任会议　2021年6月8日在区人大机关405会议室召开。会议审议通过区人大常委会关于区政府农业面源污染防治工作情况报告的评议意见、关于区政府公办幼儿园建设情况报告的审议意见、关于区政府2020年环境状况和环境保护目标完成情况报告的审议意见、关于区政府“七五”普法工作情况报告的审议意见、关于区人大常委会任命的有关人员履职情况报告的审议意见，决定印发区政府及相关单位研究处理。会议研究决定区十七届人大常委会第38次会议建议议题，传达学习重庆市区县乡镇人大换届选举工作部署会精神，同意2021年永川区镇街人大工作会暨永川区人大代表履职管理系统培训会方案、2021年上半年区人大常委会组成人员暨在永市人大代表走访联系区人大代表活动方案。

区第十七届人大常委会第76次主任会议　2021年7月21日在区人大机关405会议室召开。会议审议关于2021年1—6月计划执行情况、预算执行情况、检查《中华人民共和国城乡规划法》和《重庆市城乡规划条例》实施情况的调查报告，《关于永川区2020年决算审查结果的报告和区人大常委会关于批准2020年区级决算的决议（草案）》《关于重庆市永川区区镇人民代表大会换届选举的决定（草案）》《关于重新确定镇级人民代表大会代表名额的决定（草案）》《关于设立区选举委员会的决定（草案）》《关于接受文焱同志辞去区人民政府副区长职务请求的决定（草案）》《重庆市永川区人大常委会规范性文件备案审查办法（草案）》，听取关于提请赵玉志免职议案的说明，决定提请常委会会议审议。研究同意区镇人大换届选举工作情况的调研报告、镇街财政体制运行情况的调研报告，决定印发相关单位研究处理。研究同意将区人大常委会组成人员上半年集中走访区人大代表收集整理出的意见建议243条，转“一府两院”作为工作研究参考。

区第十七届人大常委会第77次主任会议　2021年8月3日在区人大机关405会议室召开。会议研究决定区十七届人大常委会会议建议议题。研究同意《致全区各级人大代表的一封信》，印发全区各级人大代表。研究同意《永川区人大换届选举“八不准”工作纪律》，由区选举委员会印发。

区第十七届人大常委会第78次主任会议　2021年8月26日在区人大机关405会议室召开。会议研究决定区十七届人大常委会会议建议议题。通过《关于成立区镇人大换届选举工作指导组的通知》，成立6个指导小组，由区人大常委会领导带队，指导镇街人大换届选举工作。通过全区消防工作情况和现代制造业基地建设情况的调研报告，印发相关单位研究处理。

区第十七届人大常委会第79次主任会议　2021年9月24日在区人大机关405会议室召开。会议审议《关于区人民政府国有自然资源管理情况》《关于区人民政府办理区十七届人大六次会议代表建议工作情况》《关于区监察委整治群众反映强烈问题工作情况等调查报告》《关于检查〈未成年人保护法〉〈重庆市未成年人保护条例〉实施情况的报告》《关于接受张果同志辞去区人民政府区长职务请求的决定（草案）》《关于接受夏庆英同志辞去区监察委员会主任职务请求的决定（草案）》《关于召开区第十七届人民代表大会第七次会议的决定（草案）》《关于个别代表的代表资格的报告（草案）》等，决定提请区十七届人大常委会第40次会议审议。

区第十七届人大常委会第80次主任会议　2021年10月13日在区人大机关405会议室召开。会议研究决定区十七届人大常委会会议建议议题。

区第十七届人大常委会第81次主任会议　2021年11月4日在区人大机关405会议室召开。会议研究决定调整区十七届人大常委会第41次会议建议议题。

区第十七届人大常委会第82次主任会议　2021年11月22日在区人大机关405会议室召开。会议审议《关于批准永川区“区树”“区花”的决定（草案）》《关于开展第八个五年法治宣传教育的决议（草案）》审议意见的报告，决定提请常委会会议审议。会议听取《关于提请审议徐秀霞等同志职务任免议案的说明》《关于提请审议谭全华等同志职务任免议案的说明》《关于提请审议郑朝明等职务任免议案的说明》《关于提请审议张明春等职务任免议案的说明》《关于提请审议周赟珏等免职议案的说明》《关于提请审议张苗等任职议案的说明》，决定提请常委会会议审议。会议听取并通过《区人民政府研究处理区人大常委会关于“七五”普法工作情况报告审议意见的有关情况报告》《区人民政府研究处理区人大常委会关于永川区“十三五”及2020年环境状况和环境保护目标完成情况审议意见的有关情况报告》。会议通过城区人行道建设管理维护情况的调研报告、永川区西部职教基地建设情况的调研报告，决定印发相关单位研究处理。

区第十七届人大常委会第 83 次主任会议　2021 年 11 月 24 日在区人大机关 405 会议室召开。会议审议《关于同意王志飞等辞去区镇选举委员会职务的决定（草案）》《关于赵洪生等担任区镇选举委员会职务的决定（草案）》《关于接受李兆龙辞去区第十七届人民代表大会代表职务请求的决定（草案）》，决定提请区十七届人大常委会 42 次会议审议。会议听取并通过区十八届人大一次会议会前机关工作任务分解方案，要求修改完善后认真组织实施。

区第十七届人大常委会第 84 次主任会议　2021 年 12 月 14 日在区人大机关 405 会议室召开。会议研究决定区十七届人大常委会第 43 次会议建议议题，听取城乡饮用水安全保障情况调研报告，决定印发相关单位研究处理。

决议决定　人事任免

【决议决定】　2021 年，区人大常委会会依法作出关于批准 2020 年区级决算的决议、关于批准 2021 年区级预算调整方案的决定、关于加强检察机关公益诉讼工作的决定、关于永川区“区树”“区花”的决定、关于开展第八个五年法治宣传教育的决议、关于重庆市永川区区镇人民代表大会换届选举的决定等决议决定 20 项。

【人事任免】　2021 年，区人大常委会依法任免国家机关工作人员 83 人次，其中决定任命、任命 42 人次，决定免去、免去 37 人次，接受辞职 4 人次。组织拟任命人员参加任前法律知识考试考试 40 人次，38 人次在常委会会议上作任前表态发言，组织任命人员宪法宣誓 39 人次。听取区发改委、区生态环境局等 11 名区人大常委会任命的人员履职情况报告，开展满意度测评，向区委报告审议意见和测评结果。

监督工作

【预算决算审查监督】　2021 年，区人大常委会听取审议 2020 年度决算报告、2021 年上半年预算执行情况报告、2021 年预算调整报告，依法作出批准预算调整的决议。实施预算执行动态监督，加强重大项目监督，防范和化解财政风险，提高财政资金使用绩效。听取审议预算执行审计和审计查出问题整改情况报告，督促强化问题整改与责任追究。

【国有资产管理监督】　2021 年，区人大常委会落实中央关于建立国有资产管理情况报告制度改革要求，听取审议国有资产管理情况综合报告和自然资源类国有资产管理情况专项工作报告，督促完善管理制度，提升国有资产保值增值管理水平。

【生态环境监督】　2021 年，区人大常委会评议区政府农业面源污染防治工作，针对全区农业面源污染防治中存在的突出问题，要求强化工作措施，完善扶持政策，提高资金保障水平，增强防治工作实效。听取审议区政府“十三五”及 2020 年环境状况和环境保护目标完成情况报告，建议紧盯突出问题解决，提高生态环境监管能力，形成全民生态环境共保共治强大合力。受市人大常委会委托，检查《中华人民共和国固体废物污染环境防治法》实施情况，提出加快固体废物回收处置能力建设，完善联动机制，强化监督执法等建议。

【社会事业监督】　2021 年，区人大常委会听取和审议全区公办幼儿园建设情况报告，建议完善公办幼儿园发展规划，加快城区公办幼儿园建设进度，开展小区配套幼儿园的专项治理。检查未成年人保护法及其条例实施情况，营造全社会保护未成年人的浓厚氛围。听取政府物业管理工作报告，推动提升全区物业管理工作水平。

【执法检查】　2021 年，区人大常委会检查城乡规划法及其条例实施情况，听取审议规范性文件备案审查工作情况报告、区政府“七五”普法工作情况报告，听取法治政府建设情况报告，调研区法院行政审判工作，备案审查区政府规范性文件 19 件，深化依法治区工作。

人大代表工作

【概况】　2021 年，区人大常委会实施《关于进一步全面提升人大代表家站点建设规范化水平实施方案》，完成全区 261 个代表家站点规范化建设。选举产生永川区第十八届人民代表大会代表 367 名。召开代表资格审查委员会会议 3 次，提出审查报告 3 次，确认 375 名代表的代表资格有效，21 名代表的代表资格终止。组织 136 名区人大代表向选民述职，组织基层人大代表列席常委会会议 18 人次。在市五届人大四次会议期间，提出代表建议 57 件。

【人大代表建议及办理】　2021 年，区人大常委会代表履职管理平台建成并投入运行，设置代表信息系统、代表履职登记系统、代表议案建议系统、代表选举系统、阅文系统、网上代表之家等 6 个子系统。召开代表建议交办会，集中交办永川区第十七届人民代表大会第六次会议代表建议 394 件，其中党群系统办理 18 件，政府系统办理 372 件，区法院和检察院各办理 1 件，区人大办理 2 件。区政府已经落实或采纳的 A 类建议 179 件，占 48.1%，正在落实的 B 类建议 152 件，占 40.8%；因政策限制和其他原因暂时不具备条件解决的 C 类建议 38 件，占 10.2%；属于上级政府职责权限的 D 类建议 3 件，占 0.8%。区人大常委会、区法院、区检察院已经落实或采纳的 A 类建议 4 件，占比 100%。党群部门已经落实或采纳的 A 类建议 13 件，占 72.2%，因政策限制和其他原因暂时不具备条件解决的 C 类建议 5 件，占 27.8%。确定 10 件代表建议作为重点督办，明确由区政府副区长牵头承办、常委会副主任领衔督办。采取实地检查、听取办理情况专题汇报、开展满意度二次测评等方式，以重点督办促进代表建议办理质量整体提升，代表对复函满意率99.23%。

【人大代表培训】 2021年，区人大常委会组织常委会组成人员、镇街人大主席（主任）到兰州大学开展为期7天的履职能力提升培训。镇、街各区人大代表联系组组织代表履职培训320人次，提升代表履职能力。

【人大代表联系群众】 2021年，区人大常委会组织开展市人大代表永川联系组集中活动4次。密切与代表和群众联系，坚持开展常委会组成人员走访联系区人大代表、民情联络员活动，收集代表意见建议294条，分别转相关单位研究处理。

【人大代表调研】 2021年，区人大常委会代表参加常委会和各专工委组织的视察调研活动700余人次。重点调研区人民法院行政审判工作情况、区镇街财政体制运行情况、区镇人大换届选举工作情况、消防工作情况、西部职教基地建设情况、老城区人行道管理维护情况、现代制造业基地建设情况、饮用水安全保障情况。重点视察城区公园建设管理情况、区人民检察院提升检察办案能力情况、特种设备安全管理情况、高新产业发展情况、森林火灾预防情况、巴蜀文化旅游长廊建设情况、交通重点项目建设情况、公安机关社会治安防控建设情况、全区重点民生实事建设情况。

专门委员会及常委会办事机构

【区人大监察和法制委员会】 2021年，区人大监察和法制委员会对全区“七五”普法工作情况进行调查，针对少数行政单位法治观念和法律意识不强等问题，提出开创普法依法治理新局面，切实增强普法工作责任感，不断延伸普法工作深度广度等意见建议。协助区人大常委会听取区人民政府法治政府建设推进工作情况报告，重点围绕贯彻落实习近平法治思想和中央全面依法治国工作会议精神情况、行政复议体制改革推进情况、镇街综合行政执法改革推进情况等方面展开调研，调查了解区公安局等23个部门及镇街推进法治政府建设的具体做法，收集梳理意见建议29条，转交区政府及其相关部门办理。调研区公安机关打击管辖刑事犯罪情况，实地查看永泸联合交通安全武装检查站、部分派出所的信息化建设和应用情况，组织区法院等15个单位座谈，到重庆市万州区、重庆市渝北区学习先进经验。对行刑衔接协作联动不顺畅、社会资源整合难度大等问题，提出建议。开展区监委整治群众反映强烈的问题专项工作议题调查。先后到宝峰镇龙凤桥村、南大街街道黄瓜山村实地调研，组织区人民法院、区教委等15个单位召开座谈会，听取区监委开展整治群众反映强烈的问题工作情况的报告，提出建议。加强对法院、检察院工作监督。开展区人民法院行政审判工作情况专题调研，对行政机关参与行政审判意识仍需深化、行政机关依法行政意识有待增强等问题提出建议。协助常委会做出支持检察机关提起公益诉讼的决定，开展区检察院提升检察办案能力情况集中视察。保障法制统一，做好规范性文件备案审查。落实市人大常委会关于规范性文件网上报备的要求，加大规范性文件备案审查力度。协助区人大常委会制定《规范性文件备案审查工作办法》，规范全区规范性文件备案审查工作程序。按法定时限规定，做好报备规范性文件的登记、分送、审查、备案及存档工作。全年共备案审查区人民政府规范性文件19件。协助常委会听取和审议区人大常委会规范性文件备案审查工作情况，针对存在的问题，提出建议。

【区人大社会建设委员会】 2021年，区人大社会建设委员会开展执法检查1项。对《中华人民共和国未成年人保护法》和《重庆市未成年人保护条例》宣传情况、家庭保护、学校保护、社会保护、网络保护、政府保护、司法保护等制度落实情况开展执法检查，提出建议意见。调研全区消防工作情况，就公众消防安全意识不够，火灾隐患仍然突出，监督管理还有不到位，农村消防设施建设滞后等问题，提出建议。对人民群众来信来访，坚持“热情接待，依法依规”的处理原则，按依法接待、听取诉求、询问情况、分类处理、整理材料等程序办理。全年受理群众来访136人次，群众来信87件次，督办解决群众合理诉求9件。

【区人大财政经济委员会】 2021年，区人大财政经济委员会围绕永川区推动成渝地区双城经济圈建设情况开展调研，针对加快构建现代产业体系、打造区域综合交通物流枢纽、提升城市能级、增强协同创新发展能力、推进体制机制创新、推动公共服务共建共享等方面提出建议。开展现代制造业基地建设情况调研，组织企业召开座谈会，收集企业发展过程中遇到的困难问题，为企业提供政策咨询和产业发展建议，帮助协调解决水电气、用工、融资等要素保障方面的困难，提出加快完善园区建设，增强产业承载“硬实力”，加快转型升级等建议。协助审查批准和审议计划草案和计划执行情况报告。组织区人大代表、财经委委员开展调查研究，梳理国民经济与社会发展计划完成情况，召开区人大财经委全体会议，开展计划报告初步审查，提出建议意见。围绕全区各项经济指标完成情况、社会民生事业推进情况、重大项目实施情况和“十三五”规划实施情况，听取和审议计划执行情况报告，提出建议。组织召开区人大财经委全体会议，在区人大常委会预算工委预先审查的基础上，对区级预算草案进行初步审查，提出建议意见。根据预算工委预先审查意见，对区级预算调整方案进行初步审查，协助人大常委会审查批准预算调整方案。根据审计工作报告，根据预算工委提出的预先审查意见，依法对上年决算草案进行初步审查，协助区人大常委会做好上年决算草案的审查批准工作。

【区人大城乡建设环境保护委员会】 2021年，区人大城乡建设环境保护委员会协助区人大常委会作出《关于批准永川区“区树”“区花”的决定》。

协助人大常委会听取和审议区人民政府年度环境状况和环境目标完成情况报告和“十三五”环境状况和目标完成情况报告。针对每年环境状况和环境保护目标，协助人大常委会组织调查组，通过明察暗访、走访座谈、听取和审议专项工作报告等方式找差距，指出存在的问题，并提出8条审议意见。听取区政府物业管理工作情况的报告，提出建议。区政府高度重视，优化工作机制，健全“1+N”物业管理模式。开展《中华人民共和国城乡规划法》和《重庆市城乡规划条例》执法检查，针对存在的问题提出意见建议。跟踪督办审议意见，督促相关部门整改落实。全区启动国土空间总体规划编制，完成专项规划51项，科技生态城总体规划基本完成；城区及16个建制镇完成控规整合，171个村编制完成“实用性村规划”。加大执法力度，处置拆除各类违法建筑89万余平方米。对全区贯彻实施《中华人民共和国固体废物污染环境防治法》《中华人民共和国大气污染防治法》《中华人民共和国水污染防治法》情况开展执法检查，分别形成执法检查报告送市人大常委会。经区人大常委会同意，开展村镇集中供水情况专题调研。摸清全区村镇供水的基本情况，对水质不达标、管网破损大、供水监管力度不够等问题，提出建议。推进区政府加大资金投入，改进村镇供水工作，全区农村自来水全覆盖。惠永水务对全区自来水厂进行统一管理，农村群众喝上安全水、卫生水。

【区人大常委会人事代表工作委员会】 2021年，区人大常委会人事代表工作委员会组织23个镇街人大负责人召开代表家站点建设现场会，3个镇街打造规范化代表之家（站、点）8个。区镇人大代表坚持每季度到站进点“回娘家”，联系群众更接地气。各代表联系组组织136名区人大代表向选民述职。常委会组成人员全年集中走访区人大代表和民情联络员，收集意见建议243件。区人民政府高度重视，分类办理，一批民生热点难点问题得到解决。区十七届人大六次会议以来，代表们共提出建议、批评和意见394件。确定“关于加强小区消防通道整治的建议”等12件代表建议，由区政府副区长领办、常委会副主任督办。对全部代表建议办理工作情况开展“二次评价”，确定10件代表建议进行重点督办。听取办理情况汇报并进行满意度测评，年底随机抽取A、B类建议各5件和连续3年提出的代表建议，由区人大常委会分管副主任带头，进行跟踪督办。永川区人大代表履职管理平台建成并投入运行，推进代表工作实体与网络融合、线上与线下互动。加强代表履职管理，由代表小组制定年度活动计划和代表个人履职清单，并向选民公示。开展代表履职登记工作，做到实时登记、及时统计、全面掌握。通报表扬优秀区人大代表35名、优秀代表建议45件、办理代表建议工作先进单位10个。

【区人大常委会农业与农村工作委员会】 2021年，区人大常委会农业与农村工作委员会开展全区农业面源污染防治工作评议。4月上旬至5月中旬，牵头对全区农业面源污染防治情况开展调查，到胜利路街道、何埂镇等9个镇街实地调查了解农业面源污染防治相关情况。召开座谈会，听取农业面源污染防治工作存在的问题和意见建议。召开部门专题汇报会，听取区农业农村委等10个部门工作情况汇报。形成调查报告，指出存在的问题，提出建议。10月上旬至11月上旬，牵头对全区城乡饮用水安全保障情况开展专题调研。调研组在23个镇街自查基础上，先后到中山路、红炉等9个镇街实地调研，召开镇街座谈会和部门专题汇报会，提出建议。牵头征求区人大常委会相关工委、区政府及相关部门对《关于促进和保障长江流域禁捕工作的决定（草案征求意见稿）》的修改意见，将修改意见情况形成书面材料报市人大农委。

【区人大常委会教育科学文化卫生工作委员会】 2021年，区人大常委会教育科学文化卫生工作委员会督促区卫生健康委、区教委等相关部门单位做好新冠肺炎疫情防控工作，督促区卫生健康委开展新冠肺炎疫苗接种工作。与区卫生健康委、区疾控中心等单位拟定区十七届七次人代会疫情防控方案，保证大会的顺利召开。拟定人大换届的疫情防控方案，落实防控经费，加强日常督导检查，人大换届工作顺利完成。对全区公办幼儿园建设情况开展议题调查，形成调查报告。区政府积极落实审议意见，推进小区配套幼儿园治理与建设，加快新城区公办幼儿园建设步伐。按照重庆市人大民宗侨外委安排，开展《重庆市宗教事务条例》执法检查，向市人大书面汇报执法检查情况。组织市、区两级人大代表实地调研重庆文理学院、重庆水利电力职业技术学院、重庆市永川职业教育中心、重庆财经职业学院、重庆科创职业学院、重庆城市科技学院、长城汽车重庆永川工厂、永川大数据产业园等单位，形成调研报告，并提出建议。

【区人大常委会预算工作委员会】 2021年，区人大常委会预算工作委员会做好预算监督工作，组织开展区级预算支出项目评审工作。全年纳入评审的项目595个，涉及资金25.63亿元。通过评审，建议纳入预算安排的项目429个、18.04亿元；建议调整的项目152个、6.98亿元，调减3.74亿元；建议财政预留的项目13个、0.61亿元，调减0.37亿元；建议取消的项目39个、2.51亿元；建议报区政府按一事一议流程审批后追加的项目14个、涉及资金0.61亿元。听取和审议财政决算、审计工作报告、年度财政预算执行情况和财政预算草案。通过调查、分析财政预算执行中存在的问题，提出建议；跟踪了解审计问题整改落实情况，配合审计部门督促问题整改。听取国有资产管理情况的综合报告和自然资源类国有资产管理情况报告，通过调研形成调研报告，针对国有资产管理中存在的问题提出建议。组织开展镇街财政体制运行情况调研，形成专题报告，提出的建议得到区领导批示。

（区人大常委会办公室　彭松）

永川区人民政府

重要会议

【概况】 2021年，永川区地区生产总值1144.2亿元，比上年增长9.4%。规模以上工业企业产值1550.2亿元，比上年增长18.7%。社会消费品零售总额505.3亿元，比上年增长21.3%。固定资产投资比上年增长11%。一般公共预算收入43.8亿元，比上年增长8.3%。其中，税收收入33.1亿元，比上年增长12.5%。全年召开区政府全体会议2次，区政府常务会议40次，研究人事任免、民生实事、疫情防控等工作。

【区政府全体会议】 2021年1月4日，永川区第十七届人民政府第五次全体会议在区人防指挥中心召开。会议审议《2021年区政府工作报告（送审稿）》《永川区国民经济和社会发展第十四个五年规划纲要和二〇三五年远景目标（送审稿）》。12月17日，永川区第十七届人民政府第六次全体会议在区人防指挥中心召开。会议审议通过《重庆市永川区政府工作报告（送审稿）》《关于重庆市永川区2021年国民经济和社会发展计划执行情况及2022年计划草案的报告（送审稿）》《关于重庆市永川区2021年预算执行情况和2022年预算草案的报告（送审稿）》。

【区政府常务会议】 区政府第139次常务会议 2021年1月4日在区人防指挥中心召开。会议审议通过《2021年区政府工作报告（送审稿）》《永川区负有安全生产监督管理职责主要部门2021年度安全生产监督检查计划（送审稿）》《永川区国民经济和社会发展第十四个五年规划纲要和二〇三五年远景目标（送审稿）》《关于重庆市永川区2020年国民经济和社会发展计划执行情况及2021年计划草案的报告（送审稿）》《关于重庆市永川区2020年预算执行情况和2021年预算草案的报告（送审稿）》。

区政府第140次常务会议 2021年1月11日在区人防指挥中心召开。会议听取2020年法治政府建设情况的汇报，听取临江河流域综合治理工作情况的汇报。会议还研究部署常态化疫情防控、春运安全、农民工工资支付、安全生产与自然灾害防治、信访稳定、公共资源交易监督改革等工作。

区政府第141次常务会议 2021年1月18日在区人防指挥中心召开。会议审议《关于印发永川区支持返乡入乡人员创业措施的通知（送审稿）》，学习贯彻全市疫情防控安全生产工作视频调度会议精神。会议还研究部署"十四五"规划、重点项目建设、慢行系统专项规划、综合保税区筹建等工作。

区政府第142次常务会议 2021年2月1日在区人防指挥中心召开。会议审议《2021年区政府工作报告确定目标任务责任分解方案（送审稿）》，学习贯彻全国安全生产电视电话会议精神，听取2021年1月全区安全生产工作情况的汇报。

区政府第143次常务会议 2021年2月18日在区人防指挥中心召开。会议研究安全稳定、一季度经济"开门红"有关工作、常态化疫情防控、高标准市场体系建设、贯彻排污许可管理条例、防范和处置非法集资、安全生产监管、防汛抗旱、公共资源交易等工作。

区政府第144次常务会议 2021年3月3日在区人防指挥中心召开。会议学习贯彻《重庆市生态环境保护督察工作实施办法》，审议《全区打击整治成品油非法经营专项行动方案（送审稿）》。会议还研究安全生产、常态化疫情防控、一季度经济运行、招商引资、乡村振兴、重庆市第六届运动会赛事保障、证明事项告知承诺制改革、绿色低碳循环发展经济体系、校园安全、坡坎崖绿化美化、中小学生课后服务等工作。

区政府第145次常务会议 2021年3月10日在区人防指挥中心召开。会议听取2021年1—2月生态环保重点工作推进情况介绍，安排部署常态化疫情防控工作。会议还研究安全生产、煤矿退出关闭、涉企经营许可事项告知承诺制改革、第二批"川渝通办"事项办理、一季度经济运行、对口协作、永川国际马拉松等工作。

区政府第146次常务会议 2021年3月17日在区人防指挥中心召开。会议审议《关于永川区老旧、"三无"小区消防安全隐患整治的请示》。会议还研究政府系统干部作风建设、安全生产、乡村振兴、教育、疫情防控、一季度经济运行调度等工作。

区政府第 147 次常务会议　2021 年 3 月 19 日在区人防指挥中心召开。会议听取 2021 年永川马拉松赛暨重庆市第六届运动会半程马拉松赛筹备情况的汇报，审议《第九届重庆永川国际茶文化旅游节总体方案》，研究高层消防安全综合治理、关闭煤矿后续工作等工作。

区政府第 148 次常务会议　2021 年 3 月 30 日在区人防指挥中心召开。会议审议《永川国家双创示范基地建设方案（2021—2023）（送审稿）》《永川区安全生产违法行为举报奖励办法（送审稿）》《关于建立企业落实安全生产主体责任公示制度的通知（送审稿）》。会议还研究清明节期间防火安全、一季度经济运行调度、疫情防控、乡村振兴、成渝地区双城经济圈建设等工作。

区政府第 149 次常务会议　2021 年 4 月 7 日在区人防指挥中心召开。会议审议《永川区非煤矿山专项整治工作方案（送审稿）》《永川区全面推行证明事项告知承诺制实施方案（送审稿）》，研究一季度经济运行调度、疫苗接种、市六运会赛事组织、茶文化旅游节筹备、政务服务效能提升、农村人居环境整治、垃圾分类、铁路建设、安全生产、乡村振兴、西洽会等工作。

区政府第 150 次常务会议　2021 年 4 月 12 日在区人防指挥中心召开。会议审议《永川区成渝地区双城经济圈现代制造业基地建设“十四五”规划（送审稿）》《永川区支持邮政快递业服务经济高质量发展工作实施方案（送审稿）》。

区政府第 151 次常务会议　2021 年 4 月 19 日在区人防指挥中心召开。会议听取 2021 年永川区政府工作报告确定目标任务和重点建设项目一季度推进情况的汇报，研究安全生产与自然灾害防治有关工作、法治政府建设等工作。

区政府第 152 次常务会议　2021 年 4 月 27 日在区人防指挥中心召开。会议听取永川区企业上市工作推进情况的汇报，审议《2021“永川活力之都”消费促进活动方案（送审稿）》。会议还研究安全生产、疫情防控、常态化财政资金直达、教育领域中央巡视反馈意见整改、菜篮子负责制、服务业扩大开放综合试点、乡村振兴、农村土地流转、知识产权保护等工作。

区政府第 153 次常务会议　2021 年 5 月 7 日在区人防指挥中心召开。会议听取永川区 2021 年防汛抗旱工作情况汇报，审议《永川区国家城乡融合发展试验区 2021 年度重点任务（送审稿）》。会议还研究疫情防控、市六运会开幕式筹备、校园安全、页岩气勘探开发与利用、城市防洪、乡村振兴等工作。

区政府第 154 次常务会议　2021 年 5 月 11 日在区人防指挥中心召开。会议听取永川区双创工作推进情况汇报，审议《西部职教基地共享优质师资管理办法（试行）（送审稿）》。会议还研究疫情防控、市六运会筹备、政府系统党史学习教育、重大政策措施贯彻落实、土地卫片执法、河长制、安全生产与自然灾害防治、乡村振兴等工作。

区政府第 155 次常务会议　2021 年 5 月 19 日在区人防指挥中心召开。会议传达贯彻市长唐良智到永川区调研重要指示精神，研究贯彻落实国家统计局统计督察反馈意见整改有关工作、常态化疫情防控和疫苗接种、安全稳定、林长制、食品安全、招商引资、项目建设、大学生就业、民办教育发展、政务公开等工作。

区政府第 156 次常务会议 2021 年 5 月 25 日在区人防指挥中心召开。会议听取永川区争取国家、市级督查激励工作情况的汇报，审议《2021 年全区法治政府建设工作要点（送审稿）》。会议还研究疫情防控、招商引资、渝西区域医疗中心建设、城市管理、高考保障、“科创中国”试点城市建设、乡村振兴、安全生产等工作。

区政府第 157 次常务会议　2021 年 6 月 1 日在区人防指挥中心召开。会议听取重庆市第六届残疾人运动会筹备工作情况汇报，审议《永川区“无废城市”建设工作实施方案（送审稿）》。会议还研究疫情防控和疫苗接种、赛事和文体活动安全保障、支持小微企业和个体工商户纾困发展、政府网站及政务新媒体管理、城区义务教育阶段学校招生、防汛抗旱、乡村振兴、安全生产等工作。

区政府第 158 次常务会议　2021 年 6 月 7 日在区人防指挥中心召开。会议审议《永川区科技创新“十四五”规划（送审稿）》《永川区高层建筑消防安全综合治理督办机制（送审稿）》。会议还研究疫情防控和疫苗接种、推动成渝地区双城经济圈建设、体育强区、古镇消防安全、道路交通安全、学生防溺水、高考保障、乡村振兴、防汛抗旱、生态环境保护、粮食安全等工作。

区政府第 159 次常务会议　2021 年 6 月 16 日在区人防指挥中心召开。会议学习贯彻习近平总书记对湖北十堰市张湾区艳湖社区集贸市场燃气爆炸事故的重要指示精神，听取 2021 年上半年西部职教基地工作情况汇报。会议还研究疫情防控、信访稳定、经济运行调度、项目建设、招商引资、食品药品安全、“放管服”改革、国土绿化、公立医院发展等工作。

区政府第 160 次常务会议　2021 年 6 月 22 日在区人防指挥中心召开。会议审议《永川区全面推行林长制实施方案（送审稿）》，对近期安全生产工作做部署。会议还研究疫情防控及疫苗接种、政府系统党史学习教育、政府系统廉政建设、工业项目标准地出让、人才引进、惠农政策落实、营商环境优化、农村面源污染防治、信访稳定、重点项目建设及民生实事建设、食品药品安全等工作。

区政府第 161 次常务会议　2021 年 6 月 28 日在区人防指挥中心召开。会议听取 2021 年上半年全区安全生产与自然灾害防治工作情况及防大汛抗大旱“两线作战”工作准备情况的汇报，审议《2021 年污染防治攻坚战重点工作目标任务责任分解的通知（送审稿）》。会议还研究疫情防控及疫苗接种、“两重大一突出”问题隐患整改、产业转型升级示范区建设、长江流域重点水域禁捕退捕、城镇老旧小区改造等工作。

区政府第 162 次常务会议 2021 年 7 月 5 日在区人防指挥中心召开。会议审议《永川区综合交通运输“十四五”发展规划（送审稿）》，听取全区燃气油气行业安全生产专项整治工作情况的汇报。会议还研究防汛抗旱、推动成渝地区双城经济圈建设、推进大众创业万众创新、基础教育提升、垃圾分类、森林防火等工作。

区政府第 163 次常务会议 2021 年 7 月 14 日在区人防指挥中心召开。会议听取关于 2021 年区政府工作报告确定目标任务上半年完成情况的汇报和全区生活垃圾分类工作情况的汇报。会议还研究生活垃圾分类、疫情防控、安全生产、防汛抗旱、企业上市、招商引资、医保便民等工作。

区政府第 164 次常务会议 2021 年 7 月 20 日在区人防指挥中心召开。会议听取永川综合保税区筹建工作情况的汇报，审议《永川区关于创建卫生镇行动方案（送审稿）》。会议还研究上半年经济运行、水生态环境保护、乡村振兴、农村人居环境整治、幼儿园安全隐患排查整治、利用外资、疫苗接种、农村寄递物流等工作。

区政府第 165 次常务会议 2021 年 7 月 27 日在区人防指挥中心召开。会议听取 2021 年上半年永川区重点项目及民生实事进展情况的汇报，审议《永川区提升污水收集率、污水处理率和处理达标率专项行动工作方案（送审稿）》。会议还研究防汛抗旱、森林资源“四乱”突出问题专项整治、金融运行、已关闭煤矿安全监管、农村养老服务、疫苗接种等工作。

区政府第 166 次常务会议 2021 年 8 月 2 日在区人防指挥中心召开。会议审议《永川区新型智慧城市建设规划（2021—2025 年）（送审稿）》，审议《永川区全面推行涉企经营许可事项告知承诺制实施方案（送审稿）》。会议还研究疫情防控、疫苗接种、医药卫生体制改革、智博会筹备、长江“十年禁渔”、优化营商环境、企业挂牌上市等工作。

区政府第 167 次常务会议 2021 年 8 月 10 日在区人防指挥中心召开。会议听取全区碳达峰、碳中和工作情况汇报，审议《永川区创建国家学前教育普及普惠区实施方案（送审稿）》。会议还研究疫情防控和疫苗接种、防汛抗旱、城市安全、长江生态保护、招商引资、大数据产业发展等工作。

区政府第 168 次常务会议 2021 年 8 月 17 日在区人防指挥中心召开。会议传达贯彻永川区干部大会和区委常委会会议精神，安排部署疫苗接种、镇域街区整治提升等工作。会议还研究消费帮扶、乡村振兴、安全生产、职业教育、政务公开、法治政府、体育强区等工作。

区政府第 169 次常务会议 2021 年 8 月 25 日在区人防指挥中心召开。会议听取永川区物流园区安全情况汇报，研究部署永川全民反诈专项行动工作、疫情防控和疫苗接种、长江流域退捕禁捕、重点项目和民生实事、秋季开学、垃圾分类等工作。

区政府第 170 次常务会议 2021 年 10 月 13 日在区人防指挥中心召开。会议审议《永川区农业农村现代化“十四五”规划（送审稿）》。会议传达主城都市区座谈会精神，研究经济运行调度、疫情防控、电力调度、法治政府建设、河长制、粮食安全、职业教育、安全生产等工作。

区政府第 171 次常务会议 2021 年 10 月 18 日在区人防指挥中心召开。会议听取 2021 年 1—9 月招商引资工作情况的汇报，审议《关于进一步做好全区特困人员救助供养工作的实施意见（送审稿）》。会议还研究政府工作统筹、产业园高质量发展、法治政府、职业教育、婚俗改革、城市节水、秋季房交会、农田宜机化改革、安全生产与自然灾害防治等工作。

区政府第 172 次常务会议 2021 年 10 月 26 日在区人防指挥中心召开。会议传达全国、全市新冠肺炎疫情防控工作电视电话会议精神，听取企业上市工作推进情况的汇报。会议还研究消防安全、燃气管网安全隐患排查整治、自由贸易试验区联动创新区建设等工作。

区政府第 173 次常务会议 2021 年 11 月 9 日在区政府常务会议室召开。会议审议《永川区文化旅游体育发展“十四五”规划（送审稿）》《永川区服务业扩大开放综合试点工作方案（送审稿）》。会议还研究建立健全绿色低碳循环经济体系、碳达峰碳中和、助企纾困、法治宣传教育、疫情防控、金融运行等工作。

区政府第 174 次常务会议 2021 年 11 月 16 日在区政府常务会议室召开。会议审议《永川区水安全保障“十四五”规划（送审稿）》，并就做好坡坎崖治理提出要求。会议还研究污染防治攻坚战、国家农业科技园区、信访稳定、产业园区高质量发展、高标准农田建设等工作。

区政府第 175 次常务会议 2021 年 11 月 22 日在区政府常务会议室召开。会议审议《重庆市永川区卫生健康发展“十四五”规划（2021—2025）》《永川区推进科学绿化实施方案（送审稿）》。会议还研究常态化疫情防控、安全稳定等工作。

区政府第 176 次常务会议 2021 年 12 月 7 日在区政府常务会议室召开。会议审议《永川区人力资源和社会保障事业发展“十四五”规划（送审稿）》，听取永川“双减”工作推进情况汇报。会议还研究安全生产、冬春季疫情防控、农村自建房管理、优化营商环境、经济运行调度、生态环保、基层治理、科技创新等工作。

区政府第 177 次常务会议 2021 年 12 月 17 日在区政府常务会议室召开。会议审议《永川区 2022 年重点项目、民生实事及重大前期项目实施计划（送审稿）》《永川区深化新时代教育评价改革工作措施（送审稿）》等。会议安排部署近期重点工作，研究共青团基层组织改革试点、居民燃气工程安装收费标准、设立永川数字文创产业投资基金等工作。

区政府第 178 次常务会议 2021 年 12 月 21 日在区政府常务会议室召开。会议审议《永川区教育事业发展“十四五”规划（2021—2025 年）（送审稿）》《永川区消防救援事业发展“十四五”规划（2021—2025 年）（送审稿）》。会议还研究双节期间疫情防控、应急管理、民政事业发展、残疾人保障、能源发展等工作。

（区政府办公室 张淞）

重点民生实事

【老旧小区改造】 2021年，永川区投入19663万元，完成石油汇碧苑、电力新村、泸州街A区等241个老旧小区改造，完成昌州城市花园小区、望城坡片区、天秀锦地等17个小区供水管道改造，完成AC世纪城、东科·兰乔圣菲等小区二次加压设备维护改造8套，更换龙州花园、海棠苑、阳光花园、清华苑等16个小区“超期服役”水表5133只，完成104件增设电梯部门会审及工程规划许可证核发，为胜利小区、金港明珠、中山家苑等小区加装电梯。

【“四好农村路”建设】 2021年，为推进“四好农村路”（通组公路）建设，永川区完善农村公路路网，下达投资计划470.32千米，补助资金18812.8万元。全年完成仙龙镇大石坝村通组公路、永川区C105茶隆路、永川区X823大渝路等“四好农村路”500千米，完成年度目标任务。

【乡村清洁示范院落建设】 2021年，永川区投入3000万元，完成茶山竹海街道茶园村茶园坝子、来苏镇梳妆台村姜家院子、南大街街道张家院子、宝峰镇龙凤桥村锅底凼院子、红炉镇万胜村张家湾院子等200个乡村清洁示范院落建设，改善人居环境，助力乡村振兴。

【就业创业帮扶】 2021年，永川区坚持做好“稳就业”“保就业”相关工作，实施大学生就业创业促进计划，开展高校毕业生留永就业创业系列活动。实施能力提升、创业扶持、权益维护等行动，积极为返乡农民工、脱贫劳动力、就业困难人员、关闭煤矿职工等重点群体实现就近、就地、就业。举办“春风行动”网络大型招聘会。通过“线上+线下”招聘模式，开展网络直播带岗10余场。优化升级“周有培训、月有沙龙、季有大赛，年有节会”的“永创汇”活动品牌。出台《永川区大学生创新创业激励若干措施》《永川区支持返乡入乡人员创业措施的通知》，实现更充分、更高质量就业。开展职业技能培训，16082人参加培训，发放创业担保贷款9142万元。

【饮用水水质提升工程】 2021年，永川区完成永川二水厂1万吨扩建改造项目，安装一体化净水装置以及其他附属设施，完成设备调试工作。开展永川区饮用水水源生态保护工程，对上游水库、孙家口水库、关门山水库、邓家岩水库等18个饮用水水源地进行生态修复保护，实施岸滨植被带工程、水源涵养林工程、进水口生态修复工程、库滩修复工程，新建生态浮岛、生态坝、生态护岸、生态截污沟、沉砂池等，投放花白鲢鱼苗。

【城市道路照明改造工程】 2021年，永川区投入209万元，完成城区路灯及线路改造工程，在望北路、临江路、泸州街等6条路段新改建LED路灯284组，壁灯90组，更换老旧电缆线9700米，填补永川区部分路段人行道照明空缺，提升夜间照明效果，进一步消除城市照明暗盲区。

【永川区图书馆工程】 2021年，永川区投入5000万元，建设国家一级图书馆——永川公共图书馆。馆内包含公共服务区、阅读区、基藏书库、办公区、报告厅等，推动永川区公共文化服务均衡发展，提高文化基础服务能力和水平，提升公民文化素质。

【智慧城市建设】 2021年，永川区新城片区安装智慧停车位201个，帝琴花园、巨宇江南等安装综合服务站牌30块，并已投入使用。为全区358个小区、4400台乘客电梯安装智慧终端，通过“智慧电梯应急管理系统”建设，实施精准科学监管，提高电梯安全水平。完成全民健身数字化平台建设，开展永川区智慧交通、智慧医疗试点项目。智慧交通重点围绕破解城市交通拥堵难题，实现智慧信控、智慧导航、智慧停车，让交通调度更直观，交通运行更流畅，交通服务更精准，公众出行更便捷。智慧医疗进一步完善建设全民健康信息平台，解决人民群众就医过程中最关心、最直接、最现实的利益问题，助力医药卫生体制改革。

【社会综合治理工程】 2021年，永川区以社会治理服务“最多跑一地”理念为指导，建成并实体化运行集“一体化运作、一站式接待、一条龙调处、一揽子化解”的永川区社会矛盾纠纷联合调处中心，加快构建“群众吹哨、调解先行、诉讼兜底”的社会矛盾纠纷全链条集成解决机制，实现矛盾纠纷科学分流、多元化解、快速调处。完成永川区社会治理“云网工程”项目，对重点公共区域视频监控进行完善，升级永川区公共安全视频图像信息共享平台。新建宝峰、朱沱、

2021年7月27日，来苏镇梁家塆院子示范院落 （刘灿 摄）

仙龙、公安局处突支队及新城派出所。

【农村公路生命安全防护工程（市级）】 2021年，永川区在推进“四好农村路”建设工程中，同步完善农村公路生命安全防护工程。对全区23个镇街农村公路临水、临崖路段安全隐患进行全面排查，共核查出农村公路交通安全隐患2016处，100.68千米。对安全隐患排查的路段及时整治，全年完成生命安全防护工程200千米。

【社区体育文化公园建设（市级）】 2021年，永川区利用城市边角用地建设社区体育文化公园，提升城市品质，美化城市角落。投资217.7万元，建设总面积3.62亩的“花间体育公园”，充分考虑花草、景观、墙体、路面等元素，精心打造细节，包括一砖一瓦、一草一木，以花之形为媒，以花之意融文，以花之色绘彩，营造一个“浪漫花园”。该公园设有儿童活动区、活力运动区、邻里交流区三大功能分区。其中，运动区设有荧光跑道、篮球场、乒乓球场；儿童活动区设有绽放花灯、攀爬墙、特色廊架、花坡廊架、花间梯步、涂鸦墙等分别满足不同年龄段的孩子的活动需求。

（区发展改革委　刘喜悦）

综合政务

【政务公开】 2021年，永川区转发国家重要信息82条，主动公开政府信息总数30931条。其中，主动公开重庆市永川区国民经济和社会发展第十四个五年规划和二〇三五年远景目标纲要、“十四五”区级重点专项规划（计划）等信息18条，归集整理并主动公开区级历史规划（计划）100条，规范性文件21件，疫情防控信息205条，法治政府建设情况报告57条，重大会议信息50条，更新发布财政预决算信息732条，政府信息公开指南58条，单位职能信息64条，公开环境保护、公共卫生、安全生产、食品药品、产品质量监督检查信息379条，公共资源配置信息2099条，通过不同渠道和方式公开政府信息24600余条。公开人大代表建议复函369件、政协委员提案复函475件，编辑发布《政府公报》5期，办理公开信箱708件。全年发布政策解读信息106条，区政府规范性文件100%解读。

【建议和提案办理】 2021年，永川区人民政府通过及时召开交办会、现场办理会、督办会和制定考核细则等措施，推动建议、提案办理提质增效，促进人大、政协意见建议和群众反映的热点问题的及时处理和有效解决。办理区十七届人大六次会议期间代表建议394件、区政协十五届五次会议提案485件，满意率分别为99.23%和99.17%。

【政务督查】 2021年，永川区政府督查室把政府工作报告确定的重点工作任务和主要领导交办事项作为督查工作的主线，集中精力抓推进，全力以赴抓落实，全程跟踪、全程督办。围绕政府工作报告确定的工作任务和重点交办任务，印发《政务督查》61期、《督查专报》22期、《督查工作简报》5期，推动各项重点工作按照节点推进。

（区政府办公室　张淞）

政务服务

【概况】 2021年，永川区行政服务中心牢固树立“便民利企、服务至上”理念，推进“一件事一次办”、开办企业“一网、一窗、一次、一日”全流程办结、川渝通办、跨省通办等便民利企举措。聚焦畅通企业和群众办事创业的堵点、痛点、烦点，以壮士断腕的决心“减环节、减时限、减材料、减跑动”，助力永川打造“重庆营商环境最优区”。全年共办理行政审批服务事项105.05万件，征收税费108.17亿元。

【行政审批制度改革】 2021年，区行政服务中心宣传推广“渝快办”，引导群众运用“渝快办”办事。印发区级部门、镇街“渝快办”系统管理员工作职责和任务，强化责任意识。审批人员坚持每天登录系统，及时处理异常问题。动态更新“最多跑一次”和“零跑腿”事项清单。组织集中培训和一对一培训，增强系统管理员使用能力。聘用专门人员负责平台日常管理，突出问题由区政府发交办单，限期整改。督促区级各部门与市级主管部门衔接，推动电子证照的场景应用，电子证照已经在17个场景中运用。

【互联网+政务服务】 2021年，区行政服务中心针对企业开办领域办理时限长、成本高、跑多次的问题，优化开办企业流程，最大限度推进网上申请、网上审批，数据共享、实时推送，使企业登记实现全程电子化。企业只要提交材料齐全、符合相关要求规范，60分钟即可办结。“一次提交、一网通办、一窗通办”推行全程电子化，越来越多的行政办理事项程序流程被简化，时限被缩短，“全程网办”占比85.76%，实现“让数据多跑路，让群众少跑腿”。推广“扫码办事”，网上可受理率90%。整合“互联网+督查”平台，落实涉及民生实事等事项半小时响应机制，解决群众水电气、物业管理等诉求事项137件。“互联网+督查”平台共办理群众诉求事项10249件，办结率99.9%，满意率99.37%，位列重庆市区县满意率考核第6位。

2021年，区行政服务中心印发《2021年永川区政务服务工作要点》《2021年政务服务效能考核办法》，通过召开推进会、每月通报排名、工作交办、工作提醒等方式，提升区级各部门、23个镇街政务服务水平。组建12345政务服务热线专业队伍。加强对窗口日常监督管理和明察暗访，查纠推诿扯皮、办事拖拉、态度恶劣、效率低下、行为不廉等问题2个。设立找茬窗口、老年人导办岗，开展政务服务礼仪培训，提升窗口人员的服务能力和水平。落实政务服务“好差评”制度，在窗口配备平板供办事群众评价，在政务服务大厅张贴“渝快办”好差评二维码，引导办事群众和企业主动评价。全年政务服务好差评评价数据92.73万条，评价率为100%。建立差评回访机制，出现差评及时回访整改，差评回访整改率100%。

【“放管服”改革】 2021年，区行政服务中心动态发布“马上办、网上办、就近办、一次办”事项清单。推进“一门办”，1190项进驻区行政服务中心办理，事项进驻比例80%。推进“一次办”，梳理全区政务服务事项，实施流程再造，推进减环节、减时间、减材料、减跑动。全区依申请政务服务事项减时间86.19%、减材料30%、平均跑动次数0.14次、即办事项比例55.20%。建立政务服务帮办代办机制，全年办理行政审批承诺件免费快递服务14.4万件，为新办企业免费发放印章13168枚（3292套）。在区行政服务中心设立“一窗综办”区，设立24个“无差别综合窗口”，并分设咨询导办区、自助填表区、综合受理区。办事群众可在咨询导办区完成基础咨询，并通过二维码在手机上申办。无法通过手机办理的办事群众，将分流到自助填表区，由视频客服、现场服务人员进行咨询帮办。若上述区域均无法进行预受理，群众可直接到综合窗口办理，做到即办件当场办、联办件并联办、承诺件限时办。完成区行政服务中心B区建设，整合人社、医保、民政服务职能，在区人力社保局一楼设立综合窗口，按受办分离方式运行。

【“川渝通办”服务】 2021年，区行政服务中心持续推动“川渝通办、跨省通办”。督促区级各部门认领事项、发布办事指南，对外公布210项“川渝通办”事项目录清单。设立7个“川渝通办”专窗，安排专人提供无偿帮办、代办、陪办服务，用“数据跑”“快递跑”取代“群众跑”，服务成渝双城经济圈建设。组织区级各部门学习“川渝通办”工作规程，跟踪“川渝通办”事项落实情况，已全部实现通办。全年为四川省群众办理26.81万项“川渝通办”事项业务。落实跨省通办要求，与湖北省十堰市茅箭区、江苏省南京市鼓楼区签订跨省通办协议。

【政务服务阵地建设】 2021年，区行政服务中心强化区级政务服务阵地建设，在红河中路660号建成功能更齐全、设施更完备、智能化更高的审批服务大厅。大厅按照前台接件、后台审批的模式设计，划分为一窗综办服务区、企业开办服务区、公安服务区、工程建设项目审批服务区、不动产登记服务区、银行服务区、24小时自助服务区7个功能区域。装修总面积6300平方米，其中裙楼一层2700平方米，包含公安服务区、自助办税服务区、工程建设服务区、企业开办服务区、综合窗口、银行服务区等功能区；裙楼二层1450平方米，包含房地产交易中心服务功能区及部分办公区；塔楼二层1050平方米，为行政服务中心会议区；塔楼三层1100平方米，为行政服务中心办公区。新行政服务中心设有车库三层，共有车位500个。设立区人力社保分中心（B区）、区车辆管理分中心、区住房公积金分中心、区婚姻收养登记分中心、区退役军人事务分中心，对分中心实施统一指导服务，实现数据共享。（区行政服务中心　王春）

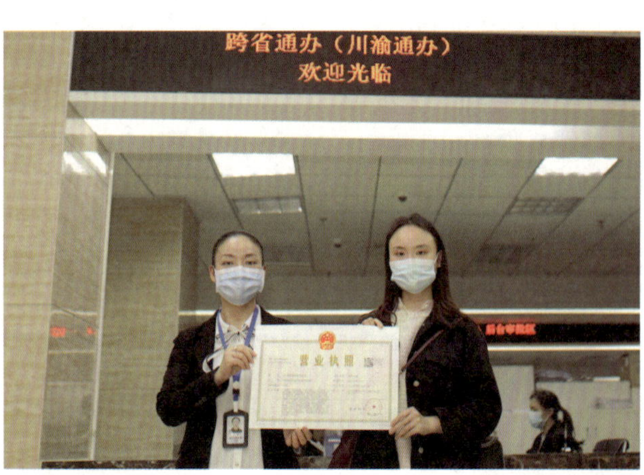

2021年4月6日，永川区行政服务中心发放首张“川渝通办”营业执照　（陈仕川　摄）

政务信息化

【概况】 2021年，永川区信息化建设服务中心（简称区信息化建设服务中心）建成全区架构统一、安全可控、运行稳定的双链路电子政务外网，100余个信息系统走上“信息快车道”，网络延伸至村（社区）。完成全区政务网站集约化建设，实现全区政务公开、互动交流、公共服务一个平台发布、一个平台回应、一个窗口展示。

【智慧办公】 2021年，区信息化建设服务中心以“无纸化、智能化、协同化”为目标，定制无纸化会议业务流程，建成智能会议系统并与协同办公平台无缝整合，实现会议系统与智慧永川协同办公平台一个体系、一套数据、一体应用。平台有用户5102个，覆盖全区所有部门、镇街及部分二级单位、村（社区）、卫生院。全区各单位之间公文传递全部实现电子化，95%以上机关单位内部公文运转实现无纸化、移动化，平台数据存量1.5万亿字节，协同办公平台成为各单位公文运转、会务办理、事务处理、工作协同的首选方式。

【政务外网建设】 2021年，区信息化建设服务中心建成符合国密算法要求的电子政务外网安全接入平台，将电子政务外网延伸到全区263个村（社区）。为23个退役军人服务站开通电子政务外网。推进电子政务外网改造，编制电子政务外网IPv6改造方案。

【政府网站管理】 2021年，区信息化建设服务中心推进政府信息公开专栏和政府信息公开目录建设，新建部门镇街专属网页54个，新增栏目600余个，制定栏目数据同源规则200余条，实现同源栏目数据一致、多头展示。全年更新发布信息13540余条，内容纠错3200余条，发布政府信息公开检查通报12期。强化防病毒、防攻击、防入侵和日志审计等技术防护措施，提升网站整体防护能力。对标对表政府网站检查和监管工作考核指标，加强巡查巡检，做好网站错情监测整改。政府网站在全市网站考核中各项指标全部合格。

2021 年 1 月 5 日，区信息化建设服务中心在政务信息化应用培训室举办村（社区）接入电子政务外网培训　　（黄江涛　摄）

【信息安全管理】　2021 年，区信息化建设服务中心对全区接入电子政务外网的计算机执行安全准入机制，确保电子政务外网安全。严格落实电子政务外网运行状况常态化监管机制，发现处理故障 143 起，处理电信、移动线路故障 14 次，阻断违规外联 32 次。对智慧永川协同办公平台、路由器、交换机和安全设备等进行定时备份和实时备份，全年备份数据 2213 次，利用备份资源开展应急演练 2 次。加强电子政务外网终端安全管理，阻断病毒木马传播 11 亿余次，升级奇安信天擎终端安全管理软件病毒库、补丁库 48 次，查杀病毒 15735 次，查杀 Office 宏病毒、木马等 28932 个，修复漏洞 3338 个，对部分单位感染挖矿病毒事件开展信息安全排查处置，排除网络环网故障 5 次。电子政务外网安全“零”事故。

（区信息化建设服务中心　黄江涛）

智慧永川建设

【概况】　2021 年，永川区大数据应用发展管理局（简称区大数据发展局）实施以大数据智能化为引领的创新驱动战略行动计划，重点围绕“云联数算用”，建立完善大数据应用管理工作机制，统筹推进智慧城市建设，有序推进数据整合共享，协同推进大数据产业发展，不断夯实永川大数据应用发展基础，构建助推永川高质量发展、高品质生活的数据新引擎、新动能。

【大数据应用发展管理】　2021 年，区大数据发展局实施以大数据智能化为引领的创新驱动战略行动计划，制定出台“云长制”实施方案、促进平台经济规范健康发展的实施意见、加快线上业态线上服务线上管理发展的意见、政务信息化项目管理暂行办法等政策文件。全区形成由“云长制”和新型智慧城市建设领导小组统一领导，区大数据发展局负责统筹，区互联网信息服务中心、区委保密局、区发展改革委、区财政局、区经济信息委、区信息化建设服务中心和区新城建管委（大数据产业园）等单位按职责分工负责，各行业主管部门分领域建设的智慧城市建设管理工作机制，进一步厘清全区新型智慧城市、大数据产业发展的目标定位、建设思路和重点任务。编制实施《永川新型智慧城市建设“十四五”规划》和《永川大数据产业发展“十四五”规划》，全区新型智慧城市建设和大数据产业发展的目标定位、重点工作、阶段任务、保障措施等更加明确。与华为、百度、中国电子、中睿信、光控特斯联等企业对接，探索建立“政府主导、企业主体、市场运营”的智慧城市建设新模式。强化技术支持，协助各部门加快推进“综合云网”、智慧河长、临江河治理监管系统、智慧电梯、智慧城管、应急指挥中心、智慧城市运营管理中心等信息化系统和智慧交通、智慧医疗全市试点建设，深化迭代智永办公、服务公社等智慧应用。助力乡村振兴，新建互联网小镇 3 个、互联网村 5 个、5G 基站 34 个。

【政务数据资源整合与应用】　2021 年，区大数据发展局实施“云长制”和《重庆市政务数据资源管理暂行办法》，开展发展趋势研判、需求调研和学习借鉴先进地区成功经验。制定出台《永川区政务信息化项目管理暂行办法》，评审各部门拟建政务信息化项目 7 个，从源头上加强数据资源统筹管理。推进全区信息系统迁移上云、系统整合和政务资源共享交换平台建设。截至 2021 年 12 月底，共迁移上云信息系统 33 个、迁云率 96.7%，位于全市前列。整合系统 27 个、整合率 50%。建成“永企惠”企业服务综合平台，新型智慧城市大脑项目（一期）建设加快推进，政务数据资源“聚通用”初见成效。建成永川区政务数据资源共享交换平台，梳理数据目录 1040 个、上报市级目录 188 个，获批成为市区一体化建设试点区。统筹推进全区应用建设，全年建成应用系统 212 个、政务新媒体 142 个，其中国家部委、重庆市统建垂管系统 154 个、区级自建系统 58 个。组织开展“全区信息化项目”“‘十四五’建设需求”“大数据资源管理体制改革”和智慧城市“四个一网”建设等专题调研，逐步摸清全区政务数据“聚通用”改革底数。　（区大数据发展局　范潇丹）

【永川区智慧城市综合指挥中心】　位于红河中路南侧、兴龙湖东路东侧的云谷大厦内。总投资 1000 万元，面积 1000 平方米，包含前厅、指挥大厅、配套用房，形成智慧交通大数据资源中心、公安交管、交通运输、智慧出行 4 个系统架构。该中心集政务指挥、交通指挥、医疗指挥等于一体，可保

2021 年 9 月 23 日，永川区智慧城市数字指挥大厅　　（袁卿予　摄）

障和协调各系统的平稳运行，对于永川区数字智慧城市的建设和发展具有十分重要的意义。智慧交通项目对接区公安局交巡警支队、区交通局等部门，逐一完善智慧交通整体系统架构，通过场外智能感知设备、多维数据挖掘和 AI 技术深度应用、全域交通信号自适应优化、高精地图智慧适配服务等，实现安全监管更到位、交通服务更精准、交通运行更智能、公共出行更畅通。智慧医疗项目通过数据共享、流转，充分整合线上线下医疗资源，让居民足不出户享受三级医院的优质服务。让网上诊疗率 20%，就医时间缩短 50%，慢病药品配送超过 30%，儿童保健管理率 90%以上，居民健康电子档案管理率 95%以上，均次卫生服务费用减少 5%。

（区新城建管委　盛秀文）

人事人才

【概况】　2021 年，永川区人力资源和社会保障局（简称区人力社保局）以“百万英才兴重庆”行动为重点，引进培育技能人才和紧缺优秀人才。倾力打造高技能人才培训基地，筹建永川区现代服务业实训中心。加强专家服务基地建设和大师工作室培育，大力开展职业技能培训。全面推进乡村人才振兴，邀请市级专家服务团深入实地帮扶指导。有序推进事业单位改革，加强事业单位人事管理。

【事业单位人员管理】　2021 年，区人力社保局推进事业单位管理岗位职员等级晋升制度改革，开展调研、资金测算，摸清人员总量及构成。根据区委编委对全区事业单位职能、编制调整，指导、审核全区 132 个事业单位的岗位设置调整方案。加大事业单位人事信息系统应用，准确掌握好全区事业单位岗位工作情况。严格执行岗位管理政策，根据单位岗位空缺、结构比例和人员情况做好岗位调整及聘用。全年聘用职员 29 人、确定职员职务 50 人、专业技术人员 2028 人、工勤人员 36 人、转岗 25 人、降低岗位等级 13 人。组织面向社会公开招聘事业单位工作人员 5 批次，聘用事业单位工作人员 273 人。开展全区机关事业单位工勤人员技术等级（职务）考评申报审核工作，27 人通过工勤人员技术等级（职务）报名资格审查，其中技师 11 人，高级工及以下 16 人，21 名工勤技术人员申报转岗。紧贴基层需求，落实“三支一扶”政策，招募高校毕业生 4 人到乡镇基层岗位支农、支教、支医。办理事业单位人员调动 352 人。其中，区内调动 19 人、区外调入 29 人、调出区外 21 人、考调调动 243 人，借用 45 人。对 2020 年度考核评定为优秀等次的事业单位工作人员和机关工勤人员共 2125 人给予奖励。其中，对连续三年度考核为优秀等次的 305 人给予记功，对 2020 年度评定为优秀的 1820 人给予嘉奖。

【人才引进培育】　2021 年，区人力社保局以“百万英才兴重庆”行动为重点，引进硕士以上学历和副高级以上职称优秀紧缺人才 52 人，为区内企业引进中高端管理人才、技术人才 1300 人。全区有 45 人获重庆英才服务 A 卡，落实“英才计划”人才奖励和研发经费 1044.15 万元，累计兑现区级政策奖励 2300 余万元。永川人才 13 人入选“重庆英才计划”，其中刘北忠、李经勇、隋媛、赵勇入选重庆英才·创新创业领军人才，何涛、谢怀德入选重庆英才·技术技能领军人才，卢琪、蔡明静、翟福强入选重庆英才·青年拔尖人。全区有重庆英才 32 人，有国务院政府特殊津贴专家 23 人。新建成市级首席专家工作室 2 个（永川区中医院毛得宏工作室、重庆文理学院刘壮工作室），毛得宏入选第十批重庆市首席专家工作室领衔专家。彭志财被推荐为第六届全国杰出专业技术人才人选，永川区中医院被推荐为“专业技术人才先进集体”。重庆鼎汇食用菌研究院有限公司、菽乡豆豉食品研究院重庆有限公司、南大街街道黄瓜山村村委会、茶山竹海街道办事处被推荐为第五批重庆市专家服务基地。开展市级专家服务团服务基层活动，金盛专家服务团为黄瓜山乡村振兴农业示范园设计总体规划方案，市农业科学院特色作物研究所副所长、重庆再生稻研究中心主任李经勇专家团队到吉安镇石松村指导服务，种养殖技术专家到田间地头开展培训 126 人次。马岚坳生态农业股份合作社水稻基地纯收入增加 40 余万元，带动该村 51 户建卡贫困户，153 人脱贫。李经勇被市委组织部、市人力社保局、市国资委评为 2020 年度“重庆市担当作为好干部”。区中医院博士后科研工作站、重庆红江机械有限责任公司博士后科研工作站、重庆重交再生资源开发股份有限公司博士后科研工作站分别招收博士 1 名。

【乡村人才培育培养】 2021年，区人力社保局设立“乡村人才振兴讲习所”，开展水果种植、食用菌培植、茶叶种植采摘等农村实用技术培训600余人次。“云视讯”线上教学培训专业合作社负责人、种粮大户水稻育秧栽培技术140余人。以会议形式培训农产品经纪人200余人次、农村劳务经纪人100余人次、23个镇街313所卫生室乡村医生232人次。开展电子商务培训3次，320人参加培训。从返乡入乡创业人才、乡村技能人才、新型农业经营主体带头人、乡村治理人才、高素质农民、乡村文化卫生教育人才中评选出50名“永川乡村之星”。优化农村服务人才配置，面向社会招考乡村医生32人，培养农村订单定向医学生4人，累计签约54人。全区有注册全科医生200余人。定向培养农村小学全科教师50名，学前教育公费师范生5名。公开考核招聘国家重点师范院校农村教师10人，面向社会公开招聘农村教师11人。朱沱镇、大安街道、胜利路街道引进农业、规划等领域硕士学历紧缺专业人才3人。制定《永川区鼓励城市退休人员参与乡村振兴的实施办法》，鼓励城市退休人员下乡创新创业，选派36名城市退休人员下乡，开展乡村规划、科技咨询等。设立专家工作站34个，从全区专家人才库中选派2~3名专家“一对一”入驻专家工作站，开展专题培训、田间讲学、技术指导、决策咨询、项目合作、支教义诊等各具特色的专家服务活动110余次。选派6名规划师进驻9个镇街，参与乡村旅游规划、景观设计、场镇风貌改造等20余个项目。2021年7月6日，成渝地区双城经济圈首个乡村振兴国家级专家服务基地在重庆文理学院揭牌。该基地将对接国家战略，建设成为在西部地区具有引领和示范作用的高水平国家级专家服务基地，为支撑乡村振兴战略提供“西部方案”。

【职业技能提升】 2021年，区人力社保局新建市级高技能人才培训基地1个。区公共实训基地新增投入500余万元，购置数控车、工业机器人等设施设备80余台套，实训工位增加160个，年实训能力新增1000人以上。全区新增技工院校校外办学点1个，新增民办职业培训机构3个，市级机构校外办学点2个，本区校外办学点2个。全区有技工院校3个，新增招生规模1000人。有职业培训机构22个，新增投资300余万元，新增新职业培训工种15个。加强职业技能鉴定、评价机构建设，推进职业技能等级认定试点工作。全年共备案区级企业评价机构2个，区级社会培训评价组织6个。全区共有市级企业评价机构2个，技工院校评价机构1个，市级第三方评价机构1个，职业技能鉴定所6个。开发集信息录入、技能人才索引、政策宣传为一体的永川区技能人才信息管理系统，完成系统测试安装工作。全年培训技能人才16082人次，其中企业新型学徒制新开班1938人，拨付专账资金2927.7万元。开展各类职业技能鉴定评价考试8558人，其中准入类职业资格鉴定187人（焊工），专项职业能力考核4276人，等级评价4095人。截至2021年底，全区技能劳动者共有16.61万人，占就业人员的比例26.16%，其中高技能人才5.19万人，占技能劳动者人数的31.25%。有全国技术能手1人，重庆市技术能手1人，重庆英才·高技能领军人才2人，特级技师2人。全年承办国家级职业技能竞赛2项，成渝地区双城经济圈现代制造业技能大赛1项，市级大赛5项，获得国家级大赛特等奖3个，一等奖2个；获市级大赛各类奖项33个。举办永川区健康养老、社会服务、制造行业职业技能大赛。永川区组织65人参加第七届中国·重庆职业技能大赛暨“巴蜀工匠”杯新职业技能大赛，获得1金、3银、9铜、12优胜，以总成绩64分获大赛排行榜第二名，奖牌总数第一名，荣获“特别贡献奖”。

（区人力社保局　蒋思江）

信访工作

【概况】 2021年，永川区信访办公室（简称区信访办）坚持“7+3”（每周7天收集不稳定信息，每周召开“周五案情分析会”及“周一维稳研判会”，重要时期每日视频调度）信访稳定研判机制，建立“日巡查、周跟踪、月通报、季督查、年考核”督查督办机制，压实信访工作责任，提升受理办理质效。全年受理群众信访事项4214件次、7779人次，分别比上年下降9.5%、2.4%，信访事项及时受理率、按期办结率均为100%，群众满意率93.3%。承办成渝地区双城经济圈建设信访协作联席会议第二次会议。永川区被国家信访局授予全国信访工作“三无”区县称号。

2021年11月8日，区委书记张智奎（左二）在区人民群众接待中心公开接访群众

（望静　摄）

【信访积案化解】 2021年，区信访办开展“治重化积”专项行动，采取领导包案、“一案四说”（说情、说理、说法、说责）分类施策、“周月季年”跟踪问效等措施，中央信访工作联席办交办的“治重化积”案件第一批179件全部化解，第二批40件化解11件。

【信访突出问题治理】 2021年，区信访办开展信访突出问题专项治理，在全市统筹开展房地产、土地流转、“治重化积”等信访突出问题专项治理基础上，结合永川区实际，把物业管理、民工工资、煤矿退出关闭、交通运输等突出领域纳入专项治理。全年排查重点领域问题913件，化解826件，化解率90.5%。

【网上信访】 2021年，区信访办加大网上信访代理工作力度。全年受理网上信访1195件次、1205人次，网上信访占比28.4%。

【社会风险评估】 2021年，区信访办对256个重点项目点对点交办风险评估责任，建立工作专班、服务专班跟踪处置风险隐患，按照风险等级动态管理。全年完成评估并备案221个，态势均呈低风险。

【领导干部接访下访】 2021年，区信访办开展“大走访大督查大调研”专项行动，区领导每月固定一天到区人民群众接待中心接访群众，“信访应急工作机制”期间每天参加视频调度，带头包案化解疑难信访问题，建立分片联系服务镇街、部门制度。全年区领导接访下访群众704批次、883人次，镇街、部门党政主要领导接访下访群众2762批次、3515人次，累计化解群众合理诉求2872件，化解率83%。

【矛盾纠纷排查化解】 2021年，区信访办落实矛盾纠纷三级联排联调机制，坚持日常排查与集中排查、专项排查相结合，完善落实矛盾纠纷“星级化”管理、动态与定期报送、挂牌交办督办、重大矛盾上提层级督促指导化解制度。围绕煤矿退出关闭、征地拆迁、校外教育培训、房地产领域、仿冒出租车等开展矛盾纠纷专项排查化解。全区排查矛盾纠纷1147件，化解1086件，化解率94.68%；市级交办矛盾纠纷60件，已化解60件，化解率100%。 （区信访办 望静）

机关事务管理

【概况】 2021年，永川区机关事务管理中心（简称区机关事务管理中心）强化管理、保障和服务职能，做好公务用车、办公用房、周转房、食堂管理，扎实推进公共机构节能工作和公务接待工作，为机关提供强有力的后勤保障。完成永川区第十五次党代会、永川区第十七届人民代表大会第六次会议、政协永川区第十五届委员会第五次会议、成渝双城经济圈党政联席会第三次会议等重要会议期间的服务、住宿、餐饮、车辆调度等后勤保障工作。

【公务接待】 2021年，区机关事务管理中心严格执行中央八项规定实施细则和《党政机关国内公务接待管理规定》，协助区委组织部、区委政法委、区农业农村委完成专项督察及指导组到永川的接待任务7批次。协助区招商局、区新城建管委和凤凰湖工业园完成重要招商引资项目7批次，协助全区各部门在机关食堂承办的重要接待110批次。协助做好政法系统队伍教育整顿第六指导组在永川为期4个半月的指导工作期间，中央第十三督导组三次到永川督导工作期间的接待工作。协助举办重庆市第六届运动会、重庆市第六届残疾人运动会、“纪念周恩来总理珍品展”等。全年共接待来宾170批次、3800人。

（区机关事务管理中心 吴兰兰）

【公务用车管理】 2021年，区机关事务中心制定并完善公务用车定点租赁、维修、保险管理办法，印发《关于在全区开展公务用车自查工作的通知》，对全区公务用车的维修、租赁、加油卡的管理使用进行自查。对公务用车定点维修、保险、租赁企业开展监督检查36次。完成全区公务用车定点维修、定点保险服务企业招标工作，定点维修10家，定点保险7家。完成定点租赁招标工作，确定中大型客车企业2家，小车租赁企业8家。加强公务车辆节假日监督，与纪委督察组一起对全区公务车辆的使用情况明察暗访7次，对区公安局、区城市管理局、区交通整治办等单位的长租车使用情况进行突击检查。全区有长租车64辆。全年完成各类长租车审批备案14件，其中租赁时间为1~3月的有6件，3个月以上的有8件。全年审批新购车辆17辆，报废32辆，划拨3辆，提出各类车辆反馈意见32次。完成“12·4”吊水洞煤矿事故、扶贫督察、环保督察、党代会等重大活动的车辆调度租赁保障任务，租赁车辆80余台次、调部门车辆30余台次、调部门驾驶员30余人（次）。

【办公用房管理】 2021年，区机关事务中心贯彻落实《重庆市党政机关办公用房管理实施办法》，与区国资中心及区政鑫公司就部分产权过户问题进行多次沟通，完成11宗房产、3000余平方米的权属登记工作。加强办公用房的日常管理，合理调配办公用房，解决区残联、区文化旅游委等部门办公用房不足问题。便民服务中心大楼一楼至三楼的单位全部搬迁后，对整栋大楼办公用房重新进行布局。完成全区党政机关办公用房管理信息系统填报工作。

（区机关事务管理中心 周凯）

【食堂管理】 2021年，区机关事务中心加大对食堂食品卫生、环境卫生、员工个人卫生、原材料采购、验收、保管、加工、出售、餐具消毒等管理力度，做到职责明确，管理制度齐全，环环相扣，层层把关，流程合理，操作规范。完善食材可追溯制度、食品安全卫生排查、餐用具消毒记录等制度，收集归档文字资料54册，视频、图片资料3000张。组织完成2022—2023年度机关食堂猪肉、蔬菜、干鲜供应商招标工作，签订供货协议。组织服务流程培训4次、仪容仪表培训10次、安全操作培训12次、技能考核6次、机械安全培训2次、技能考核2次、新员工培训3次。接待餐相继推出地方江湖菜、茶竹宴、荷花宴等100余种新菜品。职工餐相继推出酸菜滑肉汤、香辣鸡尖、卤鸡翅、虾仁包、泉水豆花等50余种新菜品。以中国传统节日和二十四节气为载体，为广大干部职工提供个性化饮食，端午发放石榴、冬至提供碗碗羊肉、小寒推出香肠腊肉、元旦发放糕点、腊八节吃腊八粥，夏季喝酸梅汤，冬季喝红糖姜茶等。机关食堂满意度超过95%。全年机关食堂工作餐早餐就餐人数18.7万人次，午餐就餐人数25.8万人次，晚餐就餐人数5.2万人次。零餐接待548次、752桌，对外司厨服务396次、1342桌。各区县及区级各部门到食堂参观、交流9次。

【周转用房管理服务】 2021年，区机关事务管理中心规范周转住房管理，与19名区领导签订周转房使用协议书，并会商区委组织部报区政府。将所有周转房固定资产及平时生活物资使用情况建立电子和纸质台账，做到管理、使用一目了然。明确专人负责协调周转用房相关工作，贴心安排，周到服务，做好各项物业费用的收缴、房屋的日常保障及维护、物业安全管理工作。

（区机关事务管理中心　秦瑜）

中国人民政治协商会议永川区委员会

综　述

【概况】　2021年，中国人民政治协商会议重庆市永川区委员会（简称永川区政协）坚持发扬民主和增进团结相互贯通，建言资政和凝聚共识双向发力，发挥专门协商机构作用，有效履行政协职能，为推动全区高质量发展和民主政治建设作出积极贡献。

【政协委员构成】　2021年，政协永川区第十五届委员会委员共322名。其中，男性216名，占67%；女性106名，占33%；党内126名，占39%；党外196名，占61%；民主党派人士142名（民革21名，民盟30名，民建34名，民进33名，农工党1名，致公党2名，九三学社21名），占44%；少数民族7人，占2%。常委会组成人员55名，其中主席会议成员8名，常务委员47名；党内21名，占38%，党外34名，占62%。

【政治协商】　2021年，永川区政协坚持把协商放在重要位置，围绕“十四五”规划纲要和二〇三五年远景目标（草案）、成渝地区双城经济圈现代制造业基地建设、国土空间总体规划编制、永川科技生态城规划建设、智慧医疗推进、社区和居家养老社会服务体系建设、年度重点项目安排、财政资金使用效益等工作开展多形式多层次的调研协商，为永川区委、区政府谋篇布局、科学决策提供参考。

重要会议

【政协永川区第十五届委员会第五次会议】　2021年1月27日至28日在永川文化艺术中心举行。会议应到委员322名，实到295名。会议审议批准刘祥全同志代表政协重庆市永川区第十五届委员会常务委员会所作的工作报告，审议批准钟代华所作的关于提案工作情况报告。委员们列席永川区十七届人大六次会议第一次全体会议，听取并协商讨论区政府工作报告，协商讨论永川区“十四五”规划和二〇三五年远景目标纲要、区人民法院和区人民检察院工作报告以及计划报告、预算报告，对上述报告和纲要普遍赞同并提出意见建议。

【永川区政协常委会议】　2021年，政协永川区第十五届委员会共召开4次常委会议。

区政协十五届第17次常委会议　2021年2月25日在永川区政协议政厅召开。会议传达学习市政协五届四次会议精神，听取区政协十五届四次会议以来提案立案审查情况和2021年度重点提案推荐情况的通报，审议通过《区政协2021年工作要点》。

区政协十五届第18次常委会议　2021年7月26日在永川区政协议政厅召开。会议围绕“加快建设成渝地区双城经济圈现代制造业基地”主题进行重点协商，传达学习永川区委十四届九次全会精神，听取全区党风廉政建设、污染防治攻坚战推进、区第七次人口普查、“四好”农村公路建设、安全生产工作、2021年上半年全区经济社会发展的情况通报，审议并通过《政协重庆市永川区委员会全体会议工作规则》和《政协重庆市永川区委员会专门委员会工作规则》。

区政协十五届第19次常委会议　2021年10月28日在永川区政协议政厅召开。会议听取区委、区政府办理区政协十五届五次会议以来提案情况和区经信委办理《区政协党组关于区经信委工作的评议意见》情况的通报，审议通过《政协重庆市永川区委员会协商工作规则》《政协重庆市永川区委员会关于强化政协委员责任担当的实施意见》、有关人事事项等。

区政协十五届第20次常委会议　2021年12月22日在永川区政协议政厅召开。会议传达学习中共十九届六中全会、中央经济工作会议和市委五届十一次全会、区委十四届十一次全会精神，听取区政府关于重点项目建设、民生实事推进、办理区政协履职成果情况的通报，审议通过《关于召开中国人民政治协商会议重庆市永川区第十六届委员会第一次会议的决定》等有关事项，协商决定《中国人民政治协商会议重庆市永川区第十六届委员会委员名单》，审议通过有关人事事项。区政协主席会议向常委会报告2021年履职情况。

【永川区政协主席会议】 2021年，政协永川区第十五届委员会共召开13次主席会议。

区政协十五届39次主席会议 2021年1月7日在永川区政协议政厅召开。会议听取2020年国民经济和社会发展计划执行情况通报，协商2021年国民经济和社会发展计划草案。听取2020年财政预算执行情况通报，协商2021年财政预算草案。

区政协十五届40次主席会议 2021年2月24日在永川区政协议政厅召开。会议听取关于推动成渝地区双城经济圈建设和泸永江融合发展示范区总体方案有关情况、区政协十五届五次会议以来提案立案审查情况的通报，审议区政协2021年度重点提案推荐方案、区政协2021年提案交办会议建议方案、《区政协2021年工作要点》《区政协2021年度重点工作时序预安排》《区政协2021年常委会组成人员和机关干部履职能力提升培训方案》《区政协2021年“一河段一委员”专项民主监督实施方案》《区政协十五届十七次常委会议建议方案》。

区政协十五届41次主席会议 2021年3月24日在永川区政协议政厅召开。会议听取区卫生健康委、区司法局机构改革后运行情况的通报，审议区政协2021年度“文化政协、智慧政协、活力政协”建设任务、区政协“书香政协”建设建议方案、区政协2021年“界别活动月”活动建议方案、区政协2021年“政协讲堂”预安排建议方案。书面学习全国政协十三届四次会议精神，通报区政协常委会组成人员外出学习培训情况。

区政协十五届42次主席会议 2021年4月26日在永川区政协议政厅召开。会议听取区住房城乡建委机构改革后运行情况的通报，传达贯彻永川区“干部作风建设年”活动动员会议精神，学习《中共重庆市永川区委办公室印发〈关于开展“干部作风建设年”活动的实施方案的通知〉》，审议《政协重庆市永川区委员会重点提案遴选与督办办法》、民主评议区人社局提案办理工作建议方案、区政协2021年度理论研讨会议建议方案、区政协2021年走访看望“创业他乡永川人”和助推“乡情招商”建议方案。

区政协十五届43次主席会议 2021年5月25日在永川区政协议政厅召开。会议听取关于“加强‘三社’融合、促进‘三农’发展”的情况通报，审议《〈建言立论文集〉编辑方案》《〈政协重庆市永川区委员会专门委员会工作规则〉修订方案》《区政协十五届委员会“最具正能量”评选表彰启动方案》。

区政协十五届44次主席会议 2021年7月1日在永川区政协议政厅召开。会议听取区科技局关于全区科技创新情况的通报，讨论加快建设成渝地区双城经济圈现代制造业基地调研报告，审议通过永川区政协2021年度“关爱基金资助”工作方案、区政协十五届十八次常委会方案、“现代制造业基地建设”调研报告和有关人事事项。会议还书面听取区商务委关于办理《区政协关于民主评议区商务委提案办理工作的意见》的情况通报。

区政协十五届45次主席会议 2021年9月22日在永川区政协议政厅召开。会议民主评议区人力社保局提案办理工作，听取西部职教基地建设情况的通报，就永川高新区管委会办理《关于打造西部职教基地的提案》情况进行督办。会议听取区政协关爱基金管委会办公室关于“99”公益日募捐情况的通报，审议通过《政协重庆市永川区委员会关于加强和促进凝聚共识工作的实施意见》《政协重庆市永川区委员会关于强化政协委员责任担当的实施意见（草案）》等，审议永川区政协十五届十九次常务委员会议方案及有关人事事项。

区政协十五届46次主席会议 2021年10月18日在永川区政协议政厅召开。会议协商《政协重庆市永川区第十六届委员会委员、常委会组成人员规模和界别设置方案》，听取永川区国资国企改革发展情况的通报，审议《关于政协重庆市永川区第十六届委员会委员、常委会组成人员规模和界别设置的决定》、区政协十六届一次会议筹备工作方案、区政协十六届一次会议大会发言工作方案、《政协重庆市永川区委员会协商工作规则（草案）》，通过《区政协十六届一次会议筹备工作方案》等事项。

区政协十五届47次主席会议 2021年10月28日在永川区政协议政厅召开。会议审议《区政协第十五届委员会部分专门委员会主任、副主任调整名单（草案）》。

区政协十五届48次主席会议 2021年11月30日在永川区政协议政厅召开。会议学习传达中共十九届六中全会精神，听取永川区深化农村改革促进乡村振兴工作的情况的通报。审议2021年“界别活动月”活动案例评审结果、2021年理论研讨优秀论文评选结果、《关于召开政协重庆市永川区第十六届委员会第一次会议建议方案》和《区政协2021年度优秀政协委员及优秀提案、优秀社情民意信息、优秀界别活动案例等评选推荐建议方案》，通报区政协十六届一次会议大会发言筹备工作推进情况和区政协2022年协商、调研、评议、通报、视察选题情况。区政协机关委、室向主席会议报告2017—2021年履职情况。

区政协十五届49次主席会议 2021年12月17日在永川区政协议政厅召开。会议协商《重庆市永川区人民法院工作报告（征求意见稿）》《重庆市永川区人民检察院工作报告（征求意见稿）》。

区政协十五届50次主席会议 2021年12月20日在永川区政协议政厅召开。会议协商2021年国民经济和社会发展计划执行情况与2022年计划草案、2022年政府性投资重大项目安排，协商2021年财政预算执行情况和2022年财政预算草案、2021年财政资金使用绩效。

区政协十五届51次主席会议 2021年12月21日在永川区政协议政厅召开。会议审议有关人事事项，协商区政协十六届委员会委员名单，听取区政协十六届一次会议筹备工作推进情况的汇报，审议区政协十六届一次会议有关事项、区政协十五届委员会常务委员会工作报告（草案）及建议报告人（草案）、区政协十五届委员会常务委员会关于提案工作情况的报告（草案）及建议报告人（草案）、区政协2021年度优秀政协委员及优秀提案、优秀社情民意信息等表扬建议方案、区政协十五届二十次常委会议建议方案、区政协主席会议关于2021年履职情况的报告，讨论区政协2022年度工作选题。书面学习传达习近平总书记在全国宗教工作会议、中央人才工作会议上的重要讲话精神、中央经济工作会议、市委五届十一次全会、区委十四届十一次全会精神，讨论2022年度区政协工作选题。

委员提案

【政协永川区第十五届委员会第五次会议提案】 2021年，永川区政协委员、各民主党派、工商联、人民团体、界别小组和政协各专门委员会围绕永川发展中心任务，紧扣区委、区政府中心工作，密切关注人民群众关心的热点、难点、痛点，积极建言献策，共提交提案506件，其中会前提交376件，会中提交124件，会后提交6件。经审查，正式立案485件。其中，集体提案55件，委员个人或联名提案430件。提案内容涉及经济发展的115件，民生保障的172件，城乡建管的151件，民主法治的47件。不予立案21件。其中，转作意见处理19件，转为社情民意信息2件。

【提案征集】 2021年1月，永川区政协首次组织召开提案征集工作会议，36个区级部门负责人面对面向各界别召集人、委员代表、机关委室负责人通报年度工作总结及新一年工作打算。在茶竹永川网头条推送《聚众智、汇民意——2021年政协“百姓提案”线索征集》专栏，通过论坛、表单和邮箱私密三种方式面向网民公开征集提案线索。组织发动各民主党派履职骨干主动认领百姓提案线索，逐一打电话与网民（市民）沟通联系，面对面沟通交流，联合开展调研活动50余场次。广泛收集提案线索信息，编印提案选题参考目录60条。会同区政协农业和农村委对《政府工作报告》中“三农”板块内容进行详细的分析解读，筛选编印选题目录30条，面向农业界和特邀界（镇街组）的60余名委员征集提案。

2021年9月23日，区政协组织委员集中视察城区缓堵工作推进情况

（区政协办公室　供图）

【提案办理】 2021年，永川区政协各参加单位和政协委员积极建言献策，共立案交办提案485件。其中，交由区委办理的提案25件、区政府办理的460件，全部按时办理完毕。其中，已办理落实和正在办理落实的457件，占比94.2%；已列入规划，逐步办理落实的12件，占比2.48%；受现行政策等因素制约，暂时不能解决、需要创造条件解决的16件，占比3.31%。委员反馈满意的481件，占比99.17%；理解的4件，占比0.83%。

民主监督　参政议政

【民主监督】 2021年，永川区政协坚持发挥协商式监督的优势，就西部职教基地建设、科技创新发展、川南渝西融合发展试验区建设、消费品工业高质量发展、国资国企改革发展、“书香永川”建设、矿山生态保护与修复、特色普通高中建设、农耕地宜机化改造、茶山竹海景区提档升级、城区缓堵、政法公安三中心（综治中心、矛盾调处中心、公安办案中心）建设等党委政府工作中的重点，综合运用评议、视察、提案、会议、反映社情民意信息等监督方式，推动全区重大工作部署和民生实事的落实。

【凝聚共识】 2021年，永川区政协制定《关于加强和促进凝聚共识工作的实施意见》，把思想政治引领、广泛凝聚共识作为中心环节，贯穿履职实践各方面全过程。建立各党派、工商联和无党派人士参加政协工作共同性事务的情况交流机制，通过列席主席会议、参加秘书长会议、与政协专委会共同承办协商议政活动等方式加强团结合作。全年各民主党派、工商联和无党派人士提交的提案、大会发言、社情民意信息分别占总数的64.6%、68%、66.7%。加强与党外知识分子、新的社会阶层人士、民族宗教和台侨人士的联系联谊，坚持走访非公经济人士、民营企业家制度，共建共享“亲”上加“清”政商关系，有力促进全区统一战线大团结，广泛汇聚致力永川高质量发展的正能量。

专门委员会

【提案委员会】 2021年，永川区政协提案委员会组织提案委7名主任会议成员带头督办重点提案16件，编报《提案专报》9期，提出督办意见建议30条。组织提案委部分委员参与民主评议区人力社保局提案办理工作全过程，形成调研子报告5个、总报告1个、《评议意见》1期。组织发动网民、市民、各民主党派履职骨干、茶竹永川网业主参与“百姓提案”工作，开辟上架天线、下接地气的提案工作新渠道。建立完善区委督查机构、区政府督查机构、区委编办联合交办提案工作制度。集中开展现场交办，区长、常务副区长专门交办提案，表彰先进，交流经验，明确要求。重点提案调研督办全覆盖，助推高质量提案成果转化落实，区委、区政府、区政协领导对提案办理工作作出批示 41 件次。提案办理工作考核制度化，助推承办单位提案工作规范化。“提案大户”协商办理面对面，130 余名政协委员参加会议，面对面协商督办提案 290 余件。组织提案委 34 名委员，参加政协履职活动 800 余人次，撰写建言立论材料 90 余篇。在全市区县政协提案工作座谈会上作“以问题为导向创新开展提案工作”经验交流发言，《人民政协报》、重庆新闻联播等媒体对提案工作进行宣传报道。会同所联系的 4 个界别召集人共同商定界别活动年度选题、拟定活动方案、提炼活动成果，及时做好“一河段一委员”专项民主监督每季度巡河工作协调保障。民盟界别“心・希望阳光行动”、中共界别“进基层办实事，送党课到乡村”、少数民族界别到青海省海北藏族自治州学习考察民族教育事业发展、特邀界别（镇街组）“两眼向下——聚集城市管理，助力颜值提升”等界别活动主题鲜明，形式多样，效果明显。

【经济委员会】 2021 年，永川区政协经济委员会牵头做好“加快成渝地区双城经济圈现代制造业基地建设”专题协商工作，有针对性地提出 3 个方面、12 条意见建议。做好区财政局、区发展改革委计划年度固定协商工作，提出建议意见 16 条。围绕人才建设，加强学习、数次调研，撰写建议 1 篇。1 篇被列为市政协大会发言。做好全区科技创新情况和国资国企改革发展情况的通报。指导所联系的 5 个界别开展界别活动，其中 2 个界别活动获优秀、1 个界别活动获特色案例。指导所联系界别撰写大会发言材料 7 篇。组织专委会委员撰写提案 64 件，社情民意 13 条。撰写的 3 篇理论研讨文章，分别获区政协理论研讨优秀论文特别奖、一等奖和三等奖。接待四川省遂宁市、重庆市璧山区等地政协委员 7 批次、80 余人。

【农业和农村委员会】 2021 年，永川区政协农业和农村委员会围绕巩固和拓展脱贫攻坚成果同乡村振兴有效衔接、农耕地宜机化连片改造、农村人居环境整治等组织开展专题调研，形成调研报告 2 篇。组织政协委员对仙龙镇宜机化改造情况进行专题视察，形成专报送区委主要领导审阅。组织委员紧密结合政协调研、视察及民主监督等履职方式，引导委员积极撰写提案。在区政协十五届五次全会期间，区政协农业和农村委委员共提交提案 62 件。收集反映社情民意信息 18 条，区政协采用 15 条。助力开展各具特色的界别活动，坚持做实界别巡河工作。积极做好政协关爱基金相关工作，参与重点改革项目督察，强化委员履职考评工作。

【城乡建设环境保护委员会】 2021 年，永川区政协城乡建设环境保护委员会围绕永川现代制造业基地建设之土地保障、矿山生态保护与修复、国土空间总体规划编制、科技生态城规划建设、城区缓堵工作等，组织开展调研、协商、视察、通报等履职活动，形成成果 7 件。引导委员围绕党政关注、群众关心的问题提交提案 89 件，反映社情民意信息 47 条，区政协采用 21 条；报市政协 9 条，市政协采用 6 条、转报全国政协 5 条。组织委员学习中共中央、市委、区委、区政协系列会议精神和决策部署，尤其是结合中国共产党成立 100 周年系列纪念活动，引导委员不断增进对中国共产党和中国特色社会主义的政治认同、思想认同、理论认同与情感认同，同心同德、同心同向、同心同行。围绕“百年峥嵘・继往开来”主题开展理论研讨，提交论文 5 篇。协调区住房城乡建委通报机构改革后运行情况，区交通局通报“四好”农村公路建设情况。组织委员参与农村人居环境整治、城市管理、优秀物业管理小区考评、考核和暗访活动。参与政协理论研讨论文和“界别活动月”特色案例评审。组织和指导联系界别开展“一河段一委员”专项民主监督、界别特色活动。开展临江河专项巡查 4 次，共反映问题 12 个，提出建议 8 条。特邀界（机关组）界别活动获评区政协 2021 年度优秀案例第三名。到板桥镇举行 2021 年区政协关爱基金板桥镇现场发放仪式，走访政协关爱基金申报资助对象 18 户。接待谭家玲副主席、四川省自贡市等市区县政协到永川学习考察 10 次。对该届委员履职工作开展评价，开展区政协十五届五次全会会务筹备工作，协助做好区政协十六届一次全会会务服务工作。

【教卫体和文化文史委员会】 2021 年，永川区政协教卫体和文化文史委员会开展“推进特色高中建设”“红色资源整合与作用发挥”专题调研，《关于加快永川特色普通高中建设的建议》得到区长、分管副区长批示，《关于永川红色资源整合与作用发挥情况的调查报告》上报市政协。组织委员集中视察“茶山竹海提档升级工作”，形成视察报告 1 个。听取“西部职教基地建设”和“区卫生健康委机构改革后运行情况”通报。委员提交提案 131 件、立案 122 件，6 件被列为重点（优秀）提案。上报社情民意信息 58 条，以呈阅件或专报区委区政府领导、转送相关部门、《政协周况》共采用 32 条，区领导批示 8 条，3 条被评为优秀信息，3 人被评为先进个人。参加“加快建设成渝地区双城经济圈现代制造业基地”和“政府工作报告”等协商会议并积极建言，执笔撰写调研报告、协商建议、视察报告 5 篇。认真做好专委会日常管理服务和调研协商视察等会议活动组织工作。开展委员履职考核、继任委员推荐和新任委员推荐考察工作。牵头组织《行千里 致广大——重庆人文丛书》之《主城都市区特色文化卷・永川篇》编撰工作。组队参加川南渝西城乡融合发展试验区“双城杯”政协乒乓球巡回赛荣昌站比赛。承办重庆市江津区、永川区、大足区、荣昌区和四川省泸州市等政协联合举办的“同庆百年华诞・共建双城经济圈”川渝五地摄影联展永川展活动。完成区政协十六届一次会议疫情防控工作。组织外出考察学习5批次，接待外地到永川交流考察7批次。指导所联系的界别开展“一河段一委员”专项民主监督活动，创新开展界别活动。参加社会福利和保障界“助力农村基层社会治理”界别活动。参与区教委、区卫生健康委、区文化旅游委的工作会议和重大活动。

【社会法制和民族宗教委员会】 2021年，永川区政协社会法制和民族宗教委员会围绕现代制造业基地建设人才支撑开展专题调研，围绕社区和居家养老体系建设与区民政局开展对口协商，提出意见建议。与提案委一起评议区人力社保局提案办理工作。组织委员对区公安局执法办案管理中心、区社会矛盾纠纷联合调处中心和区社会治安综合治理中心进行视察，提出意见建议，区政府相关领导作出批示。组织委员参与“政协讲堂”以及各项视察调研等活动40余项、320余人次。兑现委员履职经费，强化委员履职考核。组织委员撰写理论调研文章3篇，获二等奖1篇、三等奖2篇。在十五届五次会议期间，社法和民宗委委员提交提案62件，立案61件，其中重点提案1件。反映社情民意信息23篇，区政协采用16篇，区领导批示1篇，专报3条，转报市政协6篇，转报全国政协1篇。继续做好区政协关爱基金管理工作，全年募集资金174.7万元，动用46万元，资助100名贫困大学生入学。通过惠通公司继续融资借款，确保基金保值增值。指导、配合联系界别开展特色鲜明的界别活动5次。开展“一河段一委员”民主监督活动，全年开展巡河20余次。参加腾讯“99公益日”活动，获得配捐资金102.85万元。围绕关注外来务工人员及其子女、脱贫攻坚、青年志愿服务发展、农村基层社会治理、宗教思想建设等开展内容丰富、形式多样的主题活动。做好四川省泸州市政协、重庆市忠县政协、重庆市荣昌区政协等到永川考察接待工作。做好该届社法和民宗委委员履职考评工作。

【学习和联络委员会】 2021年，永川区政协学习联络委员会协助住永川区的市政协委员开展述职、调研、考察、反映社情民意信息等工作，牵头为住永川区的市政协委员收集、整理提案线索20余条，参与做好市政协委员履职登记、提案提交等服务工作。做好徐代银、谭家玲等市政协领导到永川区的接待和服务工作。组织各专委会对本届委员开展考评工作，提出是否继任的建议。做好新一届委员协商提名工作、委员考察、政协换届选举的相关工作，牵头组织委员开展年终集中视察活动。牵头做好委员履职平台的升级维护工作，新开发委员换届专用系统。牵头策划开展以“非遗点亮生活”为主题的女委员活动，牵头做好委员生日慰问的有关工作。办理委员来信来访，参与委员走访、生日祝福语编发等工作。做好常委会组成人员履职能力提升培训期间的组织和服务工作。做好“一河段一委员”专项民主监督相关工作，审核委员巡河记录85条，协调区河长办、临江河指挥部办公室做好委员巡河发现问题的交办落实工作，牵头草拟的专项民主监督专报获区委书记批示。

（永川区政协办公室　叶勇）

中国共产党永川区纪律检查委员会 永川区监察委员会

综　述

【概况】　2021 年，永川区纪检监察机关紧扣建设成渝地区双城经济圈、打造永川“一城两基地”（“双百”区域性中心城市、现代制造业基地、西部职教基地）等决策部署，跟进监督工业园区建设、重大项目实施等情况，督促健全自建项目内控管理办法等制度 20 个，护航“十四五”开好局，起好步。落实川南渝西 4 市 4 区（四川省自贡市、四川省泸州市、四川省内江市、四川省宜宾市以及重庆市江津区、重庆市永川区、重庆市大足区、重庆市荣昌区）纪检监察机关第一次联席会议精神，细化联合监督、干部互派等 13 项具体任务，助力打造“廉洁经济圈”，唱好“双城记”。

【巡视巡察】　2021 年，永川区纪检监察机关把贯彻落实习近平总书记对重庆提出的系列重要指示要求、中央巡视反馈意见整改落实等情况作为重要监督内容，制定《巡察报告问题底稿管理办法（试行）》等制度，分别列出镇街、部门、村（社区）巡察工作清单。将常规巡察与专项巡察有机结合，有针对性开展交叉巡察、巡察“回头看”，精准发现问题，纠正政治偏差。组织开展十四届区委第十一轮巡察，对区检察院党组和 57 个村（社区）党组织开展常规巡察，对 12 个区管党组织开展巡察“回头看”。区委巡察组共受理信访举报 17 件次，发现 296 个问题、14 名党员干部的问题线索。十四届区委共组织开展 11 轮常规巡察、1 次交叉巡察和脱贫攻坚、涉粮问题专项巡察，巡察 110 个区管党组织、2 个市管党组织，延伸巡察村（社区）党组织 262 个。移交问题线索 260 件，处分 30 人。

【纪检监察体制改革】　2021 年，永川区纪检监察机关加强对派驻（派出）机构的领导和指导，强化“室组”联动监督、“室组地”联合办案，实现上下协同联动，增强监督合力。制定派出监察室工作办法，统筹使用监督检查室、派出监察室、镇（街道）纪检监察干部和村（居）监察监督员力量，有效破解基层监督力量不强、力度不够的问题。全区派驻（派出）机构共处置问题线索 122 件次，立案 16 件，处分 14 人。

【区纪委全委会议】　2021 年 2 月 5 日，中国共产党重庆市永川区第十四届纪律检查委员会第六次全体会议召开。出席会议的区纪委委员 23 人，列席 127 人。全会以习近平新时代中国特色社会主义思想为指导，深入贯彻党的十九大和十九届二中、三中、四中、五中全会精神，全面贯彻习近平总书记对重庆所作重要讲话和系列重要指示批示精神，认真落实十九届中央纪委五次全会、重庆市纪委五届五次全会和区委十四届八次全会部署，总结 2020 年全区纪检监察工作，部署 2021 年任务。全会审议通过夏庆英代表区纪委常委会所作的《推动新时代

2021 年 2 月 5 日，中国共产党重庆市永川区第十四届纪律检查委员会第六次全体会议召开
（永川区纪委监委　供图）

纪检监察工作高质量发展，为“十四五”开好局起好步提供坚强保障》工作报告和全会决议。与会人员集体观看警示教育片。

2021 年 12 月 10 日，中国共产党永川区第十四届纪律检查委员会第七次全体会议召开，区纪委委员 23 人出席会议。会议听取关于区纪委向中国共产党永川区第十五次代表大会的工作报告的起草说明，审议通过《中国共产党永川区第十四届纪律检查委员会向中国共产党永川区第十五次代表大会的工作报告（审议稿）》，一致同意提交永川区第十五次党代会审查。

【区纪委常委会议】 2021 年，永川区十四届区纪委常委会召开会议 36 次，分别是第 135 次至第 170 次。第 135 次会议传达学习习近平总书记在中共中央政治局民主生活会上的重要讲话精神等。第 136 次会议学习贯彻十九届中央纪委五次全会和五届市纪委五次全会精神等。第 137 次会议学习贯彻习近平总书记在党史学习教育动员大会上的重要讲话精神等。第 138 次会议学习贯彻全国两会精神，审议 2020 年度纪委派驻纪检监察组工作考核结果有关事宜等。第 140 次会议学习贯彻《关于加强新时代纪检监察干部监督工作的意见》精神等。第 143 次会议学习贯彻习近平总书记在中央政治局第二十九次集体学习时的重要讲话精神等。第 144 次会议学习贯彻全市政法队伍教育整顿监督执纪执法工作专题会议精神等。第 146 次会议学习贯彻习近平总书记重要文章《以史为镜、以史明志，知史爱党、知史爱国》精神等。第 147 次会议学习贯彻全市纪检监察工作会议精神等。第 148 次会议学习贯彻《关于进一步加强审查调查安全工作的通知》精神等。第 150 次会议学习贯彻习近平总书记在 2021 年秋季学期中央党校（国家行政学院）中青年干部培训班上的重要讲话精神等。第 152 次会议学习贯彻川南渝西 4 市 4 区纪检监察机关协作发展助力成渝地区双城经济圈建设第一次联席会议精神等。第 156 次会议学习贯彻《监察法实施条例》等。第 157 次会议学习贯彻习近平总书记在中共中央政治局第三十三次集体学习时的讲话精神等。第 160 次会议学习贯彻习近平总书记在中央人大工作会议上的重要讲话精神等。第 162 次会议学习贯彻习近平总书记在河北承德考察时的重要讲话精神等。第 163 次会议学习贯彻《中国共产党第十九届中央委员会第六次全体会议公报》精神等。第 164 次会议学习贯彻习近平总书记给全国高校黄大年式教师团队代表的回信精神等。第 165 次会议学习贯彻习近平总书记在亚太经合组织工商领导人峰会上的主旨演讲精神等。第 166 次会议学习贯彻习近平总书记在中国—东盟建立对话关系 30 周年纪念峰会上的重要讲话精神等。第 167 次会议学习贯彻习近平总书记在中非合作论坛第八届部长级会议开幕式上的主旨演讲精神等。第 168 次会议学习贯彻习近平总书记在中共中央政治局第三十五次集体学习时的重要讲话精神等。第 170 次会议审议《区纪委监委机关党组织设置调整建议方案》等。

纪律审查

【概况】 2021 年，永川区纪检监察机关处置问题线索 596 件，立案审查调查 119 件，依法留置 5 人，党纪政务处分 118 人，涉嫌犯罪移送检察机关 5 人。

【换届纪律】 2021 年，永川区纪检监察机关以严明的纪律保障换届风清气正。坚持教育在先、警示在先、预防在先，对 23 名重点岗位干部进行个别谈话，对 161 名换届工作人员进行集体谈话。联合做好换届督导和考察工作，坚持综合研判、“下沉一级”核查，审慎高效回复党风廉政意见，严把政治关、廉洁关，防止“带病提拔”“带病提名”。全区纪检监察机构出具廉政意见 2378 人次。紧扣换届纪律“十严禁”（严禁结党营私、严禁拉票贿选、严禁买官卖官、严禁跑官要官、严禁个人说了算、严禁说情打招呼、严禁违规用人、严禁跑风漏气、严禁弄虚作假、严禁干扰换届），加强监督检查，建立信访举报、信息通报、联查联办和快查快结机制，及时处置涉及违反换届纪律的信访举报，坚决维护换届纪律权威。

【“四种形态”处理】 2021 年，永川区纪检监察机关组织运用“四种形态”批评教育帮助和处理 706 人次。用好用足第一种形态，谈话函询、提醒批评 570 人次，占总人次的 80.8%。运用第二种形态 79 人次，占 11.2%。运用第三种形态 30 人次，占 4.2%。运用第四种形态 27 人次，占 3.8%。

【专项治理】 2021 年，永川区纪检监察机关开展骗取套取医疗保险基金、截留克扣教育资助政策资金、乱占农村耕地建房、违规办理残疾人证等 4 个专项治理，督促完善医疗保险领域监控预警办法等 5 项制度。协助重庆市纪委监委开展吊水洞煤矿“12・4”重大火灾事故调查处置，对 10 名党员干部进行追责问责。专项整治粮食购销领域腐败问题，摸清问题线索底数，对购销业务量大、粮食库存多的进行重点督查，督促及时进行问题整改，坚决守护好国家粮食安全。

作风建设

【“干部作风建设年”活动】 2021 年，永川区纪检监察机关持之以恒落实中央八项规定及其实施细则精神和市委实施意见，在全区“干部作风建设年”中，围绕接受吃请、收受礼金、打牌赌博、作风漂浮 4 个方面问题开展专项整治，列出 30 项负面清单，督促全区 93 个单位开展自查清理。在区内主流媒体开设“亮身份晒承诺”专栏，组织 113 名党员干部主动“亮身份晒承诺”，接受各界监督。通过蹲点督导、明察暗访等方式持续开展作风督察，及时发现处置问题线索。

【群众身边的突出问题处置】 2021 年，永川区纪检监察机关持续整治群众身边腐败和作风问题。紧盯巩固拓展脱贫攻坚成果同乡村振兴有效衔接加强监督检查，跟进监督乡村振兴项目40个，督促整改后续帮扶不到位等问题，确保惠民富民、促进共同富裕政策措施落实到位。深入开展村（社区）“三资”（资金、资产、资源）管理提级监督试点，明确5类监督重点9项举措，开列“小微权力”清单、责任清单、负面清单，采取“日常监督+提级监督+划片监督”的方式开展监督检查，督促修订《永川区农村集体“三资”管理实施办法》，不断提升基层治理成效。区监委以整治群众反映强烈的问题为主题，首次向区人大常委会报告专项工作，获全票赞成。

队伍建设

【纪检干部培训】　2021年，永川区纪检监察机关打造高素质专业化纪检监察铁军。举办纪检监察干部讲坛、光盘培训、审查调查培训班，全覆盖开展线上线下测试，加强专业化建设。组织20名基层干部跟班学习、跟案实训，选派10名干部参加中央纪委国家监委和市纪委监委培训，19人次抽调到市纪委监委、市委巡视办工作，在实战练兵中不断提高履职能力。

【纪检干部监督】　2021年，永川区纪检监察机关贯彻落实加强新时代纪检监察干部监督工作的意见，为197名系统干部建廉政档案，常态化开展谈心谈话等活动，严格内部监督管理。

2021年3月24日，永川区纪委监委组织新任村（社区）党组织书记旁听庭审现场警示教育会　（永川区纪委监委　供图）

组织10名特约监察员，通过走进纪检监察机关体验、参加情况反馈专题会议等方式发挥监督作用。坚持刀刃向内，对违纪违法行为零容忍，坚决防止“灯下黑”。

反腐倡廉教育

【廉洁教育】　2021年，永川区纪检监察机关坚持行贿受贿一起查，推行行贿人“黑名单”制度，建立行贿人信息库，对有不良记录的人员实现动态监管。加大重点领域腐败查处力度，严肃查处三教镇陡沟河村原党总支书记钟某某、永川监狱特警大队原一级警长朱某某等严重违纪违法案件。注重警示教育常态长效，组织300余人旁听违法案庭审，指导全区开展警示教育1067场次，受教育党员5万余人次。持续开展全区集中整治违反中央八项规定精神突出问题“以案四改”（以案改治理、以案改监管、以案改制度、以案改作风）工作，共运用典型案例1903件次，治理突出问题126个，建立完善制度431项。

【廉洁文化宣传】　2021年，永川区纪检监察机关依托《中国纪检监察报》《人民日报》《重庆日报》等媒体和风正巴渝网等媒体平台，在重庆市级以上媒体刊发稿件和网评信息35篇，“永川纪检监察”微信公众号累计推送信息127期、293条。围绕《中国共产党党员权利保障条例》策划动画视频《三分钟带您了解条例》在中国纪检监察网站刊发。参与“护航百年路·扬帆新征程”庆祝建党100周年廉洁文化作品征集大赛，《心秤》等5个作品在活动中获奖。永川区纪委监委被中央纪委国家监委新闻传播中心评为2021年度宣传工作先进单位。

（区纪委监委　张庆邻）

民主党派·工商联

中国国民党革命委员会永川区委员会

【概况】 2021年，民革永川区委会共有党员161名（新发展党员6名），下设支部6个。3名党员当选重庆市永川区第十八届人大代表，26名党员担任重庆市永川区第十六届政协委员。“永川民革”微信公众号全年推送信息58条，转发民革中央、民革市委相关学习资料18篇，点击量1.2万余人次。20余篇简报、信息被《团结报》《重庆民革》《永川统战》等采用。民革永川区委会机关荣获民革中央“全国机关工作先进集体”荣誉称号。综合三支部“民革党员之家”荣获民革中央“优秀民革党员之家”荣誉称号。

【组织建设】 2021年，民革永川区委会制定印发《2021年民革永川区委会作风建设年工作实施方案》，开展领导班子成员述职和民主评议，围绕作风建设召开民主生活会。修订完善区委会规章制度，开展机关工作“零差错”活动。加强内部监督，成立民革永川区委监督委员会。召开民革重庆市永川区第四次代表大会，选举产生民革重庆市永川区第四届委员会。新一届区委会班子14人，其中副主委5人（新任副主委2人），新任区委委员6人，班子平均年龄42.6岁。

【参政议政】 2021年“两会”期间，民革永川区委会共提交人大代表建议和政协委员提案50件，其中集体提案9件，个人建议、提案39件、市政协委员向市政协提交提案2件。1件提案被永川区政协评选为优秀提案，并由区领导督办。主动牵头和积极参与中共永川区委政党协商课题，围绕“现代制造业基地建设”“双百城市建设”提出意见和建议13条。健全社情民意信息员队伍，撰写的社情民意信息2篇被民革中央采用，1篇被中央统战部《零讯》采用，1篇被重庆市政协采用，3篇被重庆市委统战部采用，3篇被永川区政协采用。

【社会服务】 2021年，民革永川区委会购买2万余元的日常生活用品，充实临江镇天星村和何埂镇一碗水村“民革爱心超市”，村民可凭参与清扫庭院、维护道路、整治环境、孝老爱亲等活动获得的积分到超市兑换物资。开设“中山博爱讲堂”，到永川中山小学开展反对校园欺凌法律宣传、家族教育、“非遗”剪纸、传统花艺、篮球、跆拳道等讲堂，为临江镇110余名村（社区）干部作2堂法治专题培训和1堂基层矛盾纠纷调解讲座，为20余所学校、1万余名学生开展心理健康团体辅导。到民革履职实践基地——陈食街道，为群众免费书写春联、免费检查身体，开展法律宣传、咨询，给贫困学生购买学习用品、发助学金5000元。助推“精视智造西南研究院项目”落户永川大数据产业园。民革永川区委会开展的“助力基层治理、助推乡村振兴”活动被永川区政协评为界别活动优秀案例。民革永川区委会被民革重庆市委会评为社会服务工作先进集体。

2021年6月8日，民革永川区委会到临江镇为“民革爱心超市”捐赠物资

（范玲玲 摄）

【民革重庆市永川区第四次代表大会】 2021年6月30日，在区政协四楼议政厅召开。应到代表70人，实到70人。重庆市政协副主席、民革重庆市委主委王新强出席会议并讲话。会议听取和审议民革重庆市永川区第三届委员会工作报告，选举产生民革重庆市永川区第四届委员会，通过大会决议。漆远英当选为民革重庆市永川区第四届委员会主任委员。

（民革永川区委会　范玲玲）

中国民主同盟永川区委员会

【概况】　2021年，民盟永川区委会共有盟员375名（其中新发展盟员13名，平均年龄32.3岁），下设支部11个。2名盟员担任重庆市政协委员，5名盟员当选重庆市永川区第十八届人大代表，32名盟员担任重庆市永川区第十六届政协委员。承办民盟市委会第四届教育论坛并获优秀组织奖。编辑上报理论研究文章18篇，8篇获民盟重庆市委奖励，1篇获重庆民盟第二届群言堂一等奖。“永川民盟”微信公众号发表宣传信息12篇，《永川日报》刊登5篇，区融媒体中心专访1篇。

【组织建设】　2021年，民盟永川区委会健全领导班子年度述职考核制度，强化对委员年度分管联系工作的考核，开展民主测评。召开区委会领导班子及其成员民主生活会。加强内部监督，成立民盟永川区委监督委员会。组织暑期盟务骨干调研。召开民盟重庆市永川区第六次代表大会，选举产生民盟重庆市永川区第六届委员会。新一届区委会班子19人，其中主副委7人（新任副主委3人），新任区委委员9人，班子成员平均年龄45.1岁，硕士研究生占28.6%。

【参政议政】　2021年永川区“两会”期间，民盟永川区委会共提交人大代表建议和政协委员提案109件，其中集体提案6件，个人建议、提案103件。1件提案被永川区政协评选为优秀提案。牵头围绕“加快西部职教基地建设”“建设成渝地区双城经济圈现代制造业基地”等课题开展调研，形成调研报告3篇，提出建议12条。围绕“临江河流域、九龙河流域综合整治”，巡河11次，收集反映河道偷排漏排污水等问题7个，提出建议意见9条。收集整理上报社情民意信息121篇，市政协采用1篇，市委统战部采用7篇，民盟重庆市委会采用25篇，被市、区两级领导批示4篇。被民盟市委会评为2020年度反映社情民意工作三等奖。民盟永川区委会被民盟重庆市委会评为参政议政先进集体。

2021年10月21日，民盟永川区委“心·希望”阳光行动到永五中　（陈汝冬　摄）

【社会服务】　2021年，民盟永川区委会着力打造“心·希望”阳光行动社会服务活动品牌，到社区开展法治讲座，到学校开展中小学生心理疏导、党史学习教育、校园应急救援等培训5场次。“心·希望”阳光行动连续5年荣获永川区政协界别活动优秀案例。

【民盟重庆市永川区第六次代表大会】 2021年7月2日，在区政协四楼议政厅举行。应到会代表69人，实到69人。会议听取和审议民盟重庆市永川区第五届委员会工作报告，选举产生民盟重庆市永川区第六届委员会，通过大会决议。任伯平当选为民盟重庆市永川区第六届委员会主任委员。

（民盟永川区委会　陈汝冬）

中国民主建国会永川区委员会

【概况】　2021年，民建永川区委会共有会员278人，其中新发展会员11人，平均年龄35.45岁。13名会员当选重庆市永川区第十八届人大代表，34名会员担任重庆市永川区第十六届政协委员。组织开展“学民建会史、讲民建故事、承优良作风”系列活动，通过参观民建发祥地西南实业大厦、邀请老主委讲永川民建历史、开展会章会史知识竞赛等，传承弘扬民建优良传统。继续关爱会员，全年向会员赠送鲜花和生日卡片260余束（张），看望慰问重病会员4人次，提供会员帮扶40件次，采纳会员意见建议10件。全年撰写上报稿件70余篇，19篇信息被民建中央采用，32篇被民建重庆市委会公众号、网站采用，5篇被国家级媒体腾讯网、零讯网、人民资讯采用，12篇被重庆统一战线、渝西都市报等媒体采用。“永川民建”微信公众号平台推送信息19条，征订发放各类书籍2160册，编印会刊《永川民建》1期。

【组织建设】 2021年，民建永川区委会制定完善制度11项，区委会班子带头遵守和执行各项制度，针对执行中存在的问题，及时修改完善。加强内部监督，成立区委会监督委员会。实行区委委员同步参与新会员入会考试，对区委委员定岗定责、量化任务。实行区委会班子联系基层支部制度，探索推行支部班子AB角互补、会员企业信息共享、会员履职考核，提升工作实效。开展双月座谈、暑期谈心、大走访大谈心等活动。召开民建重庆市永川区第六次代表大会，选举产生民建重庆市永川区第六届委员会。新一届区委会班子19人，其中主副委6人（新任副主委3人），新任区委委员10人，班子成员平均年龄41岁。

【参政议政】 2021年永川区“两会”期间，民建永川区委会共提交人大代表建议和政协委员提案72件，其中集体提案7件，个人建议、提案65件，2件被永川区政协评为年度优秀提案。全年撰写上报调研报告、社情民意等稿件91篇，2篇被民建中央采用，3篇被重庆市政协采用，36篇被民建重庆市委会采用。围绕加快永川现代制造业基地建设、西部职教基地建设开展调研，提出建议意见20余条。主动承接民建市委会调研课题，撰写形成调研报告5篇，其中1篇转化为民建市委会集体提案。围绕临江河流域整治，开展集中巡查6次，交叉监督检查2次，发现污染源头问题10个，提交建议7条。围绕打造营商环境最优区，解决企业遗留疑难问题50余件。就加快永川现代制造业基地和西部职教基地建设等提出意见建议30余条。

【社会服务】 2021年，民建永川区委会推进“创业兴业”工程，继续做靓社会服务品牌。发挥民建区委会2个“创业兴业培训基地”和16个“创业兴业实训基地”作用，全年培训新媒体、大学毕业生、返乡农民工等领域人员4460人次，提供创业兴业实训4000余人次，提供招聘就业岗位信息2万个。“学校企业优势互补、助推学生创新创业”活动被永川区政协评为界别委员活动优秀案例。

2021年10月15日，民建永川区委会在重庆赛菱斯职业学校开展“学校企业优势互补、助推学生创新创业”活动 （夏悦茗　摄）

【民建重庆市永川区第六次代表大会】 2021年7月3日，在永川区行政服务中心236会议室召开。应到会代表96人，实到93人。会议审议并通过《民建永川区第五届委员会工作报告》，选举产生民建永川区第六届委员会委员，通过大会决议。罗朝友当选为民建永川区第六届委员会主任委员。

（民建永川区委会　夏悦茗）

中国民主促进会永川区委员会

【概况】 2021年，民进永川区委会共有会员384人，其中新发展会员13人。5名会员当选重庆市永川区第十八届人大代表，35名会员担任重庆市永川区第十六届政协委员。在五洲小学、重庆枫叶国际学校、红旗小学、双石中学建永川民进履职实践基地，分别授牌“五洲书院”“枫叶书院”“桂山书院”“响水书院”，已创建永川民进履职实践基地11个，书院11个。民进永川区委会被民进中央评为“民进全国脱贫攻坚民主监督工作先进集体”。

【组织建设】 2021年，民进永川区委会加强内部监督，成立区委会监督委员会。开展大走访大谈心活动，累计走访会员单位、履职实践基地20余次，走访会员本人及单位13次，主委、副主委与班子成员、支部主委、会员谈心谈话80余人（次）。召开民进重庆市永川区第五次代表大会，选举产生民进重庆市永川区第五届委员会。新一届区委会班子18人，其中主副委6人（新任副主委3人），新任区委委员8人，班子成员平均年龄42岁。

【参政议政】 2021年永川区“两会”期间，民进永川区委会共提交人大代表建议和政协委员提案48件，其中集体提案8件，个人建议、提案40件，1件提案被永川区政协评选为优秀提案。到五洲小学开展“民进界——走进最美校园”活动，界别活动被永川区政协评为界别活动优秀案例第一名。民进永川区委会积极反映社情民意，1条被全国政协采用，2条获重庆市领导批示，2条被中央统战部采用，11条被民进中央采用，24条被重庆市委办公厅采用，22条被重庆市政协采用，14条被重庆市委统战部采用。50余条信息被民进重庆市委会采用，百余条信息被永川区委办、永川区委统战部、永川区政协采用。民进永川区委会被民进中央评为“民进全国反映社情民意工作先进集体”。

【社会服务】 2021年，民进永川区委会开展“倡导经典诵读，建设书香校园”第五期工程——儿童文学经典赠书活动。全年累计赠书22所（次），演讲22场（次）；累计一、二、三、四、五期工程640余所（次）学校，义务专题演讲640余场（次）。“香喷喷故事团”讲故事10余场，累计200余场。开展《阅读，最美的成长》《最美童诗》等专家讲学10余场次，举行《大风的嘴巴》最美童诗第三届童诗记忆大赛。开展“春联万家”活动、乔颖爱心学校画材捐赠活动、“冬日阳光温暖你我”爱心捐赠活动。

【民进重庆市永川区第五次代表大会】 2021年7月6日，中国民主促进会重庆市永川区第五次代表大会在永川区行政服务中心236会议室召开。应到会代表85人，实到84人。大会审议并通过《民进重庆市永川区第四届委员会工作报告》，选举产生民进重庆市永川区第五届委员会委员，通过大会决议。杜金蓉当选为民进重庆市永川区第五届委员会主任委员。

（民进永川区委会　周小芳）

2021年4月22日，永川区政协界别活动“民进界——走进最美校园”活动到五洲小学

（张琪和　摄）

中国致公党永川支部

【概况】 2021年中国致公党永川支部新发展党员3名，共有党员26名，其中博士5名，高级职称15名，高级职称占比58%。下设文理学院、青年工作、调研工作3个小组，5名党员担任永川区第十六届政协委员。

【思想建设】 2021年，致公党永川支部开展主题教育活动4次。4月27日，在达瓦公司开展“党史学习”主题教育活动，引导全体党员认真学习中国共产党的历史、统一战线的历史、致公党的历史，不断增进对中国共产党和中国特色社会主义的认同。6月11日，在重庆索原会计师事务所会议室开展第二次中共党史学习活动，学习《辉煌的历史 峥嵘的岁月——党中央在延安十三年》。9月18日，在重庆索原会计师事务所开展《中国共产党统一战线工作条例》学习活动。11月29日，致公党永川支部召开专题学习会，学习传达中共十九届六中全会精神，要求党员把思想和行动统一到中共中央的决策部署上来。

【组织生活】 2021年，致公党永川支部开展丰富的组织生活。张瑞君参加永川区统战干部在延安开展的《红色革命理想信念教育培训班》学习。刘亮参加在井冈山溯源红色教育培训中心开展的《川渝致公党史传统教育培训》学习。参加永川区统一战线庆祝中国共产党成立100周年“永远跟党走”诗朗诵活动，参加区内各民主党派、工商联、知联会换届会。与台联、侨联、少联会组成的少联侨台致公党联合代表队参加重庆市永川区统战系统第三届运动会，取得团体第一名。参加川渝致公党第三次和第四次主委联席会议。与重庆市荣昌区、四川省泸州市致公党组织一起到“致泸合作”基地四川省泸县开展调研和党务工作交流。

【参政议政】 2021年，致公党永川支部提交提案、建议15件次，提交社情民意9篇、理论文章5篇。支部组成调研小组，集思广益，精选课题，开展专题调研3次，政党协商专题调研2次，提交调研报告5篇。与区侨联联合开展侨界智库服务永川企业活动，推动侨界智库服务永川企业。

（致公党永川支部　张瑞君）

中国九三学社永川区委员会

【概况】 2021年，九三学社永川区委会新发展社员12人，共有社员130人，其中副高级以上职称82人。2名社员当选重庆市永川区第十八届人大代表，21名社员担任重庆市永川区第十六届政协委员。全年编印《永川社讯》2期，九三学社永川区委会微信公众号发布信息22条。上报信息68条，九三学社中央网站采用27条、九三学社重庆市委网站采用36条，永川区委统战部采用20条、永川区政协采用31条，永川区级媒体宣传报道5条。九三学社永川区委会荣获九三学社重庆市委思想政治和宣传、参政议政、社会服务、组织建设、参政党理论与社史研究等五项工作先进集体。

【组织建设】 2021年，九三学社永川区委会共召开主委会议8次，社区委全体及扩大会议5次，集体研究决策组织人事、参政议政、专题调研、社会服务等重要工作和社内重大事项。完善内部监督机制，扎实开展班子成员年度述职工作，组织召开领导班子谈心会、民主生活会。召开九三学社重庆市永川区第五次代表大会，选举产生九三学社重庆市永川区第四届委员会。新一届区委会班子20人，其中主副委5人（新任副主委2人），新任区委委员6人，班子成员平均年龄43.67岁，硕士及以上学历占33.33%。

【参政议政】 2021年，在全国、市、区“两会”期间共提交人大代表建议和政协委员提案61件，其中集体提案8件，个人建议、提案53件。1件被列为区级重点督办建议。全年上报社情民意信息36条，其中1条被九三学社中央采用，1条得到永川区领导批示。围绕九三学社重庆市委及中共永川区委、区政府的重点调研课题开展调研，撰写调研报告10篇。围绕中共永川区委政党协商计划深入调研，提出建议9条。围绕党代会工作报告、常委会工作报告、区政府工作报告提出建议意见19条。开展以“宣传推广永川秀芽品牌，助推永川茶叶做大做强”为主题的界别活动，为永川茶产业发展献策。开展“民营企业百日大走访”活动，提出意见建议6条。组织界别政协委员开展专项民主监督活动，全年到各自负责河段巡河42人次，提出监督意见、建议8条。完成“成渝地区功能农业发展”课题调研，到成都市大邑县稻乡渔歌田园综合体考察调研，分别与九三学社四川省眉山市委、四川省自贡市委、四川省泸州市委在医疗卫生、教育事业、茶产业发展等方面达成进一步共识。到重庆市巴南区和大渡口区开展公路物流和数字经济发展专题调研。

【社会服务】 2021年，九三学社永川区委会坚持做好“九地合作”。全年到金龙镇开展“九三专家诊室”坐诊查房活动12次，组织社员进乡村入学堂21次。为茶叶企业提供有机肥、粘虫板等生产物资11万元，开展标准化茶园管理、病虫害绿色防治、名优绿茶加工等技术指导。协助重庆富顺林业公司完成标准化茶园1200亩、加工厂房3600平方米建设，获SC茶叶生产许可认证。助推新增蔬菜种植120亩，新增食用菌30万袋，新增水果1000亩。助推新增流转土地2000亩，宜机化改造土地1500亩，冬水田建设4657亩。指导推动洞子口村农村宅基地改革试点工作。组织社员捐款资助贫困学生1名，帮助金龙镇1户脱贫户增收，帮助重庆五花马农业科技有限公司建立水果基地1500亩。携手广东奥妙公司开展“同心美丽家园”爱心捐助活动，累计向各镇街养老院、福利院及部分困难家庭、村和社区基层工作者捐赠价值14万元的洗衣液。选派社内资深科技专家组建脱贫攻和乡村振兴专家服务团队，到重庆市城口、巫山、开州、巫溪、石柱等区县开展科技扶贫活动45次，举办各类技术培训22次，培训农业技术人员和种植户1200人。

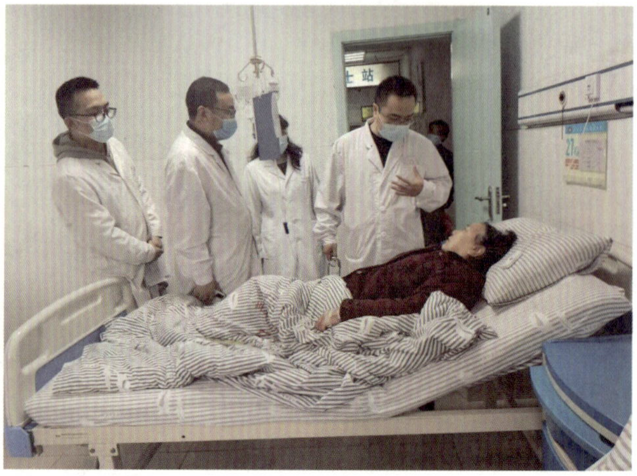

2021年3月24日，九三学社永川区委会组织社内专家到金龙镇卫生院开展“九三专家诊室”活动 （游阳 摄）

【九三学社重庆市永川区第五次代表大会】 2021年6月28日，在区政协四楼议政厅召开。应到会代表66人，实到66人。会议审议并通过《九三学社永川区第三届委员会工作报告》，选举产生九三学社永川区第四届委员会委员。张前勇当选为九三学社永川区第四届委员会主任委员。

（九三学社永川区委会 游阳）

永川区工商业联合会

【概况】 2021年，永川区工商业联合会（简称区工商联）有会员5799个（其中企业会员2509个），辖基层组织50个，其中镇街商会23个、行业商会14个、异地商会11个、团体会员1个（民营经济协会）、内设机构1个（区工商联青年委员会）。

【商会建设】 2021年，区工商联开展“服务高质量发展商会建设年”活动，落实专项资金15万元支持基层商会改革发展。指导成立永川区永联园区商会，搭建起各产业园区民营企业交流合作平台。指导成立永川江西商会党支部，发展党员1名。指导区房产中介商会、南大街商会、仙龙商会、五间商会、永荣商会、茶山竹海商会、区餐饮商会完成换届工作。指导区汽车商会、区装饰建材商会、永川江苏商会完成届中班子成员调整。红炉商会创建“永川区小企业创业基地”。全年成功创建全国“四好商会”1个、市级“四好商会”4个。全区共有全国“四好”商会2个，市级“四好”商会4个。

【“诚信永商”建设】 2021年，区工商联持续推进“诚信永商”建设，举办“诚信永商”建设专题讲座、召开“优质诚信企业”激励政策对接座谈会，教育引导辖区企业和企业家树做爱国敬业、守法经营、创业创新、回报社会的典范。全年评定授牌“优质诚信企业”85家。

【服务民营企业】 2021年，区工商联协同相关部门，组织召开永川邮政储蓄银行与豆豉行业民营企业代表金融服务对接座谈会、“春雨润苗走进商会”政策宣讲暨银企对接座谈会、区中小企业担保公司和北银村镇银行与10余家“优质诚信企业”金融服务恳谈会，开展“金融服务进商会进企业”活动等，为5家豆豉行业的民营企业落实融资1500万元，10户中小企业获得信用贷款授7587万元。全年为辖区内中小微企业提供转贷应急周转资金82笔、31269万元，发放中小企业风险补偿贷款21笔、8920万元。

【非公经济人士培训】 2021年，区工商联组织基层商会秘书长到西安交通大学培训，专题学习习近平新时代中国特色社会主义思想、党史、宏观经济、中国传统文化等内容，提升基层商会秘书长能力素质，助推商会改革发展，更好服务民营经济。组织新一届副主席（副会长）到复旦大学开展民营企业家素质能力提升培训，提升企业家思想政治素质和经营管理能力。

【社会责任实践】 2021年，区工商联会同相关部门启动“万企兴万村”行动，助力乡村振兴。区商贸商会、区餐饮商会、区物流商会、红炉商会、永川江苏商会以及西源凸轮轴、海通机械、永信科技、航凌电路板、通都建材等民营企业购买扶贫产品1000余万元。朱沱商会副会长支持江永村修公路、向贫困学生捐钱捐物。何埂商会帮助会员企业销售扶贫产品800余万元。临江商会动员会员企业投资乡村振兴项目610万元。来苏商会引导辖区企业组织购买扶贫产品450万元，参与“万企兴万村”带动就业600余人，投资1000万余元打造梳妆台三角湾农业合作社观光产业园。全区民营企业及商会累计投入资金4000余万元。何埂商会会长推行“生猪产业扶贫计划”，每年带动10万农户增收4.5亿元，还通过“联合养猪、联合开店，共同创业、共同富裕”的方式助推乡村振兴。红炉商会资助在校贫困学生10余人，向重庆市教育基金捐赠40余万元。中山路商会会员捐款捐物80余万元、陈食商会会员捐款83万元、临江商会公益捐赠60万元、来苏商会向河南捐赠抗灾物资、区装饰建材商会向板桥镇低收入困难家庭免费发放爱心鸡苗等。全区民营企业及商会累计捐款捐物1000余万元。

2021年11月1日，永川区民营经济发展座谈会召开 （袁卿予 摄）

【参政议政】 2021年，区工商联围绕“十四五”规划、成渝地区双城经济圈建设等工作开展调研，形成调研报告10余篇。汇聚民营企业家智慧，形成“永商金点子”建议2篇，其中1篇获得区领导批示。全年向重庆市工商联、区委、区政府报送工作专报4期。工商联界别人大代表、政协委员积极参政议政，市人大代表提交建议8件、市政协委员提交提案4件，区人大代表提交建议61件、区政协委员提交提案21件。

【服务方式优化】 2021年，区工商联联合区人民检察院设立服务民营经济联络办公室，建立民营经济检察官联络员制度，持续开展“法官进民企”“莎姐大普法”等活动，开展普法宣传、安全讲座、防电信诈骗等培训30余场次。参与“四帮一体验”（帮助企业做好疫情防控、帮助企业落实优惠政策、帮助企业解决困难问题、帮助企业完善发展措施，体验企业艰辛、查找服务差距）活动。全年选派218名机关干部进驻109家企业，帮助申报和咨询政策210项（其中已办结153个，正在办理57个），解决困难问题213个（其中，已办结130个，办理中83个），涉及资金1692万元。区民营企业纠纷调解中心共受理纠纷113件，案件总金额5140余万元，累计受理纠纷827件，调解成功825件，为企业挽回经济损失2.49亿元。

【永川区工商联（总商会）第十三次会员代表大会】 2021年7月5日，永川区工商联（总商会）第十三次会员代表大会在永川区江鸿国际大饭店召开。大会应到代表200名，实到198名。会议审议通过永川区工商联（总商会）第十三届执委会主席（会长）、副主席、副会长、秘书长、常务委员名单，通过投票选举产生新一届领导班子。谢绍刚当选永川区工商联主席、总商会会长。新一届工商联（总商会）设主席（会长）1名，常务副主席（常务副会长）1名，专职副主席（副会长）2名，兼职副主席30名，兼职副会长5名，秘书长1名，设常委84名，执委177名。（区工商联 罗世科）

永川区总工会

【概况】 2021年，永川区总工会（简称区总工会）坚持服务大局，服务职工，聚焦主责主业，凸显作用作为。在区县工会工作综合目标考核中获特等奖，位列重庆市第二名。全区有基层工会1392个，职工数为182605人，工会会员人数为154236人。

【工会组织建设】 2021年，区总工会持续推进党史学习教育，举行“学党史、守初心、担使命”知识竞赛、“学党史 感党恩 跟党走”职工故事大赛。全年新建基层工会66家，涵盖职工6031人。开展创建“职工之家”活动，命名合格职工之家25个，先进职工之家9个，职工之家示范单位2个，重庆市模范职工之家1个。以点带面示范，推进民主管理。重庆重交再生资源开发股份有限公司联合工会委员会申报2021重庆市厂务公开民主管理示范点，陈食街道工会联合会民主管理集体协商建制扩面。继续推动非公企业新建职代会、职工董事等民主管理制度。11月，胜利路街道工会发展重庆朋聚物业管理有限公司新建职代会。采取以会代训、扩大宣传的方式加强全区基层工会干部培训，推动厂务公开和民主管理、工会规范化建设、职工互助保障、困难职工帮扶等工作落地落实。印制《中华人民共和国民法典》、宣传袋等下发基层工会。根据《中国工会审计条例》规定，对南大街街道工会、通达运输有限责任公司工会、大安中学工会等22个基层工会经费进行审计审查。

【职工权益维护】 2021年，区总工会扎实开展职工法律援助工作。全年共受理案件316件，办结300件，其余案件已全部进入仲裁、诉讼程序，为426名职工挽回经济损失566.32万元。2021年9月，永川区总工会劳动争议人民调解委员会入驻永川区矛盾纠纷联合调处中心。全年调解案件165件（其中司法确认11件），为289名职工挽回经济损失223万元。《工人日报》以“重庆永川区总创新劳动争议调解工作模式‘惠工调解’助职工快速维权”为题进行宣传报道。

2021年，永川区总工会配合区卫健委、区应急局、区人力社保局等部门开展联合执法检查，排查劳动安全隐患和督促落实职业病防范措施。参与安全事故调查13次，其中工贸行业安全生产事故3次、道路交通安全事故10次。与区应急局共同创作的文艺小品《生命至上》在全市第七届“安全伴我行”文艺创作比赛中获三等奖。联合区应急管理局在重庆新泰机械有限公司会议室开展2021年《中华人民共和国安全生产法》进企业宣传活动，200余家企业的安全管理人员和职工代表500余人参加此次活动。联合四川省泸州市总工会到新疆维吾尔自治区喀什地区、青海省西宁市考察调研永泸籍农民工联络服务站建站工作。联合区妇联、区法院、区检察院、区公安局、区司法局等14个单位开展永川区2021年“建设法治中国 巾帼在行动——千万妇女大学法”普法宣传活动。发放普法宣传资料2000余份。各级基层工会组织迅速响应，大安街道工会、五间镇工会、红炉镇工会等认真开展女职工维权宣传活动及讲座52场次，发放宣传资料3000余册。联合区司法局、重庆雨禾律师事务所等单位开展永川区“尊法守法·携手筑梦”服务农民工公益法律服务行动的系列活动，发放《中华人民共和国民法典》《保障农民工工资支付条例》1200册、其他各类宣传资料1200余份，接受法律咨询15人次，受理法律援助案件8件。联合区人力社保局、区民营经济促进中心等相关部门举办“规避劳动用工风险”培训班，183家企业200余人参加。联合区人社局举办《保障农民工工资支付条例》培训会，来自全区各行业建筑领域的相关工作人员100余人参加培训。

【培养选树工匠人才】 2021年，永川区发布十大“永川工匠”和十大“服务标兵”。举办庆“五一”暨第三届十大“永川工匠”“服务标兵”发布典礼。选树10名“永川工匠”和10名“服务标兵”。10人获得重庆市第六届劳动模范和先进工作者称号。动员劳动模范和先进工作者开展“我为群众办实事”实践活动，成立乡村振兴劳模服务团、产业工人队伍建设劳模宣讲团。重庆中材参天建材有限公司、重庆市永川区妇幼保健院获得重庆五一劳动奖状，4人获重庆五一劳动奖章。招商局新材料科技（重庆）有限公司、中交一公局重庆城市建设发展有限公司、国家税务总局重庆市永川区税务局获得重庆市工人先锋号。王明安劳模创新工作室获评2021年重庆市劳模和工匠人才创新示范工作室。为获评2021年全国五一劳动奖章、2021年重庆五一劳动奖状、重庆五一劳动奖章、重庆市工人先锋号单位和个人颁奖。永川电视台、永川广播电台、《渝西都市报》、永川微发布和永川头条微信公众号、永川头条App、永川手机报等媒体资源，以及永川区总工会微信公众号等平台，刊播2021年十大“永川工匠”“服务标兵”，以及2021年全国五一劳动奖、2021年重庆五一劳动奖状、重庆五一劳动奖章、重庆市工人先锋号等单位和个人先进事迹。

【劳动技能竞赛】 2021年，区总工会承办由重庆市总工会、四川省总工会、重庆市永川区人民政府共同举办的2021年成渝地区双城经济圈现代制造业技能大赛。与区人力社保局、区交通局等联合主办2021年永川区机械制造业技能竞赛汽车维修项目竞赛。与区人力社保局、区商务委等单位联合举办全区健康养老行业职业技能竞赛、社会服务行业职业技能竞赛、制造行业职业技能大赛。组织职工参加重庆市网上劳动和技能竞赛。组织企事业单位参与重庆市网上劳动和技能比赛，报名7个单位，上传8个竞赛方案，共评选月度之星10人、优秀“五小”（小发明、小创造、小革新、小设计、小建议）2项。

【工会帮困扶贫】 2021年，永川区总工会持续开展扶贫帮困。帮扶全国级建档困难职工3户，追踪帮扶生活困难职工46户，发放帮扶资金91500元。金秋助学帮扶9人，发放帮扶资金69600元。医疗救助3人，发放帮扶资金65000元。区总工会给予对口帮扶的吉安镇3万元经费，用于支持淘金果蔬种植股份合作社。严格按照区委乡村振兴战略布局，承担消费帮扶任务2万元，紧密协调配合吉安镇乡村振兴目标任务，全力落实落细帮扶任务。

【职工活动】 2021年，区总工会通过丰富的活动，服务全区广大职工。各级工会充分发挥职工书屋作用，结合“互联网+”时代信息量大、绿色高效的特点，大力推行数字阅读。打造区级职工书屋示范点10家，升级区总工会职工书屋，举办读书分享沙龙8场。惠工课堂教室、职工乒乓球馆、职工健身馆完成提档升级。举办惠工课堂4期、53门课程，参与职工2038人次。惠工讲堂2期，参与职工400人次。做好企业外地留渝过年职工的关心关爱工作，发放慰问品2000份、电影票5000张。举办以“幸福女性快乐巾帼”为主题的趣味游戏活动。与区融媒体中心联合举办庆祝中国共产党成立100周年——“中国梦·劳动美”永川区职工电视歌唱大赛。积极参与筹办重庆市第六届运动会相关工作，协调组织6000名职工参加2021永川马拉松比赛。动员全区各级基层工会女职工参与“情系女职工·法在你身边”全国职工线上法律知识竞赛活动。承办市总“金秋脱单，爱在永川——渝见·会聚良缘”交友联谊活动。邀请全国总工会文工团为歌颂庆祝中国共产党成立100周年打造的大型综合文艺节目《奋斗者之歌》到永川区演出。与区委宣传部、区党史学习教育办、区文化旅游委联合举办“永远跟党走 欢跃四季·舞动巴渝”——重庆市广场舞选拔赛暨2021永川区第九届广场舞展演赛。《工人日报》以《重庆市永川区总工会不断提升职工幸福感 为职工办实事 把职工事办实》为题，进行专题报道。

【职工普惠服务】 2021年，永川区总工会通过微信公众号发出《致全区劳动者的一封信》，鼓励全区职工在各条战线挥洒汗水、建功立业。筹措资金16万余元，购买防暑食品、药品，看望慰问高温下坚守岗位、辛勤工作的环卫工人、建筑工人、生产一线工人和交巡警2700人。开展职工心理疏导服务，通过电话以及线上、线下形式提供个案咨询6369人次。为区卫生健康委、致伸科技、长祺汽车等单位的2000余名职工送去心理健康讲座21场。以“传递关爱 点亮未来”为主题的关爱外来务工人员及其子女活动到南大街小学，向70余名小朋友们致以节日的问候，并向他们赠送慰问礼包。启动助力乡村振兴心理健康公益行活动，走进乡村学校举办“学会管理情绪”专题讲座，引导孩子们调节不良情绪，热爱学习，做一个自信、积极向上、乐观的学生。为花桥小学留守儿童赠送文具盒、水彩笔、跳绳等学习用品。

【永川区工会第十四次代表大会】 2021年12月9日，永川区工会第十四次代表大会在永川文化艺术中心召开。会议听取和审议永川区总工会第十三届委员会工作报告，审议永川区总工会第十三届委员会财务工作报告和经费审查委员会工作报告，选举永川区总工会第十四届委员会委员、经费审查委员会委员，通过大会有关决议。

【第三届十大“永川工匠”“服务标兵”发布典礼】 2021年4月27日，由中共重庆市永川区委、重庆市永川区人民政府主办，永川区总工会承办的2021年永川区庆“五一”暨第三届十大“永川工匠”“服务标兵”发布典礼在永川文化艺术中心举行。李戈、刘恩、刘涛、牛晓东、谭其、汪兴林、王川、吴清和、余廷勇、周伟获评第三届十大“永川工匠”。邓波、邓鸣善、董天红、何梅、黄小波、李时根、刘闻斌、万力铭 、许家永、晏苹获评第三届十大“服务标兵”。典礼上讲述第三届十大“永川工匠”“服务标兵”的先进事迹，为第三届十大“永川工匠”“服务标兵”获得者授予证书和纪念章。典礼上还为获评2021年全国五一劳动奖章、2021年重庆五一劳动奖状、重庆五一劳动奖章、重庆市工人先锋号单位和个人进行颁奖。

【2021年成渝地区双城经济圈现代制造业技能大赛】 2021年7月6日，在永川区举行。大赛由重庆市总工会、

四川省总工会、重庆市永川区人民政府共同举办，以“‘建功十四五·奋进新征程’——智造高质量，共建经济圈”为主题，设置电气设备自动控制线路装调、数控车工、CAD 与 3D 打印技术、工业机器人技术应用等 4 个比赛项目。来自川渝两地 56 支代表队的 153 名选手同台竞技。经过一天的激烈角逐，电气设备自动控制线路装调项目、CAD 与 3D 打印技术项目、工业机器人应用技术项目、数控车工项目共有 47 名代表荣获一、二、三等奖，其中四川省中烟工业代表队的李有松，永川区代表队的江若鑫、胡洪兵、高廉政分别荣获电气设备自动控制线路装调项目、CAD 与 3D 打印技术项目、工业机器人应用技术项目、数控车工项目一等奖。四川省成都市代表队、德阳市代表队、内江市代表队、宜宾市代表队，重庆市九龙坡区代表队、重庆长安汽车代表队获优秀组织奖。

【“中国梦·劳动美”永川区职工电视歌唱大赛】 2021 年 4 月 2 日，由永川区总工会、区教育委员会、区融媒体中心联合主办的庆祝中国共产党成立 100 周年“中国梦·劳动美”永川区职工电视歌唱大赛决赛在永川区融媒体中心演播大厅举行。来自全区各行业 87 名职工参赛。经过激烈角逐，王石、田源分别获得非专业组决赛中年组、青年组一等奖，李玲、李晓苏获得专业组决赛一等奖。王石、田源代表永川参加重庆市庆祝中国共产党成立 100 周年——“中国梦·劳动美”重庆市首届职工文艺展演（电视歌唱大赛）复赛。在复赛中，王石获得 100 强，田源获得 50 强。

【“学党史、守初心、担使命”知识竞赛】 永川区总工会举行的“学党史、守初心、担使命”知识竞赛以线上、线下形式举行。线上知识竞赛从 6 月 29 日开始，7 月 1 日结束。2021 年 6 月 29 日上午，线下知识竞赛在区总工会三楼会议室举行，各镇街、系统、园区工会联合会（总工会），直属工会组合成 11 支队伍参赛。比赛分为必答题、抢答题、风险题三种类型，参赛

2021 年 6 月 29 日，“学党史 感党恩 跟党走”职工故事大赛决赛在永川区总工会三楼会议室举行　　（曾洁　摄）

内容涵盖中国共产党的革命史、新中国史、改革开放史、社会主义发展史。永荣镇代表队等 4 个单位获得一等奖，交通系统代表队等 8 个单位获得二等奖，仙龙镇代表队等 12 个单位获得三等奖，新城建管委组合代表队等 20 个单位获得优秀奖。

【“学党史 感党恩 跟党走”职工故事大赛】 2021 年 6 月 29 日，永川区总工会举行“学党史 感党恩 跟党走”职工故事大赛决赛。区总工会收到各基层工会筛选推荐 51 篇优秀稿件，通过故事文稿的初筛，确定 12 名参赛选手进入决赛。参赛选手讲述革命先辈的先进事迹、建党百年来走过的光辉历程以及自己或身边同事不忘初心跟党走、立足岗位勇拼搏的典型事迹。经过激烈角逐，区直机关直属工会选送的刘扬华荣获一等奖。

（区总工会　周卓越）

中国共产主义青年团永川区委员会

【概况】 2021 年，中国共产主义青年团永川区委员会（以下简称团区委）

2021 年 6 月 24 日，团永川区委在江鸿国际大饭店开展“共青团与人大代表、政协委员面对面”市级示范活动　　（郭玉秀　摄）

召开第十九次代表大会，举办“青春心向党 逐梦新征程”五四主题集会、“永童心向党 致敬百年”第九届文化艺术节等活动。承办“共青团与人大代表、政协委员面对面”“西部情山·追爱专列”2021年“重庆共青团·青春之约”青年婚恋交友、“无毒青春——青少年禁毒游园会”3次市级示范活动。承办重庆西部计划志愿者乡村振兴创新项目设计大赛复赛，承接团中央智慧团建手机系统推广试用区县试点工作。实施“大学生志愿服务西部计划项目”，669名考生参加招募考试，为70个用人单位招募100名应届毕业大学生。全区有重庆市级青年文明号31家，永川区级青年文明号39家。通过“永川团小微”微信公众号、抖音、快手等互联网平台传播正能量，弘扬主旋律。制作《国庆献礼》《志愿青春 护水有我》等主题视频及节日系列壁纸。全年工作获《中国青年报》、人民网、《重庆日报》、“重庆共青团”微信公众号等宣传报道33次。北山中学校团委被评为“重庆市五四红旗团委”，胜利路街道张家坡社区志愿者熊燕妮被评为“重庆市优秀共青团员”。

【基层组织建设】 2021年，团区委联合中共重庆市永川区委非公经济和社会组织工委下发文件，分解建团指标，全年新建非公经济和社会组织团组织82家。新成立高新区团工委，扩大新兴青年群体团组织的覆盖。选派优秀大学生和青年干部到基层团组织兼任团支部第一书记。开设“青马工程”暨团干部培训班、“打造有凝聚力的团队”户外素质拓展培训、“智慧团建”系统操作培训会、团的基层组织建设座谈会和团干部专题培训会等，提升团干部业务能力。智慧团建系统在全区各镇街、学校全覆盖。256个村（社区）团组织完成换届。规范入团程序，全年新发展团员4174名。全区共有注册团员23444名，团组织1107个，其中团委51个，团工委20个，团总支16个，团支部939个。全区有团组织委员824人，其中“90后”委员472人，占57%。全区共配备团干部1973名，团干部和团支部书记配备率均为100%。

【青少年思想道德建设】 2021年，团区委组织青少年学习贯彻习近平总书记系列重要讲话精神以及党的十九届五中、六中全会精神，参与青少年1.2万余人次。开展“青年大学习”网上主题团课学习活动，参与青少年45万余人次。组建习近平总书记“七一”重要讲话精神青年宣讲小分队，进机关、校园、企业集中宣讲20余次。举办“青春心向党”“童心向党”“我为群众办实事”主题实践活动80余场次，组织全区各级团组织开展“学党史 强信念 跟党走”学习教育活动100余场次。推出“学党史 强信念 跟党走”主题课程，在全区“青少年之家”组织青少年观看爱国爱党主题影视，阅读分享革命先烈故事，引领青少年传承红色基因。举办“青春心向党 逐梦新征程”五四主题集会、“永童心向党 致敬百年”第九届文化艺术节、“永远跟党走”红色之旅研学实践等活动30余期，让青少年在实践锻炼中培育社会主义核心价值观。举办5期“永川青年大讲堂”，邀请团市委副书记黄永宜、重庆市团校副校长王毅等专家学者举办专题讲座。开设“天骄家长课堂”，邀请青年专家到永川授课3场次，参与青少年1000余人次。团区委联合区检察院开展“莎姐”检察官系列活动，组织青年志愿者开展法治讲座、法治趣味问答等活动，在“12·4”国家宪法日、“12·5”国际志愿者日等时间节点开展普法宣传学习活动26场次，提高青少年法治意识。强化榜样育人，构建少先队“红领巾奖章”激励评价体系，表彰三星章获章集体94个、三星章获章个人431名。“五四”青年节表彰各类先进集体82个、先进个人369名。

【青少年活动】 2021年，团区委组织开展“流动少年宫”进基层公益性活动35期，为3000余名小学生送去舞蹈、书法、器乐、泥塑、剪纸等培训课程。开展“希望工程·圆梦行动”，资助54名贫困大学新生，发放助学金17.97万元。开展“放飞希望·成就梦想”助学活动，为16名中小学生发放助学金1.8万元。开展“冬日阳光·温暖你我”永川区2021年“红领巾手拉手”新春主题公益关爱行动，为1070名永川区儿童和30名黔江区儿童实现新年心愿1100个。加强12355青少年服务工作站建设，通过热线咨询、预约面询、专题活动和网络服务等方式，为青少年提供心理疏导、法律援助等服务。举办“全城热恋·缘起永川”“浪漫樱花季·情定520”等婚恋交友活动5次，承办“西部情山·追爱专列”2021年“重庆共青团·青春之约”青年婚恋交友示范活动，帮助解决单身青年的交友难题。

【青年志愿服务行动】 2021年，团区委实施“青山碧水行动”。全年组织“林小青”青年志愿服务队开展义务植树、巡林护林、森林防火等志愿服务850余场。组织“河小青”青年志愿服务队在永川河流区域性开展水污染防治、水环境治理、水生态修复等志愿服务760余场。组织“洁小青”青年志愿服务队开展白色垃圾清理、牛皮癣清除等活动720余场。实施“暑期托管计划”，开设免费暑期托管班8个，受惠儿童520余人。推进“生命启蒙·童心筑梦”项目，开展童心筑梦营、真人图书馆、生命教育课堂等志愿服务活动84期。暑假期间，由300余名大学生组成的20余支志愿服务队进村社开展活动90余场次。打造“茶竹红领巾”志愿服务队，组织培训4次，150余名少先队志愿者参加培训。开展以“青春志愿行 建功‘十四五’”为主题的“学雷锋”志愿服务实践活动，180余名志愿者为群众提供公益理发、医疗义诊、生活知识宣传等服务。成立永川区青少年心理健康志愿者联盟，在疫情防控期间为青少年提供心理援助服务。组织1500余名青年志愿者、返乡大学生参与疫情防控活动2000余次。招募防疫储备青年志愿者2000余名，组建4支专业青年突击队，为各街道社区筹集发放口罩9000余个，消毒液20公斤。

【青年创新创业行动】 2021年，团区委完善联系服务青年企业家制度，团区委班子成员走访青商会、青促会、青创会企业，与青年企业家交流企业发展现状及未来发展方向。持续实施“未来企业家青锋计划”，投入资金 20 万元，帮助创业青年杨雪、刘聪解决项目资金难题。开展“青创桥”系列活动，邀请青创导师开展创业工作坊、创业面对面、创业交流、创业巡诊等活动 6 场，创业青年、新兴青年 160 余人参加。组织创业青年参加电子商务营销及直播等培训班，帮助 700 余名青年提升创业技能。依托重庆市青年创新创业促进会第九分会，建立创业青年信息交流、资源共享、经验分享、政策咨询和问题反馈的创业服务平台，帮助创业青年解答创业的疑难问题。依托永川区青年创新创业服务站和文理创谷，为创业大学生提供政策咨询、培训教育、法律援助、信息服务等服务。开展大学生“返家乡”社会实践活动，为 120 名返乡大学生，提供 300 余个实习或就业岗位。

【青少年权益维护】 2021 年，团区委贯彻落实《永川区中长期青年发展规划（2018—2025 年）》重点工作，召开中长期青年发展规划联席会议。开展青少年防拐卖、防性侵、防校园暴力、防意外、防自然灾害的“五防”安全教育 12 场次，帮助青少年掌握常见意外伤害和恶意侵害等场景的逃离、处置方法。联合全区 17 所大中专院校，成立永川区“青年在行动，反诈我先行”校园反诈联盟。举办永川区校园反诈情景剧比赛 5 场，加强青少年防诈意识。承办“共青团与人大代表、政协委员面对面”市级示范活动，邀请全国和市级人大代表、政协委员就青年如何应对和防范诈骗展开调研，提出建议意见。联合区检察院构建未成年人检察工作社会支持体系，推进社工机构、未成年人家庭共建四方帮扶机制，引导涉案未成年人融入社会。

【服务大局】 2021 年，团区委围绕《助力川渝融合发展示范区建设泸州永川共青团青春建功行动合作协议》，组织永川青商会会员代表到四川省泸州市、四川省内江市交流学习。与四川省内江市、四川省自贡市、四川省泸州市等地共青团联合开展“百年百万千米”成渝地区青少年运动挑战赛、永泸青少年走进红色基地、“川渝一家亲 六一手拉手”等活动。在“世界环境日”“世界地球日”“植树节”等时间节点，发起环保倡议，引导广大团员青年和少先队员树立环保意识。组织全区团员开展“青春绿色行动”“绿色生活进万家”“绿色环保·低碳出行”等环保实践课程，开展垃圾分类活动。

2021 年 12 月 9 日，中国共产主义青年团重庆市永川区第十九次代表大会在江鸿大饭店召开

（黄锐　摄）

【共青团重庆市永川区第十九次代表大会】 2021 年 12 月 8 日至 9 日在江鸿国际大饭店召开。来自全区各行各业的 210 名代表参加。大会通过《关于共青团重庆市永川区第十八届委员会工作报告的决议》，选举并产生共青团永川区第十九届工作委员会委员 40 名（含候补委员 12 名），常委 13 名，书记 1 名，副书记 5 名（含挂职副书记 1 名、兼职副书记 2 名）。

【永川区青少年宫】 2021 年 12 月 1 日，永川区青少年宫搬迁到重庆市永川区飞龙路 355 号，场地从原来 2400 平方米变为 24750 平方米，面积扩展 10 倍，内部其他配套设施设备亦迎来全面升级。划拨用地 16 亩，分为地下停车库 1 层，地面 4 层，由 A、B、C 三馆构成，划分为教育培训、互动体验、附属功能 3 个区域。A 馆设有天文科技馆，是永川唯一一家天文科技馆，共有 30 余类设施设备，包括日冕、地球仪、星座图等在内的 125 件物件。VR 体验区面向全区青少年公益开放。B 馆主要承担教育培训功能，楼层围绕用脑、健体、动手、正心等四个方面进行布置。B 馆可同时容纳 5000 余名青少年开展培训与参与活动。C 馆设立儿童剧场和武术基地。拥有舞蹈、美术、声乐、体育、科技等 7 大类培训项目。服务于全区青少年，同时辐射惠及渝西片区青少年。

【重庆西部计划志愿者乡村振兴创新项目设计大赛复赛】 2021 年 5 月 28 日，在永川区重庆财经职业学院学术报告厅举行。大赛主题是“志愿青春心向党 共筑乡村振兴梦”。在永川区举办的复赛中，有 88 名选手、44 个项目参赛。经过 3 个片区复赛，共 13 个项目入围决赛。永川区朱沱镇大河村的“乡贤茶馆”乡风文明与有效治理服务项目获得大赛决赛二等奖。

（团区委　孔梦瑶）

永川区妇女联合会

【概况】 2021 年，永川区各级妇联组织紧密贴近基层，服务工作落地落细，团结引领全区妇女姐妹奋进新时代。永川区妇女联合会（简称区妇联）牵头编制《永川区妇女儿童发展规划（2021—2030年）》，举办永川区“茶竹姐妹”采茶大赛暨“智慧工坊”直播带货，助推永川农特产品。巾帼志愿服务队参与“巾帼护河行动”“绿色家园行动”“山水之城美丽之地”实践活动2万人次。与四川省内江市妇联签订合作框架协议，到四川省宜宾市、内江市、自贡市参观交流妇女儿童事业发展经验。举办川南渝西十市区融合发展巾帼科创项目对接会，促进区域女性科技人才交流和项目互推、资源共享。工作信息在《中国妇女报》、市妇女网等媒体刊载210篇。区妇联连续9年获重庆市妇联年度工作特等奖。

【妇女思想引领】 2021年，区妇联以庆祝中国共产党成立100周年为契机，开展“巾帼心向党 奋斗新征程”群众性宣传教育活动，讲党史260余场，其中“茶竹姐妹讲党史”获重庆市委巡回指导七组督导组大会表扬。举办三八节纪念活动，组织全区、国家、市、区三八红旗手等优秀妇女代表召开座谈会，参观永川发展巨变，更好凝聚巾帼力量。评选清洁示范院落23个、卫生家庭91户，引导妇女与美相伴、与洁同行，参与乡村人居环境整治。开展“乡村振兴茶竹姐妹”妇女健康知识、农村妇女卫生习惯、美丽庭院建设送课到基层280场。举办婚姻家庭矛盾调解专项培训、全区基层妇联干部培训班，400余名妇联干部参加培训。举办低收入妇女技能培训班，35名妇女参与养老护理、病患康复护理培训。举办“巾帼致富领头雁直播培训班”，100余名巾帼家庭农场主、巾帼专业合作社负责人参加培训，为“领头雁”活跃乡村、带动乡村、振兴乡村提供智力支撑。

【妇联组织建设】 2021年，区妇联完成全区263个村、社区妇联换届工作。召开永川区第十三次妇女代表大会，选举产生新一届区妇联执行委员会。新建立区妇产医院和区美容美发行业协会两个妇联组织。挂牌“妇女微家”7个，完成11个妇女之家和儿童之家规范化建设，完成胜利路张家坡社区妇女儿童之家的示范打造。

【家庭文明建设】 2021年，区妇联开展绿色家庭创建，寻找最美庭院、最美阳台100户，引导千万家庭简约适度、绿色低碳。实施“母亲心理成长计划”讲堂，完成4期、32堂，参学父母500余人。举办“书香润万家”家庭诵读赛，寻找宣传最美书香家庭、最美家庭100户，以榜样浸润家风乡风民风。开展家庭教育百场讲座送课下基层180余场，覆盖群众1.5万余人。利用3个市级家风家教创新实践基地，开展孝善教育、移风易俗，好家风故事巡讲宣讲活动20场，推动家庭文明建设落地生根。

【妇女儿童权益维护】 2021年，区妇联投入资金105万元用于维权服务项目。建立反家暴议事协调联席会制度，推动人身保护令、家暴训诫书落地落实。新设置婚姻家庭纠纷人民调解委员会驻法院工作室，全年接处婚姻家庭纠纷333件，其中调解和好2件，司法确认331件。持续实施“幸福家”维权项目，线上“智慧维权平台”提供咨询答疑服务3000余人次。建设“幸福家工作室”10家，开展法律咨询、沙龙讲座等活动20场。推送“幸福家庭”线上线下课堂10期，开展“幸福沙龙”婚恋和婚姻家庭课堂10期，为妇女提供婚姻家庭经营、矛盾调解。实施家庭纠纷矛盾调处培训项目，260人次参加培训。区妇联获全国维权先进集体。

【妇女儿童关爱救助】 2021年，区妇联争取“两癌”（乳腺癌、宫颈癌）和“癌前”救助金14万元，10名“两癌”妇女、40名癌前手术治疗妇女获得救助金。8名贫困女高中生获“春蕾”助学金2.88万元。划拨慰问活动经费10万元，指导基层妇联利用节假日开展“包汤圆、包粽子、打糍粑”等“双学双比”活动100余场，走访慰问低收入妇女及儿童1200余人。启动全区脱贫家庭问题子女关爱项目，“一对一”帮助问题孩童健康成长。组织80名困境儿童到区档案馆爱国主义教育基地聆听革命历史，到口腔医院参加口腔卫生知识讲座培训，开展夏令营、冬令营活动。走访慰问外地在永川务工的女工、低收入妇女家庭、农村留守妇女、基层女性老党员、社区矫正妇女320人。

【美丽家园建设】 2021年，区妇联开展乡村振兴美丽家庭建设送课活动，为全区23个镇街、263个村社区送课上门，培训庭院打造、收纳整理、垃圾分类等课程，全年共送课280余场，培训妇女1.8万人次。印发《永川区清洁示范院落、卫生家庭创建评选活动的通知》，申报区级清洁示范院落50余个，卫生家庭198户。组建2个督导检查组进村入户实地督导，逐条逐项进行严格检查评分，评选出清洁示范院落23个，卫生家庭91户。每个清洁示范院落奖励资金5000元，每个卫生家庭奖励资金500元，共计奖励16.05万元。在“茶竹姐妹”微信公众号开设“巴渝巾帼·美丽我家”专栏，举办清洁示范院落和卫生家庭展示活动23期，在全社会形成建设美丽家园，助力乡村振兴的浓厚氛围。

【“母亲心理成长计划”】 2021年，区妇联把助推家庭教育作为重点任务，创新实施“母亲心理成长计划”——开设免费公益家庭教育讲座，为未成年人健康成长保驾护航。通过“茶竹姐妹”征集学习意愿强烈的家长，邀请全市家庭教育专家担任讲师。分别开设针对小学段和青春期家长课程，深入剖析两个阶段家庭教育常见的问题，提出对应解决方案。每期课程设置8堂，定时定点开讲，形成常态化学习机制。成立班委管理班级日常事务，严格实行考勤制度，每堂课后布置家庭作业，督促家长及时反馈学习心得，巩固学习成果。全年开设讲座四期32堂课，辅导家庭300户，活动得到“学习强国”、《中国妇女报》《渝西都市报》、上游新闻、华龙网等平台、媒体刊发报道。

【永川区第十三次妇女代表大会】 2021年12月9日，永川区第十三次妇女代表大会在区公安局三楼大会议室召开，来

2021年12月9日，重庆市永川区第十三次妇女代表大会在区公安局大会议室召开

（区妇联　供图）

自全区各行各业的200名妇女代表出席大会。会议听取第十二届执委会所作的报告，通过选举办法（草案），选举产生区妇联第十三届执委会委员。周霞当选永川区妇联主席，朱孝娟、鲁丽军当选副主席，杨娟当选挂职副主席，文绍英、李萍当选兼职副主席。

【“书香润万家·亲子诵读”家庭诵读大赛】　2021年5月29日，由区委宣传部、区妇联、区教委、区文化旅游委、区文明办联合主办的“书香润万家”家庭诵读大赛在永川区中国铁建青秀湾举行。该次活动主题是“颂百年风华·传红色基因”，共有120余户家庭参加初赛，16个家庭进入决赛。比赛评出一等奖2个，二等奖6个，三等奖8个。

【“最美家庭”“最美阳台”“最美庭院”评选活动】　2021年12月24日，永川区2021年“最美家庭”揭晓仪式暨最美阳台（庭院）、绿色家庭、卫生家庭、清洁示范院落颁奖仪式在文曲广场举行。活动由永川区委宣传部、区妇联、区文明办、区农业农村委、区城市管理局、区教委、区住房城乡建委等相关部门主办。从2021年6月开始，先后启动寻找“最美家庭”“最美阳台”“最美庭院”评选，“绿色家庭”创建，“清洁示范院落、卫生家庭”创建评选等一系列活动。系列活动自启动以来，线上线下同频共振，吸引全区数十万户家庭关注参与，“寻找最美、争当最美、弘扬最美”成为全区广大家庭践行社会主义核心价值观的生动实践。现场还揭晓100户最美家庭、100个最美阳台（庭院）、23个清洁示范院落、91户卫生家庭以及100户绿色家庭。曾垂凤家庭、何富容家庭、何光丽家庭、刘功华家庭、樊怀芳家庭等十户家庭被推选为永川区2021年十大“最美家庭”，涉及孝老爱亲、家庭和睦、坚毅乐观、家国情怀、教子有方等类型。　（区妇联　石佳）

永川区科学技术协会

【概况】　2021年，永川区被中国科协办公厅确定为2021—2025年度创建全国科普示范区（县），“科创中国”试点工作有序推进。永川区科学技术协会（简称区科协）举办第九届优秀科技学术论文和第五届优秀科技工作者评选表彰，组织开展科普文艺会演等活动，支持开展科技论坛12期，推荐11位科技工作者参与全国、重庆市优秀科技工作者评选。组织召开区科协七届六次、七次全委会，选举出新任区科协主席。区科协连续九年获评中国科协“全国科普日活动优秀组织单位”，连续十年荣获市科协年度考核特等奖。

【“3+1”改革试点区工作】　2021年，区科协继续实施镇街科协“3+1”（镇街医院院长、农业服务中心主任、学校校长兼职镇街科协副主席+镇街分管副镇长、副主任任镇街科协主席）改革试点区工作，调整完善镇街科协“三长”（镇街医院院长、农业服务中心主任、学校校长）队伍，举办新任镇街科协“三长”、秘书长培训。制定“三长”带“三会”生命健康协会（医学会）、青少年科技辅导员协会、农村专业技术协会工作方案，召开“三长”带“三会”试点工作推进会，在仙龙镇、南大街街道、胜利路街道、板桥镇开展试点工作。经推荐，胜利路街道科协兼职副主席段绍建获选中国科协十大代表，三教镇卫生院杨盛坤、胜利路街道教管中心段绍建、中山路街道办事处宋廷梅、青峰镇农服中心李能敏等入选重庆市“基层‘三长’工作创新典型案例”。段绍建在重庆市基层科协“三长”党史学习研修班上作大会发言。继续发挥好基层农技协、农村科普示范基地等的示范带头作用，举办技术培训25场次。全区街镇、村、社区科普活动站（室）、科普画廊（宣传栏）和科普员100%覆盖。永川区茶叶行业协会荣获重庆市基层科普行动计划奖励补助资金20万元。

【科技下乡】　2021年，区科协组织12个区级学会、协会，30余位科技工作者开展科技下乡活动，先后到南大街、仙龙等8个镇街，送去作物种植、养鱼技术、科普中国、永川科协微信公众号日历等11种宣传资料3万余份。组织开展送科技下乡，支持农技协、科普基地开展试验示范、技术推广。在南大街街道黄瓜山村和代家店村举办脱毒姜种栽培技术培训。组织重庆市农业科学院茶叶研究所举办茶叶种植技术培训。组织老农技专家参与区农技协联合会开展的农村技术指导、培训活动。全年举办各种农业技术培训28场次，落实农业技术推广项目4个、18万元。继续建设金石村柑橘产业扶贫示范基地、吉安石松村优质稻基地，赠送价值5万余元的种子、农药、有机化肥。

【科技志愿服务】 2021年，永川区科协系统有永川区科技志愿服务分队、老科技工作者协会志愿者分队、农技协会志愿者分队、健康医疗服务志愿者分队、大学生志愿者分队、社区科普大学志愿者分队、青少年科普志愿者分队、企业科技人员志愿者分队、镇街科协科普志愿者分队9支志愿者队伍，有志愿者5993人。全年组织志愿者参与科技下乡、科技活动周、科普日活动及反邪教宣传、专家进校园等活动52场次。

【科普宣传】 2021年，区科协运用“科普中国”“科普文化重庆云”“重庆科普矩阵媒体”等优势资源，通过微信公众号、“科普中国”App、QQ群、微信群等线上平台，传播科技政策、疫情防控、生活常识、反诈骗宣传、应急避险等知识11万余次。在“永川科协”微信公众号上累计发布通知公告、科技政策、社会舆论焦点等610条。组织8000余人参加第四届重庆市公民科学素质大赛网络赛、“碳达峰、碳中和”线上科普知识竞答。通过社区科技馆、“科普文化重庆云终端”“科普e站”“科普宣传”LED常态化宣传疫情防控、生活常识、健康养身等各类科普知识，向群众推送优质科普内容信息。在“科普中国”App注册科普员20574人，注册人数占全区常住人口1.7%。联合区反邪教协会和区防范办通过集中宣传、入户宣传、知识竞赛、媒体报道等方式开展反邪教宣传活动，发放宣传资料5000余份。

【科普阵地建设】 2021年，永川区召开区水利学会、健康管理协会成立大会，新成立区妇幼卫生学会。新成立永川区妇女健康科普基地、人工智能科普基地，新建眼健康科普馆。社区科普大学教学点增加到20个。社区科普大学全年集中授课800余节次，参与居民超过4万人次。社区换届后及时更新社区科普大学教学点科普工作领导班子，举办社区科普大学管理干部培训会。

【青少年科技活动】 2021年，永川区举办第十一届青少年科技创新大赛。组织参加重庆市第36届青少年科技创新大赛，永川区师生获得一等奖8个、二等奖23个、三等奖44个。组织2万余名学生参加第五届重庆市青少年科学素养大赛，开展第三届永川区青少年科技创新奖评选活动。面向全区中小学开展近视防控宣传教育月系列活动，参与学校覆盖率100%。邀请重庆市院士专家进校园科普讲师团谢更新、唐果南、李敏等8名专家到13所中小学校，为1万名师生作科普报告、科普讲座。

【科技创新与服务】 2021年，区科协引进院士专家团队3个，柔性引进智能装备、药物合成、农业方面的两院院士6人等。开展永川区第五届优秀科技工作者评选和第九届优秀科技学术论文评选工作，在《渝西都市报》、永川电视台等媒体宣传科技工作者99人次。在春节和全国科技工作者日期间，慰问奋战在各行业一线的57名科技工作者。编发《新视野》杂志3期、1650册。围绕全区经济社会发展主题，完成调研报告11篇，编撰《科技工作者建议》8期。开展2021年“决策咨询课题”的立项，9个单位申报项目18项。开展“科普惠农兴村计划”项目的立项工作，由世纪传奇生物技术研究院（重庆）有限公司等9个单位承担10个项目。全年13位优秀人才入选重庆英才计划，重庆文理学院院长黄伟九获评重庆市“最美科技工作者”。

【学术交流】 2021年，区科协参与承办“数据要素赋能·引领数字化发展”为主题的中国—上海合作组织数字经济产业论坛分论坛之一的数字经济百人会。联合中国汽车工程学会、市科协举办2021中国汽车零部件科技创新大会暨2021第三期科创中国@重庆双月论坛。联合重医附属永川医院举办第六届渝西地区眼视光学术交流会。联合重庆智能工程学院举办首届数智化助力乡村振兴永川论坛。联合重庆大数据产业研究院举办全国汽车工程领域专业技术转移转化能力提升交流培训会。组织接待“科创中国”专家到永川区君意食品厂、长城汽车股份有限公司重庆分公司和重庆红江机械有限责任公司解决企业技术难题。推进重庆市大数据产业人才联盟入选“科创中国”创新组织典型案例。联系中国科学院知识产权运营管理中心领导到永川就如何运用设立的知识产权服务平台同企业进行交流。举办“中国—俄罗斯光电关键技术国际学研讨会”。

【“科创中国”永川区试点城市建设】 中国科协办公厅确定永川区为2021—

2021年7月19日，区科协举办“科创中国”@科技工作者沙龙　（周舟　摄）

2025年度创建全国科普示范区（县）。永川区区长张果召开专题会议听取“科创中国”试点城市建设工作汇报，副区长吕杰组织召开“科创中国”工作推进会，中国科协党组副书记徐延豪到永川区调研“科创中国”试点建设工作，召开“科创中国”重庆试点城市建设工作会座谈会。引入中国电子学会、重庆市电子学会的院士专家团队参与永川区“科创中国”建设工作。组织“科创中国”科技经济融合平台建设发展讲座3场，推进130家永川高新技术企业注册成为平台机构用户。截至2021年11月22日，全区浏览“科创中国”科技经济融通平台量143万余人次，发布创新需求465项，科技成果99条，路演会议68场，新闻资讯1367条，入驻专家65人。在65个试点建设城市综合排行榜中排第5名。组织区水利学会、区健康管理协会、区妇幼卫生学会等22个学（协）会参与“科创中国”永川区试点城市建设2021年工作会和“科创中国”试点城市建设工作推进会。组织举办“解码生命螺旋 缔造健康人生”“知识产权保护助力企业科技创新”“永川秀芽科学家品鉴沙龙”等主题的永川“科创中国”沙龙12期。组织重庆市老专家服务团开展助力“科创中国试点城市建设”活动。

【中国—俄罗斯光电关键技术国际学研讨会】 2021年10月30日，由区科协主办，重庆市科艺华中小企业公共服务示范平台、重庆市菲斯克中小企业公共服务示范平台承办，重庆文理学院微纳米光电材料与器件国际科技合作基地协办的“中国—俄罗斯光电关键技术国际学术研讨会”召开，会议以网络视频形式召开。线上邀请库兹巴斯国立技术大学的尼基坚科·米哈伊尔、佩夫涅娃·因娜两位教授分享《先进制造技术在俄罗斯库兹巴斯地区重型机械生产中的应用》，马来西亚双威大学高级研究员庄国文分享《中子衍射应用于材料应力探测》，重庆文理学院翟福强副教授分享《高性能超细玻璃纤维材料关键制造技术研究与产业化应用》，重庆文理学院副教授王锦标分享《金属表面防护技术》，两个示范平台进行专精特新企业需求发布。分享结束后，开展科技成果转化对接会、校企合作助力“一带一路”建设交流会。

【2021中国汽车零部件科技创新大会暨2021第三期科创中国@重庆双月论坛】 2021年10月28日举行，由中国汽车工程学会、重庆市科协和永川区政府共同主办。论坛采取线上、线下结合方式，就如何提升自主创新能力，尽快掌握关键零部件核心技术，贯彻产业新生态的发展理念，推动汽车零部件系统化、模块化重塑，瞄准前沿技术，把握汽车零部件低碳化、轻量化发展趋势深入讨论交流。10余位领导、专家和20余位国内知名汽车零部件企业负责人以及50余位科技人员参加会议。

【首届数智化助力乡村振兴永川论坛】 2021年3月23日，首届数智化助力乡村振兴永川论坛在重庆智能工程职业学院体育馆举行。来自高校、农业战线的专家、华为技术有限公司智慧农业领域专家，以及成渝地区现代农业、旅游企业代表和重庆智能工程职业学院师生1000余人齐聚一堂，共同探讨脱贫攻坚新理念、乡村振兴新路径，分享研究成果。

【全国汽车工程领域专业技术转移转化能力提升交流培训会】 2021年9月25日，汽车工程领域专业技术转移转化能力提升班在重庆智能工程职业学院开班。会议邀请来自国家科技评估中心、长安汽车工程研究总院、重庆理工大学等单位的专家授课、研讨。全国各地高等院校研发与成果转化人员、汽车技术开发管理部门工作人员等56名学员，就“汽车工程领域技术发展趋势”“科技成果价值评估指标和方法及典型案例”等内容进行深度研修。

【“科普大篷车渝州行”永川站活动】 2021年4月，区科协组织开展科普大篷车进校园活动。重庆科技馆、重庆动物园、重庆市南山植物园、重庆市民防宣教中心、渝北区科协、永川区科协、巴南区科协、大足区科协、荣昌区科协、武隆区科协、綦江区科协、合川区科协、石柱县科协、彭水县科协等14家单位组成科普大篷车工作队，34名科普人员，分为5组在临江小学、海棠小学等10所学校开展为期两天的科普活动，为广大师生带去科普大餐。

【全国科普日系列活动】 2021年，区科协举办全国科普日系列活动，组织区内35个农技协、科普示范基地，邀请重庆彭水县农技协联合会的9个农技协、基地，四川泸县农技协联合会的7个农技协、基地等，组织123个特色农产品参与展示活动。

【区科协第七届委员会第六次全体会议】 2021年4月1日，永川区科学技术协会第七届委员会第六次全体会议召开。会议听取并审议区科协七届常委会工作报告，表彰2020年度科协系统先进集体。

【区科协第七届委员会第七届全体会议】 2021年10月28日，区科协七届七次全委会召开。会议应到委员35名，实到35人，会议选举出罗炽长为区科协第七届主席。

【永川区第十一届青少年科技创新大赛】 2021年3月，由区教委、区科协、区生态环境局主办的永川区第十一届青少年科技创新大赛举行。该次比赛共有114所学校参与，收到作品830余件。经过评选，30件作品获得一等奖，43件作品获得二等奖，65件作品获得三等奖，23名教师获优秀辅导教师奖。 （区科协　彭国庆）

永川区归侨侨眷联合会

【概况】 2021年，永川区共有南侨机工1人，海外侨胞、港澳同胞和外籍华人、留学生500余人，侨眷侨属1万余人，分布在美国、日本、英国、俄罗斯、澳大利亚、加拿大等20多个国家和地区。全区有侨资侨属企业 15 家，涉及机械加工、医药、化工、房地产开发、教育、商贸等行业。永川区归侨侨眷联合会（简称区侨联）以庆祝中国共产党成立 100 周年为主题，在全区侨界群众中开展“侨心颂党恩”书画作品展、“永远跟党走”诗朗诵活动、唱支山歌给党听大家唱群众歌咏活动、“瀚海丹青颂党恩”征文及书法绘画摄影比赛、端午节“粽香一家亲”包粽子比赛、观看“初心使命奋斗——中国共产党重庆 100 年光辉历程展”等活动。参加市内外各种业务和素质培训 25 人（次）。

【侨界思想政治引领】 2021 年，区侨联通过政治学习、支部学习、侨界活动等方式组织侨联干部和侨界群众学习党的十九届五中、六中全会精神和习近平总书记“七一”重要讲话精神，学习习近平总书记关于侨务工作的重要论述，学习市委五届十次十一次全委会、区委十四届十次十一次全委会、区委十五次党代会精神，把大家的思想和行动统一到中央、市委、区委的决策部署上来。认真开展党史学习教育，组织召开动员会，成立领导小组，制定工作方案。开展专题读书班集体学习 5 次，上专题党课 2 次，听取集中专题宣讲 1 次，召开专题组织生活会 2 次，召开侨界人士学党史·颂党恩座谈会 1 次，参加专题培训班 2 期。开展干部作风建设年活动，对照接受吃请、收受礼金、打牌赌博、作风漂浮等整治内容进行全面自查，暂未发现问题。在走访慰问侨界群众、侨企和召开会议、开展活动时征集侨界群众对区侨联及其干部的意见建议。

【引资引智】 2021 年，区侨联加强与“一带一路”沿线侨团侨领及沿海结对侨联的联系，为永川区招商引资、引才引智和建设事业牵线搭桥。先后向区招商局、区新城建管委、区港桥产业中心、区凤凰湖产业中心、临江镇等引荐中国煤炭科工集团、中国铁工投资集团、中国海洋城市建设集团、阿哈马工程管理咨询（上海）公司等财团到永川区洽谈发展。回访福建省泉州市侨联，与四川省都江堰市侨联签订友好侨联合作协议。侨企都江堰青城贡品堂茶业有限公司与在永川的重庆市农业科学院茶叶研究所签订战略合作协议。参加 2021 川渝（成都）创新创业发展大会暨“一带一路”华商峰会主体活动，围绕双城经济圈建设主题做大会书面发言。开展侨界智库服务永川企业活动，与永川东鹏、永信等企业对接，为侨界智库专家和永川企业在项目宣传、成果转化、项目融资、项目落地等方面架起桥梁。推荐永川留学生、留学生创业团队参加国家和重庆的创新创业大赛，获得全国金奖 1 个、铜奖 1 个，重庆金奖 2 个、银奖 1 个。侨界智库专家翟福强被评为重庆 2021 年度英才·青年拔尖人才。

【联络联谊】 2021 年，区侨联创办“侨智沙龙”，从 10 月开始，每 2 个月开展一次活动。通过建立人才跟踪服务机制，开展校企合作、主题论坛、项目分享会、创业培训、人才交流会、政策解读等活动。区侨联开展“学党史、讲《条例》、增合力、促发展”大走访大谈心活动，走访侨资企业及单位 15 个，开展谈心活动 7 批次、40 人次，收集意见建议 4 条。

【参政议政】 2021 年，永川区侨界政协委员为全区经济社会发展建言献策，共提交提案 7 件，报送全国“两会”信息 10 篇，2 个调研课题被区委确定为永川区 2021 年度重点调研课。侨界人士张信强当选为重庆市永川区第十八届人大代表，吴治华、苏畅、王召东、张夏梅、邓岚月、李庆、翟福强担任重庆市永川区十六届政协委员。坚持“一委员一河段”临江河流域综合治理专项民主监督活动，履行河长、林长职责，开展巡河、护林和乡村振兴工作。到青峰镇牌坊坝村走访慰问脱贫户和边缘户，确保联系脱贫户和边缘户不返贫。

【服务侨界】 2021 年，区侨联坚持“四必访”（传统节日必访、生病去世必访、重大灾难必访、生日寿辰必访）慰问制度，走访慰问重点侨界群众和困难侨眷侨属 37 户。协调解决南侨机工蒋印生医保门诊费报销问题。侨界人士张信强为南大街街道、来苏镇敬老院的老人送去冬衣 89 套。组织中山路街道卧龙凼社区“侨胞之家”举行侨法知识竞赛。开展侨法宣传活动，聘请执业律师、重庆石松律师事务所主任刘兴科为区侨联法律顾问，为全区归侨侨眷、涉侨企业、海外归国人员等做好法律方面的服务。联合綦江区侨联，帮助香港居民郭坤容解决账户解冻问题。帮助香港居民郭坤容和杜吉祥完成新冠肺炎疫苗接种。

2021 年 11 月 23 日，区侨联在中华茶艺山庄举行永川华侨国际文化交流基地授牌仪式

（易善勇 摄）

【文化宣传】 2021年，区侨联与区教委联合开展“世界华人学生作文大赛”征稿工作，13篇作品分别获一、二、三等奖。在22届大赛中收到参赛稿件9000余篇，推荐271篇参赛。区侨联命名永川博物馆和重庆中华茶艺山庄为首批永川华侨国际文化交流基地。永川区中山路街道卧龙凼社区侨胞之家在“渝侨颂党恩”——全市“侨胞之家”风采展播活动中被市侨联评为最具活力“侨胞之家”，永川区侨联被市侨联评为优秀组织单位。

【永川区第六次归侨侨眷代表大会】 2021年12月10日召开，区级相关部门领导、全区各行各业的代表130余人参加大会。大会聘请蒋印生为终身名誉主席，秦廷乐、李武为名誉主席，杨杰为海外顾问，苏晓光为顾问。大会审议和通过《永川区归侨侨眷联合会第五届委员会工作报告》《重庆市永川区第六次归侨侨眷代表大会决议》，选举产生重庆市永川区归侨侨眷联合会第六届委员会委员17名，常务委员会委员9名。吴治华当选为主席，张玉娇当选为驻会副主席兼秘书长，郭明磊、庞娟、徐雄当选为兼职副主席。

（区侨联 易善勇）

永川区文化艺术界联合会

【文艺活动】 2021年，永川区文艺空间建成投入使用，成为文艺界展示交流平台、市民朋友提升文化修养丰富文化心境的场所。全年举办7场展览，展出作品2000余件。永川区举办庆祝中国共产党成立100周年系列文艺活动。举办庆祝中国共产党成立100周年音乐专场演出、戏剧展演活动、“初心百年永相随”主题书法展、“百年初心 永跟党走”永川区美术摄影作品展、“弦音寄深情 百年颂党恩”百人二胡广场音乐会、“永跟党走”永川区戏剧展演等10大庆祝活动。先后举办永川脱贫攻坚摄影展、“静水流深”刘阿本·何祥松中国画作品展、“昌州艺谈”第六期培训成果展、“崛起新城”建设成果摄影展、川渝五地摄影联展、张贤坤个人书画作品展、“海棠香国”美术等展赛活动10场，展出作品2000余件。组织区美术家协会的文艺工作者参与黄瓜山乡愁馆打造。举办永川首届乡村艺术节。开展文艺进校园活动，胜利小学、临江小学、茶店中学、渝西艺术学校等学校成为曲艺传承培训基地。区诗词学会在永和小学、南华宫小学成立分会。区舞协在望城幼儿园设立“新时代幼儿舞蹈美育工程”教学基地。区二胡学会在五洲小学设立民乐课程。区摄协开展“海棠香国”摄影展走进校园活动，区书协、区美协开展书画进校园活动。胜利小学、兴隆小学入选第三批全国中小学中华优秀传统文化传承学校。元旦、春节期间，组织书法家志愿者到20个镇街以及部分村社、广场等地开展“我们的中国梦——文化进万家”活动，送出春联、书画展等2万余件。摄影家为脱贫户送“全家福”，党员帮助困难家庭学生完成学业等志愿服务活动。邀请巴蜀笑星凌琳等重庆市文艺名家走进南大街街道黄瓜山村、兴南路社区院坝，为群众带来精神食粮。

【文艺成果】 2021年，永川区公开出版文学艺术专著17部，公开发表作品2000余件。其中，市级以上发表作品800件，在市级以上展赛中入展获奖作品400件，在国家级刊物、展赛中刊载、入展获奖作品100件。2021年，永川区公开出版发行“文心献党”系列丛书13部，是永川文学有史以来第一次大规模组织出版的丛书。出版《献礼——庆祝中国共产党成立100周年永川优秀美术作品集》。以创新的艺术手法创编演绎舞台党课《共产党人的别样情怀》《我为你骄傲》等4个微党课剧目。长篇小说《侯大利刑侦笔记》长期占据网络排行前列。《叶片上的童话》《会走路的树》《大风的嘴巴》等三本儿童诗绘本集，上榜抖音儿童文学爆款榜第一名。美术作品《城市印象之七十八——家园》等3件作品入选全国美展，《共和国印谱——国家勋章和国家荣誉称号获得者》获得第二十届重庆市美术书法摄影联展一等奖、第八届重庆市美术作品展二等奖。3件书法作品入选第十届全国中小学教师书法作品展，8件书法作品入选重庆市书法作品展，2件书法作品在第二十届重庆市美术书法摄影作品联展中分别获得一、二等奖。摄影作品《晒青稞》入选中国第18届国际摄影艺术展。剪纸作品《百年征程初心如磐》《五福献礼》入展重庆市民间工艺主题创作展。快板《党的光辉照我心》获重庆市中小学艺术比赛三等奖。创作《六运好运》《幸福永川》《红梅礼赞》《茶竹飘香》等文艺作品。舞蹈《书记·爸爸》、小品《军礼》《宅家记》入选第十九届全国群星奖重庆选拔活动重点打磨提升作品。舞蹈《书记，爸爸》到广州参加第十三届全国舞蹈展演。《从党的百年奋斗史汲取文艺评论的智慧和力量》等文艺评论文章被中国文艺评论网、北大核心期刊上刊载。

【文艺人才培养】 2021年，永川区文学艺术界联合会（简称区文联）坚持举办“昌州艺谈”文化精品创作培训班及各种研讨会，提升创作水平。安排文艺工作者参加市级以上重要培训，选派一批文艺工作者参加重庆市中青年文艺骨干研修班、重庆文学院高级研修班学习。邀请中作协报告文学专委会副主任李炳银、《诗刊》副主编王冰等文艺名家到永川授课交流。邀请《星星》诗刊主编、四川省作协副主席龚学敏等名家到永川交流指导。开展文艺进校园活动，创建校园艺术传承基地，培养后备力量。健全文艺创作激励机制，完善文艺人才奖励制度。全年重点扶持文艺项目9个，奖励优秀文艺作品创作1000件次，发放奖励扶持资金18万元。全年投入协会规范化建设资金15万元。有1人加入中国作协，1人加入中国民协，全区累计有国家级和全国性会员156人。全年新增市级会员28人，全区累计有市级会员565人。全区有市级以上文艺家协会会员720人，进入全市区县文联前列。

【川渝两地文化艺术交流】 2021年，区文联与四川省资阳市文联缔结友好关系，双方达成协议，在文艺交流、采风创作、展览展示等方面开展合作。永川区作协与四川省泸州市作协签订《协同发展协议书》。永川区音协与四川省内江市音协就展望“十四五”规划、共商双城区域音乐协作进行交流。《海棠》双月刊设立“巴蜀走廊”专栏，《永川文学》设立“巴山蜀水”专栏等，用于刊发川渝两地的优秀文艺作品。《大风》诗刊是川渝两地诗人交流展示的重要平台，深受川渝两地诗人喜爱。《渝西民间文艺》《图说时代》等刊物也成为川渝两地文艺家创作交流的平台。推动“两江文脉·红色巴蜀”文艺采风活动，来自四川、重庆长江流域、嘉陵江流域的16个区（市、县）100余名文艺家齐聚永川，开展文艺采风创作活动。举办大风·金果源诗歌获奖作品发布会暨采风系列活动，中国作协诗歌委员会主任、《诗刊》原主编叶延滨以及来自四川、重庆等地的部分获奖诗人代表，特邀嘉宾、诗歌爱好者等200余人参加活动。每年一度的海棠香国诗人节如期举行，四川省广元市、泸州市及重庆市璧山区、大足区等川渝两地的150名诗人、作家参加。

【永川区庆祝2021年“中国农民丰收节”暨首届乡村艺术节】 2021年9月24日在板桥镇老街举行。该次活动由区委宣传部、区农业农村委、区文联主办，板桥镇、区民间文艺家协会承办。区领导为板桥艺文书院赠书。区民间文艺家协会的文艺家们和川剧艺术家为大家带来一台精彩的文艺节目。当天，集中展示乡村题材的书法、美术、摄影、雕刻，剪纸、盆景、工艺品、收藏品等各类民间艺术作品200件。书法家、美术家现场挥毫泼墨，免费为驻足观看的村民朋友们创作书法美术作品。国庆假期7天，每天都有文艺志愿者带来精彩的舞台表演，现场创作书画作品赠送游客，让大家感受到乡村振兴带来的收获喜悦。

（区文联　曾令燕）

永川区残疾人联合会

【概况】 2021年，永川区残疾人联合会（简称区残联）推进政治建设、权益保障、公共服务、活动赛事、宣传合作，完成年度各项目标任务，推动全区残疾人事业创新发展。出台“十四五”残疾人保障和发展规划，推行上门探视、上门康复、上门评残，打通助残服务“最后一公里”。建立“一门受理、协同办理”残疾人社会救助机制，让残疾人少跑路。落实第二批“川渝通办”事项清单，残疾人证实现“跨省通办”，残疾人按比例就业实现联网认证“跨省通办”。组团到贵州省残联、成都市残联、重庆市荣昌区残联等考察学习，接待四川省成都市、乐山市、崇州市等外地区、市、县残联考察团10余次。重庆电视台、重庆体育频道、新华网、华龙网、永川电视台、永川网等主流媒体对各项目赛事、重大活动开展宣传报道，各级各类新闻媒体宣传报道500余条。全区有各类残疾人6.8万人，占全区总人口的6.3%。其中，2.96万人已办理中华人民共和国残疾人证。

【残疾人基础建设】 2021年，永川区已形成以区为主导、镇（街）为骨干、村（社区）为基础的残疾人组织网络。区残联按要求配备残疾人干部，23个镇（街）配备兼职理事长（由事务办主任担任）和专兼职残疾人专职委员，263个村（社区）成立残疾人协会，由村社主任担任残协主席，并配备残疾人专职委员（由社保员担任）。按照“使残疾人在残疾人组织更加活跃，使残疾人组织在基层更加活跃，使残疾人和残疾人组织在社会更加活跃”的原则，成立肢残人协会、聋哑人协会、盲人协会、智力残疾人亲友协会、精神残疾人亲友协会。

【残疾人康复】 2021年，区残联共救助残疾儿童393人，发放诊断补贴疑似残疾儿童33人，0~6周岁残疾儿童实现应救尽救、应补尽补。完成残疾人基本康复服务1.5万人，精准康复家庭医生签约7575人，假肢适配38例、辅具适配712人，精神病人服药救助958人、住院救助1679人次。有康复需求的残疾人精准康复家庭医生签约率81.27%，辅具适配率100%，康复服务率100%。

【残疾人就业】 2021年，区残联开展残疾人雇主培训、农村实用技术培训，残疾人117人参加培训。332名残疾人参加职业技能培训。培育扶持农村残疾人就业帮扶基地4个，带动残疾人家庭就业增收32户。按比例就业折合安置残疾人795.51人，公益性岗位托底安置残疾人32人。新增城镇残疾人就业79人、农村残疾人就业117人。推进高校残疾毕业生“一生一台账”和“一对一帮扶”，29名应届高校残疾毕业生全部就业、升学。

【残疾人扶贫】 2021年，区残联会同区农业农村委研究制定巩固拓展残疾人脱贫攻坚成果政策措施，实施基层党组织助残扶贫、阳光助残扶贫基地、电商助残扶贫、残疾妇女手工编织、实用技术培训等项目。健全因残致贫返贫人口动态监测预警和帮扶机制，将符合条件的残疾人纳入易返贫致贫监测范围，及时给予帮扶。成立结对帮扶工作专班，结对联系何埂镇7户监测户，完成线上、线下消费帮扶任务11.5万元。

【残疾人社会保障】 2021年，区残联为82名下肢残疾人办理高速公路套餐减免，发放残疾人机动轮椅车燃油补贴88人，肢体残疾人C5驾照培训补贴2人。落实困难残疾人生活补贴、重度残疾人护理补贴等政策，全年发放“两项补贴”21万人次、1500万余元。靠家庭成员供养、参与社会生活和自理困难的重度残疾人按规定全部纳入最低生活保障救助范围。继续实施“阳光家园计划”，向405名就业年龄段（16~59周岁）智力、精神、重度肢体残疾人发放居家托养金24.3万元，为95名符合条件的精神、智力、重度残疾人提供日间照料服务，服务金额14.25万元。

【残疾人权益保护】 2021年，区残联畅通12385热线，建立并规范登记残疾人来信来访和12385接听处理台账。全年处理来信来访14件，全部结案。化解一批信访突出问题，继续保持在中国残联无信访积案记录。聘请重庆索通律师事务所律师定期开展残疾人法律咨询、代拟法律文书、法律调解、普法等工作。全年受理救助9件残疾人工伤赔偿、民间借贷、医疗赔偿、劳动争议纠纷案件。深化“莎姐”大普法活动，开展“德法相伴”普法培训活动5期，受训残疾人及家属、残疾人工作者400余人。

【残疾人教育】 2021年，区残联推进融合教育，加强残疾学生随班就读和送教上门管理，94名适龄残疾儿童少年实现“一人一案”科学教育安置。落实残疾学生助学制度，为新录取的6名本科、12名高职及专科残疾学生发放入学补贴6.6万元，为46名在读残疾大学生发放生活补贴9.2万元。

【残疾人文体活动】 2021年，永川区承办重庆市第六届残疾人运动会。永川区派出残疾人运动员132名，取得金牌40枚、银牌35枚、铜牌17枚，金牌榜、银牌榜、奖牌榜均列重庆市第一。区残联举办全国助残日、国际残疾人日、建党100周年等活动。组织开展全国助残日、国际残疾人日、全国特奥日、残疾人文化艺术周、残疾人体育健身周、“庆中秋关爱残疾朋友、谋发展助力乡村振兴”公益活动等，残疾人文体活动参与率大幅提升。

【志愿者助残】 2021年，区残联引导动员慈善组织、社会企业、爱心人士和公益组织、志愿者团队等社会力量广泛参与扶残助残行动，募集资金100万元。深化校园芬芳助残志愿服务品牌，组织文理学院土木工程系志愿者节假日到城区盲人按摩机构开展“助盲”行动，帮助残疾人和残疾人家庭解决实际困难。

【永川区失能残疾人集中供养中心】 位于胜利路街道渝西大道西段488号。2021年3月25日投入使用。该中心总投资2300万元，占地16亩，总建筑面积8115平方米，其中改建的集中照护区共6层，建筑面积5560平方米，共设床位248张。新建食堂及康复中心共3层，建筑面积2552平方米。8月16日移交区民政局，由区救助站负责营运管理。截至2021年12月底，累计接收集中照料的残疾人74人。

（区残联 付海龙）

永川区红十字会

【概况】 2021年，永川区红十字会（简称区红十字会）扎实开展救助、应急救护“五进”、遗体器官捐献、造血干细胞采集等工作。全年为中山路街道、金龙镇、吉安镇、宝峰镇、双石镇的贫困家庭送“温暖包”250个，总价值7.5万元。完成红十字一报一刊的征订工作任务，7篇文章被重庆市红十字会网站采用。

【组织建设】 2021年，区红十字会在中山路街道、朱沱镇成立基层组织，在重庆白塔园成立红十字会和志愿服务队，在区人民医院成立南丁格尔志愿服务队。中山路街道红十字会有会员120人，朱沱镇红十字会有会员28人，重庆白塔园红十字会有会员22人。区红十字志愿服务队有志愿者9名，南丁格尔志愿服务队有志愿者65名，重庆白塔园志愿服务队有志愿者5名。

【救助工作】 2021年，区红十字会为9位同学发放1.8万元红十字星火助学金。审核7名白血病和先天性心脏病患儿救助申请，报重庆市儿童基金会审批。开展疾病应急救助，全年有17个医疗单位共救助5347人，申请救助金224.64万元。借7顶帐篷给重庆文理学院、大安街道社区卫生服务中心、茶山竹海街道社区卫生服务中心、朱沱镇卫生院等单位，用于疫情防控工作。

【应急救护】 2021年，区红十字会在区住房和城乡建委、新永川中学、长城汽车厂等20个单位开展救护培训，共培训2975人，其中进学校培训2230人，进机关培训135人，进企业培训610人。组队参加重庆市红十字会组织的第二届红十字应急救护大赛，在39个代表队中取得第15名。在永川马拉松比赛中，组织3名救护师参与医疗救护保障工作。

【遗体器官捐献和造血干细胞采集】 2021年，永川区有35名遗体捐献志愿者填写《重庆市遗体（角膜）捐献志愿登记表》，有2名志愿者捐献遗体。全年有22人份造血干细胞标本加入中华骨髓库。

【红十字会志愿服务】 2021年，区红十字会组织志愿者参加“红十字日”活动，宣传“三献、三救”知识。开展南丁格尔服务队义诊，永川马拉松比赛医疗救护志愿服务，服务敬老院老人、送衣物等志愿活动5次。

（区红十字会 刘巧）

2021年9月2日，永川区红十字会在永川中学开展应急救护培训 （刘巧 摄）

法 治

政法委及综治

【概况】 2021年，永川区政法系统和平安战线以为中国共产党成立100周年创造和谐稳定的政治社会环境为主线，以建设更高水平的平安永川、法治永川为抓手，统筹抓好战疫情、防风险、保平安、护稳定、促发展各项工作。全区群众安全感99.13分，政执法司法公信力提升到97.27%，政法队伍满意度97.20%，营造平安稳定、和谐有序的政治社会环境。

【维护社会大局安定】 2021年，永川区委政法委（简称区委政法委）聚焦防范化解重大风险，有力维护社会大局稳定。扎实开展“喜迎建党百周年·忠诚履职保平安”行动，统筹抓好政治安全、社会稳定、公共安全重点工作，完成中国共产党成立100周年大庆、重庆市第六届运动会等安保任务。扎实推进新冠肺炎疫情社区排查，核查来永川返永川关注人员27.1万余人次，精准筛查中高风险地区到永川返永人员3.1万人次，落实6.6万余人居家医学观察。常态化开展重大风险拉网式排查、台账式管理，推进重点遗留问题化解、安全隐患大排查大整治，群众安全感连续五年保持上升。

【法治永川建设】 2021年，区委政法委聚焦依法打击违法犯罪，持续营造公平正义环境。深化法治城市、法治政府和法治社会建设，组织开展习近平法治思想进企业、进社区、进农村、进机关、进校园系列宣传活动7000余场次。出台《法治中国建设规划（2020—2025年）》《法治社会建设实施纲要（2020—2025年）》《法治政府建设实施纲要（2021—2025年）》实施方案，加大民生领域执法司法力度，规范涉企执法司法行为，分批次选派94名干警进企业开展“四帮一体验”活动，助推法治化营商环境建设。保持打击违法犯罪高压态势，推进常态化扫黑除恶、全民反诈专项行动，破案刑事案件2250件，犯罪嫌疑人抓获数比上年上升7.5%，帮助群众止损1.03亿元。开展扫黄禁赌、缉枪治爆、乱点治理，社会治安可防案件发案数比上年下降8%。深化政法领域改革，大力推进政法公共服务事项“一次办、就近办、网上办”，审执结各类案件19939件。

【社会治理体系建设】 2021年，区委政法委聚焦优化管理服务方式，扎实推进社会治理创新。扎实推进全国市域社会治理现代化试点创建工作，开展社会治理方法手段创新、特色经验创建活动，推动乡贤评理堂、平安综治云示范经验提质增效，支持镇（街道）培育28个区域特色治理项目。创新建成重庆市功能最全、规模最大的区级社会矛盾纠纷联合调处中心，将原来分散在政府部门、司法机关和社会组织的14项矛盾纠纷调处关键业务在一个窗口受理、一张表单流转、一个平台调处。接待群众3588人次、受理案件2325件次，解决群众诉求问题2143件，推动诉前调解率上升25%、群众信访量下降9.45%。经验做法被新华社《国内动态清样》等中央主流媒体刊发、在全市推广。实施以综治中心为大脑、雪亮视频为眼睛、全科网格为腿脚的社会治理“云网工程”，同步推进区级、镇街和村社三级综治中心实体化建设，健全综治中心与网格化协同联动、一体运行机制。依托云网工程智慧应用系统汇聚公安、城管、应急、交通等治理要素，接入视频资源3.36万路、采集网格数据34.65万条、形成多维感知数据5.19亿条，构建起“一平台双网格多应用”智慧运行体系。

【川渝政法交流合作】 2021年，区委政法委聚焦主动作为强化保障，不断深化川渝交流合作。积极推进川渝政法领域务实合作，推动两地政法维稳系统互派交流团队37批次、290余人次。成功承办川渝政法工作座谈会、川渝毗邻地区警务合作现场会、首届川渝律师服务论坛、川渝信访协作第二次联席会议等活动。川渝地区首个治安纠纷联调中心、首个联合交通武装检查站示范作用凸现，率先实现川渝地区110警情可达性一体化处置，推动区域一体化执法司法格局加速成形。

2021 年 9 月 27 日，川渝政法工作座谈会在永川区江鸿国际大饭店召开　（袁卿予　摄）

【政法队伍建设】　2021 年，区委政法委聚焦政法队伍教育整顿，着力打造过硬政法队伍。推进政法队伍教育整顿，紧扣学习教育、查纠整改、总结提升 3 个环节精准发力，坚持政治教育、警示教育、英模教育融合推进，深查实改“顽瘴痼疾”问题 3766 条。统筹民生领域执法司法、政法公共服务、全面深化改革、践行“枫桥经验”4 大主题，推进 70 项“我为群众办实事”项目，政法队伍满意度提升到 97.2%，得到中央督导组和市级指导组肯定。

【执法司法督查】　2021 年，区委政法委发挥统筹协调职能作用，深化执法司法制约监督体系改革和建设。贯彻落实政法委员述职、重大事项报告以及政治督察、执法监督、纪律作风督查巡查等各项制度，对政法各单位 4192 件案件进行重点交叉评查。通过召开新闻发布会、邀请“两代表一委员”见证执法司法等活动接受社会监督，常态化落实执法司法公开机制。

【永川区社会矛盾纠纷联合调处中心】　位于永川高新区凤凰湖产业园兴龙大道 2400 号华科事业群旁，建筑面积 6000 平方米。2021 年 3 月启动建设，2021 年 9 月 8 日投入使用。该中心在区委平安永川建设领导小组直接领导下开展工作，与区综治中心一体化运行。在受理接待区设置咨询服务台和 6 个无差别受理窗口，群众只需在任意一个窗口反映问题，座席人员受理后通过统一信息系统分派、交办、流转到入驻调委会和职能部门。中心还建立轮驻、随驻机制，根据群众反映诉求情况调度有关涉事单位联合接访、联合办公，共同解决突出问题。入驻的工作机构有区信访稳定联合调度中心（人民群众来访接待中心）、区法院诉调对接中心、区公共法律服务中心、区行政争议解决中心、区劳动维权服务中心等 7 个中心，区法院民商事审判庭、区人力社保局劳动争议仲裁庭、区公安局警务综合服务站、区卫生健康委心理疏导服务站等 2 庭 2 站，区民营企业纠纷人民调解委员会、区建筑行业纠纷人民调解委员会、区物业纠纷人民调解委员会等 10 个重点行业专业调委会，配套有区领导接访室（视频接访室、远程调解室）、12309 检察工作室、行政复议听证室、律师工作室、乡贤评理室等 8 个辅助调解业务功能室。该中心是推进全国市域社会治理现代化试点的创新项目和深化全国首批法治政府建设示范区的重点项目，通过整合资源、创新机制、再造流程、优化功能，集信访接待受理、矛盾纠纷联调、诉讼源头治理、公共法律服务、社会风险研判、综合指挥调度等多功能于一体，是解决群众诉求的“一站式”综合服务平台，构建起“网格站岗、信访吹哨、调解为先、法治兜底”的社会矛盾纠纷全链条集成解决机制。

（区委政法委　杨勇）

法治政府建设

【概况】　2021 年，永川区梳理法治政府建设工作推进情况、成效亮点、短板弱项及下一步工作计划，形成《重庆市永川区人民政府关于 2021 年法治政府建设情况的报告》，经区十七届人大常委会第四十二次会议审议通过。启动法治政府建设实施方案制定工作，形成《〈重庆市永川区法治政府建设实施方案(2021—2025 年)〉(初稿)》。

【规范性文件审查】　2021 年，永川区修订《永川区行政规范性文件管理办法》，完善规范性文件制定、管理机制。严把合法性审查关口，严格审查制定主体适格性、权限行使正当性、程序合法完整性、内容合法性等方面内容，做到“应审必审”。向重庆市政府和区人大常委会报备区政府规范性文件 14 件，备案通过率 100%。坚持规范性文件立改废并举，开展规范性文件全面清理 2 次，专项清理 5 次，通过清理废止 32 件，拟修改 8 件。

【行政处罚案卷评查】　2021 年，永川区按照《重庆市行政执法监督条例》规定及《重庆市永川区人民政府办公室关于印发永川区全面推行行政执法公示制度执法全过程记录制度重大执法决定法制审核制度实施方案的通知》工作安排，组织 14 支执法队伍在 8 月 23 日集中开展全区行政处罚案卷交叉评查工作。

【行政权力清单与责任清单编制】　2021 年 3 月 30 日，永川区人民政府办公室印发《关于公布永川区行政权力事项清单和公共服务事项清单的通知》。经梳理，全区 40 个部门和 23 个街镇共公布行政权力事项 5460 项、公共服务事项 492 项。

【行政执法改革】 2021年，永川区推进镇街综合行政执法改革，将280项区级经济社会管理权限赋予朱沱镇。推进“证明事项告知承诺制”试点改革，在公布第一批56项适用告知承诺制证明事项的基础上，印发《重庆市永川区第二批证明事项告知承诺制目录》。第二批目录包括行政事项25项，公共服务事项5项，涉及燃气燃烧器具安装、维修企业资质审批、保安员证核发等与群众和企业生产生活密切相关的事项。

【行政执法人员管理】 2021年，永川区组织全区行政执法人员线上培训，该次培训必修课程为50课时，比上年增加10个课时。培训课程内容包括习近平法治思想、《中华人民共和国行政处罚法》等与行政执法相关的知识。全区有1457名已持证行政执法人员参加线上考试、309名拟取得行政执法资格人员参加考试，比上年参训人数增加8%。

【行政执法规范化建设】 2021年，永川区加强委托执法审核把关。区应急局与各镇街签订安全生产委托执法补充协议，委托下放43项安全生产一般程序行政处罚权。全年各行政执法部门事前报备涉企重大行政处罚决定31件，罚没金额329.29万元；事后报备涉企一般行政处罚决定278件，罚没金额191.47万元，提出备案审查意见9条。加强“两法衔接”信息报送。区生态环境局、区文化旅游委等执法部门录入“两法衔接”信息62件，移送涉嫌犯罪案件线索0件，司法机关立案侦查0件。

【行政复议与应诉】 2021年，永川区出台行政复议听证办法，明确行政复议听证审理范围及听证程序。永川区以规范化、透明化、数字化、人文化为建设理念，在全市率先建成行政复议数字化听证室并投入使用。数字化听证室入驻区社会矛盾纠纷联合调处中心，与审理区、调解区和其他矛盾纠纷化解功能区在空间上紧密结合。听证室面积80平方米，能容纳30人同时参与行政复议听证。听证室内显著位置悬挂行政复议“六大”原则和听证规则，室内无死角视频音频监控系统，听证全过程高清录音、录像、记录“三同步”。同步录音录像主机同步储存，让听证过程可溯、可查。高清晰证据展示台可用于展示各方证据，让现场质证更加直观。高清显示器便于听证各方同步核对听证笔录、图像影音，给当事人带来“零距离”听证感受与体验。听证室外安装显示屏，播放听证案件基本信息。

【纠纷化解】 2021年，永川区协调10个行业性专业性调委会入驻区社会矛盾纠纷联合调处中心，建立健全建设标准、运行机制等相关制度，实现各类矛盾纠纷“一站式”化解。针对建好配强调解专家指导员库和人民调解“尖刀连”进行调研摸底，组织开展人民调解提档升级“三个一行动”（塑造一批示范行专调解组织、培育一批金牌调解员、组织一次调解队伍技能大培训），提升全区1700名人民调解员整体素质。加强乡贤评理堂规范化建设，对59个新增乡贤评理堂进行验收检查。全区已经形成“以区级社会矛盾纠纷联合调处中心为龙头、以镇（街）人民调解委员会为骨干、以村（社区）人民调解委员会为基础、以行业性专业性人民调解委员会为延伸、以乡贤评理堂和派驻调解室为补充”的大调解组织网络体系。全区各级调解组织受理民间纠纷12939件，调解成功率99.5%。其中，乡贤评理堂受理矛盾纠纷3908件，调解成功率100%，区民营企业纠纷调解中心受理涉企纠纷116件，调解成功率100%，为企业挽回经济损失5315万元。

（区司法局 张莎莎）

公 安

【概况】 2021年，永川区公安局（简称区公安局）以庆祝中国共产党成立100周年安保维稳为主轴主线，战疫情、防风险、护安全、保稳定、促发展，确保全区社会大局持续稳定。完成重庆市第六届运动会、永川马拉松、推动成渝地区双城经济圈建设重庆四川第三次党政联席会议等重要安保任务。坚持和发展新时代“枫桥经验”，开展矛盾纠纷排查化解。全年累计抓获各类犯罪人员2775人、查处治安案件11215件、治安拘留1109人，比上年分别上升7.5%、81%、28.8%。全区刑事案件发案数比上年下降7.2%，侵财案件发案数比上年下降16.5%，可防性案件发案数比上年下降8%。区公安局获评全市扫黑除恶专项斗争先进单位，荣获全市公安机关一等奖。

（区公安局 张江伟）

【打击违法犯罪】 2021年，区公安局始终坚持依法严打，持续保持标准不降、力度不减，推进常态化扫黑除恶斗争，健全常态化组织领导机制，建立常态化线索核查打击机制，市级线索查结率保持100%。坚持“打早打小、露头就打”，对“9+4”类案件（9类案件是指强迫交易罪、敲诈勒索罪、寻衅滋事罪、聚众斗殴罪、非法拘禁罪、故事毁坏财物罪、组织卖淫罪、开设赌场罪，四类犯罪是指故意伤害罪、聚众扰乱社会秩序罪、聚众扰乱公共场所秩序罪、聚众扰乱交通秩序罪）持续保持严打高压态势，破案87件，破案率85.3%，抓获犯罪嫌疑人37人。推进全民反诈专项行动，侦破电信网络诈骗案件956件，抓获222人，抓获数比上年上升70.77%。加强全民反诈宣传防范，成立专职预警劝阻队，精准预警劝阻15万余人次，冻结6838.5万元、止付3202.8万元，取得明显成效。快侦快破现行命案、奋力攻克命案积案、积极防范命案发案，命案现案破案率连续10年保持100%，命案发案数比上年下降70%，先后抓获潜逃19年命案逃犯梁某、潜逃15年命案逃犯廖某等两名命案积案逃犯，受到法治网、中国长安网、中国新闻网等主流媒体关注报道。

（区公安局 张江伟）

【机构人员】 2021年，区公安局有内设机构57个，派出所24个。民警编制858人，在编841人（含工勤3

人），其中派出所民警336人。另有警务辅助人员890人。2月5日，警务训练科更名为宣传教育训练科，宣传科更名为执法办案管理中心，交巡警第九勤务大队更名为交通控制中心，便衣侦查支队更名为大数据合成作战支队（反诈骗中心、智慧侦查中心）。维稳处突支队由独立设置调整至特警支队挂牌，职责划转至特警支队。核减维稳处突支队支队长、政委各1名、副支队长2名，户政科副科长1名，交巡警支队第四、五、六、七、八勤务大队和交通控制中心教导员各1名，交巡警支队综合大队、秩序大队、交通控制中心、公路巡逻一大队和二大队各核减副大队长各1名，增核禁毒支队副支队长2名，交巡警支队、经侦支队副支队长各1名，群众工作科、宣传教育训练科、组织人事科副科长各1名，网安支队、情报信息支队、出入境管理支队政委各1名，特警支队政委1名、副支队长2名，刑警支队副支队长1名，刑警支队二大队、四大队副大队长各1名。区公安局政法专项编制由861名减至860名。7月26日，区公安局承担的行政复议事项划转至区司法局，划转2名政法专项编制及人员至司法局。区公安局政法专项编制由860名减至858名。

（区公安局　沈君丽）

【经济犯罪侦查】　2021年，区公安局依法打击各类经济领域违法犯罪，持续开展互联网、非法集资等专项整治活动。全年侦破经济犯罪案件18起，移送起诉犯罪嫌疑人10名。加强经济犯罪风险排查，排查企业100余家，排查整改风险隐患8条。贯彻落实《防范和处置非法集资条例》，加强涉众型经济案件资产处置力度，达成还款协议8160万元，追收回现金2759.95万元。持续清理涉企挂案积案，全年清理涉及四类情形涉企“挂案”150件，全部依法化解。

【禁毒工作】　2021年，区公安局压实禁毒责任，狠抓禁毒各项措施落实。深化全民毒品预防教育，永川区禁毒教育基地先后接待来自新疆等省市以及市内、区内机关事业单位、大中小学校学生1万余人参观。开展禁毒宣传活动400余场次，发放宣传资料20万余份，张贴禁毒宣传标语、横幅200余幅，张贴禁毒宣传海报3000余张，播放禁毒公益广告200余次。强化禁种铲毒，联动各部门开展踏查3000余次，铲除罂粟并依法处理违法犯罪人员2人。严管吸毒人员，社区戒毒社区康复执行率100%。全年破获涉毒案件138起，斩断重庆到新疆、缅甸经云南到重庆的两条贩毒通道。

（区公安局　谭娟）

【社会治安治理】　2021年，区公安局不断优化大型安保，明确重大安保任务3个勤务等级，强化前期踏勘和实地督检，完成23次重大警卫和安保任务。10月区治安联调中心入驻全区社会矛盾综合调处中心，累计开展区内重点矛盾纠纷督办193次，实施省级交界地区矛盾纠纷远程调处29次。开展安全生产专项整治三年行动，组织派出所消防、民爆、行业场所、内保等专管力量开展日常联合督导检查，累计检查危爆化存储和使用单位389次、派出所消防列管单位8883家次、行业场所3256家次、治安保卫重点单位6349家次，发现并督促整改安全隐患1633处，护送民爆物品2569车次。深化“一标三实”基础信息采集，组织开展两轮“一标三实”集中清理采集攻坚行动，累计采集标准地址信息2.26万条，采集居住人员信息25.85万条、实有房屋房主信息10.58万条、实有单位信息2.46万条，24个派出所全部完成标准地址纠虚、消重、更新。城区4个派出所“一室两队”（综合指挥室，两队即社区警务队、执法办案队）全部投入运行。对中铁二局在永川项目工程违规行为依法作出罚款20万元的处罚。10月17日，完成市局1173枚废旧炮（炸）弹集中销毁工作。

【社会面巡逻防控】　2021年，区公安局以入永主干道、高速路互通口、城区一环路为三个梯次的闭环圈，以凤凰湖、港桥、三教等三个工业园为三个重点的闭环区，以区委区政府核心圈、重要商圈部位为N个重要单元的闭环面“三环三区N网格”大数据闭合覆盖体系建成，实现闭合区域内人像、车辆、手机信息的数据化、结构化综合应用。全市率先创新建立精准巡防模式，对“两抢”、盗窃、吸毒等前科人员全部标记，录入人脸识别库，对每晚23时至次日凌晨5时出现在街面的入库人员实施滚动抓拍、自动比对、实时预警，迅速指令网格巡逻警力、派出所值班警力、“夜鹰”巡逻队开展盘查或抓捕，全面实现精准巡防、猫鼠同步，推动见警率、震慑率、管事率“三率”同升。优化巡逻防控，以维稳处突力量巡逻为主，常态保持40名队员开展城区社会面车巡、步巡，设置26条必巡线、135个必巡点，开展见警式、震慑式巡逻。以机关警力作为补充力量，针对各类敏感节点开展下沉巡逻，有效提升见警率、管事率。全年开展精准盘查6700余人次，抓获530余人，侵财案件、可防性案件比上年分别下降16.5%、8%，其中抢夺、盗窃摩托车案件比上年分别下降70%、18.1%，群众安全感、满意度提升。

（区公安局　张江伟）

【出入境管理】　2021年，区公安局签发内地居民出入境证件965人次，其中，办理护照232人次、往来港澳通行证722人次，往来台湾通行证11人次。换补发台胞证26人次。办理外国人签证证件185人次，其中学习类居留许可6人次、工作类居留许可127人次、团聚类居留许可14人次、私人事务类居留许可12人次、普通签证9人次、停留证件17人次。完成法定不准出境人员备案1435人，国家工作人员备案4943人。全年到永川境外人员临时住宿登记980人次，在住外国人98人、香港居民35人、台湾居民72人。全年排查非法出入境人员204人，立妨害国（边）境管理案件20起，采取刑事强制措施 65 人，移送起诉 48 人，行政处罚 169 人。

【户政管理】　2021 年，区公安局严密户口登记制度，规范户口、居民身份证办理，综合采取一窗办、网上办、自助办、上门办等方式，提升户籍服务便捷度、可及性。全年共办理户籍业务 247440 人次、办理身份证 89569 人，登记居住人员 113059 人，出租房屋 9860 户，注销重复户口 132 人，补录 105 人。　（区公安局　尹道书）

【道路交通安全管理】　2021 年，区公安局在全市率先完成 2039 处临水临崖道路交通安全隐患整治，保持较大及以上事故“零发生”。开展以“宣传交通法律法规、倡导守法文明出行”为主题的宣传活动 800 余次。优化路面勤务，做大做强“渝警骁骑”，做到未堵先疏，堵能见警，堵而有序。全年早晚高峰、节假日未发生长时间、大面积拥堵，车辆通行速度每小时提升 5～10 千米，行程时间缩短 5%～25%。做好“我为群众办实事”公安交管 12 项便利措施，推广“网办”“预约办”“就近办”“上门办”“自助办”快捷服务，累计为群众减少办事材料 31.3 万余份，惠及 11 万余人次。聚焦城市、国省县道、农村“三大战场”，统筹推进交通安全、畅通工程、改革服务、队伍建设“四大任务”，共查处交通违法行为 186154 件，办理交通肇事案 65 件、危险驾驶案 233 件、行政案件 28 件，打击处理 198 人、行政拘留 24 人。全区道路交通事故亡人数比上年下降 6.67%。

（区公安局　杨智勇）

【机动车及驾驶人管理】　2021 年，区公安局交巡警支队深化车驾管业务“放管服”改革，开展警医、警企合作，实现驾管业务“网上办、掌上办”和“就近办、便捷办”。协同辖区 5 家驾驶人适应性检测站、9 家车驾管社会服务站针对驾驶人补换证、补换领检验合格标志等业务，实行“专网+互联网”的服务模式，让群众在最短的时间内办结业务。永川车管所全面推行“一次办、马上办、就近办、网上办”，让群众少跑腿、数据多跑路。宣传推广“交管 12123”，建立导办服务，帮助老年人复印材料、填写表格和解决老年人运用智能技术困难等。分别在大门口、导办台、考场、前台窗口设立“老年人优先”“绿色通道”窗口，在窗口放置放大镜、老花镜等，确保老年人顺利办理业务。保留传统收费模式，不以任何理由拒收现金。采用“互联网+车驾管+邮政”一站式多元化服务模式，免费为群众邮寄牌证到家。建成 9 个车驾管社会服务站、6 个驾驶人体检站。全年办理车驾管业务 321373 笔，检验机动车 74107 辆，组织科目一考试 47797 人，科目二考试 1805 人，科目三考试 24042 人，科目三安全文明常识考试 32269 人，处理交通违法 87411 件。全区有客货运企业共 140 家，其中，客运企业 14 家，危化品企业 6 家，货运企业 120 家。全区机动车保有量 311745 辆，机动车驾驶人 389343 人。

2021 年 10 月 28 日，永川区车管所建成投用　（区公安局　供图）

【执法规范化建设】　2021 年，区公安局健全执法全流程记录工作机制，加强执法监督智能化建设，加强执法办案源头质量把关和全过程监管。固化公检法定期会商机制、重大疑难案件会商等工作机制，在全市率先出台《涉警重大案件检察机关提前介入》《刑罚执行工作规定》，加强衔接，研究解决执法司法共性问题，防范执法风险。健全执法突出问题检查整改常态机制，完善案件评审、个案监督和执法巡查制度，发现和整改执法突出问题 1100 余起。投入资金 3000 余万元，建成执法办案管理中心，将大数据智能化技术与执法办案各流程各环节的深度融合，最大限度规范执法行为、防范执法风险、减少执法问题。

（区公安局　张江伟）

【服务民生警务】　2021 年，永川区公安局在全市率先建成川渝毗邻地区治安联调中心，构建起“一个中心、八联机制、三级调处”工作体系，全链条集成解决川渝毗邻地区社会治安矛盾纠纷。与川黔渝毗邻公安机关签订《共同加强“长江大保护”警务协作协议》，积极构建共商共建共治共享的川黔渝长江警务合作新格局。完成“川渝—2021”反恐怖联合跨区域实兵拉动集结演习。推进“居民身份证换领、补领”等 19 项公安政务服务事项“川渝通办”，为两地群众提供“川渝通办”服务 6.5 万余件次。推出“我为群众办实事”10 条重点举措、交通管理及车驾管领域 12 条便民利民措施等，回应群众期盼。完成 24 个派出所窗口综合服务改革，户政、交通、出入境业务一窗综办、集中便民。在城区增设 5 个 24 小时无人便民服务点，全天候提供证照办理自助服务。累计为群众办理公安政务服务事项 32.8 万余件次。加快推进“互联网+公安政务服务”，注册推广“警快办”22.8 万余人次，占全区实有人口 20%。

（区公安局　张江伟）

【网络安全管理】　2021 年，区公安局加强网络安全监管，督促区内 38 家重点单位开展网络安全自查，邀请技术支撑单位进行现场网络安全技术检测。全年开展网站备案235家，远程监测32家次，发布攻击、漏洞预警13次，下达安全隐患告知书46份，出具行政警告52次。现场检查65家单位，出具行政警告20次。组织区信息化建设服务中心、重庆医科大学附属永川医院等7家单位参加“护网2021”网络安全实战攻防演练协调会，落实相关演习工作要求。

【基层基础工作】 2021年，区公安局加强基础设施建设。全年投入警务基础设施和信息化项目建设经费1.4亿余元，推进《基层派出所建设三年规划》，宝峰派出所、仙龙派出所、朱沱派出所、兴龙湖派出所等4个派出所建设，特警支队、经侦支队、食药环支队、反恐支队办公用房建成。社会治理“云网工程”落地见效，立体化智能化社会治安防控水平持续提升。推进标准地址、实有人口、实有房屋、实有单位“一标三实”采集应用。全年采集标注街路巷信息1336条，标注户籍人口信息114万余条，采集标注率均100%。采集标准地址信息128.69万余条，准确率98.25%。采集居住人员信息39万余条，采集实有房屋房主信息42.7万余条。采集实有单位信息3.8万余条、从业人员10.3万条，采集率分别为95.83%、96.15%。

（区公安局 张江伟）

【实战化警务培训】 2021年，区公安局开展全警实战大练兵，制定大练兵活动实施方案，明确5项练兵目标，4大类、26项重点练兵内容和5大练兵措施。推进黄瓜山民警战训基地建设，添置训练装备器材及食宿保障用品用具。外聘专家学者担任兼职理论教官的同时，择优选聘24名政治坚定、业精技强、实战经验丰富的民警担任兼职教官。组织4名实战教官参加能力更新培训2次，择优选拔推荐3名骨干民警参加教官培训。通过明察暗访、电话抽查等方式，督导检查各单位开展教育训练情况19次。坚持每月对各单位开展教育培训情况进行1次综合考核，将考核结果纳入队伍建设板块量化打分，作为评先评优的重要依据。开展岗位练兵550余次，培训民警5700余人次。组织警务技战术训练2期、培训民警214人次。举办警种专业训练5期、培训民警136人次。组织专家教官87人次，深入一线执法单位开展送教上门活动51场次，培训民警884人次。开展恶劣天气交通事故应急演练，组织民警参加川渝2021反恐怖跨区域联合实兵拉动集结演习和疫情防控应急演练。全年开展政治理论、执法规范、网络安全、移动警务、疫情防控、电子取证等培训1341场次，培训民警9500余人次。

（区公安局 洪月强）

【从优待警】 2021年，区公安局创新研发“永川公安警务大数据健康云平台”智慧医疗小屋高端智能化医疗设备，解决民警、辅警在健康管理中的后顾之忧。组织全局833名民警、873名辅警开展健康体检，并建立个人健康档案。为在职80名女民警购买特殊疾病保险，邀请集嫒医院妇科专家开展女性健康讲座。以科所队为单位成立工会小组，每季度开展立定跳远、短跑等文体比赛活动。抽选3名有资质的民警组建心理健康服务小分队，到4个基层单位，为一线民警提供心理健康咨询疏导。开展维权案件办理，针对发生的涉警突发事件5件，依法维权案件9件、14人次，行政处理7人，刑事拘留6人。有计划分期分批组织全警833人休假，休假比例100%。针对民警子女参加中考、高考期间陪护，安排4名民警调休陪护。安排1名公模民警休养。对民警两地分居、家属就业、就医、子女入学升学等情况收集核实，帮助民警解决后顾之忧7人。发放各类抚恤金、慰问金和救助金75万余元。为民警辅警购买工伤保险及公务旅行交通意外伤害保险，开展工伤认定、劳动能力鉴定11人次，走访慰问生活困难、因公负伤、生病住院民警辅警236人次。累计落实援疆援藏民警生活补助及差旅等费用18万余元。对在抗击疫情、中国共产党成立100周年安保维稳、市六运会安保、打击防范、大数据建设运用、目标考核等工作中表现突出的84个单位、322名个人给予记功嘉奖。

（区公安局 洪月强）

【公安队伍建设】 2021年，区公安局加强公安队伍教育管理，出台《加强警务人员“八小时以外”监督管理实施意见》《新任领导干部经济责任告知制度》等31项制度，队伍管理制度体系更加严密。运用监督执纪“四种形态”处理303人次。出台《永川区公安局选派年轻干部跟班轮训规定》，交流民警30人次。严格执行《永川区科级领导干部选拔任用实施办法》，落实干部激励机制、容错纠错机制，提拔任用科级干部25人，交流调整干部75人，推荐选拔处级干部4人次。落地两个职级序列调整政策，晋升职级375人次，其中晋升三、四级高级警长（警务技术四级主任）以上职级34人次、晋升二级高级警长5人次，推荐警务二级专员1人次，提前晋升16人次。全年有95个集体、325名个人立功受奖，先后涌现出“全国公安机关成绩突出个人”“全国公安机关扫黑除恶专项斗争先进个人”，全国公安机关信访工作成绩突出集体、重庆市先进基层党组织等先进典型。

（区公安局 洪月强）

【永川区公安局执法办案管理中心】 位于胜利路街道杨广桥村（永川区看守所院内）。2021年10月建成，总投资2500万元，占地面积20亩，总建筑面积5000余平方米。集“登记接待、执法办案、电子取证、案情研判、涉案财物管理、联动保障、综合管理”7区和“监督管理、合成作战、智能支撑、实战培训”4项功能于一体，可办理“案件受理、案件管理、执法办案、合成作战、涉案财物、入所体检”6项业务。配套改建900平方米涉案车辆集中停放场所，300平方米物证中心，200平方米入所体检中心。全区所有刑事案件、可能处以行政拘留的行政案件均在执法办案管理中心实现“一站式执法办案、全流程监督管理、全过程跟踪回溯”。全年通过执法办案中心办案，行政拘留308人，刑事拘留155人。

（区公安局 张江伟）

检　察

【概况】 2021年，永川区人民检察院（简称区检察院）依法履行宪法法律赋予的职责，为永川经济社会高质量发展提供坚实的司法保障。全院有内设机构10个，其中业务部门7个、司法行政部门3个。有正式干警95人。其中，员额检察官37人、司法辅助人员43人、司法行政人员13人、工勤2人。全年受理提请批捕各类刑事犯罪嫌疑人631人、批捕493人，受理移送审查起诉1273人、起诉924人。审查民事行政检察监督案件92件，办理公益诉讼案件45件。荣获“全国检察机关文明接待室”“全国模范职工之家”“全国检察宣传先进单位”等荣誉。

【打击刑事犯罪】 2021年，区检察院坚持对故意杀人、强奸、抢劫等严重暴力犯罪保持高压态势，批捕38人、起诉38人。惩治盗窃、诈骗等多发性侵财犯罪，批捕223人、起诉294人。惩治“黄赌毒”等影响社会治安犯罪，批捕129人、起诉176人。开展“断卡”“全民反诈”专项行动，批捕帮助信息网络犯罪活动、妨害信用卡管理等犯罪13人、起诉51人。加大对造谣诈骗、制假售假等涉疫违法犯罪打击力度，依法快捕快诉，平民愤、护稳定，彰显检察担当。

【社会治安综合治理】 2021年，区检察院做好群众申诉、来访工作，妥善处理来信来访262件，做到7日内程序性回复、3个月内办理过程或结果答复两个100%。对群众认为有争议或重大疑难案件17件，举行公开听证。坚持从国家治理体系和治理能力现代化的维度推进认罪认罚从宽制度，适用1127人，适用比例92.6%，认罪服判率98.18%，最大限度地减少社会戾气，增进社会和谐。以求极致的精神降低“案—件比”，“案—件比”从2.09优化至1.09。坚持落实案件要办准办好，更要办活的理念，发出促进社会治理检察建议21件。针对办案中发现快递三轮车无保险，影响从业人员权益保障和群众安全等问题，提出检察建议，促成全区快递三轮车登记建档、购买保险。

【服务经济发展】 2021年，区检察院牢记法治是最好的营商环境，开展“保市场主体、护民营经济”专项行动，帮助解决问题25个，提出治理意见4件。严厉打击各类侵犯民营企业和企业家合法权益犯罪，批捕职务侵占、挪用资金、合同诈骗等犯罪48人、起诉84人。联合公安机关开展清理涉企“挂案”并督促撤案33件，对立案侦查6年未结的某公司涉嫌持有伪造的发票案，依法监督撤案，为企业卸下“包袱”，安心发展。严把涉企管理人员批捕关、起诉关，不批捕不起诉13人。开展“保知识产权、护知名品牌”专项行动，办理侵犯知识产权犯罪9人，监督撤案3件。联合区市场监管局共建重庆市首个区级知识产权综合保护机制，开展重庆市检察机关首个地理标志——“永川秀芽”综合保护专项行动。服务成渝地区双城经济圈建设，与四川省合江县、四川省泸县开展跨区域检察协作，建立委托调查取证、未成年人附条件不起诉帮教考察、协同办理重大跨区域案件等机制。

2021年10月18日，重庆市知识产权检察职能集中统一履行试点工作推进会在永川区检察院召开　　（陈俐均　摄）

【公益诉讼】 2021年，区检察院办理生态环境和资源保护领域公益诉讼案件38件，提出诉前建议20件，提起诉讼3件，追偿生态环境修复等费用300余万元。针对潘某某等人在茶山竹海景区内非法处置危险废物，造成严重污染问题，与行政部门共同督促违法企业转运处置危险废物31吨，清理被污染土壤1517吨，修复土壤812立方米。开展“公益诉讼守护美好生活”专项行动，起诉危害食品药品安全犯罪16人，办理公益诉讼案件4件。针对餐饮服务业向消费者提供不可降解一次性塑料吸管，损害社会公共利益的问题，提出检察建议，逐步推进“禁塑令”落到实处。在群众关切的英烈保护、个人信息安全、未成年人保护等领域立案20件。针对永川区“抗战建国阵亡将士及死难同胞纪念碑”存在管护不到位、有风化安全隐患等问题开展监督，促使纪念碑得到保护。针对楼盘销售滥用人脸识别技术，违法收集、使用老百姓生物信息等问题，督促相关部门履职，依法保护老百姓个人信息。针对高楼消防和道路窨井盖等存在的安全隐患问题开展专项监督。率先在全国出台邀请人大代表、政协委员等参与公益诉讼调查核实、诉前告知函等机制，得到最高人民检察院、重庆市检察院肯定。通过诉前提醒、磋商督促等方式支持行政部门依法行政、主动履职，98%的公益案件在诉讼前解决。

【刑事检察监督】 2021年，区检察院坚持在办案中监督，在监督中办案，对公安机关办理的32件重大案件引导侦查取证，形成打击和防范冤假错案合力。对不构成犯罪和事实不清、证据不足的，不批捕133人、不起诉294人，对涉嫌犯罪的追捕、追诉32人。设立“派驻公安机关执法办案中心检察室”，强化对刑事立案和侦查活动同步监督，监督立案35件、撤案46件，书面提出纠正违法54件。加强刑事审判监督，对确有错误的刑事裁判，提出再审检察建议2件、抗诉5件，法院已改判3件、发回重审3件。依法配合做好职务犯罪提前介入、审查起诉等工作，起诉职务犯罪案件5件9人，协助上级检察机关立案侦查案件4件5人。

【刑事执行监督】 2021年，区检察院依法维护在押人员合法权益，监督纠正混关混押、违法使用械具等刑事执行违法违规43件次，办理重大案件侦查终结前讯问合法性核查26件。坚持“高墙内”与“高墙外”一体监督，推进社区矫正检察常态化，纠正监外执行脱管、漏管10人，监外执行活动违法22件，监督矫正期间严重违反规定和再犯罪人员收监执行2人。对在暂予监外执行期间多次贩毒、被判处有期徒刑十一年的罪犯刁某某，依法监督收监执行。

【民事行政监督】 2021年，区检察院坚持强化监督与矛盾化解并重，对认为确有错误的民事裁判依法提请抗诉4件，法院已改判7件，对审判、执行程序提出监督建议5件。对审查认为法院裁判正确的案件，不支持监督申请24件，耐心做好释法说理、息诉罢访工作。深化虚假诉讼监督，向公安机关移送虚假诉讼等犯罪线索5件，作出有罪判决3件、3人，让打“假官司”的吃上“真官司”。对李某某虚构债务进行诉讼图谋多分遗产案，依法提请抗诉改判。深化行政非诉执行监督工作，提出检察建议3件。推进行政争议实质性化解，关注老百姓合法合理诉求，聚焦违建拆迁、工伤保险等领域，联合行政部门、镇街等共同化解。

【接受监督】 2021年，区检察院坚持宪法原则，恪守宪法意识，向区人大及其常委会报告工作12次，主动接受监督。依法提请人大常委会任免检察员、检委会委员等5人次。认真办理人大代表建议2件、政协委员提案2件，均得到满意答复。定期寄送检察报纸、杂志等资料，方便人大代表、政协委员了解检察、关注检察。开展“检察听证”“检爱同行、共护未来”等检察开放日、联络活动26次，邀请150余人参加。依法及时发布案件程序性信息1300条，重要案件信息123条，公开法律文书566份，保障人民群众的参与权、知情权、监督权。运用新媒体推送宣传稿件120余篇，传递法治好声音。依法保障律师执业权利，提供线上线下阅卷等便利服务287件次。

【未成年人司法保护】 2021年，区检察院对侵害未成年人犯罪坚持“零容忍”，批捕30人，起诉29人。稳妥办理未成年人涉罪案件，对涉嫌轻微犯罪并有悔罪表现的不批捕35人，不起诉8人，附条件不起诉27人。坚持宽容不纵容，对确有必要惩处的批捕37人，起诉42人。依托永川系全国未成年人检察工作创新实践基地，在重庆市首创“检校团”三方共建“青春检盾”三级快速反应机制，解决纠纷20余件。联合民政、教委等部门建立入职查询、强制报告、综合救助等机制，督促有关部门对2名有前科人员调离岗位或解聘或不予录用，让有劣迹人员远离未成年人。推进未成年人检察社会支持体系示范地区建设，建立企业、劳动、职业技能培训等6类观护基地，帮助30余名涉罪未成年人“迷途知返”。关注南部片区留守儿童和职教学生普法教育，打造“莎姐”法治教育基地，组建32名“莎姐”检察官普法宣讲团，开展线上线下普法32场次，受众8000余人次。联合相关部门为10名存在监护缺失的未成年人确认临时监护、转移监护权，为15名困境儿童落实司法救助、心理辅导、亲职教育、临时安置、最低保障等救助措施。 （区检察院　雷雨薇）

法　院

【概况】 2021年，永川区人民法院（简称区法院）忠实履行宪法和法律赋予的职责，充分发挥审判执行职能作用，为永川经济发展和社会大局稳定提供有力司法服务和保障。全年受理各类案件27297件，审执结22960件。其中，受理诉讼案件14589件，审结12843件；受理执行案件12708件，执结10117件。

【刑事审判】 2021年，区法院受理刑事案件688件，审结597件，判处罪犯768人。审结强奸、抢劫、绑架等严重暴力性犯罪案件27件，判处罪犯38人。审结盗窃、抢夺、抢劫、诈骗等多发性犯罪案件211件，判处罪犯298人。审结重大责任事故、危险驾驶、交通肇事等危害公共安全的犯罪案件176件，判处罪犯176人。审结贪污腐败犯罪案件3件，判处罪犯5人。开展“全民反诈”，依法审理非法吸收公众存款、电信诈骗、“套路贷”等犯罪案件11件，判处罪犯32人，涉案金额7910.76万元。常态化推进扫黑除恶专项斗争，坚持“一案一整治”“一案一建议”，发出司法建议，促进整深治透、常治长效。

【民事审判】 2021年，区法院审结民事案件3663件。审结婚姻、继承、抚养等家事案件1663件，其中调解897件。审结追索劳动报酬、经济补偿等案件757件，为农民工追回“血汗钱”2087.77万元。审结交通事故、产品责任等侵权案件825件。审结集体土地承包经营权、宅基地使用权等“三权分置”案件72件。依法审理“微信群曝光他人不文明行为反被索赔案”“重度抑郁症患者在医院自杀索赔案”“违停车主要求确认公安机关拖车违法案”等案件，让维护法律和公共利益的行为受到鼓励，让违反法律和社会公德的行为受到惩戒。

【商事审判】 2021 年，区法院审结商事案件 7319 件，标的额 11.18 亿元。审结金融借款、保险、证券、民间借贷等各类金融案件 2257 件，规范资本市场秩序，防范化解金融风险。审结破产案件 3 件，涉及债权 10.7625 亿元，帮助企业盘活资产 5.25 亿元。区人民法院成立优化营商环境领导小组，制定工作方案，扎实开展工作，牵头的“执行合同”“办理破产”两项指标进入重庆市先进行列。永川高新区人民法庭整体带案入驻区社会矛盾纠纷联合调解中心，为园区企业提供“一站式”司法服务。全年共审结相关案件 894 件，解决争议标的 1.83 亿元。

【行政审判】 2021 年，区法院审结行政诉讼案件 204 件，监督行政机关依法行政。依法维护行政权威，审查支持行政机关申请强制执行案件 256 件。推动行政机关负责人出庭应诉，行政机关负责人出庭应诉率为 74.20%。发布年度行政审判白皮书，助力法治政府示范区建设。

【执行工作】 2021 年，区法院受理执行案件 12708 件，执结 10117 件，执行到位 11.82 亿元，执行到位率 36.19%，执行完毕率 40.45%。，获评全市“2021 年度执行工作先进法院”。加大对罚金、没收财产等刑事案件的执行力度，执结 3560 件，执行到位 2.32 亿元。强化执行强制措施运用，司法搜查 103 人，司法拘留 22 人，限制高消费 6931 人，将 3072 名被执行人列入“失信被执行人名单”，在“永川微发布”等平台发布失信被执行人信息 233 条。通过京东、淘宝等平台拍卖执行财产 261 宗，成交额 1.47 亿元，溢价率 18.96%。

【司法改革】 2021 年，区法院完善独任法官、合议庭、专业法官会议和审判委员会职能定位，构建起权责明晰、衔接有序的审判权力运行机制。发挥全庭法官会议、专业法官会议、审判委员会的功能，召开“三会”114 次，提供咨询意见 126 条。发挥院庭长办案示范作用，院庭长受理案件 13551 件，结案 10677 件。坚决落实“八项制度”，全面加强审判监督。常态化开展案件质量评查，严格审判责任追究，保障公正司法。坚持激励与约束并重，不断优化绩效考核，充分发挥考核“指挥棒”作用，激励法官“多办案、办好案”。

【人大监督】 2021 年，区法院自觉接受人大及其常委会监督，配合区人大常委会开展调研，专题向区人大常委会报告行政审判和遏制虚假诉讼等工作。加强代表委员联络工作，设立代表委员联络站，广泛听取意见建议。全年办理人大代表建议 2 件，办理政协委员提案 2 件，满意率 100%。加强联络工作，邀请人大代表、政协委员参加法院“公众开放日”活动、旁听庭审、见证执行等 107 人次。

2021 年 11 月 18 日，区人民法院发放执行案款 （钟怡 摄）

【典型案例】 违停车主要求确认公安机关拖车违法案 曾某某以自家停车位被他人占用为由，将其汽车停放于某小区的唯一通道内，造成小区其他车辆无法进出。公安民警多次上门催告，要求其将车辆停放于停车位上，曾某某仍置之不理拒绝挪车，公安机关遂通知拖车公司将车辆拖走。曾某某缴纳施救费 300 元后将车辆取回。事后，曾某某认为公安机关处置措施违法，向法院起诉，请求确认违法。区人民法院经审理认为，曾某某将汽车停放于小区的唯一通道，不仅影响其他业主通行，也堵塞实施紧急救援的“生命通道”，置该小区其他业主生命财产安全不顾，曾某某的行为与社会主义核心价值观不符，违背公共道德。公安机关代履行拖车行为合法适当，故判决驳回曾某某的诉讼请求。一审裁判后，曾某某不服裁判结果，提起上诉，重庆市第五中级人民法院经审理驳回其上诉。 （区法院 朱光耀）

司法行政

【概 况】 2021 年，永川区司法局（简称区司法局）以推动司法行政高质量发展为主题，统筹推进司法行政机关政治建设、全面依法治区、法治政府建设、法治社会建设、公共法律服务体系建设、司法行政队伍教育整顿，为永川打造（建设）高质量发展先行区、高品质生活示范区提供法治保障。中共重庆市永川区委全面依法治区委员会办公室（简称区委依法治区办）设在区司法局，设置区委依法治区办综合秘书科、法治调研督察科。区司法局有工作人员 96 名，内设机构 12 个，基层司法所 24 个，有法律援助中心、公证处和社区矫正帮教服务中心 3 个下属事业单位。

【依法治区】 2021年，区委依法治区办筹备3次区委全面依法治区委员会会议，研究起草《重庆市永川区〈法治中国建设规划（2020—2025年）〉实施方案》《重庆市永川区法治社会建设实施方案（2021—2025年）》。开展党政主要负责人履行推进法治建设第一责任人职责、法治政府建设专项督察。制定《2021年全面依法治区考核细则》，做好对区级各部门、各镇街的考核。印发《重庆市永川区深入学习贯彻习近平法治思想宣传工作实施方案》，整理习近平法治思想资料汇编，举办“习近平法治思想”专题讲座。开展习近平法治思想主题征文，收到征文80余篇。组成工作专班，制定工作方案，召开动员部署会、3次工作推进会，组织3次实地验收，打造11个现场考察点，完成中央法治督察迎检工作。开展中央法治督察现场反馈问题整改“回头看”，对中央督查组反馈问题的整改情况进行自查。区市场监管局基层执法所解决“两人所”问题，区交通局完成永川至板桥线路客运班车报废更新问题的整改。针对群众举报投诉蕾特恩重庆永川店“美容贷”问题，经联合执法检查暂未发现以上情况，对其未亮证经营、未进行价格公示等问题已要求其立即整改。全年审查政府文件991件，提出意见、建议1360余条。按规定向市政府、区人大常委会报备区政府规范性文件14件，收到部门报备规范性文件5件，收到镇政府报备规范性文件27件，所有报备件和备案审查件均已通过。组织规范性文件清理2次，拟修改7件，废止32件；组织专项清理5次，拟修改1件。加强政府法律顾问和公职律师管理，组建顾问律师团参与“12·4”吊水洞煤矿事故等重大突发事件处置。

【行政复议应诉】 2021年，区司法局创新行政争议多元化解机制，构建“1133”工作体系，即成立1个行政争议化解中心，成立1个行政争议调解委员会，建立和完善诉调对接、复调对接、府院联动3项工作机制，发挥行政裁决、行政复议、行政诉讼3项工作功能。推进行政复议体制改革，分设立案、审理、应诉3个科室，成为全国首个区县级实现“立、审、诉”分离的行政复议机构。全年受理行政复议案件97件，审结92件，调解行政争议案件37件；办理行政应诉案件81件，审结71件，败诉率2.38%；督促部门、镇街办结司法建议6件。

2021年4月28日，永川区司法局党史学习教育微宣讲到临江镇乡贤评理堂

（区司法局 供图）

【普法依法治理】 2021年，区司法局牵头起草“八五”普法规划，分类别、分层次进行普法，开展法治宣传进企业、进农村、进校园、进社区等活动200余场。推动3个行政执法联系点将行政执法与普法、依法治理相结合。完善永川区法治宣传教育基地、中山路街道卧龙凼社区、何埂镇石笋山村、胜利路街道法治主题公园等法治文化阵地建设。完成263个村（社区）民主法治村（社区）“三治结合”（自治、法治、德治）创建工作，卧龙凼社区创建为“全国民主法治示范社区”，滩子口村、大竹溪村创建为“重庆民主法治示范村”，永川区法治宣传教育基地创建为“重庆市法治宣传教育基地”。组织51名新提任领导干部参加法治理论知识考试，组织全区干部参与法治理论知识学习网考、抽考。分批次推进法律知识培训，1200名村（社区）“两委”干部、800余名“法律明白人”参加培训。开展律师行业和公证、司法鉴定行业突出问题专项治理，公证行业自查问题5个、抽查问题10个，司法鉴定行业自查问题3个、抽查问题6个已全部整改完成。

【法律服务】 2021年，永川区有律师服务所12家，有社会律师138名，援助律师1名，公职律师71名，基层法律服务工作者83名。全区律师和基层法律服务工作者为464家单位担任法律顾问，办理刑事案件381件，民事代理5329件，行政诉讼76件。

【社区矫正】 2021年，区司法局丰富社区矫正教育帮扶内容，开展社区矫正对象技能提升宣传介绍会、“感悟革命历史，重塑美丽人生”等活动，组织社区矫正对象开展公益活动2269人次。全年新接收364人，解除346人，监管教育679人；给予社区矫正对象训诫26人次、警告22人次、经审批为7名社区矫正对象佩戴电子定位手环、提请收监执行5人。全区在册社区矫正对象共有333人。

【安置帮教】 2021年，区司法局扎实开展安置帮教工作。全年接收刑满释放人员1128名，其中重点帮教人员69名，一般帮教人员1059名，帮教率100%。做好在监狱服刑人员远程探访会见工作，共组织远程视频会见211场次，服务385人次。

【法律援助】 2021年，永川区公共法律服务中心整体入驻区社会矛盾纠纷联调中心，12个公共法律服务站完成升级改造。完善法律援助“互联网+”模式，推行“告知承诺制”。全年办结法律援助案件485件，刑事辩护认罪认罚法律帮助案件924件，刑事案件辩护全覆盖试点案件57件，为受援人提供法律咨询4186人次，受援人满意度99.9%。

【公证工作】 2021年，区司法局开通线上“公证签”服务，实现委托、放弃继承声明等事项“川渝通办”跨区域办理，60项公证事项办理“最多跑一次”。全年共办理各类公证7455件，网上公证367件，免费邮寄公证书160件。

【司法鉴定】 2021年，永川区有司法鉴定所1家，工作人员8名。全年办理司法鉴定案件561个，其中法院委托25件，个人委托506件，企业委托30件。

【国家统一法律职业资格考试】 2021年，区司法局组织实施国家统一法律职业资格考试，916名客观题、397名主观题考生考务工作有序进行，整个考区秩序良好，未发生一起违纪作弊行为，未接到一起考生投诉。开展法律执业资格证持有人备案和国家统一法律职业资格考试政策宣传，解答咨询300余人次，法律职业资格证书备案119人。 （区司法局 张莎莎）

仲 裁

【概况】 2021年，永川区劳动人事争议仲裁委员会以建立和谐劳动关系、维护劳动者合法权益为宗旨，以依法化解劳动争议为抓手，不断完善劳动关系协调和矛盾调处机制。拓展劳动纠纷受理渠道，线上接收劳动纠纷调解申请。建立柔性化矛盾纠纷调解机制，推动仲裁调解重心前移。设立调解室，与区总工会联合开展案前调解、庭前调解。与西南政法大学劳动社会保障法制研究中心建立联系机制，定期召开案例研讨会，增强依法办案能力。

【案件办理】 2021年，永川区劳动人事争议仲裁委员会接收劳动人事争议案件1115件，立案受理案件842件，不予受理案件273件，涉及劳动者共1139人，涉案金额1767.79万元。立案受理案件中，涉及劳动报酬124件，解除和终止劳动合同179件，社会保险待遇316件，确认劳动关系69件，其他案件153件。审结案件857件（含上期末累计未结案件15件）。其中，裁决案件333件，终局裁决85件，调解案件（含和解撤诉）395件，结案（含撤销、终结）129件。

【仲裁案例】 2021年6月8日，永川区劳动人事争议仲裁委员会立案受理申请人张某方与被申请人重庆永杰房地产开发有限公司因解除劳动关系、经济补偿等产生的劳动争议。经审理查明，被申请人重庆永杰房地产开发有限公司与申请人张某方签订劳动合同，约定合同期限为2017年9月11日至2020年9月10日，岗位为销售经理，基本工资为1500元/月+津贴。同月，被申请人先后为申请人参加各项社会保险。2020年10月起，申请人因怀孕未再上班，并于2020年11月16日生育女儿刘某某。根据《中华人民共和国劳动合同法》第三十八条、第四十二条、第四十五条、第四十六条、第四十七条、《中华人民共和国劳动争议调解仲裁法》第三十六条之规定，区劳动人事争议仲裁委员会裁决申请人张某方与被申请人重庆永杰房地产开发有限公司的劳动关系于2021年6月22日解除。由被申请人重庆永杰房地产开发有限公司支付申请人张某方2020年8月和9月工资5302.42元、经济补偿12000元。驳回申请人张某方的其他仲裁请求。

（区人力社保局 蒋思江）

永川区人武部

【概况】 2021年，永川区人民武装部（以下简称区人武部）建立健全工作运行、行政管理、安全保密等规章制度，落实党委会分析安全、交班会强调安全、节假日督查安全等制度。开展国防教育、警示教育和安全常识教育，组织专武干部和应急连进行军事训练。开展兵员征集宣传，完成兵员征集任务。

【兵员征集】 2021年，区人武部围绕“建立建强组织、创新宣传手段、征集优质兵员、消除退兵隐患”，先后组织相关单位召开3次座谈会，认真贯彻落实上级征兵工作会议精神，深入研判“两征两退”对征兵工作带来的新变化，提出“重线上稳线下”的宣传方式和“少数量多批次”的体检办法。协调区教委搜集2017—2021年高考学生信息、区公安局提供18~24周岁的男性公民信息和重庆市征兵办下发的大学生信息进行比对，提取大学生具体信息，下发各镇街进行点对点宣传。在电视台、影院、微信平台、校园网上播放征兵宣传片，在永川日报、永川微发布、公交车移动视讯等平台上发布征兵信息，制作征兵政策微视频向全社会推广，取得较好效果。邀请永川籍部队全国人大代表杨祥国为新兵授课。筛除不合格预征对象57人。坚持作风建设高压态势，一人不漏地组织廉洁警示教育，签订廉洁征兵责任状、承诺书。聘请92名廉洁征兵监督员，畅通监督渠道，征兵举报电话专人值守，第一时间受理、调查和反馈举报情况。完成兵员征集任务，大专以上文化程度占比89.2%。

【国防动员准备】 2021年，区人武部聚焦能打胜仗标准，练兵备战主业扎实推进。深入贯彻落实习主席训令精神，坚持把练兵备战摆上位、抓到位，努力提升打赢制胜能力。持续抓好战备秩序规范，组织修订新编各类方案，进一步完善方案预案体系。狠抓日常战备常态保持，及时搞好各类方案动态化更新、常态化推演和实战化检验，确保遇有情况指挥得当，用兵高效。

【军事训练】 2021年，区人武部组织机关干部职工、文职人员、专武干部和民兵应急队员召开新年度开训动员大会，部署年度军事训练工作任务。组织“开训周”活动，组织部机关、专武干部和应急连进行实兵实训，各镇街组织应急排、民兵干部进行基础课目实训拉动。开展“小专业、大集中”集训，组织军地防汛救灾联训联演，进一步锻炼民兵应急队伍协同作战能力，提升抢险救灾实战化能力水平。

【民兵队伍建设】 2021年，区人武部围绕“镇街编应急、行业编专业、园区编新质”的思路，编组各类民兵队伍，坚持每季召开党委会专题议战议训，坚持人力物力财力向练兵备战、后备力量建设聚焦。成立军地整组工作专班，抽调5名专武干部集中办公，对全区民兵整组实力进行会审，摸清核准潜力数据。组织区级部门、各镇

2021年12月21日，区人武部在重庆文理学院举行重庆市2022年上半年征兵宣传进高校暨永川区征兵政策集中宣讲活动

（区人武部　供图）

街3次召开民兵整组推进会。

【国防教育】 2021年，区人武部部长、政委先后为区委党校中青年干部培训班、全区信访干部培训班和辖区高校进行国防教育授课辅导10次。指导区委党校抓好中青年干部培训班国防教育工作，区委中心组理论学习会专题学习习近平强军思想，通过开展军训、主题讲座、参观国防教育基地等形式不断提高全区干部国防意识。高规格承办第一书记进军营现场办公，促进国防教育主题公园投入使用，梳理永川区“老虎连”血战喻家坡太平寨和老干部口述历史成果，在媒体上广泛宣传革命传统故事。用好五间镇太平寨、中共板桥地下党支部活动地等红色资源，加强对党忠诚教育。

【学生军训】 2021年，区人武部出动军训教官1884人次，完成重庆城市科技学院、重庆财经职业学院等1.15万名学生军训任务。同步开展国防教育，开展形式多样的军训汇报表演，提升大学生家国情怀和国防意识。

【参建参治】 2021年，区人武部积极投身乡村振兴，支持金龙镇8万元开展消费扶贫，严格落实定期巡河制度。9月16日，四川省泸县发生6.0级地震后，迅速进行应对处置，对邻近震中的宝峰镇、红炉镇、永荣镇、吉安镇民兵应急排发出紧急集合号令。值班领导到一线核实灾情，清点维护应急救援装备，做好增援准备。协调武警部队负责重庆市第六届运动会开幕式升旗仪式，组织驻永部队官兵现场观看开幕式活动，出动民兵参与重庆市第六届运动会半程马拉松赛安保执勤。 （区人武部 蒋状）

武警执勤一大队

【概况】 中国人民武装警察部队重庆市总队执勤第一支队执勤一大队（简称武警执勤一大队）肩负着执勤、处置突发社会安全事件、防范和处置恐怖活动、抢险救援和防卫作战及中央军事委员会赋予的其他任务。2021年，武警执勤一大队坚持以习近平新时代中国特色社会主义思想和习近平强军思想为指导，制定“聚人心抓中心、强基础求精细、厚底蕴促发展”的总体建设思路，官兵勇于挑大梁、硬碰硬，圆满完成各项任务，部队发展向上向好。

【思想政治教育】 2021年，武警执勤一大队扎实开展“传承红色基因、担当强军重任”主题教育，在上级统筹教育的基础上，开展好配套活动和小课串讲。坚持建队育人、文化育人，组织官兵编印“卫士”小报，拍摄“红心向党”“党旗在基层一线飘扬”“官兵家属谈期盼”等视频，成立音乐、画画、摄影、篮球、足球等各类兴趣爱好小组，每月定期开展强军风采系列相关球赛合练合训，适时组织征文、演讲、书法、笔记、心得体会展评等活动。引入驻地红色资源和文化资源配合教育，联系永川图书馆建立图书轮换机制，轮换图书4000余册。通过活动的开展使官兵得到教育，深化对“不忘初心、牢记使命”的深刻理解，锻造官兵忠诚担当的政治品质、全面过硬的能力素质。

【执勤战备】 2021年，武警执勤一大队累计动用兵力，协助地方完成140余起武装押解任务。动用230人次完成春节、五一、端午、国庆、七一等驻地城市武装巡逻任务。完成重庆市第六届运动会安保备勤任务。组织官兵开展无偿献血活动，受到地方党委、政府和人民群众赞扬。

（武警执勤一大队 潘运凯）

人民防空

【概况】 2021年，永川区人民防空办公室（简称区人防办）加快建设“战时防空、急时应急、平时服务”的现代人防体系，完成人民防空政策法规、国家安全环境、人民防空建设管理等共同训练课题训练，以及指挥员、指挥控制中心等专业训练。牵头做好重庆市江北区、武隆区、石柱县、城口县到永川区开展跨区域拉动应急通信保障训练及考核任务，组织重庆市水利电力职业学院、重庆城市职业学院等学校开展防空警报疏散演习。做好警报建设与管理工作，鸣响率为100%。

【人防工程建设管理】 2021年，区人防办将修建审批项目全部纳入“渝快办”网上办件。开放办件绿色快速通道，为房地产、工业、重点物流项目提供便捷服务。优化再造结合修建防空地下室审批流程，修订更新《永川区结合民用建筑修建防空地下室办事指南》，让办事群众一看就懂，一备就齐、一办就成。开展在建人防工程专项检查，建立健全各在建项目安全制度、安全防范措施、安全人员配备、安全教育等方面制度和办法。针对老旧人防工程制定定期巡查制度，对存在安全风险的人防工程进行安全评估、建立风险管控台账。组织人防工程科和质量技术服务站相关人员学习讨论，借鉴周边区县的做法，形成人防工程质量监督体系管理流程。全年征收人防易地建设费3750.85万元。

【人防宣传教育】 2021年，永川区建成4个“两防一体化”社区宣教基地，启动永川区人防宣教馆建设。区人防办通过开展“5·12”防灾减灾日、“6·5”防空警报试鸣、“12·4”宪法日宣传人防知识，为群众答疑2000余次，发放各类宣传折页、手册、海报、挂历、宣传无纺布袋10余万份。辖区各高校开展人防知识教育活动，重庆智能科技学院等高校结合新生军训开展丰富的人防宣传活动。联合区教委，在全区初级中学开展人防知识课件评比活动，在汇龙小学、区职业教育中心、昌南中学等开展人防知识进校园活动。

【人防干部队伍建设】 2021年，区人防办组织人员参加重庆市人民防空系统领导干部综合素能提升研修班。组织人员参加全市人民防空系统安全生产工作视频会、全市人民防空系统安全管理人经验交流及培训会、人防工程质量监督和行政执法视频培训会，专业人员业务知识水平得到提升。全年10人次参加行政执法培训和考试。定期组织党风廉政专题学习，加强政治建设，严格落实主体责任、抓牢基层基础，营造良好政治生态，坚决惩治腐败。

（区人防办 甘伟）

宏观经济管理

【概况】 2021年，永川区发展改革委（简称区发展改革委）坚持稳中求进工作总基调，扎实做好经济运行调度、发展战略规划、重大项目谋划、营商环境优化、社会民生保障等工作。印发《泸永江融合发展示范区总体方案》等实施方案。争取到老旧小区改造、高标准农田建设、产业园区基础设施建设等10个中央预算内投资项目，获得中央资金2.37亿元。争取到地方政府专项债券项目6个（包含17个子项目），总投资44.19亿元，获得债券资金13亿元。

【经济发展规划编制与实施】 2021年，永川区印发实施《重庆市永川区国民经济和社会发展第十四个五年规划和二〇三五年远景目标纲要》。编制完成《永川区人口发展规划（2021—2035年）》《永川区应对人口老龄化规划（2021—2035年）》。区发展改革委统筹推动30个区级“十四五”重点专项规划编制，编制完成重点专项规划30个。

【经济结构与产业布局】 2021年，永川区三次产业结构比为7.3∶52.8∶39.9。第一产业增加值为83.3亿元，比上年增长6.4%。第二产业增加值为604.4亿元，比上年增长8.9%，其中工业增加值为466.9亿元，比上年增长10.5%，建筑业增加值为137.5亿元，比上年增长3.3%。第三产业增加值为456.5亿元，比上年增长10.7%。

【固定资产投资】 2021年，永川区固定资产投资比上年增长11.0%，其中，第一产业投资比上年增长518.0%，第二产业投资比上年增长9.2%，第三产业投资比上年增长12.2%。民间投资比上年增长20.3%。工业投资比上年增长10.2%。房地产开发投资比上年增长17.2%。

【区级重点项目】 2021年，永川区214个重点项目完成投资329.4亿元，占年度计划完成投资的111%，其中60个政府主导类项目完成投资64.8亿元，154个市场主导类项目完成投资264.6亿元，已完工或投产项目105个。雅迪电动摩托车产业园（一期）、蜂巢易创等66个重点工业项目投产。

【市级重点项目】 2021年，永川区24个项目纳入市级重点项目名单。全年完成投资105亿元，占年计划完成投资的112%。项目全部开工建设，开工率100%。

【政府投资与管理】 2021年，区发展改革委立项审批政府投资项目441个，总投资452.48亿元。可研审批项目46个，总投资77.02亿元。概算审批项目271个，送审金额75.49亿元，其中252个项目通过概算评审，送审金额75.37亿元，审定金额71.84亿元，审减金额3.53亿元，审减率4.7%。

【永川区国家城乡融合发展试验区建设】 2021年，永川区印发《永川区国家城乡融合发展试验区实施方案》《永川区国家城乡融合发展试验区2021年度重点任务》，明确“1+5+3”项（即1项重点突破改革事项、5项规定改革事项和3项自选改革事项）体制机制改革任务，编制试验区建设责任清单、项目清单、改革清单。1项重点突破改革事项是推进闲置宅基地及农房开发利用机制。5项规定改革事项是建立城乡有序流动的人口迁徙制度、建立进城落户农民依法自愿有偿转让退出农村权益制度、建立农村集体经营性建设用地入市制度、搭建城中村改造合作平台、搭建城乡产业协同发展平台。3项自选改革事项是建立城乡基本公共服务均等化发展体制机制、建立健全有利于城乡基础设施一体化发展的体制机制、建立健全有利于农民收入持续增长的体制机制。永川区扎实推进闲置宅基地及农房开发利用机制改革工作，完善改革制度体系，健全流转利用机制，有序推进改革基础工作。永川区成为全国104个试点区县中第3个被农业农村部《农村合作经济及宅基地管理利用》刊发改革经验的地区。同时，永川区持续深化户籍制度改革，取消务工年限等地区落户限制，城区常住人口从净流出转变为净流入。国家发展改革委办公厅将永川区纳入第三批国家新型城镇化综合试点地区进行经验推广。

【推动成渝地区双城经济圈建设重庆四川党政联席会议第三次会议】 2021年5月27日，推动成渝地区双城经济圈建设重庆四川党政联席会议第三次会议在永川区江鸿国际大饭店举行。会议深入学习贯彻习近平总书记关于推动成渝地区双城经济圈建设的重要讲话精神，共同研究进一步推动双城经济圈建设重点工作。重庆市委书记陈敏尔主持会议并讲话，四川省委书记、省人大常委会主任彭清华出席会议并讲话。重庆市委副书记、市长唐良智通报重庆市经济社会发展情况，并就双城经济圈汽车产业高质量协同发展实施方案、电子信息产业高质量协同发展实施方案作说明。四川省委副书记、省长黄强通报四川省经济社会发展情况，并就加强重庆成都双核联动引领带动双城经济圈建设行动方案作说明。重庆市人大常委会主任张轩、市政协主席王炯出席。重庆市委常委、秘书长，市政府常务副市长王赋通报两省市领导联系重点项目和共同编制重点规划推进情况，四川省委常委、省政府常务副省长罗文通报政务服务“川渝通办”和川渝自由贸易试验区协同开放示范区总体方案情况。会议听取川渝毗邻地区合作共建区域发展功能平台推进情况汇报。会后，举行重庆市·四川省共建具有全国影响力的科技创新中心2021年重大项目集中开工活动。考察期间，四川省党政代表团一行到重庆云谷·永川大数据产业园、长城汽车重庆永川智慧工厂、重庆智能工程职业学院等地，了解成渝地区双城经济圈建设取得的新进展新成效。

（区发展改革委　马寒卿）

能源管理

【概况】 2021年，永川区能源局（简称区能源局）制定永川区能源“十四五”专项规划。加强能源安全监督管理，治理煤矿退出关闭领域信访突出问题。履行重庆市永川区煤矿退出关闭工作领导小组办公室综合组工作职能，为全区煤矿退出关闭工作收好尾、服好务。抓好发展与安全，积极推动页岩气开发和清洁能源发展，推动中石油浙江油田顺利入驻，为全区经济社会发展提供坚实的能源保障。

【能源规划】 2021年，区能源局牵头编制永川区能源“十四五”专项规划，厘清全区能源供给基础和消费情况以及“十三五”期间能源工作取得的主要成效。结合国家、重庆层面能源保障、结构调整等政策和发展趋势，明确指导思想和基本原则，提出页岩气勘探开发取得重大进展、百亿级能源产业集群初具规模、多元化能源保障基础持续夯实、低碳能源替代行动取得明显成效等奋斗目标。

2021年5月27日，推动成渝地区双城经济圈建设重庆四川党政联席会议第三次会议在江鸿国际大饭店召开

（区发展改革委　供图）

【煤炭行业管理】 2021年，区能源局强化落实关闭煤矿安全监管责任，对2020年关闭煤矿每周开展1次定期巡查、2020年以前关闭煤矿随机抽查。全年开展安全巡查、抽查162次，对关闭煤矿属地镇街工作落实情况督查126次，封闭井筒317个。配备关闭煤矿安全巡查员，强化设备设施拆除、井口瓦斯溢出等安全隐患监管。全面摸排历史煤矿关闭情况，两次发文督促19个相关镇街落实已关闭煤矿井口封闭状况监督管理工作。督促企业对标对表整理完善退出关闭煤矿验收资料，8个煤矿通过市级复查验收。坚持突出重点、积极引导、分类处置，依法依规妥善解决关闭煤矿合理诉求。针对煤矿退出关闭领域信访突出问题及时收集梳理，建立问题台账，开展专项治理工作。配合属地镇街、属地派出所、相关煤矿企业，化解退出关闭煤矿问题纠纷。完成2件“积案”的信访事项结案工作。协助完成2020年退出关闭煤矿9名“三类”人员（企业老复员军人、企业参战退役人员、企业参加核试验退役人员）安置工作。

【页岩气开发】 2021年，区能源局推动中石油浙江油田顺利入驻。全区页岩气开发企业增至3家，是重庆市开发企业最多的区县。大安井区、黄202井区页岩气三维地震勘探作业顺利完成。全年新增开工平台8个、井31口，完成投资6亿元，新增投产井20口，是2021年前投产井总量的1.2倍。截至2021年12月底，全区有页岩气勘探开发平台25个，共90口页岩气井，4家油气长输管道企业。全年产气3.62亿立方米，比上年增长114.2%。其中11月产气3322万立方米，首次实现供大于求。

【清洁能源发展】 2021年，区能源局利用页岩气产出优势，推广应用“冷热电”三联供的天然气分布式能源。区妇幼保健院天然气分布式能源项目建成投用，项目数量共有3个。永川区是重庆市项目数量最多的区县。抢抓国家推进整县（市、区）屋顶分布式光伏开发试点机遇，牵头会同10

余个部门和园区、企业编制《永川区整区屋顶分布式光伏开发试点方案》并逐级上报，被纳入全国首批试点名单。

【能源安全监督管理】 2021年，区能源局对页岩气勘探开发、油气长输管道保护行业领域突出安全隐患风险点，薄弱环节进行风险分析研判，建立台账，逐一制定管控措施，落实管控人员，把风险管控情况纳入执法检查内容，确保风险管控到位。页岩气勘探开发行业相关责任领导定期对企业平台安全生产情况向区能源局汇报，区能源局及时进行分析，提炼重点作为下个月安全生产执法分析的重要依据。开展页岩气勘探开发、油气长输管道保护安全执法检查，督促企业落实安全主体责任。全年检查页岩气平台128次，油气长输管道56次，查出的所有隐患已按照“五落实”（落实隐患排查治理责任、措施、资金、时限、方案）要求，闭环管理。

（区能源局　陈博恩　王世峰　周雪峰　刘俊松）

国有资产监督管理

【概况】 2021年，永川区国有资产管理中心（简称区国有资产管理中心）以“深化国资国企改革，深入实施国企改革三年行动，缩减国企管理层级，推进国企市场化、专业化重组，提升国企投融资能力”为目标，完善国资监管制度，制定《永川区国企改革行动实施方案（2021—2022年）》《永川区国资国企“十四五”发展规划》。完成重庆能源集团遗留问题移交区县工作，强化国有企业大额资金和投资融资管理，改进国有资产经营管理方式，实施收入分配改革，加大闲置国有资产盘活力度，较好地完成全年目标任务。截至2021年12月底，全区纳入监管的区属国有企业共9户，主营业务涉及城市建设、园区建设、交通、供排水、旅游、文化、资产经营等领域。资产总额1213.4亿元，增加92.2亿元，比上年增长8.2%。所有者权益总额510亿元，增加326.9亿元，比上年增长6.8%。负债总额703.4亿元，营业收入43.8亿元，利润10.8亿元。区属国有企业上缴2020年度国有资本收益1.26亿元，上缴额比2019年度增加1.18亿元，增长17.4倍。

【国有企业改革】 2021年，区国有资产管理中心制定《永川区国有企业改革行动方案（2021—2022）》和《永川国资国企“十四五”发展规划》。推动畅恒公司、北鼎公司和渝西设计院公司等国有企业实施市场化、专业化重组，新设立重庆市永川区永交融信息科技有限公司、重庆兆川物业管理有限公司、重庆市永川区政鑫房地产开发有限公司等3户企业。逐步退出不具有竞争性的宏永科技孵化器公司、惠永建设公司、农业科技园公司、视达传媒公司等4户公司制企业股权。严格落实党政机关事业单位不再单独出资设立国有企业要求，新设立3户国有企业均由国资监管部门专司监管职责。深化非公司制企业改革，统筹推进涉及35个主管部门269户非公司企业的改革（注销）工作。实施国企薪酬分配改革，全年累计核减工资预算比例1.8%，职工平均工资年增长额度控制在增幅范围内。牵头承接涉及重庆能投集团所属企业不再用于生产经营的涉煤资产21333.27万元（账面价值），4686名“三类”人员（退休职工统筹外费用、“工亡家属”“病亡家属”）及费用17718万元，中心桥小学供电改造费用20万元，涉农赔偿费用89.1万元，25个封闭井筒及其出口等淘汰煤炭落后产能遗留的安全、环保、生态修复管理责任。

【国资国企管理】 2021年，区国有资产管理中心改进监管方式，简政放权，激发企业活力。将5家重点子公司管理权限归位于上一级公司管理。清理国资监管规范性文件，修订完善《永川区企业国有资产监督管理实施细则（试行）》《关于明确区属国有企业运行管理体制机制的通知》《关于优化区属国有企业董事会设置的通知》《关于进一步加强和改进区属国有企业监事会工作的通知》《区属国有企业推行经理层成员任期制和契约化管理的通知》等一系列涉及国有企业监管制度文件，规范区属国有企业采购、融资、资金管理工作。

【国有资产综合利用】 2021年，永川区国有资产交易、处置坚持公开透明进场交易。全年公开挂牌处置资产7宗，成交价格增幅39.71%。公开招租167宗，成交价格增幅12%。闲置国有资产盘活实现综合效益21.99亿元。区属国有企业依托园区和行业部门完成名义投资228亿元，保障149项经济社会发展重点项目建设和15个重点民生实事项目建设资金。

（区国有资产管理中心　齐海明）

公共资源交易管理

【概况】 2021年，永川区公共资源事务中心（简称区公共资源事务中心）落实区公共资源交易监督管理委员会安排部署，狠抓落实，强化服务，较好完成全年工作任务。全区公共资源成交项目516宗，比上年增加24宗，增长5%；成交金额70.18亿元，比上年减少2.38亿元，降低3%；增收7659万元，节支6.93亿元。土地出让成交21.62亿元，占30.8%；建设工程交易成交40.69亿元，占58%；政府（国企）采购成交7.59亿元，占10.8%；产权交易成交2838万元，占0.4%。加上平台公司摘牌土地和非必须招标工程项目，成交项目608宗，交易金额95.92亿元。

【公共资源交易改革】 2021年，区公共资源事务中心认真落实“全市一张网”要求，完成公共资源交易网站整合迁移。梳理完善工程招投标、政府（国企）采购、土地出让、产权出租交易服务流程、办事指南和项目文本，调整完善档案管理、信息报送、保证金收退、交易现场管理等基础性工作，推动改革制度规则落实落地。贯彻落实深化公共资源交易监管改革系列文件重点任务完成清单32项重点任务。协助监管部门推行“经评审的最低投标价法”。全年197宗工程建设项目，有164宗采用“经评审的最低投标价法”，平均节支率16%。

【公共资源交易服务】 2021年，区公共资源事务中心修订保证金代收代退管理制度、档案管理制度，实现全流程工程建设项目信息挂网、保证金退付、档案收集归档等流程无纸化。所有项目入场当日挂网，无需招标人、代理机构、投标人上门办理。投标保证金退付时间由5个工作日压缩到2个工作日，土地出让非竞得人保证金当日退付，减轻企业资金占用成本。全年退付保证金1753笔、13.89亿元，按时退付率100%，保证金收退实现“零证明、不见面”，企业“零跑路”。对照《永川区2021年区政府工作报告确定目标任务责任分解方案》，建立实施重点单位联系服务制度，跟踪服务区级重点项目牵头落实单位，做好工业服务业发展、基础设施建设、城市提升、乡村振兴、社会民生保障等重点事项采购和工程项目交易服务工作。做好采购文件编制、各类项目挂网入场及开评标服务管理，高效率推进项目交易环节运行流转，保障区级重点项目落地。疫情防控期间做好人流管控、场地消杀、入口检测、个人防护等措施，坚持特事特办，开通重点工程、民生项目“绿色通道”，推行业务网上办，开标不见面或少见面服务，助力经济平稳发展。

【交易现场管理】 2021年，区公共资源事务中心细化各类交易现场行为规范，强化现场服务管理，严格制度执行。全年专家抽取环节招标人、监督部门、中心服务人员三方到场率100%，招标人及代理机构准时到场率99%，招标人、监督部门评标环节进入监督室履职率分别提高至95%、97%，按时到位率100%。中心工作人员会同监管部门工作人员及时提醒、纠正交易各方不规范行为215次，配合处理评标专家违规、违纪30人次、协助招标单位处理工程项目中标公示期间质疑8宗。

【集中采购代理项目管理】 2021年，区公共资源事务中心规范采购需求管理，指导采购单位召开1000万元以上项目采购需求调查会3次，组织专家论证采购需求5次，提出采购需求修改意见201条，协助采购单位开展采购项目公平竞争审查，集中采购项目竞争度由2020年的4.7家/宗增至5.1家/宗，流标率由2020年的16%降至12.7%。开展评审专家履职评价570余次，向区财政局书面报告评审专家履职问题1起并协助开展调查和听证。对违反政府采购规则的供应商不予退还投标保证金3笔、31.6万元。认真执行中央、市、区财政部门出台的系列政策。落实中小企业采购预留份额，中小企业中标（成交）成为供应商并享受中小企业发展扶持政策项目占比61%。修订采购文件商务条款，提高预付款支付比例不低于30%，履约保证金比例由10%降为不高于7%。主动对接在永川区的金融机构为中标供应商发放采购订单信用贷款1330万元。

【川渝异地远程评标合作】 2021年，区公共资源事务中心推进成渝地区双城经济圈协同发展，率先启动“川渝异地远程评标合作”，先后与四川省成都市、宜宾市、泸州市、攀枝花市等公共资源交易中心签订合作协议。永川是与四川开展异地远程评标最早的区县，已作为副场合作开展工程建设和政府采购异地远程评标项目7个，列重庆区县第一。重庆新闻联播、《渝西都市报》分别以《永川：深入推进川渝协作发展》和《数据云上走，企业零跑路》为题对永川异地远程评标做报道。

【建设工程全流程电子招投标】 2021年，区公共资源事务中心推行建设工程全流程电子招投标，完善电子交易软硬件环境，部署开评标室网络、解码机及电子交易演示等配套设施，打好全流程电子招投标运行基础。2021年4月1日半流程电子招投标试行，5月18日全区工程建设项目全流程电子招投标上线运行。全年完成半流程电子招投标项目42个，全流程电子招投标项目88个。通过电子招投标系统整合功能，使得交易前投标单位信息更加保密可控，交易过程更加公开透明，交易电子档案更加翔实完善，提高交易效率。

【公共资源交易大数据分析系统】 2021年，区公共资源事务中心深化数据分析系统功能，对竞争度、流标率、集中度等关键指标开展关联性分析，就评标办法、资质设置等影响交易效益的重点问题开展分析，挖掘数据价值。全年编制数据分析专报9期，交易重点单位数据分析报告1期，交易周报51期。永川开发建设的公共资源交易大数据分析系统，是全市公共资源区县交易平台最完善的大数据分析系统，被其他区县学习借鉴。永川区公共资源事务中心的工作经验做法被重庆市公共资源交易中心动态采稿33篇，列重庆市区县第一。

【场地迁建信息化项目建设】 2021年，区公共资源事务中心到璧山区、荣昌区、铜梁区、云阳县、开州区、涪陵区、市交易中心学习考察。制定《重庆市永川区公共资源事务中心场地迁建信息化项目建设方案》。与市公管局、市交易中心、区发展改革委、区财政局、区新城建管委、区信息化建设服务中心、区大数据发展局强化沟通，上下协调，确保项目规划设计科学到位，并实现场地智能化系统与评标专家库、重庆市电子招投标系统的对接。经政府采购公开招标程序，投入619万元完成信息化建设。成立迁建工作小组，明确专人专职负责新场地装饰装修、信息化建设现场监督和协调，建立每周书面进度通报制度和每月党组汇总研究制度。制定《永川区公共资源事务中心迁建和煦农贸市场统筹工作方案》，对迁建涉及的各项工作进行分解，明确完成时间和责任科室，确保搬迁不影响交易服务。严格照图施工，从原建筑物拆除、现场基础划线、隔墙砌筑、墙地砖铺装、墙漆涂刷、门窗安装、水电安装、空调安装等施工环节逐项现场督查。

（区公共资源事务中心　徐新喜）

财 政

【概况】 2021年，永川区财政局（简称区财政局）组织财政收入，优化财政支出结构，深化财政管理改革，促进经济转型和创新发展，扎实做好“六稳”工作，全面落实“六保”任务，为全区经济社会高质量发展提供坚实的财政保障。

【财政收入】 2021年，永川区一般公共预算收入43.8亿元，为年度预算的102.1%，比上年增长8.3%，其中税收收入33.1亿元，比上年增长12.5%。增值税10.0亿元，比上年增长8.4%。企业所得税8.6亿元，比上年增长58.1%。地方政府性基金收入67.3亿元，为年度预算100%，比上年增长5.2%。

【财政支出】 2021年，永川区一般公共预算支出98.6亿元，为年度预算的93.5%，比上年下降7.5%。其中，教育支出22.9亿元，社会保障和就业支出13.0亿元，卫生健康支出8.5亿元，城乡社区事务支出9.8亿元。地方政府性基金支出64.3亿元，为年度预算的103%，比上年下降8.1%。

【组织收入】 2021年，区财政局完善综合治税（费）组织领导、信息联络、税源共管、部门协作和督查考核机制，推动28个重点单位每月向执收部门提供税费信息。定期召开联席会议，分析研判收入形势，研究解决征管问题，在依法征收的基础上，努力做到应收尽收。加大资金统筹力度，盘活存量资金3.9亿元，调入国有资本经营预算收入1.3亿元。坚持从存量政府资产中挖掘潜力，盘活行政事业单位和国有企业闲置房产15.8万平方米、闲置土地4644亩。用好土地资源和加油加气站特许经营权，增值收益0.3亿元。加强宏观调控政策对房地产市场影响的分析研判，精心组织土地出让工作，土地出让收入总体平稳。加强部门协同联动，精准包装和申报项目。全年争取上级资金40.6亿元，争取债券资金16亿元。

【支出管控】 2021年，区财政局将“三保”支出放在财政保障的首要位置，全年“三保”支出总量67.8亿元，比上年增加2.3亿元。坚持政府常态化过紧日子。严控年中新增支出事项，严格执行各项经费开支标准，精打细算，厉行节约，防止铺张浪费。坚决落实上级规定，加强财政承受能力评估，合理制定各项支出政策。持续优化支出结构。坚持量入为出、节用裕民、有保有压。加大财政资金统筹整合力度，把有限的财政资金用到最困难、最急需的领域。从严实施预算公开评审。聚焦2022年项目支出预算立项依据、支出标准、绩效目标、上年度执行情况等，从严从紧开展公开评审，在财政初审的基础上，审减预算1.5亿元。

【财政管理改革】 2021年，区财政局有序推进预算管理一体化建设。先后建成预算编制、预算执行和会计核算等业务模块，完成相关功能模块的建设和测试。在预算管理一体系统开展2022年预算编制工作。完善预算绩效管理制度体系，制定项目支出绩效评价、财政支出事前绩效评估实施细则，实现部门整体绩效目标和项目支出绩效目标编制全覆盖。开展绩效目标执行管理，加强预算项目绩效运行监控。对7项政策和13个项目开展重点绩效评价，不断加大评价力度。推进政府投资项目管理改革，调整政府投资评审职能职责，出台政府投资项目竣工结算审核管理办法，加强政府投资项目竣工结算评审。推动财政电子化改革，完成国标系统建设，非税收入收缴和财政票据管理全过程无纸化、电子化和便民化。

【财政保障民生】 2021年，区财政局安排资金1.2亿元，支持稳定和扩大就业，落实各项就业创业扶持政策等。安排资金10.9亿元，支持教育事业发展，落实基础教育高质量发展、“职教二十四条”、学生资助等政策，提高生均公用经费标准，扩大普惠性学前教育资源，改善办学条件，推进职教中心迁建等。安排资金11.2亿元，支持加强医疗卫生体系建设，落实基本公共卫生服务和城乡居民医保财政补助政策，保障公立医院和基层医疗卫生机构运转、建设等。安排资金1.8亿元，支持繁荣文体事业，实施文化惠民工程，推进公共文化设施免费开放，承办2021永川马拉松、重庆市第六届运动会、重庆市第六届残

2021年9月3日，永川区2022年预算编制工作会在区公安局三楼会议室召开

（蔡文闻　摄）

疾人运动会等赛事活动。安排资金5.6亿元，支持做好民生兜底工作，落实困难群众救助补助、优抚抚恤、临时性生活补贴等政策。安排资金1.3亿元，支持加强保障性住房建设及管理维护等。支持做好常态化疫情防控。围绕疫情防控需求，加大财政资金调度和保障力度，统筹资金3亿元，支持加强公共卫生体系建设和重大疫情防控救治体系建设、采购防疫设备物资、开展核酸检测、疫苗接种、人员隔离等。

【财政支持实体经济发展】 2021年，区财政局支持产业发展和市场主体纾困。统筹资金9.7亿元，落实“制造业高质量发展18条”“创新30条”等产业扶持政策，加快打造“5+3”产业体系，建设现代制造业基地。加大助企纾困力度，落实落细各项减税降费政策，全年新增减税8.5亿元、社保降费1.9亿元、办理缓税3.4亿元、增值税留抵退税3.6亿元、资源综合利用即征即退0.8亿元。发挥财政资金的引导撬动作用，通过风险补偿、担保贷款、转贷应急周转等方式，帮助497户企业新增融资16.6亿元，缓解中小企业融资难题。安排资金0.1亿元，支持深化“放管服”改革，持续优化营商环境。

【财政支持农业农村发展】 2021年，区财政局安排推进乡村振兴补助资金0.5亿元，支持做好易返贫致贫人口帮扶等工作。安排资金1.9亿元，支持农业产业提升，壮大特色优势农业产业，实施农村综合改革，扶持村级集体经济发展。安排资金3亿元，支持粮油生产，实施耕地地力保护、高标准农田建设和宜机化改造。安排资金0.9亿元，推进农村人居环境整治。安排资金2.4亿元，支持中小河流治理、小型水库建设、农村供水保障等农村水利基础设施建设。安排资金1.5亿元，支持绿化提升、森林资源管护和湿地生态保护，全面推进林长制。安排资金4.8亿元，支持农村公路建设、危桥改造、道路养护维修，落实各项客运补贴政策等。

【财政支持污染防治】 2021年，区财政局统筹资金4.5亿元，支持临江河流域综合治理、PPP项目正常运转、城镇污水管网建设、千沟万塘整治、大气污染防治与监测、矿山修复治理、土壤污染防治、农业面源污染治理等。严格执行区县间和区内流域横向生态补偿机制，加强流域保护和治理，全面实施河长制。

【财政支持防范化解重大风险】 2021年，区财政局安排资金1.9亿元，支持维护社会安全稳定，保障“应指工程”“雪亮工程”“综治云”等系统正常运转，开展扫黑除恶、反恐防暴、治安防控、打击非法集资和电信诈骗等。安排资金1.4亿元，支持加强消防安全体系和应急救援体系建设，开展交通安全治理、安全生产和食品药品监管、地质灾害防治、应急物资稳价保供、煤矿关闭遗留问题处置等。

【财政支持城市品质提升】 2021年，区财政局统筹资金2.3亿元，支持开展智慧城市及软件园建设，实施兴业大道、一环路改造、五洲路基础设施建设和城市环境提升等。统筹资金4.4亿元，支持开展“三河汇碧”片区改造、老旧小区改造及背街小巷治理、规范停车秩序、神女湖公园等城市园林绿化升级、市容环境综合整治、城区公共照明及夜景灯饰运维等。

【国库收付】 2021年，永川区财政国库收入153亿元，其中一般公共预算收入43.8亿元，比上年增长8.3%；政府性基金预算收入67.3亿元，比上年增长5.2%；上级补助收入35.3亿元，比上年下降3.8%。全年纳入国库集中支付系统管理的各类指标243.9亿元，其中预算资金指标188.5亿元，占77.3%。通过集中支付系统办理各类资金支付33.2万笔，支付资金205.3亿元。其中，预算内资金支付25.5万笔、金额164.2亿元，财政专户资金支付0.7万笔、金额3.5亿元，代管资金支付7万笔、金额37.6亿元。

【政府采购】 2021年，区财政局加强政府采购管理，实施政府采购全流程监管，落实好采购支持扶贫产品等政策。加强采购基础工作，促进采购提质增效。加强政府采购监督工作，做好政府采购信息公开，维护市场公平竞争。加强政府采购导向工作，支持中小企业健康发展。加强政府采购改革工作，稳步推进落地建效。加强政府采购服务工作，打造最优营商环境。

【政府债务管理】 2021年，区财政局强化政府债务管理。坚持底线思维，增强忧患意识，不断提升综合财力，稳妥化解隐性债务，努力实现债务风险等级降低的目标。落实举债单位风险防控主体责任，指导有关单位持续优化债务期限结构，规范开展债务展期重组，确保到期债务足额偿还。用好“周报告、月预警、季调度”的动态预警机制，做好债务风险评估及预警工作，确保还本付息资金链不断裂。加强区新城建管委和园区大口径预算执行监控，确保债务规模总体可控。加强债券资金绩效管理，不断提高债券资金使用效益。

【国有资产管理】 2021年，区财政局加强国有资产管理。制定通用办公设备、家具配置标准，规范资产配置行为。加强行政事业性国有资产管理制度执行情况监督。深化国有企业改革，规范资产交易行为，盘活低效闲置资产，提升资产经营效益。

【财政监督】 2021年，区财政局扎实做好预决算公开。完善公开机制，加大公开力度，提高公开质量。强化单位主体责任，首次将二级预算单位纳入公开范围。加强对镇街财政的指导，加大财务人员培训力度，提高镇街理财水平。强化镇街预算编制审查和执行跟踪，加大对困难镇街的支持力度，确保兜牢“三保”支出底线。围绕重大决策部署和重大财税政策落实开展监督检查。开展预算单位财政财务管理监督检查，推动财政财务精细化、规范化、制度化管理，不断强化会计基础工作规范，提高财务管理水平。组织开展财政票据检查，对部分执收（委托代征）单位2020年度非税收入的征收和解缴情况开展专项监督检查，对镇街财政纸质票据管理使用情况开展检查清理。

【会计事务管理】 2021年，区财政局做好代理记账资格日常审批工作。全年办理中介机构从事会计代理记账资格审批事项9项，分支机构备案登记2项，办理资格注销3项，完成代理记账机构年度备案54项。结合实际情况，精简审批材料，提高审批效率。开展内部控制报告审核和检查工作，确保内部控制报告的真实性、完整性和规范性。开展内部控制建设评价工作，指导和监督各单位开展内部控制有关问题的整改落实，建立风险评估和内部控制评价的长效机制，进一步推动全区各单位内部控制体系建设。

（区财政局　尹有刚）

税　务

【概况】 2021年，国家税务总局永川区税务局（简称区税务局）抓好依法组织收入和减税降费，持续深化税收征管改革，强化税源基础管理和风险防控，高质量推进新发展阶段税收现代化。有内设机构18个、派出机构9个、事业单位2个，有干部职工429人，其中离退休干部151人。全年税费收入130.22亿元，其中税收收入78.03亿元，社保、非税及其他收入52.19亿元。

【税收征收管理】 2021年，区税务局落实《关于进一步深化税收征管改革的意见》，以承接重庆市税务局“精诚共治”试点任务为契机，在加强横向联动、探索共治经验、凝聚税费合力上积极思考、创新举措。推动区政府出台综合治税工作机制，优化“线上+线下”“部门+镇街”共治格局，实现常态化取数，核心部门数据汇聚率100%。建立“税务+司法”破产企业快速处置机制，畅通沟通协调渠道，依法推进企业破产清算处置效率。与第八稽查局建立“管查互动”机制，在信息共享、职能互补、风险共治方面建立起稽查与征管的跨部门联动。探索征管方式新思路，有序推进基层税源管理由单一“属地”管理向“属地+行业”管理相结合转变，将新业态、外来建安业纳税人划入第二税务所实行专业化管理。5月以来，外来建安业税款入库在建筑业整体负增长情况下实现15%正增长。制定《房地产行业税收一体化监管指南》，实现房地产项目“从拿地到尾盘”的一体化管理，提升行业税源管理质效。

4月29日，税务人员辅导企业工作人员办理个税汇算　（区税务局　供图）

【纳税服务】 2021年，区税务局坚持精细服务，升级办税缴费服务举措，持续优化税收营商环境。大力推进智能办税厅和“十个规范”（规范服务制度、规范职能职责、规范业务办理、规范标识标牌、规范功能区域、规范窗口设置、规范行为规范、规范应急管理、规范办税服务信息化建设、规范第三方服务）标准化建设，打造“集成办”办税前台、一体化涉税服务后台，前移37项涉税事项，平均压缩办税时长80%。创建二级12366服务热线品牌“回音工作室”，84项业务电话办、QQ远程帮办、“面对面”上门办，共解决疑难1374户次。主动分析问需，针对每月进厅10次以上的高频进厅纳税人，了解其办税缴费情况和需求，引导其“非接触式”办，实现高频进厅人员业务量压缩3.94%。助力诚信企业化解融资难题，以“信”换“贷”扶持企业发展，全年银税互动贷款2.68亿元。服务招商引资，协助区政府招“优商”“良商”。助力永川综合保税区建设，积极建言献策，把牢政策风险关。落实好减税降费，提升纳税满意度和获得感，激发市场主体活力，助力地方经济高质量发展。全年在新华网、《中国税务报》等省级以上媒体刊发新闻稿件66篇次。

【风险防控】 2021年，区税务局强化大风控理念，抓好扎口统筹，以日常风险扫描和数据分析为引擎，1个专业团队、2个专业应对所、6个税源所的“1+2+6”分类风险应对模式和行业管理建议为驱动，征收管理科联合各业务科室制定行业管理指南为蓝本，促进各税源管理所加强属地管理，构建强管促收链条式管理闭环。全年自建模型8个，共应对风险任务21类、992户次，查补税款及滞纳金1.37亿元。

（区税务局　马艳波）

审　计

【概况】 2021年，永川区审计机关完成审计项目50个，查出主要问题金额559214万元。其中，违规金额1967万元、损失浪费金额19万元、管理不规范金额557228万元。审计发现非金额计量问题412个，损益（收支）不实金额493万元，出具审计报告和专项审计调查报告50篇。审计处理处罚金额19754万元，其中应上缴财政1967万元、应调账处理金额17787万元。移送司法机关、纪检监察机关和有关部门处理事项11件，移送处理人员11人，移送处理金额161万元。审计促进整改落实有关问题金额29391万元，审计促进拨付资金到位5万元，审计后挽回（避免）损失2653万元，核减投资额2665万元，移送处理落实事项1件。审计提出建议164条，被采纳164条。推动被审计单位制定整改措施72项，促进被审计单位建立、健全规章制度7项。提交审计信息192篇，被批示、采用98篇次。向社会公告审计结果2篇。永川区审计局（简称区审计局）实施的永川区委教育工委书记、区教委主任经济责任审计项目获评一等奖，永川区卫生健康委党委书记、主任经济责任审计项目获评二等奖，实施的社保基金项目等6个项目获重庆市审计局行业优秀。

【政策贯彻落实跟踪审计】　2021年，区审计局在稳外贸审计中，对享受补贴的外贸企业买卖数据流量的问题形成线索，纳入市审计局专报，得到市长批示，促进区内出台、修订完善制度8项。

【财政预算执行审计】　2021年，区审计局完成2020年度万州区财政预算执行和决算草案编制情况审计，揭示招商引资、债务管控等方面问题，报送的《隐性债务核查方法》《“专精特新”补助核查方法》审计经验在全市得到推广运用。区审计局实施的2020年度万州区财政预算执行和决算草案编制情况审计项目获评重庆市审计局优秀项目。

【经济责任审计】　2021年，区审计局实施永川职业教育中心、永川区中医院等10个经济责任审计项目。区职业教育中心经济责任审计项目揭示校企合作办学管理不规范、招生差旅发放不合理等问题，撰写审计专报7篇。区长召开2次专题会议研究部署整改工作，促进区职业教育中心废除不合理的考勤制度，追回损失40余万元。

【自然资源资产审计】　2021年，区审计局开展区生态环境局及2个镇自然资源资产审计，运用大数据分析、ArcGis等技术手段，揭示群众关注的难点、热点问题6个。

【投资审计】　2021年，区审计局实施结决算审计项目16个，送审金额12.92亿元，审定金额12.64亿元，审减金额2864万元。

【专项资金审计】　2021年，区审计局实施政府采购审计、社会保险基金审计、23个基层医疗机构医疗改革推进情况等专项审计调查，撰写《公立医院违规收费问题需加以规范》等5篇专报，为群众办理民生实事32件。

【审计信息化建设】　2021年，区审计局在政府采购专项审计调查中运用爬虫技术，在投资审计项目中运用BIM技术，新制作“政府采购小工具”，首次开发法律法规管理系统。采用数字化分析模式实施70个部门预算执行审计，重点关注农、林、水、交通等部门，揭示在项目执行、存量资金、债务等方面的问题，防范化解风险隐患。

【内部审计】　2021年，区审计局将内审指导监督嵌入国家审计项目实施全过程，组织全区61个内审单位开展《重庆市内部审计工作办法》培训，编发《内部审计操作指引》，举办永川区首届内部审计工作理论研讨会。

【永川区首届内部审计工作理论研讨会】　2021年10月19日，永川区首届内部审计理论研讨在区审计局会议室举行。永川区内部审计协会组织开展以“新时代内部审计的新担当新作为”为主题的理论研讨活动，向全区内审单位和个人征集理论文章23篇。经专家评审，8篇论文分别获一、二、三等奖。研讨会上，2名获奖论文作者分享论文选题、论文写作等技巧，评审专家刘超对获奖论文进行点评并讲授《论文写作方法与技巧》。全区63名内审人员参加，重庆市审计局内审处处长戴大勇为获奖论文作者颁奖。

（区审计局　吴念松）

统　计

地方调查统计

【概况】　2021年，永川区统计局（简称区统计局）建立部门联系制度，修订《重庆市永川区统计局综合统计数据管理办法》，召开永川综合统计报表制度研讨会，开展综合统计报表制度的修订工作，打造高质量统计产品。做好常规资料服务，及时收集、整理统计数据和资料，为全区经济形势分析提供大量基础统计支撑。建立综合统计数据公开和对外提供工作台账，累计对外提供数据资料200余次。全年报送信息81篇，被市统计局内网采纳35篇。

【电子统计台账试点工作】　2021年，区统计局积极响应企业电子统计台账试点工作，成立永川电子台账工作领导小组，成立专项调研团队，与企业面对面进行宣传，打消企业顾虑、解决企业问题。制定《永川区企业电子统计台账工作方案》，上门安装指导，在185家试点企业中总结经验。

【数据质量管理】　2021年，区统计局制定《重庆市永川区统计全流程质量控制管理办法》《重庆市永川区各专业统计全流程质量控制管理办法》，规范数据采集、数据处理等流程。建立对外提供统计资料台账，修订《重庆市永川区统计局综合统计数据管理办法》，实现数据从生产到发布再到归档的制度化管理。规范部门数据收集方式，在收集31个相关部门建议后，对《重庆市永川区部门综合统计报表制度》中 49 张报表进行更新完善。出台《重庆市永川区统计局关于加强统计领域信用建设贯彻实施的意见》，开展经常性核查，提升统计源头数据质量。各专业人员严格对照数据质量控制办法要求，对工业、贸易业、投资等专业主要指标进行经常性的核查，共查询企业 3612 次，调整数据 36.36 亿元。

【统计基层基础建设】 2021 年，区统计局强化企业报表数据审核。采取镇街初审、区级把关的方式，提高在线审核验收标准，876 家规模以上企业均无迟报漏报。严控数据质量，提高查询频率，发布查询 3612 次。督促企业按真实情况上报数据，确保源头数据质量。加强统计人员业务培训力度，全年召开各类培训会 23 次，累计培训 1023 人次。

【统计督察整改】 2021 年，区统计局做好国家统计督察反馈意见整改工作。成立工作领导小组，督导各镇街、涉统部门和局内各专业做好统计督察整改工作，推动所有问题在整改期限内清仓见底、整改到位。制定《重庆市永川区统计局落实国家统计督察意见整改工作方案》，深刻剖析问题根源，列出清单、明确责任、细化措施，确保统计督察整改到位。对照督察整改要求，进行全面自查清理、依法纠正。1036 家单位开展名录库信息核查，55 家单位接受重庆市统计局抽查。42 个部门共清查统计调查项目 90 个，发现未经审批调查项目 9 个、14 个方面的督察整改内容，全部整改到位。

【统计名录库管理】 2021 年，区统计局严格单位名录库审核管理。加强基本单位名录库建设，落实经费保障。全区 23 个镇街和 3 个工业园区均建立基本单位名录库内网端口、用户名和密码，专人开展单位清理整顿和普查单位比对工作。按照在库单位数量和入户调查数量配套调查经费，全年拨付 91565 元。做好基本单位日常维护更新，按时报送相关材料与数据。全年完成 4 次名录库季报工作，处理新增变更注销行政登记单位记录 7000 余条。对于跨区域搬迁的单位及时同相关区县沟通衔接，配合完成名录库单位跨区迁入迁出工作。抓好一套表调查单位申报，逐一走访并严格审查。要求新升规入库“四上”企业认真填报《新升规入库“四上”企业诚信承诺书》，保证申报入库资料真实可信，入库后确保统计数据真实准确完整及时，建立统计守信激励和统计失信惩戒长效机制。加大对库内“四上”企业（规模以上工业企业、有资质等级的建筑业企业、限额以上批零住餐企业、国家重点服务业企业）的核查力度和频率，严格执行名录库入库退库制度。全年共审核通过 127 户新增，10 户变更，剔除不达标“四上”企业 57 户。

【统计交流合作】 2021 年，区统计局强化与毗邻地区在数据共享、课题研究、产品开发等方面的交流合作，助力成渝地区双城经济圈建设。启动人普课题开发工作。发布人口普查研究课题选题指南和人口普查研究课题招标公告，收到人口普查课题申报项目 31 个。成立“统计分析学习小组”，进行专题研究分析，确定永川与毗邻地区融合发展情况、文化产业发展研究、十年人口变化等专题研究 12 项。组织开展全面小康、镇域经济、川南渝西地区经济、高质量发展等监测工作，形成多篇分析报告。

【统计法治监督】 2021 年，区统计局建立统计违法行为举报受理制度，印制下发《统计造假弄虚作假举报实施办法（试行）》。在市网审平台录入上线“受理统计违法行为举报”“定期公布统计上严重失信企业信息”事项，公开统计违法行为举报电话和电子邮箱。在永川政务网上、统计月报上公示统计违法监督举报电话、电子邮箱的公告和“双随机、一公开”执法工作相关事项。印发《重庆市永川区统计局行政处罚信息公示暂行办法》，修订《重庆市永川区统计局统计执法“双随机”抽查办法》，制定“双随机、一公开”抽查工作方案。随机抽取 25 家规模以上工业企业开展“双随机”统计执法检查，对 2 家企业提供不真实统计资料的违法行为进行处罚，1 家警告，1 家警告并处罚款 2000 元。

【统计法治建设】 2021 年，区统计局印发《2021 年永川区统计法治建设工作要点》，将普法教育和依法治统工作纳入年度法治工作计划。组织人员参加执法资格考试，全局有 4 人考取国家统计局颁发的统计行政执法证。聘请法律顾问提供法律咨询意见，开展《中华人民共和国民法典》知识培训。邀请重庆市统计局执法总队队长雒丹为区委党校主体班学员及局队职工 100 余人做统计法律法规专题讲座。召开依法统计专题学习会，集中学习《中华人民共和国统计法》《中华人民共和国统计法实施条例》和《全国人口普查条例》。组织干部职工参加普法考试，参学率、参考率和合格率均为

2021 年 12 月 8 日，区统计局在板桥镇举行“深入学习贯彻习近平法治思想，加快推进新时代统计法治建设”宣传活动

（包涵　摄）

100%。利用年报会、业务培训会等进行统计法律法规宣传6场次，参与人数1000余人次。到100余家企业开展普法宣传。开展“12·4”国家宪法日法治广场宣传活动，发放统计法律法规手册1000本、《大家来学统计法》图文折页1000份等。借助“9·20”统计开放日、“12·8”全国统计法制宣传日，录制宣传视频宣传统计相关知识，发放宣传资料1万余份。邀请永川电视台和《永川日报》现场宣传报道，在《永川日报》上刊登《中华人民共和国统计法》和《中华人民共和国统计法实施条例》摘要全文，在茶竹网、永川通、永川头条刊登统计普法宣传报道30余条。联合区商务委开展统计法知识竞赛，30支代表队参赛。组织全体职工参加市法建办组织的网上宪法知识竞赛、全国百家网站法律知识竞赛等。加强官方微博管理，全年发布300余条、“粉丝”1192个、浏览1万余人次。

【信息化建设和管理】 2021年，区统计局加强基层网络建设，更换机房使用多年的UPS电源，个别办公室老化的线路及网络接口设备。统计内网不仅保障区统计局和国家统计局永川调查队使用，还延伸到辖区内的23个镇、街道和4个园区产业促进中心。完成区级统计千兆局域网改造、镇街统计网络提速工作，提升互联网出口带宽。下发《重庆市永川区统计局关于印发永川区统计局网络信息安全应急预案的通知》，给国家统计局永川调查队、所有镇街和园区的内网电脑安装正版“江民网络版杀毒软件”，并对基础信息进行采集登记。按区委机要保密局的要求，安装互联网入口检测设备“中孚ZF04D-01V2.0”替换之前的网安设备。同负责单位维护的电脑公司签订信息安全保密协议。做好“国家一套表联网直报平台”“基本单位名录库系统”“统计电子台账系统”“永川统计信息内网网站”“VPN远程系统”等统计平台用户和权限的划分。完成“两会”期间网络与信息安全信息工作等一系列重大活动期间的网络安全保障工作。为有需要的专业人员建立实名制VPN账号，通过天翼企业云盘，内网FTP、内网文件夹映射共享等手段，保障文件安全共享和传输。

【统计服务】 2021年，区统计局加强分析深入研究，做好参谋助手。开展营商环境、社情民意、生态环境等调查，形成专题调查报告，为保障和改善民生提供数据支撑。采用“主管部门+高校+统计部门”联动方式，确定课题5项。加强与川南渝西地区统计合作联盟成员单位沟通交流，形成川南渝西地区统计季报4期、统计年报1期、课题分析2个。发挥统计数据“直通车”作用，确定文化产业发展研究、十年人口变化等专题研究12项、课题研究2项。全年共撰写分析报告49篇，市级采纳11篇，区委区政府主要领导批示21篇。发挥统计“直通车”“信息源”作用，报送信息81篇，上报国办1篇，市级采用35篇。

【国民经济核算】 2021年，区统计局研究当前与未来经济形势，充分发挥统计核算统领全局作用。研究永川经济形势发展，做好核算结果研究分析，讲清楚增长快的因素，分析透持续变慢的原因，服务区委、区政府决策。及时发布季度核算数据，形成4期统计专报上报区委、区政府。在统计年鉴、区政府网站发布最终核实数，供社会公众查阅，并做好数据解读。将经济发展面临的重点、热点、难点问题，以及派生产业核算方法和核算结果及时反馈各主管部门和局内相关科室。在核算数据发布后，密切关注数据舆情，做好舆情应对工作，正确引导社会预期，维护政府统计公信力。以文化及相关产业增加值为基础，撰写课题1篇。全年上报信息7篇，撰写核算工作报告10篇，其中《经济持续恢复总量迈上新台阶》等5篇分析报告得到区委、区政府主要领导批示。

【统计年鉴编纂】 2021年，区统计局和国家统计局永川调查队不断提高统计年鉴编纂水平，努力打造精品年鉴。《永川统计年鉴（2021）》6.5万字，分为14个部分，主要收录2020年永川区经济和社会各方面的统计资料、重庆市以及各区县主要统计资料和全国主要统计资料。记述2020年度永川区经济社会发展的全面情况，为读者提供翔实数据，全面反映2020年度永川区的新发展、新特点、新变化。

（区统计局　李金容）

【农村经济统计】 2021年，区统计局联合区农业农村委建立健全农业产值统计的工作机制，配备3名统计人员负责相关工作。区统计局、国家统计局永川调查队和区农业农村委共同组织召开全区农业经济分析会3期，相关部门和镇街参会。建立国家统计局永川调查队、区农业农村委、区林业局和区统计局4个部门参加的农业产值统计联席会议制度，共同商讨农业产值统计工作。加强对农业、林业部门的业务指导，开展农业产值核算方案培训，让部门明晰农业产值核算基础数据的统计口径、农业产值统计方法制度。对上报重庆市统计局的林业产值、农林牧渔业专业及辅助性活动产值等相关数据加大审核评估力度，确保农业产值统计数据质量。强化农业农村经济分析研究，当好参谋助手，及时发现农业农村经济运行中的趋势性苗头性问题，做出预测预警。全年撰写统计分析2篇。

【统计设计管理】 2021年，区统计局牵头各专业组织布置国家和市局统计调查制度并开展相关业务培训。组织各专业开展一套表工作，将联网直报规范化操作纳入年终考核。组织协调各专业实施制度的相关工作，督促检查贯彻执行统计报表制度情况。对永川区42个部门开展地方统计调查项目清查工作，共清查统计调查项目90个。审批地方统计调查项目4个，按照重庆市统计局要求提供相关资料。在永川区政府网公示地方统计调查项目申报材料，按季度公布地方统计调查项目管理及审批目录。全年完善《重庆市永川区统计局业务管理制度》《重庆市永川区统计局内部管理制度》。制定《重庆市永川区统计全流程质量控制管理办法》，修订《重庆市永川区统计局综合统计数据管理办法》《重庆市永川区各专业统计全流程质量控制管理办法》，规范统计工作，提高统计数据质量。各镇街统计机构严格实施各类工作制度、业务流程、管理办法，按照职责、任务、标准、流程完成统计工作。定期对调查对象开展业务培训。按时报送基层统计工作规范化建设台账，完成统计用区划代码和城乡划分代码更新维护工作。召开城乡划分培训会，在重庆清查表的基础上，增加8栏适合镇街的指标。对8个镇街下属各2个村级单位进行质量抽查工作，均符合镇街上报实际情况。召开新经济统计分类培训会，为开展新经济统计调查单位认定工作奠定基础。全年报送工作信息5篇，被市局内网采纳3篇。对《重庆市统计现代化改革“十四五”规划（初稿）》提出针对性建议，助力统计现代化改革。

【工业统计】 2021年，区统计局制定并执行《重庆市永川区工业统计全流程质量控制管理办法》，采取留痕式管理，严格执行在线审核、验收要求，在线操作一一留痕。349家规模以上工业企业均无迟报漏报，各项查询均督促企业核实修正并按时反馈查询。依托名录库强化规模以下工业样本入库工作，新增78家规模以下抽样企业，按时完成各季度规模以下工业报表。会同服务业专业人员，按时完成各季度规模以下数字经济报表。完成国家统计局和市统计局布置的各项工业统计临时性工作。强化工业运行监测，特别是双城经济圈相关情况，撰写专题报告《川渝视野下永川及毗邻地区重点产业发展情况浅析》获区委副书记批示。每月将全区工业运行情况通报给区经济信息委，便于其把握全区工业运行态势。每月及时上报生产数据评估报告给处室，分析永川生产月报及工业相关表象指标情况。配合完成统计月报11期、2021年永川统计年鉴工业板块。完成分析8篇，统计信息7篇。全年对8家企业开展执法检查，其中1家受到行政处罚。配合处室对青蓝机械等9家企业开展实地核查，对源通电器等8家企业开展战新实地核查。要求未建立台账的企业要建立台账，责令指标理解、数据计算有误的企业修正数据，核实修正产值4.7亿元。开展规模以上工业名录核查，对生产运营情况存在问题的企业进行停报处理，全年审批清理停产、不达规企业退库26家。对名录有问题的企业进行名录修正，月度改名6家企业。开展升规入统工作，召开升规专题培训会，对所有升规企业均开展实地核查。全年审批通过新投产企业7家，规下升规上2家，审批第一批申报升规19家，申报战新企业标识6家。全年组织召开规模以上和规模以下企业年报会、培训会4次，对350余名工业企业统计人员和镇街园区工业统计人员进行业务工作、台账填制培训和法律法规宣讲。推进工业统计台账建立工作和电子台账试点工作。

【能源统计】 2021年，区统计局修改完善并出台《重庆市永川区能源统计全流程质量控制管理办法》。349家规模以上工业企业均无迟报漏报，发布区级查询175次，转发国家及市级查询96次，各项查询均督促企业认真核实修正并按时反馈查询。2次组织镇街和园区统计人员开展能源知识、统计业务季度培训，组织重点企业参加市局能源业务知识培训1次。要求镇街、园区加强对基层的指导、培训，提高企业统计人员业务水平。印发《关于做好〈非工业重点耗能单位能源消费情况〉统计调查工作的通知》《转发关于规范企业修订205-1表能耗数据的通知》，提出工作要求，坚持以数据质量为重，规范数据修订流程，提升报表质量。完成《统计分析月报》和《2021年永川统计年鉴》能源版块的编制。撰写能源分析3篇，统计信息3篇。积极参与配合区发展改革委、区经济信息委、区生态环境局等部门相关工作，并提出合理化建议。对重点耗能企业开展专项调查，对普通耗能企业开展随机抽查，对违法企业开展执法检查，自查辖区能源统计违法违规行为一例，进行行政处罚，责令企业依法依规限期整改。

【建设领域统计】 2021年，区统计局推进投资项目和企业入库入统。全年新增入库投资项目437个，其中5000万元及以上项目163个，5000万元以下274个。新增建筑业企业3个。新增入库房地产项目9个。全年现场检查52个项目的建设情况，现场答疑解惑。召开统计业务培训会，各镇街和企业统计人员参加培训。不断督促布置统计台账，随机抽选部分企业进行检查。全区建设领域企业均已建立统计台账。联合区住房城乡建委对6家房地产企业进行电子统计台账试点工作的培训、企业电子台账系统试安装、台账数据与常规报表比对。随机抽选6家建设领域企业进行“双随机”执法检查性。完成“四下”单位抽样调查任务。做好计算机软件和数据库投资统计调查。全年撰写信息18篇，撰写分析8篇，其中1篇分析被市统计局网页采用，其余7篇被市统计局投资处网页采用。

【贸易外经统计】 2021年，区统计局积极推进商贸企业入库入统。全年申报入统企业26家、个体户154个，申报退出企业11家、个体户72个。永川区限上法人企业230家、限上个体户432个。区统计局与区商务委联合召开3期统计培训。197家企业建立统计台账，建成率100%。坚持实事求是原则，统计数据数出有据，严禁代报统计报表，禁止停产关闭企业报表，33家停产关闭企业实行0申报。严格落实“双随机”机制，随机抽选5家商贸企业进行“双随机”执法检查。按时保质完成“四下”单位抽样调查任务。全年撰写统计分析2篇，统计工作信息5篇，7篇均被市统计局贸易处采用。

【服务业统计】 2021年，区统计局夯实统计基础建设，巩固“应统尽统”成果。全区共有规模以上企业83家，规模以下企业79家，新型金融业企业1家。联合区教委、区卫生健康委完成本年事业单位统计调查任务，每月上报率100%。随机抽取规模以上、规模以下、部分事业单位共30家单位进行数据质量核查，从源头上保证数据的真实性。对国家局或市局下发的各类统计查询，坚持第一时间联系被查询单位核实，根据情况第一时间回复。对下发数据质量查询书，要求企业在规定时间内根据被查询内容真实准确及时进行书面回复，并提供相应佐证资料。严格落实“双随机”机制，配合执法室随机抽选7家企业进行“双随机”执法检查，了解企业统计基础规范化工作和报送数据质量情况。参加上级业务培训，提升自身统计工作水平。年初召开一次规模以下企业业务培训会，12月开展规模以上企业业务培训、部分事业单位统计培训、规下企业业务培训，对镇街、企业和事业单位统计人员就业务工作、台账填制等进行讲解。全区已有79个企业建立统计台账，选取50家企业开展电子台账试点工作。对4家规模以上人力资源企业走访，构建与企业互通互信的和谐关系。联合区经济信息委对涉及数字经济的相关镇街进行工作分配，会同工业专业人员完成每季度的样本企业核定工作，按照抽样企业名单完成前三季度规模以下数字经济报表。参与课题2篇，撰写统计分析4篇，获区领导批示1篇，统计信息5篇。做好服务业发展监测，撰写《永川区2021年上半年规上服务业统计分析》获区长批示。

【人口和就业统计】　2021年，区统计局指导596家“非一套表”企业单位年报、142家单位季报表，召开各镇街业务培训会3次，重点行业业务培训会2次。指导规模以上企业835家单位的年、季报工作。对各级统计人员业务培训时，具体讲解指标含义、统计口径、计算方法和工作要求，并整理劳资报表注意事项分发到各企业及各行业统计人员。规范数据采集、数据审核和验收流程。全年完成3次劳动工资数据质量核查工作并撰写核查报告。有序完成企业用工调查。对样本进行实地核实，按要求更换样本；按要求培训相关统计人员；完成催报和用户管理、数据录入、数据审核，配合市局做好数据查询；由专业人员兼职负责、协调各方力量做好企业用工调查，按季度落实调查经费。开展1%人口变动抽样调查。在样本核实阶段，完成全区82个村级样本、310个调查小区的核实工作。在调查准备阶段，选聘普查指导员、普查员和“备用两员”共183名，培训普查指导员和普查员105人次，完成调查所需物资、入户礼品发放。在住房核查阶段，完成全区13921个建筑物、53598个住房单元的核实、查询、改错。在正式登记阶段，完成全区4272个住房单元的入户登记工作，登记人数14403人。在数据验收核查阶段，抽中的两个村居验收结果均为零差错。完成第七次全国人口普查公报发布，处理、分析全区七人普数据，推算全区就业数据。完成全区101位百岁及以上、1702位80岁至100岁的高龄老人核实工作。完成工作信息4篇，分析2篇，其中1篇获区领导批示。

【社会科技和文化产业统计】　2021年，区统计局按要求参加市统计局举办的年报培训会、研发统计业务培训会，规范管理研发和数据保存。按要求对统计业务人员、镇街和企业开展培训，夯实业务指导。到21个企业核实研发资格，做实企业研发基础工作。在线监测企业报表情况，撰写研发统计数据审核情况说明。全区599个规模以上企业纳入创新调查统计。其中，工业331个、建筑业53个、服务业215个。区统计局到企业培训，责任压实到各园区、镇街，层层催报、层层审核，推进工作。做好文化产业企业认定工作，将审核情况向市局上报。及时开展文化产业年报数据质量评估，做好数据发布和提供按规定要求撰写评估报告。根据《重庆市永川区统计局数据质量评估办法》《重庆市永川区统计局统计数据质量管理工作制度》严格审核，确保上报数据不重、不漏、不错，表内、表间逻辑关系正确，单位代码和单位名称等无重名、重码和错码。及时更新文化产业单位名录库，并将工作情况上报市统计局社科处。每月定时导出规模以上文化产业统计数据，及时通报区文化旅游委，密切监测企业发展情况，拉网清查规模以上企业，筛选申报入库企业。严格按照制度妥善保存妇女儿童监测统计原始资料、工作底稿，加强数据审核，确保报表数据质量，撰写妇女儿童监测统计数据审核说明。完成“两纲”监测统计工作，按照市统计局社科处的要求，准确、及时、全面上报妇女儿童“两纲”监测统计年报。

（区统计局　李金容）

国家调查统计

【概况】　国家统计局永川调查队（以下简称永川调查队）是国家统计局的派出机构，承担国家统计局布置的各项统计调查任务、协助永川区统计局完成重大国情国力普查任务等工作。2021年，永川调查队稳步推进劳动力调查等重点改革任务，统计法治建设、综合统计与设计管理、农业农村统计、住户调查、房地产价格调查、工业生产者价格调查、统计调查项目管理工作等再结硕果。完成国家统计局重庆调查总队布置各项紧急核实、临时调研等任务。被重庆市脱贫攻坚普查领导小组办公室、重庆调查总队、重庆市乡村振兴局联合表彰为“重庆市贫困地区重大专项普查（调查）先进集体”荣誉称号，职工陈瑶获“贫困地区重大专项普查（调查）先进个人”荣誉称号。

【统计法治建设】　2021年，永川调查队将统计法治工作纳入党组重要议事日程，在执法检查过程中，强化党组对执法检查工作领导，永川调查队班子成员跟组全程参与执法检查，纪检组长随机跟组监督。召开专题学习会，强化统计法治重要文件精神再学习。通过参加统计法治知识竞赛、组织普法宣传活动、送法到企业等方式宣传统计法。扎实开展数据管理方面有关问题专项整治，在排查时期内，未发现未严格履行审批程序对外提供数据情况和通过对外提供有关数据和资料进行有偿服务、以数谋私情况；未发现伪造、篡改统计资料、要求调查对象提供不真实不完整统计资料，未发现对统计调查工作中的迟报、拒报、数据失真问题不严肃问责等情况。接受国家统计局重庆调查总队统计执法监督检查，针对检查中暴露出的薄弱环节和问题隐患进行整改，将法治要求贯穿整改工作。抽调干部参加国家统计局重庆调查总队执法监督检查，学习借鉴先进经验做法。

【综合统计与设计管理】 2021年，永川调查队强化国家统计报表制度和统计标准执行力度，完善基层报表台账和制度手册领取记录台账。修订并向各镇街、村社和抽样调查对象印发《永川区住户收支与生活状况调查业务数据质量管理控制办法（2021）》《永川区农林牧渔业统计调查制度》《国家统计局永川调查队关于进一步做好工价调查工作方案》《永川区主要畜禽监测抽样调查工作方案》《永川区2021年农作物遥感测量与农产量抽样调查工作手册》等统计调查方法制度和业务工作规范，报表台账和编码手册等均严格按照国家统计局重庆调查总队下发最新版制度和表式执行。

【统计调查项目管理】 2021年，永川调查队持续开展“树牢国家队意识、依法开展统计调查”专题学习，全年组织实施地方统计调查项目1个，即2021年永川区民生跟踪调查。严格按照《重庆调查队系统地方统计调查项目管理办法》要求履行申报手续，国家统计局重庆调查总队审批后的方案执行，严厉杜绝擅自改变调查表示、调查指标和调查范围等行为。强化国家统计报表制度和统计标准执行力度，开展面向镇街统计机构、调查员、辅助调查员的国家调查制度布置工作和业务培训工作。安排1名人员专职承担工业生产者价格调查、住宅销售价格调查业务工作。聘用1名辅助调查员承担住户数据录入工作。镇、村选配的样本网点辅助调查员承担本样本点内调查样本的管理维护、数据采集和基层账表填报工作，工作期限与相应调查项目样本轮换周期相同。

【统计服务】 2021年，永川调查队继续与区统计局联合编印《永川统计年鉴》《领导干部手册》《统计月报》等统计资料产品。全年共撰写政务信息157篇，工作情况交流25篇，各类调查分析和经济信息62篇，区领导批示12篇。

【住户调查】 2021年，永川调查队修订《永川区住户收支与生活状况调查业务数据质量管理控制办法》和《国家统计局永川调查队廉政风险防控手册》。4月13日，召开住户调查工作专题会，对全区调查员、辅助调查员进行培训。开展选标兵、树榜样主题活动，分东南西北4个片区建立住户调查工作示范点，以先进典型带动住户调查工作开展。4月19日至23日，根据分片包干制度，由国家统计局永川调查队分管领导带队全覆盖走访300户调查户。永川调查队职工根据分片包干责任制，每个月对记账户进行走访。永川调查队每个工作日在住户调查平台查看记账户记账情况，按月向镇街和各调查点反馈住户调查基础数据，发现问题及时核实，提高住户调查基础数据质量。永川调查队加强与区人力社保局的协作，区人力社保局负责部门镇街联动和增收因素收集，永川调查队做好日常数据监控、指导、审核和上报工作。由永川调查队分管领导带队和区人力社保局相关人员参与的联合访户机制已经形成工作常态，提升各镇街领导的重视程度和记账户的记账质量。8月，区人力社保局出资为全区所有住户调查记账户和辅助调查员购买慰问品，拉近与记账户的距离，促进记账质量提升。电子记账户的平均记账笔数由2020年的户均120笔/月提高到2021年的126笔/月。2021年11月，全区住户调查电子记账户284户，电子记账户比率为94.7%，电子记账户比率长期位列重庆市前茅。全区城镇记账户月记账150笔、农村记账户月记账99笔，记账笔数位列重庆市前茅。

【农业统计调查】 2021年，永川调查队成立样本轮换工作小组，对抽中的大层样本、中层样本、小层样本全部逐一核实。举办农业统计工作业务培训会4次，对统计法进行宣讲，从二季度开始在培训会后均进行集中统一测试。对2020年以来区内各类农村统计调查对象数据质量进行全面检查。农产量遥感测量工作改变原来在较短的固定时段内集中安排无人机影像数据采集任务的工作模式，改为适当延长数据采集周期，综合考虑各地在种植习惯、经营模式、主导作物、气候条件等方面的差异。

【农业农村统计统计】 2021年7—8月，永川调查队对县域统计开展基础工作检查，重点放在制度建立、数据采集、资料管理等方面。在县域统计报表指标数据填报过程中，对重点专业数据进行二次核实，确保数据质量扎实，变动原因翔实。全年只有2次上级核实查询，且都是属实无变动。严把乡镇统计联网直报质量关，严守各项工作纪律。坚持由各镇街联网直报负责人独立整理填报本行政区资料，坚决杜绝各镇街之间相互代报、上交纸质表由上级机构代报等行为。解决直报过程中出现技术问题时，23个镇（街）上报的数据均通过本镇（街）接入统计内网的工作电脑上报。在对纳入国家调查的统计指标必须使用国家核定数据的原则下，对部分不属于国家统计范畴的部门统计指标，首先是按照县域经济统计报表制度中资料来源参照表中列明的部门统计制度指标向各区级部门采集相关指标的部门核定数据；确无部门核定数据的，则采用镇街级业务部门和镇街统管办实际调查统计得到的上报数据进行汇总作为全区数据。对于镇（街）社会经济基本情况统计制度里的各项主要指标，均要求各镇、街联网直报负责人能提供明确的数据来源，做到数据来源真实可靠。各镇（街）实际上报的指标数据除来自已由上级统计部门核定并由镇（街）统计管理办公室掌握年度核定数的指标外，其他重点指标均分别来自各镇（街）派出所、财政所、社保所、社会事务办公室、文化艺术中心等部门，或来自镇街统管办进行的实际调查。在各镇（街）完成直报数据初次报送后，永川调查队进行合理性和逻辑性审核，对于审核有误的项目，通知镇（街）联网直报负责人进行核实修改。对于村表联网直报工作，首先村表要和年度农业报表、村级行政记录进行比较，其次村卡和乡镇卡、村卡汇总和乡镇卡之间进行比对，再次汇总整理村卡各指标的极值、合计值逐一进行比对审核，最后形成村卡审核评估报告上报重庆国家统计局重庆调查总队。提早撰写数据评估报告，对每一个指标进行村、镇、区三级联审，严格按照网上直报时间在规定时间内准时报送，报表准确率高。

【房地产价格调查】 2021年，永川调查队在房价新样本目录库后召开培训会，详细讲解报表中各项指标的解释。10月20日，组织3家抽中的二手房中介机构统计人员参加国家统计局重庆调查总队房地产价格调查业务视频培训班。在企业上交报表时，永川调查队对报表进行初审，查看报表的表头表尾是否填写完整，项目名称是否准确，项目地址是否细化到街道和门牌号等。报表收齐后，专业人员录入过程中，再次审核报表，然后将情况及价格波动原因汇总成表，纳入每月上报说明中。录入完毕后，将报表数据、审表记录和报表说明由分管领导终审。同时要求企业建立健全各种原始数据登记和原始报表及台账的保存工作，并对原始数据企业信息及指标体系等重要数据进行每月备份。永川调查队每两月定期走访与调研、执法检查、基础工作检查等不定期走访相结合，到房地产企业了解房地产市场一线人员对于房价涨跌幅度的感受与判断，以及企业和购房者的真实诉求，把握房地产市场行情大体走向，为数据质量评估提供市场依据。坚持面访制度，永川调查队专业人员每逢双月，挑选一家当月销量大、人气旺、关注度高的楼盘进行实地面访，每半年面访一家二手中介机构，形成重点房地产开发企业住宅销售价格调查问卷和重点经纪机构房价调查问卷，上报国家统计局重庆调查总队。9月，对2020年12月至2021年8月房地产价格调查的主要业务工作进行自查，抽选1家中介机构、2家房地产企业进行面访抽查，形成自查报告、访企台账、访企图片等上报国家统计局重庆调查总队。对无销售的房企及时摸底清查，于11月2日上报2022年企业保留增加删除情况表，更换4家样本企业。全区有26家企业从事房地产价格抽样调查工作，其中房地产开发企业23家，房地产经营机构（中介）3家。永川房地产价格统计样本数量与2020年相比数量上无变化。专业人员保证在严格执行方案和制度的过程中，无擅自调整调查企业、增减调查企业、增减调查内容的现象发生，保持企业样本的稳定性。

【工业生产者价格调查】 2021年，永川调查队召开永川区工业生产者价格调查年报会议，传达重庆国家统计局重庆调查总队生产投资价格处关于工业生产者价格调查统计工作会议精神，总结永川区2020年度的工作中的亮点和不足；对一套表系统平台的程序应用操作及业务工作的注意事项进行培训。同时要求参会企业上交当年台账，收集整理装订存档。10月20日，永川调查队邀请11家企业统计人员共同参加国家统计局重庆调查总队的工价视频培训会。全年走访企业16家，访企比例21.62%，填写《企业访问记录表》和《重庆工业生产者价格统计企业走访统计台账》。永川调查队对工价数据进行多维度全面审核。首先对企业每月上报的数据进行网上初审、程序复审、表间联审的初步审核，就审核发现问题及时与企业进行沟通。然后重点对照上月价格认真审核，对价格变动趋势幅度较大的及时向企业查询，确保数据的准确。对需要调整基期价格的企业，一一电话核实，摸清原因并汇总成表。最后整理汇总形成工价当月价格变动说明表、PPI质量调整清单上报给科室负责人把关，科长审批过后，再由分管领导审批，审批通过后再按照要求上报至国家统计局重庆调查总队。专业人员每月在规定时限内，及时催报引导企业报表。完成数据审核后，严格按照国家统计局重庆调查总队要求统一命名各项上报文件。永川调查队对2020年12月至2021年8月工业生产者价格调查的基础工作开展自查。自查中发现的问题当场解决，未能当场解决的，给企业设立整改时限，二次复查。截至2021年11月份，永川区工业生产者价格调查“一套表”样本企业共有70家，与上年同期相比数量减少16家。抽中的样本企业采取每月网上直报方式上报数据并建立台账存档保存。

【主要农产品生产者价格与中间消耗调查】 2021年7月中下旬到9月中旬，永川调查队开展农产品生产者价格调查与主要农产品中间消耗调查。首先通过电话排查出不再进行调查规格品生产的调查样本，再在全区范围内寻找生产调查规格品的单位，替换原调查样本，然后实地查看调查样本生产的产品是否满足调查要求，最后采用多种方式争取调查样本对调查工作的支持。新一轮农产品生产价格和主要农产品中间消耗调查网点报国家统计局重庆调查总队抽选确定后，7月21日召开培训会，讲解开展农产品生产价格和主要农产品中间消耗调查的目的、意义，采集农产品销售价格与消耗调查资料的方式方法，数据审核上报流程等。利用专题指导、基础工作检查、统计执法检查等各种机会开展巡回指导，帮助基层调查人员开展调查工作。全年共调查大中型调查户46户、普通农户14户。对2020年至2021年第二季度的基础工作进行全部的拉网式“斗硬”检查。10月，随机对华辰生态农业有限公司、玉琳茶叶有限公司和重庆市永川区赖平淡水鱼养殖场进行统计执法检查，没有发现违背国家统计局制定的“主要农产品生产者价格与中间消耗调查制度”和国家统计局重庆调查总队制定的“主要农产品生产者价格与中间消耗调查工作操作规范”的现象发生。

【劳动力调查】 2021年，永川调查队建立《永川区劳动力调查规程》《永川区劳动力调查数据审核办法》，修订完善《永川劳动力调查调查员管理办法》《永川区劳动力调查账号及移动终端设备管理办法》《永川区劳动力调查工作考核办法》《永川区劳动力调查补助考核办法（暂行）》等规章制度。永川区政府下发开展加强劳动力调查工作的文件，永川调查队组织召开永川区劳动力调查动员部署会议。2月底开始，启动“国家调查 诚邀大家”为主题的系列劳动力宣传活动。自行设计印制60个宣传立式展板、1700份劳动力宣传画、5000份宣传名片在抽中村（居）、抽中小区、抽中调查户进行设置、张贴和发放，利用村村通广播等载体进行宣传。与区人力社保局座谈劳动力调查工作2次，就劳动力调查开展、宣传等方面的工作达成共识，形成长效合作机制。落实劳动力调查经费60万元。调配使用第七次全国人口普查手持电子移动终端（PAD）数据采集设备，为每个点配备流量卡、马甲、调查证、鞋套、调查包等。聘用1名人员专职从事劳动力调查工作，要求各镇街落实辅助调查员，12个镇街均配备1名指导员，35名调查员已全部落实到位。加强样本信息管理，及时更新样本框信息，先后2次利用七人普平台下载35个调查点的村级地图、建筑物清单存档。认真做好劳动力调查样本户的核实和管理，及时总结工作中存在的问题，定期通报报表差错情况及国家统计局重庆调查总队电话核查反馈情况。永川调查队分管领导陪访35个点，专业人员陪访调查点覆盖率超过200%。建立每月核实数据及修改结果台账、调查员信息台账、换户台账、电子台账和调查员日志。每月严格按照各调查时点完成样本核查、入户调查、编码、审核、验收、上报等工作。永川区抽中的调查点涉及12个镇街，35个样本点，其中市级点24个，区县补充样本点11个，已全部轮入调查。全年撰写劳动力调查工作简报26篇次，其中国家统计局重庆调查总队采用14篇次。撰写调研分析9篇次，其中1篇被国家统计局采用，3篇被国家统计局重庆调查总队采用。劳动力调查宣传短视频被“重庆国家统计调查”公众号采用，阅读数突破1000人次。在国家统计局重庆调查总队9月22—23日召开的全市劳动力调查工作培训班上，永川调查队做劳动力调查宣传工作优秀经验分享。

（国家统计局永川调查队　李媛媛）

市场监督管理

【概况】　2021年，永川区市场监督管理局（简称区市场监管局）准确把握新发展阶段，自觉践行新发展理念，主动服务新发展格局的总体要求，紧密结合永川区经济社会发展目标，统筹推进各项工作。

【市场主体注册登记】　2021年，区市场监管局全面推行市场主体住所（经营场所）申报承诺制，深化“证照分离”改革全覆盖，优化开办企业服务，实现营业执照跨省通办（川渝通办）。实行企业简易注销，市场主体准入、准营、退出环境持续优化。全区各类市场主体总量突破10万户。

【市场监管法治建设】　2021年，区市场监管局以学深悟透习近平法治思想和党史学习教育活动为契机，以提高依法行政水平和监管执法效能为重点，加强法治宣传教育，强化法治培训，规范执法队伍，严格执法监督。开展“12·4”宪法宣传日活动，参加全国市场监督管理法律知识竞赛。落实“免罚”清单制度，实施包容审慎监管。强化法治市场监督管理建设，每季度组织执法人员开展案件质量互查。

【市场主体信用体系建设】　2021年，区市场监管局推动跨部门企业信息全面归集公示，实施企业信用风险分类管理，信用监管深度运用，已归集信用信息公示率100%。提高“双随机、一公开”监督检查的靶向性、精准性，健全新型监管机制，部门联合“双随机、一公开”工作成员单位覆盖率、“两库”建设率、计划完成率、检查公示率均为100%。专设企业信用信息查询岗位，为群众查询提供优质便捷的服务，全年共查询企业档案3100余起。

【价格监管】　2021年，区市场监管局聚焦社会和企业反映强烈的重点领域和突出问题开展涉企收费专项行动，加大对行业协会商会、中介机构、商业银行、水电气、交通物流等领域收费的检查力度。联合区教委对75家公办及附设幼儿园开展检查。结合疫情防控工作，加强安排部署，开展重要民生商品和防疫物资价格巡查。

【反不正当竞争与反垄断】　2021年，区市场监管局建立公平竞争审查工作联席会议制度，副区长主持召开联席会议，高位推动公平竞争工作。组织镇街、部门140人参加竞争政策培训，推进公平竞争各项工作落地落实。引入第三方评估机制，持续开展政策措施清理工作。

【广告监管】　2021年，区市场监管局聚焦重点领域，综合运用智慧监管、协同监管、信用监管等多种监管方式，强化“广告导向”“学区房”监管。加大教育培训、涉疫、药品、医疗、保健食品、互联网等重点领域广告监管力度，制作“房地产广告宣传十大陷阱”案例汇编。

【产品质量安全监管】　2021年，区市场监管局开展口罩、非医用防疫产品、可燃雨棚、烟花爆竹、汽车及重点零部件、眼镜、摩托车、农资、儿童及学生用品、国旗国徽党徽党旗、校服、婴幼儿及儿童服装专项检查等专项行动，扎实开展产品质量监督抽检，保障重要工业产品质量安全。

【计量管理】　2021年，区市场监管局加强民生计量领域检定，持续开展对关闭煤矿企业的计量安全巡查工作。与四川省泸州市市场监督管理局开展交叉检查工作，就强化加油站计量监管工作的做法，现场与四川省泸州市市场监督管理局计量工作人员进行沟通交流，促进两地计量合作。

【标准化管理】　2021年，区市场监管局加强标准化示范试点建设工作，助推乡村振兴工作。完成圣水湖桃花岛乡村旅游试点项目建设任务并顺利通过终期评估验收。帮助重庆文理学院、江山欧派等梳理乡村振兴人才、竹制门、变压器能效等级等6项国家标准、行业标准或地方标准制修订需求。

【认证认可管理】　2021年，区市场监管局着力于永川区高职院校的重要发展基地，按照“早行动，重宣传”“分领域，强研判”“助推进，出实效”三步走思路，甄选高职院校食堂，开展座谈沟通，了解高校食堂在提升品质中存在的困惑。开展小微企业质量管理体系认证提升行动，协助重庆市永川区傻儿调味品有限公司获取HACCP体系认证证书。

【食品安全监管】 2021年，区市场监管局推动完善区镇村三级监管体系，压实属地、部门、单位、个人“四方”责任，推行区政府常务会每周督查、每周通报、每周调度的工作机制，食品药品安全共管共治格局初步形成。开展食品生产流通市场主体监督检查，排查整治食品风险隐患，实施精准抽样，守牢食品安全防线。抓好进口冷链食品常态化疫情防控，形成人防与物防相匹配、可追溯的监管机制。全年新增食品经营者294家、食品生产企业22家、食品生产加工小作坊61家。

【药品化妆品医疗器械安全监管】 2021年，区市场监管局持续强化药品化妆品医疗器械日常监督管理，推进专项整治工作，对辖区药品零售药店、医疗器械经营单位、医疗机构（含诊所）持续开展监督检查。强化疫情防控药械质量监管，加强新冠疫苗质量、检测试剂安全检查，强化全流程管理和安全防范，对辖区疫苗配送机构和接种点、检测单位实施全覆盖监督检查。全年新增药品经营企业51家、三类医疗器械企业16家，二类医疗器械企业备案22家。

【特种设备安全监管】 2021年，区市场监管局办理特种设备使用登记（含变更）2637台。持续开展安全生产三年攻坚行动，深入落实“大学习、大排查、大整治、大执法”工作，开展电梯、大型游乐设施、起重机械、叉车、压力容器、燃气使用单位食堂、锅炉事故隐患专项检查、公用燃气管道定检率三年提升行动等专项整治行动。特种设备安全实现零事故、零伤亡。

【消费者权益保护】 2021年，区市场监督管理局构建消费者维权体系，建设区12315中心、基层12315工作站、“12315消费维权服务站”、消费者协会基层分会、12315维权联络站、消费者投诉站。区12315中心入驻永川区社会矛盾联合调处中心，充分发挥部门联合优势解决疑难消费矛盾，多方联动、社会共治的消费者维权体系逐步形成。

【市场监管综合执法】 2021年，区市场监督管理局学习贯彻习近平法治思想，推进法治建设，从源头和环节上规范执法行为。会同相关部门开展“双随机、一公开”联合抽查，开展检验检测认证行业整治，加强网络交易监测，突出涉企收费等重点领域的价格监管，严厉打击房地产、教育培训、抗疫用品、食品药品等领域违法广告，深入开展“铁拳”、长江禁捕打非断链、粮食市场秩序专项整治、商品房和校外教育培训机构整治等专项执法行动。 （区市场监管局 王东林）

【重庆市计量质量检测研究院第三分院】 重庆市计量质量检测研究院第三分院（简称重庆市计量质检院第三分院）负责重庆市永川区、大足区、荣昌区的计量器具强制检定和量值传递，计量标准器具、工作计量器具检定、校准与测试，以及授权范围内产品质量监督检验、仲裁检验与鉴定，资质范围内的产品、食品、水等委托检验以及相关检测技术服务。2021年有员工92人，其中高级工程师1人、工程师20人、助理工程师34人，一级注册计量师7人、二级注册计量师17人、标准化工程师2人、质量工程师1人。重庆市计量质检院第三分院贯彻“科技立院、人才兴院、经济强院”发展理念，认真履行使命职责。全年共计检验产（商）品及食品样品17247批次、检校计量器具142703台（件）。整合检测人员之力，完成集贸市场衡器4668台、出租车计价器1027只、加油（气）机3075把、智能水表60833只、基层医疗机构医用计量器具等民生计量器具8572台（件）的检定以及川渝计量监督检查与比对工作。开展“5·20世界计量日”、质量月免费检测活动，增强分院在群众中的检测为民形象。在规定时限内完成市市场监督管理局任务抽样2247批次、检验3682批次，贵州省市场监督管理局任务抽样748批次、检验745批次，四川省安岳县市场监督管理局抽样2078批次、检验2078批次等指令性任务，并将检验不合格结果第一时间报告有关监管部门作后处理之用。组织300余人次干部职工参加内外部培训，新建计量标准6项、新增质检参数295个，累计拥有计量标准99项、质检参数2125个，检测领域能覆盖长度、电磁、光学、力学、热工仪表、声学、无线电、时间频率、物理化学等10大类计量器具和化工、食品、煤、塑料制品、家具、涂料及胶粘剂、金属材料及其制品等548种产品。加强对抽样、检验检测等各个环节的监督，12次抽查证书、报告原始记录，组织内部比对37项，参加外部计量比对及能力验证16项，提升检测数据的可靠性。

（重庆市计量质量检测研究院第三分院 刘伟）

【重庆市永川区食品药品检验所】 重庆市永川区食品药品检验所（简称区食品药品检验所）是重庆市药监局下属的正处级公益二类事业单位，承担渝西八区（永川区、江津区、合川区、荣昌区、璧山区、潼南区、铜梁区、大足区）的药品、保健食品、化妆品、食品和直接接触药品的包装材料的检验和食品药品等质量安全突发事件的应急处理职能。2021年1月，办公地点搬迁到永川区永津大道13号。新办公地点占地10亩，其中实验室区域3000余平方米，办公场所2100余平方米，配备3000余万元的检验检测专用仪器设备，包括高效液相色谱仪、紫外可见分光光度计、红外分光光度计、旋光仪、溶出度测定仪、原子吸收分光光度计等。具备资质认定能力参数1411项，具备符合《中国药典》要求的药品检验检测能力参数93项。有干部职工56人（在编28人），一线检验检测人员37人，高级职称人员7人，中级职称人员10人。

2021年，区食品药品检验所在药品生产环节中，共抽检145批次，其中本所抽检142批次，检查四局送检3批。在药品流通环节中，共抽检药品627批次。完成渝西八区化妆品流通环节抽样任务160批，专项监督抽检任务55批。承担永川区、大足区、铜梁区、潼南区、荣昌区的食用农产品专项和区县柔性抽检任务共6094批次，抽检样品2891批次，其中食用农产品专项抽检2189批次，区县柔性任务抽检702批次。完成永川区鱼、蛙等淡水产品抽检任务70批次。

2021年，区食品药品检验所开展场地变更、扩项评审及复评审资质认定工作，全部得以通过，检验能力持续满足检验任务要求。场地变更评审批准食品检验领域为4个大类，46个产品，799个参数；批准非食品检验领域2个大类，290个参数。扩项评审新增批准食品31个参数，化妆品68个参数。复评审（含扩项评审）批准食品检验领域为1个大类，39个产品，760个参数；批准非食品检验领域为2个大类，244个参数。

2021年，区食品药品检验所共参加重庆市市场监督管理局、中国食品药品检定研究院、中国检验检疫科学研究院等机构组织的能力验证15项，其中药品3项、化妆品2项、食品10项。药品和化妆品结果均为满意，食品有9项结果为满意。完成食品领域内部质量控制9项、药品领域内部质量控制3项、化妆品领域内部质量控制2项，结果均为满意。实施内部审核，共发现14项缺陷并落实整改。改版并实施第六版体系文件，根据实际运行情况对检验用水管理制度、废弃物处置管理办法、食品样品管理制度等制度进行修订，新增危化品室巡查制度、毒剧化学危险物品安全管理制度。落实安全宣传，先后开展食品、化妆品、药品实验室开放日活动3次，到社区进行《中华人民共和国药品管理法》及安全用药宣传活动。与区融媒体中心签订宣传协议，定期开展科普宣传。

（区食品药品检验所　海虹）

物价管理

【市场价格监测】 2021年，区发展改革委加强重要民生商品价格监测，以42个品种的粮油肉禽蛋菜水产，13个品种的水果调品，20个品种的居民日用工业消费品，11个品种的农业生产资料，7个品种的畜禽产品及饲料，7个品种的粮油批发等100项重要民生商品的价格为监测对象，采集并上报价格监测数据13349条。

【收费和价格管理】 2021年，区发展改革委组织供水供电供气企业及行业主管部门开展自查自纠工作，取消不合理收费。规范全区城镇供水价格，分类为居民生活用水、非居民生活用水、特种用水3类，实现全区城乡供水同质同网同价。调整全区公办幼儿园保教费标准，增设延时服务费。核定石笋山景区门票价格为40元/人次。规范城镇燃气工程安装收费。建立永川区非居民用水超定额累进加价制度。

（区发展改革委　马寒卿）

农　业

综　述

【概况】　2021年，永川区以深化农业供给侧结构性改革主线，实施乡村建设行动，深化农村改革和农业科技创新，推进农业农村工作。全区农林牧渔总产值122.5亿元，比上年增长7.8%。其中，农业产值72.1亿元，比上年增长2.3%；林业产值4.4亿元，比上年增长8.0%；牧业产值34.8亿元，比上年增长21.5%；渔业产值9.9亿元，比上年增长6.6%；农林牧渔专业及辅助性活动产值1.4亿元，比上年增长7.1%。农村常住居民人均可支配收入23950元，比上年增长10.4%。　（区农业农村委　余力）

【机构改革】　2021年，永川区农业农村委（简称区农业农村委）承担的行政复议事项划转至区司法局。区农业农村委挂牌的区扶贫开发办公室更名为区乡村振兴局，主要负责巩固拓展脱贫攻坚成果、统筹推进实施乡村振兴战略有关具体工作。内设机构扶贫开发科更名为乡村振兴科，具体负责巩固拓展脱贫攻坚成果、统筹推进实施乡村振兴战略相关工作。增设特色产业科，负责承接豆豉、茶叶、食用菌等特色产业发展，所有农产品加工相关工作。

（区农业农村委　王莉莉）

【农业基础设施建设】　2021年，永川区新建“四好农村路”386千米，新改建镇街市民公园或广场16个，实施镇街街区提升17个，完成中小河流综合治理5.37千米，开工建设水库4座。新建及改造农网41.2千米，安装农村天然气14025户。建成3个互联网小镇，行政村4G网络覆盖率100%，5G网络已覆盖17个镇街。

（区农业农村委　华颖）

【农田建设】　2021年，永川区农田建设以宜机化、水利化、生态化、园田化、规模化、标准化、智能化为导向，以提升粮食产能为首要目标，突出抓好耕地保护、地力提升和高效节水灌溉，加快补齐农田基础设施短板，提高水土资源利用效率，增强农田防灾抗灾减灾能力，为保障粮食安全打下坚实基础。全年高标准农田建设任务6.8万亩，其中高效节水灌溉面积0.35万亩。上级下达资金9640万元，其中中央财政资金6868万元，市级财政资金2772万元，在仙龙镇、朱沱镇、红炉镇、板桥镇、大安街道等镇街实施。全年高标准农田建设共实施3个项目，分别是仙龙镇高标准农田建设项目、朱沱镇高标准农田建设项目、永川区高标准农田建设项目，项目建设工期为2年。永川区农田建设项目管理做到“三专”（专人、专款、专账）。严格审批手续，强化审计监督，努力提高农田建设项目资金使用效益，做到专款专用。严格执行项目法人制、招投标制、公示制、监理制和县级报账制，加强项目建设监督管理。建立健全管护制度，明确管护主体，落实管护责任，按“谁受益谁管护”的原则，加强检查监督，确保各项基础设施能长期发挥效益。

【强农惠农政策落实】　2021年，区农业农村委按期发放耕地地力保护和种粮大户补贴，共兑付耕地地力保护和种粮大户补贴资金9229.11万元，其中，种粮大户补贴面积6.75万亩，涉及农户275户，补贴标准230元/亩，补贴资金1551.63万元；一般户补贴面积88.98万亩，涉及农户20.67万户，补贴标准86.28元/亩，补贴资金7677.48万元。发放实际种粮农民一次性补贴1288.10万元，不足的6.10万元从耕地地力保护和种粮大户补贴结余资金支取。

（区农业农村委　唐科明）

【巩固拓展脱贫攻坚成果】　2021年，永川区保持主要帮扶政策总体稳定，持续抓好就业帮扶，大力帮扶脱贫人口稳定就业。全年外出务工4281人，以工代赈安置727人，公益性岗位安置343人，兑现跨省外出务工交通补贴1040人13.21万元。持续抓好产业帮扶，安排专项资金2139万元，用于支持脱贫村、脱贫户产业发展。持续加大小额信贷力度，累计贷款3069户、4585.95万元，贷款覆盖率71.7%。对全区24.35万户农户开展“两不愁三保障”巩固情况“回头看”。截至2021年12月底，全区有脱贫户4215户、10423人，易返贫致贫户251户、739人，已消除风险118户、365人，未消除风险133户、374人。其中，脱贫不稳定户14户、46人，边缘易致贫户71户、183人，突发严重困难户48户、145人。

（区农业农村委　张华春）

【消费扶贫】　2021年，永川区做好消费帮扶，认定扶贫产品211个，创建消费帮扶专区、专馆、专柜19个，购销金额1.79亿元。通过线上、线下方式采购结对帮扶彭水县产品1037.57万元，已有30余款彭水扶贫产品上架“微荞优选——重庆市消费扶贫馆”和“云上永川”。鼓励企业参与消费帮扶，帮扶指导带贫成效好的企业进行帮扶产品申报认定，全区共有83个企业申报认定帮扶产品211个。

（区农业农村委　梁婷）

【农业信息化】　2021年，永川区有智慧农业相关项目共11个，其中已建好8个，在建3个。主要有茶园水肥一体智能控施、主要病虫害精准识别，食用菌物联网技术应用，黄瓜山梨、龙眼等特色水果的智慧果园建设，水稻智能化生产试验示范等。永川黄瓜山梨数字农品示范项目、圆桂水稻智能化生产试验示范项目和石笋山茶园智慧农业及物联网技术建设项目，通过物联网、大数据、云计算、人工智能等实现农业农村信息化、数字化示范项目的运用。

（区农业农村委　梁婷）

【农业保险】　2021年，区农业农村委加强风险防范，对粮油规模种植大户全面推进政策性农业保险。全年共投入资金476万元，带动全区种粮（油）大户参保水稻、油菜种植灾害险8.6万亩、水稻种植收险益5.8万亩，真正做到种粮风险有保障。实施生猪保险政策，做到应保尽保。全区承保能繁母猪18574头，生猪养殖险45011头，生猪收益险27104头。大力推进茶叶保险，共涉及参保种植业主21户，投保茶园2万亩，投保费用80万元，保险金额1600万元，赔偿金额39.4万元。　（区农业农村委　余力）

种植业

【概况】　2021年，永川区秉承“稳产能、优结构、提质量”的发展思路，坚守粮食安全底线，以农业社会化服务、绿色粮油发展、耕地质量保护、产后加工能力提升建设为抓手，推进种植业高质量发展。全区粮油作物播种面积117.2万亩，其中粮食作物播种面积98.9万亩，油料作物播种面积18.3万亩。茶叶、特色水果、花椒等经济作物种植面积38.1万亩，年栽培食用菌1.45亿袋。蔬菜播种面积43.1万亩，与上年持平。

（区农业农村委　余力）

【粮食生产】　2021年，永川区全面、系统制定发展规划，围绕粮食生产稳面积提产量。在实施宜机化改造时，严格遵循“水改水、旱改旱，鼓励旱改水，严禁水改旱”的原则，在宜机化改造后原则上全部用于粮食生产，优先保障粮食安全。全区粮食作物播种面积98.92万亩，比上年增加9407亩，比上年增长0.96%。粮食总产量48.35万吨，比上年增加2694吨，比上年增长0.56%。粮食播种面积连续两年增加，粮食总产量连续三年增加。其中，小春粮食作物播种面积7.07万亩，小春粮食产量1.85万吨，比上年增加353吨，比上年增长1.9%。大春粮食作物种植面积91.85万亩，大春粮食产量46.5万吨，比上年增加2341吨，比上年增长0.51%。

（区农业农村委　唐科明）

【油料生产】　2021年，永川区油料作物播种面积18.33万亩，比上年增长0.7%。油料作物总产量2.57万吨，比上年下降1.2%。其中，油菜种植面积15.66万亩，比上年增加0.18万亩，比上年增长1.16%。油菜产量2.09万吨，比上年增加317.4吨，比上年增长1.54%。全区粮油生产产值16.1亿元，比上年增加0.4亿元，比上年增长2.5%。

（区农业农村委　唐科明）

【茶叶生产】　2021年，永川区与四川省泸州市发起成立“川渝茶叶产业联盟”。全年新建良种茶基地3500亩，完成茶园管护5828亩。完成茶园修剪社会化服务16000亩。建成茶园遥感、土壤测报、天气预警、水分预测等新技术智慧茶园500亩。引进“川茶2号”无性系良种，推广种植面积60亩。开展茶叶技术培训和技术指导30

2021年，永川秀芽品牌价值评估24.91亿元　（区经济作物技术推广站　供图）

余场次，培训指导业主、茶农等800余人，印发技术资料200余份。落实茶叶加工技术改造项目10个。获得有机食品认证9个，绿色食品认证19个，名牌农产品4个。5月，在杭州举行的“第四届中国国际茶业博览会”上，云岭牌永川秀芽被评为“第四届中国国际茶叶博览会推荐产品”。“永川秀芽”创建为重庆市优质气候生态品牌——巴蜀气候好产品。“永川秀芽”品牌价值评估24.91亿元。全区茶叶种植面积10.89万亩，总产量8300吨，总产值10.1亿元。其中，名茶产量880吨，产值4.84亿元；优质茶产量3600吨，产值3.96亿元；大宗茶3820吨，产值1.3亿元。

（区农业农村委　叶红梅）

2021年12月10日，西南大学蚕业基地　（袁卿予　摄）

【永川秀芽第五届斗茶大会】　2021年4月19日，永川秀芽第五届斗茶大会在神女湖公园幸福广场举行，重庆市农业农村委、重庆市扶贫办及黔江区、江津区、南川区等10个区县相关领导参加，大会还邀请四川省泸州市及纳溪区农业农村局相关人员参会。该届斗茶大会通过“网红直播+现场推荐”“展示展销+线上交易”的方式，将传统与新潮元素相融合，紧跟时代潮流，有美轮美奂的快闪歌舞、神采飞扬的国风走秀、底蕴深厚的茶艺表演，形式新颖、内容丰富，给广大市民带来一场茶香四溢、妙趣横生的斗茶盛宴。中国农业科学院、西南大学、重庆市农业农村委、重庆市农科院等单位的专家，对参赛的16家企业进行现场评审。经过评选，重庆云岭茶业科技有限责任公司、重庆新胜实业有限责任公司获得金奖，重庆涵晨灵秀茶场、重庆君山茶业有限责任公司、重庆茗萌茶业有限公司、重庆市又一春茶叶有限公司、重庆双英茶叶有限公司获得银奖。该届斗茶大赛吸引全国各地的爱茶人士参与竞拍，金奖以6.1万元的价格拍出。该届斗茶大会增设致敬老党员、脱贫攻坚先进典型环节，他们先后上台，在掌声和感谢中接受敬茶。　（区农业农村委　余力）

【水果生产】　2021年，永川区种植的水果有柑橘、梨子、龙眼、荔枝、桃子、葡萄、李子、西瓜、枇杷、柚子、猕猴桃、柠檬、蓝莓、草莓等。全年新建名优水果基地3000亩，其中荔枝500亩、柑橘2300亩、李子200亩。全年建示范面积6000亩，开展果树技术培训会12场次，田间指导400余次，培训指导果农3000余人次。重点推广生态绿色高效栽培、龙眼轮枝结果、黄瓜山梨病虫绿色防控、柑橘和李保花保果等4项关键实用技术。全年新认证水果绿色产品28个。全区水果“三品一标”（无公害农产品、绿色食品、有机农产品地理标志）共有108个，其中无公害农产品15个，绿色食品92个，农产品地理标志（黄瓜山梨）1个。全区水果种植面积24万亩，产量14.1万吨，总产值7亿元，比上年下降4.4%。

（区农业农村委　张庆平）

【蔬菜生产】　2021年，永川区新建蔬菜基地1000余亩，投入蔬菜基地建设补助资金160万元，新建钢架大棚35亩、水泥柱大棚25亩。开展秀珍菇产业提档升级工作，升级改造、建设制袋生产线、菌袋培养房、出菇房等设施。成立食用菌专家组，全年开展现场指导30余场次，指导农户1000余人。开展蔬菜管理技术培训会8次，培训菜农500余人，培训食用菌规范化栽培技术、设施蔬菜标准化栽培技术和“稻—菜”轮作模式、“果—菜”间种高效栽培模式等技术。全区蔬菜产业有效期内获得全国名特优新农产品2个、重庆市名牌农产品5个，“三品一标”产品认证19个（其中绿色认证14个、无公害认证5个）。全区蔬菜种植面积43.1万亩，与上年持平。蔬菜总产量74.0万吨，比上年下降0.3%。总产值17.5亿元，比上年增加9.4%。其中，食用菌栽培1.45亿袋，比上年增长3.6%；总产量7.4万吨，比上年增长4.2%，总产值8.5亿元，比上年增长3.7%。

（区农业农村委　叶红梅）

【蚕桑生产】　2021年，永川区投入85万元实施重庆市茧丝绸发展补助资金项目2个，建设永川区润色农庄蚕桑示范基地和重庆世纪传奇公司仙龙草本桑园示范基地。推行蚕桑综合利用2000余亩，利用桑枝、蚕沙等副产物开展食用菌种植，种植桑枝食用菌160余万袋，增加收入800余万元，新发展果桑和养蚕用桑园面积700余亩。全年鲜桑果产量15万余公斤，收入400余万元。桑叶茶产量4000公斤，桑叶茶收入10余万元。桑园间种蔬菜2000亩，增加收入400余万元。辐射带动五间、何埂、宝峰、来苏、金龙、青峰、松溉等镇300余户。全区桑树种植面积24420亩，共发蚕种3916张，生产蚕茧140吨，总产值2083万元。其中，蚕茧产值448万元，蚕桑综合利用开发产值1635万元。

（区农业农村委　叶红梅）

【调味品生产】 2021年，永川区花椒、大豆、生姜、辣椒等调味品产业原料种植面积10.6万亩，产值5亿元。其中，花椒种植面积3.2万亩，总产量1.8万吨，总产值1.8亿元；生姜种植面积5000亩，产量1.5万吨，产值1亿元；辣椒种植面积8000亩，产量2.2万吨，产值1.2亿元；大豆种植面积6.10万亩、产量13655吨，单产223.74公斤，产值1.0亿元。

（区农业农村委　叶红梅）

【重庆金玖生态农业园】 位于永川区仙龙镇金石村松林坡小组。有户外气象站、物联网采集终端、物联网水肥一体机、云平台等，园区各类传感器、控制器、摄像头等多种物联网设备的数据，借助电脑、手机等终端设备实现对智慧农业的实时在线监测、预警、远程自动控制……物联网生态园以精准灌溉为主，采集园区的传感器、控制器，以及视频信号等物联网终端，采集之后将气温、风向、温湿度、pH值、EC值、N、P、K元素含量等数据上传到云端，实现在线实时监测、实时预警、实时自动控制，提高农业生产效率。园区还建设两套5G鱼菜共生系统的大棚，实现传统渔业向规模化、集约化、数据化和高效生产方向发展，并通过科技支撑产品溯源。大棚内鱼菜共生工程系统，养鱼不用换水、种菜不用施肥，产品绿色、“自证清白”，能耗低、成本低，出鱼效率高，其经济效益比外面的提高20%～30%。智能化控制为以后的电商提供信息支撑，为优质农产品溯源系统提供基础数据。园区大棚内活水养鱼，可养殖加州鲈、中华鲟、石斑鱼、黄腊丁、翘壳等高品质鱼，也养殖有澳洲龙虾等。由5G网络将云端大数据分析、信息集成反馈到手机或电脑网络终端，及时了解整个生态果园、大棚内5G鱼菜共生系统运行、果蔬鱼生长情况。园区团队累计获得专利20项、软件著作权5个、商标7个，主要是2019年至2021年间的收获。

2021年4月10日，重庆金玖生态农业园　（袁卿予　摄）

农业植保

【概况】 2021年，区农业农村委以建立品种展示示范、病虫绿色防控基地为抓手，以强农惠农政策为依托，促进良种推广，强化绿色防控，推进农药减量控害。全区种子、植保植检工作顺利开展。

【农作物病虫预报与防治】 2021年，区农业农村委坚持“绿色防控”理念，开展病虫害预测预报。在重点区域加装虫情测报灯2台，安装杀虫灯110盏。全年发出《植保情报》12期，中、长期预报准确率超过95%，短期预报准确率100%。

【植物检疫】 2021年，区农业农村委开展稻水象甲、红火蚁、水稻细菌性条斑病、柑橘黄脉病等检疫性危险性有害生物的监测防控工作，发现稻水象甲疫情并及时处理。根据重庆市柑橘非疫区监测方案，实施123个实蝇监测点、32个柑橘溃疡病和黄龙病点的布点和监测工作。发现柑橘溃疡病疫情，处理带菌柑橘苗10万余株。

【种子管理】 2021年，永川区加强30家种子批发企业（商）品种、质量和市场管理工作。召开种子管理工作专题培训2期，90余人次参加培训，发放《中华人民共和国种子法》宣传问答、购种须知和《永川区2021年水稻、玉米主导推介品种》等资料700余份。开展种子质量检验36个批次、代表27560公斤，批次合格率超过98%。开展转基因种子监管，出动检查人员25人次，涉及水稻品种300余个，品系3500余个，育种材料1万余份。受理种子质量纠纷8件，组织种子田间质量鉴定5次。开展52个水稻和玉米品种展示，种子经营者和科技示范户现场观摩人数140人次，实现“看禾”选种。

【农业植保技术管理】 2021年，永川区进行水稻、柑橘、梨树、茶叶农药减量控害增效及绿色防控示范，建立示范片1万亩。强化重大病虫害防控，推进农药减量控害增效示范。全面落实抗灾避灾关键技术，大力开展专业化统防统治。利用“全国农业植物检疫宣传月”“科技下乡”等活动，组织镇街农服中心负责人和技术员、种苗生产（经销）业主、种粮大户等，召开《中华人民共和国种子法》及配套规章、新修订的《重庆市植物检疫条例》等相关法律法规和有害生物识别防控培训会，召开耕地地力保护补贴和种粮大户申报、农药减量控害、草地贪夜蛾监测防控等业务培训会。发放植物检疫宣传资料5.8万份、培训1100余人次、现场咨询1.15万人次。

（区农业农村委　郑伟）

林 业

【概况】 2021年，永川区林业局全力推动林业高质量发展，筑牢长江上游重要生态屏障，努力建成“桢楠俊秀、海棠飘香”山清水秀美丽永川新景象。持续服务龙头企业、培植特色林产业，大力扶持发展森林休闲旅游产业，不断优化营商环境，厚植发展新动能，产值4.4亿元，比上年增长8%。全区林地面积96.42万亩。

【永川区“区树”“区花”评选活动】 2021年7月19日，永川区委办公室、永川区政府办公室联合印发《永川区“区树”“区花”评选活动方案》，成立“区树”“区花”评选活动组委会，组织开展“区树”“区花”评选活动。楠木、香樟、黄葛树、榕树、栾树5种树木作为“区树”候选对象。茶花、梨花、海棠、桂花、三角梅5种花作为“区花”候选对象。先后经过宣传发动、提名推荐、网络投票、专家评审等环节，推荐楠木为永川区“区树”、海棠为永川区“区花”，经区委第198次常委会、区政府第171次常务会研究审议，同意楠木为永川区“区树”，海棠为永川区“区花”。永川区第十七届人大常委会第四十二次会议审议通过关于永川区“区树”“区花”的决定（草案）。（区林业局 蔡玲）

【林业行政审批制度改革】 2021年，永川区林业局深化行政审批制度改革，大力优化营商环境，提升政务服务效能。推进互联网+政务服务，持续减材料、减时限、减跑动次数，将31个依申请办理政务服务事项纳入便民服务中心一窗综办区，精简申请材料，精简章45.74%。审批时限在法定时限620个工作日的基础上、压缩为63个工作日，压缩率89.84%。即办件提升到14个，占依申请类事项比例45.16%。平均跑动次数减少到0.1次，全程网办比例为90.32%。无投诉、超期、越权、违规办理情况。

（区林业局 张兴川）

【林产业建设】 2021年，永川区持续壮大以国家级林业龙头企业——重庆理文造纸有限公司为龙头的“林浆纸”特色林产业和木材及制品产业。推进永川进境木材产业园区建设，凭借长江水运优势，建设集电子商务、木材及木制品交易、木材仓储物流、木材加工制造、供应链金融、信息追溯、创新创业等功能为一体的国际木业高新产业中心。完善茶山竹海国家森林公园基础设施，深化石笋山森林公园浪漫情山主题文化旅游，丰富黄瓜山乡村旅游内容，形成以茶山竹海国家森林公园为主，黄瓜山、石笋山并肩发展的格局。（区林业局 蔡玲）

【主要林产品】 2021年，永川区林业局大力支持企业培植发展具有区域优势和地方特色的林产品。已形成以卫生纸为首，木门及家具整装订制、朱沱龙眼等水果并行的发展格局。林产业发展呈现出“万木争荣”的良好态势。（区林业局 蔡玲）

畜牧业

【概况】 2021年，区农业农村委加强疫情监测防控，开展畜禽粪污资源化利用，强化畜产品质量安全监管等工作，全区畜牧业绿色健康发展。全年畜牧业产值34.82亿元，比上年增长21.5%。全年出栏生猪39.8万头，比上年增长47.62%。出栏牛3629头，比上年下降23.9%。出栏羊8.41万只，比上年增长7.0%。出栏家禽1878.5万羽，比上年下降2.8%。猪肉产量3.14万吨，比上年增长53.04%。牛肉产量477吨，比上年下降24.1%。羊肉产量1277吨，比上年增长7.1%。禽肉产量2.8万吨，比上年下降4.4%。

（区农业农村委 谢远兵）

【畜牧业疫病防控】 2021年，区农业农村委组建病死畜禽无害化处理监管队伍，镇街有在编监管人员34人，推进全区病死畜禽集中无害化处理。严格实施动物及产品备案与生猪运输车辆备案制度、落实生猪及产品调运监管各项措施。按照“政府购买服务”模式，推进兽医社会化服务体系建设。已有11个镇街分别与区畜牧兽医协会签订兽医社会化服务协议。春季防疫期间共免疫生猪14.59万头，牛0.43万头，禽317.04万羽，羊1.96万只，犬4.67万只，免疫密度100%，畜禽圈舍清洗消毒30.36万间，清洗消毒100%。通过落实产地检疫规程、推行官方兽医派驻制度、加强动物及产品调运监管等方式，强化在生产、屠宰、运输等关键环节检疫工作，拧紧疫病产品进入流通环节的关键“阀门”。利用节假日和赶集日在农资站、场镇等重点地区设立宣传展架20个，张贴宣传海报115张，发放宣传资料5000份，提升农户和相关从业者防疫知识素养和责任意识。

（区农业农村委 刘朝政）

【生猪养殖】 2021年，区农业农村委不断加强监测预警，优化调控手段，每月对全区145家生猪规模场的存出栏等15个指标进行监测，每周对主要交易量及饲料原料等市场价格进行监测和分析。组织起草《关于申报2020年稳定生猪生产贷款贴息的通知》，按项目实施程序对符合条件的公司发放贷款贴息8.5万元。全区生猪生产持续恢复，生猪产业持续健康发展。全年出栏生猪39.83万头，猪肉产量3.14万吨。年末，存栏生猪23.28万头，比上年增长14.43%，其中能繁母猪1.85万头，比上年增长7.98%。

（区农业农村委 谢远兵）

【畜牧品种改良】 2021年，区农业农村委加强对畜禽品种改良的宣传和促进，提倡自繁自养，畜禽良种化水平持续提高。为加快推进畜禽品种改良工作，提升全区生猪供种能力，实施生猪高代次种场、种质质量提升建设项目，引进祖代长白、约克、杜洛克等优良种猪品种76头，提升供种能力超过10%。全区有种猪场3个，父母代蛋鸡场1个，存栏种猪5977头，出栏种猪3068头，饲养种鸡5万套。

（区农业农村委 谢远兵）

【饲料兽药生产管理】 2021年，区农业农村委加大饲料、兽药企业的危险化学品购进、使用的安全宣传教育。全年共出动36人次，对9家饲料兽药企业进行安全生产监督检查，共排查安全隐患12条，企业均限期整改，确保饲料兽药企业正常的生产经营活动。

（区农业农村委 谢远兵）

【畜产品质量安全监管】 2021年，区农业农村委加强屠宰环节检疫检查，对辖区内在产的3个大型生猪定点屠宰场开展400次动物卫生监督执法检查，共检查生猪9000余头。组织全体职工和全区屠宰从业人员开展消防安全宣传培训2次。

（区农业农村委 谢远兵）

【畜牧养殖污染治理】 2021年，区农业农村委制定《永川区养殖行业污染防治监督管理长效机制》，明确养殖行业准入规定及污染防治要求。严格执行《永川区2021年养殖行业专项整治实施方案》及考核细则，倡导绿色生态养殖。制定《2021年永川区养殖行业专项整治"回头看"方案》，以镇街自查和部门暗访检查的方式，对全区23个镇街已整治的1731家畜禽养殖场和3137家水产养殖场开展专项整治"回头看"工作。在镇街自查上报的基础上，抽调人员27名，组成13个工作小组，重点针对500米范围内已拆除、关停或转散养的养殖场进行现场抽查。 （区农业农村委 何勤）

渔　业

【概况】 2021年，永川区渔业生产发展形势总体稳定，提质增效、稳量增收效果初显。水产品市场供应充足，购销两旺，大宗水产品产地价格和市场价格前高后低，比上年分别增加25%和30%。泥鳅、罗氏沼虾、小龙虾、斑点叉尾鮰等名特优品种平均涨幅超过30%。稳步推进健康养殖，全区创建农业部水产健康养殖示范场13家，"三品一标"（无公害农产品、绿色食品、有机农产品、农产品地理标志）认证22个。全区水产品产量4.62万吨，比上年增长3.3%。按当年价格计算，渔业产值9.9亿元，比上年增长6.6％。渔业生产安全生产形势良好，产品质量抽样全部合格、无重大渔业病害疫情和渔业安全事故发生。

（区农业农村委 邓寻腾）

【淡水养殖】 2021年，永川区水域资源丰富，养殖规模体量较大。鱼苗供应量足质优，生产各类鱼苗（水花）26亿尾。池塘养殖面积59880亩，位居重庆各区县第一。水产品产量4.62万吨，位居重庆各区县第二。

（区农业农村委 邓寻腾）

【渔业生态资源保护】 2021年，区农业农村委加强宣传，提高广大市民对水生生物保护的意识。加大禁渔期的管理力度，严厉打击电毒炸渔和非法捕捞的行为，保护渔业资源，维护渔业生态平衡。持续开展水生生物资源的增殖放流活动，尽快恢复天然资源。全年投入9.2万元采购苗种，在永川河、圣水河开展增殖放流活动。对放流苗种进行严格检验检疫，确保增殖放流苗种健康、优质、无病害、无药物残留，避免对放流水域生态造成不良影响。

（区农业农村委 杨渝永）

【长江禁捕退捕】 2021年，区农业农村委强力推进禁捕管理秩序清理各项工作，巩固禁捕成果。组织召开禁捕水域"三无"船舶整治"回头看"工作会，共拆解"三无"船舶6艘，规范化管理40艘，完成长江流域"三无"船舶动态清零。对长江流域专职护渔人员进行专项培训，实行专职护渔人员每天到禁捕水域巡逻打卡。在长江干流新建渔政AI预警监控摄像头4个，处置预警信息60余条。开展"24小时+30天"执法检查全覆盖，累计出动执法人员200余人次，执法车辆60余次，驱离劝阻违规垂钓人员40余人次，收缴鱼竿30余根，处理涉渔行政案2件，处置涉鱼刑案1件，涉刑移交起诉2人。

（区农业农村委 吴聪聪）

【池塘养殖尾水治理】 2021年，永川区制定出台《永川区池塘循环水养殖生态修复实施方案》，启动重点流域30亩以上规模水产养殖尾水治理工作，完成直排养殖场尾水治理325.5万吨。全区河库500米范围30亩以上规模化鱼塘水产养殖场共有165家，养殖面积11865亩。（区农业农村委 何勤）

【渔业安全生产监管】 2021年，区农业农村委印发《关于进一步开展永川区禁捕水域船舶核查清理工作的通知》，彻查禁捕水域是否有"三无"船舶，一经发现，立即拖离上岸，依法处置。对前期已经上岸的"三无"船舶，采取相应措施，确保不得在禁捕水域停泊、航行。加强乡镇自用船舶规范管理，对确有必要保留的乡镇自用船舶，建立监管台账，落实监管责任，依法依规完善手续，统一外观标识，书写或悬挂醒目的船名号，拆除活水仓，禁止携带任何捕捞工具、钓具，消除非法捕捞风险隐患。持续加强禁捕水域的趸船、商船、交通船舶的规范管理。发放禁捕告知书，张贴宣传资料，严禁船舶携带任何捕捞工具、钓具，严禁为"三无"船舶的停泊、加油、充电等提供便利。

（区农业农村委 苟长青）

【农业部水产健康养殖示范场创建】 2021年，永川区创建13家农业部水产健康养殖示范场，面积5462.55亩，"三品一标"水产品认证22个。

（区农业农村委 邓寻腾）

农业产业发展

【概况】 2021年，永川区以现代农业园区为载体，以发展特色效益农业为抓手，加快农业转型升级，优化产业结构和产品结构，促使农业产业结构逐步由传统低效向优质高效转变。

（区农业农村委 廖诗佳）

【农村产业结构调整】 2021年，区农业农村委全力推进农业科技园区建设，积极融入成渝高效特色农业经济带。成立泸永荔枝龙眼、茶叶产业联盟，建设科技示范园，开展技术交流培训。与四川省宜宾市农业科技园区签订合作协议，深化双方合作。区政府联合重庆文理学院发起成立“成渝地区双城经济圈乡村振兴学院联盟”。延伸产业链条，开展乡村旅游项目97个，累计投资15.64亿元，建成66个休闲农业与乡村旅游示范点，乡村旅游年接待游客1800万人次，旅游收入120亿元。（区农业农村委　廖诗佳）

【泸永荔枝龙眼、茶叶产业联盟】2021年，依托国家荔枝龙眼产业技术体系泸州综合试验站，四川省泸州市、重庆市江津区和永川区通过建设标准园、改造老果园、推广新技术，共建50万亩长江中上游晚熟龙眼荔枝沿江产业带，提升龙眼产业品质。利用重庆市茶叶研究所地处永川的区位优势，与四川省泸州市、四川省宜宾市加大名优绿茶的加工技术联合开发、夏秋茶联合开发以及绿色生态茶园建设的合作力度。以英山茶叶市级产业园、四川省泸州市纳溪梅岭省级现代农业园区、四川省宜宾市现代特色早茶产业园培育为平台，共同打造“永川秀芽”“纳溪特早茶”“天府龙芽”品牌，同建100万亩优质茶叶产业带，形成综合产值上100亿级的茶叶产业。（区农业农村委　刘志兰）

【休闲农业与乡村旅游示范点建设】2021年，永川区突出农文旅、农康旅融合理念，利用“田成方、林成网、渠相连、路相通”的秀美风景，充分发挥农业的生态价值、社会价值、经济价值，实现高标准农田“一个产区就是一个景区”，打造渔歌唱晚、鎏金田园、五彩稻米、梯田大地、垂直水果迷宫等特色农业景观50余处。（区农业农村委　余力）

【农业新型经营主体培育】2021年，区农业农村委围绕茶叶、食用菌、调味品等特色主导产业，强化基地建设，引导农业企业进行市场化、产业化经营。累计培育新型经营主体3530个，流转土地51.21万亩，占耕地总面积的50.6%。吉之汇集聚农副产品经营商户780余户，电商平台入驻商家及基地1137户，全年市场交易额突破100亿元，带动创业就业人员1万余人。（区农业农村委　苏沙）

【农产品生产加工流通】2021年，永川区重点围绕三教产业园、板桥农产品加工园开展招商引资，引入好邻居、“自嗨锅”、六六六食品等产业项目，引导周义食品、健安食品抱团扩大发展，签约资金45亿元，创建港桥纸产业100亿元级农产品加工业示范园区。全区规模以上农产品加工企业有60家，农产品加工业年产值260亿元。打造永川吉之汇国际农贸物流城，对接淘宝、天猫、京东、花生日记、芬香、云集等电商平台，并通过数字化延伸，在重庆市奉节县、重庆市开州区、重庆市万州区、重庆市黔江区、云南省昭通市、四川省盐源县、四川省眉山市和湖南省麻阳县等地建立产地云仓22个，开创农贸互联网全新商业模式，实现“产供销”全程数字管护。（区农业农村委　刘志兰）

农业机械化

【概况】2021年，区农业农村委按照“全程、全面、绿色、高效”的思路，大力实施农业机械化水平提升行动，成片推进农田宜机化改造。全区农业机械从以小农机为主跨越到以大中型农机具为主，主要农作物生产机械化进程快速推进，农业生产效益快速提升。（区农业农村委　吴修明）

【农机购置补贴】2021年，区农业农村委持续落实农机购置补贴政策。全年完成农机购置补贴18批次，受益农户1901户、补贴机具2008台（套)、补贴资金382.01万元，带动农户投入购机资金1196.80万元。（区农业农村委　吴修明）

【农机技术推广】2021年，区农业农村委优化水稻机械化生产工艺路线和装备，在大安街道、临江镇、青峰镇、来苏镇、南大街街道、仙龙镇、金龙镇等地开展钵毯苗机插育秧技术试验示范，实施面积2.06万亩。2021年8月16日，在临江镇普安村的钵毯苗示范核心区测产后增产16.8%，比2020年测产增产3.3个百分点。在水稻后期病虫防治中，开展无人机植保服务示范12万亩。粮食单产491公斤，位列全市第1。（区农业农村委　吴修明）

【农田宜机化改造】2021年，区农业农村委实施宜机化改造6.2万亩，累计改造12万亩，改造后的区域道路通达度100%，机械化率98%，构建形成沿成渝高速、西三环高速、九永高速一线的丘陵山区宜机化示范点。全区农作物耕种收烘综合机械化水平高出全市18.8个百分点，推动生产成本降低10%、亩均收益提高10%、新增耕地指标5%至10%。（区农业农村委　吴修明）

【农机社会化服务】2021年，区农业农村委指导43个服务主体，累计投入各类耕整机和收获机械等2.4万台（套)，完成耕种收作业面积297万亩。其中，机耕面积132万亩次、机播（机插）面积68.0万亩次、机收面积97万亩次。全区综合农机化率71.33%，比去年增长1.33%，水稻机收比例98.3%，农业机械生产作业处于重庆市领先水平。累计投入财政资金7541万元，开展农业生产社会化服务69.6万亩次，农业社会化服务涵盖水稻、油菜、高粱、茶叶、花椒等农作物。（区农业农村委　吴修明）

【农机安全监管】2021年，区农业农村委开展农机安全专项整治，重点开展变形拖拉机专项整治和平安农机创建。全面摸排，查清底细，清理核实牌照的真实性，严查严处违法行为，保障农业机械安全。执法支队及各镇街农技服务中心出动检查人员500余人次，检查农机作业单位、个人以及拖拉机等农业机械400台次。（区农业农村委　苟长青）

农业科技推广和服务

【概况】 2021年，区农业农村委实施基层农技体系补助项目，服务现代农业发展。开展高素质农民培育工作、冬春农业科技大培训、“农民田间学校”活动等，多渠道、多形式培养农业农村人才。（区农业农村委 蔡敏）

【基层农业技术培训】 2021年，区农业农村委遴选农民田间学校7所，开展技术培训42次，培训农民1256人次。开展冬春农业科技大培训，组织开展线上培训2期，线下培训1期，发放各类技术资料和宣传资料300余份。利用QQ群、微信群、中国农技推广、云上智农等渠道，发布宣传信息，向农民推送科学防疫知识和农业生产技术知识，对有需要的农民进行技术答疑。新建农业科技试验示范基地1个，续建2个。培育农业科技示范主体50名。特聘农技员1名、动物防疫员2名。（区农业农村委 蔡敏）

【高素质农民培育及认定】 2021年，区农业农村委开展高素质农民培训，全年培训高素质农民810人。对培训结业的高素质农民开展后续培训和跟踪服务，遴选116人开展集中培训和外出参观学习。通过个人申请、镇街推荐、农业农村委评审，认定新型职业农民110人。

（区农业农村委 蔡敏）

【农民技术职称评定】 2021年，区农业农村委组织开展农民技术人员职称评定，评出农民技术职称初中级16名，推荐报送市农业农村委评审高级农民职称人员2名。

（区农业农村委 蔡敏）

农业行政执法

【概况】 2021年，区农业执法支队围绕“农业生产安全、农产品质量安全、生态环境安全”3个重点工作，以农业投入品、农产品、渔政、农机、动物卫生监督、生猪屠宰6个专项整治为切入点，严厉打击各类农业违法行为。全年抽检种子、肥料、农药、兽药、饲料等样品159个，抽检农产品283个批次，合格率均超过90%。全年查办各类违法案件80起。

（区农业农村委 苟长青）

【质量抽检】 2021年，区农业执法支队抽检种子样品36个、肥料样品41个、农药样品49个，兽药样品36个、饲料样品33个、农产品抽检283个批次。经检测，农资合格率超过90%，农产品合格率超过98%。农业投入品、农产品质量总体向好。

（区农业农村委 苟长青）

【违法案件查处】 2021年，区农业执法支队对农业投入品进行专项整治。开展农资打假“春雷行动”和农药监管“回头看”行动，出动执法车辆400余车次，执法人员1100余人次，对辖区农资批发市场、镇街各类农资生产销售企业700余家进行执法检查，检查覆盖率超过90%。开展非洲猪瘟疫情防控专项行动。多次在夜间到重点水域查处非法捕捞行为，出动执法车辆120余车次，派出执法人员350余人次，收缴电捕鱼器130套，非法网具110余张，劝离游钓人员400余人。全年查办各类违法案件80起，结案72起，收缴罚没款44万余元，没收各类假冒伪劣产品500余公斤。全年受理各类涉农纠纷投诉20起，调解20起，直接赔偿16万余元，挽回农户损失35万余元，调解满意率100%。

（区农业农村委 苟长青）

【农业法治宣传】 2021年，区农业执法支队狠抓农业法治宣传，推进政府法治建设目标。严格落实“谁执法谁普法”普法责任制，制定2021年度法治建设工作方案及普法责任清单。加强法治环境建设，在办公楼设立专栏、树立标牌、宣传习近平法治思想。召开农资生产经营企业从业人员座谈会，对农资购买方式及识假辨假方法进行宣传。利用执法检查、纠纷调解等机会，面对面地与行政相对人进行沟通说法。约谈农资生产、经营负责人，告诫守法经营。以办案为契机，进行法制宣传教育。

（区农业农村委 陈臣）

特色农产品

【土特产品】 2021年，永川区特色农产品有永川秀芽、永川豆豉、永川松花皮蛋、松溉盐白菜、松溉健康醋、黄瓜山梨、五间西瓜、朱沱龙眼、永川水花、永川香珍、永川高粱酒、松溉盐花生、临江儿菜等。

（区农业农村委 杨鸿）

永川秀芽 属绿茶类，针形。是重庆市茶叶研究所1959年创制的名茶。秀芽象征着秀丽幽静的巴山蜀水，反映出色翠形秀的茶叶特色。永川秀芽的鲜叶，以“早白尖”“南江茶”等良种为优等，以一芽一叶为标准，芽叶完整、新鲜、洁净。鲜叶原料经过杀青、揉捻、抖水、做条、烘干等工序，生产为半成品，再经拣梗，提高净度，包装为成品。该茶具有外形紧直、细秀，色泽鲜润翠绿，芽叶批毫露锋，汤色碧绿澄清，香气馥郁高长，滋味鲜醇回甘，叶底嫩黄明亮的特点。据化学测定，永川秀芽的氨基酸含量较高。

永川豆豉 富含蛋白质和18种人体所需氨基酸，营养价值高。主要品牌有永川豆豉、外祖母、嘉泰、傻儿、崔婆婆等，产品畅销全国，远销日本、加拿大、新西兰等国家。2008年“永川豆豉酿制技艺”被列入第二批国家级非物质文化遗产名录。2021年，永川区豆豉生产企业有重庆永川豆豉食品公司、重庆市永川区君意食品厂、永川嘉泰实业公司等11家，分布在凤凰湖园区、三教园区、大安街道、胜利路街道、青峰镇等地，其中规模以上企业6家。全年规模以上工业产值16.96亿元，比上年增长5.5%。

【标准化生产】 2021年，永川区新建“三园两场”（蔬菜、水果、茶叶标准园，畜禽标准化示范场，水产健康养殖示范场）3个。其中，水果标准园2个，即重庆奉师生态农业有限公司、重庆现龙农业开发有限公司；蔬菜标准园1个，即重庆市永川区卓诺生态农业有限公司。

（区农业农村委　刘志兰）

【农产品品牌培育】　2021年，区农业农村委统筹推进绿色食品、有机农产品、农产品地理标志高质量发展。全年新增绿色食品31个，新增面积3004.05亩，新增产量4974吨。截至2021年年底，全区有农产品地理标志2个，面积39.32万亩，产量33万吨。重庆名牌农产品11个。有效期内“两品一标”共148个，总面积41.95万亩，总产量36.39万吨。其中，绿色食品137个，面积2.58万亩，产量3.38万吨；有机食品9个，面积502.95亩，产量108.82吨。

（区农业农村委　杨鸿）

2021年永川区有效期内有机食品一览表

表4

序号	企业名称	产品名称	证书（产品）编号	生产规模（亩）	年产量（吨）
1	重庆新胜实业有限责任公司	绿茶乌金吐翠	1000P1300218	3	0.025
2	重庆新胜实业有限责任公司	绿茶绿雪飘香	1000P1300218		0.04
3	重庆新胜实业有限责任公司	绿茶雪莲茶	1000P1300218		0.01
4	重庆新胜实业有限责任公司	绿茶银芽	1000P1300218		0.41
5	重庆新胜实业有限责任公司	绿茶碧螺春	1000P1300218		0.3
6	重庆新胜实业有限责任公司	绿茶毛峰	1000P1300218		5.45
7	重庆新胜实业有限责任公司	绿茶新胜绿茶（秀眉）	1000P1300218		9.1
8	重庆新胜实业有限责任公司	绿茶永川秀芽	1000P1300218		3.03
9	重庆新胜实业有限责任公司	茶茶青（原料）	100OP1300217	500	90.45

2021年永川区有效期内的重庆名牌农产品一览表

表5

序号	企业名称	产品名称	商标名称	产地
1	重庆华辰生态农业发展有限公司	永川莲藕	华蔬	南大街街道
2	重庆华辰生态农业发展有限公司	番茄	华蔬	南大街街道
3	重庆市石笋山生态农业有限公司	红心猕猴桃	情山	何埂镇
4	重庆市玉琳茶业有限责任公司	永川秀芽（烘青绿茶）	云升	大安街道
5	重庆云岭茶业科技有限责任公司	云岭工夫红茶金芽（红茶）	云岭茶业	桂山路18号
6	重庆市永川区君意食品厂	永川豆豉	君意食品	大安街道
7	重庆市永川区沙咀上果树种植家庭农场	番茄红橙	番茄红橙	仙龙镇
8	重庆市永川区沙咀上果树种植家庭农场	沃柑	蓦之橙	仙龙镇
9	重庆益保西瓜种植专业合作社	西瓜	润之爽+拼音+图形	五间镇
10	重庆市永川区艾丽薇杨梅种植有限公司	东魁杨梅	古三	吉安镇
11	重庆云岭茶业科技有限责任公司	云岭永川秀芽	云岭牌	茶山竹海街道

【名特优新农产品】　2021年，“永川莲藕”被全国名特优新农产品名录收集，获“全国名特优新农产品证书”，主要授权单位有重庆华辰生态农业发展有限公司、重庆双季莲藕种植股份合作社等2个生产主体。截至2021年年底，永川区有全国名特优新农产品3个，即五间西瓜、黄瓜山梨、永川莲藕。

（区农业农村委　杨鸿）

【重庆名牌农产品】　2021年，“华蔬”永川莲藕、“华蔬”番茄、“情山”红心猕猴桃、“云升”永川秀芽（烘青绿茶）、“云岭茶业”云岭工夫红茶金芽（红茶）、“君意食品”永川豆豉等6个农产品被认定为重庆名牌农产品。全区共有重庆名牌农产品11个。

（区农业农村委　刘志兰）

农村合作经营管理

【概况】　2021年，区农业农村委以推进农村集体产权制度改革为抓手，加快农村合作经济组织建设。以加强农村土地承包合同管理为重点，稳定和完善农村土地承包经营制度，有序推进全区农村合作经济经营管理。

（区农业农村委　苏沙）

【减轻农民负担】　2021年，区农业农村委在87个村开展村民“一事一议”筹资筹劳，其中在83个村开展“一事一议”筹资，涉及筹资人数23.36万人，筹资金额1571万元。在40个村开展“一事一议”筹劳，涉及人数8.43万人，筹劳15.83个工日。

（区农业农村委　苏沙）

【农村土地承包及流转管理】　2021年，区农业农村委深化农村土地承包经营权确权登记颁证工作，下发承包合同4216个组，完成承包合同签订，证书换发21.65万本。农村家庭承包土地确认总面积为106.84万亩。登记村集体机动地9.16万亩，自留地3.44万亩，开荒地96亩，其他集体土地45亩。加强土地流转管理，完善土地流转风险保障机制，下发《关于开展永川区农村土地经营权流转履约保证保险工作的通知》《关于农村土地流转履约保证保险工作的补充通知》，全区以转包、出租、互换、转让、股份合作等形式累计流转土地51.42万亩，占耕地总面积的50.9%。50亩以上土地规模经营面积23.45万亩，规模经营集中度23.2%。参与流转的农户12.11万户，占土地承包农户总数的50%。全区参加土地流转履约保证保险8起，保费4.8万元，面积3200亩。欠租问题63起，涉及14个镇（街）、5091户，金额1033.58万元；欠薪问题15起，涉及9个镇（街）、979人，金额162.37万元。截至2021年12月27日，经法院判决解决11起问题，金额188.59万元；自行解除合同，收回土地2起，89.7万元。22起问题收回现金289.37万元，化解率44.44%。欠薪问题已解决3起，金额14.6万元，化解率20%。　（区农业农村委　彭明贤）

【农村土地承包经营纠纷解决】　2021年，区农业农村委开展农村土地承包、仲裁相关法律法规和政策宣传，接访群众300余人次，印发宣传资料1万余份。全年调解处理土地承包经营纠纷105件，经区农村土地承包仲裁委员会处理土地承包经营纠纷36件，仲裁3起，土地承包经营纠纷调处率100%。全区未发生因土地承包纠纷引发的群访事件。

（区农业农村委　彭明贤）

【农村合作经济组织建设】　2021年，永川区投入资金8520万元，在23个镇（街）、134个村开展扶持村级集体经济发展试点工作，探索出产业带动、资源开发、服务创收、租赁经营等4种模式发展壮大农村集体经济，每年可增加村级集体经济收入500万元以上。提升农民合作社质量，评选区级示范合作社10家，推荐上报市级示范合作社5家。全区有新型农业经营主体总数3542个，其中专业种养大户1268个，家庭农场1086家，农民合作社1102个，农业龙头企业86个。

（区农业农村委　苏沙）

水　　利

【概况】　2021年，永川区水利局扎实推进水利工程建设、水旱灾害防御、农村供水保障、水资源监管、全面推行河长制等工作。全年共计完成各类水利投资3.35亿元（不含渝西水资源配置工程投资），其中争取市级以上补助资金2.18亿元。全区有注册登记水库137座，其中中型水库5座、小（1）型水库28座、小（2）型水库104座。全区水库总库容16995.15万立方米，正常水位水面面积15.56平方千米。全区有水文站6座、雨量站109处、水位站8处、墒情站4处。单站装机容量在5万千瓦及以下的小水电站有18座，其中7座在临江河上、6座在小安溪上、5座在大陆溪上，总装机容量7530千瓦。

【重点水利项目前期工作】　2021年，永川区印发实施水安全保障“十四五”规划，该规划提出建设以河库生态保护网为基本脉络、以洪涝灾害防御网为安全屏障、以城乡供水安全网为连通途径、以现代水利智慧网为调控手段的永川水网。规划总投资117.85亿元，计划实施项目44个、投资77.91亿元，纳入项目库储备13个、投资39.94亿元。白沙水库项目已取得用地预审与选择意见书，可研报告已通过市水利局技术审查，已完成水库实物调查、水资源论证报告、地灾评估报告、社会稳定风险评估报告等。长江上游水生态文明暨水土保持科技示范园项目已通过区发展改革委立项审批。200~3000平方千米中小河流综合治理实施方案已通过市级竞争立项审查。水系连通及水美乡村建设试点项目已完成方案编制。

【重点水利工程建设】　2021年，永川区重点水利工程建设有序实施。渝西水资源配置工程（永川段）累计完成投资3.1亿元，金鼎寺（中型）水库工程完工。牛王沟、石佛寺、烂田沟、大桥、和平等水库建设有序推进。七一、邓家岩等6座小型病险水库整治工程完工。上游水库群至临江河（城区段）河库水系连通工程完工。大陆溪河吉安段、九龙河金龙场镇上游段综合治理工程顺利推进，饮用水水源生态保护工程完工。三峡后续精准帮扶项目、大中型水库后扶项目完成。

石梁桥水库工程　该工程位于中山路办事处孙家口村跳蹬河上游，是一座以供水为主兼顾改善生态环境等综合开发利用的小（1）型水利工程。2021年12月完工，占地面积465.43亩，总库容114.64万立方米，总投资1.2亿元，建成后可满足新城区石梁桥片区1.1万人饮水需求，改善周边生态环境。

七一水库除险加固工程　七一水库属长江水系临江河支流，以城镇供水、养殖和农业灌溉为主，兼有防洪等综合利用的Ⅳ等小（1）型水库，由挡水大坝、溢洪道、放水设施及附属设施组成。大坝为均质土坝，溢洪道为开敞式宽顶堰，放水设施分为两级，均为石质涵卧管。该次除险加固工程主要是对水库大坝滑动体和滑动面进行整治，拆除原放水卧管，新建放水竖井与涵管相接。工程概算投资612万元，2020年10月23日开工建设，2021年7月24日完工。

邓家岩水库除险加固工程　邓家岩水库属长江水系小安溪支流，是一

座以城镇供水、养殖和农业灌溉为主，兼有防洪等综合利用的Ⅳ等小（1）型水库，由挡水大坝、溢洪道、放水设施及附属设施组成。大坝为均质土坝，溢洪道为开敞式宽顶堰。该次除险加固工程主要是新建放水竖井、新建巡库道路。工程概算投资 309 万元，2020 年 12 月 9 日开工建设，2021 年 8 月 11 日完工。

小山水库除险加固工程　小山水库所在河流是长江水系大陆溪支流，位于朱沱镇四明村。该水库枢纽工程是一座以灌溉为主的小（2）型水库，由大坝、溢洪道、放水设施等三部分组成。大坝为均质土坝，溢洪道为无闸开敞式宽顶堰。该次除险加固工程主要包括加固大坝、修复溢洪道和放水设施。工程概算总投资 112.98 万元，2021 年 9 月 10 日开工，2021 年 10 月 30 日完工，保障水库下游 3000 余户居民的生命财产安全。

断桥沟水库除险加固工程　断桥沟水库为长江水系临江河支流。位于永川区青峰镇凌阁堂村，是一座以灌溉为主，兼有防洪等综合利用功能的小（2）型水库。该次除险加固工程主要包括加高坝顶并设置防浪墙，上游、下游坝坡采用预制六棱块护坡衬砌，修补下游坡脚处排水体，增设必要的监测设施和管理房。工程概算总投资 112.86 万元，2021 年 9 月 10 日开工，2021 年 12 月 20 日完工。

大沟水库除险加固工程　大沟水库属长江水系临江河支流，位于永川区南大街街道黄瓜山村，是一座以供场镇人口饮水为主，兼防洪、灌溉于一体的小（2）水利工程。该次除险加固工程主要包括加固大坝、修复溢洪道和放水设施。工程概算总投资 113.85 万元，2021 年 9 月 10 日开工，2021 年 12 月 10 日完工。

金鼎寺（中型）水库工程　该水库位于永川区金龙镇金鼎村，是一座以城乡供水为主兼有农业灌溉等综合利用功能的中型水利工程，总库容 1080 万立方米。工程批复总投资 3.87 亿元，2013 年 11 月开工建设，2017 年 3 月完成枢纽工程建设。至 2021 年年底，水库已完成下闸蓄水验收，开始正常蓄水。

牛王沟水库新建工程　牛王沟水库位于永川区胜利路街道杨广桥村，是一座以农业灌溉为主，兼有河道补水、改善生态环境等综合利用功能的小（2）型水利工程。水库大坝高 17.2 米，总库容 96.72 万立方米。主要建设内容为枢纽工程和灌区输水工程，总投资 4910.8 万元。截至 2021 年年底，累计完成投资 1800 万元，完成总工程量的 85%。

石佛寺水库扩建工程　石佛寺水库位于金龙镇嘉阜村，是一座以人饮供水、农业灌溉为主的小（2）型水利工程。水库大坝采用 C15 埋石混凝土重力坝，最大坝高 26 米，总库容 10.46 万立方米。主要建设内容为枢纽工程和灌区输水工程，总投资 2309.36 万元。截至 2021 年 12 月底，累计完成投资 1000 万元，完成总工程量的 65%。

烂田沟水库新建工程　烂田沟水库位于永川区三教镇云龙村，是一座以人饮供水、农业灌溉为主的小（2）型水利工程。水库坝型为复合土工膜防渗土石坝，最大坝高 7.5 米，总库容 17.13 万立方米。主要建设内容为枢纽工程和灌区工程，总投资 2059.45 万元。截至 2021 年年底，累计完成投资 850 万元，完成总工程量的 80%。

大桥水库新建工程　大桥水库位于永川区茶山竹海街道大桥村，是一座以人饮供水、农业灌溉为主的小（2）型水利工程。水库大坝为埋石混凝土重力坝，大坝高 26 米，总库容 34.5 万立方米。主要建设内容为枢纽工程，总投资 2904.76 万元。截至 2021 年 12 月底，累计完成投资 600 万元，完成总工程量的 20%。

和平水库扩建工程　和平水库位于永川区临江镇普安村，是一座以人饮供水、农业灌溉为主的小（1）型水利工程。主要建设内容为枢纽工程、供水工程和库区扩建，扩建后总库容 103 万立方米，总投资 2550.67 万元。截至 2021 年年底，累计完成投资 150 万元。

跃进水库除险加固工程　跃进水库位于永川区南大街街道颜家店村，所在流域为长江水系临江河支流，是一座以灌溉为主，兼有防洪、人饮等综合利用功能的小（2）型水库工程。该次除险加固工程主要包括铺装坝顶路面，整治上下游坝坡、溢洪道消力池及放水设施，增设必要的监测设施和管理房，硬化水库防汛公路。工程总投资 150.25 万元，2021 年 9 月 10 日开工，截至 2021 年 12 月底完成工程量 60%。

四合水库除险加固工程　四合水库位于永川区卫星湖街道百乐村，所在河流属长江水系临江河支流，是一座以灌溉为主、兼防洪的小（2）型水库。水库总库容 46.78 万立方米，正常库容 32.97 万立方米，死库容 9 万立方米，设计灌面 2300 亩。该次除险加固主要包括加固大坝、修复溢洪道和放水设施。工程概算总投资 64.80 万元，2021 年 12 月 10 日开工，截至 2021 年 12 月底完成工程量 50%。

共和水库除险加固工程　共和水库位于永川区大安街道马口井村，所在河流属长江水系九龙河支流，是一座以场镇供水、灌溉为主兼防洪于一体的小（2）型水利工程。该次除险加固主要包括加固大坝、修复溢洪道和放水设施。工程概算总投资 176.07 万元，2021 年 12 月 10 日开工，截至 2021 年 12 月底完成工程量 30%。

高石塔水库除险加固工程　高石塔水库位于永川区南大街街道金堂村，所在流域属长江水系临江河支流，是一座集养殖与灌溉为一体的小（2）型水库。枢纽工程主要由大坝、溢洪道、放水设施等组成。该次除险加固主要包括加固大坝、修复溢洪道和放水设施。工程概算总投资 98.78 万元，2021 年 12 月 10 日开工，截至 2021 年 12 月底完成工程量 10%。

红洞岩水库除险加固工程　红洞岩水库位于永川区来苏镇柏树桥村，所在河流属长江水系临江河支流，是一座以灌溉为主，兼防洪、供水于一体的小（2）型骨干水利工程。该次除险加固主要包括加固大坝、修复溢洪道和放水设施。工程概算总投资 60.12 万元，2021 年 12 月 9 日开工，截至 2021 年 12 月底完成工程量 20%。

陡沟河水库除险加固工程　陡沟河水库位于永川区三教镇沙坪村，所在河流属涪江水系小安溪河支流，是一座以灌溉为主、兼防洪于一体的小（2）型水库。该次除险加固主要包括加固大坝、修复溢洪道和放水设施。工程概算总投资146.77万元，2021年12月10日开工，截至2021年12月底完成工程量15%。

崭龙垭水库除险加固工程 崭龙垭水库位于永川区茶山竹海街道红星村，所在河流属涪江水系小安溪支流，是一座以灌溉为主，兼防洪于一体的小（2）型水利工程。该次除险加固主要包括加固大坝、修复溢洪道和放水设施。工程概算总投资81.84万元，2021年12月10日开工，截至2021年12月底完成工程量25%。

青杠水库除险加固工程 青杠水库位于永川区何埂镇石堡村，所在河流属圣水河水系支流，是一座以灌溉为主，兼防洪于一体的Ⅴ等小（2）型水利工程。该次除险加固主要包括加固大坝、修复溢洪道和放水设施。工程概算总投资104.43万元，2021年12月10日开工，截至2021年12月底完成工程量5%。

水毁设施修复及抗旱项目 2021年，上级下达水利救灾资金共计650万元，经区水利局资金分解安排项目35个，其中水毁设施修复项目19个、抗旱项目16个，共涉及宝峰镇、板桥镇、金龙镇、卫星湖街道等17个镇街。截至2021年12月底，完成小安溪茶园段河道岸坡、大河溪大河村河段河堤、九龙河团结堰翻板闸门等10处水毁修复，完成何埂镇提灌站灌溉渠整治、南大街街道提灌站修复、上游水库抗旱设施设备维护等9处抗旱项目。

2021年农业水价综合改革项目 该项目主要位于金龙镇洞子口村、南大街街道八角寺村和红炉镇红石村，工程总投资931.95万元。主要建设内容为新建灌溉管道30.46千米，更换灌溉管道3000米，安装151套计量设施，新建蓄水池5座，新建放水桩493个，新建阀井10座，整治提水泵站1座，安装综合信息化管理平台1套。项目完成后将改善项目区的农业生产条件，金龙镇示范区年新增灌溉效益240.99万元，南大街示范区年新增灌溉效益200.88万元，红炉镇红石村示范区年新增灌溉效益180万元。截至2021年12月底，完成总工程量的90%。

上游水库中型灌区续建配套与节水改造项目 该项目主要涉及五间、何埂、仙龙和松溉4个镇、24个行政村，总投资3209.87万元，主要建设内容为维修整治上游水库灌区内上游水库灌片、杉漠丘水库、龙井沟水库和苦竹沟水库内的16条干支渠，共计56.9千米，其中清淤长度31.82千米、整治明渠3.88千米、整治暗渠10.6千米、整治管道18.76千米、续建管道0.99千米。维修整治渠首泵站2座、新建渠系水源泵站1座，整治其他小型渠系建筑物337处。同时，以左、右干渠为试点开展灌区信息化建设，增设明渠流量35处、视频监控设备35处、闸门远程控制29处；渠道沿线设置桩号标识牌550个、管道标识桩380个；上游水库左右干渠设置界桩1650个、安全警示牌100块。截至2021年12月底，完成总工程量的52%。

【水旱灾害防御】 2021年，区水利局完成水库大坝安全、小型水库防汛“三个责任人”公示，完成全区137座水库、127个山洪灾害易发点、6个防汛薄弱点及12条流域面积50平方千米以上中小河流的公示挂牌。新编制临江河、九龙河超标洪水防御预案及4个水文站超标洪水测报预案，修编完善全区137座水库各类防御预案。组织开展防汛抗旱应急演练3次、山洪灾害防御应急演练4次、水文测报应急演练12次，指导各镇街开展山洪灾害易发点专项演练。组织水文测验技术练兵31次，完成流量测验166次、汛期洪水测流16次。完成全区134座水库大坝第二轮安全鉴定工作，全区有病险水库23座。争取“十四五”期间病险水库除险加固指标31座，全年完成6座。完成10处水利设施水毁项目修复及临江河城区下游重点河段、青峰河下游河段和小安溪周家堰、罗家桥河段综合治理工程等16.3千米河道综合治理，提升河道防洪保安能力。全区洪涝灾害“零伤亡”。完成9处抗旱项目，针对全年降水量偏少等情况，合理启动松溉长江提水工程、关门山—革命—上游水库连通工程等调水功能。紧急实施完成卫星水库至城区一水厂、三水厂应急补水管线工程建设（日均可增加供水量3万立方米），保障城区供水安全。

【农业水价改革】 2021年，区水利局按照“总量控制”“用水封顶”原则，将农业初始水权指标逐级细化，分配到用水主体，农业水权分配面积9.52万亩。依托上游水库中型灌区续建配套与节水改造项目、2021年农业水价综合改革项目，配备完善骨干沟渠与田间工程之间的供水计量设施186套。同时，以实施农业水价综合改革区域为试点，指导镇街组建农民用水者协会，并督促其开展标准化建设。

【水利安全质量监管】 2021年，区水利局严格落实安全生产“党政同责、一岗双责、齐抓共管、失职追责”和“三个必须”的要求，层层压实水行政主管部门监管责任和水利工程运营管护单位安全生产主体责任。全年开展水利建设市场主体监督检查等质量服务工作81次，下发质量监督检查结果通知书5份。完成30个在建工程项目划分、外观质量评定标准确认和水利专业外工程项目划分备案等。开展安全质量专项检查行动9次，下达安全生产责令限期整改指令书14份，立案查处12起，罚款7.6万元。对辖区质量检测机构开展随机检查5次，向有关责任单位发出水利建设监督通知书6份。开展质量提升行动、质量月活动及安全质量培训，加强工程实体质量的同时不断提升质量管理人员的业务能力和水平。

【水利行政执法监管】 2021年，永川区落实依法治水和法治政府建设工作，修订完善水行政执法公示制度、全过程记录制度等13项制度，印发水行政执法配套文件指引。开展“3·22世界水日、中国水周”“12·4宪法宣传日”等主题活动12次，开展安全生产和法律法规等培训20余次。完成50余家非煤矿山企业入户调查，开展村镇供水企业抽查20余次，河道、水库等日常巡查检查150余处，教育劝导在饮用水水源水库钓鱼人员300余人次。查处水事违法案件25件，立案2件，罚款4万元，案件查处率100%。制定《2021年度川渝毗邻区县水行政联合执法行动方案》，开展川渝两地毗邻地区跨界河流联合执法行动4次，参加联合执法单位32个，出动人员632名、海事执法船4条、执法车24辆，打击震慑跨界涉河水事违法行为，加强川渝两地群众维护生态平衡意识。

【水利行政审批】 2021年，永川区水利行政审批事项全部纳入行政审批“渝快办”政务服务平台，优化办事流程，压缩群众办件时间。全年完成初设审批26项、水资源论证审批22项、工程质量监督审批32项、水土保持方案审批83项、洪水影响评价审批19项。

【水文水质监测】 2021年，永川区共有水文站6处、雨量站79处、水位站8处、墒情站4处，全年运行良好。新编完成水文站超标洪水测报预案4个，开展超标洪水位应急测报演练2次。组织水文测验技术练兵31次，提高水文工作人员业务技术水平。全年完成流量测验166次，汛期洪水测流16次，完成水文站年度测验任务。

【永川区水利学会】 2021年3月，永川区水利学会成立，有个人会员172名，团体会员36家。3月9日，召开第一届会员代表大会，审议通过章程和会费标准，选举产生第一届理事会、常务理事会、理事长、副理事长、秘书长、监事。学会利用专家库优势，向市水利局、区水利局、区河长办等水行政管理部门推荐技术评审专家，助力水利科技决策。首次组织召开2021年水利学术研讨会。学会获评重庆市水利学会2021年度先进集体，学会理事长张鸿、秘书长周宝佳获评优秀会员，副理事长舒乔生获评永川区优秀科技工作者。

（区水利局　吴素杰）

工 业

综 述

【概况】 2021年，永川区经济和信息化委员会（以下简称区经信委）落实永川工业强区发展总体思路，着力打造成渝地区双城经济圈现代制造业基地，努力推进工业经济平稳健康发展，工业经济保持快速增长态势，工业经济高质量发展蹄疾步稳。全区规模以上工业企业356家，产值1550.2亿元，比上年增长18.7%。工业增加值466.9亿元，比上年增长10.5%，占GDP的40.8%。其中，规模以上工业增加值433.8亿元，比上年增长11.8%。规模以上工业增加值433.8亿元，比上年增长11.8%。完成工业投资224亿元，技改投资占比58.5%，比上年增长10.2%。

【工业经济发展举措】 2021年，永川区印发《关于实施工业倍增行动加快建设成渝地区双城经济圈现代制造业基地的意见》，编制1个制造业“十四五”发展规划和科技创新强基、产业基础提质、智能制造赋能、绿色低碳转型、企业培育提升、区域协同发展、质量品牌提档等7个专项实施方案。继续执行“制造业高质量发展18条”等政策，从智能制造、技术改造、科技创新等方面提出措施，兑现政策资金3274万元。争取市级项目资金5972万元，支持现代制造企业高质量发展。帮助35户企业申报重庆市中小微企业发展专项资金，获得奖励补助资金535万元。获得2020年中小微企业民营经济发展成效奖励资金400万元。

【区级重点工业项目】 2021年，永川区重点工业项目共计124个，计划新开工项目74个，已开工74个，开工率100%；续建项目50个，已复工50个，复工率100%。区统计局入库重点工业项目92个，有32个重点项目已开工未入库。全年计划完工项目61个，已完工项目66个，其中新开工项目已完工24个，续建项目已完工42个，计划完工率108.2%。项目总投资393.2亿元，年度计划完成投资202.6亿元，已完成投资228.9亿元，占年度计划完成投资的113%。投资亿元且占地30亩以上项目99个，计划新开工58个，已开工58个，开工率100%；续建项目41个，已复工41个，复工率100%。

【工业招商引资】 2021年，区经信委完成绿康纸制品纸基可降解新材料、康颂酒业年产1万吨精酿白酒等10个招商项目，目标完成率100%，合同引资19.2亿元，目标完成率128%。

【工业生产要素保障】 2021年，区经信委加快电气讯基础设施建设，要素保障能力持续强化。编制永川区“十四五”电力、燃气和通信基础设施专项规划。完成110千伏六道岭变电站、35千伏大河—五间、35千伏大河—吉安线路工程，完成110千伏永川变电站3号主变扩建工程，推动白鹤滩—江苏（浙江）特高压直流输电线路工程（永川段）建设和重庆永川500千伏输变电工程前期工作。加快页岩气资源开发，日产气量100万立方米。完成永二井至港桥园区输气管线建设，为港桥园区及企业用气提供更加有力保障。抢抓5G通信网络设施建设，已建成5G基站2301个，5G体验区16个，覆盖城区及大安、朱沱、卫星湖等重点镇街，满足5G通信网络商用服务要求。大力推动通信网络发展，园区企业宽带用户平均接入速率100Mbps，宽带覆盖率100%，互联网用户普及率93%。

【工业技能培训】 2021年，区经信委加大人才培训力度，开展重点产业职工职业技能提升培训。组织1320名产业职工开展电工、电子元件焊接、广电和通信设备电子装接工、计算机及外部设备装配调试员等工种培训，发放培训补贴282.3万元。

【服务企业发展】 2021年，区经信委开展服务园区、服务镇街、服务企业的“三服务”专项行动，定期到园区、镇街、企业做好新时期发展政策宣讲，帮助厘清发展思路，指导产业转型升级，协调推进项目建设。累计走访企业352户，召开现场会、协调会、专题会64次，协调解决问题117件。印发《永川区2021年深化“放管服”改革优化营商环境实施方案》，做好电气讯供应保障，精简流程，减少报装时间和费用，为企业提供更优质服务。推动能源节约和能效提升，降低现代制造企业用电、用气和用讯成本，为 3850 家企业降低用电成本 1448.66 万元，为 8 户企业减免气费 1542 万元，降低宽带和专线资费 1295 万元。

【中国国际智能产业博览会永川展厅】 2021 年 8 月 23 日至 25 日，2021 中国国际智能产业博览会在重庆举行。永川展厅时尚炫酷，科技感十足，长城汽车坦克 300、雅迪智能电动摩托车、智慧医疗健康小屋等智能化产品惊艳亮相，智慧医疗、智慧交通试点示范成效显著，重庆云谷、永川综合保税区、科技生态城等发展平台引人注目，成渝地区双城经济圈现代制造业基地、西部职教基地建设成果获得高度评价，国务院官网、新华社、人民网、“学习强国”、《重庆日报》、网易新闻等多家主流平台和媒体纷纷宣传报道。借助中国国际智能产业博览会平台，永川区联系对接中船集团、华为等企业 25 家，集中签约优质项目 98 个，总投资 258.19 亿元，涉及生物医药及大健康、大数据、智能家居、智慧物流等板块，为永川产业数字化、数字产业化注入强劲动力。

【工业技术改造】 2021 年，区经信委把科技创新作为引领发展的第一动力，淘汰落后产能，发展新兴产业，实施技术改造，推动制造业创新发展。着力提升产业链供应链现代化水平，大力实施链长制，绘制 39 条重点发展细分产业链图谱，围绕新一代信息技术、生物医药、高端装备、新材料、绿色环保等战略性新兴产业，梳理出一批支撑作用强、发展潜力好、战略意义大的重点产业链，分链条做好战略设计和精准施策，产业链得到升级和系统优化。深入推进“专精特新”，助力“老企业”跑出“新速度”。引导中小企业专注核心业务，走专业化、精细化、特色化、新颖化发展之路，建立 200 户专精特新“小巨人”企业培育储备库，新泰机械、红江机械、永信科技、金泽鑫科技、重交再生资源等 5 户企业入选工信部“专精特新”“小巨人”企业，培育 32 户市级“专精特新”企业。孵化科技型中小微企业 800 家，逐步形成领军企业“顶天立地”、中小企业“铺天盖地”的发展态势。

工业运行监测

【概况】 2021 年，永川区工业经济主要经济指标持续向好，高质量发展步伐坚实。全区 356 家规模以上工业企业产值 1550.2 亿元，比上年增长 18.7%。工业增加值 466.9 亿元，比上年增长 10.5%，占 GDP 的 40.8%。五大支柱产业产值 1485.6 亿元，比上年增长 20.1%，占规模以上工业企业产值的 95.8%。工业园区规模以上企业产值 1367.5 亿元，比上年增长 23.1%，占规模以上企业产值 88.2%。重点企业发展态势强劲。19 家“双百工业企业”产值 566.1 亿元，比上年增长 48.3%，占全区规模工业产值的 36.5%。其中，长城汽车累计产值 254.7 亿元，比上年增长 118.1%，累计生产“长城炮”12.5 万辆，生产“坦克 300”8.6 万辆；重庆理文造纸有限公司 3 个法人单位合计产值 106 亿元，比上年增长 1%；致伸科技累计产值 26.1 亿元，比上年增长 17.8%。

【工业安全生产】 2021 年，区经信委完善片区监管和联动执法机制。将全区 23 个镇街和 3 个产业园区的 1195 家工业企业划分为 4 个片区，一一落实责任人，实施全程全时全系统无死角监管。针对电力、燃气、液化石油气、民爆、高温熔融、粉尘涉爆、有限空间作业、储存使用危险化学品等重点行业、重点企业、重点领域、重点场所安全生产突出风险点，加大排查整治力度，实现动态台账式管理。推进燃气油气领域安全隐患专项整治工作，强化安全用气宣传教育，严格监督执法，不断提升安全监管水平。以开展经信系统安全生产大检查、大执法、大整治、大学习为载体，夯实全区工业企业安全生产工作。全年累计执法 3501 人次，检查企业 1249 家次，发现并整改安全隐患 3562 条。做好矛盾纠纷排查化解，重点推进永锻和石油化工厂等信访案件化解工作。

工业转型升级

【概况】 2021 年，区经信委把智能制造作为引领企业转型升级的主攻方向。出台智能制造赋能实施方案，通过出台政策、开办培训班、成功企业讲解经典案例、组织实地考察、专家免费诊断评估等方式引导企业实施智能制造，提升企业发展质量效益和核心竞争力。引导中小企业围绕智能化生产、管理等环节，加快智能化数字化转型升级步伐。全区规模以上企业“机器换人、工艺换智、管理换脑”实施率 60%，实施机器换人等智能化改造项目 74 个，累计实施智能化改造项目 235 个，建成智能化工厂 4 个。引导特色消费品企业实施流程型改造，汽摩、装备、电子企业实施离散型改造，全年建成数字化车间 17 个，累计建成数字化车间 28 个，实现采购、销售、库存、车间生产和财务的信息化管理。

【重点产业转型升级】 2021 年，区经信委推动长城汽车股份有限公司重庆分公司、重庆红江机械有限责任公司等企业，建立研、产、供、销、人、财、物全面协同的智慧系统，实现生产制造和运营管理双智能。建成智能化工厂 1 家，累计建成智能化工厂 4 家，获评重庆市十大智能制造标杆企业 2 家，获评国家智能制造试点示范项目 1 个。致伸科技成为全国首批、重庆首家获得国家级两化融合管理体系 AAA 级评定证书的企业。长城汽车“能效优化”场景入选 2021 年度国家智能制造优秀场景名单。

【长城汽车股份有限公司重庆分公司汽车冲压及焊装智能化工厂】 长城汽车股份有限公司重庆分公司坚持技术创新，建设的冲压及焊装工厂被评为智能化工厂。通过数控冲压装置、工业机器人、智能传感器、智能识别系统及在线质量检测装置等先进装备，构造全自动化的生产线。运用工业网络技术、计算机技术将所有装备互联，实现对生产设备、物流设备和检测设备的在线监控与管理及生产过程和物流过程的集中监控。打造以 ERP 系统为核心，以 MES、LES、WMS、SRM 为四大支柱，构建计划协同平台，同时通过 SCADA 系统收集工厂底层设备数据，并通过多种形式进行信息可视化，运营成本降低 20%，生产效率提高 20%。结合工业 4.0 和“互联网+”“云平台”的理念，实现方案和科技的创新，打造适合长城汽车的 AAAAA 级智能化工厂，使产品不良品率降低 20%，能源利用率提高 10%以上。

【重庆航凌电路板有限公司定制化 PCB 产品柔性制造智能化工厂】 通过设备集成互联、大数据、推行 MES 制造执行系统、引进智能化装备等形式，打造工厂的智能化生产运营管理能力。生产车间大量采用国内外先进的数字化、自动化生产设备，建立样品订单的数字化快速生产线和批量订单的规模化生产线，通过自主研发的合拼生产智能算法系统，实现订单的灵活配置，最大限度挖掘产能，提升产品交付能力。建立以 MES 和 ERP 系统为基础的计划排程与调度系统，将待加工产品直接排产到生产设备，利用智能算法精确计算订单生产加工时间，通过订单预排、插单、返修等控制机制实现加工过程的最优化处理，优化生产资源配置，降低生产成本。

【重庆永信科技有限公司显示面板减薄研磨镀膜智能化工厂】 通过设备的自动化连线，动态计算各个工段的在制，针对产品的优先级进行实时调整，针对一个工段多个设备的自动优化生产进行模拟计算，并配以路径最优，生产状况最优等智能化分析，达到生产效率的提升优化。搭建 MES 及 ERP 系统，构建数字化工艺平台，支撑工艺流程全过程管理，实现产品数据的及时接收、试验数据、标准工艺的积累，数据现场工艺的打通。整合产品、工艺、生产、资源信息，以大数据理念打造结构化工艺关注工艺管控过程。全流程数字化同步技术打通产品生产制造数据实时交互、同步分析，积累标准工艺实现历史经验快速借用，将工艺标准、问题库嵌入流程，实现再发防止，达到策划防错目的。

【重庆红江机械有限责任公司大功率船用柴油机核心零部件制造智能化工厂】 在船用柴油机核心部件数字化车间、高技术船用新型柴油机燃油喷射系统生产数字化车间、基于信息物流系统模式的泵体数字化车间的基础上，购置全功能数控车、精密电火花加工机床、ANSYS 软件、信息化集控平台（PDM、CAPP、DNC、MDC、ERP、MES、HJQMS、环境监控、能源监控、视频监控）等数字化装备，利用物联网技术和监控技术，加强信息管理服务，提高生产过程可控性、减少生产线人工干预，以及合理计划排程。同时，集初步智能手段和智能系统等新兴技术于一体，构建高效、节能、绿色、环保、舒适的智能化工厂。

【国家智能制造试点示范项目】 重庆红江机械有限责任公司高技术船用新型柴油机燃油喷射系统智能制造新模式应用项目，以建设重庆红江机械有限责任公司智能制造发展战略目标为基点，重点围绕高技术船用新型柴油机燃油喷射系统的研发和生产，逐步建成一个数字化、网络化、智能化的支持混流和均衡生产的国际一流的燃油喷射系统研制基地。主要包括建立支持知识创新和并行、协同工程的研发体系和系统；建立支持精益生产和敏捷制造的管理信息体系和系统；建立支持车间级物联和数字化制造的车间制造体系和系统；建立支持公司内部和外部信息互联互通的网络信息系统；建立支持决策的大数据分析系统，从而缩短公司产品的研制周期、保证产品质量、降低产品的研制成本、减少产品研制过程中的资源消耗与环境污染，最终提升企业的综合国际竞争力，成为离散型制造业智能制造的典范。项目建设完成后数控化率 90%，产品研制周期缩短 40%，重点产品的生产效率提高 50%、成本降低 35%、产品不良品率下降 15%，能源综合利用率提高 20%。

工业技术创新

【概况】 2021 年，区经信委抓好科技赋能，推动“老引擎”迸发“新动力”。大力实施规模工业企业研发机构“倍增”计划，建成区级研发机构 26 家、市级企业技术中心 11 家、市级中小企业研发中心 12 家、市级技术创新示范企业 1 个。全区累计建成研发机构 150 家、市级技术中心 35 家、市级中小企业研发中心 26 家、市级技术创新示范企业 9 个、国家工程（技术）研究中心 2 家、国家级创新创业和公共服务平台 4 个、市级创新创业平台 21 个、国家高新技术企业 159 个。

【技术创新和研发项目申报】 2021 年，区经信贯彻落实《重庆市永川区制造业科技创新强基工程实施方案》，开展规模以上工业企业研发数据统计工作。有针对性地对各工业企业薄弱方面进行科学指导，加快推动全区规模以上工业企业研发机构建设。全年新增区级研发机构 26 家。落实国家、市级、区级的惠企政策，帮助企业申报市级研发准备金补助和重大新产品补助，鼓励企业申报市级技术中心、中小企业研发中心、技术创新示范企业。重庆市东鹏智能家居有限公司、重庆永信科技有限公司等 11 家企业获得重庆市企业技术中心认定，重庆利海机械制造股份有限公司等 12 户企业获得重庆市中小企业技术研发中心认定，重庆华中数控技术有限公司获得重庆市技术创新示范企业认定，永高塑业等 4 家企业获得重大新产品补助资金。

【专题培训】 2021 年，区经信委组织经信系统相关部门、产业园区、部分工业体量较大镇街分管领导或科室负责人共 50 人，到浙江大学举行为期 7 天的工业经济发展专题培训。通过专题讲座、现场教学等方式，学习“工业互联网智能制造”“新能源智能网联汽车发展与方向”“产业基础再造和产业链供应链提升”等工业经济发展专业前沿知识。组织参训干部到娃哈哈集团、雅迪电动车工厂、宁波捷创技术股份有限公司等开展现场教学，让参训学员直观地了解现代制造业企业的最新发展状况，激发经信系统干部立足岗位，努力加快永川工业经济发展的积极性和创造力。

【企业人才工作】 2021年，区经信委以引才活动、引才服务为抓手，协助区内重点产业企业引进中高端管理人才、技术人才1112人。持续开展重点产业职工职业技能提升行动，培育企业技能人才1446人，其中培育大数据智能化领域人才500余人。持续开展服务工业经济发展干部专题培训，培育经济发展服务人才50余人。强化产业科技创新人才平台建设，协助红江机械创建国家级企业技术中心，协助永信等35家企业创建重庆市认定的企业技术中心和25家中小企业研发中心，帮助规模以上工业企业累计设立研发机构90家。持续推进和深化政校企合作，助力重庆电子工程职业学院和雅迪科技集团建设项目签约，累计建设校企合作实训基地1300余个，参与实训学生3600余人。协助重庆市工业高级技工学校争取市级工业互联网产教融合实训基地项目建设补助资金498万元。贯彻落实区政府加快制造业高质量发展若干政策精神，稳定企业高级人才，兑现新泰机械和川亿电脑6名高管获得个税返还32.04万元。深入实施《重庆英才服务管理办法》，主动对接企业做好引进人才服务工作。协助推荐企业高级职称专业技术人才进行健康体检，协调解决人才住房保障、家属就业安置、子女入学、看病就医等问题65人次。

支柱产业

【概况】 2021年，永川区有正常生产的工业企业1197家，涵盖国民经济行业分类中39个行业大门类，汽车摩托车、电子信息、智能装备、智能家居及材料、特色消费品5大支柱产业集群有凤凰湖、港桥、三教3个产业园，建成面积40.5平方千米，园区集中度85%。

【汽车摩托车产业】 主要发展燃油汽车、新能源与智能网联汽车和新能源摩托车。2021年，永川区齐聚整车工厂，发动机、自动变速器、汽车底盘件、汽车内外饰、电子电器五大核心零部件，形成以长城汽车、耐德永铃、瑞悦车业、雅迪电动车等企业为龙头，整车与零部件协调发展的“3+2+1+N”产业体系。全年汽车摩托车产业规模以上工业企业产值460.4亿元，比上年增长71.2%。

【电子信息产业】 主要发展计算机、智能手机、智能家电等。2021年，永川区形成以致伸科技、川亿电脑、永信科技等为代表的电子信息产业集群。全年电子信息产业规模以上工业企业产值225亿元，比上年增长6.7%。

【智能装备产业】 主要发展页岩气装备、柴油发动机、冷链装备、数控机床、增材制造装备等。2021年，永川区形成以德国利勃海尔、埃斯维、红江机械、新泰机械等企业为代表的智能装备产业集群。全年智能装备产业规模以上工业企业产值267亿元，比上年下降2.4%。

【智能家居及材料产业】 主要发展智能家居、家具、高端陶瓷及卫浴、装配式建筑等。2021年，永川区形成以东鹏陶瓷、帝欧洁具、新格再生铝、泰石岩棉等企业为代表的产业集群。全年智能家居及材料产业规模以上工业企业产值185.6亿元，比上年增长19.3%。

【特色消费品产业】 主要发展纸及纸制品和食品。2021年，永川区形成以理文造纸、自嗨锅为代表的特色消费品产业集群。其中，纸及纸制品构建林浆纸产业全产业链。全年特色消费品产业规模以上工业企业产值347.6亿元，比上年增长6.1%。

战略新兴产业

【概况】 2021年，永川区将生物医药及大健康、新能源和民用航空等3个战略新兴产业作为未来重点发展方向，并以此瞄准生物制药、锂电池、轻小型直升机等11个具体产业方向。永川区通过完善产业引导政策，加大招商引资力度，编写产业链图谱，构建链长制工作方案等方式推动产业改造提升，扎实推进项目建设，不断优化战略性新兴产业结构，增强发展活力。截至2021年年底，永川区已发展华中数控、致伸科技、固高科技、新

2021年3月4日，重庆帝王洁具有限公司智能卫浴生产线 （区经信委 供图）

泰机械、金泽鑫等战略性新兴产业企业93家，产值485.5亿元，比上年增长3.76%，占全区规模以上工业产值比重21.5%。

【生物医药及大健康产业】　2021年，永川区已引进普康医疗、新领先（重庆）生物医药一体化研发服务基地项目。普康医疗项目占地350亩，总投资10.5亿元。截至2021年年底，普康医疗器械产业园项目（一期）已开工，完成投资3.5亿元。新领先（重庆）生物医药一体化研发服务基地项目于2021年12月签约，总投资24亿元，分两期投资建设新领先（重庆）研究分院、新领先（重庆）MAH公司、细胞基因治疗CRO公司、CDMO基地、重庆MAH信息平台及管理中心。

【新能源产业】　2021年，永川区已引进尤尼瑞克退役锂电池绿色高值循环利用研究院及产业化基地项目。一期总投资0.5亿元，建设退役锂电池绿色高值循环利用研究院，二期总投资100亿元，建设退役锂电池绿色高值循环利用产业化基地。

【民用航空产业】　2021年，永川区依托正兴国际机场和永川通用航空机场，重点发展轻小型直升机、固定翼飞机、无人机、航空零部件等，争创重庆市第一个“航空+制造”基地，“十四五”发展目标100亿元。

（区经信委　刘燕）

大数据产业

【概况】　2021年，永川区大数据产业发展迅速。重庆云谷·永川大数据产业园累计引进大数据企业434家，比上年增加42家。员工规模超过1.9万人，比上年增加0.2万人。全年营业收入突破326亿元，比上年增加44亿元，比上年增长15.6%。永川区大数据产业园已成为重庆单体规模最大的大数据产业园，形成服务外包、数字文创、云计算、人工智能及物联网和新型电商5大产业集群。

【大数据产业发展】　2021年，区大数据发展局狠抓招商引资、项目申报、企业服务和政策宣传兑现，推进大数据产业发展。组织开展招商活动100余次，对接中荣国投、上海德拓、天津泰达、北京数字政通、华胜天成集团、慕影美数馆等企业80余家，储备互联网医院、西南农业农村大数据中心、金盾智慧消防平台等在谈项目13个。签约引进国家医疗智慧洗消一体化总部基地、数字化智慧校园、聚优兴智慧教育等项目13个，合同引资额19.58亿元。积极争取市大数据发展局支持，帮助部门和企业向上申报项目6个。　（区大数据发展局　范潇丹）

【重庆云谷·永川大数据产业园】　2021年，重庆云谷·永川大数据产业园建成服务外包和数据处理座席1万个，成为西南最大数据处理交付基地。牵头与30余所市内高校、10所区内院校、70余家知名企业，联合成立重庆大数据产业人才培育联盟，围绕大数据、人工智能、物联网等新兴产业，开展学术研究、教育培训、创新创业等工作，促进高等院校和大数据智能化等行业企业资源有效整合，形成产教融合体系。携手百度智行、重庆车检院联手打造国内首个支持L4级自动驾驶的“百度西部自动驾驶开放测试基地”，通过360度全息感知、虚拟仿真、人工智能、边缘计算等核心技术，整合百度和重庆车检院核心优势，构建具备“虚拟仿真+封闭试验+开放测试”全链条试验检测服务能力。截至2021年年底，产业楼宇70万平方米，园区入驻企业445家，从业人员1.9万人，年产值突破300亿元，成为重庆市最具规模的大数据产业园。被重庆市经济信息化委员会授予“重庆市软件产业园（特色型）”，荣获“2021年中国国际数字和软件服务突出贡献奖”。

（盛秀文）

【川南渝西大数据产业联盟】　2021年6月3日，川南渝西地区首个大数据产业联盟在永川区成立。该联盟以贯彻落实“成渝双城经济圈”发展战略为主线，以“大数据技术创新、创新产业模式、构建数字生态、服务企业发展”为宗旨，以推进“川南渝西大数据、人工智能、物联网、虚拟现实等新兴产业协同发展、融合发展、创新发展为重点”的非营利性社会组织。联盟将深入开展大数据产业发展研究、决策咨询、科技创新、产业对接、资源共用、产业培育、人才培训、平台共建、业务合作、研讨交流和数据共享等工作，引领成渝地区双城经济圈大数据应用和产业发展。会上，重庆市永川区、重庆市荣昌区、重庆市江津区、四川省泸州市、四川省自贡市、四川省内江市、四川省宜宾市等7市区大数据行业主管部门共同签订合作协议，川南渝西五市区大数据产业园共同签订协同发展合作协议。中国软件评测中心副主任、赛迪智库信息化与软件研究所所长吴志刚作《做大做强数据产业 打造数据经济新优势》主题演讲。会议还发布川南渝西大数据产业联盟重点项目。截至2021年年底，已有百度、携程、华为等300家知名企业加入。

（区大数据发展局　范潇丹）

工业企业

【概况】　2021年，永川区有正常生产经营的工业企业1197家。全年新增蜂巢动力、铭博汽车、帝王洁具等规模以上工业企业32户，其中新升规企业8户，小升规企业24户，新升规企业净增产值7.5亿元。全区有规模以上工业企业356家，产值1550.2亿元，比上年增长18.7%。其中，产值1亿元~5亿元的企业119家，产值282.7亿元；5亿元~10亿元的企业69家，产值508.4亿元；10亿元以上的企业27家，产值707.9亿元。规模以上工业企业主营业务收入1529亿元，比上年增长19.1%。利润总额179.3万元，比上年增长22.7%。产品销售率98.3%。

【长城汽车股份有限公司重庆分公司】位于永川国家高新区凤凰湖产业园，占地面积70.8万平方米，总投资45亿元，有员工9000余人。长城汽车股份有限公司重庆分公司永川智慧工厂

14个月建成投产，创造行业最快速度。2020年长城汽车追加投资35.8亿元，投产全新车型——坦克300、建设发动机以及变速器工厂。主要生产高端皮卡“长城炮”和智能豪华越野SUV“坦克300”两款车型，动力涵盖汽油、柴油及电动。其中，“长城炮”皮卡在永川每70秒下线一台，每3天就可创造2个亿的产值，“长城炮”连续9个月位列同车型销量第一，市场占有率28%，意味着每4辆皮卡就有1辆是“永川造”。永川已成为全国最大的皮卡生产基地。2021年累计生产“长城炮”12.5万辆，生产“坦克300”8.6万辆。产值255亿元，比上年增长118.1%，税收8.64亿元。

【重庆雅迪科技有限公司】 位于永川高新区凤凰湖产业园，由雅迪科技集团有限公司投资建设百万台（套）电动两轮车、三轮车及核心零部件生产基地。总投资10亿元，占地331亩，建筑面积26.6万平方米，年产电动摩托车600万台。项目于2021年12月投产。公司有员工940人，生产电动摩托车70.82万辆，产值17.38亿元。

【重庆理文造纸有限公司】 位于永川区朱沱镇，占地面积2000亩，配有200兆瓦的气电一体化热电站、日处理6万吨造纸废水及3万吨制浆废水的污水处理站。2021年获得国家级“绿色工厂”的荣誉。全年产90万吨牛皮箱板纸和白面牛卡纸，产值59.3亿元，比上年下降1%，上缴税收1.7亿元。

中小企业

【概况】 2021年，永川区正常生产经营的工业企业1197户，其中规模以上工业企业356户，规模以下工业企业841户。23个镇街共有工业企业835户，其中规模以上工业企业122户，规模以下工业企业713户。3个园区共有工业企业362户，其中规模以上工业企业222户，规模以下工业企业140户。

【融资服务】 2021年，区经信委推广运用“渝企金服”等平台，引导企业通过平台及时获得上级各项政策，享受便捷高效服务。持续推进商业信用价值贷款等，引导金融机构加大对制造业支持力度，提升中小微企业融资服务效率。累计为全区中小企业提供转贷应急周转资金158笔、5.49亿元，帮助中小企业获得风险补偿贷款42笔、1.69亿元，帮助27户中小企业获得商业价值信用贷款0.61亿元。

【清理拖欠中小企业账款】 2021年，区经信委加强企业投诉问题核实，细化完善举报投诉问题台账，针对企业投诉问题和第三方评估反映情况逐一核实回访，与投诉人及有关各方充分沟通，做到投诉线索件件有落实、事事有回音。把好政府投资项目关，从投资立项、项目审批、预算安排、结算条款、信用体系等方面着手，加强重大项目的事前论证评审和部门会商，对没有资金来源的投资项目，一律不得审批，从源头上防止拖欠账款行为，严禁新增欠款。清理拖欠民营中小企业账款3.19亿元并及时偿付拖欠账款。截至2021年7月底，已全额清偿拖欠民营企业中小企业无争议欠款。

2021年4月14日，重庆雅迪科技有限公司库房 （陈科儒 摄）

电力工业

【概况】 国网重庆市电力公司永川供电分公司（以下简称永川供电公司）是国有大（2）型企业，担负着永川区、荣昌区和双桥经开区的供电任务。在永川供区有客户59.2万户。2021年售电量32.5亿千瓦时。

【电网建设】 永川电网位于川渝电网结合带，由两条东西走向横贯供区的220千伏线路与重庆、四川电网相连，形成以500千伏板桥变电站为中心、220千伏变电站为枢纽、110千伏变电站为节点的链式互联供电格局。永川供区全年新增10千伏配电线路203.4千米，新增配变台区89台，容量37.5兆伏安。截至2021年年底，永川供电公司在永川供区内有35千伏及以上变电站27座，主变压器56台，总容量2903.3兆伏安。其中220千伏变电站4座，主变8台，容量1260兆伏安；110千伏变电站13座，主变28台，容量1439.5兆伏安；35千伏变电站10座，主变20台，容量203.8兆伏安。35千伏及以上输电线路91条，总长917.2千米。其中220千伏线路29条，长度408.6千米；110千伏线路38条，长度286.4千米；35千伏线路24条，长度222.2千米。有10千伏配电线路276条，总长3861.5千米，10千伏开闭所70座，公用配变6308台，总容量1825.9兆伏安。

【电力重点工程建设】 2021年，永川供电公司超前完成永川500千伏输变电工程土地预审、临时林地勘测、项目核准等前期手续，推动工程完成初步设计审查。破解变电站土地租用、林地砍伐、房屋拆迁、障碍物迁移等20余项重大难题，完成变电站场地平整。推进白鹤滩特高压工程属地建设，创新塔基永久占地测量交付“五方认证”工作法，促成区政府出台《白鹤滩特高压工程建设用地和房屋拆迁安置补偿实施方案》，有序推进房屋拆迁安置补偿。特高压白江线、白浙线在工程沿线8家供电单位中率先交地、率先启动房屋拆迁、率先完成铁塔组立。紧跟招商引资步伐，为企业提供差异化、精准化供电服务，投资6582万元为永信科技等重点项目实施配套工程建设。编制“一企一策”服务措施，严格落实输配电价降费政策，减少客户电费支出483.2万元。761户小微企业平均接电时间4.8天，同比降低1.8天。永川区“获得电力”指标排名重庆市各区县第一。

【居民用电提升工程】 2021年，永川供电公司实现开闭所双电源备自投全覆盖，治理低电压台区132个，创建安全用电示范镇街3个。争取上级改造资金4600万元，完成88个老旧小区配电设备改造升级，惠及2万户、5万余人。

【销售电价】 重庆市发展改革委2021年10月22日出台《关于调整工商业目录销售电价的通知》，明确自2021年10月15日起，全面取消工商业目录销售电价，仅保留居民生活用电和农业生产用电目录销售电价。

居民生活用电 城乡“一户一表”居民用户实行阶梯电价，年用电量2400千瓦时（含）以内，接入电压等级不满1千伏的0.52元/千瓦时；接入电压等级1~10千伏的0.51元/千瓦时；年用电量2401~4800千瓦时（含）的，接入电压等级不满1千伏的0.57元/千瓦时；接入电压等级1~10千伏的0.56元/千瓦时；年用电量4801千瓦时（含）以上，接入电压等级不满1千伏的0.82元/千瓦时；接入电压等级1~10千伏的0.81元/千瓦时。居民合表用户，接入电压等级不满1千伏的0.54元/千瓦时；接入电压等级高于1千伏的0.53元/千瓦时。

农业生产用电 接入电压等级不满1千伏的0.57元/千瓦时；接入电压等级1~10千伏的0.55元/千瓦时；接入电压等级35千伏及以上的0.54元/千瓦时。其中，农业排灌用电，接入电压等级不满1千伏的0.33元/千瓦时；接入电压等级1~10千伏的0.32元/千瓦时；接入电压等级35千伏及以上的0.30元/千瓦时。

工商业用户市场交易和代理购电用户电价 由市场交易价格或代理购电价格、输配电价、政府性基金及附加组成。其中，市场交易价格或代理购电价格随电力市场供需情况波动。重庆市发展改革委于2021年11月5日印发《关于深化重庆市燃煤发电上网电价市场化改革有关事项的通知》（渝发改价格〔2021〕1426号），明确对小微企业和个体工商户用电实行阶段性代理购电优惠政策，未直接参与市场交易的10千伏以下用户，2023年1月1日前维持在原10千伏以下工商业目录销售电价水平。

【电网服务】 2021年，永川供电公司主动参与地方招商引资，提前获取项目信息，提前安排电力供应保障。成立“公司领导+专属客户经理+支撑团队”工作专班，为重点项目提供“一对一”贴身服务。以重点项目需求通电时间倒排工期，紧密跟踪和协同推进客户受电工程进度，限时完成业扩配套工程，确保按期接电。永川区2019年度和2020年度在重庆市优化营商环境“获得电力”指标评价中均获第一名。收集客户用电需求，结合企业产品工艺流程，编制“一企一策”服务举措，对季节性、间歇性生产的客户办理暂停和减容，对“大马拉小车”的企业客户调整基本电费计收方式，降低企业用电成本。严格落实输配电价降费政策，全年累计减少客户电费支出483.24万元。聚焦客户关注，实现重点客户“用好电”。公司设置专属客户经理，与重点客户建立常态联系沟通机制，定期开展上门走访，确保客户各种用电需求得到及时妥善解决。实行重点客户增容、变更用电业务由客户经理代办，全程线上办理、上门办理，实现重点客户办理用电业务“一次都不跑”。重庆市首家入驻属地行政服务大厅开设全业务“一窗受理”服务窗口，开展“十分办电，十分满意”，随房产变更10分钟内完成居民客户更名过户。严格执行资料精简要求，落实“一证受理”，申请用电更加方便。公司实行业务办理时限每日监控、提前预警和限时督办，确保业务时限可控在控。通过健全工作体系、强化宣传走访、强化内外协同等措施，精准落实小微企业“三零”（零上门、零审批、零投资）服务要求。

【电力科技创新】 2021年，永川供电公司取得授权发明专利1项、实用新型专利5项；新申请发明专利2项、实用新型专利6项。其中公司首次获得涉外专利2项，授权涉外专利1项；新申请“渝电缺陷智能分析系统”等软著5项；图像识别研究成果受邀参加华为全球开发者大会分享电力人工智能应用，联合长城企业开展车载无人机平台改装。积极推进创新成果转化为现实生产力，对《轻型无人机机载日盲紫外检测仪》《用于电晕检测的无人机载用紫外成像装置》《基于二级点火的无人机喷火装置》《费控开关控制装置》《防潮防凝露的环网柜防护罩创新成果增值》5项专利成果实施许可转化，获得收益24万元。公司人工智能巡检无人机及无人机移动车载平台成果参加在重庆举行的2021年中国国际智能产业博览会。“变电站无人机巡检”应用获得第三届全国电力巡检技术创新应用“金巡奖”。“一种开关柜运行环境改善系统及方法”获得市公司专利奖三等奖。“基于大模型的输电线路缺陷智能识别”获得2021年职工技术暨人工智能技术应用成果大赛二等奖。公司员工黄亮荣获“第五届重庆市永川区优秀科技工作者”称号。

（永川供电公司　刘燕）

建筑业·房地产业

建筑业

【概况】 2021年，永川区有建筑施工企业433家，建筑行业从业人员4.1万人。全年完成建筑业注册地产值435亿元，比上年增长17.5%。建筑业增加值137.5亿元，比上年增长3.3%。建筑业税收收入6.3亿元，比上年下降8.1%。建筑业对GDP贡献占12%。

【民工工资管理】 2021年，永川区住房城乡建委严格执行农民工工资专用账户及银行代发制度，累计进账和发放资金17.63亿元，涉及20.78万人次。加强清欠不良行为惩戒，对14家企业进行清欠不良行为通报。

【科技和创新工作】 2021年，区住房城乡建委持续推进建筑产业现代化，全区新增装配式建筑66.86万平方米，装配率50%。严格执行重庆市《绿色建筑评价标准》（DBJ/T-066-2020），在49个在建住宅项目推行预制楼梯、叠合板，累计应用预制部品部件2.3万立方米。在27个工程建设项目推广应用塔机防坠器、全钢爬架、布料机等7项安全施工新技术。

【农房建设】 2021年，区住房城乡建委实施农村“蓝棚顶”风貌塑造试点19万平方米，完成九永高速公路、西三环高速公路沿线1227户农房整治提升，乡村风貌重现巴渝传统民居特色。全年分两批次下达农村低收入群体等重点对象危房改造195户，其中C级危房改造42户，D级危房改造153户。

【农村建筑人才培养】 2021年，永川区设立乡村建设行动专家指导组，依托重庆文理学院等高校，从建筑、市政、景观等不同领域，优选25名专家，为18个镇街提供策划、规划、设计、施工和建设管理等方面技术支持。组织475名农村建筑工匠开展网上继续教育培训。

（区住房城乡建委　杨建）

建筑市场管理

【建设工程招投标管理】 2021年，永川区交易工程项目283个，交易金额50.2亿元；成交263个，成交金额40.77亿元，比最高限价节约资金6.94亿元。其中，限额以上项目（必须招标项目）成交195个，成交金额40.07亿元，比最高限价节约资金6.82亿元。（区发展改革委　马寒卿）

【建筑工程监理】 2021年，永川区本地工程监理企业数量稳步增长，资质提升，结构不断优化。全区有本地工程监理企业6家，其中专业甲级工程监理企业2家，专业乙级工程监理企业4家；有市外入渝工程监理企业26家。全区有工程监理从业人员489人，其中注册类工程监理人员185人，地方工程监理人员304人。工程监理企业经营范围从单一的工程监理服务，拓展延伸到勘察设计、招标代理、工程造价咨询、全过程咨询服务等领域。

【建设工程项目审批改革】 2021年，区住房城乡建委深化建设工程行政审批改革，各部门平均承诺时限比法定时限压缩80%以上，全流程审批事项由203项压减至81项。办理单项审批流程不超过3个环节，用时不超过3个工作日。全年受理项目537个，办理各类事项1.5万余件，群众满意率100%。协调水电气等市政公用服务入驻工程建设项目审批服务大厅，累计办理审批服务事项310件。加强小型低风险建设项目审批改革，审批环节从32个减少为4个，审批时限从180日缩短至16日，累计审批小型低风险建设项目15个。组建工业项目全程代办服务队伍，按照“自愿委托、无偿代办、全程服务、合法高效”原则，打造24小时破堵点、疏结点、解难点高速办理模式，以“干部跑”代替“群众跑”，累计为229个建设项目代办审批服务事项532项。开展“不能说不”专项行动，开展上门服务47次，帮助重点招商引资项目解决工程建设相关问题53个。

【建设项目审查与审批】 2021年，区住房城乡建委办理施工许可166个，建筑面积379万平方米，比上年增长7.5%。其中，工业项目新办施工许可55个，建筑面积122.8万平方米，比上年增长62.8%；房地产开发项目新办施工许可 49 个，建筑面积 200 万平方米，比上年下降 22.8%；政府投资项目新办施工许可 15 个，建筑面积 37.4 万平方米。办理竣工验收备案 136 个，建筑面积 335 万平方米，比上年增长 24%。其中，工业项目办理竣工备案 36 个，建筑面积 105.5 万平方米，比上年增长 73.8%；房地产开发项目办理竣工备案 60 个，建筑面积 202 万平方米，比上年增长 9.2%；政府投资项目办理竣工备案 9 个，建筑面积 28.1 万平方米，比上年增长 34.4%。

【建设工程消防设计审查验收】 2021 年，区住房城乡建委建立健全消防工程内控管理机制，完成建筑工程消防设计审查 84 件、261.2 万平方米，受理消防验收备案 230 件、223.9 万平方米。完成 930 余栋高层建筑可燃雨棚及防护网专项整治，拆除可燃雨棚 6.7 万米，整改防护网 7993 户，从源头防范高层建筑消防隐患。

【建设工程质量管理】 2021 年，区住房城乡建委办理建筑工程质量监督手续 160 个，监督竣工验收工程 150 个。推行检测报告二维码监管。全年抽测原材料及实体质量 216 次，聘请第三方质量检查机构抽检项目 80 个。累计发出《建设工程质量巡查整改通知》85 份，对 36 人次项目经理进行计分，对 8 起质量违法违规行为进行立案查处。受理质量投诉 133 件，未出现工程质量事故。推进建筑工程质量提升行动，中交世通大厦（一期）2 号楼等 5 个项目荣获重庆市三峡杯优质结构奖，永川区人民广场片区市政道路路面及人民大道兴龙湖段道路改造工程荣获重庆市市政工程金杯奖。

【预拌砼行业】 2021 年，永川区有 7 家混凝土生产企业，预拌混凝土生产量 189.2 万立方米，比上年增加 43.1 万立方米。企业生产总值 10.23 亿元，比上年增加 1.19 亿元，增幅 13.2 %。企业创税 4865.41 万元，比上年增加 292.22 万元，增幅 6.4%。

【建筑工程安全管理】 2021 年，区住房城乡建委创新推行建筑施工“335”（即压实部门、企业、关键节点监督 3 个责任，实行常规巡查、暗查暗访、委托第三方机构每月开展抽查 3 方巡查，建立重大违法违规行为停工整改制度、施工现场公示制度、重点区域打卡制度、安全生产举报奖励制度、卫生防疫制度 5 个制度）安全监管机制，实行常规巡查、暗查暗访、第三方专业机构每月抽查相结合，开展大学习大排查大整治大执法行动、在建钢结构项目安全隐患专项整治、施工机械专项检查等一系列行动，累计巡查检查工地 2304 次，整治安全隐患 4196 起，查处违法违规行为 243 件次，实施处罚 117.95 万元。建立建设领域安全生产联席会议制度，坚持“日排查、周通报、月研判”，确保安全形势总体稳定。全年未发生较大及以上安全生产责任事故。

【建设工程档案管理】 2021 年，区住房城乡建委接收入库档案 141 个工程，工程档案 15776 卷，光盘 141 张。对 1998—2021 年住房和建设档案馆 8 万余卷档案和光盘数据进行清理、核查和数字化采集。划拨专项经费 100 余万元，配备 655.46 平方米档案库房，扩充线下档案存储量。全年接待群众查阅档案 178 人次，提供档案资料 1984 卷，电子档案查询量占查询档案资料总量的 98.2%。

【城乡建设纠纷调处】 2021 年，区住房城乡建委共调处化解信访投诉 1336 件次。其中，房地产市场领域 245 件次，占投诉总量的 18.3%，主要涉及延期交房、销售定金退还、非法预售、返本销售未兑现、中介违规销售；安全文明施工领域 265 件次，占投诉总量的 19.8%，主要涉及噪声扰民、扬尘；物业管理类 213 件次，占投诉总量的 15.9%，主要涉及物业管理瑕疵、停车收费纠纷；房屋质量投诉 247，占投诉总量的 18.4%，主要涉及房屋开裂、漏水等。

【建筑企业管理】 2021 年，永川区新办建筑企业 36 家。全区共有建筑施工企业 433 家，建筑行业从业人员 4.1 万人，建筑业联网直报企业 137 家。专业承包企业 260 家，施工劳务企业 51 家，预拌商品混凝土企业 7 家。总承包产值超亿元的企业 68 家，比上年增加 2 家。

【建筑执业教育】 2021 年，区住房城乡建委对全区施工现场岗位人员开展继续教育培训 800 人。15 人获建设行业技能（建筑工程施工类）考评员资格。推荐永南公司 4 人参加重庆市建设行业职业技能竞赛总决赛，获二等奖 1 人，三等奖 3 人。

（区住房城乡建委　杨建）

勘察设计

【概况】 2021 年，区住房城乡建委推进建筑品质提升，加强行业监管，实施施工图审查备案抽查，引导行业转型发展。全区勘察设计本地企业有 5 家，地勘外业登记项目 167 个。

【市场管理】 2021 年，区住房城乡建委完成政府投资项目初步设计审批 45 个，其中建筑工程 22 个、市政工程 23 个。完成建设工程施工图审查备案 180 个，其中建筑工程 126 个、市政工程 15 个、装饰装修工程 30 个、岩土工程 9 个。实施施工图审查备案抽查项目 17 个。完成工程勘察项目野外作业抽查 19 次，抽查率 11.4%。完成“海绵城市”建设施工图审查备案 22 个，总用地面积 92.7 万平方米。

（区住房城乡建委　杨建）

房地产业

【概况】 2021 年，永川区房地产开发建设平稳。全年新增房地产开发 200 万平方米，比上年下降 22.8%。全区共有在建房地产项目 55 个，在建房地产项目面积 641 万平方米，比上年下降 8.4%。竣工面积 87.2 万平方米，比上年增长 4.7%。全年完成房地产开发投资 99.5 亿元，比上年增长 17.2%。按用途分，住宅投资 80.9 亿元，比上年增长18.7%；办公楼投资0.02亿元，比上年下降91.5%；商业营业用房投资10.2亿元，比上年下降0.8%；其他用房投资8.38亿元。全区房地产业增加值40.8亿元，比上年增长9.9%，占地区生产总值的3.6%。

（区住房城乡建委　杨建）

【城镇房屋住用安全管理】　2021年，区住房城乡建委建立属地镇街和属事部门"双排查"机制，组织开展学校、医院等人员密集场所安全巡查36次。完成全区132个关停煤矿既有房屋排查，组织镇街对73栋隐患房屋实施整改排危。完成全区111所中小学校舍安全鉴定，累计检查校舍580栋、73.7万平方米，发现隐患房屋69栋，已书面函告行业主管部门实施整改排危。完成原三教新兴煤矿、重庆五建司危房排危整治工作。

（区住房城乡建委　杨建）

【房屋征收管理】　2021年，永川区土地房屋征收中心继续协同朱沱镇实施朱沱棚户区改造项目，全年共签订房屋征收补偿安置协议41户，建筑面积3211.48平方米。累计签订房屋征收补偿安置协议1909户（其中公房搬迁455户），建筑面积共计17万平方米，完成整个项目房屋拆迁任务的92%。组织开展永川区港桥工业园四望山港桥物流园基础设施项目国有土地上房屋征收工作，推动箕山片区综合整治项目（一期）、探花公园片区棚户区改造一期工程和西大街永川宾馆区域道路扩建工程等项目房屋征收和补偿安置后续工作。永川区土地房屋征收中心高度重视国有房屋征收和拆迁遗留问题的信访维稳工作，信访、投诉问题的回复处置率100%。

（区土地房屋征收中心　周治洪）

【农村住房安全管理】　2021年，区住房城乡建委完成农村房屋安全隐患排查及信息采集工作，共排查159932户，发现存在安全隐患非经营性农房1253户，已整治完成1098户，整治率87.6%（市级目标为整治率10%）。存在安全隐患的经营性农房4户，已全部完成整治。实施农村低收入群体等重点对象危旧房改造195户，已全部竣工入住。（区住房城乡建委　杨建）

房地产市场

【房地产开发企业资质管理】　2021年，永川区新办房地产开发企业12家，其中三级资质3家、二级资质9家。全区房地产开发企业总数103家，其中一级资质1家，二级资质33家，三级资质12家，暂定资质57家。重庆俊豪实业（集团）有限责任公司荣获2021年度重庆市房地产企业信用等级AAA级。

【房地产开发项目管理】　2021年，区住房城乡建委推进房地产开发项目品质提升两年行动，印发《永川区房地产开发项目品质提升和成果巩固阶段工作方案》，通过提升设计水平、提高建设质量、创新建造方式、规范商品房交易交付管理等措施，提升房地产开发项目品质。规范项目资本金管理，全年新增监管项目资本金5.8亿元，解除项目资本金监管4.75亿元。加强商品房预售资金监管，全年进入监管账户的预售资金共33亿元，审批使用预售资金30.7亿元。建立房地产项目全过程监管机制，实行ABC分类监管，妥善化解恒大悦府、实地蔷薇国际等项目信访问题。

【房屋交易】　2021年，永川区商品房销售面积249.7万平方米，比上年增长24.6%。其中，住宅销售面积231万平方米，比上年增长27%。商品房销售额146.9亿元，比上年增长24.1%。其中，住宅销售额138.3亿元，比上年增长26.8%。累计成交新建商品房19633套，成交面积157.4万平方米，交易金额86.8亿元，成交面积比上年增长4.97%。住宅建筑面积均价5976元/平方米。组织春季和秋季网上房交会，成交新建商品房61.54万平方米，占全年成交量的39.1%。其中，春季房产会成交新建商品房6138套、面积37.45万平方米、金额19.51亿元；秋季房交会成交新建商品房3546套，总面积24.09万平方米，总金额12.54亿元。

【房地产市场调控】　2021年，永川区在房交会期间出台购买新建商品房优惠政策，促进房地产企业商品房销售和去库存。区住房城乡建委加强房地产市场监管，联合区市场监督管理局、区教委等部门开展专项巡查，针对虚假宣传、"学区房"等问题重点巡查。结合"双随机一公开"方案和商品房预售审批现场查勘特点，全年累计巡查150余次，下达整改通知书32份。

【房地产市场矛盾风险化解】　2021年，区住房城乡建委完善建设工程全过程监管机制，推行ABC分类监管，严格加强5项涉企资金管理，每月开展风险评估，建立企业"正负面"清单，防范行业重大风险。全年化解房地产销售领域群众信访195件次。成立信访积案专项工作组，处置化解房地产疑难信访问题7件。

【房地产中介】　2021年，区住房城乡建委完善房地产中介机构规范销售监管机制，开展日常巡查25次、专项巡查10次，建立巡查台账。针对销售行为不规范的企业下达整改通知书5次，处理中介机构信访21件，办理经纪机构备案22件。

【房屋租赁】　2021年，区住房城乡建委共培育发展住房租赁项目4个，分别为产业大厦配套公寓项目、大数据产业园E区配套公寓项目、爱情汽车广场公寓（1~2幢）项目、爱情汽车广场公寓（3~4幢）项目，总建筑面积12.46万平方米，增加市场化租赁住房2246套。

【春季房地产展示交易会】　2021年4月16日，永川区2021年春季房地产展示交易会在永川区凤凰湖公园广场开幕。该次房交会由永川区人民政府主办，永川区住房和城乡建设委员会、永川区房地产业协会承办，主题为"大美永川、宜居宜业，给自己安个家、为爱车找个位"。该次房交会采取

"线上+线下"的方式开展，4月16日开幕，5月16日结束。有万科、金科、碧桂园等35家房地产企业携42个项目参展，体量200万平方米。其中，展示120万平方米，展销80余万平方米。市民在4月16日—18日前往凤凰湖广场线下观展购房，在5月16日前可以通过永川区2021年春季网上房交会，线上了解购房信息。房交会期间，购买参展企业新建商品房（新建商品住房、新建商服用房和办公用房）的，给予所缴纳契税金额50%补贴，购一手车位的，给予1000元/个资金补贴。

【秋季房地产展示交易会】 永川区2021年秋季网上房交会采取"线上为主、线下设置分展场"的形式举办，10月30日开幕，11月30日结束。线上在永川区内各大媒体打造网上房交会云展厅，线下在各楼盘销售中心设置分展场、在镇街设置分会场展销新建住宅。共有33家房地产企业参加，参展楼盘41个，总参展面积200万平方米。参展房源业态丰富，高层、洋房、大平层、别墅、商铺应有尽有。房交会期间，购买参展企业新建商品房（新建商品住房、新建商服用房和办公用房），给予所缴纳契税金额50%补贴；购一手车位，给予所缴纳契税金额50%补贴。此外，各参展企业还将根据自身情况推出系列购房优惠。同时，该次房交会在"渝西楼市"公众号上开设房交会答疑热线，对购房群众的留言咨询进行答疑解惑。该次房交会期间共计成交金额12.54亿元，成交各类房屋3546套，总面积24.09万平方米。其中，商品房1355套，成交面积14.32万平方米，成交金额9.14亿元。（区住房城乡建委　杨建）

不动产登记管理

【概况】 永川区不动产登记事务中心是永川区规划和自然资源局下属正科级事业单位，主要负责永川区各类自然资源和不动产统一登记工作。全年受理各类不动产登记业务116879件。

【不动产登记】 2021年，永川区不动产登记事务中心深化不动产登记改革，将68项不动产登记类别纳入"一窗办理、即办即取"，其余业务办理时限由原来法定30个工作日缩短为最长3个工作日办结。配置电子签批屏采集申请人信息，开发企业通过重庆不动产登记系统开发企业端提交电子介质的申请材料，推行无纸化办公，方便群众办理不动产权证书。在原二手房登记无纸化申办的基础上，运行"互联网+不动产登记"办理模式，包括新建商品房预告、转移、抵押等登记事项在内的所有商品房登记业务均可以无纸化申办。将预售（现售）商品房预告登记、预售（现售）商品房转移登记受理、审查、登簿环节进行整合，实行一岗一次办结。全年办理不动产权证书38376本、不动产权证证明31020本、不动产司法查解封4811件，接受信息4.2万余人次，化解历史遗留问题100余起，统一销毁废旧权证35551本，办结率为100%。

（永川区不动产登记事务中心　王成）

物业管理

【概况】 2021年，区住房城乡建委贯彻《重庆市物业管理条例》，推进物业管理品质提升行动，创建"六达标"（设施设备维护管理达标、绿化美化管理达标、环境卫生管理达标、人员管理达标、文明城区创建达标、便捷生活服务达标）示范小区82个。开展可燃雨棚和防护网专项整治，共计整治可燃雨棚66994米，涉及高层建筑635栋、16352户；整治防护网7993户，涉及高层建筑401栋。完善小区设施设备承接查验流程，尽职履责做好物业服务合同、物业管理区域、物业服务用房以及临时管理规约等项目的备案。《重庆市物业管理条例》实施后，共备案项目69个。

【物业行为监管】 2021年，区住房城乡建委健全物业企业诚信评价体系，共评出AA级企业4个、A级企业70个、B级企业17个。将17个B级以下物业企业列为重点监管对象，开展检查42次，约谈企业4次，处罚物业项目12个。开展消防安全专项整治，处置"僵尸车"2124辆，建成电动摩托车集中充电位7600个。加强物业专项维修资金管理，归集资金1269.2万元；建立大额资金支出评审制度，累计支出1416.2万元。在22个在售房地产项目启动物业大修基金网上缴费试点。在5个小区启动党建引领物业提升试点工作。

（区住房城乡建委　杨建）

商贸服务业

综　述

【概况】　2021年，永川区商务委员会（简称区商务委）统筹做好疫情防控和商务经济发展，着力推进扩大开放、消费升级、商贸物流、电子商务等重点工作取得实效。全区社会消费品零售总额505.3亿元，比上年增长21.3%。批发业销售额1169.1亿元，比上年增长32.6%。零售业销售额278.3亿元，比上年增长22%。住宿业营业额10.2亿元，比上年增长24.6%。餐饮业营业额62.6亿元，比上年增长20.9%。

【城乡商贸网络体系】　2021年，永川区有县域龙头商贸流通企业9家，县域综合商贸服务中心3个，乡镇商贸中心38个，覆盖率100%。有村级便民商店534个，覆盖率100%。有县级物流配送中心3个，有乡镇快递物流服务站点16个，覆盖率100%。有村级快递物流服务站点116个，覆盖率100%。全区有10家连锁经营超市，经营网点80个（永辉2个、重百2个、新世纪2个、沃尔玛1个、人人乐1个、大润发1个、名豪1个、百亘38个、七个梦想22个、永百超市10个）。其中，延伸到乡镇的连锁经营超市有2家，其中七个梦想超市有7个网点分布在6个镇，百亘超市有24个网点分布在5个镇。

【商贸重点项目】　三河汇碧　2021年3月，区商务委引入重庆百仓文化创意有限公司助力三河汇碧的运营管理，引导街区产业变革和功能升级。三河汇碧以古迹广场为“文化原点”，配以“图书馆+”的商业模式，打造满足年轻消费群体生活的第二空间，营造人文书仓，倡导全民阅读，催生文明城市。全年完成6个餐饮和4家主体业态的招商。

永川里夜市街区　永川里奥特莱斯作为重庆文投集团投资的重要项目，是重庆市“市级重大民生项目”，总建筑面积20万平方米。项目团队根据城市特点、区域位置，以“高起点，差异化”为战略目标，打造中国首家沉浸式“文旅商”融合城市创意秀场，规划文、旅、商三大强力板块，以商业汇聚财气，以文化注入灵气，以旅游凝聚人气，商业、旅游、文化全方位融合，带动经济发展，为城市居民带来高品质生活。重点围绕亚洲光影艺术节、高校流行音乐节、啤酒动漫节，创建国家AAAA级景区+市级夜间经济示范区。规划A区（购物中心）+B区（酒店及商业）+C区川字街三大空间。引入奥特莱斯+夜经济+万豪双IP酒店三大主力。塑造五大IP，即摩天轮（地标IP）+穹顶秀场（演艺IP）+永川龙IP（在地文化IP）+大酒吧（夜经济IP）+光影艺术节（节日IP）。

中船华尚城商业步行街项目　中船华尚城商业步行街拟创建一流特色

2021年9月10日，胜利路街道中船华尚城　　（陈科儒　摄）

商业街区，努力打造“城市更新示范地、历史文脉展示区、商贸中心增长极”，示范带动全区老旧小区改造提升，积累可持续、可推广、可复制的借鉴经验，形成旧改小区商业活化建设模式和长效机制。商业街拟定名“唐街”。通过挖掘永川“776”年置县等历史文脉，注入唐代建筑风貌、唐雕塑、唐诗等文化元素；以“红”为主色调，融入时代发展记忆，推动形成特色风格。加快打造集旅游、休闲、购物、娱乐、美食、时尚、文化等多种功能为一体的大型商旅文综合体，注入机器人智能服务，培育形成独具特色、辐射周边、服务双城经济圈的100亿级特色商业步行街。

长城汽车公园项目　长城汽车公园项目由重庆爱情商业管理有限公司运营，依托长城爱情广场、凤凰湖产业园打造智慧生态场景。该区域以工业记忆为特色，融合科技智慧手段进行街区改造，构建国际前沿智慧街区，打造产业科技展示形象，通过“线上+线下、商品+服务、零售+体验、互联网+场景营销（直播经济、网红经济）”等升级改造优化消费场景、消费模式，引入新零售业态、智慧科技体验业态等。

【大型商圈商场】　2021年，永川区有3大商圈，大型商业中心有新世纪商都、重百永川商场等。渝西广场商圈以渝西广场、俊豪中央大街为核心，延伸至名豪购物广场、新时代购物广场、张家坡家电市场、西大街沿线等区域，商业商务设施总面积90万平方米，辐射半径2千米，全年交易额302亿元。人民广场商圈以人民广场为核心，延伸到华茂国际—协信中心—人民广场商圈—金科商业街，全年交易额95亿元。万达广场商圈主要以万达广场为主。

俊豪中央大街　总投资12亿元，占地面积10万平方米，主要采取中央休憩式商业街区模式，集购物、餐饮、娱乐、休闲、旅游、社交、商务等功能于一体。通过设置大型百货、超市大卖场、各类专卖店、游乐设施、文化广场及休闲餐饮提供一站式休闲购物服务。全年交易额6亿元。

华茂国际广场　是集购物中心、休闲中心、美食中心、健康中心、儿童成长基地、文创基地等为一体的商业中心。该中心是永川“智慧城市”试点项目。依托商业App、免费Wifi、智能停车、智能支付、大数据营销5大智慧商业体系，以“O2O”商业运营模式为，实现线上引流支付、线下体验享受，提升消费者购物体验。全年交易额3.7亿元。

协信商业中心　位于永川区兴龙大道123号，总投资13亿元，占地面积10万平方米，集购物中心星光广场、湖滨酒店、商务公寓、滨湖商业街、公园华宅5大业态的现代城市综合体。全年交易额1.7亿元。

人人乐永川购物广场　是一家集生活、购物、商务休闲为一体的大型时尚主题商场。共分4层，负一层为生活电讯馆，主要经营人人乐大型超市、国美电器、乡村基等；一楼至三楼主要经营日用百货、家居用品教育培育、儿童乐园等。全年交易额0.44亿元。

永川万达广场　位于永川区新城主干道星光大道与红河大道之间，是一座集购物、餐饮、文化、娱乐、休闲等多种业态于一体的城市综合体。项目总建筑面积58万平方米，自持购物中心部分为13万平方米。全年交易额66亿元。

新世纪商都　地处渝西广场商圈核心位置，面积2.4万平方米，拥有6个营业楼面。定位流行时尚百货，主要经营化妆品、黄铂金珠宝、钟表、手机数码、女鞋、女包、烟酒茶、滋补、男女服饰、家居家用、儿童用品、生活小家电、健身按摩器材等多种品类。永川商都以广大工薪族为主流客群，兼顾大众、时尚、中高端消费群体的购物需求，着力为顾客提供品质、方便、实惠的购物空间。全年交易额1.99亿元。

重百永川商场　位于华茂国际中心，经营面积2.3万平方米，设有超市家电馆、百货精品馆、名媛丽人馆、风尚绅士馆共4层楼面，涵盖百货、超市、电器三大业态，地下停车场、母婴室、钟表珠宝鞋包维修等配套齐全。全年交易额1.9亿元。

重点商品交易市场

【概况】　2021年，永川区建有家具建材交易、农产品交易、家电交易、机车交易、电商物流等商品交易市场13个。

【家具建材交易市场】　2021年，永川区大型的家具建材市场主要有红星美凯龙永川竹海商场、易满购建材商城、天骄银座装饰城、永川东科家具城、建玛特购永川商场等，商家经营方式以零售为主。

红星美凯龙永川竹海商场　位于永川区昌州大道西段129号，定位中高端商场，拥有经营面积5万平方米。打破传统家居卖场业态格局：轻奢设计馆、亮丽覆材馆、翩翩私语馆、两厅生活馆、情爱生活馆、美欧奢享馆，六大智能模块，打造涵盖家具、建材、家装、软装、电器业态于一体的全景家居MALL。2021年有展位149个，入驻品牌124个。销售额0.8亿元。

易满购建材商城　位于永川新城区二转盘，是一家主营高档建材的专业商场，营业面积7673.95平方米。主要经营建材销售，有经营者49家，上千种规格，产品涵盖家装的各个类别，能充分满足各档次装修一站式的购物需要。

天骄银座装饰城　位于永川区汇龙大道一转盘，营业面积1.2万平方米。主要经营陶瓷、洁具、橱柜、木地板、墙纸、板材、油漆、灯饰、开关、门业、五金、室内饰品、窗帘等。拥有国际国内知名品牌50余个，装饰城批零兼营，充分满足各类各层次消费者一站式购物的需求。2021年交易额0.9亿元。

永川东科家具城　位于永川区中山大道145号，经营面积1.8万平方米。主要经营家具和家居饰品，有来自广东、深圳、香港、四川、重庆等地的上百个知名品牌。商场装修典雅、高档，具有较强的文化氛围和艺术格局。2021 年销售额 0.2 亿元。

建玛特购永川商场　位于永川区内环南路 1999 号，主要以经营建材、家具、软装、灯饰、暖通、家用电器及装饰公司的“一站式”家居主题购物中心。经营总面积 7.7 万平方米，经营商户 110 家，涵盖国内外一线品牌 152 个。2021 年销售额 1.2 亿元。

【农产品交易市场】　重庆吉之汇国际农贸物流城是永川区最大的农产品交易市场。该市场由深圳圆周嘉年投资集团控股投资，是西南地区首家通过绿色农贸市场国家认证，全国率先实现 O2O 模式、云服务和云计算于一体的新型农副产品交易物流市场。已先后被列为国家发改委重点工程项目、市政府重点项目、市级农业产业化龙头企业、市级重点现代物流项目、市级和国家级公益性农产品示范市场（批发）等。吉之汇永川总部位于永川区海棠大道，总投资 10 亿元。截至 2021 年年底，已完成投资 5 亿元，规划用地 400 余亩，已建成使用 273 亩，商铺有 1200 余个，仓储、冻库和物流等场地设施配套齐全，市场集聚蔬菜、水果、粮油、干调、副食和农资等农副产品经营商户 800 余户，电商平台入驻商家及基地 866 户（含微创商户 268 家），带动创业就业人员 1 万余人。2021 年销售额 103 亿元。

【家电交易市场】　2021 年，永川区主要的家电交易市场主要有永川五洲城和永川商贸城。

永川五洲城　位于星光大道与一环路的交会处。项目总占地 476 亩，总建筑面积 50 万平方米，总投资超过 50 亿元。是集“工业品交易中心、仓储物流中心、物联网分拨中心、跨境电子商贸中心、特色商业中心、智慧生活社区、科文基地”等七大功能于一体的专业市场。2021 年销售额 6.9 亿元。

永川商贸城　位于永川火车站附近，营业面积 40 万平方米，是重庆市政府重点打造的百亿级市场之一。一期工程 7.07 万平方米，800 余个商户，设置服饰家纺区、日用日化区、五金电子区、文体工艺品区、食品保健品区等，涵盖商品 20 余万种。二期工程建筑面积 14 万平方米，设置流行服饰区、品牌服饰区、家居博览中心、建材市场、家电数码城、副食批发区等专业化市场。2021 年销售额 63.5 亿元。

【机车市场】　2021 年，永川区汽车交易市场主要有永川汽摩机电城、永川纵达国际汽车城。

永川汽摩机电城　位于永川区昌州大道中段 218 号，由重庆三福物业管理有限公司进行管理，主要经营汽车整车销售，以及汽车维修、保用、配件等。营业面积 5.4 万平方米，2021 年销售额 3.2 亿元。

永川纵达国际汽车城　位于永川城西核心区域，一环路和永川西下道口。该项目总投资 23 亿元，占地面积 494 亩，总建筑面积 50 万平方米。主要建设内容包括汽车 4S 店及城市展厅、综合办事大厅、二手车交易市场、小商品市场、汽车售后服务市场、车管所、车检站、仓储物流等。项目一期体量 10 万平方米。2021 年建成永川区车管所、永川区驾驶员考试（科目二）考场、汽车检测站等配套设施。全年销售额 6.9 亿元。

【电商物流市场】　2021 年，永川区电商物流市场主要有重庆和旺物流园和重庆永南物流园。

重庆和旺物流园　位于永川区华创大道 31 号，总投资 9000 余万元，占地面积 197 亩，总建筑面积 4.2 万平方米。年货物吞吐量超过 50 万吨，交易额 20 亿元。已形成以第三方物流和专业钢材市场为核心，集批发零售、展览展示、仓储配送、电子商务、物流信息与金融服务于一体的现代化物流产业园区。2021 年入驻商家 170 户，其中第三方物流企业 50 余户，销售额 1.7 亿元。

重庆永南物流园　位于永川区一环路森林大道入口，总投资 2.2 亿元，占地面积 331 亩，营业面积 8.8 万平方米，是渝西地区最大的综合性物流企业。它以永川区为中心，辐射周边区县，主要提供第三方物流、仓储服务、大型物件、普通货物运输、装卸、配送、停车、场地房屋租赁、货运物流信息交易等综合服务。2021 年销售额 10 亿元。

特种商品流通

【成品油】　2021 年，永川区有中石油在营成品油油库 1 座，中石化成品油油库 1 座。全区正式运营加油站共 66 座，全年汽油销量 16.29 万吨，柴油 8.98 万吨，销售额 12.3 亿元。

【再生资源】　2021 年，永川区有各类废旧物资社区回收站点 622 家，拥有重庆交运新天地循环科技有限公司报废汽车拆解中心、永川顺贸再生资源拆解公司、重庆报废汽车集团等较大规模的再生资源分拣加工中心 7 个，永川机动车交易市场（渝西二手车市场）、普渡桥二手车市场等集散市场 2 个。全年拆解二手车 15138 辆。

【酒类管理】　2021 年，永川区酒类行业主要由白酒生产及加工企业、小作坊和酒类销售企业、超市、个体户组成。2021 年“永川高粱酒”成功申请地理标志商标，重庆商标品牌（地理标志类）奖励。根据永川区酒类行业协会统计，全区从事酒类生产或者加工的企业有 50 余家，销售酒类的公司、超市、餐馆、副食店等 8000 余家，从业人员 5 万余人。全年酒类销售额 10 亿元。

电子商务

【概况】　2021 年，永川区电子商务发展借力数据商贸、智慧商贸发展，加快传统商贸转型升级，助推商务经济高质量发展取得实效。全区电子商务交易额 335 亿元，增长 11.3%；网络零售额 33 亿元，增长 10%；农产品网络零售额 6 亿元。重庆三笙梦酒庄有限公司获批重庆市商务发展专项资金“做大做强电子商务企业、平台”项目扶持资金30万元。

【电商人才培养】 2021年，区商务委加强电商人才培训。组织区电商协会代表到重庆市直播电商行业联盟参观学习，组织电商企业到浙江省义乌市、桐庐县调研电商产业及快递业发展。举办“茶竹和韵·英才兴商”永川区商贸行业校地、校企签约仪式，相关企业和部门与重庆文理学院旅游学院等5所院校签订合作协议，探索搭建政、校、企三方合作平台。全年举办电商培训4次，培训600余人次。举办小型沙龙5次，促进电商企业交流发展。

【电商品牌培育】 2021年，永川区加强网货品牌培育，挖掘松花皮蛋、永川水花、永川豆豉、永川秀芽、黄大嫂红豆腐、朱沱酸萝卜、松溉盐花生等一批扶贫网货产品，指导完善商标注册、产品包装、食品生产加工小作坊登记证、食品生产许可证、食品经营许可证等资质问题。组织开展农产品电商产销对接，松溉盐白菜、五间西瓜、黄瓜山梨、临江儿菜等各类农特产品均通过电商平台拓展市场。

【消费帮扶】 2021年，永川区出台消费帮扶指导性计划，成立由区政府分管领导任组长，区商务委、区乡村振兴局、区财政局等部门主要负责人任副组长，各镇街、各部门负责人为成员的消费帮扶工作领导小组，统筹协调全区消费帮扶工作。举办永川区·彭水县消费帮扶对接会、永川—彭水消费帮扶展示展销暨第三届永川电商节、2021爱尚重庆·永川区网上年货节暨年货云展会，签订“云上永川”与“彭水赶场”电商合作协议，签订购销协议3份。组织辖区企业参加彭水自治县消费帮扶周系列活动，引导社会各界力量购买和帮助销售帮扶产品。布放16台专柜，建成七个梦想超市探花店、百亘超市金雕店消费帮扶专区，微荞优选消费帮扶专馆持续运营。区商务委鼓励企业参与消费帮扶，全区83个企业申报认定帮扶产品211个。组织电商企业帮助销售彭水扶贫产品30余款，组织全区企事业单位通过线上、线下方式采购结对帮扶彭水县产品1029.94万元。区商务委履行双石镇帮扶工作团第一副团长单位职责，与双石镇、区招商局、国家电网永川公司、重医永川附属医院等共同开展消费帮扶工作。

【永川区·彭水县消费帮扶对接会】 2021年5月13日，永川区·彭水县消费帮扶对接在异风酒店举办。彭水县38家企业到永川推介彭水产品，永川区23个镇街帮扶团第一副团长单位、17所中高职院校、5个行业协会、9家企业参会，与会企事业单位与彭水扶贫企业开展深入交流，达成对接关系。

【永川—彭水消费帮扶展示展销暨第三届永川电商节】 2021年6月18日上午，永川—彭水消费帮扶展示展销暨第三届永川电商节在中央大街商圈开幕。活动采取线上线下相结合展销方式，从6月18日持续到7月18日，内容包括开幕式、展示展销会、电商直播爱心购、社区巡展等。6月18日至20日，在永川区俊豪·中央大街举行永川—彭水消费帮扶展示展销会。活动吸引来自永川、彭水56家企业参展，设置有彭水扶贫商品展区、永川扶贫商品展区，爱心购直播专区等。展会现场有综合食品类、粮油类、调味品类、茶酒饮品类、保健用品类等商品。活动现场交易额20余万元，电商直播爱心购及线上系列促销活动销售额56万余元，社区巡展销售额1.68万元。

【2021爱尚重庆·永川区网上年货节暨年货云展会】 2021年1月20日至2月18日，开展“居家嗨购 网上过年”2021爱尚重庆·永川网上年货节活动。开展“超级年货节”云购物、“渝快送”云配送、“年货进万家”云团年、“渝味无穷”云拜年、“永川特产”云扶贫、“批发价买年货”云逛街等活动。联动永川区消费品生产企业及永川商贸城、五洲城等批发市场主体，将年货物资上传上架至该次活动指定的电商平台“云上永川”，以“囤年货”的主题，将永川好物推广出去，通过电商平台与好友一起团购年货物资，通过直播、拼团等线上活动持续推出永川好物，满足春节前消费者购买商品和服务需求。依托永川区农村电商公共服务中心的“云上永川”电商平台，开展一系列的“搬年货回家”的营销活动，联合永川本地商家组织有特色商品，通过发放优惠券、现金兑换券、抵扣券、限时秒杀、万人拼团、直播导购、产品抽奖等系列营销活动，将本地好物销往区外。活动期间达成线上线下销售额225万余元。

物流业

【概况】 2021年，区商务委根据《永川区政府关于印发永川区推动商贸服务业高质量发展激励政策的通知》，对入驻永南物流园的10家快递公司拨付租金补贴41万元。依据永川区人民政府《关于加快全区快递业健康发展的实施意见》，2020年至2021年，区商务委对符合要求的5家快递企业、19个门店兑现上一年快递下乡补贴，每个点拨付1.2万元，共发放45.6万元。

【快递末端网点备案】 2021年，永川区备案末端网点共263个。其中，菜鸟驿站121个、邮政27个、中通25个、申通22个、顺丰19个、圆通14个、百世11个、极兔9个、韵达8个、京东4个、德邦2个、优速1个。

【快递下乡工程】 2021年，永川区加快推进快递进村工作。“邮快合作”打通村级邮路。依托基层村社邮政网点覆盖率高、寄递网络较完善的优势，由邮政公司牵头，开展托运代投合作，共建村级邮路和村级末端网点，打通快递进村和农产品进城“最后一公里”。“交快合作”提效镇级邮路。在何埂镇开展快递进村试点工作。全区207个建制村，实现快递进村服务100%覆盖。

2021 年 11 月 17 日，永川快递智能分拣中心　　　　（陈仕川　摄）

【永川快递智能分拣中心】　永川快递智能分拨中心位于永南物流园内，占地面积 1.2 万余平方米，已入驻邮政、中通、圆通、韵达、京东等 10 家快递企业，日均快件吞吐量 18 万件。2021 年，重庆长运集团与中通、申通、圆通、韵达、百世 5 家快递企业共同出资 700 余万元购买智能分拣设备，对到港快递物品实行高效智能分拨。实现对中通、申通、圆通、韵达、百世、极兔等 6 家品牌共建智能分拣中心开展集中分拣，共用运输线路开展共同配送。工作人员利用智能分拣设备每小时可分拨 4.5 万余件快件（人工分拨每小时只能分拨 7000 余件），大大提高分拨效率。

会展业

【概况】　2021 年 5 月，永川区两大主题展馆亮相第三届中国西部国际投资贸易洽谈会，展示永川在发展汽车摩托车及零部件产业、智能制造产业、能源及新材料产业、大数据产业、电子信息产业等方面的最新成果。6 月举行第二届永川区进出口商品展暨中国国际进口博览会重庆交易团招商路演活动，川渝两地参展企业 50 余家，展示八大类 200 多个品种的进出口商品。9 月参加第十八届西部国际博览会，集中展示永川现代制造业基地、西部职教基地及开放合作平台的发展情况。全年举办展会 18 个，会展直接收入 4 亿元，拉动消费 30 亿元。“2021 永川夜生活节”被评为“不夜重庆生活节”优秀夜间特色活动，第三届川渝厨艺邀请赛暨永川美食文化节被评为 2021“爱尚重庆”消费季十大特色活动，永川区荣获 2021“爱尚重庆”消费季优秀组织奖。

【第三届中国西部国际投资贸易洽谈会永川展位】　2021 年 5 月 20 日至 5 月 23 日，第三届中国西部国际投资贸易洽谈会在重庆国际博览中心开幕。永川区共参加 2 个展位布展，分别为重庆馆永川高新区：N1－5 展位，面积 598 平方米；成渝地区双城经济圈馆永川馆：N6－18 展位，面积 399 平方米。重庆馆永川高新区展位展示内容围绕内陆开放高地建设，分布有汽摩及零部件展区、智能装备产业展区、能源及新材料产业区、科技成果展区。重庆馆永川高新区展位，场馆设计大气时尚、线条流畅，具有浓郁的时尚感和科技感。展位外立面左侧是巨大的 LED 显示屏，屏幕中以长城汽车为原型的一辆汽车加速奔跑，一跃而起，制造出的裸眼 3D 效果，令人颇为震撼，而右侧则为半透明冰屏，展示永川高新产业、城市建设和文化旅游，极具“辨识度”。汽摩及零部件展区，长城汽车展示闪电猫、黑弹、旅装炮、赛博坦克等四大未来概念车型，雅迪汽车“小钢炮”惊艳亮相。科技成果展区，健康小屋为居民提供近距离智慧健康服务；普康医疗展出的高端护理病床、高端液压平车、抢救车和治疗车，均为国内最新产品。大数据产业方面，主要展示智慧医疗、智慧生活、智慧交通。在另一侧的智慧健康小屋也引起了观展客商的好奇。成渝地区双城经济圈馆永川馆展示内容根据成渝地区双城经济圈规划对永川的定位，围绕综合交通互联互通水平、优势产业合作共兴、生态环境共保共治、协同创新改革开放高地、公共服务共建共享等 5 大合作领域展示成渝

2021 年 5 月 20 日，第三届中国西部国际投资贸易洽谈会永川国家高新区展位

（刘洪兵　摄）

地区双城经济圈建设取得成效及未来规划。共设置有一区四园展示区、特色产业展示区、名优特产及文旅产品展示区、营商环境展示区、规划展示区和合作展示区五个板块。除重点突出、特色鲜明的招商推介外，还让观展群众能“望见永川山水、带走永川乡愁、感受永川文化”。永川以“高质量发展先行区·高品质生活新作为”为主题，组织动员全区50余家部门、企事业单位及45家企业，250余人参加展会。

2021年11月15日，第三届川渝厨艺邀请赛暨永川美食文化节在永川华茂中心开幕 （陈科儒 摄）

【第三届中国西部国际投资贸易洽谈会永川专场签约仪式暨永川区2021年第2次招商引资项目集中签约活动】 2021年5月21日，第三届中国西部国际投资贸易洽谈会永川专场签约仪式暨永川区2021年第2次招商引资项目集中签约活动举行。永川共签约69个项目，总投资274亿元，主要涉及汽摩及零部件、特色消费品、先进材料、电子信息、大数据等诸多领域，科技含量高、发展后劲足、市场前景广。其中，参与第三届中国西部国际投资贸易洽谈会重大项目集中签约项目6个，总投资166.1亿元。

【第三届川渝厨艺邀请赛暨永川美食文化节】 2021年11月1日至30日，永川区举办第三届川渝厨艺邀请赛暨永川美食文化节。活动以“赏味金秋 盛惠永川”为主题，以“传承文化、搭建平台、供需对接、促进消费”为宗旨，让消费者零距离品鉴永川美食、体验永川美景、领略永川风采。活动吸引永川特色餐饮企业、酒店住宿商家、景区景点，线上+线下共计3000余户参加。整个美食文化节持续一个月，170余道川渝特色美食让人目不暇接。线上举办“必吃榜”“必住榜”“必玩榜”“永川十大推荐餐厅”及“2021永川网友喜爱的十大特色菜”评选、线上外卖促销、消费券大派送等活动。评选出汤香耗儿鱼馆、朱沱豆花馆（枣园路店）和晓秧锅鲜货火锅等永川十大推荐餐厅。线下汇聚川渝各地厨艺高手举办“第三届川渝厨艺邀请赛”，同期还举办“川渝特色美食展”“永川特色宴”“特色餐饮技能展示”“豆花制作技艺体验”“永川老字号展”“非遗技艺展”等系列活动。11月15日，在永川华茂中心举行第三届川渝厨艺邀请赛开幕式。舞台区造型以永川非物质文化遗产剪纸为主要设计元素，将永川豆花、永川景点、永川秀芽、永川豆豉等城市名片以剪纸的形式融入其中。现场还设置民俗文化展示区、互动体验区，展示永川特色美食和传统技艺。通过原材料、口感与质感、工艺与火候、形态与色泽、装备与卫生等5个评判标准打分，设立最佳技艺奖、最佳口味奖、匠心工艺奖、最具创新奖、最佳造型奖、特色风味奖6个奖项。经过评委现场打分，永川区选手戴生勇、陈东烹饪的美食获得最佳技艺奖，唐承刚、唐伟的参赛作品获得匠心工艺奖。

2021年5月21日，第三届中国西部国际投资贸易洽谈会永川专场签约仪式 （区招商局 供图）

【2021永川春季旅游消费节】 2021年5月10日上午，由永川区商务委员会、永川区文化和旅游发展委员会、永川区茶竹旅游开发有限公司指导，永川区松溉镇人民政府主办，重庆弘博会展有限公司承办的2021永川春季旅游消费节在松溉镇开幕。活动持续到5月13日。消费节以构建“农、文、商、旅、娱、购”产业深度发展为目标，发挥松溉镇的特色资源禀赋，以全新旅游消费推介模式，推广松溉旅游及特色产品的亮点、燃点，掀起“乐游松溉”和“爱尚生活”热潮，激发更大的消费潜力和能量，进一步推动松溉镇商贸流通及旅游发展。该次活动共分5个特色展区，集合永川及周边地区的特优农产品、旅游文创品、传统手工艺品、特色小吃、家居日用消费品等，有独具特色的永川豆豉、味道咸香的盐白菜、细腻下饭的红豆腐、黄瓜山梨膏、苕丝糖等诸多

美食。该次活动还加入“非遗文创”的元素，让市民群众近距离感受油纸伞、剪纸、糖画、竹雕等特色文创品的文化魅力。重庆著名人气主播、旅游达人还通过抖音平台现场直播，带线上的游客“云”游消费节现场。在“打卡集赞”——寻找松溉古镇最美打卡点活动期间，市民及游客在松溉古镇寻找指定景点打卡（松溉古镇入口、玉皇观、绍家坝子门楼处），拍照并上传至朋友圈集赞，集齐48个赞即可到组委会点兑换活动精美礼品一份。

【“领事机构、商协会和外商投资企业永川行”活动】 2021年12月13日，“领事机构、商协会和外商投资企业永川行”活动在永川举行，成渝地区3个领事机构、8个商协会和27家外商投资企业到永川考察研讨。上午参会人员参观永川规划展览馆。下午在江鸿国际大饭店宏图府召开“领事机构、商协会和外商投资企业区县行”永川区投资合作恳谈会。

【2021永川夜生活节】 2021年永川夜生活节历时3个月，围绕“夜味、夜养、夜玩、夜购”业态，联动全区各商圈、商业街区、旅游景区及商家，将夜间经济与旅游经济、体育经济相结合，推出永川汽车音乐节、“玩心不止·趣玩夜市”“舞动山城、红动国潮”“畅玩星球与礼为伍”“俊豪杯”第一季潮玩艺术节、《冠军好儿女》、七夕游园会、少儿音乐会、“越笑越开心”等商旅文多元素融合的夜间特色主体活动。推动商旅文体互促、线上线下融合，更好满足消费者对品质夜间消费的需求。区商务委参与“爱尚重庆·2021不夜重庆生活节开幕式”分会场活动，组织媒体拍摄永川夜经济相关视频，在主会场视频连线区县活动中展示永川夜间生活。在重庆核心区观音桥步行街搭建永川馆，通过展览、互动、体验、图文展板等形式，展示永川夜间经济、永川商圈、步行街、乐和乐都景区等夜经济的发展现状、规划布局及优惠活动情况，扩大活动的影响力，吸引1000万余人次参与，活动期间销售额5亿余元。

住宿餐饮业

【概况】 2021年，永川区有宾馆酒店368家，房间数低于50间的有322家，房间数在50~100间的有33家，房间数100间以上的有13家。线上住宿30家。在工商登记注册的餐饮业有9000余家，一直持续经营的商家有6300家，其中餐饮企业300家，线上餐饮328家。永川区餐饮商会有会员单位107家。 （区市场监管局）

【特色街区】 2021年，永川区的特色街区主要有永川里夜市街区、永川“三河汇碧”文创街区、华茂风情街、名豪美食街。

永川里夜市街区 “永川里”项目位于永川区新城开发区兴龙湖CBD核心区，紧邻成渝高速公路永川下道口和成渝高铁永川东火车站，项目占地50064平方米，总建筑面积19.64万平方米。永川里夜市街区围绕浸入式“文旅商”融合创意城市秀场为出发点，倾力集文化、社交、休闲娱乐等复合空间的街区——川字街。打造音乐、艺术、科技一体的沉浸式演出空间——穹顶秀场。利用数字光影技术创新打造屋顶超级摩天轮——“渝西之眼”。打造重庆永川亚洲光影艺术节等。采取多种形式及视觉感官提供浸入式的艺术体验及夜经济网红打卡地。2021年项目完成建设，万枫酒店开业，摩天轮亮灯。

永川“三河汇碧”文创街区 “三河汇碧”地块作为国家级城市更新项目，计划投资2.8亿元，更新面积35.05万平方米。其中，“三河汇碧”步行街作为城市商业更新的重点项目，分为三期规划：2021年至2022年侧重品质升级。以承载“青年消费力”的核心需求为主，以“文创+”为商业原点，融合文娱、购物、办公、展演为一体的沉浸式生活空间，构建“文创+产业”的生态圈。核心6大功能版块全面引领城市协调发展，带动“三河汇碧”地块50万立方米产业结构升级，加快城市人文建筑二次更新，实现社区和谐共融，开启“远者来，近者悦”新篇章。2021年引入集玉屏书院（永川图书馆分馆）、食光里西餐厅、趣玩空间（永川首家益智拓展乐园）、拾·尔bar（永川首家“星空帐篷外摆+烤酒”清吧）、野一番烧肉酒场（享受M级和牛烧肉）、年代小馆、城市会客厅、滨河广场坝坝茶、特色夜景等为一体的“文创+”人文书仓。

华茂风情街 位于永川新城区HMC华茂中心商圈核心位置，商业经营面积9209.46平方米，共有商铺数137个，经营商家71个。华茂风情街是集美食、体验业态、配套品牌为一体的主题商业街区，以潮玩、慢调为经营定位，着力打造全家庭、全龄层的体验式乐趣商业街区，引领永川消

2021年9月10日，“三河汇碧”文创街区 （陈科儒 摄）

费的新潮流、新生活。同时提供1800余个免费停车位，为市民的无忧购物体验保驾护航。截至2021年12月底，已引进小喜村火锅、爱上小龙虾、仇婆抄手、惠心臊子面、嗨要牛肉、李海粥王、美味百厨、一风堂、真美味、书亦烧仙草、一支酸奶牛、阿遇五花肉、老麻抄手、西门町、古茗、欧焙利、马路边边、让签签飞等知名特色餐饮、美食及体验感强的贝安琪、乐器培训、MOMO皮肤管理中心、药房、诊所、产后修复等配套品牌。

名豪美食街 是集大型购物中心、五星级酒店、特色美食街、高档服装店铺、创业夜市街等业态为一体的大型城市综合体。商业用地5万平方米，吸引名豪购物广场、苏宁电器等商业巨贾入驻，各种店铺570家，解决就业人员4500人。曾获“重庆市级特色夜市街区”称号。（区商务委　唐琳）

供销合作

【概况】 2021年，永川区供销社服务乡村振兴，提升供销社治理体系和治理能力现代化，与农民利益联结更紧密，为农服务功能更完备。全年共建设综合服务社178个，为农民群众提供农业综合信息、农村政策咨询、全程社会化服务、普惠金融、保险代理、废旧农膜回收等生活服务。为种植大户、家庭农场、土地托管企业开展无人机飞防植保服务和农业全程社会化服务5000余亩，配送化肥1.15万吨。

【村级综合服务社建设】 2021年，区供销社引导鼓励基层供销社、农民专业合作社、常住农户、村社集体参与到村级综合服务社建设之中。在推进农村综合服务社建设中，区供销社推动“村社共建”。按照综合服务社建设标准，基层社与村集体共同筹建农村综合服务社的方式，全年建设综合服务社178个。围绕农民生产生活服务需求，坚持传统业务和创新业务并举，坚持市场化经营与公益性服务相结合，承接政府购买服务和各类公益性服务，为农民提供便利实惠、安全优质的服务。“村社共建”模式在全市推广。

【为农服务】 2021年，区供销社致力于提升综合服务，增强金融服务。在巩固农资配送、日用消费品供应、庄稼医院等传统业务的基础上，开展邮政快递、农村电商、普惠金融、保险代理、废旧农膜回收、劳务服务、政府购买服务、信息服务等生活服务。围绕“三农”生产服务需求，为农民群众提供农业综合信息、农村政策咨询、全程社会化服务等生产服务，让农民群众“人不出村，即能购齐生产、生活所需”。争取财政资金100万元，与重庆市融资担保集团有限公司第六分公司合作，为69家农民合作社促成贷款3361万元。

【春耕农资稳价保供】 2021年，区供销社用供销社业务工作群，全文转发市总社关于春耕农资保供工作的安排部署，发动系统内企业积极参与春耕生产服务。特别是做好农用春耕生产中农资的贮存、调运，保证足额供应并配送到农户。对系统内开展农资经营企业进行检查，按时上报重庆市总社，保证出现异常时能采取措施及时应对。春耕期间，全区供销系统6家农资供应公司及144个基层网点累计销售化肥13300吨、种子644吨。除碳铵价格同比增长3.7%外，其余化肥价格与上年保持一致。全系统累计配送到农户化肥1.15万吨，配送农户数18.65万户，入户率78.36%。

【废弃农膜回收利用】 2021年，区供销社完善废弃农膜回收网络。重新确定回收企业，完成1个区级回收中心及加工中心建设。新建改建镇街级回收站23个，全区所有镇街全覆盖。将2021年废弃农膜回收工作任务按月和季度进行分解，下发《关于印发〈永川区2021年各镇街废弃农膜、肥料包装物回收和可降解薄膜推广任务分解表〉的函》。将废弃农地膜和农用包装物回收任务完成情况纳入对镇街的年度目标考核。2021年7月在来苏镇关门山村组织召开永川区加厚和全生物降解地膜推广示范工作推进会。全年废弃农膜回收目标任务为285吨，农用包装物目标任务65吨。实际完成加工地膜195.99吨，棚膜106.54吨，包装袋68.29吨，合计370.82吨。

【农业全程社会化服务】 2021年，区供销社牵头成立重庆市永川区助农农作物病虫害防治专业合作社和8个农机专业合作社。发挥高新技术“用人少、效率高、效果好”的作用，在全区推进无人机飞防植保服务和农业全程社会化服务。全年为种植大户、家庭农场、土地托管企业开展无人机防治果树、油菜等防治病虫害及稳果5000余亩。

【“巴渝工匠”杯重庆市第三届茶叶行业职业技能竞赛】 2021年5月27日至29日，“巴渝工匠”杯重庆市第三届茶叶行业职业技能竞赛在重庆市经贸中等专业学校举行。该次竞赛由市供销合作总社、市人力资源社会保障局、市总工会、市妇联、永川区主办，市茶叶学会、市茶叶商会、重庆市经贸中等专业学校承办。来自全市23个区县、21所职业院校、45家企业共66支代表队的195名选手参加比赛。该次竞赛分为手工制茶、茶艺两个赛项进行比赛，每个赛项分职工组和学生组，手工制茶又分绿茶和红茶两个类别。竞赛由专业理论知识考试和专业实践操作两个环节组成，其中专业理论知识占20%，实践操作占80%。经过角逐，手工制茶、茶艺两个赛项职工组和学生组共产生一等奖6名，二等奖12名，三等奖18名，优胜奖若干名。重庆城市职业学院商学院学生获得一等奖2项。

【第二届“永川秀芽”杯全国茶叶加工工职业技能竞赛总决赛】 2021年10月20日至22日，第二届“永川秀芽”杯全国茶叶加工工职业技能竞赛总决赛在重庆市经贸中等专业学校举行。该次比赛为国家二类职业技能竞赛，由中华全国供销合作总社职业技能鉴定指导中心、中国就业培训技术指导中心主办，重庆市供销合作总社、重庆市人力资源和社会保障局、永川区人民政府承办。经过层层选拔，来自全国15个省市的83名选手进入总决赛。总决赛为期2天，分理论知识考试和实操技能考核，其中专业理论知识占30%，实践操作占70%。总决赛设特等奖3名、一等奖5名、二等奖9名、三等奖15名、优秀奖若干。经过激烈角逐，重庆市代表队囊括全部3名特等奖，同时获得一等奖1名、三等奖1名、优秀奖5名。总成绩排名前4的选手陈浩、黄海艳、林夏青、何鑫均来自永川。竞赛组委会授予永川区人民政府、重庆市供销合作总社、重庆市人力资源和社会保障局、重庆市经贸中等专业学校、永川区供销合作社联合社等5家单位“组委会组织奖”，授予重庆市经贸中等专业学校、全国茶叶加工工职业技能竞赛广东赛区组委会、江苏省供销合作总社、四川省贸易学校等4家单位“优秀赛区奖”。人民网、新华网、《重庆日报》、重庆电视台等媒体对赛事进行报道。

（区供销社　何玲莉）

2021年5月27日，“巴渝工匠”杯重庆市第三届茶叶行业职业技能竞赛

（区供销社　供图）

粮食流通

【概况】　2021年，永川区落实粮食安全党政同责要求，制定《永川区2021年粮食安全工作要点》，加强储备能力建设，强化流通监管，完善粮食应急体系建设，粮食安全保障根基更加牢固。区发展改革委积极宣传普及粮油加工、质量安全、营养健康，开展粮食和物资储备科技活动、世界粮食日和全国粮食安全宣传周活动，营造节粮减损氛围。

【粮食行政执法】　2021年，区发展改革委贯彻落实新修订《粮食流通管理条例》，开展永川区“亮剑2021”专项执法行动。全年开展监督检查39次，出动行政执法检查人员78人次，检查粮食经营企业10家次，纠正粮食收购企业依规开展备案3家次。

【粮食流通监管】　2021年，区发展改革委加强粮食质量安全管理，投入资金5万余元，对全区种粮大户和部分散户开展新收获粮食质量安全监测。提升区粮油质检站质量检测能力，检测参数从92项提升到106项，增加检测重金属、真菌毒素等粮食质量安全指标。规范超标粮食处置管理，印发《永川区超标粮食处置管理实施方案》，共收购处置新收获超标稻谷719.58吨。全过程监督7304.12吨超标稻谷的定向销售、出入库工作，严防超标粮食流入口粮市场和食品加工企业。强化进口粮食风险管控，对重庆通威饲料有限公司购进的499吨超标粮食和5056吨进口粮食进行监管。

【粮食安全保障机制】　2021年，区发展改革委落实应急保供，强化1500吨应急成品粮的监管。完善应急供应网点40个，配套粮食配送中心1个、应急储运企业1家、应急粮食加工企业3家。

【地方储备粮扩容】　2021年，永川区新增优良稻谷2000吨，区级储备规模2.3万吨。完成区级储备粮轮换9910.8吨，建立规模以上粮食加工企业社会责任储备粮食68吨。区储备粮公司完成粮库管理信息化建设，卫星湖库区完成氮气气调储粮技术应用改造，储备功能更加完备。

（区发展改革委　刘长江）

专项经营

【烟草现代零售终端建设】　2021年，永川区烟草专卖局（分公司）推动零售终端建设，建立“全渠道订货、全商品扫码、全方式结算、全店铺管理”的数字化经营模式。全年打造完成星级现代终端客户368户，其中三星现代终端38户，二星现代终端105户，一星现代终端225户。

【烟草经营】　2021年，永川区烟草专卖局（分公司）售卷烟3.88万箱，比上年增加153.45箱，增幅0.40%。销售收入13.55亿元（含税），比上年增加7678.29万元，增幅6.01%。卷烟单箱结构3.49万元（含税），比上年增加0.19万元，增幅5.59%。

【烟草专卖管理】　2021年，永川区烟草专卖局（分公司）查获涉烟案件126起，查获违法卷烟6709.2条，案值124.87万元。全年受理零售许可证新办申请1016起，比上年增加2.83%。

（永川区烟草专卖局）

【食盐市场管理】 2021 年，重庆市盐业集团永川分公司坚持食盐专营，强化终端渠道市场开发维护，确保合格碘盐供应。加强终端渠道网络的建设，强化品种盐宣传和推广，以品牌、品质和服务巩固市场。细化客户管理，实行客户分类分级管理，做好客户诉求收集、反馈和疏通工作，确保客户诉求及时得到响应。优化物流配送，提升综合服务质效，更好地保证市场供应和满足消费需求。全年销售盐产品总量 5382 吨，其中小包装食用盐 2967 吨，食品加工用盐 2034 吨，饲料盐 288 吨，小工业用盐 93 吨；非盐销售总额 562 万元。

（重庆市盐业集团永川分公司）

邮　政

【重庆市邮政管理局七分局】 重庆市邮政管理局七分局（简称渝邮管七分局）负责对永川区、大足区（含双桥经开区）、铜梁区、潼南区、荣昌区的邮政普遍服务和邮政市场（含快递业）实施监督检查。2021 年，辖区有邮政分公司 5 家，快递法人企业 27 家，分支机构 254 家，快递末端网点 729 家，行业从业人员共 5142 人，其中邮政企业 2124 人，快递企业 3018 人。永川区有邮政片区分公司 1 家，快递法人企业 7 家，分支机构 59 家，快递末端网点 256 家，行业从业人员共 1091 人，其中邮政企业 242 人，快递企业 849 人。永川区邮政行业业务总量累计 7.74 亿元，比上年增长 27.15%；累计快递业务量 5919.41 万件，比上年增长 51.46%；累计快递业务收入 33010.83 万元，比上年增长 34.76%；累计快递业务投递量 5856.55 万件，比上年增长 41.87%；累计快递业务投递收入 7690.1 万元，比上年增长 38.40%。永川区乡镇快递网点累计设置 52 个（分支机构 13 家、末端网点 39 家），快递服务进村覆盖率 100%。永川区农村地区快递业务量 167.85 万件，比上年增长 52.38%；农村地区快递业务投递量 637.63 万件，比上年增长 62.98%。

邮政快递基础服务　2021 年，渝邮管七分局推进“两进一出”（快递进村、进厂和出海）工程，为辖区经济社会发展赋能。巩固建制村通邮率 100%成果。完成“邮快合作”合作签约。建成永川区三级配送体系。通过园区智能化改造，快件分拣提升效率 60%，每小时 4.5 万件。通过“交快合作”开展城乡快件共分、共运，累计运送农村快件 500 余万件，成本节 50 余万元。在永川区何埂镇建成 13 个村级网点，自 8 月合作以来，累计投递进村快件 5000 件。辖区首个农村寄递物流中心在永川区何埂镇开建。

邮政快递市场管理　2021 年，渝邮管七分局强化新发展理念，积极推动行业高质量发展。国家邮政局批复成立首个区级监管机构——潼南邮政管理局。渝邮管七分局争取地方政府和相关部门政策支持，推动辖区出台支持行业发展保障政策文件 8 份，包含惠企政策、规划方案、支持绿色发展和落实属地责任的相关规定。强化属地监管责任，推动永川区安委会印发《关于明确重点行业安全生产属事属地监管责任和联动机制的通知》《重庆市永川区安全生产联合执法制度（试行）》和相关制度文件，明确镇街属地监管责任，建立联合执法工作机制。争取地方财政对企业补贴 87.8 万元，其中永川区快递下乡补贴 22.8 万元、园区租金补贴 42 万元、安检机补贴 23 万元。开展快递包装绿色治理，加速辖区快递绿色升级。推动永川区政府印发《永川区“绿色邮政”建设工作方案》，与相关部门专题研究，每年制定工作要点，明确任务分工，强化责任落实。将“无废快递网点”建设，纳入永川区“无废城市”建设重要内容，联合相关部门研究制定“无废快递网点”创建标准。与各部门联合开展关心关爱快递小哥活动，送去慰问品和慰问金。重庆财经职业学院开展快递从业人员培训工作，与四川省资阳市邮政管理局签订合作协议，共同助力成渝地区双城经济圈建设。

（渝邮管七分局　刘钢）

2021 年 7 月 13 日，邮政永川片区分公司“邮快合作”签约仪式在邮政永川片区分公司会议室举行。（渝邮管七分局　供图）

【中国邮政集团有限公司重庆市永川片区分公司】 中国邮政集团有限公司永川片区分公司（简称邮政永川片区分公司）是中国邮政集团有限公司重庆市分公司的下属分公司，开办金融、邮政汇兑、国内和国际邮件寄递、报刊发行、邮票和集邮品销售、机要通信业务和义务兵通讯信、农资配送等多种业务。2021 年，内设部门 11 个，分别是综合办公室（党委办公室、安保部）、财务部、人力资源部（党委组织部）、党委党建工作部（纪委办公室）、服务质量部（普遍服务部）、市场营销部、金融业务部、集邮与文化传媒部、渠道平台部、工会、寄递事业部。下辖永川、璧山、荣昌、大足4个区分公司，有邮政网点188个，其中代理金融网点167个。邮路18条，总长1990.2千米。其中，永川区有邮政营业网点71个，有值班邮路6条，邮路总长度（单程）675.2千米。

邮政寄递业务　2021年，邮政永川片区分公司践行“人民邮政为人民”的服务宗旨，确保人民群众通信畅通。通过细化作业组织，优化人员分工，强化政策支持，全面展开经营单元创新模式，共设置“众创众享”团队6个，区域加盟21处，准加盟制32个。为推动“快递下乡”，积极打造三级物流体系建设工作，加快与社会快递公司的合作，叠加五类以上业务功能的网点100%，提升人民群众用邮体验。

集邮与文化传媒业务　2021年，邮政永川片区分公司与区委宣传部及各级部门沟通，开展政务图书销售及惠民书展活动。为提高学生文化道德修养，联合区教委、区关工委、团区委等部门开展“我心向党、筑梦远航”书信、绘画大赛，开展“邮票上的中国共产党”公益讲座和“红色足迹”集邮巡展活动，营造和谐文明氛围，从思想深处激发爱国爱民的激情。

渠道平台建设　2021年，邮政永川片区分公司持续做好“进驻+代办”政务服务模式，开通代征税业务。全年代征税额2289.75万元。与税务部门、交管部门建立长效沟通机制。开展“警医邮”试点工作，推动车主通业务稳步发展，便民服务得到群众肯定。

金融服务　2021年，邮政永川片区分公司坚持深化金融改革，持续改善提升客户生活、工作质量。打造多元化的营销场景，以活动为载体，开展各类主题营销活动。全年开展抖音直播92场，开展校园主题活动16场，开展主题邮局活动41场，增加客户体验感和参与度，丰富金融服务的内涵。

合规经营　2021年，邮政永川片区分公司安全检查全面覆盖，共检查网点、网点业务库及其他重要部位783次，发现安全隐患326个，形成安全检查报告书783份。开展经警队实弹演练8次，队列训练8次。严格按照监管部门要求，执行双录新规定，新增76台双录设备，确保各项产品合规销售。推动“扫黄打非”工作，累计开展检查收寄场所191处，公示禁限寄宣传语191处，签订责任书746份，成功查堵非法出版物72册，获得监管部门认可。

“快递下乡”试点　2021年7月，邮政永川片区分公司与9家快递公司开展合作，在何埂镇15个行政村开展“快递下乡”试点。运行1个月时间，累计投递进村快递5000余件。8月，永川片区分公司以何埂镇为模板，在片区各区分公司639个行政村推广。

2021年5月21日，邮政永川片区分公司在永川区红旗小学举办“红色足迹”集邮巡展联谊活动　（戴禄红　摄）

“我心向党、筑梦远航”书信、绘画大赛　2021年5月1日至7月3日，邮政永川片区分公司承办“我心向党，筑梦远航”青少年书信、绘画大赛。活动开展期间，共收集到参赛作品4.2万余件，参赛作品均使用邮政提供的专用信封。经过角逐，书信组评出一等奖20名，二等奖40名，三等奖60名，优秀奖100名；绘画组评出一等奖3名，二等奖10名，三等奖20名。比赛结束后，永川片区分公司从获奖作品中遴选100篇优秀作品，汇编成《庆祝中国共产党成立100周年优秀作品集》，并赠送给获奖者。

“红色足迹”集邮巡展和“邮票上的中国共产党”公益讲座　2021年5月21日，邮政永川片区分公司联合区集邮协会在红旗小学举办“邮票上的中国共产党光辉历程”公益讲座及“红色足迹”集邮巡展联谊活动。活动以庆祝中国共产党成立100周年为主题。通过小型邮展、集邮讲座、有奖问答等形式的活动与500余名师生进行互动。

“警医邮”试点工作　2021年8月12日，邮政永川片区分公司和顺大道营业所“警医邮一站式”服务正式开通，驾驶员可以在该所完成体检和驾驶证期满换证。在工作人员的指导下，申请人只需15分钟就能完成身份识别、信息确认、智能体检、拍照、换证申请提交等流程。全年换证40张。（邮政永川片区分公司　戴禄红）

通　信

【中国电信股份有限公司永川分公司】
2021年，中国电信股份有限公司永川分公司（简称“永川电信”）以“时代先锋、发展标杆”为目标，以“红色电信、责任国企”为引领，以客户为中心驱动经营服务模式转变，完成年初预定的各项工作目标。移动用户超过53.3万户，净增4.1万户，移动过网份额占 37.13%。宽带用户 23.9 万户，净增 1.6 万户。电视规模 18.6 万户，净增 0.15 万户。在全国精神文明表彰大会上，被中央文明委授予第六届全国文明单位。

网络建设　2021 年，永川电信推进云网融合，完善网络重构。加快推进 5G 精品网络建设和 4G 网络优化建设，大力发展千兆网络、加强网信安全。开展网络质量双提升工作，提升网络维护服务质量，全力支撑市场业务发展。新建 5G 基站 256 个，其中室外站 111 个，室分站 145 个。城区 5G 网络全覆盖，朱沱等 16 个建制镇、大安街道等 4 个办事处、农村主要场镇 5G 网络全覆盖。全年完成 446 个千兆小区覆盖建设，累计建设千兆 PON 口数 2448 个，城区小区的千兆网络全面覆盖。新建 FTTH 端口 8852 个，完成城区和农村场镇 FTTH 全部覆盖，农村行政村 FTTH 覆盖 99%以上。

服务客户　2021 年，永川电信坚持以客户为中心的发展思路，成立客户服务中心，职责为全客户全业务全过程服务监督。客户服务中心每月从各个方面对分公司的重点服务指标进行服务画像，包括宽带网络、移动网络、宽带装维、政企服务、线上服务、厅店服务、投诉。通过分公司的全面服务画像，提升服务能力和水平。为落实“服务好不好，用户说了算”的服务质量标准，永川电信开展服务积分管理改革，优化积分考核标准。通过积分细化分类考核服务不规范人员 300 余人次，录入积分 1004 分次，提醒谈话 80 余人次，处理违规人员 3 名，并在工作中不断提升服务积分管理的有效性和合理性。开展门店的现场投申诉管理，加强投申诉工单系统录入的培训。全年门店现场接待用户投诉的能力比去年有大幅上升，推诿情况明显减少，系统内自建投诉工单量已增加到 400 件。全年分析投诉工单逾 8000 件，发现各类服务风险 20 条。全年分析服务满意度数据 24 万条，及时与各支局沟通，使服务满意度从年初的 25%提升到年末的 40%。全年分析处理装移维超时工单 2000 条，及时赔付因超时或违规造成的工单，并及时修正错误工单为公司及时止损。订单月均受理 2.1 万笔，全年累计 23.1 万笔。按市公司整体规划，部分公众业务开始自动受理，如补换卡业务可自动开通，大大缩短受理时间，提升用户感知，提高受理效率。

通信保障　2021 年，永川电信充分发挥信息化优势，“不忘初心，牢记使命”全力做好通信保障工作。为保障重庆市第六届运动会顺利举行，投入车辆 4 台、人员 15 人，共计 15 天。为保障重庆市第六届残疾人运动会顺利举行，投入人员 8 人、车辆 2 台，共计 5 天。为保障推进成渝地区双城经济圈建设第三次党政联席会议召开，投入人员 8 人、车辆 2 台，共计 3 天。为保障中国共产党永川区第十五次代表大会召开，投入人员 6 人、车辆 20 台，共计 20 天。（永川电信　陈方静）

【中国移动通信集团重庆有限公司永川分公司】　中国移动通信集团重庆有限公司永川分公司（简称永川移动）网络建设增长态势凸显。建设 4G 基站 3400 余个，城区、乡镇、农村 4G 网络全覆盖。加快 5G 网络建设，建设 2G 基站 700 余个，城区覆盖广度 99.9%，深度 98%。乡镇覆盖广度 99.50%，深度 95%。推动智慧城市、自动驾驶、智慧园区等 5G 行业应用。2021 年 12 月 22 日，与永川区政府签订智慧名城和“重庆云谷大数据中心”共建合作协议。永川移动以此为契机，抢抓物联网、大数据、智能化、“5G+”等信息化战略机遇，在信息化应用领域助力智慧城市建设。

客户服务　2021 年，永川移动致力于成为卓越品质的创造者，以追求客户满意服务为宗旨，秉承沟通从心开始的服务理念，在通信技术创新、业务创新和服务创新方面均达到行业先进水平。永川移动既提供多样化和个性化的通信业务，又强调细致、体贴和以人为本的客户服务。通过企业微信号、重庆城、各类实体营业厅、手机营业厅，形成系统、完善的服务体系，实现业务受理、业务演示、客户体验、客户关怀、品牌传播、咨询和投诉等多种客户服务功能。针对区内新老客户推出基于个人、家庭、企业、各行业的多元化业务，深受用户喜爱和信赖。永川移动响应团区委号召，开展生态环保互动小游戏、免费手机贴膜等志愿服务活动。

通信服务保障　2021 年，永川移动在各项重要活动和抢险救灾中均第一时间通过应急通信车及应急通信保障队伍 7×24 小时监控，确保网络应急畅通。（永川移动）

【中国联合网络通信有限公司永川分公司】　中国联合网络通信有限公司重庆市永川区分公司（以下简称永川联通）拥有覆盖全永川区本地通信传输网、交换网、数据网和支撑网，永川城区光纤宽带全覆盖，全区 4G 网络覆盖率超过 95%。启动 5G 网络组网，并在车联网、智慧旅游等多个领域进行重点布局。2021 年永川联通有员工 100 人，平均年龄 37 岁，大专及以上学历占比 93.23%。内设办公室、销售服务支撑中心、云网运营交付中心，有城南综合网格、城北综合网格、三教乡镇网格、朱沱乡镇网格 4 个公众网格，有校园网格、政企中心网格 2 个网格。建立自有渠道 5 个，城区代理实体渠道 8 个，乡镇实体渠道 15 个，校园实体渠道 8 个。

网络建设　2021 年，永川联通新建移网 4G 基站 20 个，5G 基站 210。累计有基站 1689 个，其中 2G 站 97 个 3G 基站 304 个，4G 基站 520 个，5G 基站 768 个。全年新建 4G 室内分布 10 站，5G 室内分布 80 站。累计有 412 个，其中 2G 室内分布 33 站，3G 室内分布 67 站，4G 室内分布 85 站，5G 室分分布 227 站。全年新建光纤宽带端口 6185 个，城区实现光纤网络全覆盖，累计有光纤宽带端口 127495 个。

客户服务　2021 年，永川联通秉承“用户为本，服务为上”的理念，为用户提供优质、高效、快捷的服务。强化各营业渠道管理及网络优化建设。在规定的时限内完成用户投诉问题，提升用户感知及投诉处理满意率，降低用户申诉率。继续推进与落实重点服务保障工作，杜绝批量、集中申诉等问题出现，真正做到将高品质服务口碑深入客户之心。（永川联通　樊雪）

旅游业

综　述

【概况】　2021年，石笋山景区成功创建国家AAAA级旅游景区，永川博物馆成功创建国家AAA级旅游景区。乐和乐都、松溉古镇分别入选重庆文旅新地标40强以及最美历史文化古迹20强。永川春游赏花季专题营销荣获全国“文旅融合类——结合典范”铜奖。在新华网举办的第八届文化和旅游融合创新论坛上，永川区荣获2021文化旅游优选区荣誉。全区有国家A级旅游景区6个，有住宿接待单位480个，接待床位17697张，其中星级旅游饭店9家，接待床位2176张。有休闲农业与乡村旅游点66个，农家乐（乡村酒店）158家。有旅行社4家，旅行社分社2家，旅行社服务网点52个。

【旅游接待】　2021年，永川区共接待游客2636万人次，旅游收入185.57亿元，比上年分别增长9.13%和13.23%。其中，乡村旅游接待游客1831.85万人次，旅游收入123.41亿元，比上年分别增长11.54%和17.66%；乐和乐都门票收入9992万元。

【旅游基础设施建设】　2021年，永川区在旅游基础设施建设方面累计投资22.5亿元，先后完成詹吉路升级改造、永师路部分升级改造、高北片区市政基础设施和给排水工程等项目，加快推进省道S445改造、石梁桥水库、松溉古镇、石笋山景区等建设。新增、更换部分旅游交通标识、旅游厕所标识及导览标识，完善部分景区景点旅游基础配套设施，启动茶山竹海游步道和渝西旅游集散中心建设。

【旅游服务】　2021年，永川区组织旅游企业开展优美环境、优良秩序、优质服务、游客满意的“三优一满意”活动，要求一线从业人员微笑服务、靠前服务、适度热情服务。在成渝高速公路永川匝道口、乐和乐都接待中心设置志愿者服务点，为游客提供旅游咨询、文明旅游宣传、道路导引等服务。建立200人的文明旅游劝导员队伍，在景区景点、宾馆饭店进行文明劝导。成立文明旅游劝导巡逻小分队，在茶山竹海、乐和乐都及城区公园、渝西广场、人民广场、华茂商圈、万达商圈等区域开展文明劝导，营造文明旅游氛围。

旅游项目建设

【概况】　2021年，永川区旅游项目建设有序推进，旅游固定资产投资持续增长。建成高北片区给排水、高北片区市政基础设施、石梁桥水库、“中国杯”国际定向越野巡回赛事重庆示范基地、宝吉文化公园商业综合体等项目。茶山竹海景区新增宝吉寺景点，

2021年3月23日，省道S545詹吉路茶山竹海段　　（区交通局　供图）

2021年10月8日，松概古镇玉皇观（松溉镇 供图）

完成《十面埋伏》外景地提升，以及茶神路、詹吉路、宝大路等基础设施建设和绿化美化工程。松溉古镇完成入口新建、玉皇观打造、核心街区亮化、游线管网下地等工程。加快推进乐和乐都提档升级、石笋山景区、海棠橘乡等重点项目建设。14个区级旅游重点项目，年度完成投资14.67亿元，投资完成率122.04%。全年纳入旅游统计库项目193个，完成投资70.05亿元，比上年增长67.28%。

【旅游规划】 2021年，永川区编制完成《重庆市永川区文化旅游体育发展"十四五"规划》《重庆市永川区全域旅游发展规划》《重庆市永川区乡村旅游发展规划》《重庆市永川区黄瓜山乡村旅游区总体规划修编》，为全区"十四五"文化旅游体育发展明确思路和措施。

【永川博物馆景区建设】 2021年，永川博物馆对标《旅游景区质量等级的划分与评定》(GB 17775—2003)，完成周边景观打造及外部旅游交通标示牌设置，完成内部预约、智慧旅游系统安装，完善引导标识、旅游厕所、旅游商品售卖点等基础设施建设。经重庆市旅游景区质量等级评定委员会专家组评定，成为国家AAA级旅游景区。

【乐和乐都景区建设】 2021年，乐和乐都慢生活庄园装修完成并对外开馆。景区投资5200万元，新建动物馆舍4个，推进娱乐天堂提档升级，完成碰碰车、无动力项目建设及园区内部基础设施维护保养。启动乐和乐都两江酒店升级改造，儿童爬山车项目前期准备、火焰山和古堡酒店招商顺利推进。

【茶山竹海景区建设】 2021年，永川区投资2亿元，完成景区内《十面埋伏》民宿改建、地质灾害治理、生态停车场建设和各主要景点景观提升工作，完成高北片区给排水及市政基础设施、"中国杯"国际定向越野巡回赛事重庆示范基地、宝吉文化公园商业综合体等工程建设，并于2021年5月恢复对外营业。

【松溉古镇景区建设】 2020年7月，永川区投资1.8亿元，实施松溉古镇长期改造规划，包括"两线六点"。两线是"上码头—临江街—正街"和"绍家八字—坳上—太阳沟"两条游线，"六点"即古镇入口、神仙口、玉皇观、天后宫、跃进门、松子山等6个重要节点。在古镇核心区外实施前溪河、后溪河建设景观坝及水联通隧道工程以及公共停车场，提升性重构陈少南故居、马帮议事厅、红色教育基地、新运纺纱厂、油坊、铁匠铺等景点。

【石笋山景区建设】 2021年，石笋山景区投资1亿元，完成孔雀湖酒店和伴山茶宿内部装修并对外营业，完成天星桥坝体、孔弥路扩宽及孔雀湖停车场建设。推进天星桥基础施工和孔雀湖水体整治、碗厂游客接待中心方案设计等。

（区文化旅游委 刘龙宇）

乡村旅游

【概况】 2021年，永川区乡村旅游呈快速发展态势，已从农业观光旅游阶段转向农业观光与乡村休闲并重发展阶段，从单一的农家乐形式逐步向集观光、休闲、度假为一体的复合型业态转变。全区有17个镇、街道，53个村从事休闲农业与乡村旅游。全区有全国农业旅游示范点2个，全国乡

2021年7月26日，中华梨村开园（陈科儒 摄）

村旅游重点村1个（黄瓜山村），市级乡村旅游重点村2个（杨广桥村、梳妆台村），市级特色旅游景观名镇1个（吉安镇），重庆最美乡村1个（石笋山），农家乐（乡村酒店）450余家，“乡村时光”示范点30余家。

【乡村旅游建设】 2021年，黄瓜山乡村旅游区依托6万亩连片梨园及丰富的自然生态资源，建成十里荷香、蓝莓园、葡萄园、草莓园、杨梅园、其中园、百花生态园、怡园花田、飞越丛林、马术公园、黄瓜山养生谷、梦你蔬乡、香薰花湖世界等20余个乡村旅游景点，拥有语鸣度假村、十字坡、黄瓜山大院、梨花寨、梨院、廖氏农庄、诺思农庄等60余个农家乐（乡村酒店）。永川区还有青峰里、五间桃花岛、临江润色农庄、来苏禅稻田园、何埂黄家大院等一批乡村旅游点及乡村酒店。

（区文化旅游委　刘龙宇）

旅游营销

【概况】 2021年，永川区在江北机场T3航站楼登机口、重庆渝昆高速公路永川下道口、永川东火车站出口、解放碑步行街、江北观音桥广场、沙坪坝三峡广场商圈等投放宣传广告，大力宣传重庆市第六届运动会、重庆市第六届残疾人运动会、永川马拉松、永川（国际）茶文化旅游节等节会赛事活动。中央电视台体育频道对永川马拉松进行90分钟直播，强劲宣传永川。编印永川文旅四季刊及茶旅特刊杂志1万册，摆放于重庆政务宾馆及永川各大酒店、景区游客接待中心等。邀请世界围棋冠军、永川城市形象代言人古力拍摄永川区文化旅游形象宣传片，展示永川城市形象、旅游资源、文化特色、旅游商品。

【第九届重庆永川国际茶文化旅游节专题营销】 该活动由中共永川区委、区人民政府主办，以“启航新征程、茶竹满园春”为主题，从4月持续到6月。通过五大主题活动和五大特色活动弘扬茶文化，描绘“茶竹春满园”的永川风情美景。五大主题活动包括第九届茶文化旅游节开幕式及文艺演出、永川区第五届斗茶大会、“茶竹山水旅游·汉服秀芽迎宾”——汉服爱好博主茶旅游、“永远跟党走——欢跃四季·舞动巴渝”重庆市广场舞选拔赛暨2021永川区第八届广场舞展演、“唱支山歌给党听”——永川区庆祝中国共产党建党100周年合唱比赛。五大特色活动包括“茶韵棠城·宋瓷耀晖”——宋代茶盏收藏展、“百年荣光映棠城，丹青茶韵写春秋”——美术书法摄影展暨“永远跟党走”第二十届重庆市美术书法摄影联展永川征选作品展、“建党百年·茶韵永川”——2021年永川区青少年茶艺表演赛、“匠心展示文旅风采·献礼建党百年华诞”——永川非遗产品展、“茶竹永川·欢乐之都”——乐和乐都第七届动物运动会。2021年4月19日，第九届重庆永川国际茶文化旅游节在永川区神女湖公园幸福广场开幕。文艺演出在歌舞表演《花开盛世》中拉开帷幕。开幕式现场还举办“茶竹山水旅游·汉服秀芽迎宾”——“汉服爱好博主茶旅游”主题活动，身着汉服的美女博主现场品茗论道、以茶会友，吸引众多市民驻足拍照。第九届重庆永川国际茶文化旅游节登上微博热搜，由华龙网直播的开幕式实时收看人数超100万人，微博话题浏览次数1131万次。

2021年4月19日，第九届重庆永川国际茶文化旅游节开幕式在神女湖公园幸福广场举行　（彭刚　摄）

【永川春游赏花季专题营销】 2021年春季，永川区通过永川文旅、永川旅游网、茶竹永川网、微博、抖音等平台开展赏花季——“永川花开好”系列宣传活动。以“接住来自五间镇圣水湖的‘桃花运’”“2021永川春游赏花季最全攻略来啦”“青峰里·菜花香—免费看五颜六色的油菜花”“黄瓜山六万亩连片梨花花海盛放”为主题的赏花咨询送到游客眼前，带动区内外市民踏青打卡、巡游品茶，放松心情，享受春光。编发永川文旅官方微信5期，微博50余条，微博话题阅读量累计2771万次。印制2万份春游赏花折页，投放朋友圈广告40万次。赏花季期间，共接待566.83万人次，旅游收入41.56亿元。

【第十二届西瓜旅游文化节暨采果季】 2021年6月1日，永川区五间镇第十二届西瓜旅游文化节暨采果季开幕式在五间镇新建村西瓜专家大院举行。该次活动由五间镇西瓜协会、重庆益保西瓜种植合作社主办，重庆桃博农业开发有限公司、重庆蕊福农食用菌种植有限公司等11个农业企业协办。在开幕式活动中，农业企业主们摆上特色农产品，瓜农们切好香脆甜的西瓜，台上表演精彩文艺节目，开展吃西瓜比赛等活动。《重庆日报》、人民网、中新社、华龙网等报道该次活动。

旅游管理

【概况】 2021年，区文化旅游委督促各旅游经营主体对标《旅游饭店星级的划分与评定（GB 14308—2010）》《旅游景区质量等级的划分与评定（GB 17775—2003）》《旅游度假区等级划分细则（2015年最新版）》做好服务工作，督促各旅游经营主体落实日常疫情防控工作措施。茶山竹海、松溉古镇完成提档升级并恢复开园、开街，完成A级景区、星级饭店年度复核和评定性复核。两次选派区内导游及讲解人员到重庆市大足区、四川省泸州市参加旅游服务技能大赛。

【景区管理】 2021年，区文化旅游委完成对A级景区年度复核。督促各旅游经营主体落实日常新冠肺炎疫情防控工作措施，全年牵头检查旅游企业152家次，出动检查人员320人次，处理旅游投诉电话8起，办理涉旅网络投诉65件。发放价值50余万元的疫情防控物资，5000余份宣传资料。组织景区开展消防应急演练、水上应急救援演练5次，各种高危游乐设施设备应急救援演练10余次，500余人次参加。

【星级酒店管理】 2021年，区文化旅游委依据《旅游饭店星级的划分与评定（GB 14308—2010）》，完成星级酒店年度复核和评定性复核。督促星级酒店落实日常疫情防控工作措施。组织星级酒店开展消防应急演练、水上应急救援演练等。

【旅游行业监管】 2021年，区文化旅游委共出动执法检查人员1543人次，组织和参与部门、相关镇街景区道路专项整治、特种设备、旅游包车治理、景区酒店消防安全、古镇古街消防安全专项整治、疫情防控以及乡村旅游安全联合检查191家次，查找并整改问题94个。开展景区水上救援、森林防火以及单项特种设备安全应急演练10余场次。

【旅游安全管理】 2021年，区文化旅游委统筹抓好全区旅游安全监督管理，牵头成立分管副区长任主任的永川区旅游安全专项委员会，印发《重庆市永川区旅游安全专项委员会组成人员及工作制度》，统筹协调全区旅游景区、旅游饭店、旅行社安全管理工作。在“五一”、国庆等游客高峰时段，编制安全生产“一企一组”工作表、领导划片包干方案，组织干部职工到景区重点部位和网红点，全天候现场应急值守，保障景区安全稳定。全年多次组织召开乡村旅游设施安全专题会，协调解决乡村旅游安全有关问题。聘请第三方机构加强旅游安全检查，组织开展安全隐患排查专项整治。在景区或公共场所植入安全知识宣传内容，让安全生产理念深入人心。

【旅游饭店选介】 2021年，永川区有9家星级旅游饭店。其中，五星级饭店3家，即江鸿国际大饭店、乐和乐都两江酒店、名豪国际酒店。四星级饭店1家，即中华茶艺山庄。三星级饭店5家，即亨通大酒店、川龙大酒店、永川大酒店、桃花源度假酒店、香海温泉度假酒店。

江鸿国际大饭店　占地面积2万平方米，拥有客房和套房304间，700平方米的独立宴会厅，800个餐位，糅合世界各地美食佳肴。有多功能厅、会议室、贵宾接待室、KTV房、健身中心等。

乐和乐都两江酒店　两江酒店是以自然生态休闲度假为主题的五星级酒店。酒店内活泼可爱的尤氏袋鼠、高贵典雅的黑天鹅、灵动迷人的松鼠猴环绕左右，将“人与自然、人与动物和谐共处”的生态主题展现得淋漓尽致。酒店占地面积5万平方米，拥有连排和独立别墅客房106间，设有豪华典雅的中西餐厅、多功能会议中心、金孔雀娱乐会所、室内及室外网球场等，拥有3000平方米的户外草坪。能提供电子商务、专业会展等多项专业服务。

名豪国际酒店　是集政务、商务接待、旅游、会展等多项综合性服务为一体的五星级旅游饭店。酒店拥有285间（套）客房，其中单间90间，标准间152间，豪华套房23间，行政客房17间，四开间套房1间，部长套房1间，总统客房1套。有大中小型会议室6间，包房22间，可接待120桌以上的大型宴会。有239个停车位，有茶座、娱乐中心、健身中心、室内恒温游泳池、浴足保健、商务中心等配套设施。

中华茶艺山庄　拥有豪华客房171间，配有可容纳500人的大型国际会议中心以及茶膳堂餐厅。它是集采茶、制茶、品茶、观赏茶道、茶艺表演、大型宴会、酒店系列服务为一体的多功能场所，也是集旅游度假、大型观光茶园、大中小型会议及附设休闲垂钓、恒温游泳池等娱乐配套项目设施的以茶文化为主体的旅游中心。

香海温泉度假酒店　是集餐饮住宿、水上娱乐、康体休闲、商务会议于一体的三星级旅游饭店。整个酒店环境优美、功能齐全，设有SPA水疗中心、泳池区、土耳其浴区等50余个沐浴池。餐厅内设250个餐位，雅间6个。有客房52间，会议室4个，可同时容纳20人至180人会议及演艺。

【旅游商品】 2021年，永川区旅游商品有永川秀芽、永川豆豉、桢楠药香、松花皮蛋、三峡蝶画、星湖茶酒、小炉红白酒、松溉盐白菜、川东花生、黄瓜山梨、五间西瓜、“五千年”老鸭汤炖料等。在2021中国旅游特色商品大赛上，永川秀芽、永川豆豉获金奖，小炉红白酒获铜奖。在2021“重庆好礼”旅游商品大赛上，永川秀芽、永川豆豉获金奖，小炉红白酒获银奖，永川秀芽、桢楠香品礼盒入选外事礼品，永川区文化旅游委获优秀组织奖。

【旅行社】 2021年，全区有4家旅行社，分别是重庆精诚鸿旅行社有限公司、重庆益兴旅行社有限公司、重庆华联旅行社有限公司、重庆耍吧旅行社有限公司。

（区文化旅游委　刘龙宇）

旅游线路

【概况】 2021年，永川旅游线路以四季为主题，分为春季踏青赏花游、夏季采果纳凉游、秋季休闲欢乐游、冬季养生寻根游，涉及全区主要A级旅游景区、乡村旅游景点，让广大游客能全面了解永川多彩多样的好吃好玩之地。

【四季精华游】 *春季踏青赏花游* 从每年的二月起，永川的桃花、梨花、李花、油菜花等花卉渐次开放，带给游人一整个春季的浪漫体验。第一天上午到五间镇圣水湖桃花岛游玩，赏千亩连片桃花美景，下午到黄瓜山乡村旅游区游玩。黄瓜山6万亩连片梨花盛开，美不胜收。游客可以品酒赏花，观赏万顷梨花开放的盛景，还可以参与“万人梨花宴”“梨树认养”“品黄瓜山山菜”以及“狩猎”等互动活动，体验健康生态的农家生活。晚上住永川梨院，站在房间窗台前，可以将远近花海，鸟语竹涛收进眼底。在一半瓦片一半玻璃构成屋顶的房间里，躺在床上，可以在白天享受到太阳温暖的拥抱。在夜里，则能枕着月儿，细数天上的繁星。第二天上午游玩十里荷香园区，下午去青峰油菜花基地赏连片油菜花。青峰镇的油菜花期为每年2月中旬至3月中旬，每年更有特色油菜花节可以参加，多个主题活动和乡村风情体验，给游客带来全方位的赏花乐趣。推荐美食：黄瓜山山菜、荷香宴、中药山鸡。推荐住宿：永川梨院、桃花源度假酒店。

夏季采果纳凉游 夏季，永川的滋味儿是甜甜的，蓝莓、杨梅、葡萄、西瓜、梨、猕猴桃……从5月底开始持续至8月，每月都有新鲜水果可采摘品尝。第一天去五间镇采摘圣水湖桃花岛脆桃和五间富硒西瓜，黄瓜山乡村旅游区采摘梨、葡萄等。第二天去茶山竹海景区。在竹林深处观景乘凉，品一杯永川秀芽，让步伐慢下来，身心得以舒展。推荐美食：黄瓜山山菜、荷香宴、茶竹宴。推荐住宿：桃花源度假酒店、永川梨院、金盆湖别墅度假酒店。

秋季休闲欢乐游 第一天去AAAA级景区乐和乐都主题公园。在动物世界可体验与雄狮、猛虎、猎豹等擦肩而过的惊心动魄，在娱乐天堂可体验十环过山车、树魔风暴、辛巴达奇航的心跳刺激与充满异域风情的皇家大马戏。夜宿景区内两江酒店，在大自然的环绕下静心入眠。第二天去浪漫情山石笋山，不仅可以观赏风景秀丽的男女石笋峰、碧绿的孔雀湖，还可在3000亩全国绿色有机茶生产加工基地和1000亩优质猕猴桃中体验采茶品茶，采摘猕猴桃的乐趣。推荐美食：梅花鹿肉（景区人工饲养）。推荐住宿：乐和乐都两江酒店或动物主题酒店、情山度假酒店。

冬季养生寻根游 第一天去国家AAA级景区松溉古镇。千年古镇松溉，曾经是重庆市永川区、重庆市荣昌区、四川省泸州市、四川省内江市一带商贾重庆贩运和做生意的物资集散枢纽。镇内拥有十里青石板路，松溉老街蜿蜒曲折，漫步其间，仍能感受到浓郁的古朴韵味。有明清时代四合院、雕楼、吊脚楼、古县衙、皇帝御批祠堂——罗家祠堂、夫子坟、陈公堰等一批历史文化遗迹。第二天去黄瓜山乡村旅游区，吃特色刨猪汤、美味烤全羊，采摘冬草莓、纽荷尔脐橙等。推荐美食：松溉九大碗、黄瓜山山菜、烤全羊。推荐住宿：永川梨院、桃花源度假酒店。

【精品线路游】 2021年，永川区精品线路游有松溉古镇——石笋山两日游、乐和乐都——黄瓜山两日游、茶山竹海——永川都市两日游。

松溉古镇——石笋山两日游 第一天在松溉古镇游玩。漫步古镇的青石板街道，感受昔日松溉“白日千人拱手，入夜万盏明灯”的繁盛，也可以从历史的回眸中，明心见性。第二天在国家AAAA级景区石笋山景区游玩。石笋山属云雾山系，平均海拔700米，森林覆盖率83%，山中绿峦叠嶂，苍松翠柏，山涧湖泊与绿荫相映生辉，是夏季避暑纳凉，冬季观赏云雾的绝美胜地。山上还有3000亩有机茶园与2000亩红心猕猴桃园可体验采摘乐趣。推荐美食：松溉九大碗、梅花鹿肉（景区人工饲养）。推荐住宿：伴山茶宿、情山度假酒店。

乐和乐都——黄瓜山两日游 第一天游玩AAAA级景区乐和乐都主题公园。游客可体验与非洲狮、猛虎、猎豹、黑熊擦身而过的惊心动魄，可观看海豚剧场等表演，可体验吉尼斯世界纪录保持者十环云霄的飞车、全球第四套金刚、60米高的蹦极等30余套具有国际、国内一流水平的大中型机动游乐设备带来的独特感官刺激。第二天游玩黄瓜山乡村旅游区。春天可以赏6万亩连片梨花、纯白李花、七彩茶花等。四季皆可采摘梨、蓝莓、葡萄、草莓、脐橙等水果。推荐美食：乐和乐都两江酒店特色餐饮、黄瓜山山菜。推荐住宿：乐和乐都两江酒店、动物主题酒店、永川梨院。

茶山竹海——永川都市两日游 第一天去AAAA级景区茶山竹海。景区3万亩连片茶园和5万亩竹海交相辉映，形成独特的茶竹共生景观带。景区森林覆盖率97%，负氧离子含量每立方厘米2万个，是当之无愧的“天然氧吧”和养生佳境。第二天在永川城区可在神女湖、兴龙湖等市民公园散步休憩，也可到国家二级博物馆、AAA级景区永川博物馆参观。推荐美食：茶竹宴、粉蒸兔。推荐住宿：金盆湖别墅度假酒店、江鸿国际大饭店、万枫酒店、亚朵酒店。

（区文化旅游委　刘龙宇）

金融业

综　述

【概况】　2021年，永川区金融业运行总体稳定。全区共有金融机构74家，其中银行20家，保险公司30家，保险中介10家，证券机构3家，小额贷款公司5家，担保公司2家，典当公司4家，金融机构数量居渝西地区第一名。

【金融产业招商引资】　2021年，英大财险和重庆农担公司永川支公司获批成立。区金融办主动对接各金融机构，接待4家银行到永川拜访，促成3家银行与区政府签订合作协议。

【金融风险防范与处置】　2021年，永川区扎实推动《防范和处置非法集资条例》落地，区政府明确区金融办为防范和处置非法集资牵头部门，各镇街明确工作人员，执法人员已办理行政执法证。区金融办组织集中宣传4次，各镇街宣传工作有序推进。加强风险排查处置，排查发现非法金融活动风险21起，全程督促跟踪问题整改，发布风险提示1则。红钻资本案巴中项目达成还款协议、陕西启辰及扶风项目有序推进，贝宁案达成还款协议并按进度有序还款，顶信案再次组织清退。资产协调和追赃挽损成效显著，达成还款协议8160万元，追收回现金3060万元。落实专班责任，强化重点群体重点人员管控。“中国共产成立100周年”庆祝活动期间未发生异常情况。

【小微企业融资】　2021年，区金融办稳抓重点项目建设，确保项目资金到位和项目贷款资金流转。落实普惠小微企业贷款延期还本付息政策，助力市场主体解决资金问题。人民银行永川中心支行在永川区发放央行再贷款、再贴现资金13.7亿元，加权平均利率5.1%。督导金融机构累计为永川区8805家普惠口径市场主体办理贷款延期还本付息46.19亿元，发放普惠小微信用贷款25.3亿元，普惠口径延期67.27%。新培育普惠口径首次贷款客户1358户，新增普惠口径首次贷款客户2108户，新增普惠口径首次贷款金额10.35亿元。落实便捷服务中小企业融资工作机制，发挥民营小微企业首贷续贷中心作用，引导金融机构向民营小微企业投放贷款。

【银行服务发展】　2021年，区金融办发挥“金企政”对接协调工作机制作用，解决金融工作中的疑难杂症。通过线上“银行行长微信群”，收集政府招商、重点项目建设、公共资源交易等资金需求信息，提升银行获取政府招商、重点项目建设、公共资源交易等资金需求信息便捷度，促进银企对接。做好金融机构服务工作，促成银行与政府签订合作协议，提高整体授信额度。开展日常化“政银企”对接活动，通过线上与线下相结合、一般与重点相结合、常态化响应与应急式响应相结合的方式畅通银企供需信息。

（区金融办）

【支持实体经济发展】　2021年，中国银行保险监督管理委员会永川分局（以下简称“区银监分局”）大力推动成渝地区双城经济圈建设，依托“银政企”对接平台，引导银行机构主动对接区发展改革委、区经济信息委等部门，掌握区内重点支持领域、重大项目及重点企业清单，并以区内科技产业为抓手、科技型支行建设为载体，进一步扩大“价值系列”贷款覆盖面。紧紧围绕《成渝地区双城经济圈建设规划纲要》赋予永川区“西部职教基地”“现代制造业基地”的功能定位，组织区内多家银行机构召开专题座谈会，就金融支持职业教育发展进行交流讨论，深化共识。全年区内银行对成渝地区双城经济圈重点项目信贷支持62.83亿元，对重点行业投放贷款7897笔，金额50.05亿元；累计发放科技企业知识价值信用贷款150笔，金额2.98亿元；累计发放商业价值贷款15笔，金额3555万元。

【普惠金融】　2021年，区银监分局促进普惠金融扩面增量。贯彻落实金融支持经济持续恢复和高质量发展要求，督促银行机构加大实体经济信贷供给，落实延期还本付息政策。引导银行机构制定小微信贷计划，提高“首贷、续贷、信用贷”比例，合理确定贷款利率，加大减费让利力度。全年为5170家次企业续贷28.77亿元，为2093家次企业延期、展期15.34亿元。区内普惠型小微贷款余额80.69亿元，比年初增加21.9亿元，增速37.25%，贷款户数1.23万户，比年初增加2214户。普惠小微贷款利率5%，保持稳定合理水平。

【金融助力乡村振兴】 2021年，区银监分局联合区扶贫办等单位印发《关于做好过渡期脱贫人口小额信贷工作的通知》，召开工作推进会，做好政策宣传解读。组织乡村振兴座谈会，督导机构找准乡村振兴着力点，强化金融供给，将永川区南大街街道八角寺村纳入乡村振兴示范试点，通过"政府+银行+保险"联合模式，推进乡村振兴示范试点建设。引导银行机构科学制定涉农贷款和普惠型涉农贷款信贷计划，持续加大涉农贷款投放。全年累计发放脱贫人口小额信贷65.9万元，为27户建档立卡脱贫户和边缘易致贫人口提供信贷支持。区内银行机构涉农贷款余额170.49亿元，比年初增长20.8亿元，增速13.9%。

（区金融办、区银监分局）

中国人民银行永川中心支行

【概况】 2021年，中国人民银行永川中心支行（简称人民银行永川中心支行）与国家外汇管理局永川中心支局合署办公，负责贯彻执行货币信贷政策，提供金融服务，依法维护金融稳定，促进辖区经济金融健康发展，履职范围为永川区、大足区、荣昌区，下辖无县支行。内设办公室（科技科）、货币信贷管理科（金融稳定科）、调查统计科、会计财务科（反洗钱科）、支付结算科（营业室）、货币金银科、国库科、人事科、征信管理科、外汇管理科、宣传群工部、纪委监察室、保卫科、后勤服务中心等14个科室。

【货币政策传导】 2021年，人民银行永川中心支行促成永川区金融机构在重点项目、乡村振兴、科技赋能、央行再贷款+、创业人员、脱贫人员等领域与36户市场主体签约，授信金额36.6亿元。推动银行机构为5080余户市场主体新增授信108.7亿元，发放贷款75.6亿元。先后5次召开人民银行再贷款政策落实推进会和宣讲会，督促市级法人银行3家分支机构与1家村镇银行加大对央行再贷款资金投放力度。实施再贷款示范基地建设，在永川区创建示范基地1个，发挥引领作用。央行再贷款资金发放13.62亿元、比上年增加6.7亿元，惠及2223户市场主体、比上年增加1059户，金额和户数比上年分别增加96.82%、90.98%。永川区银行机构共办理延期贷款本金39.13亿元，惠及市场主体5862户，其中普惠口径本金延期率67.27%，占企业延期申请99.95%。信用贷款23.35亿元，其中普惠小微信用贷款15.67亿元，占同口径新增贷款的21.96%，惠及普惠小微企业3339家。

【地方金融维稳】 2021年，人民银行永川中心支行牵头制定《永川区"十四五"规划纲要和二〇三五年远景目标》中的金融发展规划。将金融风险防控作为金融工作重点内容，明确将"建立健全金融风险防控体系，完善金融监管体制机制，健全金融风险监测、评估、预警和处置体系"等内容纳入永川区政府"十四五"期间重点工作。建立健全月度时序数据库，按月收集村镇银行月报统计报、相关指标变化异常情况表，对非正常波动加以监测预警。持续开展银行机构的风险监测分析。按季度开展地方政府融资平台风险监测，梳理辖区融资平台在公开市场发债情况，对即将到期的债务进行提示。开展恒大在永川项目等风险排查工作，对恒大事件风险对永川的影响进行研判。及时妥善应对三峡银行永川支行谣言风险事件，第一时间组织召开突发事件应急处置领导小组会议，指导三峡银行采取行动，避免发生挤兑等极端金融风险事件的发生。按照风险差别费率新机制，依法合规开展定性指标说明、费率调整依据记录、红线指标调整情形认定，完成全年存款保险保费归集工作。认真审核辖内投保机构保费基数，督促投保机构及时、有序、足额缴纳保费。按照评级委员会议事规则和内部操作规程，统一开展辖区法人金融机构央行评级工作。

【货币发行及现金管理】 2021年，人民银行永川中心支行保障辖区现金供应。永川区投放现金29.92亿元，回笼现金27.36亿元，净投放现金2.56亿元。永川区全年收缴假币42.54万元，其中公安机关收缴假币16.35万元，金融机构收缴假币26.19万元，警银比为62.44%。全年累计开展12场人民币知识和反假货币为主题的宣传活动，组织辖区各商业银行开展座谈宣传、走访宣传，辅导公众掌握"如何识别真假币""人民币众多的防伪细节""收到假币怎么办""假币犯罪怎么罚"等反假人民币知识点，发放宣传折页、宣传手册等10万余份。

【国库管理】 2021年，人民银行永川中心支行做好国库资金的收纳、报解和支拨等工作，确保国库资金安全和业务系统运行安全。国家金库永川区中心支库全年办理预算收入82万笔、213亿元，支出6.59万笔、216亿元，退库5.54万笔、11亿元。加强与财税部门沟通协调，办理个人所得税汇算清缴、增值税留抵退税等业务。全年共办理个人所得税退库4.8万笔，金额2273万元。支持财税改革，推进社会保险费征缴流程的优化工作，按照规定时间全程电子化拨付社保资金。组织全辖国库配合和参与地方财政预算管理一体化平台系统的测试工作，实行"全流程"业务测试。

【外汇监管】 2021年，人民银行永川中心支行促成《重庆市永川区全面深化服务贸易创新发展试点实施方案》成功落地，支持永川区综合保税区、自贸联动创新区成功获批，参与永川区推进企业上市工作。指导和协调银行为重庆理文造纸有限公司等7家外商投资企业办理直接投资外汇登记，新增注册资本4500万美元，指导重庆理文造纸有限公司办理利润转注册资本3000万美元，获得税收减免人民币

1900万元。持续深化“外汇服务绿色直通车”“汇银企”对外综合服务平台，开展“汇率避险”专项行动，开展便利化政策培训、“汇率中性”等宣讲8次。完善银行政策执行督导机制，对银行落实便利化政策进行督导，对市场主体进行业务回访20余次。多次开展银企座谈会，推动高新技术企业500万美元外债便利化额度试点，指导银行推进落实资本项目资金支付便利化政策。深化科技赋能，提升跨境融资和结算便利化水平。开展“促进个人外汇业务便利化”专项行动，提升人民群众办理个人外汇业务的便利感、获得感。全区共134家企业发生涉外收支交易，比上年增加10家，21家企业收支规模超过500万美元，比上年增加3家，收支总额共计14.6亿美元，占收支总额的95%。5家企业收支规模超过1亿美元。永川区累计实现涉外收支15.3亿美元，比上年增长54%。其中，涉外收入10.1亿美元，比上年增长80.4%；涉外支出5.2亿美元，比上年增长20.9%；跨境资金净流入4.9亿美元。

【支付结算管理】 2021年，人民银行永川中心支行召开银行账户服务专项工作会议10余次，对全辖389个银行网点开展暗访（含交叉暗访），对问题予以通报，要求银行机构限期整改，对未按要求整改或整改不到位的机构严肃追责。召开移动支付便民工程会议，明确工作要求，聚焦乡村振兴及“我为群众办实事”，辖内208个助农取款点全部完成升级改造。全年新发放乡村振兴卡2.14万张。组织银行机构布设小微企业绿色通道，向小微企业宣传推广小微企业简易开户服务。梳理群众关切的关于个人银行问题，统一辖区银行机构答复口径。提升老年人支付服务便利化水平，满足老年人支付服务需求。推进银行账户风险防控，印发《中国人民银行永川中心支行全民反诈专项行动工作方案》。全年召开银行账户风险防控专题工作会议15次。到辖区公安部门联系工作10余次，特邀公安机关反诈专家分两期对银行机构一线柜员及风险防控人员进行培训，1000余人参加培训。全年累计开立单位银行结算账户7058户，销户4195户，其中小微企业开户6563户，销户4010户。单位账户共40558户（其中基本户32374户），未发生账户服务方面的投诉举报事件。

【金融统计】 2021年，人民银行永川中心支行加强调查统计管理。利用电子邮箱、QQ、微信等进行培训与疑难解答，3家法人银行、37家小额贷款公司、47家地方金融组织数据报送“零差错”。确保100余家企业，涉及10余项调查，报表379张、2.4万余项数据指标的填报质量，守住数据风险底线。完成《重点行业信贷统计表》《普惠金融情况统计表》14类数据整理成册工作。做好金融机构资管产品数据的初审、复审工作。梳理地方金融支出全套逻辑关系，采用VBA语言编程，开发“典当行”逻辑检验公式，助推地方金融组织统计落实落细。全年召开“座谈会、走访调研”20次，涉及政府部门81人次、银行机构70人次、企业26户，挖掘分析数据变化内在原因，先后提供快速调查报告40余篇、调研案例80余例。

【征信体系建设】 2021年，人民银行永川中心支行优化征信查询服务。共布设7台个人信用报告自助查询机，其中永川中心支行4台，永川行政服务大厅工商银行网点2台，永川农行和中信银行各1台。永川中心支行征信服务大厅新增1台企业信用报告自助查询机，是渝西地区首台企业自助查询机。永川区征信业务查询总量59906笔，其中个人查询58380笔，企业查询1526笔。企业异议累计处理5笔，个人异议累计处理26笔；国家机关查询112笔。接受现场和电话咨询5.1万余人次。共收征信查询费45645元，其中现金收费4085元，二维码收费41560元。在6月14日“信用记录关爱日”前后一周开展主题宣传活动，进农村49个，进企业45家，进学校11个，进社区93个，进机关11家，线上宣传活动浏览54689人次，发放宣传手册、纪念品8000余份。走进重庆财经职业学院开展“金融知识普及月 金融知识进万家 争做理性投资者 争做金融好网民”集中宣传教育活动。推进社会信用体系建设，培育及评定信用村59个。开展永川区“优质诚信企业”评定工作，重庆长城智能科技有限公司等85家企业被评为“优质诚信企业”。

【金融消费权益保护】 2021年，人民银行永川中心支行成立金融消费权益保护工作评估小组，负责组织领导金融消费权益保护机构评估工作。全年完成对辖区银行机构的评估工作，及时通报评估结果，督促各银行机构整改落实，并将评估结果作为综合评价、行政执法以及差别化监管的重要参考依据。开展金融消费权益保护宣传活动，举办2次反假货币有奖竞答活动、1次征信知识互联网有奖答题活动、1次“央行支付 服务大众”微信答题竞赛，推动举办永川区“青春在行动，反诈我先行”情景剧大赛。与“永川金融”“渝西都市报”等官方微信公众号合作，推送金融知识、《传递正能量 抵制网络金融谣言》动漫、宣传活动动态等内容40余期。向《金融时报》“金融消费权益保护内刊”“普惠金融专刊”投稿10余篇。

【金融消费纠纷调解室】 2021年9月8日，人民银行永川中心支行金融消费纠纷调解工作室入驻永川区社会矛盾纠纷联合调处中心，并正式挂牌运行。制定调解工作室和调解员管理办法，完善调解室基础设施。建立金融消费纠纷调解员档案和人才库，为调解员办理人民调解员证书，定期对调解员开展金融知识与调解技能培训。

【普惠金融服务】 2021年，人民银行永川中心支行推进“1+2+N”普惠金融服务到村基地全面铺开。推动建立永川中心支行统筹统揽、地方金融办组织协调、区农业农村委支持配合、银行机构担当主力的“四级责任机制”。通过多次组织召开调度会、推进会、座谈会，全面推进辖区“1+2+N”普惠金融服务到村基地建设。截至2021年12月，永川区建成150个，覆盖率72.46%。累计发放各类贷款

209.59亿元，接受各类投诉咨询178次，开展金融知识宣传1950余次，兑换零钞和残损币1.85亿元，小额取现5880万元。深化动产融资服务，推动重庆理文卫生用纸制造有限公司与中征应收账款融资服务平台签订对接合作协议。动产融资统一登记平台累计注册企业用户74户，应收账款融资服务平台累计注册企业137户，累计服务中小微企业利用应收账款融资金额90.9亿元，其中，2021年融资金额22.6亿元。（人民银行永川中心支行）

银　行

【概况】　2021年，永川区共有银行机构20家，营业网点181个。全区银行业总资产1072.61亿元，比上年增长16.16%，增速高于全市水平4.43个百分点，渝西地区增速第2。金融机构人民币存贷款余额917.5亿元，比上年增长15.3%。其中，住户存款655.9亿元，比上年增长14.0%。金融机构人民币贷款余额715.9亿元，比上年增长6.6%。其中，个人贷款349.9亿元，比上年增长9.5%。人民币存贷比78.0%。

【银行业监管】　2021年，区银监分局对辖区内法人银行经营贷款流入房地产领域开展现场督查，并要求针对存在的问题逐一落实整改。主动向区政府报送法人银行年度监管工作报告，加强沟通联动，凝聚工作合力。开展法人银行2020年度监管评级，辖区内法人银行完成三年达标升级规划中监管评级不低于3级的要求。加强房地产贷款集中度管理，督导机构认真落实上级压降和控贷计划，保障合理住房需求。截至2021年年末，辖区内不良贷款余额4.3亿元、不良率0.6%，比上年分别下降2.6亿元和0.42个百分点。全年共处置不良贷款5.76亿元，高于上年不良贷款处置数。辖区内银行机构房地产贷款集中度达标18家，占比90%，个人住房贷款集中度达标16家，占比80%。

（区银监分局）

【中国银行股份有限公司重庆永川支行】　2021年，中国银行股份有限公司重庆永川支行有在岗员工113人，设立综合管理部、风险内控部、公司金融部、个人数字金融部、营业部5个部门，下辖萱花路支行、汇龙支行、人民广场支行、兴龙湖支行、体育中心支行5个经营性支行。设有泸州街、西大街、大兴街3个离行式自助银行。在重庆市农业机械化学校、重庆枫叶国际学校、重庆医科大学附属永川医院设有离行式ATM机各1台。全年号召全行员工购买帮扶产品6万余元，投放扶贫贷款1000余万元（比上年度新增200万元）。为3户受疫情影响较严重的民营普惠型企业办理贷款延期业务，合计金额1500万元。全年投放民营企业授信4.39亿元。普惠金融业务余额较年初新增6903万元，计划完成率101.13%。积极配合永川地区经济发展战略，新增全口径授信客户26户，加大对信贷投放和维护力度，助力企业做大做强。授信支持永川区民生工程——老城片区（一期）棚改融资项目，使得老城换新颜。截至2021年年末，全量金融资产54.90亿元，人民币存款日均余额45.86亿元，比年初新增2.61亿元，增幅6.03%。人民币贷款时点余额30.16亿元，比年初下降2.92亿元，降幅8.83%。

【中国农业银行股份有限公司永川支行】　2021年，存贷规模222.45亿元。各项时点存款114.48亿元，比上年增长12.61%，完成分行计划109.59%。各项日均存款109.02亿元；各项贷款107.97亿元，完成分行计划7.37%。截至11月末，营业收入35041万元，比上年增加1280万元，增幅3.79%，完成序时计划101.93%。不良贷款余额4137万元，比上年减少6282万元，不良占比0.38%，比上年降低0.59个百分点。其中，法人客户不良贷款比上年减少4529万元，余额为245万元。不良资产处置8242万元，完成分行计划103.30%，已核销贷款处置回收1216万元，完成分行计划120.12%。

【工商银行永川片区支行】　2021年，工商银行永川片区支行共有在职员工271人，平均年龄43.9岁。共有营业网点16个，其中下辖荣昌、大足两个县域支行营业网点8个，永川城区直管网点8个。有财富管理中心1处，智能银行16处，离行式自助银行17处，各类ATM机具119台。截至2021年年末，经营规模357.85亿元，比年初增加18.39亿元，增长5.41%。年末不良贷款1.52亿元，与上年同期持平，不良率0.74%，比上年下降0.05个百分点。各项存款余额153.65亿元，比年初新增5.03亿元，增长3.38%。其中，储蓄存款余额121.2亿元，新增13.14亿元，连续三年新增保持在10亿元以上。各项贷款余额204.2亿元，比年初新增13.37亿元，增长7%。公司贷款余额137.43亿元，比年初增加9.02亿元，增长7.03%，个人贷款余额66.77亿元，比年初增加4.34亿元，增长6.96%，普惠贷款余额14.85亿元（人行降准），比年初新增4.45亿元，增长42.79%。

【建设银行重庆永川支行】　2021年，建行重庆永川支行内部设立7个职能部门，下辖8个营业网点，自助银行9个，自助机具及设备85台，在各乡镇设立裕农通服务点387个。加速推进各重点项目建设，实现独家主承惠通公司短融5亿元，联席承销永川兴永公司中票7亿元、超短融4亿元，联动建信理财子公司投资债券4.5亿元。推动成渝地区双城经济圈建设，全年累计为江泸北线、永津等高速公路建设发放贷款3.8亿元，累计为区内各项重点项目建设提供信贷支持25亿元。普惠贷款余额8.38亿元，比年初增加2.85亿元，贷款户数1509户，比年初增加205户。为重庆市永川区三峰环保发电有限公司发放贷款1100万元，累计发放2.85亿，推动生活垃圾焚烧发电设施建成投用。为重庆环投临江河水污染治理有限责任公司发放贷款2500万元，累计发放2.3亿元。截至2021年年末，建行重庆永川支行一般性存款余额101.09亿元，各项贷款余额106.07亿元，不良贷款额4349万元，不良率0.41%，与上年持平。内控合规考核居分行第8位。全年无案件、无重大违规违纪事件发生。

服务经济发展 建行重庆永川支行是金融系统内首家上线区财政统一缴费平台的银行，为全区108所中小学校线上缴费提供便捷金融服务。系统内首家与区农业农村委签订三资平台协议，首家与区农业农村委暨乡村振兴局签订战略合作协议，解决农村地区融资渠道难，融资渠道贵问题。聚焦高标准农田建设，构建“金融+政务+生产”为一体的乡村综合服务平台。系统内首创“裕农通+社保待遇资格认证”“裕农通+税务局居民养老批扣及个人医保征收服务站”功能上线，方便广大市民，提高政务办事效率。

【交通银行股份有限公司重庆永川支行】 2021年11月30日，交通银行股份有限公司重庆永川支行（以下简称永川支行）对公日均存款为24.49亿元，比年初增长12.28亿元。新开户240户，完成全年任务107%。达标户555户，比年初增长220户，完成97.78%。对公存款360685万元，比年初168672万元增加192013万元，增幅113.84%。永川支行抢占重要节点，灵活运用各类产品，科学客户资产配置。截至2021年12月末，狭义储蓄存款59835万元，比2020年12月末49295万元增长10540万元，增幅21.38%。资产总额413949万元，比上年增长38.62%。全年实现净利润5452万元；不良贷款率0.01%。

服务实体经济 截至2021年12月31日，永川支行两增实质性普惠贷款户数比年初净增39户，两增实质性普惠贷款余额比年初净增8744万元，完成全年任务117%。为永川3家园区平台公司贷款余额为140636万元。长城汽车集团分、子公司在永川支行开立基本账户32家，零部件等配套企业开立账户7家，时点存款累计30亿元，日均存款20亿元。为重庆长城系列公司员工办理8000余张工资卡。高度重视长城系列公司票据池业务，每月中下旬为长城系列公司派专职客户经理集中开票，为长城汽车办理26亿元票据贴现业务，刷新重庆市场票据贴现最大单。成立普惠业务攻坚团队，以中铁二十一局、长城汽车为核心企业，紧密联系园区中小企业客群。定期召开普惠专题会，明确完成时限、目标客群、对接人员、方案方法等，每日汇总、督促进度，完成全年普惠任务。“1+2+N永川区胜利村普惠金融基地”落地。

【重庆农村商业银行永川支行】 2021年，重庆农村商业银行永川支行高度重视储蓄存款，出台考核方案，明确奖励办法，推动储蓄存款稳步增长。注重重点产品推广，公司业务重点产品手续费收入210万元，在总行旺季营销活动中获评重点中收产品“优胜奖”。抓住商户业务作为零售转型的突破口，在6月专项行动中新增商户4197户，成为全行第12家商户超万户分支行。完成永川区284户烟草商户对接，全行排名第二。累计发展有效商户13239户，商户新增8268户，完成全年任务142.3%。累计交易金额16.71亿元，比年初增长16.41亿元；累计交易笔数81万笔，比年初增长76万笔。在11月的保险产品预售工作中，完成销售额1657.25万元，在全行保险预约销售排名第一。截至2021年12月底，销售金额3197.02万元，代理保险业务销售竞赛活动完成率113.69%。支行聘请专业的三方公司，通过现场指导、统一培训、实战演练等方式提升网点整体营销能力，提升机构负责人、理财客户经理、商户经理、综合柜员专业能力，分阶段、分岗位、分主题的开展网点转型，将人人会营销，人人懂营销融入日常工作。参加重庆市银行业窗口服务提升竞赛专项活动。重庆农村商业银行永川支行营业部在现场环境、服务档案、监控录像和服务创新等方面综合评判中脱颖而出，获得一等奖。截至2021年12月末，重庆农村商业银行永川支行各项存款余额220.85亿元，比年初增长13.19亿元。其中，储蓄存款余额191.79亿元，比年初净增18.44亿元；对公存款余额29.06亿元，比年初下降5.24亿元。各项贷款余额119.41亿元，比年初净增22.09亿元。不良贷款余额4323万元，比年初下降787万元，不良贷款占比0.36%，比年初下降0.17个百分点。完成“两增两控”监管目标，实现各项经营收入70901万元，其中中间业务收入4450万元。

贷款业务 重庆农村商业银行永川支行高度重视线上贷款发展，加大线上贷款考核力度。开展“渝快贷”进单位活动，利用利率优惠活动大力推广“渝快贷”。截至2021年12月末，“渝快贷”余额16043万元，比年初净增7521万元，线上贷款覆盖率为47.79%。小微条线贷款余额37.25亿元，比年初净增5.17亿元，任务完成率101.8%。其中，个人经营性贷款21.85亿元，比年初净增3.65亿元；对公贷款余额12.63亿元，比年初净增1.15亿元；贴现余额2.77亿元，比年初净增0.37亿元。

合规经营 2021年，重庆农村商业银行永川支行健全合规体系网，落实全面风险管理。加强各类风险信息收集与分析，及时传达与学习。不定期召开风险分析及案防联席会，扩大参与人员层级覆盖面，多渠道收集、梳理重点领域风险及内控薄弱环节，及时下发风险提示，落实整改，实现风险识别、内控管理、整改规范循环提升。坚持对重大事项及各类风险的日常监测和报告，加大重要节点检查力度，确保检查到位、信息反馈到位，并通过“走出去、请进来”强化员工风险处置技能培训与演练，提高处置能力。制定、修订制度办法21个。在风险防范及处置方面，加大与专业机构合作，有效降低信用风险及法律风险。全年通过资产批量打包转让，成功化解4笔公司类不良贷款，金额合计6390万元。在会出业务管理方面，坚持做好账户管理，前移风险端口。加强反洗钱管理，落实风险管控。深化业务检查，规范操作行为。优化科技信息管理，保障系统稳定。在财务管理方面，强化费用管控，全年消防维保、食堂外包、业务专线租用、绿化、房屋租赁、水电煤气油费等项目的投入费用均比上年有不同程度下降。在安全保卫方面，不断加强物防、技防设施建设，开展内外部联合演练，按季召开安全工作联席会、安全分析研判会，推动员工队伍安全意识与业务发展节奏的完整“合拍”，在区公安局和区银监分局联合组织的第七轮安全评估中得分96.28，比第六轮评估提高0.8分。以“违规少绩效多”为原则，根据岗责及履职重心差异，区别设定员工内控绩效考核标准，合理量化部门履职考核标准，设置落实禁止性规定奖、自查自纠提升奖励、检查监督质效奖、问题整改质效奖，最大程度鼓励全员主动合规，参与内控管理。鼓励一道防线自查自纠，二道防线加强培训、辅导与检查，三道防线重点突出再监督，形成良好的防线监督机制。同时围绕审计成果转化，加强整改促提升。

【重庆银行永川支行】 2021年，重庆银行永川支行有2个网点，设立7个部门，有员工39名。截至2021年年末，存款余额36.84亿元，比年初增加4.83亿元，贷款余额27亿元，比年初增加1.86亿元。另有金融市场业务43.4亿元，比年初减少0.91亿元。不良贷款1300万元，不良率0.49%，资产质量水平整体良好。2021年荣获“永川区金融支持稳企业保就业先进银行”称号。

服务实体经济　2021年，重庆银行永川支行落实金融支持实体各项政策，新增贷款中实体企业贷款投放占比为83.4%（不含房地产），其中制造业贷款占比35%。借助政银平台、大数据和互联网等金融科技解决小微企业融资难问题，加大投放普惠小微信用贷款，全年累计投放1.5亿元。支持小微企业获得低成本贷款3.14亿元，成功创建“凤凰湖产业园——央行再贷款示范基地”。对暂时遇困的企业，做到应延尽延，延期率63.5%。主动降低企业融资成本，普惠小微企业贷款平均利率4.78%，比上年下降40BP。与区民营经济中心联合创建“1+5+N民营小微企业和个体工商户金融服务港湾”，完成8个“1+2+N普惠金融服务到村”基地建设。

优化服务和防范风险　2021年，重庆银行永川支行及其控股的融资租赁公司对区属国有企业授信余额56.6亿元，比年初新增7.4亿元，支持永川区重点项目授信4.9亿元。与永川区政府签订总体合作协议，在资源投入、应急响应等方面达成共识。办理重庆银行首笔境内居民特殊目的公司外汇登记备案业务。为防范电信诈骗，对3万余个账户进行风险排查，堵截异常开卡87人。履行反洗钱义务，加强反洗钱管控，反洗钱分类评级为A级。以“3·15消费者权益保护日”、金融知识进万家等活动形式，开展反电信网络诈骗、反假币等金融知识宣传，录制抵制买卖银行卡、人民币知识宣传视频作为宣传素材。到红旗小学大南校区、来苏小学、重庆智能工程职业学院、重庆财经职业学院等学校，开展金融知识宣传活动60余次。

【重庆永川北银村镇银行股份有限公司】 重庆永川北银村镇银行股份有限公司是由北京银行作为主发起人，在永川区发起成立的一家独立法人银行。以根植永川、服务“三农”、服务小微企业为经营宗旨。2021年9月在老城区胜利路街道辖区设立第三家支行——胜利路支行，在永川区共设立营业网点4个。截至2021年12月末，共有员工60名。全行各项存款余额为8.05亿元，比年初增加1.76亿元。贷款余额为6.55亿元，比年初增加1.25亿元。存款账户数18755户，比年初增加6062户。贷款户数1249户，比年初增加302户。全年无不良贷款及案防、安保责任事故发生。

拓宽信贷投放渠道　由于受到新冠肺炎疫情及全球经济下行的影响，国家延长两项直达货币政策，重庆永川北银村镇银行股份有限公司积极响应政策，对符合要求的存量客户办理延期，对符合基本准入条件的信贷客户发放信用贷款。加强与重庆不动产融资担保有限责任公司的业务合作，优化“融银贷”的业务流程。建立与重庆文化投资融资担保有限责任公司业务合作关系，加大个人经营性贷款的推动力度。推进经营转型，坚持支农支小的战略思路，对有贷款需求的客户服务跟进到位，创新支持小微、“三农”的“增信贷”“先锋贷”“精英贷”等贷款产品。灵活运用非标准抵押物担保方式推出林权抵押融资贷，精准投放信贷资金600万元。

零售业务转型　2021年，重庆永川北银村镇银行股份有限公司推进“零售发展战略”，开展零售营销工作。截至2021年12月末，零售存款余额为4.74亿元，比年初增加1.97亿元，增长71.12%。开展“迎新春闹元宵”“女神节”“端午邻里节”“中国共产党成立100周年联欢”“重阳节送温暖”等主题营销活动。与永川区各类单位合作，为客户提供金融法律知识宣传、健康养生主题课程、幼儿财商培养等非金融服务。全员开展外拓营销工作，进乡镇、进企业、进社区、进小区、进菜市场开展零售业务营销宣传活动。营业网点建立“温情服务”理念，践行“真诚，所以信赖”企业文化，提升服务质量，重点服务稳定的老龄客户群，建立稳固的客户群关系。在朱沱镇建成4家普惠金融到村基地，联合9家“永川北银普惠金融服务站”累计开展金融法制大讲堂进社区、支农支小助力贷款进社区和惠农存款进村社等活动30余次，参与群众累计1200余人。

风险管理　健全内控制度，规范业务经营。随着业务发展以及内控管理需要，制度体系得到完善，已有制度300余项。按季组织召开全面风险会议，定期开展对全行全面风险状况的监测、分析和报告。全年无重大风险事件发生。持续加强资产质量管控，加大不良贷款清收力度。成功收回不良贷款5笔，涉及金额116万元。全年累计清收不良贷款141.77万元，余额388万元。开展“内控合规管理建设年”活动和内控管理检查工作。重视案件防控，积极开展案防培训，全员开展家访工作。增设安全保卫部，强化安全保卫工作。紧紧围绕风险管控和经营目标开展审计工作。全年共开展审计项目55项，其中专项审计23项，后续审计17项，经济责任审计15项。迎接北京银行审计组审计检查，以及人民银行永川中心支行和区银监分局的现场检查，配合开展问题整改，加强内部管理。

【邮政储蓄银行永川区支行】 2021年，邮政储蓄银行永川区支行开展一人多账户清理工作，全年清理4346

人、17338户。对105户涉案账户全部进行有效管控。走进双石镇、永川商贸城、重庆科创职业学院、重庆文理学院、永川职教中心等开展以反诈骗拒赌为主题的宣传活动，共发放各类宣传折页4000余份。督促消费者权益保护各项工作在网点执行落地，各网点按季度更新产品信息目录，对相应产品信息进行有效公示。规范投诉流程，网点在醒目位置公示投诉电话及邮箱，办公室处理信访投诉情况，各网点建立投诉管理台账。组织进社区、进商贸区、进校园开展金融知识宣传教育。邮政储蓄银行永川区支行存款业务、小企业贷款业务比上年有突破，公司存款规模比2020年上升13位，小企业贷款结余规模比2020年上升2位。开展优化账户服务工作，简化小微企业开户流程，并减费让利，服务于小微企业等。截至2021年12月末，公司存款余额2.3亿元（不含同业存款1.07亿元），时点余额比年初增长6808万元，规模全市排名第12位，比年初上升13位。月日均余额1.7亿元，年下降572万元，比年初下降16%。年日均余额1.78亿元，年增2545万元，完成全年计划（3500万元）的73%。累计发放小企业贷款1.23亿元，结余1.39亿元。利息净收入2.41亿元，比上年增长14.06%；净利润6711.75万元，比上年减少12.36%。资产负债规模稳定增长，各项存款余额152.20亿元，比上年增加18.60亿元，比上年增长13.92%。各项贷款余额35.86亿元，比上年增加4.84亿元，比上年增长15.60%。

个金业务　2021年，邮政储蓄银行永川区支行个金业务稳步推进，收入完成超预算进度，保险转型实现突破。截至2021年12月末，个人储蓄余额149.9亿元，该年新增余额17.87亿元。代理保险销售4.26亿元，比上年下降20.16%，总销量居全市第5位，其中长期期交保费累计销售1.37亿元。快捷绑卡自营累计完成8921户，目标完成率81.10%，其中借记卡绑卡6398户，占比71.72%。全年快捷交易金额13.74亿元，目标完成率102.34%。结存卡量共计87.94万张，结存绑卡活跃率为40.17%，其中中青年活跃账户绑卡率为73.11%。

信贷业务　2021年，邮政储蓄银行永川区支行信贷业务发展保持良好态势，经营性贷款及车消净增排名全市靠前。截至2021年12月末，经营性贷款累计放款8.78亿元，净增1.2亿元，结余8.1亿元。消费类贷款累计放款7.54亿元，净增3.37亿元，结余23.02亿元。其中，购房类累计放款5.22亿元，净增2.94亿元，结余19.79亿元。额度类累计放款1.74亿元，净增2985万元，结余1.83亿元。车消累计放款5574万元，净增3861万元，结余5790万元。

信用卡业务　2021年国庆期间，组织开展万达商圈“欢乐购”活动，员工通过PAD和手机端为客户现场办理信用卡进件操作和1元购话费领取等。该活动新客发卡379张，其中实时发卡184张，位居全市第一。截至2021年12月末，新增新客5229户，目标完成率81.49%。新增新客激活首刷2431户，激活率41.57%。30天卡片激活率39.01%，累计消费金额49787.2万元，目标完成率97.51%，场景分期708.62万元，完成率43.87%。

惠农合作项目　2021年，邮政储蓄银行永川区支行与区农业农村委、邮政永川片区分公司签订“农邮银”三方战略合作协议。与邮政共同走访农民专业合作社客户966户，进度101.15%。双方以乡村振兴为契机，融资E新增贷款1178万元，进度589%。一级白名单推荐327户，进度430.26%。共同打造农民合作示范社3户，实现贷款、工资代发、寄递、电商等多项合作。完成信用村信用户建设计划，全年评定信用村71个村，目标完成率113%，评定信用户1832户。

资产质量管理　2021年，邮政储蓄银行永川区支行成立风险管理团队，认真落实分行不良资产清收工作及“固堤清淤化积”活动，逾期率、不良率均实现双降。截至2021年12月底，支行不良贷款金额6162万元，比年初下降2976万元，不良率为1.72%，比年初下降1.23个百分点。不良贷款清收6069万元，完成全年目标167.09%。支行累计起诉立案或公证强行执行655笔，涉及不良资产金额22912万元，不良贷款应诉尽诉完成比例为89.62%（剔除已结清贷款及纯线上贷款）、信用卡应诉尽诉完成比例为45.14%。其中，全年诉讼48笔，涉及不良资产金额2266.97万元；强制执行250笔，涉及不良资产金额7763.82万元，司法清收113户，金额为5230.99万元（剔除北汽银翔后金额为952.03万元）。

合规经营　2021年，邮政储蓄银行永川区支行落实案防主体责任，组织辖内机构签订案防责任书10份，组织全行员工签订案防责任书106份，签订率100%。开展案防合规教育，全年开展4次“行长合规一堂课”，4次全员案防合规制度培训。在中国邮政网络学院开展2021年员工行为规范培训班、反洗钱专区培训以及小邮说法自学培训及考试。将“银行从业人员七十个禁令”“员工违规行为禁止性行为”上墙公示。开展信贷从业人员道德风险排查工作，重点排查2020年1月1日至2021年12月25日期间发放的零售信贷业务以及辖内各一级支行从事公司信贷、零售信贷员工是否违规。通过召开案防、反洗钱、消保联络员会议，网点晨夕会开展消保工作手册学习等形式，规范重点领域销售行为。强化日常操作行为管理，重点关注柜面销售、网点宣传、服务收费、个人信贷及信用卡办理、中介机构合作、个人信息保护等情况，以查促改，提升消保工作质量。主要针对权限管理、网点管理人员履职、重要物品管理、自助设备管理、双录专区建设、信贷业务流程、信用卡业务等方面加强监督检查和惩处的力度。全年内外部检查问责181人/次，经济考核11.66万元。

【招商银行永川支行】　招商银行永川支行于2021年1月开业。共有全口径人员31人，正式员工16人。截至2021年12月末，经营存款规模为62347万元，其中个人存款14153万元。贷款余额为8527.6万元，其中个人贷款6331万元。中长期贷款余额为3270万元，理财产品余额为17200万元，中间业务收入为23万元，利息净收入为910万元，净利润为866万元。普惠金融贷款5136.6万元。支持中小微企业融资2940.2万元。

零售条线　2021年，招商银行永川支行狠抓存贷规模，打通转介渠道。储蓄存贷款和零售AUM均增长较好，预算完成率紧跟时间进度。截至2021年12月末，AUM实际完成35100万元。人民币储蓄年日均存款实际完成8291万元，绝对量和完成率均排名远郊组第一。小微贷款完成2966万元，绝对量与完成率均排小组第一。闪电贷建额，实际完成609户，完成率排名组内第一。与区内两家实力较强的中介公司开展二手房房贷业务，放款30余笔，总额1000余万元。

批发条线　2021年，招商银行永川支行新增预算完成率为88%。参与永川区财政代管资金公开招投标工作，获得区财政局大额代管资金存放等资格。紧密营销政府专项债闭环引流工作，全流程跟进营销平台公司融资、结算类资金归行，引流资金总额5.8亿元。成为区公共资源交易中心合作银行。与永川综合保税区签订全面战略合作协议，全流程服务永川综合保税区筹建、招商引资等工作。

合规经营　2021年，招商银行永川支行高度重视合规工作，及时传达分行合规督导指引等合规资料。每月定期组织召开支行全员合规学习会、每季度开展"合规官讲合规课"，做到合规制度入脑入心。按计划开展员工谈心家访，完成规定进度的100%。每季度召开员工思想行为分析会，进行员工异常行为排查。抓好重要印章管理、重要证照管理、财务管理、保密管理工作、声誉风险管理工作、重大事项报备工作。接受包括分行各部门的联合检查，均无重大问题。

安全保卫工作　2021年，招商银行永川支行高度重视安全保卫工作，每月定期开展网点与自助设备安全检查，定期开展消防安全知识培训、安全演练、防火与应急疏散演习。狠抓护卫队员队伍建设，关注队员思想动态、关心生活，进行异常行为排查，加强军事技能训练与工作责任心的提升，确保物防、技防有效，人防到位。重庆市银行业金融机构第七轮安全评估区级小组现场检查得分为99.9分，在永川区同类银行名列前茅。招商银行重庆永川支行被永川区公安局评为2021年度内部安全保卫工作先进集体。全年没有发生内外部案件和安全事故。

【中信银行永川支行】　至2021年末，中信银行永川支行对公全口径存款8.61亿元，比年初增加3.14亿元；日均5.62亿元，比年初增加0.05亿元。核心存款时点6.97亿元，比上年增加1.58亿元。表内信贷余额11.94亿元，比上年增加0.98亿元，完成全年普惠任务，表外融资11.69亿元，比上年增长3.52亿元。经营利润2970.04万元，完成下达任务的131.83%。有效户共有34.3户，比上年增加11.3户，完成率113%，基础户增长16户，完成率76%。

零售业务　截至2021年年末，中信银行永川支行零售AUM时点余额7.09亿元，比上年新增2亿元，年增长率39.4%。AUM月日均7.02亿元，比考核新增2.22亿元。存款时点余额3.13亿元，比上年新增0.84万元，时点增量行内排第4名；存款月日均余额2.91亿元，比考核新增0.75亿元，月日均增量行内排名第5名；存款年日均2.58亿元，比年初新增0.63亿元，年日均增量全行排第5名。富裕客户余额1319户，比年初新增257户，增量全行排名第2；贵宾客户时点余额279名，比年初新增79户；私行客户余额13户，比年初新增4户。个人储蓄余额全年时点新增8383万，年日均新增6347万，年日均增量完成率排名全行第三。枫叶国际学校、老年大学、园区拆迁退分等已成为支行零售规模增长和客户增长的主要来源。

服务地方经济发展　2021年，中信银行永川支行为政府平台公司续贷4.65亿元，新发放贷款1亿元，商票增信额度0.95亿元，已上报授信2亿元。首次取得永川区财政国库集中支付业务代理资格，参与一体化系统预算测试。取得永川区教委"校外培训机构第三方资金监管银行"资格，全年有9户培训机构开户，其中3户已存入保证金。全年承接专项债资金1.2亿元。重庆城市科技学院新引入结构性存款1.5亿元，并为该校授信5000万元，已上报重庆科创职业学院授信8000万元。为永川区重点企业和重点招商引资实体企业提供授信支持。对"雅迪"配套厂商豪建电动车公司授信1900万元，对江通建材公司授信3600万元，对航凌电路提供信用贷款300万元。松润智能科技公司上报授信金额3000万元，上报笔电配套企业重庆杨达鑫科技有限公司项目贷款。通过商票增信方式，投放普惠贷款4000万元，比基数增长2500余万元，解决20余户小微企业应收账款周期长、融资难的问题。

【成都银行股份有限公司重庆永川支行】　成都银行重庆永川支行是成都银行在渝西地区成立的首家支行。2021年践行"市民银行"承诺，推出的芙蓉锦程系列金卡免收开卡费、换卡费、年费、账户管理费以及ATM跨行取款手续费等，最大限度降低持卡人用卡成本。执行一浮到顶的储蓄存款利率，让利于民。推出"随意分"公积金客户专属融资产品，资料简单、审批快速、资金秒到、随借随还，满足广大市民的不时之需。全力支持永川园区建设，提供资金支持5亿元，信贷规模增幅71.43%。参与永川区青峰镇乡村振兴活动，购买农产品1.2万元。到四明小学开展"一帮一 献爱心"捐赠帮扶活动，为学校20位贫困学生捐赠生活费及生活物资。在永川区临江镇天星村、龙洞桥村、桂林村、兴隆村、龙安村完成"1+2+N"普惠金融服务到村基地建设，在基地配备宣传设施，开展宣传工作，为村民宣传国债、人民币知识、存款保险、防范电信诈骗等金融知识，为村民提供残损币、零钞兑换等服务。

【光大银行永川支行】　2021年，光大银行永川支行有从业人员18人，为客户提供综合授信、投资银行、综合结算、小微金融、个人金融等服务。截至2021年年末，一般存款时点12.6亿元，比年初增长0.97亿元；一般存款日均10.94亿元，比上年增长2.18亿元。其中，对公存款时点10.14亿元，比年初增长0.44亿元；对公存款日均8.77亿元，比上年增长1.89亿元；对私存款时点2.46亿元，比年初增长 0.54 亿元；对私存款日均 2.17 亿元，比上年增长 0.29 亿元。各项授信余额总量 31.6 亿元，比年初增长 3.08 亿元。其中，对公表内贷款余额 11.27 亿元，比年初增长 0.75 亿元；对公表外授信余额 12.7 亿元，比年初增长 2.18 亿元；对私表内贷款余额 7.63 亿元，比年初增长 0.15 亿元。对公表内贷款日均 11.85 亿元，比上年增长 2.63 亿元；对私表内贷款日均 7.6 亿元，比上年增长 0.36 亿元。

贷款业务　2021 年，光大银行永川支行坚持服务实体，支持地方经济。制造业贷款余额 31448 万元，比年初新增 11156 万元，其中小微制造业贷款 12000 万元，比年初新增 6000 万元。对公普惠贷款余额 8958 万元，比年初新增 4958 万元，零售普惠贷款余额 5494 万元，比年初新增 2234 万元。政府平台公司类的表内外信贷授信余额合计 13.9 亿元。各项授信余额总量 31.6 亿元，对公无不良贷款，个人贷款涉及的不良贷款余额 353 万元。

【中国民生银行永川小微支行】　2021 年，中国民生银行永川小微支行新开储蓄卡卡数 1371 张，销售终端业务新增 36 台，信用卡新增 86 张，对公账户新增 45 户。对永川小微企业投放贷款 57 户，金额 4022 万元。截至 2021 年年末，金融资产 37393 万元，比年初新增 11883 万元。储蓄存款 13516 万元，比年初新增 2650 万元。对公贷款余额 83330 万元，比年初减少 2370 万元（贷款为分行口径）。

【恒丰银行永川支行】　2021 年，恒丰银行永川支行新增普惠金融业务 16 笔，客户群为小微企业主和个体工商户，主要以“好房快贷”方式落地，累计新增普惠贷款 978 万元。建立 1+2+N 普惠服务到村基站，已完成 60% 的基站布点工作，硬件设施已摆放到位。多次到永川政府部门、产业园区、平台公司推介一揽子金融服务方案。截至 2021 年年末，已与永川 3 家主要平台公司建立信贷合作关系，支持永川当地 3 家政信类资产业务规模 95650 万元。恒丰银行永川支行各项存款余额 22479.29 万元，比年初增长 11095.65 万元。各项贷款余额 109403.9 万元，比年初减少 139798.64 万元。

【重庆三峡银行永川支行】　2021 年，重庆三峡银行永川支行完成豪江公司 2 亿元项目授信及放款工作。豪江公司时点存款 1250 万元，日均存款 5946 万元。完成惠通公司市级新型基础设施重大项目“永川智能创新中心”3 亿元项目授信及首次放款工作，已实现提款 2.7 亿元。惠通及关联公司时点存款 5870 万元，日均存款 2916 万元，拆迁打单 1000 万元。全年新增公司类贷款 3.5 亿元，完成全年目标任务的 357%。围绕公司客户在代发工资、开立个人卡、“三峡付”收钱码等方面开展营销工作。开展“手机移动支付”推广活动，共计新增 951 户，完成率 157%，全行排名第一名。支行通过电话营销、厅堂营销、小区电梯广告投放等多渠道宣传个人财富存和大额存单等产品。通过赞助服装的方式切入老年大学、广场舞队伍，开卡 1500 余张，建立微信群 30 余个，储蓄时点存款 10.06 亿元，成为渝西地区首家突破 10 亿元的支行。个人日均存款 94324 万元，新增 17718 万元。净增个人客户数 5501 户，完成全年目标任务的 157%。净增优质个人客户数 650 户，完成全年计划任务 94%。个人中间业务收入 37 万元，完成全年计划任务 100%。净增公司有效客户数 1 户，完成全年计划任务 5%。净增小微企业贷款余额比年初下降 2200 万元，未能完成全年目标任务。净增三峡付有效商户数 20 户，完成率 10%。永川区“智慧社区”改造项目已获总行审批同意，重庆智能工程职业学院“三峡付”系统启用。净增渠道产品 8969 户，完成全年目标任务的 213%。在永川区多家电影院开展观影优惠活动，金卡客户 5 元观影。在永川区多家洗车店开展洗车优惠活动，金卡客户 5 元洗车。全年零售宣传及其他各类宣传累计费用投入 50 余万元。截至 2021 年年末，支行时点存款余额 145287 万元，比年初新增 11589 万元。其中公司存款 44678 万元；个人存款 100609 万元，比年初新增 18478 万元。日均存款余额 138331 万元，比年初新增 7374 万元，其中公司日均存款 44007 万元；个人日均存款 94324 万元，比年初新增 17718 万元，完成全年计划任务 127.47%。

【兴业银行永川支行】　2021 年，兴业银行重庆永川支行累计为区内政府平台提供表外融资 3 亿元。落实普惠型贷款的投放，累计投放 23 笔普惠型贷款，共计金额 2890 万元，利率均在 3.88%左右。建设有 5 个“1+2+N 普惠金融服务到村基地”。制定金融扶贫方案，购买扶贫产品 4 万余元。推动“智慧校园”系统，对教培机构进行资金监管。向上级行争取更多的优惠信贷政策。“快易贷”信贷系统上线，客户可通过该金融产品线上直接申请贷款。截至 2021 年年末，各项存款余额 10.24 亿元。其中，对公存款 8.9 亿元，个人存款 1.34 亿元。理财产品余额 1.8 亿元。各项贷款余额 2.74 亿元。其中对公贷款 2.4 亿元，个人贷款 0.3 亿元。无不良贷款业务。表外贷款余额 11.52 亿元，主要是对惠通、兴永两平台的投债 8.52 亿元，对上汽红岩的承兑汇票业务 3 亿元。

【平安银行重庆永川支行】　2021 年，平安银行重庆永川支行经营面积 1600 余平方米，有员工 19 人，设立综拓、财富、厅堂、个贷等 4 个团队。通过平安集团向永川平台公司和优质企业投放资金 9.5 亿元。发放个人消费类和生产经营类贷款 843 笔，金额 1.52 亿元。其中小微贷款户数 575 户，金额 9499 万元。响应人行“1+2+N”普惠金融基地政策，在永川区青峰镇 5 个村设立普惠金融宣传基地。继续按照文明规范服务五星级网点标准服务客户。上线个人开户柜台 FB、远程 FB、手机开卡等业务，方便客户。依托平安集团优势，全方位服务每一位客户的金融需求，真正实现一张银行卡完成大部分的金融产品的承接。另外借力平安信托、平安寿险品牌优势服务当地高端客户，为客户的家庭做到全方位的财富管理及传承规划。永川支行服务永川地方零售客户，做大做强零售 AUM。截至 2021 年年末，零售 AUM 共计 15.82 亿元，比年初增加

1亿元。拥有个人客户17.08万户，其中财富级以上客户800户，比年初增加200户，万元户1万户。各项存款余额12.79亿元，比上年增长30.6%，其中本外币个人类存款4.88亿元，比年初增加4928万元，比上年增长10%。各项贷款余额2.50亿元，比年初增加4410.93万元，比上年增长21.4%。贷款主要投放为个人消费类和个体经营。全年利润566万元，比上年增长90.54%。

【浦发银行永川支行】 2021年，浦发银行永川支行有员工21人。全年共向小微企业（不含个体工商户）投放贷款1010万元。投放涉农贷款450万元，国有企业贷款2亿元，民营企业贷款（含小微企业）3.48亿元。各项存款余额16.24亿元，贷款余额14.38亿元，存贷款余额30.62亿元。

保 险

【概况】 2021年，永川区保险业主要指标稳步提升，金融风险总体可控。全区有保险机构30家，营业网点71个，金融从业人员9690人。保险业保费收入55.3亿元，比上年增长0.5%。其中，财产险保费收入7.6亿元，比上年下降1.6%，人身险保费收入47.7亿元，比上年增长0.8%。全区保险机构资产86.03亿元，财产险赔款支出4.33亿元，比上年增长20.73%，寿险赔款和满期给付支出2.67亿元。

【保险业监管】 2021年，区银监分局注重合规导向，重拳整治市场乱象。针对太平人寿短期健康险出现的负面舆情，迅速联动永川区网信办，防范群体性事件发生。针对“国寿宣传客户死亡获赔120万”舆情事件，迅速下发工作提示，严禁违规宣传。

【中国大地财险渝西中心支公司】 2021年，中国大地财险渝西中心支公司下辖5家机构（含渝西本部）。成立渝西党支部，新设立璧山支公司。保费收入2100.88万元，比上年增长14.47%。其中车险1116.61万元，比上年下降19.35%；财产险569.47万元，增速613%；意外险217.9万，增速19.57%；健康险196.9万元，增速4.39%。全年承保失独保险保费收入共计183.37万元，承保永川与荣昌2个片区。其中，永川片区保费118.8元，保额20837万元，覆盖人数2981人；荣昌片区保费64.57万元，保额11281.86万元，覆盖人数1614人。全年共赔付154.73万元，赔付人次1223人次，其中永川片区赔付95.92万元，赔付人次738人次；荣昌片区赔付58.8万元，赔付人次485人次。城镇职工大额医疗互助保险保费共计10987.08万元（职工大额7206.66万元、居民大病3780.42万元），全年赔款7551.08万元（职工大额5433.95万元、居民大病2117.13万元），赔付人次12965人次（职工大额5668人次、居民大病7297人次）。建筑施工行业安全生产责任保险保费共计13.15万元，保额2320万元。全年赔款5.4万元，赔付笔数9笔。通过提供雇主责任险、公众责任险、产品责任险、财产保险等产品，为永辉超市、中铁二十一局集团有限公司等194家企业、学校、个体工商户提供风险保障方面的服务，保费806.6万元，保额215.51亿元。主动走访客户，开展“金融知识普及月”“防范非法集资宣传月”等活动。设立绿色窗口，配备老花镜等工具，为老年人提供温馨服务。全年受理投诉案件4件，其中监管投诉1件，95590内部投诉3件，均已妥善处置。

【安诚保险永川中心支公司】 2021年，保费收入1811.23万元，计划达成率82.32%。其中，常规险保费收入1393.1万元，农险保费418.13万元。能繁母猪保险承保1952头，保费收入23.42万元，完成赔付579头，赔付金额115.8万元。生猪保险承保1695头，保费收入10.17万元，完成赔付100头，赔付金额6.24万元。水稻种植保险承保48648.57亩，保费收入175.13万元，完成赔付7932.36亩，赔付金额180.32万元。水稻收益保险承保34206亩，保费收入204.72万元，完成赔付35344亩，赔付金额89.96万元。全年承保巨灾保险8笔，保费收入6.73万元，完成赔付48笔，赔付金额3.24万元。全年承保农客保险其中客运承运人责任险364笔，保费收入96.7万元，完成赔付14笔，赔付金额85.23万元。商业险承保56笔，保费收入6.36万元，完成赔付1笔，赔付金额0.18万元。交强险承保56笔，保费收入10.12万元，完成赔付2笔，赔付金额0.4万元。

【天安财产保险股份有限公司重庆市永川支公司】 2021年有在职员工4人、营销员工16人。主要经营车辆保险、财产保险、船舶保险、货物运输保险、责任险、意外健康险等非寿险业务。全年为1282个客户提供风险保险保障服务，保费收入405.1万元，比上年减少2.8%，已决赔案348件，支付事故赔款231.63万元，全年纳税15.11万元。宣传和创新使用“车易赔”“天安在线理赔”微信小程序等快赔处理方式，提高理赔时效，方便客户。通过对中介业务、财务数据、非法集资、反洗钱工作等进行定期和不定期排查，完善公司各项内控管理制度。开展清廉文化建设、合规建设年、消费者权益保护、金融知识普及、反洗钱宣传、法制宣传、反非法集资等活动。

【中国平安财产保险股份有限公司永川支公司】 2021年，保费收入23390万元，比上年减少3.7%。其中，车险保费收入19555万元，非车险保费收入3835万元。全年赔款案件19227件，赔款支出14158万元。纳税686万元，其中增值税558万元，税金及附加税67万元，个人所得税38万元，印花税22万元。参与巩固脱贫保险，为2444名贫困群众提供保险，赔付数量953人，赔付金额44.3万元。开展养老机构责任险，以共保方式为全区40家养老机构提供保险服务，覆盖人群2500人。开展巨灾保险，为全区114万群众提供保险保障，保障群众自然灾害救助、火灾救助等。开展建筑安全责任险，为永川区建筑施工项目1000人带来意外保障。开展燃气意外险，以共保形式为全区 8400 户人家提供保障。小额纯车损，开启“0”等待，收集理赔新模式，赔款瞬间到账，在平安好车主 App 平台上，实现快速理赔新模式。人伤门诊案件启动“现场=LCC”仅需 3 步即可直接完成赔付。不用排队，不用交资料，自助理赔，简单便捷。人伤住院案件，开启合作医院绿色通道，平安客户与医院合作在就医环节中为平安客户提高医疗费垫付、主任查房、专属病房、就医绿色通道、单病种医药费限价 5 大特色服务。在人伤垫付环节中，与永川区中医院、永川区人民医院、荣昌区人民医院、永荣矿务局总医院、大足中医院等合作，以病种包干医疗为基础，对被保险人人伤医疗费用进行赔付。在理赔环节中，永川支公司执行诉前调解和庭前调解，减少诉讼率，提高调解成功率。

【中国人民财产保险股份有限公司永川支公司】 2021 年有员工 42 人，外包人员 48 人，内设 2 个营销部和 10 个部门。全年完成保费规模 15119.88 万元，比上年下降 6.76%，上缴财政税款 429.21 万元。赔付成本 11644.94 万元，综合赔付率 78.95%。开展“精准脱贫保”“惠民济困保”业务，共承保 39057 户，保费 458.6 万元。全年共赔付 444.3 万元。开展非煤矿山安全生产责任险，参保企业 55 家。牵头开展共保体“医责险”保险工作，参保医院 7 家，处理医疗责任案件 38 件，赔付 300.95 万元。开展政策性农业保险工作，主要开展能繁母猪、生猪养殖、生猪收益、水稻种植、水稻收益、油菜种植、柑橘、森林等 8 个政策性农业保险项目。全年共查勘处理能繁母猪死亡 5195 件，赔付 6197 头，共计赔款 1239.40 万元，赔款占全区比例 77.4%；查勘处理生猪死亡 1096 件，赔付生猪 6199 头，累计赔款 404.14 万元，赔款占全区比例 85.47%。承保的能繁母猪和生猪养殖保险赔付 1643.54 万元。加大“警保联动”工作力度，全年新增乡镇一级、二级农村劝导站 37 个，累计建立乡镇一级、二级农村劝导站 74 个，配合区交安办完善乡镇劝导人员农村安全信息日报考核制度，23 个乡镇路长配置全部到位。通过重庆人保公众号、95518、人保 e 通等系统平台为主要入口，为客户提供咨询、承保、理赔等全流程线上化服务。围绕“服务、快速、便捷、合理”八字方针开展理赔工作。全年有效投诉为零。

【太平财产保险有限公司永川支公司】

2021 年有内勤 8 人，有外勤 14 人。保费收入 4210.74 万元，其中车险完成保费 3304.95 万元，财产险 350.8 万元，意康险 554.98 万元，为超过 3 万余位客户累计提供风险保障超 534 亿元，赔款支出 2425.19 万元，上缴税收 74 万余元。与永川区中医院、永川区人民医院达成合作协议，简化出险客户就医程序，提高客户满意度。开展建筑施工行业安全生产责任保险，承保 47 笔。开展传统学平险，保障在校学生 390 人。开展“爱成长”学平险卡单业务，共销售 5990 余份。针对新冠肺炎疫情开发保费低廉、针对性强的保险产品，提供相关保单 911 件，每份保单提供 112.2 万元保险保障。全年销售短期意外保险 1040 余份，累计保额 20 亿元。开展公共营业场所火灾责任保险、餐饮场所公众责任保险、食品安全责任保险、工伤补充保险、环境污染责任保险等。

【中华财险永川中心支公司】 2021 年保费收入 4614.73 万元，比上年增长 14.87%，完成全年计划率 115.31%。受猪瘟疫情及车险综合改革的影响，综合赔付率 217.45%，增加 155.89 个点；综合成本率 252.09%，比上年同期增加 148.9 个点。其中，永川本部保费 1900.13 万元，比上年增长 1.90%，完成全年计划率 110.45%。承保茶叶种植保险 20000 亩保额 1600 万元、青菜头种植保险 3078 亩保额 246.24 万元、能繁母猪 4794 头保额 958.8 万元、育肥猪 20166 头保额 2016.6 万元。全年农业保险赔款 532.13 万元，其中畜牧险 492.73 万元，种植险 39.4 万元。牵头开展建筑行业安全生产责任险共保业务，承保 37 个工程，保费收入 230.32 万元。大力拓展人身意外伤害险和健康险，收取保费 360 万元。收取车险保费 730 万元，收取雇主责任险、安全生产责任险、承运人责任险等保费 462 万元。拓展建筑行业“履约保证保险”，在永川区开出重庆市首张建筑工程保证金“履约保证保险”单，得到区发展改革委和招标企业的认同。2017—2021 年，“精准脱贫保”共计赔付 251.06 万元，赔付案件 4800 件。2020—2021 年，永川区“巨灾保险”共赔付各类案件 369 件，赔付 80.87 万元。

【中国太平洋财产保险股份有限公司永川支公司】 2021 年有员工 21 人。为永川区易致贫困户提供防贫保险，全年赔付 130 余万元。为农户提供永川区青菜头特色农业保险，全年提供总保额 80 万元的露地蔬菜保险，赔付 3.6 万元。与其他公司共保永川区建筑行业安全生产责任险，全年承保建设项目 114 个，提供责任保障 1.95 亿元。做好永川区居民大病医保和城镇职工大病医保保险相关服务工作，全年累计赔付超过 1.5 亿元。大力发展健康险产品，推广高额医疗保险，推广渝快保。

【阳光财产保险股份有限公司重庆市永川中心支公司】 2021 年有正式职工 85 人（其中永川本级 27 人），辖璧山、荣昌、江津、潼南、大足支公司 5 家分支机构。全年保费收入 10593.53 万元，比上年增长 6.91%（其中永川本级保费收入 2892.34 万元，比上年增长 15.94%），已决赔案 14982 件，赔付金额 5212.61 万元。缴纳税款 418.72 万元（其中永川本级纳税税款 129.8 万元）。针对重庆市部分地区持续降雨引发内涝、洪水、泥石流等自然灾害，组织全辖机构对投保企财险的客户上门拜访进行风险提示及防损查勘，全年为 27 家单位客户提供相关服务。对永川区职业院校提供大学生实习保险 2447 份。为永川职业教育中心迁建、重庆市渝西卫生学校扩建项目提供施工安全保障。与永川区人民医院签署医疗合作协议，对于需要到医院检查治疗的伤者由公司查勘人员直接推选至合作医院，伤者在合作医院就医。参与永川区交巡警支队“警保联动”模式，派出查勘人员及车辆参与路面联勤工作，让广大市民切实感受到改革带来的便利。参与永川区建筑行业施工安全生产责任保险承保，全年服务76家企业，累计保额7.6万元，保费收入164.77万元，赔付金额13.88万元。

【大家财产保险有限责任公司永川支公司】 2021年设有总经理室、综合部、理赔部、业务部。全年保费收入827.63万元，其中车险保费收入736.76万元，车险业务占支公司整体业务规模的89.02%。非车险业务保费收入90.86万元，占支公司保费的1.09%。本着“客户第一、速度第一”原则，5000元以下车损案件客户可以自己微信自助理赔，为客户免去等待时间，出险后2小时即可收到赔款，免提供维修发票，实现先赔付后修车。涉及人伤案件整案1000元以下的，免开事故证明。为客户提供上门收集索赔资料。依法履行保险合同约定的赔偿或者给付保险金义务。在交强险业务中按照规定及时支付或者垫付抢救费用。不存在编制假赔案、虚增赔付金额、理赔修理厂价格不真实等。全年无任何投诉。

【国任财产保险股份有限公司重庆分公司永川支公司】 2021年有全职人员8人。在稳步发展传统车险业务的前提下，逐渐向团意险、公责险、雇主险等非车险业务转型。全年保费收入941.82万元，保费达成率94.18%，比上年增长31.24%。其中，车险保费收入856.90万元，比上年增长29.17%；非车险保费收入84.92万元，比上年增长56.56%。全年已决赔款417.03万元，其中车险已决赔款391.19万元，比上年增长36.81%，非车险已决赔款25.84万元，比上年增长255.92%。

【国寿财险永川支公司】 2021年有员工13人（含互动3人），内设总经理室、综合部、客户中心、销管渠道、车商渠道、重客渠道、政保渠道、农险部、互动渠道。公司转型发展非车险业务，如政府开办的巨灾保险、安全生产责任保险、防贫保险一系列政保业务，牵头启动建筑和工贸企业的安全生产责任保险。全年保费收入2153.95万元，综合赔付率63.19%。

【太平洋寿险永川中心支公司】 2021年，太平洋寿险永川中心支公司管辖范围包括永川、荣昌、大足、江津支公司。全年保费收入13.81亿元，赔款给付2.33亿元，上缴税收33万元。引导营销员及客户通过太平洋寿险App、官微、智云保远程录单、电子保单、太e赔、慧保全等新技术，在手机端自助办理投保、基本信息变更、贷款、给付、理赔等业务。全年未发现涉嫌非法集资风险的异常情况，未发生内部舞弊及保险欺诈等案件风险。全年处理客户投诉137件，未发生群访群诉重大投诉事件。

【平安人寿永川中心支公司】 2021年有劳动合同制内勤员工112人，代理人2138人。有7个网点，分别为永川中心支公司新城营业部、大足支公司、荣昌支公司、双桥营销服务部、龙水营销服务部、万古营销服务部、双河营销服务部。主营人身保险业务，产品涉及分红险、万能型、传统险、健康险和意外险，销售渠道有个险和银保两个渠道，以个险为主、银保为辅。全年总保费收入8.29亿元，比上年下降6.6% ，其中新单保费收入2.33亿元，比上年下降0.7%，续期保单保费收入5.96亿元，比上年下降8.7%。全年共理赔结案16240件，申请理赔成功获赔率99.4%，共计赔付支出9765.5万元，平均理赔服务时效为1.30天，30分钟内赔付的闪赔案件占比38.6%。全年在永川缴纳增值税及其他附加税费365万元，个税120万元。全年受理监管投诉件23件，其中永川本部14件，大足5件，荣昌1件，双桥3件。投诉主要原因是销售服务纠纷21件，理赔纠纷2件。经公司调查核实，无证据支持客户诉求驳回15件，满足客户需求2件，降低客户诉求3件，安抚劝退3件，23件投诉案件均已结案。

【太平人寿保险有限公司永川中心支公司】 2021年有内勤员工36人，个险业务员2225人，服拓业务员50人，续收人员8人。设有人事行政部、个人业务部、教育培训部、运营客服部、服务拓展部、个险本部。下辖荣昌支公司、大足支公司、双桥营销服务部。永川本部个险业务新单保费8503万元，市场份额26%。大足支公司新单保费3914万元，当地市场份额25%。荣昌新单保费868万元，市场份额5%。共计新单1.3亿元，市场份额15.6%，中支整体市场份额下降2.8%。全年理赔金额8367万元，理赔件数11575件，整体理赔金额及理赔案件数比上年上升。全年续收保费40320.6万元。个险十三月、二十五月保费继续率合计185.1%，件数继续率179.7%。

【泰康人寿保险有限公司重庆永川中心支公司】 2021年有内勤员工33人，有代理人1051人，其中永川地区代理人489人。内设总经理室、组发培训部、营销部、续期收展部、计划财务部、公共资源部、运营部、永川营销一区、永川收展一区，下辖铜梁支公司、合川支公司、潼南支公司、荣昌支公司以及朱沱乡镇服务部。永川区全年新单保费收入1185.05万元，其中人寿险477.99万元，健康险700.75万元，意外险6.31万元，续期保费收入6735.68万元。永川区理赔金额660.75万元，比上年增长109.7%。全年销售社区养老产品——幸福有约14件。

【新华人寿保险股份有限公司重庆分公司永川营销服务部】 2021年有内勤员工19人，外勤员工77人。全年新单保费收入724.44万元，主要是健康险、年金险、定期寿险、意外险等。全年赔付596.87万元，理赔类型主要分为医疗、重疾、身故、伤残等。

【阳光人寿保险股份有限公司重庆市永川中心支公司】 2021年有内勤人员33人，外勤人员402人，内设总经理室、人事行政部、财务部、客户服务部、客户经营服务部、银保营销部、营销部、培训部。营销业务渠道规模保费1521.73万元。客经业务渠道规模保费365万元，续期保费14612万元。银保业务渠道趸交规模保费4028.1万元，期交规模保费5515.41万。全年共支付赔款1455.49万元，其中身故赔付428.12万元。赔款主要集中在一般医疗和重大疾病方面。其中一般医疗险赔付405.65万元，重大疾病赔付613.38万元。

【人保寿险永川区支公司】 2021年有在册人员451人，其中个险436人、服务营销15人。保费收入618万元，达成年度目标47%。其中，十年期及以上期交保费684万元，达成年度目标44%，首年期交保费1562万元，达成年度目标74%。理顺管理架构，明确总经理室分工，增设组训组长、综合内勤组长。形成制式化的月度经营节奏，标准化的会议经营体系、出勤管理体系、日常追踪体系，严格执行分公司下发的内外勤岗位工作标准。综合内勤每周参加分公司举办的“330课堂”学习，提升专业水平和工作效率。大力推行“首问责任制”，提升全员服务意识。全年共办结理赔案件703笔，共计支付赔款623.66万元，其中意外伤害赔付149.8万元，疾病赔付473.86万元。

【百年人寿保险股份有限公司重庆市永川中心支公司】 2021年有从业人员402人，其中内勤员工18人，代理人384人。保费收入68519.38万元（含续期保费收入34387.89万元），其中一个险渠道保费收入6631.52万元，银保渠道保费收入61881.22万元，其他渠道保费收入6.64万元。累计理赔支出484.01万元，纳税60万元。

【中国人寿永川区支公司】 2021年内设8个管理部门，有员工及营销员400余人。全年保费收入33771.39万元，全年赔付20131.28万元，其中扶贫类险种赔付37.89万元。

【幸福人寿永川中心支公司】 2021年有内勤人员14人，销售从业人员82人。全年保费收入8690.91万元，其中新单收入4036.24万元，续期收入4610.33万元，寿险赔付209.95万元。与上年同期相比保费收入增长49%、赔付下降58.5%。

【富德生命人寿永川中心支公司】 2021年有内勤在编人员30人，外勤人员80人。下辖公司含中支本部营业区及荣昌支公司2家四级机构。银保业务服务网点含永川、荣昌、大足、璧山等100余个（含线上线下）。重点打造全方位保障、养老型产品。个险产品病种保障种类已升级到180余种，特设轻、中、重三大类，每大类均可多次赔付。为优化公司负责人与客户的沟通平台，将每月26日设立为总经理接待客户日。通过覆盖全国重点省市的服务网点、24小时95535客服热线以及全流程电子化、智能化的保单服务，提升客户体验。召开理赔会议赔付专场，全年赔付支出774万余元。

【国华人寿保险股份有限公司永川中心支公司】 2021年，在永川区完成保费收入3367.73万元，其中万能险71.92万元，普通寿险943.25万元，健康保险0.24万元，分红险2352.32万元。在永川区理赔支出126.9万元。与邮政储蓄银行、工商银行、农业银行、建设银行、中国银行、招商银行、浦发银行、民生银行等建立良好的合作关系。走进重庆财经职业学院宣导远离洗钱犯罪、防范非法集资、警惕校园贷、清廉金融文化等内容。

【恒大人寿保险有限公司重庆分公司永川营销服务部】 2021年有机构内勤员工3人，在册外勤人力76人。主要经营范围是人寿保险、健康保险、意外伤害保险等保险业务。开展开门红期间合规专项检查、保险中介渠道业务管理自查、反洗钱专项检查、案件风险排查等排查项目，共发现销售理赔方面的问题2个，均已完成整改。上线微信公众号理赔功能，确保客户在家就能线上办理理赔业务。全年办理理赔件数447件，涉及理赔金额333.8万元。 （区金融办）

证　券

【概况】 2021年，永川区共有3家证券公司，分别是西南证券股份有限公司重庆永川证券营业部、光大证券永川营业部、华龙证券永川人民大道营业部。

【西南证券股份有限公司重庆永川证券营业部】 位于重庆市永川区汇龙大道198附59号、196号附30-31号。秉承“用心创造价值”的客户服务理念和服务地方经济的原则，为企业客户和个人投资者提供专业的、全方位的金融服务。业务范围有证券经纪、证券投资咨询，与证券交易、证券投资活动有关的财务顾问，证券投资基金代销，代销金融产品，融资融券，为期货公司提供中间介绍业务。

其他金融机构

【概况】 2021年，永川区有担保公司2家，小额贷款公司5家。

【重庆市永川区中小企业融资担保有限公司】 2021年，有5个内设部门，员工13人。总资产3.1亿元，总负债7219万元，净资产2.38亿元。全年收入1269万元，利润680万元。新增担保项目30户34笔，金额1.45亿元。发放委托贷款10户10笔，金额6055万元。在政府投资工程领域探索拓展投标保函、工程履约和低价风险保函等非融业务。全年开展保函业务42户77笔，金额1.8亿元。公司加大代偿追收力度，全年完成代偿追收2019万元。协调区金融办、区国资中心，把区担保公司作为3500万元的区中小企业风险补偿贷款和1100万元的代偿补偿资金管理平台，增加公司一级资产4000余万元。完成转贷应急周转138户159笔，金额5.53亿元。截至2021年年末，担保项目在保37户41笔，金额1.79亿元。非融保函业务在保29户59笔，在保金额1.72亿元。累计为辖区企业融资担保737笔，40.18亿元。累计发放委托贷款95笔3.51亿元，累计发放转贷应急资金677笔26.94亿元。

【重庆市双业融资担保有限公司】 是一家民营担保公司。主要为中小企业融资提供贷款担保、票据承兑担保、贸易融资担保、项目融资担保、信用证担保、诉讼保全担保、履约担保等担保服务。2021年，公司建立完善的担保经营管理和风险管理制度，拥有完整的组织管理架构，下设业务发展部、风险控制部、综合部、财务部等部门。公司与建设银行、光大银行、重庆银行等多家银行建立合作关系。公司以服务地方经济，支持地方中小企业为宗旨，完善组织架构、培养专业人员、合规经营管理，业务持续开展。全年累计办理融资担保业务336笔，累计担保总额18.34亿元。

【重庆市汇恒小额贷款有限公司】 2021年，继续暂停贷款业务，以清收为核心工作，收贷偿债追求持续发展。全年共收回贷款合计822.38万元。公司在清收过程中发现，部分贷款客户已严重资不抵债，于是公司对部分“僵尸企业”向重庆破产法院申请破产清算。

【永川区银桥小额贷款有限责任公司】 2021年，有员工18人（含兼职）。全年未发放贷款，收回贷款309.36万元，比上年少收回23.06万元。各项贷款余额22443.1万元，比上年贷款余额下降309.36万元、下降1.35%。全年营业收入0.06万元，亏损323.94万元，比上年少亏损4276万元。全年没有发放新贷款，收回不良贷款现金309.36万元，与2020年比少收回23.06万元，收回下降6.9%。法院裁决接收资产3784万元。针对原来发放的信用贷款重新落实有效的担保抵押，为贷款的安全提供第二还款来源保障。在办理业务过程中严格按规定程序处理，确保所有手续合法、齐全、有效。公司风险管理部派专人与法院联系开展诉讼和执行工作。所有诉讼案件已全部开庭，所有案件全部胜诉，全部进入执行阶段。未发生暴力收贷和违法收贷行为。有2宗抵押品进入评估拍卖阶段，法院裁决接收资产3784万元。排查不良贷款风险，补充补齐资料要素，落实防范风险措施。重点是对法院判决生效的执行做到应执行全执行。提供依据督促法院对已查封资产到期的续查封工作。与法院一起对抵押资产逐一核实评估进行拍卖，收回贷款。

【永川区聚翔小额贷款有限责任公司】 2021年，没有发放贷款，贷款余额22570.15万元，比上年减少91.04万元，降幅0.4%。其中，关注类贷款3960万元，可疑类贷款16710.15万元，损失类贷款1900万元。全年核销贷款0万元。至2021年年末，公司资产总额12187.55万元，比上年减少155.45万元，降幅1.26%。负债总额8.36万元，比上年减少8.64万元，降幅50.82%。所有者权益额12179.19万元，比2020年12326.51万元减少147.32万元，降低1.2%。全年收入0万元，比上年降低2.81万元。总成本为70.23万元，比上年降低337.1万元，降幅82.76%。净利润亏损149.75万元，比上年亏损404.52万元，减少亏损254.77万元，降幅62.98%。

【永川区亿发小额贷款有限责任公司】 2021年，发放贷款0笔，累计收回贷款2笔，收回金额5.4万元。期末在贷累计笔数42笔，期末在贷累计户数42户，贷款余额为22549.4万元，税收0万元，净利润-698.11万元，不良贷款率100%。（区金融办）

对外贸易及外经合作

【概况】 2021年，永川区统筹推进开放通道、开放平台、开放口岸、开放主体、开放环境建设，不断提升国际化水平，努力在西部地区带头开放、带动开放上做好表率，助力建设内陆开放高地。全区进出口总额57.7亿元，比上年增长51.2%。其中，出口总额32.0亿元，比上年增长37.7%；进口总额25.6亿元，比上年增长84.1%。实际利用外资1.4亿美元，比上年下降43.8%。服务贸易额2.47亿美元。

【利用外资】 2021年，永川区利用外资1.4亿美元。截至2021年年末，全区登记备案的法人外资企业60家，其中实际运营的有40家。涉及电子电器、智能制造、汽车整车及零部件、循环经济、餐饮商贸等产业，境外资金来自德国、新加坡等国家。

【进出口贸易】 2021年，永川区加快培育开放主体，组织长城汽车股份有限公司（重庆分公司）、重庆雅迪科技有限公司等企业开展国际货物贸易，帮助9家加工贸易企业及达瓦、中新肿瘤医院等教育医疗大数据服务型单位发展服务贸易。全区有进出口实绩企业64家，进出口总额57.7亿元。在致伸科技、西胜科技、金果源实业等龙头外贸企业引领下，形成电子电器、特色轻工、机械、智能制造、食品、小商品等进出口产业态势，进出口涵盖美国、德国、俄罗斯、日本及中东、东南亚、非洲等国家和地区。建立“外商投资行政服务管家”制度，开展送政策、送工具、送咨询、访企业的“三送一访”活动，联系走访企业150余家，帮助企业纾困解难51项。组织企业线上线下参与中国进出口商品交易会、中国国际进口博览会、第三届中国西部国际投资贸易洽谈会、第十八届中国西部国际博览会等展会，帮助企业保订单稳市场，拓展多元化市场。

【平台建设】 2021年，永川区制定《重庆市永川区全面深化服务贸易创新发展试点实施方案》《重庆市永川区服务业扩大开放综合试点工作方案》，做好服务业扩大开放。分别与市口岸物流办、重庆对外经贸（集团）公司签订《推动永川物流与制造业深度融合示范区建设战略合作框架协议》《战略合作协议》，助力永川高水平开放型经济发展。永川区委、区政府制定实施《永川区全面融入共建“一带一路”加快建设内陆开放高地行动计划》，重点实施开放通道拓展、开放平台完善、开放主体培育、开放环境优化四大战略行动，主动适应对外开放新形势，主动融入全市对外开放新格局，以内陆开放高地建设推动外向型经济发展。完善永川港海关监管场所服务，推进中德（重庆）智能产业园建设，为永川及周边区县货物出口和引进欧资提供通道。永川综合保税区获批。永川获批中国（重庆）自由贸易试验区（永川高新区）联动创新区。

【永川获批中国（重庆）自由贸易试验区（永川高新区）联动创新区】 2021年8月，区商务委以重庆将启动自由贸易区联动创新区创建工作为契机，牵头编制《重庆自由贸易试验区永川联动创新区工作方案》进行申报，具体复制41项适合永川区产业特点的改革政策，天津中瀚公司闻讯后抢先到永川综合保税区设立公司开展汽车平行进口业务。全区除9个加工贸易企业外，枫叶国际学校、宝利阳文旅、达瓦、中新肿瘤医院等教育医疗大数据服务型单位服务贸易增长较快。10月19日，永川获批中国（重庆）自由贸易试验区（永川高新区）联动创新区，复制推广重庆自贸区试点经验，推进自贸联动创新区建设，融入中国（重庆）自由贸易试验区建设、中新（重庆）战略性互联互通示范项目。

【永川综合保税区获批】 2020年11月4日，重庆市政府向国务院正式提交《关于设立重庆永川综合保税区的请示》。永川区成立以区委书记、区长为“双组长”的永川综合保税区筹建工作领导小组，负责统筹、协调、推进永川综合保税区申报及开发建设各项工作，齐头并进推进申报、建设、招商等工作。市委、市政府和市级相关部门也对永川综合保税区申建工作给予大力支持。重庆海关专门成立支持永川综合保税区申报和建设发展的工作专班，在完善规划建设方案、推动加快审批进度上发挥重要作用。2021年7月6日，国务院批准同意设立永川综合保税区，成为全国第152个，重庆市第6个综合保税区，也是成渝地区双城经济圈发展主轴上的综合保税区。规划面积1.11平方千米，围网外配套产业发展区20平方千米。8月18日，重庆永川综合保税区开工建设。

【对外交往】　2021年，“领事机构、商协会和外商投资企业永川行”活动在永川区举行，成渝地区3个领事机构、8个商协会和27家外商投资企业到永川考察研讨。开展RCEP及其形势下的政策解读等开展外向型经济业务培训10余场，参训人员600余人次。

（区商务委　唐琳）

2021年8月30日，永川综合保税区　（区融媒体中心　供图）

招商引资

【概况】　2021年，永川区招商战线围绕“提质增效”目标，高频次调度、多方式宣传、多渠道招商、全方位服务，招商引资呈现稳中有进、持续向好、质效双升的良好态势。全年引进国科创同、雅迪学院等项目312个，合同引资756亿元；其中，投资1亿元以上160个，投资10亿元以上14个。全年新开工项目167个，落地开工率53.7%；实现投资248亿元，投资转化率38.3%。全年合同引资额和实际投资额超年度目标的18.1%、93.7%。

【招商责任体系建设】　2021年，永川区委、区政府高度重视招商引资工作。年初召开的第一个大会是招商引资工作会。每月区政府常务会议必听招商专题报告，每季度“四大班子”必参加重大招商项目集中签约仪式。区委区政府主要领导亲自挂帅、带头招商、调度项目成为常态，全年区级领导带队外出招商49次，拜访企业137家。健全招商责任体系，建立招商工作联动、项目首谈报备制度，明确重点招商部门和产业主管部门工作职责，出台考核办法，营造“管行业就要管招商、管产业就要管招商”的工作氛围。强化区招商局统筹职能，建立周报告、月调度、季研判、年考评机制。每周汇总招商信息，形成《招商周报》报区政府，每月联合区政府督查办、区发展改革委、区经信委调度项目开工、投资进度，每季度召集工作分析研判会，年底各单位晒成绩、比排名。

【招商格局优化】　2021年，区招商投资局抽调11名年轻干部，组建驻京津冀、粤港澳、长三角、成渝地区4个驻外招商机构，每月外出招商15天以上。全年累计外出招商124次，接待客商到永325家次，招引项目42个，合同金额146.2亿元。发挥全区副处级以上干部、曾从事招商工作人员人脉优势，获取更多资源信息。在江北机场、重庆商圈等投放永川招商推介视频。更新招商投资指南、宣传片、PPT等招商工具，编印《招商引资政策汇编》，定期出刊《招商工作简报》12期。改版升级“永川招商”微信公众号，推出吸粉活动，推送信息460余条，粉丝数逾1万人。策划媒体宣传，中央、市级主流媒体推送永川招商相关报道114次。

【中介招商】　2021年，区招商投资局完善永川籍在外成功人士信息库，开展在永川的规模以上企业负责人生日慰问活动237次，召开永川异地商会、异地永川商会招商推介会5次，常态联络、重点跟进。以商会、协会为平台，邀请中国建筑卫生陶瓷协会、浙江台州商会、重庆大学客联盟等18个商协会企业家到永川考察投资环境。

【产业招商】　2021年，区招商投资局以建设现代制造业基地和西部职教基地为主要目标，以汽摩及零部件、电子信息等产业为重点方向，绘制《永川区“十四五”期间招商路线图指引》，梳理出31条产业链图谱。上线运行招商数据系统，借助大数据技术，精准分析企业，增强项目甄别。全年依托长城汽车、雅迪摩托，引进汽摩及零部件项目50个，投资114.6亿元。依托东鹏陶瓷、欧派木门，引进家居及建材项目60个，投资168.5亿元。依托埃斯维、星星冷链，引进智能装备项目23个，投资126.8亿元。依托致伸科技、川亿电脑，引进电子信息项目10个，投资11.6亿元。依托理文造纸、自嗨锅，引进特色消费品项目21个，投资63.2亿元。依托百度、达瓦科技，引进大数据项目79个，投资37.3亿元。引进职业院校3个，投资76亿元。

【展会招商】　2021年，区招商投资局抢抓成渝地区双城经济圈建设机遇，与四川省宜宾市、四川省内江市、四川省泸州市等7个周边市区招商局成立

2021年8月23日，中国国际智能产业博览会永川专场签约仪式（区招商投资局 供图）

川南渝西产业招商联盟，举办泸永江融合发展示范区集中签约活动。与重庆市彭水县协同招商，落地项目4个、到位资金2723万元。参与中国国际智能产业博览会等大型展会和广州洁净技术协会等产业协会年会26次，收集有效招商信息352条、储备项目184个。利用第三届中国西部国际投资贸易洽谈会召开契机，举办永川专场集中签约活动。

【投资促进】 2021年，区招商投资局坚持把项目落地作为招商工作的落脚点，建立招商项目“全生命周期”服务机制，让企业在永川落得下、留得住、发展得好。出台招商接待工作规范及流程，突出永川特色，注重细节服务。全年接待客商到永川考察656次。优化重大项目推进机制，按照“在谈项目抓落地、落地项目抓审批、在建项目抓进度”的工作思路，落实一个项目、一套档案、一套班子、一套方案、一盯到底“五个一”机制。全年召开重大招商项目专题推进会31次，回访重点招商落地企业78家，联动解决重大项目在落地过程中遇到的关键问题，提高项目落地率。组建招商引资统审工作群，制定《招商引资统计审核工作办法》，分类梳理、动态更新793个招商项目台账，做到底数清、情况明、数据准。建立项目洽谈至项目落地投产全程可追溯方式，实行一月一督查一通报，重点检查项目计划执行、建设投资进度及节点计划落实等情况，倒逼项目加快推进。全年举行重点项目集中开工活动3次，91个项目当年签约当年投产，118个项目当年签约当年开工。

（区招商投资局 庞庆）

永川国家高新技术产业开发区

【概况】 2021年，永川国家高新技术产业开发区（以下简称永川国家高新区）加快推进现代制造业基地、西部职教基地、国家双创示范基地建设，取得积极成效。全年引进院校2所，在校学生增长1.9万人。西部职业教育基地正式获批，全区共有大中专院校17所，在校学生15.6万人。全年营业收入1360亿元，规模以上工业企业总产值1270亿元，进出口总额72亿元，固定资产投资额197亿元，R&D占比5.2%。

【规划编制】 2021年，永川国家高新区总体发展规划、西部职教基地“十四五”规划、永川国家高新区绿色发展五年行动方案、永川高新区规划环评等规划完成编制，明确智能制造集聚区、创新创业活力区、产城职创融合发展示范区“三区”，全力建设现代制造业基地、西部职教基地、国家双创示范基地“三基地”战略定位，永川国家高新区发展方向更清、思路更明、措施更实。

【产业发展】 2021年，永川国家高新区承接国家战略取得新作为。重庆国家科技成果转移转化示范区项目答辩获得科技部专家高度认可，获批建设中国（重庆）自由贸易试验区联动创新区。产业转型升级工作作为全国4个园区之一，获国家发展改革委、科技部、工信部、自然资源部4部委通报表扬。汽摩产业集群入选科技部火炬中心2021年度千亿级创新型产业集群试点（培育）名单，获批开展企业创新积分制试点，获评科技部火炬中心火炬统计先进单位。

【职业教育基础设施建设】 2021年，永川国家高新区内各院校扩容增量迈开新步伐。重庆电子工程职业学院永川校区和重庆文理学院城东校区签约，重庆现代制造职业学院启动建设。职教中心迁建工程（一期）、渝西卫校扩建工程、重庆智能工程学院二期工程等7个区级重点项目完成投资8.02亿元。秋季各院校招生5.5万余人。

【创新创业】 2021年，永川国家高新区创新创业工作实现新跨越。稳步实施科技部、财政部“百城百园”项目。科技成果转化中心建设持续推进，在全市区县中率先培育50名技术经理人，“OLED柔性显示屏激光高频切割装备生产”及“空间站和火星载人舱用关键隔热隔音复合材料及其大规模产业化”等47个项目在永川区转化，技术合同交易额1亿元，新增1家市级以上技术转移机构。持续开展“百家高新技术企业”培育行动计划，推荐上报国家高新技术企业61家。

【西部职业教育基地建设】 2021年，西部职业教育基地纳入教育部、市政府“部市共建”文件。8月24日，中共重庆市委机构编制委员会同意永川高新技术产业开发区管理委员会加挂西部职业教育基地建设管理委员会牌子。12月3日，西部职教集团正式获得重庆市教委批准。首届西部职业教育高峰会举行，优质师资平台上线启用，重庆文理学院申硕成功，重庆城市科技学院成功转设，重庆城市职业学院等4所高职院校入选市级“双高”（中国特色高水平高职院校和专业群建设计划），永川区职教中心等4所院校进入市级“双优”（优质学校和优质专业建设计划）。永川区通过职业教育打造技术性人才供给区，促进产业转型升级。根据产业发展需求，西部职教基地17所院校开设有44个专业、90个订单班和中国特色学徒制班，学生人数3600余人，校企共建实训基地数量超过1300个。支持职业院校增设智能装备、大数据等45个专业，对接重庆市重点产业的学生占比超过85%，每年为社会输送技能型人才3万余人。

2021年6月4日，首届西部职业教育高峰会在永川区召开（永川国家高新区 供图）

【首届西部职业教育高峰会】 2021年6月4日，首届西部职业教育高峰会在永川区召开，来自西部地区104所职业院校以及部分校企合作企业代表共计260人参会。重庆市人大常委会副主任沈金强，教育部原副部长、中国职业技术教育学会会长鲁昕共同为西部职教基地揭牌。会上，永川区政府与重庆电子工程职业学院签署新校区共建合作协议，还与西部职教基地产教融合、校企合作代表项目进行集中签约，其中包括现代制造技术（智能多轴数控机床）高技能人才培训基地项目、重庆城市职业学院航空学院项目等。鲁昕作主旨报告，教育部职成司综合改革处处长邬跃、重庆电子工程职业学院校长聂强、贵州工程职业学院董事长赵泽辉、内江职业技术学院党委书记任孝勇、云南水利水电职业学院校长黄海燕、重庆科创职业学院校长陈流汀等专家和校长，以及长城汽车股份有限公司重庆分公司总经理张国欣结合推进职教发展、产教融合、校企合作等方面经验作报告。

【西部职业教育基地优质师资共享平台】 2021年7月28日，西部职教基地优质师资共享平台在重庆市永川区上线启用。首批入库1749名院校优质教师、企业高级技术（管理人才）及各行业技能大师，为在永川区的17所职业院校选聘区内优质师资、企业推荐技能名师提供技术服务，实现师资共享、校企互动。

【中国—老挝职业教育发展共同体】 2021年11月30日，中国—老挝职业教育发展共同体成立仪式在重庆城市职业学院举行。成立仪式上宣布共同体成员单位名单，进行共同体章程、工作规划讨论与表决，举行共同体成立与成员单位授牌仪式。同时，还进行共同体logo发布、签署共同体倡议、中老职业教育发展共同体共享学院共建签约、共同体项目发布等。“中国—老挝职业教育发展共同体”以服务共同体成员单位和中国老挝职业教育发展为宗旨，协助成员单位对接老挝各类型产业，打造资源共享、优势互补、差异发展、交流共长的高质量、国际化产教融合实体平台。

【2021“一带一路”暨金砖国家技术创新大赛国内总决赛】 2021年10月28日，2021“一带一路”暨金砖国家技能发展与技术创新大赛之数据分析与可视化技术应用技能竞赛国内总决赛在重庆智能工程职业学院举行。该次比赛是由金砖国家工商理事会中方理事会和一带一路暨金砖国家技能发展国际联盟主办，中国发明协会、教育部中外人文交流中心联合主办，永川区人民政府主办专赛项，永川国家高新区、重庆电子工程职业学院、重庆智能工程职业学院等单位专赛项联合承办的，是在金砖国家“深化金砖伙伴关系，开辟更加光明未来”的时代背景下开展的一项大型赛事。比赛为期3天，吸引来自中国、阿富汗、孟加拉国、刚果等国内外54支参赛队、270名参赛选手及教练员、裁判员参加。该次大赛共决出国内代表队一等奖5支、二等奖9支、三等奖14支；国际代表队一等奖1支、二等奖1支、三等奖1支。8个单位获得“优秀组织奖”，6个单位获得“最佳组织奖”。永川国家高新区、重庆智能工程职业学院等5个单位获得“突出贡献奖”。

【成渝地区双城经济圈高新技术产业开发区协同创新战略联盟】 2021年4月23日，成渝地区双城经济圈高新技术产业开发区协同创新战略联盟在永川区成立。联盟由重庆市科技局和四川省科技厅联合推动，两地的12家国家级高新区、26家省（市）级高新区共同发起，重庆高新区、成都高新区分别代表两地高新区签署《成渝地区双城经济圈高新技术产业开发区共建协同创新战略联盟框架协议》。联盟以协同、创新、绿色、发展为宗旨，旨在推动两地高新区在更大范围、更高层次上开展经济、科技合作，为成渝地区双城经济圈建设提供坚实支撑。联盟的重点任务包括五个方面：一是促进产业发展协同，加快两地高新技术产业对接协作，推动产业合理布局和上下游联动。二是促进资源要素协同，通过市场主导、政府引导，推动创新要素有序流动、高效配置、深度融合。三是促进政策措施协同，相互借鉴在科技创新、产业促进、人才引进、市场准入、项目审批等方面好的政策和经验，推进信息资源互通互用。四是促进对外开放协同，整体融入“一带一路”和长江经济带战略，积极参与国内、国际科技创新合作。五是促进绿色发展协同，在构建绿色产业体系、强化绿色技术供给、做好碳达峰及碳中和等工作方面加强交流合作，提升绿色发展水平。

【成渝地区大数据与人工智能产业职业教育集团】 2021年12月22日，成渝地区大数据与人工智能产业职业教育集团在重庆智能工程职业学院成立。成渝两地共有101所职业院校、50余家企业加入该集团。该职业教育集团由重庆智能工程职业学院牵头，依托华为（永川）联合技术创新中心、重庆大数据产业研究院，并联合川南渝西大数据产业联盟，以职业院校、企业单位为主体组建而成。该职业教育集团将实施校企共建高水平专业、教师双向交流、校本教材建设、协同创新等“10大行动计划”，以实现资源共建共享、产教协同育人的共赢效果，为成渝地区大数据与人工智能、电子信息、装备制造等产业提供人才支撑。

【2021年重庆市职业教育高质量发展主题巡讲暨教学视导活动】 2021年6月3日至4日，由重庆市教育科学研究院主办，重庆市永川职业教育中心承办的2021年重庆市职业教育高质量发展主题巡讲暨教学视导活动之一的渝西片区活动在永川区举行。来自重庆市教科院的专家教授围绕全国职业教育大会精神解读主题报告、新版专业目录解读及实施注意问题等内容进行深入解析，永川、荣昌、大足、铜梁、潼南等11个区县的职教研究员及中职学校代表齐聚一堂，共同探讨职业教育高质量发展。6月3日晚上，来自11个区县的职教研究员及中职学校的职教人汇聚一堂，就职业教育专业建设方面的问题进行探讨。6月4日，重庆市教育科学研究院专家，11个区县职教研究员及中职学校的职教人到永川职业教育中心听课、评课，观看永川职业教育中心的艺术展演和大课间活动。（永川国家高新区　罗瑞恒）

永川高新区凤凰湖产业园

【概况】 2021年，凤凰湖产业园建成区面积22平方千米，已形成汽车产业区、摩托车产业区、智能制造产业区、电子信息产业区、新材料产业区、高铁商务区、现代物流区、规划拓展区和东部生态智慧城。园区完成萱花中学凤凰湖校区建设，新增学位4200个。开工建设永川中医院凤凰湖院区二期项目，举办凤凰湖产业园2021年新“雅迪杯”职工篮球比赛，承办重庆市第六届运动会、重庆市第六届残疾人运动会和推动成渝地区双城经济圈建设重庆四川党政联席会议第三次会议。已构建起“汽车产业”“摩托车产业”“智能装备产业”“电子信息产业”“新材料产业”，正在培育“大健康产业”“轨道交通装备产业”“白色家电产业”。园区规模以上工业企业总产值991.1亿元，比上年增长21.4%。园区有战略新兴企业63家，产值274.5亿元，比上年增长2.2%。园区有数字经济企业57家，产值568.5亿元，比上年增长39%。全口径财政收入71.04亿元，比上年增长15.26%。其中，税收收入41.33亿元，比上年增长78.64%；基金收入29.71亿元，比上年下降22.82%。完成市场类固定资产投资131亿元，完成年度目标任务的109.5%，比上年增长23%。全年17家企业升规。

【基础设施建设】 2021年，凤凰湖产业园规划50平方千米的“七区一城”，即汽车产业区、摩托车产业区、智能制造产业区、电子信息产业区、新材料产业区、高铁商务区、现代物流产业区、智慧公园城。编制长城汽车生态城10平方千米城市设计和凤凰湖拓展区12平方千米概念性规划。逐步推进建设两湖居住片区及南部产业片区骨架路网，完成中医院片区道路、星星冷链西侧片区道路、莲花路道路工程等12条新建道路设计。

【招商引资】 2021年，凤凰湖产业园引进长城西南智能制造中心、国科创同、聚优联、聚龙、尤尼瑞克、中利、长城发动机变速器扩能、北斗捷安等项目88个，合同引资360.18亿元。引进雅迪现代制造技术职业学院及整车进出口制造基地项目，总投资13亿元，其中学校占地800亩，整车进出口制造基地占地90亩。长城汽车第3次在永川追加投资，总投资43亿元，设立西南智能制造中心、技术研发中心、供应链采购及销售结算中心

2021年12月22日，长城汽车蜂巢易创二期项目开工　（凤凰湖产业园　供图）

项目。引进青岛动投集团建设轨道交通智能制造基地项目，总投资12亿元，占地487亩。签约北京聚优联医疗器械生产项目，总投资12.5亿元，占地80亩。着眼于“双循环”新发展格局以及碳达峰和碳中和“双碳”目标，签约中利—300兆瓦屋顶分布式光伏发电生产项目。市外合同引资354.44亿元，完成年度目标任务的（190亿元）186.55%，比上年增长292.34%。投资亿元以上项目61个，完成年度目标任务（40个）的152.50%，比上年增长38.64%。投资5亿~10亿元以上项目5个，完成年度目标任务的100%，比上年增长150%。投资10亿~50亿元以上的项目8个，完成年度目标任务（3个）的266.67%，比上年增长166.67%。

【项目建设】　2021年，凤凰湖产业园坚持“工作项目化、项目标准化、标准节点化、节点责任化”的工作理念，“建立项目库，拟定时间表，绘制作战图”，全力推进项目建设。政府投资类区级重点项目14个，总投资39.54亿元，全年完成投资25.8亿元。全年推进的市场类项目189个，合同约定总投资537.2亿元。星星冷链、轨道交通智能制造基地、松润、帝亿特等99个项目开工建设，总投资178.05亿元。竣工项目66个，总投资111.95亿元。蜂巢发动机、蜂巢变速器等61个项目建成投产。长城汽车产销两旺，每72秒下线一辆新车、每两天三亿产值，年税收突破30亿元，建成全国最大高端皮卡基地。雅迪年产电动车300万台整车工厂建成投产，使永川再增一个百亿级企业，成为西部最大新能源摩托车产业基地。全年规模以上企业产值986.5亿元，占全区总量的63.63%。其中，长城产值260亿元，生产SUV87576辆；生产长城炮124878辆，比上年增长21.3%。

【企业服务】　2021年，凤凰湖产业园秉承“精心、精细、精准”的服务理念，按照“一个项目，一套班子，一张清单”，围绕“工商注册、项目备案、土地招拍挂、方案设计、工程招标”等所有审批环节，细化服务内容，列出服务清单，明确办结时限，全链条“一对一”跟踪。全年为160个项目提供帮建服务，完成公司注册90家、项目备案58件。帮助瑞悦、樽明、海洋世纪等企业进入长城汽车供应商体系，帮助星星冷链寻求注塑、包装等配件的本地配套，协调雅迪租赁使用安第斯摩托闲置生产线等。落实常态化疫情防控措施，凤凰湖产业园产业工人新冠疫苗接种率99.5%。推进安全生产专项整治三年行动，落实安全主体责任，对风险隐患较大的规模以上企业进行诊断，聘请重庆市安全应急专家诊断137家。全年未发生较大以上安全生产责任事故。

（凤凰湖产业园　罗洋）

永川高新区三教产业园

【概况】　2021年，永川高新区三教产业园已使用产业用地6.62平方千米，其中三教片区5.82平方千米，板桥片区0.8平方千米。园区形成以东鹏陶瓷、帝王洁具、江山欧派木门、环球锦标石材城、新明珠陶瓷为龙头的百亿级智能家居产业集群；以“自嗨锅”自热火锅、好邻居休闲食品为龙头的食品产业集群；集聚一批汽车零部件和装配式建筑、电子信息配套产业。智能家居产业方面，已入驻东鹏陶瓷、帝王洁具、江山欧派门业、环球锦标石材城等智能家居龙头企业5家。食品产业方面，已入驻自嗨锅自热火锅、好邻居休闲食品、曾巧食品、可益花椒油等食品龙头企业4家。汽车零部件及装备制造产业方面，已入驻长城蜂巢铸造、杨达鑫等龙头企业2家。园区共入驻企业142家，其中投产企业49家（规上企业23家），在建企业30家，签约拟建设企业63家。有高新技术企业10家，科技型企业40家、战略性新兴产业企业8家。全年规模以上工业企业总产值120亿元，比上年增长32.3%。

【基础设施建设】　2021年，三教产业园启动编制园区新一轮空间规划初步方案，为园区未来5年至15年争取足够的空间规模。全年实施征地拆迁面积2000余亩，申请调整土地利用总体规划1400余亩，供应土地12宗，面积1300亩。打破奇正、物流中心、香辣嫂、润辉等项目用地长时间无法交地的困局。110千伏邮草东西线一档投入运行，保障好邻居、自嗨锅、江山欧派、环球锦标项目用电。用时一个半月，解决美力宁投产意向强烈的生产用气需求，保障美力宁二期正常进场。完成园区拓展区二期规划环评。制定《污水处理厂运维管理细则》，强化第三方运维公司责任落实。联合区水利局整治羊燕寺河河道，改变曾经的脏乱差现象。

【招商引资】　2021年，三教产业园紧盯未来发展潜力较大的新兴产业和园区智能家居产业关联企业，到四川省成都市、广东省、江苏省等地区考察家居、文具、新能源电动车等项目30余次。联合区级部门，聚焦碳达峰、碳中和龙头企业，共同开展招商工作，储备清洁能源企业10余个。与中国建筑卫生陶瓷协会共同举办首届中国建筑卫生陶瓷技术装备论坛，储备重点企业10余家。完成占地1200亩的新明珠西南绿色智能生产基地、占地200亩的好邻居食品产业基地的签约。依托东鹏陶瓷、新明珠陶瓷、帝王洁具、江山欧派木门等企业，引入高端智能卫浴、智能门窗、智能家电、智能安防等项目，逐步壮大百亿级智能家居产业集群。同时，打造智能家居、建材区域性交易市场，借助环球锦标石材城及仓储物流项目开工建设，逐步为西南地区商户提供一站式、全方位交易体验。依托自嗨锅自热火锅、好邻居休闲食品等企业入驻契机，引入一批火锅底料、调味品、快消食品等项目，逐步培育壮大食品产业集群。依托长城发动机、航丰机械、锋盈汽配等企业，引入汽摩及零部件、环保设备、工程机械等项目，逐步集聚汽摩及零部件产业集群。依托鼎沅新材料、江通新材料，引入先进钢铁材料、轻合金、光伏材料及组件等项目，逐步培优新型建材及新材料产业。依托杨达鑫笔电外壳、保时鑫键鼠配件等企业，引入笔记本及电脑零部件、PCB主板、电路板、印刷线路板等项目，逐步拓展电子信息配套产业。全年签约项目46个（投资亿元以上工业项目38个），合同引资155.55亿元。

【项目建设】 2021年，三教产业园开工市场类、政府类重点项目38个，完成投资53.83亿元。永川环球锦标石材加工及仓储物流中心项目用地面积1500亩，拟新建集石材、木材、装饰板材、智能家居、陶瓷、卫浴、五金机电、电线电缆、电子商务系统、智慧物流信息平台为一体的石材加工及仓储物流中心。项目分3期建设，全年已完成一期桩基础工作建设。重庆长城智能科技有限公司铸造基地项目占地106亩，拟购置制芯、造型、熔化、清理等主要设备95（套），形成年产发动机缸体、缸盖、曲轴、增压器涡壳等铸件产品10万吨生产能力。全年已完成吊装厂房钢结构。江山欧派西南门业生产项目占地442亩，新购全智能自动化家居生产线。一期形成年产80万套木门生产能力。全年已完成一期厂房主体建设的80%。自嗨锅全球味觉中心暨西南总部基地项目占地面积100亩，建筑面积8万平方米，建设“自嗨锅”西南总部基地项目、研发中心。全年已完成厂房主体建设的70%。

【企业服务】 2021年，三教产业园助力企业复工复产，成立1个领导机构、8个专项包片专班，“一对一”指导帮助，收集并解决企业防疫物资保障、物流运输、用工等难题50余个，赠送、代购口罩、体温枪、远红外体温检查门等各类防疫物资1万余件。梳理《重庆市中小微企业发展专项资金管理办法》等文件精神，点对点走访、指导政策申报50余次，帮助20余家企业申报专项扶持资金。深挖企业创新潜力，东鹏、保时鑫等5家企业获评市级企业技术研发中心，江山欧派、升科等4家企业获评市级数字化车间，筹备创建高新技术企业10家，成功入选市经信委市级技术创新指导性项目推荐目录70余项。大力推动产学研合作，推动东鹏公司与文理学院就陶瓷原料配方研发，升科精锻与重庆大学就冷温锻压，凯莱食品与西南大学就新产品开发等建立战略合作关系。紧盯重大项目不放松，成立江山欧派、自嗨锅、新明珠项目领导小组3个，建立项目调度机制，明确分工、倒排时序，挂图作战，促成东鹏陶瓷于4月投产第二条生产线，江山欧派（租赁生产）、帝王洁具、自嗨锅（租赁生产）分别于6月、8月、9月相继投产。动员东鹏公司新建第3、4条全自动陶瓷生产线、帝王公司新建第2条智能卫浴生产线，新增瓷砖产能2万平方米/天、智能马桶300个/天。

【中国建筑卫生陶瓷协会2021技术与装备论坛】 2021年5月13日，由中国建筑卫生陶瓷协会、重庆市永川区人民政府主办，三教产业园协办的中国建筑卫生陶瓷2021技术与装备论坛在江鸿国际大饭店举行。该次论坛的主题是“绿色·智能·低碳”，全国建筑卫生陶瓷行业的专家、企业人员300余人，围绕如何提高建筑卫生陶瓷行业智能制造水平，推动行业高质量发展，引领建筑卫生陶瓷行业价值链攀升，搭建上下游产业链交流合作平台，做大做强建筑卫生陶瓷产业探讨论剑。中国建筑卫生陶瓷协会秘书长宫卫介绍嘉宾，中国建筑卫生陶瓷协会会长致欢迎辞，永川区区长张果致辞，介绍《建筑卫生陶瓷能源消耗限额》修订背景，参会人员到永川国家高新区三教产业园东鹏（永川）智能家居创意产业园等地实地考察。5月14日永川区委常委、区政府常务副区长文良印代表永川区与中国建筑卫生陶瓷协会会长缪斌签订合作协议。

（三教产业园　郭蕴韬）

永川高新区港桥产业园

【概况】 2021年，永川高新区港桥产业园建成区面积13平方千米，入驻重庆理文造纸有限公司、重庆理文卫生用纸有限公司、重庆吉美达有限公司、西部木材交易市场、重庆泰石岩棉有限公司等企业164家。全年规模以上工业企业总产值256.30亿元，比上年增长26.05%，财政收入10.6亿元，比上年增长16%，规模以上工业企业产出强度51.12亿元/平方千米。

【招商引资】 2021年，港桥产业园围绕纸业、木业、材料等主导产业，按照“招商储备一批、开工建设一批、投产达产一批”的思路，千方百计扩大有效投资。累计新签约曾家木材市场、“上大压小”热电联产等项目54个，其中投资亿元以上项目38个，投资10亿元以上项目2个，合同引资额总计183.3亿元，市外新开工项目当年完成投资48.11亿元。新引进材料项目33个，占新引进项目的62%，合同引资101.6亿元，占累计合同引资的55%，合同用地972.21亩，占累计

2021年3月4日，永川港一期码头　（港桥产业园　供图）

合同用地的23.43%。木业产业是园区确定的主导产业，全年累计新投产木业项目15个，占园区投产项目的48%，新增年产值超35亿元。特别是西部港桥木材交易市场的投产，填补木材产业链的前端空白。纸业产业规模以上企业总产值199.03亿元，比上年增长23.18%，占园区规模以上企业总产值的77.65%。其中，纳入规模以上企业统计的19个后加工项目产品销量持续上升。全年完成工业总产值93.58亿元，比上年增长54.26%。

【项目建设】 2021年，港桥产业园围绕自身临江靠港水公铁多式联的区位优势，积极推进西部港桥木材市场、港桥钢铁市场和建材城等无污染、高产值的专业市场建设，逐步推动新旧动能转换、产业结构调整，形成产业+市场+物流的新格局。全年累计新投产项目44个，在建项目12个。理文造纸、理文卫生用纸两个纸业龙头企业在大宗原材料价格上涨导致成本大幅提升的情况下，通过新上技术改造项目、降低生产成本等措施，持续保持平稳增长态势，产值增幅在3.7%左右。与理文公司合作运营管理的永川港一期码头，采取作业流程优化、管理提质增效等措施有效提升业务量。全年内外贸出港611批次，共计49.22万吨，比上年增长45.54%。泰石岩棉主要生产岩棉板、岩棉毡、岩棉条、岩棉管壳等系列制品。全年岩棉产量5.44万吨，比上年增加1.37万吨，比上年增长33.66%。销售4.7万吨，收入1.47亿元，比上年增加0.36亿元，比上年增长33.81%。岩棉下游企业金诺公司完成高端金属复合板130万米，产值5亿元，税收324万元。新格公司主要经营废旧金属回收、加工以及再生铝合金锭、铝合金液熔炼、制造；铝灰资源综合利用、耐火材料原料、混凝土路面砖原料生产销售，全年营业收入12.73亿元。

【企业服务】 2021年，港桥产业园围绕产业政策、项目需求和环境控制等方面，及时主动帮助企业排忧解难。分类制定完善遴选标准，启动企业梯度培育计划（2022—2025），推进“一企一案”定制培育工作。计划新培育规模以上企业20家，科技型企业30家，高新技术企业12家，OTC入库5家、挂牌2家，专精特新2家，战略性新兴企业1家。支持理文公司、泰石岩棉公司、港桥木材市场等领航企业整合产业链资源，开展供应链配套对接，与中小企业建立稳定合作关系，构建创新协同、产能共享、供应链互通的新型产业发展生态。建立“企业直通车”制度，及时掌握企业诉求，指导用好惠企政策，协调解决土地、用工、用能等问题。组织行业协会、商会等梳理企业需求，提供信息咨询、产品推广、人才培训、知识产权等专业化服务。

【西部港桥木材交易市场】 西部木材交易市场是集展示、加工为一体的木材交易市场。项目分两期建设，一期占地235亩，投资6亿元。2021年4月进场施工，2021年10月投入运营。建有木材加工区、木材交易区、家居家装配套区、配套服务区，入驻品种有杉杆、条子、建筑模板、家具材、茶几大板等，入驻经营户300余户，入驻面积5.5万平方米。每天出货量1300吨木材，日成交额350万元。

【四望山物流园项目】 2021年8月，四望山物流园项目启动平场一期及道路工程，拟建为集多式联运、仓储配送等功能于一体的现代综合物流园。截至2021年年末，场地平整340亩，新建道路480米，路幅宽40米，双向6车道，改造道路长205米，改造后路幅宽为36米。（港桥产业园　刘志锋）

海关监管

【概况】 2021年，永川海关全力防范重大风险，把优化监管服务发展作为主责主业，积极服务外向型经济发展。坚持疫情防控与业务运行两手抓，强化监管、优化服务，推动永川海关政治生态持续良好，实现各项业务高速发展。

【助力柠檬产业规模化】 2021年，永川海关加强与四川省内江市、四川省泸州市、四川省遂宁市等地海关协作配合，互派专家对重庆市潼南区、四川省安岳县柠檬种植基地开展联动认证考核，实行土壤、有害生物等83项指标一体监测，共享两地备案果园及生产企业名单，搭建企业互助沟通平台，共同打造成渝地区双城经济圈柠檬出口优质品牌，助力产业扶贫。加强技术指导，积极收集国外产品标准和警示通报信息，持续开展日常果园实蝇、草地贪夜蛾等有害生物监测。在出口鲜果中首次检验发现检疫性有害生物柑橘大实蝇，实施专项核查指导企业进行问题整改，帮助企业快速恢复出口，助推柠檬出口种植基地建立标准化、规范化的质量管理体系。完成重庆海关唯一一家输俄柑橘企业推荐。全年新增柠檬基地备案4家、面积6000亩，累计备案6家、面积13650亩。重庆市潼南区柠檬已实现“鲜果”和“深加工食品”双通道并行出口的良好局面，年内出口柠檬鲜果4.9万吨，实现柠檬深加工食品的首次出口，监管出口柠檬蜜茶等4种产品至新加坡、马来西亚等东南亚市场。

【助推永川综合保税区申报建设】 2021年，永川海关组建永川综合保税区申报工作专班，建立与综筹办对接机制，召开碰头会10余次。加强与兄弟海关学习交流，做好新闻信息宣传，及时答复用地性质、建设要求等方面问题。指导围绕验收标准和施工关键节点倒排工期，按计划做好现场检查。对12家拟入区企业逐一开展摸底调研，永川综合保税区于2021年7月6日获得国务院批复设立。

（永川海关　黄梦舟）

综　述

【概况】　2021年，永川区推进高铁双通道建设、“一环十一射”高速公路建设，提升普通干线公路等级，开展重要农村公路项目建设。全力打通水路出海通道，通过陆水联运、港企合作，永川港区理文码头吞吐量创历史新高，集装箱突破3万标箱（TEU），集装箱从永川直达英国、阿根廷、巴拉圭等8个国家。全年实施重点项目及民生实事8个，完成年度投资26.7亿元。辖区内公路总里程5122.8千米（不含高速公路），行政村通客车率100%。成渝高铁永川段里程33千米，设永川站。有航道17.3千米，长江货运船舶30艘。有机场1个，全年飞行18399架次、3188小时。全区公路水路客货运总周转量74.0亿吨千米，比上年增长12.6%。

【交通规划】　2021年，永川区谋划打造拥抱重庆主城、辐射周边区县、牵手四川省泸州市、四川省自贡市的区域性综合交通物流枢纽，编制完成《永川区综合交通运输“十四五”发展规划》和《普通干线公路国土空间控制规划》。重庆—自贡—乐山（雅安）城际铁路、重庆—泸州—毕节城际铁路、成渝铁路扩能江津—隆昌段、重庆—泸州—宜宾沿江货运铁路、永川—四川省自贡市高速公路、永川—重庆中心城区快速通道、渝昆高铁永川南站、长江泸渝段生态航道整治等关系永川未来发展的24个重大交通项目纳入《成渝地区双城经济圈综合交通运输发展规划》《重庆市综合交通运输“十四五”规划》等上位规划。

【高铁建设】　2021年，永川区全力推进高铁双通道建设，成渝高铁融入全国高速客运网，开行定制高铁6对，从永川可直达北上广深等一线城市。渝昆高铁永川段和永川南站综合交通枢纽加快建设。

渝昆高铁永川段　渝昆高速铁路是国家中长期铁路网“八纵八横”高铁网重要组成部分，是国家“百项交通扶贫工程”重点项目。2021年3月，渝昆高铁永川段动工建设。永川境内长36.33千米，设永川南站1座，正线数目为双线，设计行车速度为350千米/小时。渝昆高铁建成后，重庆至昆明铁路运行时间将由5小时缩短至2小时。截至2021年12月底，永川段累计完成投资15.3亿元，其中工程建设12亿元、征地拆迁3.3亿元，占投资计划的32.55%。

【高速公路建设】　2021年，永川区全力推进“一环十一射”（一环：成渝高速、三环高速、九永高速连接在一起围绕永川城区形成的56千米环线；十一射：成渝高速、九永高速、三环高速铜永段、三环高速永江段、江泸北线高速、永泸高速、永津高速、永璧高速、永自高速，其中成渝高速、江泸北线高速分别算2射线）高速公路建设，江津至泸州北线高速永川段、三环高速公路永川区陈食街道至江津区油溪镇段、永川区至璧山区高速公路开工建设，成渝高速扩能、永川区至四川省自贡市高速公路前期工作加快推进。

2021年9月3日，在建的渝昆高铁　（区交通局　供图）

三环高速公路永川区陈食街道至江津区油溪镇段 起于九永高速永川环线，止于江津区油溪镇，接江津至泸州北线高速公路。全长15.5千米，永川境内6.3千米。按双向四车道高速公路标准建设，概算总投资18.5亿元，累计完成投资1.7亿元。

永川区至璧山区高速公路 全长25千米，其中永川境内18.2千米。按双向四车道高速公路标准建设，路基宽度26米，设计时速为100千米/小时。总投资28.6亿元，累计完成投资2.2亿元。

江津至泸州北线高速公路永川段 江津至泸州北线高速公路是G93渝泸高速的扩能项目。全长71.36千米，永川境内线路长16.1千米。按双向四车道高速公路标准建设，路基宽度26米，设计时速为100千米/小时。截至2021年年底，完成投资7亿元。

【干线公路建设】 2021年，永川区提升普通干线公路等级，S545詹吉路铜梁界至加油站段、S545詹吉路绿化景观项目、G246毛家坡至127段、茶山竹海佛宝路等普通干线公路建设（升级改造）完成。S545詹吉路铜梁界至加油站升级改造工程总长34.90千米，采用三级公路标准建设。S545詹吉路铜梁界至加油站段绿化景观项目总投资5000万元。完成绿化面积5.5万平方米，种植灌木228万株，乔木种植3132株，草籽播撒23万平方米。G246毛家坡至127段路面大修长10.07千米，总投资2550余万元。茶山竹海佛宝路改建工程全长3.1千米。提前开展S105永川城区至宝峰段、S544胜利村至三台段、S208茅园至望川段前期工作。

【农村公路建设】 2021年，永川区开展重要农村公路项目建设14个、65.5千米。计划建设“四好农村路”500千米，完成通组公路502千米。实施完善农村公路生命安全防护工程200千米。

【交通安全生产】 2021年，永川区专题研究部署安全生产工作50次、组织召开安全例会12次，组织召开道路运输领域行业安全会议12次，开展安全督导检查48次。全年出动执法人员10261人次、执法车辆4027台次，检查交通企业和交通在建项目3367家/次，发现并督促整改安全隐患2624起，查处违法违规行为1598起，实施行政罚款324.57万元。投入50万元，建成交通运输安全风险监管平台，2021年9月1日上线运行。截至2021年年末，共接入“两客一危”（指从事旅游的包车、三类以上班线客车和运输危险化学品、烟花爆竹、民用爆炸物品的道路专用车辆）企业和重点货运企业102家，营运车辆4011辆、从业人员3505人。通过交通运输安全风险监管平台下发整改通知书61份，督促企业整改隐患588个，企业自主解除隐患报警2.2万个。全年事故起数、死亡人数比上年分别下降42.9%、71.4%。交通行业无较大及以上道路运输安全事故、无水上交通安全事故、无交通建设安全事故、无安全监管责任事故。

2021年7月5日，茶山竹海景区公路 （陈科儒 摄）

【行政审批】 2021年，永川区推进区域通办改革，区域通办事项由41项增加至45项，其中跨区县通办19项，川渝通办（跨省通办）14项，西南五省通办11项，全国通办1项。全年办理“川渝通办”（跨省通办）事项311件、“跨区县通办”事项7368件。将交通部门依申请办理的政务服务事项由原来的233项调整为198项，其中行政许可143项、行政确认17项、行政奖励4项、公共服务9项、行政裁决1项、其他行政权力24项，承诺时限压减87%。即办件调整为92项，占比46.46%。依申请类事项全程网办调整为163项，占比82.32%。行政许可事项全程网办调整为120项，占比60.6%。企业群众办事平均跑动次数为0.17，压减83%。

【交通执法】 2021年，永川区共查处各类违章案件2465件，其中超限运输880件，非法营运231件，扬撒461件，驾培、维修80件，公交出租、客运班车381件，危险运输5件，货车改装57件，网约平台65件，其他案件305件。办理各类投诉举报2019件，全年收取罚没款收入418.66万元。

【智慧交通建设】 2021年，永川区加快推进全国交通一卡通，改造升级333台公交车IC卡收费管理系统及设备，实现公交卡线上消费乘车和四类人群（年满65周岁以上老年人、残疾军警人、残疾A卡、残疾B卡）人脸识别年检功能。建立公交车客流分析系统，实现全区公交车客流统计和远程数据监控，为交通行业运营管理提供依据。建立公交可视化平台及定制公交系统，开展智慧优化线路、布局线路课题研究。建成永川区交通运输行业安全综合监管平台，实现交通运输企业风险管理标准化、扁平化和过程化。建立村村通客车客流监控预警系统，实现村村通客车GPS、视频监控，对客车司机驾驶行为进行监管。统计分析车载实时人数，对超载行为进行预警。

2021 年 8 月 10 日，来苏镇滨河路　（区交通局　供图）

公路运输

【概况】　2021 年，永川辖区内公路总里程 5122.8 千米（不含高速公路），公路密度 317 千米/百平方千米。全区镇通畅率 100%，村通畅率 100%。撤并村公路通畅率 100%，村（居）民小组通畅率 100%。境内有高速公路 133 千米。有公交线路 31 条，营运客车 2296 辆。其中，班线客车 662 辆、出租车 1293 辆（巡游出租车 540 辆，网约车 753 辆）、公交车 341 辆。全年运送旅客 493 万人，比上年下降 20%，旅客周转量 25004.7 万人千米，比上年下降 9.5%。运输货物 3871.4 万吨，周转货物 45.34 亿吨千米。

【城市客运】　2021 年，永川区优化调整公交线路 10 条，增设公交站点 9 个。新增和报废更新 25 台新能源公交车，公交车新能源使用率 100%。全区有出租汽车企业 6 家，出租汽车 540 辆，从业人员 1700 余人，出租汽车日均疏运 6 万人次。高考期间抽调 200 辆出租车组建免费送考爱心车队。全区城市公共汽车运力 341 辆，经营企业 3 家，共 31 条线路，辐射范围分布新老城区，从业人员 600 余人，公共汽车日均疏运 20.1 万人次。全区共有长途班线 78 条，其中省际 30 条，县际 48 条，车辆共 356 辆，日均发班次 300 班，日均输送旅客 1600 余人。

【农村客运】　2021 年，永川区共有农村客运班线 124 条、客车 306 辆，村村通线路 41 条、投入运力 61 辆。有农村客运招呼站（点）406 个分布在各乡镇，其中招呼站 237 个，招呼点 169 个。

【货物运输】　2021 年，永川区清理淘汰老旧营运柴油车 1115 辆。全区新增普通货运企业 14 家，新增个体 233 家。普通货物运输车辆新增 665 辆，危险货物运输车辆新增 32 辆。截至 2021 年年末，全区有货运企业 139 家，其中普通货物运输企业 132 家，危险货物运输企业 7 家。有营运货车 7586 辆，其中普通货物运输车辆 7251 辆，危险货物运输车辆 335 辆。公路货运量 3871.4 万吨，比上年上升 22.6%。货物周转量 45.34 亿吨千米，比上年上升 14.5%。

【公路运政管理】　2021 年，永川区受理公路运输相关审批服务事项 25583 件，其中行政许可事项 4415 件，其他权力事项 21118 件，承接市道路运输事务中心省际、县际经营许可报批件 50 件。涉及新增驾培企业 2 件，核减 1 件；受理县内、县际毗邻客运线路经营许可（终止、延续、新增等）36 件；“川渝通办”事项 178 件；车辆技术等级评定事项 4857 件，诚信考核签注等级 6180 件；网络预约出租车辆新增 129 辆，客运车辆更新 77 辆，巡游出租车辆更新 25 辆，车辆及业户管理等其他业务 14098 件。全年收取非税收入 12.52 万元。

【道路运输行业安全监管】　2021 年，永川区开展打击公路货运超限超载和非法营运宣传，悬挂横幅 118 条，发放资料 2 万余份，发放征求意见表 99 份，开展警示教育活动 7 次。从源头治理超限超载，处罚非法改装货车的运输公司 57 家、汽车维修企业 9 家。固定治超站检查货运车辆 207.09 万台次，超限车次 824 台次，卸载车次 824 台次，卸载吨位 5184.27 吨，移交区公安交巡警支队依法处罚 778 台次。路警联合流动治超 315 次，检查车辆 3666 车次，超限车辆 323 车次，卸载 301 车次，卸载 2968.15 吨，移交区公安交巡警支队处罚 321 件，超限率严格控制在 2% 以内。推进社会征信建设，录入行政处罚案件 1133 件，办理行政奖励事项 84 件。全年非现场执法检测货运车辆 158.79 万台次，对违法超限运输的企业和个人开具交通违法行为通知书 827 份。

【道路运输市场规范】　2021 年，永川区开展仿冒出租汽车非法营运整治，查扣 64 辆仿冒出租汽车，举行嘉众公司蓝色租赁车辆违法行为案件行政处罚听证会 9 次，24 件行政诉讼胜诉。春运期间开展专项整治，查处各类违章案件 463 件。其中，非法营运 77 件，公交出租、客运班车 97 件，扬撒 157 件，超限运输 6 件，驾培 8 件，网约平台 17 件，其他案件 101 件。

【公路服务站（点）建设】　2021 年，永川区投入 50 余万元，完成 S209 何埂公路服务站改建工作。对原有道班房进行加固维修 300 平方米，新增围墙、停车场、绿化、人行道、交通指示标志标牌等附属设施，完善休息室、停车等服务功能。投入 35 万余元，对沙湾养护站、大安养护站站房进行维修，新做室内外涂装3000平方米，新做屋顶防水200平方米，疏通化粪池1个。全区有客运站8个。其中，一级站2个，四级及以下站6个。

【公路站场管理】 2021年，永川区畅恒机动车检测有限公司有安检线2条（滚筒线1条，平板线1条），进行车辆安全性能检测及综合性能检测；有摩托车检测线2条（固定线1条，移动摩检线1条），环保尾气检测线3条，检测范围包括A1、A2、B1、B2、C1、C2、D、E、F。全年共检测汽车17562辆、摩托车13705辆。

【从业资格管理】 2021年，永川区开展道路运输驾驶员从业资格培训，合格3011人。从业资格证补证、换证、备案等5559件。出租车驾驶员从业资格注册537件。开展网约、巡游出租汽车驾驶员从业资格考试10期，合格700人。截至2021年年末，全区有驾培机构23家、教练车辆879辆、教练员914人。

【维修管理】 2021年，永川区新增从事机动车维修经营业务的企业41家。全区有汽车维修企业275家。其中，一类维修企业4家，二类维修企业42家，三类维修企业229家。

【公路工程质量管理】 2021年，永川区受理公路建设项目130个，共计488.10千米。截至2021年12月底，出具鉴定报告128个，其中区级重点项目2个、10.86千米，重要农村公路12个、63.72千米，通组公路104个、407.95千米，桥梁建设项目5个，预防性养护项目1个；其他项目4个。全年出具竣（交）工验收检测鉴定报告161份，共计717.77千米。其中，区级重点项目2份、30.30千米；一般农村公路13份、25.27千米；通组公路133份、647.34千米；桥梁建设项目7份；其他项目6份。

【网约车管理】 2021年，永川区严格按照《重庆市网络预约出租汽车经营服务管理暂行办法》等规定开展网约车审批工作，全年共发放《网约车道路运输证》780张。其中，注销27张，新增129张。截至2021年年末，全区有网约车753辆。

2021年3月23日，G348武大路 （区交通局 供图）

【公路路政管理】 2021年，永川区累计整治各类涉路违法行为24起，拆除违法设置非公路标志牌32起。修复拆换波形防护栏588米，脱落波形防护栏66处，修复端头组件45付，立柱23根，安全桩20根，修复人工构筑物19.57立方米，路缘石86.2米，交通标志牌9块，累计投入维修费用17万余元。收取路产赔（补）偿费53万元。

【公路养护】 2021年，永川区日常养护巡查公路7.43万千米，清理边沟1340千米、路肩堆积物550立方米、路面污染物1200平方米、路面抛洒物70立方米、倒伏行道树500余株，修复路肩410平方米、挡墙650立方米，整治边沟2200延米、涵洞19道、水毁1200立方米，修补坑凼2500平方米，坑凼修补率超过99%。通过购买社会服务的方式，委托专业公司养护国道、省道和县道286.73千米。全年投入保洁车辆7000余台次，对干线公路重点路段260余千米进行机械化保洁，国道机械化保洁率100%，省道机械化保洁率超过50%。投入经费188万元，完成S209荣江路3千米行道树天竺桂栽植；完成G246遂麻路43千米和S105渝泸路13千米中央隔离带绿化升级改造；完成管养公路行道树排危和刷白；组织2个专业绿化组，对管养公路的行道树、绿化带进行修剪、施肥、治虫等。对管养公路122座桥梁进行经常性检查、定检及特检，实现三年检测全覆盖。开展环北路跨线桥、双石大桥、大陆溪大桥等20座桥梁维修整治的设计工作。完成长32.7千米的5个预防性养护项目的前期工作。完成国省道灌缝32万延米，完成产值130万元。完成乡村道路灌缝20.7万延米，完成投资179万元，路面灌缝率均超过99%。全年管理养护公路584.53千米。其中，国道2条、75.68千米，省道7条、366.46千米，县道15条、142.39千米。委托镇街日常养护50.26千米，服务外包286.73千米。管养桥梁122座，其中国道23座、省道69座、县道30座。机械化重点养护260.2千米，指导乡村公路桥梁养护343座。

水路运输

【概况】 2021年，永川辖区有长江岸线21.5千米，等外级航道17.3千米，有港口企业3家，航运企业2家，长江货运船舶30艘。全年完成货运量394.8万吨，比上年增长5.03%，货运周转量28.46亿吨千米，比上年增长9.97%。港口货物吞吐量78.84万吨，比上年增长15.28%，集装箱3.0万标准箱，比上年增长68.86%。全年管辖水域未发生水上交通安全责任事故和污染事故。

【永川区港航服务中心】 2021年，永川区港航服务中心落实企业安全主体责任和履行安全监管职责，制订2021年水上交通安全生产监督检查计划、水上交通安全工作要点等规范性文件，组织召开港航企业月例会12次。开展专项整治行动，累计出动检查人员198人次，检查企业船舶72家次，查处并整改安全隐患54起，整改率100%。督促朱沱镇、松溉镇落实客渡船签单发航制度，结合禁捕水域船舶排查，指导镇街加强自用船管理，清理销毁无船名船号、无船舶证书、无船籍港的船舶。在理文码头试点“两单两卡”（两单即企业一线岗位从业人员岗位风险清单、岗位职责清单，两卡即岗位操作卡、岗位应急处置卡）。投用新型救援艇渝海巡0902，协助海事、公安救起一名轻生跳江男子。全年开展安全宣传活动4次，进港航企业8家次，进船舶30艘次，发放宣传资料3000余份。督促辖区港口累计投入100余万元，向上级争取绿色航运发展专项资金75万元，完成辖区港口船舶污染物接收设施建设。推进港口岸电使用，完成理文码头岸电标准化改造。推广“船E行”和“重庆市船舶污染物协同治理平台”信息系统，该系统在永川港口码头的使用率和船舶污染物转运、处置率均排在重庆市各区县前列。

（区交通局 梅嘉瑜）

【重庆永川海事处】 重庆永川海事处管辖长江干线河口至界石盘35.9千米水域，涉及川渝两省市3区县（重庆市永川区、重庆市江津区、四川省合江县）。辖区常年处于自然航段，有羊角滩、东溪口、斗笠子控制河段3处，有一级水域1处、跨江大桥1座、营运码头5座、公务码头4座，年均货运量160万吨、集装箱1.8万标箱，车客渡船7艘，年均渡运量35万人次、车辆2万台次。2021年，重庆永川海事处共开展现场巡航446次，执法人员1324人次，巡航739.7小时，检查船舶531艘次，安检船舶65艘次，滞留船舶1艘次。实施行政处罚35件，已结案33件，罚款10.95万元。船员违法记分18件，共68分。货运量123.40万吨，其中危险品27万吨，安全维护旅客运输34.32万人次、车辆运输1.67万台次。11月3日，永川区长江干线水上搜救分中心挂牌，水上搜救和应急处置机制进一步完善，多部门协同能力进一步提升。全国首创的重庆“零排”方案在永川推广，辖区航运公司所属船舶及港内作业船舶“零排”工作全面完成。辖区未发生水上交通和船舶污染事故，已连续保持228个月“零死亡”、客渡船“零事故零险情”。

（重庆永川海事处 吴广磊）

铁路运输

【概况】 2021年，永川辖区有铁路90千米，其中成渝高铁33千米。永川东火车站为成渝高铁最大中间站。永川东火车站停靠列车增加至最多时每天28.5对。成渝高铁提速运营，全年发送旅客234.13万人次、到达234.91万人次，永川东火车站到发旅客比上年增长36%。成渝铁路47千米，境内设车站5个（永川站为三等站）。辖区有煤矿专用铁路10千米。

【永川东火车站】 永川东火车站位于重庆市永川区境内，东距重庆市区54千米，西离成都245千米，2015年12月26日建成开通运营，是成渝客专上的中型高铁站，属车间级单位。隶属中国铁路成都局集团有限公司重庆车务段管辖，管辖荣昌北、大足南、永川东、璧山4站。按技术性质为中间站，按业务性质为客运站，按查定等级为二等站。永川东站房主体2层、局部3层，站台设3台7线，总建筑面积14981.9平方米，候车面积5105平方米，候车能力3400人，日最高聚集人数2500人。2021年，永川东火车站有在册干部职工126人，其中管理人员16人，客运人员102人，行车人员8人。大专及以上学历79人，平均年龄38岁。全年发送旅客236.50万人，到达旅客235.69万人，客运运输收入13641.49万元。

安全管理 2021年，永川东火车站制定并稳步推进落实永川东标准化和规范化创建方案，按期完成达标创建任务，通过集团公司达标创建验收。建立健全《永川东站通道门管理制度》《永川东站客运施工维修作业组织办法》《永川东站站台作业车辆管理办法》《永川东站区突发情况联合响应制度》《永川东车间站台巡视作业补充规定》等相关制度办法，规范安全基础管理。认真梳理列车运行图变化，精心制定客运组织方案，提前开展安全预想并明确卡控措施，细化组织方案，抓好调图安全卡控。针对隧道整治、接触网设备整治等三级施工在管内多个车站同时进行的难点，研判施工安全风险，细化安全卡控措施，统筹兼顾，合理安排人员，做好施工关键环节的盯控。联系消防培训机构到站开展消防安全专项培训2次，协调永川区消防救援支队到站联合开展动车组区间火灾进入站内处置的应急演练1次。组织开展“通道门、四轮平车（含站台平车）、施工安全”专项整治等活动，全面落实安全双重预防机制。坚持利用现场检查、视频监控、跟班作业等方式，对安全风险防控等情况进行检查，及时发现存在问题，并督促问题整改。建立站区各单位联劳协作机制，协调解决施工、防洪、反恐、综治、环境整治等方面的问题，发挥好站区各单位的作用。定期召开路地联系会，联系永川区委政法委牵头联合区公安局、区交通局等多部门在永川东火车站开展综合执法行动，增加出站口安保人员，整治永川东火车站治安环境，改善周边环境，消除安全隐患。

经营发展 2021年，永川东火车站与政府部门联系，了解外出务工人员情况和旅游景点接待情况，了解各单位红色教育活动用票需求。与各大专院校联系，了解学校开学、放假时间及学校管理要求，办理青藏班学生团体票。主动联系培训学校做好外出研学、比赛用票车票的发售。走访永川大数据产业园、乐和乐都主题公园等单位，做好通勤、旅游客流调查，为上级开行列车提供数据支持。制作车站热门方向中转换乘方案和成都、贵阳、重庆同城接续方案，向旅客推介异地票、联程票。通过提前查询余票，向上级提报票额调整计划。全年办理团体购票 31 批、1629 张，收入 36.5 万元。发动职工办票 25 批、169 张，收入 6 万余元。提报票额调整计划 15 次，调整票额 2800 张。

队伍建设　2021 年，永川东火车站开展调图培训 6 次，劳动安全培训 2 次，防洪培训 1 次，网络安全培训 4 次，安全生产法培训 3 次，消防专项培训 4 次，客运服务质量培训 1 次，客运应急处置专项培训 1 次，组织开展技能比武 4 次。加强岗位作业指导书和验证培训。选拔储备技能人才，客运班组职工代表车务段参加集团公司技能竞赛分别取得客运值班员、综控员第五名的成绩。全年遇到多次晚点、停运等非正常情况，能及时启动应急预案，组织休班职工加岗，解决售票窗口排长队的难题，引导候车旅客通过 12306 或者自动售票机自助办理退票，做好旅客宣传、解释、安抚工作，确保运输生产有序。在站台异常情况处置方面，组织职工对应急处置事件案例进行学习、讨论，汲取事件教训，提高处置能力，成功处置闲杂人员入网和站台异物侵限等险情。不断强化“拦对有功、拦错无过”的安全理念，提高行车应急处置水平。通过专项培训及定期演练，让行车人员熟练掌握各种突发情况下应急处置流程及关键要点。9 月 16 日发生地震时，永川东火车站当班应急值守人员在 2 分钟内呼停区间运行的试验动车组列车。12 月 26 日永川东火车站客运人员巡视发现站台风雨棚钢筋突出的安全隐患，果断呼停列车并有序做好后续处置工作。

（永川东火车站　李琦）

航空运输

【概况】　2021 年，永川区有机场 1 个，即永川大安通用机场。永川大安通用机场位于大安街道铜鼓村、陈食街道卢家岩村，总占地 1200 亩，总投资 4.8 亿元，是西南地区第二个、重庆首个获得机场三字代码 YGA 的 A1 类通用机场。该期飞行区等级为 2B，远期为 4C，预留 4F 建设条件。主要有跑道 1 条，联络道 2 条。有长 400 米、宽 110 米停机坪，设 10 个 B 类机位和 4 个直升机机位。航站区有航管综合楼、消防综合楼及其他建筑共 2855 平方米，配套建设空管、气象、导航、助航灯光、消防、供电、供水等设施。机场已开通自贡至永川首条川渝飞行训练航线，能为 A、B 类航空器开展飞行训练、通勤运输、空中游览及其他通航业务提供保障服务。全年累计飞行 18399 架次、3188 小时。

【航空运输管理】　2021 年 7 月 28 日，永川大安通用机场挂牌设立中飞院重庆永川大安机场辅助运行基地、重庆市航空科普基地、重庆城市职业学院实习实训基地。8 月，机场停机棚建成投用。9 月，重庆市丁丁猫航空科技有限公司航空研学教育项目主体完工，11 月下旬试运行。

（区交通局　梅嘉瑜）

国土空间规划

【概况】 2021年，永川区规划和自然资源局（以下简称区规划自然资源局）持续优化国土空间布局，开展“三区三线”（“三区”指城镇空间、农业空间、生态空间三类空间，“三线”指城镇空间、农业空间、生态空间划定的城镇开发边界、永久基本农田和生态保护红线三条控制线）划定工作。扣减6类可不纳入耕地保护目标后，确定全区2035年耕地保有量为521.19平方千米（稳定耕地511.11平方千米），占现状耕地的比例为97.18%。划定永久基本农田463.19平方千米，占现状稳定耕地的比例为88.31%。在2021年6月上报国务院生态保护红线评估调整方案面积105.75平方千米基础上，按照规则对生态保护红线进行调整。拟调出3.09平方千米，拟调入8.58平方千米。调整后，全区生态保护红线面积111.24平方千米，增加5.49平方千米。划定城镇开发边界面积121.77平方千米，其中中心城区89.73平方千米，港桥组团17.32平方千米，三教组团11.40平方千米，其他小城镇3.32平方千米。

【重点规划统筹】 2021年，区规划自然资源局开展生态保护红线、永久基本农田、城镇开发边界“三线”划定工作。永川区国土空间分区规划、“三线”试划方案通过市规划自然资源局审查。完成国土空间开发保护现状评估、资源环境承载能力和国土空间开发适宜性“双评价”等专项规划编制。完成《永川区与重庆第二机场道路交通一体化研究》《永川中心城区未开发地块社区公共服务设施布点优化》等规划研究。开展2020年度国土空间规划城市体检评估工作，修改中心城区控制性详细规划28件，局部调整土地利用规划5宗，国土空间布局更加优化。

【建设规划】 2021年，区规划自然资源局制定《永川区居住小区架空空间规划建筑管理细则》，代区政府办公室印发永川区既有住宅增设电梯工作暂行方案。依法依规审查项目设计方案55个，办理工程规划许可149件（不含市政及增设电梯）、面积482.68万平方米。指导修改建筑设计规划35个，办理住宅增设电梯工程104件，引领城市品质提升。

【村镇规划】 2021年，区规划自然资源局有序开展镇级国土空间规划工作。港桥产业园、三教产业园所在的朱沱镇、松溉镇、三教镇、板桥镇4个镇作为永川的功能组团纳入区级国土空间规划一并编制，其余12个镇的国土空间规划进入公开招标阶段。有序推进控规修改工作，完成三教镇B01—01等地块、朱沱镇GQ—D1—1/01等地块的9个控规修改工作。完成重庆能投集团第二批土地（永川区）控制性详细规划方案。完成茶山竹海街道茶竹村、红炉镇龙井口村和会龙桥村3个实用性村规划新编工作。完成大安街道官禄岩村、仙龙镇太平桥村等7个村规划调整及入库工作，保障仙龙镇蚕桑产业园、宝峰镇龙凤桥村便民服务中心等项目用地。

【测绘管理】 2021年，区规划自然资源局规范测绘资质管理，完成9家

2021年7月23日，朱沱新城 （陈科儒　摄）

测绘资质复审换证工作。开展测绘质量监督抽查工作，加强 CORS 基准站、全区永久性测量标志等基础测绘设施的巡查管理，提升测绘成果质量。开展 2021 年测绘地理信息成果保密专项检查，提高测绘地理信息从业人员和涉密成果使用人员安全保密意识。参加第七届全国测绘地理信息行业职业技能竞赛重庆选拔赛获优秀组织奖。

【历史文化保护】 2021 年，区规划自然资源局完成松溉镇国家级历史文化名镇保护规划修编，重新划定历史文化名镇的核心保护范围及建设控制地带，支持松溉古镇“文化+旅游”“文化+大数据智能化”发展。完成板桥镇历史文化名镇保护规划评估。完成永川区第四批历史建筑保护规划紫线划定工作。开展永川区历史建筑测绘建档工作，初步成果已经市级专家组审查。

【地理信息社会服务】 2021 年，永川区建立覆盖全区二等水标准框架网，三、四等 GPS 控制网、高质量 CORS 网络，实现 1∶500 地形图城区、1576 平方千米 1∶2000 地形图和精细三维仿真模型城市规划建设区全覆盖，夯实城乡规划建设管理、国土资源调查、地理信息调查基础。统筹全区地下管线数据更新工作，累计入库地下管线长度 1589.07 千米。开展地图更新编制，23 个镇街“一镇一图”实现全覆盖。

【永川区规划展览馆】 永川区规划展览馆位于兴龙湖公园湖心岛上，占地面积 6 亩，建筑面积 3200 平方米。以“永立潮头、海纳百川”为布展主题，以城市总体规划模型演绎区和茶香竹韵品棠城多媒体情景演绎区为核心展区，分为概览篇、规划篇、目标篇、专项篇、成果篇和未来篇 6 大篇章，展示永川城市历史文脉、规划蓝图、产业发展、建设成就、未来展望等内容，是接待外宾的城市客厅和市民了解永川的城市窗口。全年完成招商引资、政务接待等 600 余场次，接待市民 2 万余人次。

（区规划自然资源局 王成）

城市建设

【概况】 2021 年，区住房城乡建委编制《永川区“十四五”城市基础设施建设专项规划》，其中 17 个项目纳入市级重点项目计划。有序推进城市片区开发，全年新增房地产项目 200 万平方米，新增工业项目 122.8 万平方米。全年拓展城区面积 2.4 平方千米，中心城区面积 82.8 平方千米，常住人口城镇化率增加到 70.64%。

【城市提升行动】 2021 年，永川区共建成城市提升类项目 32 个，在建项目 20 个，管理类项目 18 项，累计完成投资 15 亿元。主要推进城市规建水平、城市管理水平、城市交通水平、城市基础设施水平、山水人文品质、城市公共服务、城市创新能力 7 个方面的提升工作。

2021 年 7 月 22 日，永川区规划展览馆 （陈科儒 摄）

【城市更新行动】 2021 年，区住房城乡建委组织第三方专业机构开展专题研究，制订城市更新三年行动方案，每年实施“7 个 100 专项行动”，即改造 100 个老旧小区、塑造 100 个城市街角、展现 100 处城市记忆、打造 100 个社区微客厅、实施 100 千米城市慢道、活化 100 个特色商业、提升 100 处创业里巷。从满足群众生活和生产两个维度打造家园城市，将北山片区作为核心区，英井路、胜利路、肖家冲 3 个片区作为重点区域。启动北山片区城市更新，围绕“构建 15 分钟社区生活圈、培育夜经济、打造文化区”思路，加速推进同文里等街巷文化场景和节点氛围营造。完成 2021 年度“城市体检”，为城市更新提出指导意见。

【城市重点工程建设】 2021 年，区住房城乡建委狠抓永川至主城区市域铁路项目。永川至主城市域快线项目获得国家发改委规划批复，已协调市住建委成立专班，组织 4 家设计咨询单位开展方案研究和 TOD 投融资模式研究。

三河汇碧文创街区建设 引进重庆百仓文化创意有限公司，累计投入 1275 万元，围绕“图书馆+”商业模式，深挖“文化、文创、文旅”三个主题元素，融合历史、人文和商业价值，实施城市记忆展厅、社区微客厅、玻璃阳光屋等项目 37 个，建成重庆市最大的社区图书馆——玉屏书院，将三河汇碧打造成为永川区首个“体验式文创街区”和城市会客厅。累计开展亲子阅读、书画鉴赏等文创活动 16 次，吸纳群众参与活动 20 余万人次。

【城市道路建设】 2021 年，永川区建成凤龙大道东延伸段一期道路、书香路道路、凤莲路二期道路、五洲路道路工程、龙马大道、花滩路道路等 11 条城市道路，总投资 10.8 亿元，道路长度 15.49 千米，超额完成年度目标任务。全年开工建设高古路道路工程、金鸡路道路工程、纵一路、福主路等 4 条道路，道路长度 6.21 千米。

（区住房城乡建委 杨建）

城镇天然气供应

【概况】 2021年，永川区23个镇（街）均已开通天然气，天然气用户总数为404914户。其中，工业275户、商业5540户、居民399099户。城区气化率97.2%，农村居民用气率39.9%。全年用气量37507万立方米，比上年增长17.92%，其中工业用气量23845万立方米，比上年增长25.87%，CNG商业用气量1554万立方米，比上年下降4.95%，居民用气量12108万立方米，比上年增长7.85%。

【用气保障】 2021年，区经信委协调中石油重庆气矿，保障全区供气量70万立方米/日，增加全区计划内用气指标，减轻用气单位负担。利用页岩气资源富集的优势，加快推动页岩气资源开发进度。全年中石化西南油气分公司有22口探井在永川区开采页岩气，供气能力90万立方米/日。中石化西南油气分公司同意将气源供永川区使用。中石油西南油气田分公司重庆气矿有15口探井在永川区开采页岩气，供气能力50万立方米/日。中石油浙江油田分公司有1口探井在永川开采页岩气，供气能力10万立方米/日。中石油产气通过导入来东线、东东线供永川区使用。

【天然气管网建设】 2021年，永川区完成永二井至港桥产业园输气管线建设，为港桥产业园及企业用气提供保障。全区天然气管网共4条。西（彭）—永（川）线：该管道为DN323.9，压力4.0兆帕，输气能力190万立方米/日。来（凤）—永（川）线：该管道为DN219，压力4.0兆帕，输气能力50万立方米/日。马（坊）—永（川）线：该管道为D273，压力6.3兆帕，输气规模300万立方米/日（包括永川、荣昌、双桥），永川可用天然气量150万立方米/日。朱（沱）—榕（山）线：该管线为D219，压力4.0兆帕，输气能力30万立方米/日。

【页岩气管线建设】 2021年3月，重庆永川燃气有限责任公司投资1.35亿元建设永川区来苏镇至西永线璧山区三合阀室页岩气管线工程。永川区境内新建DN400管线39千米，设计压力4.0兆帕，日供气量300万立方米。与重庆燃气集团外环管网（D711）连接形成互联互通，将中石化页岩气引入永川新城区，提升新城区供气保障能力。永川区域内页岩气气源管网和中石油管输气源管网的已互网联通，来双线输送的页岩气和永双线输送的中石油气源（中贵线、新南干线、重庆市外环、中石油长宁威远永川页岩气）通过双三线输送到三教产业园。同时永川区域内建设的页岩气连接管线将中石化西南油气田分公司页岩气气源输入永川城区和三教产业园。

【储气设施设备建设】 2021年，永川区主要有大安配气站和永川凤凰湖产业园配气站。大安配气站供气能力50万立方米/日，园区配气站供气能力300万立方米/日。麻柳河储配气站有4×8000立方米储气设施，LNG气化站一座，占地面积1亩，气化能力为2000立方米/小时。港桥配气站可利用天然气管网设计供气能力30万立方米/日。港桥配气站气源来自中石油泸州输气处榕山站经朱榕干线输送至港桥配气站。

【燃气安全】 2021年，永川区完善城镇天然气行业“三位一体”责任体系。落实安全生产监测预警、隐患排查、督查检查、应急救援、调查处理等制度，指导督促企业健全完善风险分级管控和隐患排查治理双重预防机制。各燃气油气行业均按要求修订应急预案，全年开展消防应急演练活动10次。全年共排查2037个单位、988栋高层建筑，入户检查141209户，入户检查率100%。排查隐患2504处，整改完成率100%，其中用户权属安全隐患2361处，完成整改2361处。全年投入管网安全隐患整改资金1130万元，技术安全措施资金2175万元。

【天然气价格】 2021年，永川区居民天然气价格2.14元/立方米，工业用气价格2.51元/立方米，商业及集体用气价格2.93元/立方米，CNG用气价格3.69元/立方米。

（区经济信息委　谢应友）

新区建设

【概况】 2021年，永川区新城建设管理委员会（以下简称区新城建管委）统筹推进党的建设和招商引资、产业发展、城市建设等中心工作，取得明显成效。全年引进项目93个，协议引资121.45亿元，实施各类建设项目234个，完成投资9.13亿元。新城呈现出产业快速发展、品质明显提升、经济稳中有进的良好态势。

【招商引资及产业发展】 2021年，永川区举办中国科技影视高峰论坛、第五届中国客服节等活动，新引进人民大学文化科技园、九紫文化、同程旅行西南数据处理基地、科大讯飞人工智能产业基地、英视睿达等数字产业项目83个。建成1000平方米数字虚拟影棚、4000平方米渝西大数据中心、3000平方米大数据产业公共实训基地。签约干细胞医疗研究中心、蚕丝蛋白化妆品研究中心、茶生物科技总部等现代服务业项目10个，仙龙传奇农场蚕工厂项目开工建设，生物技术产业实现“零突破”。重庆市大数据产业人才联盟高校成员扩容到120家，发布国内首个“数字经济——大数据应用人才职业技能标准”。自研的“服务公社”信息惠民平台获评“2021重庆市大数据智能化应用十大‘智慧政务’精选案例”。与中国工业经济联合会共建的“重庆云谷数据工程员”被中国工业经济联合会认定为“全国典型工业经济劳务品牌”。

【新区基础设施建设】 2021年，永川区投入8亿元，建成实验小学、新红旗小学、文昌中学、永川图书馆、维稳处突支队营房及新城派出所、星光社区便民服务中心及停车场等工程。完成夜景灯饰二期改造和兴龙大道灯饰工程，加快推进会展中心、望城公园、大数据产业园 E 区等一批重点项目。加快推进智慧交通、智慧医疗试点工作，建成永川区智慧城市综合指挥中心，形成智慧交通大数据资源中心、公安交管、交通运输、智慧出行 4 个系统架构。国内首条 L4 级自动驾驶公交线路投入商业化运营。建成 114 万人的健康电子档案、3 家互联网医院，研发投用 5 个“智慧健康小屋”医疗服务终端。

【新区市政建设】 2021 年，永川区投入 3 亿元，加快市政道路建设和升级。城西片区路网在建道路总里程 15.64 千米，全年完成总工程量的 40%，改造市政道路 4 万平方米，兴龙湖东西牌坊段道路完成改造并通车，人民广场片区市政道路路面及人民大道兴龙湖段道路改造 EPC 总承包工程荣获 2021 年度“重庆市市政工程金杯奖”。在高速路口、新区体育馆、兴龙大道、兴龙湖公园等重点区域种植开花植物 30 余万株，布置花草景观 5000 余平方米。在国有储备用地播撒花种 600 余亩，对城市主干道 3000 余处灯杆、道路标线、交通标识牌等进行维修维护，消除城市易涝点 6 个。

【城市经营】 2021 年，区新城建管委克服新冠肺炎疫情持续影响、房地产市场预期低迷、土地交易疲软等不利因素，逆势狠抓收入，全力防范风险，维持惠通公司 AA+外部信用评级，年平均融资综合成本 4.97%，比 2020 年年末降低 0.24 个百分点。拓宽特许经营渠道，加快推进砂石厂、第四水厂、城西公交枢纽站场等特许经营工作，提升实体化经营水平。

【2021 中国科技影视高峰论坛】 2021 年 10 月 20 日，由重庆市文化旅游委、中共重庆市永川区委、永川区人民政府、中国科技新闻学会、中国人民大学创意产业技术研究院联合主办的 2021 中国科技影视高峰论坛在重庆渝州宾馆举行。该次论坛围绕“科影交融 筑梦未来”主题，全球知名影视公司、国内虚拟制片行业的顶尖企业和领军人物、知名影视导演与制片人、相关领域的权威专家学者和行业组织围绕虚拟片场、摄影机内特效、实时引擎等关键技术展开研讨。该次论坛举行永川数字文创项目集中签约。重庆市数字文创产业示范园区项目、爱奇艺永川文化创意产业园、重庆数字内容云制作平台、咏声动漫永川数字制作基地、瑞云西南云渲染产业基地、九紫文化影音基地、陶云科技幼教数字内容制作基地等 40 余个项目在现场集中签约，项目投资额 60 亿元。

【第五届中国客服节】 2021 年 5 月 20 日，由中国信息协会主办，永川区人民政府、中国信息协会客户联络中心分会联合主办，以“弘扬服务精神，传递微笑服务”为主题的 2021 年（第五届）中国客户服务节暨客服论坛在重庆解放碑威斯汀举行。国务院参事室特约研究员、中国劳动学会会长、人力资源和社会保障部原党组副书记、副部长杨志明作主旨发言，中国信息协会副会长兼秘书长朱玉，永川区委书记滕宏伟，永川区委副书记、区长张果等出席活动。阿里巴巴、字节跳动、携程旅行网、蚂蚁金服、美团等 300 家企业、900 余人参会。开幕式上，滕宏伟致欢迎辞，朱玉、张果共同为“客户服务产业基地”揭牌，永川大数据产业园、中国信息协会客户联络中心分会与才博（中国）管理机构就人才培养、技术赋能、生态共建、行业标准制定、产业基地共建等方面达成合作。开幕式还现场发布 2021 年《客服人幸福指数调研报告》。来自阿里巴巴、鸿联九五、中金智汇、同程旅行、蚂蚁集团、滴滴出行等企业代表围绕客户体验、服务创新、服务运营、服务价值等分享自己的经验和观点。大会线上线下同步举行，累计线上观看突破 10 万人次。2021 年 12 月，客户服务产业基地落地才博（永川）客户服务产业基地。

2021 年 10 月 20 日，2021 中国科技影视高峰论坛　　（袁卿予　摄）

【“服务公社”信息惠民平台】 2021 年，永川区梳理辖区政务服务事项，实施流程再造，推进减环节、减时间、减材料、减跑动。将 1020 项政务服务事项“颗粒化”分解为 12 万余个模块化最小运行单元，将平均办理环节压缩至 2.6 个，实现减时限 80%、减材料 23%，零材料提交事项 129 项，即办件占比 35%，事项办理平均跑动次数 0.6 次。平台采用大数据 AI 标记技术和数据机器人技术，疏通“跨专网数据通道”，将政务服务受理、审批、发件等环节数据实时推送到部门专网系统，做到业务数据自动运转、流程自动分发、办理结果自动推送，并实时推送给办事群众进行监督和评价。同时，“服务公社”与“渝快办”平台深度融合，网上受理率、材料预审率、材料核验率分别为 83%、95%和 86%，通过“渝快办”受理业务占比 80%，全程网办率 38%，“好差评”主动评价率 90%。对各审批系统配置对应的数据字段，实现一一对应和数据标记。

通过数据融合技术，深度梳理各审批系统的数据字段、业务流程、软件操作流程，利用专网专线连入数据融合服务器总体汇总，指挥数据机器人进行归纳分类，并根据行政事务办理需求对数据进行智能筛选、传输，打破部门间数据信息“孤岛效应”。该平台率先在全市各区县范围内实现28个区级部门政务服务事项一网通办、一窗综办。在重庆市经信委及《重庆日报》联合举办的2021重庆市大数据智能化智慧应用精选案例发布会上，永川“服务公社”信息平台项目入选十大“智慧政务”精选案例。

【人民大学文化科技园】 2021年，中国人民大学文化科技园西部分园项目落地永川，协议总投资10亿元，以“重庆云谷·永川大数据产业园”E区4万平方米产业楼宇为载体，导入中国人民大学文化科技园的行业平台、科学研究、金融孵化等多领域产业资源，共同举办国内外科技文化精品项目对接活动，加强双方在数字内容方向的技术交流与融合，探索设立全球数字版权交易中心，推动永川科技文化产业集聚，加快创建国家文化和科技融合示范基地、文旅部重点实验室和国家级文化创意产业园。

【科大讯飞人工智能产业基地】 2021年12月15日，科大讯飞股份有限公司与永川区人民政府签订科大讯飞永川人工智能产业基地项目合作协议，项目总投资10亿元，科大讯飞在永川构建“1+4+N”的产业生态体系。通过建设科大讯飞永川人工智能产业基地，重点打造讯飞AI协同创新中心、讯飞西部大数据产业人才教育中心、讯飞智能硬件生产中心、人工智能数据标注中心4个中心和智慧教育、智慧办公等人工智能应用场景。至2021年年末，项目办公场地进入装修设计阶段。

【全国最大数字虚拟影棚建成】 2021年，永川区大数据产业园联合达瓦科技建成全国最大“动捕+XR”数字虚拟影棚。项目搭建1000平方米虚拟影视棚，棚内部署84台Vicon光学动作捕捉和XR拓展现实两大国际先进数字制作系统，每年可制作完成40余部影视、动漫、综艺作品，影棚规模和制作水平国际领先。

【科技生态城建设】 2021年，区新城建管委加快推动科技生态城规划建设工作，努力将其建设成为成渝地区双城经济圈科技创新新平台、智慧城市新高地、生态城市新典范。全年完成首开区60平方千米走界摸底、一纵线范围内征地拆迁摸底和2平方千米核心区湿地公园概念方案设计全球公开征集评审工作。科技生态城展厅建成投用。智慧湖、启智湖及连接河道、永璧高速连接道（纵一线）等项目前期工作顺利推进。

2021年5月25日，达瓦数字影棚 （陈科儒　摄）

【实验小学建成】 实验小学位于兴龙湖片区兴龙湖中学以北，建设用地58.19亩，建筑面积26843.27平方米，其中地上26192.99平方米，地下650.28平方米。办学规模48个教学班，主要功能为总体及门卫、综合教学楼、门厅、教学楼、行政服务楼及教学辅助用房、食堂，体育馆及看台、教师公寓。合同金额10328.71万元，工程2021年8月竣工验收。

【永川区图书馆装修工程完成】 永川区图书馆位于永川区文昌路801号，神女湖东侧，背靠茶山竹海，西侧神女湖公园，东侧为昌州古城，建筑面积7000余平方米。主要施工内容：对永川区公共图书馆-1F-3F共计4层进行土建改造、装饰装修、电气工程、给排水工程、暖通工程、智能化工程等。至2021年底，已完成全部装修工程。

【维稳处突支队营房及新城派出所建成】 永川区维稳处突支队营房及新城派出所工程位于永川区昌州大道东段和顺人家东侧。项目总建筑面积8528.04平方米，营房4731.38平方米（地下1层，地上4层）框架结构高度15.6米；派出所3796.66平方米（共5层）框架结构高度19.2米；以及包括旧楼改造，合同金额2411万元，工期为210天。工程2021年12月底完工。

【星光社区便民服务中心建成】 星光社区便民服务中心位于永川区星光大道与三星路交会口，2021年6月建成投用。场地紧邻三星路，用地呈不规则多边形，东西48米，南北47米，地形高差较小，项目用地西北侧有小河流及绿化树木，环境优美。该工程作为中山街道星光社区公共用房及地面停车场使用。建设用地面积2475.85平方米，总建筑面积1705.2平方米。地面停车场建设用地面积2122.87平方米，停车位48个。

（区新城建管委　盛秀文）

城镇建设

【小城镇建设】 2021年，区住房城乡建委投入7859万元，加强18个镇域街区“全覆盖”改造提升。聚焦场镇“五大件”（公园广场、迎宾干道、公共停车场、农贸市场、公共卫生间）和街区“六小件”（道路铺装、店招店牌、底层楼体、入口环境、文化节点、街区秩序），坚持高强度投入、高水平策划、高标准实施，打造宜居宜业宜游美丽小城镇。全年新（改）建市民公园16个，实施道路铺装10万平方米，改造面积35万平方米。实施朱沱镇福龙桥社区环境整治及综合文化体育设施改造工程。

【老旧小区改造】 2021年，区住房城乡建委编制《永川区2021—2025年城镇老旧小区改造专项规划》。争取上级资金2.27亿元，完成4个片区、241个老旧小区改造，改造面积149.9万平方米。完成1394栋、3466个单元老旧、“三无”小区建筑消防隐患专项整治和1299栋老旧、“三无”小区建筑封闭整治。建成社区微客厅2个、城市慢行步道示范段10千米；整治城市“痛点”8个。在石油汇碧苑小区投入资金1280万元（其中居民自筹160万元），补齐电梯、消防、道路绿化等基础设施短板，升级停车场、休闲广场、健身运动场所等公共服务，完善康养中心、社区食堂、儿童活动中心、社区活动中心、党群服务中心“五大件”，营造全适龄友好社区。5月，永川区2020年度老旧小区改造工作荣获市政府办公厅通报表彰，获得中央资金倾斜支持500万元，工作经验在全市推广。

（区住房城乡建委　杨建）

市政市容管理

【概况】 2021年，永川区城市管理局以建成高质量发展高品质生活示范为统领，紧扣“干净整洁有序、山清水秀城美、宜居宜业宜游”目标，深化大城细管、大城众管、大城智管，城市品质实现新提升。区城市管理局被重庆市城市管理局评为先进集体，获得永川区创建国家卫生城区先进集体和临江河整治先进集体称号。

【市政基础设施维护管理】 2021年，永川区推进“马路办公”。区委书记或区长坚持每月“马路办公”1次，区领导坚持每周1至2次分别进入7个街道、27个社区网格，城市管理有关部门和单位主要负责人每周2次以上。截至2021年年末，城市管理相关及镇街马路办公累计巡查7895次，出动人员24287人次，发现问题29885起，解决问题30885起，整改热难点问题23起。推进城区人行道、车行道改造，全年维修车行道6625平方米，维修人行道32425平方米、污水井盖187个、水篦254个、沟盖板272块。强化桥梁等结构设施管护，推进桥梁结构健康监测系统建设，确保结构设施监测评估率和病害整治率100%。完成城区50座桥梁检测以及3座病害桥梁维修加固。

2021年3月28日，永川新城区街道绿化　　（杨振宇　摄）

【城市供水监督管理】 2021年，永川区完成侨立水务二水厂一万吨扩建改造项目并投入使用。完成城区第四水厂及配套管网工程立项、可研等前期准备工作。开展17个老旧小区的供水管道改造，维护改造二次加压设备8套，更换超期水表5000只。完成管道直饮水覆盖5000户。设置36个管网水检测点，严密监控城区各项供水指标。实时调整管网压力分布，充分利用城区高位调节池的低峰储水和高峰用水调整供水设施设备运行情况，对城区28个小区、3239户居民用水高峰期水压不足问题进行整改。

【城市照明设施建设】 2021年，永川区实施学府大道、人民大道等路段夜景灯饰，建成特效灯具2562盏、光纤灯45000米、灯带9000米。建成三河汇碧夜景灯饰4500套，改造渝西广场LED投光灯、梯步灯、线条灯等景观灯饰45组、504套。完成泸州街、望北路等6条道路照明设施改造工程，安装路灯297组、更换路灯电缆9150余米。实施老旧小区和暗盲区照明设施整治，完成汇龙苑、民富小区、内环东路等36条路段、387盏路灯安装。强化照明设施日常维护，全年累计维护路7025盏次，修补路灯井盖、杆子门297处，检查处理线路故障486处，安装或修复故障电缆线8365米。

【环境卫生管理】 2021年，永川区全面实施环卫清扫保洁“1533”、垃圾收运“123”作业标准，累计清理卫生死角127处、各类垃圾3874吨，清运城区生活垃圾227817.78吨（其中餐厨垃圾36838.07吨、沿河垃圾417吨），生活垃圾清运率100%。清掏化粪池4373座，容积44万立方米。农村生活垃圾有效治理行政村207个，有效治理行政村比例占100%，有效治理覆盖人口35.95万余人，全区207个行政村全部签订农村环境卫生相关村规民约。

【生活垃圾分类及处置】 2021年，永川区坚持生态优先、绿色发展理念，推进生活垃圾分类，改善城市人居环境。在38个社区和66个行政村开展生活垃圾分类。全区生活垃圾分类建成区街道开展比例100%，行政村开展比例100%，生活垃圾回收利用率38%。建成生活垃圾焚烧发电、垃圾渗滤液及膜下水处理、餐厨垃圾处理中心等资源化利用项目，分类后生活垃圾全量焚烧，中心城区及建制镇生活垃圾无害化处理率100%。

【垃圾处置费征收】 2021年永川区导入税务征收系统的事业单位、学校、医院、商业门店等共计2440户。全年征收城镇生活垃圾处置费1897.73万元。其中，居民年代征1588万元，国家机关、事业单位等年征收43.18万元，学校、医院、部队等年征收152.84万元，商业门店及其他商业用房年征收113.71万元。

【城市管理执法】 2021年，永川区全面推进社区、公安、城管、市场监管的“一街四方”联勤共管机制。通过联合执法管理和联合集中整治，常态化加强城区公共交通、街面秩序、停车秩序和农贸市场规范管理等日常巡逻监管。全年整治占道经营、非法营运、车辆乱停乱放等各类违法违规行为2.2万起，查处脏车入城322辆，规范处置建筑渣土119.45万立方米，规范骑门摊、流动摊点3万余个。查处违规占用消防通道机动车36辆，清理占道行为1057起。按照违法建筑整治工作五年计划要求，永川区建立违建治理台账管理系统，开展违法建筑治理工作。全年拆除违法建筑8.7万余平方米，蓝色彩钢棚改色10.4万余平方米。完成卫星遥感排查出的63个图斑整治工作，完成违法建设治理目标任务。

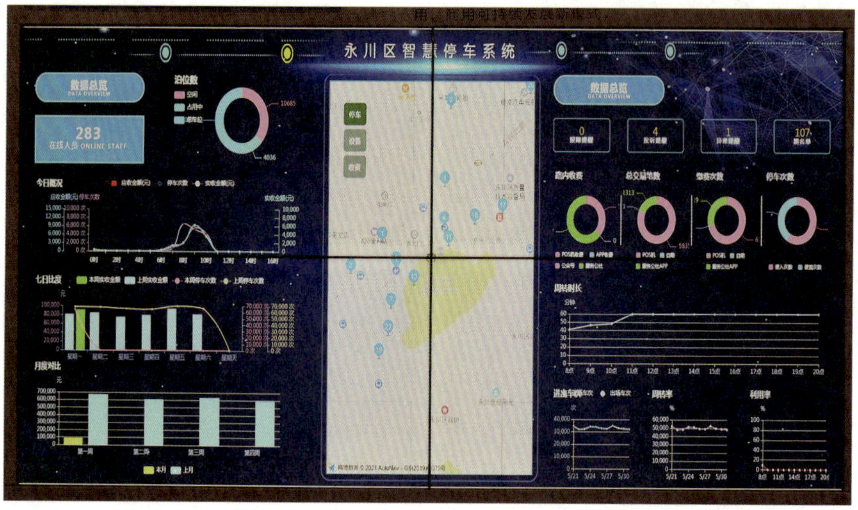

2021年6月1日，永川区智慧停车系统 （杨振宇 摄）

【城市智能化管理】 2021年，永川区建成智慧出行综合服务平台。建成智慧停车位201个、综合服务站牌30块。完成永川区城市综合管理服务平台及智慧城管执法、智慧市政设施、智慧市容环卫、智慧园林绿化应用的初步设计和概算编制、便民公厕导航系统普查和建设以及城市管理政务数据资源共建共享工作，推进公共安全视频AI智能分析系统对接工作。截至年末，全区有智慧停车位2237个、智能公交站牌160块。

【城市公厕建设及管理】 2021年，永川区新建公厕7座，改建公厕2座、提升50座公厕品质。根据公厕管理“一座公厕1名保洁人员”的配备要求，对纳入环卫部门管理的79座独立公厕采取“定时打扫、随脏随保、及时维护”管理模式，加强卫生保洁和日常维护，落实全时段管理，保证公厕保洁工作达到“七净七无”。同时引入“互联网+”模式，将城区264座公厕录入服务公社App，实现公厕定位精准。

【城市生态园林建设】 2021年，永川区提升园林绿化品质，推进“增花添色”“增绿添园”和“绿廊建设”行动，在城区主要干道、重要节点布置时令鲜花300万余盆，实施道路绿化32.4万余平方米、山地公园和步道山体彩化12.9万余平方米、“坡坎崖”绿化美化50万平方米、屋顶及重庆市第六届运动会、永川马拉松赛道沿线立体绿化2.6万平方米。开展古树名木和古树后备资源普查工作，对全区53株古树名木和39株古树后备资源重新挂牌，建立信息管理系统与动态监管体系。强化园林绿化日常管护，累计修剪行道树8000余株、灌木16万平方米，补植灌木和地被植物9000平方米，清理绿地内垃圾、枯枝落叶等杂物28万平方米，加固、修复树木支撑865套。推进公园城市建设，统筹推进望城公园、桃花山公园、旺龙湖湿地公园和探花湿地公园建设。完成社区体育文化公园建设。加大城市湿地保护和修复，规划建设花卉苗木基地，推进国家生态园林城区创建，实现500米一个市民公园、1000米一个休闲广场、2000米一处湖泊景观，打造“三面青山、六水绕城、九湖美景”的公园城市愿景。

【永川区静脉产业园】 永川区静脉产业园位于陈食街道芋荷湾村，项目占地面积3326亩，项目总投资估算24.5亿元，近期投资估算15亿元。项目规划服务范围为永川区，部分项目包含大足区、荣昌区，服务人口114万人，服务面积1576平方千米。截至2021年年底，园区内已建成永川区渗滤液及膜下水处理PPP项目（一期）、永川区生活垃圾焚烧发电 PPP 项目（一期）、永川区餐厨垃圾处理中心项目（一期）、永川区城市生活垃圾处理厂项目、永川区城镇生活污水处理厂污泥无害化处理处置工程项目和垃圾填埋沼气发电项目。永川生活垃圾焚烧发电厂共计接收生活垃圾 27.18 万吨，发电量 1.3 亿千瓦时，产值 8602 万元。永川餐厨垃圾处理中心处理餐厨垃圾 8.3 万吨，提炼生物柴油 3256 吨，产值 2891.72 万元。永川污泥无害化处理中心处置污泥 4 万吨，生产陶粒 10 万立方米。永川城镇生活垃圾填埋场处理生活垃圾量 15753.38 吨，剩余库容量 51.97 万立方米。

（区城市管理局　唐建）

乡村振兴

【概况】　2021 年，永川区茶叶、名优水果、调味品作物种植面积 38.1 万亩，食用菌栽培 1.45 亿袋，“永川秀芽”品牌价值提升为 24.91 亿元，黄瓜山梨入选全国名特优新农产品名录。人才振兴方面，推进全市乡村人才振兴试验示范建设，重庆文理学院挂牌“乡村振兴学院”，评选“永川乡村之星”50 名，新培育新型职业农民或高素质农民 1800 余人，致富带头人 70 名。文化振兴方面，新建乡情陈列馆 5 个，组织开展流动文化服务进村 1491 场次，全区 207 个行政村及社区的农民体育健身工程覆盖率 100%。生态振兴方面，集中打造 55 个示范清洁院落，以点带面持续改善农村人居环境，全区农村生活垃圾有效治理行政村比例 100%，卫生厕所普及率 87%，农村生活污水得到有效管控，村容村貌得到提升，建成国家级改善农村人居环境示范村 1 个和重庆市美丽宜居乡村 75 个。组织振兴方面，全区村党组织书记通过法定程序担任村级集体经济组织、合作经济组织负责人比例 100%，基层党建规范镇、规范村分别 62.5%、64.7%，完成 191 个村（社区）“三治结合”（自治、法治、德治融合）建设。

（区农业农村委　余力）

【农村人居环境整治】　2021 年，永川区投入资金 344.6 万元，开展村庄清洁行动，15.5 万名群众参与到村庄清洁行动中。全年清理积存或散落垃圾 3716 吨，清理沟渠 545 千米，清理塘堰 495 处，整治残垣断壁 581 处，清理秸秆、农膜及露天堆放农业废弃物 210 吨。建立健全农村人居环境整治常态化督查考核及区、镇（街）、村三级联动检查机制，清理“蓝棚顶”226 处，清理摸排无人居住的废旧房 4151 处，清理房前屋后杂物堆 2630 处，清理田间地头废弃物 1780 处，清理管线“蜘蛛网”19 千米，开展爱国卫生运动 23 场次。打造美丽乡村示范样板，在 23 个镇街集中打造 200 个示范清洁院落。

（区农业农村委　蒋金成）

【乡村振兴示范点建设】　2021 年，区住房城乡建委围绕八角寺、黄瓜山两个乡村振兴示范点，启动八角寺村“十里原乡”农房院落整治，完成核心区域 8 个院落地形测绘、方案设计，着力打造 1 平方千米乡村振兴示范片。完成黄瓜山“中华梨村”整治提升工程，推动乡村旅游产业提速发展。

（区住房城乡建委　杨建）

【成渝地区双城经济圈乡村振兴学院联盟】　成渝地区双城经济圈乡村振兴学院联盟是由重庆文理学院牵头，联合西华师范大学、四川轻化工大学、内江师范学院、宜宾学院、四川文理学院、乐山职业技术学院、四川三河职业学院、重庆师范大学、重庆工商大学、重庆三峡学院、重庆第二师范学院等高校共同发起的。旨在加强盟内各学校之间思路互通、经验互学、办学互动、优势互补，分类推进乡村人才培养，逐步形成乡村人才培养“川渝方案”，努力建设成渝地区双城经济圈乡村人才服务共同体。

供排水

【概况】　2021 年，永川区有城区水厂 3 座，村镇水厂 35 座（其中区惠永水务公司运营 22 座，私人运营 6 座，村集体运营 7 座），总供水人口 112 万人，总设计供水量 30.6 万立方米/天（其中村镇水厂设计供水规模 12.6 万立方米/天），实际供水量 24.6 万立方米/天（村镇水厂实际供水规模 9.6 万立方米/天），全区自来水入户率为 94%。

（吴素杰）

【城区供水保障】　2021 年，永川区启动松溉长江提水工程、关门山—革命—上游水库连通工程调水功能，紧急实施卫星水库至城区一水厂、三水厂应急补水管线工程建设，日均可增加供水量 3 万立方米，保障城区供水安全。永川城区有 3 座水厂，日设计供水能力 18 万立方米/天。其中，一水厂设计供水规模每天 5 万立方米，二水厂设计供水规模每天 3 万立方米，三水厂设计供水规模每天 10 万立方米。三座水厂并联运行形成环状管网向永川城区供水，供水面积 70 平方千米，供水人口 70 万人，供水管网总长度 555 千米，管网压力监测点 75 个。供水量 4741 万立方米，产销差率 9.34%，总用户数 299439 户（其中居民用户 274349 户，非居民用户 25090 户），平均供水压力 0.55 兆帕；二次供水设备 339 套，二次供水用户总计 128433 户。全年投入改造金额 480 万元，新建市政管网长度 5873 米，完成老旧小区改造项目 20 个，改造老旧管网 13817 米，更换超期使用水表 6013 只。开展每日水质常规检测，按规范每月对 3 个水厂水源水、出厂水、管网水进行理化全分析。落实企业安全主体责任，签订安全责任书 70 份。

松溉长江提水工程　是重庆市西部供水规划选定的四大骨干工程、三大调水工程之一。该工程总投资 3.5 亿元，2021 年 7 月竣工验收。主要通过联合调度上游水库、关门山水库蓄水向永川城区提供原水。建成后向城区日最大输水量 12 万立方米，供水人口 50.56 万人。

【农村供水保障】　2021 年，永川区农村饮水安全实现新提升。完成 2021 年度区县巩固拓展脱贫攻坚成果考核农村饮水巩固提升任务，推动农村饮水“一改三提”（改善农村供水设施饮水条件，提升人均可供水量、提升水质达标率、提高运行管护水平）工作，改扩建仙龙、陈食2座规模化水厂，新建茶山竹海打卦石小型标准化供水站1座，完成黄瓜山水厂管网延伸工程，更换农村老旧供水管网40千米。对全区私人运营和村集体运营水厂的资产评估。由区水利局牵头，区惠永水务公司组织实施农村供水“一户一表”改造工作，全年改造智能水表1万户。开展农村饮水安全动态清零工作，牵头组织农村饮水安全大排查2次，发现并整改问题9处。强化水质监测力度，每月对河流断面、饮用水水源地水质开展检测，每季度对全区35座村镇水厂（站）的出厂水和管网水进行全覆盖检测，根据检测结果指导水厂（站）日常生产。全年村镇供水水质指标综合抽测合格率比上年提升17.7%。

新店水厂正式投用　2021年5月，永川区惠永水务有限公司新建的首个“AI超滤智慧水厂”——新店水厂正式投用，让红炉镇龙井口村、会龙桥村、新店社区9500人喝上高品质的自来水。该厂设计供水规模为1500立方米/天，采用的是超滤膜过滤的绿色环保工艺，可不添加絮凝剂，对原水水质具有很高的抗污堵能力。同时该厂通过采用物联网技术，对水处理设备及各生产环节实现全过程自动监控、远程监控和无人值守，提高水厂运维管理效率，让群众喝上安全水、放心水。

仙龙水厂改扩建工程　该工程由区水利局牵头，区惠永水务公司组织实施。总投资649.55万元，其中财政补助资金200万元，2021年8月26日开工，2021年12月31日完工。主要在仙龙水厂基础上改扩建为每天供水2000立方米，将供水规模由每天2000立方米增加至每天4000立方米，缓解仙龙水厂周边供水需求问题。

陈食水厂改扩建工程　该工程由区水利局牵头，区惠永水务公司组织实施。工程于2021年7月18日开工，2021年10月8日完工，总投资949.12万元，其中财政补助资金177万元。主要在陈食水厂基础上改扩建2000立方米/日，将原供水规模3000立方米/日增加至5000立方米/日，缓解陈食街道片区供水紧缺问题。

黄瓜山水厂管网延伸工程　该工程由区水利局牵头，区惠永水务公司组织实施。总投资353万元，其中财政补助资金319万元，2021年7月17日开工，2021年9月22日完工。主要建设黄瓜山水厂延伸管网10千米、加压泵站1座，解决黄瓜山村、代家店村等村社6000人的饮水问题。

茶山竹海打卦石小型标准化供水站项目　茶山竹海打卦石小型标准化供水站位于茶山竹海街道办事处大桥村，供水规模为每天100立方米，供水人口400人。总投资40万元，2021年10月13日开工建设，2021年11月24日完工。该项目主要将茶山竹海打卦石小型供水站维修改造成一体化模式水厂，改造完成后保障供水水质稳定达标。（区水利局　吴素杰）

【农村水价综合改革】　2021年，为解决农村供水计费标准不一、成本偏高等问题，区水利局进行成本核算，多次召开听证会，反复征求意见。8月经区政府审议通过，将农村供水价格调整与城区一致。从2021年11月1日起，永川区城乡供水执行同一水价标准，减轻群众用水负担，加快城乡供水一体化进程。居民生活用水第一阶梯、二阶梯、三阶梯价格每立方米分别为2.65元、3.30元、4.80元；非居民生活用水价格为每立方米3.20元（凤凰湖、三教、港桥园区内工业企业用水价格为每立方米3.05元）；特种用水价格为每立方米5.70元。

（区水利局　吴素杰）

【城镇排水】　2021年，区住房城乡建委完成16座镇级污水处理厂提标改造，启动永川污水处理厂四期建设工程。新建城区排水管网26千米、镇街管网20千米，实施管网改造20千米，整治管网问题328处。建成智慧排水管理平台，同步完善雨污管网GIS地图、排水管网3D实景模型，87座污水处理厂视频监控全部接入系统。加快推进厂网一体化试点，健全污水处理厂运行维护管理机制，污水处理厂出水水质达标率提升至99%。由区住房城乡建委牵头，会同区应急管理局、区城市管理局、区公安局、区气象局、区水利局等部门共同建立“防洪排涝微信群”，摸清城市防洪排涝网格人员布点情况，采取现场督导与微信群督导相结合的方式，督促各专管员按规定的时间、频次对城市易涝点进行巡查，按照发生险情10分钟完成派单、30分钟到场抢险的原则，及时解决城市内涝问题。汛期累计整治城市内涝点31处，实施应急抢修150余次，全区城市防洪排涝巡查覆盖率和处理率均为100%。截至2021年年末，全区共有污水处理厂（站）87座，总设计处理规模为每天23.7万立方米，其中城区生活污水处理厂6座，设计处理规模为每天12.6万立方米；乡镇污水处理厂（站）80座，设计处理规模为每天6.1万立方米。全区排水管网总长度1537千米，泵站164座。其中城区管网1064千米（污水管网717千米、雨水管网347千米），配套泵站40座；镇街排水管网473千米，配套泵站124座。（区住房城乡建委　杨建）

生态环境

综　述

【概况】　2021年，永川区启动重庆市生态文明建设示范区创建。全区空气质量优良天数323天，城市区域环境噪声52.3分贝，道路交通噪声65.5分贝。城区饮用水水源水质达标率100%，集镇饮用水水源水质达标率96%。城镇和农村生活垃圾无害化处理率均为100%。社会公众环境满意度得分97.04分，在重庆市排第4名。永川区被重庆市委、市政府评为2018—2020年污染防治攻坚战成效考核优秀单位。区生态环境局被中央宣传部、司法部、全国普法办联合评为2016—2020年全国普法工作先进单位，是重庆市生态环保系统唯一获奖单位。区生态环境保护综合行政执法支队被评为2021年长江、嘉陵江、乌江沿线环境执法大练兵优秀组织单位。

【生态环保规划】　2021年，永川区印发实施《永川区生态环境保护“十四五”规划和二〇三五年远景目标》。编制完成《永川区生态文明建设“十三五”规划终期评估》《长江经济带生态环境保护规划》。编制“十四五”农业农村污染防治和土壤污染防治规划，编制工业固体废物污染环境防治工作规划。启动重庆市“绿水青山就是金山银山”实践创新基地规划编制，在凤凰湖公园启动“绿水青山就是金山银山”展厅建设。牵头制定《重庆市永川区生态环境局生态环境损害赔偿工作机制》，印发《关于认真做好2021年生态环境损害赔偿工作的通知》。《永川区生态环境保护“十四五”规划和二〇三五年远景目标》获重庆市生态环境保护规划优秀成果一等奖。

【生态环境监测】　2021年，区生态环境监测站出具监测报告199份。重庆市第三期突发环境事件应急监测实战演练在永川区举行，区生态环境监测站获得第三名。2020年重庆市永川区环境质量报告书和污染源监测及排污状况报告书均获得二等奖。区生态环境监测站党支部被中共永川区委授予“永川区先进基层党组织”荣誉称号。参加重庆市生态环境监测技术大比武活动，获优秀组织奖，2人获个人二等奖、1人获三等奖。区生态环境监测站8人获选生态环境部第二批生态环境监测“三五”人才。其中，1人获“国家环境监测一流专家”称号，7人获“国家环境监测技术骨干”称号。

【生态保护与修复】　2021年，区生态环境局完成生态保护红线评估调整，启动生态保护红线勘界定标前期工作。推进茶山竹海森林公园“绿盾行动”问题整改，会议部署和现场检查35次。完成33个矿山生态修复，通过生态环境部现场核查验证，修复成果得到检查组认可。

【高新区生态环境分局】　2021年，高新区生态环境分局以凤凰湖产业园管网整治为重点，实现工业园区雨污分流整治工作全覆盖。凤凰湖产业园（含大安组团）累计完成主干管网排绘148.5千米，内窥探测管网1.5千米，整治问题病害管网11处，改建管网1.2千米，维修维护管网980米，套管整改管网340米，新铺设雨污管网4.1千米，清淤300余米。三教产业园排查管网28.6千米，新建污水管网4.8千米，雨水管网9.6千米，改造污水管网2.7千米。港桥产业园排查管网35千米，修复塌陷破损雨污管网4.8千米。完成5家涉危险废物处置单位环境污染强制责任保险购买工作，首次实现全区危险废物处置单位环境污染强制责任保险“全覆盖”。全年向公安机关移送涉环案件4件。以成渝地区双城经济圈建设为引领，制定《2021年川渝联合执法工作方案》和《关于印发2021年永泸毗邻地区突发环境事件隐患联合排查整治工作方案的通知》。以闲置厂房违规租赁为突破口，立案查处“未批先建”的环境违法案件16件。30家企业安装在线监测设备，129家重点排污企业安装视频监控。完成永川区境内37处长江入河排污口分类命名及编码工作，在重庆理文码头、重庆理文造纸公司、松溉发电有限公司3个点位安装4块长江入河排污口标识标牌，实现长江流域永川段巡查巡测全覆盖。完成涉及环境违法行为立案调查28件、实施行政处罚23件。报送的《招商局铝业（重庆）有限公司私设暗管排放有毒废水生态环境损害赔偿案》入选重庆市生态环境损害赔偿“十大典型案例”。

环境质量

【水环境质量】 2021年，永川区临江河、小安溪、九龙河出境断面水质均值为Ⅲ类，大陆溪湾凼国考断面水质均值为Ⅳ类，4条河流断面主要污染物综合污染指数分别比上年下降5.5%、15.2%、19.2%、3.0%。2个城市饮用水水源地水质达标率100%，25个乡镇集中式饮用水水源地水质达标率96.0%，17个功能区水质达标率100%。

【大气环境质量】 2021年，永川区空气质量符合优良标准的天数323天，优良天数比例88.5%，超额完成市政府下达的314天目标任务，实现考核规定满意度值87.7%目标，无重污染天出现。臭氧超标天数共计16天，完成臭氧超标天数不超过25天的目标任务。PM2.5浓度均值为每立方米35微克，达到考核要求。臭氧浓度均值每立方米136微克，比上年同期下降6.8%。

【声环境质量】 2021年，永川区城市区域环境噪声昼间均值为52.3分贝，与上年持平。道路交通噪声昼间均值为65.5分贝，与上年持平。功能区噪声夜间达标率90%，与上年持平。

（区生态环境局　屈祖瑶）

土地资源保护

【耕地保护】 2021年，永川区交易地票面积79.26亩，成交价款1574.63万元。完成渝昆高铁、江泸北线等36宗建设项目占补平衡报件，落实占补平衡耕地指标4810亩。截至2021年年底，全区耕地保有量80.79万亩、永久基本农田78.34万亩，超额完成目标任务。

【土地变更调查】 根据2021年国土变更调查上报成果，截至2021年年末，永川区湿地面积1660.2亩，耕地面积80.79万亩，种植园用地面积21.66万亩，林地面积61.12万亩，草地面积2407.05亩，城镇村及工矿用地面积40.30万亩，交通运输用地面积4.18万亩，水工建筑用地面积2159.85亩，水域用地面积14.23万亩，其他土地面积13.89万亩。

【土地整治复垦】 2021年，区规划自然资源局开展土地整理，组织实施占补平衡项目26个，完成三教牌坊等14个项目验收发证，建设规模4.3万亩，补充耕地5040亩。推动农村建设用地复垦，全年实施仙龙镇巨龙村等3个农村建设用地复垦项目，市级验收发证面积79.26亩，完成率158%。

【何埂镇新泉村土地整理项目】 2021年，项目竣工红线总面积5453.85万亩，实施规模2671.20亩，工程施工费934.58万元，新增耕地343.65亩。主要建设内容是：实施土地平整2290.20万亩，建设田间道路7900米、堡坎92米。

【土地征收】 2021年，永川区土地房屋征收中心牢记“保障永川建设发展，切实服务失地群众”使命，坚持“从群众利益考虑，为顾全大局着想”工作职责，全力抓好征收补偿工作。启动成兰铁路有限责任公司（渝昆高铁）、陈食综保区、长城铁路等120个拟征地项目，面积21372.38亩。完成拟征地公告（预征地公告）、方案公告、方案确定公告的制作、张贴等前期工作。全年收到重庆市人民政府下达征地批复文件30宗，总面积6331亩。永川区土地房屋征收中心对征地协议进行审核，重点完成渝昆高铁全线、临江绿美污水处理厂、九田烟花爆竹厂、青峰小学新建幼儿园工程、青峰鞭炮厂项目等征地拆迁协议的签订工作。完成永泸路2162.57亩土地征地协议签订工作，永泸路永川段已通车。川渝特色项目的征地拆迁接近尾声，已启动一户责令交地程序。临江镇污水处理厂提标工程改造建设项目、渝西水资源工程项目、黄202井深层页岩气项目、科创职业学院三期工程项目和宝峰镇鑫政小学项目等征地工作已启动。全年共安置征地人员4784人，4171人参加养老保险。完善政务公开，所有已存档、封档批文材料已上传至重庆市门户网，2021年项目全部上传永川区门户网。完成2021年永川区基层政务公开标准目录，完成征地备案系统的信息填报。信访事项群众参评率为85%，群众对信访部门、责任单位的满意率分别为98.9%、97.7%。

（永川区土地房屋征收中心　周治洪）

【土地供应与监管】 2021年，区规划自然资源局跟踪指导项目科学组件报件，获取批文39宗、9378亩，供应建设用地187宗、1.64万亩。其中，出让建设用地100宗、6783亩，价款51.32亿元；划拨建设用地87宗、9617亩，保障渝昆高铁等31个重点项目用地。严格落实土地用途管理制度，办理建设用地预审29宗、5818亩。工业项目标准地改革出让土地2宗、67.5亩，实现“拿地即开工”的目的，获重庆市领导批示表扬。

【土地储备】 2021年，区规划自然资源局完成石梁桥水库南侧、长康医院东侧、港桥天河浩居住小区、五纵线东侧、新红旗小学西侧等6宗、447亩土地储备。规范新增办理储备证22宗、1531亩。出让储备土地9宗、219亩，取得出让收入21428万元。

（区规划自然资源局　王成）

矿产资源保护

【概况】 2021年，永川区已发现的矿产有铁、锶、镓、煤、玻璃用砂岩、建筑用砂岩、水泥用砂岩、陶瓷用砂岩、冶金用砂岩、白云岩、建筑石料用灰岩、水泥用灰岩、陶瓷用黏土、玻璃用黏土、冶金用黏土、耐火黏土、含钾岩石、天然气、页岩、矿泉水和地热水等25种。已开发利用的矿产资源有12种，主要是石灰岩、砂岩、黏土等矿种。全区有矿山 32 个，总生产规模 1403.5 万吨/年，剩余储量 2.49 亿吨。

【矿产资源管理】 2021 年，区规划自然资源局延续登记采矿权 25 宗、变更登记 9 宗、注销登记 4 宗。出让采矿权 5 宗，征收采矿权出让收益、使用费 5386.15 万元。办理建设项目压覆重要矿产资源审批 55 宗。代区政府拟定《重庆市永川区人民政府办公室关于印发永川区进一步打击无证开采矿产资源实施方案的通知》，印发《重庆市永川区规划和自然资源局关于建立完善矿产资源开发监督管理长效机制的通知》，委托技术服务单位开展采矿权实地核查，巡查矿山 150 余人次，将 2 座存在高陡边坡开采行为的矿山函告区应急管理局和当地镇（街），进一步加强矿产资源开发监督管理。联合区生态环境局、区水利局、区应急管理局、区林业局开展绿色矿山建设“回头看”及露天矿山综合整治，关闭矿山 4 个，督促 13 个绿色矿山限期整改问题 144 个，建成绿色矿山 2 个。

【自然资源执法监察】 2021 年，区规划自然资源局持续推进自然资源督察、生态环境保护督察等问题整改，巩固违规修建别墅问题清查整治、“大棚房”问题专项清理整治成果，推进农村乱占耕地建房专项整治，建立问题台账清单，分类施策督促整改。建立“月清查、季核实、年考核”制度，加大违法用地查处力度，涉嫌违法用地立案 26 件，查处率 100%。严格执行土地卫片执法（通过卫星遥感影像图片对一个行政区域的土地利用和矿产资源勘查开采情况开展执法检查）检查制度，整改违法图斑 134 个、耕地 1324 亩。

【地质灾害防治】 2021 年，区规划自然资源局与区应急管理局、区气象局等部门会商，推动信息共享，发布预警信息 17 条。落实汛前排查、汛中巡查、汛后核查制度，拉网式排查 5 次，专项排查 12 次，应急处置 20 起。邀请专家开展地灾防治培训 1 次。指导镇（街）推动应急避险单点演练“全覆盖”。完成大安手爬岩危岩隐患点、1 处中小型地质灾害工程治理和 44 人灾后重建避险移民搬迁，地质灾害防治连续 21 年“零伤亡”。

（区规划自然资源局　王成）

水资源保护

【水资源管理】 2021 年，永川区坚持节水优先、空间均衡、系统治理、两手发力，落实最严格水资源管理制度，控制水资源消耗总量，强化水资源承载能力刚性约束。全区实际用水总量 3.43 亿立方米，比全区用水总量指标 4.05 亿立方米下降 15.4%，万元国内生产总值用水量、万元工业增加值用水量分别比上年下降 7.23%、8.7%。严格取水管理制度，完成全区 421 个取水许可电子证照转换，新发取水许可证 9 个、延续取水许可证 10 个，下达 397 个取水户 2021 年度取用水计划。全额征收水资源费 1156.71 万元。完成上游水库群至临江河（城区段）河库水系连通工程，每年新增河道生态补水量 256 万立方米。完成《永川区“十四五”水资源综合规划》《永川区主要江河流域水量分配方案》《永川区重要河流生态流量保障方案》等编制及审查，为更好地加强永川区水资源管理提供技术支撑。

渝西水资源配置工程（永川段）　该工程投资 33.7 亿元，工期 54 个月，主要建设内容为临江加压站、双石加压站、邓家岩水库二级提水泵站、孙家口水库二级提水泵站以及 120 千米输水管线、8 座隧洞（长 17.8 千米）等，设计流量为 1.2～16 立方米/秒，输水管径 DN600～DN2600 毫米。在永川区内永久用地 199.98 亩，临时用地 5500 亩，涉及临江、陈食、大安、中山路、金龙、卫星湖、南大街、青峰、胜利路、双石、三教、松溉、朱沱等 13 个镇（街）。工程建成后，每日可向永川区供水 60 万立方米。工程于 2021 年 1 月开工，截至 2021 年年底，累计完成投资 3.1 亿元，完成总工程量的 15%。

【河长制工作】 2021 年，永川区印发《关于调整完善全区河长组织体系设置的通知》，更新完成河长制组织体系，建立并落实河长交接制度。全年 539 名河长开展巡河、查河 11531 人次，协调处置问题 3333 个。贯彻落实第 1、2 号市级总河长令，持续巩固已整治的“三排”（污水偷排、直排、乱排）“三乱”（污水乱排、岸线乱占、河道乱建）问题 203 个，全年新增排查整治“三乱”问题 6 个。快速落实第 3 号市级总河长令，印发实施《永川区提升污水收集率、污水处理率和处理达标率专项行动工作方案》。全年摸排整治“三率”（提升污水收集率、污水处理率和处理达标率）问题 78 个，整改销号 78 个。编制并印发实施六大流域“一河一策”（2021—2025 年）实施方案，确定十四五期间各流域综合治理涉及水资源保护、水域岸线管理保护、水污染防治、水环境治理重点任务 229 项。通过摸排问题、分解任务、制定措施、建立动态清单，完成六大流域 2021 年度目标整治任务。持续实行河长制工作每月考核排名通报、流域横向生态补偿等工作机制，全年共有 16 个单位支付生态补偿金 511 万元，11 个单位获补生态补偿金 599 万元。探索建立“河长+检察长”工作机制，成立区检察院派驻河长办检察联络室，建立信息共享、联合巡查、线索移送工作机制。全年移送线索 15 件，发出检察建议 1 件，检察长助力辖区水环境治理工作走在全市前列。为做好 6 条跨界河流河长制联防联控工作，先后与四川省泸州市、重庆市江津区、重庆市铜梁区签订跨界联防联控工作协议，定期组织开展联合巡河、联席会议、联合执法等工作。永川区境内 3 条主要河流水质稳定保持Ⅲ类标准，永川区因河长制工作成效突出受到国务院办公厅督查激励，区水利局获评全国推行河湖长制工作先进集体。

【河道管理】 2021 年，区水利局持续开展河道“四乱”（乱占、乱采、乱堆、乱建）排查整治，做到横向到边、纵向到底，发现并整改问题 18 个。全年完成涉河项目审批 23 件，建立健全河道巡查管理长效机制，实现长江河道常态化、规范化管理。完成永川区流域面积50平方千米以上12条河流岸线保护与利用规划编制、河道管理范围划界成果市级复核整改工作；流域面积50平方千米以下221条河流名录调查与登记和公开发布工作。创新实施河库网格化管理，划定河库网格633个，设置河库巡查网格专管员468名，实行定人、定时、定点、定岗、定责管理，构建快速反应处置机制，全区网格员共巡查30960次，上报并协助处置960个涉水问题。

上游水库群至临江河（城区段）河库水系连通工程 该工程于2021年6月完工。工程总投资9864万元，完成输水管道安装19.19千米，河道治理11.77千米。工程建成后通过新建管道连接各水库，每年为临江河（水磨滩段）、卫星水库下游、牛门口水库下游实施生态补水（年补水量256万立方米），有效净化水体、改善流域水质。

永川区临江河综合治理工程 2021年，永川区临江河综合治理工程经全市竞争立项，获批率先开展200~3000平方千米中小河流综合治理试点。永川区临江河综合治理工程实施方案编制工作顺利推进。

大陆溪河吉安段综合治理项目 该项目位于永川区吉安镇境内，治理河道为大陆溪河，是长江一级支流。项目总投资1011.84万元，建设任务以岸坡治理为主，兼防洪、水土保持、美化环境等综合任务。工程河段防洪标准为十年一遇，堤防工程级别为5级，主要建筑物、次要建筑物、临时建筑物为5级。工程主要建设内容为：治理河道5.16千米（其中大陆溪河段3.72千米，岔河段1.44千米），清淤2647米，新建护岸1887米，新建及改建拦河堰6座，改建人行桥2座，新建人行步道3396米，下河梯步9处。工程于2021年6月开工建设，2021年12月完成主体工程。

九龙河金龙场镇上游段综合治理项目 该项目位于永川区金龙镇境内，治理河道为九龙河。项目总投资1695.65万元，建设任务以岸坡治理为主，兼防洪、水土保持、美化环境等综合任务。该工程综合治理河道长6千米，其中，上游段上起于断桥，下止于跃龙桥，治理河道长4.5千米；下游段上起二朗桥200米处，处止于观音桥，治理河道长1.5千米。工程设计防洪标准为十年一遇，主要建筑物为5级。工程新建护岸长11.9千米，河道清淤长6千米，新建穿堤箱涵10处，新建下河梯步80处。工程于2021年6月开工建设，2021年12月完成主体工程。

中小河流域治理工程 小安溪周家堰、罗家桥段治理工程概算总投资1650万元，2021年4月完工。主要建设内容为河道治理3千米，新建护岸3.42千米，改建人行桥2座，新建穿堤涵管2根，新建下河梯步23处，新建人行步道4.51千米，新建排水管井23处，栽植景观绿化7200米、珊瑚树绿篱3.42千米。青峰河下游段治理工程概算总投资1196.27万元，2021年6月完工。主要建设内容为新建护岸7.90千米、新建排洪渠2处、改建人行桥1座、新建下河梯步76处。临江河永川城区下游段治理工程概算总投资3094.57万元，2021年1月开工，2021年11月完工。主要建设内容为新建防洪护岸4.977千米，改建人行桥10座、拦河堰20座。

【水土保持】 2021年，区水利局强化水土保持监督管理，审批生产建设项目水土保持方案96个，验收备案87个，征收水土保持补偿费1190万元。编制印发《重庆市永川区2021年生产建设项目水土保持监督检查工作方案》，开展事中监督执法检查。全年完成26个项目水土保持方案监督检查及2个自主验收项目复核工作。联合区交通局开展永川区交通建设项目水土保持监督执法检查，对在建13个交通项目进行检查，下达整改通知7份。完成180个疑似水土保持违法项目核查任务，下发限期整改通知书100份，已全部整改完成。开展水土流失防治工作，完成水土流失治理面积9.91平方千米。

长江上游水生态文明暨水土保持科技示范园项目 为保护好三峡库区和长江母亲河，促进长江经济带绿色发展和成渝地区双城经济圈建设，市水利局策划“长江上游水土保持生态科技示范园”建设项目，计划打造集水土保持生态文明建设示范、科普、研究、教育和培训为一体的生态科技综合展示平台。永川区利用区位优势和资源，多次邀请市级有关领导和专家莅临考察调研，将该项目引入永川科技生态城。2021年9月，该项目通过区发展改革委立项审批；12月，重庆市水利局、永川区人民政府、西南大学三方签订《推进长江上游水土保持生态科技示范园建设合作协议》，明确各方职责，推动水土保持科技示范园项目相关工作。

永川区关门山小流域水土保持综合监测站项目 该项目主要用于开展关门山小流域水土保持综合监测。总投资411.93万元，2021年6月1日完工。主要修建小流域出口控制站1个、自然坡面径流场6个、气象观测站1处、水土保持监测实验室及其配套附属设施1处、水土保持监测与信息化设备1套。

【节约用水】 2021年，区水利局组织完成《永川区“十四五”节约用水规划》编制和审查，有序推进节约用水工作。组织召开节水联席会议，下达永川区节约用水工作要点。全力推进节水型小区、节水型企业、节水型机关等创建，持续巩固县域节水型社会达标建设成果。以“世界水日”“中国水周”“全国科普日”等宣传活动为契机，通过展板、标语、新闻媒介等形式宣传节约用水，倡导全民节水。

【饮用水水源地保护】 永川区饮用水水源生态保护工程总投资3300万元，2021年5月8日开工，2021年12月25日完工。建设地点涉及16个水库型水源和2个河道型水源，主要栽种乔木9956株、灌木14306株、水生植物20.27万平方米，安装杉木桩899米，修建截污沟1468米。工程完工后植被恢复及生态修复改善面积44.58平方千米。

【智慧河长管理系统】 2021年9月，永川区建设的集PC端、移动App及微信应用三位一体的智慧河长管理系统上线。该系统采用智能感知、共享交换等技术，建立自动化数据采集网络，整合集成90座污水处理厂在线监测及监控数据、453家工业企业污染普查数据、69个水质自动监测站在线监测数据、91个水文相关测站在线监测数据、6个河道视频监控、5个河道流量监测数据、137个手工监测断面监测数据等动态数据，构建永川区智慧河长数据资源中心。系统综合应用无人机、卫星遥感、5G、视频AI识别等技术，将水生态、水污染及水环境等相应要素集成到一张图上进行综合展示，河长能实时掌握全区水资源、水环境、水生态等综合数据，随时进行河道巡查、问题交办处置等操作。同时，将河库网格化管理机制与智慧河长系统监管相结合，让网格员能实时在线巡河查河、问题上报、远程视频通话等，实现信息可即时共享、任务可快速调度、问题可跟踪追溯，形成“天上看、空中探、地面查、智慧治”的立体化监管新模式。通过线下网格化巡河动态调度，线上视频实时巡河，实现河长制工作从前端感知、后端分析到辅助决策、应急指挥的全过程智能化管理。永川539名三级河长和468名网格专管员、各级管理人员已全部纳入智慧河长系统。全年共收集网格员巡河数据30960次。智慧河长管理系统在2021中国国际智能产业博览会上获得重庆市大数据智能化应用优秀案例。

（区水利局　吴素杰）

森林资源保护

【概况】 2021年，永川区林业局严守林地、森林保护红线，推进森林资源监管常态化。全年完成营造林2.15万亩，占营造林目标任务的100%。打造绿色示范村22个（其中市级绿色示范村3个），建设南大街办事处黄瓜山村、三教镇楠木大道、茶山竹海街道茶园村乡村公园、五间镇农业园区绿化、松溉新街子小学、子庄小学、何埂农业园区至石笋山沿线绿化等重点绿化示范点。全年无森林山火发生，松材线虫病疫情得到有效控制。

【全面推行林长制】 2021年，永川区印发《永川区全面推行林长制工作方案》，出台林长制区级会议制度（试行）等8项配套制度。发布《重庆市永川区总林长令（第1号）》《贯彻落实1号总林长令扎实推进森林资源“四乱”突出问题专项整治行动方案》。印发《山林警长制工作实施方案（试行）》，建立区级、镇（街）级及国有林场“二级警长”责任体系，设山林总警长1名、山林副总警长7名，山林警长30名。全区建成“3+1+N”责任体系，区委书记和区政府区长担任总林长，明确1名常务副总林长，1名副总林长，5名片区林长，33名区林长，27个成员单位，78个协同部门，149名镇街林长，526名村社林长，25名公安干警、24名林业技术员、23名应急联络员、6名国有林地（林场）管理员，304名网格护林员，全区林长制管理责任全覆盖，形成一级抓一级、层层抓落实的工作格局。227块林长公示牌全部安装完成。开展乱侵占、乱搭建、乱采挖、乱捕食突出问题专项整治行动，共查处问题32个，全部整改完成。推行“林区警长制”试点，在黄瓜山和箕山新建林区警务室2个，出台“一林一警”“一林一档”、群防群治等制度，全区山林警长制管理责任全覆盖。创建“永川林长制”公众号，重点对全区林长制日常工作动态、先进经验、典型事迹及林业重点工作进行宣传报道，全年发布信息15则。永川区林长制工作先后被新华网、《重庆日报》、重庆电视台报道4次。（区林业局　李小川）

【森林资源监管】 2021年，区林业局严守林地、森林保护红线，推进森林资源监管常态化，从源头上杜绝重大破坏森林资源安全违法行为的发生。推进森林督查问题查处及整改。完成全区6个自然保护地优化调整前期工作，矢量数据已封库。做好长江珍稀鱼类保护区等自然保护地保护工作，在松溉镇建设、安置人工鱼巢2000平方米，并落实专人看管和巡护。增殖放流2次，共计放流鱼苗85.7万余尾。严格林地占用和林木采伐审批，依法依规开展林业行政审批，审批占用林地79件，面积239.79公顷；林木采伐审批蓄积13024.80立方米，占采伐限额29.44%。建设标准化林业站1个，完成森林保险任务19.42万亩，完成率100%。（区林业局　陈霞）

【森林防火】 2021年，区林业局持续推进防火基础设施建设，不断夯实“合理布局、快速响应、全区覆盖”的森林防火复合阻隔网络防控体系基础，着重提升风险防范能力、预警监测能力和应急处置能力。全区累计建成防火通道292千米、防火林道630千米、生物阻隔带240千米、防火水池（箱）263座，防火检查站57个，火险因子监测站6个，实时水位监测仪180套，视频监控73套，林火探测器618套，视频监控覆盖重点林区95%面积。永川“人防+技防+物防”为一体的低山丘陵地区森林火灾预防新模式获国家林草局充分肯定。全年无森林山火发生。

（区林业局　陈松）

【林业有害生物防控】 2021年，区林业局持续强化常发性林业有害生物防控，推进重大林业有害生物群防群控，松材线虫病枯病死松树除治清理数量比上年度下降15.85%，实现无疫情面积3723亩。何埂镇疫情拔除，全区松材线虫病疫情得到有效遏制。

（区林业局　刘朦朦）

【林区安全建设】 2021年，区林业局以持续推进森林资源保护专项行动为重点，坚持严打方针不动摇，扎实开展打击毁林专项行动，严厉打击破坏林地、森林和野生动植物资源犯罪、野外违章用火等违法行为。全年依法查处并办结林业行政案件174起，移送公安机关涉林刑事案件2起。无林业行政复议和行政诉讼的案件。

（区林业局　陈松）

【造林绿化】　2021年，区林业局以楠木行动为抓手，结合“两岸青山千里林带”项目，积极推进国土绿化工作，全年完成营造林2.15万亩；发放楠木50余万株，累计发放300余万株，全区珍贵乡土树种造林比例超过40%。针对国有林场栽植的5—7年桢楠开展移植和大苗培育工作，培育桢楠大苗1万余株。加快3个1000亩（保护区1000亩、示范区1000亩、展示区1000亩）、桢楠国家种质资源库和市级保障性苗圃建设。加大全国楠木品种搜集力度，收集楠木种质资源144份。对全区170株古树名木编制一树一策复壮方案，开展复壮工作。

（区林业局　刘世丽）

【湿地保护管理】　2021年，区林业局加强湿地保护监督管理工作，确保湿地面积6.56万亩不减少，河流湿地面积保持在3.75万亩，人工湿地面积保持在2.8万亩。湿地面积占国土面积的比率（即湿地率）为2.78%。

（区林业局　陈霞）

节能工作

【节能宣传培训】　2021年，区机关事务管理中心制定全区公共机构节能宣传周活动方案，组织各公共机构观看“全国公共机构节能宣传周云启动仪式”和“厉行节约，绿色发展”云党课，参与线上节能知识有奖竞答、线上培训等。与区发展改革委、区生态环境局、区城市管理局等联合举办公共机构绿色低碳主题体验活动。

（区机关事务管理中心　周凯）

【公共机构节能】　2021年，区机关事务管理中心启动永川区“十四五”节能规划编制工作。将公共机构节能工作纳入全区综合目标考核，制定考核实施细则。组织安排9名工作人员参加国家机关事务管理局和清华大学联合开展的第八期公共机构节能管理远程培训。对来苏镇人民政府大楼及中山路街道办公楼开展节能审计工作。要求完成食堂油烟治理的公共机构食堂定期进行清洗维护，对其中20家进行治理成效评估抽检，全部出具检测报告，全部通过专家组评审。推进重庆市节约型机关、节水型单位创建工作，全年创建节约型机关37家，创建节水型单位78家。区机关事务管理中心创建为“无烟机关”单位。推进全区“无废机关”创建工作。全区行政事业单位购置新能源汽车9辆，建设慢充充电桩10个，在金龙镇、三教镇、朱沱镇进行新能源车分时租赁试点。将生活垃圾分类纳入全区公共机构节能目标考核，纳入节约型机关创建工作目标考核内容。公共机构分别与有资质的回收企业签订厨余垃圾和可回收物收运合同，建好可回收垃圾、厨余垃圾、有害垃圾、其他垃圾回收处置台账。推进公共机构开展生活垃圾分类宣传和志愿者活动。会同垃圾分类办公室对全区党政机关和事业单位、国有企业进行检查。将便民服务中心大楼纳入能源托管项目，编制完成便民服务中心能源托管项目方案。制定完善《公共机构能源资源消费统计制度》，及时对数据进行能耗统计和分析。加强对各公共机构能源消耗情况的监督检查，对能耗较高的单位进行重点监控，及时提出整改措施和建议。完成重庆市公共机构能源监管与运维评估大数据智慧平台注册信息，推进新能耗统计系统试用。接受重庆市机关事务局对永川区“十三五”期间公共机构节能考核检查，永川区的公共机构节能考核由15名上升为第6名。　（区机关事务管理中心　周凯）

【建筑节能管理】　2021年，区住房城乡建委加强建筑节能、绿色建筑的管理，新建民用建筑100%执行绿色建筑设计标准，竣工民用建筑67%执行绿色建筑设计标准。

（区住房城乡建委　杨建）

【“无废城市”建设】　2021年6月，永川区召开“无废城市”建设动员会，永川将持续推进固体废物源头减量和资源化利用，最大限度减少填埋量，到2025年实现全区固体废物产生量最小、资源利用充分、处置安全的目标，建成“无废城市”。按照《永川区“无废城市”试点建设工作实施方案》，永川区“无废城市”建设时限为2021年至2025年，重点工作主要包括七个方面的任务。一是建立完善管理制度体系，明确各类固体废物产生、收集、转移、利用、处置等各环节的部门职责，实现对固体废物的全过程监管。二是实施工业绿化生产。有序推进绿色矿山建设、历史遗留和关闭矿山的修复治理。大力实施清洁生产，开展绿色设计，实现产品对能源资源消耗最低化、生态环境影响最小化。同时引导企业间、园区间、产业间循环链接，提高资源利用效率。三是推行农业绿色生产。推广生态种养模式，持续推进化肥减量增效行动，开展农业废弃物综合利用和农作物秸秆资源化利用，逐步完善农药包装废弃物回收机制。四是践行绿色生活方式，推进生活垃圾分类，加强资源利用；强化建筑垃圾监管，推进资源化利用；完善再生资源绿色回收利用体系。五是强化危险废物处置与利用、环境监管、风险防范三个能力建设。六是突出亮点示范效应。梳理再生铝循环产业链建设、陈食静脉产业园等已有经验做法，打造汽车循环产业链，形成具有永川特色的先进地方特色经验。七是推进全面共建共享。建设“无废机关”“无废学校”“无废医院”等10类常规“无废城市细胞”，创新建设“无废快递网点”“无废茶园”、乐和乐都综合性“无废细胞”等3类新型“无废城市细胞”。

（区机关事务管理中心　周凯）

污染防治

【概况】　2021年，区生态环境局围绕市级生态环保考核指标和77项市级污染防治攻坚战目标任务，加强调度管理、推进落实，市级目标任务已完成。做好污染防治攻坚战三年成效考核工作。全年争取上级资金 8677.49 万元，完成市级下达的 107 项生态环境年度重点任务。全年区级部门完成生态环境损害赔偿案件 9 件。临江河被评为重庆市“最美河流”，何埂镇石笋山入围重庆市生态打卡地。

【水污染防治】 2021 年，区生态环境局印发实施污染防治攻坚战“一镇（街道）一策、一部门（园区）一清单”、不达标饮用水水源地达标方案，完成 100 千米城乡污水管网建设、25 个饮用水水源地规范化建设、大安污水处理厂尾水生态湿地建设。全区污水处理厂（站）出水水质全部执行一级 A 标。开展凤凰湖等工业园区污水管网专项整治，37 家企业完成整治。

【农村面源污染治理】 2021 年，区生态环境局开展农业面源污染防治，推广水产绿色健康养殖和生态养殖技术，推广池塘循环养殖 415 亩，鱼菜共生 500 亩，稻渔综合种养 10560 亩。

【农业农村污染防治】 2021 年，区生态环境局编制农村黑臭水体整治方案，11 条农村黑臭水体全部完成整治，整治成果被《中国环境报》多次刊登报道。完成 5 个建制村农村环境综合整治、187 个废弃农膜村级回收网络建设、354.48 吨废弃农膜回收任务。完成全区农村生活污水处理设施建设和技术改造，200 户 500 人以上的农村居民点生活污水集中处理设施全覆盖。

【大气污染防治】 2021 年，区生态环境局严控交通、扬尘、工业和生活污染，实现非道路移动机械编码全覆盖，淘汰黄标车 1244 辆、老旧车 1600 余辆，抽检非道路移动机械 50 辆，抽测储油库 2 座、加油站 10 座。建立施工扬尘控制“红黄绿”分类制度，创建（巩固）扬尘控制示范工地、道路各 10 处，主要道路机扫率保持在 90% 以上。督促工业企业落实“一厂一策”精准防控措施，完成 28 家企业挥发性有机物治理、965 家涉气中小微企业综合整治。抽测餐饮业油烟 40 家次，发放臭氧告知书 1200 余份。开展跨界污染协调联动，落实边界区域共保共治责任。

【土壤污染防治】 2021 年，区生态环境局编制“十四五”土壤污染防治规划，推进耕地周边涉镉等重金属行业企业排查整治 42 家。督促 4 家土壤污染重点监管单位编制监测方案和隐患排查报告，完成自行监测。严格建设用地土壤调查和风险管控，规范填报重庆土壤信息系统和全国污染地块土壤环境管理系统。全区受污染耕地安全利用率 95%。

【噪声污染防治】 2021 年，永川区新建成 1 个市级“安静居住小区”，即华茂国际中心小区，复查 1 个“安静居住小区”，即棠城佳苑小区。化解永川区大安街道铜鼓村 35 号安钺实业有限公司噪声投诉问题。

【辐射放射及固体危险废物污染防治】 2021 年，区生态环境局编制工业固体废物污染环境防治工作规划，全区危险废物规范化、精细化管理达标，企业规范化考核均优于 90 分达标线。辐射安全许可证办证率 100%，核技术利用单位年度评估报告提交率 100%。永川区陈食污泥无害化处置中心投入使用，污泥无害化处置率超过 93%。截至 2021 年 12 月 18 日，全区共安全处置医疗废物 1686.15 吨，其中新冠肺炎感染医疗废物 50.24 吨。

（区生态环境局　屈祖瑶）

环境监管

【概况】 2021 年，区生态环境局开展长江入河排污口排查整治，完成排污口分类命名并编码，印发实施整治方案。落实“三线一单”（生态保护红线、环境质量底线、资源利用上线、生态环境准入清单）管控要求，严格执行产业禁投清单，严控“两高一资”（高耗能、高污染和资源性的产业经济、商品贸易等）和产能过剩行业新上项目，完成生态保护红线勘界定标，从源头把好环境准入关。编制备案突发环境事件风险评估报告 85 个、应急预案 84 个，开展 1 次应急演练。调处各类环境投诉 1700 余件，责令改正环境问题 55 个。开展环境安全隐患专项排查，发现并整改环境安全隐患问题 17 个。全区生态环境安全，未发生较大以上突发环境事件。

【生态环境审批】 2021 年，区生态环境局坚持以做大环境容量、深化审批改革、优化审批服务为原则，持续优化环保营商环境。16 项依申请办理政务服务事项，总法定办理时限由 357 个工作日减少至 75 个工作日，减少 78.99%；77 个模板材料减少至 37 个，减少 51.9%。服务事项全程网办率 100%。通过“重庆市永川区生态环境局”政务公开平台，依法实施环评文件审批工作，严格把关建设项目环评审批。全年累计完成 166 个建设项目环评审批，比上年增长 5.7%。核发排污许可证 72 家，累计办理各类审批服务事项 391 件。

【生态环境督察】 2021 年，区生态环境局完成第一轮中央环保督察交办 31 件案件和 104 项整改任务、第二轮中央生态环保督察期间转交 67 件案件、市环保集中督察交办 241 件案件和 113 项整改任务。扎实推进第二轮中央生态环境保护督察反馈意见整改工作，《永川区贯彻落实〈重庆市中央生态环境保护督察报告〉整改方案》明确的 37 项整改任务已按时限要求完成 28 项。2021 年应完成整改的 3 项任务已整改销号。

【生态环境执法】 2021 年，区生态环境保护综合行政执法支队实施生态环境综合执法，开展水、大气、固体危险废物、排污许可、建设项目、环境安全等各类生态环境保护专项执法检查行动，整治污染问题 27 个，关停并转“散乱污”企业 37 家。将全区 259 家企业纳入 2020 年度环境信用评价范围，依法立案查处环境违法行为33起，罚款207.7万元。

【自然保护地监管】 2021年，区生态环境局根据“绿盾”自然保护地强化监督工作部署和生态环境部办公厅《关于通报“绿盾2020”自然保护地强化监督典型问题的函》（环办生态函〔2020〕736号）要求，推动问题整改，全面开展生态修复，扎实巩固整治成果。制定“绿盾2021”工作方案，强化日常问题巡查，开展卫星遥感人类活动疑似问题核查，严格督促发现问题整改进度。制定《茶山竹海国家森林公园“绿盾行动”整治提升工作方案》，完成茶山竹海国家森林公园通报问题整改。茶山竹海国家森林公园内在建矿山关闭退出，33座已关闭矿山完成生态修复，茶神路、詹吉路等道路两旁生态修复效果明显。遗留工矿企业逐步完善问题整改方案举措，按期实现提出的问题整改时限目标，通过生态环境部现场巡查。

（区生态环境局　屈祖瑶）

综　述

【概况】　2021年，永川区以推动科技高质量发展、打造成渝地区重要的区域性创新中心为落脚点，凝心聚力推动创新引领产业升级、创新资源要素集聚、创新协同发展、科技成果转化应用、科技创新生态优化，构建“一城一圈两点”格局。永川区已创建国家高新技术产业开发区、国家农业科技园区、国家双创示范基地，有高新技术企业194家，科技型企业1001家，比“十三五”末期分别增长61.11%和67.81%。科技型企业新产品（技术）收入89.6亿元，高新技术企业营业收入556.7亿元。申报市级以上科技项目119个，科技项目投入资金1700万元。全年申请有效发明专利214件，授权2708件，市场主体10.3万个。全社会R&D经费支出占地区生产总值的比重2.75%，有效发明专利总量1130件，万人发明专利拥有量10.4件。登记科技成果23件，获得市科技奖项8项。全区综合科技创新指数71.55%，进入全市科技创新第一梯队。

【科技创新投入体系建设】　2021年，永川区印发《永川区科技创新“十四五”规划》《永川国家农业科技园区“十四五”规划》《永川国家双创示范基地建设方案（2021—2023）》。全年科学技术支出为14951万元，比上年增长0.3%。成立永川区高新技术企业协会，开展“新经济大讲堂”、技术需求挖掘等活动，引导企业家加大研发投入。2020年享受研发费用加计扣除汇算清缴2.4亿元。落实“创新30条”等优惠政策，引导高校院所、研发备案机构加大研发投入。全年兑现高企奖励4110万元，兑现研发准备金328万元。全区规模以上企业上报研发投入36.98亿元，比上年增长20%。对2020年立项的医用僵蚕规模化养殖加工关键技术攻关与应用等8项共性关键技术项目结题，结题项目补助金额80万元。发布2021年度共性关键技术创新项目申报通知，申报210万元用于重庆哈弗物流有限公司“汽车制造厂零部件末端配送智能物流的研发及应用”等7个项目立项。永川国家高新区产业转型升级获发展改革委、科技部、工信部、自然资源局等四部委联合表彰。

【科技成果转化】　2021年，永川区实施永川籍科学家回家乡创业计划。针对落地项目采取“一事一议”，从场地、中试经费、设备补助、产业投资、场景应用创业各个环节进行支持，还为项目配备一名专职管家（退居二线正处级干部），帮助对接相关部门。先后引进3名永川籍科学家。西南大学教授夏庆友团队建设生物产业基地，已经落地僵蚕、化妆品、干细胞、生物茶、桑叶茶等项目，项目总投资超过2亿元，区政府提供3000平方米场地，1000亩土地宜机化整治，配套园区河流疏浚和道路建设。四川大学丁桑岚团队，在永川区转化退役锂电池回收利用项目，一期投资5000万元，区政府免费提供4000平方米场地，1500万元产业发展基金。引进重庆科技学院周雄团队，开发国内唯一电解铅大极板成套设备，年收入4000万元。为解决企业技术需求凝练难、对接难，永川区对接国内知名技术转移转化机构，包括上海绿丞科技、上海技术交易所、广州博士科技、北京八月瓜、重庆易智网等，邀请博士科技、易智网到永川区培训技术经纪人100名。举办成渝地区双城经济圈创新创业能力提升（北京大学）高级培训班，来自成渝两地“双创”代表66名学员参加培训。持续培育技术经纪人，建设永川创新大数据平台，集成科技企业、科技人才、科技项目、科技成果等大数据，并对数据进行清洗、标注等加工，实现企业、人才、项目可精准搜索，精准对接，解决产学研用协同创新中的信息不对称问题。

【科技项目招商引资】　2021年，永川区树立全区一盘棋思想，在招商中注重引进科技创新项目。引进百度建设西部智能驾驶测试场，在城市核心地段开放测试道路270千米。2021年4月百度全国首个自动驾驶公交车在永川投入运营。7月，中国人民大学文化科技园西部分园落户永川，区政府提供产业楼宇4万平方米，配套7万余平方米人才公寓，双方在数字文化产业研究、数字版权交易、产业资源整合等领域开展合作。引进达瓦未来科技，在实时渲染技术、动作捕捉技术、面部捕捉技术、XR扩展现实拍摄技术、全LED虚拟拍摄等领域破解“卡脖子”难题。发布国内首部全LED虚拟拍摄电影概念片《未知行星》。

【科技人才引育】 2021年，永川区对标对表“重庆英才”计划，出台《永川英才培育引进激励办法（试行）》，奖励高于市级标准，如对科技创新创业领军人才，给予20万元人才奖励金和100万元研究经费支持。永川区入选“重庆英才”计划13人，兑现人才奖励资金1020万元。截至2021年12月底，永川区入选“重庆英才”计划34人，覆盖优秀科学家、科技创新创业领军人才、名家名师、创业示范团队、青年振兴人才、乡村领军人才等各种类型，居主城核心区以外区县前列。“重庆英才”创新领军人才毛得宏获评全国先进工作者、重庆市首席专家工作室领衔专家陈中祝获十大重庆科技创新年度人物，赵立军荣获2021年重庆市高校十大“双创”明星。

【永川国家农业科技园区】 永川国家农业科技园区由核心区、示范区、辐射区构成。核心区3万亩，主要功能是协同创新、大众创业和公共服务。示范区面积30万亩，主要通过高新技术的集成与展示，创建一批国内一流水平的现代农业技术示范基地、农产品加工基地和电子商务基地。辐射区主要带动永川全区以及西南丘陵相似区县现代农业发展。2021年，园区投入9.97亿元，其中整合各级财政投资1.18亿元，业主投资8.79亿元。园区科技金融为企业提供担保贷款2.50亿元。着力强化科技支撑，与西南大学签订战略合作协议和人才合作协议，西南大学生物技术产业园及茶生物科技总部项目落户永川，僵蚕生产、多功能蚕丝蛋白提取中试取得成功，蚕桑基地、养蚕智能工厂建设顺利推进，改变中华民族五千年栽桑养蚕织绸的底层逻辑。食用菌研究院与西南大学合作开发食用菌休闲食品，中试取得成功。升级打造永川豆豉产业研究院。建成成渝地区双城经济圈乡村振兴国家级专家服务基地和重庆市乡村振兴研究院。牵头成立重庆市茶叶技术创新战略联盟。园区获授权专利117项，其中发明专利86项。引进技术、品种和设备77项，推广技术、品种、设备38项。吉之汇“数字农品”、茶研所“智慧茶园”等智慧农业形成全国示范，土地宜机化改造入选中国农学会年度十大新技术。园区新增企业56家，新培育高新技术企业2家、农业科技型企业23家。园区入驻企业1260家，全产业链总产值116亿元，比上年增长7.4%。园区农民人均可支配收入33600元，比上年增长6.7%。园区形成“3+1”产业体系，即茶叶、食用菌、特色经果主导产业，以及农副产品加工业，大力推动园区乡村旅游，集中力量推进园区产业标准化、生态化、智能化、现代化，建成重庆最大的茶叶、食用菌、早熟梨基地，实现主导产业科技平台支撑全覆盖。已建成西南丘陵山地生态农业创新发展高地、全国双创示范基地、全国农产品加工创业基地、全国休闲农业和乡村旅游示范区、国家农村产业融合发展示范园。在科技部综合评估中脱颖而出，考核结果为优秀。

（区科技局　杨明彬）

【永川区2021年科技活动周】 2021年5月21日，由永川区人民政府主办，主题为“百年回望：中国共产党领导科技发展”的永川区2021年科技活动周启动仪式在重庆城市科技学院举行。区市场监管局、区卫生健康委、重庆文理学院、重庆市农科院特色作物研究所等单位的负责人参加启动仪式。在5月22—28日科技活动周期间，永川区举行院校、医院、群团专题活动，包括“党的关怀伴我成长”征文比赛和“我身边的科技工作者”短视频征集活动，学生志愿者集成电路科普培训，“奋斗正青春 发展当有我”主题活动，庆祝中国共产党成立100周年文艺演出，院士专家进校园科普讲座，川渝云联动第五个“全国科技工作者日”主题线上活动。还举行各类特色品牌活动，包括永川区第十一届青少年科技创新大赛等系列活动。

科技体制改革

【科技金融创新】 2021年，永川区持续做大科技金融规模。建立规模为1亿元的知识价值信用贷款风险补偿基金，全年增资1000万元，累计到位资金2500万元。组建总规模为5000万元的种子基金，首期到位资金1500万元。永川区是第一批纳入科技型企业知识价值信用贷款试点区县，持续深入开展试点工作，帮助中小企业解决融资难、融资贵问题。全年为科技型企业授信额度10.71亿元，为136家企业贷款2.98亿元，累计为404家企业贷款8.36亿元。开展创新创业大赛等相关活动，培育优质项目，累计支持12家企业445万元。

【科技项目管理创新】 2021年，永川区修订科技项目管理办法，自然科学基金和制度创新专项实行项目经费“包干制”，赋予科技工作者更多的技术路线决定权、科技资源调配权、科技经费使用权。技术创新与应用发展重点专项部分采用“揭榜挂帅”项目管理方式。首先征集产业或企业重大技术需求，然后向区内外发布，鼓励区内企业与区外高新院所联合攻关。全年安排210万元实施7个项目，整合中国工程院院士康玉柱团队、西南大学生物研究中心等多个高层次创新资源。

科技平台建设

【概况】 2021年，永川区培育新型研发机构，鼓励研发机构升级发展。全年技术创新与应用发展专项支持7个重点项目，奖励重庆市老年疾病临床医学研究中心、中铁二十一局集团第五工程有限公司企业技术中心等5家市级平台100万元。支持世纪传奇生物技术研究院（重庆）有限公司

“家蚕蛋白生物合成中试平台”160万元，重庆绿色电池研究院有限公司1500万元用于科技研发平台建设、科技研发、成果转化等。渝西老年病临床医学中心落户永川，西南大学生物技术产业研究院完成二期建设，华为(永川)联合技术创新中心、重庆中关村智酷人才创新实践中心揭牌。红江机械获评国家级企业技术中心，中铁二十一局五公司等4家企业获批市级企业技术中心。百度无人驾驶成功获批重庆国家新一代人工智能创新发展试验区十大应用场景。截至2021年年末，永川区建成市级以上研发机构92个，其中国家级研发机构10个。

【科技型企业培育】 2021年，永川区实施倍增计划，鼓励存量科技型企业提升研发水平和创新能力，引导其转型升级为高新技术企业。鼓励科技型企业提升创新能力，对重庆重开电气有限公司等32家科技型企业予以每家3万元奖励，用于科技创新、技术经理人培育。永川区新增科技型企业263家，总数1001家，比上年增长35.49%。

【环文理学院创新生态圈建设】 2021年，永川区引进联通高新大数据人工智能科技（成都）有限公司成渝双城云端双创孵化平台，成立环重庆文理学院创新生态圈知识产权促进中心。全年科技人员与企业达成科技合同283项，合同金额2200余万元；成果转化交易11项，交易金额71万元。生态圈品牌活动更加丰富，承担各类市级、区级重大活动12场，其中首届重庆市乡村振兴创意大赛参赛项目突破2000个。“OLED柔性显示屏激光高频切割装备生产”在2021年重庆科技成果转移转化峰会上签约产业化。“国产大飞机用隔音隔热超细玻璃纤维棉”获第七届中国国际“互联网+”大学生创新创业大赛总决赛金奖。新药团队研发的RET/VEGRF2双靶标全球首创小分子药物，获国家一类药物临床试验批件。李璐牵头完成的柔性显示触摸关键材料高价值专利项目获得西部(重庆)科学城首届双高赛一等奖。

【重庆市农业科学院茶叶研究所】 2021年，重庆市农业科学院茶叶研究所设有茶树遗传育种、茶园生态栽培、茶树植物保护、制茶工程、茶资源综合利用5个研究室、1个检测中心、1个科技服务中心；实验基地1495亩，建有茶树种质资源圃60亩、茶树良种繁育基地100亩，收集保存茶树种质资源1000余份。建有实验室500平方米，拥有气相、液相、荧光、紫外、原子吸收等科研仪器设备100台（套）。建有茶叶加工中试车间2000平方米，建成针形名茶、大宗绿茶和工夫红茶中试生产线3条。建有国家现代茶叶产业技术体系刺吸式害虫防控岗位、重庆综合试验站、重庆市茶叶工程技术研究中心、重庆市现代山地特色高效农业茶叶产业技术体系创新团队、永川秀芽众创空间、重庆市茶叶科技专家大院、科技转化平台——重庆云岭茶业科技有限责任公司，是西南大学教学实习基地、重庆市科普基地、中国茶叶学会茶叶科普教育基地、全国农业旅游示范点。围绕茶产业中各个环节的重大科技问题和关键共性技术，获奖成果96项（国家、省部级奖64项），获国家专利授权50余项，编制发布地方标准4个，出版专著5部，发表科研论文1000余篇，育成拥有自主知识产权的茶树国家级良种11个、省级良种5个。协助建立清洁化生产线30余条，培训茶技人员1万余人次。

【重庆市农业科学院特色作物研究所】 重庆市农业科学院特色作物研究所在“十三五”期间通过实施研发创新工程，已经成为具备西部先进水平的科学研究基地、培养造就农业科技人才的基地和促进农业科学实践与教育的基地，科技创新能力全面提升。建有国家食用豆、小麦产业技术体系重庆综合试验站、国家农业科学种质资源江津观测实验站、重庆寡日照与高温伏旱区粮油作物野外观测研究站、重庆再生稻研究中心、重庆市杂粮工程技术研究中心、重庆杂交小麦研究中心等10余个国家及省部级研发平台。在永川区15个镇（村）试验示范水稻、油菜、麦类、薯类、特色杂粮等品种30余个、新技术20余项，累计示范推广面积50万亩。

高新技术推广应用

【高新技术产业发展】 2021年，永川区完善服务体系，实施高新技术企业倍增计划。召开高新技术企业申报培育动员大会、科技创新大会，组建高新技术企业申报培育领导小组，提前布局高新技术企业申报，跟踪对接申报企业，做好高新技术企业申报服务工作。对首次认定和复审通过的高新技术企业，财政分别奖励20万元、10万元。全年兑现高新技术企业奖励980万元，累积兑现高新技术企业奖励4110万元。全年新增高新技术企业31家，高新技术企业总数194家，比上年增长19%。

【新能源汽车】 2021年，永川区提升汽车核心技术研发能力。围绕新能源汽车“大小三电”、燃料电池电堆及系统，氢气循环泵、空压机等燃料电池汽车核心零部件布局方向，聚焦高效发动机领域、先进变速器领域、48V混动系统领域，突破一批关键核心技术。研发新一代模块化高性能整车平台，攻关纯电动汽车底盘一体化设计、多能源动力系统集成技术，突破整车智能能量管理控制、轻量化、低摩阻等共性节能技术，提升电池管理、充电连接、结构设计等安全技术水平，提高新能源汽车整车综合性能。

（区科技局　陈俐如）

【创新创业】 2021年，永川区通过拍摄宣传片、制作各类宣传画册、H5页面、专题微信等方式，宣传永川创新创业优惠政策、领军人才和先进人物的优秀典型和先进事迹、双创重点特色活动、重点特色项目成果、公共平台建设等，形成人人崇尚创新、希望创新、皆可创新的良好氛围。筹备举办成渝地区创新创业高峰会，运用“全国双创活动周”等双创活动平台，联合成渝地区主要城市，加大“互联网+创新创业大赛”中小企业创业培训

2021 年 12 月 22 日，2021 年第十二期创新渝论主题沙龙在江鸿国际大饭店举行

（区科技局　供图）

班及创业沙龙、创业论坛、路演等创新创业活动举办力度，提升“永创汇”双创品牌影响力和美誉度。组织创新创业者、企业家、投资人和专家学者等参与创新创业沙龙、创新创业大讲堂等活动，宣讲各地创新创业政策，吸引各地人才到永川创新创业。

【“双创”示范基地】 2021 年，永川区推动“城校互动”向“产教融合”第二次创业，牵头组建重庆市大数据产业人才联盟，64 所高校、300 家企业加入联盟开放合作。重庆文理学院等 6 所院校分别与科大讯飞、华中数控、德国工商大会、华为合作共建大数据、人工智能、中德制造等二级学院（产业学院）6 个，共建校内生产实训基地 30 个，依托企业共建人才培养基地、实习实践基地 32 个。着力建设区域性工业互联网平台，推动 5 家工业企业深度上云、20 家中小企业“上云上平台”。引导基地 100 余家企业加入全市相关产业技术创新联盟，共享研发成果。

【参加创新创业比赛】 2021 年，永川 4 所院校在第七届中国国际“互联网+”大学生创新创业大赛中获奖。其中，大赛设高教主赛道、职教赛道、萌芽板块“青年红色筑梦之旅”赛道。重庆文理学院“智柔——中国柔性基板材料领航者”项目在高教主赛道中获得铜奖。在职教赛道中，重庆水利电力职业技术学院《“益农行者——巴山老坛——致力于中国风干型陈咸菜行业引领者”项目》、重庆财经职业学院《智源蜂箱——养蜂业的未来方程式》项目获银奖，重庆市经贸中等专业学校在《Y′小面——全球独创小面智能生产加工设备供应商》项目获铜奖。重庆水利电力职业技术学院《苗妹香香——以水稻产业打造苗族土家族精准扶贫新模式》在青年红色筑梦之旅赛道中获铜奖。

（区科技局　陈俐如）

气　象

【概况】 2021 年，永川区气象局（简称区气象局）坚持“跳出小气象、做实大气象”，推动永川气象事业高质量发展。开展天气监测预报，提前准确预报重大天气过程 14 次，启动应急响应 5 次，上报灾情 4 次。在区域性、局地性灾害性天气中，开展电话叫应提醒服务 61 人次。开展人工影响天气作业 20 次，发射人影弹 45 枚。全年防雷检查 89 个单位，复查 38 个单位。开展科普活动 12 场。气象基础业务考核指标均达到业务考核标准。

【气象预警和应急联动体系建设】 2021 年，区气象局推动印发《关于进一步加强生产安全及自然灾害突发事件信息报送及灾害预警管理相关工作的通知》《重庆市永川区人民政府办公室关于印发永川区加快推进气象事业高质量发展实施方案的通知》。印发 2021 年永川区气象灾害防御指挥部工作要点、做好 2021 年突发事件预警信息发布平台维护使用工作通知、气象灾害风险研判通报、突发平台通报、平台升级及气象信息员培训等 14 个通知通报。联合平安永川（三季度）检查 1 次，森林防火安全检查 1 次。完成永川区气象灾害风险普查 2021 年任务。突发事件预警信息发布平台运行纳入应急工作考核，完成中国气象局、重庆市气象局下发的平台演练任务。督查部门、镇（街）完成平台防灾减灾信息员培训更新，上报备案；指导各单位平台运行 50 余次，督查检查平台 40 余次。培训气象信息员 4 次，195 人参加培训。完成相关部门、镇（街）突发事件预警信息发布平台升级，调整电子政务外网专用网络端口为各单位自行管理的网络端口。

【气象综合监测和预警信息发布】 2021 年，永川区气象综合观测稳步推进。截至 12 月底，雷达资料传输及时率 99.4%，业务可用性 99.96%。区域自动站资料传输及时率 99.6%，土壤水分自动站资料传输及时率 99.76%，均达到业务考核标准。区气象局做好灾害性天气来临前和影响过程中的预报预警工作，及时主动发布预报预警信息。永川区政府、相关部门引用气象预警信息，发布防灾减灾指令 32 条，区领导批示 5 次，镇街转发 1140 条，共计接收预警短信 39.26 万人次。启动应急响应 5 次，上报灾情 4 次。在区域性、局地性灾害性天气中，开展电话叫应提醒服务 61 人次，与地防办、防汛办等联合发布通知 4 次。参加区政府部门联合会商、自然灾害防御指挥部成员单位联席会 9 次，联动部门发布防灾减灾指令 9 条。拓展区交通局公交车 LCD、永川电视台挂预警信号图文、区文化旅游委应急广播等预警信息发布渠道。

【公共气象服务】 2021年，区气象局牢固树立"决策服务让领导满意、公众服务让群众满意、专业服务让用户满意"的工作理念，开展公共气象服务工作。全年共制作发布服务材料677期。其中，《每日气象要讯》365期、《预警信号》73期、《重要天气服务快报》25期、《一周天气趋势》53期、《雨情报告》56期、《节假日专题预报》6期、《灾情报告》4期、《中小河流域气象风险预警》1期、《森林草原火险预警》5期、《地质灾害气象风险预警》3期、专题气象服务材料86期。为临江河流域整治提供气象服务材料50余期。

【重大活动气象服务保障】 2021年，区气象局紧紧围绕区委、区政府及相关部门的重要活动和阶段性重点工作，开展系列化气象服务工作。制作重庆市第六届运动会开（闭）幕式气象服务实施方案、永川马拉松赛气象服务实施方案、重庆四川党政联席会议第三次会议气象服务实施方案，加强与市气象台的天气会商，通过微信群、QQ群等方式按时报送专题气象服务产品16期、天气信息78次，完成重大活动气象保障服务任务。做好网络运行及应急保障服务。完成"永川气象"微信公众号主体变更、迁移。完成"2021年公安机关网络安全监督检查"重要信息系统的现场安全检查、重庆市气象局网络安全检查、信息网络安全检查自查、汛期气象业务服务、观测业务信息网络方面检查等工作。参加中国气象局气象部门网络安全攻防演练、重庆市气象局网络安全应急演练。在重大会议活动、节假日、庆祝中国共产党成立100周年期间区气象局做好网络信息安全保障工作。

【乡村振兴气象保障】 2021年，区气象局加强与区农业农村委、重庆市农业科学院特色作物研究所、重庆市农业科学院茶叶研究所等部门日常交流，开展联合现场调查9次，与重庆市农业科学院特色作物研究所联合开展水稻观测业务合作。利用精细化智能服务平台、永川气象微信、镇（街）联动系统QQ群、专家联盟QQ群、粮油经作农业大户微信群开展气象服务工作，为有410人的种粮大户、有62人的经作产业大户微信群提供实时气象服务15次，解答农业气象服务咨询7次，发布水稻专题服务4期、农用天气预报42期、春耕春播预报4期、农业气象灾害监测预警服务2期。

【气象装备运行保障】 2021年，区气象局继续推进自动站社会化保障服务监督管理，维护处置自动气象站故障69次，巡检315站次，镇（街）自动站维护人员应急处置雨量故障48站次。多次组织"天枢·永川气象智能装备保障党员先锋队"对五间、朱沱、大河、新店、三教等15个自动站开展传感器现场核查工作，及时排除设备故障及传感器调校。完成综合业务平台——天元系统国家气象观测站、雷达站、区域站、土壤站等气象装备基础信息录入工作，通过重庆市气象局检查组内部审查。完成宝峰、仙龙、官岩村等13套区域站4G通信升级改造工作。完成"3·27""5·5""5·25"供电中断、"6·30高压箱变故障""11·28配电搬迁"等停电应急保障工作。全年开展电力应急设备巡检52次，及时更换观测站值班室UPS主机，搬迁办公楼总配电系统，排除配电系统隐患，确保业务用电安全。

【气象设施建设】 2021年，区气象局开展气象探测项目及台站基础设施建设。按时完成雷达常规维护、年巡检工作，通过无线电管理委员会现场测试，取得无线电设台执照。完成雷达大修及技术标准统一项目现场测试，通过中国气象局现场验收，投入正式业务运行。完成业务楼主体建设、装修及台站环境改善项目后期手续办理相关工作，完成机关业务用房、观测站业务用房项目、环境改善项目的决算审计。完成办公楼及雷达站监控及消防隐患整治工作。启动永川气象科技生态文化园建设项目前期设计、规划工作，按期向主管部门报备文化园建设项目进度情况。

【人工影响天气作业】 2021年，区气象局加强人影安全管理，召开人影安全专题会，上报人影年度工作方案。按照《重庆市人工影响天气地面作业单位管理规定》进行作业单位备案。完成人影自查、互查、联合检查等相关工作，拆除黄瓜山弹药库电灯、插座，消除安全隐患。黄瓜山新增监控1个、临江作业点新增监控2个，黄瓜山作业点作业平台绘制射界图，为新增人影炮手购买保险。续签人影存储、运输协议，购买人影弹药78枚。完善人影安全管理平台相关信息，利用人工影响天气综合指挥平台和人影物联网管理系统做好人影作业、装备维护、弹药运输、人员培训等日常管理工作。根据永川区防灾减灾和改善空气质量的需求，适时开展增雨防雹和"蓝天行动"作业，人影作业共计准备40次，出动20次，发射人影弹45枚。在重庆市第六届运动会开幕式、永川马拉松等活动中开展人影应急保障服务。

【防雷安全监管执法】 2021年，区气象局开展全区重点场所的防雷安全监管检查工作，重点对雷电灾害多发易发、潜在损失巨大的易燃易爆场所、危险化学品场所、人员密集场所的防雷设施安全性能检查和隐患排查。全年防雷检查89个单位，复查38个单位，排除隐患127条，下达整改意见书41份。行政立案11起，警告2家单位，行政处罚9家单位，罚款6450元，完成行政处罚清零任务。所有检查情况如实全部录入重庆气象综合管理系统。全年完成审批项目14件，其中雷电防护装置设计审核9件，雷电防护装置竣工验收5件。所有审批件均在承诺时间内办结，无群众投诉。

【气象防灾减灾科普宣传】 2021年，区气象局开展"3·23""5·12"、科技周、安全生产月、宪法宣传周等媒体宣传活动。拓宽气象预警信息发布渠道，在公交车、智慧电梯里发布气象预警信息。向气象信息员开展3次科普宣传，到社区举办科普讲座4次，多次接受永川区电视台关于天气情况及气象科普的采访。

（区气象局 李焕梅）

知识产权保护

【概况】 2021年，永川区委、区政府高度重视知识产权保护工作，建立永川区知识产权保护联席机制，制定《永川区强化知识产权保护具体措施》，出台《永川区知识产权资助奖励办法》，建立知识产权综合保护区，设立永川区知识产权纠纷人民调解委员会，与区检察院协同联动强化知识产权司法保护。帮助企业将知识产权转化为经济价值，全年企业知识产权质押融资1.5亿元。加大非正常专利清查力度，开展清查3批次，清查655个非正常申请专利。做好知识产权培育发展，全年新申请商标3472件，新增授权专利2708件。每万人口发明专利拥有量增至10.11件。

【永川区知识产权综合保护工作启动仪式】 2021年4月27日举行。作为全市首批知识产权检察职能集中统一履行试点单位的永川区人民检察院和永川区市场监管局（永川区知识产权局）签署《关于强化知识产权保护战略合作协议》，共同建立知识产权保护司法协作机制、知识产权保护资源共建共享机制、知识产权保护会商研讨机制、人才培养交流合作机制、典型案例联合发布机制。该机制是全市检察机关开展“保知识产权、护知名品牌”专项行动以来首个全区综合保护机制。启动仪式上还为永川区首批知识产权综合保护联系点单位代表长城汽车重庆分公司、重庆智能工程职业学院、红江机械、理文造纸、东鹏智能家居等企业授牌。

（区市场监管局　王东林）

教育

综述

【概况】 2021年，永川区教育系统紧紧围绕高质量发展主题，扩资源、调结构、抓改革、提质量、促公平，教育事业持续健康快速发展。全区有各级各类学校310所。其中，幼儿园147所，小学111所，初中27所，普通高中8所，特殊教育学校1所，高等院校8所，中等职业学校8所。幼儿园招生0.7万人，在校生3.1万人；小学招生1.1万人，在校生7.3万人；初中招生1.4万人，在校生4.6万人；普通高中招生0.7万人，在校生2.1万人；特殊教育学校招生19人，在校生210人；高等院校招生3.6万人，在校生11.7万人；中等职业学校招生1.8万人，在校生3.9万人。幼儿园入园率92.4%，小学入学率100%，普通初中入学率99.97%。初中毕业生升入高中阶段学校比例89.36%，普通高中学生享受优质教育资源比例70.83%。全区15岁及以上人口的平均受教育年限10.07年。

2021年永川区教育经费与办学水平情况一览表

表6

类别	数量	类别	数量
教育经费总收入（万元）	344601	每万人口在园幼儿数（人）	272.5
其中：国家财政性教育经费（万元）	301004	每万人口在校小学生数（人）	660
社会捐㊀集资办学经费（万元）	121	每万人口在校初中生数（人）	420
事业收入（万元）	396770	每万人口在校高中生数（人）	186
教育经费总支出（万元）	343195	学前三年毛入学率（%）	97.5
其中：事业性经费支出（万元）	342320	小学适龄人口入学率（%）	100
基本建设投资项目支出（万元）	19796	初中适龄人口入学率（%）	100
财政预算内教育经费支出占财政支出的比例（%）	25.07	高中阶段教育毛入学率（%）	142.43
政府教育财政拨款增长与财政经常性收入的增长比（%）	0.11	小学毕业生升入初中比例（%）	100
小学生均预算内教育事业费（元）	11447.61	初中毕业生升入高中阶段教育比例（%）	93.49
初中生均预算内教育事业费（元）	12950.76	教育人口占总人口的比例（%）	17.97
普通高中生均预算内教育事业费（元）	12608.26	15岁以上人均受教育年限（年）	10.07
中等职业学校生均预算内教育事业费（元）	8680.17		
小学生均预算内公用经费（元）	2636.2		
初中生均预算内公用经费（元）	3857.74		
普通高中生生均预算内公用经费（元）	3130.01		
中等职业学校生均预算内公用经费（元）	3975.17		

【教育民生工程】 2021年，永川区投资0.64亿元，新建、改扩建学校36所，全区新增校舍面积10.25万平方米。投资3000万元实施义务教育能力提升及校舍维修改造工程，有序推进卧龙初中等6个续建项目。永川区实验小学建成投入使用，中山小学完成搬迁，新增学位3300个。红星七色光幼儿园投入使用，新增公办学位270个。红星旺龙湖幼儿园、实验小学幼儿园进入装修阶段。文昌中学进入校园绿化阶段。新区红旗小学主体工程量完成80%，凤凰湖萱花中学总投资49560万元，主体工程量完成30%。永川职教中心迁建工程（一期），建设规模用地面积为300亩，建筑面积8万平方米，主体工程量完成70%。

【经费保障】 2021年，永川区地方教育经费总收入34.46亿元，比上年增长5.94%。教育费附加1.07亿元，比上年增长42.08%。全区教育经费总支出34.32亿元，比上年增长5.63%。全年财政投入29.44亿元，比上年增长3.19%。全年财政补助28.63亿元，比上年增长3.8%。义务教育学校占地面积271.98万平方米，比上年增加51.11万平方米。

【教师队伍】 2021年，区教委强化干部队伍管理，常态化开展学校干部挂职锻炼、校级干部交流轮岗、学校班子集中研判、领导干部谈心谈话等。112名校长（园长）参加校级干部能力提升培训。全年选拔、招聘、临聘、返聘、考调紧缺学科教师313人。合理调配师资资源，192名农村中小学教师考调进城，54名教师镇（街）调动交流，262名教师交流轮岗。全区有名师工作室21个，名班主任工作室3个，小学名校长工作室2个。全年参加国培、市培人数5662人，区级培训项目94个，参加培训人数18621人次。

【教育督导评估】 2021年，区教委有序推进教育评价改革、督导评价机制改革，拟定《永川区深化新时代教育评价改革工作措施》及工作清单、《永川区深化新时代教育督导体制机制改革落实方案》，树立科学评价体系。“中小学办学质量督导评价制度改革”被列为重庆市第七批教育领域评价改革试点项目。永川区中小学“五项管理”（中小学生手机、作业、睡眠、读物、体质）接受国务院教育督导委员会实地督查获肯定。永川区接受重庆市教育履职评价获好评。

【均衡教育】 2021年，永川区景圣中学、永兴小学续建项目完工，卧龙中学、汇龙小学、何埂小学续建项目完工，三官殿小学进入主体施工，完成青峰幼儿园新建工程方案设计，永川区第六中学改扩建完成立项、选址。推进11所中小学“一体化”办学改革，强化12个中小学教研片区共建共进。建成国家级、市级特色学校23所。

【师德师风】 2021年，区教委狠抓师德师风建设，修订印发《重庆市永川区中小学教师师德师风考核实施办法》《永川区2021年师德师风建设实施方案》。坚持正向激励与反向约束相结合，以革命传统教育、先进典型教育、警示教育为抓手，构建师德师风抓管长效机制，开展教育活动300余次。树立一批师德先进典型，表彰优秀教师100名，优秀教育工作者50名，师德先进个人50名，优秀班主任50名。

【教育资助】 2021年，区教委将巩固脱贫攻坚成果同乡村振兴有效衔接，全力做好控辍保学。春期对300名、秋期对276名重度残疾儿童少年实施“送教上门”。建立健全关爱资助体系，全年投入资金1.66亿元，资助各级各类学生11.76万人次。

【安全稳定】 2021年，永川区加强平安校园建设，严格落实疫情防控措施，疫情防控常态化开展。落实校园及周边环境整治“1+6”（“1”是1所学校，其分管安全的副校长为该校周边环境整治工作召集人；“6”是公安、市政、市场监管、教育、文化及所涉镇街6个重要单位和部门，分别按“一校一人”明确具体工作人员）工作机制，加强校园周边环境整治。扎实开展学校日常安全监管，开展安全隐患排查，加强交通、消防、防溺水、食品等安全宣传教育管理。制定《永川区学校食品安全管理实施细则（试行）》，推进“重庆阳光餐饮”平台使用。全区中小学幼儿园入驻率100%，公办学校AI智能设备接入率100%。

【教育科研】 2021年，区教委立项市级课题28个，区级课题31个，并全部开题。市级课题结题9个，区级课题结题17个。有26项科研成果荣获区级一、二、三等奖，区教委表彰教科研先进集体18个，先进个人25人。承办重庆市主城新区教育科研现场调研会议。

【法治教育】 2021年，区教委法治工作领导小组加强对全区中小学校和幼儿园法治工作的领导和指导，将普法教育以及教师普法教育考试纳入学校考核和教师个人考核。聘任公检法专业人士担任法治副校长，邀请法治副校长、校外法治辅导员、校外心理健康辅导员、交通安全专家、消防安全专家、法律专业人员到校开展安全法治健康专题培训以及反诈宣传，不断增强师生及家长法治意识和金融风险防范意识。各学校组织学生到永川区法治教育基地、永川区禁毒教育基地、永川区博物馆等区内外的校外社会实践研学基地开展社会实践活动。开展“三月法治宣传月”“莎姐进校园”“关爱明天普法先行”等活动，加强对广大师生的普法宣传教育。组织8000余名在职在编教职员工参加网上法治理论知识学习考试，参考率100%，合格率99.5%。

【德育教育】 2021年，区教委围绕立德树人根本任务，依托“三月四节”（“三月”即传统民族文化月、文明礼貌月、弘扬民族精神月，“四节”即读书节、科技节、体育节、艺术节）德育品牌，以“六大育人载体”（课程育人、文化育人、活动育人、实践育人、管理育人、协同育人）为抓手，持续推进“五育并举”（德育、智育、体育、美育、劳育同时举办，一同发展），夯实中小幼德育一体化建设。萱花中学粟浩洋、卧龙初中魏鹂阳、星湖小学张道旭等3名学生获评2021年“新时代重庆好少年”。

【体育艺术教育】 2021年，区教委以课程建设为中心，以社团普及化开展为途径，以赛事活动为抓手，逐步完善“健康知识+基本运动技能+专项运动技能”的体育教学模式、“艺术基础知识基本技能+艺术审美体验+艺术专项特长”的美育教学模式，培养学生“一技之长”。分层开展“区级—教管中心级—校级”中小学生艺术节、体育节、读书节等体育美育活动400余场次。举办“五四”“六一”“建队日”区级主题集会，承办重庆市2021年中小学校园足球联赛市级总决赛高中女子乙组比赛。组织学生参加第五届全国学生“学宪法 讲宪法”活动重庆赛区选拔赛、重庆市“中华魂”主题教育读书活动、重庆市第十六届中小学生才艺大赛和重庆市“绿书签行动”创意微视频征集活动，区教委获优秀组织奖。

【教育装备与信息化建设】 2021年，永川教育城域网出口带宽提升到每秒8千兆比特，到班带宽提高升每秒30兆比特。累计投入3200余万元，为全区中小学学校配置交互式一体机。启动智慧照明改造项目，并通过物联网呈现可视化数据。推进智慧教学、考试、测评、管理教学实践中的融合应用，实现与国家、市级优质资源互联互通。启动信息技术能力提升2.0工程，创新设置13个“片区+”教研联合体，围绕课堂教学实施靶向学习。北山中学、红旗小学、子庄小学、五洲小学被重庆市教委评为重庆市智慧校园示范校。

【心理健康教育】 2021年，区教委印发《永川区教育委员会关于持续推进中小学心理健康教育工作的通知》，就心理健康教育的管理、课程、辅导室建设等提出工作要求。成立永川区中小学心理健康教育李方珍名师工作室，引领推进全区心理健康教育工作。对110名中小学心理健康教育专（兼）职教师开展以“心理问题识别、心理危机干预、课堂教学”为内容的专业培训。组织开展团体辅导专题教研活动、课堂教学专题互动常规教研活动30次。组织开展全区中小学心理健康教育调研4次。 （区教委 刘畅）

基础教育

【概况】 2021年，区教委通过区管校聘制度落地落实教育资源合理分配以及课堂教学的改革与创新。优化各项教育体制、机制，不断激发教育活力，推进全区基础教育高质量发展。全区有幼儿园147所、小学111所、初中27所、普通高中8所，教职工8876人，在校学生14.25万人。

【学前教育】 2021年，区教委扎实做好公办幼儿园调标工作，进一步完善学前教育成本分担机制。举行第八届幼儿教师基本功大赛，加快全区幼儿教师队伍规范化、专业化、特色化建设。全区普惠性幼儿园镇街全覆盖，全区在园幼儿3.13万人，幼儿园教职工3249人。

【义务教育】 2021年，区教委推进7所中小学“一体化”办学改革，12个中小学教研片区共建共进。推进城区“名特骨”教师送教下乡、片区教研主题研讨、农村青年教师研修展示、学科中心教研组专题研修、统编教材城乡教师培训。修订《永川区中小学教学常规管理办法》，全区义务教育阶段学校建立作业公示制度，作业时间控制达标学校占比100%。制定下发《永川区中小学课后服务工作实施方案》《关于进一步加强中小学生课后服务管理的通知》，规范服务时间、课程设置、质量评价等。全区义务教育阶段课后服务实现中小学校全覆盖、有需求的学生全覆盖，学生参与率98.3%，服务时间达标学校占比100%。

【普通高中教育】 2021年，区教委对普通高中实行分类管理，普通高中体艺特长生培养实行学校差异化布局。扎实推进普通高中教育部统编教材、新教材使用，实施新教材教师培训全覆盖。加强课程体系建设，新增普通高中市级课程创新基地1个，校本教研基地1个，优秀学生社团3个。建成普通高中学科名师工作室9个，直接培养高中学科教师102人。推进普通高中招生改革，普通高中取消择校招生。按照普职协调发展原则，建立指标到校、联招普高志愿和体艺自主招生相结合的普通高中招生录取机制，优化高中生源结构。新高考改革稳步落地，高考组织顺利实施。

【特殊教育】 2021年，永川区有特殊教育学校1所。永川区特殊教育学校是一所为适龄残疾儿童提供教育服务的九年一贯制义务教育学校。学校以“自尊、自信、自立、自强”为教育理念，占地面积2.21万平方米，有多功能资源教室12间、在编教职工38名，班级17个、在校学生209名。学生参加重庆市第六届残疾人运动会获16金、13银、7铜。教师伍斯梅被评为重庆市第六届残疾人运动筹办工作先进个人。学生参加重庆市中学生田径锦标赛（残疾组）获第二名，参加区中小学生艺术节比赛获戏剧组二等奖。教师余俊被评为重庆市优秀班主任，获“感动永川人物”称号。

【第十九届中小学生艺术节】 2021年4月20日，以“阳光下成长”为主题的永川区中小学庆祝中国共产党成立100周年暨第十九届中小学生艺术节在永川中学体育馆开幕。该次艺术节从4月20日开始，4月28日结束。共有193支参赛队、5000余名学生参赛，有舞蹈、表演唱、重奏、朗诵、喜剧、小合唱等10余个比赛项目，还首次开展中小学生器乐合奏比赛。

【学校简介】 红星幼儿园 是重庆市示范幼儿园，辖下街子、龙门、玉屏3个园区。以“红星闪闪亮、颗颗放光彩”的办园理念，秉承“无私奉献，追求卓越”的园所文化，不断深化以园本、班本、家本为依托的家校社共育和以“探究”品质为抓手的课程实践探索，形成全能体育、“小当家”养成教育、“玩乐”食育、“入学准备”系列特色课程。荣获“市德育品牌校”“市预防近视示范校”，被评为永川区安全稳定先进集体、永川区党建示范点学校。2021年，红星幼儿园有18个教学班，561名幼儿，95名教职工。

兴龙湖小学　2021年，兴龙湖小学占地面积60余亩，有教学班66个、学生4354人、教师203人。学校“家长夜校”被评为全国终身学习品牌项目。教师参加永川区第一届“棠城杯”中小学教师教学基本功8个学科比赛获7个一等奖，获团体一等奖。编写教材《劳动》由重庆出版社出版。袁隆平院士亲笔题词和赠送的水稻新种子、书信等在国家级和市级媒体深度报道。学校获评2021年度国家防震减灾科普示范学校、重庆市岗位学雷锋示范点、重庆优秀少年队集体、重庆市艺术特色学校成员单位。

红河小学　2021年，红河小学占地面积57亩，有61个教学班，在校生4122人，教职工180人。学校“艺韵”美育综合评价改革卓有成效。完成师生评价系统开发并投入使用，课程开发、走班选修、“四维”评价等扎实推进。“接力式校本教研”成效显著，承担的20余个校、区市级课题顺利结题。教师个人获国家级16人次、市级77人次、区级140人次奖励。学生个人获国家级68人次、市级161人次、区级87人次奖励。团队获区、省部级竞赛奖16项。获重庆市文明校园及永川区教育系统先进基层党组织、永川区党建示范点、永川区先进领导集体、永川区教育科研先进集体等荣誉12项。

五洲小学　2021年，五洲小学占地面积75.68亩，总建筑面积39691平方米，有小学59个班、学生3597名，幼儿园7个班、幼儿303名，小学教职工160人、幼儿园教职工16人。学校五洲书院、阅读中心、哆唻咪可变琴房等建成投入使用。学校融通课后服务和课程辅助活动课，集中专业师资以年级为单位开展“艺术、体育、科技、阅读”为主要内容的特色课程。成立“五洲音”国乐团，开展“羽动飞扬”的大课间改革。在永川区十九届艺术节，获乐器合奏、朗诵、舞蹈一等奖。学校合唱队参加重庆市现场展演获一等奖。

重庆文理附中　2021年，重庆文理附中占地面积80余亩，有81个教学班，在校学生5200人，教职工301人。学校秉承“文理并重 和以养德”的办学理念，着力营造“教师遵循教育规律 学生具有成长动力”的良好教育生态。推进学校课堂教学改革，构建“启发式·探究式·互动式”相结合以及2.0信息技术与教育教学深度融合的生本课堂教学模式。高考上线208人，其中纯文化上线92人，体育单招上线8人；青海班上线22人；艺体双上线86人；初2021级指标到校考试，联招上线247人。斩获重庆市跆拳道冠军比赛甲组团体冠军、重庆市举重锦标赛女子乙组团体总分第一名等。全年获市区赛事活动金牌20余项、一等奖40余人次。

卧龙初中　2021年，卧龙初中占地50余亩，校舍总面积1.8万平方米。学校有30个教学班，在校学生1950名，教职工116名。学校运用因材施教和多元智能理论，构建扬长立德、扬长启智、扬长健体、扬长创意、扬长强心等五位一体的“扬长教育”工作体系。通过期待激励、发现培育、引导训练，让学生发挥施展兴趣特长和独特优势。中考上线人数186名，居同类学校第一名，联招目标完成率位于全区前三名。学生魏鹇阳获评重庆市新时代好少年称号。在永川区第一届“棠城杯”中小学教师教学基本功比赛决赛中，获中学组团体第一名。2名教师在永川区中青年教师优质课大赛中获一等奖。

双竹初中　2021年，双竹初中占地面积30余亩，有27个教学班，在校生1535人，教职工98人。学校以“和而不同，个性发展”为办学指导思想，秉承“虚心劲节，壮志笃行”校训和“塑修竹品格，怀劲竹精神”办学理念，培育“正直担当、诚信向善、卓尔奋进、身心健康”的新时代少年君子。7月学校整体迁建，硬件设施、校舍场地极大改善。教学质量获永川区一等奖，10个学科全部获区学科先进奖。学校被区教委评为素质教育督导评估优秀级，区学校领导班子被区教委评为先进领导集体。在永川区第九届中小学艺术节中获一等奖；在永川区第十三届初中女子篮球比赛中获亚军。9人次获第五届重庆市青少年科学素养大赛奖励、12人次获第九届“安全在我心中”美术摄影比赛青少年组奖励。（区教委　刘畅）

职业教育

【概况】　2021年，永川区有中等职业教育学校8所，其中国家示范中职学校4所，市级双优计划3所。中等职业教育学校总占地面积1854亩，建筑面积62.27万平方米，教师1955人，在校学生3.9万人。共有12个专业大类59个专业，其中国家级、市级骨干专业5个。有市级双创基地2个，公共实训基地1个。全区中职学校招生16910人，超计划33.7%。中等职业教育学生参加各类比赛，获国家级奖8个，获重庆市级奖175个。教师参加全国职业技能竞赛获一等奖2个；参加教师教学能力大赛获国家级一等奖1个，市级奖5个。参加班主任能力大赛获得市级奖3个。中职学校承办国家级技能大赛1项，承办市级技能大赛7项。入选国家级教师教学创新团队1个，全国优秀教材二等奖1个。全年新增中专研究员2人，出版图书18本，市级教学成果奖3项，服务社会成果9个。1人被评为重庆英才·技术技能领军人才，1人被评为永川区非物质文化遗产项目代表性传承人。

（区教委　刘畅）

【重庆市工业高级技工学校】　2021年，重庆市工业高级技工学校占地面积121.5亩，有在校学生6000人，教职工181人，专任教师93人。学校坚持“高端引领、内涵发展、质量立校、特色兴校”的办学理念，不忘教育初心、牢记育人使命，团结带领全体教职员工，推动学校各项工作稳步向前。学校完成保育员实训室、康养实训室、茶艺室、酒店服务实训室、汽车实训车间、钳工实训车间的建设和搬迁工作。学校教师在市级及以上教学教研能力比赛中获奖 86 人次，毕业生就业率继续保持 98% 以上，升学上线率 100%。学校承办 3 个市级技能大赛，学校师生在市级及以上各级各类技能竞赛中获奖 49 人次。获市经济和信息委党组表彰 2020 年度考核“好班子”、2020 年度绩效考核“一等”。被重庆市教育科学研究院评为重庆市优质课程资源开发基地学校。

培训和招生　2021 年，学校与重庆润通科技公司、重庆江山欧派公司、重庆宜康纸业公司、中石化采气四厂、重庆星极齿轮、重庆联豪科技、重庆渝江岚峰、上菲红、重庆先特公司、知道创宇、重庆长安公司、长城汽车等 15 家企业新签或续签校企合作协议，新增 10 家教师和学生实践基地。学校响应国家职业技能提升行动号召，全年开展各级各类培训和认证共 6646 人次，其中与渝江岚峰、力劲机械、欧派门业等公司合作开展企业新型学徒制培训 1039 人次；与区农业农村委合作，在青峰、红炉、双石等镇开展新型职业农民培训 250 人次。全年安置就业学生 893（含升学）人，就业率 98.9%，稳定率 88.4%。改组原重庆市渝西地区技工教育联合体，重新成立重庆市渝西技工教育集团，成员单位规模扩大到 44 家。全年招生 2301 人，其中主校招生 1571 人。学校在籍学生人数 5963 人，创历史新高。全年组织学生“6+2”市级重点电子智能终端企业信产送工 1224 人。

教育科研　2021 年，学校举办第三届教师职业能力竞赛校级选拔赛。组织 4 个团队参加教师教学能力比赛，获区级一等奖 1 个、二等奖 1 个、三等奖 2 个，获市级三等奖 1 个。“双轮驱动”下中职生职业素质养成实践研究、新工科背景下中职工业机器人专业人才培养体系改革研究、学前教育专业《幼儿语言活动设计与实施》工作手册式教材开发 3 个市级课题和 5 个校级课题开题。全年发表论文 42 篇，公开出版教材《数字电子技术仿真与应用》《电工电子与信息导学》2 本，其中规划教材 1 本。申报市级学生职业技能等级认定机构和社会培训

2021 年 10 月 30 日，第七届中国·重庆职业技能大赛暨“巴蜀工匠”杯新职业技能大赛在重庆市工业高级技工学校举行　　（袁卿予　摄）

评价机构，评价的工种涵盖车工、电工、汽车维修工、电子商务师、保育师等 10 个。申报《汽车发动机构造与检修》《数控车工加工》《工业机器人操作与编程》3 门市技工院校精品课程建设项目。申报工业互联网与大数据应用、汽车装饰与美容、铁路客运服务 3 个新专业。申报 2021 年重庆市中等职业教育数控技术应用专业现代学徒制试点项目。立项市级优质教学资源开发学校。全年高考升学班 199 人报名，上线 198 人，上线率 99.5%。成考参加考试 143 人，上线 117 人，上线率 81.8%。学校教师在市级及以上教学教研能力比赛中共获奖 86 人次，在 2021 年重庆市技工院校教学教研成果评选中学校获“优秀组织奖”。

系部建设和专业建设　2021 年，学校智能制造系完成重庆第十三届中职技能竞赛工业产品设计与创客实践、机电一体化、物联网应用系统集成与应用开发和数控综合应用技术等 7 个项目竞赛培训。申报 2021 年重庆市中等职业教育数控技术应用专业现代学徒制试点和工业机器人技术应用专业重庆市中职优质教学资源研发学校项目。信息技术系与重庆创宇后天信息技术有限公司合作开展网络安全与电子商务合作，与重庆先特服务外包有限公司合作开展“618”“双 11”电子商务合作，引企入校开展人工智能机器人线上客服服务工作。取得 2021 年政务信息化及工业和信息化项目资金 498 万元。现代服务系的幼儿教育专业与重庆先特服务外包产业有限公司深度合作，现代服务系创建幼儿教育专业“训练营”，专业核心技能训练成效好。完成保育员实训室、康养实训室、茶艺室、酒店服务实训室的建设。汽车技术系完成实训车间的搬迁和建设，系部文化建设完成，与长城汽车、东风小康、长安汽车等签订《校企合作战略协议》，并开设订单专班。《一种可升降的汽车悬架装置》和《一种冰雪路面防滑装置》分别获国家专利。

团学工作　2021 年，学校召开校团委第九届委员会换届工作会，开展第五届校园十佳标兵评选工作。团委在 2020 年度团市委共青团目标考核中第三次获“特等”，校团委获评重庆市 2020 年度五四红旗团委。学生参加重庆市“学党史践行初心使命强技能成就美好生活”党史知识竞赛获得区域赛第一名。语言爱好者协会学生社团指导学生在重庆市教委关工委朗诵比赛中获一等奖。组织参加各类创业创新大赛，获国家优胜奖 3 个，市级一等奖 2 个、二等奖 3 个、三等奖 2 个、优胜奖 1 个。

技能竞赛　2021 年，学校承办世赛技能（重庆）交流训练营活动，承办 2021 年成渝地区双城经济圈现代制造业技能大赛、“巴渝工匠”杯重庆市首届工业互联网技能大赛和“巴渝工匠”杯重庆市第四届工业机器人技术应用技能大赛。10 月 28 日至 30 日，学校承担实施的第七届中国·重庆职业技能大赛暨“巴蜀工匠”杯新职业

技能大赛CAD机械设计项目在重庆公共实训中心举行。学校师生在市级及以上各级各类技能竞赛中获奖49人次，其中一等奖9个，二等奖7个，三等奖9个，优胜奖2个。

教学设施建设　2021年，学校累计投入700余万元用于改善学校办学条件。其中，投入90万元建设完成职工活动中心，投入160万元建成钳工实训车间，投资200余万元开展学校移动机器人、3D打印车间、数控加工实训四区、华数机器人实训区、酒店实训室、茶艺实训室建设，保育员实训室、康养实训室新建和改造工作，投入100万元开展宿舍、教室维修改造工作，投入80万元完成1个校园电视台、2个录播教室的建设工作。投入80余万元开展第三期校园文化建设。

（重庆市工业高级技工学校　杨昕益）

【重庆市农业机械化学校】　地处重庆市永川区兴龙大道2号，是一所集学历教育、职业培训、高技能人才培养、技能鉴定、竞赛基地建设为一体的公办全日制国家中等职业教育改革发展示范学校。2021年，学校占地面积623亩，建筑面积21万余平方米，绿化面积22万余平方米。有教职工513人，其中研究员5人、副高职称教师134人。在校学生9069人，设有农业机械、机电工程、现代服务、信息工程4个教学系，开设一、二、三产业类专业31个、“3+4”中本分段培养专业1个、“3+2”中高职分段制培养专业14个，有各类实训车间100个，理论教学场地3万平方米，实训场地6万余平方米，教学仪器设备总值1亿元，适用图书30万册，并配有电子阅览室。与长安汽车、长城汽车、上汽通用等企业开展合作，合作建设项目40个。

招生与就业　2021年，学校招生3572人，完成年初的招生计划，招生成本下降15%。组织2018级毕业学生参加成人高考，组织符合条件的学生参加技能证考试，组织2019级学生参加对口升学考试。强化在校学生、工学结合学生的管理，减少流失。学校高度重视学生就业工作，安置好单位，做到一个不少就业。做好就业学生的跟踪服务工作，及时帮助学生解决工作中遇到的各种困难和问题，得到学生、家长、用人单位的肯定和好评。

教学与教研　2021年，学校以“立德树人”为根本，上好思想政治课，习近平新时代中国特色社会主义思想进课堂，全校师生自觉树立和践行社会主义核心价值观。全年外请8名行业带头人、技术能手到校授课，让师生了解行业发展方向，岗位技能要求。鼓励教师编写教材、发表论文、参与市级教科研项目，全年教师新编教材16本，发表论文39篇。获市级项目12个，比上年增加8个。获得“双优建设”项目发展资金400万元。每月举行教师业务技能大比拼，大力培养双师型、优秀教师、学科带头人。全年新增双师12人、校级名师8人、教学名师团队3个。支持教师参加区级、市级、国家级培训及技能大赛130余人次，其中教师获得一等奖3个，二等奖5个，获教学成果奖2个、社会服务成果奖4个。坚持“以练带学、以学促赛、以赛就业”，支持学生参加区级、市级、国家级技能大赛。学生获得一等奖9个，二等奖15个。

教学设施建设　2021年，学校改善和提升教学、实训条件。投入273万元建设智慧教室。投入263万元对学生宿舍二次供水、集中供热进行更新。投入40万元新建学校食堂收费系统。投入30万元新建美容美发实训室。投入30万元新建赛训一体化智慧互动教室。投入160万元添置轨道交通实训设备。投入34万元添置服装专业实训设备。投入157万元新建6个计算机实训室。投入145万元添置烹饪专业实训设施设备。投入61万元添置机器人专业实训设备。投入52万元添置新能源汽车专业实训设备。投入62万元添置建筑专业实训设备。总投资8189万元的教学楼B栋建设项目获市发改委审批，建设工作顺利推进。投入250万元建成人脸识别系统。完成风雨球场、水体桥改造项目的前期工作。完成体育馆功能房间装修工程。学生宿舍E栋建设的前期论证和可行性报告工作顺利推进。

（重庆市农业机械化学校）

【永川职业教育中心】　位于永川区中山大道中段242号。2021年，学校有中山路教学区、神女湖校区、松溉校区、陈食校区、“七色光”幼儿园、养殖基地（师元学堂）6个校区，占地面积278.14亩，建筑面积8.51万平方米，绿化面积7.44万平方米。学校坚持以“德塑人生 技行天下”为办学理念，秉承“修德、砺能、笃学、善用”的校训，“团结诚信、求实创新”的校风，“博爱严谨、现代卓越”的教风和“勤学善思、手脑并用”的学风，大力培养德技双修、德智体美劳全面发展的优秀中职生。学校有在编教职员工413人，有校内实训室53个，教学设备总值4049.96万元。生均教学仪器设备0.75万元。实训工位2695个，生均0.50个。校园网主干最大带宽每秒1万兆比特，有学籍、招生、财务、评价管理信息系统4个。多媒体教室152间，新增加50间，教室配备率100%。教学用计算机1396台，比上年增加174台，每100名学生拥有19台。纸质图书增加2000册，电子图书增加5000册，专业类图书增加0.3太字节，共有2.3太字节，生均图书73.56册。全年为重庆市及永川区智能制造、信息技术等重点产业输送学生1649人次。

招生与就业　2021年，学校开设10大类、17个专业，共招生3920人，比上年增加1327人；学生8012人，比上年增加2144人。与重庆电子工程职业学院、重庆水利电力职业技术学院、重庆幼儿师范高等专科学校等12所高职院校联合办学，开设“3+2”学制模式。学校探索“岗课赛证”横向贯通、纵向融通，鼓励学生参加技能鉴定，结合技能鉴定标准开展教学培训。全年培训项目17个，2019级1678人次考证，获取证书1615人次，考证率96.2%。其中，教师377名，占教职工总数91.28%。毕业学生到企事业单位就业人数占比43.28%。2021年毕业学生1494人，比上年增加159人，升学835人。毕业生市内就业354人，占比50.91%。市外就业324人，占比49.09%。用人单位对毕业学生职业素养的满意度 92.73%，职业技能满意度 91.06%。

学生管理 2021 年，学校坚持“立德树人”的根本宗旨，强力推进“课程思政”和“思政课程”建设，引导学生树立社会主义核心价值观。组建学生社团 50 余个，开展丰富多彩的文化活动。组织“文明风采”活动，强化中职学生公约教育，突出培育“工匠精神”。全校学生思想状况良好，具有积极健康向上的精神状态，违法犯罪率为 0。学校资助管理机构健全，校长担任资助工作领导小组组长，成立学生资助管理办公室，专人负责学生资助管理。通过发放学生资助告知书与明白卡、校园广播等渠道面向全体学生宣传国家资助政策。2020—2021 学年度共资助就读相对贫困学生 156 名，总额 15.46 万元。学校围绕社会用人需求和学生职业发展需求，对标专业教学标准、人才培养方案和课程标准实施教学。开齐开足公共基础课、专业课和素质拓展课程，实施“三导向三自主”教育方案，上好就业指导课，指导学生落实职业生涯规划。组织企业模拟招聘会、毕业生双选会、优秀企业宣传进课堂、成才学生报告会、企业家讲座等，培养学生职业意识。组织师生参与创新创业大赛，廖祥颖、凌雪瑞、袁庆扬的《潮玩手作》和赵文漩、郑直、李蕊、陈诗羽、陈露、彭万姿、肖婧的《锦帛定制》均获重庆市创新创业铜奖。

教育教学改革 2021 年，学校在实施重庆市高水平中职学校、重庆市中职骨干专业（汽车制造与检测、幼儿保育）、重庆市虚拟仿真实训基地（计算机应用专业）、重庆市优质中职学校和优质专业、重庆市现代学徒制试点、重庆市高水平专业化产教融合实训基地等项目建设，同时承接国家《职业教育提质培优行动计划（2020—2023 年）》任务（项目）中 33 个建设任务，共投入资金 6880 万元。学校成立专业建设指导委员会，以专业带头人和骨干教师牵头，以企业行业调研为依据，完成各专业人才培养方案修订。逐渐形成以装备制造、土木建筑、电子与信息、旅游、教育体育类为主的专业格局。开齐开足职业生涯规划、职业道德与法律、经济政治与社会、体育与健康等公共基础必修课程，依据专业需要，把公共艺术、物理等课程列为必修课或限定选修课。公共基础课平均开设 13 门，具有课程标准的课程 57 门，规划教材使用率 88%，开发校本教材 5 门。将劳动教育、美育教育、创新创业教育贯穿人才培养全过程。学校狠抓常规教研工作，组织全校公开课 145 节。以课题为引领，培养科研骨干，完善教育科研课题管理办法和激励机制。立项国家级课题 3 项，市级规划课题 2 项，市教育学会课题 2 项，区规划课题 2 项。市级、区级教育科研规划课题分别结题 1 项。组织校级课题研究 34 项。2 项教育科研成果、2 名科研先进受到全区表彰，学校获评区级教育科研先进集体。

校企合作 2021 年，学校开展政校企联合办学，已与 100 余家企业建立合作关系，与重庆（香港）中原营销策划顾问有限公司、重庆市百世嘉环保科技有限公司、长城汽车股份有限公司重庆分公司、华中数控科技有限公司、恒拓高科技有限公司等 25 家企业开展深度合作。学校牵头建设职教集团 1 个，加入 5 个职教集团。有校内实训基地 53 个，校外实训基地 69 个，建成“黄炎培职业教育研究学院西部职教基地分院”。建立教师企业实践管理制度，学生实习管理制度，学生实习校方责任险、企业保险制度，共建实训基地制度等。政府、企业、学校共同投入 87 万元，在重庆长城汽车有限公司建成 3000 平方米生产实训基地，可以同时容纳 150 人实习。学校与长城汽车重庆分公司深度合作，校企共同完善合作协议，制定《工学交替产教融合实施方案》《工学交替学生管理办法》《工学交替学生评价考核办法》《工学交替学生岗前培训制度》。企业派专业技术人员到校授课，向学校赠送教学实训整车 2 辆，在企业内建实训基地 3000 平方米，厂房改造与装修 600 余万元，投入设备 197.26 万元。学校输送 600 余人次到重庆长城汽车有限公司参加跟岗实习和顶岗实习，解决企业用人需求。

社会服务 2021 年，学校与区住房城乡建委联合开展建筑行业技术工人培训、专项技术培训、岗位培训 5711 人，农村建筑工匠培训、新型职业农民培训、企业新型学徒制培训、班主任能力及思政教育培训、成渝地区双城经济圈教师教育协同创新职教师资培训 1076 人。对西藏山南第二职业技术学校 18 名教师免费开展专业技能提升培训。学校建筑、会计、旅游等专业的部分“双师型”教师到相关合作企业挂职锻炼，为企业创造价值 800 余万元。为青峰镇凌阁堂村 32 名村民提供养殖业技术指导，为双石镇丁家岩村 52 名村民提供育婴师技能指导，为胜利路街道办事处杨广桥村 43 名村民提供高粱种植技术指导。在朱沱镇涨谷村发放养殖技术资料 1000 余份，开展电子商务、养殖技术培训会 3 场次，现场指导农业生产，受益群众 100 余人次。

对口支援 2021 年，学校策划实施“职教圆梦·助力乡村振兴”行动，对接 23 个村、社区。慰问建卡贫困户、孤寡老人、留守儿童等 237 户、400 余人，发放慰问品 1000 余件。帮助村民抢收抢种 500 余人次。学校超市助销扶贫产品、教职工购买对接村社农特产品累计 100 余万元。学校对 832 个脱贫县的相对贫困学生免收代管费。筹集校内助学基金 50 余万元，按月资助本校相对贫困学生 150 余名。学校为西藏山南第二职业技术学校教师专业进行能力提升培训 234 天，对口消费黔江、彭水扶贫产品 27 万元。为贵州镇远县中等职业学校策划招生宣传，指导制定汽修专业人才培养方案，投入 20 万元共建专业实训车间。学校派出教师 42 人次到重庆科创职业学院，支持国家高等教育自学考试。

（永川职业教育中心）

【重庆市经贸中等专业学校】 2021 年，重庆市经贸中等专业学校占地 233 亩，建筑面积 15.32 万平方米。学校有国家级实训基地 4 个、市级实训基地 9 个、400 亩的农业产业化培训基地 1 个，国家、市级重点专业 8 个，高水平专业群 2 个，在校学生 11000 人，教职工 516 人。学生获国家级技能大赛奖 13 个，市级职业院校技能大赛一等奖 17 个。体育软式棒垒球锦标赛获全国一等奖，篮球、田径比赛分别获市职业院校（中职组）一等奖。教师获全国教学能力大赛一等奖 1 个、班主任能力大赛一等奖 1 个。全国技能大师谢怀德获重庆英才·技术技能领军人才称号，重庆市级首席技能大师陈应会获成渝首届黄炎培职业教育奖优秀教师奖，方芳获全国第七届黄炎培职业教育奖优秀教师奖。学校《会计综合实训》教材获首届全国优秀教材建设奖。《孵化农村创业创新人才，助力乡村振兴》《躬行善育 青春出彩》获评教育部典型案例。汽车制造与检测专业成为教育部第二批职业教育教师教学创新团队。《人民日报》对学校探索创新的“三三三”体教融合育人模式进行报道。

招生与就业　2021 年，学校通过制定招生工作方案，制作招生简章、招生宣传片，利用 QQ 群、微信群传递学校招生信息等措施，确保学校招生在规范有序的轨道上运行。调整招生策略，把生源地延伸到贵州、四川、西藏、青海等边远地区，举办藏族班、高考班。与重庆水利电力职业技术学院、重庆财经职业学院、重庆应用技术职业学院联合开办中高职“3+2”对接班。学校中专报名注册人数 5216 人，电大招生 850 人，比上年同期分别增长 25%、8.7%。2800 名中专毕业生就业率 95%，其中升学率 21.1%，企业满意率 95%。

教改科研　2021 年，学校紧密联系家庭、社会、企业、教师、学生各育人主体，建立校、系（党支部）、班级（团支部）三级联动机制。与企业联合、与园区联结、与学校联盟，形成“方案共订、过程共管、资源共用、师资共培、人才共育、成果共享”的三全育人长效机制。牵头成立重庆市春晖农民工培训集团，联合校、企、社、研共建占地 400 亩的育训基地，申报并建设国家级科技特派员创业培训基地。牵头 126 家行业企业成立行业学会分会，组织教师参加国培、市培、校培等 7 场次，培训受益教师 580 余人次。举办外聘教师面试招聘会 9 场，公招教师 8 名，招聘教师 63 名，新增正高教师 2 人，副高 1 人，讲师 1 人，“双师型” 15 人，有 10 人获得教师资格证书。2021 年 5 月，学校申报重庆市优质中职学校和 3 个优质专业（汽车制造与检测、会计事务、中餐烹饪）入选进入重庆市双优学校建设项目 A 类，排列重庆市“双优”项目建设第六位。申报国家级重点项目“汽车制造与检测”职业教育教师教学创新团队项目、《职业教育提质培优行动计划（2020—2023 年）》任务（项目）、中德职教合作项目获得成功。申报重庆市级高水平专业化产教融合实训基地项目、建筑专业学徒制试点项目获得立项。学校《中职教育线上线下混合式教学实施路径与实践研究》成为重庆市教育科学“十四五”规划立项课题，《基于农业与农村发展学院建设的乡村人才振兴培养实践研究》成为国开大立项课题。市职教学会重点课题《“政社校企村”五方联动搭建乡村振兴人才培育平台的实践研究》、一般课题《基于专业建设的 1+X 证书制度实践研究》开题。《中职学校推进产教融合、校企合作实例及效果研究》《中高衔接、学非融合，精准服务“三农”发展》《中职学校校园文化建设现状与对策研究》《基于互联网+的建筑专业虚拟仿真实训基地建设》结题。学校《面向中小微企业业财融合技能人才培养的“云计通”数字应用平台创新与实践》获得市教委教学成果（培育）证书，“汽车运用与维护”“智能新能源汽车”等专业完成“1+X”证书制度职业技能证书等级考评获评“优秀单位”。学校被市教科院命名为“重庆市优质课程资源开发基地学校”。学校深入挖掘中华优秀传统文化、产业文化、民间文化、地域文化、绿色低碳文化中蕴含思政元素内容融入主持新编的教材，形成新型一体化活页式、手册式专业教材体例 32 本。教师采用亦耕亦读、项目教学、情境教学、工作过程导向教学、小班师徒教学等新教法，形成企业参与的“以学生为中心”的课堂教学模式。

特色学院建设　2021 年，学校探索学历教育与非学历教育并重发展新模式，制定“开大特色学院十四五规划”“开大特色学院综合改革方案”。建立信息技术与教育教学深度融合、人才培养与产业发展融合发展机制，产教融合、校企合作联盟释放的乘法效应得到彰显。学院“开大助力乡村人才振兴决策咨询报告”获市开大“学党史促发展”优秀决策咨询报告三等奖。“建构‘融合互通’育人体系，打造‘为农服务’办学特色”“实施‘三五合一’管理模式与‘34533’督查模式提高重庆开放大学农业与农村发展学院办学水平”“加快基层开放学院建设，服务乡村振兴战略”入选《重庆广播电视大学基层单位转型发展探索与实践》丛书。开展“巩固脱贫成果与乡村人才振兴有效衔接的实践研究”，“助力乡村振兴的高素质农民培训”论文获中国商业经济学会“全面推进乡村振兴构建新发展格局暨第四届乡村振兴高峰论坛征文”三等奖。2 名教师成为全国行指委委员，3 名教师进入重庆市职业教育行业指导委员会（2021—2025 年）委员，1 名教师进入重庆市职业教育“十四五”规划课题专家评审组资源库，5 名教师进入重庆市教育评估监测专家库，2 名教师获评重庆市体育先进个人，1 人获评永川区“学雷锋志愿者标兵”。加强国家级谢怀德技能大师工作室建设，谢怀德成为重庆市最美巴渝工匠，获得“重庆英才·技术技能领军人才”称号。打造市级首席技能大师陈应会工作室。陈应会成为重庆市有突出贡献的中青年专家（高技能人才）称号。程静团队参加全国职业教育教学能力大赛获一等奖，雷陶、向蕾获全国职业技能大赛获优秀教师指导奖。电子商务专业、旅游管理专业开展特色专业建设取得成效，主持出版《农村电子商务》《乡村振兴读本》教材 2 本，在线特色课程 3 门，课程思政活页式教材 2 门。依托重庆开放大学分银行，帮助 1500 余名学生建立终身学习账户，有 21 人获开放教育本科毕业证书，97 人获得开放教育专科毕业证书，603 人获得成人教育专科毕业证书，34 人获得奥鹏毕业证书。1+X 试点项目 13 个，通过人数 144 人。接受市电大教学检查、年度考核、基层单位办学和主要负责考核受到好评，获 2021 年度重庆电大先进工作单位。

技能大赛和体育竞赛 2021 年，学校参加技能大赛和体育竞赛成果丰硕。参加全国职业院校（中职组）学生技能大赛，“手工制茶”项目获团体二等奖 1 个、“分布式光伏系统装调与运维”项目获团体三等奖 1 个、“建筑智能化系统安装与调试”项目竞赛获团体三等奖 1 个。参加南方测绘杯首届全国测绘地理信息职业院校大学生虚拟仿真测绘大赛获中职组团队特等奖 1 个，单项特等奖 1 个、一等奖 2 个。参加全国第七届中国国际“互联网+”大学生创新创业大赛总决赛获铜奖 2 个、入围总决赛奖 2 个。参加重庆市第十三届职业院校中职组学生技能大赛获一等奖 9 个，二等奖 11 个，三等奖 14 个。参加重庆市第七届互联网创新创业大赛获 4 金、4 银、7 铜。参加重庆市第五届“渝创渝新”职教创新创业大赛获三等奖 3 个。参加“巴渝工匠”杯重庆市第三届茶叶行业职业技能竞赛获一等奖 4 个、二等奖 4 个、三等奖 5 个、优胜奖 6 个。学校棒球队参加全国软式棒垒球锦标赛总决赛获一等奖。篮球队参加重庆市中等职业学校篮球比赛女子组获冠军。田径队参加重庆市中等职业学校第六届学生田径运动会获女子组一等奖。“3+2”大专班学生周欢参加重庆市第六届残疾人运动会女子 100 米、女子 400 米和女子铅球三个项目获得“两金一银”。学校获得重庆市体育工作先进单位，当选为重庆市 2020—2024 年重庆市中等职业学校体育协会第三届理事会副会长单位。

社会服务 2021 年，学校开展全市供销系统茶叶职业技能培训，培训供销社系统茶叶从业人员 85 人。开展全市茶叶加工工、茶艺师职业技能竞赛技能鉴定考试，鉴定 180 人，获证 156 人，其中高级及以上 105 人。牵头承办永川区政府、市供销社、市教委、中华全国供销合作社家级茶行职业技能大赛 4 次，先后获评优秀赛区奖、组委会组织奖、优秀组织奖。组织 500 余名学生参加重庆市第六届运动会开幕式大型团体表演。学校先后承办《建筑设备安装与调控》《建筑智能化系统的安装与调试》《分布式光伏系统的安装与运维》《集成电路测试及应用》4 个项目的职业院校学生技能大赛和市教科院主办的中职学校信息技术教师课堂教学能力展示活动。招收贵州习水、四川凉山、青海果洛、玉树等偏远山区学生 3000 余人，让贫困地区学生享受优质教育。巩固教育扶贫成果与乡村振兴衔接，完善“一生一师一方案，一生一企一师傅”帮扶方案，学校在全国乡村振兴联盟大会上作经验交流，论文获中国商业学会三等奖。学校为特困生提供勤工俭学岗位 61 个，帮扶困难家庭学生 2111 人，免学费 211.1 万元，住宿费补助 52.775 万元，教科书费补助 35.24 万元，国家助学金 191.71 万元，13 名学生获国家奖学金。在永川区开展水稻全程社会化服务 1696.5 亩，服务农户 300 余户。在重庆市九龙坡区开展水稻、高粱、油菜生产管理和农机作业服务面积 1340 亩。在彭水、武隆新建农民职业培训基地 2 个，在永川区松溉镇、临江镇建立 2 个村级教育学习中心，帮扶开州区大卫镇云风村、永川区临江镇农顺贫困村发展特色产业，助力农民增收致富。开展农村合作经济管理培训 8 期、1081 人，精准帮扶培训 9 期 866 人，助力乡村农业产业人才振兴。联合永川区种子站承试长江中下游中籼稻新品种 26 个，实施杂交水稻新品种 B 优 1928、B 优 2928 高产栽培示范 20 亩。与湖北省、湖南省、浙江长江经济带中职学校签订合作协议，聘请职教专家谭绍华、林克松，建立谭纯专家工作室，共同研制教学标准，共同开发教材，共同开发课程数字资源。举办茶叶加工职业技术培训，助推长江经济带茶产业发展。在斯里兰卡挂牌成立“学校一带一路办公室”，带动斯里兰卡和其他沿线一路国家开展职业教育餐饮业、茶产业等方面培训。学校成为“中国—老挝职业教育共同体理事单位”。为重庆永川长城汽车业、电子业、数控加工制造业等企业输送专业技术人才 1000 余人。学校为重庆现代流通业输送技术技能人才 980 余人。与四川省贸易学校、四川省自贡卫生学校、四川省泸州职业技术学校、西藏昌都职业技术学校、湖北五峰职业技术学校等合作，在专业共建、师资共培、基地共建等方面开展互动交流。

（重庆市经贸中等专业学校 何仁聘、代淼）

【重庆市渝西卫生学校】 重庆市渝西卫生学校是由重庆市教委、重庆市卫生健康委批准成立的医卫类全日制普通中等专业学校。学校坐落于永川区海棠大道吉之汇西侧，占地 160 亩，可容纳 6000 余人，校园环境优美，各类基础设施完善，教学科研仪器设备配置齐全，拥有多媒体教室 100 余间，专业实训室 20 余间。学校开设护理、药剂、中医康复技术、中医养身保健和眼视光与配镜 5 个专业，并与高校联合实施“3+2”分段贯通培养，学生可通过对口升学考试进入大学继续深造。学校与重庆医科大学附属永川医院、永川区中医院、永川区人民医院、重庆市肿瘤医院等 30 余家综合性医院建立长期合作关系，供学生见习实习。与 8 家制药企业，6 所养老机构签订合作协议，满足学生实习实训需求。

学生管理 2021 年，学校规范请销假制度、周末留校生管理制度、班级错峰就餐制度、班主任值班和实训室管理制度。利用每周一升旗仪式、主题班会、校园广播站等形式对学生进行法律法规、文明礼仪、疫情防控的教育和引导。定期开展安全教育，每月组织一次管制刀具及大功率电器等违禁物品收查，组织学生开展创文明校区志愿者活动，参加职业教育周活动。落实学生科工作人员的工作职责，每学期开学初，召开班主任会议，传达和学习《班主任每届、学年、学期、周例行工作要点》，提升学生科工作人员的业务素质及工作能力。严格执行“家长月联系”“周五学生回家汇报”等相关制度。实施夜间查夜适度、中干进班帮扶制度、“后进生”全员帮扶制度等制度。加强对内务清洁的管理，学生会每天早上和下午两次检查，及时公布检查结果，每周表彰文明寝室。加强日常行为规范和违纪现象的监控和管理，做到有检查有通报。严厉打击抽烟、喝酒、打架，谈恋爱等严重影响校风校纪的行为。加强仪容、仪表的管理，在周末学生放假和返校时检查学生仪容仪表，要求学生不佩戴饰物、不穿奇装异服、不漂染头发。学生生活秩序、内务卫生秩序、教育教学秩序正规井然。

教育教学　2021年，学校设立教学日制度，把每周三设立为教学日，全校领导分班听课，把教学的中心地位凸显出来。学校实施“专家督教”“学生评教”“定期议教”等质量管控措施。加强常规教学管理、督导检查和教学辅助工作，组织督导和班主任听课40余次，召开各类教学工作会议10次。针对生源基础及专业特点，实施“小班教学”“分组施教”“专人帮教”等举措，确保理论学得实、技能练得精、后进赶得上。在“公开课交流学习”“督导听课点评”基础上，每月召开一次“议教议学”会，以议促教。每学期进行一次“授课交流比赛”，实现教学质量的跃升和人才培养质量。护士资格考试通过率始终保持在86%，受到用人单位、社会和家长的普遍好评和一致赞誉。

教师队伍建设　2021年，学校加强师德师风教育，组织教师学习习近平总书记关于师德师风的重要论述，引导广大教师争做有理想信念，有道德情操，有扎实学识，有仁爱之心的四有好教师。组织教师学习《中华人民共和国教育法》《中华人民共和国教师法》《中华人民共和国职业教育法》中师德师风的相关规定，规范从教行为，精心教书，尽心育人。全年共有6位老师在重庆市和永川区两级竞赛中获奖，其中在重庆市职业教育微课比赛中刘丹获三等奖；在永川区健康养老行业技能大赛中唐道越获二等奖，杨茗获三等奖，游厦媛、程雪巍、樊伊娣获优秀奖。蒋彬获西部职教基地2021年度优秀职业教育工作者、游厦媛获西部职教基地2021年度优秀双师型教师、程雪巍获西部职教基地2021年度优秀教师。

（重庆市渝西卫生学校）

【重庆市永川民进学校】　是由民进重庆市永川区委会主办的一所全日制中等职业学校。2001年，学校有2个校区，A校区位于南大街街道火车站南路8号，B校区位于南大街街道科园路25号。学校开设层次为中专、成人专科、成人本科三个层次。中专开设护理、药剂、康复技术、制药技术4个专业，有中专在校生3000余人。成人教育（专科、本科）在校生共计2000余人。有教职员工117人，其中正高级职称1人（享受国务院津贴）、副高级职称11人、中级职称22人。学校有解剖室、显微镜实验室、中药展览室、病理实验室、基础护理实验室、中药种植园、图书室、模拟药房、康复实训室等教学配套设施。学校以“高质量教育教学，培养高素质人才”为办学宗旨，以“培养应用型专业技术人才”为办学理念，以“严谨、求实、勤奋、向上”为校训；以“综合素质强，毕业能升学，工作有保障”为办学目标。在2021年对口高考中，参考学生上线率100%。护理专业600分以上有10人，500分以上有81人。药剂专业600分以上有10人，500分以上有90人，药剂专业52名同学位列重庆市前100名，居重庆市同类学校第一名。学生王小清在2021年重庆市老年照护技能大赛中获得二等奖。中职药剂专业招生数量在重庆中职校中排名第一。

教育教学　2021年，学校加强教师教学的巡查制度，每个月在学生和班主任处集中收集科任教师的教学状态，并及时与科任教师反馈，有则改之无则加勉。每年暑假对新进的教师进行培训，举行教师教学能力比赛。在平时教学中，由经验较丰富的老师对新老师们进行“一对一”的帮扶。通过学生和班主任协助，监督教师的日常教学。为对口高职匹配全校最优秀的师资，不定期的进行监督。在2021年高职分类考试中，护理专业王小清以685分的成绩位列重庆市高职分类考试护理专业的第一名，李雪以669分位列第五名。药剂专业52人进入重庆市高职分类考试药剂专业的前100名，其中李凤丹以653分位列重庆市药剂专业的第六名。在护理专业的学生入学时就加强资格证考取的宣传，考前邀请资深考前培训团队对学生进行培训，并为护考培训配备专门的管理团队。过关率超过全国中职过关率。

（重庆市永川民进学校）

【华绣中等专业学校】　坐落于重庆市永川区竹海路20号，占地面积200余亩，有在校生2000余人。2021年，学校以“办有温度的教育、开有特色的专业、建有品牌的学校”为指导思想，对学校建设和发展进行深度思考，提出“正德、励志、勤学、敦行”的办学理念，要求师生有高尚的品格、良好的道德，确立远大的志向，积极行动，将远大理想变成现实，勉励师生勤奋学习，要求全体师生勤于自勉、刻苦磨砺、注重知识的学习，素质的提升、品格的塑造、心灵的净化、思维的创新。办学目标是力争三年在校生规模8000人，五年筹备和建设独立的新校区。学校专业齐全、管理规范，成为重庆市民办中等职业学校创新升学品牌学校。学校一、二期改造工程完成，校园环境得到美化亮化、设备设施得到完善和加强。办学思路是以优化专业设置、科学设置课程、注重教学质量、提升学生升学率为学校发展突破口，以规范内部管理、创新团队建设、塑造学校品牌为学校发展牵引力。学校提出“以本科升学培养为特色，以专科升学为依托”，力争考上大学的目标，并就2020级和2021级学生的培养模式进行完善和创新，就2022级新生培养模式进行重新科学规划。学校拓展专业，构建系部培养模式，已构建七大系部。实行“3+2”五年贯通制培养和“本科升学冲刺”培养两种模式。学校推行“准军事化”和“6S”管理（整理、整顿、清扫、清洁、素养、安全），将“五讲四美三热爱”和“有理想、有道德、有文化、有纪律”的四有新人标准作为学生思想素质培养的内容，让学生成为身体健康、心理健康、积极进取的新时代学生。

教育教学　2021年，学校在教学上推行认真备课、认真上课、认真辅导、认真布置作业、认真批改作业。通过对教学过程的听课、备课检查和学生、教师走访交流，指导老师认真做好教学中的“五认真”工作。学校无重大教学事故发生。加强教师教学效果和教师行为规范的考核考评，提升教师教学水平和技巧能力。学校修订和完善涉及教学管理岗位的“德能勤绩”考核内容和评分标准，采取自评、他评的评价方式，将评价结果运用于教师工资调整、课时费调整、评优评职称等，激活教师“比学赶优”的积极性。注重教师能力提升培训培养，提升教师整体教学水平。学校鼓励教师参加专业能力提升培训、教学技巧和艺术学习，派各学科骨干参加区教育局组织教研活动，并邀请高校专家到校上示范课，提高教师的教学水平。（华绣中等专业学校　陈涛）

【重庆市华为技工学校】　2021年，重庆市华为技工学校占地面积39.36亩，建筑面积13802平方米。学校有实训室16个，在校生690人，教职工30人。学校围绕“立德树人、技能行天下”的首要任务，以提高教育教学质量为核心，努力全面提高学生综合素质，不断提升师生的幸福指数。学校认真开展教育部举办的“一师一优课，一课一名师”晒课活动。学校改善应用专业实训条件，中职“美容美发”“消防技术”专业的实验实训设施设备已经投入使用，专业实训室功能齐全、工位充足。

教育教学　2021年，学校以作风转变为重点，狠抓校风、教风、学风。同时并以“服务发展，提质增效”为目标，引领校教职工抓实作风。组织召开全体职工大会40次、部门负责人会议12次，对照岗位职责、干部作风行为责任追究的办法进行学习分析，结合《中职教师职业道德规范》等法律法规与该校情况修改便于管理、易于操作的约束监督措施，并与部门负责人签订责任书。学校坚持月例会，组织班主任德育交流培训。强化考核激励作用，采取每周通报情况，每月评价，每学期考核。在考核内容方面突出值周干部的检查过程资料，体现考核的实效性、针对性以及创新性。为规范教师师德行为，学校结合每位教职员工分管的具体工作，强调“一岗双责”，严格执行“十条禁令”，确保教师自觉遵守工作纪律，坚守岗位、履行职责。坚持创建学习型学校、提高教师素质，倡议干部教师适应教育改革与发展新形势、新要求，系统学习新的教育教学理念，学习素质教育人才观、质量观、实施素质教育的途径和要求，研究提高教育教学质效的方式方法，讲实干、比奉献、看贡献，提高自身的专业素质和理论水平。

学生管理　2021年，学校建立学生精神文明岗建设，树立学生榜样。学生科组织“十佳学生”评选活动，让全体学生参与活动的整个评选过程。长期坚持开展“国旗下的讲话”专题教育活动。开展祭扫革命烈士陵园、学雷锋活动月、“感恩祖国、感恩父母”演讲比赛、“孝行·雅行·善行”征文或演讲比赛等活动。举行安全与法制专题教育报告会，邀请当地民警到校作法制教育专题报告2次。开展防疫知识讲座、食品安全、防诈骗、骑乘机动车、手机上网、考试舞弊专项检查以及学生书画作品、优秀作业展示等。坚持常规巡逻，认真履行岗位职责，减少学生违纪事件。在教育方法上更加灵活，除采取一般谈话、批评教育、做思想工作之外，还采取家校联合等方式。全年帮扶教育问题学生30余人次，给予纪律处分3人。通过座谈形式，引导问题学生敞开心扉，了解问题学生思想状况。针对问题学生的突出特点，与家长共同研究制定教育方法。加大对违纪学生教育力度，全年共处理学生违纪事件10起，收缴违禁用品8件。

教师队伍建设　2021年，学校加大教师培训力度，教学常规工作求精求细。要求全体教师认真备好每一节课，大多数教师做到超前备课，多数教师教案设计规范，能坚持动手写详案，课后有反思，针对性强。教师探索采用自学、合作探讨、交流等多种灵活的教学方式，提高学生学习兴趣，发挥学生学习的主动性。教师批改作业次数达到规定要求，学生对教师的满意率超过90%。开展“一师一优课，一课一名师”晒课活动，组织教师参加孝感市组织的继续教育网上研修和暑期信息技术培训。组织教师参加新课程新高考省级骨干教师培训。加大对青年教师的培养力度，通过听汇报课、跟踪课提高青年教师的教学水平，从讲课、备课、说课、课件制作等方面进行综合评价，促进青年教师成长。

（重庆华为技工学校　彭晓锋）

【重庆医科大学第五临床学院】　2021年，重庆医科大学第五临床学院有教学用房6万余平方米。在职职工2136人，教授、副教授66人，博导、硕导101人。全年完成培养计划修订工作和本学年各项教学任务，推进各项教学建设和教学改革实践，进一步完善教学质量保障体系。2021年9月6日，重庆医科大学护理学院永川分院举行揭牌仪式，首批招收120名学生。

教学管理　2021年，学校完成2021版五年制临床医学（农村定向）本科生培养计划修订和后续的配套教学大纲修订。在《传染病学》《医学影像学》《妇产科学》《外科学》《神经病学》《眼科学》《临床合理用药》7门课程中继续采用双语教学，有《内科学》《外科学》等共计19门网络在线课程。学校共组织督导专家检查教研室教研活动30余人次，落实院领导、专家（同行）听课制度。认真做好实习教学过程管理，实时掌握各带教科室教学活动开展情况；审核每一轮各科实习教学全部资料包括实习学生鉴定册，对实习过程给予量化评分；将意见和建议及时反馈给科主任或带教老师；不定期去实习科室巡查实习带教情况，对学生出勤、着装、胸牌、操作等进行检查和指导；到科室对“教学查房”进行检查性听课和检查带教老师对学生病历修改情况；严把出科关，出科技能考试试卷由教务科统一制定标准。学期末组织督导、承担临床实习教学的科室主任对实习教学档案资料进行交叉考评，在考评中发现优缺点，由科室主任对实习工作提出意见和建议，便于以后改进。

教学与教研　2021年，学院有各主干课程新教学法1000余学时，20余门课程采用形成性评价。从2021年开始，学校以五年制临床医学（农村订单定向）本科生培养计划修订工作为契机，启动针对农村订单定向医学生培养的以器官系统为主线的临床核心课程整合改革，已拟定以器官系统为主线的临床核心课程整合改革方案。

该次改革将培养计划中的专业核心课分为专业课和专业核心课。新版培养计划探索“早临床、多临床、反复临床”临床实践教学体系，临床实习周数由原来的48周增加为52周，增加中医实习、乡镇卫生院实习、早期接触临床、思想政治理论综合实践、社会实践和劳动教育环节。基础段和临床段教学时间由之前的3年加2年调整为2.5年加2.5年。2020—2021学年，学院获批市教委教育教学研究重点项目1项，批准32个教改项目立项并分别给予0.5万元~0.8万元的资助。全年共开展院级层面教研活动7场，教研室共计开展教研活动140场。学院教职工发表教学研究论文共计116篇，发表论文数在全国671所附属（教学）医院中排名第39位。

学生管理　2021年，学校以2021级新生迎新工作、2018级学生入院教育、基础段师生见面会等为契机，开展爱国主义教育、反诈骗教育、安全教育、诚信教育、感恩教育、入学教育、职业素养教育、毕业教育等主题教育。完成2020—2021学年综合测评、评优及资助工作。完成2021届毕业生毕业鉴定、档案装订、寄送、毕业派遣及毕业证件发放工作。截至2021年12月31日，2021届毕业生就业率90.97%。学院临床段成功申报中国大学生社会实践知行促进计划，以“麦田的授课者”教育扶贫团队开展工作。开展社会实践与学习经验分享会、趣味运动会、“我劳动、我光荣、我快乐”义务劳动活动、心理健康宣传月、读书月活动，丰富学生的课外生活。申报并获批重庆医科大学二级心理辅导站。2018级学生孟尧获得“重庆医科大学社会实践先进个人”，在第八届“助学·筑梦·铸人”资助教育征文比赛中获优胜奖。2018级学生孙丽娟获得2021年重医年度人物提名奖，在第八届“助学·筑梦·铸人”资助教育征文比赛中获二等奖。“椒下医”社会实践团队被评为“重庆医科大学优秀社会实践团队”。郑小英获得“重庆医科大学优秀志愿者”。

教师队伍建设　2021年，学校围绕“临床实践教学”“混合教学能力提升”“教案书写”“课件制作”“课程思政”“线上教学”等系列主题，组织开展院级层面的师资培训教研活动。学院严格落实教学准入制度和教师资格教学能力测评，共37人通过学院三级教师准入试讲，30人获得高校教师资格证，21人取得高校教师岗前培训合格证。学院举办2021年教师双语讲课比赛和第二届“课程思政创新设计”大赛。学院组织教师参加人卫社、重庆市教委组织的微课比赛和全国高校医学类微课教学比赛，1位参赛教师获奖。在重庆市第六届高校微课教学比赛中获二等奖，在全国高校医学类微课教学比赛中获鼓励奖。2位老师在重庆医科大学2021年教师双语讲课比赛中获优秀奖。

（重庆医科大学第五临床学院　贺春香）

高等教育

【概况】　2021年，永川区有高等教育学校9所，其中普通教育本科院校2所、成人教学点1所、本科教学点1所、高职5所。高等教育学校占地7475亩，建筑面积236.55万平方米。有在校生11.7万人，招生3.6万人，教职工7418人，专任教师4812人。共有14个专业大类176个专业，其中国家级重点专业15个，市级骨干专业39个。有公共实训基地2个。共组建大数据、人工智能等成渝职教联盟19个，建成国家级科研平台5个、重庆市级科研平台100余个。重庆文理学院获批成为硕士学位授予单位。重庆财经职业学院、重庆水利电力职业技术学院获批市级高水平高职学校立项建设单位，重庆科创职业学院、重庆城市职业学院获批市级高水平高职学校立项培育单位。举办2021一带一路暨金砖国家技能发展与技术创新大赛之数据分析与可视化技术应用（高校组）赛项国内总决赛，分别获得二等奖、三等奖1项。荣获第七届中国国际“互联网+”大学生创新创业大赛金奖1项，银奖4项，铜奖3项。

（永川国家高新区　罗瑞恒）

【重庆文理学院】　2021年，重庆文理学有红河、星湖两个校区，校园占地面积1767亩，校舍建筑面积73万平方米，有在校学生22000余人，教职工1800余人，专任教师1300余人。学校获批成为硕士学位授予单位，获批机械硕士、材料与化工硕士、农业硕士等3个硕士学位授权点，实现学校硕士学位授予单位和硕士点“零”的突破。全方位助力乡村振兴，获批成渝地区双城经济圈乡村振兴国家级专家服务基地（学校第4个国家级平台）、重庆乡村振兴研究院，选派5名干部担任驻村第一书记，组建乡村振兴专家服务团，获批团中央中国乡村振兴青年服务站4个，被确定为重庆市首批乡村振兴大学生社会实践基地。《校地合作共建重庆乡村振兴学院试点成果》在重庆市教育改革试点成果奖评选中获得重庆市一等奖。荣获“全国脱贫攻坚先进集体”，受到党中央、国务院表彰。名列“2021校友会中国大学排名（主榜）”第282位，社会影响逐年提升。

教育教学　2021年，学校狠抓思政课程和课程思政建设，获批国家级思政课教学研究项目1项，新增重庆市高校课程思政示范建设课程6门。材料科学与工程、环境科学、机械工程、环境设计4个专业获批“双万计划”国家级一流本科专业建设点，新增4个市级一流本科专业建设点、5个市级一流专业立项建设项目，在市属同类高校中名列前茅。1个专业通过工程教育专业评估，2个专业通过师范专业认证，3个专业完成认证现场考查。立项成为全市高水平新工科建设高校（培育），获批重庆市示范性现代产业学院2个（经费1500万元），获批重庆市特色化示范性软件学院。申报市级教学成果奖20余项。新增市级一流本科课程24门。市级教改重大重点项目和教育部产学合作协同育人项目立项数量均位列重庆市属高校第一。严格教学管理，强化督导检查，发布督导通报7期，开展专项督查8次。成功申报国培项目7个、市级培训项目4个，继续教育学历教育办学规模1.5万余人。学生获得各类竞赛国家级奖励150余人次、省部级奖励600人次，“国产大飞机用隔音隔热超细玻璃纤维棉”项目、“无刺花椒种苗助力乡村振兴”项目分别荣获第七届“互联网+”大赛全国金奖、银奖，实现市属高校获国家金奖零的突破。学校教师获得全国首届博士后创新创业大赛金奖（重庆市共有2项金奖），获得重庆市微课教学比赛、教学创新大赛一等奖各3项，获奖数量分别居全市本科高校第1、第3。

学科和科研建设　2021年，学校学科建设不断加强，获批“十四五”市级重点学科7个，比“十三五”期间净增3个。新申报市级研究生联合培养基地5个。科研项目稳步增长，获批国家自科基金10项（面上项目4项）、国家社科基金5项。获批2021年在渝高校与中国科学院所属院所合作重点项目1项，资助经费700万。各级各类纵向项目经费比上年增长104%。“重庆文理学院教育创新研究院”获批市人文社会科学普及基地，入选重庆市高校创新研究群体1个。新增市级及以上科技特派员20人。获2020年度重庆市科技进步奖一等奖1项，二等奖1项，三等奖3项。自2018年以来，学校科研成果已连续三年荣获重庆市科学技术一等奖。取得专利授权149项，其中发明专利65项。达成横向类科研服务合同770余项，实现成果转化11项。研发的抗癌新药PZ-1片获得国家药监局一类药物临床批文。获批国防科工局项目1项（联合申报）、中央军委国防科研项目1项。《重庆高教研究》入选《中文核心期刊要目总览（2020年版）》，在入选的19种高等教育类核心期刊中，排名第9位。同时入选中国人大“复印报刊资料重要转载来源期刊（2020年版）”。

学生管理　2021年，学校机器人工程专业、园林专业在广西壮族自治区获批一本招生，新增3个大类招生项目。全年共录取新生5333人，一本线上录取人数1428人，比上年增加437人。建立引才基地和联络站12个，牵头组建西部职教基地就业联盟，获批“全国高校毕业生就业能力培训基地”。2021届毕业生毕业去向落实率为94.81%，比2020届增长0.56%。扎实推进“三全育人”，开展学生网贷清理排查，获评重庆市特色寝室、文明寝室23个，1人获评“2020年重庆市高校优秀辅导员”。投入100万元建成心理咨询中心，成立心理健康教育教研室，全覆盖开展学生心理健康普查。与重庆精神卫生中心合作建立医校绿色通道。

合作办学　2021年，学校与永川区共同举办申硕建大签约活动，就城东新校区建设签订合作协议。融入成渝地区双城经济圈建设，与四川省内江市教育局、内江师范学院、内江职业技术学院签订合作协议，协调组织专家团队为内江编制生姜、天冬产业发展方案。举办成渝地区双城经济圈创新创业能力提升高级培训班，完成首届成渝地区双城经济圈创新创业峰会筹备工作。获批“首批西部（重庆）科学城大创谷卫星园建设高校”。坚持做大做深对俄合作，与俄罗斯罗斯托夫国立交通大学等4所高校和机构开办联合培养项目，“中俄科教合作交流平台”获批重庆市国际化特色项目立项。22名学生获得公派出国读研留学资格，数量超过前两年总和。

人才队伍建设　2021年，学校着力打造高层次人才队伍。实施铭旌学者计划，承办“博士渝行周”走进高校活动。加强教师分层激励，首批遴选34名优秀教师。新增重庆英才、巴渝学者等市级人才9人次，新进站博士后29人，引进博士18人。修订出台学校岗位设置与聘用系列文件，持续探索绩效工资分配制度改革，新版绩效工资改革以“总量公开、方案公开、核算过程公开、核算结果公开”等四公开为分配原则。设立高层次人才服务交流中心，启用学校英才专家沙龙室。狠抓师德师风建设，出台师德师风考核办法。开展“进德大讲堂”、时代楷模王红旭事迹宣讲等活动，推动师德师风建设常态化、长效化。

（重庆文理学院）

【重庆城市科技学院】　2021年，重庆城市科技学院占地面积1977亩，有在校学生3万余人，教职工1646人，其中专任教师1352人。学校以立德树人为宗旨，强化质量内涵建设，大力推进特色专业建设、课程建设和科研建设，紧紧围绕“特色鲜明的高水平应用型大学”建设目标，攻坚克难，创新实干，学校综合实力、品牌知名度和社会影响力稳步提升，各项事业取得新的突破。建设新能源实验室、大数据实验室、工程造价实验室等13个实验室。召开党委会专题讨论学校共青团工作6次。召开第三次学生代表大会，通过2021年高校评估工作组对学校共青团工作改革、学生会组织改革、3个“一校一品”团学工作品牌市级立项项目评估验收工作。为2.16万人次学生累计发放财政奖助资金8604.23万元（含生源地贷款），校级奖助金1188.86万元，在校生人均奖助金为每学年每人3200元。

招生与就业　2021年，学校严格招生纪律，推进“阳光招生”，坚持招生政策公开、招生资格公开、招生计划公开、录取信息公开、申诉渠道公开、违规处理公开，随时接受上级招生工作主管部门的监督。在招生录取过程中，未出现违规招生、违规收费等情况。全年录取普通本科学生6442人，报到6350人，报到率98.57%。学校组织开展企业专场宣讲200余场，邀请企业1200余家，提供岗位3.75万余个。运用就业信息网、公众号、微信群等渠道，发布在线招聘信息1730余条，提供岗位20000余个。截至2021年12月31日，毕业去向落实率超过93%。

教学科研　2021年，学校召开第三次教育教学工作会议，研究“十四五”期间高质量发展的思路和途径，出台加强教育教学改革与建设、规范教学管理、提升教研科研水平的文件。学科专业建设取得新进展，软件工程通过市级普通本科高校大数据智能化类特色专业验收；电气工程及其自动化专业、软件工程专业成为市级一流本科专业建设点；土木工程和电气工程及其自动化专业完成国家一流专业建设点的申报工作。全年立项校级教改课题38项，获批市级教改课题13项，结题市级教改课题5项；获市级科研项目立项13个。学校成为重庆市教学评价改革试点高校，申报的“构建高校体育美育评价机制及质量标准研究”课题获市级立项。课程建设进一步推进，立项建设校级一流课程18

门、市级一流课程2门。获重庆市课程思政示范课程、教学名师和示范教学团队5项、立项建设校级思政课程14项、获批重庆市课程思政研究项目3项。获得重庆市微课比赛三等奖2项，课堂教学创新大赛三等奖1项。

教师队伍建设　2021年，学校招聘一批青年教师，聘请一批在学科领域有一定影响的高层次学术带头人，完善教师发展培育计划。组织各类培训20余场次，教师参加培训300余人次。教师外出参加各种校外培训、学习、学术、研讨等200余人次。修订完善《重庆城市科技学院辅导员管理规定》《辅导员月度考核办法》，组织开展新进辅导员培训、辅导员素质能力大赛，提升辅导员的理论水平、专业素养。组织开展“同心致远 聚力前行”主题户外素质拓展训练活动，增强辅导员的凝聚力。建立新进辅导员工作汇报、新入职辅导员实习汇报、转正辅导员转正汇报等工作机制，规范辅导员队伍管理。

心理健康教育　2021年，学校建立心理健康教育师资队伍21人，配备专职教师4人，兼职心理工作老师7人。依托学生干部建立朋辈心理工作队伍，有班级心理委员1054人。实施心理普测，建立新老生心理健康档案21100份，学工系统职工心理健康档案142份，普查、约访、跟踪一体化。全年处理突发心理危机事件13起，接待个体心理咨询230余人次，开展团体心理辅导活动40余场。组织学生参加重庆市第十二届大学生成长论坛比赛，荣获6个奖项。

国际化人才培养　2021年，学校成立雅思教研室，完善制定雅思教师考核办法、国际学院导师工作手册，规范教学管理。推动专业竞赛培养，促进高端化育人，学生在第四届“国青杯”全国高校艺术与设计作品展学生组荣获二等奖、三等奖，在第二届“用英语讲中国故事”活动荣获西南片区大学组二等奖。学生获得国外大学的Offer，其中包含英国伦敦大学学院、英国杜伦大学、澳大利亚墨尔本大学、意大利米兰理工大学等海外院校。

宣传工作　2021年，学校官网主页发布新闻1224篇，官方微博发布资讯2760余条，阅读量850万次；官方抖音发布短视频453条，浏览量7122.9万次；官方微信推文共发布332篇，浏览量199万余次，各类图片及视频直播浏览量超400万次。微博微信抖音三大平台的传播指数均保持在大学联盟所属高校、重庆市本科高校新媒体榜单前列，名列大学联盟2021年度宣传考核第四名，多次获得重庆市民办本科高校第一。在人民网、新华网、重庆日报、重庆电视台等70余家全国性、重庆市级、综合性媒体，报道学校各类新闻及热点活动141篇（次）。学校资助贫困生工作获得中央电视台报道，捕鱼慰师生、军训灯光秀、转设揭牌仪式、2021级新生报到等获得中国教育电视台报道。

校园文化　2021年，学校推出覆盖艺术、体育、学术、文艺等校园文化活动。开展“喜迎建党100年，健康中国你我同行”、2021年春季田径运动会、2021年五四表彰暨学风建设推进会、第十四届校园十佳歌手大赛、迎新晚会等活动。其中2021年迎新晚会“百年华诞心向党，青春城科梦起航”，整合全校资源，覆盖礼赞祖国、民族团结、社会时事、学校特色等，以直播形式共创一场5万余名师生、家长、校友共享的艺术盛宴。

（重庆城市科技学院）

【重庆水利电力职业技术学院】　2021年，重庆水利电力职业技术学院占地面积936亩，有在校学生1.2万人，教职工703人，其中专任教师479人。拥有工程实训中心8个、实训室及室外实训场地165个10万余平方米，教学仪器设备9000余台（套），实训设备总值1.3亿元，生均1.2万元。在全国高职高专院校、全国水利行业院校中排名374和第8。学院牢记立德树人初心，践行为党育人、为国育才使命，统筹常态化疫情防控和学院事业发展，各项工作取得新成效。全年录取新生4593人，实际报到4230人，报到率92%，比上年提高2个百分点。在校生规模1.2万余人。2021届毕业生3242人，就业率首次超过97%。

教育教学　2021年，学院完成必修课117900学时、素质拓展课4800学时以及447周实践教学任务。组织各类考试230余场。专升本上线635人，比上年增长39.3%，上线率63.9%，比上年增加6.8个百分点。录取扩招生34人，办理学生学籍和学历注册19942人次。征订教材61800余册，涉及303个教学班级学生15320人。完成42个专业人才培养方案、103门课程标准修订。调整优化专业结构，完成工业机器人技术、大数据技术专业合格评估自评工作，扎实推进2个特色高水平专业群、5个骨干支撑型专业群、3个培育成长型专业群建设，形成“2+5+3”梯次结构的10大专业群。增设工业互联网应用、汽车检测与维修技术、早期教育3个新专业，停招汽车制造与试验技术专业，专业总数为44个。其中早期教育专业顺利通过市教委评审，并上报教育部备案。立项市级重点教改项目3项，一般项目14项，完成结题8项。立项校级教改项目60项，完成结题19项。申报、推进高等职业教育专业人才培养质量评估和课程质量评估试点工作，《水工建筑物》课程获批重庆市高职课程质量评估试点培育对象。6月，学院被市教委、市财政局认定为重庆市优质高职院校。推进川渝水文化建设，承办川渝水文化建设工作座谈会。扎实推进成渝地区双城经济圈水利水电智能化公共实训基地建设。与四川水院合作实施“青年马克思主义者培养工程”。联合开展以“蜀水奔流白浪翻·忠诚担当水利人”为主题的暑期三下乡社会实践活动，开展“学党史、强信念，跟党走”系列主题团日活动。

人才培养　2021年，学校深化“三全育人”综合改革，组织开展社会主义核心价值观、优秀传统文化等主题教育活动140余场，参与学生14800余人次。以水文化引领大学生职业认同，培养青年团员工匠精神。在校学生参加第七届“互联网+”大学生创新创业大赛，取得国家级2银、1铜的历史最好成绩，在市级排位赛中获5金、14银、17铜。在重庆市第五届“渝创渝新”创业创新大赛中，获得一等奖1项、二等奖1项、三等奖2项。承办大气环境监测与治理技术、水处理技术、机电一体化项目、光伏电子工程设计与实施等4项全国职业院校技能大赛省级竞赛。11支队伍参加全国大学生电子设计大赛，其中1支进入国赛。参加2021年重庆市第七届全国大学生工程训练综合能力竞赛，获得特等奖1项、一等奖3项、二等奖4项。参加2021年全国职业院校技能大赛省级竞赛40项、国赛4项，市赛获得一等奖9项、二等奖27项、三等奖27项，国赛获得二等奖1项、三等奖2项。全年各类大赛获奖总数比上年提高50%。

科研服务　2021年，学校开展各级各类科研项目42项。其中，立项重庆市自然科学基金项目2项；承接横向科研项目2项，到账经费48万元。3项研究成果获市委、市政府领导批示。《高校生态文明教育的实践与探索》等项目获市社科界第七届学术年活动资助。新取得授权专利92项，其中发明专利12项，16项授权专利获永川区、市知识产权局资助。教职工出版专著3部、公开发表论文120余篇。召开全院科技创新大会，完善科研平台，打造科研团队，加强科研管理，修订完善科研管理制度10个。学院成为全国科技工作者状况调查站点，是全市职业院校唯一站点。成立水文化研究传播中心，获批市级人文社科普及基地。申报重庆市科普基地，获得区科技局推荐入围。推进防汛抗旱协同创新中心、水利信息协同创新中心、水资源与生态保护市应用技术推广中心等国家级、市级以及22个校级科研机构和8个科技创新团队建设，推动二级学院科技创新与社会服务。开展科普宣传、科技扶贫、应用技术推广和学术交流等活动。转化科技成果17项，技术服务到账额223万余元。组织开展学术讲座45场，教师参加各类学术交流活动30场次。国家高技能人才培训基地通过市人社局、市财政局验收。开展职业技能等级评价机构认定试点工作，建设实操考场21个。获批职业技能等级评价机构和新职业从业人员职业培训机构，组建高水平培训师资团队2个，申报品牌专业2个。开展多种形式的职工技能培训和职业考证培训，全年累计培训5000余人次，其中培训高技能人才1500余人次。编辑出版《巴渝水文化》和《学报》期刊，校内作者来稿100余篇，创历年新高。学院入选《水利发展研究》协办单位，专门开辟党建理论专栏，组建校内党建理论创新团队，开展党建理论研究。全年立项党建理论孵化项目21个，发表期刊17篇、调研报告2篇。获市教委人文社科研究项目成果1项，资政论文一等奖1项。

教师队伍建设　2021年，学院充实师资力量，强化师德师风建设，培养“双师型”教师队伍。招聘硕士研究生36人，引进教授3人。全院共有教授、副教授162人。先后建立“双师型”教师培养培训基地20余个，选派114名教师参加企业实践。新认定“双师型”教师23人，全院共有236人。完善在职攻读硕士（博士）学位政策，全年12名教职工在职申报攻读硕士（博士）学位，其中3人考取博士。提拔处级领导干部11人，考察合格正式任职7人，轮岗交流21人，调任1人，选派挂职锻炼2人。开展党外干部走访谈心活动3批次、98人次，推荐6名党外干部分别到区内外政协、人大和民主党派等机构任职。选派2名干部分别到彭水县靛水街道文武社区、新田镇民主村担任第一书记。

教学设施建设　2021年，学院争取基本建设补助资金350万元、实训室建设资金350万元。召开基建工作会议11次、专题工作会议30次、新校区建设指挥部会议7次，研究议题29个。通过招标控制价审核，累计审减金额373万元，完成58个项目招投标，节约资金796万余元。学生宿舍C3栋加快建设，争取市级资金投入2100万元。启动学生宿舍G栋建设前期准备工作，完成施工图联审备案。累计投入271万元，完成学院西侧道路工程、中心机房动力电回路整修工程和节水管网升级改造建设任务。全年完成工程结算6项、维修改造项目32个、项目移交20余个，完成工程支付58项1463万余元。加强纸质和数字教学资源建设，续订中国知网数字资源全库、万方数据资源库。启用《技能培训·就业·创业资源服务平台》数字资源，继续开通维普、超星等数字资源，免费试用建筑数字图书馆、书香中国等10余个数据库。新购中文纸质图书26万余册，馆藏纸质图书共81万余册。推进校园网络建设，开展IPv6部署行动，实现IPv6、IPv4双栈访问。推进教务管理系统、招生就业信息系统建设，全面完成财务系统升级改造、OA办公系统建设并上线运行。完善“一网通办”综合服务平台，整合多个业务应用系统和数据资源，统一集成到同一管理平台，并与“今日校园”手机端App进行数据对接、功能集成，实现一次登录多平台访问。扎实推进国家级示范性虚拟仿真实训基地、市级高水平产教融合实训基地和成渝地区双城经济圈公共实训基地建设，形成以水利水电为特色集“实训、研发、培训、竞赛、创业”五大功能为一体的实训体系。实训室推行9S管理，升级实训室综合管理系统，优化完善安全管理、竞赛管理等多个功能，实训室“人财物”管理信息化全覆盖。

示范性职教集团建设　2021年，学校完善集团规章制度，优化信息交流平台，组织开展集团科研项目立项。成立跨区域职教集团，联合共建水利水电智能化公共实训基地和智慧水利生产性综合实训基地，推进市级示范性职教集团验收工作。与37所中高职及本科院校开展“中高本”贯通人才培养，联合招生8000余人。建立产业学院，校企共同制定人才培养方案，建立“学生员工融招、校企交替培养、双师共育共培”现代学徒制长效机制。新增专业学生634人，开设订单班、企业冠名班3个，合作开发应用型课程12门、应用型教材6部。培育国家级精品在线开放课程2门、市级精品在线开放课程7门，新认定市级精品在线开放课程4门。组织遴选、培育首批17个课程思政教育案例，获重庆市思政课程与课程思政（学科德育）案例一等奖2个、二等奖3个、三等奖3个，被认定为市级、国家级课程思政示范课程各1门。组织申报市级教师教学创新团队2个。建立健全“国、市、校”三级教学能力比赛机制，组织教师参加国家和市级教师教学能力比赛，参与率95%。获得市赛一等奖3项、二等奖2项、三等奖3项。

市级“双高”院校创建 2021年，学校成立由书记、院长任组长，院领导全员、全程参与的“双高”项目领导小组，形成主要领导负总责、分管院领导具体负责、项目责任部门和责任人具体落实，双高办、纪检监察和财务部门实施监督的协同推进机制。制定《项目管理暂行办法》《项目资金管理办法》等制度，实施项目院领导责任制、项目部门负责人责任制和项目监督服务责任制。争取重庆市水利局、永川区政府、行业企业等各方资源，充分调动各个层级、各个方面的积极性，保障“双高”建设资金需求。定期开展项目考评、发布建设动态、总结阶段成果，实施全过程跟踪评价。聘请第三方开展项目年度绩效评估，确保“双高”建设质量。制定《项目年度考核及奖励暂行办法》，将项目考核与部门年度考核、中层干部年度考核以及个人绩效挂钩，充分调动教职员工的积极性。加大宣传力度，使全院上下深刻认识到“双高”建设的重大意义和深远影响。“双高”建设各项任务序时推进，取得国家级虚拟仿真实训基地、重庆市社会科学普及基地等多项国家级、省部级标志性成果。

校园文化 2021年，学校依托重庆市水文化研究会，开展水文化研究，优化“境堂戏”水文化育人模式，建设水文化育人特色品牌。完成校园文化“十四五”规划和“水文化”育人三年建设方案编制，构建以学院章程为核心的文化育人制度体系。联合开展川渝水文化研究，立项专题研究项目10项。优化、固化教职工入职、学生入学、升旗仪式、毕业典礼等典仪制度。加强水文化长廊、文化石景观带、红色广场等文化景观的维护、利用。推进水文化育人主题情景雕塑打造，丰富水文化景观。持续完善教学课堂，打造优化“1+1+N”水文化教学课堂，将市级精品在线开放课堂《文明载水之洲》打造成市级线上线下混合式一流课程。出版水文化育人专著《巴渝水阔》，推进《水文化教育导论》（第三版）入选市教委重点建设教材。开设《川江号子》素质拓展课程，申创市级水情教育基地，打造“水文化教育推广联盟”“水文化艺术节”“川江号子非遗传承基地”“节水型校园”四大平台，举办水文化艺术节。扎实开展社会实践课堂，建立政、行、企、校深度社会实践合作机制，打造社会实践品牌。学生实践作品《巴渝水阔：追寻三峡文脉遗踪》获得第十七届挑战杯全国大学生科技作品竞赛重庆赛区一等奖。与川江号子非遗传承人合作，升级水文化育人剧目，出版《川江号子越千年》教材，开设川江号子实践课程，创编水文化剧作，打造水文化育人特色剧作品牌。水文化育人体系入选市教委德育案例，被推荐参评教育部2022年度高校思想政治工作精品项目、水利职教协会育人精品项目。依托“上善大讲堂”，开展全院性、校际文化素质教育活动10余次。常态化开展“快乐校园，多彩世界”绘画比赛、“青春梦想：中国梦”文艺比赛等校内文化活动。

国际交流与合作 2021年，学校大力推进国际合作办学，与老挝茶冷沙外国语学校签订合作备忘录，与埃塞俄比亚温盖特将军职业技术学院签订合作框架协议，挂牌成立“埃塞俄比亚温盖特将军职业技术学院学生实训基地”“埃塞俄比亚温盖特将军职业技术学院教师培训基地”，推进“埃塞俄比亚温盖特将军职业技术学院中埃大禹工坊”与埃塞俄比亚温盖特将军职业技术学院开展非学历教育。招收外国留学生，借助钉钉平台开展线上公共课程教学。录取老挝专科学历留学生25名，其中2名学生获得重庆市政府外国留学生市长奖学金。加强国际化课程及标准建设，立项中、英、泰三语国际化在线课程4门，建设《电气安全技术》《继电保护运行与调试》专业课程2门，建成《JAVA程序设计》《商务职业汉语》国际化在线课程2门，完成《三年制高等职业技术教育工业机器人技术专业人才培养方案（留学生）》制定，编制《课程标准》9门。开展国际交流与培训，与“陆海新通道职教联盟——中老职教国际化共同体”举办TESOL国际英语教学证书课程培训，选派教师参加多个国际化研修班培训。

（重庆水利电力职业技术学院）

【重庆城市职业学院】 2021年，重庆城市职业学院占地面积910亩，有在校学生9685人，教职工499人，专任教师361人。学校以扩容提质为主线，以“双高”建设为抓手，以质量诊改为驱动，以校区扩建为保障，并轨发展，强基升级，实现“十四五”发展良好开局。学校入选“重庆市高水平高职学校培育单位”，获批“重庆市高技能人才培训基地”。工业机器人专业和市场营销专业群入围市级高水平专业群，工业机器人专业实现“专本贯通”招生。工业机器人技术等3个专业顺利通过教育部现代学徒制验收。按期完成建设计算机应用技术等3个市级“双基地”建设项目。新增市级精品在线开放课程6门，累计排名高职院校第6名。获得市级教学成果奖3项，比上届新增2项。入选教育部提质培优增值赋能典型案例2个。

招生与就业 2021年，学校招收学生3300人，报到率91.92%。在重庆、四川、贵州、甘肃、安徽、云南等省市的招生录取线高于当地最低控制线200分。455名学生专升本，参考上线率72.12%，录取率99%，创历史最好成绩。2021届毕业生毕业去向落实率比2020届提升1个百分点，年终毕业去向落实率为97.49%。

教育教学 2021年，学校组织编制学校“十四五”发展规划及专业建设与发展等配套专项子规划，形成“1+9+4”发展规划体系。建成2个市级高水平专业群，新增2个市级高水平专业群，招生专业数量稳定在35个。学校集聚优势资源，先后建成工业机器人技术、物联网应用技术、环境艺术设计专业教育部现代学徒制项目试点；现代文秘专业国家级骨干专业；协同建设国家级专业教学资源库1个；现代文秘、计算机应用技术专业市级骨干专业；软件技术专业市级教学资源库；工业机器人技术、计算机应用技术、环境艺术设计专业市级双基地建设项目。学校制定《贯彻落实教育评价改革若干举措工作实施方案》，出台《教师综合评价改革实施方案》《学生素质拓展学分认定办法》等配套制度方案6个，有序推进以师德师风、教学质量、科技创新、社会服务、学生指导、教学建设等方面的贡献和水平为内容的教师评价改革。印发《深化“三教”改革实施方案》《“十四五”教材建设规划》等配套文件，有序推进教师、教材、教法协同改革发展，组织验收2019年预立项校本教材，择优立项教材12种，已经出版6种，其他6种已签订出版协议，提交申报国家规划教材3种。立项校本活页式、工作手册式新形态教材28种。学校全面推进内部质量保证体系建设，学校、专业、课程、教师、学生层面进行自己诊断改进，2021年12月接受重庆市诊改复核专家组现场复核，现场复核结论为“有效”。

“双高”建设　2021年，学校立项重庆市“双高”高水平高职学校立项（培育）单位，工业机器人技术、市场营销入选市级高水平专业群。成立双高建设办公室，制定双高建设方案，制定项目管理办法和资金管理办法，召开双高建设推进大会，将双高建设任务落实到责任部门，各责任部门进一步分解任务，任务落实到人。全年已完成394项，完成率33.47%，其中国家级标志性成果64项，市级168项。

人才培养　2021年，学校坚持德智体美劳“五育并举”，形成“有理想信念与家国情怀、有扎实知识与学习能力、有健康体魄与健全人格、有工匠精神与职业品格、有过硬技能与创业意识”的“五有城职人”育人体系。“全面发展视野下‘五有城职人’育人体系的构建与实践”立项重庆市2021年高等职业教育教学改革研究重点项目。首次以专业群为单位修订《2021版人才培养方案》，对接岗位需求、解析岗位能力，优化重构模块化能力结构课程体系，进一步完善实践教学体系。推进思政课程和课程思政建设，开展劳动教育。深入推进“1+X”证书制度试点，参考学生平均获证率93.46%。申建重庆市高技能人才培养基地。实施“岗课赛证”综合育人，全面推行“第二课堂”成绩单制度，提升学生综合素质和职业技能水平。新增校市级课程思政名师团队1个、市级课程思政改革项目3项、市级课程思政改革典型案例5个。全年学生获得国家职业能力竞赛奖项5项，在全国大学生数学建模大赛、全国英语写作大赛总决赛中获二等奖各1项，学校首次入围中国高等教育学会全国普通高校大学生竞赛排行榜并位列第232位。获“巴渝工匠”杯职业能力竞赛奖项50项，其中一等奖12项，市级奖项数量并列全市高职院校第三位，连续两年被重庆市教委、市人力社保局联合授予“优秀组织单位”。

教师队伍建设　2021年，学校成立“党委教师工作部”和“教师发展中心”，制定《人才引育管理办法》《教师综合评价改革实施方案》等制度文件5项。实施“名师名匠计划”“琢玉人才计划”“现代产业导师、教授特聘计划”，建立健全“引育留用”四个用人机制。学校新增教师40人，新增博士4人、教授8人。通过产教融合聘请校外教师133人、行业导师86人。选派教师参加“国培”“市培”等学习培训500余人次，社会调研、企业顶岗实践219人次。新增国务院特殊津贴1人、全国技术能手1名、重庆英才计划2人、巴渝特级技师1人、全市技术能手1人、重庆技能大师1人、巴渝青年技能之星3人，柔性引进高层次人才7人。教师获市级微课教学能力比赛奖5项，一等奖1项；获全市教学能力比赛奖5项，二等奖2项。

校企合作　2021年，学校组织开展已有校企合作项目、产教融合实训基地、生产性实训项目、产业学院建设专项调研，研究推动校企合作模式从单纯费用分成向用人需求、技术服务和培训认证转型升级。实施校企合作项目审计和绩效评估，强化结果运用。新增产教融合实训基地1个，生产性实训项目1个。与长城汽车、永川大数据产业园签订共建产业学院协议。与重庆世佳建筑工程咨询有限公司、重庆乔安建筑工程有限公司共建冠名订单班2个。联合泸州职业技术学院召开智能制造产教融合发展共同体，依托泸州职业技术学院组建四川经纬高技能人才发展集团公司。由学校牵头，与永川区人力社保局、永川国家高新区、西门子等“政校园企”建成5504平方米的“永川智能制造公共实训中心”。该中心承接世界技能大赛移动机器人项目重庆赛区集训任务，承办2021年第十五届“西门子杯”中国智能制造挑战赛培训会和赛区其他兄弟院校赛项培训，共有川渝甘陕等四省市37所本科高职院校的219支队伍、600余名选手参赛。

国际交流合作　2021年，学校首次实施市政府外国留学生市长奖学金丝路项目，培训老挝学员85名，老挝《万象时报》《经济日报》等媒体以及重庆电视台、新华网、华龙网等予以专题报道。11月，学校牵头发起组建“中国—老挝职业教育发展共同体”，中老两国40余家职业院校、企业加入共同体。

科研服务　2021年，学校投入科研专项经费280万元，比上年增长37%。公开发表科研论文250余篇，核心及以上期刊论文30篇，其中SCI论文3篇，SSCI论文2篇，授权专利65项，授权专利较上年增长22.64%。全年横向服务项目42项，合同经费151.214万元，到账经费144.965万元，为企业带来经济效益1103.22万元。11个科研平台发表学术论文122篇，立项市级科研课题21项。立项横向科研课题27项，到账金额125.91万元，到账金额比上年增长率为279%。实现重庆市自然科学基金项目零的突破。持续推进市级科研平台建设，完成科研管理信息系统、智慧校园人脸识别安保系统等5个业务系统开发推广使用，集成整合校园各大业务系统，完成5个企业标准；工业机器人运维高校工程中心建设按计划有序推进。申建“工业机器人应用编程”等3个“1+X”证书重庆市考核管理中心，开展GYB、互联网营销师培训、普通话技能等级、职业等级证书、建筑八大员、计算机二级、公益性培训等校内培训296项，14568人次参加培训。开展新型学徒制培训、乡村旅游委培项目、第三方职业技能认定等社会培训20项、1133人次。

教学设施建设　2021年，学校扎实有序推进校区改扩建工程。2.7万平方米的老校区改扩建工程于7月开工。585亩新校区扩建工程已完成建设用地协议签署、地形图管线图测绘、用地红线交付、征地拆迁、预支许可办理、修建性详细规划和一期单体设计方案等工作。11.74万平方米的新校区一期工程已获市政府主要领导和分管领导同意启动的批复，开工建设前期工作有序推进。

（重庆城市职业学院　屈洋、吕文彬）

【重庆财经职业学院】　2021年，重庆财经职业学院占地面积710亩，建筑面积20万平方米，图书馆藏书85万余册。有在校学生13500人，教职工535人，其中硕士博士303人，副高以上职称112人。开设有高职专业31个，其中专本贯通专业3个，形成以财经商贸类专业为主体，大数据、云计算、人工智能等专业为支撑的专业体系。学校拥有重庆市首批黄大年式教师团队、重庆市首批高职院校“双师型”名师工作室、重庆市技能大师工作室等多个教学团队，设有博士后科研工作站、成渝地区双城经济圈高职教育协同发展研究中心、重庆市城乡商贸统筹人才培训中心、重庆市会展经济研究会、国家职业技能鉴定所。学校是重庆市优质高职院校、重庆市高水平高职院校立项建设单位、重庆市高技能人才培养基地。

招生与就业　2021年，学校编制招生方案，录取5175人，报到人数4724人，在校生的规模为13594人。新增与涪陵职教中心、垫江职教中心、武隆职教中心（本部）3所中职学校合作。合作学校累计18所，合作专业11个，中职段入籍人数为1792人，创历史新高。实现金融学院“三·二分段制”合作零的突破。新增专本贯通合作学校1所，专业2个，分别是重庆科技学院计算机应用技术专业、长江师范学院物流管理专业的合作，“专本贯通”在校生人数313人。走访市内外企业100余家，组织开展“线上线下”招聘会100余场，举行大型双选会2场。建成重庆财经职业学院用人单位资源库1个，入库企业519家，其中优质企业占比超过60%。学校2021届毕业生共计3429人，初次就业去向落实率为98.98%。帮助残疾学生解决就业岗位，为676名家庭经济困难毕业生申请政府求职创业补贴54.08万元，为170名家庭经济困难毕业生申请学校求职创业补贴5.1万元。

教育教学　2021年，学校制定《重庆财经职业学院专业转型升级指导意见》，完成供应链运营、统计与大数据分析2个新设专业的申报组织和招生专业备案工作。完成移动应用开发、金融科技应用、服装设计与工艺3个专业的新专业合格评估组织工作。完成教育部第三批现代学徒试点项目验收、高技能人才培训基地项目中期检查、1+X证书试点项目建设。申报第四批试点证书24个，参与试点的学生1500人，培训教师100余人。立项校级教学改革项目25项，立项课程思政专项课题12项，立项市级教学改革项目14项，结题市级教改项目8项。立项校级课程思政示范课程5项，市级课程思政研究中心1个，遴选校级课程思政示范案例10项，获批重庆市一流课程8门，精品在线开放课程4门，精品教材5本。根据各专业建设需求，组织开展课堂革命实施策略培训和课程思政建设培训，组织开展学校“三说一课”、微课教学、教师教学能力大赛等教学系列比赛，获重庆市二等奖5项、三等奖1项，市级教学成果奖5项。组织参加2021年“巴渝工匠杯”重庆市第十一届高等职业院校学生职业技能竞赛中的21个赛项，获得重庆市一等奖14项、二等奖20项，三等奖12项。制定《重庆财经职业学院关于推进产教融合工作的实施办法》《产教融合督察管理办法》，成立产教融合工作办公室。立项职教集团研究项目12项，开展职教集团校企合作、技能竞赛、中高职衔接等交流活动10余次，分专业举办校企合作座谈会20余场。各二级学院与华侨城等96家企业开展以现代学徒制、订单培养、实习实训为主要合作形式的合作。

科研创新　2021年，学校制定《科研创新平台建设管理办法（试行）》，成立科研创新平台9个、研究智库3个、科研创新团队2个，立项纵向项目84项、横向项目14项。完成高职教育研究所、新金融研究所、会计研究服务中心等7个科研创新平台的验收工作，均达到验收标准。完成大数据与智能财税科研创新团队、互联网+经济新业态研究团队等6个科研创新团队的中期检查和年终考核工作，均考核合格。科技服务收入与R&D支出指标，综合分数在全市排名第3。出台《成人高等教育学籍管理办法》，完成成人教育教学平台搭建。全年成教专科学生共录取894人，累计缴费报到852人，报到率95.3%，累计到账170.4万元。入选重庆市就业服务管理局“重庆市创业培训机构目录”，是永川区唯一入选公办高等院校，获重庆市服务贸易（外包）人才培训基地、WPS办公应用职业技能等级证书教师培训基地授牌，获批重庆市退役军人技能培训承训机构、职业技能等级会展设计师社会培训评价组织。依托乡村振兴学院，面向社会从业人员开展农村电商、邮政高技能人才、高职教师教学能力研修、党建实务等技能提升培训1200余人次，面向中小学生开展职业启蒙培训1.7万余人次，面向高校教师国际授课能力和海外学生中文水平提升开展培训300余人次，对外培训收入80万元。开展初级会计师、GYB、茶艺师、教师资格证、英语、计算机、建筑十一大员、普通话、西班牙语等培训项目，全年累计完成培训8000人次，收入200万元。组织计算机等级考试，英语四级、A级考试，普通话考试、书画等级考试9场，收入57.3万元。

教师队伍建设　2021年，学校修订印发年度绩效考核方案、二级部门事业发展考核指标体系，制定印发《重庆财经职业学院追加单列思政课教师岗位绩效分配管理办法（试行）》《重庆财经职业学院追加单列辅导员岗位绩效分配管理办法（试行）》，完善绩效分配制度和激励政策。修订《重庆财经职业学院专业技术职务评审推荐办法》《重庆财经职业学院评优评先管理办法》。建立ABC成果分类机制，完善职称评审制度。梳理人事人才管理工作的程序、流程、表单和数据，建成符合学校自身发展的人事人才管理信息系统。修订出台《重庆财经职业学院师德失范行为负面清单处理与考核实施办法》，制定《重庆财经职业学院师德专题教育实施方案》。通过职工政治学习、主题党日、“三会一课”、专题研讨、主题征文比赛、演讲比赛、师德师风专题讲座等活动，加强学术道德和师德师风教育。全职引进教授1名，副教授1名，柔性引进“万人计划”教学名师、高技能人才24名，下半年新进到岗教师49名。新建“双师型”教师培训基地1个，遴选校级黄大年式教师团队1个，市级课程思政教学团队1个，培育校内电子商务教学创新团队等7个教学创新团队。培育技术技能型导师9人，全国行业职业教育教学指导委员会人选3人，重庆市教育评估监测专家资源库人选5人。教师荣获全国技术能手1人，重庆最美巾帼奋斗者1人，市级二等奖4项、三等奖1项。

学生管理　2021年，学校加大辅导员队伍“专业化”培养力度，组织各级各类能力提升项目，1人在重庆市第九届高校辅导员素质能力大赛中获一等奖。打造特色主题公寓3栋，建辅导员工作室、流动辅导员工作站、心灵驿站、党团学习阵地、读书角等新型社区育人阵地13个。以“心理健康宣传月”“5·25大学生心理健康节”两大品牌活动为依托，开展线上线下心理教育系列活动20余项，校、院两级面对面谈心5700人次，发放宣传资料9526份。全年发放各类资助帮扶金2492万元，资助学生12476人次。学生日常管理工作连续两年在市属公办高职院校绩效考核中排名并列第一，学生处再次荣获2020年重庆市学生日常管理工作“成绩突出集体”。学校获评全国高校活力团支部、重庆市共青团工作目标考核结果“特等”团组织、重庆市优秀团干部等市级以上荣誉5项。获评第七届全国互联网+大赛全国总决赛银奖、重庆市金奖。获重庆市大学生课外学术科技作品竞赛暨第十七届“挑战杯”全国竞赛重庆市选拔赛一等奖、渝创渝新重庆赛区金奖等“双创”类奖项44项。获第40届大学生“校园之春”文化艺术体育活动之大学生辩论大赛高职高专组季军，志愿服务项目荣获重庆市“公益青春”“青少年之家”大学生志愿服务项目设计大赛铜奖等市级实践文体活动类奖项13项。参加“讲好入党故事传承红色基因”征文比赛，获二等奖1篇，三等奖2篇。组织学生参加重庆市“中华魂”征文比赛，获特等奖1篇、一等奖1篇、二等奖5篇、三等奖8篇，1人获演讲比赛二等奖。

交流合作　2021年，学校与韩国庆一大学合作举办的计算机应用技术专业，与阿利坎特大学合作开办“2.5+1.5”联合培养项目。与泰国南奔技术学院共建“一带一路”国际商学院，共建电商、物流专业课程标准，依托当地农产业开发“中文+直播带货”培训包，推动乡村振兴“中国模式”走出去。面向泰国邦纳商业学院学生270人，开展60课时的“零基础汉语”培训。面向学生开展跨文化交流活动，举办西班牙文化体验沙龙2场，西班牙语体验课1场，参与学生200余人。派出电商专业队伍参加“中泰职业院校创新创业国家大赛”，已进入决赛。派出15名学生参加市教委“国际中文比赛”，已进入复赛。参与国际学术交流，2个教师团队的《重庆职业院校面向东非国家境外职教师资队伍建设探索——以埃塞俄比亚办学为例》《重庆市高职“双高计划”院校境外办学模式与路径研究》获“重庆市国际化特色项目”研究课题立项。与重庆城市职业学院、重庆水利电力职业技术学院联合发起成立“中国—老挝职业教育发展共同体”。

教学设施建设　2021年，学校完成中心转盘雕塑工程，完成8号学生宿舍装修改造和公寓床安置，增加400个住宿床位并通过验收。加快推进校园扩建一期工程收尾工作，完成道路场平、1号实训楼、3号学生宿舍、风雨球场等工程的资料收集、归档和移交工作。完成5号宿舍北侧挡墙和临时运动场项目施工招标工作。物业管理更加精细，维修服务细致高效，医疗保健适应需求，食品药品安全监管常抓不懈，保障教学、科研、生活的正常运转。完成“网络安全态势感知平台”建设，实现该平台与学校边界防火墙、数据中心防火墙联动。完成ESB数据总线建设，打造校内数据集中实时交互管控能力，构建出“数据交互中心”。完成AAAA统一身份认证平台建设，建成“认证中心”并实现集中授权。完成校内文档云平台部署和验收，实现OA、教务、人事系统的文件资源带标签归集。完成学生精细化管理平台建设，实现基于人脸识别技术的学生归寝管理、无感知体温检测、行为轨迹管理，师生、访客出入管理及校门周边风险预警等功能。完成大宗图书采购及知网、超星数据库采购，持续为师生科研、教学提供支持。　（重庆财经职业学院　胡志建）

【重庆科创职业学院】　2021年，重庆科创职业学院占地面积814.64亩，有在校学生1.8万人，教职工771人，专任教师651人。学院坚持立德树人根本任务，持续深化内涵发展，推进“提质培优”行动计划，建成重庆市优质高职院校，获批重庆市“双高”职业院校立项建设单位。获得全国科普教育基地、教育部首批中德先进职业教育合作项目、入围全国党建工作样板支部，获评重庆市智慧校园建设示范校、重庆市教学成果二等奖、三等奖。学院综合实力在全国民办高职院校排名第四，在“校友会2022年高校排名”中位列全国高职院校（1类）第65位。各类媒体正面报道学校128次，其中，国家级媒体报道27次，电视媒体报道10次，学院社会影响及美誉度逐年提升。

教育教学　2021年，学院主动对接和服务重庆与永川产业发展需求，加快专业（群）结构优化调整，加强专业和课程建设，深化“三教”改革。工业机器人技术专业群和大数据技术专业群立项重庆市高水平专业群。申报数字媒体技术等新专业，打造智能制造、智能信息、智能车辆、智能建筑、智慧经管、智慧创意、智慧教育、智慧康养8大专业群。学院依托“双高”专业群优势，组建重庆现代制造技术与装备和人工智能2个市级职教集团。构建产教融合校企协同育人机制，健全“岗课赛证”培养模式，与科大讯飞、华中数控等企业建成5个特色产业学院，围绕共建实习实训基地、打造“双师”教学团队、推行“1+X”证书试点、承办技能竞赛等。学院获“巴渝工匠”杯重庆市首届电子竞技职业技能竞赛等承办权3项，获国家级奖项18项，其中特等奖、一等奖5项；获市级奖项43项，其中一等奖、二等奖26项。开展各类技能培训2万余人次。学院深化“三全育人”综合改革，深入推进三个“三合一”思想政治体系研究与实践，构建“四核驱动”特色劳动教育体系，促进学生全面发展，健康成才。学生工作获评“学生日常管理工作成绩突出集体”。少数民族学生教育管理案例获第二届重庆市民族团结进步教育案例评选一等奖。团学工作获团市委年度工作考核一等奖。“三下乡”社会实践活动获评全国、重庆市优秀团队各1个。获评重庆市高校“一校一品”成长潜力团学工作品牌1个。

教育科研　2021年，学院健全科研机制，修订完善科研项目资助、科研成果奖励、科研团队建设等政策文件，完善技术技能创新服务体系。申报市级新型研发机构1个。“基于大数据的智能制造装备远程诊断与控制关键技术研究”创新研究群体获重庆市创新群体（培育）。立项市级项目23项、区级4项，横向课题立项13项，社会服务经费1000万余元。教师论文与案例获市级一等奖4项、二等奖6项。获发明专利4项、授权实用新型专利109项、取得软件著作权67项，专著、教材23部，发表论文126篇。

学生就业创业　2021年，学院整合就业创业资源，搭建就业创业平台，依托学校国家级众创空间、生产性实训基地、高技能人才培训基地等，构建“教、学、做、赛、创”为一体的“321”创新创业教育模式。荣获创新创业竞赛市级二等奖2项，三等奖7项。在第二届直播大赛中，“川渝姐妹花”“益农使者”荣获“优秀团队”，荣获“重庆市高校就业创业指导课程大赛”二等奖。举办专场招聘100余场，提供岗位9434个。2021届毕业生就业率97%。

校园文化　2021年，学院开展“阅读人生”“校园之星”“爱心圆梦”“月亮湖周末文化广场”等特色活动，获得重庆市“校园之春”合唱比赛二等奖。体育活动屡创佳绩，获得2021年重庆市大学生篮球比赛高职高专组男篮冠军、女篮季军，获得“2020—2021中国大学生3X3篮球联赛（重庆赛区）城市冠军赛”男篮亚军，获得2021年重庆市大学生排球比赛季军。

国际交流合作　2021年，学院着力拓展国际交流与合作，加入中非（重庆）职教联盟、“一带一路”西部教育国际交流合作联盟——中文+职业教育国际课程联盟、中国—老挝职教发展共同体，均为理事单位。申报重庆市市长奖学金“丝路项目”、中德先进制造汽车维修与检测职业教育合作项目等办学项目。签署12项国际合作项目协议，选派4名教师赴海外攻读硕博学位，开展线上师资团队国际专项等培训60余人次。

人才队伍建设　2021年，学院实施“人才强校”战略，制定高层次人才引进及管理办法，强化师德师风建设具体举措，出台教师职称评聘“破五唯”实施意见，完善教师表彰激励机制，大力引进和培育高层次人才。全职引进高层次人才7人，院内评聘高级职称23人，送培及组织教师参加企业实践和各类培训300余人次。

教学设施建设　2021年，学院持续加大投入，不断改善办学条件。新征地350余亩已办理相关手续。新体育馆已投入使用，作为重庆市第六届运动会分赛场之一，承担14个比赛项目，获评“最佳赛区”。实训楼、学生宿舍改造升级，实训设备换代更新，后勤保障能力和服务水平不断增强，师生满意度不断提高。

（重庆科创职业学院　周之兰）

【重庆智能工程职业学院】　2021年，重庆智能工程职业学院占地面积300亩，有在校学生2264人，教职工151人，专任教师108人。学校以创新引领为先导，以教育教学为根本，以规范发展为抓手，在党建工作、教学管理、学生管理、科研工作、队伍建设、后勤保障等各项工作和事业中取得长足的进步。学校开展的党史教育动员会被重庆电视台报道、“国庆主题快闪”和“我为群众办实事”分别被《公民报》《人民摄影》等头版关注。《人民日报》《经济日报》《重庆日报》《新华社内参》《求是》以及中央电视台、新华社、重庆电视台等报刊和媒体对学校发展予以报道。

教学管理　2021年，学校修订《重庆智能工程职业学院“十四五”专业设置规划（2021—2025年）》，协调组织申报5个2022年招生新专业，与华为专家共同修订2020/2021级专业人才培养方案，衔接专本贯通培养申报材料。健全教学管理机构，修订教学管理规章制度。结合华为现代智慧教育技术，推行“主讲教师制”，实现专业课程在数据中心的私有化部署。开展“公开课”教研活动，开展课堂教学巡查、课堂听课。完成筹备、建设和申报全国计算机等级考试考点、英语AB级考点、英语四级考点。全面部署5G通信华为5Gstar超仿真实训系统+VR教学课程，以及鸿蒙编程技术课程。承接华为中国大学生ICT大赛2021重庆市赛，并组队参加“巴渝工匠”杯重庆市第十四届高职院校学生职业技能竞赛。组织开展华为云鲲鹏微技能认证，参加华为HCIA——5G校园行认证，物联网应用技术专业陶友谊同学以896分取得全国最高分。开展专利及教改项目申报，产教科融合发展取得实效。

教学科研　2021年，学校先后与360、百度等企业签订合作协议，就技术合作、技术研发、5G智慧校园、人才培养等开展全方位合作，实现产教融合、校企合作、协作创新。承办全国汽车工程领域专业技术转移转化能力提升交流培训会，为汽车产业制造人才培养提供短期解决方案，提升人才培养质量。学校组建科研团队，坚持“产教融合、校企协同”的育人理念，充分利用华为（永川）联合技术创新中心、重庆大数据产业研究院等平台、人才、资源优势，着力实施创新驱动战略。依托华为（永川）联合技术创新中心与重庆市永川区人民医院协同创新，建立区域内首个智慧医疗服务中心，共同研发的智能科技产品“智慧健康小屋”投用。加速学校科研创新各类成果申报工作，推动科研成果高效转化，研发的“非接触式毫米波雷达呼吸心率检测系统”发布，学校科研团队教师带领学生共同研制的智能可变波诱虫灯、5G工业物联网数据传输终端、“暖警驿站”警务大数据云平台、5G远程问诊传输终端、智慧农业控制系统、智能无源物联网控制系统，已在智慧农业、智慧工业、智慧健康、智慧安防等方面投用并广受青睐。

学生管理　2021 年，学校践行“正德 明智 强能 报国”校训，坚持立德树人，探索思想政治教育和素质教育新方法。建立文化育人机制，融合“时代精神、工匠精神、华为精神”，通过开展“端午节”体验教育活动、“我们的节日——中秋节”传统文化知识讲座、“同心筑梦 礼赞祖国”——“欢度中秋、喜迎国庆”联欢晚会及“心向暖阳筑梦前行”——2021 冬日晚会，弘扬优秀传统文化和社会主义先进文化。创建“劳动实践教育基地”，开展植树造林、美化校园等劳动实践教育活动。以志愿服务为依托，在三官殿小学建立爱国主义教育基地，走进爱颐敬老院为老人们送去爱心和欢乐。以陈食街道为实践阵地，成立“陈小微”志愿服务队。以电商实践为基础，成立学校电商实践团队，逐步提升乡村振兴服务成效。召开首届学生代表大会，抓紧抓实学生社团工作，成立大学生融媒体中心。立项 2021 年重庆市高校“一校一品”团学工作品牌培育建设项目。开展田径运动会、篮球联赛、电竞比赛等特色校园活动。参与并服务 2021 永川马拉松赛暨重庆市第六届运动会半程马拉松赛活动，受到永川区委、区政府的高度赞赏与肯定。获得重庆（永川）第四届大学生消防知识竞赛冠军。

教师队伍建设　2021 年，学校修订完善考勤制度、师德师风管理制度、教育教学考核管理办法、培训制度、教学监督听课制度等。出台教师校内专业技术职务评聘办法（试行），组织完成学校首次职称评审工作，评聘副教授 2 名、讲师 2 名、助教 6 名，1 名转评助理馆员。通过扩大招聘渠道、加大内培外引力度等措施，进一步改善师资队伍结构。完成教师资格证书认定工作，联合开展师德师风和教育教学培训。规范教学督导，有效协同管理教师课堂，随机参与听课、随堂跟听记录，形成一套完整、合理、有效的督导教学体系。召开学校工会成立暨第一次代表大会，保障职工权益。注重人文关怀，关心教职工日常生活、关注教职工日常动态、关怀教职工心理健康的柔性工作作风获得广大教职员工肯定和赞许。

社会服务　2021 年，学校构建开放办学新格局和数智化社会服务体系，服务西部职教基地和成渝地区双城经济圈建设。推动重庆大数据产业研究院工作，当选川南渝西大数据产业联盟第一届理事会秘书长单位，华为（永川）联合技术创新中心荣获西部职教基地 2021 年度创新创业先进团队。成立重庆首个数智化乡村振兴学院，首届数智化助力乡村振兴永川论坛同期在学校举行。推出数字村务管理平台，开设院坝学堂培训新型职业农民，并签约服务成渝地区现代农业、乡村旅游企业 60 余家。与永川国家高新区、360 共建大数据安全靶场和 360 网络安全产业学院、360 网络安全技术研究院，助推区域打造数据安全领域新高地，推进全区大数据安全产业化发展。与畅想家战略合作，成立“重庆智能工程职业学院全媒体产教融合中心”，形成校企合一、工学一体的技能人才培养新机制。举办 2021“一带一路”暨金砖国家技能发展与技术创新大赛之数据分析与可视化赛项国内总决赛，通过成员国之间的交流合作，促进数据分析与可视化技术的发展及其与产业应用的结合。携手华为及成渝地区相关企事业单位和职业院校，成立“成渝地区大数据与人工智能产业职业教育集团”。

综合管理　2021 年，学校编制修订《重庆智能工程职业学院“十四五”事业发展规划》，明确“十四五”发展目标、主要任务和指标体系。严格依照国家相关规定开展招生。完成 6、7 号学生公寓建设和图书馆装修工程，升级改造广场水池。统筹规划“智慧校园”建设，分步实施各系统建设工作，做好教学服务保障，实现智慧教学新模式。完善财务精细化管理，加大会计核算、账务清理、出纳管理以及票据管理工作。强化资产管理，做好资产清查工作，完善资产录入及核对。搭建图书馆知识服务平台，海量拓展图书馆的电子信息资源库，开通移动图书馆服务，拓宽智慧阅读的资源和服务方式。开展物业综合巡查，全校水、电、气安全大检查，及时受理全校师生报修项目，扎实推进垃圾分类和绿色校园建设。落实安全保卫和综合治理工作责任制，成立维护政治安全和校园稳定专项工作专班，层层压实安全责任。建立心理健康学生、特殊学生、少数民族学生、经济困难学生等重点关注人员台账和跟踪管理、心理危机干预机制。做好重大风险的防范和化解，妥善处理各类突发事宜，保障学校正常行课运行，确保各项工作平稳有序，构建和谐平安校园。

（重庆智能工程职业学院　罗乐）

【永川广播电视大学】　2021 年，永川广播电视大学有办公室（后勤）、教学科（招办）、教务科、信息科、社区教育科 5 个科室。全年专科招收 1560 人，本科招收 1071 人，有在校生 7000 余人。学校有专兼职教师 59 人，其中专职教师 18 人，硕士 6 人，副高级以上职称 25 人，以专兼职教师计算，生师比 1∶92。

学历教育　2021 年春秋两季，学校共招生 2631 人，在重庆市电大系统名列第三名，连续多年获得“招生工作先进集体”“教育工作先进集体”等称号。学校狠抓教学质量，注重过程管理和考试管理，把好出口关。全年共注册课程 54517 科次，共计毕业 2544 人，其中本科 631 人，专科 1913 人，8 人获得学位。学校按照“立德树人”育人要求，强化思想政治教育。制订《2021 年永川电大立德树人工作实施方案》《意识形态工作责任制实施方案》，定期分析研判意识形态形势，牢牢把握舆论阵地的制高点和领导权。围绕“社会主义核心价值观”拟定全员育人、全过程育人、全方位育人方案，通过开学典礼、入学教育、思政主题教育、面授课、网络教学、社会实践和公益活动等形式加强思想政治工作。拟定学校“十四五”发展规划，以学历教育为基础，以社区教育为突破，坚持社会主义办学方向，服务地方经济，为成渝地区双城经济圈建设服务。先后出台《关于进一步加强教学质量管理的有关规定》《永川电大关于开展素质教育的实施办法》《专业责任教师网上教学资源运用和开发的管理办法》《教学和教学管理差错与事故认定及处理办法》《关于加强教学支持服务若干规定》，修订班主任网上教学工作考核办法、科研奖励暂行办法、差旅费管理办法、财务收支管理内控制度、采购管理办法等制度，保障学校各项工作、各个环节有章可循、规范有序。学校以基层电大办学评估为契机，筹措资金100万元，开展档案室、学生阅览室、工会活动室及楼道建设，新装配3间教室。组织师生参加重庆电大思想政治理论课教学展示活动和第八届微课大赛，获得三等奖1名、优秀奖9名。教师获评国家开放大学优秀班主任1人，学生获得学士学位9人，荣获网上学习之星4人、优秀毕业生23人、国家开放大学奖学金19人。组织师生参加庆祝建党100周年师生才艺大赛，提交抗击疫情诗朗诵《因为有你》、学生舞蹈《阴中鸟语》、空中芭蕾《看不够中国美丽》、川剧《天使情》、男生独唱《祖国，我要为你歌唱》以及优秀手工剪纸和书画作品。先后与区人民医院、重庆市渝西卫生学校、区职业教育中心、渝永建筑、永川区凰城华府诺贝儿幼儿园等签订合作协议，推进汽修、机电、建筑、学前教育等学生实训基地建设。与梁平教师进修学院、荣昌分校、铜梁分校、合川电大、彭水社区教育学院、江津电大、涪陵电大互访交流，提升学校治理能力。

（永川广播电视大学　王中炜）

成人教育与民办教育

【成人教育】　2021年，永川区23个镇街成人教育学校形成培训体系51个，重点打造109个微课、29个社区教育特色课程、22个终身学习活动品牌。全区参与村（社区）教育培训活动63.3万人次，参与率50.72%。

（区教委　刘畅）

【社区教育】　2021年，永川区构建“1个社区教育学院、23个社区教育学校、261个社区教育学习中心、8个社区教育体验基地”的社区教育网络体系。按照“一镇一品”建设要求，培育出宝峰镇宝峰场“健康文化进社区”团队、永川区管乐市民学习培训基地、胜利路街道石油社区老体协等20余个学习型团队。利用辖区职业教育资源，组织编辑《永川区社区教育丛书》。全年编印《婴幼儿看护》《居民安全用电》《农村电商训练营》等3本教材，推送到15所社区教育学校。开展“民法典进社区、进院坝”“暑假青少年社区教育活动”“文明健康永川”种子计划培训、助力乡村振兴“送教进社区”培训等系列活动，参与居民及学生5万余人。开展学习银行“终身学习建档及非学历成果综合登记”项目，累计建立账户1389户，激活账户4940户，登记成果3607份。指导各镇（街）挖掘永川人文精神、地方特色文化、非遗文化等系列社区教育本土特色课程，着力培育社区教育项目品牌。打造五间镇西瓜和蘑菇培训课程、临江镇志智双扶种养植业培训等一批具有永川特色的学习项目，形成“一镇一特，一村一品”特色。全年培育社区教育项目国家级品牌1个、市级品牌5个。打造社区教育微课114个、教育特色课程27个、终身学习活动品牌18个。兴龙湖小学“家长夜校”成为“全国终身学习活动品牌”。永川区成功创建重庆市社区教育示范区，永川区社区教育学院获评重庆市社区教育示范学院。

【永川区全民终身学习活动周】　2021年12月14日，永川区全民终身学习活动周启动仪式在中山路街道星光社区举行。开幕式上表彰2021年全国、重庆及永川区百姓学习之星、终身学习活动品牌、学习型团队和社区教育特色课程等，重庆市百姓学习之星文绍英、全国终身学习活动品牌“家长夜校”负责人——兴龙湖小学校长陈小渝分别做经验分享。区社区教育学院与红星幼儿园、来苏幼儿园签订“共育堂”社区家长学校合作协议，以学前教育为试点，探索家校社共育新思路、新举措，举办社区家长学校，引导群众树立科学育儿观念。开幕式现场还展示各镇街社区教育特色亮点、全国终身学习活动品牌、市级百姓学习之星。临江镇的“棕编”和“香十二手工药香制作技艺”、三教镇的“葫芦烙画”、中山路街道的“土陶艺制作”和“蝶儿剪纸”、仙龙镇的“农产品”、板桥镇的“泥鳅灯”7个展厅特色鲜明。现场教学交流结合动手参与制作，气氛热烈而和睦。

（永川区社区教育学院　王中炜）

【民办教育】　2021年，区教委制定关于做好民办学校贯彻落实党的教育方针有关工作的方案，永川民进学校、渝西艺术学校、枫叶国际学校等3所民办学校党建工作进一步加强，枫叶国际学校建立非公党组织台账。民办学校强化自律，招生、教材、教育教学等行为全面规范，学校招生实施摇号录取。全区3所民办学校有教职工273人、在校生1827人。

（区教委　刘畅）

文 化

综 述

【概况】 2021年，永川区全力推进文化强区。永川图书馆新馆完成建设，全区“文图”两馆总分馆及镇街有线电视网络全覆盖。依托大数据产业园大力发展影视、动漫等新兴数字文化创意产业，大数据产业园创建为重庆市文化产业示范园。依托重庆云谷影视产业创新服务中心，引进国际、国内影视产业资源，打造集影视项目立项、制片、摄制、出品、宣发、明星经纪为一体的影视产业服务基地。有序推进软件正版化相关工作。开展“我们的中国梦”——文化进万家活动790余场，“永远跟党走”——重庆市庆祝建党100周年优秀影片展映观影活动累计放映电影176场次。推进乡情陈列馆建设，培育“一村一品”文化品牌。围绕“全民阅读·书香永川”主题，依托辖区图书馆、新华书店、世代书香书店等开展读书节、读书月、阅读季活动1550场次。加强“学习强国”数字农家书屋建设探索工作，组织群众参加种养殖农技类慕课、微视频等学习培训3000余人次。鼓励机关单位开展爱国主义电影观影活动，放映惠民电影2900场次。1人加入中国作协，1人加入中国民协，全区有国家级和全国性会员156人。《叶片上的童话》《会走路的树》《大风的嘴巴》等三本儿童诗绘本集上榜抖音儿童文学爆款榜第一名。美术作品《城市印象之七十八 家园》等3件作品入选全国美展。3件书法作品入选第十届全国中小学教师书法作品展。摄影作品《晒青稞》入选中国第18届国际摄影艺术展，是2021年重庆入选国际影展2幅作品中的其中之一。

【川渝两地文化交流】 2021年，永川区图书馆加入“川南渝西七市区公共图书馆联盟”，在资源建设、馆际互借、文化惠民、馆员培养、全民阅读推广等方面展开合作。四川省宜宾市、四川省自贡市、四川省泸州市、四川省内江市、重庆市荣昌区、重庆市永川区和重庆市江津区七市区公共图书馆业务协同、集群服务，共同助推成渝地区公共图书馆服务体系一体化发展。选送的《穿越时空的对话》参加“温红色经典·抒爱国情怀”四川省泸州市第六届经典诵读比赛，获得参演奖。选送川剧小品《宅家记》参加在四川省遂宁市大英县举办的“成渝地·巴蜀情”中国共产党成立100周年川渝乐翻天戏曲交流展演。选送的舞蹈《希望的田野上》参加2021年渝西·遂宁文化馆联盟送文化进基层精品节目展演活动。

公共文化

【概况】 2021年，永川区公共文化服务体系日臻完善，全区村（社区）综合性文化服务中心全覆盖。全区有博物馆3个，图书馆1个、文化馆1个。全区有镇（街）文化站23个。文化艺术馆、图书馆、博物馆、镇街文体服务中心免费对外开放。按照不同年龄阶段和社会群体开设文艺服务项目，保障群众公共文化活动空间和内容。图书馆、文化馆实施总分馆制，服务向镇街、村社延伸。公布转龙桥、聂家桥等42处永川区文物保护单位的保护范围和建设控制地带。各基层综合文化服务中心主动开展送演出、送图书、送展览、送培训、送科技进村，让老百姓就近享受文化服务。

【公共文化基础设施建设】 2021年，永川图书馆新馆、茶山竹海景区分馆、三河汇碧文创园分馆、体育中心24小时自助分馆建成免费开放。结合老旧小区改造，与百仓公司联合打造三河汇碧文创产业街区，建成投用“三河汇碧·玉屏书院”图书分馆。与重庆城市职业学院、重庆水利电力职业技术学院、重庆智能工程职业学院、重庆华为技工学校等院校分馆签订协议，使全区公共阅读服务空间增量加速。完成永川体育中心城市书房24小时自助图书馆建设，完善公共文献信息资源共享服务网络。创新文物保护与利用形式，与板桥镇建设永川博物馆板桥分馆。对全区23个镇（街）综合文化服务中心进行提档升级，依托村级便民服务中心对207个行政村、56个社区综合文化服务中心进行资源整合，建成集宣传文化、党员教育、科学普及、普法教育、体育健身等功能于一体综合文化服务中心。

【永川图书馆】 2021年，永川区以国家一级图书馆建设标准，完成永川图书馆新馆建设。全年组织开展全民阅读推广活动175场次，参与读者41291人次，其中线下116场次，参与读者23679人次；线上59场次，参与读者17612人次。组织读者参加市级阅读推广活动，获得2021年重庆市“少年儿童心向党”讲故事比赛优秀组织奖、重庆市少儿创意绘画手工活动组织奖、我们永远向太阳——庆祝中国共产党成立100周年重庆市“红岩少年”阅读大赛之少儿讲故事比赛优秀组织奖。全年新增持证读者2298人次。全年接待读者到馆36万余人次，文献外借18.27万册次，数字阅读浏览529239人次，其中数字图书馆App浏览41.29万人次，网站电子图书浏览2.71万人次，数字图书下载机下载2359册次，微信公众号浏览2.98万人次，永川区图书馆网站浏览5.61万人次。

【永川区文化艺术馆】 永川区文化艺术馆是国家一级文化馆。2021年面积2700平方米。全年完成绘画、书法、摄影、舞蹈、走秀、拉丁、瑜伽、声乐、二胡、笛子、吉他、语言表演等项目的公益培训，共计102个班、3600余人参加培训。组织举办永川区民间文艺团队骨干培训班，开设政策法规、舞蹈、语言表演专业的培训，10个乡镇13个文艺团队、70余人参加培训。结合中国共产党成立100周年，组织文化专干及文艺骨干进行《唱支山歌给党听》广场舞培训，500余人参加培训。新冠肺炎疫情管控期间，区文化艺术馆将线下艺术培训转为线上，开展“群文云课堂”网络直播课程4期，完成绘画、书法、摄影等录播课程60余课时，2000余人参加学习，先后得到“学习强国”、华龙网等媒体宣传报道。全年免费培训学员5600人，提供免费场馆服务3800余次。全年举办展览共22个，其中自主策划参与展览14个，引进优秀展览3个，推出本地展览在本区域外展出5个。全年举办普及性艺术讲座12次，美术培训3次，线上书画讲座9次。

【文化志愿服务】 2021年，区文化艺术馆拥有35支文化志愿者团队，有志愿者312人。新冠肺炎疫情防控期间，文化志愿者创编《棒棒操》《健身球》《踩点舞》等健身舞蹈20余个，创作《无恙》《没有硝烟的战场》《生死之交》等原创作品300余件。文化志愿者走进海棠小学开展“传统文化进校园暨海棠小学第二届读书节”活动，承办“同心向党・共享芬芳”2021永川区第四届残疾人艺术节展演。走进特殊教育学校展示“文创启智 优学共荣”的课程，对残疾儿童进行舞蹈、语言、绘画课程培训。通过云平台点单系统安排志愿者进基层培训，全年进基层培训430余人次、演出140余场。

【永川博物馆】 2021年，永川博物馆开展青少年教育讲座活动99场次，活动参加人数15.8万人次。举办“2021年迎春‘永川香道’文创展”“他吸引了全世界的目光——纪念周恩来总理珍品展”等为主题的临时展览共13场次。年度新签订3所馆校共建学校，学校进博物馆59次，人数6769人次。博物馆进校园13次，人数29580余人次。全年接待观众总量46万人，讲解总量554场次。

【玉屏书院】 玉屏书院位于永川老城三河汇碧文创街区，2021年9月建成投入运行。书院占地1500余平方米，藏书共1万余册，涵盖经典名著、人文社科、小说漫画各种类别，是永川最大的社区图书馆。书籍可以现场免费借阅，也可以出售。书院除设有免费阅读空间外，还设有手工制作坊、城市记忆展厅、年代小馆。手工制作坊里陈列着手工文创作品，小小的物件里充满手工艺人的创新创意。城市记忆展厅里，一张张照片诉说着三河汇碧曾经的辉煌、落寞以及现在的重生蝶变。年代小馆里，陈列着永川市民捐赠的老式缝纫机、黑白电视机、收录机等老物件，充满年代风味。

【永川图书馆新馆建成】 2021年12月，永川图书馆新馆建成。永川图书馆新馆是以国家一级图书馆标准建设的，面积7040平方米，是具有“先进设施、智能管理、高效服务、文旅融合”的一流公共图书馆。藏有印刷文献50万册，有服务人员22人。设有信息查询、图书阅览、借还、少儿阅览、报刊阅览、老年阅览、视障阅览、数字文献阅览、读者自习及展览、培训、讲座、阅读体验、阅读宣传推广、读者服务等功能窗口20余个，可同时接待读者1000余人。

群众文化

【概况】 2021年，永川区大力唱响主旋律，丰富群众精神文化生活，以形式多样的群众活动为中国共产党成立100周年华诞献礼，激发广大群众热爱党、热爱祖国、热爱社会主义的热情。组织开展第九届重庆永川国际茶文化旅游节开幕式、重庆市第六届运动会开（闭）幕式、重庆市第六届残疾人运动会开（闭）幕式文艺演出等大型文艺活动。举办“他吸引了全世界的目光——纪念周恩来总理珍品展”“墨法正源”——2021中国画学术邀请展等群众文化活动。

【文化惠民工程】 2021年，永川区实施公共文化免费开放服务，不断丰富文化供给。采购公共文化服务进基层演出504场，连续开展川剧月月演，放映惠民电影2900场次。引进《宝莲灯》《白雪公主》亲子儿童剧。永川区文艺空间举办7场展览，展出作品2000余件。

【群众文化活动】 2021年，区文化旅游委组织开展永川马拉松赛氛围营造、第九届重庆永川国际茶文化旅游节开幕式、重庆市第六届运动会开（闭）幕式、重庆市第六届残疾人运动会开（闭）幕式文艺演出等大型文艺活动。围绕庆祝中国共产党成立100周年主题，相继举办永川区庆祝中国共产党成立100周年“奋斗者之歌”

文艺展演、庆祝中国共产党成立100周年音乐专场演出、“弦音寄深情 百年颂党恩”百人二胡广场音乐会、“永跟党走”永川区戏剧展演、“唱支山歌给党听”永川区庆祝中国共产党成立100周年合唱比赛、“巴渝儿女歌唱党”万人同唱一首歌永川分会场活动、“永远跟党走——欢跃四季·舞动巴渝”永川区第九届广场舞展演等群众文化活动500余场次。

【民俗文化活动】 2021年，永川区开展迎春“永川香道”文创展、永川区第五届斗茶大赛、“茶竹山水旅游·汉服秀芽迎宾”——“汉服爱好博主茶旅游”主题活动、“匠心展示文旅风采·献礼建党百年华诞”——永川非物质文化遗产产品展等活动。开展春节“非遗过大年文化进万家”镇街非物质文化遗产展示活动21场次。

【重庆市第六届运动会开幕式文艺展演】 2021年5月18日晚，重庆市第六届运动会开幕式在永川体育中心举行。文体展演时长50分钟，分为《山水之城·美丽之地》《勇立潮头·海纳百川》《百年荣光·再铸辉煌》3个篇章，3000余名演员参与表演。每个章节都利用声、光、电、数字影像等高科技元素，在舞台空中增加使用VR虚拟现实、维亚塔LED、全息投影等技术，以3D裸眼、立体视屏、全彩投影以及无人机等形式表演，突出重庆“山水之城、美丽之地”“行千里致广大”的颜值、气质，以及庆祝中国共产党成立100周年主题，充分反映新发展阶段、新发展理念、新发展格局的时代特征和巴山渝水的地域特点。同时，将永川“科创中国”试点城市、亚洲足球展望城市、茶竹之城、欢乐之都、西部职教基地的城市特点进行有机融合，深刻解读永川“永立潮头、海纳百川”的人文精神。《茶竹飘香》现场制造出皓月当空、暗香浮动的意境，踏歌采茶的姑娘，与蝶欢舞，尽享自然。乘坐双层巴士进入《欢乐之都》，来一场妙趣横生的丛林探险之旅，尽享快乐无限，体验心跳加速。马达轰鸣、汽笛鸣响，坦克300、长城炮、雅迪摩托驶入会场，诠释着永川工业脱胎换骨、建设《制造重镇》。当川剧遇到5G时代，《智慧名城》让传统与现代激情碰撞，创造与速度彼此惊艳。热情的“好运娃娃”与青春活力的职教学生在蹦床上共舞，《幸福永川》《六运之光》跃动着永川人民积极向上的姿态。一抹红色的印记，仿佛一道温润的血脉，缓缓涌入场中，浸润巴渝，遍染山河，《红梅礼赞》《筑梦征程》致敬历史、书写未来。

【重庆市第六届残疾人运动会开幕式文艺展演】 2021年6月6日晚，重庆市第六届残疾人运动会在永川体育馆开幕。开幕式文体展演围绕“向光而行，与梦共曜”主题，分为《我是你的阳光》《我是你的伙伴》《我们共赴未来》3个篇章。每个章节都利用声、光、电、数字影像等高科技元素，在舞台空中增加使用VR虚拟现实、维亚塔LED、全息投影等技术，呈现出惊艳、唯美、大气的视觉效果。以体育为名，表现残疾人运动员在竞技舞台上勇于挑战、战胜自己、创造幸福的良好精神风貌和温暖感人瞬间，真正为残障群体打造一场正能量积聚，向未来憧憬的开幕式演出。将科技元素与体育精神相融合，与场内表演者互动结合，炫彩激情，美轮美奂。文体展演打破传统，以光影沉浸、故事表达、情景歌舞、动人讲述等形式相结合，展示重庆魅力，融入永川元素，展现多元创新，博爱包容、竞技活力、共享未来的城市特有气质，突出庆祝中国共产党成立100周年主题，充分反映新发展阶段、新发展理念、新发展格局的时代特征和巴山渝水的地域特点。作为东道主的永川，将“科创中国”试点城市、运动之城、活力之都、西部职教基地的城市特点进行有机融合，全面展现永川为建设“高质量发展先行区、高品质生活示范区”的生动实践，为观众们了解永川、认识永川、感受永川提供一个全新的窗口。对永川全面落实各类惠残政策，全力做好残疾人就业、康复、教育、家庭无障碍改造等重点工作，打造贫困失能残疾人的幸福港湾进行立体展现，深刻解读永川“永立潮头、海纳百川”“残健共融、共享芬芳”的人文精神。

【“他吸引了全世界的目光——纪念周恩来总理珍品展”】 6月11日至7月10日，在永川博物馆临展厅展出。6月11日，国防大学政治部原主任周尔均，中央警卫局原副局长、周恩来总理卫士高振普出席开展仪式。开展仪式上，现场播放纪录短片《百年不了情》，再现周恩来总理的音容笑貌。高振普深情地讲述着周恩来总理的往事，让观众更真切地感受到周恩来总理崇高的思想情操、道德风范和特有的人格魅力。该次展览分为“昭”“公”“清”“爱”四个部分，以独特的风格，生动地展现周恩来崇高的思想品德与特有的人格魅力，深情地表达国内外各界人士对他的深切怀念之情，具有很高的历史价值和艺术价值。展览重点展示荣获国家多项大奖的电视艺术片《百年恩来》摄制组在拍摄过程中收集并珍藏多年的国内外知名人士的题词、书画和摄影珍品。包括万里、宋任穷、萧克、张震、张爱萍、谷牧等多位老一辈革命家，巴金、曹禺、臧克家、周巍峙、吴祖光等多位文学艺术大师，西哈努克、基辛格、池田大作、韩素音等多位国际知名人士的亲笔题词；赵朴初、关山月、沈鹏、李铎、李琦、韩美林等多位书画艺术大师专为《百年恩来》及本展览题写的书画作品；意大利著名摄影家焦尔乔·洛迪面赠周恩来亲属并题词的《沉思中的周恩来》原版照片等传世之作。展览首次公布珍藏于俄罗斯国家档案馆的周恩来重要历史档案，以及周恩来亲属和身边工作人员提供的珍贵史料。

【“唱支山歌给党听”永川区庆祝中国共产党成立100周年合唱比赛】 2021年6月23日，“唱支山歌给党听”永川区庆祝中国共产党成立100周年合唱比赛在永川文化艺术中心举办，有32支队伍，1600余机关干部参加。经过精彩的比拼，宣传系统、府办系统、政法系统、中山路街道、农业系统、建设系统、板桥镇、松溉镇荣获一等奖；双石镇、胜利路街道、商委系统、党群系统、三教镇、来苏镇、大安街道、永荣镇、陈食街道、青峰镇荣获二等奖；红炉镇、卫星湖街道、发改系统、临江镇、南大街街道、五间镇、茶山竹海街道、何埂镇、金龙镇、宝峰镇、朱沱镇、吉安镇、仙龙镇、卫生系统荣获三等奖。

【“巴渝儿女歌唱党”万人同唱一首歌永川分会场活动】 2021年6月23日，“巴渝儿女歌唱党”万人同唱一首歌永川分会场活动在兴龙湖公园腾龙广场举行，400余名群众参加合唱。演唱歌曲有《唱支山歌给党听》《党啊亲爱的妈妈》《把一切献给党》《走向复兴》《没有共产党就没有新中国》等。该次活动推动全区基层群众文化繁荣发展，为庆祝中国共产党成立100周年营造良好氛围。

【我们永远向太阳——庆祝中国共产党成立100周年重庆市“红岩少年”阅读大赛】 2021年10月10日，“我们永远向太阳——庆祝中国共产党成立100周年重庆市‘红岩少年’阅读大赛”少儿讲故事第二场复赛于在永川文化艺术中心举行。来自永川区、合川区、钢梁区、潼南区、璧山区、江津区、大足区、双桥经开区、荣昌区、长寿区等10个公共图书馆选送的30名选手参赛。经过综合网络投票和专家评审团打分，评出一等奖8名、二等奖10名、三等奖12名。

【重庆市第八届“海棠香国”美术作品展】 2021年9月28日，在永川文艺空间举行。该次展览由重庆市文学艺术界联合会、重庆市美术家协会及永川区、大足区、荣昌区、铜梁区、潼南区、合川区、江津区、璧山区、石柱县联合主办，由以上9区县文联、美协承办，区文化艺术馆协办。该次展览集中展示9个区县美术工作者，以画笔记录时代，以丹青颂扬党恩，投身中国共产党成立100周年为主题创作的美术作品111幅。作品展现形式繁多，有国画、油画、版画、水粉水彩画等，画面精美，极具观赏性。“海棠香国”美术作品展已举办7届。

【2021重庆市街舞大赛永川分赛】 2021年9月25日，“欢跃四季·舞动山城”2021年重庆市街舞大赛永川区选拔赛在永川万达广场举办。比赛分为单人赛和齐舞赛，单人赛有130人参加，齐舞赛有15支街舞队伍参加。经过紧张激烈的比拼，最终角逐出单人冠军1名、单人亚军1名、单人四强2名、单人八强4名，齐舞冠军2个、齐舞亚军2个、齐舞季军5个以及组织工作奖9个。

（区文化旅游委　刘龙宇）

文学艺术

【概况】 2021年，永川区公开出版文学艺术专著17部，公开发表作品2000余件。其中，市级以上发表作品800件，在市级以上展赛中入展获奖作品400件，在国家级刊物、展赛中刊载、入展获奖作品100件。公开出版发行“文心献党”系列丛书13部，是永川文学有史以来第一次大规模组织出版的丛书。《叶片上的童话》《会走路的树》《大风的嘴巴》等3本儿童诗绘本集，上榜抖音儿童文学爆款榜第一名。美术作品《城市印象之七十八家园》等3件作品入选全国美展。3件书法作品入选第十届全国中小学教师书法作品展。摄影作品《晒青稞》入选中国第18届国际摄影艺术展，是重庆入选国际影展2幅作品中的一幅。舞蹈《书记，爸爸》到广州参加第十三届全国舞蹈展演。

【文学活动与创作】 2021年，永川区作家协会有会员197人，全委会委员25人，主席团成员13人。下设秘书处、创联部、组联部、宣传部、《永川文学》编辑部、《创新永川》编辑部、微刊编辑部、《永川文艺年鉴》作协部分编辑部等8个工作部门，设诗联、新诗、小说、散文、儿童文学、纪实、评论、朗诵、网络、在外作家等10个专委会。全年吸收新会员6名。蔡有林成为中国作协会员，永川作协共有6名中国作协会员。诗人付彬、李小毅、蔡昌明、黄家田被批准为中华诗词学会新会员。付彬被批准为重庆市作家协会新会员。高勇、刘小红、凌妮被批准为重庆诗词学会新会员。名誉主席张兵被推选为重庆市作协文学院副院长。编辑出版永川作协系列丛书之《永川记忆》《诗文永川》，编辑出版《永川文学》春、夏、秋季纸质刊和电子刊，编辑出版《创新永川》科技月刊10期、《永川文学微刊》创作9期。会员在国家级发表、获奖作品80余件，在省级刊物发表、获奖作品180余件，公开出版专著16部。全年承办“棠城文艺大讲堂”2期，邀请著名诗人、重庆市诗词学会副会长陈仁德作题为《浅谈古风》《漫谈辞赋》的讲座。邀请《诗刊》副主编、《中华辞赋》社社长王冰作题为《中西文化背景下的中国文学创作的状况与背景》的演讲，《诗刊》编辑部副主任、《中华辞赋》副总编江岚作题为《五古与七古的写作浅谈》的演讲，《诗刊》《中华辞赋》编辑韦善木（韦树定）作题为《填词之四度三法》的讲座。

2021年，永川区作家协会召开主席团会议3次，向重庆作协推荐会员7名，向中国作协推荐会员4名，增补易福灵、付彬为主席团成员，补选付彬为区作协秘书长，推选龙远信为区作协法人代表，增补易福灵、蔡铭为区作协全委会委员。召开区作协秘书处及专委会工作会，研究与区融媒体中心播音主持部在永川电台调频FM100.7联合办好《为你朗诵》《棠城生活+》《讲百年党史·听党员故事》等节目的相关事宜。召开会员大会，推选重庆市作协第五次作代会代表9名。召开第七届三次全委会暨年会，表彰年度先进集体和个人。与区诗词学会联合举办的2021海棠诗人节活动。邀请重庆市作协副主席谭竹到永川举办题为《文学创作的方向》的讲座。为永川板桥镇文艺书院赠书50册。蔡有林参加在《行千里　致广大——重庆人文丛书》特色文化分卷大纲目录论证会并汇报永川特色文化篇提纲撰写情况。向重庆市文学院推荐一批中长篇力作。与四川省泸州市作协签署共同发展协议。组织会员到重庆宜家物业有限公司、永荣小区、滨湖小区、永能汇龙花园、永川区人民医院、重庆渝琥玻璃公司开展采风活动，到石笋山情山度假酒店洽谈挖掘打造石笋山旅游文化事宜。派出5名会员参加重庆市作家协会重庆文学院举办的第一届中青年作家高级研修班学习。会员应邀参加四川省文联、重庆市文联联合组织的长江、嘉陵江红色采风活动和重庆市红十字会组织的采风活动，以及合川作协、四川省合江县的“荔城诗会”。

【美术活动与创作】 2021年，永川美术家协会开展主题美术创作培训、主题美术作品创作、主题美术作品展览，大力实施“四个一”工程，即联合举办一期庆祝中国共产党成立100周年主题美术创作培训班，组织创作一批庆祝中国共产党成立100周年主题美术作品，策划实施一系列庆祝中国共产党成立100周年美展活动，编辑出版一本庆祝中国共产党成立100周年永川优秀美术作品集。全年共组织创作展出美术作品176件（次）。彭洪兵的作品《城市印象之七十八 家园》入选第十届全国（大芬）中青年油画作品展，陈华利的作品《书画赶场》入选“新生活·新风尚·新年画”——我们的小康生活云上主题美术作品展，陈华利的作品《下乡》入选“幸福小康 美好生活”全国农民画作品展。63件作品入选重庆市美展，83件作品入选永川区美展，27件作品入选跨区域美展。共有7件（件）作品获奖，其中获重庆市美展一等奖1件、二等奖1件、三等奖3件、优秀奖2件。

【书法活动与创作】 2021年，永川区书法家协会在春节前一个月，组织会员100余人次分批送福送春联到乡镇、机关、企业、小区20余次，累计送出春联5000余幅、“福”字3000余个。全年组织开展临帖、创作、投展等方面的书法沙龙活动10余次。针对重庆市第三届临帖展、重庆市第二十届美术书法摄影联展、重庆市第十一届书法篆刻展和重庆市第二届妇女展，组织会员看稿9次，打磨作品120余幅。全年新吸收会员28人，向重庆市书法家协会推送会员1人。每逢佳节，协会主席团代表都去看望永川书协终身名誉主席傅晏风，为他送去节日祝福，并悉心聆听老前辈对书协发展的意见建议。全年会员获得市级奖项35人次。其中，在第二十届重庆市美术书法摄影作品联展中，梁永第获一等奖，徐崇尧获二等奖，刘春梅获三等奖。在重庆市第三届临帖书法（篆刻）展中，戴子涵、梁勇弟获奖。在重庆市第十一届书法篆刻作品展中，梁勇弟、李冰林获奖。在“永远跟党走——百年风华·重庆市篆刻作品展”中，梁勇第获优秀奖。在“庆祝建党百年·赓续红色血脉”重庆本土红色优秀文艺作品评论中，梁勇第获三等奖。组织书法家志愿者走进永川区人民医院开展“笔赞天使 联颂大爱”活动。组织会员10余人现场表演书法活动，为体育健儿喝彩，为永川马拉松赛助力。承办“初心百年永相随——百名百幅党史主题书法展”，从宣传、征稿、评审、出版作品集、到展出，历时3个月，精选122幅作品参展。组织会员到成都福宝印社参观艺术品复制间、美术馆、装裱厂及书法培训学校，到重庆西泠书房学习考察，到合川参观重庆市第十一届书法篆刻展。

【摄影活动与创作】 2021年，永川区摄影家协会团结带领全体会员、手机摄影专委会会员、中老年摄影专委会会员，搞活动搞赛事、联络协调、完成各项工作任务。全年新发展会员6名，9名会员加入重庆市摄影家协会。与区委老干局合作，利用活动中心电教室为会员和广大摄影爱好者开设摄影初级班、中级班、提高班培训课。曾勇、周兴健、敖云、叶盛民、李松茂、马春明分别担任授课教师，系统讲解摄影理论知识和摄影实践创作能力。邀请重庆市摄影家协会副主席李文勇作题为《以饱满的激情深入拍好新永川，用优秀的作品向建党100周年献礼》的摄影专题讲座。鲁思刚参加中国摄影家协会北京函授学院举办的“春风计划”市县级摄影人才第一期培训课程学习。举办脱贫攻坚摄影展，展出作品200余幅。承办重庆群众艺术馆的脱贫攻坚摄影展，参展作品30幅。承办国际茶旅节摄影展，参展作品40幅。协办渝西摄影联盟第七届摄影联展、庆祝中国共产党成立100周年川渝五地摄影联展、庆祝中国共产党成立100周年暨“第二届海棠摄影艺术展”、第六届重庆市社区艺术节——手机摄影展、泸州市第十一届书法美术摄影展、崛起新城摄影展、第九届重庆市摄影艺术展。分别与四川省泸州市、四川省广安市、重庆市渝北区、重庆市城口县、重庆市江津区、合川区、荣昌区、铜梁区、潼南区、璧山区摄影家协会开展摄影交流和创作活动。全年会员在省级以上获奖、入选、发表摄影作品300余幅组。其中，荣增富创作的《晒青稞》入选中国第18届国际摄影艺术展。敖云创作的《无人机助农奔小康》获重庆市丰收节金镜头奖。周兴健创作的《机不可失》获第六届重庆市“和谐社区 幸福生活”二等奖。张维影创作的《互助》获“我爱重庆精彩一日”二等奖。刘洪兵创作的《代沟》获重庆市“文化遗产 赋彩生活”摄影大赛二等奖。10幅作品入选渝西文化馆联盟2020《万众一心，抗击疫情》主题美术、书法、摄影作品展。20幅作品入选“泛涪江流域”美术、书法、摄影双年展。在第二十届重庆市美术书法摄影联展中获一等奖1个、二等奖1个，入选8幅。在第九届重庆市摄影艺术展中获铜奖1个，入选2幅。在第六届重庆市社区艺术节手机摄影展中获二等奖1个、三等奖1个，入选8幅。60余幅（组）新冠肺炎疫情防控摄影作品、200余幅（9组）脱贫攻坚摄影作品被“重庆市摄影家协会”微信公众号选用。

【舞蹈艺术活动与创作】 2021年，永川区舞蹈家协会有会员89名，新增区级会员11名。其中，国家级会员7名，重庆市舞蹈家协会会员32名，团体会员4个。有青年志愿者舞蹈队、少儿舞蹈艺术团各1个。以创新的艺术手法结合永川历史人物、建设发展事迹创编舞台党课演绎《共产党人的别样情怀》《城市马拉松》《约会到现场》《我为你骄傲》4个剧目，受到中共重庆市委机关党工委，中共永川区委领导的高度赞扬。与永川区文化艺术馆、永川区美术馆联合举办“永远跟党走 奋进新时代”2021年永川区庆祝中国共产党成立100周年暨免费开放服务成果展演（舞蹈、音乐、戏剧、曲艺）综合专场演出。演出舞蹈、声乐、语言表演共46个节目。授予望城幼儿园“新时代幼儿舞蹈美育工程”教学基地。筹备“欢跃四季·舞动山城”——2021重庆市街舞大赛永川片区选拔赛。与四川省泸州市舞蹈家协会建立互联、互通、互助的交流沟通、联合合作的友好工作机制。由会员黎丙松、肖莉、易信任、李丹丹创作的舞蹈《书记，爸爸》参加全国第十三届全国舞蹈展演，被重庆市选拔参加全国群星奖比赛作品。在铜梁区举办的庆祝中国共产党成立100周年“同心向党·炫舞原乡”渝西舞蹈大联动中，会员黎丙松、易信任排导的女子群舞《一抹红》获得优秀表演奖。由会员黎丙松、孙林排导的男子群舞《十月·记》获得最佳表演奖。会员陈亚芳、汪琳琳、陈怡萱发表论文4篇。

群舞《书记，爸爸》参加第十三届全国舞蹈展演 2021年10月23日、24日由永川区文化旅游委打造，永川区文化艺术馆和重庆文理学院音乐学院共同创作演出的群舞《书记，爸爸》到广州参加第十三届全国舞蹈展演，在广东艺术剧院进行两场精彩演出。该次演出是永川区原创舞蹈首次站上全国舞蹈艺术领域规格最高、影响最大、水准最高的舞台。重庆选送舞蹈作品20余件，仅有永川的《书记，爸爸》和重庆芭蕾舞团的《大足气韵》两件作品入选。群舞《书记，爸爸》由19名舞蹈演员表演，作品以第一书记为创作素材，通过“女儿”的心理活动，回忆、见证“父亲”作为第一书记用汗水温润热土，用生命为群众蹚出脱贫之路的动人故事。舞蹈中反复出现的道具板凳，既喻示着书记开院坝会、走访贫困家庭等不同的情节发展，也象征着弯弯曲曲的田埂、蜿蜒曲折的山路，脱贫攻坚中的艰难险阻，百姓通往幸福生活的康庄大道等。该作品还曾荣获重庆市委宣传部、市文化旅游委主办的2020年第九届乡村文艺会演一等奖，获推重庆市参评全国群星奖舞蹈类重点培育作品。

【诗词活动与创作】 2021年，永川区诗词学会有区级会员318人，市级会员76人，国家级会员22人，有中小学和企业分会18个。内设秘书处、编辑部、书画部、活动部、记者部、新诗部、老年部、吟颂社、绿丝带诗社（残疾人诗友组成）等。全年筹建凤凰湖中学、凤凰湖小学分会，撤销南大街小学分会、中医院分会。新加入中华诗词学会4名，重庆诗词学会8名，新发展区级会员18名，除1—3月和7—8月外，间周一次开展周末沙龙活动。疫情防控期间开展分韵作诗、依韵和诗、镶金嵌玉、同题诗会等活动。开展党史学习教育及中国共产党成立100周年创作研讨会。以国庆节游兴龙湖、永川大数据产业园、中国共产党成立100年等为题开展4次同题词赛。主办2021年海棠香国诗人节活动，邀请区作协、区楹联学会，四川省泸州市、四川省江阳区、四川省合江县，永川区融媒体中心等相关企业界人士150人参加活动。创办青年骨干培训班，30名青年诗人参与，每月布置阅读、写作、评改等作业，通过定期培训、研讨、采风等措施，培养一批青年诗词中坚力量。其中，7人拟推荐为市级会员，2人拟推荐为国家级会员。承担2次棠城文艺大讲堂活动，与区作家协会共同邀请《诗刊》副主编、《中华辞赋》杂志社社长王冰和《中华辞赋》副主编江岚等作讲座。参与区文联组织的党史学习、文艺志愿者下基层、文艺空间展览等活动。与区新城管委会签订合作协议，代办《永川人大》，争取企业支持、文联奖补等资金10余万元。铭师堂、昌州大药房等为学会无偿提供活动场地、水电。组织诗友为新城创作诗词上百件，组织诗友参与新城朗读者等活动。不定期为相关景区、企事业单位创作诗联书画作品。组织会员到各景区、新城区、新成立的永和小学分会、南华宫小学分会采风，应邀到四川省泸州市江阳区和四川省泸州市合江县、贵州省仁怀市等地采风、交流。全年出版《永川诗苑》3期。编印渝蜀黔毗邻地区诗词研讨会会刊《三边风韵》1期，编发永川诗词微刊12期。会员在《人民日报》《诗刊》《中华诗词》《中华辞赋》《重庆诗词》等发表作品200余件，出版会员个人专辑11部。慰问石天河、王文钦、周明扬、蒋兴善、罗静远等90岁以上高龄会员，分别向他们赠送防疫物资、慰问品，并安排中医上门做健康体检。会员唐云龙获第八届华夏诗词奖二等奖。

【音乐活动与创作】 2021年，永川音乐家协会有会员245人。其中，国家级会员8人，市级会员53人，区级会员184人。有主席7人，理事23人，下设秘书长、副秘书长分别1人，下设音乐理论研究创作专委会、社会音乐教育培训专委会、社会音乐活动专委会。全年区向重庆市音乐家协会推荐会员11名，召开主席团会议3次。与区文联工会、区融媒体中心共同主办“不忘初心 牢记使命 永远跟党走”文艺演出。协办“永远跟党走·奋进新时代”民族音乐会（永川专场）活动。到四川省内江市音乐家协会开展文化交流考察活动，策划开展川渝（永川—内江）两地“永远跟党走·奋进新时代”音乐展演活动。组织会员参观“他吸引了全世界的目光”——纪念周恩来总理珍品展。会员张血玲撰写论文《论音乐教学里的文化意蕴》获得重庆市第三届小学音乐教学论文评选一等奖，指导的《非洲音乐之旅》一课获得重庆市2021年音乐教师（初中）现场课评比一等奖。会员陈善莲在重庆市第十六届中小学生才艺大赛中荣获优秀指导教师。

【曲艺活动与创作】 2021年，永川区曲艺家协会有会员108人，其中重庆市级会员20人，国家级会员4人。在望城幼儿园建成曲艺传承培训基地，开展以语言艺术为主要，四川清音、四川盘子、四川方言和快板书等内容的曲艺传承培训。胜利小学、临江小学、茶店中学、渝西艺术学校等曲艺传承培训基地运行正常，曲艺传承培训基地获得教育部表彰。参与中国农民丰收节暨首届永川乡村艺术节的筹备和展演活动、重庆市曲协全国少儿曲艺作品征集创作活动、重庆市曲协宣传贯彻党的十九届六中全会精神系列创作活动、第八届全国道德模范主题曲作品征集活动。陈星萍四川清音传承团队参加公益性演展30余场。会员熊昆信创作、崔松林编导的快板书《党的光辉照我心》，荣获重庆市中小学艺术比赛三等奖，永川中小学艺术节比赛二等奖。

【民间文艺活动与创作】 2021年6月，永川区民间文艺家协会通过区民政局年检。全年共吸纳各项艺术门类会员60余人，共有会员300余人。会员周垂俊加入中国民协，共有中国民协会员3人。会员刘汉杰、李由、高新元、黄修福加入重庆市民间文艺家协会。承办永川区农民丰收节暨首届乡村艺术节。在首府饭店举办重阳节茶话会。协会民族舞演艺队、曳步舞演艺队、舞韵交谊舞队参加重庆市第六届运动会开幕式文艺展演。协会民族舞演艺队在永川区第九届群众广场舞大赛中获第三名，参加庆祝中国共产党成立100周年永远跟党走文艺演出，参加永川区科普宣传日启动仪式，获第一名。唐礼茂的剪纸作品《百年征程初心如磐》和《五福献礼》入展“百年风华，百花齐放——庆祝中国共产党成立100周年重庆市民间工艺主题创作展”，高新元的书法作品在《书法报》组织的“鱼水情深”书画展活动中被评为优秀作品，并入编《鱼水情深·八一建军节书画作品展作品集》。

【楹联活动与创作】 2021年，永川楹联学会有会员97人，其中国家级会员26人、重庆级会员37人，中国楹联学会对联文化研究会研究员3人，中国楹联学会名誉理事1人，重庆市楹联学会副会长1人、理事2人。全年新增区级会员4人、重庆市级会员7人。会员在市级以上刊物发表作品327副/篇，其中在国家级刊物《中国楹联报》《对联》杂志上发表作品116副/篇，在市级刊物上发表作品211副/篇。联合永川老年书画研究会在文曲广场举办“庆祝中国共产党成立100周年”楹联书画作品展，50余名楹联、书画家们现场书写楹联、诗词作品100余副，展出楹联、书画、摄影作品180余副。组织开展“庆祝中国共产党成立100周年”征联活动，共有31人参加，评选出一等奖对联2副、二等奖对联3副、三等奖对联5副、优秀奖对联10副。举办楹联讲堂2次，邀请张昌华、高勇担任主讲老师。开展即兴对课沙龙活动9次，由周明扬、冯泽尧、高勇、王仕新、黄家田、冯素兰担任点评嘉宾，受教联友400余人次。开展神女湖采风活动1次，会员19人参加。持续抓好微信对课，根据微信对课反映出的问题，调整完善对课点评激励机制。微信对课坚持每月一题一对，由名誉会长冯泽尧主抓，学会顾问、资深专家轮流点评。同时开展线上小组微信对课活动，有楹枣园、六人联唱、四人联歌3个对课群。开展辛丑年新春联、贺全国“两会”召开、悼念共和国勋章获得者袁隆平院士、国家非物质文化遗产——重庆市松溉古镇熊氏砣杆秤、庆祝永川红河小学建校十周年、农民丰收节等题材的创作投稿活动。会员参加荣昌区玉带桥文化生态公园开园暨“重庆市楹联创作基地”授牌仪式、“重庆楹联家走进美丽乡村”采风活动。

【文艺创作活动及评论】 2021年，永川区文艺评论家协会召开年会暨第换届大会，陈龙国当选主席，钟代军、李芹燕、何云贵、李劲松、袁昌明当选为副主席，袁昌明兼任秘书长，余健荣、胡牧、徐小军任副秘书长。健全秘书处，设立文学评论专委会、舞台评论专委会、影视评论专委会，艺术评论专委会。健全各项规章制度，认真落实财务管理制度，严格按规定使用协会经费，及时做好协会工作计划、工作总结的撰写和报送工作，按要求完成年检。按要求召开全委会及专题会议，注重加强上级文件精神传达学习，认真研究人事调整、重大事项、重点工作。新入会9名，按章程淘汰部分会员，共有会员65人。会员参加学习培训、交流活动23次，努力提升文艺创作和评论水平。（区文联）

档案管理

【概况】 2021年，永川区档案管理工作本着“为党管档、为国守史、为民服务”的理念，提高政治站位、强化责任担当、切实履行职责。区委常委会第189次会议学习贯彻习近平总书记关于档案工作重要指示精神及市委常委会会议精神。制作《档案工作汇编》，区委办公室理论学习中心组组织专题学习1次。收集各单位档案工作分管领导及科室负责人有关情况，建立全区档案工作沟通联络机制。梳理出重点建设项目档案验收等9项行政审批事项，入驻永川区行政服务中心大厅一楼“一窗综办区”。

【档案法治建设】 2021年，永川区档案局主动学习，宣传贯彻新档案法。将新修订档案法纳入中心组学习，纳入党校行政学院的培训课程，帮助党政领导干部和机关、团体、企业事业单位人员强化档案意识，掌握档案法律知识。结合国际档案日系列宣传活动，把宣传、培训新修订档案法列为“八五”普法工作的重点内容，强化群众档案法治意识。

【档案接收整理】 2021年，印发《重庆市永川区档案局关于进一步做好脱贫攻坚和疫情防控档案工作的通知》和工作方案，明确收集整理标准、完成时限和移交范围，明确责任单位，细化任务分工，专人分片区、分部门指导脱贫攻坚档案和疫情防控档案整理工作。永川区档案馆接收区农业农村委及23个镇街脱贫攻坚档案及其数字化副本：文书档案5万余件、项目档案844卷、照片档案150张、财务档案54册、分户档案4312卷，实物档案13件。接收疫情防控相关的文书档案2300件，数字化著录条目2300条、画幅19050页；报送目录69条。接收46个机关、事业单位及人民团体2000年以来文书档案数字化副本5000余卷、53万余件。接收污染源普查档案4857件，9个国有企业退休职工人事档案2043盒。

【档案安全管理】 2021年，永川区档案馆加强和规范档案收集管理，严防各类档案安全事故发生。印发《重庆市永川区档案局关于开展档案督查检查工作的通知》，明确督查检查时间、对象、内容、方式等。全区各立档单位均已开展自查自纠工作，并反馈档案工作落实情况。印发档案督查检查工作方案，对全区各单位档案工作情况开展现场督查检查，对发现的问题提出整改要求。对外包服务单位从人员资质、安全制度、流程台账、加工场所与设备要求等方面进行把关，严格执行有关制度，确保档案安全。全年完成馆藏272个全宗单位、18万余卷档案数字化扫描加工工作，馆藏档案数字化率100%。馆藏档案开放审查5000卷、177426件，确保档案信息安全。

【档案业务指导】 2021年，永川区档案局做好档案业务指导工作。全年到区农业农村委、区卫生健康委、区教委、23个镇街及村（社区）开展档案业务指导52次。

【档案开发利用】 2021年，永川区档案馆接待档案业务咨询、查阅利用者3000余人次，提供案卷5000余卷/件，为党员干部补充完善个人档案材料，为人民群众办理社保医保、工龄认定、房产土地维权、解决经济纠纷等提供档案证明。

【档案宣传教育】 2021年，永川区档案局配合重庆市档案局《百年追梦人》项目，完成《横跨一甲子的选民证》《云雾山村好媳妇》档案故事的撰写，浏览量25676人次。联合区档案馆以“建党100年，永恒信念”为主题，收集20余名老干部、劳模、退役军人等捐赠的物品，组织开展“100件革命实物展”。与区融媒体中心联合开办《永川档案》和“解密历史、探寻传奇”栏目，推动档案成果转化，发挥文化引领作用，服务永川经济社会发展。

（区档案局屈茜、区档案馆苏培军）

地方志

【概况】 2021年，永川区印发《重庆市永川区人民政府办公室关于大力促进新时代地方志事业发展的意见》《重庆市永川区人民政府办公室关于成立永川区地方志编纂委员会的通知》。全年收集整理2021年1月至12月大事记，与全国各省、市、县地方志工作机构交流地方志成果50余册。

【志书编纂与出版】 2021年，永川区档案馆指导永川区人社局编纂出版《永川区人资源和社会保障志（2006—2019）》，指导永川中学、来苏小学等学校编修志书，其中《永川中学校志》已送出版社公开出版。

【年鉴编纂与出版】 2021年，永川区档案馆完成《永川年鉴（2021）》编辑、公开出版工作，印刷1000册。全书62万字，由卷首、特载、特辑、百科、附录、索引6个部分组成。除特载、附录采用综合性文章外，其余内容均以条目为表现形式。全书共设类目35个，分目210个，条目890个，表格12个，并有随文插图149幅，文前有图片26幅及地图1幅。

【旧志整理与出版】 2021年，永川区继续推进旧志整理工作。7月，影印清·乾隆《永川县志》500册。8月，完成清·乾隆《永川县志》点校初稿，11月通过重庆市地方志办公室评审。清·道光《永川县志》整理工作顺利推进。

【地方志资源开发利用】 2021年，永川区档案馆更换方志馆触屏图片文字资料。为丰富方志馆馆藏，购精品志书、精品年鉴、全国名村名镇志20余册。收到重庆市地方志办公室整理、影印的明《万历重庆府志》1套、《重庆历代方志集成》1套。指导南大街街道黄瓜山村完成村史馆布展。指导板桥镇红色记忆馆建设，向板桥镇红色记忆馆赠送《永川县志》《永川市志》《永川年鉴》等地方志书籍30余本。

【地方志信息化建设】 2021年，永川区档案馆及时更新重庆市地方志办公室网站中永川区板块内容。报送出版的地方志书籍电子版，方便读者阅读利用。全年上报信息22篇，重庆地方志网站采用13篇，中国地方志网站、《重庆地方志》、重庆地方志微信公众号等采用10余篇。

（区档案馆　李治碧）

文化遗产保护

【概况】 2021年，永川区不可移动文物数量多、分布广、种类丰富，共有各级不可移动文物728处。其中市级文物保护单位8处，区级文物保护单位51处。

【文物保护】 2021年，区文化旅游委加大对不可移动文物的保护力度。为所有不可移动文物建档，实行专柜专人管理。划定并公布市、区级不可移动文物保护范围和建设控制地带，督促责任单位对市、区级古建类文物保护单位配备灭火器，对电线进行穿管处理，保障文物安全。对革命文物、石窟寺及摩崖造像开展调查，为后续保护和研究奠定基础。对来苏抗战纪念碑进行修复，并进行防风化处理，对其结构性病害进行专业加固保护。

【文物考古发掘】 2021年，区文化旅游委完成多个考古调查与发掘项目。考古调查包括三环高速陈食至油溪段文物调查勘探、江津至泸州北线高速公路（重庆段）文物调查勘探、重庆市永川区白沙水库工程文物调查勘探、三教产业园（未建设区域）文物调查勘探、港桥产业园热电联产项目文物调查勘探、港桥产业园笋桥拓展区（未建设区域）文物调查勘探、凤凰湖产业园莲花塘片区文物调查勘探等。全年没有主动性考古发掘项目，开展的发掘项目是为配合基本建设而进行的发掘项目，如重庆至昆明高铁工程（永川段）考古发掘，出土部分陪葬文物及人像等石刻，对研究古代丧葬习俗提供依据。

【非物质文化遗产保护传承】 2021年，永川区政府认定命名第五批区级非物质文化遗产保护项目名录12项，认定命名永川区级代表性传承人21名。区文化旅游委完成《永川区第五批区级非物质文化遗产项目汇编》编辑出版，完成永川区非物质文化遗产项目台账及国家级、市级项目名录的推荐申报。组织民间戏剧、皮影戏等非物质文化遗产项目到海棠小学、三教小学等中小学巡回演出，到双石、吉安、金龙等23个镇街展览。组织22家非物质文化遗产企业参加市内外展示展销及重庆市旅游商品（文创产品）大赛，云岭牌永川秀芽获得旅游商品（文创产品）金奖，永川豆豉“嘿下饭”、小炉红白酒·重庆礼遇系列获得旅游商品（文创产品）银奖，云岭牌永川秀芽、永川桢楠香品礼盒入选“重庆好礼”外事礼品。

【文化遗产宣传活动】 2021年，区文化旅游委围绕文化遗产宣传月的主题和宗旨，开展形式多样、内容丰富的宣传活动。5月18日，在文曲广场举办文物巡回展，拉开文化遗产宣传活动的序幕。先后开展《党恩难忘——永川文博事业发展巡回展》、重庆中国三峡博物馆《“牛气冲天”文化文物巡回展》《红色文化艺术展》等。先后到吉安、临江、来苏等8个镇街广场、社区，到红旗小学、兴龙湖小学、兴龙湖初中等11所中小学校。利用网易新闻等媒体在网上展览，观展群众15万余人。

文化市场管理

【概况】 2021年，永川区文化执法支队监督管理的文化经营单位有700余家。其中，互联网上网服务营业场所63家，歌舞娱乐场所67家，游艺娱乐场所9家，出版物、印刷经营单位280余家，影院5家，演出经营单位94家，体育经营单位70家，艺术品经营单位4家，演出场所1家，A级景区7家，星级宾馆9家，旅行社及旅行社网点58家，文物保护单位52家。

【文化市场综合执法】 2021年，区文化执法支队以“扫黄打非”“清源、净网、秋风、护苗、固边”五大专项整治行动、安全生产专项整治三年行动为抓手，相继开展校园周边环境综合整治、出版物市场专项整治、文化市场百日攻坚行动、高危险性体育项目专项整治等专项行动。以日常执法检查加“双随机一公开”执法检查的方式，持续推进文化旅游市场执法监督检查。在文曲广场和重庆文理学院开展法律法规宣传工作，发放宣传资料2万余份。开展重庆市“无小耳朵”小区和市级“扫黄打非”进基层示范点、标兵点创建。推进文化旅游市场经营主体落实新冠疫情防控措施，推进文化旅游市场从业者接种新冠疫苗，做到文化旅游市场从业者疫苗接种全覆盖。全年执法支队出动执法人员8734人次，检查经营单位3194家次，办理行政处罚案件54件，罚款10.22万元，没收非法出版物135册。

【文化部门行政审批】 2021年，区文化旅游委依据全市事项调整清单，在区政府门户网站和全市政务服务事项管理系统发布行政权力304项（其中，行政许可34项，行政处罚244项，行政强制3项，行政给付1项，行政确认7项，行政奖励1项，其他行政权力14项）和公共服务16项。开展“一件事一次办”套餐服务，通过优化办事流程、简化办事材料、精简办事环节，实现一次表单、统一受理、同步审批、统一反馈。涉及专网审批数据即办即录“渝快办”，引导办事群众在渝快办电脑端、移动端、二维码、评价器、自助终端、热线电话、短信、小程序开展“好差评”，主动评价数据全量归集。材料预审和材料核验比例均为100%，依申请全程网办率100%，“好差评”主动评价率100%，非常满意率100%。全年共审批办理141件，其中，高危体育项目许可9件，互联网上网服务营业场所经营单位变更3件、设立2件、注销45件，文艺表演团体从事营业性演出活动变更1件、补证3件、设立5件、延续32件，一般性体育经营项目许可3件、注销1件，营业性演出设立3件、注销3件，娱乐场所从事娱乐场所经营活动审批（歌舞娱乐）变更2件、设立1件、延续9件、注销11个，娱乐场所从事娱乐场所经营活动审批（游艺娱乐）设立1件、旅行社网点注销7件。

（区文化旅游委 刘龙宇）

永川区社会科学联合会

【概况】 2021年，永川区社会科学界联合会（简称区社科联）坚持“以人民为中心”理论研究导向和工作理念，团结和依靠区内各学会、协会、研究会和广大社科工作者，履行工作职能，开展课题研究、社科普及和学术交流，全区社科工作取得良好成效。承办2021年重庆市区县社科联工作座谈会。

【社科研究】 2021年，区社科联把研究事关永川改革发展的重大理论与实践问题作为主攻方向，年初有规划、有部署，年中有分工、有重点地开展应用对策研究，年末有成效、有突破。围绕区委区政府中心工作，立项区级社科理论课题12个，涵盖智慧城市建设、产地景融合发展、职教高地建设、乡村振兴等方面内容。结合全面建成小康社会“百城千乡万村”主题调研活动，设置9个调研点，形成10个调研报告，转化为新闻稿件8篇。办好社科理论刊物《永川观察》，推出5期，86篇理论文章。举行创刊6周年座谈会。

【社科普及】 2021年，区社科联采取举办理论研讨会、讲座、科普展览、院坝宣讲会等形式，宣传普及社会科学知识。实施22处革命文物保护利用项目，以桂山公园革命烈士纪念碑、板桥镇红色记忆馆等遗址遗迹为依托，打造“家门口的红色学堂”，参观学习30万人次。举办“他吸引了全世界的目光——纪念周恩来总理珍品展”，兴起观展览学党史的热潮。组织党史专家、离退休老干部、革命烈士后代等共同编纂《图说永川党史》《口述永川党史》等书籍。发挥“中国书法之乡”优势，举办“初心百年永相随”书法展。在兴龙湖夜景灯饰工程加入党史元素，全区设置大型党史主题公益广告牌220块。开展“学习新思想 共赞100年 奋进新征程”微宣讲比赛，182名基层宣讲员参与。遴选10名选手开展决赛，永川手机台直播，吸引20万人“围观”。永川选手参加全市第三片区赛获得一等奖，参加全市决赛获二等奖。紧紧团结区级各学会、协会、研究会等30个，利用自身学科特点和优势，深入学校、社区、企业、农村、机关等，采取举办讲座、展览、咨询等形式，开展各类科普活动50余场次。开展《溯源——永川文物会说话》网上展览，已更新37期，详尽介绍全区重点文物，深入挖掘文物背后的故事。联合网易新闻开展“梦回故里·子庄传情”——走进“东方梵高”的故乡永川直播，47万余人通过直播走进子庄的艺术世界。举办“与古为徒——有余斋所藏金石题跋展”“静水·流深——刘阿本、何祥松中国画作品展”“茶韵棠城 宋瓷耀辉——永川国际茶文化旅游节宋代茶盏收藏展”等6个主题展览，让市民沉浸式体验吸收社科知识。在板桥老街利用板桥劝学所旧址建设“红色记忆馆”、利用“人大活动场所”创建历史文化馆，利用“张王庙”建设民风民俗馆，均已对外开放，吸引广大市民参观学习。发挥好永川博物馆、永川区法治宣传教育基地2个区级人文社科普及基地作用。永川博物馆接待观众46万人次，接待团体400余个。永川区法治宣传教育基地接待观众8万余人次。

【社科服务】 2021年，区社科联通过“校地合作”的方式，与重庆文理学院联合，用好区社会思想动态研究中心，适时研判社会群体苗头性、倾向性思想动态，提出相关引导建议。以项目为支撑，采取理论培训、专题研讨、学术交流等形式，加强与区委党校、区科协、大中专院校和科研单位之间的联系，并在联系、联络的基础上，深入挖掘整合资源，互联互动，形成合力。以“一群一会一库”为依托，加强全区社科类学会、协会、研究会和广大社科工作者之间的交流与合作。“一群”是建立社科工作群，借助网络平台，实时交流信息，每月梳理重点工作并建立台账，协调推动相关工作。“一会”是每季度定期召开学会工作例会，总结、交流、改进各项工作，促进社科资源合作共享。“一库”是每年刷新社科专家库，从全区各单位遴选一批专家学者，将他们的学科分布、研究专长、科研立项、研究成果等基本信息录入资料库，强化对社科人才队伍的动态管理。

（区社科联 黄家利）

融媒体

【概况】 2021年，永川区融媒体中心取得互联网新闻信息服务许可证和信息网络传播视听节目许可证。已建成由《渝西都市报》、永川电视台、永川人民广播电台、永川网、永川手机报、永川头条App、永川微发布、“永川头条”微信公众号、《今日永川》杂志、永川融媒抖音、永川头条和永川微发布视频号12个平台组成的融媒体矩阵。自办《永川新闻》《川渝黔融媒体城际新闻》《胖哥说事儿》《城市扫描》《城际新闻》《这里是永川》等19个广播、电视节目。《胖哥说事儿》被市文化旅游委评为“重庆市广播电视创新创优引导扶持栏目”。永川头条App荣获“重庆市十佳客户端”称号。“永川微发布”微信公众号2020年位列重庆市政务微信公众号前5位，获评全国“2021年政务头条号优秀创作者”称号。

【重大主题宣传】 2021年，区融媒体中心围绕党史学习教育、中国共产党成立100周年等主题，先后策划推出《牢记初心使命 争取更大光荣》《学党史悟思想 办实事开新局》《奋斗百年路 启航新征程》《喜庆党的百年华诞》《唱支山歌给党听》《党旗在基层一线高高飘扬》等6个时政类主题报道，播出《百年恰是风华正茂 砥柱人间是此峰》等新闻460余条。围绕“永川打造高质量发展先行区、高品质生活示范区”主题，先后推出《深入学习贯彻党的十九届六中全会精神》《喜迎党代会 五年成就巡礼》《聚焦党代会 奋进新时代》《高质量发展2021》《民生实事面对面》《走进乡村看小康》等12个主题报道，策划播出《永川：工业经济强势崛起GDP总量破千亿元大关》《永川：大数据产业发展迅猛 数字经济快速崛起》等报道310余条。围绕成渝地区双城经济圈建设，先后组织推出《赋能“两基地”永川开新局》《唱好双城记，共建经济圈》两个主题报道，策划播出《永川融入“经济圈”建好“两基地”》等报道130余条。围绕新冠肺炎疫情防控、重庆市第六届运动会等阶段性工作，及时策划推出《接种新冠疫苗 共筑免疫长城》《六运好运2021永川》等系列报道，播出新闻240余条。

【现场直播】 2021年，永川头条App现场直播51场。其中，2021年度“感动永川人物”颁奖典礼点击量29万人次以上，永川区首届网民文化季暨网民歌手大赛点击量13万人次以上，中国共产党重庆市永川区第十五次代表大会点击量18万人次以上，首届西部职业教育高峰会点击量21万人次以上。

【高清转播】 2021年，永川头条App高清转播10余场。其中重庆市第六届运动会开幕式点击量21.8万人次以上，重庆市第六届残疾人运动会开幕式点击量8.9万人次以上，中国共产党重庆市永川区第十五次代表大会开幕式点击量18万人次以上，“两会”（区人代会、政协会）开幕式点击量10.7万人次以上。

【新闻宣传】 2021年，区融媒体中心宣传报道永川经济社会高质量发展取得的新成绩，在《人民日报》、中央电视台、重庆新闻联播等市级以上媒体平台刊播大量稿件。全媒体刊发新闻稿件9257条，比上年增长19.4%。其中，在《人民日报》《光明日报》《重庆日报》《中国纪检监察报》等省级以上媒体发表外宣稿件102篇，在中央电视台上稿21条，在重庆电视台《重庆新闻联播》栏目上稿195条，名列全市各区县第3名。策划制作的专题节目《重庆永川：研发抗病蚕豆新品种，提高土地利用率》在中国中央电视台农业农村频道播出，改写永川广播电视台10年没有自采电视专题节目上中国中央电视台的历史。

【媒体融合发展】 2021年，《渝西都市报》、永川电视台和永川广播台等传统媒体均已实现移动阅读、浏览。同时，对接联通永川头条App等新媒体端口，建成可在PC端和移动端双用的轻型融媒体综合平台，实现指挥调度、采编一体、内容汇聚、内容管理、内容审核、内容发布的全媒体融合生产模式。永川头条App、永川微发布、永川抖音号等新媒体平台平均每天发稿50余件，作品形态涵盖图文信息、短视频、“电子海报+二维码”等。永川头条App推出的《央视CCTV5直播4月3日永川马拉松，我们准备好了#永川#2021永川马拉松》等作品累计浏览量83.9万人次以上，《直播六运丨重庆市第六届运动会开幕式》观看量30W+。《重庆永川—四川自贡航线首飞成功!》《西部首条城际公交开通》等9件作品浏览量超过千万次。“永川头条”App装机量62万户，永川融媒抖音粉丝30万人，平台获赞量780万次。“永川微发布”粉丝总量25万人，全年共发布各类信息2000条，总阅读量3000余万次，头条原创率占87.8%。

【新媒体建设】 2021年，区融媒体中心牵头发动川渝黔20余家媒体到永川举办“川渝黔融媒体城际新闻”联席会议及启动仪式，通过搭建资源互换、技术合作和业务交流等7个平台，汇集川渝黔媒体优质内容，共同办好《川渝黔融媒体城际新闻》电视节目。新媒体平台在汇集做好报刊、电视和广播等传统媒体内容二次编辑发布的基础上，各平台根据自身传播特性，坚持实施“技术赋能，因台施策”举措，分门别类策划、制作多形态宣传作品，满足用户对作品的现实需要。

【社会服务】 2021年，区融媒体中心举办农民丰收节、“感动永川人物”颁奖典礼、庆祝中国共产党成立100周年知识竞赛等大型活动15场。制作反映全区经济社会发展、廉政建设、脱贫攻坚、创文创卫等各类微视频、形象片、专题片、汇报片80余个。

【渝西都市报】 2021年3月27日，《永川日报》休刊，3月30日《渝西都市报》创刊发行（国内统一刊号：CN50-0034）。《渝西都市报》是渝西地区第一张都市报，坚持以“立足渝西 服务川渝”办报理念，以时政、经济、文化、社会新闻为主，立足渝西、辐射服务成渝两地。开设“奋斗百年路、启航新征程”及“学党史、悟思想、办实事、开新局” “红色印记”“聚焦现代制造业基地、西部职教基地”“瑞雪说法”“深入学习贯彻党的十九届六中全会精神”等重点栏目10余个，对永川区及渝西片区开展疫情防控、“一城两基地”建设、脱贫攻坚成果巩固、生态环境治理、庆祝中国共产党成立100周年等进行专题报道。《永川日报》发行58期、8.7万份，《渝西都市报》发行182期，87万份。

【今日永川】 2021年，《今日永川》杂志完成改版升级，封面和版面美术设计显著提升，成为永川对外宣传的一张靓丽名片。坚持每期一个主题，增强稿件内容的深度。全年策划永川“聚焦建设区域性消费中心城市”“聚焦开放”“聚焦学习贯彻十九届六中全会精神”等系列重点组稿。全年印发12期，共3.5万册。

【永川手机报】 2021年，永川手机报内容简洁明快，图片清晰美观美，排版精美大方。以时政报道及时，民生信息实用、接地气等特点深受老百姓喜爱。全年免费赠阅27万户，共发稿3000余条。

【永川电视台】 2021年4月，永川电视台通过重庆市综合评审，是第一个通过评审的单位。永川电视台坚持牢固树立“质量第一”的精品意识，通过精准定位新闻报道选题、精心策划新闻报道方案、适时优化更新频率频道和栏目设置等举措，确保传统媒体平台宣传报道更加精准、精美。永川电视台在宣传报道开展疫情防控、“一城两基地”建设、脱贫攻坚、生态环境治理和庆祝中国共产党成立100周年等重大主题宣传方面打造一系列精品新闻作品。原创电视新闻栏目《永川新闻》收视率7%，居重庆各区县首位（国家广电总局大数据研究中心数据）。原创作品在第24届重庆新闻奖评选中荣获二等奖2件，三等奖2件。在区县广电好新闻奖评选中荣获一等奖5件，二、三等奖数件。

【《川渝黔融媒体城际新闻》开播】 2021年5月，《川渝黔融媒体城际新闻》开播。该平台是由永川区融媒体中心牵头，携手川渝黔20余家地市级、区县级新闻媒体单位于共同搭建的融媒体资源共享平台，是为助力成渝地区双城经济圈建设量身打造的新闻传播平台。川渝黔城际新闻在川渝黔各地广播电视台播出，节目内容由川渝黔融媒体单位定期通过“川渝黔融媒体城际新闻节目共享平台”上传。该节目精选、改编、整合川渝黔各地广播电视台新闻，集纳播出最新经济、社会等热点新闻，是川渝黔地区人民了解、掌握川渝黔各地新闻信息的重要窗口。全年共播出50余期。

【永川人民广播电台】 2021年1月，永川人民广播电台调频为FM93.2的永川音乐广播和调频为FM104.2的永川都市广播整合为永川之声（调频FM100.7），是永川区融媒体中心全新打造的综合广播频率。改版后，节目内容定位以休闲、娱乐、生活、服务类为主，上午和下午各增加一档直播节目，全天的直播节目时长共8个小时。4月1日开播，每天24小时不间断播出。6月，在重庆范围内第一家启用湖南卫视旗下公司自主研发的新一代人工智能广播节目编播系统，直播间接入永川区交巡警支队交通路况监控实时画面，开设有《一起早高峰》《一起晚高峰》《为你朗读》《早安永川》《永川新闻》《晚安棠城》等直播、录播节目。每天直播的短信互动量 400 余条。“永川之声”微信公众号拥有 5.6 万粉丝。举办第三届渝西大学生“金话筒”主持人大赛，渝西片区 2600 余名大学生参赛。“永川之声”广播频率每月在喜马拉雅平台收听流量 11.7 万次，跻身“喜马拉雅 App2021 年度广播榜单”全国前五。

（区融媒体中心）

重庆广播电视信息网络有限公司永川分公司

【概况】 2021 年，重庆广播电视信息网络有限公司永川分公司（以下简称永川广电）已建设完成覆盖全区的光缆网络，具备光纤村村达、电视户户通的能力。永川广电贯彻“以数字生活推动者引领产业融合转型”的发展战略，为永川区域提供高清电视、宽带、多屏互动、电视回看、影视点播、电视教育、电视娱乐等个性化节目内容及视频点播平台。推广党员远程教育、酒店信息化系统等集团行业服务，让传统的“看电视”转变为“用电视”。永川广电守住网络安全传输底线。保障元旦、春节、重庆市第六届运动会等重要节假日和重大活动的安全传输工作。全年没有重大责任事故发生。

【业务服务】 2021 年，永川广电通过智慧社区、集团专线、安防监控等政企业务，发展业主单位的公客业务。推进全光网、全 IP 改造。利用区财政资金实施“老旧小区信息化改造”，对电力新村、石油汇碧苑等老旧小区进行光纤改造，叠加监控、应急广播等多类信息化业务。建立自有媒体矩阵。利用已安装的智慧电梯屏，结合已有的户外 LED 大屏、机顶盒开机画面、智慧社区、小区道闸等大、中、小屏，初步形成分公司自有媒体渠道。推动政企业务落地实施，与区委、区政府联系，实施智慧电梯和旧城改造等项目的建设，特别推进智慧社区项目的深入运营，叠加翼闸、道闸、人脸识别、高空抛物溯源等多种系统的综合应用，增加智慧项目的多样性，形成以一个项目为基础，多类业务协同叠加的业务融合和拓展体系。

【公共文化服务建设】 2021 年，永川广电利用大数据、物联网等信息技术打造智慧城市生态圈建设，已构建“智慧 5G”“智慧康养”“智慧消防”“智慧电梯”“智慧停车”“智慧协同办公”“智慧交通”“电子政务外网”“智慧小区”等一站式服务平台，实现资源共享，高效快捷和服务民生的信息化管理体系，让城市建设、群众生活享受到便捷服务。（重庆广播电视信息网络有限公司永川分公司）

重庆市新华书店集团有限公司永川分公司

【概况】 重庆新华传媒有限公司永川新华书店（简称永川新华书店）主营图书、音像制品、电子出版物等。2021 年，有城区经营门店 2 个，图书经营品种 3 万余种。永川新华书店始终坚持“诚信经营追求卓越”的经营理念，本着“读者在心中　满意在店中”的服务理念，发扬“识大体、顾大局、敬业奉献、竭诚服务、开拓创新、积极进取、相互协作、团结一致”的新华精神，兼顾社会效益和经济效益，竭诚为永川地方经济社会发展和助推全民阅读作贡献。2021 年获评重庆市精神文明单位。在由重庆书刊发行协会举办建党百年党史竞赛中入围前 15 名，获优秀组织奖。

【门店经营】 2021 年，永川新华书店严格按照《永川新华书店门市管理规定》《永川新华书店联营员工管理制度》，对员工进行定期培训考核，高度重视卖场安全管理。全年营业时间 4380 小时，设置免费阅读区供读者阅读、休息。全年开展店内活动 20 余次，主题丰富，寓教于乐，受到众多读者和家长们的喜爱。线上线下融合发展，强化网络发行阵地，推广重庆新华书店小程序、新华优享社区团购平台，创建“好书推荐、选书答疑”微信读者群。“永川新华书店”官方抖音号开始尝试直播卖书。坚持精品战略，对图书进货渠道和内容质量严格把关，坚持诚信经营，做到价格明晰，杜绝一切虚假宣传，为读者提供舒适放心的购书环境和包装、邮寄，缺书、新书预订等便民服务。

【教材教辅发行】 2021 年，永川新华书店主动承担全区中小学教材发行工作，对教材教辅征订汇总后先上报，再逐一对每个学校订数进行复核对比，确保上报数字的准确性。到书后，及时分发到校，开学时做好调剂，细致耐心的服务让学校省心，学生放心。已连续 49 年确保实现“课前到书，人手一册”总体目标。

【党政读物发行】 2021 年，永川新华书店稳守第一发行权，积极沟通，宣传征订，实现镇街和区级单位部门全覆盖，确保党的声音传达到位。在店堂内布置“百年复兴梦，奋进新时代”的横幅和展台、党史学习教育图书专台，推进党政读物的宣传发行。截至 2021 年年底，各党史类读物发行 10.6 万册，《新征程面对面》销售 3020 册。

【惠民文化活动】 2021 年，永川新华书店持续开展“倡导经典诵读，建设书香校园”赠书活动，开展赠书活动 22 次，累计赠书价值 31.8 万元。建成 4 个农村网点，并提供后续服务，指导配货、陈列和促销，解决乡镇居民购书难题。全年开展乡镇流动售书 4 次，经典诵读活动走进村镇小学 15 所。参与爱心助学活动，为南大街小学困难儿童赠送经典童书一批，价值 3000 余元。在板桥镇举行的中国农民丰收节暨乡村艺术节活动中，协助板桥政府策划赠书环节，做好礼品包装，并赠送图书一批，价值 2100 元。

（永川新华书店　王鳐霏）

卫　生

综　述

【概况】　2021年，永川区卫生健康委坚持疫情防控和卫生健康工作“两不误”，深化医药卫生体制改革、巩固创卫成果、呵护妇幼健康，落实计生奖扶政策，做好医疗保障等工作。强化公共卫生基础设施建设，新妇幼保健院、重庆中新肿瘤医院建成投用，渝西区域医疗中心（应急医院）开工建设，区中医院二期项目和渝西精神卫生传染病救治中心启动建设。加快建设国家中医紧急医学救援基地，筹备建设新疾病预防控制中心。全区共有医疗卫生机构727个，其中公立三级医疗机构2家，二级医疗机构3家，卫生监督机构1家，疾病预防控制中心1家，镇卫生院16家，社区卫生服务中心18家，村卫生室288个。社会资本举办医院开诊20家，医养结合机构1家，诊所（卫生保健所、医务室）345家。全区医疗卫生机构共有床位数9397张，各类卫生机构人员9631人，其中卫生技术人员7990人，每千人拥有执业（助理）医师2.46人，每千人拥有注册护士3.37人。全区卫生事业单位核定编制数2481人（含执法支队），在编在岗人数2219人，非编人数2706人。高级职称362人，中级职称774人，初级职称955人。

【医药卫生体制改革】　2021年，区卫生健康委建肾内科等专科项目37个，区人民医院与朱沱镇卫生院联合打造的全区首个基层医疗机构血透室建成投用。城市医疗联合体牵头单位完成22家基层医疗机构发热门诊（诊室）验收。指导开展腹腔镜手术，突破基层医疗机构微创技术。抽调城市医疗联合体牵头单位专家，组建基层医疗机构等级现场评审专家组2个。制定城市医疗联合体内高血压、糖尿病等10种慢性病用药衔接统一清单，实现城市医疗联合体内上下级用药统一行政管理、统一药品清单、统一药品配备、统一药品配送、统一药学服务、统一信息管理。实施“一院一策”精准帮扶，推行双向转诊、检验结果互认、专家定期坐诊查房等服务。区妇幼保健联盟在24家成员单位开展妇幼健康适宜技术项目，推广孕期保健、小儿推拿等10个项目。开通“住院直通车”，节约就医时间人均1小时。药品集中采购政策试点医院由4家扩大到33家，药品均价降幅47.8%，最高降幅超过95%。完善12项便民设施，区中医院就诊预约时间精准到20分钟内。组建“互联网+眼健康”专科联盟。学习推广三明医改经验，持续推进按病种、按床日等支付方式改革，区中医院、区人民医院已开展DRG付费试点。全区50家医疗机构纳入全国住院联网结算平台、124家开通异地门诊联网结算，西南片区医保门诊异地联网直接结算范围已实现基层全覆盖。区中医院争取作为江苏省中医院输出医院的依托医院，合作共建国家区域医疗中心。永川区获评公立医院综合改革国家级示范城市，永川区公立医院综合改革获国务院办公厅通报表扬，医共体“三通”试点获市政府办公厅通报表扬。

【公共卫生服务】　2021年，永川区落实国家基本公共卫生服务，人均经费补助标准由74元提高至79元。区卫生健康委明确基本公共卫生服务项目责任科室和区级技术指导机构职能职责，调整城区社区卫生服务中心基本公共卫生服务项目管辖范围。将按小区划分管理范围调整为按社区划分管理，暂停社区卫生服务站购买基本公共卫生服务项目，加强日常考核，严格质量控制。建立重点帮扶机制，重点帮扶对季度考核排名后三位的单位。基层医疗机构推进“医防融合”，前置健康管理服务站，设置家庭医生服务站，宣传鼓励居民购买家庭医生签约个性化有偿服务包。全区共有家庭医生签约服务团队252个，1416名家庭医生。

【国家基本药物制度实施与药品集中采购】　2021年，永川区卫生健康委严格执行国家基本药物制度，全区各公立医疗机构全面实行药品“零差率”，优先配备使用国家基本药物，落实国家、重庆市集中带量采购药品的采购工作。全区公立医疗机构采购总金额6亿元，其中基本药物采购金额2.5亿元。区人民医院基本药物采购金额占比为 41.25%、基本药物品种占比 44.73%。区中医院基本药物采购金额占比为 27.53%（不含中药饮片）、基本药物品种占比 36.75%。区妇幼保健院基本药物采购金额占比 35.04%、基本药物品种占比 48.46%。区儿童医院基本药物采购金额占比 41.32%、基本药物品种占比 45.81%。区精神卫生中心基本药物采购金额占比 70.83%、基本药物品种占比 67.6%。各基层各医疗机构基本药物采购金额占比超过 50%，基本药物品种占比均超过 60%。

【卫生采购项目】 2021 年，永川区卫生健康系统严格按照《重庆市政府集中采购目录及限额标准》等文件要求，开展政府采购工作。全区卫生健康系统提交采购计划 198 个项目，涉及采购资金 12141.99 万元。区卫生健康委审核其下属单位采购大型医疗设备类 5091.58 万元，其中，CT4 台，金额 1905 万元；磁共振 1 台，金额 800 万元；肿瘤聚焦超声治疗系统 1 台，金额 850 万元；彩超机 7 台，金额 1206.58 万元；DR 机 2 台，金额 330 万元，办公家具设备类 1558.23 万元，物业及安保服务类 948.9 万元，信息化建设类 517.28 万元，电脑 644 台、金额 278.63 万元。

【卫生项目建设】 2021 年，永川区卫生健康系统建设项目有区人民医院肖家冲院区、区中医院凤凰湖院区、区精神卫生中心、区疾控中心、三教镇卫生院共 5 个。其中，开工建设项目 3 个，总建筑面积 21 万平方米，总投资 12.94 亿元。区中医院凤凰湖院区项目总投资 8.7 亿元，包括建设中医药特色传染病病区、中医医技综合楼、外科住院及中医康复理疗综合楼、内科住院和医养结合病房综合楼及相关配套设备设施，一期工程已完工，二、三期工程加快建设。三教镇卫生院项目、区人民医院肖家冲院区项目开工建设。基层医疗机构和村卫生室标准化建设全覆盖。区精神卫生中心项目、永川区疾病预防控制中心项目启动建设。位于永川区科技生态城医疗健康片区的渝西公共区域医疗中心（应急医院）项目开工建设。区人民医院被重庆市卫生健康委评为重庆市 2021 年度“美丽医院”建设示范单位。

【卫生人才】 2021 年，区卫生健康委考核招聘引进医学紧缺人才 17 人，柔性引进硕士研究生、高级职称专业技术人员 34 人，考调 40 名专技人员充实永川区疾病预防控制中心。实施乡村人才振兴计划，农村订单定向医学生签约培养 4 人，累计签约 59 名，注册全科医生 271 人，实现“一镇街一全科”合理布局。强化人才培养，送培重庆市紧缺人才、县级医院骨干专科医师培训 2 人（重症医学科、麻醉学科），培训老年医学人才 2 人，住院医师规范化培训 60 人。57 名卫生专业技术人员评审通过高级职称。永川区和彭水县互派 11 名卫生专技骨干协同交流工作。重医附属永川医院、区人民医院、区中医院等下沉 46 名医务人员服务基层医疗机构。刁奇志、李杰、杨再兴 3 人获评“重庆市区县医学头雁人才”，板桥镇卫生院苏益均、仙龙镇卫生院李远丽、青峰镇卫生院李国强、来苏镇卫生院李建曲、红炉镇卫生院陈友原、朱沱镇卫生院夏显虎等 6 人被重庆市卫生健康委员会办公室评为“2021 年重庆市优秀基层卫生专业技术人才”。

【成渝地区双城经济圈建设卫生健康一体化发展】 2021 年，区卫生健康委推进成渝地区双城经济圈建设卫生健康一体化协同发展，与四川省泸州市、四川省自贡市打造 2 小时应急救援圈，专项培训、交流 100 余人次。联合印发《关于开展医院检查检验结果互认工作的通知》，推动区域二级以上公立医院检验检查结果互认。签订 12 项合作协议，融合区域专科联盟和远程诊疗协作体系。

【成渝地区双城经济圈建设卫生健康一体化工作联席会】 2021 年 12 月 9 日至 10 日在永川区两江假日酒店召开，来自川渝 12 个市、区的卫生健康系统干部齐聚一堂，共谋合作发展。会议学习传达成渝地区双城经济圈建设规划纲要精神，对卫生健康一体化发展工作推进情况进行总结，并讨论 2022 年工作计划。四川省成都市、四川省广安市、重庆市万州区和永川区卫生健康委负责人在会上作交流发言。四川省卫生健康委、重庆市卫生健康委签署《川渝卫生健康监督执法合作协议》《推动成渝地区双城经济圈建设川渝医疗管理协同发展合作协议》。参会人员到重庆云谷·永川大数据产业园、重医附属永川医院、永川卫生健康综合执法支队、区妇幼保健院等地，实地调研永川区卫生健康工作。

医政管理

【概况】 2021 年，区卫生健康委实行全面质量管理、目标管理和标准化管理，结合全区卫生健康工作实际，加强医疗机构管理、行政审批服务、护理服务提升等，推进疫情防控与基本医疗服务“两不误”，为群众生命安

2021 年 12 月 10 日，成渝地区双城经济圈建设卫生健康一体化工作联席会在乐和乐都两江假日酒店召开

（区卫生健康委　供图）

全和身体健康提供保障。

【医疗安全管理】 2021年，区卫生健康委开展医疗风险排查，对重点医疗纠纷和不稳定因素进行研判，明确责任、重点化解，全年接受电话、书面、来访、区级市级交办投诉共计60余件。全年开展执法检查92次，出动检查人员180人次，发现一般安全隐患186处，重大安全隐患1处，规范建立台账、明确整改措施、时限，责任到人，实施销账管理，全部整改完毕。开展安全生产专项整治三年行动、火灾防控、电气、燃气火灾综合治理、高层建筑消防安全综合治理、危险化学品安全专项整治、“守护生命安全通道”专项行动、消防标准化建设专项整治，其中消防应急演练及培训60余次、培训500余人次，发放各类宣传资料68000余份。全年接收信访件652件，已办结640件，办结率99%。全区卫生健康系统安全生产事故死亡人数0，无安全生产事故发生。

【医疗质量控制】 2021年，区卫生健康委推进区人民医院、区妇幼保健院三级医院创建工作。区人民医院的普外科和医学影像科（放射科）、区儿童医院的妇产科和儿科成功申报重庆市级重点专科，区人民医院心血管内科创建为重庆市区域医学重点学科。启动区级重点专科建设项目，印发《永川区重点专科建设方案》文件，区人民医院的呼吸内科和检验科、区中医院的呼吸内科和消化内科、区妇幼保健院的儿科和检验科、区儿童医院的儿科和麻醉科申报重点专科建设。增设重症医学、消化内科、院内感染等医疗质量控制中心，助推医疗质量提升。

【院内感染管理】 2021年，区卫生健康委加强对辖区医疗机构感染预防与控制工作的督查、指导，将感染预防与控制工作纳入对各医疗机构的年度目标考核，实行“一票否决”制。印发《重庆市永川区卫生健康委员会关于进一步完善医疗机构感染预防与控制工作机制的通知》，明确各级各类医疗机构主要负责人是第一责任人，建立工作机制。全区共设有重庆医科大学附属永川医院、区人民医院、区中医院、区儿童医院4家发热门诊。区财政投入365万元，用于基层医疗卫生机构发热门诊（诊室）建设，其中15家基层医疗机构改造为发热诊室，8家基层医疗机构改造为发热留观室。按要求做好发热病人闭环管理，降低院内感染风险。全区54家医疗机构均成立院内感染管理委员会（管理小组），设立院内感染科，配备专兼职人员167名。各医疗机构建立院内感染监督员制度、医务人员及其他工作人员、陪护人员健康状况强制报告制度。永川区院内感染质量控制中心对辖区内医疗机构院内感染防控工作开展督导检查，以及各医疗机构自查。医疗机构开展预检分诊，对进入医疗机构的人员测体温、验码、核行程。区人民医院、区中医院、区妇幼保健院、区儿童医院设立医务人员专用通道，做好医务人员隔离防护。各医疗机构加强流行病学问诊，强化新冠肺炎临床症状早期识别，分时段就诊，减少门（急）诊患者扎堆。定点救治医院、区人民医院、区中医院、区妇幼保健院、区儿童医院住院病区设有门禁或保卫，非必需不探视、不陪护，确需陪护的，实行一患者一固定陪护，实行腕带管理。所有进入住院病区的人员，均按照要求做好个人防护、核酸检测和健康监测，全程佩戴口罩。各医疗机构储备满足满负荷运转30天需求的防护用品，加强医用防护用品集中统一管理。落实院内各类人员新冠肺炎核酸检测频次。各医疗机构做好诊疗环境、患者用物、医疗废物的清洁消毒、规范处置，执行手卫生要求。各医疗机构分级分类开展人员培训，做到院内感染防控培训率、合格率100%。举办2021年医院院内感染管理培训班，各医疗机构院内感染或临床医技科室院内感染专兼职人员164人，参加培训考核合格160人，培训合格率98%。

【医院运行规范化】 2021年，区卫生健康委组织专家对3家甲级创建单位、15家乙级创建单位、2家丙级创建单位进行评审验收。10月18日至20日，朱沱镇卫生院、来苏镇卫生院、大安街道社区卫生服务中心接受市级基层医疗卫生机构等级评审复核。11月29日至30日，朱沱镇卫生院、来苏镇卫生院接受区卫生健康委“优质服务基层行”一致性现场评价。重点打造大安、朱沱、来苏、三教、五间、双石6家区域示范镇街卫生院。开展民营医院管理年活动。全区共有2家单位通过甲级医院评审，5家单位通过乙级医院评审，10家单位通过丙级医院评审。

【医疗行业作风建设】 2021年，区卫生健康委加强医疗机构行风建设，印发《2021年永川区医疗行业作风建设工作方案》《永川区不合理医疗检查专项治理行动工作方案》。成立领导小组，联合区医保局、区市场监督管理局、区卫生健康综合行政执法支队，组织专家对各级各类医疗机构行业作风建设开展专项督查及不合理医疗检查专项行动，重点查处医药购销领域和医疗服务中不正之风、医疗机构从业人员收受红包、诱导消费、不合理诊疗等行为。开展医疗机构依法执业专项执法11次，被记分的医疗机构65家，共记240分，责令限期整改医疗机构3家，处罚25家，罚款总额8.52万元。

【医疗秩序维护】 2021年，区卫生健康委对照《医院安全技术防范系统要求》，加强“人防、技防、物防”三防建设。各医疗机构与辖区派出所建立“保卫科（处）—保安队伍—社区民警”三位一体的安全防控体系。各医疗机构均按照设置的床位数或者住院病人数配备保安人员并开展培训。重庆医科大学附属永川医院、区人民医院、区中医院、区妇幼保健院、区精神卫生中心设立警务室，建立和完善医疗纠纷行政调解、第三方调解、医患双方调解，以及医疗责任险制度体系。全年未发生重大事故和严重扰乱医疗秩序行为。

【护理管理】 2021年，区卫生健康委贯彻落实《中华人民共和国护士条例》及相关法律法规，保障护士合法权益。建立护士培训机制，鼓励护士提高学习、职称、外出进修学习、参加专科护士培训。院科两级开展“三基专科理论知识及业务操作技术、核心制度、应急预案”培训考核，全区三级专科医院新入职护士100%参加培训。区人民医院制定护理管理分层级培训方案，将护理管理团队根据年限初步分为H1~H3级。区妇幼保健院探索护士岗位管理，制定护理岗位管理实施方案及晋降级考核细则，依据护士护龄、学历、专业能力、技术职称等因素，分为N0~N4的5个层级，针对不同层级护士需求设置培训课程与考核内容。5月12日，区卫生健康委开展永川区庆祝“5·12”国际护士节表彰暨先进事迹报告会，评选并表彰10个护理集体和51名护理先进个人。全区各医疗卫生单位参加庆祝活动的医护人员2800余人次，刊发新闻稿件16篇，制作微视频16个、宣传展板20余个、宣传横幅22条，开展义诊14场次，健康咨询2000余人次，发放宣传资料60余种，发放宣传资料2.3万余份，2万余人次受益。

【血液管理】 2021年，永川区千人口献血率目标任务13.89‰，实际千人口献血率按照人次计算为15.63‰，按照献血量200mL=1人次计算为27.48‰。

【社会医疗救助】 2021年，区卫生健康委将巩固拓展健康扶贫成果同乡村振兴有效衔接，脱贫患者“零押金”入院7343人次、出院“一站式”结算65024人次。及时预警监测因病返贫风险较高的554户脱贫户及其家庭成员患病、救治和费用负担情况，反馈8名脱贫户一次性自付医疗费用在1.5万元以上的信息，落实家庭医生签约等服务，防止因病致贫、返贫。

疾病预防控制

【概况】 2021年，永川区坚持“预防为主、防治结合”的疾病预防工作方针，做好常规传染病的防治和性病、艾滋病、结核病、人禽流感、手足口病等重点传染病和重大传染病疫情防控。全年无甲类传染病发生，乙类发病数2157例，发病率188.70/10万人，比上年下降9.94%；丙类传染病3710例，发病率324.56/10万人，比上年上升228.32%。

【传染病防治】 2021年，区卫生健康委以新冠肺炎、人禽流感、霍乱、不明原因肺炎和手足口病等重大疾病防治为重点，加强疾病监测、疫情防控和信息管理工作。落实新冠肺炎疫情防控措施，牵头开展突发新冠肺炎疫情防控、大规模（全员）核酸采样等应急演练。建成片区集中救治后备医院，全覆盖规范化改造基层发热门诊、诊室，更换医疗机构救护车19辆。组织51名医务人员支援江津区大规模核酸采样，妥善处置涉疫事件20余起。快速有效处理境外返回永川的无症状感染者和巴基斯坦进口涉疫碎米事件。截至2021年12月31日，全区累计595天无新增本地确诊病例。全区没有甲类和按甲类传染病报告管理的乙类传染病发生。

【疫苗接种】 2021年，区卫生健康委加快推进数字化接种门诊建设。全区26家狂犬病预防处置门诊、4家产科接种室均已启用疫苗全程电子追溯系统，实现疫苗全程可追溯。全区共有33个免疫规划预防接种门诊，已建成数字化预防接种门诊30个，建成率90.9%。开展免疫规划接种率调查工作，对312名0~6岁儿童免疫规划疫苗接种率进行入户调查，卡介苗、麻疹疫苗、脊灰疫苗、百白破疫苗全程接种率99.60%，卡介苗、麻疹疫苗、脊灰疫苗、百白破疫苗、乙肝疫苗、甲肝疫苗、流脑疫苗、乙脑疫苗全程接种率98.79%。截至2021年12月底，全区累计接种新冠疫苗240.88万剂，其中12岁以上人员第一剂接种90.96万人，任务完成进度98.7%；3~11岁第一剂接种9.90万人，任务完成进度91.6%；3~11岁第二剂接种8.52万人，任务完成进度78.8%。加强免疫接种17.86万人，接种率71.8%。

【慢性病综合防治】 2021年，区卫生健康委通过发放宣传单、张贴画报等形式向市民宣传呼吸系统、消化系统、循环系统等慢性病防控知识，在辖区内所有幼儿园、小学全覆盖开展口腔健康教育。实施公共场所、工作场所室内区域全面禁止吸烟。开展第六届“万步有约”职业人群健走激励大赛活动，全区44个参赛队伍、462人参赛，比赛步数达标率75.32%，获得“全国优秀健走示范区”称号。继续扩大“三减三健”（即减盐、减油、减糖，健康口腔、健康体重、健康骨骼）行动覆盖范围，宣传健康饮食，减少高血糖、高血压、高血脂发生率。全区医疗卫生机构管理的高血压患者

2021年8月11日，永川区在永川体育中心举行新冠肺炎疫情防控应急演练
（周敏　摄）

有81116人，血压达标率74.24%。全区医疗卫生机构管理的糖尿病患者有29008人，血糖达标率74.82%。

【地方病防治】 2021年，区卫生健康委持续落实地方病综合防治措施，建成全区碘缺乏病病情和碘盐监测网络，开展重点人群碘缺乏病监测工作，相关指标均合格。普及城乡碘缺乏病防治知识，居民形成食用碘盐的卫生行为，碘缺乏病发病率得到控制。

【职业病防治】 2021年，区卫生健康委推动职业健康工作。分4个片区对存在职业病危害因素的企业主要责任人和职业健康管理人员进行培训，905人参加培训，考试合格率99.68%。监督检查企业124家，给予2家企业警告并罚款12万元，给予18家企业警告处罚。尘肺病患者超过100人的10个镇街已全部建成尘肺病康复站，建成3家健康企业，评选3名区级“职业健康达人”，得到国家卫健委职业健康司肯定。全区重点行业职业病危害项目申报率98.2%，职业病危害因素定期检测合格率81.7%，劳动者职业健康检查率96%，非医疗卫生机构放射工作人员个人剂量监测率97.36%，医疗机构放射工作人员个人剂量检测率100%。

【精神疾病防治】 2021年6月，设立永川区肇事肇祸等严重精神障碍患者管理工作办公室，负责全区严重精神障碍患者服务管理工作，建立定期排查、信息交换、日常走访和“点对点”技术帮扶等机制，排查评估2876人，信息交换457人次，联合走访22628人次。2021年派出45名医师参加精神科转岗医师培训。永川区精神卫生中心建立点对点技术指导小组，每季度到各基层医院帮扶指导，提升基层精神卫生工作管理能力。依托区、镇(街)、村(社区)三级综合服务场所搭建三级社会心理服务平台。全区中小学及大中专院校设置心理辅导室并配备专职或兼职教师，二级及以上医疗机构均开设心理门诊，开展全方位心理健康知识宣传和心理健康知识“五进”活动及讲座。全年开展心理健康讲座127次，开展宣传活动52场次。

【疾病监测】 2021年，区卫生健康委加强艾滋病病毒感染者、艾滋病病人随访管理及美沙酮社区维持治疗。全区存活患者抗病毒治疗覆盖率为91.9%，CD4随访检测率为93.4 %，配偶/固定性伴HIV抗体检测率为92.7 %，均达到市级年度目标。完成135起涉及学校等人群聚集场所的常见传染病疫情处置，涉及21个镇街，达到突发公共卫生事件报告标准14起，疫情均得到有效控制。全年学校发生肺结核疫情93起，累计病例数105例。全区确诊肺结核患者514例，发病率为44.7/10万人，比上年增长1.9%。

【食品安全监测】 2021年，区卫生健康委办理从业人员健康证48951人，其中检出有职业禁忌证的从业人员15人。以重庆医科大学附属永川医院、区人民医院为哨点医院，区中医院、区妇幼保健院和基层医疗机构、民营医院为食源性疾病监测医院，开展食源性疾病风险监测工作，全年上报病例857例。完成190件大宗食品风险监测和地方食品风险监测任务。依托学生常见病和健康影响因素监测与干预工作，在全区9所学校开展学生肥胖检测，及时针对“儿童青少年小胖墩问题”开展专门研究，提出儿童营养膳食指导。

卫生监督

【概况】 2021年，区卫生健康委推进规范化卫生健康监督执法机构建设。区卫生健康综合行政执法支队全年办结行政处罚案件256件，收取罚没款121万元。执法监督覆盖率100%，“双随机、一公开”监督完成率、完成率和完结率均为100%。无行政复议和行政诉讼败诉案件，无违纪违规行为。卫生监督执法工作群众满意度超过96%。

【卫生监督执法体系建设】 2021年，区卫生健康委强化宣传报道，重点宣传报道13篇。开展4期“以案释法”宣传，招录卫生执法人员3名。先后邀请区司法局、专业律师等熟悉卫生行政法律法规的专家，围绕提高执法工作热点难点、提高执法质量进行针对性培训3次。参加国家、市卫生健康委组织的业务培训279人次。区卫生健康综合行政执法支队全年调查处理举报投诉案件16件，群众举报办结率、满意率均为100%。完成行政处罚案件法制先行审核198件，行政执法案卷量化评分87件。

【规范化卫生健康监督执法机构建设】 2021年4月8日，重庆市卫生健康委5名评审专家到永川区开展第一批规范化卫生健康执法机构现场评估验收工作。专家组通过综合评判，对规范化卫生健康执法机构创建工作给予充分肯定，以990分通过验收。4月30日，重庆市卫生健康委授予支队“重庆市规范化卫生健康监督执法机构”荣誉称号。8月7日，国家卫生健康委监督局局长赵延配调研永川区卫生健康综合行政执法支队，给予高度肯定。12月10日，重庆市卫生健康委党委书记、主任黄明会调研区卫生健康综合行政执法支队。

【卫生行政处罚】 2021年，区卫生健康综合行政执法支队开展卫生监督检查4849户次，监督覆盖率100%。办结行政处罚案件256件(其中，大案要案11件，公安机关立案1件)，人均办案11件，罚没金额121万元。完成433家单位的“双随机一公开”监督检查任务，监督完成率、任务完成率、任务完结率均为100%，处罚违规单位47家，处罚金4.55万元。同时，依法在“信用中国重庆”公开监督信息，接受社会监督。

【执法办案质量年】 2021年，区卫生健康综合行政执法支队在职业健康、医疗卫生、传染病防治等8个领域，按照现场询问的先后顺序、不同案件的关键问题等内容，分别制定现场询问要点，作为执法人员现场询问的基本参照。严格落实“执法办案质量年”相关要求，开展2次“晒办案数量、晒办案质量”活动。

【卫生监督协管】 2021年，区卫生健康综合行政执法支队对全区23家卫生监督协管服务单位开展督导4次，重点检查协管服务单位的资料建立、现场巡查记录、信息收集报告等情况，检查发现22家协管服务单位存在问题51个。通过对问题进行梳理分析、针对性开展协管员业务培训，提出3条整改措施并全面落实。

【打击非法行医】 2021年，区卫生健康综合行政执法支队办理打击非法行医行政处罚案件20件，其中强制执行6件，移送1件，罚款金额68.85万元，加处罚款2.8万元，没收违法所得7579元。

【医疗机构监督】 2021年，区卫生健康综合行政执法支队完成处理、回复投诉14起，投诉人员满意率100%。医疗卫生专业和母婴保健专业监督覆盖率100%。办理卫生行政处罚案件34件（其中母婴保健专业1个，医疗卫生专业28个），没收违法所得3904.64元，罚款金额4.45万元。

【放射卫生监督】 2021年，区卫生健康综合行政执法支队对11家放射诊疗机构进行双随机抽查，出动卫生监督执法车辆10辆次、执法人员32人次。对1家放射诊疗机构作出罚款人民币2000元的行政处罚。对辖区内61家放射诊疗机构开展日常监督检查，出动卫生监督车辆30辆次、执法人员118人次，下达《卫生监督意见书》55份。

【公共场所卫生监督】 2021年，区卫生健康综合行政执法支队开展公共场所冬春季疫情防控检查，发放疫情宣传单300余份，检查公共场所220余户。全年受理公共场所承诺许可申请440余家，现场审核380余家。完成公共场所日常监督检查单位2000余户。现场下达监督意见书700余份，全年共立案84件，结案84件。开展春节、国庆等节前卫生监督大检查200余家。全年完成280户国家“双随机一公开”监督检查工作，其中立案30件，结案30件，罚款金额2.21万元。

【学校卫生监督】 2021年，区卫生健康综合行政执法支队开展中、高考保障专项监督检查、学校春、秋季传染病专项检查、校园及周边环境综合整治、学校（含托幼机构和校外培训机构）采光照明“双随机”抽检等4个专项工作，学校卫生监督覆盖率100%。发现问题责令改正学校41家，对违反《学校卫生工作条例》的18所学校进行处罚。

【生活饮用水卫生监督】 2021年，区卫生健康综合行政执法支队开展农村集中式供水单位卫生行政许可及卫生健康监督、制现售饮用水卫生现况及卫生监督对策、供水单位“双随机”专项监督抽检等3个专项工作，审查卫生许可18件，生活饮用水卫生监督覆盖率100%。全年发现问题责令改正供水单位17家，对违反《生活饮用水管理办法》的12家供水单位进行处罚。

【职业卫生监督】 2021年，区卫生健康综合行政执法支队抽取31家用人单位进行职业健康监督检查（包含辖区15家非煤矿山），4家合格，发现问题责令改正14家，行政处罚13家。对辖区内4家职业健康检查机构进行检查，检查结果均为合格。抽取1家职业卫生技术服务机构进行检查，抽查结果合格。永川区职业卫生专项行动共检查企业41家，给予13家用人单位行政处罚，责令限期改正32家。

【消毒产品卫生监督】 2021年，区卫生健康综合行政执法支队开展消毒产品日常监督检查，出动监督执法车辆21辆次，卫生监督执法人员76人次，共检查辖区内药房235家次、日化用批发零售店41家次、超市35家次、母婴用品店21家次。对1家药房下达卫生监督意见书责令立即整改，并进行立案查处，罚款人民币2000元。对国家“双随机”抽取任务的3家消毒产品生产单位进行消毒产品双随机抽查，出动车辆1辆次，卫生监督执法人员4人次。

【传染病卫生监督】 2021年新冠肺炎疫情防控期间，区卫生健康综合行政执法支队开展医疗机构新冠肺炎防控专项检查，共出动车辆42辆次，卫生监督执法人员166人次，监督检查各级各类医疗机构400余家次。开展病原微生物实验室专项监督检查，共出动卫生监督执法车辆4辆次，卫生监督执法人员12人次，检查二级以上6家医疗卫生机构的病原微生物实验室。开展医疗机构传染病防治“双随机”抽样，监督抽查医疗机构36家，依法立案查处医疗机构5家。开展医疗机构传染病防治日常监督检查，共出动车辆70余辆次，卫生监督执法人员273人次，监督检查各级各类医疗机构600余家次。对44家有违法行为的医疗机构，下达《卫生监督意见书》责令立即整改，并处罚款人民币5.6万元。

【生物安全】 2021年，永川区调整生物安全工作领导小组，组建实验室生物安全专家委员会，承担区级技术指导工作，为全区各卫生健康单位实验室生物安全工作提供技术支持。落实生物安全管理规定，补充完善微生物检验生物安全手册、生物安全管理流程、实验室生物安全管理制度。完善实验室生物安全突发事件应急预案、传染病职业暴露后应急预案、化学危险品溢出后应急预案等生物安全事件应急预案，为发生生物安全事件后应急处理提供保证。组织开展对全区各卫生健康单位实验室的生物安全监督检查。加强辖区各病原微生物实验室菌（毒）种和样本运输管理，各实验室配备符合生物安全标准的专用样本运输箱，样本专人专车专线运送。全年共核发样本准运证153个。

基层卫生

【农村卫生】 2021年，永川区将村卫生室提档升级列为重点民生实事，投入628.5万元新建村卫生室4所、改建村卫生室195所。全区共有28所五星级行政村卫生室，100所四星级行政村卫生室，71所三星级行政村卫生室，三星级及以上村卫生室实现全覆盖。全区乡村医生执业（助理）医师占比由2020年的30.78%提高到32.26%。

全区成立269个村（居）公共卫生委员会，重点打造大安、朱沱、来苏、三教、五间、双石等6所区域示范镇街卫生院，提高基层医疗服务水平。2家基层医疗机构通过甲级医院评审、5家基层医疗机构通过乙级医院评审。

【社区卫生】　2021年，区卫生健康委调整城区社区卫生服务中心基本公共卫生服务项目管辖范围，将按小区划分管理范围调整为按社区划分管理，暂停社区卫生服务站购买基本公共卫生服务项目。

【基层医疗卫生人员培训】　2021年，区卫生健康委鼓励乡村医生参加市级培训和执业（助理）医师考试。全年共有25名乡村医生参加执业（助理）医师考试，通过9人。乡村医生执业（助理）医师占比由2020年的30.78%提升到32.26%。

【卫生对口支援】　2021年，区卫生健康委与重庆市彭水县互派11名卫生专业技术骨干开展对口协同。根据帮扶单位实际需求，选派区中医院对口帮扶彭水县靛水街道社区卫生服务中心，3名中级职称以上技术骨干，其中2名中医师（针灸、妇产），1名放射医生组成帮扶团队，进驻实地开展技术帮带。

妇幼保健

【概况】　2021年，永川区制定《永川区妇幼健康领域中医药工作实施方案（2021—2025）》，建立出生缺陷“三级干预”工作规范、质量控制标准、彩超检查规范等规章制度，提升诊断检验水平。开展孕妇叶酸增补项目以及艾滋病、梅毒、乙肝初筛。开展农村妇女宫颈癌、乳腺癌检查，全年宫颈癌TCT项目筛查16000人，乳腺癌检查12499人。免费避孕药具受众2万人次，孕优检查夫妇1718对。开展结合生育登记、母子健康手册、0~3岁婴幼儿家庭科学育儿读本发放、出生统计与妇幼卫生信息的融合、药具发放与艾滋病防治服务。区妇幼保健院新院区建成投用，区妇幼保健院托育服务中心完成改扩建。区妇幼保健院迎接重庆市三级妇幼保健院评审，举办2021年川渝妇幼保健机构高质量发展论坛。截至2021年12月底，在交通枢纽、商业中心、医院和旅游景区等公共场所共设置母婴室20个。全区有专兼营托育机构10家、托幼一体化机构87所，共有托位1405个。全年活产人数6101人，产妇人数6052人。7岁以下儿童系统管理率92.35%，3岁以下儿童系统管理率92.87%，5岁以下儿童死亡率3.61‰，婴儿死亡率1.97‰，新生儿死亡率0.82‰，孕产妇死亡率16.39/10万人。

【孕产妇保健】　2021年，区卫生健康委强化妊娠风险筛查，首诊医疗机构为首次就诊的孕产妇建立《母子健康手册》，并进行妊娠风险筛查录入妇幼信息系统，进行智能妊娠风险评估，建立高危妊娠专案管理，利用系统智能提醒医生高危孕产妇随访时间。建立危重孕产妇工作交流群，执行适时报告和周报制度。针对红色预警、风险较高的橙色预警、危重孕产妇，医疗机构实时在交流群进行汇报处理情况。　（区卫生健康委　余偲）

血液采供

【概况】　2021年，重庆市血液中心永川分中心设有5个街头固定献血点，分别位于永川区渝西广场、万达广场、华茂广场，潼南区江北广场、凉风垭广场。9月，位于永川神女湖片区文昌西路的重庆市血液中心永川分中心迁建工程开工建设。全年持续改进提升献血宣传招募、献血优质服务、血液质量管理工作。

【血液采集】　2021年，重庆市血液中心永川分中心采血目标任务为6.5吨，实际采血20989人次，采血总量7.57吨，血液成分制备89061单位，供血总量11.3吨，比上年分别增长22.3%、20.3%、29.5%、24.2%，临床成分输血率100%。其中，在保证辖区永川、潼南两区临床用血需要后，调出血液支援重庆主城及周边区县1.7吨。

【无偿献血宣传】　2021年，重庆市血液中心永川分中心组织开展街头主题献血活动12次，设计制作宣传海报390张；发放防暑降温礼包等特色小纪念品13231份。利用新媒体加强线上线下宣传，借助公交移动电视、茶竹永川网、《渝西都市报》、高铁站灯箱广告等开展无偿献血宣传。全年运用公交短视频、MG动画、H5广告、网上信息发布、新闻报道等方式宣传报道共计20次。结合2021年重庆市“6·14”表彰庆祝活动，分别在《渝西都市报》和《潼南日报》上策划制作“6·14”宣传专版。

【献血服务】　2021年，重庆市血液中心永川分中心加强志愿合作，开展校园宣讲，推动高校献血。于3月和10月，组织全区高校志愿者骨干召开春季和秋季高校献血志愿工作交流会。在重庆文理学院、重庆市农业机械化学校等学校组织开展无偿献血和志愿服务宣讲培训11次。对在2020年“为爱逆行，热血抗疫”献血活动中表现突出的献血者321人开展1次慰问。申请市级财政资金50万元，购置献血房车1台。15家直接供血医院均实现血液信息化联网，献血者临床用血费用直接在医院即可核销。

（重庆市血液中心永川区中心）

中医事业

【概况】　2021年，区卫生健康委坚持中西医并重，建立“金字塔”形中医网格服务体系。制定《永川区妇幼健康领域中医药工作实施方案》，区妇幼保健院中医诊疗服务区扩增至2400余平方米，中医门诊及出院人次分别比上年增长9.27%、600%。红炉镇卫生院、宝峰镇卫生院、永荣镇卫生院完成中医馆升级改造。公立医院、基层医疗机构中医馆（科）覆盖率100%。全年新增硕士生导师3人，引进硕士研究生13名。2021年9月，永川区中医药工作亮点及经验在公立医院综合改革国家级示范城市中医药工作交流视频会上作书面材料交流。

【中医医院改革与管理创新】　2021年，永川区中医院与江苏省中医院合作共建“国家区域医疗中心”。10月15日，组织参加重庆市公立中医类医院急诊急救知识与技能竞赛，区中医院理论成绩位居全市第一名，综合成绩获二等奖。永川区中医院中医骨伤科获评重庆市中医药重点学科，耳鼻喉科获评中医名科。

【中医科研】 2021年，永川区中医院鱼酱排毒合剂申请国家发明专利，与四川省宜宾市中医院签订鱼酱排毒合剂合作协议。永川区中医院口罩、用于鼻腔清洗及鼻腔疾病局部治疗的装置、中药芯片获批为实用新型专利。大补元煎加减治疗椎体成形术后患者骨质疏松的临床疗效观察（彭志财）、鱼酱排毒鼻喷雾剂治疗慢性鼻-鼻窦炎的临床疗效观察（李玲珑）获批重庆市科学技术联合重庆市中医重点项目（省部级）。不同周期穴位埋线对气滞血瘀型原发性痛经的临床疗效观察（毕宁）、加味六君子汤预防腺瘤性结肠息肉切除术后复发的临床研究（蒋福政）获重庆市卫生健康委医学（含中医药类）科研项目。“互联网医院+居家养老+保险”健康新模式探索（李国俊）、基于阳化气理论运用真武汤加减蒸脐疗法治疗老年肿瘤相关腹腔积液的临床研究（欧畅）获永川区科学技术局技术创新与应用发展专项面上项目（公益类）。唑来膦酸联合钙剂治疗椎体成形术后患者骨质疏松的临床研究（王卓）、大补元煎加减联合椎弓根钉棒内固定术治疗脾肾两虚型青壮年胸腰椎骨折的临床观察（彭志财）、鱼酱排毒合剂对比布地奈德鼻喷雾治疗慢性鼻-鼻窦炎的疗效研究（毛得宏）等10个项目获永川区科学技术局自然科学基金项目。

【中医药服务能力建设】 2021年，永川区印发2021年中医工作要点，明确年度重点工作任务。区中医院凤凰湖新院建设完成一期工程的室内外装饰装修工程以及安装工程。6月7日，来苏镇卫生院被重庆市卫生健康委员会评为2021年度重庆市精品中医馆建设项目。红炉镇卫生院、宝峰镇卫生院、永荣镇卫生院中医馆改扩建工作完成预期目标。区卫生健康委完成2020年中医资金绩效评价工作。优化完善中医医院预约挂号途径、开设“便民邮箱”，区中医院持续推行“互联网+医疗服务”，在线复诊开药，药品由快递直送到患者家里。推进基层医疗机构将重庆市中医馆健康信息平台建设纳入常态化使用，全年开展中医辨证论治11125次、远程会诊2498次，使用数据比上年分别提升70%、19%。对辖区7家中医医院开展诊疗科目核查和感控管理专项督查，立行立改问题，消除医疗安全隐患。以中医医联体为抓手，区级中医药专家持续到基层医疗机构定点帮扶，开展“传帮带”技术指导，提升基层中医药服务能力。

【中医药人才培养】 2021年，永川区注重中医药事业人才培养，引进紧缺人才11名，遴选2名“全国名中医”后备人才申报重庆市人才培养项目。完成全区9名传统医学确有专长人员考核。培训基层医疗机构中医药骨干人才1000余人次，完成第三批重庆市中医药专家学术经验继承工作年度考核及全科中医师转岗培训工作。按计划推进非中医类别医师中医药处方权限认定及精品中医馆骨干人才培训工作。区中医院毛得宏被重庆市人力资源和社会保障局办公室评为第十批重庆市首席专家工作室领衔专家。区儿童医院黄玲、区中医院王博伟，被重庆市卫生健康委员会评为“重庆市中医药文化科普专家”。组织参加重庆市首届“巴渝岐黄杯”中医药知识与技能竞赛，区中医院荣获公立中医院类团体三等奖、人气奖，区妇幼保健院杨丽君荣获其他医疗机构类个人三等奖。全区每万居民拥有中医类别医师8.31人，镇卫生院和街道社区卫生服务中心有中医类别医师203人，占本级医疗机构医师总数34%。

医学教育

【概况】 2021年，区卫生健康委送培重庆市紧缺人才、县级医院骨干专科医师培训2人（重症医学、麻醉学），老年医学人才培训2人。依托住院医师规范化培训基地建设，开展住院医师规范化培训74人。各医院组织开展长期、短期培训学习1万余人次。全年申报“重庆英才”计划4人，申报医学领域头雁人才5人，申报重庆市优秀基层卫生专业技术人才9人，申报市级科研15项。

【卫生学校教育】 2021年，重庆医科大学护理学院永川分院揭牌，首批招收学生120名。区中医院“整建制班”接收中医学专业定向班学生48名。区中医院52人聘选为重庆医科大学中医学类专业（本科）水平测试考官，完成2021年重庆医科大学中医学类专业（本科）水平测试工作。

【继续医学教育】 2021年，区卫生健康委申报第一批市级继续医学教育讲座114项，获批82项。申报第二批市级继续医学教育讲座33项。按疫情防控要求，逐步进行线下继续医学教育讲座培训工作。

【专业职称考试】 2021年，全国卫生专业技术资格考试于4月10日、11日、17日、18日举行，护士执业资格考试考试于4月24日举行。永川区参考考生共6507人，其中5244人参加卫生专业技术资格考试，1263人参加护士执业资格考试。完成2021年国家医师资格考试3074名考生的医师资格考试报名审核、实践技能考试、医学综合考试工作。完成重庆市2021年“三基三严”大比武永川区考点考务工作，重庆市7个区县、23家单位的232名参赛选手在永川区人民医院完成技能大比武。

健康永川

【爱国卫生运动】 2021年，永川区完善爱国卫生工作机制。出台《重庆市永川区人民政府关于印发重庆市永川区深入开展爱国卫生运动实施方案的通知》，将爱国卫生工作纳入全区党政机关目标管理绩效考核和镇街经济社会发展实绩考核。印发《永川区深入开展农村爱国卫生运动工作专项方案》，明确2021—2025年以农村环境卫生整治行动、倡导文明健康、绿色环保生活方式三项活动为任务。各镇（街）重点开展村庄清洁行动，清理乱堆乱放23432处、乱搭乱建2613处、陈旧垃圾6478处，新（改）建污水处理设施24处，改建卫生厕所625户。开展全民健康生活方式、健康知识普及、健康素养促进各类宣传宣传265场，开展健康教育261场。落实专项资金130万元，用于城区公共外环境病媒生物防制。组织永川区疾病预防控制中心定期开展密度监测，购买第三方服务开展城区公共外环境病媒防制服务效果评估、卫生镇病媒密度监测。组织开展春秋季统一灭鼠和夏秋季灭蚊蝇蟑螂活动。完善设置公共外环境灭鼠毒饵站，督促指导商场、建筑工地等重点单位按标准完善防鼠设施，城区放置灭鼠毒饵盒1万个，增添防鼠防蚊蝇设施1300余处。贯彻落实《重庆市公共场所控制吸烟条例》，将控烟工作纳入医疗机构绩效考核指标，全区二级以上医疗机构戒烟门诊全覆盖。"5·31世界无烟日"开展现场宣传咨询46次、发放支持性工具600余套、发放宣传资料3万余份。督促指导全区305家事业单位建设"无烟单位"，92家区级党政机关、镇街政府机关创建为无烟党政机关，无烟党政机关覆盖率100%。区教委、区公安局、区机关事务管理中心、宝峰镇、吉安镇创建"重庆市无烟党政机关示范单位"，通过重庆市现场评审验收。印发《重庆市永川区卫生健康领域公共机构生活垃圾分类实施方案》，开展垃圾分类宣传活动，设置分类投放设施，张贴分类投放指南。将垃圾分类实施情况纳入卫生健康系统绩效目标考核，开展指导督促2次，刊发情况通报2期。

【"国家卫生区"创建成果巩固】 2021年1月6日，永川区正式被全国爱国卫生运动委员会命名为"国家卫生区"。7月召开永川区创建国家卫生区表彰大会，表彰创建工作先进集体和个人，总结创建经验，完善长效机制。组织镇街持续整治农贸市场、公厕、老旧小区等重点场所和薄弱环节卫生。开展卫生镇创建调研10次、暗访10次、日常督查30余次、情况通报4次。工作信息《永川区城乡一体巩固创国卫成果》在47期《重庆卫生健康情况》刊登。

【基层卫生创建】 2021年，仙龙镇、金龙镇、来苏镇、宝峰镇、何埂镇、青峰镇、临江镇、双石镇创建为重庆市卫生镇。朱沱镇、卫星湖街道创建国家级卫生镇，通过市级验收评估。工作信息《把握标准比较严格，创建成效更加显著》《永川区卫生镇创建工作》得到重庆市爱国卫生运动办公室通报表扬。

【健康教育与健康促进】 2021年，区卫生健康委开展重大卫生宣传日线上宣传10次，发放宣传资料12.45万份、宣传海报5420余张、健康宣传便利袋11400余个，电视台累计播放5290余次，报社累计刊播150余次。按照"重庆市健康促进医院"创建指标要求，全区已完成健康促进医院创建数27家，居民健康素养水平25.74%。

【"互联网+医疗健康"服务体系建设】 2021年，区卫生健康委投入4000余万元建设升级全民健康信息平台，推进卫生健康综合监管国家试点，对9家医疗机构医疗废物处置、2家餐饮具集中消毒、5家饮用水（游泳池）水质等实行全周期在线监管。"永川区全民健康信息平台"涵盖妇幼、公共卫生、HIS医疗等系统，共享在永川的30家公立医疗机构信息数据，归集区镇村医疗机构数据3000余万条。建设"医疗健康永川公众服务平台"，开发健康永川公众服务号，电子医保卡一键登录，预约分时挂号，全流程线上诊疗、智能化药品配送、双向转诊、检查结果互认、全生命周期健康管理。建设"永川居民慢病管理平台"，探索老年病、高血压、糖尿病等患者线上续方，远程监测预警健康风险。加快构建互联网远程医疗，区域医学影像中心、心电诊断中心全覆盖基层医疗机构，"同质化"诊断最快10分钟完成。全年提供远程影像服务17532人次，下派专家3400余人次，远程心电113193人次，上转2623人次，下转1168人次。与新加坡TalkMed医疗集团、北京301医院合作建立远程诊疗中心，实现跨域优质医疗资源联动延伸。重庆医科大学附属永川医院、区人民医院、区中医院获市卫生健康委颁发互联网医院牌照、成为市级互联网医院。区人民医院、区儿童医院创建为"智慧医院"。重庆医科大学附属永川医院、区人民医院、区中医院、区妇幼保健院、区儿童医院5家公立医院开设网络问诊平台，累计接诊3.6万人次，提供健康咨询服务4万人次。

【智慧医疗建设】 2021年，永川区重点人群签约智慧医疗管理服务15.27万人，签约率66.9%。投放"5G智慧健康小屋"，功能覆盖线上问诊、处方流转、自动发药等。大数据产业园成立智慧医疗健康管理服务园，医院、协会、园区、企业四方联动，开创园区健康管理服务新模式，构建"互联网+"服务体系，打通医疗服务"最后一公里"。智慧医疗健康小屋在中国国际智能产业博览会亮相展示，获得新华社图文报道，中国政府网转载。

【老年人健康服务】 2021年，永川区出台《永川区推进养老服务发展实施方案》，《永川区老年健康与医养结合服务管理工作实施方案》，探索老年人医养结合、失能评估和健康服务。区卫生健康委为518名老年人评估生活自理能力、心理健康状况等，并予以护理指导。组织基层医疗机构主要负责人以及区人民医院、区中医院分管副院长到重庆医科大学附属第一医院青杠护理院参观学习，提升医养结合工作质量。区人民医院、区中医院、区妇幼保健院、区集嫒医院、区精神卫生中心和7个街道社区卫生服务中心完成老年友善医疗机构创建。10月9日，南大街街道兴南路社区被国家卫生健康委员会、全国老龄工作委员会办公室命名为全国示范性老年友好型社区。全区65岁以上老年人有18.1万人，纳入健康管理的有11.7万人。

（区卫生健康委　余偲）

医疗机构

【重庆医科大学附属永川医院】 是一所集医疗、急救、预防保健、康复、教学和科研为一体的国家三级甲等综合性医大附属医院。2021 年，医院有职工 2000 余人，高级专业技术人员 203 人，中级专业技术人员 397 人，博士、硕士 292 人，教授、副教授 61 人，博士生导师、硕士生导师 90 人，具有高校教师资格人员 348 人。医院配有 128 排 256 层 CT、3.0T 核磁共振、双光子直线加速器、SPECT/CT、准分子激光系统、四维超声诊断仪、移动式 C 形臂 X 射线机等诊疗设备。医院设有 47 个临床医技科室。开展院内学科建设，重点建设临床专科 10 个（心血管内科、普通外科等）、特色医疗专科 15 个（烧伤、消化、核医学等）。

2021 年，医院与电子科技大学签订共建智慧医院联合实验室合作协议，在人工智能、大数据、区块链等信息技术领域开展深度合作。获得纵向科研项目 33 项，其中国家自然科学基金青年项目 1 项、省部级科研项目 8 项、厅局级项目 24 项，获批科研经费 134 万元。累计发表 SCI 29 篇，最高影响因子 10.479。获专利授权 205 项，其中发明专利 13 项。4 个学科进入。完成国家器械临床试验备案，承接药品临床试验项目 11 项，已完成 4 项。全年门急诊量 93 万人次，年住院病人 5.4 万人次，年住院手术 3.1 万台次。1 人获评重庆市英才计划医学领域创新创业领军人才，检验科、神经内科 2 个团队入选重庆医科大学青创计划临床创新团队。招收住院医师规范化培训学员 102 名，结业 92 名，考核合格率 90.20%。招收护士规范化培训学员 79 名，结业 53 名，考核通过率 100%。完成助理全科医生培训 22 名，结业考核通过率 92%。全科医生转岗培训 117 人，结业考试通过率 100%。完成儿科转岗培训医生 70 人，结业考试通过率 90%。招收临床药师规培学员 12 名。获批国家级继教项目 1 项、市级 18 项。全年消费帮扶 98.89 万元。与重庆市知联会、垫江县卫健委签订乡村振兴卫生帮扶框架协议，派出 5 名医务人员协助秀山县人民医院等级医院评审。派出 2 名医务人员参加援巴新医疗队、派出 3 人支援西藏自治区昌都市。卒中中心多次进入全国静脉溶栓、取栓百强榜，获重庆市卫生健康系统“青创工作室”称号。完成新区分院建设工程方案设计调整、初步设计、施工图设计、设计概算审核，完成主体、人防及污水处理站第三方审核并出图。完成红河院区项目总承包单位招标及合同签订。渝西区域医疗中心（应急医院）已完成划拨批复，场平土石方已完成 95%，基坑土石方已完成 100%，基坑支护完成 80%，桩基及独立柱基已完成 35%。开展消防安全检查 39 次，开展灭火、疏散逃生演练 15 场次。12 月 18 日被国家癌症中心评为 2021 年度全国抗肿瘤药物临床应用监测网“优秀工作单位”。

（黎灿）

【重庆市永川区人民医院】 是一所集医疗、教学、科研、预防、保健于一体的综合性二甲医院。医院由红河院区、肖家冲院区、投资占股的中新肿瘤医院及智慧医院组成，占地面积 68 亩，业务用房 8.49 万平方米。2021 年有编制床位 600 张，开放床位 862 张。在岗职工总数 945 人，其中正高 11 人，副高 70 人，中级职称 188 人。医院设立有行政职能和临床医技科室 60 个，医院拥有 1.5T 核磁共振、64 排 128 层螺旋 CT 等大型高新治疗检查设备，总资产 61808.4 万元。医院坚持“特色强院”发展理念，整合急诊科、骨科、普外科技术骨干力量，建立重庆市首个区域性创伤救治中心，依托“创伤救治中心”合理布局临床、医技科室，搭建空—地联合救援体系。制定疫情常态化防控工作方案，梳理规范核酸检测、患者就诊流程 12 项，投入 100 余万元改造发热门诊、安装闸道、购置负压救护车、核酸快检等设施设备。派出 1000 余名医务人员指导基层医疗机构开展疫苗接种。全年接种新冠疫苗 38.67 万剂次，核酸采样 36.12 万人次。修订医师查对制度、医嘱管理制度、危急值管理、不良事件管理报告等制度，建立医院、职能科室、临床医技科室三级质控体系。制定护理质控常规监测指标及 20 个专科护理重点质控指标，防止发生护理不良事件。推进临床药师驻科服务及处方前置审核。以 DRG 支付方式改革为着力点，引进病案首页管理软件，病案三日归档率 98%，甲级病历率、住院病案首页填报合格率、疾病入组率、病历合格率均为 100%，DRG 入组 614 组。及时处置预警信息 42 条，不良事件 121 件。全覆盖开展院内感染培训 31 次，医院感染率为 1.01 %，漏报率为 4.72%，Ⅰ类切口感染率为 0.91%，各项院内感染指标均控制在规定范围，未发生新冠病例交叉感染，无医院感染暴发。设置发热门诊、预防接种门诊，增设老人绿色通道、门诊闸机通道。推行门诊服务窗口弹性排班制，缓解高峰期门诊就医压力。开通门诊核酸检测人员不进院即可完成核酸采集、缴费、手机查报告快捷服务及预约挂号、缴费、检查检验结果查询“一站式”微信服务。围绕改善患者就医体验，联合区医疗保障局，建立重庆市首家医疗保障局驻医院服务站，实现“两病”申请马上办、医保事项事前审核“一站式”服务。全年精简审批流程 8 项，办理“两病”证件 1600 余份，患者满意度提升 4.7 个百分点。与新加坡、北京 301 医院等共建共享诊疗信息平台，诊疗服务延伸至西藏自治区芒康县人民医院、区内 30 家基层医院。与华为智能工程学院、大数据云谷等单位合作，建成永川区首个“智慧医疗服务中心”、投放“健康小屋”，上线专家 100 余人，服务覆盖群众 50 余万人。落实贫困患者“先住院后付费”规定，贫困患者门诊自费、住院自费分别控制在 20%、10%以内。全年接诊贫困住院患者 308 人次，垫资 24.67 万元，接诊贫困门诊患者 4982 人次，垫资 40.53 万元。为建档立卡贫困患者实施白内障复明手术 18 例，垫资 65.21 万元。开展残疾人鉴定 1575 人次。组织开展消防安全应急演练 12 次，安全知识专题培训 20 次，全年未发生安全事故。化解医疗纠纷 23 起，化解社会矛盾 1 起，赔偿金额比上年减少 32.57 万元，下降 52.46 %，医疗纠纷赔偿率控制在 0.10%以内。建立多学科卫生应急体系，投入 100 余万元配备应急救援装备，参加市、区应急救援能力培训 12 次，培训 79 人次，完成应急救援 16 次。完成新兵应征入伍体检任务。

2021 年，医院选拔中层干部 6 名，转正科级干部41名，招聘医护人员44名，引进神经内科、心内科等高学历紧缺人才3名，引进中级及硕士研究生10名。加强引进护理专业、财务专业及行政管理等高学历专业人才，优化医院干部队伍结构。制定临床带教考核管理办法，组织72名助理全科医生开展各级培训15次，开展市、区级继续教育讲座35场。2020级11名全科医生培训学员全部完成转岗培训，培训基层医生7人、医学类实习学员225人，比上年增加2.3倍。申报市级科研项目1项，区级科研项目3项。举办重庆市医师协会2021年区县医院管理年会。制定重点学科（专科）建设管理激励制度机制，完善政策支撑体系，筹备申报2022年重庆市区域重点学科。派出2名医务人员定向帮扶黔江、彭水基层医疗机构发展；采购脱贫地区农产品29万余元，组织捐款5万余元，开展关爱特殊学校残障儿童90余人。全年下转188人，比上年上升22.8%，派出200余名医务人员开展讲座40余场次、查房80余次，带教进修32人，手术指导5场，培训基层医务人员600余人次。成立药事管理与药物治疗专家库，制定医联体药学管理与药物治疗章程，医联体用药目录1812种，带量采购品规122个，基药品种486种。利用卒中中心、创伤中心、胸痛中心、心电中心、房颤中心以及大医精诚平台，开展远程教学230余人次、远程心电74633人次，远程影像10287人次。引进新加坡Talkmed集团肿瘤先进治疗技术、人才、资源优势及酒店式运营管理经验，打造集医疗、康复、体检、保健、服务一体的重庆中新肿瘤医院。智慧医院建设达到三级标准，电子病历达到四级要求。投用病案首页全流程软件、医保控费软件，助力DRG试点，启用办公OA系统。修订行政后勤沟通协作机制，建立大型设备采购管理办法、招标采购管理办法，增加仪器设备产值KPI管理指标，引进医疗设备管理软件及SPD管理库等，加强对设备全生命全周期信息化、精细化管理，医疗设备空置率、维修率下降，医院管理效能提升。组织“天使在身边”党员服务队和医院团委开展“冬日阳光温暖你我”志愿服务活动、学雷锋、“周末红”志愿服务活动及“学党史践初心，办实事暖人心”等义诊活动。医院微信公众号浏览量71.61万人次，向区卫生健康委报送信息35条，市级媒体发布8条、区级媒体发布12条，拍摄宣传片1部，健康科普视频10条。

（永川区人民医院　凌小红）

【重庆市永川区中医院】　是国家三级甲等中医院，2020年11月通过教育部中医学本科专业认证。医院总资产8亿元，净资产6亿元。老院区占地21亩，业务用房6万平方米，编制床位870张，开放床位1270张，医疗设备价值1.5亿元。2021年，医院有职工1000余名，其中重庆医科大学、成都中医药大学教授、副教授51人，博士生导师1名，硕士生导师16名。全年收入7亿元，比上年增长9.08%；总资产8.1亿元，与年初相比国有资产保值增值率增长5.03%。药占比31.03%，比上年下降0.27%，门急诊人次58.6万人次，比上年增长6.8%，出院人次4.91万人次，比上年增长4.75%。手术台次1.68万余台，病人满意度超过98.5%。

2021年，医院全力推进凤凰湖新院区建设，总投资14亿元，总用地面积130亩，分期总建设面积21万平方米，设置床位2500张。凤凰湖新院区分三期建设，一期工程为门诊、急诊大楼，二期为内外科住院大楼、中医医技综合楼及传染病楼，三期为应急综合楼及实训综合楼。截至2021年年底，一期工程已完工，二期工程正在进行场平工程施工，三期工程完成可行性研究报告审批手续。申报“国家区域医疗中心”项目，建设国家区域医疗中心——江苏省中医院永川医院，2021年11月通过初评。投入3000余万元购买疫情防控设备、物资。全年分75批次培训11000人次，院内感染防护知识培训“全覆盖”。由200名医护人员组建8支新冠疫苗接种队，深入学校、工厂、社区、乡镇等，累计完成新冠疫苗接种25万剂次。与四川省合江县中医院成立针灸推拿专科联盟，签订合作协议。与四川省宜宾市中医院、西南医科大学签订合作协议。医院纳入重庆市公立医院编制备案制度试点，完成岗位设置调整。全年立项市科委自然科学基金2项、市卫生健康委自然科学基金2项、区科委科研项目10项。全院职工发表学术论文80余篇，其中3篇SCI论文，核心期刊8篇。参与出版专著8本。9月，重庆医科大学附属永川中医院首届中医学专业（医学定向）本科班正式开班，区中医院开始履行整建制本科教学任务。毛得宏教授主编《耳鼻喉科常见疾病预防调养》出版。完成重庆市卫生健康委大型中医医院巡查工作，获评全国中医药系统“以医联体为载体，提供连续医疗服务”先进典型医院，持续构建“互联网+中医药健康服务”体系。开展DRG付费试点，成为重庆市常见病、慢性病门诊“互联网+”医保服务试点医院。发挥区中医护理质控中心辐射带动作用，全院中医护理技术操作人次200万人次。完成1.3万名高三学生体检工作。为居民开展健康知识讲座30余场，开展多学科联合义诊下村入校等义诊宣教活动50次。全年招录人才103名，其中硕士研究生17名。引进高层次人才3人，引进导管室、检验科、泌尿外科学科高层次人才3名。毛得宏入选重庆医科大学博士生导师，成为重庆市首席专家工作室领衔专家。新增李国俊、张锋、寇琳琳3名硕士生导师。段军被中共重庆市委宣传部、重庆市精神文明建设委员会办公室评为“重庆好人”。阳正国被重庆市卫生健康委员会、重庆市委宣传部等部门评为2021年第二季度“重庆好医生”。万小琴被重庆市卫生健康委员会、重庆市委宣传部等部门评为2021年第三季度“重庆好护士”。

（永川区中医院　徐菁菁）

【重庆市永川区妇幼保健院】　2021年4月，永川区妇幼保健院整体搬迁至星光大道66号新院区。医院占地面积40亩，总面积9.15万平方米，其中业务用房面积5.98万平方米，编制床位300张，开放床位300张。医院有在岗职工674人，其中高级职称36人，中级职称157人，重庆市区县医疗卫生学术技术带头人2人，妇幼保健专科能力建设区域培训基地专科带头人2人。全年门急诊49.8万人次，出院1.17万人次。获2020年度重庆市妇幼保健机构绩效考核第二名，获上级个人荣誉43项。全年引进高端人才9人，培养重庆市区县医疗卫生学术技术带头人1人，妇幼保健专科能力建设区域培训基地专科带头人2人，交流提拔干部36人。定期开展财务运行分析，健全医院内部控制制度，实现财务全过程监管。完成整体搬迁后固定资产盘点，资产盘点处理手续和账务处理完备，药占比控制在30%以内，百元医疗收入消耗卫生材料占比控制在20元以内，资产负债率32%。启动智慧医院建设，新投入结构化电子病历系统信息系统，更换HIS、LIS、PACS系统，搭建信息平台及数据中心，实现区域内医疗数据信息互联互通，通过重庆市电子病历应用水平分级评价4级评审答辩。修订信息安全管理制度，制定信息系统应急预案，组织宕机演练2次、灾害备份信息安全演练2次。升级优化信息系统安全防控措施，达到网络安全三级等保。全年组织院级安全生产培训5次、治安与消防安全应急演练3次，整改安全生产隐患问题26个，一般隐患和重大隐患整改率100%。开设"诊间小课堂"，探索医患沟通、医疗纠纷处理机制，做好社会稳定风险评估和信访投诉报告处理，未发生信访事件发生。修订恐怖暴力事件应急预案，开展反恐怖应急演练1次。组织集体反诈培训1次。全年微信发布信息736篇，被市级以上主流媒体宣传报道60次，向上级部门报送信息79条，被上级部门采纳报道21次，信息报送综合得分居全区卫生健康系统第一。

2021年，医院与西南医科大学附属医院医疗集团合作，规范设置临床保健二级专科27个，新增急诊科、内科等科室5个。生长发育专科通过重庆市重点专科终期评审，计划生育专科立项成为重庆市妇幼保健重点专科一般项目。不孕不育专科加入市妇幼保健院生殖医学专科联盟，生殖医疗资源配置得到优化。营养门诊4次蝉联"全国医学营养减重教学单位"称号。开展新技术新项目11项，其中超声引导下水压灌肠复位术在全市领先，宫颈环扎术、外倒转术是永川区唯一开展单位。实施新生儿外科手术最小年龄仅3天，三四级手术比率上升至32.54%，紧急剖宫产自决定手术至胎儿娩出最快时间仅7分钟。修订科研论文奖励办法，市妇幼保健科研培育项目立项2个，区科技局课题立项2个。发表论文111篇，其中SCI论文4篇，影响因子最高为8.74。修订医疗保健管理制度，完善制度600余个，诊疗规范180个，构建院—部—科三级医疗质量管理体系，门诊处方点评率3.3%。门诊病人抗菌药物使用率：妇产指标5%，儿童指标<24.4%。急诊患者抗菌药物使用率：妇产指标16.16%，儿童指标30.39%。住院病人抗菌药物使用率：妇产指标53%，儿童指标59.7%。I类切口手术预防用抗菌药物百分比9.02%；甲级病历率97.36%，病案三日归档率98.41%，病案首页主要诊断诊断选择正确率100%。被重庆市卫生健康委员会评为"2022年度重庆市妇幼保健重点专科建设立项项目——区县级一般项目"。建立治安亭，完善一键报警装置、视频摄像机等安保设施设备，健全院科两级医疗隐患排查机制，每季度召开医疗质量分析会，每月通报医疗投诉纠纷发生情况，医疗责任险保险费金额降低，无医疗事故发生。加强临床用血管理，组织无偿献血活动2次，献血119人次，献血量30200毫升。规范设置发热门诊，落实"三区两通道"（三区即清洁区、污染区和半污染区，两通道则是医务人员通道和病人通道）要求。合理设置过渡病房，严格实行封闭式病区管理，倡导"互联网+探视"，医院感染发生率0.21%，重点部门手卫生依从率96.25%，传染病及时报告率100%。举办中医药健康知识讲座26期，开展中医义诊咨询活动9次，进校园开展中医药健康文化活动3次。推广中西医结合诊疗模式，中医科门诊服务人次增长率9.27%，中医科住院服务人次增长率600%。推广中医药技术在妇幼保健服务中的应用，新开展中医项目挑四缝，建立中医治疗优势病种6个。中医科门诊日均诊疗人次占全院门诊诊疗人次比例25.07%，中医科门诊日均中医药处方数占本科室门诊处方总数的比例81.03%。妇幼健康专题培训26期，培训课题86个。下基层指导543人次，辖区妇幼健康业务培训、督导完成率100%。永川区婚姻收养登记处入驻后，设置婚检、结婚登记"一站式"服务工作站，婚检率提升至64.94%。推进区域妇幼信息平台应用。全年增补叶酸10909人，免费乳腺癌筛查13026人，免费宫颈癌筛查16002人，孕前优生检查2161对夫妇；地中海贫血项目筛查1528对夫妇，孕期艾梅乙

2021年3月30日，区妇幼保健院新院区（赖小龙 摄）

免费筛查6576人，新生儿疾病筛查人7311人。全年出生缺陷二级干预筛查12718人次，查出异常1137例。完成0~6岁儿童残疾筛查55059人，确诊残疾17人。完成儿童眼保健筛查55059人，及时对异常情况进行干预指导。强化危重孕产妇和高危孕产妇管理，红色预警重点孕妇个案追踪管理率100%，辖区首次剖宫产率33.36%，辖区剖宫产率43.37%。规范出生医学证明管理，全年通过网络共签发6954套，3天预录入率100%，当月签发率达90%，废证率<1%。开展母婴安全工作，将精神障碍及智力障碍孕产妇纳入红色高危管理，并提供贫困孕产妇救治补助，全年共救治精神及智力障碍孕产妇15人，3人成功分娩。提供免费基本避孕药具服务，实施免费基本避孕手术，抓好基本避孕项目质控督导，免费避孕手术服务真实率100%，术后随访率90%，人流术后免费避孕药具发放率100%，产后42天免费避孕药具发放率90%。开展各项计划生育技术服务11918例，其中安环2717例，取环3244例，人工流产5759例，药物流产1521例，无计划生育死亡事件。推进示范性托育服务中心建设，抓住托幼机构卫生保健人员和0~6岁儿童两个重点人群，制定托幼机构卫生保健管理实施细则，全区托幼机构工作人员体检2611人，体检异常360人，经干预治疗后发放体检健康合格证2547人。医院获永川区公立医院综合改革工作先进集体，医疗服务收入占医疗收入比例47.91%。全年门诊均次费用215元，住院均次费用4849元，门急诊均次费用比上年降低。推进妇幼健康联盟建设，下派专业技术人员和管理人员指导1287人次，比上年增加40%。落实分级诊疗制度，完成上转42人、下转6人。优化门诊服务流程，引进全智能停车系统，门诊预约率51.79%，门诊分时段就诊率≥50%，微信挂号精确至15分钟，患者满意度90%。严格国家基本药物使用和管理，优先配备使用国家基本药物，基本药物配备品种数占医院药品配备品种总数的48%，基本药物采购金额占药品采购总金额的34%，“药政云课堂”参训率100%。传染病报告及时率100%，艾滋病确诊阳性告知比例100%。单独设立核酸检测站，组建“核酸采集”应急队伍，全年核酸采集7.29万人次，8次到校企核酸采样。疫苗追溯码完整率100%，按需安排移动接种车灵活提供上门接种服务，全年接种新冠疫苗31.5万余剂次，单日最大接种量4500剂次，接种量全区第一，保持“医患零感染”。

2021年，医院推进健康扶贫工作，执行“先诊疗后付费”制度，精准实施医疗保障报销政策，全年共救助贫困患者747人次，垫付医疗费用105466.16元，建卡贫困人口住院自付比例低于10%、门诊费用自付比例低于20%，做到健康扶贫“一户不掉、一人不漏”。制定卫生应急工作实施方案，建立基于脆弱性分析的突发事件应急管理与持续改进工作机制，规范卫生应急物资储备管理，组织卫生应急演练1次、急救技能培训7次，紧急支援江津区大规模核酸。完善院前急救日常管理，完成4次“120”平台调度的应急救援任务，院前急救核心指标持续提升，3分钟出车率100%，院前急救平均反应时间在18分钟内，病历书写率100%。病原微生物实验室全年共检验45.8万人次。3月，被重庆市卫生健康委员会评为2019—2020年重庆市艾滋病筛查实验室质量考评优秀单位。完成食源性疾病监测任务，组建母婴健康训练营，组织健康教育师资培训3次。开展公益性健康教育宣传活动21次、健康教育讲座3206场、义诊咨询活动16次。开发健康教育科普材料53种，制作科普作品75个。开展个性化健康教育服务门诊7个，服务门诊患者8027人次。妇幼健康知晓率81.99%，健康行为形成率88.82%，健康教育活动参与率86.34%。医院被重庆市卫生健康委员会授予“首批青少年健康关爱示范基地”。12月7日至9日，通过三级妇幼保健机构现场评审。医院选送作品《倾情奉献护航妇幼健康》获“重庆市妇幼健康事业微视频三等奖”，选送作品《家有夜啼郎》获“重庆市妇幼健康科普讲解比赛三等奖”。参加重庆市卫生健康委员会举办的重庆市背囊化卫生应急快速小分队大比武，获得紧急医学救援专业单项二等奖。医院医院拍摄的视频《尊重婚姻尊重爱，你知道婚检吗?》获“全国首届出生缺陷防治科普作品征集大赛视频类优秀作品”。重庆市卫生健康委员会等7部门授予罗丽“重庆市第三届‘12320杯’健康科普讲解技能大赛讲解大赛二等奖”。永川区新时代文明实践指导中心授予田莎“永川区新时代文明实践‘六讲’讲健康类一等奖”。重庆市卫生健康委员会等7部门授予孙璞、邓晓莉、王燕兰作品《用好“3A法则”教宝宝学说话》“重庆市第四届健康科普讲解技能大赛表演类二等奖”。重庆市卫生健康委员会等7部门授予田莎作品《家有“小结巴”妈妈别害怕》“重庆市第四届健康科普讲解技能大赛视频音频类优胜奖”。2021年10月20日，中国妇幼保健协会授予田莎“十百千万妇幼健康教育人才培优计划”项目活动三十强奖。医院被评为永川区创建国家卫生区工作先进集体。（永川区妇幼保健院　范贤容）

【重庆市永川区儿童医院】　位于永川区文昌路16号，占地面积40亩，建筑面积5.5万平方米，编制床位229张。医院总投资2.5亿元，分三期建设。一期、二期建成并投入使用，使用面积4万平方米，三期正在建设中。2021年，医院有在岗职工395名，临聘人员337名，专业技术人员占比83.04%，有区级学科技术带头人1人、高级职称23人、中级职称81人，硕士研究生及以上学历7人。全年医院收入2.18亿元，实际业务收入1.48亿元，比上年增长17.6%。全院门诊23.35万人次，增长16.57%；总出院1.12万人次，增长8.32%。医疗服务收入占医疗收入的55.15%，药占比11.92%，中医药服务收入1415.92万元，比上年增长29.03%，儿童医院业务收入4614.96万元，比上年增长31.44%，集嫒医院业务收入8409.78万元，比上年增长3.07%。百元医疗能耗及物资支出逐年下降。

2021年，医院产科危急重症占比80%以上，即刻剖宫产保持在8分钟以下，急救成功率100%，麻醉科成功为最小年龄15小时、最大年龄95岁实施麻醉。小儿外科开展小儿复杂手术。口腔科、眼耳鼻喉科成功开展牙种植、颌面畸形矫正、腺样体肥大手术。儿内科中西医精准诊治慢性咳嗽、流感，实现区外辐射。儿童自闭症康复训练中心由AA升级为AAA，多模式镇痛技术、术后康复技术成为医院特色。开展新生儿外周双管同步换血术、新生儿脐动静脉置管术。妇科以第一名成绩创建为重庆市重点专科建设项目。儿科创建市级重点专科成绩优秀，妇科入选首批重庆市宫腔镜技术规范化培训基地，耳鼻喉科被授牌为川渝滇黔渝中西医临床耳鼻喉专科联盟成员单位，健康管理中心引进逆转糖尿病项目，实现停药停针目标，有偿家庭医生签约项目有序推进。被国家卫生健康委办公厅评为“全国2018—2020年进一步改善医疗服务先进典型医院”。被重庆市卫生健康委员会评为“美丽医院”建设示范单位，被中共重庆市永川区委、重庆市永川区人民政府评为“永川区创建国家卫生区工作先进集体”，被重庆市卫生健康委员会评为“智慧医院”。2021年12月，被中央电视台《记录东方》栏目专题报道。（永川区儿童医院　周申）

体　育

综　述

【概况】　2021年，永川区体育事业蓬勃发展。承办重庆市第六届运动会、重庆市第六届残疾人运动会等重庆市级比赛56次，区级大型赛事27次，镇（街）、区级各部门和体育协会举办优育赛事23次，参与人数3.8万人次。永川体育馆建成，永川体育中心、棠城体育馆提档升级。全区有各类体育场地2682个，人均体育面积居全市前列，实现“城区10分钟健身圈”和“农村15分钟健身圈”。每万人拥有政府公共体育设施面积21321.67平方米，每万人拥有社会公共体育面积2319.47平方米，人均拥有体育面积2.36平方米。

【体育设施建设】　2021年，永川区完成体育设施项目建设179个，其中，农村体育中心户31个、健身路径42条、健身步道38条、骑行道2条、五人制足球场4个等。全区已建成体育场1个，游泳池1个，体育馆2个。其中，可承接国内大型专项赛事5000座体育馆1个（永川体育馆），2000座体育馆1个（棠城体育馆）。全区有专业竞技场馆9个。

【体育场馆管理】　2021年，永川区大型体育场馆免费、低收费开放场馆主要有永川体育中心、体育中心游泳馆、棠城体育馆。全年除疫情防控期间按要求闭馆外，各场馆均对市民免费、低收费开放。

体育中心　位于永川区红河大道539号，占地面积165亩，建筑面积4.4万平方米，可容纳3万人座席，其中设贵宾席910座、新闻代表席700座、残疾人席60座。设运动员休息室4个、裁判员休息室2个，新闻发布厅、会议室各1个，足球场1个、网球场2个、篮球场6个、门球场6个、羽毛球场3个，容纳700人的8道50米室内游泳馆1个。2021年除疫情防控期间按要求闭馆外，其余时间每天6：00至21：00对市民免费开放，免费向群众开放提供健步走、乒乓球、羽毛球、拳击、健美操等活动场所。重庆市第六届运动会、重庆市第六届残疾人运动会、永川马拉松赛、永川区2021年中国体育彩票杯中小学生中长跑比赛等赛事在这里举办，免费接纳各单位群众体育赛事活动。开展“路边体育课”培训4场次，做好体育人定时、定点指导群众科学锻炼健身，并按“课表”认真“备课”“上课”，举行气排球、柔力球、羽毛球、太极拳、广场舞等体育健身知识讲座4场次，受益群众2.5万人次。举办体育健身技能培训5000人次，其中免费培训1700余次。运动健身指导1万余人次，免费体质测试人数3000人次。开展中小型各类群众体育活动10场次，展览1场次。采取“校地联姻”的办法，成为重庆文理学院开展体育课使用的场地，也是永川区青少年田径队、拳击队以及区消防救援支队、保安公司的日常训练场所，成为永川体育竞赛和培训的免费开放中心。全年累计接待52万人次，其中接待健身群众12万人次。

体育中心游泳馆　2021年，体育中心游泳馆全程实施公示制度，制作并发放宣传单3000余份，各新闻媒体专栏介绍开放情况。在游泳馆制作安装公示牌，对免费低收费开放时段、收费标准等进行公示，方便群众掌握。每年1—5月、10—12月全天免费开放，6—9月低收费开放。开展体育健身技能培训，3000余人次参加培训。开展运动健身指导人次5000人次，其中免费体质测试人数3000人次。全年有4场体育赛事活动、1场其他体育文化活动、1场体育讲座、1场展览在此举办。全年接待人数20万人次，其中健身人次10万人次。

棠城体育馆　占地面积14.25亩，建筑面积1.2万平方米，设座3000个。可承接举办篮球、排球、举重、羽毛球等多种体育赛事。除重大活动及其他紧急事件安排外，每天8：00至18：00对市民免费开放。户外公共区域及户外健身器材全年24小时免费开放。全年举办体育赛事10场、免费体育讲座1场、展览1场及其他体育、文化活动4场。举办体育健身技能培训，3600余人参加培训。开展运动健身指导4800余人次，免费体质测试人数3000人次。全年接待人次20.41万人，其中健身人次6万人次。

永川体育馆　位于兴龙大道旁文理学院B区，建设标准为国家乙级体育场馆。总投入1.86亿元，占地面积36.3亩，总建筑面积22803平方米，设观众席5000席，停车位175个。作为乒乓球、羽毛球、篮球项目赛场和重庆市第六届运动会闭幕式用馆。主要承办省（市）级专项体育比赛、全国性单项室内比赛，举办公共集会和演艺演出等活动，同时也为广大市民提供一个高标准、高层次的休闲健身活动场所。

2021年6月15日，永川体育馆　　（陈科儒　摄）

【全民健身服务体系建设】　2021年，永川区全民健身服务体系健全，设有镇（街）文体服务中心、老体协、农体协、大中专体育联合会等29个体育协会组织，承担辖区全民健身的组织工作。全区有羽毛球、乒乓球、篮球、健美操舞、门球、腰鼓、健身气功、武术、太极等健身队伍800余支，群众健身团体445个，社会体育指导员2974人，规范指导全区群众开展健身活动。全区公共体育设施向公众免费、低收费开放，并对相关人群进行免费的体质监测，共计9000余人次，合格率94.5%。大力推动全民健身活动开展，组织国家二级社会体育指导员培训，增强全民健身工作的社会指导力量。

竞技体育

【概况】　2021年，永川区举办重庆市第六届运动会、永川马拉松赛、重庆市第四届老年人运动会乒乓球比赛。全区共有专业竞技馆9个，其中拳击馆3个、射击馆2个、摔跤柔道馆2个、射箭场（馆）2个。

【出席赛事】　2021年，永川代表团共派出835名运动员参加重庆市第六届运动会，参加田径、游泳、跳水、艺术体操等51个项目的角逐。青少年组共计获得金牌75枚、银牌65.5枚、铜牌65枚，总分4500.55分，金牌数、奖牌数、总得分3项指标均位列全市第4位，比上届前进8位次，取得历史最好成绩。成年人组获金牌8枚、银牌7枚、铜牌9枚。参加重庆市青少年锦标赛、冠军赛等体育赛事累计获得金牌34枚、银牌33枚、铜牌53枚。

【体育人才培养】　2021年，区文化旅游委与区教委共同认定项目布局学校，共建青少年体育运动队伍，共同举办全区羽毛球比赛、中长跑比赛、中小学生田径运动会等。安排拳击、跆拳道、羽毛球、武术等项目教练员进入昌南中学、子庄小学、海棠小学等8所学校开展专业训练、课后延时服务。参照紧缺人才引进方式，先后引进举重、柔道、射击、射箭、拳击、足球、羽毛球、健美操、游泳、攀岩、田径等高水平教练员14人。新组建举重、柔道、射箭、拳击等7支运动队伍。推进青少年竞技体育布局学校建设，区文化旅游委、区教委联合命名永川中学、北山中学等22个布局学校、训练网点。模式主要采用学校提供训练场地，区文化旅游委出资改造并购买训练器材，区文化旅游委和区教委共派教练员的方式进行。每年5月份，由区教委、区文化旅游委下发体育后备人才选拔文件，区体校组织专业教练员到区内各中小学校选拔体育特长生。每年选材覆盖学校均超过50所，参与测试学生超过3000人，新招收区运动队队员超过200人。创建国家级青少年体育俱乐部9个，重庆市级体育俱乐部13个，全国足球校园学校7个，重庆市体育传统项目学校7个，重庆市体育后备人才单项训练基地4个，重庆市重点项目学校1个。全区有注册运动员1200余人。

【永川区青少年儿童体育学校】　2021年，永川区青少年儿童体育学校（以下简称体校）有事业编制12个，在岗11人，其中教练员6人，管理人员5人（含工人2人）。体校采取新组建、引进队员、双计分等办法，组织810余名运动员、教练员参加重庆市第六届运动会青少年组别的所有比赛项目，获得总得分4500.55分，三项均位居全市第四位，仅次于沙坪坝、渝中区、九龙坡区。组队参加重庆市级青少年比赛，获得金牌29枚，银牌30枚，铜牌49枚，4~8名87个。开展春季选苗工作，到30余所中小学校、幼儿园进行体育测试，3000余人次参加测试。全年新招收摔跤、柔道等队伍运动员207人，分别入学永川中学、北山中学等布局学校。区文化旅游委、区教委联合新建的景圣中学第二摔跤柔道训练馆投入使用。完成田径、足球等高水平教练员5人招录工作。在海棠小学、子庄小学、兴龙湖初中等学校新布局跆拳道、武术等项目。向市级专业队、体校输送优秀运动员16人，其中3名运动员进入重庆市专业队。体校摔跤、柔道等运动队通过体育单招途径考取成都体院、武汉体院等大学人数45人，获得社会和家长好评。配合开展区中小学校田径运动会，创建1个国家4星级青少年体育俱乐部。争取上级专项资金，启动“奔跑吧少年”青少年体育活动。永川区青少年体育协会筹建工作顺利推进。体校连续13年获得“重庆市重点区县业余体校”荣誉。

（永川区青少年儿童体育学校　肖洋）

【“茶山竹海杯”第一届成渝地区双城经济圈围棋对抗赛】　2021年10月22日至24日在茶山竹海景区金盆湖酒店举行。该次赛事由重庆市体育局、成都市体育局指导，永川区人民政府主办。旨在通过成渝围棋品牌赛事的升级打造，推动成渝地区双城经济圈体育活动交流，助推川渝地区体育事业、经济社会深度融合发展。赛事设置联棋团体组、单人团体组两个

2021 年 10 月 23 日，川渝围棋对抗赛在茶山竹海景区金盆湖酒店举行（彭刚 摄）

竞赛项目，共有来自成渝两地的 26 名棋手参加，他们分为重庆代表队和成都代表队，其中有围棋世界冠军古力、成都围棋队主教练李亮等知名棋手。经过激烈角逐，成都代表队获团体双人优胜奖、团体单人敢斗奖，重庆代表队获团体双人敢斗奖、团体单人优胜奖。随后还举行“一对多”表演赛，古力、邹俊杰、王隽等职业高手与永川本地围棋爱好者进行面对面的棋艺交流。

【重庆市第四届老年人运动会乒乓球比赛】 2021 年 5 月 19 日至 22 日，由重庆市体育局、市卫健委、市老干局、市老体协主办，永川区人民政府承办的重庆市第四届老年人运动会乒乓球比赛在永川区体育中心综合运动馆举行。共有 41 个参赛单位、451 人次参加比赛。经过激烈角逐，女子团体赛金奖分别被渝北区、巴南区、南岸区、渝中区、九龙坡区、江北区、万州区、巫山县、黔江区、云阳县、沙坪坝区、合川区获得；银奖分别被巫溪县、武隆区、江津区、永川区、梁平区、城口县、綦江区、长寿区、奉节县、丰都县、开州区、大足区获得；铜奖分别被潼南区、高新区、彭水县、垫江县、南川区、重庆气矿、荣昌区、酉阳县、忠县、市卫生健康委、涪陵区、市规划资源局、大渡口区、铜梁区、北碚区、万盛经开区获得。男子子团体赛金奖分别被南岸区、沙坪坝区、江北区、九龙坡区、渝中区、大渡口区、渝北区、北碚区、云阳县、涪陵区、万州区、万盛经开区、巫山县获得；银奖分别被荣昌区、梁平区、石柱县、大足区、綦江区、江津区、垫江县、合川区、忠县、市卫生健康委、南川区、巴南区、铜梁区获得；铜奖分别被黔江区、酉阳县、永川区、市公安局、城口县、长寿区、奉节县、璧山区、市规划资源局、高新区、彭水县、巫溪县、丰都县、武隆区、开州区、潼南区、重庆气矿获得。永川队还获得体育道德风尚奖，女子团体夺得银奖，男子团体获得铜奖。

群众体育

【概况】 2021 年，永川区组织开展宣传系统篮球比赛、统战系统运动会、永川区第三届全民健身运动会、永川区第七届“社区体育节”活动、中小学生短跑比赛、长跑比赛等群众体育活动 16 项次。举办 500 人以上大型比赛活动 6 场次以上，小型群体活动 100 余场次，常年参加体育锻炼人口比例 53.05%。参加重庆市第十届全民健身运动会钓鱼比赛获体育道德风尚奖。

【体育惠民行动】 2021 年，永川区在体育中心游泳馆、棠城体育馆免费为群众进行国民体质监测，9000 余人参加监测。解决农村群众健身需求，为 30 户农体中心户安装体育器材，在村、镇（街）安装健身路径 42 条。12 月 5 日至 9 日，在重庆水利电力职业技术学院举办国家二级社会体育指导员培训，93 人参加培训。

【中国冰雪大篷车百场巡回（重庆站）启动仪式暨永川区站推广活动】 2021 年 10 月 11 日，在永川体育馆外广场举行。体验活动有 7 个项目，分别是越野滑雪训练机、滑雪臂力训练器、冬季两项模拟射击器、冰球射门、旱地冰壶、桌上冰球、速滑训练板。有来自重庆文理学院、重庆水利电力职业技术学院、科创学院、重庆城市科技学院等高职院校的师生 800 余人参与活动，社会人群 200 余人参与活动。

【永川区“体彩杯”第三届全民健身运动会】 2021 年 10 月 26 日至 11 月 31 日分别在永川体育馆、棠城体育馆、永川体育中心等场馆举行。该次比赛设羽毛球（混双）、乒乓球（男单、女单、团体）、五人制足球（男子）、门球、三人制篮球（男子）、中国象棋、围棋、钓鱼、广播体操、拔河 10 个项目，有 55 个单位参加。经过激烈角逐，中山路街道代表队获第九套广播操比赛第一名，临江镇代表队获拔河比赛第一名，区林业局代表队获门球比赛第一名，科创学院获三人制篮球比赛第一名，教育代表队获五人制足球比赛第一。乒乓球男子单打、女子单打组团体赛的第一名分别被李均（中山路街道）、李梅（区人大）、重庆文理学院获得。惠永水务代表队的周宇骁、周敏获羽毛球混合双打青年组第一名。三教镇代表队的李卫云、张春梅、陈启兵、兰义玲分获羽毛球混合双打中年组、中青年组第一名，双石镇代表队的钟义民获得象棋比赛第一名。

【永川区第七届社区体育节】 2021 年 12 月 24 日在永川体育中心举行。活动主题是共享“千里”运动，健康“广大”群众。该次活动共设集体跳绳、四人五足、抱球接力、投秧苗、木偶人 5 个项目。经过激烈比拼，青峰场社区获集体跳绳比赛第一名，板桥社区获投秧苗比赛第一名，桃花岛社区获抱球接力比赛第一名，周家院社区获木偶人比赛第一名，板桥社区获四人五足比赛第一名。

（区文化旅游委 刘龙宇）

人口和计划生育

【概况】 2021年，区卫生健康委推进出生人口动态监测，开展出生人口监测预警工作。全区出生人口覆盖率为99%，出生上报及时率为97%，生育服务登记5425人，生育登记覆盖率95%，再生育审批办结率100%。全年为入党、评先评优、党代表候选人、人大代表候选人、政协委员候选人、入学、迁户、退休金增发等原因需核查计划生育情况的8400余人提供生育情况核查结果。全区登记常住人口出生5971人，其中二孩出生2390人，三孩出生566人。

【人口状况】 永川区户籍人口113.86万人，其中育龄妇女26.28万人，已婚育龄妇女17.27万人。出生人口5971人，出生率5.34‰，其中政策内出生5893人，符合政策生育率98.69%。出生男婴3105人，出生女婴2866人，出生性别比1.08∶1。死亡7297人，死亡率6.53‰。自然增长率-1.19‰。

【计划生育奖励扶助】 2021年，区卫生健康委以“区级联络保质量、镇级联络送政策、村级联络保频次”为原则，走访慰问计生特殊家庭。每年电话随访每名特殊家庭1次，由具有医学背景的工作人员，在失独扶助对象生日当天电话访问，给予生日祝福，了解身体健康状况，给予相应健康指导。镇街多维度宣讲和落实政策，了解掌握是否有低保、五保、大病救助、临时救助、住房改建等政策需求，保障计生特殊家庭利益。村居全年走访联系每户计生特殊家庭不少于6次。全区计生特殊家庭满意度超过90%。落实农村部分计划生育家庭奖励扶助、计划生育家庭特别扶助制度，全年新增农村奖励扶助对象1847人，及时率92%，新增特别扶助对象185人。全区奖励扶助对象累计31476人，特别扶助对象累计2984人，发放奖励扶助金3763.3万元、特别扶助金2773.1万元。

【计划生育特殊家庭关怀扶助】 2021年，永川区开展计生特殊家庭节假日慰问，发放计划生育特殊家庭、贫困家庭慰问金共计69.4万余元，发放计划生育特别扶助对象生日慰问物资折合现金16万余元。为2756名计生特殊家庭父母购买住院护理保险120余万元。建立计生特殊家庭健康档案，落实家庭医生签约。在家计生特殊家庭健康体检率100%。全年发放宣传单31万份，张贴宣传画300余幅，悬挂宣传横幅200条，设立宣传专栏161个，接受群众咨询10余万人次。群众对计划生育政策、法律法规和优生优育健康知识知晓率超过90%，满意度超过95%。

【“三孩”政策实施】 2021年，区卫生健康委将计划生育公共服务项目融入“渝快办”服务平台。23个镇（街）的生育服务证登记、再生育审批、独生子女父母光荣证办理等多个服务事项在“渝快办”政务服务一体化平台的开通率为100%。全年开展生育登记服务5072人，再生育审批355对，办理独生子女父母光荣证222个。在公共场所共设置母婴室20个。全区有专兼营托育机构10家、托幼一体化机构87所，共有托位1405个。指导3所托育机构完成备案，对申请备案但达不到备案条件的4家托育机构提出整改建议。对工商登记在册的托育机构开展疫情防控和日常安全监督检查。

【区计划生育协会服务】 2021年，区计划生育协会落实计划生育特殊家庭联系人制度，对全区失独扶助对象逐一在生日时间节点电话慰问，了解对象身体健康和生活情况。在全市开展的计生特殊家庭满意度调查中，全区计生特殊家庭满意度超过90%。开展计划生育特殊家庭关心关怀工作，全年发放计生特殊家庭元旦、春节慰问金69.4万余元，发放计划生育特扶对象生日慰问金16万余元，拨付计划生育特殊家庭住院护理保险费120万元。 （区卫生健康委　余偲）

就业服务

【概况】 2021年，永川区就业服务工作以实现更充分、更高质量就业为目标，贯彻落实就业优先政策，突出政策优化、载体建设、活动开展、服务提升，全面提升创业能力和服务水平，全力稳住就业“基本盘”。优化升级“周有培训、月有沙龙、季有大赛，年有节会”的“永创汇”活动品牌。搭建创业孵化平台，举办永川区第七届创新创业节——2021年永川区“大创慧谷”大学生创新创业大赛。全年城镇新增就业26886人、城镇登记失业人员就业8402人、城镇就业困难人员就业5817人。

【招用工平台服务】 2021年，永川区对重点企业开展用工监测，动态更新用工数据。做好用工监测服务，把105家重点企业作为样本开展企业用工监测。委托专业人力资源服务机构对在网上投递简历的求职者提供服务。优化人才“一站式”服务平台，新招聘人才服务专员2名，增添办公设施设备。到参天水泥、文理学院等英才所在单位开展人才慰问服务活动。全年开展线上线下招聘会55场，推送招聘短信70万条，发放岗位手册2万份和宣传海报1000余份。

【高校毕业生就业】 2021年，永川区实施大学生就业创业促进计划，开展高校毕业生留永就业创业系列活动。以“就业圆梦、青春起航”为主题的永川区2021年高校毕业生就业服务活动月启动仪式在重庆文理学院举行，搭建招聘企业与学校对接直通平台，全方位做好供需两端对接，促进高校毕业生留永就业创业。通过现场指导和电话推荐工作等形式向高校未就业毕业生推荐岗位。开展流动人才档案数字化管理，接收流动人才档案5589份。累计办理档案接收转递、档案查询、开具证明、提供政审服务等档案服务事项10994人次，流动人才档案43878份。落实青年就业见习政策，新增青年见习基地52家，提供岗位5282个，1992名青年人员参加就业见习，发放青年见习补贴1062.84万元。

【农村劳务开发】 2021年，永川区实施就业扶贫网格化服务，巩固脱贫攻坚成果。全年开展脱贫人口技能培训153期、406人次，发放培训补贴

2021年7月21日，区就业和人才中心在重庆科创职业学院开展高校毕业生现场巡回招聘活动 （甘莉 摄）

34.97万元，实现脱贫人口就业4291人，帮扶106人外出务工就业，新增公益性岗位安置就业16人，公益性岗位安置脱贫人口1335人。以工代训110人次，发放补贴32.5万元。发放一次性求职创业补贴21人、1.05万元。通过以工代赈、跨省务工补贴等帮扶措施，发放区级以工代赈补贴822人次、146.67万元，发放跨区域交通补贴1610人次、16.27万元。开展“春风行动”网络大型招聘会，开展网络直播带岗10余场。开展以“稳岗就业，决胜攻坚”为主题的“就业扶贫行动日”活动招聘会26场，为农村建档立卡贫困劳动力提供就业服务4226人次。

【创业带动就业】 2021年，永川区出台《永川区支持返乡入乡人员创业措施的通知》，支持农民工、大学生和退役军人等通过创新创业带动就业。出台《永川区大学生创新创业激励若干措施》，搭建创业孵化平台，强化创业人才培育，开展创业后服计划。云谷大数据实习实训基地创建渝西地区首个双更（更加充分更高质量）就业基地。智源蜂箱——养蜂业的未来方程式荣获2021年重庆市“大创慧谷”大学生创业创新专项赛第四名。开展创业精英加速成长行动，创建“1+X”（1个项目或企业落实1名责任人和X名专业技能专家）服务模式，从历届创新创业大赛获奖项目以及基地（园区）优质项目中筛选15家企业，从创业辅导、管理咨询、市场推广、人才引进、融资投资等8个方面开展跟踪帮扶，引导培育7家企业成为科技型企业。组织开展高校、园区各类创业培训1464次。全年新增创业主体1.71万户，带动就业2.8万人。发放4个市级创业孵化平台奖励补贴70万元，带动就业6889人。

【2021年永川区“大创慧谷”大学生创新创业大赛】 2021年10月28日在重庆科创职业学院举行，63个来自互联网、制造业、社会公益类、服务业、土木建筑技术等多个行业的项目报名参赛，15个项目进入决赛。永川区“大创慧谷”大学生创新创业大赛是由永川区人民政府主办，区人力社保局、区科技局、永川国家高新区管委会共同承办的大型创业赛事，已经连续举办7届。比赛设一等奖1名、二等奖2名、3等奖3名、优秀奖9名，分别按2万元、1万元、0.6万元、0.3万元的标准给予优秀创业项目资助，并颁发获奖证书及永川区大学生就业创业公共服务中心入孵邀请函。所有入围决赛的参赛项目还将获得场地扶持、税费减免、社保补贴等政策支持，享受创业辅导、贷款融资等创业服务。经过项目路演展示、专家提问、现场答辩等环节，“灭火卫士”项目夺得决

赛一等奖，“智能农机——科技助推乡村振兴”项目和“基于大数据技术与人力资源驱动的解决方案”项目并列获得二等奖。

【永川区健康养老行业职业技能竞赛】 2021年7月14日，永川区首届健康养老行业职业技能竞赛在重庆渝西卫生学校举行，来自区内4家医院、7家养老护理机构、2个培训学校80余名参赛选手同台竞技健康管理、健康照护、养老护理等3个项目。各竞赛项目一等奖获得者由永川区总工会授予“永川区五一劳动奖章”。

【永川区社会服务行业职业技能竞赛】 2021年9月29日，永川区社会服务行业职业技能竞赛美容项目在永川区技能人才服务中心举行，31名美容行业从业者同台竞技。该次比赛为皮肤护理项目，从个人仪态仪表、护理前的准备工作、卸妆与清洁、爽肤、去角质、按摩手法、面膜、基本保养润肤、美肤等10个方面进行综合考核打分。经过激烈角逐，来自花思容美容院的喻梦蝶获得第一名。

【永川区制造行业职业技能大赛】 2021年9月29日，永川区制造行业职业技能竞赛在重庆科创职业学院举行。178名选手参加养老护理、健康管理、健康照护、汽车维修、家政服务、美容等6个项目比赛。培育高技能人才139人。

【2021年永川区家政服务职业技能竞赛】 2021年9月26日，在永川区技能人才服务中心举行。20名各技能培训机构、家政服务机构推荐的参赛选手同台竞技，参与智慧收纳整理、绿色生态保洁（玻璃擦洗）两个家政比赛项目。该次竞赛按照家政服务员高级的职业标准命题，较之以往技能竞赛，技能水平要求更高、难度更大。竞赛成绩达到合格标准的选手，获得家政服务员高级技能等级证书。该次竞赛选拔出的优秀选手代表永川区出战第七届中国重庆职业技能大赛。经过激烈角逐，永川区福睿家政公司的贺钟会脱颖而出，获得家政服务业职业技能大赛第一名。

【2021年全国行业职业技能竞赛暨中国船舶集团有限公司职业技能竞赛（数控车工项目）】 2021年9月27日在重庆红江机械有限责任公司开赛。该次竞赛由中国船舶集团有限公司联合中国就业培训技术指导中心举办，是国家级二类竞赛项目。该次竞赛共分为理论竞赛和实操竞赛两个部分。共有来自中国船舶集团35家成员单位的63名技能人才同台竞技。参赛选手均是通过预赛、初赛选拔后，进入决赛的。在为期两天的赛程中，获得前5名的参赛选手将推荐参评“全国技术能手”。 （区人力社保局 蒋思江）

2021年2月22日，区就业和人才中心开通“点对点”返岗复工专车

（甘莉 摄）

劳动管理

【概况】 2021年，永川区以“创新执法 优化服务”试验区建设为契机，以维护劳动者合法权益为宗旨，开展根治欠薪专项行动，推进和谐劳动关系企业创建。

【居民收入分配】 2021年，永川区居民人均可支配收入39497元，比上年增长8.7%。城镇常住居民人均可支配收入45764元，比上年增长8.4%。农村常住居民人均可支配收入23950元，比上年增长10.4%。

【劳动关系】 2021年，永川区制定和谐劳动关系企业创建方案，开展和谐劳动关系企业培育指导工作。全区有44家企业参与A级、AA级和谐劳动关系企业创建，经区协调劳动关系三方委员会审核、征求意见和政府网公示，最终评定“A”级和谐劳动关系企业9家，“AA”级和谐劳动关系企业7家，向重庆市协调劳动关系三方委员会推荐报送“AAA”级和谐劳动关系企业5家。国网重庆市电力公司永川供电分公司等4家企业获评“AAA”级和谐劳动关系企业称号，重庆市永川区侨立水务有限公司易建华等4人获评重庆金牌劳动关系协调员。指导企业主动参与诚信等级评价工作。对区内223家企业开展诚信等级评价，54家企业评为A级，168家企业评为B级，1家企业评为C级。

【劳务派遣及劳动合同管理】 2021年，永川区新设立劳务派遣单位25户，劳务派遣行政许可变更19户，劳务派遣行政许可注销2户，劳务派遣行政许可申请延续19户。永川区人力资源和社会保障行政执法支队联合区市场监管局开展清理整顿人力资源市场秩序专项行动，对全区90户劳务派遣企业进行核验，对22户人力资源管理服务企业和44户用人单位进行执法检查，下达限期整改指令书 8 份。截至 2021 年底，全区有劳务派遣单位 109 户，劳务派遣用工 1 万余人，劳动合同签订率 98%以上。

【农民工工资支付保障】 2021 年，永川区大力保障农民工工资兑现。全区 91 个在建项目实施农民工实名制管理，设立农民工工资保证金 3.47 亿元，总包企业代发农民工工资，专用账户银行代发制度落实 98.9%。区财政保障另设应急周转金保障农民工工资支付。永川区人力资源和社会保障行政执法支队开展根治欠薪夏季专项行动，对全区 95 个在建项目开展检查。永川区保障农民工工资支付专项工作领导小组对 45 个在建项目进行抽查，约谈 11 个建设单位和施工单位，处置因拖欠工程款导致的工资支付纠纷 4 起，24 名农民工取得劳动报酬。开展冬季欠薪专项行动，检查用人单位 65 家，永川区保障农民工工资支付专项工作领导小组抽查 36 家，下达责令整改通知书 4 份。全年处置办理拖欠农民工工资案件 36 件，帮助 834 名农民工追回工资 1047.09 万元，其中移送公安机关立案侦查案件 7 件，涉及人数 207 人，涉及金额 233.46 万元。

【劳动保障监察执法】 2021 年，永川区人力资源和社会保障局坚持 24 小时值班制度，设立举报投诉大厅，在镇街、园区和主管部门建立举报投诉窗口，通过线上、线下畅通举报投诉渠道，与公安、信访、工会和行业主管部门快速联动处置案件。全年主动监察用人单位 783 户，接待来访群众 8000 余人次，参与处置集访事件 35 起，处理各类信访转办案件 440 件。处置全国欠薪平台线索 298 件，处理各类举报投诉案件 61 件，帮助 1715 人名劳动者维护自身权益，涉及金额 1341.21 万元。

（区人力社保局　蒋思江）

社会保险

【概况】 2021 年，永川区社会保险事务中心推进社保制度改革，加快完善覆盖全民的社会保障体系。实施全民参保计划，做好社会保险扩面征缴、养老待遇及时足额发放、社保基金风险防控监管等工作。社会保险累计参保 218.6 万人，基金总收入 74.43 亿元，其中保费收入 41.5 亿元，比上年增加 54.44%。基金总支出 74.01 亿元，其中待遇支出 38.04 亿元，比上年增长 10.32%。养老保险参保 66.9 万人，保费征收 25.9 亿元。基金支出 28.5 亿元（职工 25.62 亿元、居民 2.88 亿元）。失业保险参保 15.19 万人，缴纳保费 0.8 亿元。

【全民参保登记】 2021 年，区社会保险事务中心深化全民参保计划，到园区企业、镇街村（社区）和居民小区，扎实推进重点企业、重大项目中小微企业、灵活就业、征地农民、新业态从业人员等重点群体参保扩面。与税务、财政、市场监管等部门紧密配合，建立数据比对机制，加强参保扩面征收。优化网上服务，畅通办事渠道，开展“网上办、自助办、咨询办、预约办”等服务方式。加强长缴多缴政策宣传，引导持续参保，选择更高档次标准缴费，优化参保结构。实施“固本培元”计划，建设项目参保 508 户，14 万人参保。落实退捕渔民养老保险缴费补贴，全区 70 名退捕渔民参加养老保险，发放补贴 23.35 万元。

【养老金发放及调整】 2021 年，区社会保险事务中心落实城乡居民基本养老保险调待工作，15.4 万人享受基础养老金待遇调整，基础养老金增发 1230.67 万元。为代民师、乡村医生等特殊群体 5741 人代发养老、医疗补助 718.7 万元。全年共为 25.13 万人发放养老待遇 36.37 亿元，其中名城乡居保人员 14 万人，城镇退休人员 9.97 万人，机关事业单位退休人员 1.16 万人。

【机关事业单位养老保险】 2021 年，区社会保险事务中心完成 2018 年 12 月至 2019 年 11 月期间办理退休的机关事业单位人员养老金复算工作。完成 2021 年机关事业单位退休人员养老待遇调整以及补发工作，调整和补发养老待遇 1129 万元。全区有参保单位 536 户，在职人员 2.34 万人，征收基本养老金 4.9 亿元，职业年金保费征收 3.28 亿元。全年共发放退休人员养老金 7.87 亿元。

【工伤保险】 2021 年，区社会保险事务中心宣传工伤保险法规政策 5 次，发放宣传资料 2000 余份。工伤保险参保 28.67 万人，保费征收 0.8 亿元，基金支出 1.67 亿元。全年审核工伤医疗待遇、伤残补助金、医疗补助金、伤残津贴、护理费、工亡职工抚恤待遇、工亡补助金、丧葬费、供养亲属抚恤金 2.2 万人次，支付工伤保险待遇 1.67 亿元。

【失业保险】 2021 年，区社会保险事务中心遵循“信息多跑路，群众少跑腿”的原则，提高失业保险经办的信息化水平，加快推进网上办、提速办。推进川渝两地失业保险关系转移接续工作，实现川渝两地失业保险参保关系、信息共享。全年办理川渝两地失业保险关系转移 12 人，其中转出 2 人，转入 10 人。全区共有 15.19 万人参加失业保险，新增领取失业保险待遇人员 4782 人，其中 1329 人名失业人员通过“重庆人社” App、重庆智能就业等方式进行网上申报失业保险待遇。全年按时足额发放失业金 43338 人次，共计 6316.27 万元。

【社保基金监管】 2021 年，区社会保险事务中心完善参保登记、基金征缴、稽核内控、待遇发放经办规程，建立内部控制工作台账，开展常规检查。对 23 个镇街下发内部控制检查通知书，对城乡居民基本养老保险生存认证、业务经办、死亡结算重点岗位和关键环节风险进行检查。加强社保稽核，对严重违法失信单位，按规定纳入诚信管理“黑名单”，实施联合惩戒，严肃追究相关单位和人员的法律责任。定期与税务、统计、市场监管、民政、公安等部门进行大数据核查比对，对重复领取待遇、服刑人员违规领待等人员，采用电话通知、下发告知书、入户调查、上门追缴等方式进行追收。对14家工伤保险协议医院加强监管，严格医疗费用审核，审减不合理检查、治疗、用药394.47万元。

（区人力社保局　蒋思江）

【社保降费减负】　2021年，区社会保险事务中心落实社保降费减负政策，减轻企业负担，助力企业“轻装快跑”，促进实体经济发展。继续做好降低社保费率综合政策，实施全市笔电重点企业、小微企业、困难行业困难企业社保降费政策，通过“网上办、自助办、咨询办、预约办”等服务方式，提升服务效能。同时畅通企业办事渠道，帮助困难企业稳定就业岗位、稳定在职职工参保率。全年为参保单位降费4.15亿元，为3218户困难企业降费4985.78万元，为1376户小微企业（小型企业、微型企业、家庭作坊式企业、个体工商户的统称）降费2790.73万元。

【国企退休人员社会化管理移交社区】2021年，区社会保险事务中心高标准打造市级退休人员社会化管理示范区，倾力打造“111+N”退休人员社会化服务模式强化社会化管理服务，提升社保满意度。全年新增市级示范社区1个。结合“三进三送”“社保蓝”志愿服务等活动，开展“关爱老年人，社保有温度”系列服务，常态化开展政策宣传、节日慰问、上门服务资格认证、文艺活动等社会化服务工作，做靓退休人员社会化管理“永川品牌”。

【城乡居民合作医疗保险】　2021年，永川区居民医疗保险缴费标准为一档每人每年280元、二档每人每年655元。在重庆的高校大学生参加2020年9月至2021年8月学年度居民医疗保险个人缴费标准为：一档每人每年250元，二档每人每年625元。居民医疗保险人均财政补助标准调整为每人每年580元。提高居民医疗保险待遇，取消门诊个人定额，门诊统筹标准调整为：一档每人每年300元，二档每人每年500元。参保人员住院发生的政策范围内医疗费用，一档参保人在三级医疗机构报销比例为40%，在二级医疗机构报销比例为65%（原为60%），在一级医疗机构报销比例为80%。二档参保人在三级医疗机构报销比例为50%（原为45%），在二级医疗机构报销比例为72%（原为65%），在一级医疗机构报销比例为85%。未成年人在上述标准基础上增加5个百分点。全区医疗保险参保107.8万人，缴纳保费14.1亿元。全年区医保局按病种结算369人次，统筹支付951.32万元。精神病按床日付费结算384人次，统筹支付1089.18万元。

【职工医疗保险】　2021年，永川区职工随用人单位参加职工医疗保险，用人单位按本单位缴费基数的8.5%缴纳职工医疗保险费（含0.5%生育保险费），个人按本人缴费基数的2%缴纳。永川区职工以个人身份参加职工医疗保险，一档缴费标准是每人每年2670元，二档缴费标准是每人每年5874元。全年共有24.66万人参保职工医疗保险。

【职工医疗保险“两病”】　2021年7月1日，居民医保高血压、糖尿病“两病”实行按人头付费和按项目付费。选择按项目付费的，在二级及以下医疗机构不设起付线，三级医疗机构起付线为880元（三级中医院为440元）。参加职工医保二档人员年报销限额为每人每年1400元。参加职工医保一档人员年报销限额为每人每年1000元。选择按人头付费的，高血压患者按每人每月30元的标准、糖尿病患者按每人每月70元的标准按月结算，年终考核清算。个人不用付费，由治疗机构与医保部门结算。至2021年年末，居民医疗保险“两病”签约8.3万人，“两病”门诊5.21万人次，医疗保险支付“两病”门诊医药费163.29万元。

【大病保险】　2021年，永川区各用人单位按在职职工医保缴费基数的1.5%缴纳大病保险，职工个人每人每月缴纳5元，退休人员由医保经办机构从医保个人账户中代扣代缴。以个人身份参加医保缴费期满退休的人员大额医保费也是每人每月5元。居民医保大病保险起付线为上年度居民人均可支配收入的一半。从2020年11月1日起，大病保险起付线调整为每人每年14460元，增加1267元。

【公务员医疗保险】　2021年，公务员医疗保险参保范围是永川区党政机关、社会团体、公检法、参公及事业单位工作人员和退休人员。缴费标准是永川区上一年度社会平均工资的1%。公务员医保待遇：住院医疗费及特病门诊费（不包括“三种重大特殊疾病”），由职工先行负担的乙类药品、乙类诊疗项目以及医院等级比例自付的医疗费，其补助标准为一级医院报销80%，二级医院报销70%，三级医院报销65%。“三种重大特殊疾病”［恶性肿瘤放（化）疗和晚期镇痛治疗、肾功能衰竭透析治疗、器官移植术后抗排异治疗］门诊及住院费用中，由职工先行自付的乙类药品、乙类诊疗项目以及医院等级比例自付医疗费用纳入公务员医疗补助范围，报销90%。“三种重大特殊疾病”门诊及住院费用中当年累计自费医疗费超出3000元部分纳入公务员医疗补助，标准为器官移植报销70%，恶性肿瘤报销50%，肾功能衰竭的透析治疗报销60%。全年最高补助（封顶线）器官移植10万元、恶性肿瘤2万元、肾功能衰竭的透析治疗2万元。

【药品价格管理】　2021年3月1日起，《2020年药品目录》正式启用。纳入药品总数2800种，其中西药1426种，中成药1374种，中药饮片892种。119种谈判新药入围，包括96种独家药品和23种非独家药品，平均降价50.64%。对重庆市2020年增补的染茯苓等215种中药饮片以及原增补的民族药珍龙醒脑胶囊（乙类），继续按现行医保政策报销。

【医疗救助】　2021年，永川区共资助贫困人员参保52737人，参保资助金额1281.42万元。全年救助贫困人口3.23万人次，医疗救助报销720.49万元。扶贫济困基金救助13879人次，基金报销158.82万元。

【医保基金监管】 2021年，区医保局按照“制度政策统一、基金统收统支、管理服务一体”要求，确保保障范围、缴费政策、待遇水平、基金管理、定点管理、支付管理、经办服务、信息系统统一覆盖。高标准推进国家信息平台统一联网、直接结算，确保数据可交换、可监控。加强基金收支运行分析，开展基金使用绩效评价，完善收支预算管理，健全风险预警、评估、化解机制及预案，开展基金支出预测分析。

【医保监督检查】 2021年，区医保局抓好《医疗保障基金使用监督管理条例》《重庆市医疗保障基金监督管理办法》贯彻落实，做好宣传培训工作。加强基金监督检查，聚焦假病人、假病情、假票据，乱计费、乱用药、乱检查等“三假”“三乱”开展欺诈骗保专项整治。推动大数据应用，优化完善综合监管子系统功能，提高监管效能。加强综合监管，整合监管资源，充分发挥医保行政监管、经办稽核等作用和第三方专业力量。健全协同执法、一案多处工作机制。健全完善举报奖励机制，加大宣传曝光力度，营造维护基金安全的良好氛围。

【定点医疗机构管理】 2021年，永川区印发《永川区推进医疗保障基金监管制度体系改革实施方案的通知》，建立健全“双随机一公开”监管、部门综合监管、第三方监管、守信激励和失信惩戒、社会监督等机制。全年区医保局对76家违规医药机构相关负责人进行约谈205人次，对306家医药机构负责人进行集体提醒谈话，纳入“三级监管”医疗机构25家。聚焦假病人、假病情、假票据和乱计费、乱用药、乱检查等欺诈骗取医保基金问题，对58家医药机构开展“三假三乱”（假病人、假病情、假票据、乱计费、乱用药、乱检查）现场检查专项整治，查处违规行为33起，收回违规金额59.56万元。对907家医药机构开展现场检查，查处违规医药机构129家，暂停网络结算16家，追回医保基金本金并处违法违约金1364.87万元。接群众及市级转交举报投诉件19件，处理涉案医药机构18家，涉案金额24.75万元。聘请专家审核病历资料3172份，扣减违规医疗支出66.59万元。

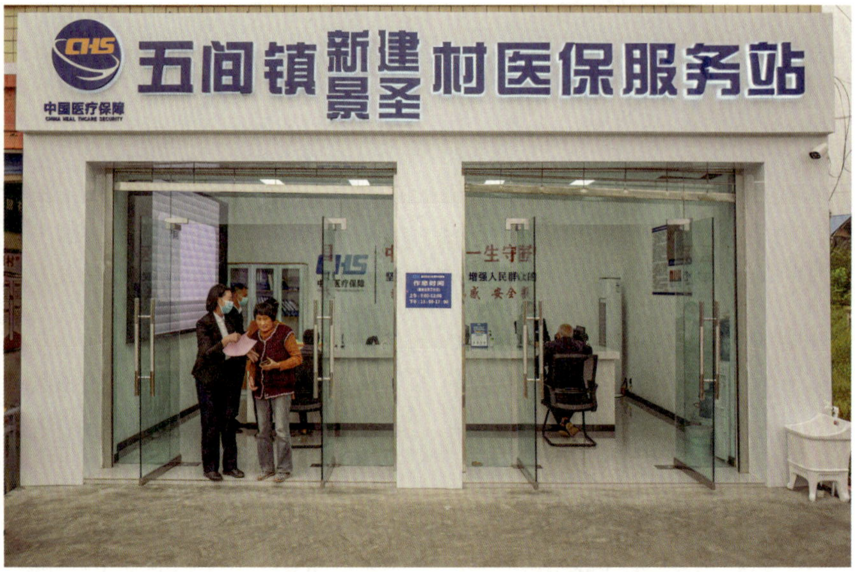

2021年11月4日，村民在永川新建、景圣村医保服务站咨询医保政策

（区医保局 供图）

【门诊慢特病费用跨省直接结算试点】 2021年1月，西南五省以高血压、糖尿病两个门诊慢特病病种为突破口，启动门诊慢特病费用跨省直接结算试点工作。永川区中医院、永川区人民医院纳入试点。全区有50家医疗机构纳入全国住院联网结算平台，开通异地门诊联网结算124家，包括一级医疗机构26家（含诊所），二级医疗机构5家，三级医疗机构3家，药店90家。

【医保服务站建设试点】 2021年8月，重庆市首个村级医保服务站在永川区五间镇新建、景圣村建成投入使用。全年共建成“固定”医保服务站2个、“流动”医保服务站18个、镇村医保服务站2个。

【永川区获批创建“智慧医保”创新应用示范区】 2021年5月21日，国家智慧医保实验室下发《关于同意重庆市永川区创建“智慧医保”创新应用示范区的通知》（国医保实验函〔2021〕2号），批准永川区为创建“智慧医保”创新应用示范区。区人民医院、区中医院、来苏镇卫生院率先在全市完成刷脸支付、诊间结算、医保电子凭证在线预约挂号、移动支付等功能测试。全年永川区医保电子凭证已激活64.64万人，激活率58.35%。

【全民免费接种新冠疫苗】 2021年，由永川区政府组织推进新冠肺炎疫苗接种，疫苗成本和接种费用由医保基金和财政共同负担，居民个人不负担。全年支付新冠疫苗药剂费用支出8691万元，疫苗接种费用支出1928万元。

【张春贤到永川调研“医疗保障法”立法】 2021年4月1日，全国人大常委会副委员长张春贤，全国人大常委会委员、全国人大社会建设委员会主任委员何毅亭，国家医保局局长胡静林等到永川区，对永川区智慧医保、医保服务站、医联体运行、药品和医用耗材集采、国谈药品落地、一站式结算、居民医保参保筹资、医保电子凭证推广、居民高血压糖尿病按人头付费实施情况、医保扶贫等工作进行调研。

【医疗保障基金跨区域监管协作】 2021年6月30日，永川区医疗保障局和荣昌区医疗保障局举行跨区域常态化医保基金监管签约仪式。该活动是区县医疗保障部门在重庆市率先实施医疗保障基金跨区协作管理合作。7月22日，永川区医疗保障局、大足区医疗保障局跨区域常态化医保基金监管签约。9月22，四川省泸州市、重庆市永川区医保基金联合检查工作会在永川区召开。9月24日，川渝两地医疗保障战略合作座谈会暨2021年度医保基金川渝联合检查启动会在四川省广安市召开，永川区代表重庆市在会上作经验交流发言。

【国家医保信息平台正式上线】 2021年8月4日0时，永川区医疗保障经办机构及1199家医疗保障定点医药机构上线国家医保信息平台，实现医疗保障数据与国家医保数据库联网共享，标志着永川区医疗保障信息化建设取得新突破。

【重庆市医保服务站工作推进会在永川召开】 2021年9月10日下午，重庆市医保服务站工作推进会在永川区江鸿国际大饭店召开，重庆市医疗保障局局长但彦铮、永川区委副书记常晓勇出席并讲话。参会人员还到五间镇新建村景圣村医保服务站、大康医院流动服务站、人民医院医保服务站等地参观调研。

【全市医保基金监管座谈会在永川召开】 2021年9月22日至23日，川渝医保基金联合检查工作会在永川区召开。来自四川省泸州市纳溪区医保局、西南医科大学附属医院、西南医科大学附属中医院、四川省泸州市人民医院、四川省泸州市中医院的专家教授到永川区人民医院，重点对医疗机构开展"三假三乱"专项整治、异地就医真实性等进行现场检查、病例审核。四川省泸州市医保局、重庆市永川区医保局就医保基金安全有关工作进行交流。 （区医保局 游洪冰）

社会救助

【社会救助体系建设】 2021年，永川区民政局以"一门受理、协同办理"社会救助综合改革工作为契机，以统筹救助资源、增强兜底功能、提升服务能力为重点，构建以基本生活救助、专项社会救助、急难社会救助为主体，社会力量参与为补充，覆盖全面、分层分类、综合高效的社会救助体系。

【城乡最低生活保障】 2021年，全区共有城乡最低生活保障对象14681户、22389人，比上年减少3.6%，占全区总人口的1.97%。其中，城市最低生活保障人数4872人，比上年下降4.0%；农村最低生活保障人数17517人，比上年下降3.5%。区民政局督促镇街落实社会救助各项制度政策，加强对最低生活保障人员的走访关心。全区城市最低生活保障标准为每人每月636元，比上年增长2.6%，月人均救助补差水平为584.7元。农村最低生活保障标准为每人每月515元，比上年增长3.8%，月人均救助补差水平为447.99元。全年新批符合条件的城乡最低生活保障对象1143户、1665人，取消不符合条件的城乡最低生活保障对象2057户、2522人，共发放城乡最低生活保障金1.36亿元。

【流浪乞讨救助】 2021年，区民政局通过开展建立健全各项规章制度、完善机构设施设备、开展照料服务达标行动、加强寻亲服务、加强街面巡查和综合治理、开展集中落户安置、源头治理和预防、救助管理队伍素质提升等8个方面的工作，推进全区流浪乞讨救助工作发展。全年共救助生活无着流浪乞讨人员255人次，护送受助人员安全返乡78人次。对来站求助的生活无着流浪乞讨人员提供健康体检、核酸检测和寻亲帮助等救助服务181人次。为入站接受救助的患病人员提供门诊、住院等医疗帮扶147人次。通过"今日头条"网站推送、抖音、DNA信息比对、人脸识别等方式为无身份信息的疑难人员寻亲，为29人寻亲。全年安置长期滞留人员4人。

【特困人员供养】 2021年，永川区出台《重庆市永川区人民政府关于进一步做好全区特困人员救助供养工作的实施意见》。区民政局按新的认定办法实施，做好动态管理，及时将符合条件的人员纳入救助，对不符合条件的人员及时停发。全区共有特困人员7204人，其中政府集中供养967人，分散供养6237人。特困人员标准提高到每人每月827元，增长2.6%。全年新批符合条件的特困人员277人，退出或取消不符合条件的403人。全年发放特困供养生活救助金7505.62万元。

【临时救助】 2021年，区民政局发挥临时救助托底线、救急难功能，实行"先行救助""分级审批""大额临时救助集体评审"，对因灾致贫返贫人口加大保障力度，化解疫情灾情对贫困群众基本生活影响。全年实施临时救助9814人次，支出救助资金1835.5万元，解决群众的医疗型、重特大灾（伤）害型、就学型、其他困难型等困难。其中，医疗型临时救助3203人、支出救助资金966.36万元，重特大灾（伤）害型临时救助75人、支出救助资金24.64万元，就学型临时救助519人、支出救助资金89.12万元，其他困难型临时救助6017人，支出救助资金755.37万元。

【困难群众基本生活保障】 2021年，区民政局扎实筑牢困难群众基本生活兜底保障防线，全力完成民政脱贫攻坚任务。加强社会救助与扶贫开发政策有效衔接，聚焦重点人员、特殊群体，应保尽保、及时施保。围绕帮扶任务，做好调查摸排，通过民政系统"协同救助信息平台"对易返贫致贫户进行监测，对监测筛选出250户、735人进行走访排查，为精准扶贫、精准脱贫做好最基础的工作。全区有兜底保障贫困人口3563人，其中最低生活保障兜底3120人，特困供养443人，累计支出基本生活救助金2074.16万元。

【乡镇临时救助备用金】 2021年，永川区临时救助资金总额2000万元，提前分配1500万元，剩余500万元作为备用金，根据实际申请情况再作调整分配。参照以往分配指标及结合工作实际，设置总人口指标、支出指标、民政对象指标、易返贫致贫户指标、工作成效指标。 （区民政局 王乾臣）

【慈善救助】 2021年，永川区慈善总会在23个镇街建立慈善工作联络站，在253个村（居）中建立慈善工作联系点，形成区、镇、村（居）三级慈善网络组织。新建立“华品周义爱心教育基金”“退役军人关爱基金”，全区共有23支专项基金。全年通过基金项目共募集善款517.72万元。全年开展32场次慈善公益活动，举办永川“中华慈善日”和“99公益日”活动，共募集善款2567万元。参与市慈善总会发起的“支付宝”等互联网募捐，共募集善款1300.59万元。组织开展“困境儿童心理关爱援助公益项目”“干净娃娃养成计划”等公益慈善项目，共募集善款642.68万元。全年共接收社会捐赠5027.99万元（其中现金4971.48万元，物资折合人民币56.51万元），比上年增长18.71%。

在元旦、春节期间开展“慈善情暖万家”活动，慰问贫困人员及家庭840户，发放新旧衣物21600余件、慰问金13.5万元。开展“一帮一”助学项目，为56名贫困学生发放助学金20.4万元。与团区委合作举办“冬日阳光·温暖你我”大型新春公益晚会，对贫困青少年、孤儿、困境儿童等群体实施救助。开展“衣旧情深”项目，为有需要的困难群众送衣送物。全年共发放扶危济困资金、物资总价值200.27万元，5300余人受益。利用基金项目实施救助。政协关爱基金扶智助学项目资助100名贫困大学生，发放助学金46万元。“教师关爱基金”对253名表现优秀、家庭经济较困难的教师进行表彰和救助，发放资金44.1万元。“慈善阳光基金”“爱心牵手·集善光明”公益基金对辖区内的贫困眼疾病患者实施白内障等手术1264人，使用资金180.46万元。宝峰“社区阳光”基金救助宝峰镇社区内的五保户、低保户、建档立卡贫困户及特殊贫困群众18户，发放救助金2.44万元。全年通过各基金项目支出善款555.41万元，救助各类特殊困难人员7440人次。开展多项公益事业援助项目，支出310.67万元，直接救助困难群众1187人，受益群众1万余人。全年捐赠支出4467.67万元，比上年增长24.50%，直接救助各类困难群众46760余人次。开展实施36项公益慈善项目，其中内容包括助学支教、助医助残、安老扶孤、乡村振兴及公益建设等，共支出3401.32万元，惠及全区9万余名群众。

【互联网募捐活动】 2021年，永川区慈善总会开展互联网募捐筹款活动。通过永川区慈善总会网站、微信公众号平台在网络上发起筹款项目。通过微信群、QQ群转发慈善公开募捐平台上的求助信息、链接等，为困难家庭或个人开展网络募捐活动。组织参与“99公益日”活动、“520公益”、慈展会乡村振兴联合行动专场活动。探索“支付宝”平台公益筹款活动，参与由市慈善总会发起的“渝爱助学计划”项目。全年通过互联网募捐筹集善款3867.59万元，参与网上捐款人数76.8万人次。

【永川“中华慈善日”活动和“99公益日”活动】 2021年年初，区慈善总会把“99公益日”活动筹款列为全年第一项募捐目标。成立活动领导小组，设立资金筹集组、项目管理组、人员筹集组、综合协调组4个工作小组。5月初开始策划，7月中旬制定活动方案，7月下旬与各参与单位对接合作事宜。8月各项目参与单位落实线下资金1900余万元，组建“一起捐”战队303个，落实助力人气队伍2万余人（线下捐赠人员）。9月1日，在区政协会议室召开动员大会，总结2020年“99公益日”活动，对2020年“99公益日”活动中的15个先进集体和72个先进个人进行表彰，动员部署2021年“99公益日”活动。制作“99公益日”活动专题宣传片，在城区内各小区的电梯显示屏、大中院校的LED屏、100辆公交车尾灯、313辆公交车内显示屏及公交车站牌播放。组织志愿者在渝西广场集中开展宣传活动，接待群众咨询1200余人次，发放宣传资料5万余份。通过永川通、融媒体中心、区慈善总会网站等对“99公益日”活动进行宣传，营造浓厚氛围。邀请15支专项基金单位组织资金参加“99公益日”捐款活动。发动23个镇街慈善工作联络站、200余个村（社区）居的村（社区）居干部群众参与捐赠活动。联络部分党政机关、群团、社团和社会组织参加活动。永川区慈善志愿者大队300余名志愿者参加宣传、劝募和捐款活动。20余个企业组织500余名志愿者参与捐赠活动。68所中小学组成200余支主力捐款战队参与捐赠活动。联动重庆科创学院、渝西卫校和区职教中心等大中院校，参与“益码通”捐款活动，为20个项目助力人气。制作以图文并茂、通俗易懂的PPT课件，分批次对参加活动的各主力战队负责人、操作手进行反复培训，4500余人参加培训。“中华慈善日”活动期间，永川区慈善总会策划20个项目参与筹款，参与“99公益日”互联网筹款活动，筹募资金2567.18万元，其中公众捐款2186.62万元，腾讯配捐380.56万元，平均配捐比例17.4%，高出全国所有项目平均配比8.7个百分点（全国平均比8.7%），参与捐款人数25.19万人次。在重庆市慈慈善总会组织参加“99公益日”活动筹款的100多个公益机构中排名第七位，完成年初制定的“99公益日”活动筹募的各项目标任务。

（区慈善总会　杨春梅）

社会福利

【福利补贴发放】 2021年，区民政局扎实做好经济困难的高龄失能老年人养老服务补贴制度，实行动态管理，确保进出合理有序。每月按时足额发放养老服务补贴，不漏发一人、不错发一人。全年发放经济困难的高龄失能老年人养老服务补贴2359人、583.54万元。

【福利彩票销售管理】 2021年，区民政局协调区城市管理局、区新城管理委员会设立即开票卖场16个，全区共有专主营兼营站点198个。推进“福彩之窗”社区公益宣传栏建设33处，电脑票完成区域空白乡镇全覆盖。协调城区繁华路段和广场建设福彩销售亭劳动者港湾9处。做好福彩发行销售工作，全年销售额9800万元，比上年增长8.5%。做好福彩销售的安全保障工作、疫情防控工作，福彩公益金管理规范严格，无违纪违规行为发生。福彩销售运行安全无事故。

【儿童福利】 2021年，区民政局扎实开展“未成年人保护三级体系”建设，设立区级未成年人保护中心1个、镇（街）未成年人保护站23个、设立村（居）未成年人保护室50个。组建“部门工作者+儿童督导员（主任）+社会工作者+志愿者”组成的500人未成年人保护工作队伍。建立定期探访、服务清单、档案规范等三项制度。落实孤儿、事实无人抚养儿童基本生活保障制度，每月按时足额发放基本生活费。严格按照档案管理规定建立孤儿档案124册、事实无人儿童档案300册。全年发放孤儿、艾滋病儿童、事实无人抚养儿童基本生活保障金以及“福彩圆梦”助学金401人、397.8万元。全区23个镇（街道）对孤儿、事实无人抚养儿童家庭探访巡查覆盖面100%。

【困境儿童和农村留守儿童关爱保护】 2021年，区民政局开展永川区镇街儿童督导员、村居儿童主任业务培训1场，297人参加集中培训。筹集慈善专项资金75万元，为辖区内200名困境儿童提供心理关爱援助，根据未成年人成长环境、情况开展“一对一”的个性化心理帮扶矫正。通过购买社工服务的方式开展农村留守儿童和困境儿童关爱保护“政策宣讲进村（居）”暨“六防”安全教育活动，开活动49场，服务永川区农村留守儿童和困境儿童1700余人，监护人1800余人，动态跟踪服务500余人。

【未成年人保护中心】 未成年人保护中心在永川区失能残疾人集中供养中心六楼，2021年6月启动建设，12月投入使用。建筑面积920平方米，设置床位37个，分为婴幼儿区、儿童区和公共区域。至2021年年末，累计集中托养儿童27名。其中，在院21名、离院6名。

【社会养老服务体系建设】 2021年，区民政局引入社会资金2600万元，新建5所民办养老机构，提供社会化运营床位500张，其中护理型床位260张。建成街道养老服务中心2个、镇级养老服务中心9个、社区养老服务站12个、村级养老互助点141个。完成8所公办养老机构“公建民营”，完成10个敬老院热水供应系统、老人房间标准化、公共洗浴间适老安全化升级改造。培育发展4个社区居家养老服务本土品牌企业。投入90万元试点实施社区居家养老“助餐、助浴、助医”服务项目，建成助餐、助浴、助医服务点27个，服务老年人5000人次。投入30万元，对150户特殊困难老人家庭居住环境进行“适老化”改造。投资100万元打造永川“智慧养老”平台，采集录入23万条老年（人）基础数据。培训在职养老护理员800人次以上、养老服务机构管理人员100人次以上。投入消防专项资金对50所养老机构的消防设施进行改造升级。投入120万元在养老机构建立视频监控网络。

【永川区养老产业展览会】 2021年10月22日至24日，永川区养老产业展览会在华茂广场举行。展览会设置服务机构展区、医养结合展区、智慧养老展区、适老用品展区、养老成果展区、咨询服务区等6大展区，吸引20余家养老机构参加。

【永川“智慧养老”云平台】 2021年5月启动建设，11月完成一期计划任务。开发有大屏驾驶舱、全区养老机构运营情况分析、全区老人信息数据分析、行业从业人员构成数据分析、养老基础数据、投诉建议、养老机构日常巡查监督、视频监控系统、社区居家养老服务管理系统、助医、助浴、助餐管理平台、养老信息发布、监控中心、巡查管理、机构补贴管理系统、统计分析、共享中心、第三方平台对接、机构基础信息填报等功能。采集录入23万条老年基础数据，52家机构数据。平台通过连接老人、养老服务机构、养老服务商和各级政府监管部门，实施“一体化”监管服务。自系统运行以来，对全区养老机构实行全天24小时全方位视频监控，通过视频督查机构防控措施4320次。上报机构日常巡查3156次，累计下发监管巡查50次。完成高龄失能发放23949人次，“三助”服务4572人次。大屏驾驶舱从老人性别、年龄、养老需求、失智情况、养老需求及老人爱好等方面对24万老人数据进行可视化分析，实时动态监测与老人需求发现。

【重庆市永川区亮哥医养中心】 位于永川区胜利路盐市路52号，是一家集敬老、养老、休闲、娱乐、旅居、医疗及养生为一体的综合型养老机构。2021年获得临江镇养老服务中心和吉安永炉敬老院经营管理权，中心占地10104平方米，建筑面积5549平方米，各类生活配套设施齐全，设有图书阅览室、电脑室、棋牌室、多功能娱乐室、康复理疗室、理发室等。设置有君康中医医院，医院设立床位40张，开设内科、外科、老年科、妇科、中医内科、中医外科诊疗服务。投入设备DR、彩超、全自动生化分析仪、五分类血球分析仪、尿液分析仪、经颅多普勒检测仪、医用排痰仪、多功能针灸治疗仪、磁振热疗仪、除颤仪、无创呼吸机、心电监护仪、心电图机、中药煎药设备、给氧设备等。医生、护士、护理员24小时不间断无缝隙式实时监控，应急呼叫系统全覆盖，保证老人在园区内的居住安全。园区种植大面积的花草、树木，是中老年朋友的天然氧吧。有专业的管理与服务团队为老人提供生活照料、清洁卫生、洗涤、文化娱乐、精神慰藉、益智训练、健康教育、心理疏导、服药管理、理发、接送、寄存等服务。

【重庆静星健康养老服务有限公司】 有专业化的养老服务管理人员、专职社工、护工等人员，专业从事养老机构健康管理服务。静星康养业务辐射重庆渝中区、沙坪坝区、南岸区、永川区、合川区、彭水县等6个区县，有养老机构及中心数9个，养老服务站点28个，员工120余人，总床位1300余张。永川区有胜利路街道社区食堂、永川星怡养老院、永川万寿养老院及5个社区养老服务站。永川星怡养老院是原胜利路街道敬老院，护理楼为4层，总占地面积3600平方米，配置有食堂区、公共洗浴区、文化教育区、休闲娱乐区、康复训练区、老年大学厅、前后独院两坝休憩区等。永川万寿养老院前身是原万寿场敬老院，有三层护理楼70个床位，入住率87%。接纳因经济困难又需要照料的老人和胜利路街道五保老人40余人。胜利路街道（永川）社区食堂面积700平方米，是区民政局规划的第一家社区食堂项目。食堂环境优雅，适老化设施齐全，菜品适合各类人群，老年营养膳食餐受到中老年人欢迎赞扬，同时也为辖区居民提供就餐和送餐等需求服务，每天接纳100余人就餐，其中固定IC饭卡刷卡就餐人群50余人。

【重庆智老尊享养老服务有限公司】是一家以康养服务为主，集投资建设、品牌运营、技术支持、适老改造及产品供应于一体的养老综合运营商，是渝西片区首家四星级养老机构，2021年被评为永川和谐劳动关系企业。围绕“延续温暖、服务未来”企业愿景，构建“以老龄事业为核心，以老龄产业为辅助”层次布局，规划“社区养老规划与建设、养老机构运营与管理、养老人才培养与服务输出、适老化环境评估与改建、适老辅具销售与配置、智慧养老平台构建与开发”六大标准化业务模块，各模块间有机互补、相互提升，形成一体化发展、一站式服务。

【永川区高敬鸿胜利路街道养老服务中心】 位于玉屏北路41号，建筑面积1920.88平方米。中心交通便利，设施配套齐全，配有电梯、文化休闲区、多功能厅、棋牌室、书画室、心理咨询室、舞蹈室、康复理疗室、护理站、花园等。内设单间、双间、多人间不同档次的房间，房间宽敞明亮，干净整洁，同时配置床头呼叫功能，随时满足老人的需求。中心全监控覆盖，能全天候保证入住老人的安全。中心秉承传递爱心和传承中华孝道的服务理念，为老人提供舒、暖、惠、乐相结合的新型护理，接收自理、介助、介护、日间照料、短期托养等老人，也对外提供餐食服务和上门服务。工作人员全部经专业护理培训，24小时随叫随到。与就近的专业医保点医院合作，设立绿色就诊通道，让突发疾病的老人能够得到及时妥善的处理。

【重庆市永川区夕阳之家】 是重庆市老年协会理事单位。公寓以机构养老为支撑，社区居家养老服务相结合。公司下属2个公寓，占地5652平方米，建筑面积5027平方米，有床位238张。公寓功能齐全，有服务接待区、生活照料区、健康管理区、教育文化区、人文关怀区、休闲娱乐区、托养护理区、运营管理区。内有休闲广场、停车场、风雨阳光棚、门球场、假山、喷泉、花卉、绿树成荫，闹中有静。公寓设施完善，宾馆式房间采光、通风好，通道完全无障碍，有电梯、室内外健身器材、无线网络、监控全覆盖。每个房间都有独立卫生间、空调、冰箱、洗衣机、电视、智能呼叫系统、衣柜、桌椅、浴凳、24小时热水。提供住养、生活照料、康复护理、精神慰藉、托管、老年娱乐、社区日间照料等服务。

【永川区双石养老服务老年公寓】 位于双石镇大涧口村同学号村民小组，公寓占地80亩，总面积6680平方米，配有158张床位。设有食堂、娱乐室、保安室、健身场地，老人卧室配有空调、热水器、独立卫生间等。整个院区做到全监控覆盖，能全天候保证入住老人的安全。

【重庆市永川区和睦家养老服务中心】 位于永川区中山路办事处红河大道188号（原金凤丝厂内）。设有食堂、餐厅、康复理疗室、保安室、阅览室、棋牌娱乐室、多功能厅等，房间内设冷暖空调、电视、饮水机、独立卫生间、报警器、呼叫系统等，房间内24小时供应热水。（区民政局　王乾臣）

住房保障

【保障性住房管理】 2021年，区住房城乡建委运用大数据手段开展年度审核，核查数据14487条，排查疑点信息家庭258户（其中房产疑点信息家庭183户、收入疑点信息家庭75户）。加强公（廉）租房动态管理，变更保障类型27户，实施更名16户，调整保障人口5户，腾退房屋121户，处置重复保障家庭30户。全年保障性住房合同续签签约3855户。争取保障性安居工程市级补助4396万元，收取公（廉）租房租金1289.8万元。通过廉租房政策，保障城镇低收入困难家庭住房175户、220人，累计发放租赁补贴28.8万元。利用腾退公（廉）租房，通过公开摇号和定向配租安置方式，保障普通群众住房264套、684人。落实优抚对象住房保障政策，累计发放公租房租金补助11.2万元，涉及83户。筹集分配人才公寓320套。

（区住房城乡建委　杨建）

【住房公积金归集】 2021年，重庆市住房公积金管理中心永川区分中心（以下简称永川区分中心）秉承“规范管理，优质服务”的工作理念，在职职工归集扩面工作和灵活就业人员参与住房公积金制度试点工作顺利推进，成效明显。全区新增缴存单位184个，新增缴存人数1.73万人（其中在职职工1.62万人，灵活就业人员0.11万人），新增缴存人数位列区县第一，归集住房公积金12.91亿元。全区有缴存单位数1102个，缴存人数8.85万人，累计归集额90.93亿元，归集余额35.58亿元。

【住房公积金提取】 2021年，永川区分中心按照“规矩、规范、程序、执行”的工作要求，推广“冲还贷”和约定提取签约业务，降低职工贷款还款压力。加强部门联动，严打严防骗提套取公积金行为，保障职工合规提取使用公积金。全年办理提取3.18万人次，提取资金7.64亿元，其中84.97%用于住房消费。职工提取资金占当年归集额的59.17%。累计办理住房公积金提取20.31万人次，提取资金55.07亿元，占累计归集额的60.56%。

【住房公积金贷款】 2021年，永川区分中心重点支持职工合理住房消费，为改善职工居住条件提供资金支持。全年发放住房公积金贷款3149笔，发放额 12.10 亿元，个贷比为 141.25%。累计发放贷款 2.61 万笔，发放额 73.71 亿元，贷款余额 50.26 亿元。住房公积金贷款累计支持全区房地产销售面积 202.17 万平方米，销售额 107.63 亿元。（重庆市住房公积金管理中心永川区分中心）

社区建设

【基层群众自治】 2021 年，永川区 263 个村（社区）完成换届选举，一次性选举成功率 100%，书记主任“一肩挑”比例 100%，群众意愿和组织意图统一率 100%。部署开展“社区万能章”治理专项行动，建立起规范化制度体系和长效机制。落实“自治清单”“协助清单”和“负面清单”管理，让村（社区）承担的每一项具体工作内容都有据可依，扎实推进基层减负增效。依托“两眼向下”、网格化服务、乡贤评理堂等机制，实现政府治理和社会调节、居民自治良性互动，推进基层治理“三事分流”工作机制的落实。

【社区治理创新】 2021 年，永川区发挥乡贤评理堂作用，探索村民自治新模式。建立区民政局、区委政法委等部门、各镇街对 200 余个点定点联系和定期指导机制，自觉承担新形势下便民、为民、助民的责任。严格按照条件和步骤选拔乡贤评理员，规范建设运行乡贤评理堂。开展党的十九大及历次全会精神等宣讲、“法治茶话会”活动 6200 余场，参与群众 42 万人次。乡贤评理堂充分发挥基础性作用，形成贴近村民生活实际的村规民 200 余份。建立区、镇、村三级乡贤组织架构。搭建以农家院落为主阵地的乡贤治理平台，拓宽乡贤调处邻里纠纷、倡导移风易俗等作用空间。全区乡贤评理员累计走访群众 55 万户，组建守楼护院巡逻队 60 支，创建平安示范大院 49 个，化解矛盾纠纷 8000 余件。

【社会工作专业人才队伍建设】 2021 年，区民政局高度重视社会工作人才队伍建设工作，把它作为完善基层治理体系、提升基层治理能力的重要抓手。区民政局会同区委组织部、区委宣传部等 6 部门印发《关于加快推进社会工作三级服务体系建设的实施意见》，按照“一年起步、三年覆盖、五年提升”的思路，有序推进全区社会工作三级服务体系建设。联合区委组织部、区财政局、区人力社保局出台社工人才激励政策，通过举办社会工作者职业水平考试公益培训班，鼓励和引导村（社区）干部、公益性民间组织从业人员等参加社会工作者职业水平考试，着力打造专业化社工队伍。全年筹集社工项目资金 300 余万元，开展社会救助、社工三级服务体系建设、未成年人保护、精残康复等 10 余个社工项目，为社工人才搭建发挥专业知识平台。截至 2021 年年底，全区共有持证社工 325 人。其中，社会工作师 42 人，助理社会工作师 209 人，社会工作员 74 人。每万名城镇常住人口拥有城市社区工作者 17 人。

（区民政局　王乾臣）

社会事务

【概况】 2021 年，永川区民政工作秉承“建一流队伍、创一流业绩”理念，着力推动民政事业发展再上新台阶。“一门受理、协同办理”社会救助综合改革持续深化，永川经验推广全国。永川婚俗改革、殡葬改革扎实推进，倡树婚葬文明习俗新风。申报国家康复辅助器具产业综合创新试点工作。建设智慧民政大数据中心，开创民政工作“数据做加法、工作做减法、服务效能做乘法”新局面。永荣镇白云寺村获批全国第二批乡村治理示范村，中山路街道卧龙凼社区获批全国第八批民主法治示范社区。

【区划地名管理】 2021 年，区民政局规范道路及建筑物命名 15 条。完成年度市级图录典志编纂任务，共编纂地名录 13716 条、地名词典 200 条、地名志 84 条。在第二次全国地名普查数据基础上，利用《重庆市地名词典》（永川部分）编纂成果，对永川历史地名进行梳理，符合条件的登记建册，共采集历史地名信息 90 条。通过逐一筛选、比对，形成《重庆市永川区历史地名保护名录》（第一批）23 条。依法有序开展非标准地名清理工作，清理出 1 条小区“大”地名并重新命名。

【婚姻和收养登记】 2021 年，区民政局婚姻收养登记处核查新中国成立以来至 2021 年婚姻登记电子档案数据和历年补领结婚证、补发离婚证电子数据 44 万余条，纠正历史档案错误信息 20 条。通过补领结婚证，完成无档案数据补录 102 条。推动婚俗改革试点工作，开展家风文化建设活动 12 次，建成婚姻家庭辅导站 1 个，社区婚俗文化宣传点 10 个。开展移风易俗宣传、集体颁证、家庭读书会、家庭辅导类服务等活动 873 次，服务群众 2.1 万余人次，发放宣传资料 3 万余份，劝和冲动型离婚夫妻 114 件。全年共办理婚姻、收养登记 16452 对（件），其中结婚登记 6683 对，离婚登记 2625 对，补发结婚证 2034 对，补发离婚证 595 对，收养登记 3 个，登记合格率 100%，通过婚姻登记“跨省通办”和“全市通办”试点办理 69 对。

【殡葬管理服务】 2021 年，区民政局火化遗体 1890 具，其中火化永川户籍居民遗体 1259 具、荣昌户籍居民遗体 631 具。落实殡葬救助政策，对最低生活保障对象、特困供养人员等 4 类困难群体及无名尸、涉案遗体等对象减免丧葬费 17.6 万元。对遗体火化设备和尾气处理设备及时维护保养，确保大气污染物排放达到 GB13801—2015 国家标准。完善治丧机构服务功能，全年接待治丧群众 700 余例。公益性公墓建设继续推进，红炉镇佛泉寺公益性公墓一期工程投入使用。将丧葬礼俗改革内容纳入村规民约和居民公约修订内容。指导全区村（社区）建立红白理事会，全年劝导简办丧事 1200 余例。开展“网络祭扫、预约祭扫”主题宣传活动，春节、清明祭扫无疫情防控失责和安全责任事故发生。开展安葬（放）设施违规建设经营专项摸排暨违法建设墓地专项整治、殡葬业价格秩序公益性安葬设施建设经营专项整治等工作。

【社会组织管理】 2021年，永川区成立社会组织工作领导小组，制定工作规则及社会组织领域风险防范化解预案。全年培育发展社会组织18个，变更登记社会组织35个，注销14个，登记合格率100%。开展行业协会商会收费清理整治专项行动，规范3家家行业协会商会会费标准，16家行业协会商会降低收费标准。全区55家行业协会商会，总计减免会费32.6万余元，惠及150余家企业。各行业协会商会收费情况在“信用中国”进行公示。全区无一例社会组织出现政治问题和其他重大问题，无一例投诉举报案件、风险事件发生。

【区民政局婚姻收养登记处办公地点搬迁】 2021年8月13日，区民政局婚姻收养登记处办公地点搬迁到永川区星光大道66号（新妇幼保健院旁）。新办公地点占地面积800平方米，按照国家AAAA级婚姻登记机关场地布置要求，打造全新的室内外颁证基地、婚俗文化宣传墙、书香活动角等。以喜庆红融入温馨粉为主调，打造一面室内婚俗文化墙，在墙上设置造型优美的爱心花环，张贴婚俗改革、移风易俗宣传标语。在办公室楼内设置60平方米的免费固定室内颁证大厅，打造温馨、庄重的中式颁证场所。在办公楼外一侧设计一条西式颁证长廊作为固定室外颁证基地，以粉蓝色为主调，采用西式教堂设计结构搭配鲜花，带给新人浪漫的打卡拍照以及颁证体验。在大厅等候处设立书香家庭一角阅读区，放置婚姻家庭、亲子教育、道德风尚、爱国教育等方面书籍200册。启用重庆市婚姻登记系统“智慧婚登”功能，为8个结婚、离婚窗口配备高拍仪（高速影像拍摄仪）、身份证读卡器、人像采集和人脸识别机等智能化设备。

【“懂沟通、会表达”亲子教育小组活动】 2021年，区心原社会工作服务中心在红河路社区家和服务站开展“懂沟通、会表达”亲子教育小组活动4次。第一次活动于2021年9月25日开展，活动流程为：社工介绍活动主题，向组员们介绍该节活动流程以及安排；开展“乌龟和乌鸦的故事”热身游戏，制作小组契约书。第二次活动于2021年10月10日开展，活动流程为：社工引导回顾上次活动内容，介绍该次的活动主题；开展“逛三园”热身游戏、“爱的抱抱”小游戏和“我说你画”主题游戏，最后邀请组员分享活动感受。第三次活动于2021年10月16日开展，活动流程为：回顾上节活动的内容，引入该次活动主题“我们的礼物”。成员一个家庭为一组，以制作手工扇的形式，搭建亲子交流互动的平台。社工带领参与活动的组员进行总结、分享。第四次活动于2021年10月23日开展，活动流程为：社工带领组员们回顾上节活动内容，引入该次活动的主题“爱的抱抱”；社工将故事大概写在一块白板上，组员站成一列，背对背而站立，第一位组员看完白板上的全部内容，接着传给第二个人，第二个人传给第三个人，以此类推，到最后一个人的时候，陈述出自己所听见的内容。以此让组员们学会有效的沟通，鼓励组员分享本次小组的感想，社工做最后的总结。

【红炉镇佛泉寺公益性公墓一期工程】 佛泉寺公益性公墓是永川区投入使用的首个镇级公益性公墓。在依法取得区发展改革委、区生态环境局、区林业局、区民政局等部门手续后，依法面向当地城乡居民提供公益性墓位。截至2021年年底，一期工程硬件设施、墓区堡坎、园区绿化、停车场等配套设施已完成。

【老龄政策落实】 2021年，区民政局累计发放高龄津贴29150人次，发放金额583万元。发放经济困难失能老人护理补贴80418人次，发放金额752.81万元。发放百岁老人营养补助1059人次，发放金额21.18万元。

【老龄工作宣传】 2021年，区民政局与茶竹永川网合作，开设养老专栏，发布宣传养老资讯、政策解读、服务导航等信息84条。举办永川区养老产业展览会。

【老年食堂推广】 胜利路街道社区老年食堂位于文曲汇碧苑小区，2021年10月13日营业。该老年食堂以老旧小区改造为契机，加上街道自筹资金，共筹资118万元，历经6个月，建成一个可同时容纳100人就餐的社区老年食堂。食堂建成后，胜利路街道将其交给重庆市静星健康养老服务有限公司运营。该公司聘请专业厨师、营养师，保障饭菜健康可口，还与外卖配送平台、社区志愿者团体达成合作，做好饭菜配送到户工作。

（区民政局　王乾臣）

精神文明建设

【文明行为促进】 2021年，永川区加强《重庆市文明行为促进条例》宣传。结合吃得文明、文明旅游等工作，培育良好道德风尚，海棠小学食堂和雅禾铭都酒店被评为“2020年度市级文明餐桌食品安全示范单位”。建成区新时代文明实践中心、镇街新时代文明实践所、村居新时代文明实践站和新乡贤新时代文明实践点，开展新时代文明实践“六讲”活动500余场次，开展新时代文明实践云平台培训1次。

【未成年人思想道德建设】 2021年，永川区坚持立德树人根本任务，围绕庆祝中国共产党成立100周年宣传教育主线开展系列活动。举行“小萝卜头”红色讲解员选拔大赛，永川选手获全市中学组一等奖和小学组二等奖。开展“童心向党”红色故事进校园巡展活动，激发未成年人爱国主义情怀。承办“寻根乡愁·麦田厨艺节”——重庆市乡村学校少年宫庆祝建党100周年乡愁系列活动。开展“新时代好少年”学习宣传活动，3人获评2021年度“新时代重庆好少年”，10人获评“新时代永川好少年”。

【志愿服务】 2021年，永川区建成区新时代文明实践中心、镇街新时代文明实践所、村居新时代文明实践站和新乡贤新时代文明实践点，开展新时代文明实践活动500余场次，开展新时代文明实践云平台培训1次。常态化开展“文明在行动·志愿在永川”“周末红”“亲子志愿行”等主题志愿服务活动。永川区“天使在身边”志愿服务队被评为全国学雷锋志愿服务“四个100”先进典型——最佳志愿服务组织。

【身边好人和道德模范评选】 2021年，永川区推荐申报市级道德模范评选，2人入选市级道德模范候选人。重庆财经职业学院学生于婷婷获评重庆市孝老爱亲道德模范。组织“富民兴渝贡献奖”评选活动，报送参评单位和个人各1个。开展“我推荐我评议身边好人”活动，段军、田朝树、张吉莲等4人被评为重庆好人，沈应才、王家平入选中央文明办“中国好人榜”。在《渝西都市报》、永川电视台等媒体开设道德模范事迹展示专栏，对各类典型人物进行集中宣传报道，利用微博、微信公众号等平台广泛宣传道德模范先进事迹。

【社会主义核心价值观】 2021年，区委宣传部把社会主义核心价值观融入社会发展各方面。疫情防控宣传不放松，针对节假日疫情防控和新冠疫苗接种，制作宣传标语10016条，发放宣传海报56.6万余份，制作橱窗公示栏5700个，做到社会宣传进村入户，疫情防控人人皆知。推动脱贫攻坚与乡村振兴有效衔接，做好深入实施乡村文化“百乡千村”示范工程，建设乡情陈列馆5个，培育“一村一品”文化品牌活动。组织开展梦想课堂、梦想沙龙、梦想驿站等系列活动，推进“四和一美”社区建设，打造一批示范院落。加强重大赛事活动宣传推介，做好重庆市第六届运动会、永川马拉松赛赛事的社会宣传。开展“全民反诈”社会宣传，在全社会营造打击整治电信网络诈骗的浓厚氛围。

【文明创建活动】 2021年，永川区开展市级文明村镇、单位、家庭、校园推荐申报工作，进行市级文明村镇、单位、家庭、校园复查。板桥镇、吉安镇、吉安镇尖山村、来苏镇观家井村、朱沱镇大河村获评新一届市级文明村镇。区经济和信息化委员会、高新区凤凰湖产业促进中心、中山路街道卧龙凼社区被评委市级文明单位。敖志菊家庭、杨晓勇家庭被评为市级文明家庭，红河小学、红旗小学、萱花中学、来苏小学被评为市级文明校园。13个村镇、66个单位、8所校园、4个家庭继续保持市级文明称号。

【全国文明城区创建】 2021年，永川区制定创建全国文明城区考核实施细则，开展创国文调研、知识竞赛、创编创文歌曲、拍摄创文MV，创国文宣传、宣讲，发放宣传单页，张贴创国文海报，开展“文明之光杯”中小学和职教院校演讲、征文、书法、绘画比赛，实现学生全覆盖，让创建全国文明城区工作家喻户晓。

（区委宣传部　王艺桦）

退役军人事务

【概况】 2021年，永川区退役军人工作坚持“以退役军人为中心”工作理念，设立永川区退役军人“关爱基金”，加强对困难退役军人帮扶力度，成功打造永川区“退役军人创业孵化基地”。持续推进“阳光安置”机制，安置率100%。优待抚恤金发放率100%。完成全区镇街和较大社区服务站创建全国示范型退役军人服务站。组织编纂《烈士英名录》，提质修缮全区烈士纪念设施。在全市退役军人创业创新大赛中，获得新兴产业一等奖，现代农业二等奖。

【退役军人思想政治建设】 2021年，区退役军人事务局组织军休干部、参战老兵、立功受奖功臣等成立红色宣讲团，到区卫生健康委、重庆城市职业学院、张家坡社区等单位开展“传承红色基因 赓续红色血脉”宣讲活动30余场。在桂山公园烈士纪念碑园开展“清明·祭英烈”“9·30”烈士公祭日等主题党日活动。邀请抗美援朝、二等功臣、离休的军休干部6人，回顾战斗历程，讲述英雄故事，弘扬革命精神。组织参观“他吸引了全世界的目光——纪念周恩来总理珍品展”，观看爱国主义电影《血战湘江》《99万次拥抱》《守岛人》《长津湖》等影片。在“七一”“八一”之际开展志愿服务，走访慰问党龄50年以上困难退役军人49名、烈士遗属172名。

【退役军人安置】 2021年，区退役军人事务局接收计划分配转业干部，全部安置到行政（参公）岗位。接收转业士官安置率100%。接收安置自主就业退役士兵。搭建“一站式”服务窗口，全力营造退伍返乡氛围，提升退役军人的满意度。

【退役军人就业创业】 2021年，区退役军人事务局与重庆科创职业学院、永川区嘿牛创业园联合打造永川区“退役军人创业孵化基地”，从场地提供、政策咨询、项目孵化、创业培训等多方面扶持自主就业退役士兵创业。报送7个退役军人创业项目参加全市退役军人创业创新大赛，获得新兴产业一等奖1个、优胜奖2个，现代农业二等奖1个。

【优待抚恤】 2021年，区退役军人事务局建立“常态化”联系退役军人制度，与172名烈士遗属开展“一对一”帮扶制度等。设立退役军人“关爱基金”，通过政府划拨和筹集资金297万元，定向用于帮扶救助困难退役军人、烈士及家属群体，维护退役军人合法权益，服务广大退役军人创业就业，增进退役军人福祉。坚持公平优抚、精准优抚、廉洁优抚，不折不扣、不乱开口子、不截留一分一毫，提升精准化规范化服务保障水平，优抚抚恤到位率100%。

【拥军优属】 2021年，区退役军人事务局在城区人员流动较大、地理位置相对优越的公交车站广告牌滚动播出双拥标语口号、法规政策。发放4

名随军未就业家属生活补贴，落实现役军人、残疾军人免费乘坐公共交通工具及参观旅游景点等优待政策。协调解决18名现役军人子女、1名烈士亲属优待入学事宜，让现役军人安心在部队服役。开展拥军支前保障行动3次，共180人次参与。协助3支部队做好相关经费的追缴工作。选送的双拥主题标识在全国双拥主题文艺作品征集评选活动中荣获三等奖。

【褒扬纪念】 2021年，区退役军人事务局开展以“守护·2021清明祭英烈”为主题的清明祭扫和“9·30”公祭日活动，网上祭奠、书写寄语5万余人次，入园祭扫6000余人次。争取上级资金256万元，采取修缮、改造、搬迁等方式对20处烈士纪念设施环境整治，为英烈安好“家”，为民众树好“梁”。代表重庆市接受退役军人事务部、最高人民检察院烈士纪念设施建设专项行动检查，得到充分肯定。争取财政资金20万元，成立《烈士英名录》编撰专班，编撰《重庆市烈士英名录（永川分卷）》，记录永川籍及在永牺牲的1126名烈士的故事。抽调专人负责为烈士寻亲、为烈士找家。为安葬在永川区的云南籍烈士夏祖阳找到亲人，寻回牺牲72年的永川籍烈士赖云清。《重庆日报》、重庆华龙网、新闻第一眼和《渝西都市报》等各大主流媒体，以及中华英烈褒扬事业促进会进行报道。

【基层基础服务体系建设】 2021年，区退役军人事务局持续抓好全国示范型退役军人服务站创建工作，将6个镇和14个社区服务站纳入全国示范型退役军人服务站创建范畴。12月底，申报的20家单位全部创建为全国示范型退役军人服务中心（站），创建达标率100%。在村（社区）换届选举之际，及时启动“兵支书”建档立卡工作，累计统计汇总231名“兵支书”情况，全覆盖完成建档立卡。在全区23个镇街成立241支志愿者服务队伍，1637名志愿者统一命名为“永川区退役军人红岩志愿服务队”，引导全体志愿服务组织积极参与疫情防控和基层社会治理。

2021年5月7日，区退役军人事务局工作人员将烈士赖云清墓碑照片送到陈学明老人（左二）手中 （区退役军人事务局 供图）

【区军休中心服务保障】 2021年，区军休中心组织军休干部开展“牢记党的历史·追忆先烈足迹”主题教育活动，到区爱国主义教育基地、桂山公园烈士纪念碑、贵州娄山关大捷遗址、遵义会议会址等地参观学习。推选军休干部王应强成为区退役军人事务局组建的红色宣讲团成员，先后为区退役军人事务局、区卫生健康系统、区实验小学等宣讲红色故事。在《渝西都市报》红色印记专栏刊登离休干部段恒臣、赵良惠，参加抗美援朝的军休干部王春明、袁定清、金文贵、何庭全等6人的先进事迹。编排的文艺节目《牢记革命史 永远跟党走》，荣获全市军休干部庆祝中国共产党成立100周年文艺节目银奖。在全市军休干部庆祝中国共产党成立100周年摄影比赛中，退休士官杨义强选送的《学习新知识·永远跟党走（组照）》荣获二等奖。在全市军休干部第五届钓鱼比赛（大足赛区）中，退休干部郑定光、张文华获得一等奖。在区直机关工委组织的纪念中国共产党成立100周年“翰墨丹青颂党恩”征文及书法绘画摄影比赛中，退休士官杨义强荣获摄影类一等奖，退休士官张德奎荣获征文类三等奖。

【区退役军人服务中心服务保障】 2021年，区退役军人服务中心持续推进常态化联系退役军人工作，结合实际工作需要，及时调整联系对象，做好联系走访、维护网络系统、写好联系日志。通过比对户籍性质、退役安置等信息，对参加高职扩招退役士兵进行身份核实。受理审核35名自主就业退役士兵高等学历教育补助申请事项，发放补助金30.75万元。梳理自主就业退役士兵参加“退役第一课”适应性培训情况，对接未参训士兵完成网络在线补训，组织自主就业退役士兵参加2021年“退役第一课”适应性培训。完成退役士兵职业技能培训再摸底工作，统计培训需求54人次。鼓励自主就业退役士兵参与职业技能培训并考取职业技能证书，共有10名自主就业退役军人取得职业技能证书。

（区退役军人事务局 付本兵）

【“9·30”公祭日活动】 2021年9月30日，永川区在桂山公园隆重举行烈士纪念日公祭活动，聆听英雄故事，回顾战斗历程，缅怀革命先烈，感悟革命初心。纪念碑前，200余名各界代表手持鲜花、列队肃立。他们有驻永部队官兵、军队离退休干部、公安干警，退役参战人员和烈士遗属代表，还有民主党派、中小学生代表及各镇街党员干部。受张智奎委托，常晓勇代表区委、区人大常委会、区政府、区政协宣读祭文。随后全场肃立，向为中国人民解放事业和共和国建设事业英勇献身的烈士默哀。少先队员献唱《我们是共产主义接班人》。伴随着庄严的《献花曲》，礼兵将4个花圈缓缓抬上纪念碑基座。张智奎、常晓勇、王志飞、刘祥全迈步上前，在花圈前驻足凝视，并仔细整理花圈缎带。接着，大家缓步绕行，瞻仰革命烈士纪念碑，并在烈士名录墙前敬献鲜花。各界代表也依次走到烈士名录墙前，献上手中鲜花，追思革命先烈的丰功伟绩。公祭活动由副区长刘建中主持。

【军供保障】 2021年，区军供站修订完善军供保障应急保障预案，补充完善保障设施设备，做好备战保障物资储备。组织人员对区域保障点周边地理环境、社会餐饮网点分布等情况进行实地勘查，建立稳定、成熟的社会化保障网点。组织开展业务培训、保障演练和野外体能训练等活动，增强伴随保障、野外保障和应急保障能力。创建为全国重点军供站，实现军供站与站、点与点、站与点，自主保障与社会保障共同推进的新机制。

【全国重点军供站创建】 2021年，永川区军供站对标全国重点军用饮食供应站考核评估标准的总体要求、能力指标、业务建设、设施设备、保障队伍、信息化和加分项目7大项、33小项内容逐一进行分析研判，重点在硬件和制度建设方面进行健全和完善。采取完善军供保障设施设备、健全军供保障方案预案、加强军供保障训练演练、打造军供文化提升站容站貌等举措，创建为全国重点军供站。

（区军供站 周裕淑）

移 民

【概况】 2021年，永川区大中型水库移民涉及上游水库、关门山水库、卫星水库、孙家口水库和金鼎寺水库等5座中型水库，涉及与四川省泸县接壤的艾大桥水库和三溪口水库等2座水库，以及市内区外14座水库和市外20座水库、三峡水库，移民指标总人数为21037人。其中，大中型水库移民指标16630人，三峡移民指标4407人。全区有直补移民9326人，其中大中型水库移民5267人，三峡水库移民4059人。项目扶持11711人，其中大中型水库11363人，三峡水库348人。大中型水库（含三峡水库）移民分布在永川区23个镇街、159个行政村的860个村民小组，主要以上游水库、关门山水库、卫星水库、孙家口水库和艾大桥水库、三溪口水库移民为主。

【移民后期扶持】 2021年，区水利局编制完成《永川区大中型水库移民后期扶持“十四五”规划报告（2021—2025）》，开展项目前期工作。完成永川区2022年大中型水库移民后期扶持产业发展项目、永川区2022年大中型水库移民后期扶持美丽家园项目、永川区2022年大中型水库移民后期扶持散居移民基础设施项目等项目可研批复及备案工作。编报2022—2024年三峡后续（精准帮扶）入库项目3个，总投资2716.95万元。争取市级以上移民资金5200万元，实施三峡后续工作项目、三峡库区基金项目及水库移民后期扶持项目等，开发公益性岗位80个，完成坡耕地、水平梯田改造130余亩，公路硬化50余千米，修建人行便道70余千米、蓄水池10座、供排水管网10余千米，安装太阳能路灯1500余盏，整治山坪塘9口，清洁院落133座等，改善移民群众生产出行条件、饮水条件及生活环境。

三峡后续精准帮扶项目 2021年，市级下达永川区建设项目3个，资金2000万元。投资1529.11万元，实施卫星湖街道石脚迹村、胜利路街道堂皇坝村等13个村农村移民安置区人居环境整治项目。全年安装太阳能路灯1107盏、建设生态湿地占地6亩、清洁院落整治162户、新建人行便道5100米、硬化院坝180平方米、整治庭院绿化500平方米、粉刷墙体1000平方米、新建泵站2座等。投资415.89万元，实施永川区五间镇双创村、南大街街道代家店村等4个村农村移民安置区人居环境整治及饮水安全项目。全年完成代家店村跃进水库栏杆更换910米、五间镇双创村管道更换46.65千米、友胜村院坝硬化556.6平方米、粉刷外墙3833.35平方米等。投入55万元，开展三峡移民信访干部培训项目。其中，开展三峡移民信访干部培训93人，开展三峡移民生态农业技能和农业实用技术培训80人。将低价中标结余资金735.9万元，用于胜利路街道杨广桥村、来苏镇观音井村等17个村农村移民安置区精准帮扶项目第一期（续建）37.74万元，五间镇双创村、南大街街道代家店村等4个村农村移民安置区人居环境整治及饮水安全工程项目（第二期）291.06万元，三教镇陡沟河村农村移民安置区生态环境整治项目407.1万元，分别于2021年11月、12月开工建设。

大中型水库后扶项目 2021年，市级下达永川区后扶资金（基金）3200万元，经区水利局分解下达，其中水库移民后扶项目资金1648.31万元、水库移民直补资金318.54万元、三峡移民直补资金264.42万元、三峡库区基金595万元、小型水库扶助资金235万元、生产扶持项目128.73万元、监测评估与绩效评价资金10万元，共计安排项目28个。截至2021年12月底，完成项目建设25个。主要完成移民美丽家园示范院落整治133个，专项规划移民美丽家园市级示范项目1个、产业转型升级市级示范项目1个。新建人行便道31591米，整治渠道1270米，硬化道路6227.65米，安装波形护栏700米，硬化移民村院坝4210平方米，新建花台45个，修补水库环库公路沥青路面5100平方米，环库公路长2620米等。同时，投资165.87万元帮扶宝峰镇龙凤桥村堰水沟、深沟、摇钱坡、八字墙产业园，新建人行采摘便道11500米，新建300立方米灌溉蓄水池2座，新建整治山坪塘6口。

永川区五间镇移民美丽家园市级示范项目 该项目位于永川区五间镇合兴村，范围涉及桃花岛及岛外部分区域。建设内容为完善路网26784平方米，改造建筑外立面25000平方米，新增排水管网600米，管网规整及下地4300米，新增消防泵房1个（含消防水池），改建消防管网2000米，新增安全护栏400米，体育场新增照明灯4盏，改造公共厕所2个，增设活动卫生间3处，改建文化墙1000米，新增景区路标石1个。另有景观节点打造、庭院环境改造、堤岸软化、乡情陈列馆改造、入口牌坊改造升级、清洁田园等工程。项目总投资4438.60余万元，分两期实施。截至2021年12月底，完成项目前期立项、初设（代可研）报告编制、概算编制，并经市水利局竞争性比选，完成申报项目入库备案。

永川区来苏镇关门山村移民产业转型升级市级示范项目 该项目位于来苏镇关门山村，范围涉及猛虎山、太平寺和杨木桥村民小组，转型升级面积1600余亩，包括关门山水库北侧及西侧1100亩的标准种植园区，西南侧100亩的高标准种植示范区及基地中部400亩的鲜果采摘园。项目总投资4563.77万元，主要建设内容为在标准种植区域内设置人行便道，在鲜果采摘园设置展示便道。同时在标准种植区新建1#气调库、2#储藏库，在北侧靠近水库的标准种植区新建3#观光亭，项目范围外的西侧水库区域新建4#观光亭。项目总规划面积1600亩，配套设施设计最大建筑层数为1层，总建筑面积为414.06平方米。截至2021年12月底，完成项目前期立项、初设（代可研）报告编制、概算编制，并经市水利局竞争性比选，完成申报项目入库备案。

（区水利局　吴素杰）

应急管理

防灾减灾

【自然灾害】 2021年，永川区先后遭受9次洪涝、风雹、干旱自然灾害，涉及全区22个镇街，累计受灾人口127609人，紧急转移安置40人，因旱饮水困难3679人。农作物受灾5911公顷，农作物成灾面积3307公顷，农作物绝收面积696公顷。倒塌房屋50间，严重损坏房屋1018间，一般损坏房屋2361间。造成直接经济损失9973万元。

【风险监测】 2021年，永川区强化监测预警，严格落实会商研判工作机制。组织开展突发事件趋势分析，形成《2021年永川区自然灾害和生产安全趋势分析及主要对策》。先后组织开展7次趋势分析会议，分析全区自然灾害及安全生产工作风险趋势，制定防范应对措施。

【灾害信息员队伍建设】 2021年，永川区汛前及时更新各类灾害信息员队伍，并组织开展自然灾害识别、灾情评估、报送管理等业务培训，提升基层灾害信息员工作能力，规范灾害信息统计报送工作。全区共有灾害信息员570名。

【灾害防治管理】 2021年，永川区完成预警信息发布平台升级改造，在区域性、局地性灾害性天气前，及时做好提醒防范应对准备等工作。强化森林防火、防汛抗旱基础设施的建设和维护，新建标准化防火检查站18座、消防水池（箱）168口、防火视频监控16套、卡口监控1处；清理林区重点坟场73处、坟头2万余个、防火林道620千米、防火通道290千米、生物阻隔带240千米。强化灾害工程治理，投入资金4320万元治理病害水库11座、河道10千米，对临江河永川城区下游重点河段实施综合治理，提升城市排涝能力。投入资金510余万元开展地质灾害隐患治理和群众避险搬迁，强化52处地质灾害隐患点群测群防管理，确保无灾险情发生。及时开展临灾会商调度工作，先后组织、参加各级防汛抗旱调度会议31场次，召开临灾会商5场次，调度区级防汛抗旱责任单位120家次，启动防汛Ⅲ级应急响应，应对“9·16”等灾害性天气过程。

【救灾物资保障】 2021年，永川区强化灾害救助，确保救灾资金及时到位。全年争取上级救灾资金1057万元（中央资金288万元，市级资金769万元），区级配套价值85万余元物资（冬棉被1330床、棉大衣652件、防寒服300件），用于各镇街自然灾害救助、冬春生活困难救助及133户（459间）受灾倒房恢复重建补助，全力保障群众生产生活秩序。

（区应急局　罗凌峰）

安全生产

【概况】 2021年，永川区未发生较大以上安全生产事故，发生一般事故21起、死亡22人，比2020年事故起数上升40%、死亡人数下降42%。其中，道路交通安全事故16起、死亡16人，工贸及其他行业安全生产事故4起、死亡5人，建筑施工行业安全生产事故1起、死亡1人。

【安全生产责任体系建设】 2021年，永川区设置专项安全委员会统筹解决重点行业领域突出问题。区委、区政府调整区安全生产委员会组成机构，设置道路交通、水上交通、建设施工、危险化学品、矿山、旅游、城市运行、消防、特种设备、工贸等10个专项安全生产委员会，由区政府分管副区长任相关专项安全委员会主任，每月召开工作例会研判解决问题。建立区政府领导联系镇街疫情防控和安全工作制度。明确区政府班子成员每月第一周检查分管领域安全工作。中国共产党成立100周年活动期间，区委、区政府领导每天视频调度各单位安全生产情况，层层传导责任和压力。压紧行政主要负责人安全责任，明确镇街、产业促进中心行政主要负责人直接分管应急工作，区级行业主管部门排名第一的班子副职分管安全应急工作。建立镇街、部门领导干部分片包企联系安全制度和安全生产日调度日报告制度。区安全生产委员会会每天调度各单位安全生产情况，每月调度通报各单位领导干部安全生产与自然灾害防治履职情况。

【压实安全监管责任】 2021年，永川区出台《永川区落实企业安全生产主体责任特别规定（试行）》《永川区安全生产联合执法制度（试行）》《永川区安全生产违法行为举报奖励办法》《永川区企业落实安全生产主体责任公示制度》《永川区推行“两单两卡”强化企业一线岗位从业人员安全生产责任实施方案》，要求企业主要负责人必须做到“六个一”（每年向社会和全体员工公开进行1次安全承诺、每年亲自参加1次安全培训、每年亲自给员工上1次安全课、每月亲自召开1次安全会议、每月亲自参加1次隐患排查、每年亲自组织1次应急演练），签订安全生产承诺书并向属地镇街（园区）备案。区政府、镇街（产业促进中心）分别聘请第三方专业机构，组织安全专家分别对全区726家企业开展安全隐患排查诊断。指导1000余个“三个责任人”（行政区负责人、行业监管部门负责人、企业单位责任人）挂牌主体完成公示牌设置，在41家企业开展“两单两卡”（岗位风险清单、岗位职责清单、岗位操作卡、岗位应急处置卡）试点工作。安全生产年度监管检查计划细化到具体责任领导和监管执法人员。通过区委常委会、区政府常务会明确重点行业安全生产属事属地监管责任和联动机制，划分属事部门和属地镇街、产业促进中心主要监管对象，明确信息共享、联合执法等联动机制，杜绝监管盲区，防止推诿扯皮。落实安全风险点管控责任，组织排查梳理较大安全风险点371处、重大安全风险点235处，落实风险管控措施、管控主体责任单位、属事属地监管责任单位和责任人员。实施“12个安全监管专项行动”，在落实全市“百日行动”“十条措施”基础上，深入研判分析全区安全生产突出风险点，组织开展民爆物品，高温熔融企业，锅炉、压力容器、电梯、塔吊等特种设备，大型游乐场所，易燃易爆物品运输，粉尘涉爆企业，消防安全，自用成品油，厂房设备检维修，动火作业，有限空间作业，非法生产经营活动等12个安全监管专项行动，重点时段对不能达到安全生产条件的企业实施“九停止三禁止”，确保安全稳定。区安委办坚持每周开展明察暗访和季度曝光制度，并在区政府常务会、季度安委会上通报曝光。

【安全生产综合执法】 2021年，永川区集中力量开展“建安”“交安”“消安”等系列专项执法行动，督促企业落实主体责任。全年各级各部门检查企业（个体户）23.44万家次，查处安全隐患和违法行为19.69万条（起），行政处罚3067家次，责令停产停业43家，暂扣（吊销）证照408个，处罚罚款3138万元，行政拘留78人，警示约谈266家。发动群众投诉举报各类安全生产重大隐患和突出违法违规行为，全年共受理有效举报189件。开展“打非治违”，先后打击非法经营储存烟花爆竹27起，收缴非法经营和违规储存烟花爆竹2314件。查处非法储存危险化学品5起，查封扣押甲醇醇基燃料18吨，移送公安机关6人。开展流动加油车打击行动，查处流动加油车10辆、油罐4个、油桶11个，查封柴油26.4吨，销毁加油设施设备6套，行政处罚11.7万元。对19起安全生产事故开展调查处理，追究责任单位16个，行政处罚261万元，追究责任人29人，行政处罚46万元，移送司法机关追究刑事责任6人。

【安全生产队伍建设】 2021年，永川区狠抓安全生产队伍建设，提升安全监管能力。区委、区政府出台《永川区安全生产监督管理特别规定（试行）》，明确镇街、产业促进中心和区级安全监管重点部门单独设置安全应急科室，其他区级行业主管部门明确1个内设科室负责安全应急工作。镇街、产业促进中心根据安全监管任务轻重配备不少于5~7名专职人员，区级行业主管部门配备不少于2~5名专职人员。全区各单位机构全部设置完毕、人员配备到位。组织参加应急管理部网上专题培训、重庆市推进应急管理体系和能力现代化网上专题学习、重庆市安全生产行政执法资格培训、永川区法制理论培训、永川区安全生产行政执法业务培训等，提高安全生产执法队伍素质、执法能力和依法行政水平。

【安全生产三年专项整治行动】 2021年，永川区安全生产委员会办公室从14个专题（项）牵头部门抽调人员，组建工作专班，制定《永川区安全生产专项整治三年行动工作专班工作制度》，坚持每月定期集中办公。全年累计召开专班会议12次，调度各镇街（产业促进中心）和重点行业部门18

2021年1月6日，区应急管理局工作人员检查泰安烟花爆竹仓库（区应急管理局 供图）

个，推动解决重难点问题6个。各单位扎实开展专项整治三年行动集中攻坚，实施在建钢结构房屋建筑工程、有限空间作业、可燃雨棚、电气安全、燃气安全、水上交通安全等专项整治。持续推进交通安全、建筑安全、消防安全专项整治行动。区安委办对农村道路逐条核查临水临崖路段安全隐患，督促镇街整治临水临崖路段交通安全隐患2061处，投入资金2480万元，安装安全护栏101千米。完成147栋无水高层建筑消防隐患整治，对中心城区老旧、“三无”小区3139个单元1394栋建筑，分步实施消防设施改造工程。推动实施道路货物运输安全专项整治、货运车辆超载源头治理，建成交通运输安全风险管理平台，接入“两客一危”、重点货运企业102家，4300辆营运车辆、1644名从业人员纳入平台监管。按“一校一策”制定农村学生上下学交通出行方案，通过严厉打击校园周边摩托车、电动车、三轮车非法载客行为，开通村村通客车、定制班线客车、财政交通补贴等方式，保障学生交通出行安全。区安委办针对渝西广场消防安全隐患、板桥镇汪廖路道路交通安全隐患等14处重大安全隐患进行挂牌督办，督促各责任单位严格落实整改措施、责任、资金、时限等要求，抓好隐患整改工作，全力保障群众生命财产安全。区应急指挥中心在重点时间段到各镇街开展安全生产检查，深入开展大排查大整治大执法百日行动工作。开展预案备案业务指导非煤矿山类6家，工贸企业类1家，建筑企业类1家，危化企业类16家，烟花爆竹批发企业类2家，共计24家。研究解决安全生产中存在的问题，及时改正，降低风险，保障行业安全、稳定发展。

【企业安全生产标准化创建】 2021年，永川区开展安全生产标准化创建，65家企业完成安全生产标准化创建和复评达标，356家企业完成岗位达标创建。全区规模以上工贸企业安全标准化创建率71%，高于市级要求40%的标准。

2021年6月16日，开展安全生产月活动暨永川区十大最美应急人颁奖仪式

（区应急管理局 供图）

【安全宣传与培训】 2021年，永川区狠抓宣教教育，提升全民安全意识。投入20万元，开展安全咨询活动55场，印发安全应急知识宣传单、宣传袋、手册46万份。利用200个农村广播喇叭宣传交通安全、森林防火、居家防火、公共防疫等知识。投入70万元，利用30个广场大屏、3000个智慧电梯屏、400台公交车载视屏、200个公交站台视频播放安全知识短片、安全公益广告。利用电视开机提示、兴龙湖灯光秀、电视滚动字幕等宣传安全提示语。组织100名应急干部进企业宣讲新安全生产法“十条措施”、1万名教师进课堂讲防灾减灾知识，播放典型事故警示片，开展防灾减灾、安全警示教育。召开安全生产新闻发布会3场，向全区手机用户累计发送安全科普短信320万余条。利用安全手机报、《渝西都市报》、永川头条、永川微发布等媒体宣传安全工作典型事例1229条。全区安全知识群众知晓率超过90%。 （区应急局 罗凌峰）

消 防

【概况】 2021年，永川区消防救援支队（简称区消防救援支队）有执勤消防车25辆，人员200人。全年共接警出动3046起，其中火警929次，抢险救援308次，社会救助1809次。完成中国共产党成立100周年、重庆市第六届运动会、重庆市第六届残疾人运动会、永川马拉松赛、成渝反恐联合演练等重大活动的消防安保任务。

【消防监管】 2021年，区消防救援支队以国办《消防安全责任制实施办法》为抓手，制定永川区具体实施办法，巩固永川消防安全三级监管体系，确保监管单位全覆盖、无遗漏。启动全区城乡消防规划编制，完成区文化艺术中心和渝西广场重大火灾隐患整改。争取资金2160万元，用于高层建筑智能化预警设备建设。提请区政府投入6300万元，整改1394栋老旧建筑消防设施。联合区住房城乡建委、区城市管理局、区经济信息委、区商务委等部门开展“五整治、四提升”行动，累计投入1795万元资金，整治147栋无水高层建筑以及其他类隐患28241条，劝离违停车辆1600余辆、强制拖移71辆、罚款1.4万余元。会同区公安局、区经济信息委、区文化和旅游委等部门，指导松溉镇、板桥镇开展消防综合治理，完善消防设施、防火隔墙和义务消防队建设。建成永川区消防主题公园，持续开展大、中学生消防知识竞赛，组织重点人群线上、线下培训，依托《渝西都市报》以及“永川微发布”等媒体发布消防安全提示、开辟工作专栏、播放消防公益广告，发放张贴宣传资料36万余份。

2021年11月2日，永川区红旗小学组织学生走进消防主题公园参观

（区消防支队　供图）

【消防执勤备战】　2021年，区消防救援支队牢固树立“战斗队”思想，开展全员岗位大练兵。坚持每月党委会分析研判队伍练兵形势，形成“党委带头领训，指战员全员参训”的练兵氛围。修订完善体能训练考核奖惩办法，每月定期组织开展练兵考核，支队全员体能等级达标考核优良率100%。在全市消防救援队伍综合技能比武竞赛成绩位列A组第二。到全区“上下大化”等重点对象和不放心场所区域开展情况熟悉175次，实战演练116次。在精成科技电子厂房、万达广场、板桥老街开展跨区域联合演练。强化与相关部门单位、战区消防力量间的协同作战能力，提升专业处置能力。定期组织通信岗位人员开展接处警实作培训和业务知识研讨，完成中山古镇火灾扑救通信保障任务。组织开展全区专职消防队岗位大练兵培训暨比武竞赛，将全区专职消防队、微型消防站纳入指挥调度体系，定期开展拉动测试和抽查人员在位情况，提升初期救援处置能力。采购1辆53米云梯消防车、1辆破拆高喷消防车及1906件套器材装备，为灭火救援作战提供技术及装备支撑。

【消防队伍管理】　2021年，区消防救援支队围绕队伍建设和安全管理两条主线，贯彻落实《管酒治酒“六个严禁”》《从严管队治队十条铁规》，坚持领导干部督导检查和队情研判机制，制定正规化建设达标创建工作实施方案、车辆管理及安全行车六条规定等规范性文件，开展涉赌涉贷“回头看”、基层安全万里行等重点工作。争取210万元专项资金开展正规化创建工作并完成标识标牌建设。督导检查168次，发现整改问题1000余个。落实人均经费保障标准，严格按照“过紧日子”的要求管理经费运行开支。对标主力军和国家队职能新定位，强化基层装备管理骨干能力培养，全力打造一支“会维护、会管理、会示教、会指导、懂维修”的装备人才队伍。在2021年度渝西战区消防救援队伍装备技能比武竞赛中获得正压式空气呼吸器操第一名、手抬机动泵操第一名、消防车综合故障排除操第二名，荣获团体冠军。

（区消防救援支队　陈德强）

应急救援

【概况】　2021年，永川区应急指挥中心树立为应急事业发展服务的思想，完成信息化平台建设、“12350”安全生产举报投诉中心、区综合应急救援队管理等各项工作，为全区自然灾害、安全生产、突发事件、应急处置及救援等建立有力的应急保障。采购一批防汛救灾装备、地质灾害装备及相关救援装备等1973件、159.12万元。区综合应急救援队配合镇街辖区内学校、医院、养老院、村（社区）等开展综合应急实战演练75次、应急知识培训79次。区综合应急救援队共出动应急救援类灾害事故1560次。其中，火灾事故403次、社会救助1102次、其他抢险救援出警55次。出警人数共计6160人次。

【应急值守】　2021年，区应急指挥中心实行“3+2”值班制度，做到24小时应急值班值守。全年处理各类应急电话263次，向上级领导报告173次，立即处理258宗（次），接收传真176件、收文38件（不含电子收文）、信息报送32次。没有发生一起迟报、谎报、瞒报、漏报现象，也没有发生一起传达领导及上级机关批示指示不及时、跟踪协调落实不到位的问题。

【应急预警信息发布】　2021年，区应急指挥中心及时向全社会发布预警信息，确保预警信息发布与传播渠道畅通、有效覆盖。全年发送各类政务信息、预警和灾情信息680条，接收人数282.87万人次。在重要节点及灾害天气期间始终保持高度警惕，做到备勤备战。

【应急指挥信息化平台建设】　2021年4月30日，永川区应急指挥中心信息化平台建成投入使用。平台是按照重庆一级指挥中心标准建设的，共投入资金1600万元。指挥大厅预留28个行业部门操作席位，在硬件方面有办公设备、视频监控系统、远程会议系统、音视频系统、移动设备接入系统、无纸化会商办公系统。软件方面有应急指挥综合业务系统、应急管理一张图、辅助决策系统、安全生产监测预警系统。危险化学品、非煤矿山、工贸行业实施安全监管信息化建设实现线下人员检查、线上24小时远程监控，打造“日周月”隐患排查升级版，防止企业排查隐患走过场。完成非煤矿山所有企业、30家危险化学品重点企业安全监管信息化建设。组织召开全区应急信息化指挥平台数据调研和采集工作现场会议，全年收集7个部门的静态数据，已录入5个部门的静态数据，收集6个部门的IP、账号、密码信息。

【“12350”热线】 2021年7月1日，“12350”举报投诉中心建成投入使用。区应急指挥中心组织“12350”举报投诉中心负责人及工作人员到市指挥中心在岗培训。“12350”举报投诉中心设置座席5个，经调试已投入使用5台IP通信电话。通过第三方劳务派遣的方式聘用7名工作人员，其中5名举报投诉接线员，2名信息化指挥平台操作员。全年通过“12350”举报投诉热线系统接听并受理事件共978件，受理152件，其中咨询类71件，安全生产类投诉26件，自然灾害类投诉55件。全年受理并处理危险化学品1件，奖励金额2000元。

【应急演练】 2021年，永川区强化应急演练，提高突发事件应急处置能力。结合重庆市战汛2021应急演练工作要求，科学分析全区自然灾害风险形势和安全生产形势，组织开展跨部门、跨行业、跨区域的综合性应急演练，组织开展板桥老街消防火灾、城市供水、危化品次生环境污染突发事件3次区级事故灾难应急演练。组织开展防汛救灾、森林火灾、军地联合防汛3次区级自然灾害应急演练，修订完善区级专项应急预案2个，行业预案12个。全区23个镇街共组织各类型应急演练75次。区应急指挥中心组织区事故灾害应急救援队、区综合应急救援队开展日常救援训练及相关知识培训。区事故灾害应急救援队进行45次军事、体能、救援专业知识以及救援装备实训，开展南瓜山水库拉动集结暨水泵实训、茶山竹海林道拉练等4次队伍拉动集结检验，达到合格标准。参与重庆市2021年城市供水突发事件应急演练、四川省泸州市“护航·2021”综合应急实训演练和川渝滇黔10市（区）跨区域应急管理联席会议、“5·12”防灾减灾日宣传活动、重庆市2021年永川区大面积停电事件应急联合演练、《西部战区2021年演习》、四川省泸州市“2021年国际减灾日暨四川省第五届救灾兴川文化月启动仪式”、2021年永川区四川省泸州市突发环境事件联合应急演练、重庆市安全生产应急救援队伍拉动集结联合训练。

【应急救援队伍建设】 2021年，永川区强化应急队伍建设，全面提升应急保障能力。按照“国家综合性救援队伍建在城区园区、地方综合性救援队伍建在片区、应急救援站建在社区小区、专业救援队伍建在部门企业”的思路，在城区、凤凰湖工业园区、港桥工业园区分别设置消防救援站。区综合应急救援队在原有6个片区队基础上，增设板桥片区队，增加队员5人，形成65人的专职救援队伍。组织区综合应急救援65名队员参加国家应急救援员资格培训，取得资格证，是重庆首支持证上岗的综合应急救援队伍。区综合应急救援队伍、事故灾害应急救援队伍每月训练，按照“战时应急、闲时练兵服务”要求，完成重庆市第六届运动会、重庆市第六届残疾人运动会、高温汛期、中秋国庆等重要节点安全应急保障工作。完成四川省泸州市、四川省内江市、重庆市荣昌区、重庆市永川区联合演练，跨区域拉练。先后接处警1560次，快速处置居民火灾、内涝抢险、交通事故等403起突发事件。筹建蓝天救援队永川分队，已取得重庆蓝天救援总队建队授权、民政登记等各项手续。

（区应急局　罗凌峰）

【卫生应急】 2021年，区卫生健康委修订印发全区突发公共卫生事件专项应急预案，构建平战结合、及时高效的梯次化应急救治响应力量体系，即3分钟120院前急救，30分钟背囊化快速反应小分队，1小时区级专家组，2小时区级标准化卫生应急队伍。组建紧急医学救援、突发急性传染病防控、突发中毒事件处置3个专业区级标准化卫生应急队伍、背囊化快速反应小分队。完成覆盖全区、信息共享、标准统一的“120”调度指挥信息系统，实现市、区、镇街“120”急救平台互联互通，纳入系统管理并接入重庆市平台。更新配置医疗机构19辆，全区42辆救护车统一编号涂装。完善应急医疗物资储备清单，各级医疗机构建有独立的应急物资库房。完成重庆市第六届运动会、永川马拉松赛、成渝地区双城经济圈有关会议等重大活动医疗急救保障工作。

应急培训演练　2021年，区卫生健康委建立全区院前急救培训体系，完成年度院前急救医护人员培训。依托区人民医院、区中医院公众卫生应急技能培训基地，加强公众卫生应急知识培训。组织开展高考期间卫生应急演练、大规模人群核酸采样检测联合演练、新冠肺炎疫情防控应急演练、新冠肺炎疫情流调溯源应急处置桌面推演等。区中医院成为国家中医紧急救援医疗队、救援基地，组织开展交通事故批量伤员救援演练。

重庆市国家中医紧急医学救援队首次应急演练　2021年12月18日，永川区中医院在凤凰湖新院区举办国家中医紧急医学救援队（重庆）突发公共事件应急演练。国家中医紧急医学救援队伍（重庆）出动队员60余名、急救车辆8辆，九龙坡区中医院、垫江县中医院等6家医疗机构参加应急演练。该次演练模拟大型突发公共卫生事件和医疗救治场景，共设置快速集结、安装医疗设备、中药辨证论治、气管插管、心肺复苏、创伤急救等多个场景。采用中医正骨手法复位、小夹板固定、穴位贴敷、穴位注射、耳穴压豆等中医急救手段救治伤员，并采用中药外敷等中医综合型治疗方法。重庆市中医药管理局授予永川区中医院国家中医应急医疗队队旗、国家中医紧急医学救援基地牌匾。铜梁区中医院、江津区中医院等27家医疗机构急诊急救专家观摩演练。

（区卫生健康委　余偲）

临江镇

【概况】 2021年，临江镇面积77.10平方千米，其中耕地面积5.47万亩。辖10个村、71个村民小组、1个社区。总户数13938户，户籍人口38010人，人口出生率4‰，自然增长率-4‰。集镇面积1.27平方千米，集镇人口1.20万人，城镇化率5%。粮食产量2.11万吨，比上年增长1.15%。经济总收入9.21亿元，比上年增长3%，其中农业2.94亿元，比上年增长1%；工业2.48亿元，比上年增长1%。农民人均纯收入22405元，比上年增长7%。财政收入6584万元，比上年下降38%。

【政治建设】 2021年，临江镇下设58个基层党组织，有正式党员1351名，预备党员19名。女党员340名，占党员总数的25.17%，大专以上党员254名，占党员总数的18.80%。召开党委会40次、党政联席会18次、党建专题会4次，专题研究党建相关问题87项。开展"以案四改"警示教育16次，组织观看警示教育片《警钟长鸣》4次。开展镇村干部廉政约谈，村（社区）换届后的"一把手"集体廉政约谈2次。全年发展党员19名，整改党员发展问题2件，重要节日慰问党员62人。全年开设"党史读书角"12个，开展"我为群众办实事""党课开讲啦"和"党旗在基层一线高高飘扬"系列活动50余次。组织庆祝中国共产党成立100周年系列活动。建立班子成员党支部联系点11个。公开优选村（社区）专职干部67名，培养本土人才10名。新建便民服务中心2个、改造便民服务中心2个，天星、龙洞桥、兴隆3个村发展集体经济成效明显。完成镇村换届工作。整改落实区委巡察反馈意见和巡察村（社区）党组织共性问题32项，制定整改措施85项。

【经济建设】 2021年，临江镇新增注册企业32家，注册资金2.90亿元。全年完成固定资产投资4433万元，规模以上工业企业总产值1.20亿元，限额以上商贸产值3259万元，限额以上餐饮产值978万元。全年完成税收510万元，比上年增长18%，非税收入完成20万元。实施水稻、高粱、油菜全程社会化服务4906亩，宜机化改造2200亩，新建高标准农田5000亩，发展稻米绿色防控试验区5000亩，"临江好米"产量250万公斤。新建专业合作社3个，发展家庭农场4户，建设西瓜基地2个。发展柑橘采摘基地4800亩，"临好"品牌黄水晶西瓜、黄桃、蜂糖李、无花果等500亩，新增大棚"阳光玫瑰"葡萄50亩，"白玉兰""台湾长果桑"200亩，建成连片藤菜大棚1200亩。发展大棚羊肚菌200亩，发展桢楠套种臭黄荆基地1200亩、薰衣草种植基地200亩，建设香十二窨花车间2000平方米。

【城镇建设】 2021年，临江镇投入454万元，新建人行路板47千米，安装太阳能路灯650盏。小型水库补助资金26万元，修建团结水库库区泥结石路830米、排洪沟170米。硬化通组公路35.98千米，在建15.47千米，

2021年10月1日，临江镇首个市民公园建成投用 （临江镇　供图）

新建“四好农村路”30千米。改建临柏路前后延伸段，实施临柏路防护工程项目。投资60万元，在普安村、龙洞桥村新建消防水池4口、森林防火检查站2个。投资248万元，硬化天堂村、普安村、桂林村水泥路2.70千米。投资400万元，修建占地50余亩的临江市民公园，改造场镇公厕4个。投资27万元，更换破旧人行路板4100平方米，修补和粉刷场镇老街房屋4000平方米，清洁临街门面清洁喷漆1.30万平方米，规范门市招牌800米。投资200万元，建设垃圾分类示范村8个，新增垃圾分类集中投放点30个。投入5万元，制作标识标牌35个。投资70万元，新建停车位200个的停车场1座。农户厕所改造257口。采购50万元的绿植，在场镇和各村栽种。在兴隆、隆顺、天星、龙安、龙洞桥5个村公路两旁种植树苗21万株，建成龙洞桥村4.20千米景观绿化带。

【社会建设】 2021年，临江镇开展“六一”慰问、教师节表彰活动，巡逻辖区各校（园）242次，认真抓好控辍保学措施。参加重庆市第六届运动会开幕式展演，举办安全生产日知识竞赛暨文艺专场演出、中国共产党成立100周年文艺汇演、临江镇庆丰收暨农民趣味运动会，政府采购公共文化演出服务23场、放映电影150场。认真开展社区新冠肺炎疫情排查，做好外防输入工作，组织和动员辖区村居民全员接种疫苗。以春秋两季为重点，抓好全镇动物防疫工作。城镇新增就业608人，城镇登记失业人员就业91人，城镇就业困难人员就业完成67人。发放创业担保贷款12户228万元，带动就业47人。回引劳动力登记1278人。公益性岗位共有117人。城乡养老保险参保25079人，享受待遇人员12124人。城乡居民医疗保险参保31384人，参保率93%。新增农村低保38户64人、城镇低保2户2人，12名事实无人抚养儿童落实相关政策。退役军人享受重庆市关爱基金。

（临江镇　刘生才）

何埂镇

【概况】 2021年，何埂镇面积80.38平方千米，耕地面积6300亩。辖15个村、285个村民小组、1个社区。总户数2.20万户，户籍总人口55373人，人口出生率6.39‰，自然增长率-6.84‰。集镇面积2.73平方千米，集镇常住人口33182人，城镇化率56.90%。粮食产量3.59万吨，比上年增长1.40%。经济总收入17.70亿元，比上年增长8.80%。其中农业总产值11.10亿元，比上年增长9.90%；工业总产值2.50亿元，比上年增长5.90%。农民人均纯收入21319元，比上年增长10%。全镇本级一般公共预算收入1380万元，其中税收收入1340万元，非税收入40万元。

【政治建设】 2021年，何埂镇下设基层党组织67个，其中党总支（党委）17个、非公经济组织和社会组织党委1个，党支部49个。共有党员1819人，其中农民党员1706人、非公经济和社会党组织党员8人、退休党员41人、其他党员64人。开展党史学习教育，召开专题读书班6次，邀请区党史宣讲团为镇村干部上党课4次。完成村（社区）“两委”换届工作。在中国共产党成立100周年之际，开展党史知识竞赛、青年干部传讲党史故事、千名党员重读入党申请书等活动，获评区级典型7人，表彰先进基层党组织8个、优秀党员50名、优秀党务工作者18名，颁发“光荣在党50年”纪念章427枚。开展农村发展党员违规违纪问题排查整顿工作，共排查100人，筛查疑似违规违纪问题60条，核查处理违规违纪问题2条，批评教育相关责任人4人。

【经济建设】 2021年，何埂镇依托“一山一园”，着力打造食用菌、名优水果、农产品加工等特色农业名片。全镇工厂化食用菌种植企业20家，年产菌袋5000万袋，年产量1.50万吨，产值2亿元。全镇名优水果种植面积1万亩，形成6个千亩示范片，石笋山情山红心猕猴桃被评为“永川区十佳优质农产品”。打造全区农旅融合发展样板，建成3000亩智慧茶园和2500亩红心猕猴桃种植示范园，石笋山村被评为市级智慧旅游乡村示范点。

【城镇建设】 2021年，何埂镇新建农村通组公路47.37千米、人行便道22千米。完成联盟村、仓宝村整村推进改厕334户。投资382.94万元，对何柏路沿线农村房屋274户进行整治，消除蓝棚顶。“江泸北线高速”何埂段征地拆迁工作顺利推进。圣水河河库水系连通工程全面完工，水碾河河道整治工程完成。设置电瓶车集中充电桩6处100个。实施供水管网改造12千米，惠及群众1.80万人。安装太阳能路灯898盏。深入贯彻市1号、2号、3号总河长令，全面推行河长制，实现智慧河长网格管理。深入推进农村人居环境整治，狮子村、丰乐村被评为重庆市“绿色示范村”，联盟村被评为成渝地区双城经济圈美丽巴蜀宜居乡村先导村。乡村振兴重点项目建设有序推进，8个居民院落实现人居环境整治与产业发展有效结合，形成“院在园中、园在院中”的乡村振兴雏形。何埂镇被命名为重庆市级卫生镇，联盟村被评为成渝地区双城经济圈美丽巴蜀宜居乡村先导村。

【社会建设】 2021年，何埂镇将巩固脱贫攻坚成果同乡村振兴有效衔接，成立予渔食用菌种植专业合作社，为325户建卡贫困户解决出菇房建设等资金难题，入社入股建卡贫困户累计分红22万余元。代表永川区顺利迎接市级脱贫攻坚后评估。完善低保评议流程，建立低保经济核查和集中评议制度。全镇共有低保户717户1071人，投保“民政惠民济困保”2170人。全镇享受资助参保总人数3258人。全年发放低保金594.31万元、特困供养金597.36万元、残疾人两项补贴83.26万元、临时困难救助63.44万元、发放创业贷款195万元。新增就业520人，回引劳动力849人，公益性岗位安置就业300余人次。65岁以上老年人健康档案建档率90%，老年人健康体检率72%（6079人），实施城乡居民医疗保险高血压糖尿病门诊用药保障试点。完成5个养老互助点扩建。投资100万元实施科名小学食堂、何埂初中校门、聚美小学操场、水碾小学厕所等校舍以及花园小学校园文化建设。投入980万元实施何埂小学改扩建。何埂小学、水碾小学获得区年度综合督导一等奖，何埂初中获得区教学质量一等奖。组织政府采购公共文化演出到村、社区及节假日重大文化演出活动36场次。落实常态化疫情防控措施，做到“外防输入、内防反弹、人物同防”。稳步推进新冠疫苗接种，设置接种点3个，12岁以上人群接种率97.30%，全程接种率94.50%。3岁至11岁第一剂接种任务完成进度100%，加强免疫接种率123.10%。

【中国共产党永川区何埂镇第八次代表大会】 2021年11月28日召开。会议审议通过党代会报告，提出“125”总体发展思路，即坚持“情山圣水·和美何埂”一大发展定位，紧扣“特色农业、乡村旅游”两大发展主线，聚焦“现代农业示范镇、食用菌产业示范镇、名优水果示范镇、乡村振兴示范镇、农旅融合示范镇”五大发展目标。（何埂镇　何刚）

松溉镇

【概况】 2021年，松溉镇面积34.46平方千米，耕地面积20100亩。辖5个村、79个村民小组、2个社区。总户数7315户，总人口20264人，非农业人口7696人，农业人口12607人。人口出生率5.59‰，自然增长率0.14‰。集镇面积2.30万平方米，集镇人口7823人，城镇化率38%，粮食产量0.78万吨，比上年增长0.40%。经济总收入22.48亿元，比上年增长10.01%。其中，农业1.87亿元，比上年增长0.36%；工业18.59亿元，比上年增长9.90%。农民人均纯收入23166元，比上年增长8.50%。财政收入170万元。

【政治建设】 2021年，松溉镇下设11个党组织，其中党委6个、党总支2个、党支部3个。全镇有党员588人，其中预备党员4人。开展党史学习教育，健全党委中心组各项学习制度，统筹运用好主题党日活动、“三会一课”等学习载体。健全常态化党性教育机制，落实好党员培训教育制度。完成村（社区）“两委”换届工作，实现村（社区）书记、主任“两岗一人”。严格落实党风廉政建设主体责任，认真落实中央八项规定及其实施细则精神。抓好巡视巡察整改和成果运用，健全整改长效机制，始终确保全面从严治党不断向纵深推进。

2021年3月17日，松溉古镇入口夜景　　（松溉镇　供图）

【经济建设】 2021年，松溉镇以建设“长江荔枝公园”为载体，积极争取重庆市“两岸青山·千里林带”建设、旗山村农村综合改革试点试验、土地宜机化整治、后溪河水土保持、后溪河河道整治、移民村人居环境整治、特色产业园建设等12个项目，发展芍药、中药菊等中药1200亩，实施宜机化土地2700亩，种植糯玉米200亩、优质稻600亩，发展优质花椒1800亩、桂圆4000亩，带动群众增收1800万元。招商引进农业企业3家，与上市公司广东中荔农业集团公司共同打造长江荔枝公园。累计投入资金1.40亿元，“水墨松溉”成效初现。完成核心区“上码头—临江街—正街”游线临街风貌提升。临江茶馆、鹏飞书院、马帮议事厅、古县衙室内展陈提升性重构已完成。10个重要节点提升工程中，邵家坝子出入口、古县衙、玉皇观、民生公司旧址、鹏飞书院、马帮议事厅、上码头出入口修缮保护已完成。打造临江茶馆、魁星阁、秦家大院等重要景点。世洲根雕、豪霆科技等7家企业注册落户。全年接待游客20.41万人次，旅游收入420万元。

【城镇建设】 2021年，松溉镇将场镇管理与古镇开发建设有机统一，打造宜居、宜业、宜游的魅力古镇。实施村庄亮化工程，投入144万元，安装路灯480盏。强化环卫基础设施建设，配备5辆环卫车辆，配套68个垃圾箱体，投放分类垃圾桶720个。投入132万元，安装农村公路护栏7.50千米。投入10万元，建成鱼岭村警保联动交通安全劝导站。投入120万元，完成68户农房风貌改造。投入17万元，完成卫生厕所改建100户。投入136万元，建成示范院落4个、美丽庭院5个。投入600万元，拆除乱搭乱建乱堆乱放，清理各类陈年垃圾，完成1.80万平方米“蓝顶棚”整治。开展镇域河流污染防治，实施后溪河、前溪河河塘沟渠清淤，整治黑臭水体8处。投资320万元，建成场镇雨污管网3.30千米。全面改善水环境质量，前后溪河稳定达到三类水质。松溉污水处理厂完成提标扩容改建，排放标准从一级B标提高到一级A标，日处理能力为3000吨，生活污水处理率超过90%。

【社会建设】 2021年，松溉镇推进城乡居民养老保险、城乡居民医保等参保续保工作，参保率不断提高。多渠道多形式促进充分就业，新增就业岗位3248个。全年落实低保救助379户640人，发放低保金305.56万元，落实各类救助金506.90万元。开展政府采购演出下乡、“送电影下乡”“送戏下乡”48场次。新街子小学300名师生搬进新校区。安全检查256人次，发现安全隐患192处，整改问题192个。调处各类矛盾纠纷148件，处理各类信访件45件，化解市区交办信访积案1件。疫情防控精准摸排外来人员2.40万人次。科学组织安排，优化接种服务，全镇疫苗接种14160人次、27282剂次。

【中国乡村振兴青年服务站和重庆文理学院乡村振兴学院打鱼河村工作站授牌仪式】 2021年3月15日在松溉镇打鱼河村举行，重庆文理学院乡村振兴学院与松溉镇政府签订合作协议书，发挥松溉镇打鱼河村的区位优势和环境优势，“探索农旅结合”模式，以农带旅、以旅兴农，结合松溉古镇打造，将打鱼河村作为旅游产品配套基地和农村旅游的次接待基地。围绕生态农业、乡村旅游等产业进行综合开发，进一步打造“宜居、宜业、宜游、宜文”的乡村振兴示范村。区委副书记潘文峰为“中国乡村振兴青年服务站”授牌，重庆文理学院校长黄伟九为“重庆文理学院乡村振兴学院打鱼河村工作站”授牌。

【2021永川·松溉春季旅游消费节】 2021年5月10日至13日在松概镇举行，活动历时4天，共吸引80余个商家参展，展品500余种，涵盖外祖母永川豆豉、黄瓜山梨膏、黄大嫂红豆腐、朱沱老鸭汤等永川及周边地区的特优农产品。活动期间共实现销售收入3817万元，实现税收381.70万元，线上、线下吸引人流5万余人次。

【中国共产党松溉镇第八次代表大会】 2021年11月30日在松溉镇老政府办公楼五楼会议室召开，会议选举产生松溉镇第八届党委、纪律检查委员会和区党代表。会议审议中国共产党松溉镇第七届委员会报告，提出“1235”发展思路，即围绕建成“美丽松溉·魅力古镇”奋斗目标，做好古镇景区建设和乡村振兴两篇文章，实施古镇旅游开发建设提升、长江荔枝公园建设、生态宜居建设三大工程，落实党建引领统全局、提振经济谋发展、综合治理保平安、乡风文明促和谐、民生实事聚人心五项举措。

【松溉镇第八届人民代表大会第一次会议】 2021年12月22日至23日在松溉镇政府三楼会议室召开，会议听取和审议政府工作报告、人大工作报告、2021年财政预算执行情况报告。会议选举雷波为镇长，罗容、袁凯歌、李迎春为副镇长，田必武为人大主席，周垂江为人大副主席。

（松溉镇　彭俊）

朱沱镇

【概况】 2021年，朱沱镇面积127.65平方千米，其中耕地面积9.80万亩。辖18个村、149个村民小组、2个社区。总户数28296户，户籍人口86709人，人口出生率6.60‰。集镇面积680万平方米，集镇人口5.10万人，城镇化率58.24%。粮食产量4.22万吨，比上年增长2.20%。经济总收入6.92亿元，比上年增长5%。其中，农业4.95亿元，比上年增长1.50%；工业44.73亿元，比上年增长4%。农民人均纯收入（人均可支配收入）23986元，比上年增长6%。财政收入1553.93万元，比上年增长88%。

【政治建设】 2021年，朱沱镇严守政治纪律和政治规矩，牢固树立“四个意识”和“两个维护”，始终在思想上政治上行动上同以习近平同志为核心的党中央保持高度一致。严格党内政治生活，坚持开好民主生活会和组织生活会。围绕党史学习教育，组织开展书记讲党课进农村、进社区、进机关、进企业、进校园、进网络主题宣讲、党委中心组学习、“微党课”等各类活动78场次，列出“我为群众办实事”民生实事项目清单55项，全年办结39项。扎实推进农村基层党建规范村、示范村创建行动，全年创建规范村11个、示范村1个。持续推进组织阵地建设，整顿软弱涣散党总支1个，投入150余万元，修缮5个村（社区）活动阵地，升级改造4个村便民服务中心。严格按照党员发展程序，全年发展党员13名，线上线下集中冬训党员1680余人次。为党员发放一本党章、配备一枚党徽、悬挂一块“共产党员户”标识牌，开展无职党员设岗定责，1432名无职党员主动认领岗位。通过商调、公招考试等方式引进人才19名。注重干部培养，提拔年轻干部8名。层层落实党风廉政建设目标管理责任制，全年共约谈提醒党员干部373人，通报批评10人，回访教育3人，党内问责1人，查处违纪党员2人。朱沱镇规划建设管理环保办公室荣获党中央、国务院表彰的“全国脱贫攻坚先进集体”。

【经济建设】 2021年，朱沱镇始终把“服务港区、园区发展”作为全镇工作的重中之重，积极探索完善港城融合、产城融合、城乡融合发展体制机制，助推乡村振兴。保证港区及园区项目用地，完成笋桥拓展区和江泸北线征地拆迁，二郎山中学过渡人员全部搬迁完毕，累计完成港桥物流园、行政大道等项目土地征收5600亩。有序推进港区征地拆迁，朱沱棚户区改造项目所涉2065户、19.80万平方米，已累计签订协议1907户、17万平方米。协调推动场镇已征未用土地开发建设，全力助推园区闲置土地资源实现资金收益，达成2个项目地块60亩合作意向。委托西南大学乡村振兴战略研究院编制全镇乡村振兴战略规划和沿江（永川、合江）龙眼荔枝产业规划，明确龙眼、荔枝、水稻复合产业带一体打造的产业发展思路。持续做优做强4万亩水稻、2.80万亩龙眼两大主导产业，水稻产量4.10万吨，龙眼产量1.40万吨。荔枝、柑橘等种植规模不断扩大，推动建设30万亩的（永川、合江）沿江龙眼荔枝产业带，改造竹基地，种植明日见、伦晚脐橙等名特品种 1600 亩。完成 2.60 万亩土地宜机化改造和 2000 亩稻田复合种养基地建设，启动沿江 1 万亩荔枝公园建设。加强镇域周边川渝两地产业联盟技术、品种交流合作，邀请华南农大、泸州农科院专家开展技术培训，引进 10 个龙眼新品种，打造优质龙眼核心区试验示范基地 50 亩。8 月，与广东中荔集团达成合作，建设荔枝基地 1 万亩。

【城镇建设】 2021 年，在朱沱镇总建筑面积 7 万平方米的天河浩居住小区项目中，建筑面积 3.40 万平方米的 1 号、2 号住宅楼及 1 幢商业楼已封顶。朱沱派出所、交巡警八大队业务用房快速推进。引入碧桂园，新挂牌出让商住地 28 亩。投入 1200 万元，完成市政道路、老旧小区改造和文化体育中心建设。利用特色小镇专项资金在“两加强三完善”（加强规划引领、加强风貌整治，完善城镇功能、完善园林绿化、完善人居环境）上持续发力，小岩子文化公园建成投用，郎望路沿线景观升级工程全面完成，朱家湾片区环境综合整治成效明显。投入 1 亿元实施雨污系统重建工程。新建川渝合作公路桥 2 座、通组路 40159 千米、农村公路 2.20 千米，维修提灌站和山坪塘 10 余处。促成鹅公滩桥、马滩桥等跨省交通项目建设，开通朱沱至四川省泸州市高铁东站（云锦）省际公交线路。全镇共有公园 3 个、停车场 3 个，商圈 2 个，城市标准化道路 8 千米，硬油化公路 430 余千米。智慧城管全面推行，国家卫生镇创建工作通过评审验收。

【文化建设】 2021 年，朱沱镇启动朱沱镇文化体育活动中心建设，率先在全区镇街新建配套齐备的游泳池、电影院和室内灯光球场。组织开展“书写中国梦 春联进万家”“朱沱春秋消费展”“粽情端午 幸福朱沱”“浓情中秋 礼献朱沱”等大型公益性群众文化活动 5 次，参加上级组织的大型文化活动 5 次，荣获庆祝中国共产党成立 100 周年合唱比赛三等奖，“永远跟党走”欢跃四季・舞动巴渝——重庆市广场舞选拔赛暨永川区第九届广场舞展演活动二等奖。实施文化惠民工程，组织书画、摄影、文物展览 3 次，开展坝坝舞、摄影、太极拳培训、腰鼓培训、种养殖知识培训和健康知识讲座 8 次，采购公共文化演出服务进村演出 40 场，进村放映电影 240 场。开展庆祝三八妇女节演出、庆祝重阳节文艺演出和庆祝中国共产党成立 100 周年文艺演出系列活动，送戏曲到镇演出活动惠及人数 1.65 万人，广播电视村村通向数字化升级改造。文化专干到村（社区）指导，辅导培训村文化室 20 个、指导文艺团队 8 支，指导农家书屋组织读书活动 3 次。朱沱场镇设有图书馆，开办青少年学社和农家书屋，书籍报纸杂志种类丰富，开展寒暑假阅读活动，激发群众的阅读兴趣。

2021 年 7 月 23 日，朱沱镇道路　　（陈科儒　摄）

【社会建设】 2021 年，朱沱镇完成辖区 7 所中小学校综合楼、运动场、食宿楼等基础设施提档升级。严格落实贫困学生资助政策，实施学生营养改善计划。永川区乡镇卫生院第一台 CT 和第一个血液透析中心在朱沱卫生院投入使用，GE 彩超、呼吸机、结肠镜、肺功能治疗仪、脑循环仪、盆底康复仪、碎石机等设备配备齐全。全年新增低保 877 户 1605 人、特困 303 人、高龄失能养老补贴 130 人、孤儿 7 人、临时救助 2072 人，通过公益性岗位安置就业 372 人，发放各类救助金 9390 万元。持续推进社会救助工作“一门受理、协同办理”，累计完成救助登记 3402 条。集中开展店招店牌、市容市貌、设施维护、绿化管护等专项整治，严格执行“门前三包”，形成城市化治理标准。大力推进违章建筑整治，拆除违章建筑 6000 余平方米，整治“蓝棚顶”4 万余平方米、拆除 5000 余平方米。创新设立跨区域治安联调中心，实现边界地区矛盾纠纷远程视频调解 2 起，跨区域寻人寻物 4 起。从 5 月起，建立农村人居环境定期考核机制，镇村两级累计开展每日环境卫生巡逻 1860 千米，拍照整改问题 6680 个。

【乡村振兴】 2021 年，朱沱镇成立由镇党委书记任组长的乡村振兴工作领导小组，组建产业、人才、文化、生态、组织振兴 5 个工作组，在原镇扶贫办的基础上抽调 6 人，组建乡村振兴办（人居办），专门负责全镇乡村振兴特别是农村人居环境整治的日常工作。将巩固脱贫攻坚成果同乡村振兴有效衔接列为党委会固定议题，全年专题研究巩固脱贫攻坚工作 11 次，召开专题工作部署会 9 次。健全防止返贫监测帮扶机制，常态化开展农村低收入群体“两不愁三保障一达标”动态问题排查。一线网格员密切关注、实时监测，镇村干部每月走访定期监测，结合民政救助对象入户调查联动监测，通过动态监测和常态化帮扶相结合，坚决守住防止规模性返贫底线。将港桥大道沿线作为乡村振兴示范带，投入25.60万元对主干沿线景观及区间房屋进行规范化风貌改造，补齐太阳能路灯等基础设施，打造清洁示范院落4个。将大河村作为乡村振兴示范村，同步推进其余17个村乡村振兴示范点建设。

【生态文明建设】 2021年，朱沱镇高度重视生态环境保护工作，召开党政联席会专题研究部署生态环保工作12次。制定《重庆市永川区朱沱镇生态环境风险防控方案》，修订《朱沱镇环境保护责任清单》，党政班子成员每月开展生态环境安全风险检查，发现问题及时反馈整改。定期开展饮用水水源地巡查，保障饮水安全。配合开展执法检查4次，推进转龙水厂、老虎岩水厂管网延伸工程。投入资金100余万元，清除垃圾1.20万立方米，清除漂浮物2400吨，实施河道生态修复300米。整治“千沟万塘”黑臭水体1处，新增城镇排水户92户，按要求安装污水预处理设备，杜绝污水直排。持续改善大气质量，及时部署大气污染防治工作，制止秸秆焚烧。配合永川区和四川省泸州市生态环境局在辖区黄沙滩联合开展的突发环境应急事件演练，协调演练场地，清除场地障碍，准备应急物资和应急车辆，组织40余名应急队员参与演练。加大环保宣传力度，出动宣传车60余次，发放宣传资料1000余份，利用QQ群、微信等新媒体进行宣传，提升广大干部群众环保意识。

【朱沱镇公共服务中心投入使用】 2021年10月8日，朱沱镇公共服务中心投入使用。该中心面积1200平方米，推行“一窗综办”业务受理服务模式，设置民政、社保、水电气缴费等服务窗口共计18个。承接区级下放权力280项，推广“跨省通办、川渝联办”等服务项目，承接区医保局市级试点服务等探索，让群众进一道门就能办所有事。全年共办结服务事项2.10万件。

【全国卫生镇创建】 朱沱镇从2020年6月起开展为期3年的全国卫生镇创建。2021年开展环境卫生整治行动，持续加强城市容貌整治，完成汉东村建制调整。强化城乡接合部已征区域管理，规范笋桥拓展区临时摊点秩序，常态化抓好垃圾分类、店招店牌、交通秩序、小区环境等治理工作。打造生活垃圾分类示范点200个，新增绿化面积7.50万平方米。11月26日，通过全国卫生镇验收评审。

【中国共产党朱沱镇第八次代表大会】 2021年11月29日，在朱沱镇政府大礼堂召开。唐忠茂代表中国共产党朱沱镇第七届委员会向大会作报告。大会选举新一届党委委员9名、纪律检查委员会委员7名，选举出席区第十五次党代会代表12名。

【朱沱镇第八届人民代表大会第一次会议】 2021年12月22日，在朱沱镇政府大礼堂召开。会议审议通过镇长王建所作的《重庆市永川区朱沱镇人民政府工作报告》，确定2022年及未来5年全镇工作任务和目标，选举产生新一届政府领导班子。

（朱沱镇　曾晓漫）

仙龙镇

【概况】 2021年，仙龙镇面积83.19平方千米，其中耕地面积7.76万亩。辖12个村、133个村民小组、2个社区。总户数16094户，户籍人口51263人，人口出生率3.90‰，自然增长率-4.10‰。集镇面积1.04平方千米，集镇人口1.60万人，城镇化率34.20%。粮食产量4.47万吨，比上年增长2%。经济总收入18.19亿元，比上年增长8.20%。其中，农业9.47亿元，比上年增长7.90%；工业3.39亿元，比上年增长8.40%。农民人均纯收入22905元，比上年增长8%。财政收入7915.27万元。

【政治建设】 2021年，仙龙镇下设50个基层党组织，有正式党员1579名，预备党员8名，女党员388名，占党员总数的24.57%，大专以上党员313名，占党员总数的19.82%。开展党员先锋工程、党员关怀、非公党建等工作。运用法治思维和法治方式深化改革、推动扫黑除恶。开展“不忘初心、牢记使命”主题教育，学习研讨7次，发言46人次，讲专题党课89场，开展红色革命传统教育16场。指导督促各基层党组织开展“结对帮扶”，共结对57名文化程度较低的党员，为168名老党员送学上门。

【经济发展】 2021年，仙龙镇国内生产总值由9.81亿元提升到13.85亿元，年平均增长率9.02%。其中，农业生产总产值7.02亿元，年平均增长率8.20%。税收收入652.16万元，比上年增长92.80%。引进年丰米业、金玖农业、蚕业产业园等现代智慧农业和总部经济企业38家，增加税源120万元，增加地方财力60万元。全域推进高标准农田建设和万亩级粮油宜机化改造，建成高标准农田4万亩，其中宜机化改造2.80万亩，释放新增耕地指标2000亩。宜机化改造项目多次得到市农委、区委、区政府的肯定和表扬。被农业农村部和财政部评为全国农业产业强镇。

【城镇建设】 2021年，仙龙镇投资500万元，新建新桥水厂，改扩建仙龙自来水厂，农村自来水覆盖率100%。投入800万元修建污水处理厂，完成污水管网缺失补建1800米，农村生活污水处理率95%。全面落实河长制，开展常态化巡河护河行动，投入2300万元，整治河道9千米，清理库岸垃圾50吨，栽种水生植物8万株。通组公路49千米，新建“四好农村路”40千米。渝昆高铁、江泸北线、特高压征地900亩，拆迁房屋130户，拨付资金8000万元。投入360万元打造示范街区1900米、完成路面建设3000米。公共服务中心和仙龙派出所主体工程已经完工。完成农贸市场改造，增设摊位100个，平整地面2000平方米。落实“门前三包”，集中整治骑门经营20次，清理乱堆杂物100次，清除牛皮癣2万张，清理陈年垃圾40吨，拆除违搭彩钢棚2.70万平方米。深入推进农村厕所革命，改造厕所2247户，创建人居环境整治示范村6

个，创建成为重庆市卫生镇。

【社会事业】　2021年，仙龙镇将巩固脱贫攻坚成果同乡村振兴有效衔接，完成消费扶贫420万元。发放生产奖补到户资金30万元，帮助脱贫户实现稳岗就业315人。加强扶贫项目经营管理，脱贫户分红收入34.45万元。全年发放各类优抚补助金1263.70万元，拨付教育资助金92.22万元、发放临时救助4.62万元、发放独生子女父母奖励金423万元、残疾人补贴66万元。全面强化稳就业举措，带动城镇新增就业639人。开展城乡居民养老保险工作，全年新增参保人员875人。做好疫情防控，全镇病例“零增长”。扎实推进安全生产专项整治三年行动，开展各类安全检查1500余家次，发现并整改隐患580条。召开各类安全专题会议、讲座52次、专项行动29次，应急演练4次。与燃气、电力、食药监部门开展联合执法45次，全年未发生一起安全生产死亡事故。组建15支治安巡逻队加强日间巡逻，新增兼职网格员146名。加强全民反诈宣传，建立反诈专业人员队伍180人，电信诈骗比上年下降50%，受损比上年减少37%，为群众追回损失3万元。开展“我为群众办实事”活动，全镇干部为民办实事530件，完成网上信访代理34件，解决矛盾纠纷518件。全镇12个村，2个社区按期完成村（居）民委员会换届工作，一次性选举成功率100%，书记主任一肩挑比例100%。

【现代农业发展】　2021年，仙龙镇守住粮食安全底线，落实最严格的耕地保护，粮食生产面积6.50万亩，粮食总产量4万吨，蔬菜产量8万吨，初级农产品总产值13430万元。大力发展1万亩有机水稻，将仙龙镇打造成为泸永江融合发展“现代水稻产业高质量发展示范区”，建成有机水稻1700亩。通过产业强镇项目引领，配套建成10万吨大米的加工生产线。大力发展1万亩“油菜+高粱”和“高粱+青菜头”种植，以太平桥、粉店、金宝山3个村为基地，集中发展连橙等特色优质柑橘基地1万亩。持续推进“三品一标”，培育公共品牌2个、有机认证品牌4个，获得有机认证产品6种，绿色认证产品3种。与中国科学院、西南大学、重庆市农科院、重庆市畜科院、重庆市农技总站、重庆现代都市农业发展中心等6个国家级、市级农业科研平台达成产学研合作，引进西南大学教授夏庆友等行业专家11人，转化桑叶茶等科研技术成果8套。引进重庆金玖农业科技有限公司发展智慧农业，公司在金石村用地800亩，总投资1500万，已获得专利8个、软件著作权2个、商标2个，建成5G物联网生态园300亩、工厂化鱼菜共生大棚1个、商品塘6个。牛门口村被评为重庆市美丽宜居乡村，金石村被评为重庆市绿色示范村，太平桥村被重庆市城市规划协会评为重庆市村庄规划编制二等奖。

（仙龙镇　宋丹）

五间镇

【概况】　2021年，五间镇面积37.70平方千米，耕地面积2.65万亩。辖7个村、56个村民小组、1个社区、5个居民小组。总户数8281户，总人口25202人，非农业人口1496人，农业人口23987人。人口出生率3.99‰，自然增长率-4.45‰。集镇面积1.40平方米，集镇人口9597人，城镇化率46%，农村小康房75户，9000平方米。粮食产量1.08万吨，比上年增长2.80%。经济总收入7.87亿元，比上年增长1%。其中，农业总收入2.76亿元，比上年增长0.50%；工业总收入4.10亿元，比上年增长8%。农民人均纯收入20029元，比上年增长9.40%。财政收入699万元，比上年增长36%。

【政治建设】　2021年，五间镇下设10个基层党组织，有正式党员781名，预备党员6名，女党员206名，占党员总数的26.40%。大专以上党员178名，占党员总数的22.80%。开展党员先锋工程、党员关怀、非公党建等工作。自查2021年以来法治政府建设8个方面的工作内容，发挥“三个作用”和营造良好政治生态。开展“不忘初心、牢记使命”主题教育、党史学习教育，学习研讨7次，发言46人次，讲专题党课89场，开展红色革命传统教育16场。完成8个村（社区）和18个下设党支部换届工作，珍宝社区党（总）支部被区委评为优秀基层党组织。建成和平村和新建村便民服务中心。突出引领产业发展，五间西瓜协会党支部领导五间西瓜基地，成功创建重庆市返乡创业园。2名党员被区委区政府授予“永川区水生态文明建设先进个人”。9支党员突击队的优秀事迹被重庆市职工服务网、永川电视台等媒体报道。双创村党总支消费扶贫经验，在全区脱贫攻坚工作会上作代表发言。

【经济建设】　2021年，五间镇工业企业快速发展。全镇市场主体共有1444个，其中内资企业398个，个体1046个。全年新增个体150个，内资企业18个，全镇规模以上工业企业有

2021年2月21日，桃花岛美景　（五间镇　供图）

4个。新注册企业18个。三株木业有限公司、涨谷大米加工厂、悦棠电子厂等企业均产值超过千万元；营商环境连续排名全区第一，创建为区级小企业创业基地。

【城镇建设】 2021年，五间镇示范街区改造工程投入资金153万元，对自来水管道、人行道路、绿化、店招店牌等实施改造，促进场镇面貌提档升级。总投资456万元，建成占地面积42亩，集生态、休闲、观光于一体的综合性文化休闲广场和市民公园。拆除违章建筑2154平方米，涉及居民11户。加强农贸市场周边环境及场镇公厕的管理指导，落实长效管理措施。严格落实马路办公，实施“一街四方”综合整治、“三城同创+一街四方”工作344次，现场治理、解决好群众关心的热点难点问题12次，并整改到位。

【社会建设】 2021年，五间镇加强校园周边环境整治。举行春节文艺会演、第十二届西瓜节、端午节门球比赛等系列活动。组织队伍参加重庆市第六届运动会、重庆市第六届残疾人运动会的各种活动。组织五间“炫舞”广场舞队参加永川区第九届广场舞比赛，获得第三名。城乡居民养老保险参保人员14688人，办理城乡居民养老保险业务220件，60岁以上养老资格验证42132人，养老金社会化发放率100%，社会化管理率100%。城乡居民医疗保险参保人数21197人，补办社保卡782张，新申办社保卡135张，异地就医备案35件。落实好38户、54人特殊家庭“3+X”服务制度，让镇、村、社、乡村医生每年每人不少于6次见面。完成慢性病防控工作。全镇城镇新增就业人数663人，城镇登记失业人员68人，城镇就业困难人员就业50人，农村贫困人员职业培训50人，劳动力回引537人，小额担保贷款发放203万元。开发公益性岗位安置就业19人，返乡及自主创业总户数22户，返乡创业吸纳劳动力就业66人。“4050”人员社保补贴发放17066.40元。开展低保举报入户调查12户，取消低保22户38人，新审批低保36户59人。新增农村部分计划生育奖励对象60人，全镇享受独生子女奖励扶助1086人，计划生育特别扶助61人。新增残疾人办证6人，新批残疾人两项补贴28人，公益性岗位残疾人2人，建卡残疾人57人。投入资金20万元完成新建烈士陵园第一期修缮，投入19万元启动第二期修缮。投入资金13.20万元对困难退役军人“解三难”。全年社会救助系统平台办理业务541人次，共受理社会救助657件。其中镇级窗口录入56条救助信息，村级窗口录入485条救助信息。持续推进“渝快办”业务，全年累计申请745个，其中行政审批45个，公共服务698个。 （五间镇 罗庆雨）

来苏镇

【概况】 2021年，来苏镇面积93.21平方千米，耕地面积8.03万亩。辖13个村、87个村民小组、1个社区。总户籍数18358户，总户籍人口53153人。全镇出生率为4.89‰、死亡率为10.37‰、自然增长率为-5.48‰。集镇面积2.70平方千米，集镇人口2.88万人，城镇化率50.70%，农村小康房12785户、1.15平方千米。粮食产量4.15万吨。全年规模以上工业总产值8.32亿元，完成固定资产投资4.75亿元，其中工业投资3.10亿元、文化旅游投资1.65亿元。本级一般公共预算收入2250万元，其中本级税收收入2200万元，比上年增长31%。

【政治建设】 2021年，来苏镇下设71个党组织，有正式党员1635名，预备党员16名，其中女党员430名，占党员总数的26.30%。大专以上党员316名，占党员总数的19.33%。开展主题党日、“党旗在基层一线高高飘扬”等活动，发挥基层党组织的战斗堡垒作用。扎实开展党史学习教育，认真研读《习近平论中国共产党历史》等4本指定学习材料，开展党史学习教育专题读书班5次，学习习近平总书记系列讲话和指示精神10次，开展学习贯彻“七一”重要讲话专题党课18次，宣讲十九届五中、六中全会精神31次，完成“我为群众办实事”项目清单26项。

【经济建设】 2021年，来苏镇大力培育页岩气产业，抓好项目服务，抓实要素保障，页岩气项目运行平稳。全镇共有集气站1个、页岩气平台10个、钻井47口，其中产气平台6个，各平台之间已全部建成管件连接，页岩气钻井数量、产气量居全区第一，成为永川页岩气先导性地区先行镇。投入资金800万元，完成强步鞋业升级改造，新增线上商贸企业2个。推动来苏香肠、豆干、红豆腐等传统食品加工企业改造生产线。来苏香肠、来苏红豆腐借助电商平台，线上销售额600余万元。坚持“一村一品”，着力做大做强做优优质粮油、特色水果、绿色蔬菜和生态养殖四大产业，全镇优质粮油种植面积4.20万亩、特色水果3000亩、绿色蔬菜2.10万亩、水产养殖5500亩。全镇培育新型经营主体6家，已发展新型稻田养虾示范基地2000亩，并将稻田综合种养作为促进水产养殖转型升级的重要内容。

【城镇建设】 2021年，来苏镇完成沿山公路以及叔侄桥、老桥、吕公桥3座桥施工图设计。投入资金1566.60万元，建成通组公路30千米。投入资金300万元，完成街区改造提升工程和市民公园建设。投入资金500万元，实施唐家坪村土地整治项目3000亩。投入资金78万元，实施石牛寺村矿山复耕复绿20亩。实施农村人居环境整治，投入资金315万元，新建清洁示范院落21个。投入资金108万元，安装太阳能路灯360盏。投入资金30万元，实施农村户厕改造200户。投入资金36.60万元，实施人行便道铺装6千米。投入资金489万元，完成5.12千米10千伏峰关支线农网升级改造。

【生态文明建设】 2021年，来苏镇持续加大临江河流域综合治理力度，确保临江河流域水质稳定在Ⅲ类。全面推进生活垃圾分类，购置垃圾分类桶384个，新增垃圾分类示范村6个，新建垃圾分类投放示范点21个，生活垃圾有效处理率超过95%。清掏化粪池118座，整治城镇排水单位174家。常态化开展河道清漂65千米，清理河岸垃圾和漂浮物50余吨。以梳妆台村为示范，全力打造乡村振兴“来苏样板”。实施“蓝棚顶”整治，蓝棚顶或平屋顶改西式瓦屋面按40元/平方米自筹、蓝棚顶或平屋顶改树脂瓦屋面按30元/平方米自筹、蓝棚顶上加铺树脂瓦按15元/平方米自筹，该费用由农户直接与工匠结算，墙体增高费用和蓝棚顶拆除费用由农户自行承担。打造姜家院子、梁家塆院子等清洁乡村示范院落。新建4千米滨河路和万住路，配套2米宽彩色沥青健身步道、观景台、停车场等设施。对永泸高速公路连接道口至迎宾广场进行节点打造，实施3.90千米道路绿化美化工程。

【社会建设】 2021年，来苏镇发放低保金617万元，新批城乡低保77户104人。发放特困供养金496万元，新批特困人员21人。发放补贴82万元，新批高龄、失能和照料护理补贴26人。临时困难救助285人次，发放救助金104万元。实施冬春生活救助1328户3021人，发放救助资金50万元。资助低保、建卡贫困户、特困人员等特殊群体5700人参加城乡居民医疗保险，缴费139.05万元。城镇新增就业916人，城镇登记失业人员再就业223人。开展就业培训101人次，公益性岗位安置贫困劳动力163人，发放创业担保贷款434万元。发放补贴140万元，新增特扶19人。发放资金268万元，新增奖扶116人。发放优抚对象补助资金612.40万元，走访慰问“三属”、老复员军人、困难退役军人等162人次，发放“解三难”资金21.63万元。为部队立功受奖官兵家庭送喜报18人次，发放慰问金1.40万元。组织开展“两癌”筛查725人，65岁以上老年人体检6305人。举办来苏镇2021年中国福利彩票“健康欢乐送”第六届农民运动会暨丰收节活动，开展政府采购公共文化演出活动30场。组织镇村干部、乡贤评理员排查化解矛盾纠纷460起，化解信访积案7件；刑事案件49件，比上年减少17件，发生率下降25.80%；群众来信来访比上年下降8.20%。开展企业安全检查175次，发现隐患数216条、整改隐患数216条，警告7次、罚金2.07万元。投入资金234万元，打通高层消防安全“生命水”。投入资金145万元，实施农村公路生命护栏建设122处。扎实开展“两不愁三保障”巩固情况“回头看”和问题整改，全镇329户脱贫户和10户边缘户均无“两不愁三保障”方面的问题。通过全市巩固拓展脱贫攻坚成果与乡村振兴有效衔接专项督查，通过全市巩固脱贫成果后评估。做好疫情防控，落实人员排查、信息登记、核酸检测、转运转送、隔离管控等防控措施。全年登记来镇返镇人员3090人，其中境外人员33人，中高风险17人。全镇12岁以上第一剂次任务和全程接种任务均超过100%。

2021年7月19日，来苏镇滨河路（刘艳秋 摄）

【来苏镇第七届人民代表大会第十次会议】 2021年3月19日召开。会议听取和审议来苏镇政府工作报告、来苏镇人大主席团工作报告，审查《来苏镇2020年财政预算执行情况和2021年财政预算报告》。会议表决通过来苏镇政府工作报告的决议、来苏镇人大主席团工作报告的决议、来苏镇2020年财政预算执行情况和2021年财政预算的决议。

【来苏镇第七届人民代表大会第十一次会议】 2021年9月7日召开。会议听取和审议《关于来苏镇规划和建设管理专项工作报告》《关于来苏镇场镇管理专项工作报告》，审查《来苏镇2020年决算报告》。会议表决通过相关决议。

【中国共产党来苏镇第八次代表大会第一次会议】 2021年11月29日召开。会议听取和审议来镇苏第八次党代会工作报告、纪委工作报告、关于全镇党费收缴、使用和管理情况的报告，并讨论大会选举办法草案，会议表决通过相关决议，选举产生来苏镇党委书记、副书记，来苏镇纪委书记、纪委副书记。

【来苏镇第八届人民代表大会第一次会议】 2021年12月22日至23日召开。会议听取和审议来苏镇政府工作报告、来苏镇人大主席团工作报告、《来苏镇人民政府关于上年度民生实事项目完成情况的报告和本年度民生实事候选项目的说明》，审查《来苏镇2021年财政预算执行情况和2022年财政预算报告》。会议表决通过相关决议。选举产生来苏镇第八届人民代表大会主席、副主席，来苏镇人民政府镇长、副镇长。（来苏镇　康成梅）

宝峰镇

【概况】 2021年，宝峰镇面积38.17平方千米，耕地面积2.94万亩。辖5个行政村、113个村民小组、1个社区。总户数6805户，户籍人口20524人，人口出生率2.12%，自然增长率-6.04%。集镇面积73.50平方米，集镇人口1786人，城镇化率8%。粮食产量0.98万吨，比上年增长2.70%。经济总收入6.92亿元，比上年增长7.80%。工业总产值1.25亿元，比上年增长7.20%。农民人均纯收入23067元，比上年增长9.36%。财政收入229.16万元，比上年增长28.40%。

【政治建设】 2021年，宝峰镇下设24个基层党组织，有正式党员602名，预备党员6名，女党员145名，占党员总数的23.80%。大专以上党员132名，占党员总数的21.70%。全镇5个村、1个社区党总支完成换届选举。大专以上文化18人，占比60%。35岁以下年轻干部11人，占比36.70%。开展党史学习教育，开展党史专题宣讲报告20场，开展外出参观见学活动4次。落实民生实事40件，其中1件实事案例被区党史办列为典型案例。表彰从24个党支部评选出来的36名“两优一先”获得者，颁发“光荣在党50年”纪念章139枚。持续开展“党课开讲啦”活动，组织党组织书记、党员领导干部等讲党课100场次。

【经济建设】 2021年，宝峰镇依托“五峰茗”茶叶种植专业合作社和页岩气、玖航建材等，发展“一村一品”，突出抓好茶叶、蜂糖李等农业产业和页岩气等工业产业，促进农民持续增收。全镇有茶园11000亩、茶叶加工厂5个，茶产业产值6500万元，带动200人就业。新兴产业蜂糖李挂果，产量7.50万公斤，产值300万元，常年务工人员130人，带动农户增收140万元。永页5号平台建成投产，日产气6万立方米，年产值3400余万元。玖航建材于2021年3月投产，年产值2000余万元。发展“稻—虾”种养513亩，每亩新增纯收入2000元。年出栏肉鸽20万羽，产值300万元。

【城镇建设】 2021年，宝峰镇根据地形地貌特征，依山新建市民公园1个。完成宝峰、登东中心街区改造，统一规范更新门面门头，新铺设人行道透水砖、优化人行道树种、新建大型恐龙壁画等。全年建成通组公路10.80千米，通组率100%，通畅率100%。自来水覆盖率100%。全年改造C级危房2户，实施旧房整治提升17户。蓝棚顶整改89户。在宝峰河修建5处小型透水坝及1500平方米人工生态湿地。持续开展人居环境治理，新建示范清洁院落5个，累计建示范清洁院落14个。改造农村户厕173口。常态化开展村庄清洁行动，清理积存或散落垃圾600吨，清理沟渠58千米、清理塘堰36处，整治残垣断壁3处，清理秸秆、农膜及露天堆放农业废弃物5吨。

【社会事业】 2021年，宝峰镇有学校4所，在校学生823人，教职工82名。有卫生院1所，村卫生室6个，医护职工34人，全镇参加城乡居民养老保险1.11万人，参加城乡居民医疗保险2万人，参保率超过95%。做好疫情防控，有序开展走访宣传，广泛动员接种疫苗，辖区内未发生新冠病例。全年开展文化体育活动30项，放映电影60场，广场舞、剪纸活动、演出进基层活动有序开展。办理养老保险参保298人、退休117人、死亡290人、养老保险改档变更120人，村（社区）干部参保并审核社保补贴2人，补贴金额0.20万元。全镇有城市低保184户200人、农村低保355户529人、特困供养人员208人、残疾人674人，全年累计发放低保金440万元、特困人员补助230万元、残疾人生活补贴17万元、残疾人护理补贴20万元。临时救助困难群众307人次，共发放31万元。新增就业完成356人，城镇登记失业人员就业完成68人，就业困难人员就业72人，公益性岗位安置就业人员103人。发放创业担保贷款8人160万元，回引劳动力完成447人。开展就业培训3次，职业介绍200人次。 （宝峰镇 胡晓）

红炉镇

【概况】 2021年，红炉镇面积64平方千米，耕地面积2.80万亩。辖5个村、128个村民小组、4个社区。总户数10410户，总人口25788人。人口出生率4.76‰，自然增长率-6.51‰。集镇面积1.50平方千米，集镇人口0.49万人，城镇化率39%，农村小康房5380户，0.64平方千米。粮食产量1.55万吨，比上年增长0.16%。地区生产总值26.50亿元，比上年增长4.70%。其中农业3亿元，比上年增长5.30%；规模以上工业总产值15.20亿元，比上年增长17%。农村常住居民可支配收入25295元，比上年增长8.50%。永川级财政收入1.53亿元，比上年增长25.30%。

【政治建设】 2021年，红炉镇下设35个党支部，有正式党员1276名，预备党员3名，其中女党员314名，占党员总数的24.60%，大专以上党员257名，占党员总数的21%。完成镇村两级换届选举及区镇党代表、人大代表选举工作。打造红色教育基地“红色记忆馆”，开展“党课开讲啦”活动，讲党课47人次。开展网络舆情引导宣讲1次。开展党史学习教育活动，举办专题读书班5次，开展中心组学习13次，班子成员到基层上党课13次，镇级宣讲团开展政策理论宣讲100场次，开展红色革命传统教育12次，开展庆祝中国共产党成立100周年“两优一先”表彰大会暨文艺会演1次，开展党史学习教育暨学习强国知识竞赛1次。

【经济发展】 2021年，红炉镇全口径税收3亿元，比上年增长26.50%。助推投资33亿元的“华新永川新型建材产业基地”建设，水泥窑协同处置废弃物区级重点项目3月竣工。建筑骨料及商品混凝土2个区级重点项目12月建成，全年完成投资1.60亿元。小企业创业基地创建为“永川区小企业创业基地”，入驻企业22户，管理服务人员5人、创业辅导师1名。指导重庆兴津建材有限公司、重庆同宁建材有限公司升级为规模以上企业。重庆中材参天有限公司荣获“永川企业发展30强”一等奖，重庆华新参天水泥有限公司荣获“永川企业发展30强”二等奖。农产品加工业，重庆四季良品万胜生态农业有限公司食品加工厂、红庆村花椒烘干点完成建设并投入使用。新增农村土地流转4000亩，新栽茶叶600亩、佛手400亩、新申报高标准农田建设5000亩、宜机化改造4000亩。完成乡村振兴示范点——万胜湖生态农业园（一期）建设。委托重庆汇智农业信息咨询有限公司编制符合实际的乡村振兴策划方案。

【城镇建设】 2021年，红炉镇投入800万元，建设红欣街区（二期）改造工程、市民休闲公园、场镇公共停车场、四合厂社区环境整治改造工程、周家院北村基础设施改造和道路白改黑工程、煤矿商业区遮阳棚改造及红欣社区便民服务中心、应急救援站营房、五人制足球场附属设施工程。对私搭乱建等违法行为保持高压态势，全年共拆除违章建筑56处3542平方米。常态化开展“逢10清洁行动”“马路办公”，建立人居环境网格化管理机制，检查整治人居环境问题2400处。每季度开展清洁户评选活动，共评选出清洁户633户。打造人居环境整治示范点2处、农房品质提升示范点3处。安装垃圾分类亭15个，开展垃圾分类宣传活动30场。实施乡村绿化和林业品质提升行动，栽种桢楠2万株、樱花树1300株，申报中国美丽休闲乡村、重庆市美丽宜居乡村。投入1000万元，建设“四好农村公路”21千米。投入460万元，建成万胜环湖公路，完成周高公路路基工程以及代家桥前期手续。投入1500万元，新建新店片区自来水厂1座，投入1188万元，实施自来水管网提升改造工作，彻底解决会龙桥村、龙井口村、新店社区群众饮水难问题。投入15万元对全镇6处雨污混流点进行整治。投入10万元新建红欣社区22栋居民楼100米污水管网工程。投入50万元，完成昊升公司电石废渣无害化处理1.60万吨。镇村两级河长常态化巡河，设置网格专管员14名，确定重点监管风险污染源10个，小安溪河红炉镇段水质常年稳定Ⅲ类，连续7个月达到Ⅱ类水质。

【社会事业】 2021年，红炉镇常态抓好新冠疫情防控，保护人民群众生命安全。组建网格队伍44组147人，常态化排查登记返乡人员805人，其中重点地区返乡107人、境外返乡34人，均按要求严格落实健康管理要求。做好重点场所、重点人群核酸检测工作，对127个采样点开展检查，重点人员定期核酸检测2320人次。全镇累计接种第一针11186人、第二针11238人、第三针5769人，共完成28099剂次，第一剂接种率107.14%，12岁以上全程接种进度106.41%，3—11岁接种率96.66%，应种未种脱漏率为0.34%。巩固拓展脱贫攻坚成果，常态化走访62户脱贫户、4户监测户，集中开展“两不愁三保障”巩固情况“回头看”，走访农户4651户，排查并解决问题2个。持续巩固产业和就业发展，为47户脱贫户发放产业发展奖补金8万元，19户脱贫户获得上级产业发展受损补助1.90万元。脱贫户获得利益联结分成8480元，三菊生猪养殖农民专业合作社实现利益分成2.93万元。新开发脱贫户非全日制公益性岗位32人。持续开展消费帮扶，帮助销售农副产品473.26万元。全镇脱贫户及边缘户收入保持稳定，无返贫致贫。全年新增低保21户27人、大病医疗救助26户、特困1人。发放临时困难救助金47.40万元、特困生活补贴124万元、特别扶助金103.60万元、“解三难”帮扶金4万元，慰问烈军属、退役军人优抚对象16万元，慰问失独及残疾家庭11万元。医疗保险参保筹资完成100.53%，新增城乡居民养老保险参保102人。城镇新增就业460人，新开发公益性岗位101个，召开2021年退出关闭煤矿职工暨就业困难人员专场招聘会，帮助退出关闭煤矿职工及就业困难人员225人重新就业。建成镇养老服务中心，完成敬老院“三改”（即热水供应系统改造、老人房间标准化升级改造、公共洗浴间适老化安全改造）行动，各村养老互助点、社区养老服务站实现全覆盖。实施健康关爱，为辖区3120名65岁以上常住居民开展免费体检，为400名已婚育龄妇女进行“两癌”筛查。在日常安全监管基础上，突出抓好道路交通、非煤矿山、烟花爆竹、消防、工贸、森林防火、食药品、成品油非法经营等重点行业领域安全工作。共检查企业（生产经营单位、场所）481家（次），发现隐患或问题621条，整改619条，对32家经营单位按照简易行政处罚程序进行行政处罚1.82万元，警告49次，约谈企业主要负责人和安全管理人员29人次。扎实开展庆祝中国共产党成立100周年保安全百日行动，深入推进安全生产专项整治三年行动，投入70万元，完成2个根本性问题及1个重大安全风险点整改。投入14万元，建成平安大院6个、乡贤评理堂2处，各村居乡贤评理堂实现全覆盖。开展“非法经营成品油”整治行动，排查问题11个，罚款1.50万元。大力宣传防诈骗知识，核查滞留缅北涉诈人员4名，打击涉炸前科人员3名。强化特殊人群管理，未发生脱管失控及肇事肇祸事件。及时调处矛盾纠纷，强化“网格化”走访工作，化解汽车站联建房办证遗留问题。

（红炉镇　李洵飒）

永荣镇

【概况】 2021年，永荣镇面积59.91平方千米，耕地面积2.06万亩。辖4个村、24个村民小组、2个社区。总户数6167户，总人口16607万人。人口出生率2.19‰，自然增长率-6.87‰。集镇面积0.40平方千米。

【政治建设】 2021年，永荣镇下设29个基层党组织，其中4个党委（永荣镇党委、非公经济党委、永福党委、白云寺村党委）、4个党总支（机关党总支、子庄、东岳、云谷党总支）、21个党支部（包含永兴、韦家沟社区党支部）。有正式党员631名，预备党员

5名，女党员138名，占党员总数的21.90%。完成村（社区）“两委”换届选举工作及区、镇党代表换届选举，共选举村（社区）党组织委员38名（其中书记6名，副书记6名），村居委员会委员30名（其中主任6名），“两委”交叉任职23名，从“两委”成员中聘用专职干部36名。全镇各党组织选举产生镇党代表101名，区党代表7名。举办庆祝中国共产党成立100周年知识竞赛及庆“七一”两优一先、关心慰问困难党员等系列活动，评出优秀共产党员42名，优秀党务工作者10名，优秀基层党组织7个，关心慰问生活困难党员20名，颁发“光荣在党50年”纪念章151枚。

2021年7月27日，永荣镇颁发清洁示范户荣誉 （陈仕川 摄）

【经济建设】 2021年，永荣镇完成永川级税收收入363.25万元，本级收入192.22万元。文旅产业投入总额1.46亿元，比上年增长28.10%。住宿餐饮业产值2197万元，比上年增长10.20%。永荣茶厂、民峰志富建材有限公司等主要支柱企业年产值突破2.20亿元，主营业务收入比上年增长22%。限额以上法人企业和限额以上个体经营户营业额完成6527万元，比上年持续增长。永荣煤矿全部退出关闭后，镇域经济加快向现代化绿色农业强镇转型，白云、子庄、云谷等村在原有基础上新栽种茶叶1000亩。举办全市农机具（采茶）项目现场会，全年共接待体验采茶、制茶游客1万余人次，业务辐射四川省泸州市、贵州省遵义市、重庆市荣昌区、大足区等多个市区（县）。永荣茶厂再次被评为重庆市茶叶综合实力十强企业、重庆市农业产业化龙头企业。

【城镇建设】 2021年，永荣镇改造人行通道3000平方米，新建公共厕所1座、安装太阳能路灯340盏、铺设乡村人行便道24千米，永荣加油站建成投用。投资3.50万元对550棵行道树造型修剪，投资10万元投放垃圾分类回收亭、收集点厢房等设施设备40处。对三岔路进行雨污分流改造，新建雨污管网200米、化粪池排气管40处。加快升级社区景观，老街及危旧房改造工程完工。增加场镇绿化面积2000平方米，点缀种植金桂、香樟等行道绿植60棵。永兴社区市民公园、观光荷花池建成迎客，彩色步栈道和文化墙等乡村休闲“打卡点”自带“吸睛”体质。

【生态文明建设】 2021年，永荣镇投入资金30万元对柏椭湾7处肥水鱼塘进行收尾治理，实现转产60亩。彻底整治韦家沟煤矿污水循环池，消除小安溪河的首要污染源，小安溪河水质常年保持在Ⅲ类。持续开展永荣酒厂治污专项整治，实现厂房雨污分流。制定《永荣镇全面推行林长制工作方案》，明确14名镇村林长、5名网格护林员、1名应急联络员、1名公安干警和1名林业技术员的“2+1+N”林长制责任体系。投入资金6万元用于松材线虫治理，处理病枯木1000根。加强大气污染防治，规范完成永福、明华等7家“散乱污”企业和集群综合整治。督促民峰砖厂投入资金110万元用于安装脱硫设备，提高排放标准。全年开展户外秸秆焚烧巡查80人次，现场制止露天焚烧行为10起。实施规模化养殖场所“畜禽粪污资源化利用”提升项目，综合利用率超过80%。严格控制夏秋季高温时段户外喷涂刷漆、喷洒农药、施用农用肥等活动。推广测土配方施肥技术，回收农膜废弃物9吨。46.50亩红雁煤矿生态修复工程通过市、区验收，完成生态保护修复任务。

【社会建设】 2021年，永荣镇组织开展“两不愁三保障”巩固情况“回头看”，全镇4720户农村人口全部进门入户。91名脱贫劳动力和监测人口通过单位推介、灵活择业、公益性岗位开发等方式实现“点对点”式返岗复工，比去年同期和春节前分别增长42.20%、8.50%。兑现“以奖代补”资金9万元、受损补助资金6.80万元，帮助64户农户养殖鸡鸭1100羽、生猪、牛羊等120只。协同区帮扶团累计购销脱贫户、带贫企业农副产品446.89万元，完成年度目标的106.40%，永荣茶厂荣获重庆市消费扶贫先进单位。全年新增低保救助对象37户46人，发放救助资金312.55万元。新增特困供养6户、6人，发放救助资金100.93万元。新增残疾人19户、19人，发放救助资金22.84万元。建立孤儿、事实无人抚养、留守儿童“一人一档”专案和留守老人、妇女动态管理台账，发放生活保障金3万余元。免费实施“两癌”筛查406人次，签约医生服务率100%。开展退役军人生活保障，发放优抚救济金、义务兵家庭优待金、“解三难”资金和立功受奖慰问金。办理城乡创业担保贷款155万元，扶持农村失业人员再就业65人。

【永荣镇第七届人民代表大会第十次会议】 2021年3月16日召开。大会听取和审议永荣镇政府工作报告、永荣镇人大主席团工作报告；审查批准《永川区永荣镇2020年财政执行情况和2021年财政预算的报告》《关于永荣镇2020年民政工作执行情况和2021年民政工作实施计划的报告》。通过投票决定9项永荣镇民生实事项目。

【永荣镇第七届人民代表大会第十三次会议】 2021年8月2日召开。大会审议《永荣镇2020年财政决算和2021年1—6月预算执行情况的报告》，听取并审议《永荣镇人民政府关于旅游产业发展的工作报告》。会议通过《永荣镇人民政府关于乡村旅游产业发展的工作报告的决议（草案）》《关于永荣镇2020年财政决算和2021年1—6月预执行情况的报告的决议（草案）》，开展“两眼向下”满意度测评。

（永荣镇 刘南汐）

双石镇

【概况】 2021年，双石镇面积64.52平方千米，耕地面积3.86万亩。辖9个行政村、49个村民小组、3个社区。户籍人口11567户，总人口29440人。人口出生率6.58‰，自然增长率-0.28‰。集镇面积1.20平方千米，集镇人口8209人，城镇化率34.30%。粮食产量1.92万吨，比上年增长1.25%。经济总收入18.60亿元，比上年下降8%。其中，农业3.30亿元，比上年增长5.20%；工业13.8亿元，比上年下降12%（受煤矿关闭影响）。农民人均纯收入23850元，比上年增长6%。财政收入6395.20万元，比上年增长7.20%。其中，本级财政税收1327万元。

【政治建设】 2021年，双石镇下设党组织50个，有正式党员1056名，预备党员8人。女党员301名，占党员总数的28.50%，大专以上党员319人，占党员总数的30.20%。通过读书征文比赛、演讲比赛等扎实开展“不忘初心、牢记使命”主题教育和党史学习教育，隆重举办庆祝中国共产党成立100周年系列活动。班子成员带头开展党史学习教育专题读书班5次，组织开展“七一”专题党课、党的十九届六中全会精神“六进”主题宣讲、“微党课”宣讲等各类学习教育活动70余场次，受教育党员6000余人次。完成村（社区）“两委”换届工作，采用的“下深水”选人、用实绩择人经验做法被“学习强国”学习平台、《重庆日报》等专题报道。

【经济建设】 2021年，双石镇科学编制脚盆井村乡村振兴示范村实施方案，完成脚盆井村便民服务中心改造、农耕文化展示厅、智慧茶园、月季大道等建设规划。千亿斤粮食田间工程项目及2000亩宜机化改造项目顺利推进。营造良好的营商环境，协助企业办理场地租赁、安全生产、争取项目奖励资金等，新培育科技企业入库。全镇有工业、商贸、服务业企业65家。其中，规模以上工业企业15家。全年工业总产值16亿元，其中规模以上工业总产值13.50亿元。固定资产入库3.90亿元，其中工业固定资产投资2.30亿元。有观光茶园1.10万亩、花椒2000亩，种植西山蓝莓、特色脆李、百香果及复生桥杂柑等特色水果2856亩，流转土地1.86万亩，特色农业年产值1.80亿元，带动就业800余人，完成旅游固定资产投资9420万元。

【城镇建设】 2021年，双石镇投入379万元实施中心街区改造工程，7000平方米临时停车场、2万平方米市民公园建成投用，社区公厕改造升级，建设污水管网320米，新增农村太阳能路灯300盏。严控零星小菜摊点进入市场时间，开启场镇乱停车辆“锁车”模式，人行道U形护栏全覆盖，新增违停抓拍点位4个，纠治交通乱象152起，取缔骑门摊位56个。完成通组公路硬化87.50千米，安装公路护栏5696米。

【社会建设】 2021年，双石镇发放养老补贴23万余元。发放城乡低保、临时救助、残疾人两项补贴等资金400余万元，惠及1800余人。争取资金100万元，推进双石养老服务中心和村级养老互助点建设。优质教育资源覆盖面不断扩大，学前教育普惠率、义务教育巩固率均为100%。扎实开展庆祝中国共产党成立100周年宣传活动，举办红色经典诵读、广场舞比赛等各类文体活动20余场。公共文体设施加快建设，电影院全面改造升级，农家书屋重点文化惠民工程稳步实施。组织各村居文艺骨干参加各类培训10余

2021年3月18日，双石镇脚盆井村君山茶叶基地 （王涵 摄）

次，采购公共文化服务演出18场。深化“枫桥经验”双石实践，完善“巡回接访”“群众说事日”制度，推动基层社会治理重心下移、关口前移。精心组织疫苗接种，在全区率先完成第一剂疫苗接种调度任务。严格落实安全生产责任制，建立安全资金使用绿色通道。开展信访突出问题专项治理，群众参评率、满意率均为100%。

（双石镇　张顺）

三教镇

【概况】　2021年，三教镇面积107.79平方千米，总人口6.27万人。辖13个农业村、93个村民小组、2个社区。工业总产值24.50亿元，其中规模以上工业总产值23.30亿元，比上年增长15%。完成固定资产投资4.18亿元，比上年增长27%。一般公共预算收入7211.09万元，其中税收收入1452.45万元，本级收入340.71万元，非税收入38.81万元。

【政治建设】　2021年，三教镇下设75个基层党组织，共有正式党员1824名，预备党员9名，其中女党员468名，占党员总数25.53%。大专以上党员349名，占党员总数19.04%。全年召开党委会议49次、中心组学习13次，研究制定2021年党建工作要点，细化明确全年党建目标任务。落实党委每季度专题听取、研究党建工作和推行党支部书记抓党建述职机制，开展党建调研督查4次。扎实推进党史学习教育常态化制度化，党委班子开展专题读书班5次，58个基层党支部分别召开专题组织生活会。选优基层党组织带头人，完成村（社区）“两委”和下设党支部换届工作。通过开展党史知识竞赛活动、庆祝中国共产党成立100周年活动、专题培训、现场教学等形式，全方位引导党员干部、学党史、悟思想、办实事、开新局。组建宣讲团19个，班子成员带头深入村（社区）、企业讲党课，开展“七一”重要讲话及十九届六中全会精神宣讲38场次。把“我为群众办实事”活动贯穿始终，制定项目清单24个，已全部实施完成。

【经济建设】　2021年，三教镇经济以工业为主导产业，帮助重庆致远金属铸造有限公司等62家企业办理规划环评手续。2个自行淘汰砖厂关闭、改造工作，鲁兴建材厂已完成改造升级备案。强化招商引资，引进项目2个。征收集体土地3000亩，安置拆迁群众4448人，完善历年参保资料5604人，选购限价商品房194套。有规模以上企业8家，中小企业62家，主要为机械加工、玻璃建材、包装等三大类企业。有商贸企业126家，个体工商户2618户，农贸市场4个。发放水稻优良品种1500公斤、油菜籽1000公斤。完成春耕春播面积7.52万亩，种植花椒800亩，种植柚子200亩，种植柠檬300亩，养殖小龙虾100亩。办理农机补贴156台、受益145户，享受财政补贴131.40万元。屠场检疫生猪2万头次，坚决对病死畜禽及产品进行无害化处理，处理率100%。

【城镇建设】　2021年，三教镇投入300万元实施中心街区改造工程，建成环湖路800米、市民广场3000平方米、公厕1座、人行栈道600米。完成祥和·三台里商住小区建设。启动原三教粮站房地产开发项目——三合苑商住小区建设，新增建筑面积4.10万平方米。启动原双流机械厂4.37亩国有存量土地出让工作。“通组公路”施工图设计批复25.30千米，开工建设“重要农村路”4.37千米，交工验收3.96千米。养护乡村公路292千米，投入100万元增设波形护栏5.20千米。启动人居环境整治常态化考核管理工作，建立工作专班，落实专门人员，形成三级联检考核机制。镇级河长开展巡河60次，村级河长开展巡河440次，发现并解决问题70个。加强饮用水源地保护，深化工业监管及污染治理，关停整治“散乱污”企业3家。加大大气及生活源污染治理，发放《蓝天告知书》130份。整治19处农村黑臭水体并强化监管，防止反弹。

【社会建设】　2021年，三教镇小学创建为“永川区文明校园”，开辟校园劳动教育实践基地，被市委宣传部、市教委等7部门命名为“重庆市未成年人劳动教育联盟成员单位”。花桥小学被评为永川区教育系统安全稳定工作先进集体、永川区教育系统先进基层党组织，花桥幼儿园被评为永川区教育系统党建示范点。加快永川区第五中学校改建工程。组织群众参加区第九届“永远跟党走”广场舞比赛、重庆市第六届运动会开幕式表演和永川区庆祝中国共产党成立100周年合唱比赛。成立以镇党委书记、镇长为组长的双领导小组机制，下设8个工作业务组、15个村（社区）疫情防控专班，落实外来人员日常监测，实施排查情况日报告制度等。开展常态化核酸检测和疫苗接种工作，配备充足后勤保障设施。完成15户三类重点对象危房改造，做好83户三类重点对象无房户房屋租赁补贴工作。发放产业发展奖补资金24万元、利益联结资金52.20万元。开展“两不愁三保障”巩固情况“回头看”12次，发现并解决问题12个。加大人居环境治理力度，开展“最美庭院”评选等活动，清洁村庄示范院落整治完成率100%。常态化开展科普主题宣传活动，累计发放海报8000份。城镇新增就业人员717人，完成率119.50%。发放创业担保贷款468万元，完成率187.20%。回引劳动力1627人，完成率180.70%。全镇享受低保政策人员882户、1411人，重点优抚对象、低保五保、重残补助等待遇应发尽发。落实农村独生子女家庭奖扶、特扶政策，新增计划生育奖扶64人，特扶对象3人，一次性奖励15人。对计生失独家庭、独生子女残疾家庭落实家庭医生签约、镇村干部帮扶走访制度和利益导向政策。免费为老年人体检6000人、妇女“两癌”筛查600人。全年排查矛盾纠纷145件，化解率100%。

【中国共产党永川区三教镇第八次代表大会】　2021年11月27日召开。会议听取并审议通过雷云伍代表三教镇第七届党委所作题为《与时俱进谋发展 同心协力开新局 奋力开创永川城市北部副中心崭新篇章》的工作报告，审查并通过中共三教镇纪律检查委员会工作报告、三教镇党费收缴、使用和管理情况报告。会议选举产生中国共产党三教镇第八届委员会委员 9 名、中国共产党三教镇纪律检查委员会委员 7 名、三教镇出席中国共产党永川区第十五次代表大会代表 10 名。

【三教镇第八届人民代表大会第一次会议】 2021 年 12 月 23 日召开。会议听取并审议三教镇人民政府工作报告、三教镇第七届人大主席团工作报告、三教镇 2021 年财政预算执行情况和 2022 年财政预算草案报告、三教镇 2021 年民生实事办理情况工作报告，选举三教镇第八届人民代表大会主席、副主席、三教镇人民政府镇长、副镇长。当选人员现场向宪法庄严宣誓。

（三教镇　肖海婷）

板桥镇

【概况】 2021 年，板桥镇面积 53.77 平方千米，其中耕地面积 3.76 万亩。辖 11 个村、190 个村民小组、1 个社区。总户数 11480 户，总人口 32717 人，非农业人口 3512 人，农业人口 29701 人。人口出生率 6.77‰，自然增长率 -1.45‰。集镇建设用地面积 2.39 平方千米，集镇人口（常住）3460 人，城镇化率 10.42%。粮食产量 2.06 万吨，比上年增长 0.10%。经济总收入 13.80 亿元，其中农业生产总值 3.90 亿元，工业生产总值 6.50 亿元。城乡居民人均可支配收入分别为 46909 元、24457 元。全年公共财政预算收入共完成 5419 万元，与上年持平。

【政治建设】 2021 年，板桥镇下设 13 个基层党组织，有正式党员 1243 名，预备党员 5 名，女党员 306 名，占党员总数的 24.60%。大专以上党员 219 名，占党员总数的 17.60%。完成区、镇人大代表选举，强化普法教育，常态化推进“扫黑除恶”专项斗争。加强党的建设，实行清单制度，每月初印发党建清单，每月底对照清单晒落实。党委会、干部会固定议程，学习习近平总书记重要讲话精神，传达

2021 年 9 月 27 日，板桥镇历史文化馆　（李林　摄）

区委工作要求，邀请专家辅导学习 5 次。开设“干部论坛”，实施“青蓝工程”，增强青年干部本领。扎实推进党史学习教育，“村居干部第一课”党史学习教育活动，被《重庆日报》报道，代表永川通过市级检查。板桥红色记忆馆入选全区党史学习教育创新案例。

【经济发展】 2021 年，板桥镇依托国家高新区三教产业园，重点发展豆豉、火锅底料、休闲食品等农副产品加工产业。完成园区征地拆迁 400 亩。3 家企业签约入驻，年产值 2000 万元。启动建设“千年良田”项目 4100 亩，推进高标准农田建设 2000 亩。投入 450 万元实施高效节水灌溉工程。投入 22.80 万元，新建花椒烤房 5 个，聘请专业公司管理万亩花椒，花椒迎来大丰收，产值 2240 万元。在花椒林下间种大豆 10000 亩，榨菜 6000 亩，产值 1900 万元。收获 4 万公斤三红柚、10 万公斤凤凰李，产值 500 万元。完成 300 年老街保护性建设，修复风雨廊街 1000 米，恢复凉亭子 600 米，加固修缮老房 60 户，重现穿斗民居风貌，大沟村入选中国传统村落。

【城镇建设】 2021 年，板桥镇投入 570 万元，建设 40 个智能充电桩，建成 400 米景观大道，修缮 2000 平老旧外立面，打造 3800 立方米店招店牌、5000 方停车场，固定区域划线规范停车，集中整治场镇乱摆乱占等问题。安装烟雾感应器、漏电保护器共 284 个，改造老旧线路 60 户，创建全区首个安全用电示范镇。投入 3.10 万元，安装残疾人文体设施 8 个。建成村级养老互助点 11 个。办理宅基地复垦 114 户，拆除公路沿线无人居住旧房 102 户共计 11347.78 平方米，“三类人员”改造、新建房屋 17 户。打造清洁示范院落 3 个。筹集 40 万元，改造厕所 200 户。投入 1050 万元，建设通组公路 21 千米。投入 160 万元，改建人行桥 3 座，设计车行桥 4 座。投入 220 万元，安装道路防护栏 95 处，3480 米。投入 10 万元，增设减速带 18 处，消除视野盲区 3 处。筹集资金 100 万元，建成镇综治中心，投用一级交通劝导站 1 处、二级劝导站 5 处，安装汪廖路区间测速系统。投入 120 万元，安装路灯 400 盏。

【社会事业】 2021 年，板桥镇有中小学 4 所，在校学生 1456 人，幼儿园 3 所，学生 243 人，共有教职工 323 人。有卫生院 1 所，村卫生室 14 个，医护职工 83 名，床位 130 张，城乡居民医疗保险参保 263 人，居民健康档案 27091 份，开展妇女“两癌”筛查 1300 人次。落实常态化疫情防控措施，疫苗接种 38624 剂次。累计排查外来返乡人员十万人次。辖区内无新冠疫情病例发生。全年新增低保 70 户 91 人，有特困人员 325 人，临时救助 302 人次，全年发放低保金 461.89 万元、临时救助金 62.38 万元、优抚金 411.05 万元。开发公益性岗位 59 个，安置非全日制公益性岗位 42 人。新参

2021 年 9 月 27 日，板桥镇艺文书院　　　　（李林　摄）

加城乡居民养老保险 135 人。养老待遇初审通过 182 人。因死亡待遇终止初审通过 624 人。累计采集指纹信息人数 6298 人，指纹认证通过 6182 人，通过率 98.16%。举办“汲取百年党史力量，全面推进乡村振兴”主题活动，通过听故事、包粽子、送温暖等形式，传承传统文化，激发爱国意识，推动全面振兴，被人民网、新华网等 10 家媒体宣传报道。承办 2021 年“中国农民丰收节”暨首届乡村艺术节，展出民俗文化摄影、书法作品 1000 幅，展现剪纸、戏曲、评书等非遗文化 50 类，得到人民网、新华网等主流媒体报道，点击量超过 20 万次。开展群众文化活动 40 场次，丰富群众精神文化生活。开展“小板凳”宣讲 15 场，组织青年干部、部门负责人，宣传宣讲全面反诈、消防安全、疫情防控等知识，及时把党委政府做的好事实事传到千家万户。建成全区首个镇级图书馆——艺文书院。打造渝西片区首个镇级博物馆，建成红色记忆馆、民风民俗馆、历史文化馆、艺文图书馆，受到《人民日报》报道，全年接待 1 万人参观。编印《诗画古镇、好人板桥》宣传册，创作《板桥如画》歌、《板桥老街》赋、《风雨廊檐》诗、《柳溪河畔、古镇风韵》画，率先在全区镇街拍摄 MV，构建起一册、一歌、一赋、一诗、一画的美丽板桥。重庆市政府办公厅《昨日简况》为板桥镇文化振兴点赞。

（板桥镇　刘力、李俊辉）

青峰镇

【概况】　2021 年，青峰镇面积 49.13 平方千米，耕地面积 2.50 万亩，林地面积 1 万亩。辖 5 个行政村、132 个村民小组、1 个社区、4 个居民小组。全镇户籍人口 26391 人。集镇面积 0.90 平方千米，城市规划区 3.20 平方千米。农村小康房 86 户 1.30 万平方米。粮食产量 1.30 万吨。经济总收入 11.89 亿元，全社会固定资产投资完成 1.10 亿元，农村常住居民人均可支配收入 22567 元，财政收入 3872.60 万元。

【政治建设】　2021 年，青峰镇下设 23 个基层党组织，有正式党员 717 名，预备党员 3 名，女党员 173 名，占党员总数的 24%。大专以上党员 155 名，占党员总数的 21.50%。开展“不忘初心、牢记使命”主题教育，学习研讨 8 次，发言 30 人次，讲专题党课 4 场，开展红色革命传统教育 6 场。指导督促各基层党组织开展“结对帮扶”，共结对 400 名文化程度较低的党员，为 75 名老党员送学上门。

【经济建设】　2021 年，青峰镇有年产值上亿元企业 1 家、年产值超过千万元的企业 3 家，小企业创业基地企业入驻率 80%。利用“互联网+”模式拓宽销路、开辟市场，醉诚商贸产值超过亿元，健露宏、汇贵食品等电商企业齐头并进，电商企业群聚效应逐步显现。吉之汇数字农品基地等特色农业种植 2 万亩。打造数字农品项目 6 个，建成吉之汇数字农品基地 1000 亩、轻简化新技术示范推广田 500 亩，综合农机化率 70%。建成全区首个合作社联合社，培育新型农业经营主体 84 家。城市规划区 3.20 平方千米路网加快成型，建成“四好农村路”80 千米，人行便道 76 千米、新安装太阳能路灯 1250 盏，社通畅率 100%，公交线路实现各村全覆盖。完成镇公共服务中心、青莲路改造工程（一期）、镇中心街区改造工程。白沙水库启动拆迁清登。投资 108 万元，新建场镇市民公园。市民公园安装太阳能路灯 40 盏，栽种树木 120 棵，桢楠等花卉 2000 株。投资 400 万元整治“蓝棚顶”7.51 万平方米。

【社会建设】　2021 年，青峰镇人居环境持续改善，中心街区改造持续用力，开展“三清一改”、垃圾分类“敲门行动”，建成再生资源回收点 7 处、有害垃圾暂存点 7 个，打造清洁示范院落 13 个，减量生活垃圾 300 吨，成功创建市级卫生镇。整治河道 7.29 千米、支沟 8 条、坑塘 5 个，辖区断面水质稳步提升至Ⅲ类，全镇质量和蓝天优良天数全面达标。协同救助困难群众 4500 人，受理申请 1343 件。投入 450 万元改造中小学基础设施，投入 166.50 万元新建青峰中心幼儿园，已完成选址、土地征收前期准备等工作。启动白沙水库建设，截至 2021 年年末，已完成选址、用地预审、可研报告审查、区域水资源配置规划等专项报告批复、社会稳定风险评价报告编制备案等工作。241 人享受残疾人两补：困难残疾人生活补贴和重度残疾人护理补贴。居民养老保险累计参保 1.43 万人，建设养老服务中心和村级互助养老点。新增就业 4500 人。建立防返贫动态监测和农村低收入人口常态化帮扶机制，重点人群保障、留守儿童关爱力度持续加大。做好疫情防控工作，开展防控排查 3 万人次，上门接送行动不便群众 400 人次，接种成绩在全区名列前茅。建成平安大院23个、乡贤评理堂7个，被评为“重庆市乡村治理示范镇”。完成中国共产党成立100周年等重要节点安保维稳工作。全年安全生产“零事故”，创建三级安全标准化企业8家。自然灾害防治工作规范运行，整治农村道路临水、临崖、临房隐患183处，全年发放救灾资金149.15万元。建成新时代文明实践所（站）6个，梁金文新乡贤新时代文明实践点向全区推广。开展文明实践活动168次。组织新乡贤开展中国共产党成立100周年讲话精神宣讲，推进乡村善治新模式。举办青峰第七届金秋庆丰收运动会、首届彩色跑、“庆祝中国共产党成立100周年”广场舞大赛等活动并在市级平台专题报道。胡豆坪村投入80万元购买镇农贸市场，改造投入37万元。莲花石村引进吉之汇千亩马铃薯项目，集体收入增加20%。组建党员志愿服务队、人居环境整治党员先锋队、脱贫攻坚巩固接力队、社会治理护村队、民生实事监督队，结合“我为群众办实事”压实宣传群众、教育群众、关心群众、服务群众的“最后100米”。创建市级卫生乡镇。

【青峰场镇中心街区改造工程】 该项目投资122万元，实施青峰场镇青莲路、中和街及绕镇公路周边店招店牌改造、景观节点打造、外墙排危整治、人行道改造、人行步道及停车位新建、广场提升及街道树圈改造、杆管线规范等工程。2021年9月底竣工。

【中国共产党永川区青峰镇第八次代表大会】 2021年11月29日召开，共有99名代表出席会议。大会选举产生中国共产党重庆市永川区青峰镇第八届委员会委员9名，中国共产党重庆市永川区青峰镇第八届纪律检查委员会委员5名，青峰镇出席中国共产党重庆市永川区第十五次代表大会代表7名。会议明确青峰镇未来五年总体思路和奋斗目标。

【青峰镇第八届人民代表大会第一次会议】 2021年12月23日召开，63名代表参加会议。选举产生新一届青峰镇人民代表大会主席、副主席，镇人民政府镇长、副镇长。

（青峰镇　牟根串）

金龙镇

【概况】 2021年，金龙镇面积73.46平方千米，其中耕地面积4.27万亩。辖7个村、71个村民小组、1个社区。总户数11129户，户籍人口33450人，人口出生率5.22‰，人口增长率为-9.60‰。集镇面积0.50平方千米，集镇人口5000人，城镇化率15%。粮食产量2.86万吨，比上年增长2.56%。经济总收入6.46亿元，比上年增长11%。其中，农业4.31亿元，比上年增长12%；工业2.14亿元，比上年增长10%。农民人均纯收入2.20万元，比上年增长8%。一般公共预算收入371万元，其中工商税收收入290万元，比上年增长37%。

【政治建设】 2021年，金龙镇每周坚持召开党委会，集体研究“三重一大”事项。全面完成村（社区）换届。结合党史学习教育，扎实开展“我为群众办实事”教育实践活动，每个部门、村居和所有镇村干部为群众办实事2件以上。建设“四合一美”示范院落4个，评选出乡贤33人、“感动永川人物”1人，“重庆好人”1人。以洞子口村窝案等案件为反面典型，开展警示教育。结合赶集天，下村走访、排查矛盾纠纷，发放法律宣传资料1000余份，解答群众法律咨询80余次。常态化开展“大排查、大整治、大宣传”活动，及时处理办结区政府12345热线诉求、区长公开信箱、重庆信访系统交办件。社会矛盾纠纷风险隐患化解率常年稳定在96%。完成金龙社区重点地区C类挂牌整治，发挥6个乡贤评理堂作用，安装监控探头257处。持续推进邪教人员追逃查失专项行动，取消辖区基督教私设聚会点。开展涉黑线索摸排，充分发动群众参与，核查涉黑涉恶线索，协助区级铲除黑恶势力。

【经济建设】 2021年，金龙镇经济总收入6.46亿元，比上年增长11%。银月湖生态农业公司、五花马农业科技公司等农业企业落户金龙，引进尊宇建筑、展全科技等建筑、商贸类企业。大力推进九龙河生态农业园区建设，实施宜机化项目、高标准农田建设1400亩，开展冬水田建设实施项目4657亩。种植绿色蔬菜11000亩、特色水果8700亩、优质粮油15000亩、生态茶叶1600亩，建成绿色蔬菜、特色水果、优质粮油3个万亩基地。建成农产品加工企业1个，流转土地2.80万亩，土地流转率61%。金龙枇杷、柑橘、五月脆李、茗尖等11个产品认证为绿色产品，甘蓝、茄子、落葵等15个产品认证为无公害产品。银月湖民俗文化村建成，改扩建银月湖、云月湖、明月湖、星月湖，种植茶叶1250亩，栽种果树、花卉苗木2万株，古色古香的民宿酒店主体工程已完工。五花马农业生态园占地1400亩，种植“明日见”等优质柑橘800亩，其中200亩水肥一体化。大九路、隆普路、金铜路、金璧路改造升级完成。全年修建农村公路13.20千米，71个村民小组全部通公路。实施人行便道修建5千米，新安装太阳能路灯550盏。核发乡村规划许可证132户，实施D级危房改造9户、拆除历年D级危房166户。完成农村改厕180户，农村卫生厕所普及率87.80%。加强耕地保护，启动7个村集体土地复耕。金龙场镇立面改造37栋，改造店招店牌450个，新建树池80个、花箱20个，拆除违章建筑45处，拆除建筑面积3051平方米。定期对场镇行道树、草地进行防病治虫、修枝整形。规范场镇管理，规范停车位60余处，整治占道经营、出店经营、违法摊点172处，与场镇居民签订“门前五包”协议236份。开展“马路办公”820余次，查找整改问题1300余处。

【文化建设】 2021年，金龙镇事业不断提升。举办金龙镇庆祝中华人民共和国成立70周年大型文艺活动、金龙镇庆祝中国共产党成立100周年大型文艺活动。政府购买公共文化演出7场次、举办非遗展览4场次、惠民数字电影公益放映 104 场次、赠送春联 200 余副。“一村一品”主题活动扎实开展，包粽子、剪纸、打糍粑等民俗活动得到传承。加大文物保护力度，定期对 59 处未定级文物保护单位开展定位走访排查。金龙小学“龙文化”、普莲小学“莲文化”、金鼎小学“竹文化”蓬勃发展，金鼎小学被命名为重庆市“竹文化特色学校”，金龙小学命名为“足球示范学校”。金龙镇社区教育学校被评为永川区社区教育先进集体。《情满金龙》杂志被评为区教育系统十佳专刊。

【社会建设】 2021 年，金龙镇城乡居民养老保险参保人数有 1.70 万人，城乡居民医疗保险参保人数有 3.10 万人。全镇有低保对象 661 户、1008 人，特困人员 428 户。全年发放临时救助 219 万元。镇敬老院公建民营，新增护理性床位 32 个。盘活普莲政府闲置房产，新建镇养老服务中心 1 个、村（居）养老服务站（点）9 个。为 211 个留守儿童建立个人档案，救助患乳腺癌妇女 4 名。新设镇退役军人服务站，新建村（居）服务站 8 个。全年帮扶困难退役军人家庭 84 户，发放解难资金 8.10 万元。帮助退役军人申请重庆市关爱基金 1.90 万元。将散葬于解放村观音桥的烈士墓迁进金龙烈士陵园，开展“清明节”网上祭英烈和“9·30”烈士纪念日公祭活动。建立利益联结机制，建设扶贫产业园 5 个，每年最低保底分红 6%。帮扶贫困户消费扶贫 427 万元，发放产业资金 28 万元。困难群众参保率、住房安全保障率、自来水入户率、入学率均为 100%。新增就业 439 人，登记失业人员再就业 59 人，城镇登记失业率控制在 3.50% 以内。就地安置公益性岗位 35 人，发放创业小额担保贷款 80 万元。全镇中、小学校健康教育开课率 100%，居民卫生知识知晓率 92%，职工卫生知晓率 87%，居民卫生行为形成率 90.70%。投入 5 万元开展病媒生物防治。完成 35 岁至 64 岁农村常住人口妇女“两癌”（乳腺癌、宫颈癌）筛查 300 余人次。落实计生家庭奖励优惠政策，登记办理生育服务证 584 件，新增计生物扶对象 5 户 7 人，办理一次性奖励金 1 户 1 人。奖扶 1334 人，发放奖扶金 161 万余元，特扶 51 户，发放特扶金 65 万余元。创建为重庆市级卫生镇。建成尘肺病康复站，有服务在管尘肺病患者 120 人。特殊困难家庭医生签约与服务率均为 100%，一般家庭家医签约服务 6497 人。做好常态化疫情防控，累计开展外来人员核酸采集 155 人，全部呈阴性。建立未接种、未完成全程接种、完成全程接种人员 3 本台账，全镇累计接种 33931 剂。编制全镇大规模核酸检测工作方案，设立大规模核酸检测集中采样点 12 个。严格执行党政班子成员安全生产分片包企联系制度，逐一落实辖区 50 个重点企业、项目、场所包点人员。常态化开展安全稳定风险排查整治，累计排查整治安全隐患 324 条。组织开展安全稳定大学习大执法大排查大整治行动和庆祝中国共产党成立 100 周年保安全百日行动等专项行动。制定《安全生产专项整治三年行动工作方案》及任务清单，完成专项整治任务 28 条。全年未发生安全生产和自然灾害事故，安全生产和自然灾害事故伤亡指标均控制为零。

【生态文明建设】 2021 年，金龙镇决战决胜九龙河流域综合治理。建成普莲污水处理厂，铺设污水管网 15.50 千米，清掏场镇化粪池 54 户，清掏雨水井 54 个。对正大养猪场沼液出厂、运输、灌溉实行全程化管控，并在养殖场周边配建生态稳定塘 20 亩，新建透水坝 4 个。划定河库污染防治网格 35 个，全面建设石佛寺小Ⅱ型水库，九龙河流域河道整治美化 5.30 千米。整治“两违”畜禽养殖，常态化开展水域垃圾清理，河流主要污染物下降 17%，考核断面水质从劣Ⅴ类提升到Ⅲ类。建设垃圾分类点 26 个，投放分类垃圾桶 614 个、普通垃圾桶 560 个，垃圾处置体系覆盖 71 个村民小组。土地污染防治 8600 亩。隆普路、产业路绿化美化 10 千米、洞子口村庭院美化绿化 1200 户，三年国土空间绿化 2.20 万亩，乡村呈现出河美岸绿村净的风貌。实施村庄清洁行动秋冬战役“村社打擂”比武暨“村（社）观摩”活动，开展评比 5 期，颁发奖金 2.50 万元。创建清洁示范村 1 个，清洁示范院落 3 个。

【中国共产党重庆市永川区金龙镇第八次代表大会】 2021 年 11 月 30 日召开，选举产生新一届党委委员、副书记、书记，选举产生新一届纪委委员、副书记、书记。选举金龙镇出席中共永川区第十五次代表大会代表 9 名。

【金龙镇第八届人民代表大会第一次会议】 2021 年 12 月 22 日至 23 日召开。会议选举产生金龙镇第八届人民代表大会主席、副主席，选举产生金龙镇人民政府镇长、副镇长。

（金龙镇　姜人富）

吉安镇

【概况】 2021 年，吉安镇面积 60.01 平方千米，其中耕地面积 3.54 万亩。辖 7 个村、159 个村民小组、1 个社区。总户数 9213 户，户籍人口 28289 人，人口出生率 2.60‰，自然增长率 -4.70‰。集镇面积 30 万平方米，集镇人口 6000 人，城镇化率 20.90%。粮食产量 1.89 万吨，比上年增长 5%。经济总收入 9.54 亿元，其中农业 4.40 亿元，比上年增长 4.80%，规模以上工业 1.82 亿元。农民人均纯收入 21800 元，比上年增长 8%。财政收入 1220 万元。

【政治建设】 2021 年，吉安镇下设 26 个基层党组织，正式党员 850 名，预备党员 10 名，女党员 184 名，占党员总数的 21.60%。常态化开展基层组织建设、党员队伍建设、党建引领、非公党建等工作。完成 8 个村（社区）换届选举工作，村（社区）干部平均年龄下降 5.90 岁，下降 12%，大专以上文凭占比提升至 52.50%。深入开展党史学习教育，组织开展区党史教育宣讲团专题宣讲、“六进”主题宣讲、“板凳龙”理论宣讲等各类活动 16 次。组织开展机关干部大讲堂 4 次、党史学习教育专题读书班 5 次、党委理论中心组学习 14 次。成立新时代文明实践志愿服务者队伍 9 支，结合“我为群众办实事”开展志愿服务活动 177 次。

【经济建设】 2021 年，吉安镇有序推动产业转型，镇域经济平稳发展。引入璟锃商贸，关闭高峰砖厂。新引入正祥生物科技公司，已开工建设。利用富家洞闲置园区，创建区级小企业创业基地，引进中元林兴建材入驻，投入 1000 万元新建厂区 20 亩。建设特色粮油生产基地 1000 余亩，试点经济作物间种项目 2000 亩。扩建 360 亩四季果园，试点 140 余亩生态梨园，新建 220 亩优质李园，完善 450 亩柑橘基地基础设施，50 亩百香果陆续产出。全镇农业产值 4.40 亿元，其中特色水果产值 1.74 亿元。农旅结合成效明显，打造吉安文化旅游品牌，集中打造箭杆寺李花、尖山梨花等“网红打卡点”，凸显“万亩梨花”生态特色。全年游客接待量 50 万人次，收入 3.20 亿元。

【城镇建设】 2021 年，吉安镇新建通组公路 20 千米，完成 S545 詹吉路改扩建 3 千米和向大路建设前期工作，交付渝昆高铁吉安段 110 亩先行用地和 27 亩临时用地。新建人行便道 5 千米。有序实施中心街区改造二期工程，全面完工城镇景观绿化工程，新增公共绿化面积 3500 平方米。拆除“蓝棚顶”1500 平方米，规范店招店牌 200 个。

【社会建设】 2021 年，吉安镇抓好兜底保障，新增低保人员 25 户 30 人，新办理特困待遇 16 人，实施灾民倒房重建 75 户、修复 39 间。新增城镇就业 660 人，登记失业人员再就业 80 人，帮扶困难人员就业 46 人。发放各类救助慰问资金 314.54 万元。有学校 5 所、在校学生 2119 人、教职工 161 人。新建吉安初中运动场，改建皂桷幼儿园运动场，实施校园美化工程 2000 平方米。开展课后延时服务，开设兴趣特长课程 25 门。举办庆祝中国共产党成立 100 周年文艺演出，开展文化培训 22 次，文化进基层演出 18 场，播放惠民电影 100 场。辖区有卫生院 1 所，分院 1 所，村卫生室 13 个，编制床位 79 张，医护职工 56 人，全覆盖建设标准化卫生室，全覆盖落实家庭医生签约。做好新冠肺炎疫情防控，成立 10 个工作专班，共核查返乡人员 3600 人。开展畜禽、水产养殖整治“回头看”，复核养殖场 30 家，杜绝违规养殖死灰复燃。全面落实“河长制”，持续开展清漂、清淤工作，镇村两级河长巡河 600 次，发现问题 300 处，全部整改到位。启动大陆溪河流域水环境综合治理工程，项目投资 540 万元。扎实开展农村人居环境整治，实施向前村美丽家院项目，新建院内公路 2.60 千米。探索“月考核+月排名+示范带头”的全民动员模式，开展村容评比 7 次，发现和整改问题 5280 个，开展清洁示范户评选活动 400 场次，志愿清洁活动 11 次，申报“清洁示范院落”建设项目 5 个，完善垃圾分类标识 40 个，新投放垃圾勾臂箱 15 个，清运农村生活垃圾 1500 吨，卫生改厕 100 户。（吉安镇　钟沛原）

中山路街道

【概况】 2021 年，中山路街道面积 54.30 平方千米，其中城区面积 42.60 平方千米，耕地面积 5097 亩。辖 6 个村、113 个村民小组、12 个社区、391 个居民小组。总户数 72003 户，户籍人口 185534 人，常住人口 42.60 万人，农业人口 2313 户 5271 人。限额以上批发零售业销售额 1188.70 亿元，比上年增长 26.30%。规模以上服务业营业收入 61.40 亿元，比上年增长 28.82%。限额以上社会消费品零售额 58.50 亿元，比上年增长 42.33%。限额以上住宿餐饮营业额 13.40 亿元，比上年增长 40.21%。完成固定资产投资 1.70 亿元，规模以上工业总产值 1.25 亿元。一般公共预算收入累计完成 4.60 亿元，比上年增长 11.30%。永川级累计完成 2.40 亿元，比上年增长 11.10%，街道本级累计完成 2421 万元，比上年增长 12.00%，完成年度预算任务的 106.70%。其中，税收收入 2388 万元，比上年增长 11.10%。

【政治建设】 2021 年，中山路街道完成区人大代表换届选举工作。扎实开展党史学习教育，开办党史读书班 5 期，撰写读书心得 25 篇，班子成员带头深入村（社区）讲党课 36 次，邀请区委宣讲团成员、抗战老兵开展党史学习宣讲 24 次。开辟“党史图书角”，购入《论中国共产党历史》《中国共产党简史》等 900 余本学习资料。组织开展党史学习教育主题诵读比赛、摄影绘画展、“我和党旗合个影·向党说句心里话”等系列活动。深入推进“我为群众办实事”实践活动，梳理建立 6 个方面民生实事清单，办结涉及

2021 年 10 月 10 日，中山路街道星光社区便民服务中心　（陈仕川　摄）

老旧小区改造、消防设施整改等28项工作。细化党建工作责任清单74项，压实基层党建责任。完成星光社区和红河路社区等办公阵地改造提升，打造“三河汇碧社区微客厅”“社区邻里中心”“汇德银行”等“党建+社会治理”品牌。组织2322名党员线上冬训，部署“党旗在基层一线高高飘扬”“党课开讲啦”系列教育实践活动55场。坚持标准提拔重用科级干部5人，严格程序发展党员28名，以庆祝中国共产党成立100周年活动为契机选树先进典型127人。认真落实党工委联系服务专家制度，招录本土人才6名。加强征地拆迁、民生实事、选人用人、财政支出等重点领域日常监督检查，电话抽访群众58人，发放征求意见46份。紧盯关键环节、薄弱部位开展监督排查6次、警示教育18次，处理违纪党员7人，对1起农村发展党员问题的2名责任人作批评教育。做好民族宗教深化治理工作，严格加强天主堂、福音堂等2个合法宗教场所管理。严厉打击非法组织，对私设聚会点进行整治。

【经济建设】 2021年，中山路街道做好石梁湖休闲旅游区项目、茶山竹海旅游集团游客接待中心项目、渝西水资源配置工程等全区重大工程建设的协调保障工作，完成614.59亩土地征收和334名人员安置工作。全力配合完成“三河汇碧”城市修复工程和景观打造，支持中石油西南物探公司页岩气勘探工作。开展民营企业大走访大调研活动，走访70余家民营经济市场主体，通过现场办理、政策解释、交办转办等方式对10余个问题进行处理。协助中铁二十一局第五公司等5家企业申报高质量发展优惠政策，兑现奖补资金67.80万元。持续改善“办事窗口”环境，印制《便民服务手册》，提供“一次性”告知和“一站式”办理服务，受理和审批办理事项13万余件。

【城区建设】 2021年，中山路街道投入3000万元，实施安居工程片区等4个片区的老旧小区改造，配合完成“三河汇碧”工程建设，惠及1万余户、2.50万余人。推进老旧小区基础设施更新，全年安装电梯42部，完成全年目标的168%。加大安置小区整治维修力度，累计投入60万余元，共整治屋面漏水、外墙渗水、外墙雨水管脱落以及化粪池及其附属设施等355处。推进临江河流域综合治理，辖区临江河断面水质稳定达到或优于V类。做好城市绿化美化工作，全年新栽种苗木41626株，拆除违法建筑659处、面积73585平方米。

【社会建设】 2021年，中山路街道持续巩固拓展脱贫攻坚成果，改造D级危房2户、农村户厕所85个、修缮道路65处，发放“以奖代补”资金5万元，兑现利益联结分红1万余元。采取服务外包方式清运农村垃圾，打造清洁乡村示范院落12个。支持北大桥村、瓦子铺村发展仓储物流、物业服务等产业。做好低保、救助等兜底保障工作，全年发放低保金、临时救助金、特扶金等1220万余元。实施养老服务提升行动，建成2个养老服务中心、10个社区养老服务站。做好创业就业、城乡医保工作，累计办理小额贷款82户1500万元，组织参加失业培训1113人次，带动就业人数242人。组织城乡居民参加医疗保险90158人，筹资金额2634.70万元。开展送文化下乡活动、“社区邻里节”活动52场次，播放惠民电影160场次。组织居民参加永川马拉松比赛、“文明之光杯”篮球邀请赛、百事达天威杯乒乓球比赛等。严格做好常态化疫情防控工作，合理设置285个集中核酸采样点，组织开展大规模核酸检测应急演练3次，共5000余人次。全年排查、核查重点地区到永川、返回永川涉疫风险人员19860人次，其中集中隔离管控888人。推进新冠疫苗接种工作，完成加强针接种65368人，3岁至11岁儿童接种37264人，累计接种810392剂次。清理细化90项责任清单，压实属地管理、行业监管和企业主体三方责任。对街道84家安全生产和自然灾害重点单位实行包片包点管理，对辖区37处重大、94处较大风险点落实行业监管责任。全年累计检查各类单位5184家次，排查整治隐患2142条。整改存在消防用水隐患的高层建筑105栋，整治可燃雨棚5万余米、防护网开窗3400余个，开展老旧、“三无”小区消防隐患整治493栋。

【社会治理创新】 2021年，中山路街道全面推行基层网格化服务管理，选优配强174名网格管理员，依托综治中心信息平台，实行“1+6+N”网格化服务管理模式。“1”是一张网格。“6”是六名责任人，即1名街道领导、1名机关干部、1名村居干部、1名警务人员、1名医务人员、1名专职网格员。“N”是指多方参与者，即党员、乡贤、社工、志愿者、村（居）民代表、物业人员、业委会成员、社会组织等。建立“4+7+4”网格员日常工作机制，发挥信息员、宣传员、调解员、联络员“四员”作用，按照“发现、甄别、上报、交办、处置、反馈、办结”七步闭环工作法，开展热心、耐心、细心、诚心“四心”服务，“一网到底”零距离服务党员群众，解决问题286个。持续深化街区精细化管理，快速处理市容卫生等问题880件，事后办结率100%。创新社会救助“一门受理、协同办理”工作机制，引入“互助桥”“天空眼”“守护塔”项目，推进社工服务体系建设，得到民政部部长李纪恒肯定。（中山路街道）

胜利路街道

【概况】 2021年，胜利路街道面积37.42平方千米，辖8个村、148个村民小组、6个社区、80个居民小组。总户数4.15万户，总人口10.41万人。全年规模以上工业企业总产值18.95亿元，比上年增长14.20%（含红江、电力总产值44亿元）。限额以上批发零售业销售额82.24亿元，比上年上升21.80%。限额以上批发零售业零售额63.36亿元，比上年上升22%。限额以上住宿餐饮业营业额7.34亿元，比上年增长15%。完成固定资产投资3.32亿元，其中工业投资完成1.59亿元。全年财政税收收入5.53亿元，居民人均可支配收入46070元。

【政治建设】 2021年，胜利路街道下辖党委16个，党总支9个，下属党支部120个，党员人数4466人。新发展党员13名，转正党员16名。完成14个村（社区）两委换届及下属党支部换届选举，书记（主任）40岁以下人数占比58%，大专以上学历占比86%，配优本土人才9名。落实“三会一课”制度，开展党史学习教育和“四史”宣传教育，开展“百年党史歌声扬”“奋斗百年路、迈向新胜利”“党旗在基层一线高高飘扬”“我为群众办实事”等实践活动86场覆盖2万人次。颁发“光荣在党50年”纪念章983枚，表彰“两优一先”党组织及个人70个。推进“整乡推进、整县提升”创建行动，规范村实现全覆盖，示范村占比37%。

【经济发展】 2021年，胜利路街道依托中船重工智能产业园重点发展装备制造，依托优良的营商环境及物流优势大力发展消费品行业，以食品制造业为主。商贸以京东、重百、名豪、新时代购物广场、纵达汽车城、吉之汇、红星美凯龙为主。农业以粮食、蔬菜、茶叶、水果、鲜花种植为主。全年发展培育生态茶园1000亩，种植牧草1010亩，有机蔬菜300亩，粮油规模化种植1500亩，特色水果700亩。红旗帝都广场完成3.13万平方米招商，引进“京东电器”线下旗舰店入驻永川，盘活欧蕾蒙1.50万平方米闲置厂房，实施胜利村红蛛坳1.30万平方米商贸物流仓储建设。图安消防携手重庆大学科研创新团队，开发远程智慧消防系统项目，成为国家高新企业。渝西广场、名豪广场两大商圈业态提档升级，纵达汽车城、吉之汇国际农贸物流城等专业市场生机盎然、蓬勃发展。全年新增市场主体2397户，其中个体1904户，内资企业493户。辖区共有16892户市场主体，其中个体13423户，内资企业3469户。

【城区建设】 2021年，胜利路街道境内基础设施完善，农村硬化公路组组通。全年启动并完成西三环双石下道口至杨广桥村乡村振兴项目核心区2.80千米景观路——“海棠大道”建设，建成“四好农村路”26千米。改造修缮农村重点贫困对象危房5户，完成堂皇坝村人居环境示范点农房风貌改造90户，农村户厕所改造200户，安装太阳能路灯840盏，建示范院落3个。升级打造石油汇碧苑、萱花新村等5个片区的老旧小区改造工作，改造面积47万平方米，增设电梯23部。新建法治社区微客厅、爱心驿站微客厅和慢行步道4千米。可燃雨棚整治15958.90平方米，安装防护网（逃生窗）226个，改造消防隐患294个，解决高层消防用水107栋。

【社会事业】 2021年，胜利路街道各项社会事业发展态势良好，社会治安环境好，教育卫生全覆盖，义务教育率保持在100%。扎实开展新冠肺炎疫情防控，工作人员深入14个村（社区），常态化对国内中高风险地区及境外到永人员开展排查。完成疫苗接种346339剂次，完成疫情常态化防控核酸检测10148次。辖区无一人因失管失控造成疫情扩散。全年发放临时救助金128万元，惠及750人次。新增就业人数5117人。审核提交“4050”社保补贴、医保补贴573人次，补贴金额261.03万元。推荐个人创业担保贷款56人，审批发放997.50万元。国有企业单、双解人员社保补贴共计50人次。低保促就业36人次，发放金额1.02万元。医疗保险参保人数96924人（含职工医保和居民医保），参保率96.65%。巩固脱贫攻坚成果，发放租房补贴16户23040元，自筹发放脱贫户33名学生生活费补助9.54万元。购买巩固脱贫保险2.67万元，医疗保险5.08万元。为10户群众申报防贫保险4万元，民政救助47.60万元。帮助介绍和安排岗位就业80人，发放产业帮扶资金13.769万元。脱贫户人均纯收入15703.46元，比上年增长16.50%。

【生态文明建设】 2021年，胜利路街道对临江河流域和小安溪河流域37.40千米的河道开展清漂作业，清漂面积39万平方米。辖区河道断面水质为Ⅲ类，空气质量优良321天。完成辖区248个化粪池持续清掏工作，新建垃圾分类箱房1个，垃圾分类投放亭3个，发放两分类垃圾桶200个，打造天籁城小区、西城康郡小区、电力新村小区等示范小区。堂皇坝村创建重庆市级垃圾分类示范村通过第三方检查。临江河治理排查解决问题87个，配合完成管网探测900米和965户排水户排查工作，修复整治10个“三无”小区内管网，督促永钢村片区30余家餐饮单位完成油水分离池修建工作。扎实开展大气污染防治，排查整治城区建设工地和道路扬尘、城乡接合部烧灰积肥等问题68起。清理河道违章建筑面积50平方米，清理河道两岸违规养殖500平方米，清理垃圾、漂浮物3000平方米，清理违规畜禽养殖4处。

2021年7月27日，胜利路街道法治社区微客厅 （侯显华 摄）

【胜利路街道社会矛盾纠纷联调中心】 2021年7月，胜利路街道社会矛盾纠纷联合调处中心建成运行，按照“聚拢资源、聚集合力、聚合机制”的思路和“标准化、集约化、规范化、立体化”的要求，统筹街道各类矛盾纠纷的排查调处化解和人民调解体系建设，并具体承办重大矛盾纠纷调处化解工作。配备专职调解员、法官、心理咨询师、律师等4个专业团队，建立联调联动和多元对接调解工作机制，实施矛盾纠纷案件综合受理、审核分流、多元调解、反馈跟踪、评价评估、考核奖惩的闭环管理，推进社会矛盾纠纷“一站式受理、一条龙服务、一揽子调处”和“最多跑一地”。全年受理民事纠纷132件，涉及金额6700万余元，调解成功率97.70%。

【多元合作互助推进社区居家养老服务】 2021年，胜利路街道在汇碧苑小区内打造集助餐、养老、休闲娱乐为一体的永川首个爱心助餐食堂——胜利路街道社区食堂。食堂投入118万元，面积350平方米，可同时容纳100人用餐，采取集中供餐、上门送餐、特困补助等形式，为小区群众、周边老人提供便捷、营养、物美价廉的就餐服务。社区食堂建成后，月客流量3000人次，其中周边老人2900余人次，解决困难老年人“吃饭难”问题。投入500余万元，建成街道养老服务中心2个，社区养老服务站6个，建设村级互助点8个。推进老年人助浴服务，完成智老尊享养老服务中心建设。完成8个村级养老服务互助点建设，一体推进提升居家养老服务水平。投入资金30万元，完成万寿敬老院热水供应系统改造、老人房间标准化升级改造、公共洗浴间适老化安全改造工程。联合社区卫生服务中心，推广“健康直通车”服务，对接辖区残疾、贫困等299位老人，提供专业医养服务，累计服务老人600余人次。

【安全风险管理平台投用】 2021年10月，胜利路街道研发的安全风险管理平台投入使用。通过手机App终端履行隐患管理、日常管理、安全风险分析和评估、提醒报警等功能，把赋予镇街属地安全管理的13大类管理事项，以及辖区17783个各类场所全部纳入平台管理，实现安全事项一网管尽，安全形势一目了然，安全隐患一端排清，安全管理一台赋能。

（胜利路街道　陈廖筠）

南大街街道

【概况】 2021年，南大街街道面积78.20平方千米，其中耕地面积4500亩。辖7个村、226个村民小组、6个居委会。总户数39337户，户籍人口68340人，人口出生率4.50‰，自然增长率0.62‰。集镇面积9.55平方千米，集镇人口27651人，城镇化率40.70%。水稻平均亩产578.50公斤，比上年平均增产3%，玉米平均亩产580公斤，比上年增产7%。经济总收入68.65亿元，比上年增长1.60%。其中，农业2.89亿元，比上年增长1.20%；工业17.60亿元，比上年增长6.80%。农民人均纯收入23871元。一般公共预算收入12108万元，比上年增长15%。

【经济发展】 2021年，南大街街道农业特色突出、商贸物流繁荣、乡村旅游兴旺。全年规模以上工业总产值8.60亿元，比上年增长10.10%；社会消费品零售总额及增长率总额11.60亿元，比上年增长13.10%，限额以上住宿和餐饮3.18亿元，比上年增长26.80%。财政永川级税收完成1.08亿元。优质粮油耕地面积43448.70亩，产量38740.50吨。高换嫁接优质梨200亩，新增无筋生姜200亩、无筋萝卜120亩，优质果蔬面积26800亩、产量34840吨。规模以上工业企业有11个，完成8000万元企业技改任务，新增个体工商户742个、比上年增长12.60%，新增小微企业272个、比上年增长12.40%。永川商贸城、五洲国际工业博览城、和旺物流、永南物流、建玛特建材家居专业市场、重庆银兆电子创意产业基地等16个大型商贸物流项目蓬勃发展，年销售额超过100亿元。黄瓜山村乡村振兴示范提档升级，中华梨村开园迎客，已发展特色农家乐、民宿115个，特色乡村旅游景点15个。全年接待乡村旅游人数100余万人次，旅游总收入1.20亿元。完成十里原乡土地流转、宜机化改造、高标准农田建设，有序推进智慧农业、数字农业、人居环境整治工作，建设示范院落13个，人居环境村村达标。

【城镇建设】 2021年，南大街街道重点城建项目加快推进，川渝市场主体工程建成，完成商业开发1.50万平方米，恒大悦府建成30万平方米，南方怡园项目顺利复工。泸州街片区老旧小区改造、“三河汇碧”泸州街片区改造和黄文场片区风貌改造全面完成。完成消防改造248栋，封闭改造36个，推进昌州市场重点消防安全隐患改造，完成回龙苑等老旧小区消防安

2021年7月21日，中华梨村　　（杨在贵　摄）

全隐患整治和辖区所有高层可燃雨棚和逃生窗整治，累计完成整治可燃雨棚39栋、936户、5443.50米，逃生窗41栋、600户。

【社会事业】 2021年，南大街街道全面落实民政帮扶、就业帮扶、计生奖扶、社会保障、健康服务、养老服务等帮扶政策，新增低保人员50户56名，月发放临时救助低保金42.57万元。新增城镇就业4200人，登记失业人员再就业230人，帮扶困难人员就业270人。完成永隆场和黄文场社区养老服务站建设，建成夕阳之家老年公寓养老服务中心。加强“一门受理、协同办理”工作，共登记受理社会救助4063件，受理3895件，排名全区第一。以安全生产、社会稳定为重点，累计开展大排查、大整治、大执法活动3811人次、排查企业2031家次，排查隐患1793条、整治1793条，查处非法经营烟花爆竹违法行为2起，收缴烟花爆竹31件；加快推进安全标准化创建工作，已启动创建安全标准化企业1家，岗位达标40家。

【重庆市乡村振兴示范村（黄瓜山村）开园】 2021年7月26日，重庆市乡村振兴示范村（黄瓜山村）开园暨采果节开幕式在中华梨村梨花广场举行。该次采果节的主题是“打卡黄瓜山，悠然采吉梨”。开幕式上，游客观看黄瓜山村乡村振兴建设成果，举办黄瓜山特色小吃展、名优农特产品展、黄瓜山鲜果展、黄瓜山山珍展，以及黄瓜山优质梨采、竞拍、网络直播营销等系列活动。全年游客接待量200万人、旅游收入1.40亿元。

（南大街街道　王婷）

茶山竹海街道

【概况】 茶山竹海街道位于永川主城区北面，面积76.05平方千米，其中耕地面积1.76万亩。辖7个村、95个村民小组、1个社区。总户数7934户，户籍总人口20717人，常住人口36728人。全年粮食产量6594.70吨，比上年增长6.19%。

【政治建设】 2021年，茶山竹海街道下设38个基层党组织，有正式党员742名，预备党员5名，其中女党员195名，占党员总数的26.30%；大专以上党员150名，占党员总数的20.20%。探索创建“红色引领 绿色茶竹”党建品牌，培树“五心五彩”非公党建品牌，扎实开展“我为群众办实事”实践活动，实施党员干部领办民生实事27项，进网入格认领“微心愿”200个，解决群众急难愁盼127件。扎实做好区委巡察和上级对生态环保、脱贫攻坚、扫黑除恶专项斗争等专项督察检查的迎检配合及反馈问题整改工作，确保令行禁止。开展“学习新思想、共赞100年、奋进新征程”主题教育，学习研讨10次，围绕重大主题、重大部署、重要会议开展集中宣讲活动200次，开展红色革命传统教育12场。

【经济建设】 2021年，茶山竹海街道规模以上工业总产值4042万元，完成工业投资2000万元。限额以上商贸销售总额28837.70万元，比上年增长32.45%。完成永川级财政收入88.89万元，其中工商税收完成82.82万元。完成2021年重点工作项目责任清单明确的10件重点民生实事。茶竹村宅基地改革试点腾退农村宅基地8户、800平方米。引进水南茶茶业、茶艺山庄医养结合养老中心等文旅、农旅项目7个，新增科技型企业入库1家，经济发展新动能加快培育。建设茶叶加工厂2个，新（改）茶园2000亩，培育一哲、水南竹语等茶叶品牌2个。结合矿山生态修复，栽种油茶等经果林120亩。加快包装“茶竹山货”品牌，注册“青竹华珍”商标，发展竹筒酒、竹笋、竹编、手工茶等茶竹特色产业。持续优化十面埋伏、露营基地等5个名优景点，建成民宿酒店1个，推动定向越野赛事基地建设。启动典型农家乐升级改造示范户建设1户，集中培训农家乐业主45名。茶山竹海街道被认定为“重庆市休闲农业和乡村旅游示范乡镇”。茶园村获评成渝地区双城经济圈美丽巴蜀宜居乡村示范村和重庆市2021年休闲农业与乡村旅游示范村。

【城乡建设】 2021年，茶山竹海街道优化7个老旧小区，增加各类停车位50个，电动摩托车充电桩170个。建成品质物业小区4个，常态化清掏化粪池95座。开展公园绿地、防护绿地等4类绿地体检，100%整改到位。云峰水库、桂花水库后期扶持项目竣工，安装太阳能路灯600盏，完成云峰265口厕改整村推进。完成CD级危房改造4户，就近租房、补贴租金“两措并举”解决22户低收入群众住房困难。推广《永川农房建设通用图集》，新批准农村建房78户。区重点工程项目S545詹吉路铜梁界至加油站段升级改造工程完工，茶山竹海景区旅游环线形成。完成茶园村楼房村民

2021年2月20日，清洁示范院落——茶山竹海街道茶园村茶园坝子　（陈仕川　摄）

小组通组公路1.31千米。实施农村公路生命安全防护工程1.33千米。启动桂花村10千米三花路建设，新建通组公路4.70千米。

【社会事业】 2021年，茶山竹海街道辖区内各项事业全面发展。完善街道与辖区4所高职院校校地联席会议制度，不断优化职业教育办学环境，加快建设职教文旅小镇。疫情防控期间入户排查41891户，120525人，核酸检测11528人次。全力推进全民疫苗接种19913人，31976剂次。新建大桥村卫生室1个，提档升级安溪等村卫生室6个。完成家庭医生签约服务3227人、免费体检2178人、“两癌”筛查273人次。建成茶园村茶园坝子示范清洁院落2个。完成“一街一策”水环境治理和1.40万亩农村面源污染治理，辖区小安溪河、萱花河、九龙河段水质稳定保持在Ⅲ类以上。落实“林长制”，集中除治松林面积3200亩，抓好4.50万亩公益林管护。“一矿一策”实施33个矿山生态修复，拆除遗留构建筑物8.71万平方米，生态修复738.75亩，栽种树木4.40万株。发放创业担保贷款300万元，新增城镇就业720人、失业人员再就业160人。深化“一门受理、协同办理”社会救助兜底保障，新增城乡低保21户25人、特困5人、残疾人“两项补贴”328人，临时救助145人，发放各类民政救助资金540万元。创建全国示范型退役军人服务站，退役军人“一人一档”，为5名立功受奖军人送喜报。新增云岭健身步道1处、健身路径3处、农体中心户3户、篮球场1个、体育场地13466平方米，持续开展送文化进街道、村演出18场，播放惠民电影96场。挖掘革命文物朱德品茶楼1处。电影《星之守望》主要在辖区取景拍摄。建成街道综治中心，处理中央巡视组交办案件2件、已关闭煤矿遗留问题等事项280件，化解信访积案5件，推动辖区信访矛盾“清仓见底”。深化“全民反诈”，组建反诈宣传志愿者151人，深入高职院校等地开展宣传活动。

【茶山竹海路段绿色公路提升项目】
2021年8月10日，位于S545的詹吉路从茶竹天街、十面埋伏、宝吉寺路口等沿线，直至萱花西路与竹海路平交口，路段两旁绿化带和停车场设备设施已初步形成，全长27.03千米，总投资造价3000万元。

（茶山竹海街道 孙渝梦）

卫星湖街道

【概况】 2021年，卫星湖街道面积67.83平方千米，其中耕地面积4.65万亩。辖7个村、211个村民小组、1个社区。总户数14305户，户籍人口38751人，人口出生率4.60‰，自然增长率-1.30‰。集镇面积2.50平方千米，集镇人口9525人，城镇化率55.60%。粮食产量2.10万吨，比上年增长2.20%。经济总收入46.21亿元，比上年增长6.50%。其中，农业4.41亿元，比上年增长3.50%；工业28.99亿元，比上年减少5.50%。农民人均纯收入24500元，比上年增长9%。财政收入7851万元，比上年增长17.60%。

【政治建设】 2021年，卫星湖街道下辖10个党组织，30个党支部，党员1168人。完成村（社区）“两委”换届选举工作。落实基层党建重点任务，传达全区基层党建重要会议精神5次。召开党建专题会8次，党工委会议23次，制定党建清单56项。深化行政审批制度改革，开展专题业务培训6次。开展“文明村（社区）”“好婆婆”“好儿媳”“最美家庭”“最美庭院”评选等文明创建活动，对32名先进个人和8户最美家庭进行表彰。申报推荐各级道德模范，石龟寺村吕祥杰获评2021年“感动永川人物”，凤龙村曾垂秀获评“中国好人”，石龟寺村冯德喜、石脚迹村余从帮等6户家庭获评永川卫生家庭。

【经济建设】 2021年，卫星湖街道有工业企业30个，以建筑建材、食品加工、机械制造、家居用品、电子装配等为主导产业，其中规模以上工业企业（年主营业务收入2000万元及以上的工业法人企业）3个。全年完成规模以上工业产值6.50亿元，增加值率34%，高于全区平均水平（全区增加值率22.20%）。工业投资1.40亿元，比上年增长6.65%。重庆周义食品有限公司铁杆分公司生产的五香豆干、泡椒凤爪等休闲食品产值1.20亿元。蓝巨人箱包生产的旅游箱包、塑料包装瓶、包装纸箱、酒精消毒瓶，销往全国各地。投资3500万元，对汇龙印务、永冠食品实施技改扩能。星湖茶酒、星湖桑果红酒批量出口日本、德国、韩国，成为重庆市唯一取得海关出口专营权的茶酒、果酒生产企业。

2021年9月21日，卫星湖街道中坝广场 （李媛媛 摄）

打造500吨南华泡菜加工，500亩“永川水花”鱼苗繁育，1000亩水藤菜种植，1.30万亩花椒基地建设，农产品加工龙头企业带动农产品销售上亿元。通过“公司+专业股份合作社+农户”模式，整合永川水花鱼协会、南华花椒协会、南华泡菜合作社、插旗山蔬菜专业合作社。加强与餐饮商会、连锁商超、周边市场对接，依托永川餐饮商会、重庆盘溪市场等资源，周义食品公司千亩花椒原料生产基地建成并投产。“永川水花”走出国门，年销售收入1600万元。1000亩水藤菜年销售收入超过1500万元。1.30万亩花椒销售收入6500万元。流转石脚迹村土地220亩，建成乐和乐都动物“餐桌”基地，年产值10万元。推进卫星湖鱼、卫星湖花椒、卫星湖泡菜、卫星湖藤菜注册地理商标，打造星湖乳鱼、星湖飞天鸭老壳等星湖特色美食品牌。在永泸路沿线打造乡村旅游，与周边景区实现互补。启动建设永川茶酒、桑葚红酒文化体验中心。五洲国际收购花漫人间打造农耕亲子文化体验中心。争取中央环保资金1250万元启动“永川水花”养殖基地尾水治理工程，打造“永川水花”尾水治理科普示范和“乳鱼村”乡村旅游示范基地。重庆万木春文化艺术有限公司投资7200万元，建设金弹子盆景艺术产业园区，完成300亩土地流转整治及部分苗木桩材资源的培植。投资4.50亿元，建设4.50万平方米永川春晖康养服务中心，打造集医疗、科研、实训、康复、养老为一体的综合服务体。重庆云岫养老产业有限公司投资3000万元，推进1.40万平方米永川云岫国际康养项目。与重庆一品建设集团有限公司结对共建，签订结对共建助力乡村振兴合作协议。

【城镇建设】　2021年，卫星湖街道实施场镇绿化改造，更新场镇标识标牌，完成中坝大街风貌提升、凤龙苑老旧小区及星湖场镇街区改造。投入资金110万元，对城镇清扫保洁进行服务外包，城镇环境更加整洁亮丽。北环路工程挂网招标，全年完成硬化通组公路18千米，重点农村公路双农路（全长1.20千米，路宽4.50米），完成、南高路部分路段硬化。争取财政“一事一议”奖补资金120万元，新安装太阳能路灯400盏。新建生产便道7千米，人行便道4千米，新增山坪塘7口。新建区级示范清洁院落7个，新建农村卫生厕所100个。清理沟渠226千米，清理塘堰132处，集中开展大扫除7307户，清运处理农村垃圾1400吨，农村垃圾收运100%。常态化聘用202名公益岗人员实施乡村保洁、文明劝导。

【社会建设】　2021年，卫星湖街道贯彻落实“放管服”改革及“一门受理、协同办理”社会救助便民创新机制改革，全年受理各类便民事项8516件，核发惠农补贴422.30万元。完成指纹信息采集及论证4755人，参保扩面100人。新批城乡低保25户、32人。发放临时救助资金27.31万元。发放优抚对象、农村特困人员、城市“三无”人员补助金817万元，共计658人。改造农村D级危房1户。落实创业就业政策，推荐创业小额担保贷款15笔300万元。协助办理“4050”社保补贴6人次，补贴金额2.20万元，开发安置公益性岗位157人次，在岗人员191人。新增城镇就业816人。新建健身广场1处，送文化下乡18场，播放惠民电影82场。重庆华品公司捐赠10万元，周义食品捐赠3万元，成立重庆“华品·周义”爱心教育基金，用于奖励优秀困难师生。脱贫人口家庭医生签约率100%，重点人群签约率70.27%。全街道新冠疫苗接种累计51953人次，各年龄段第一剂次接种率均超过100%。

【星湖路片区街区改造工程】　2021年5月13日，卫星湖街道投资780万元，实施星湖场镇街区改造和中坝大街风貌提升工程。全年规范管线下地3000米，打造周公滩、中坝广场、小憩园文化节点。行道树修枝整形400株，维修人行道板2500平方米，补栽绿化3000平方米，新栽行道树500株，统一喷漆着色沿街门面、改造店招店牌。新建中坝广场3000平方米，新建旅游公厕2座。9月21日完成改造工程。

【国家卫生镇创建通过初评估】　2021年初，卫星湖街道在重庆市卫生城镇的基础上创建国家卫生镇。全年投入资金3000万元，配套完善场镇基础设施，路面硬化8100平方米，拆除违法建筑150户8000平方米，新铺人行路板3000平方米，维修场镇人行道路板5000平方米，新建雨水管网1200米。新设禁停标识牌12个，设置交通安全劝导站7个，新设违停电子抓拍设备3处，设停车位130个。对场镇两家环卫公司进行动态量化考核，落实场镇保洁人员网格化管理。常态化开展卫生检查评比活动，居民卫生状况满意率超过95%。举办健康教育专题讲座15期，开展集中宣传活动9次，张贴宣传标语100幅，劝导游摊、骑门摊、占道作业300次。11月25日，卫星湖街道通过国家卫生镇创建的初审。

【页岩气勘探工作启动】　2021年8月，卫星湖街道协助中石油浙江分公司租地25亩，进行页岩气深井勘探，钻井深度6200米。12月23日中国石油天然气股份有限公司浙江油田分公司重庆天然气勘探开发项目部在卫星湖街道注册。

（卫星湖街道　阳善婷　唐志会）

大安街道

【概况】　2021年，大安街道面积83.06平方千米。辖12个行政村、262个村民小组、3个社区、10个居民小组，总人口61386人。其中，集镇面积3.80平方千米，集镇常住人口29253人，城镇化率44.90%。辖区公共财政收入（全口径）3760.38万元，比上年增长21.15%。其中，工商税收3664.01万，比上年增长24.23%；永川级完成1204万元，比上年下降0.50%；偿债245万元。规模以上工业总产值12.10亿元，比上年增长8.60%。限额以上商业销售额0.89万元，比上年增长22.68%。固定资产投资1.77亿元。招商引资到位资金0.75亿元。

【政治建设】 2021年，大安街道下设76个基层党组织，有正式党员1171名，预备党员7名，其中女党员428名，占党员总数的18.80%；大专以上党员178名，占党员总数的15.20%。开展“不忘初心、牢记使命”主题教育，学习研讨10次，发言53人次，讲专题党课6场，开展红色革命传统教育18场。指导督促各基层党组织开展“结对帮扶”，共结对78名文化程度较低的党员，为195名老党员送学上门。

【经济发展】 2021年，大安街道不断优化营商环境，协助12家新入驻企业办理相关手续和解决用地问题。全年规模以上工业总产值12.10亿元，限上商业全年销售额0.89亿元，固定资产投资1.77亿元，其中工业投资0.75亿元。农业以茶叶、苗木（是街道农业特色经济）为主，年产茶叶4120吨，苗木1500亩，经济收入1.65亿元。

【城区建设】 2021年，大安街道完成永川东部科技生态城走界工作，启动永璧沙高速公路、渝西治疗中心、智慧湖、第四水厂、渝西水资源配置中心、电子工程职业学院、重庆文理学院新校区征地拆迁工作。全域推进宅基地制度改革试点，立项云雾山村、花果山村民宿建设项目。加快云雾山环线旅游公路“茶隆路”改造进度，全年完成70%的工程量。推进20千米“四好农村路”建设，全年完成11.90千米。铺设人行道板1万平方米，实施“白改黑”7500平方米，安装太阳能路灯577盏。建成旅游厕所4个，打造清洁示范院落11个。投入1000万元，实施场镇街区改造2个，已开工1个，设计立项1个。继续推进DA—10、DA—13宗地，隆西路老旧小区基础设施二期工程和“隆济人居环境整治”项目建设。持续开展红权大道新建工程建设。开展文明城区创建宣传活动10次，印发宣传资料7000份、宣传展板和条幅150块（条）。投入60余万元，新建石庙农贸市场。投入8.50万元，组织进村演出72场次，讲座辅导48场，电影下乡惠民86场。投入80万元，安装临水、临崖、临屋路段波形护栏4000米。投入10余万元，安装石庙场镇主道路、大安小学两侧路段人行护栏2500米，未发生亡人生产事故。

【社会事业】 2021年，大安街道有中学2所，小学4所，学前教育（幼儿园）4所，教职工412人。有在校中小学生5342人，学前教育（幼儿园）在园幼儿1200人。大安小学获得2020—2021教育目标综合督导考核全区一等奖。有社区卫生服务中心1个，下设门诊部3个，22个村卫生室，有医护职工153人。全年医疗保险参保46229人，参保率95.16%。有常备集中隔离点1个，实时保持可用状态。受区委政法委委托规范管理隆宇酒店集中隔离点，及时补充防疫物资，组织人员全时值守，累计排查47094户，11.60万余人次，核实政法、公安推送数据623条。制定街道大规模人群核酸检测方案，确定26个核酸采样点。全年发放低保、特困供养、临时救助等各类社会救助资金733万余元，发放重点优抚对象各类补贴576.25万元。发放独生子女一次性奖励0.60万元、奖扶金13.78万元、特扶金6.92万元。优化生殖健康育龄妇女参检率90%。将辖区河道细分30个网格，逐一确定30名网格管理员，坚持每日全覆盖、无死角巡河监管。全年共发现各类问题200余件。投入120余万元实施温家河清淤、栽种水生植物。投入2.50万元投放幼鱼3.50万尾净化水质。市级考核断面矮墩桥出境断面水质总体稳定保持Ⅲ类。被区委、区政府表彰为“创建国家卫生区工作先进集体”“临江河流域综合整治工作先进集体”。（大安街道）

2021年4月28日，渝西区域医疗中心（应急医院）开工建设　（陈仕川　摄）

陈食街道

【概况】 2021年，陈食街道面积74.69平方千米，其中耕地面积2.20万亩。街道辖14个村、1个社区、91个村（居）民小组。总户数1.81万户，户籍人口53835万人，人口出生率7‰，自然增长率-7.80‰。集镇面积80万平方米，集镇人口11980人，城镇化率21.80%，粮食产量26093吨，比上年增长0.29%。经济总收入50亿元，比上年增长6%，其中，农业2.70亿元，比上年下降1%，工业43.30亿元，比上年增长15%，服务业4.00亿元，比上年增长5%。农民人均纯收入22771元，比上年增长8.50%。财政收入3136万元，比上年增长10.50%。

【政治建设】 2021年，陈食街道下设50个基层党组织，有正式党员1607名，预备党员18名，其中女党员420名。占党员总数26%；大专以上党员307名，占总党员总数19%。聚焦党史学习教育，开展中心组学习12次，党史学习教育专题读书班5次。征订学习资料189册，引导党员干部开展自学，撰写学习心得151篇。举办庆祝中国共产党成立100周年等党建活动4次，打造政企宣讲“红色”品牌，与长城汽车联合开展“书香陈食·享阅长城”宣讲活动。把学习贯彻习近平新时代中国特色社会主义思想、“七一”重要讲话、党的十九届六中全会精神作为首要政治任务，组建5支宣讲队伍，讲专题党课30次，开展十九届六中全会宣讲活动10场次。

【经济建设】　2021年，陈食街道引进总部经济4个（华为智能学院、职教中心项目、雅迪学院、重庆宇名模具项目）。打造永川区中小企业创业基地，入驻工业企业55家。发展茶叶基地2500余亩，培育茶叶精细加工厂重庆双英茶叶，在永川区斗茶大会中荣获银奖。发展花椒4000亩，建成花椒初加工企业5个。发展种粮大户9户面积1234.59亩。完成全程社会化服务面积1510亩。投资100万元，完成双河口村果蔬基地建设扶贫项目建设。全年规模以上工业产值完成15.80亿元，比上年增长19.10%。工业增加值完成5.68亿元，增长13.70%。工业投资完成1.10亿元，比上年增长212%，任务完成率110%。旅游投资完成9000万元，比上年增长45%。战略新兴产值3.39亿，比上年增长23.60%。限额以上单位商品销售总额15206万元，比上年增长18.54%。住宿餐饮业营业额1524万元，比上年增长29.90%。

【城区建设】　2021年，陈食街道服务园区、城区建设。完成区职教中心迁建用地596亩。1010亩综合保税区、589亩雅迪学院相继落户陈食。10月龙马大道建成通车。开展美丽乡村综合治理行动。投入318万元，完成示范街区2期（仓宝路片区老旧小区基础设施）改造，完成滨水公园建设。投入20余万元，对莲花场镇、双河口村歌石路沿线实施整治提升。完成沟渠15条堰塘44口综合整治，完成殷家河整治1千米，瓦窑河整治1千米，清理排查整治重点污染源23个。投入1100余万元，完成九永高速沿线670处房屋风貌改造。投入70余万元，完成复兴寺村2个院落示范点整治。探索实施14个村人居环境治理“积分制”新模式。拨付专项治理经费45万元，评选“清洁文明示范户”120户，完成复兴寺村农村户厕改厕334户。推进垃圾分类工作。投入资金20余万元，为14个村配备分类垃圾桶472个，农村生活垃圾分类试点全覆盖。双河口村代表永川区接受重庆市垃圾分类村检查。

【社会事业】　2021年，陈食街道有2所小学、1所初中，5所幼儿园（民办幼儿园4所）。有社区卫生服务中心1所，职工72人。全年完成城乡居民健康档案管理、健康教育、妇幼工作、老年人健康管理、预防接种等15项国家基本公共卫生服务项目，贫困人员家庭医生签约全覆盖。大力推广“网上办”“掌上办”社保业务，帮助2000余人办理，让老百姓享受办事便利。深入推进医保电子凭证激活工作，辖区医保电子凭证激活覆盖率70%。建成14个村级养老互助点，完成社区居家养老服务全覆盖任务。全年发放低保金2757万余元、临时救助金400万余元。做好拥军优属工作，发放优抚金545万余元。审批创业担保贷款280万元，新增创业主体120家，城镇新增就业2349人、回引劳动力472人，开发安置公益性岗位145人。做好疫情防控，将辖区内15个村居，划分为632个小网格，落实网格员和信息员责任，排查核实区委政法委推送入境人员587人次，重点地区返永川到永川人员813人，自排重点地区返永川到永川人员1533人，全面落实隔离管理政策。辖区内未发生新冠肺炎病例。

【土地征收】　为配合保障渝昆高铁建设用地，陈食街道6天签订9个村民小组的土地协议，48天签订74户房屋协议。全年共完成渝昆高铁1000余亩、莲花平场项目771亩、永津高速500余亩等市、区级重点项目的土地征收。

（陈食街道　廖娟）

全国五一劳动奖章获得者

何　涛　男，39岁，国网重庆市电力公司永川供电分公司无人机技术员。2007年，何涛从四川理工大学毕业到甘孜藏族自治州供电公司，担任发展部综合计划专责一职。从2008年接触遥控航模，到2010年初次接触无人机，何涛对运用技术手段提升工作效率的想法愈发强烈。2012年，何涛从甘孜州供电公司调到国网重庆永川供电公司。他牵头成立国网重庆永川供电公司无人机QC小组，主攻无人机创新，以提高行业输配巡检业务水平。2016年，他研发出“四旋翼喷火清障无人机”。可他并不满足，继续优化设计制作出第二代六旋翼喷火无人机、第三代清障无人机、第四代清障无人机。2017年，他和同事研制的10KV柱上开关遥控操作装置，降低合环换电时操作人员的安全风险，获得重庆市质量协会QC一等奖、国家电网公司QC三等奖。2018年，他牵头研制的10千伏开闭所小车开关遥控操作装置，降低开闭所内小车开关操作人员的安全风险，获得重庆市电力公司QC二等奖。2019年，他成功将紫外设备与无人机系统无缝衔接，“机载紫外成像技术项目”获得全国无人机电力巡检“金巡奖”。他还牵头组织渝西片区爱好者成立航模协会，并招收5名航模徒弟，义务传授他们航空模型的制作和操作技巧。他曾荣获重庆市五一劳动奖章、“重庆英才”计划技术技能领军人才、重庆市市级技能大师、重庆市技术能手、巴渝工匠、国网工匠、永川区十大工匠等称号。

彭志财　男，51岁，永川区中医院副院长，主任中医师，2020年荣获重庆市五一劳动奖章。他在本职工作岗位上勇担重任，大胆改革，锐意进取。作为骨科主任，他带领骨科全体医务工作者，把全心全意为患者服务作为第一理念，精研业务，注重人才和新技术引进，将只有十余张床位濒临解散的小科室，发展壮大为拥有四个病区，涵盖创伤、脊柱、关节、手足外科、中医康复多专业全面发展的综合性科室，诊疗服务量逐年提高，为保障永川及周边地区广大骨伤患者的健康，做出突出贡献。

蔡兰兰　女，39岁，永川区水利局水生态建设与河长制工作科科长。她始终坚持奋战在水利基层一线，多次参与特大干旱、暴雨洪灾抢险处置和南瓜山水库、河流治理等工程建设。2017年负责河长制的推行，她率先在全市完成“一河一策”方案编制，受到上级部门高度肯定，并受邀到西藏自治区作经验交流，河长制推行先进经验吸引内蒙古自治区鄂尔多斯市、四川省广安市及重庆市江北区等10余个市区来学习。4年多来，她走遍全区250余条河流，积极协调整治水污染问题43227处，组织制定一系列方案、制度、办法等，使河流污染多年的历史沉疴得到有效解决。辖区内临江河、九龙河等河流水质均由2017年的劣Ⅴ类提升达到Ⅲ类，为全区水生态文明建设做出突出贡献，永川区河长办被评为重庆市河长制工作标兵单位，永川区圣水河、临江河先后被评为全市最美河流。2019—2020年，她先后获被评重庆市最美护河员、重庆市五一劳动奖章和全国最美护河员，个人年度考核连续4年“优秀”。

重庆市第六届劳动模范

王求平　男，41岁，重庆市东鹏智能家居有限公司，技术工程师。他自参加工作以来兢兢业业，任劳任怨，尊敬领导，团结同志，乐于助人，受到公司领导、同事的一致好评。2019年，通过对永川区大量矿山矿点的取样以及对当地及周边的地质研究，他带领研发团队自主立项展开对青砂（石）原料的研发使用。经过两年多的研发，项目获得授权发明专利，为重庆传统陶瓷行业探明一条原料本地化的发展道路，也为建筑陶瓷行业提供一种用高含铁原料生产高档陶瓷砖的可持续发展思路，为保护自然环境及人与自然的和谐相处做出贡献。

付洪春　男，40岁，重庆理文造纸有限公司人力资源管理师。他1997年入伍，曾参加1998年陕西抗洪抢险，1999年被评为优秀士兵，2000年退役。2003年开始从事行政人力资源管理，2013年起兼任工会主席。他一直在本职岗位上勤勤恳恳工作，并注重企业节能减排、资源优化、政策响应，技术创新。在2020年国内疫情暴发期间，他冲锋在前，任公司疫情防控总指挥，组织公司抗击疫情，为公司复工复产努力。2013年荣获四川省资阳市先进工会工作者称号，2019年荣获重庆市永川区星级工会主席称号。

李　刚　男，38岁，重庆陶义农业机械股份合作社理事长。他扎根农业、农村，探索传承农机、农田宜机化改造的新技术、指导带动农民增收致富，为推动乡村振做出突出成绩。2016—2018年获全国农牧渔业丰收二等奖。2019年被永川区农委评为“十佳新型职业农民”。2020年被重庆市农业机械化学校聘为兼职高级讲师，被重庆市农委聘为重庆农田宜机化改造专家工作室成员。

吴祥胜　男，36岁，长城汽车股份有限公司重庆分公司机械工程师。从事机械钳工工作13年，他负责整车生产焊装车间生产工艺设备管理工作。在公司负责线体设备改造项目27项，推行自主改造项目13项，从设备、能源、备件、人力方面识别改善项目86项，累计减少设备成本、能源成本、备件成本、人力成本投入2100万元。在日常工作中识别重大故障共计31次，减少线体停线2287分钟，为公司减少直接损失1100万元。

邹益敏　男，50岁，重庆保时鑫电子科技有限公司副总经理。他负责公司建设、投产、运营、安全、环保等工作，凭借突出的企业管理能力助力公司发展。2015年以来，公司年产值平均增长32%，2020年公司年产值3.30亿元，纳税1600万元。公司的发展壮大示范带动三教产业园传统产业转型升级，从“粗大黑”的铸锻造产业转型为汽车及零部件、新型建材、笔电产业等新兴优势产业。2021年，以保时鑫二期项目竣工投产和集团筹备上市契机，他积极拓展成渝地区上下游市场，进一步深化与笔电龙头企业、汽车零部件企业的合作，为推动成渝地区双城经济圈建设作出贡献。

周先进　男，30岁，永川区吉安镇石松村党总支书记。为摆脱石松村贫困村的帽子，他带领村“两委”班子，针对种养业散而小，效益差的实际，带头成立马岚坳生态农业股份合作社。种植水稻200余亩，产值40余万元。2021年种植沃柑100亩。为保障石松村153名贫困人口全面顺利脱贫，牵头组建梦康农副产品销售合作社，销售贫困户农副产品为主，合作社盈余后对贫困户再次分红反哺。他一手抓产业发展，一手抓产品销售，在本职工作岗位上作出突出贡献。2019年荣获吉安镇“优秀共产党员”称号。2021年荣获“重庆市脱贫攻坚先进个人”称号。

唐俊聪　男，37岁，重庆海通投资集团有限公司总经理、重庆海通机械制造有限公司董事长。他学成归国后将全部事业及青春投入汽车制动与传动关键零部件“专、精、特”打造，实现汽车真空泵总成自主品牌销量全国第一，飞轮总成国内前三。企业年产值5.80亿元，税金2650万元，累计上缴税金3.20亿元，直接安置员工650人，产业带动就业2600人。在疫情防控期间，他经常深入基层，以身示范，实现快速复工复产，解决千余人就业。长年确保每月8日前全面足额发放员工工资和缴纳社保。他积极参与永川区“政协委员关爱基金”募集活动，积极助推地方经济社会发展。2014年被永川区评为“优秀社会主义事业建设者”。

程思娟　女，46岁，重庆先特服务外包产业有限公司总经理。她带领公司不断开拓、创新，公司年产值排名西南区行业前列。她积极协助产业园区引流落地全国各行业头部客户，企业多次荣获永川区“大数据及信息服务发展突出贡献奖”“优质诚信企业”等殊荣，为永川的经济发展做出突出贡献。她提交的《关于加快永川区服务外包人才队伍培训与建设》等建议，为永川区服务外包人才引进，助推服务外包产业高质量发展起到积极作用。曾获永川区“优秀中国特色社会主义事业建设者”“公益传播爱心大使”称号，是永川区第十七届人大代表。

谭　其　男，58岁，重庆源通电器设备制造有限责任公司党委书记、副总经理、高级工程师。他组织参与公司油浸、干式变压器、成套开关柜等产品研发及推广，先后获得2项发明专利、25项实用新型专利、1项外观设计专利。他组织员工参加重庆市区域供电抢修、2008年四川汶川地震救灾、2008年湖南冰灾救灾、2021年7月河南抗洪抢险，为当地重要用电客户、居民小区及供水供气等民生用电提供应急供电保障和抢修服务。2019年被永川区总工会评为年度星级工会主席称号。多次被永川供电局、源通公司评为“先进个人”“先进工会工作者”和“特殊贡献奖”。（区总工会）

重庆市先进工作者

盘如春　男，54岁，永川中学校高中数学正高级教师。他从教31年来，忠诚党和人民的教育事业，一直秉承：教自然、清楚、有用的数学，育自信、诚实、健康的人才。在课堂上，关爱每一位学生，把课堂变为师生交流的平台，共同成长的空间，形成自己独特的教学风格，提出“直观教学”的教学主张，得到师生一致好评。获评教育部首届“名师领航工程”及永川区名师，同时担任部、区两级名师工作室主持人，为重庆市及“三区三州”培养青年教师，为基础教育培养领军人才做出突出贡献。2015年荣获重庆市特级教师称号。

（区总工会）

2021年度“感动永川人物”

王雨明　男，42岁，永川区公安局特警支队政委。2012年，他脱下军装进入区公安局交巡警支队，面对陌生的工作领域，他一边向同事请教，一边在工作之余向书本学习。9年时光里，他始终以最美的基层民警状态，主动作为，服务人民，不忘初心。交通管理，他金点子频出，工作中爱钻研，方法上爱琢磨。针对酒驾查处难点，他探索总结出“瞄、听、问、闻、测”的“五字”测酒工作法，提高对酒驾违法行为的查处能力。他带领大

2021年12月13日，"美丽心灵·感动永川"2021年度"感动永川人物"颁奖典礼在永川文化艺术中心举行 （陈仕川 摄）

队交巡警查处酒驾80余起。此外，他还结合路面查纠违法情况，总结出"五种"识别车辆牌照真伪的"小窍门"，查处套牌、假牌案件30余起。

吕祥杰 男，77岁，永川区卫星湖街道原农机站退休职工。2007年退休后，没有像其他退休老人一样安享清福，他把全部身心投入乡贤文化建设中，在以德服人、传承家风、乡风整肃、调解纠纷方面具有很高的威望，被乡亲们推选为永川"新乡贤"。他想改变当时农村的一些陋习，自费建起供乡邻休憩的翠竹亭和文化长亭。在每个亭子里都写上一两首诗，并将各种家风家训、村规民约、农耕文化通过文字和漫画一一展现出来。在他的带领下，他所在的卫星湖街道石龟寺村的纠纷变少了，村民的幸福感也提升了。2020年，经过中央文明委评选，吕祥杰家庭被评为"全国文明家庭"，他多次得到中央和市领导接见。他所在的老店子大院也被评选为永川区"最美庭院"。

刘学民 男，55岁，重庆城市科技学院党委副书记、理事长。他从入校开始，经常往返全国各地，行程39万余千米。经过几年持续努力，学校转型见到成效，陆续与200余家企事业单位开展实质性的校企合作，专业覆盖率100%，形成行业对接、人才共育、过程共管、合作共赢的协同育人模式，为学生高质量就业奠定坚实的基础。在从事职业教育事业中，他全面推进学校向高水平应用技术型大学发展，更好地为永川的经济社会发展服务，为教育事业的发展做出积极贡献。曾获得重庆市教育系统先进个人、重庆市民办教育先进个人、重庆市教育信息化先进个人、永川区职业教育发展突出贡献奖等荣誉。

何天鸿 男，46岁，永川区凌阁农机专业合作社理事长、法人代表。他2008年从万州移民到青峰镇，开始流转土地种植农作物。经过13年的不懈努力，土地面积从最初的30亩到300亩，再到2021年的1000余亩，他成为一个种粮大户。2010年他率先成立凌阁农机专业合作社，每年为青峰镇和相邻镇街的2000余亩粮油作物提供全程社会化服务，带动更多人发展壮大农业经济，一起增收致富。他曾被评为永川区百名优秀乡土人才、移民先进工作者、永川"新乡贤"、永川区人民陪审员、永川区十佳职业农民、永川区优秀共产党员。

余　俊 女，46岁，重庆市永川区特殊教育学校教师。作为一名特教老师，她心里坚信"每个孩子都是一块金子，只要耐心的培养，一旦有机会他们将发出闪耀的光芒"。"以爱育人，用心树人"是她的教育理念，她用爱温暖学生，用心做教育，不放弃、不偏颇每一个残疾孩子。对于住读学校的孩子，她经常到寝室去看一看他们，了解他们的食宿，以及和寝室里同伴玩耍的一些情况。作为一名班主任，她还关心着班级里所有孩子的日常生活。一位患有唐氏综合征的孩子，刚入校时，生活自理能力比较差，她就手把手地教，还帮她梳理头发。在16年的特教生涯中，200余名特殊儿童在"余妈妈"的陪伴下学习一些生活技能和必备知识，较好地融入社会，过上自尊自信的生活。

张吉莲 女，48岁，永川区仙龙镇粉店村村民。2007年，张吉莲她看到3位叔爷渐渐年迈体弱，决定把他们接到自己家里。二爷张炳华77岁，三爷张高才73岁，幺爷张召南65岁。有智力障碍的二爷常常找不到回家的路，能帮张吉莲做点儿事的三爷时常腰疼，幺爷也常常胸疼。张吉莲几十年如一日，给叔爷洗被子、洗衣服、煮饭样样都做，生病时带他们求医问药，从不吝惜。百善孝为先，"孝"源于心，"敬"生于情。2008年，丈夫凡仕德的父亲过世后，她第一时间便把婆婆关银芳接到自己家中。每天给婆婆洗脸梳头，整理衣服，时常扶婆婆到院坝晒太阳，定期拆洗婆婆的被褥。每次有事出门，她都要精心安排好老人的衣食起居。75岁的关银芳面色红润，身体健康，衣着整洁。她用行动阐释孝老爱亲的时代佳话，感动着乡间乡邻。2019年被评为"永川区十大最美家庭"。

张　华 男，38岁，永川区港航服务中心主任，驻南大街街道黄瓜山村第一书记。作为朱沱镇涨谷村原驻村第一书记，他带领村两委班子为村里描绘一张乡村振兴蓝图。三年里，涨谷村新发展蜂糖李、荔枝、花椒等特色种植800亩，全村特色种植面积2000亩，兴办塘子坝土地股份合作社、涨谷农业服务公司和竹片加工厂。经过三年努力，涨谷村贫困户人均收入由2017年的5254元提升到2020年的11749元，全村46户131人全部脱贫。驻村期间，他也很关注涨谷村的"四好农村路"建设。在涨谷村工作的3年时间里，带领村民们共修建完成通组公路26.50千米，实现全村公路户户通。任期已满的他又到南大街街道黄瓜山村担任第一书记，着力于中华梨园升级改造，探索黄瓜山村乡村振兴新发展。2020年4月被共青团重庆市委授予"向上向善好青年"。

陈　炜 男，34岁，重庆文理学院教师副教授。他依托自身专业技术优势，积极投身永川水生态环境治理与保护工作，用踏实的工作和科学的数据，为永川打赢临江河流域综合治理"战役"提供技术支撑，用实际行动将科学研究与技术服务写在永川大地上。为掌握污染源头，他深入河湖一线，掌握第一手水情，沿河步行累积200余千米，足迹遍及全区23个镇街和3个工业园区，发现污染源95处，监测河湖水质样品3000余件。完成全区河长制工作、农村黑臭水体整治“千沟万塘”等技术培训10余项。设计完成流域生态基流、水质达标与生态湿地方案15项，建成湿地近2万平方米。治理干支流河道15条，治理水域近30万立方米，为全区水环境稳定达标、实现永川“河畅水清、岸绿景美”的生态画卷作出重要贡献。2018年、2019年连续两年获得永川区委、区政府颁发的“水环境治理突出贡献奖”。2021年获得永川区委、区政府颁发的临江河流域综合治理“先进个人”。

周宗良　男，36岁，永川区疾控中心传染病防制科副科长、团支部书记。新冠疫情发生以来，他先后参与永川各种重大活动的疫情防控，几乎每天都奋战在疫情防控第一线。在高考、中考、司法考试、永川区两会、重庆市六运会、重庆市残运会、成渝双城经济圈等重大活动的疫情防控工作中，多次到各新冠疫苗接种点指导接种工作的开展并参与每次疫苗接种异常情况的处置。他还前往车站、高铁站，在各路口检查点指导各项排查重点，为新冠疫情防控提供专业建议，经常加班到晚上十一二时。他每天打接电话，最多时有200个，泡面是他的家常便饭。在平凡的工作岗位上，他用实干和担当坚守描绘出一幅幅最美“逆行者”的画卷！

陶志强　男，22岁，重庆市残疾人田径训练基地全职运动员。他先天残疾，出生时就失去一只手臂。生而不幸，但他从不退缩，而是迎难而上、自强不息、奋力拼搏，把自己人生的方向放在体育赛道上，夺得全国及地区多个跑步、跳远、游泳冠军。2014年，获重庆残运会100米、200米冠军。2015年，获全国残运会200米第九名。2016年，获重庆市残锦赛100米、200米、跳远冠军。2017年，获全国残锦赛100米、200米冠军。2018年，获重庆市残疾人游泳锦标赛50米、100米、200米蛙泳冠军。2019年，获全国残运会跳远第五名。2021年，获重庆市大学生运动会乙组100米冠军。2021年，获重庆市残疾人运动会100米、200米、跳远冠军，获全国第十一届残疾人运动会跳高比赛第三名。　　（区委宣传部）

第三届十大“永川工匠”

王　川　男，35岁，重庆华中数控技术有限公司数控技术工程师，获得夹具翻转装置ZL2017215929363等4项专利。在国产五轴数控机床应用方面参与公司首台自主研发的HMU50五轴联动加工中心的试制并取得成功，被评为“重庆市高新技术产品”。参加国家科技重大专项的用国产数控系统替换进口数控系统“换脑工程”，成功通过相应的检测，为国产数控系统的推广和应用打下基础。

牛晓东　男，54岁，重庆理文卫生用纸制造有限公司高级化工检修钳工。1983年，在四川省天然气化工研究院永川研究所机修车间参加工作，从事钳工工作32年。通过和利用割炬预热和保温，解决车间不锈钢和锋钢、不锈钢和铸铁焊接开裂的问题，还通过制作夹套管道，每月提高产量20吨。2017年代表理文公司参加重庆市城市发展新区数控车工、钳工技能大赛荣获二等奖。

刘　恩　男，47岁，重庆雅迪科技有限公司电气工程师，获得车用电机的控制器电磁干扰抑制方法ZL201410381704等13项专利。他完成行业内首次将GPS数据传输应用到物联网电动自行车上、行业内首款电摩设计计算等项目，完成雅迪科技集团电器类企业标准起草，代表公司参与多项电动车国家、行业标准起草与修订工作。

刘　涛　男，35岁，长城汽车股份有限公司重庆分公司汽车生产与制造工程师，获得内燃机尾气处理和预热一体化装置ZL2017215044073等12项专利。他从事汽车生产设备技术管理工作，负责设备技改、创新、变革等改进300余项。统筹重庆分公司各车间各配置设备技术改造业务116项，其中自主开展项目58项，降低设备投入成本180万余元。

李　戈　男，33岁，国网重庆永川供电公司电力工程师，获得变电站内运行环境监测系统ZL2019212985534等4项专利。工作9年来，他一直奋战在电网建设、运维的第一线，展现国家电网人的使命和担当。先后发现成渝高铁保护装置电缆芯虚接、重合闸动作装置断电家族性缺陷等重大隐患30余项，完成220千伏城南变等20余项输变电工程新投和重大改造任务，辖区内二次装置连续9年保持正确动作率100%。

吴清和　男，37岁，重庆永高塑业发展有限公司机修高级技师。他率先在班组中创造性地开展设备“TPM

2021年4月27日，永川区庆“五一”暨第三届十大“永川工匠”“服务标兵”发布典礼在永川文化艺术中心举行　　（陈仕川　摄）

活动”，后经公司评审，一致认可并在全公司推广，为有效降低生产成本和提升生产效率发挥重要作用。他创新研发的“喷码机异常自动报警”等项目多次荣获公司技术创新奖，有力助推公司向自动化、智能化、科技化前进的脚步。

余廷勇 男，46岁，永川区美爱美发店美发一级高级技师。涉足美容美发行业30余年，荣获永川区“挑战杯”第二届职业技能大赛美发职工组竞赛二等奖、国家职业技能鉴定高级考评员和质量督导员等荣誉。牵头成立永川区美发美容行业协会，制定行业门槛，建立行业规范，致力于美容美发行业的发展和扩大，推动美容美发行业技能人才的高质量发展和行业的技术创新。

汪兴林 男，25岁，重庆市工业高级技工学校教师，电工高级技师，获得“2019—2020年度重庆市青年岗位能手”称号。在第45届世界技能大赛全国选拔赛机电一体化项目中，作为重庆代表队获得第三名，进入国家集训队。2019年，被重庆市工业高级技工学校聘为实习指导教师。在第三届金砖国家技能发展与技术创新大赛俄罗斯赛区之喀山未来技能大赛工业机器人专项国内选拔赛获得二等奖，第三届全国工业机器人技术应用技能大赛重庆选拔赛获得一等奖，全国赛获得教师组二等奖。

周　伟 男，33岁，中交一公局重庆城市建设发展有限公司构件制造工程师，获得装配式竖向构件斜支撑体系ZL2018211786539等3项专利。开发适用于预制构件生产管理的信息化系统，并取得计算机软件著作权。在首届全国装配式建筑职业技能大赛中，以重庆赛区第一名的成绩参加全国总决赛，并取得团队优胜奖。参编《装配式建筑混凝土预制构件生产技术标准》等两项重庆市装配式建筑行业地方规范标准。

谭　其 男，58岁，重庆源通电器设备制造有限责任公司高级工程师，获得非晶合金铁心制作方法ZL2009101044097等28项专利。先后组织或参与公司10千伏特安培的油变、干变、非晶变、立体卷铁心、智能变压器、5G变压器等产品研发及推广，取得较好成果。为公司培养更多“专业、专注”电网服务的人才，组织各部门人员在电网抗震救灾等应急抢修方面充当主力军。

永川区第三届十大“服务标兵”

万力铭 男，31岁，永川区胜利路街道办事处综合执法大队副队长。他牵头实施“金土地”搬迁工程，通过自建、购买房屋补贴等方式对古家坳、唐良银等2处地质灾害隐患点13户46人进行搬迁安置。2020年实施危房改造16户，旧房整治提升40户。他统筹规划公路建设，累计建成农村公路9.002千米、“四好农村路”33.304千米。他组织团员、青年100余人，开展“周末红”活动。该活动在人民日报刊发报道，受到社会的好评。

邓鸣善 男，28岁，永川区人人乐百货有限公司员工。进入人人乐公司市场部以来，他工作上一直兢兢业业，任劳任怨，不计名利得失，服从公司安排，顾全大局。他不但出色完成本职工作，对上级临时交代的工作也毫无怨言。2020年获“最佳岗位标兵”称号。春节假期期间，他联系其他家在外地的同事一起过节。他自学各地同事的家乡特色菜肴，让同事们感受到家的温暖。

邓　波 男，37岁，重庆市永川区何埂镇农业服务中心负责人。参与制定何埂镇农业特色产业奖励办法，依托“一山一园”，擦亮食用菌、名优水果、茶叶三张农业名片。引导和鼓励业主、村民发展食用菌、优质水果、经济作物等特色产业。菌企业由10家增加到19家，特色水果种植基地由4500亩增加到7000余亩，石笋山连片种植茶叶2500余亩。2020年获永川区事业单位脱贫攻坚专项奖励记功。

刘闻斌 男，39岁，中国移动通信集团重庆有限公司永川分公司销售部经理。他积极推动宽带市场发展建设，全年宽带新增3万户，累计推动宽带资源建设60万线，实现宽带覆盖90%，重庆市区县排名前3名。他积极配合永川平安综治云项目，从一个村的小商机发展到一个镇的试点，最后完成全区推广。他推进信息进村入户，推动脱贫攻坚工作，帮助永川农产品线上发展，实现黄瓜山电商交易额100万以上。

许家永 女，39岁，永川区新城建设管理委员会企业服务中心副主任。她积极对接走访院校、企业，拓展人才联盟朋友圈，院校成员从65家发展到85家，企业成员从220家壮大到302家。她促成联盟内院校与企业通过专业共建、订单班、实习实训等多种方式开展深度合作87个。举办113场网络双选会，“校企行”线下招聘会及宣讲会21场，解决盟内高校学生就业和园区企业用工。成功申报西部唯一的国家级教师实践流动工作站，创新推出全国唯一的园区+职教城+联盟工作站模式。

李时根 男，50岁，永川中学校教师。工作24年来，曾获得“重庆市最美教师”“重庆市优秀班主任”“永川区第五届骨干教师”“永川区首届十佳爱心教师”“永川区第六届教学名师”等荣誉。指导重庆市高中化学优质课竞赛获二等奖。指导罗玉、魏子杰、杨聪颖、张俊佳、钟沁茹等学生参加化学竞赛获全国二、三等奖，重庆市一等奖等奖项。

何　梅 女，48岁，永川区公共交通有限公司驾驶员。她乐于助人，做事低调。参加工作以来，从未出过一次有责安全事故，从未受过一次乘客投诉。面对乘客，她热情服务；面对工作，她认真负责。她心系乘客，爱岗敬业，扎实工作，多次被评为公司安全先进个人、优秀员工等荣誉称号。2019年，被区妇联评为“永川区三八红旗手”。

晏　苹 女，40岁，永川区生态环境局环保窗口工作人员。她先后参加市局组织的监测技能竞赛8次，获得二等奖2次、三等奖5次。她以真诚淳朴的情感加之“热情、耐心、周到”的服务来对待群众。对办事群众，无论她多忙，在干什么，只要群众到窗口，电话声响起，每次她都会立刻放下手中的事情笑脸相迎，做到“三声一笑”要求。

黄小波 男，43 岁，永川区社会保险事务中心个人参保科科长。他平均每天接待群众 100 人次，接待电话咨询 20 人次，经办业务 40 件次。他所带领的团队面对每天上千人次的服务做到经办零差错、服务零投诉。作为大厅窗口普通的一员，没有曲折离奇的故事，没有惊天动地的壮举，有的只是默默奉献、踏实干事的平凡。他始终坚持以人民为中心的要求，以不畏艰难，勇往直前的担当为服务群众作出自己应有的贡献。

董天红 女，43 岁，永川区中医院护理部主任。她始终坚持“以病人为中心，想病人之所想，急病人之所急”的服务理念，立足本职岗位，爱岗敬业，深受病人的好评。2012 年担任手术室护士长 6 年，一直坚持以身作则，始终严格执行优质护理工作标准，使每位手术患者感到舒心和放心，保障患者安全，连续 5 年被医院评为“优秀护士长”。2020 年，她带领全院 500 余名护理人员，以勇敢无畏、拼搏战斗、毫无保留、无私奉献的精神，投入新冠肺炎疫情防控工作中。

（区融媒体中心）

集体荣誉

2021 年重庆市永川区先进集体一览表

表 7

序号	单位名称	获奖名称	授奖单位	获奖时间及文号	备　注
1	永川国家高新区汽摩智造创新型产业集群	全国 2021 年度创新型产业集群试点	科技部火炬中心	国科火字〔2021〕123 号 2021 年 8 月 9 日	
2	区检察院	全国检察机关文明接待室	最高检	高检发办字〔2021〕127 号 2021 年 11 月 17 日	
3	区妇联	全国妇联维权先进集体	全国妇联	妇字〔2021〕43 号 2021 年 12 月	
4	永川区水利局	全面推行河长制湖长制工作先进集体	水利部	水人事〔2021〕162 号	
5	区文化旅游委体育科	体育科荣获全国群众体育先进单位	国家体育总局	体群字〔2021〕210 号 2021 年 9 月 2 日	
6	区农技协联合会	十佳农技协联合会	中国农技协	农技协发字〔2021〕32 号	
7	永川中学、昌南中学	2021 年度“小平科技创新实验室”建设学校	共青团中央青年发展部 中国青少年发展基金会	2021 年 3 月	
8	仙龙镇	全国农业产业强镇	农业农村部 财政部	农计财发〔2021〕10 号 2021 年 4 月 28 日	
9	区农技协联合会	十佳农技协联合会	中国农技协	农技协发字〔2021〕32 号	
10	区公安局群众工作科	全国公安机关信访工作成绩突出集体	公安部、国家信访局	公督审〔2021〕1022 号 2021 年 5 月 11 日	
11	区公安局食药环支队	2020 年打击危险废物环境违法犯罪行为活动表现突出集体	生态环境部办公厅 最高人民检察院办公厅 公安部办公厅	环办执法函〔2021〕253 号 2021 年 6 月 3 日	
12	区公安局治安支队	清理整顿人力资源市场秩序专项行动成绩突出单位	人力资源和社会保障部办公厅 公安部办公厅 国家市场监督管理总局办公厅	人社厅函〔2021〕110 号 2021 年 8 月 9 日	
13	区公安局交巡警支队	第一阶段国省道交通安全文明示范路创建活动先进单位	公安部交通管理局	2021 年 12 月 24 日	
14	重庆桢楠中药研究所有限公司	重庆桢楠中药研究所有限公司荣获第五批全国农村创业创新优秀带头人典型案例公布	农业农村部办公厅	2021 年 11 月 5 日	
15	中山路街道卧龙凼社区	2018—2020 年度全国侨联系统优秀“侨胞之家”	中国侨联		

续表 7

序号	单位名称	获奖名称	授奖单位	获奖时间及文号	备　注
16	南大街街道兴南路居委会	全国示范性老年友好型社区	国家卫生健康委员会 全国老龄工作委员会办公室	国卫老龄函〔2021〕208 号 2021 年 10 月 9 日	
17	民进永川区委会	民进全国脱贫攻坚民主监督工作先进集体、民进全国反映社情民意工作先进集体	民进中央		
18	区招商投资局	重庆市永川区招商引资工作先进单位	中共重庆市永川区委 重庆市永川区人民政府	永川委〔2021〕1 号 2021 年 1 月 14 日	
19	区新城建管委	重庆市永川区招商引资工作先进单位	中共重庆市永川区委 重庆市永川区人民政府	永川委〔2021〕1 号 2021 年 1 月 14 日	
20	高新区管委会	重庆市永川区招商引资工作先进单位	中共重庆市永川区委 重庆市永川区人民政府	永川委〔2021〕1 号 2021 年 1 月 14 日	
21	凤凰湖产业促进中心	重庆市永川区招商引资工作先进单位	中共重庆市永川区委 重庆市永川区人民政府	永川委〔2021〕1 号 2021 年 1 月 14 日	
22	港桥产业促进中心	重庆市永川区招商引资工作先进单位	中共重庆市永川区委 重庆市永川区人民政府	永川委〔2021〕1 号 2021 年 1 月 14 日	
23	三教产业促进中心	重庆市永川区招商引资工作先进单位	中共重庆市永川区委 重庆市永川区人民政府	永川委〔2021〕1 号 2021 年 1 月 14 日	
24	区发展改革委	重庆市永川区招商引资工作先进单位	中共重庆市永川区委 重庆市永川区人民政府	永川委〔2021〕1 号 2021 年 1 月 14 日	
25	区经济信息委	重庆市永川区招商引资工作先进单位	中共重庆市永川区委 重庆市永川区人民政府	永川委〔2021〕1 号 2021 年 1 月 14 日	
26	区商务委	重庆市永川区招商引资工作先进单位	中共重庆市永川区委 重庆市永川区人民政府	永川委〔2021〕1 号 2021 年 1 月 14 日	
27	区卫生健康委	重庆市永川区招商引资工作先进单位	中共重庆市永川区委 重庆市永川区人民政府	永川委〔2021〕1 号 2021 年 1 月 14 日	
28	中共重庆市永川区中山路街道工作委员会	永川区 2020 年度脱贫攻坚工作先进集体	中共重庆市永川区委 重庆市永川区人民政府	永川委〔2021〕9 号 2021 年 3 月 11 日	
29	中共重庆市永川区胜利路街道工作委员会	永川区 2020 年度脱贫攻坚工作先进集体	中共重庆市永川区委 重庆市永川区人民政府	永川委〔2021〕9 号 2021 年 3 月 11 日	
30	中共重庆市永川区南大街街道工作委员会	永川区 2020 年度脱贫攻坚工作先进集体	中共重庆市永川区委 重庆市永川区人民政府	永川委〔2021〕9 号 2021 年 3 月 11 日	
31	中共重庆市永川区大安街道工作委员会	永川区 2020 年度脱贫攻坚工作先进集体	中共重庆市永川区委 重庆市永川区人民政府	永川委〔2021〕9 号 2021 年 3 月 11 日	
32	中共重庆市永川区卫星湖街道工作委员会	永川区 2020 年度脱贫攻坚工作先进集体	中共重庆市永川区委 重庆市永川区人民政府	永川委〔2021〕9 号 2021 年 3 月 11 日	
33	中共重庆市永川区朱沱镇委员会	永川区 2020 年度脱贫攻坚工作先进集体	中共重庆市永川区委 重庆市永川区人民政府	永川委〔2021〕9 号 2021 年 3 月 11 日	
34	中共重庆市永川区三教镇委员会	永川区 2020 年度脱贫攻坚工作先进集体	中共重庆市永川区委 重庆市永川区人民政府	永川委〔2021〕9 号 2021 年 3 月 11 日	
35	中共重庆市永川区双石镇委员会	永川区 2020 年度脱贫攻坚工作先进集体	中共重庆市永川区委 重庆市永川区人民政府	永川委〔2021〕9 号 2021 年 3 月 11 日	
36	中共重庆市永川区临江镇委员会	永川区 2020 年度脱贫攻坚工作先进集体	中共重庆市永川区委 重庆市永川区人民政府	永川委〔2021〕9 号 2021 年 3 月 11 日	
37	中共重庆市永川区青峰镇委员会	永川区 2020 年度脱贫攻坚工作先进集体	中共重庆市永川区委 重庆市永川区人民政府	永川委〔2021〕9 号 2021 年 3 月 11 日	
38	中共重庆市永川区松溉镇委员会	永川区 2020 年度脱贫攻坚工作先进集体	中共重庆市永川区委 重庆市永川区人民政府	永川委〔2021〕9 号 2021 年 3 月 11 日	

续表 7

序号	单位名称	获奖名称	授奖单位	获奖时间及文号	备　注
39	中共重庆市永川区来苏镇委员会	永川区 2020 年度脱贫攻坚工作先进集体	中共重庆市永川区委 重庆市永川区人民政府	永川委〔2021〕9 号 2021 年 3 月 11 日	
40	中共重庆市永川区金龙镇委员会	永川区 2020 年度脱贫攻坚工作先进集体	中共重庆市永川区委 重庆市永川区人民政府	永川委〔2021〕9 号 2021 年 3 月 11 日	
41	中共重庆市永川区吉安镇委员会	永川区 2020 年度脱贫攻坚工作先进集体	中共重庆市永川区委 重庆市永川区人民政府	永川委〔2021〕9 号 2021 年 3 月 11 日	
42	中共重庆市永川区五间镇委员会	永川区 2020 年度脱贫攻坚工作先进集体	中共重庆市永川区委 重庆市永川区人民政府	永川委〔2021〕9 号 2021 年 3 月 11 日	
43	重庆市永川区人民武装部	永川区 2020 年度脱贫攻坚工作先进集体	中共重庆市永川区委 重庆市永川区人民政府	永川委〔2021〕9 号 2021 年 3 月 11 日	
44	重庆市永川区教育委员会	永川区 2020 年度脱贫攻坚工作先进集体	中共重庆市永川区委 重庆市永川区人民政府	永川委〔2021〕9 号 2021 年 3 月 11 日	
45	重庆市永川区民政局	永川区 2020 年度脱贫攻坚工作先进集体	中共重庆市永川区委 重庆市永川区人民政府	永川委〔2021〕9 号 2021 年 3 月 11 日	
46	重庆市永川区人力资源和社会保障局	永川区 2020 年度脱贫攻坚工作先进集体	中共重庆市永川区委 重庆市永川区人民政府	永川委〔2021〕9 号 2021 年 3 月 11 日	
47	重庆市永川区交通局	永川区 2020 年度脱贫攻坚工作先进集体	中共重庆市永川区委 重庆市永川区人民政府	永川委〔2021〕9 号 2021 年 3 月 11 日	
48	重庆市永川区水利局	永川区 2020 年度脱贫攻坚工作先进集体	中共重庆市永川区委 重庆市永川区人民政府	永川委〔2021〕9 号 2021 年 3 月 11 日	
49	重庆市永川区农业农村委员会（扶贫开发办公室）	永川区 2020 年度脱贫攻坚工作先进集体	中共重庆市永川区委 重庆市永川区人民政府	永川委〔2021〕9 号 2021 年 3 月 11 日	
50	重庆市永川区商务委员会	永川区 2020 年度脱贫攻坚工作先进集体	中共重庆市永川区委 重庆市永川区人民政府	永川委〔2021〕9 号 2021 年 3 月 11 日	
51	重庆市永川区卫生健康委员会	永川区 2020 年度脱贫攻坚工作先进集体	中共重庆市永川区委 重庆市永川区人民政府	永川委〔2021〕9 号 2021 年 3 月 11 日	
52	重庆市永川区医保局	永川区 2020 年度脱贫攻坚工作先进集体	中共重庆市永川区委 重庆市永川区人民政府	永川委〔2021〕9 号 2021 年 3 月 11 日	
53	重庆市永川区金融办	永川区 2020 年度脱贫攻坚工作先进集体	中共重庆市永川区委 重庆市永川区人民政府	永川委〔2021〕9 号 2021 年 3 月 11 日	
54	共青团重庆市永川区委员会	永川区 2020 年度脱贫攻坚工作先进集体	中共重庆市永川区委 重庆市永川区人民政府	永川委〔2021〕9 号 2021 年 3 月 11 日	
55	重庆市永川区妇女联合会	永川区 2020 年度脱贫攻坚工作先进集体	中共重庆市永川区委 重庆市永川区人民政府	永川委〔2021〕9 号 2021 年 3 月 11 日	
56	重庆市永川区残疾人联合会	永川区 2020 年度脱贫攻坚工作先进集体	中共重庆市永川区委 重庆市永川区人民政府	永川委〔2021〕9 号 2021 年 3 月 11 日	
57	重庆市永川区中医院	永川区 2020 年度脱贫攻坚工作先进集体	中共重庆市永川区委 重庆市永川区人民政府	永川委〔2021〕9 号 2021 年 3 月 11 日	
58	重庆市永川区来苏镇来苏小学校	永川区 2020 年度脱贫攻坚工作先进集体	中共重庆市永川区委 重庆市永川区人民政府	永川委〔2021〕9 号 2021 年 3 月 11 日	
59	重庆市永川区宝峰镇龙凤桥村驻村工作队	永川区 2020 年度脱贫攻坚工作先进集体	中共重庆市永川区委 重庆市永川区人民政府	永川委〔2021〕9 号 2021 年 3 月 11 日	
60	中共重庆市永川区茶山竹海街道茶园村总支部委员会	永川区 2020 年度脱贫攻坚工作先进集体	中共重庆市永川区委 重庆市永川区人民政府	永川委〔2021〕9 号 2021 年 3 月 11 日	

续表 7

序号	单位名称	获奖名称	授奖单位	获奖时间及文号	备 注
61	中共重庆市永川区陈食街道朱龙花村总支部委员会	永川区 2020 年度脱贫攻坚工作先进集体	中共重庆市永川区委 重庆市永川区人民政府	永川委〔2021〕9 号 2021 年 3 月 11 日	
62	中共重庆市永川区朱沱镇四明村总支部委员会	永川区 2020 年度脱贫攻坚工作先进集体	中共重庆市永川区委 重庆市永川区人民政府	永川委〔2021〕9 号 2021 年 3 月 11 日	
63	中共重庆市永川区何埂镇狮子村总支部委员会	永川区 2020 年度脱贫攻坚工作先进集体	中共重庆市永川区委 重庆市永川区人民政府	永川委〔2021〕9 号 2021 年 3 月 11 日	
64	中共重庆市永川区松溉镇打鱼河村委员会	永川区 2020 年度脱贫攻坚工作先进集体	中共重庆市永川区委 重庆市永川区人民政府	永川委〔2021〕9 号 2021 年 3 月 11 日	
65	中共重庆市永川区仙龙镇大石坝村总支部委员会	永川区 2020 年度脱贫攻坚工作先进集体	中共重庆市永川区委 重庆市永川区人民政府	永川委〔2021〕9 号 2021 年 3 月 11 日	
66	中共重庆市永川区来苏镇五根松村总支部委员会	永川区 2020 年度脱贫攻坚工作先进集体	中共重庆市永川区委 重庆市永川区人民政府	永川委〔2021〕9 号 2021 年 3 月 11 日	
67	中共重庆市永川区红炉镇万胜村委员会	永川区 2020 年度脱贫攻坚工作先进集体	中共重庆市永川区委 重庆市永川区人民政府	永川委〔2021〕9 号 2021 年 3 月 11 日	
68	中共重庆市永川区板桥镇凉风垭村总支部委员会	永川区 2020 年度脱贫攻坚工作先进集体	中共重庆市永川区委 重庆市永川区人民政府	永川委〔2021〕9 号 2021 年 3 月 11 日	
69	中共重庆市永川区永荣镇白云寺村委员会	永川区 2020 年度脱贫攻坚工作先进集体	中共重庆市永川区委 重庆市永川区人民政府	永川委〔2021〕9 号 2021 年 3 月 11 日	
70	中国电信股份有限公司永川分公司	永川区 2020 年度脱贫攻坚工作先进集体	中共重庆市永川区委 重庆市永川区人民政府	永川委〔2021〕9 号 2021 年 3 月 11 日	
71	中国农业银行股份有限公司重庆永川支行	永川区 2020 年度脱贫攻坚工作先进集体	中共重庆市永川区委 重庆市永川区人民政府	永川委〔2021〕9 号 2021 年 3 月 11 日	
72	国网重庆永川供电公司	永川区 2020 年度脱贫攻坚工作先进集体	中共重庆市永川区委 重庆市永川区人民政府	永川委〔2021〕9 号 2021 年 3 月 11 日	
73	长城汽车股份有限公司重庆分公司	永川区 2020 年度脱贫攻坚工作先进集体	中共重庆市永川区委 重庆市永川区人民政府	永川委〔2021〕9 号 2021 年 3 月 11 日	
74	重庆华新参天水泥有限公司	永川区 2020 年度脱贫攻坚工作先进集体	中共重庆市永川区委 重庆市永川区人民政府	永川委〔2021〕9 号 2021 年 3 月 11 日	
75	重庆市永川区永荣茶厂	永川区 2020 年度脱贫攻坚工作先进集体	中共重庆市永川区委 重庆市永川区人民政府	永川委〔2021〕9 号 2021 年 3 月 11 日	
76	重庆市永川区千何园蚕桑种养殖股份合作社	永川区 2020 年度脱贫攻坚工作先进集体	中共重庆市永川区委 重庆市永川区人民政府	永川委〔2021〕9 号 2021 年 3 月 11 日	
77	重庆市永川区“文绍英爱心之家”	永川区 2020 年度脱贫攻坚工作先进集体	中共重庆市永川区委 重庆市永川区人民政府	永川委〔2021〕9 号 2021 年 3 月 11 日	
78	中山路街道办事处	永川区创建国家卫生区工作先进集体	中共重庆市永川区委 重庆市永川区人民政府	永川委〔2021〕62 号 2021 年 7 月 14 日	
79	中山路街道卧龙凼社区居委会	永川区创建国家卫生区工作先进集体	中共重庆市永川区委 重庆市永川区人民政府	永川委〔2021〕62 号 2021 年 7 月 14 日	
80	中山路街道中山路社区居委会	永川区创建国家卫生区工作先进集体	中共重庆市永川区委 重庆市永川区人民政府	永川委〔2021〕62 号 2021 年 7 月 14 日	

续表 7

序号	单位名称	获奖名称	授奖单位	获奖时间及文号	备注
81	中山路街道英井路社区居委会	永川区创建国家卫生区工作先进集体	中共重庆市永川区委 重庆市永川区人民政府	永川委〔2021〕62 号 2021 年 7 月 14 日	
82	胜利路街道办事处	永川区创建国家卫生区工作先进集体	中共重庆市永川区委 重庆市永川区人民政府	永川委〔2021〕62 号 2021 年 7 月 14 日	
83	胜利路街道萱花路社区居委会	永川区创建国家卫生区工作先进集体	中共重庆市永川区委 重庆市永川区人民政府	永川委〔2021〕62 号 2021 年 7 月 14 日	
84	永和小学校	永川区创建国家卫生区工作先进集体	中共重庆市永川区委 重庆市永川区人民政府	永川委〔2021〕62 号 2021 年 7 月 14 日	
85	南大街街道办事处	永川区创建国家卫生区工作先进集体	中共重庆市永川区委 重庆市永川区人民政府	永川委〔2021〕62 号 2021 年 7 月 14 日	
86	南大街街道泸州街社区居委会	永川区创建国家卫生区工作先进集体	中共重庆市永川区委 重庆市永川区人民政府	永川委〔2021〕62 号 2021 年 7 月 14 日	
87	茶山竹海街道办事处	永川区创建国家卫生区工作先进集体	中共重庆市永川区委 重庆市永川区人民政府	永川委〔2021〕62 号 2021 年 7 月 14 日	
88	茶山竹海街道棕粑社区居委会	永川区创建国家卫生区工作先进集体	中共重庆市永川区委 重庆市永川区人民政府	永川委〔2021〕62 号 2021 年 7 月 14 日	
89	大安街道办事处	永川区创建国家卫生区工作先进集体	中共重庆市永川区委 重庆市永川区人民政府	永川委〔2021〕62 号 2021 年 7 月 14 日	
90	大安街道陈家祠社区居委会	永川区创建国家卫生区工作先进集体	中共重庆市永川区委 重庆市永川区人民政府	永川委〔2021〕62 号 2021 年 7 月 14 日	
91	卫星湖街道办事处	永川区创建国家卫生区工作先进集体	中共重庆市永川区委 重庆市永川区人民政府	永川委〔2021〕62 号 2021 年 7 月 14 日	
92	卫星湖街道星湖社区居委会	永川区创建国家卫生区工作先进集体	中共重庆市永川区委 重庆市永川区人民政府	永川委〔2021〕62 号 2021 年 7 月 14 日	
93	陈食街道办事处	永川区创建国家卫生区工作先进集体	中共重庆市永川区委 重庆市永川区人民政府	永川委〔2021〕62 号 2021 年 7 月 14 日	
94	陈食街道陈食社区居委会	永川区创建国家卫生区工作先进集体	中共重庆市永川区委 重庆市永川区人民政府	永川委〔2021〕62 号 2021 年 7 月 14 日	
95	重庆市永川区惠贤旺物业有限公司	永川区创建国家卫生区工作先进集体	中共重庆市永川区委 重庆市永川区人民政府	永川委〔2021〕62 号 2021 年 7 月 14 日	
96	凤凰湖产业促进中心	永川区创建国家卫生区工作先进集体	中共重庆市永川区委 重庆市永川区人民政府	永川委〔2021〕62 号 2021 年 7 月 14 日	
97	区委宣传部	永川区创建国家卫生区工作先进集体	中共重庆市永川区委 重庆市永川区人民政府	永川委〔2021〕62 号 2021 年 7 月 14 日	
98	区卫生健康委	永川区创建国家卫生区工作先进集体	中共重庆市永川区委 重庆市永川区人民政府	永川委〔2021〕62 号 2021 年 7 月 14 日	
99	区人民医院	永川区创建国家卫生区工作先进集体	中共重庆市永川区委 重庆市永川区人民政府	永川委〔2021〕62 号 2021 年 7 月 14 日	
100	区中医院	永川区创建国家卫生区工作先进集体	中共重庆市永川区委 重庆市永川区人民政府	永川委〔2021〕62 号 2021 年 7 月 14 日	
101	区妇幼保健院	永川区创建国家卫生区工作先进集体	中共重庆市永川区委 重庆市永川区人民政府	永川委〔2021〕62 号 2021 年 7 月 14 日	
102	区儿童医院	永川区创建国家卫生区工作先进集体	中共重庆市永川区委 重庆市永川区人民政府	永川委〔2021〕62 号 2021 年 7 月 14 日	
103	胜利路街道社区卫生服务中心	永川区创建国家卫生区工作先进集体	中共重庆市永川区委 重庆市永川区人民政府	永川委〔2021〕62 号 2021 年 7 月 14 日	

续表 7

序号	单位名称	获奖名称	授奖单位	获奖时间及文号	备注
104	区城市管理局	永川区创建国家卫生区工作先进集体	中共重庆市永川区委 重庆市永川区人民政府	永川委〔2021〕62 号 2021 年 7 月 14 日	
105	区城市管理综合行政执法支队	永川区创建国家卫生区工作先进集体	中共重庆市永川区委 重庆市永川区人民政府	永川委〔2021〕62 号 2021 年 7 月 14 日	
106	区环境卫生服务所	永川区创建国家卫生区工作先进集体	中共重庆市永川区委 重庆市永川区人民政府	永川委〔2021〕62 号 2021 年 7 月 14 日	
107	区市场监管局	永川区创建国家卫生区工作先进集体	中共重庆市永川区委 重庆市永川区人民政府	永川委〔2021〕62 号 2021 年 7 月 14 日	
108	区生态环境局	永川区创建国家卫生区工作先进集体	中共重庆市永川区委 重庆市永川区人民政府	永川委〔2021〕62 号 2021 年 7 月 14 日	
109	区教委	永川区创建国家卫生区工作先进集体	中共重庆市永川区委 重庆市永川区人民政府	永川委〔2021〕62 号 2021 年 7 月 14 日	
110	永川中学校	永川区创建国家卫生区工作先进集体	中共重庆市永川区委 重庆市永川区人民政府	永川委〔2021〕62 号 2021 年 7 月 14 日	
111	区商务委	永川区创建国家卫生区工作先进集体	中共重庆市永川区委 重庆市永川区人民政府	永川委〔2021〕62 号 2021 年 7 月 14 日	
112	区交巡警支队	永川区创建国家卫生区工作先进集体	中共重庆市永川区委 重庆市永川区人民政府	永川委〔2021〕62 号 2021 年 7 月 14 日	
113	区财政局	永川区创建国家卫生区工作先进集体	中共重庆市永川区委 重庆市永川区人民政府	永川委〔2021〕62 号 2021 年 7 月 14 日	
114	区水利局	永川区创建国家卫生区工作先进集体	中共重庆市永川区委 重庆市永川区人民政府	永川委〔2021〕62 号 2021 年 7 月 14 日	
115	区道路运输事务中心	永川区创建国家卫生区工作先进集体	中共重庆市永川区委 重庆市永川区人民政府	永川委〔2021〕62 号 2021 年 7 月 14 日	
116	区文化市场综合行政执法支队	永川区创建国家卫生区工作先进集体	中共重庆市永川区委 重庆市永川区人民政府	永川委〔2021〕62 号 2021 年 7 月 14 日	
117	区住房城乡建委	永川区创建国家卫生区工作先进集体	中共重庆市永川区委 重庆市永川区人民政府	永川委〔2021〕62 号 2021 年 7 月 14 日	
118	区经济信息委	永川区创建国家卫生区工作先进集体	中共重庆市永川区委 重庆市永川区人民政府	永川委〔2021〕62 号 2021 年 7 月 14 日	
119	区人力社保局	永川区创建国家卫生区工作先进集体	中共重庆市永川区委 重庆市永川区人民政府	永川委〔2021〕62 号 2021 年 7 月 14 日	
120	区委办公室	永川区创建国家卫生区工作先进集体	中共重庆市永川区委 重庆市永川区人民政府	永川委〔2021〕62 号 2021 年 7 月 14 日	
121	区人大常委会办公室	永川区创建国家卫生区工作先进集体	中共重庆市永川区委 重庆市永川区人民政府	永川委〔2021〕62 号 2021 年 7 月 14 日	
122	区政府办公室	永川区创建国家卫生区工作先进集体	中共重庆市永川区委 重庆市永川区人民政府	永川委〔2021〕62 号 2021 年 7 月 14 日	
123	区政协办公室	永川区创建国家卫生区工作先进集体	中共重庆市永川区委 重庆市永川区人民政府	永川委〔2021〕62 号 2021 年 7 月 14 日	
124	区临江河指挥部办公室	永川区创建国家卫生区工作先进集体	中共重庆市永川区委 重庆市永川区人民政府	永川委〔2021〕62 号 2021 年 7 月 14 日	
125	区融媒体中心	永川区创建国家卫生区工作先进集体	中共重庆市永川区委 重庆市永川区人民政府	永川委〔2021〕62 号 2021 年 7 月 14 日	
126	区疾控中心	永川区创建国家卫生区工作先进集体	中共重庆市永川区委 重庆市永川区人民政府	永川委〔2021〕62 号 2021 年 7 月 14 日	

续表 7

序号	单位名称	获奖名称	授奖单位	获奖时间及文号	备注
127	区卫生健康综合行政执法支队	永川区创建国家卫生区工作先进集体	中共重庆市永川区委 重庆市永川区人民政府	永川委〔2021〕62 号 2021 年 7 月 14 日	
128	中山路街道办事处	永川区临江河流域综合整治工作先进集体	中共重庆市永川区委 重庆市永川区人民政府	2021 年 7 月 14 日 永川委〔2021〕63 号	
129	胜利路街道办事处	永川区临江河流域综合整治工作先进集体	中共重庆市永川区委 重庆市永川区人民政府	2021 年 7 月 14 日 永川委〔2021〕63 号	
130	南大街街道办事处	永川区临江河流域综合整治工作先进集体	中共重庆市永川区委 重庆市永川区人民政府	2021 年 7 月 14 日 永川委〔2021〕63 号	
131	大安街道办事处	永川区临江河流域综合整治工作先进集体	中共重庆市永川区委 重庆市永川区人民政府	2021 年 7 月 14 日 永川委〔2021〕63 号	
132	朱沱镇党委	永川区临江河流域综合整治工作先进集体	中共重庆市永川区委 重庆市永川区人民政府	2021 年 7 月 14 日 永川委〔2021〕63 号	
133	松溉镇人民政府	永川区临江河流域综合整治工作先进集体	中共重庆市永川区委 重庆市永川区人民政府	2021 年 7 月 14 日 永川委〔2021〕63 号	
134	双石镇人民政府	永川区临江河流域综合整治工作先进集体	中共重庆市永川区委 重庆市永川区人民政府	2021 年 7 月 14 日 永川委〔2021〕63 号	
135	板桥镇人民政府	永川区临江河流域综合整治工作先进集体	中共重庆市永川区委 重庆市永川区人民政府	2021 年 7 月 14 日 永川委〔2021〕63 号	
136	红炉镇人民政府	永川区临江河流域综合整治工作先进集体	中共重庆市永川区委 重庆市永川区人民政府	2021 年 7 月 14 日 永川委〔2021〕63 号	
137	金龙镇人民政府	永川区临江河流域综合整治工作先进集体	中共重庆市永川区委 重庆市永川区人民政府	2021 年 7 月 14 日 永川委〔2021〕63 号	
138	来苏镇农业服务中心	永川区临江河流域综合整治工作先进集体	中共重庆市永川区委 重庆市永川区人民政府	2021 年 7 月 14 日 永川委〔2021〕63 号	
139	陈食街道规划建设管理环保办公室	永川区临江河流域综合整治工作先进集体	中共重庆市永川区委 重庆市永川区人民政府	2021 年 7 月 14 日 永川委〔2021〕63 号	
140	吉安镇农业服务中心	永川区临江河流域综合整治工作先进集体	中共重庆市永川区委 重庆市永川区人民政府	2021 年 7 月 14 日 永川委〔2021〕63 号	
141	宝峰镇建设环保中心	永川区临江河流域综合整治工作先进集体	中共重庆市永川区委 重庆市永川区人民政府	2021 年 7 月 14 日 永川委〔2021〕63 号	
142	卫星湖街道规划建设管理环保办公室	永川区临江河流域综合整治工作先进集体	中共重庆市永川区委 重庆市永川区人民政府	2021 年 7 月 14 日 永川委〔2021〕63 号	
143	仙龙镇农业服务中心	永川区临江河流域综合整治工作先进集体	中共重庆市永川区委 重庆市永川区人民政府	2021 年 7 月 14 日 永川委〔2021〕63 号	
144	青峰镇农业服务中心	永川区临江河流域综合整治工作先进集体	中共重庆市永川区委 重庆市永川区人民政府	2021 年 7 月 14 日 永川委〔2021〕63 号	
145	三教镇建设环保服务中心	永川区临江河流域综合整治工作先进集体	中共重庆市永川区委 重庆市永川区人民政府	2021 年 7 月 14 日 永川委〔2021〕63 号	
146	何埂镇石笋山村村民委员会	永川区临江河流域综合整治工作先进集体	中共重庆市永川区委 重庆市永川区人民政府	2021 年 7 月 14 日 永川委〔2021〕63 号	
147	临江镇龙洞桥村村民委员会	永川区临江河流域综合整治工作先进集体	中共重庆市永川区委 重庆市永川区人民政府	2021 年 7 月 14 日 永川委〔2021〕63 号	
148	永荣镇白云寺村党委	永川区临江河流域综合整治工作先进集体	中共重庆市永川区委 重庆市永川区人民政府	2021 年 7 月 14 日 永川委〔2021〕63 号	
149	区委办公室	永川区临江河流域综合整治工作先进集体	中共重庆市永川区委 重庆市永川区人民政府	2021 年 7 月 14 日 永川委〔2021〕63 号	

续表 7

序号	单位名称	获奖名称	授奖单位	获奖时间及文号	备注
150	区人大常委会办公室	永川区临江河流域综合整治工作先进集体	中共重庆市永川区委 重庆市永川区人民政府	2021 年 7 月 14 日 永川委〔2021〕63 号	
151	区政府办公室	永川区临江河流域综合整治工作先进集体	中共重庆市永川区委 重庆市永川区人民政府	2021 年 7 月 14 日 永川委〔2021〕63 号	
152	区政协办公室	永川区临江河流域综合整治工作先进集体	中共重庆市永川区委 重庆市永川区人民政府	2021 年 7 月 14 日 永川委〔2021〕63 号	
153	区委组织部办公室	永川区临江河流域综合整治工作先进集体	中共重庆市永川区委 重庆市永川区人民政府	2021 年 7 月 14 日 永川委〔2021〕63 号	
154	区委宣传部	永川区临江河流域综合整治工作先进集体	中共重庆市永川区委 重庆市永川区人民政府	2021 年 7 月 14 日 永川委〔2021〕63 号	
155	区检察院	永川区临江河流域综合整治工作先进集体	中共重庆市永川区委 重庆市永川区人民政府	2021 年 7 月 14 日 永川委〔2021〕63 号	
156	区纪委监委党风政风监督室	永川区临江河流域综合整治工作先进集体	中共重庆市永川区委 重庆市永川区人民政府	2021 年 7 月 14 日 永川委〔2021〕63 号	
157	区临江河流域综合治理指挥部办公室	永川区临江河流域综合整治工作先进集体	中共重庆市永川区委 重庆市永川区人民政府	2021 年 7 月 14 日 永川委〔2021〕63 号	
158	区生态环境局	永川区临江河流域综合整治工作先进集体	中共重庆市永川区委 重庆市永川区人民政府	2021 年 7 月 14 日 永川委〔2021〕63 号	
159	区住房城乡建委	永川区临江河流域综合整治工作先进集体	中共重庆市永川区委 重庆市永川区人民政府	2021 年 7 月 14 日 永川委〔2021〕63 号	
160	区农业农村委	永川区临江河流域综合整治工作先进集体	中共重庆市永川区委 重庆市永川区人民政府	2021 年 7 月 14 日 永川委〔2021〕63 号	
161	区城市管理局	永川区临江河流域综合整治工作先进集体	中共重庆市永川区委 重庆市永川区人民政府	2021 年 7 月 14 日 永川委〔2021〕63 号	
162	区水利局（区河长办公室）	永川区临江河流域综合整治工作先进集体	中共重庆市永川区委 重庆市永川区人民政府	2021 年 7 月 14 日 永川委〔2021〕63 号	
163	区商务委	永川区临江河流域综合整治工作先进集体	中共重庆市永川区委 重庆市永川区人民政府	2021 年 7 月 14 日 永川委〔2021〕63 号	
164	区审计局	永川区临江河流域综合整治工作先进集体	中共重庆市永川区委 重庆市永川区人民政府	2021 年 7 月 14 日 永川委〔2021〕63 号	
165	区人力社保局	永川区临江河流域综合整治工作先进集体	中共重庆市永川区委 重庆市永川区人民政府	2021 年 7 月 14 日 永川委〔2021〕63 号	
166	区发展改革委	永川区临江河流域综合整治工作先进集体	中共重庆市永川区委 重庆市永川区人民政府	2021 年 7 月 14 日 永川委〔2021〕63 号	
167	凤凰湖产业促进中心	永川区临江河流域综合整治工作先进集体	中共重庆市永川区委 重庆市永川区人民政府	2021 年 7 月 14 日 永川委〔2021〕63 号	
168	区市场监管局	永川区临江河流域综合整治工作先进集体	中共重庆市永川区委 重庆市永川区人民政府	2021 年 7 月 14 日 永川委〔2021〕63 号	
169	区新城建管委	永川区临江河流域综合整治工作先进集体	中共重庆市永川区委 重庆市永川区人民政府	2021 年 7 月 14 日 永川委〔2021〕63 号	
170	区交通局	永川区临江河流域综合整治工作先进集体	中共重庆市永川区委 重庆市永川区人民政府	2021 年 7 月 14 日 永川委〔2021〕63 号	
171	区教委	永川区临江河流域综合整治工作先进集体	中共重庆市永川区委 重庆市永川区人民政府	2021 年 7 月 14 日 永川委〔2021〕63 号	
172	区司法局	永川区临江河流域综合整治工作先进集体	中共重庆市永川区委 重庆市永川区人民政府	2021 年 7 月 14 日 永川委〔2021〕63 号	

续表 7

序号	单位名称	获奖名称	授奖单位	获奖时间及文号	备　注
173	区信访办	永川区临江河流域综合整治工作先进集体	中共重庆市永川区委 重庆市永川区人民政府	2021 年 7 月 14 日 永川委〔2021〕63 号	
174	区融媒体中心	永川区临江河流域综合整治工作先进集体	中共重庆市永川区委 重庆市永川区人民政府	2021 年 7 月 14 日 永川委〔2021〕63 号	
175	区公安局食品药品环保违法犯罪侦察支队	永川区临江河流域综合整治工作先进集体	中共重庆市永川区委 重庆市永川区人民政府	2021 年 7 月 14 日 永川委〔2021〕63 号	
176	区规划自然资源资局村镇规划科	永川区临江河流域综合整治工作先进集体	中共重庆市永川区委 重庆市永川区人民政府	2021 年 7 月 14 日 永川委〔2021〕63 号	
177	区惠永水务有限公司	永川区临江河流域综合整治工作先进集体	中共重庆市永川区委 重庆市永川区人民政府	2021 年 7 月 14 日 永川委〔2021〕63 号	

（区委办公室、各单位）

个人荣誉

2021年重庆市永川区先进个人一览表

表8

序号	获奖个人	获奖名称	授奖单位	获奖时间及文号	备注
1	王茜	“全国岗位练兵比武明星”称号和“全国赛最佳挑战奖”	人社部	2021年12月	
2	蒋世刚家庭	2021年全国“最美家庭”	中央宣传部、中央文明办、全国妇联	2021年11月	
3	周小芳	民进全国脱贫攻坚民主监督工作先进个人、民进全国社会服务暨脱贫攻坚工作先进个人	民进中央		
4	阳兴龙	民进全国反映社情民意工作先进个人	民进中央		
5	冯利朋	民进全国反映社情民意工作先进个人	民进中央		
6	张样盛	一流专家	中华人民共和国生态环境部	2021年10月30日 环监测〔2021〕106号	
7	周栩羽	技术骨干	中华人民共和国生态环境部	2021年10月30日 环监测〔2021〕106号	
8	肖霏	技术骨干	中华人民共和国生态环境部	2021年10月30日 环监测〔2021〕106号	
9	谭东	技术骨干	中华人民共和国生态环境部	2021年10月30日 环监测〔2021〕106号	
10	张艳梅	技术骨干	中华人民共和国生态环境部	2021年10月30日 环监测〔2021〕106号	
11	蒋心科	技术骨干	中华人民共和国生态环境部	2021年10月30日 环监测〔2021〕106号	
12	晏苹	技术骨干	中华人民共和国生态环境部	2021年10月30日 环监测〔2021〕106号	
13	左竞成	技术骨干	中华人民共和国生态环境部	2021年10月30日 环监测〔2021〕106号	
14	祝浪	全国群众体育（2017—2020年度）先进个人	国家体育总局	2021年9月2日 体群字〔2021〕210号	
15	肖洋	全国群众体育（2017—2020年度）先进个人	国家体育总局	2021年9月2日 体群字〔2021〕210号	
16	蔡芷涵	2020年度全国优秀少先队员	共青团中央、教育部、全国少工委	2021年1月10日 中青联发〔2020〕14号	
17	刘成相	最美科技工作者	中国农技协	农技协发字〔2021〕11号	
18	孔维贵	全国残疾人工作先进个人	国务院残疾人工作委员会	2021年7月 残工委发〔2021〕4号	
19	周先进	重庆市劳动模范	中共重庆市委 重庆市人民政府	2021年10月	
20	周先进	重庆市脱贫攻坚先进个人	中共重庆市委 重庆市人民政府	2021年4月	
22	丁袁媛	重庆市永川区招商引资工作先进个人	中共重庆市永川区委 重庆市永川区人民政府	永川委〔2021〕1号 2021年1月14日	
23	王建	重庆市永川区招商引资工作先进个人	中共重庆市永川区委 重庆市永川区人民政府	永川委〔2021〕1号 2021年1月14日	

续表 8

序号	获奖个人	获奖名称	授奖单位	获奖时间及文号	备注
24	王菲	重庆市永川区招商引资工作先进个人	中共重庆市永川区委 重庆市永川区人民政府	永川委〔2021〕1 号 2021 年 1 月 14 日	
25	王艺桦	重庆市永川区招商引资工作先进个人	中共重庆市永川区委 重庆市永川区人民政府	永川委〔2021〕1 号 2021 年 1 月 14 日	
26	石安俊	重庆市永川区招商引资工作先进个人	中共重庆市永川区委 重庆市永川区人民政府	永川委〔2021〕1 号 2021 年 1 月 14 日	
27	龙泓宇	重庆市永川区招商引资工作先进个人	中共重庆市永川区委 重庆市永川区人民政府	永川委〔2021〕1 号 2021 年 1 月 14 日	
28	龙宪川	重庆市永川区招商引资工作先进个人	中共重庆市永川区委 重庆市永川区人民政府	永川委〔2021〕1 号 2021 年 1 月 14 日	
29	代纪元	重庆市永川区招商引资工作先进个人	中共重庆市永川区委 重庆市永川区人民政府	永川委〔2021〕1 号 2021 年 1 月 14 日	
30	代　兰	重庆市永川区招商引资工作先进个人	中共重庆市永川区委 重庆市永川区人民政府	永川委〔2021〕1 号 2021 年 1 月 14 日	
31	皮涛	重庆市永川区招商引资工作先进个人	中共重庆市永川区委 重庆市永川区人民政府	永川委〔2021〕1 号 2021 年 1 月 14 日	
32	向亮	重庆市永川区招商引资工作先进个人	中共重庆市永川区委 重庆市永川区人民政府	永川委〔2021〕1 号 2021 年 1 月 14 日	
33	刘飞	重庆市永川区招商引资工作先进个人	中共重庆市永川区委 重庆市永川区人民政府	永川委〔2021〕1 号 2021 年 1 月 14 日	
34	刘晓	重庆市永川区招商引资工作先进个人	中共重庆市永川区委 重庆市永川区人民政府	永川委〔2021〕1 号 2021 年 1 月 14 日	
35	刘静梅	重庆市永川区招商引资工作先进个人	中共重庆市永川区委 重庆市永川区人民政府	永川委〔2021〕1 号 2021 年 1 月 14 日	
36	牟非	重庆市永川区招商引资工作先进个人	中共重庆市永川区委 重庆市永川区人民政府	永川委〔2021〕1 号 2021 年 1 月 14 日	
37	李占强	重庆市永川区招商引资工作先进个人	中共重庆市永川区委 重庆市永川区人民政府	永川委〔2021〕1 号 2021 年 1 月 14 日	
38	李国财	重庆市永川区招商引资工作先进个人	中共重庆市永川区委 重庆市永川区人民政府	永川委〔2021〕1 号 2021 年 1 月 14 日	
39	杨益	重庆市永川区招商引资工作先进个人	中共重庆市永川区委 重庆市永川区人民政府	永川委〔2021〕1 号 2021 年 1 月 14 日	
40	杨静	重庆市永川区招商引资工作先进个人	中共重庆市永川区委 重庆市永川区人民政府	永川委〔2021〕1 号 2021 年 1 月 14 日	
41	杨明彬	重庆市永川区招商引资工作先进个人	中共重庆市永川区委 重庆市永川区人民政府	永川委〔2021〕1 号 2021 年 1 月 14 日	
42	佘斌	重庆市永川区招商引资工作先进个人	中共重庆市永川区委 重庆市永川区人民政府	永川委〔2021〕1 号 2021 年 1 月 14 日	
43	邹波	重庆市永川区招商引资工作先进个人	中共重庆市永川区委 重庆市永川区人民政府	永川委〔2021〕1 号 2021 年 1 月 14 日	
44	汪鹭	重庆市永川区招商引资工作先进个人	中共重庆市永川区委 重庆市永川区人民政府	永川委〔2021〕1 号 2021 年 1 月 14 日	
45	宋波	重庆市永川区招商引资工作先进个人	中共重庆市永川区委 重庆市永川区人民政府	永川委〔2021〕1 号 2021 年 1 月 14 日	
46	张敏	重庆市永川区招商引资工作先进个人	中共重庆市永川区委 重庆市永川区人民政府	永川委〔2021〕1 号 2021 年 1 月 14 日	
47	张小梅	重庆市永川区招商引资工作先进个人	中共重庆市永川区委 重庆市永川区人民政府	永川委〔2021〕1 号 2021 年 1 月 14 日	

续表 8

序号	获奖个人	获奖名称	授奖单位	获奖时间及文号	备注
48	张子奇	重庆市永川区招商引资工作先进个人	中共重庆市永川区委 重庆市永川区人民政府	永川委〔2021〕1号 2021年1月14日	
49	张严英	重庆市永川区招商引资工作先进个人	中共重庆市永川区委 重庆市永川区人民政府	永川委〔2021〕1号 2021年1月14日	
50	张国松	重庆市永川区招商引资工作先进个人	中共重庆市永川区委 重庆市永川区人民政府	永川委〔2021〕1号 2021年1月14日	
51	张晓波	重庆市永川区招商引资工作先进个人	中共重庆市永川区委 重庆市永川区人民政府	永川委〔2021〕1号 2021年1月14日	
52	陈帅	重庆市永川区招商引资工作先进个人	中共重庆市永川区委 重庆市永川区人民政府	永川委〔2021〕1号 2021年1月14日	
53	陈永波	重庆市永川区招商引资工作先进个人	中共重庆市永川区委 重庆市永川区人民政府	永川委〔2021〕1号 2021年1月14日	
54	陈建国	重庆市永川区招商引资工作先进个人	中共重庆市永川区委 重庆市永川区人民政府	永川委〔2021〕1号 2021年1月14日	
55	罗凌峰	重庆市永川区招商引资工作先进个人	中共重庆市永川区委 重庆市永川区人民政府	永川委〔2021〕1号 2021年1月14日	
56	周勇	重庆市永川区招商引资工作先进个人	中共重庆市永川区委 重庆市永川区人民政府	永川委〔2021〕1号 2021年1月14日	
57	周凡琨	重庆市永川区招商引资工作先进个人	中共重庆市永川区委 重庆市永川区人民政府	永川委〔2021〕1号 2021年1月14日	
58	庞庆	重庆市永川区招商引资工作先进个人	中共重庆市永川区委 重庆市永川区人民政府	永川委〔2021〕1号 2021年1月14日	
59	赵小江	重庆市永川区招商引资工作先进个人	中共重庆市永川区委 重庆市永川区人民政府	永川委〔2021〕1号 2021年1月14日	
60	胡飞	重庆市永川区招商引资工作先进个人	中共重庆市永川区委 重庆市永川区人民政府	永川委〔2021〕1号 2021年1月14日	
61	袁汝才	重庆市永川区招商引资工作先进个人	中共重庆市永川区委 重庆市永川区人民政府	永川委〔2021〕1号 2021年1月14日	
62	莫帆	重庆市永川区招商引资工作先进个人	中共重庆市永川区委 重庆市永川区人民政府	永川委〔2021〕1号 2021年1月14日	
63	晏苹	重庆市永川区招商引资工作先进个人	中共重庆市永川区委 重庆市永川区人民政府	永川委〔2021〕1号 2021年1月14日	
64	徐伟	重庆市永川区招商引资工作先进个人	中共重庆市永川区委 重庆市永川区人民政府	永川委〔2021〕1号 2021年1月14日	
65	徐亚锋	重庆市永川区招商引资工作先进个人	中共重庆市永川区委 重庆市永川区人民政府	永川委〔2021〕1号 2021年1月14日	
66	凌浩翔	重庆市永川区招商引资工作先进个人	中共重庆市永川区委 重庆市永川区人民政府	永川委〔2021〕1号 2021年1月14日	
67	郭小宁	重庆市永川区招商引资工作先进个人	中共重庆市永川区委 重庆市永川区人民政府	永川委〔2021〕1号 2021年1月14日	
68	唐宇	重庆市永川区招商引资工作先进个人	中共重庆市永川区委 重庆市永川区人民政府	永川委〔2021〕1号 2021年1月14日	
69	唐孝东	重庆市永川区招商引资工作先进个人	中共重庆市永川区委 重庆市永川区人民政府	永川委〔2021〕1号 2021年1月14日	
70	唐宗建	重庆市永川区招商引资工作先进个人	中共重庆市永川区委 重庆市永川区人民政府	永川委〔2021〕1号 2021年1月14日	
71	唐溢璟	重庆市永川区招商引资工作先进个人	中共重庆市永川区委 重庆市永川区人民政府	永川委〔2021〕1号 2021年1月14日	

续表 8

序号	获奖个人	获奖名称	授奖单位	获奖时间及文号	备注
72	黄万宇	重庆市永川区招商引资工作先进个人	中共重庆市永川区委 重庆市永川区人民政府	永川委〔2021〕1 号 2021 年 1 月 14 日	
73	彭俊	重庆市永川区招商引资工作先进个人	中共重庆市永川区委 重庆市永川区人民政府	永川委〔2021〕1 号 2021 年 1 月 14 日	
74	蒋中林	重庆市永川区招商引资工作先进个人	中共重庆市永川区委 重庆市永川区人民政府	永川委〔2021〕1 号 2021 年 1 月 14 日	
75	蒋兆勇	重庆市永川区招商引资工作先进个人	中共重庆市永川区委 重庆市永川区人民政府	永川委〔2021〕1 号 2021 年 1 月 14 日	
76	蒋宗航	重庆市永川区招商引资工作先进个人	中共重庆市永川区委 重庆市永川区人民政府	永川委〔2021〕1 号 2021 年 1 月 14 日	
77	蒋跃川	重庆市永川区招商引资工作先进个人	中共重庆市永川区委 重庆市永川区人民政府	永川委〔2021〕1 号 2021 年 1 月 14 日	
78	程波韬	重庆市永川区招商引资工作先进个人	中共重庆市永川区委 重庆市永川区人民政府	永川委〔2021〕1 号 2021 年 1 月 14 日	
79	廖小凤	重庆市永川区招商引资工作先进个人	中共重庆市永川区委 重庆市永川区人民政府	永川委〔2021〕1 号 2021 年 1 月 14 日	
80	廖诗佳	重庆市永川区招商引资工作先进个人	中共重庆市永川区委 重庆市永川区人民政府	永川委〔2021〕1 号 2021 年 1 月 14 日	
81	薛波	重庆市永川区招商引资工作先进个人	中共重庆市永川区委 重庆市永川区人民政府	永川委〔2021〕1 号 2021 年 1 月 14 日	
82	丁 威	永川区 2020 年度脱贫攻坚工作先进个人（贡献奖）	中共重庆市永川区委 重庆市永川区人民政府	永川委〔2021〕9 号 2021 年 3 月 11 日	
83	王存开	永川区 2020 年度脱贫攻坚工作先进个人（贡献奖）	中共重庆市永川区委 重庆市永川区人民政府	永川委〔2021〕9 号 2021 年 3 月 11 日	
84	王佳薪	永川区 2020 年度脱贫攻坚工作先进个人（贡献奖）	中共重庆市永川区委 重庆市永川区人民政府	永川委〔2021〕9 号 2021 年 3 月 11 日	
85	文 镜	永川区 2020 年度脱贫攻坚工作先进个人（贡献奖）	中共重庆市永川区委 重庆市永川区人民政府	永川委〔2021〕9 号 2021 年 3 月 11 日	
86	邓长江	永川区 2020 年度脱贫攻坚工作先进个人（贡献奖）	中共重庆市永川区委 重庆市永川区人民政府	永川委〔2021〕9 号 2021 年 3 月 11 日	
87	邓成芳（女）	永川区 2020 年度脱贫攻坚工作先进个人（贡献奖）	中共重庆市永川区委 重庆市永川区人民政府	永川委〔2021〕9 号 2021 年 3 月 11 日	
88	卢 亮	永川区 2020 年度脱贫攻坚工作先进个人（贡献奖）	中共重庆市永川区委 重庆市永川区人民政府	永川委〔2021〕9 号 2021 年 3 月 11 日	
89	叶昌红	永川区 2020 年度脱贫攻坚工作先进个人（贡献奖）	中共重庆市永川区委 重庆市永川区人民政府	永川委〔2021〕9 号 2021 年 3 月 11 日	
90	叶 茂	永川区 2020 年度脱贫攻坚工作先进个人（贡献奖）	中共重庆市永川区委 重庆市永川区人民政府	永川委〔2021〕9 号 2021 年 3 月 11 日	
91	代武春	永川区 2020 年度脱贫攻坚工作先进个人（贡献奖）	中共重庆市永川区委 重庆市永川区人民政府	永川委〔2021〕9 号 2021 年 3 月 11 日	
92	冯昭华	永川区 2020 年度脱贫攻坚工作先进个人（贡献奖）	中共重庆市永川区委 重庆市永川区人民政府	永川委〔2021〕9 号 2021 年 3 月 11 日	
93	吕吉国	永川区 2020 年度脱贫攻坚工作先进个人（贡献奖）	中共重庆市永川区委 重庆市永川区人民政府	永川委〔2021〕9 号 2021 年 3 月 11 日	
94	任 阳（女）	永川区 2020 年度脱贫攻坚工作先进个人（贡献奖）	中共重庆市永川区委 重庆市永川区人民政府	永川委〔2021〕9 号 2021 年 3 月 11 日	

续表 8

序号	获奖个人	获奖名称	授奖单位	获奖时间及文号	备注
95	刘 飞	永川区 2020 年度脱贫攻坚工作先进个人（贡献奖）	中共重庆市永川区委 重庆市永川区人民政府	永川委〔2021〕9 号 2021 年 3 月 11 日	
96	刘万军	永川区 2020 年度脱贫攻坚工作先进个人（贡献奖）	中共重庆市永川区委 重庆市永川区人民政府	永川委〔2021〕9 号 2021 年 3 月 11 日	
97	刘 宇	永川区 2020 年度脱贫攻坚工作先进个人（贡献奖）	中共重庆市永川区委 重庆市永川区人民政府	永川委〔2021〕9 号 2021 年 3 月 11 日	
98	刘相建	永川区 2020 年度脱贫攻坚工作先进个人（贡献奖）	中共重庆市永川区委 重庆市永川区人民政府	永川委〔2021〕9 号 2021 年 3 月 11 日	
99	许维美	永川区 2020 年度脱贫攻坚工作先进个人（贡献奖）	中共重庆市永川区委 重庆市永川区人民政府	永川委〔2021〕9 号 2021 年 3 月 11 日	
100	苏祖兵	永川区 2020 年度脱贫攻坚工作先进个人（贡献奖）	中共重庆市永川区委 重庆市永川区人民政府	永川委〔2021〕9 号 2021 年 3 月 11 日	
101	李兴春	永川区 2020 年度脱贫攻坚工作先进个人（贡献奖）	中共重庆市永川区委 重庆市永川区人民政府	永川委〔2021〕9 号 2021 年 3 月 11 日	
102	吴平玲（女）	永川区 2020 年度脱贫攻坚工作先进个人（贡献奖）	中共重庆市永川区委 重庆市永川区人民政府	永川委〔2021〕9 号 2021 年 3 月 11 日	
103	余 浪	永川区 2020 年度脱贫攻坚工作先进个人（贡献奖）	中共重庆市永川区委 重庆市永川区人民政府	永川委〔2021〕9 号 2021 年 3 月 11 日	
104	邹南玲（女）	永川区 2020 年度脱贫攻坚工作先进个人（贡献奖）	中共重庆市永川区委 重庆市永川区人民政府	永川委〔2021〕9 号 2021 年 3 月 11 日	
105	宋 丹（女）	永川区 2020 年度脱贫攻坚工作先进个人（贡献奖）	中共重庆市永川区委 重庆市永川区人民政府	永川委〔2021〕9 号 2021 年 3 月 11 日	
106	张小红（女）	永川区 2020 年度脱贫攻坚工作先进个人（贡献奖）	中共重庆市永川区委 重庆市永川区人民政府	永川委〔2021〕9 号 2021 年 3 月 11 日	
107	张 黎	永川区 2020 年度脱贫攻坚工作先进个人（贡献奖）	中共重庆市永川区委 重庆市永川区人民政府	永川委〔2021〕9 号 2021 年 3 月 11 日	
108	张金海	永川区 2020 年度脱贫攻坚工作先进个人（贡献奖）	中共重庆市永川区委 重庆市永川区人民政府	永川委〔2021〕9 号 2021 年 3 月 11 日	
109	陈久学	永川区 2020 年度脱贫攻坚工作先进个人（贡献奖）	中共重庆市永川区委 重庆市永川区人民政府	永川委〔2021〕9 号 2021 年 3 月 11 日	
110	陈洪彬	永川区 2020 年度脱贫攻坚工作先进个人（贡献奖）	中共重庆市永川区委 重庆市永川区人民政府	永川委〔2021〕9 号 2021 年 3 月 11 日	
111	陈新文	永川区 2020 年度脱贫攻坚工作先进个人（贡献奖）	中共重庆市永川区委 重庆市永川区人民政府	永川委〔2021〕9 号 2021 年 3 月 11 日	
112	苟长华	永川区 2020 年度脱贫攻坚工作先进个人（贡献奖）	中共重庆市永川区委 重庆市永川区人民政府	永川委〔2021〕9 号 2021 年 3 月 11 日	
113	林 琴（女）	永川区 2020 年度脱贫攻坚工作先进个人（贡献奖）	中共重庆市永川区委 重庆市永川区人民政府	永川委〔2021〕9 号 2021 年 3 月 11 日	
114	林美池（女）	永川区 2020 年度脱贫攻坚工作先进个人（贡献奖）	中共重庆市永川区委 重庆市永川区人民政府	永川委〔2021〕9 号 2021 年 3 月 11 日	
115	赵 亚（女）	永川区 2020 年度脱贫攻坚工作先进个人（贡献奖）	中共重庆市永川区委 重庆市永川区人民政府	永川委〔2021〕9 号 2021 年 3 月 11 日	
116	赵治国	永川区 2020 年度脱贫攻坚工作先进个人（贡献奖）	中共重庆市永川区委 重庆市永川区人民政府	永川委〔2021〕9 号 2021 年 3 月 11 日	
117	钟景勇	永川区 2020 年度脱贫攻坚工作先进个人（贡献奖）	中共重庆市永川区委 重庆市永川区人民政府	永川委〔2021〕9 号 2021 年 3 月 11 日	

续表 8

序号	获奖个人	获奖名称	授奖单位	获奖时间及文号	备注
118	莫太平	永川区 2020 年度脱贫攻坚工作先进个人（贡献奖）	中共重庆市永川区委 重庆市永川区人民政府	永川委〔2021〕9 号 2021 年 3 月 11 日	
119	徐静秋（女）	永川区 2020 年度脱贫攻坚工作先进个人（贡献奖）	中共重庆市永川区委 重庆市永川区人民政府	永川委〔2021〕9 号 2021 年 3 月 11 日	
120	徐 燕（女）	永川区 2020 年度脱贫攻坚工作先进个人（贡献奖）	中共重庆市永川区委 重庆市永川区人民政府	永川委〔2021〕9 号 2021 年 3 月 11 日	
121	郭 磊	永川区 2020 年度脱贫攻坚工作先进个人（贡献奖）	中共重庆市永川区委 重庆市永川区人民政府	永川委〔2021〕9 号 2021 年 3 月 11 日	
122	郭 刚	永川区 2020 年度脱贫攻坚工作先进个人（贡献奖）	中共重庆市永川区委 重庆市永川区人民政府	永川委〔2021〕9 号 2021 年 3 月 11 日	
123	唐中力	永川区 2020 年度脱贫攻坚工作先进个人（贡献奖）	中共重庆市永川区委 重庆市永川区人民政府	永川委〔2021〕9 号 2021 年 3 月 11 日	
124	唐春燕（女）	永川区 2020 年度脱贫攻坚工作先进个人（贡献奖）	中共重庆市永川区委 重庆市永川区人民政府	永川委〔2021〕9 号 2021 年 3 月 11 日	
125	黄 伟	永川区 2020 年度脱贫攻坚工作先进个人（贡献奖）	中共重庆市永川区委 重庆市永川区人民政府	永川委〔2021〕9 号 2021 年 3 月 11 日	
126	盛 江	永川区 2020 年度脱贫攻坚工作先进个人（贡献奖）	中共重庆市永川区委 重庆市永川区人民政府	永川委〔2021〕9 号 2021 年 3 月 11 日	
127	粟本林	永川区 2020 年度脱贫攻坚工作先进个人（贡献奖）	中共重庆市永川区委 重庆市永川区人民政府	永川委〔2021〕9 号 2021 年 3 月 11 日	
128	喻德志	永川区 2020 年度脱贫攻坚工作先进个人（贡献奖）	中共重庆市永川区委 重庆市永川区人民政府	永川委〔2021〕9 号 2021 年 3 月 11 日	
129	黎朝江	永川区 2020 年度脱贫攻坚工作先进个人（贡献奖）	中共重庆市永川区委 重庆市永川区人民政府	永川委〔2021〕9 号 2021 年 3 月 11 日	
130	谭雪梅（女）	永川区 2020 年度脱贫攻坚工作先进个人（贡献奖）	中共重庆市永川区委 重庆市永川区人民政府	永川委〔2021〕9 号 2021 年 3 月 11 日	
131	魏寿瑛（女）	永川区 2020 年度脱贫攻坚工作先进个人（贡献奖）	中共重庆市永川区委 重庆市永川区人民政府	永川委〔2021〕9 号 2021 年 3 月 11 日	
132	万银安	永川区 2020 年度脱贫攻坚工作先进个人（奋进奖）	中共重庆市永川区委 重庆市永川区人民政府	永川委〔2021〕9 号 2021 年 3 月 11 日	
133	马利华（女）	永川区 2020 年度脱贫攻坚工作先进个人（奋进奖）	中共重庆市永川区委 重庆市永川区人民政府	永川委〔2021〕9 号 2021 年 3 月 11 日	
134	王 龙	永川区 2020 年度脱贫攻坚工作先进个人（奋进奖）	中共重庆市永川区委 重庆市永川区人民政府	永川委〔2021〕9 号 2021 年 3 月 11 日	
135	文世平	永川区 2020 年度脱贫攻坚工作先进个人（奋进奖）	中共重庆市永川区委 重庆市永川区人民政府	永川委〔2021〕9 号 2021 年 3 月 11 日	
136	方永超（女）	永川区 2020 年度脱贫攻坚工作先进个人（奋进奖）	中共重庆市永川区委 重庆市永川区人民政府	永川委〔2021〕9 号 2021 年 3 月 11 日	
137	龙定贵	永川区 2020 年度脱贫攻坚工作先进个人（奋进奖）	中共重庆市永川区委 重庆市永川区人民政府	永川委〔2021〕9 号 2021 年 3 月 11 日	
138	冯安春	永川区 2020 年度脱贫攻坚工作先进个人（奋进奖）	中共重庆市永川区委 重庆市永川区人民政府	永川委〔2021〕9 号 2021 年 3 月 11 日	
139	吕明双	永川区 2020 年度脱贫攻坚工作先进个人（奋进奖）	中共重庆市永川区委 重庆市永川区人民政府	永川委〔2021〕9 号 2021 年 3 月 11 日	
140	刘学辉	永川区 2020 年度脱贫攻坚工作先进个人（奋进奖）	中共重庆市永川区委 重庆市永川区人民政府	永川委〔2021〕9 号 2021 年 3 月 11 日	

续表 8

序号	获奖个人	获奖名称	授奖单位	获奖时间及文号	备注
141	李光德	永川区 2020 年度脱贫攻坚工作先进个人（奋进奖）	中共重庆市永川区委 重庆市永川区人民政府	永川委〔2021〕9 号 2021 年 3 月 11 日	
142	杨正容（女）	永川区 2020 年度脱贫攻坚工作先进个人（奋进奖）	中共重庆市永川区委 重庆市永川区人民政府	永川委〔2021〕9 号 2021 年 3 月 11 日	
143	邹同文	永川区 2020 年度脱贫攻坚工作先进个人（奋进奖）	中共重庆市永川区委 重庆市永川区人民政府	永川委〔2021〕9 号 2021 年 3 月 11 日	
144	张光友	永川区 2020 年度脱贫攻坚工作先进个人（奋进奖）	中共重庆市永川区委 重庆市永川区人民政府	永川委〔2021〕9 号 2021 年 3 月 11 日	
145	张光富	永川区 2020 年度脱贫攻坚工作先进个人（奋进奖）	中共重庆市永川区委 重庆市永川区人民政府	永川委〔2021〕9 号 2021 年 3 月 11 日	
146	张志明	永川区 2020 年度脱贫攻坚工作先进个人（奋进奖）	中共重庆市永川区委 重庆市永川区人民政府	永川委〔2021〕9 号 2021 年 3 月 11 日	
147	张洪惠（女）	永川区 2020 年度脱贫攻坚工作先进个人（奋进奖）	中共重庆市永川区委 重庆市永川区人民政府	永川委〔2021〕9 号 2021 年 3 月 11 日	
148	张燕和（女）	永川区 2020 年度脱贫攻坚工作先进个人（奋进奖）	中共重庆市永川区委 重庆市永川区人民政府	永川委〔2021〕9 号 2021 年 3 月 11 日	
149	陈 杰（女）	永川区 2020 年度脱贫攻坚工作先进个人（奋进奖）	中共重庆市永川区委 重庆市永川区人民政府	永川委〔2021〕9 号 2021 年 3 月 11 日	
150	陈邦琼（女）	永川区 2020 年度脱贫攻坚工作先进个人（奋进奖）	中共重庆市永川区委 重庆市永川区人民政府	永川委〔2021〕9 号 2021 年 3 月 11 日	
151	陈绍波	永川区 2020 年度脱贫攻坚工作先进个人（奋进奖）	中共重庆市永川区委 重庆市永川区人民政府	永川委〔2021〕9 号 2021 年 3 月 11 日	
152	易启国	永川区 2020 年度脱贫攻坚工作先进个人（奋进奖）	中共重庆市永川区委 重庆市永川区人民政府	永川委〔2021〕9 号 2021 年 3 月 11 日	
153	罗太元	永川区 2020 年度脱贫攻坚工作先进个人（奋进奖）	中共重庆市永川区委 重庆市永川区人民政府	永川委〔2021〕9 号 2021 年 3 月 11 日	
154	周先进	永川区 2020 年度脱贫攻坚工作先进个人（奋进奖）	中共重庆市永川区委 重庆市永川区人民政府	永川委〔2021〕9 号 2021 年 3 月 11 日	
155	段先建	永川区 2020 年度脱贫攻坚工作先进个人（奋进奖）	中共重庆市永川区委 重庆市永川区人民政府	永川委〔2021〕9 号 2021 年 3 月 11 日	
156	袁弟国	永川区 2020 年度脱贫攻坚工作先进个人（奋进奖）	中共重庆市永川区委 重庆市永川区人民政府	永川委〔2021〕9 号 2021 年 3 月 11 日	
157	黄乾丰	永川区 2020 年度脱贫攻坚工作先进个人（奋进奖）	中共重庆市永川区委 重庆市永川区人民政府	永川委〔2021〕9 号 2021 年 3 月 11 日	
158	龚贵珍（女）	永川区 2020 年度脱贫攻坚工作先进个人（奋进奖）	中共重庆市永川区委 重庆市永川区人民政府	永川委〔2021〕9 号 2021 年 3 月 11 日	
159	盛诗友	永川区 2020 年度脱贫攻坚工作先进个人（奋进奖）	中共重庆市永川区委 重庆市永川区人民政府	永川委〔2021〕9 号 2021 年 3 月 11 日	
160	漆远财（女）	永川区 2020 年度脱贫攻坚工作先进个人（奋进奖）	中共重庆市永川区委 重庆市永川区人民政府	永川委〔2021〕9 号 2021 年 3 月 11 日	
161	谭光华	永川区 2020 年度脱贫攻坚工作先进个人（奋进奖）	中共重庆市永川区委 重庆市永川区人民政府	永川委〔2021〕9 号 2021 年 3 月 11 日	
162	王永强	永川区 2020 年度脱贫攻坚工作先进个人（奉献奖）	中共重庆市永川区委 重庆市永川区人民政府	永川委〔2021〕9 号 2021 年 3 月 11 日	
163	冯 林	永川区 2020 年度脱贫攻坚工作先进个人（奉献奖）	中共重庆市永川区委 重庆市永川区人民政府	永川委〔2021〕9 号 2021 年 3 月 11 日	

续表 8

序号	获奖个人	获奖名称	授奖单位	获奖时间及文号	备注
164	刘延林	永川区 2020 年度脱贫攻坚工作先进个人（奉献奖）	中共重庆市永川区委 重庆市永川区人民政府	永川委〔2021〕9 号 2021 年 3 月 11 日	
165	李天能	永川区 2020 年度脱贫攻坚工作先进个人（奉献奖）	中共重庆市永川区委 重庆市永川区人民政府	永川委〔2021〕9 号 2021 年 3 月 11 日	
166	吴远芳（女）	永川区 2020 年度脱贫攻坚工作先进个人（奉献奖）	中共重庆市永川区委 重庆市永川区人民政府	永川委〔2021〕9 号 2021 年 3 月 11 日	
167	余河文（女）	永川区 2020 年度脱贫攻坚工作先进个人（奉献奖）	中共重庆市永川区委 重庆市永川区人民政府	永川委〔2021〕9 号 2021 年 3 月 11 日	
168	邹传菊（女）	永川区 2020 年度脱贫攻坚工作先进个人（奉献奖）	中共重庆市永川区委 重庆市永川区人民政府	永川委〔2021〕9 号 2021 年 3 月 11 日	
169	辛良群（女）	永川区 2020 年度脱贫攻坚工作先进个人（奉献奖）	中共重庆市永川区委 重庆市永川区人民政府	永川委〔2021〕9 号 2021 年 3 月 11 日	
170	张　雨	永川区 2020 年度脱贫攻坚工作先进个人（奉献奖）	中共重庆市永川区委 重庆市永川区人民政府	永川委〔2021〕9 号 2021 年 3 月 11 日	
171	张学美（女）	永川区 2020 年度脱贫攻坚工作先进个人（奉献奖）	中共重庆市永川区委 重庆市永川区人民政府	永川委〔2021〕9 号 2021 年 3 月 11 日	
172	林其鑫	永川区 2020 年度脱贫攻坚工作先进个人（奉献奖）	中共重庆市永川区委 重庆市永川区人民政府	永川委〔2021〕9 号 2021 年 3 月 11 日	
173	周长义	永川区 2020 年度脱贫攻坚工作先进个人（奉献奖）	中共重庆市永川区委 重庆市永川区人民政府	永川委〔2021〕9 号 2021 年 3 月 11 日	
174	周光锡	永川区 2020 年度脱贫攻坚工作先进个人（奉献奖）	中共重庆市永川区委 重庆市永川区人民政府	永川委〔2021〕9 号 2021 年 3 月 11 日	
175	周承香（女）	永川区 2020 年度脱贫攻坚工作先进个人（奉献奖）	中共重庆市永川区委 重庆市永川区人民政府	永川委〔2021〕9 号 2021 年 3 月 11 日	
176	徐泽洋	永川区 2020 年度脱贫攻坚工作先进个人（奉献奖）	中共重庆市永川区委 重庆市永川区人民政府	永川委〔2021〕9 号 2021 年 3 月 11 日	
177	黄昊熹	永川区 2020 年度脱贫攻坚工作先进个人（奉献奖）	中共重庆市永川区委 重庆市永川区人民政府	永川委〔2021〕9 号 2021 年 3 月 11 日	
178	黄祖元	永川区 2020 年度脱贫攻坚工作先进个人（奉献奖）	中共重庆市永川区委 重庆市永川区人民政府	永川委〔2021〕9 号 2021 年 3 月 11 日	
179	龚恩能	永川区 2020 年度脱贫攻坚工作先进个人（奉献奖）	中共重庆市永川区委 重庆市永川区人民政府	永川委〔2021〕9 号 2021 年 3 月 11 日	
180	蔡明静（女）	永川区 2020 年度脱贫攻坚工作先进个人（奉献奖）	中共重庆市永川区委 重庆市永川区人民政府	永川委〔2021〕9 号 2021 年 3 月 11 日	
181	廖　波	永川区 2020 年度脱贫攻坚工作先进个人（奉献奖）	中共重庆市永川区委 重庆市永川区人民政府	永川委〔2021〕9 号 2021 年 3 月 11 日	
182	何世林	永川区创建国家卫生区工作先进个人	中共重庆市永川区委 重庆市永川区人民政府	永川委〔2021〕62 号 2021 年 7 月 14 日	
183	成福平	永川区创建国家卫生区工作先进个人	中共重庆市永川区委 重庆市永川区人民政府	永川委〔2021〕62 号 2021 年 7 月 14 日	
184	邓德权	永川区创建国家卫生区工作先进个人	中共重庆市永川区委 重庆市永川区人民政府	永川委〔2021〕62 号 2021 年 7 月 14 日	
185	谢源兵	永川区创建国家卫生区工作先进个人	中共重庆市永川区委 重庆市永川区人民政府	永川委〔2021〕62 号 2021 年 7 月 14 日	
186	蒋明刚	永川区创建国家卫生区工作先进个人	中共重庆市永川区委 重庆市永川区人民政府	永川委〔2021〕62 号 2021 年 7 月 14 日	

续表 8

序号	获奖个人	获奖名称	授奖单位	获奖时间及文号	备注
187	谭兴文	永川区创建国家卫生区工作先进个人	中共重庆市永川区委 重庆市永川区人民政府	永川委〔2021〕62 号 2021 年 7 月 14 日	
188	唐兴贵	永川区创建国家卫生区工作先进个人	中共重庆市永川区委 重庆市永川区人民政府	永川委〔2021〕62 号 2021 年 7 月 14 日	
189	唐中琼	永川区创建国家卫生区工作先进个人	中共重庆市永川区委 重庆市永川区人民政府	永川委〔2021〕62 号 2021 年 7 月 14 日	
190	邱腾飞	永川区创建国家卫生区工作先进个人	中共重庆市永川区委 重庆市永川区人民政府	永川委〔2021〕62 号 2021 年 7 月 14 日	
191	朱帮勇	永川区创建国家卫生区工作先进个人	中共重庆市永川区委 重庆市永川区人民政府	永川委〔2021〕62 号 2021 年 7 月 14 日	
192	胡叶英	永川区创建国家卫生区工作先进个人	中共重庆市永川区委 重庆市永川区人民政府	永川委〔2021〕62 号 2021 年 7 月 14 日	
193	王立建	永川区创建国家卫生区工作先进个人	中共重庆市永川区委 重庆市永川区人民政府	永川委〔2021〕62 号 2021 年 7 月 14 日	
194	陈 芳	永川区创建国家卫生区工作先进个人	中共重庆市永川区委 重庆市永川区人民政府	永川委〔2021〕62 号 2021 年 7 月 14 日	
195	孔 静	永川区创建国家卫生区工作先进个人	中共重庆市永川区委 重庆市永川区人民政府	永川委〔2021〕62 号 2021 年 7 月 14 日	
196	章自力	永川区创建国家卫生区工作先进个人	中共重庆市永川区委 重庆市永川区人民政府	永川委〔2021〕62 号 2021 年 7 月 14 日	
197	夏 勤	永川区创建国家卫生区工作先进个人	中共重庆市永川区委 重庆市永川区人民政府	永川委〔2021〕62 号 2021 年 7 月 14 日	
198	吴永凤	永川区创建国家卫生区工作先进个人	中共重庆市永川区委 重庆市永川区人民政府	永川委〔2021〕62 号 2021 年 7 月 14 日	
199	段东良	永川区创建国家卫生区工作先进个人	中共重庆市永川区委 重庆市永川区人民政府	永川委〔2021〕62 号 2021 年 7 月 14 日	
200	郭灵姗	永川区创建国家卫生区工作先进个人	中共重庆市永川区委 重庆市永川区人民政府	永川委〔2021〕62 号 2021 年 7 月 14 日	
201	王泽超	永川区创建国家卫生区工作先进个人	中共重庆市永川区委 重庆市永川区人民政府	永川委〔2021〕62 号 2021 年 7 月 14 日	
202	魏寿和	永川区创建国家卫生区工作先进个人	中共重庆市永川区委 重庆市永川区人民政府	永川委〔2021〕62 号 2021 年 7 月 14 日	
203	谭冬雪	永川区创建国家卫生区工作先进个人	中共重庆市永川区委 重庆市永川区人民政府	永川委〔2021〕62 号 2021 年 7 月 14 日	
204	陈远洋	永川区创建国家卫生区工作先进个人	中共重庆市永川区委 重庆市永川区人民政府	永川委〔2021〕62 号 2021 年 7 月 14 日	
205	管明建	永川区创建国家卫生区工作先进个人	中共重庆市永川区委 重庆市永川区人民政府	永川委〔2021〕62 号 2021 年 7 月 14 日	
206	甘忠明	永川区创建国家卫生区工作先进个人	中共重庆市永川区委 重庆市永川区人民政府	永川委〔2021〕62 号 2021 年 7 月 14 日	
207	刘 雷	永川区创建国家卫生区工作先进个人	中共重庆市永川区委 重庆市永川区人民政府	永川委〔2021〕62 号 2021 年 7 月 14 日	
208	刘义科	永川区创建国家卫生区工作先进个人	中共重庆市永川区委 重庆市永川区人民政府	永川委〔2021〕62 号 2021 年 7 月 14 日	
209	郑定坤	永川区创建国家卫生区工作先进个人	中共重庆市永川区委 重庆市永川区人民政府	永川委〔2021〕62 号 2021 年 7 月 14 日	

续表 8

序号	获奖个人	获奖名称	授奖单位	获奖时间及文号	备注
210	陈治友	永川区创建国家卫生区工作先进个人	中共重庆市永川区委 重庆市永川区人民政府	永川委〔2021〕62 号 2021 年 7 月 14 日	
211	涂 林	永川区创建国家卫生区工作先进个人	中共重庆市永川区委 重庆市永川区人民政府	永川委〔2021〕62 号 2021 年 7 月 14 日	
212	温绪珩	永川区创建国家卫生区工作先进个人	中共重庆市永川区委 重庆市永川区人民政府	永川委〔2021〕62 号 2021 年 7 月 14 日	
213	陈秋霖	永川区创建国家卫生区工作先进个人	中共重庆市永川区委 重庆市永川区人民政府	永川委〔2021〕62 号 2021 年 7 月 14 日	
214	叶祖祥	永川区创建国家卫生区工作先进个人	中共重庆市永川区委 重庆市永川区人民政府	永川委〔2021〕62 号 2021 年 7 月 14 日	
215	张 伟	永川区创建国家卫生区工作先进个人	中共重庆市永川区委 重庆市永川区人民政府	永川委〔2021〕62 号 2021 年 7 月 14 日	
216	张梓榆	永川区创建国家卫生区工作先进个人	中共重庆市永川区委 重庆市永川区人民政府	永川委〔2021〕62 号 2021 年 7 月 14 日	
217	黄 遂	永川区创建国家卫生区工作先进个人	中共重庆市永川区委 重庆市永川区人民政府	永川委〔2021〕62 号 2021 年 7 月 14 日	
218	张誉铖	永川区创建国家卫生区工作先进个人	中共重庆市永川区委 重庆市永川区人民政府	永川委〔2021〕62 号 2021 年 7 月 14 日	
219	曾德凤	永川区创建国家卫生区工作先进个人	中共重庆市永川区委 重庆市永川区人民政府	永川委〔2021〕62 号 2021 年 7 月 14 日	
220	程 磊	永川区创建国家卫生区工作先进个人	中共重庆市永川区委 重庆市永川区人民政府	永川委〔2021〕62 号 2021 年 7 月 14 日	
221	曾 伟	永川区创建国家卫生区工作先进个人	中共重庆市永川区委 重庆市永川区人民政府	永川委〔2021〕62 号 2021 年 7 月 14 日	
222	李文华	永川区创建国家卫生区工作先进个人	中共重庆市永川区委 重庆市永川区人民政府	永川委〔2021〕62 号 2021 年 7 月 14 日	
223	刘恒屹	永川区创建国家卫生区工作先进个人	中共重庆市永川区委 重庆市永川区人民政府	永川委〔2021〕62 号 2021 年 7 月 14 日	
224	徐 征	永川区创建国家卫生区工作先进个人	中共重庆市永川区委 重庆市永川区人民政府	永川委〔2021〕62 号 2021 年 7 月 14 日	
225	邹光明	永川区创建国家卫生区工作先进个人	中共重庆市永川区委 重庆市永川区人民政府	永川委〔2021〕62 号 2021 年 7 月 14 日	
226	张明春	永川区创建国家卫生区工作先进个人	中共重庆市永川区委 重庆市永川区人民政府	永川委〔2021〕62 号 2021 年 7 月 14 日	
227	伍 健	永川区创建国家卫生区工作先进个人	中共重庆市永川区委 重庆市永川区人民政府	永川委〔2021〕62 号 2021 年 7 月 14 日	
228	朱 丹	永川区创建国家卫生区工作先进个人	中共重庆市永川区委 重庆市永川区人民政府	永川委〔2021〕62 号 2021 年 7 月 14 日	
229	唐宗良	永川区创建国家卫生区工作先进个人	中共重庆市永川区委 重庆市永川区人民政府	永川委〔2021〕62 号 2021 年 7 月 14 日	
230	廖永芳	永川区创建国家卫生区工作先进个人	中共重庆市永川区委 重庆市永川区人民政府	永川委〔2021〕62 号 2021 年 7 月 14 日	
231	金会麟	永川区创建国家卫生区工作先进个人	中共重庆市永川区委 重庆市永川区人民政府	永川委〔2021〕62 号 2021 年 7 月 14 日	
232	黎雪丰	永川区创建国家卫生区工作先进个人	中共重庆市永川区委 重庆市永川区人民政府	永川委〔2021〕62 号 2021 年 7 月 14 日	

续表 8

序号	获奖个人	获奖名称	授奖单位	获奖时间及文号	备注
233	叶 江	永川区创建国家卫生区工作先进个人	中共重庆市永川区委 重庆市永川区人民政府	永川委〔2021〕62 号 2021 年 7 月 14 日	
234	张自明	永川区创建国家卫生区工作先进个人	中共重庆市永川区委 重庆市永川区人民政府	永川委〔2021〕62 号 2021 年 7 月 14 日	
235	高晓军	永川区创建国家卫生区工作先进个人	中共重庆市永川区委 重庆市永川区人民政府	永川委〔2021〕62 号 2021 年 7 月 14 日	
236	陈尚兵	永川区创建国家卫生区工作先进个人	中共重庆市永川区委 重庆市永川区人民政府	永川委〔2021〕62 号 2021 年 7 月 14 日	
237	李青宸	永川区创建国家卫生区工作先进个人	中共重庆市永川区委 重庆市永川区人民政府	永川委〔2021〕62 号 2021 年 7 月 14 日	
238	林 镭	永川区创建国家卫生区工作先进个人	中共重庆市永川区委 重庆市永川区人民政府	永川委〔2021〕62 号 2021 年 7 月 14 日	
239	刘小芳	永川区创建国家卫生区工作先进个人	中共重庆市永川区委 重庆市永川区人民政府	永川委〔2021〕62 号 2021 年 7 月 14 日	
240	贺 兰	永川区创建国家卫生区工作先进个人	中共重庆市永川区委 重庆市永川区人民政府	永川委〔2021〕62 号 2021 年 7 月 14 日	
241	唐 建	永川区创建国家卫生区工作先进个人	中共重庆市永川区委 重庆市永川区人民政府	永川委〔2021〕62 号 2021 年 7 月 14 日	
242	曾宪政	永川区创建国家卫生区工作先进个人	中共重庆市永川区委 重庆市永川区人民政府	永川委〔2021〕62 号 2021 年 7 月 14 日	
243	吴 丹	永川区创建国家卫生区工作先进个人	中共重庆市永川区委 重庆市永川区人民政府	永川委〔2021〕62 号 2021 年 7 月 14 日	
244	杨彦华	永川区创建国家卫生区工作先进个人	中共重庆市永川区委 重庆市永川区人民政府	永川委〔2021〕62 号 2021 年 7 月 14 日	
245	钟其文	永川区创建国家卫生区工作先进个人	中共重庆市永川区委 重庆市永川区人民政府	永川委〔2021〕62 号 2021 年 7 月 14 日	
246	王 飞	永川区创建国家卫生区工作先进个人	中共重庆市永川区委 重庆市永川区人民政府	永川委〔2021〕62 号 2021 年 7 月 14 日	
247	徐静秋	永川区创建国家卫生区工作先进个人	中共重庆市永川区委 重庆市永川区人民政府	永川委〔2021〕62 号 2021 年 7 月 14 日	
248	鄢家勇	永川区创建国家卫生区工作先进个人	中共重庆市永川区委 重庆市永川区人民政府	永川委〔2021〕62 号 2021 年 7 月 14 日	
249	曾婷婷	永川区创建国家卫生区工作先进个人	中共重庆市永川区委 重庆市永川区人民政府	永川委〔2021〕62 号 2021 年 7 月 14 日	
250	赵 静	永川区创建国家卫生区工作先进个人	中共重庆市永川区委 重庆市永川区人民政府	永川委〔2021〕62 号 2021 年 7 月 14 日	
251	陈 煜	永川区创建国家卫生区工作先进个人	中共重庆市永川区委 重庆市永川区人民政府	永川委〔2021〕62 号 2021 年 7 月 14 日	
252	梁 芳	永川区创建国家卫生区工作先进个人	中共重庆市永川区委 重庆市永川区人民政府	永川委〔2021〕62 号 2021 年 7 月 14 日	
253	陈富英	永川区创建国家卫生区工作先进个人	中共重庆市永川区委 重庆市永川区人民政府	永川委〔2021〕62 号 2021 年 7 月 14 日	
254	王永政	永川区创建国家卫生区工作先进个人	中共重庆市永川区委 重庆市永川区人民政府	永川委〔2021〕62 号 2021 年 7 月 14 日	
255	尹道书	永川区创建国家卫生区工作先进个人	中共重庆市永川区委 重庆市永川区人民政府	永川委〔2021〕62 号 2021 年 7 月 14 日	

续表 8

序号	获奖个人	获奖名称	授奖单位	获奖时间及文号	备注
256	严月晗	永川区创建国家卫生区工作先进个人	中共重庆市永川区委 重庆市永川区人民政府	永川委〔2021〕62 号 2021 年 7 月 14 日	
257	周宝佳	永川区创建国家卫生区工作先进个人	中共重庆市永川区委 重庆市永川区人民政府	永川委〔2021〕62 号 2021 年 7 月 14 日	
258	黄 彤	永川区创建国家卫生区工作先进个人	中共重庆市永川区委 重庆市永川区人民政府	永川委〔2021〕62 号 2021 年 7 月 14 日	
259	李 林	永川区创建国家卫生区工作先进个人	中共重庆市永川区委 重庆市永川区人民政府	永川委〔2021〕62 号 2021 年 7 月 14 日	
260	张静雅	永川区创建国家卫生区工作先进个人	中共重庆市永川区委 重庆市永川区人民政府	永川委〔2021〕62 号 2021 年 7 月 14 日	
261	陈 奕	永川区创建国家卫生区工作先进个人	中共重庆市永川区委 重庆市永川区人民政府	永川委〔2021〕62 号 2021 年 7 月 14 日	
262	侯 静	永川区创建国家卫生区工作先进个人	中共重庆市永川区委 重庆市永川区人民政府	永川委〔2021〕62 号 2021 年 7 月 14 日	
263	谢应友	永川区创建国家卫生区工作先进个人	中共重庆市永川区委 重庆市永川区人民政府	永川委〔2021〕62 号 2021 年 7 月 14 日	
264	王蜀平	永川区创建国家卫生区工作先进个人	中共重庆市永川区委 重庆市永川区人民政府	永川委〔2021〕62 号 2021 年 7 月 14 日	
265	罗 燕	永川区创建国家卫生区工作先进个人	中共重庆市永川区委 重庆市永川区人民政府	永川委〔2021〕62 号 2021 年 7 月 14 日	
266	林秋珍	永川区创建国家卫生区工作先进个人	中共重庆市永川区委 重庆市永川区人民政府	永川委〔2021〕62 号 2021 年 7 月 14 日	
267	禹宁静	永川区创建国家卫生区工作先进个人	中共重庆市永川区委 重庆市永川区人民政府	永川委〔2021〕62 号 2021 年 7 月 14 日	
268	李世红	永川区创建国家卫生区工作先进个人	中共重庆市永川区委 重庆市永川区人民政府	永川委〔2021〕62 号 2021 年 7 月 14 日	
269	陈显达	永川区创建国家卫生区工作先进个人	中共重庆市永川区委 重庆市永川区人民政府	永川委〔2021〕62 号 2021 年 7 月 14 日	
270	杨 波	永川区创建国家卫生区工作先进个人	中共重庆市永川区委 重庆市永川区人民政府	永川委〔2021〕62 号 2021 年 7 月 14 日	
271	蔡兴隆	永川区创建国家卫生区工作先进个人	中共重庆市永川区委 重庆市永川区人民政府	永川委〔2021〕62 号 2021 年 7 月 14 日	
272	朴雅庆	永川区创建国家卫生区工作先进个人	中共重庆市永川区委 重庆市永川区人民政府	永川委〔2021〕62 号 2021 年 7 月 14 日	
273	刘代江	永川区创建国家卫生区工作先进个人	中共重庆市永川区委 重庆市永川区人民政府	永川委〔2021〕62 号 2021 年 7 月 14 日	
274	赵希友	永川区创建国家卫生区工作先进个人	中共重庆市永川区委 重庆市永川区人民政府	永川委〔2021〕62 号 2021 年 7 月 14 日	
275	张 毅	永川区创建国家卫生区工作先进个人	中共重庆市永川区委 重庆市永川区人民政府	永川委〔2021〕62 号 2021 年 7 月 14 日	
276	阳 晓	永川区创建国家卫生区工作先进个人	中共重庆市永川区委 重庆市永川区人民政府	永川委〔2021〕62 号 2021 年 7 月 14 日	
277	张志军	永川区创建国家卫生区工作先进个人	中共重庆市永川区委 重庆市永川区人民政府	永川委〔2021〕62 号 2021 年 7 月 14 日	
278	陈杏沅	永川区创建国家卫生区工作先进个人	中共重庆市永川区委 重庆市永川区人民政府	永川委〔2021〕62 号 2021 年 7 月 14 日	

续表 8

序号	获奖个人	获奖名称	授奖单位	获奖时间及文号	备注
279	喻文龙	永川区创建国家卫生区工作先进个人	中共重庆市永川区委 重庆市永川区人民政府	永川委〔2021〕62 号 2021 年 7 月 14 日	
280	陈兴燕	永川区创建国家卫生区工作先进个人	中共重庆市永川区委 重庆市永川区人民政府	永川委〔2021〕62 号 2021 年 7 月 14 日	
281	胡雯雯	永川区创建国家卫生区工作先进个人	中共重庆市永川区委 重庆市永川区人民政府	永川委〔2021〕62 号 2021 年 7 月 14 日	
282	陈 林	永川区临江河流域综合整治工作先进个人	中共重庆市永川区委 重庆市永川区人民政府	永川委〔2021〕63 号 2021 年 7 月 14 日	
283	何 清	永川区临江河流域综合整治工作先进个人	中共重庆市永川区委 重庆市永川区人民政府	2021 年 7 月 14 日 永川委〔2021〕63 号	
284	王国梅	永川区临江河流域综合整治工作先进个人	中共重庆市永川区委 重庆市永川区人民政府	2021 年 7 月 14 日 永川委〔2021〕63 号	
285	唐中力	永川区临江河流域综合整治工作先进个人	中共重庆市永川区委 重庆市永川区人民政府	2021 年 7 月 14 日 永川委〔2021〕63 号	
286	龙晓燕	永川区临江河流域综合整治工作先进个人	中共重庆市永川区委 重庆市永川区人民政府	2021 年 7 月 14 日 永川委〔2021〕63 号	
287	杨璐萤	永川区临江河流域综合整治工作先进个人	中共重庆市永川区委 重庆市永川区人民政府	2021 年 7 月 14 日 永川委〔2021〕63 号	
288	张 力	永川区临江河流域综合整治工作先进个人	中共重庆市永川区委 重庆市永川区人民政府	2021 年 7 月 14 日 永川委〔2021〕63 号	
289	杨 雷	永川区临江河流域综合整治工作先进个人	中共重庆市永川区委 重庆市永川区人民政府	2021 年 7 月 14 日 永川委〔2021〕63 号	
290	苟晓梅	永川区临江河流域综合整治工作先进个人	中共重庆市永川区委 重庆市永川区人民政府	2021 年 7 月 14 日 永川委〔2021〕63 号	
291	许 彬	永川区临江河流域综合整治工作先进个人	中共重庆市永川区委 重庆市永川区人民政府	2021 年 7 月 14 日 永川委〔2021〕63 号	
292	宋开颜	永川区临江河流域综合整治工作先进个人	中共重庆市永川区委 重庆市永川区人民政府	2021 年 7 月 14 日 永川委〔2021〕63 号	
293	钟 强	永川区临江河流域综合整治工作先进个人	中共重庆市永川区委 重庆市永川区人民政府	2021 年 7 月 14 日 永川委〔2021〕63 号	
294	尧华霖	永川区临江河流域综合整治工作先进个人	中共重庆市永川区委 重庆市永川区人民政府	2021 年 7 月 14 日 永川委〔2021〕63 号	
295	张正财	永川区临江河流域综合整治工作先进个人	中共重庆市永川区委 重庆市永川区人民政府	2021 年 7 月 14 日 永川委〔2021〕63 号	
296	瞿 江	永川区临江河流域综合整治工作先进个人	中共重庆市永川区委 重庆市永川区人民政府	2021 年 7 月 14 日 永川委〔2021〕63 号	
297	黄海东	永川区临江河流域综合整治工作先进个人	中共重庆市永川区委 重庆市永川区人民政府	2021 年 7 月 14 日 永川委〔2021〕63 号	
298	刘声科	永川区临江河流域综合整治工作先进个人	中共重庆市永川区委 重庆市永川区人民政府	2021 年 7 月 14 日 永川委〔2021〕63 号	
299	喻身兵	永川区临江河流域综合整治工作先进个人	中共重庆市永川区委 重庆市永川区人民政府	2021 年 7 月 14 日 永川委〔2021〕63 号	
300	屈 英	永川区临江河流域综合整治工作先进个人	中共重庆市永川区委 重庆市永川区人民政府	2021 年 7 月 14 日 永川委〔2021〕63 号	
301	卢 勇	永川区临江河流域综合整治工作先进个人	中共重庆市永川区委 重庆市永川区人民政府	2021 年 7 月 14 日 永川委〔2021〕63 号	

续表 8

序号	获奖个人	获奖名称	授奖单位	获奖时间及文号	备注
302	陈朝勇	永川区临江河流域综合整治工作先进个人	中共重庆市永川区委 重庆市永川区人民政府	2021 年 7 月 14 日 永川委〔2021〕63 号	
303	王 杰	永川区临江河流域综合整治工作先进个人	中共重庆市永川区委 重庆市永川区人民政府	2021 年 7 月 14 日 永川委〔2021〕63 号	
304	赵晓燕	永川区临江河流域综合整治工作先进个人	中共重庆市永川区委 重庆市永川区人民政府	2021 年 7 月 14 日 永川委〔2021〕63 号	
305	易福华	永川区临江河流域综合整治工作先进个人	中共重庆市永川区委 重庆市永川区人民政府	2021 年 7 月 14 日 永川委〔2021〕63 号	
306	樊时勇	永川区临江河流域综合整治工作先进个人	中共重庆市永川区委 重庆市永川区人民政府	2021 年 7 月 14 日 永川委〔2021〕63 号	
307	冷先红	永川区临江河流域综合整治工作先进个人	中共重庆市永川区委 重庆市永川区人民政府	2021 年 7 月 14 日 永川委〔2021〕63 号	
308	肖必中	永川区临江河流域综合整治工作先进个人	中共重庆市永川区委 重庆市永川区人民政府	2021 年 7 月 14 日 永川委〔2021〕63 号	
309	陈钟强	永川区临江河流域综合整治工作先进个人	中共重庆市永川区委 重庆市永川区人民政府	2021 年 7 月 14 日 永川委〔2021〕63 号	
310	蒋四海	永川区临江河流域综合整治工作先进个人	中共重庆市永川区委 重庆市永川区人民政府	2021 年 7 月 14 日 永川委〔2021〕63 号	
311	王存开	永川区临江河流域综合整治工作先进个人	中共重庆市永川区委 重庆市永川区人民政府	2021 年 7 月 14 日 永川委〔2021〕63 号	
312	雷跃华	永川区临江河流域综合整治工作先进个人	中共重庆市永川区委 重庆市永川区人民政府	2021 年 7 月 14 日 永川委〔2021〕63 号	
313	王兴峰	永川区临江河流域综合整治工作先进个人	中共重庆市永川区委 重庆市永川区人民政府	2021 年 7 月 14 日 永川委〔2021〕63 号	
314	林千顺	永川区临江河流域综合整治工作先进个人	中共重庆市永川区委 重庆市永川区人民政府	2021 年 7 月 14 日 永川委〔2021〕63 号	
315	代永燕	永川区临江河流域综合整治工作先进个人	中共重庆市永川区委 重庆市永川区人民政府	2021 年 7 月 14 日 永川委〔2021〕63 号	
316	龙远红	永川区临江河流域综合整治工作先进个人	中共重庆市永川区委 重庆市永川区人民政府	2021 年 7 月 14 日 永川委〔2021〕63 号	
317	胡显全	永川区临江河流域综合整治工作先进个人	中共重庆市永川区委 重庆市永川区人民政府	2021 年 7 月 14 日 永川委〔2021〕63 号	
318	罗 捷	永川区临江河流域综合整治工作先进个人	中共重庆市永川区委 重庆市永川区人民政府	2021 年 7 月 14 日 永川委〔2021〕63 号	
319	陈明举	永川区临江河流域综合整治工作先进个人	中共重庆市永川区委 重庆市永川区人民政府	2021 年 7 月 14 日 永川委〔2021〕63 号	
320	曾令凤	永川区临江河流域综合整治工作先进个人	中共重庆市永川区委 重庆市永川区人民政府	2021 年 7 月 14 日 永川委〔2021〕63 号	
321	左兴波	永川区临江河流域综合整治工作先进个人	中共重庆市永川区委 重庆市永川区人民政府	2021 年 7 月 14 日 永川委〔2021〕63 号	
322	王德刚	永川区临江河流域综合整治工作先进个人	中共重庆市永川区委 重庆市永川区人民政府	2021 年 7 月 14 日 永川委〔2021〕63 号	
323	李培彬	永川区临江河流域综合整治工作先进个人	中共重庆市永川区委 重庆市永川区人民政府	2021 年 7 月 14 日 永川委〔2021〕63 号	
324	刘 波	永川区临江河流域综合整治工作先进个人	中共重庆市永川区委 重庆市永川区人民政府	2021 年 7 月 14 日 永川委〔2021〕63 号	

续表 8

序号	获奖个人	获奖名称	授奖单位	获奖时间及文号	备注
325	杜 亮	永川区临江河流域综合整治工作先进个人	中共重庆市永川区委 重庆市永川区人民政府	2021 年 7 月 14 日 永川委〔2021〕63 号	
326	刘洪君	永川区临江河流域综合整治工作先进个人	中共重庆市永川区委 重庆市永川区人民政府	2021 年 7 月 14 日 永川委〔2021〕63 号	
327	李国琼	永川区临江河流域综合整治工作先进个人	中共重庆市永川区委 重庆市永川区人民政府	2021 年 7 月 14 日 永川委〔2021〕63 号	
328	张 静	永川区临江河流域综合整治工作先进个人	中共重庆市永川区委 重庆市永川区人民政府	2021 年 7 月 14 日 永川委〔2021〕63 号	
329	姚明生	永川区临江河流域综合整治工作先进个人	中共重庆市永川区委 重庆市永川区人民政府	2021 年 7 月 14 日 永川委〔2021〕63 号	
330	张 建	永川区临江河流域综合整治工作先进个人	中共重庆市永川区委 重庆市永川区人民政府	2021 年 7 月 14 日 永川委〔2021〕63 号	
331	张正东	永川区临江河流域综合整治工作先进个人	中共重庆市永川区委 重庆市永川区人民政府	2021 年 7 月 14 日 永川委〔2021〕63 号	
332	钟 燕	永川区临江河流域综合整治工作先进个人	中共重庆市永川区委 重庆市永川区人民政府	2021 年 7 月 14 日 永川委〔2021〕63 号	
333	孔令祥	永川区临江河流域综合整治工作先进个人	中共重庆市永川区委 重庆市永川区人民政府	2021 年 7 月 14 日 永川委〔2021〕63 号	
334	赵巧波	永川区临江河流域综合整治工作先进个人	中共重庆市永川区委 重庆市永川区人民政府	2021 年 7 月 14 日 永川委〔2021〕63 号	
335	蒋婷婷	永川区临江河流域综合整治工作先进个人	中共重庆市永川区委 重庆市永川区人民政府	2021 年 7 月 14 日 永川委〔2021〕63 号	
336	杨 爽	永川区临江河流域综合整治工作先进个人	中共重庆市永川区委 重庆市永川区人民政府	2021 年 7 月 14 日 永川委〔2021〕63 号	
337	刘代忠	永川区临江河流域综合整治工作先进个人	中共重庆市永川区委 重庆市永川区人民政府	2021 年 7 月 14 日 永川委〔2021〕63 号	
338	唐 凯	永川区临江河流域综合整治工作先进个人	中共重庆市永川区委 重庆市永川区人民政府	2021 年 7 月 14 日 永川委〔2021〕63 号	
339	王晓辉	永川区临江河流域综合整治工作先进个人	中共重庆市永川区委 重庆市永川区人民政府	2021 年 7 月 14 日 永川委〔2021〕63 号	
340	陈新文	永川区临江河流域综合整治工作先进个人	中共重庆市永川区委 重庆市永川区人民政府	2021 年 7 月 14 日 永川委〔2021〕63 号	
341	刘扬华	永川区临江河流域综合整治工作先进个人	中共重庆市永川区委 重庆市永川区人民政府	2021 年 7 月 14 日 永川委〔2021〕63 号	
342	康君君	永川区临江河流域综合整治工作先进个人	中共重庆市永川区委 重庆市永川区人民政府	2021 年 7 月 14 日 永川委〔2021〕63 号	
343	赵肖童	永川区临江河流域综合整治工作先进个人	中共重庆市永川区委 重庆市永川区人民政府	2021 年 7 月 14 日 永川委〔2021〕63 号	
344	刘晓倩	永川区临江河流域综合整治工作先进个人	中共重庆市永川区委 重庆市永川区人民政府	2021 年 7 月 14 日 永川委〔2021〕63 号	
345	李华栋	永川区临江河流域综合整治工作先进个人	中共重庆市永川区委 重庆市永川区人民政府	2021 年 7 月 14 日 永川委〔2021〕63 号	
346	廖 俊	永川区临江河流域综合整治工作先进个人	中共重庆市永川区委 重庆市永川区人民政府	2021 年 7 月 14 日 永川委〔2021〕63 号	
347	何建华	永川区临江河流域综合整治工作先进个人	中共重庆市永川区委 重庆市永川区人民政府	2021 年 7 月 14 日 永川委〔2021〕63 号	

续表 8

序号	获奖个人	获奖名称	授奖单位	获奖时间及文号	备注
348	李章云	永川区临江河流域综合整治工作先进个人	中共重庆市永川区委 重庆市永川区人民政府	2021 年 7 月 14 日 永川委〔2021〕63 号	
349	童 苗	永川区临江河流域综合整治工作先进个人	中共重庆市永川区委 重庆市永川区人民政府	2021 年 7 月 14 日 永川委〔2021〕63 号	
350	宋德富	永川区临江河流域综合整治工作先进个人	中共重庆市永川区委 重庆市永川区人民政府	2021 年 7 月 14 日 永川委〔2021〕63 号	
351	屈长青	永川区临江河流域综合整治工作先进个人	中共重庆市永川区委 重庆市永川区人民政府	2021 年 7 月 14 日 永川委〔2021〕63 号	
352	张文莉	永川区临江河流域综合整治工作先进个人	中共重庆市永川区委 重庆市永川区人民政府	2021 年 7 月 14 日 永川委〔2021〕63 号	
353	黄 星	永川区临江河流域综合整治工作先进个人	中共重庆市永川区委 重庆市永川区人民政府	2021 年 7 月 14 日 永川委〔2021〕63 号	
354	晏明金	永川区临江河流域综合整治工作先进个人	中共重庆市永川区委 重庆市永川区人民政府	2021 年 7 月 14 日 永川委〔2021〕63 号	
355	贾顺扬	永川区临江河流域综合整治工作先进个人	中共重庆市永川区委 重庆市永川区人民政府	2021 年 7 月 14 日 永川委〔2021〕63 号	
356	吴元茂	永川区临江河流域综合整治工作先进个人	中共重庆市永川区委 重庆市永川区人民政府	2021 年 7 月 14 日 永川委〔2021〕63 号	
357	周建平	永川区临江河流域综合整治工作先进个人	中共重庆市永川区委 重庆市永川区人民政府	2021 年 7 月 14 日 永川委〔2021〕63 号	
358	杜汶隆	永川区临江河流域综合整治工作先进个人	中共重庆市永川区委 重庆市永川区人民政府	2021 年 7 月 14 日 永川委〔2021〕63 号	
359	李廷兵	永川区临江河流域综合整治工作先进个人	中共重庆市永川区委 重庆市永川区人民政府	2021 年 7 月 14 日 永川委〔2021〕63 号	
360	苟长华	永川区临江河流域综合整治工作先进个人	中共重庆市永川区委 重庆市永川区人民政府	2021 年 7 月 14 日 永川委〔2021〕63 号	
361	张川衡	永川区临江河流域综合整治工作先进个人	中共重庆市永川区委 重庆市永川区人民政府	2021 年 7 月 14 日 永川委〔2021〕63 号	
362	黄 晓	永川区临江河流域综合整治工作先进个人	中共重庆市永川区委 重庆市永川区人民政府	2021 年 7 月 14 日 永川委〔2021〕63 号	
363	侯长容	永川区临江河流域综合整治工作先进个人	中共重庆市永川区委 重庆市永川区人民政府	2021 年 7 月 14 日 永川委〔2021〕63 号	
364	郑 强	永川区临江河流域综合整治工作先进个人	中共重庆市永川区委 重庆市永川区人民政府	2021 年 7 月 14 日 永川委〔2021〕63 号	
365	张样盛	永川区临江河流域综合整治工作先进个人	中共重庆市永川区委 重庆市永川区人民政府	2021 年 7 月 14 日 永川委〔2021〕63 号	
366	廖 勇	永川区临江河流域综合整治工作先进个人	中共重庆市永川区委 重庆市永川区人民政府	2021 年 7 月 14 日 永川委〔2021〕63 号	
367	申亚军	永川区临江河流域综合整治工作先进个人	中共重庆市永川区委 重庆市永川区人民政府	2021 年 7 月 14 日 永川委〔2021〕63 号	
368	刘 果	永川区临江河流域综合整治工作先进个人	中共重庆市永川区委 重庆市永川区人民政府	2021 年 7 月 14 日 永川委〔2021〕63 号	
369	周 茜	永川区临江河流域综合整治工作先进个人	中共重庆市永川区委 重庆市永川区人民政府	2021 年 7 月 14 日 永川委〔2021〕63 号	
370	周仲实	永川区临江河流域综合整治工作先进个人	中共重庆市永川区委 重庆市永川区人民政府	2021 年 7 月 14 日 永川委〔2021〕63 号	

续表 8

序号	获奖个人	获奖名称	授奖单位	获奖时间及文号	备注
371	袁长富	永川区临江河流域综合整治工作先进个人	中共重庆市永川区委 重庆市永川区人民政府	2021 年 7 月 14 日 永川委〔2021〕63 号	
372	潘永均	永川区临江河流域综合整治工作先进个人	中共重庆市永川区委 重庆市永川区人民政府	2021 年 7 月 14 日 永川委〔2021〕63 号	
373	荣继超	永川区临江河流域综合整治工作先进个人	中共重庆市永川区委 重庆市永川区人民政府	2021 年 7 月 14 日 永川委〔2021〕63 号	
374	肖成建	永川区临江河流域综合整治工作先进个人	中共重庆市永川区委 重庆市永川区人民政府	2021 年 7 月 14 日 永川委〔2021〕63 号	
375	唐宗良	永川区临江河流域综合整治工作先进个人	中共重庆市永川区委 重庆市永川区人民政府	2021 年 7 月 14 日 永川委〔2021〕63 号	
376	华 昊	永川区临江河流域综合整治工作先进个人	中共重庆市永川区委 重庆市永川区人民政府	2021 年 7 月 14 日 永川委〔2021〕63 号	
377	陈 炜	永川区临江河流域综合整治工作先进个人	中共重庆市永川区委 重庆市永川区人民政府	2021 年 7 月 14 日 永川委〔2021〕63 号	
378	王 皓	永川区临江河流域综合整治工作先进个人	中共重庆市永川区委 重庆市永川区人民政府	2021 年 7 月 14 日 永川委〔2021〕63 号	
379	王 华	永川区临江河流域综合整治工作先进个人	中共重庆市永川区委 重庆市永川区人民政府	2021 年 7 月 14 日 永川委〔2021〕63 号	
380	谷照高	永川区临江河流域综合整治工作先进个人	中共重庆市永川区委 重庆市永川区人民政府	2021 年 7 月 14 日 永川委〔2021〕63 号	
381	范小勇	永川区临江河流域综合整治工作先进个人	中共重庆市永川区委 重庆市永川区人民政府	2021 年 7 月 14 日 永川委〔2021〕63 号	

（区委办公室）

重庆市永川区人民代表大会常务委员会工作报告

——在重庆市永川区第十七届人民代表大会第六次会议上

重庆市永川区人大常委会主任 王志飞

（2021年1月28日）

2020年的主要工作

2020年是极不平凡的一年。一年来，区人大常委会坚持以习近平新时代中国特色社会主义思想为指导，深入贯彻党的十九大和十九届二中三中四中五中全会精神，贯彻落实习近平总书记对重庆提出的营造良好政治生态，坚持“两点”定位、“两地”“两高”目标，发挥“三个作用”和推动成渝地区双城经济圈建设等重要指示要求，在区委的坚强领导下，围绕中心、服务大局，依法履职、积极作为。全年共召开常委会会议9次，作出决议决定8项，听取审议专项工作报告16项，开展执法检查2项，开展工作评议1项，圆满完成区十七届人大四次、五次会议确定的各项任务，荣获市人大代表工作先进集体称号，纪念永川人大设立常委会40周年专题片获评市人大常委会公民报刊社优秀奖和最佳人气奖。

一、围绕政治建设，突出政治站位，始终把党的领导贯穿人大工作全过程

始终旗帜鲜明讲政治，自觉做到党委有部署、人大有行动，把党的领导贯穿到人大工作全过程和各方面。

持续深化理论武装。深入学习贯彻习近平新时代中国特色社会主义思想，及时跟进学习习近平总书记系列重要讲话重要指示精神，进一步增强“四个意识”、坚定“四个自信”、做到“两个维护”，自觉在思想上政治上行动上同以习近平同志为核心的党中央保持高度一致。贯彻落实习近平总书记关于坚持和完善人民代表大会制度的重要思想，深刻领会习近平法治思想，系统学习、深入研究、对表贯彻，用党的创新理论武装头脑、指导实践、推动工作。

坚决落实区委部署要求。坚持围绕中心、服务大局，根据区委决策部署安排人大工作，按照区委指示意见抓好贯彻落实。围绕成渝地区双城经济圈建设，与泸州市人大常委会签订合作协议，建立了两地人大协同推动川渝融合发展示范区建设的工作机制。紧扣脱贫攻坚、河长制、全国文明城区创建、招商引资等重点工作，常委会班子成员深入镇街“挂牌督办”，加强调研督导，抓好协调统筹，推动相关工作取得明显成效。赴浙江、上海等地学习考察“最多跑一次（地）”改革，走访星星冷链、雅迪摩托等企业总部，向区委提出持续优化营商环境的考察建议，助力我区招商引资工作。

全力支持疫情防控和复工复产。及时转发市人大常委会关于依法全力开展新冠肺炎疫情防控工作的决定，支持“一府一委两院”依法开展疫情防控和应急处置。向全区人大代表和人大工作者发出公开信，组织动员人大系统投身疫情防控。常委会班子成员按照区委要求到联系镇街开展多轮督导，督促抓好疫情防控与复工复学。镇街人大在同级党委领导下，为疫情防控和经济复苏做了大量工作。全区各级人大代表278人次踊跃捐款捐物350余万元，为打赢疫情防控阻击战做出了积极贡献。

二、围绕中心工作，突出问题导向，着力增强人大监督工作实效

围绕全区中心工作和民生关切，着力提升监督工作实效，助推经济社会高质量发展，助力改革发展稳定大局。

紧扣经济高质量发展开展监督。常委会主任会议听取“十四五”规划和二〇三五年远景目标纲要编制情况报告，就规划编制工作提出建议意见。听取审议上半年国民经济和社会发展计划执行情况报告，听取十七届人大四次会议通过的政府工作报告重点工作任务半年完成情况报告，提出统筹

推进疫情防控与经济社会发展、严格落实减税降费政策、挖掘释放内需潜力、切实保障基本民生等审议意见，推动落实“六保”任务、做好“六稳工作”。审议国有资产管理情况综合报告，听取审议企业国有资产管理情况专项报告，督促区政府进一步强化国有资本监管、完善考核评价体系、改革人事制度，做大做优做强国有企业，促进国有资产规范管理、高效运营。助力重点产业和重点项目建设，专题调研大数据产业发展情况，集中视察重点产业集群发展和财经类重点项目推进情况，提出科学制定规划、加大产业扶持力度，加快共享开放、带动产业集聚发展，融合创新应用、延伸产业发展链条等建议。听取综合交通运输“十三五”发展规划实施情况报告，推动发展安全、便捷、高效、绿色现代综合交通运输体系。持续关注旅游产业发展，督促加快松溉古镇、茶山竹海景区打造。视察职业技能提升行动实施情况，助力提升职业教育发展水平。

紧扣财政高绩效运行开展监督。听取审议2019年度决算报告、2020年上半年预算执行情况报告、2020年预算调整报告，依法作出批准2019年度决算和2020年预算调整方案的决议。听取审议审计报告和审计查出问题整改情况的报告，认真贯彻执行区委审计委员会《审计整改跟踪督查办法》，推动相关单位整改问题金额9.07亿元，同步完善制度34项，促进深化审计监督、提高依法理财水平。认真开展预算审查监督重点向支出预算和政策拓展工作，深化预算联网实时监督，加强大数据分析，动态监控预算执行环节的潜在风险点，督促部门及时整改工作，强化预算执行约束。严格贯彻预算法，对全区各部门单位595个预算项目全过程公开评审，通过评审调整项目152个、调减金额3.74亿元，取消项目39个金额2.51亿元。

紧扣创造高品质生活开展监督。助力打好污染防治攻坚战。按市区人大上下联动要求，对区政府水污染防治工作情况开展专项评议。针对水污染源头治理力度需要进一步加大、污水处理设施建设运维存在短板、水污染执法监管力度不够、工作体制机制有待完善等突出问题，提出有效降低农业面源污染、综合防治工业污染、加快修复流域生态、全面排查污水管网、强化综合监管执法、健全水污染防治保障体系等审议意见，交区政府研究处理。听取审议农村人居环境整治情况报告，集中视察全区“两不愁三保障”情况，督促政府统筹整合各方资源，坚持规划引领，注重示范带动，加快补齐短板，推进农村垃圾、污水、厕所专项整治“三大革命”，让农村居民在乡村振兴中更有获得感。听取审议基本公共文化服务建设情况报告，调研汉东古城保护开发工作，助力文化强区建设，更好满足人民群众日益增长的文化需求。听取环境状况和环境保护目标完成情况报告，坚持生态优先、绿色发展，加大生态环境保护力度。专题调研饮用水水源地规范化建设、城市公园建设管理、社区居家养老情况，建议区政府优化饮用水水源地布局保障饮水安全，提升城市公园品质满足市民游憩需求，大力发展居家养老破解老有所养难题。

紧扣社会高效能治理开展监督。助推法治永川建设，听取法治政府建设情况报告，围绕我区法治政府建设实施方案落实情况深入调研、提出建议。开展律师法执法检查，要求有关方面加强律师执业监管、保障律师执业权利、加强律师队伍建设，“一府两院”认真研究落实执法检查审议意见，律师执业环境进一步优化，队伍建设进一步强化。开展工会法执法检查，推动法律全面贯彻实施，更好发挥其稳定劳动关系、保护双方合法权益、维护社会和谐稳定的作用。听取审议医保基金管理使用情况报告，督促政府及相关部门加大社保法宣传力度，提高医保基金信息化管理水平，依法打击套取医保基金违法违规行为，解决好医保基金“筹资难、监管难”突出问题。受市人大委托，开展全民健身条例、劳动法、劳动合同法执法检查，促进法律法规贯彻实施。

紧扣社会公平正义开展监督。专题调研遏制虚假诉讼和恶意诉讼工作情况，建议司法机关、执法部门加强信息互联共享，提升诉讼甄别能力，形成精准打击合力，建立违法惩戒赔偿机制。专题调研公安机关打击管辖刑事犯罪情况，建议加大社会面视频监控建设联网应用，提升公安机关打击犯罪效能；健全行政执法与刑事司法衔接协作联动机制，形成有效打击合力；健全社会资源信息整合机制，协同推进“智慧公安”建设。按照有件必备、有备必审、有错必纠要求，全年备案审查规范性文件18件，督促纠正存在问题的规范性文件4件。

三、围绕发展大局，突出依法规范，着力做好决定和任免工作

坚持围绕改革发展大局依法作出决议决定，坚持党管干部原则依法行使任免权，实现区委意图和人民意愿的有机统一。

依法决定重大事项。围绕经济社会发展，就批准2019年区级财政决算、批准2020年区级预算调整方案等事项依法作出决议、决定8项。对区人大及其常委会作出的关于区国民经济和社会发展“十三五”规划、临江河流域综合整治等决议决定实施情况进行跟踪督查，确保区委重大决策部署落实，保证决议决定得到贯彻执行。

依法开展人事任免。依法任免地方国家机关工作人员25人次。组织16名新任命人员公开向宪法宣誓，专题调研国家机关工作人员公开向宪法宣誓情况，督促“一府一委两院”和镇人大全面落实宪法宣誓制度，加强宪法实施，维护宪法权威。依法确认并公告代表资格变动24人次。落实区人大常委会任命的有关人员报告履职情况试行办法要求，听取区人民法院、区人民检察院和区财政局等9名任命人员履职情况报告，开展满意度测评，审议意见和测评结果向区委报告。

四、围绕代表服务，突出机制建设，着力提高人大代表履职主动性

推进代表工作载体、机制和服务创新，充分发挥代表主体作用，密切代表和人民群众联系，更加有效地反映民意、集中民智、凝聚民心。

“两联一述”活动走深做实。常委会组成人员全年两次集中走访区人大代表394人次、民情联络员172人次，收集意见建议528件。常委会和“一府两院”高度重视，认真办理，积极

回应代表关切，一批民生热点难点问题得到有效解决。按照“高标准建设、高质量管理、高效能运行”原则，在朱沱、松溉等五镇和张家坡社区开展代表家、站、点规范化建设试点。市、区、镇人大代表坚持每季度到站进点“回娘家”，联系群众更接地气，工作开展更具活力。扩大代表对常委会、专委会工作的参与，邀请代表参与调研、视察和执法检查等履职活动560余人次，列席常委会、专委会会议136人次。认真落实代表向原选区选民和选举单位述职要求，换届以来，已有275名区人大代表向选区选民述职，11名在永市人大代表向常委会报告履职情况。

代表建议办理质效提升。深入贯彻落实市人大代表建议批评和意见工作条例，切实加强代表建议办理工作。区十七届人大四次会议以来，代表共提出建议、批评和意见456件，分解到51个部门单位办理。确定“关于加强小区消防通道整治的建议”等12件代表建议，由区政府副区长领办、常委会副主任督办。召开重点督办建议办理工作专题汇报会，听取9个承办部门办理工作汇报，并对办理情况开展满意度二次测评，有力推动了相关工作，示范效应良好。加大办理过程跟踪力度，建议办理调查组深入11个镇街和5个承办单位，采取现场查看、调阅资料、走访群众等方式，了解办理情况。组织代表对456件代表建议从办理态度、办理效能、办理结果、综合评价四个方面进行满意度二次评价。对被评为“差”和“不满意”的3件建议，督促承办单位重新办理，直至代表满意为止。选取55件代表反映强烈、多年重复提交的建议进行现场督办，随机抽选6件B类建议开展落实情况核查，对尚未完全落实的加大跟踪督办力度，切实解决“重答复、轻落实”问题。

代表履职服务持续优化。开发区人大代表履职服务平台，建立了代表信息管理、履职登记、议案建议、代表选举、网上代表之家等6个子系统，初步实现代表工作实体与网络融合、线上与线下互动。组织市区镇人大代表参加全国人大网络培训3期1290余人次，不断提升代表履职能力和水平。按照优秀代表建议评选办法、办理代表建议工作先进单位评选办法，评选优秀代表建议23件、先进承办单位10个。服务保障在永市人大代表履职，市五届人大三次会议期间，永川代表团共提出议案建议49件，关于重视中医药事业发展的建议被列入市人大重点督办建议，得到了相关办理单位的积极回应。组织在永市人大代表围绕疫情防控与复工复产、成渝地区双城经济圈建设等开展调研考察，积极推动相关工作。

五、围绕自身建设，突出担当作为，着力提升常委会依法履职能力

始终把自身建设摆在重要位置，突出担当作为，深入推进“两个机关”建设，坚持不懈地提高依法履职能力。

自身建设富有成效。坚持以党的政治建设为统领，全面加强常委会及机关党的建设，党建工作与业务工作深度融合。坚持把学习习近平总书记重要讲话和重要指示批示精神作为党组会议和常委会会议“第一议题”，思想政治理论武装常态化制度化。常委会机关党组接受区委第九轮政治巡察，全面从严治党主体责任压得更严更实。修订常委会专题调研办法等规范性文件，完善机关财务管理等工作制度。认真落实中央八项规定精神，持续整治“四风”，切实防止和克服形式主义、官僚主义。深化党风廉政建设，强化警示教育，认真开展“以案四改”工作，教育党员干部知敬畏、存戒惧、守底线。建成常委会机关视频会议室，完善无纸化会议系统，“数字人大”建设加快推进。认真做好离退休老干部服务工作，积极为离退休老干部发挥作用创造条件。

工作联系指导更加紧密。全国人大、市人大来永开展视察调研、执法检查等活动8批次，参与市人大组织的立法调研6次，有力支持上级人大工作。人大工作在探索中创新发展，评选人大工作创先争优活动先进单位10个、工作创新先进集体10个，代表履职清单制等多项创新成果在区镇两级人大推广实施。在区委党校举办镇街人大干部专题培训班一期，培训180余人次。通过人大工作交流、重要议题联动、代表片区活动等形式，加强互动，凝聚合力，提升全区人大工作整体水平。

宣传工作实效持续提升。围绕增强人大制度自信，深化人大宣传工作。开展“12·4”国家宪法日学习宣传活动，在全社会大力弘扬宪法精神。发挥永川日报、永川电视台、永川人大等宣传主阵地作用，开设专栏专版，讲好人大故事，传播人大声音。常委会组成人员进党校、机关、镇街宣讲人民代表大会制度，以生动实践诠释制度优势、增强制度自信。加强人大宣传统筹策划，围绕重大活动和重要选题精心挖掘、深度报道。全年市级以上新闻媒体刊发人大稿件108篇。《以法治呵护碧水清流》等新闻稿件和理论文章获重庆人大新闻奖、人大理论征文多项奖励。

在看到成绩的同时，我们也清醒地认识到，工作中还存在差距和不足。主要是：监督工作力度还需要进一步加大，代表家、站、点作用还需要进一步发挥，常委会依法履职能力还需要进一步提高。我们将认真听取各位代表的意见，在今后的工作中切实加以解决。

2021年的主要任务

2021年是中国共产党成立100周年，是实施“十四五”规划、向第二个百年奋斗目标进军的开局之年。区人大常委会工作的总体要求是：坚持以习近平新时代中国特色社会主义思想为指导，深入学习贯彻党的十九届五中全会精神和习近平法治思想，深入贯彻落实习近平总书记对重庆提出的系列重要指示要求，在区委坚强领导下，坚持党的领导、人民当家作主、依法治国有机统一，紧紧围绕区委“一二三”发展思路，深入贯彻落实区委十四届八次全会精神，依法履职，积极作为，充分发挥地方国家权力机关职能作用，为推动永川经济社会发展和民主法治建设作出应有的贡献。

一、始终坚持党的领导，在把牢政治方向上坚定坚决

坚持党的领导是做好人大工作的

根本保证。始终把政治建设摆在首位，深学笃用习近平新时代中国特色社会主义思想，始终在政治立场、政治方向、政治原则、政治道路上同党中央保持高度一致。围绕区委融入推动成渝地区双城经济圈和重庆“一区两群”发展战略，围绕“十四五”目标任务和深入落实区委“一二三”发展思路，科学把握新发展阶段，深入贯彻新发展理念，加快融入新发展格局，坚定不移把人大工作放在全区改革发展稳定大局中谋划和推进，确保常委会工作始终与区委同心同向、步调一致。围绕推动泸（州）永（川）江（津）融合发展示范区建设，加强三地人大常委会工作协同，调研现代制造业基地和西部职教基地建设情况，视察巴蜀文化旅游长廊建设情况。

今年下半年起，区、镇人民代表大会将进行换届选举，这是全区人民政治生活中的一件大事。常委会将在区委的坚强领导下，认真贯彻实施新修正的选举法及其实施细则，贯彻落实区委关于加强人大换届选举工作的部署要求，深入开展工作调研，精心制定换届选举实施方案，强化统筹谋划，加强协调配合，依法做好代表名额分配、选民登记、提名推荐、投票选举等各阶段工作，确保圆满完成区镇人大换届选举任务。

二、始终坚持服务全局，在推进改革发展上尽心尽责

围绕统筹疫情防控与经济社会发展，依法开展法律监督和工作监督。

全力助推经济高质量发展。听取审议计划执行、预算执行、审计、审计查出问题整改等报告，审查批准2020年区级决算。审议区政府关于国有资产管理情况综合报告，听取审议国有自然资源资产管理情况专项报告。检查《中华人民共和国城乡规划法》和《重庆市城乡规划条例》实施情况，视察全区交通重点项目建设，助力“双百”区域性中心城市建设。用好预算联网监督，强化监督结果运用。加强政府投资类区级重点建设项目实施监督，专题调研镇街财政体制运行情况，集中视察高新产业发展情况。

全力助推环境保护和生态维护。听取审议区人民政府关于年度环境状况和环境保护目标完成情况的报告，听取审议区人民政府关于水污染防治工作评议意见的研究处理情况报告并开展满意度测评，开展农业面源污染防治专项工作评议，持续助力临江河流域综合治理。集中视察森林火灾预防情况，维护森林生态系统安全。

全力助推社会治理和民生改善。听取区人民政府推进法治政府建设情况报告，巩固法治政府建设示范区成果。听取审议“七五”普法工作情况报告，依法作出“八五”普法决议。听取审议规范性文件备案审查工作情况报告，开展未成年人保护法和未成年人保护条例执法检查。专题调研区人民法院行政审判工作情况，集中视察区人民检察院提升检察办案能力情况、公安机关社会治安防控建设情况。听取区人民政府关于物业管理工作情况的报告，集中视察城区公园建设情况，就老城区人行道管理维护情况开展调研。听取审议全区公办幼儿园建设情况报告，满足人民群众对优质学前教育的美好需求。专题调研全区消防工作情况、饮用水安全保障情况，视察特种设备安全管理情况，督促守好安全稳定底线。

三、始终坚持规范有序，在行使决定任免权上依法依规

围绕事关全区改革发展稳定的重大事项，依法作出决议、决定，及时把区委重大决策部署转化为人民意愿。强化对决定决议落实情况的监督检查，确保决定决议贯彻落实到位。坚持党管干部与依法行使任免权相统一，持续提高任免工作规范化水平。继续听取区人大常委会任命人员履职情况报告，届内实现区人民政府组成部门和区人民法院、区人民检察院负责人报告履职情况全覆盖。贯彻落实市人大常委会关于增强人大监督实效的意见，从今年起，常委会每年第一季度听取区人民政府组成部门上一年度工作情况的书面报告。

四、始终坚持人民至上，在发挥代表主体作用上求实求效

常委会将始终坚守人民立场，尊重代表主体地位，支持保障代表依法履职，持续推进代表家站点规范化建设。深化常委会组成人员联系代表、代表联系群众“两联一述”活动，始终重视代表对常委会工作的参与，加强代表履职培训，完善代表履职管理，激发代表履职活力。开展“千名人大代表助力百村振兴”主题活动，组织动员各级代表扎根乡村沃土履职尽责、建功立业。坚持代表议案建议内容高质量、办理高质量，不断提高代表议案建议工作水平。

五、始终坚持履职为民，在加强自身建设上从严从实

牢牢把握常委会“两个机关”定位，坚持以政治建设为统领，全面加强常委会思想、组织、作风、纪律和制度建设。扎实履行全面从严治党主体责任，认真落实党风廉政建设责任制和“一岗双责”要求，严格遵守中央八项规定精神和市委、区委实施意见，巩固机关政治巡察反馈问题整改成果，驰而不息整治“四风”，坚决防止和反对形式主义、官僚主义。夯实意识形态主体责任制，坚持人大宣传工作正确政治方向。加大审议意见处理落实的跟踪力度，努力提升监督工作实效。深入推进“智慧人大”建设，充分发挥代表履职管理、预算联网监督、常委会阅文系统等信息化平台作用，为人大及其常委会依法履职提供优质高效服务。做好离退休老同志服务工作。强化对镇街人大的联系指导，密切工作协同，提升全区人大工作整体水平。

党的十九届五中全会、市委五届九次全会和区委十四届八次全会吹响了奋斗“十四五”、奋进新征程的号角。让我们更加紧密地团结在以习近平总书记为核心的党中央周围，坚持以习近平新时代中国特色社会主义思想为指导，在区委的坚强领导下，围绕中心、服务大局，坚守初心、坚定信心，依法履职、实干笃行，为奋力谱写永川推动高质量发展、创造高品质生活新篇章、开启全面建设社会主义现代化国家新征程贡献人大力量！以优异的成绩向中国共产党成立100周年献礼！ （区人大常委会办公室）

重庆市永川区人民政府工作报告

——在永川区第十七届人民代表大会第六次会议上

重庆市永川区人民政府区长　张　果

（2021 年 1 月 28 日）

一、“十三五”时期和 2020 年工作回顾

“十三五”时期是全面建成小康社会决胜阶段，是永川发展历程中极不平凡的五年，也是永川经济社会发展取得崭新成就的五年。面对严峻复杂的国际形势、艰巨繁重的改革发展稳定任务特别是新冠肺炎疫情的严重冲击，在市委、市政府和区委的坚强领导下，区政府坚持从全局谋划一域、以一域服务全局，全力推进创新、协调、绿色、开放、共享发展，坚决打好“三大攻坚战”，深入实施“八项行动计划”，统筹推进稳增长、促改革、调结构、惠民生、防风险、保稳定工作，坚决肃清孙政才恶劣影响和薄熙来、王立军流毒，推动永川各项事业迈上新台阶。“十三五”规划目标任务基本完成，全面建成小康社会胜利在望，永川发展进入黄金时期。

——*综合实力显著提升*。全区 GDP 由 621.2 亿元提高到 1012.4 亿元，年均增长 9%，首次突破千亿元大关。人均 GDP 超过 8 万元。规上工业总产值达到 1300.6 亿元，年均增长 15%。固定资产投资累计完成 2811 亿元。社会消费品零售总额达到 416.6 亿元，年均增长 12.1%。地方财政收入达到 104.6 亿元，年均增长 5.7%。

——*产业结构不断优化*。工业经济扩容提质，新引进长城汽车、东鹏陶瓷、雅迪电动车等百亿级龙头企业，做大做强理文纸业，汽摩及零部件、消费品工业双双迈上 200 亿级台阶，智能装备、电子信息、能源及新材料等产业规模不断扩大，再造一个“永川工业”指日可待。数字经济快速发展，重庆云谷·永川大数据产业园单体规模跃居重庆首位。现代特色效益农业加快发展，成功创建全国首批国家农村产业融合发展示范园。三次产业结构比由 2015 年的 7.6 : 58.1 : 34.3 调整为 7.7 : 53.5 : 38.8。

——*城乡面貌焕然一新*。城市能级不断提升，中心城区面积从 65.6 平方千米增加到 80.4 平方千米，城区常住人口从 71.2 万人增加到 80 万人，常住人口城镇化率从 64.9% 提高到 72.8%，成为人口净流入城市。“公铁水空轨”立体交通体系建设加快，九永高速、永泸高速建成通车，成为主城外首个拥有高速公路环线的区县；成渝高铁进出永川旅客量突破 500 万人次/年，大安机场正式通航，初步建成区域性综合交通枢纽。乡村振兴战略加快实施，全面消除绝对贫困，改造农村危房 12005 户，自来水入户 7.1 万户，建成“四好农村路” 3800 千米，村民小组通畅率达 100%，获评“四好农村路”全国示范区。

——*发展活力充分释放*。重点领域改革深入推进，供给侧结构性改革取得积极进展，区管煤矿全部关闭，退出钢铁企业 10 家，煤炭、钢铁产值占比从 31.5%下降到 2%。累计取消行政审批事项 108 项，政务服务实现“一网通办”“一窗综办”。农业项目财政补助资金股权化改革试点经验全国推广。医联体改革经验入选全国医联体建设模式。“一门受理、协同办理”社会救助改革经验全市推广。政府机构改革顺利完成。开放水平不断提升，永川海关挂牌运行，永川港获批海关监管场所经营许可。创新引领作用有效发挥，成功创建国家高新区、国家农业科技园区、国家双创示范基地、全国产业转型升级示范区。R&D 占比从 1.08%提高到 2.5%。

——*社会民生明显改善*。生活水平不断提升，城乡居民人均可支配收入分别达到 42218 元、21694 元。生态环境大幅改善，投资 19.5 亿元，举全区之力实施临江河流域综合治理，流域水质从劣Ⅴ类提升到Ⅲ类，“治理一条河、提升一座城”的愿景初显。社会事业全面发展，民生支出占一般公共预算支出保持在 80%以上。新增城镇就业 16.9 万人，基本养老、医保参保率稳定在 95%以上，学前教育入园率、“初升高”比例、高等教育毛入学率分别达到 98.3%、99.1%、52%。社会治理体系更加完善，平安永川建设力度加大，人民群众获得感、幸福感、安全感不断增强。

五年弹指一挥间，五年成就应点赞！过去五年，我们走过了极不平常的历程，永川政治生态风清气正，经济实力显著增强，文化事业繁荣兴盛，社会大局和谐稳定，生态建设成效显著。我们干成了一批打好基础、利于长远的大事，办成了一批群众期盼、社会关切的实事。今天，纷至沓来的机遇青睐永川，越来越多的名企选择永川，蓬勃发展的态势呈现永川。永川，已经成为投资兴业的热土、创新创业的沃土，正以前所未有的底气和信心，奋力书写新时代的光荣与梦想！

事非经过不知难，过去一年不平凡。2020 年，疫情突如其来，世情错综复杂，挑战前所未有。我们坚决落实党中央、国务院和市委、市政府决策部署，在区委的坚强领导下，统筹推进疫情防控和经济社会发展，迎变局、育先机、战大考，全年 GDP 增长 4.6%，增速位列全市第 3 位；规上工业总产值增长 10.1%；固定资产投资增长 5.7%；社会消费品零售总额增长 3.4%；一般公共预算收入增长 4.5%，其中税收增长 5.9%，增速位列主城都市区第 1 位；实现了“十三五”规划圆满收官。一年来，我们主要做了以下工作：

（一）全力以赴战疫情、战复工、抓“六保”促“六稳”，人民生命安全和经济发展基本盘有效守护。

快速有效控疫情。迅速启动Ⅰ级响应，成立疫情防控工作领导小组及指挥部，健全“1+11+N”组织架构，建立区领导包镇街、镇街领导包村社、村社干部包组包户机制，严防死守、严管严控，做到人员不聚集、疫情不扩散、物资不短缺。全力开展医疗救治，严格落实“四早”“四集中”要求，构建四级医疗救治和两级发热门诊体系，在全市率先对疑似病例、密切接触者进行PCR筛查，率先对治愈确诊病例开展肛拭子筛查，渝西8个区90例确诊患者在永集中收治并治愈出院，实现病患零死亡、二代病例零发生、医护人员零感染，为全市疫情防控作出了永川贡献。及时调整防控策略，着力“外防输入、内防反弹”，完善常态化疫情防控机制，健全公共卫生应急体系，疫情防控向好态势持续巩固。

凝心聚力抓复苏。推动企业复工复产，创新开展“四帮一体验”活动，组织992名机关干部进企业，解决困难和问题914件。组建16个指导服务组和1495个包企专班，帮助规上工业企业快速复工复产。兑现落实“复工复产40条”“助力企业发展45条”“永川企业在产复产8条”等措施，累计兑现补助资金60亿元，企业社保降费4.57亿元。推动商贸复市复消，开展“2020永川活力之都”系列促销活动，促进消费迅速回暖。推动学校复课复学，“一校一策”制定复课复学方案，全区28.5万大中小学学生有序返校复课。

全力以赴抓“六保”促“六稳”。保居民就业，统筹抓好高校毕业生、退役军人、贫困劳动力、返乡农民工等重点群体就业帮扶，兜底保障就业困难人员就业，城镇新增就业2.54万人。保基本民生，完善社会救助和保障标准与物价上涨挂钩联动机制，发放城乡低保、特困供养生活救助、临时救助资金2.1亿元。保市场主体，实施停产半停产企业复产止滑专项行动，大力发展“小店经济”，新增市场主体1.54万户，累计达到9.42万户。保粮食能源安全，粮食作物播种面积和产量双增长，储备粮油2.1万吨；统筹做好油电煤气等供需平衡。保产业链供应链稳定，帮助企业抓订单、抓库存、抓替代品，保障长城汽车、理文纸业、东鹏陶瓷等企业上下游供应链稳定。保基本运转，出台“过紧日子11条措施”，优化财政支出结构，压减支出2亿元，全区财政保持平稳运行。稳就业，落实援企稳岗政策，多渠道开发就业岗位，发放各类促稳就业补贴1.95亿元。稳金融，全面落实金融惠企利民系列政策措施，防范化解系统性风险，新增各类贷款346亿元。稳外资外贸，引进国际贸易产业园、嗨客邮跨境电商项目，长城炮成功出口澳大利亚。全区进出口总额达38.1亿元，实际利用外资3.7亿美元。稳投资，围绕“两新一重”领域，组建33个工作专班，推动基础设施和房地产投资分别增长8%、9.8%。稳预期，工业用电量、用气量、货运量等先行指标分别增长11.9%、39.9%、9%，社会预期持续向好。

（二）化危为机抓招商、建项目、促转型，工业经济快速发展。

招商引资势头强劲。直面疫情冲击，化危为机开展“云招商、云洽谈、云签约”，确保招商不停歇、项目不断链。围绕长城汽车“顺藤摸瓜”，引进投资10亿元、产值100亿元的SUV项目，投资8亿元、产值25亿元的蜂巢发动机项目，实现汽车发动机、自动变速器、底盘件、车身、电子电器五大核心零部件齐聚永川。拓展招商领域，引进投资10亿元、产值50亿元的普康医疗，投资10亿元、产值25亿元的星星冷链，投资7.5亿元、产值30亿元的江山欧派，投资6亿元、产值9亿元的太平洋精锻，投资6亿元、产值13亿元的自嗨锅等优质项目。全年累计签约项目323个，合同引资752.6亿元，分别增长24.7%、38.1%。其中，投资亿元以上工业项目111个，预计投资475亿元、预计达产产值1000亿元，招商引资排名位列主城都市区前列。

项目建设加速推进。紧扣“工业项目建设攻坚年”主题，建立审批服务绿色通道，招商项目从签约到开工全流程100天打表推进，全年在建工业项目277个，在建工业厂房面积200万平方米。蜂巢9AT自动变速器、雅迪电动车、江山欧派、星星冷链（一期）等64个项目开工建设。曼德汽车电器、中船智能产业园（一期）等28个项目加快推进。庆铃专用车、瑞悦汽车、帝王洁具等32个项目建成投产。长城汽车产销两旺，“坦克300”全面上市，长城炮每两天产值突破1个亿，总销量占全国皮卡市场四分之一。东鹏陶瓷新建生产线2条，日产瓷砖4万平方米。全年完成工业投资203.2亿元，新增工业产值120亿元。

智能升级步伐加快。全区规上企业“机器换人、工艺换智、管理换脑”实施率达60%，累计实施智能化改造项目161个，建成智能工厂3个、数字化车间11个、工业互联网示范项目6个，35家企业上云上平台，培育智能制造解决方案供应商11个。推进致伸科技、西源凸轮轴等13家企业开展智能制造免费评估诊断。红江机械入选国家智能制造试点示范，获评国家企业技术中心。长城汽车、航凌电路等8家企业入选2020年第一批工业互联网试点示范项目。新泰机械、重庆重交、金泽鑫科技入选工信部专精特新“小巨人”企业。永川高新区成功创建重庆国家人工智能试验区。

（三）多措并举聚人气、增信心、促消费，服务业加快复苏。

数字经济快速崛起。大数据产业园C区、D区建成投用，E区主体完工，“一园五区”产业布局初步形成。引进爱奇艺文创产业园、中国人民大学文化科技园等项目122个，累计入驻企业399家，从业人员达1.5万人，实现产值282亿元。建成服务外包和数据处理座席10000个，成为西南最大数据处理交付基地。阿里巴巴西部最大客户体验中心投入运营。达瓦科技西南最大数字影棚建成投用并获好莱坞特效订单。百度L4级自动驾驶巴士在永川全球首发，西部自动驾驶开放测试基地入选重庆国家新一代人工智能创新发展试验区十大应用场景。影视产业创新服务中心、中关村智酷人才创新实践中心正式揭牌。吉之汇数字化抗疫助农项目获评“2020中欧数字化抗疫优秀案例”。

生活性服务业稳步复苏。商贸服务业强势反弹，出台“推动商贸服务业高质量发展8条”政策，批发零售业销售额增长24.2%。夜间经济带动消费回补，长乐坊特色街区正式开街，华创等夜市街区加快打造。旅游市场逐步回暖，西部欢乐城总体规划编制完成，乐和乐都国家AAAAA级景区创建工作进入评审。松溉古镇提升工程（一期）加快推进。茶山竹海景区道路环线初步建成，获评国家森林康养基地、成渝“最美竹林风景”。石笋山景区成功创建国家AAAA级景区和重庆智慧旅游景区。积极参加重庆“双晒”第二季大型文旅推介活动，4000余万网友通过直播云游永川，获全市最佳营销奖。全年接待游客2415万人次，实现旅游收入164亿元，分别增长9.2%、15.6%。

生产性服务业加快发展。现代金融业步伐加快，扎实推进金融业高质量发展三年行动计划，金融人才培训基地挂牌，手机金融超市上线。全区存贷款余额达到1514亿元，存贷比达到90.3%。用好鼓励扶持企业上市激励政策，新增OTC挂牌企业20家，招商银行永川支行开业运营。会展经济活力增强，中国建筑卫生陶瓷协会年会、数字经济百人会成功举办，2020年线上智博会永川馆吸引70万人次观展。专业市场建设进展顺利，吉之汇数字农品供应链体系建成，市场交易额突破100亿元；五洲国际工业博览城（二期）有序推进，纵达国际汽车城、超亚冷链物流基地建成开业。

（四）精准施策战脱贫、治污染、防风险，“三大攻坚战”取得决定性成果。

精准脱贫攻坚战圆满收官。出台“决战决胜脱贫攻坚巩固提升脱贫成效20条”，组织百日大会战、收官大决战，开展“十大专项行动”，完成脱贫攻坚现场检查，顺利通过国家脱贫攻坚成效考核。实施“三进村、四到户、五优先、建三园”产业扶贫措施，发挥扶贫帮扶团作用，带动贫困户稳定增收。兑现稳岗就业政策709万元，帮扶建卡贫困人员就业4228人。抓好消费扶贫，累计销售扶贫产品1.33亿元。消除视觉贫困，完成“五沿”区域2000户旧房改造，动态改造贫困户危房1254户。实施贫困村通组公路建设253千米。全面落实“先诊疗后付费”“一站式”结算，建档立卡贫困人员养老保险应保尽保、超龄贫困人员养老待遇应发尽发。13428名农村贫困人口全部脱贫。

污染防治攻坚战成效明显。持续推进临江河流域综合治理，新建和修复城乡污水管网325千米，完成城南、城西污水处理厂和次级河流重点河道生态修复工程建设，提标改造镇街污水处理厂17座，临江河治理工程性建设基本完工。全面落实河长制，深入贯彻重庆市第2号总河长令，抓实“三乱”整治专项行动，排查整治突出问题80个，整治“千沟万塘”黑臭水体612处。临江河、小安溪、九龙河出境断面水质稳定达到Ⅲ类。加强大气污染防治，加大汽车尾气、工业废气、餐饮油烟、秸秆焚烧治理力度，PM2.5下降11.8%，空气优良天数达到334天。加强土壤污染防治，实施化肥减量增效行动，推进废弃农膜回收，完成矿山生态治理修复7.1公顷。生活垃圾焚烧发电设施建成投用，餐厨垃圾处理中心正式运行，静脉产业园雏形初显。

防范化解重大风险攻坚战有力推进。深入实施安全生产专项整治三年行动，着力抓好道路交通、建设施工、工贸、旅游、矿山等重点领域安全生产。开展高层建筑消防安全专项整治和“生命通道”“生命水管”专项行动，整治各类隐患问题7000多个，建成微型消防站338个。健全三级食品药品监督体系，食品药品安全总体可控。全力保障社会和谐稳定，扎实开展扫黑除恶专项斗争，现行案件破案率大幅提升。加大矛盾纠纷化解力度，坚持控增量、消存量，信访总量下降11.7%。信访积案化解取得重大进展，16件群众关注的遗留问题得到有效解决。着力提升综合应急保障能力，在全市率先建立“1+6+23+N”综合应急队伍体系，有效应对“8·19”长江洪峰过境，成功承办应急管理部西南地区重特大地震灾害实训活动。

（五）蹄疾步稳抓改革、促开放、谋创新，发展动力活力持续增强。

双城经济圈建设开局良好。找准自身定位，树牢“一盘棋”思维，贯彻“一体化”理念，在发展定位上主动融入、当好支撑，促进各类要素合理流动和高效集聚。建立工作机制，与泸州市出台《共建川渝合作示范区2020年行动计划》，建立党政联席会议、常务副市（区）长协调会议、专项工作组、联合办公室4项工作机制。加强交流合作，在全市率先与周边地区成立治安联调中心、交通武装联合检查站，率先开通飞行训练航线、对开公交班车，率先开展联合应急处突、反恐实战演练，率先制定大数据应用人才职业技能标准，率先开展跨省异地远程评标。打造建设载体，联合编制《泸永江融合发展示范区总体方案》，围绕产业协作、基础设施等7个领域开展合作，以跨行政区组团发展模式推动川渝毗邻地区融合发展。

重点改革持续深化。深化“放管服”改革，落实“放管服改革49条”，实现58个审批事项跨省通办、95个审批事项川渝通办，新办企业、获得用电1天办结。深化农业农村改革，新增农村“三变”改革试点村8个，3.4万农民变“股东”；“三社”融合全面推进，农村土地股份合作社入股土地面积达1.8万亩；启动宅基地改革试点。朱沱镇行政管理体制改革试点有序推进。深化国资国企改革，全面完成在永国企剥离办社会职能、国企公务用车改革、国企工资决定机制等任务，加强国有资产归集管理，盘活闲置国有资产实现综合效益18亿元。深化财税改革，制定区级预算管理办法，推动区级部门和镇街预决算公开全覆盖。争取上级资金51.6亿元。

开放水平不断提升。完善开放通道，江津至泸州北线高速开工建设，永璧高速、永津高速前期工作扎实推进。大安机场成为西南第二、重庆首座获得机场三字代码的A1类通用机场。永川港开通外贸直航，首单出口货物发往印度。建设开放平台，综合保税区设立加快推进，永川海关与泸州、内江海关分别签署合作备忘录；中新国际肿瘤医院主体完工。发展开放经济，入选国家服务贸易创新试点，获评重庆市加工贸易示范区。

创新发展步伐加快。壮大创新主体，新增科技型企业237家、高新技术企业36家。西南大学生物技术产业研究院完成二期建设，签约设立航天科工飞航技术研究院永川研发部、重庆交通大学永川研究院，华为（永川）联合技术创新中心正式揭牌。获得市级科学技术奖励10项，新增授权专利1790件，注册商标1712个，万人发明专利拥有量达10.4件。集聚创新人才，落实《永川英才培育引进激励办法》，新入选“重庆英才”10人。大数据产业人才联盟高校扩容到85所，集聚高层次人才200余名。联合川渝68家单位，组建创新创业联盟、乡村振兴学院联盟和地方本科高校人才协同发展中心。优化创新生态，全面兑现“创新30条”政策，发放知识价值信用贷款2.65亿元，全社会研发投入达25亿元。顺利通过国家知识产权试点城市验收。环重庆文理学院创新生态圈建成开街。重庆科创职业学院双创园获批国家备案众创空间。永川双创示范基地建设得到国务院督查激励表彰。

（六）统筹兼顾建城市、兴农村、促融合，城乡区域协同发展纵深推进。

城市品质不断提升。高起点规划城东科技生态城，编制整体概念规划、控制性规划和交通、水系、海绵城市等专项规划。城市路网建设加快，昌龙大道北延伸段、永津路东延伸段、五洲路建成投用，完成人民广场、环北路、萱花路片区道路改造42万平方米。城市配套不断完善，新区图书馆启动装修，会展中心、“永川里”城市创意秀场开工建设，中交世通大厦主体封顶，新区体育馆建成开馆。城市更新加快推进，完成三河汇碧片区城市修复，改造升级老旧小区56个，完成棚户区和城中村改造1570户，实施弃管小区电力设施改造99个、居民小区双电源改造10个。实施物业管理品质提升三年行动计划，建设达标小区61个。增设老旧住宅电梯50部，初步建成智慧电梯应急管理系统。大南门人行天桥建成投用。城区新改建公厕8座。城市景观加快升级，棠城公园、水景公园、桂山公园品质提升，望城生态屏障工程启动建设，新增绿地34万平方米，绿化美化坡坎崖7万平方米，打造“城市花海”100万平方米。城市管理水平提升，常态化推进“大城三管”和“马路办公”，深入实施城市综合管理“七大工程”，整治城市痛点69个，拆除违法建筑25万平方米，整治店招店牌及户外广告1.2万平方米。智慧出行综合服务平台获评2020重庆智慧城市管理应用示范案例。

乡村振兴全力推进。推进产业振兴，大力发展特色效益农业，新增茶叶、名优水果、调味品作物种植面积1.5万亩，食用菌栽培达1.4亿袋。引进中化现代农业产业融合示范项目、海棠橘乡田园综合体、十里荷香田园综合体，培育新型农业经营主体150个。土地流转面积达到23.2万亩，规模经营度达到23%。黄瓜山梨入选全国名特优新农产品名录。成功举办永川秀芽第四届斗茶大会。实施高标准农田建设5.5万亩、农田宜机化改造1万亩。推进人才振兴，开展农村实用技术培训4000人，重庆文理学院挂牌“乡村振兴学院”。推进文化振兴，建设“四和一美”社区示范点64个，组织流动文化进基层1500余场次，送惠民电影进基层418场。推进生态振兴，扎实推进农村人居环境整治，建成国家级改善农村人居环境示范村1个，市级美丽宜居村56个，区级示范清洁田园60片、示范清洁院落33个。改造镇街示范街区19个、镇街农贸市场20个。完成农村改厕10523户。全面完成交通建设三年行动计划，新建“四好农村路”794千米。农村自来水入户2.96万户。推进组织振兴，“一村一策”整顿软弱涣散组织，基层组织战斗堡垒作用明显增强。

（七）用情用力保基本、兜底线、惠民生，社会事业全面发展。

教育事业加快发展。基础教育更趋均衡，制定《学前教育深化改革规范发展措施》，新改建公办幼儿园4所。深入推进城镇小区配套幼儿园治理。文昌中学、新区红旗小学、实验小学开工建设。职业教育加快推进，编制西部职教基地发展规划，启动职教中心迁建。重庆智能工程职业学院、重庆华绣中等专业学校建成招生。全年新增职教学生1万人。高等教育提速发展，重庆文理学院申硕通过市级评审。重庆大学城市科技学院转设为普通本科高校。与西南大学签约开展21项深度合作，打造“产城职创”新样板。

医疗水平不断提升。硬件设施加快完善，区中医院凤凰湖院区加快建设，新妇幼保健院建成，渝西区域医疗中心前期工作加快推进。投入资金3.9亿元，改造升级医疗卫生机构设施设备，分两年更新镇街卫生院医疗设备。与新加坡TalkMed医疗集团、北京301医院合作建立远程诊疗中心。医疗卫生改革不断深化，构建“1+4+N”网格化医联体，区域内就诊率达91%，双向转诊患者3289人次。公立医疗机构收费电子票据、异地就医联网结算实现全覆盖。医疗机构实力提升，区中医院入选国家中医紧急医学救援基地。重医附属永川医院、区人民医院、区中医院成功创建市级互联网医院。与重庆医科大学签约，联合打造产学研一体化医学高地。

文体事业稳步发展。坚持以文化人、以体育人，不断完善公共文体设施，丰富文体活动，满足人民群众日益增长的精神文化需求。成功举办重庆市第七届“海棠香国”美术作品展、抗疫文艺作品展等大型活动。创作完成川剧《黄开基》剧本。组建融媒体中心，对外影响力传播力大幅提升。智能IP应急广播系统建成投用。博物馆成功创建国家二级馆。开展各类文化惠民、体育健身活动1556场，文化体育场馆免费、低收费接待群众89万人次。组织开展全民健身月、全民健身日系列活动，市六运会、市残运会筹备工作扎实推进。

民生福祉持续增强。社会保障兜牢底线，深入实施全民参保计划，社会保险法定人员实现全覆盖，城乡居民养老保险参保率稳定在95%以上。医疗保障更加有力，农村贫困人口“两升两降一取消”工作推进有序，成为全市首批“两病”按人头付费试点区县，开通电子医保卡，全市首个医院医保服务站在区人民医院挂牌。养老保障基础夯实，提升26万名退休人员养老待遇，新建街道养老服务中心5个、社区养老服务站12个，建成贫困失能残疾人集中供养中心。民生实事全面完成，投资27亿元，完成农村供水保障、城乡卫生厕所建设、镇街农贸市场改造等18件民生实事。建成劳动者港湾22个，让劳动者感受到触手可及的温暖。

一年来，我们坚决落实全面从严治党要求，巩固拓展“不忘初心、牢记使命”主题教育成果，切实担负起政府系统党建主体责任。严格落实向区委请示报告制度，自觉接受人大法律监督和政协民主监督，定期向人大报告工作、向政协通报情况，认真办理人大代表建议394件、政协提案485件，满意率分别达到99.54%和100%。严格落实中央八项规定精神、市委实施意见和区委具体规定，持续整治形式主义、官僚主义，“说了算、定了干、马上办”的干事创业氛围正在形成。国防动员和后备力量建设稳步推进，退役军人服务保障体系全面建立。第七次全国人口普查顺利完成。民族宗教、外事、侨务、港澳台、审计、统计、档案、保密、消防、人防、气象、地震、机关事务、供销、科普等工作取得新成效，工会、妇女、儿童、青年、老龄、慈善、残疾人、红十字等事业取得新进步。

艰难砥砺斗志，拼搏成就精彩。过去一年，我们还获得了国家卫生区、全国首批法治政府建设示范地区、全国首批市域社会治理现代化试点地区、全国首批“科创中国”试点城市、全国首批深化小型水库管理体制改革样板区、全国主要农作物生产全程机械化示范区、全国气排球之乡、中国壁球后备人才基地等一批集体荣誉。这些成绩的取得，是习近平新时代中国特色社会主义思想科学指引的结果，是市委市政府统揽全局、坚强领导的结果，是区委带领全区人民团结拼搏、共同努力的结果，是区人大有效监督、区政协鼎力支持的结果。特别是面对突如其来的新冠肺炎疫情，我们以人民至上、生命至上诠释了人间大爱，用众志成城、坚韧不拔书写了抗疫史诗。在共克时艰的日子里，全区党员干部英勇无畏、冲锋在前，广大医务人员白衣为甲、逆行出征，社区基层工作者舍弃小我、顾全大家，各行各业人员坚守岗位、默默付出，无数人以生命赴使命、用挚爱护苍生，汇涓滴之力成磅礴伟力，凝聚成114万永川人民顽强不屈、守望相助、心手相连的“同心战疫”全景图，每个永川人都了不起！

奋斗定格历史，经验弥足珍贵。回顾过往，我们深深体会到：一是党的领导指引前行方向。党的领导是经济社会发展的根本保证。有党中央的集中统一领导，有市委、市政府的坚强领导，有区委的有力领导，区政府各项工作才能始终沿着正确方向前行。二是把握大局才能开创新局。不谋全局者不足以谋一域。只有在新发展格局中找准突破口，在双城经济圈建设中找准着力点，在“一区两群”协调发展中找准发力点，才能开创永川经济社会发展新局面。三是久久为功方能走向成功。抓经济工作必须要有恒心和定力。只有牢牢抓住产业经济这个“牛鼻子”，始终坚持“永川强，工业必须强”理念，全力以赴抓产业、抓招商、抓项目、抓要素、抓服务，永川才能实现从“工业大区”向“产业强区”的华丽转身。四是讲究方法才会工作得法。“三个两眼”工作法是实践证明行之有效的工作方法。只有紧盯“政策导向”两眼向上争取支持，紧盯“产业走向”两眼向外全力招商，紧盯“民心所向”两眼向下抓好服务，才能为永川高质量发展聚资源、添优势、增动能。五是抓好安全才能发展向前。没有安全就没有发展，没有安全就没有一切。只有坚持统筹发展和安全，把安全放在更加突出的位置，纳入经济社会总体规划进行思考、部署和落实，才能保障经济社会健康持续发展。六是精神状态决定奋斗姿态。人无精神不立，国无精神不强。只有大力弘扬“永立潮头、海纳百川”的城市精神，秉持敢于担当、善于拼搏、勇争一流的精神状态，才能不断实现新跨越、创造新辉煌、成就新梦想！

成绩固然可喜，问题必须正视。受新冠疫情、国际国内经济形势等多重因素影响，去年全区GDP等部分经济指标增速放缓，部分项目和重点工作时序进度与年初目标尚有差距。同时，我们必须清醒认识到，疫情带来的不确定性因素依然存在，工业经济支撑能力还不够强，“双百”区域性中心城市建设需要持续发力，推进乡村振兴任重道远，生态环境特别是水环境依然脆弱，社会事业存在薄弱环节，政府部门作风尚需进一步转变，营商环境还需进一步优化。安全生产形势依然严峻，特别是吊水洞煤矿“12·4”重大事故，暴露出煤矿未按上报方案组织回撤作业、回收公司不具备井下作业资质、企业安全管理混乱等问题，为我们压实企业主体责任、抓好安全生产工作再次敲响了警钟，留下了惨痛教训！对于这些问题和短板，我们一定高度重视，采取有效措施，切实加以解决。

二、“十四五”时期主要目标任务和二〇三五年远景目标。

“十四五”时期是我国开启全面建设社会主义现代化国家新征程的第一个五年，也是新时代永川推动高质量发展、创造高品质生活的关键五年。“十四五”时期的指导思想是：高举中国特色社会主义伟大旗帜，深入贯彻党的十九大、十九届二中三中四中五中全会精神，坚持以习近平新时代中国特色社会主义思想为指导，统筹推进“五位一体”总体布局，协调推进“四个全面”战略布局，深入贯彻习近平总书记对重庆提出的营造良好政治生态，坚持“两点”定位、“两地”“两高”目标、发挥“三个作用”和推动成渝地区双城经济圈建设等重要指示要求，全面把握新发展阶段，坚定贯彻新发展理念，积极融入新发展格局，坚持稳中求进工作总基调，以推动高质量发展为主题，以深化供给侧结构性改革为主线，以改革创新为根本动力，以满足人民日益增长的美好生活需要为根本目的，统筹发展和安全，加快建设现代化经济体系，推进社会治理体系和治理能力现代化，全面实施永川“一二三”发展思路，实现经济行稳致远、社会安定和谐，奋力推动永川发展再上新台阶，确保社会主义现代化建设新征程开好局、起好步。

“十四五”时期主要目标是：高质量发展先行区、高品质生活示范区建设取得重要进展，成渝地区双城经济圈重要节点、重庆主城都市区战略支点功能作用更加突出，产城景融合发展初见成效。基本建成“双百”区域性中心城市，基本建成成渝地区双城经济圈现代制造业基地和区域性现代服务业高地，基本建成西部职教基地，基本建成区域性综合交通物流枢纽，基本建成城乡融合发展示范区，基本建成山清水秀美丽之地，基本建成市域社会治理现代化示范区。

展望二〇三五年，永川区“高质量发展先行区、高品质生活示范区”将全面建成，成渝地区双城经济圈重要节点、重庆主城都市区战略支点功能全面彰显，产城景实现高度融合，区域性中心城市的辐射带动、集聚发展作用更大。综合经济实力大幅提升，改革开放创新活力充分迸发，基础设施互联互通全面实现，建成产业强区、文化强区、教育强区、人才强区、体育强区和健康永川，人均地区生产总值达到中等发达国家水平，基本公共服务实现均等化，城乡区域发展差距和居民生活水平差距显著缩小。人民生活更加美好，人的全面发展、全体人民共同富裕取得更为明显的实质性进展。

对历史最好的致敬，是书写崭新的历史；对未来最好的把握，是开创美好的未来。面向“十四五”、展望二〇三五年，我们将重点抓好十二个方面工作：一是牢固树立“一盘棋”思想和“一体化”理念，深入推动成渝地区双城经济圈建设和主城都市区融合发展。二是大力提升城市能级，建设“双百”区域性中心城市。三是着力构建现代产业体系，建设成渝地区双城经济圈重要现代产业基地。四是加快培育创新力量，建设区域性创新中心。五是加快健全现代化基础设施网络，建设区域性综合交通物流枢纽。六是深度融入新发展格局，建设区域性消费中心。七是持续深化改革扩大开放，实现更有效率发展。八是统筹城市提升和乡村振兴，建设城乡融合发展示范区。九是繁荣发展文化事业和文化产业，建设成渝地区双城经济圈文化强区。十是坚持生态优先绿色发展，加快建设山清水秀美丽之地。十一是提高社会建设水平，打造高品质生活示范区。十二是统筹发展和安全，建设更高水平的平安永川。

三、2021 年工作安排

2021 年是中国共产党建党 100 周年，是“十四五”开局之年，是永川推动高质量发展、构建新发展格局，迈好第一步、见到新气象的关键之年。今年的主要预期目标是：地区生产总值增长 8%左右；固定资产投资增长 10%左右，其中工业投资增长 10%左右；社会消费品零售总额增长 10%左右；一般公共预算收入增长 6%以上；税收收入增长 8%以上；城镇新增就业 2.4 万人以上；居民收入增长与经济增长基本同步；完成节能减排降碳年度目标任务。重点做好十个方面的工作：

（一）加快建设“两基地一试验区”，推动成渝地区双城经济圈建设走深走实。

加快建设现代制造业基地。聚焦产业集群化、融合化、智能化，打造以高新技术和先进适用技术武装起来的现代制造业，推动生产模式加速向智能制造方向演进，组织模式向平台化、生态化方向转变，创新模式向多主体协同、多领域融合方向发展。加快壮大战略性新兴产业，重点培育发展新能源及智能网联汽车、高端装备、新材料、新一代信息技术、生物技术、节能环保等战略性新兴产业，抢占未来产业发展先机。巩固提升主导产业集群，依托长城汽车、雅迪电动车、理文纸业、东鹏陶瓷、普康医疗、星星冷链等龙头企业，加快打造 1000 亿级汽摩及零部件产业集群、500 亿级特色消费品产业集群、400 亿级先进材料产业集群、300 亿级智能装备产业集群、300 亿级电子信息产业集群、100 亿级大健康产业集群。提升产业链供应链现代化水平，实施制造业产业基础再造和产业链提升工程，围绕基础零部件、基础工艺、关键基础材料等，加快培育龙头企业，构建集群产业、优化产业生态、增强产业韧性，抓好主导产业集群建链、补链、延链、强链、固链，构建自主可控、安全高效的现代产业链供应链网络。优化制造业要素保障，充分发挥政府和市场对资源的配置作用，推动能源节约和能效提升，强化土地节约利用，提高水资源利用效率，加强资源综合循环利用，有效降低现代制造业水电气、物流成本；全面落实普惠小微企业贷款延期还本付息政策，助力企业解决资金问题；统筹做好土地、劳动力、技术、数据等要素支撑。支持规上工业企业新建研发机构 26 个。启动氢能示范城市创建。

加快建设西部职教基地。聚焦内涵提升，坚持面向市场、服务发展、促进就业的办学方向，推进职业教育“双优”“双高”计划和高等教育“双万”计划，建设一批引领改革、培养人才、支撑发展的职业院校，持续扩大西部职教基地的影响力和辐射力。拓展职教发展定位，坚持“产教融合、城校互动、校企合作、就业为先”理念，完成西部职教基地规划编制，打造成渝地区双城经济圈技能人才供给区、西部职业教育综合改革先行区、全国“产城校景”融合发展示范区。推动职教扩容提质，实施职业教育提质培优行动计划，突出“一核一片一圈一镇”重点，提质培优、增值赋能。建成投用渝西卫生学校新校区，推进职教中心迁建和重庆智能工程职业学院（二期）建设，启动职教小镇前期工作，加快推动雅迪学院落地，新增职教学生 1 万人。继续推动重庆文理学院申硕建大，支持重庆科创职业学院、重庆水利电力职业技术学院、重庆财经职业学院升本，支持重庆城市科技学院、重庆城市职业学院加快发展。支持职业院校与知名院校、科研机构合作，推动重点专业和实验室建设。促进职教融合发展，实施职教融合计划，深化校企合作，促进校区、厂区、城区、园区融合发展，新创建产业学院、订单班 30 个，新建实习实训基地 20 个以上，打造一批具有区域特色的产教融合行业、企业和院校。

加快建设川南渝西融合发展试验区。强化示范引领，深入推进泸永江融合发展示范区建设，围绕产业、交通、资源环境等领域，抓好 70 项重大项目实施，探索一批改革创新试点，实现重点突破、以点带面、全面推进。

强化产业协同协作，围绕汽摩、特色消费品、信息技术、高效特色农业等川南渝西地区主导产业，梳理形成重点集群产业链图谱，设立产业链补链延链项目库，统筹推进补齐短板和锻造长板，合力推动产业转型升级。强化交通设施互联互通，加快推进成渝铁路扩能，渝自、渝毕城际铁路和永川至自贡高速公路等项目，推动区域互联互通。统筹推进公共服务、生态环保、社会治理等领域合作。

推动成渝地区双城经济圈建设是构建新发展格局的重要举措。我们要下好“先手棋”、打好“主动仗”、争当“排头兵”，努力在唱好“双城记”、建好“经济圈”中体现新担当、实现新突破、展现新作为！

（二）加快实施工业倍增计划，构建具有核心竞争力的现代产业体系。

提升工业发展能级。加大招商引资力度，强化以商招商、亲情招商、线上招商、平台招商、专业招商、驻外招商，创新产业链招商、大数据招商、公司化招商、资源配置招商、解决问题招商、争取政策招商，全年新引进项目300个，合同引资达到700亿元以上，其中投资亿元以上工业项目100个、投资10亿元以上工业项目6个。加快工业项目建设，将2021年确定为“工业项目建设突破年”，全年建设项目174个，其中开工建设太平洋精锻、自嗨锅等项目54个；加快推进普康医疗（一期）、江山欧派等项目60个；建成投产雅迪电动车、蜂巢9AT自动变速器、星星冷链（一期）、中船智能产业园（一期）等项目60个。支持企业增资扩产，引导企业延伸链条、技改创新、上市融资、做强品牌，不断提升市场竞争力。支持长城汽车年产能提升到25万台，打造长城汽车西南制造中心、采购中心和研发中心。支持东鹏陶瓷新建投产2条瓷砖生产线，日产瓷砖达7.2万平方米。支持理文纸业扩展细分市场，推动10万吨厨房用纸、书画纸及普通高档生活用纸项目建成投产。支持中小企业发展，强化对中小企业的融资服务，着力降低中小企业经营成本。着力构建工业互联网生态圈，坚持以工业互联网思维打通产业链、供应链、资金链、人才链、技术链上下游各环节，加快形成数字化、网络化、智能化、可视化的工业互联网生态圈。支持长城汽车、理文纸业、东鹏陶瓷等龙头企业用好自建平台，积极拓展数字化运营、网络化协同、个性化定制、服务化延伸新模式。推动与浪潮集团共建工业互联网公共服务平台，联合物沿数据打造工业大数据人才培养基地。启动百企上云三年行动，实现工业企业上云30户，实施智能化改造项目60个，建成智能工厂、数字化车间20个，为更多企业注入“智能因子”。

做强现代产业园区。产业园区是永川经济发展的助推器。加快建设产业高度集聚、自主创新活跃、基础设施完善、环境生态优美的现代产业园区，今年拓展园区面积5平方千米，产值达到1260亿元。凤凰湖产业园重点发展汽摩及零部件产业集群，继续抓好智能装备、高端医疗装备、电子信息等产业发展，新引进项目55个，开工建设项目38个，建成投产项目34个。港桥产业园重点发展特色消费品产业集群，加快建设原料纸浆、纸及纸质品、新型建材、木材产业、物流电商配送全产业链，新引进项目45个，开工建设项目20个，建成投产项目21个。三教产业园重点发展先进材料产业集群，加快建设集生产、加工、销售、物流、结算于一体的智能家居全产业链，积极拓展机械、电子产业，新引进项目38个，开工建设项目30个，建成投产项目18个。完善永川国家高新区体制机制，争取承接市级行政权力下放，加强对各产业园区的支持协调，加快建设科技创新生态产业园区。

强化园区要素保障。完善园区水电气讯路网等“九通一平”基础设施建设，开工建设城区四水厂（一期）及配套管网工程、凌阁堂110千伏输变电工程、来苏至港桥园区输气管道、凤凰湖园区3000亩土地平场（一期）、三教园区2000亩土地平场（一期）、港桥园区四望山物流园平场（一期）等工程，加快推进白鹤滩——江苏（浙江）特高压直流输电线路工程（永川段）建设。启动实施松溉电厂“上大压小”热电联产项目。启动500千伏永川变电站项目前期工作。探索实施水电气等资源性产品价格改革，着力降低工业企业要素成本。

工业是国民经济的主导。我们要始终坚持“工业强区”不动摇，聚焦打造“千亿级工业园区、百亿级产业集群、亿元级纳税企业”目标，加快推进规上工业企业数、工业增加值总量、工业企业税收、工业总产值实现倍增，全力打造成渝地区双城经济圈重要的现代制造业基地！

（三）加快推进数据引领行动，打造成渝地区双城经济圈重要的数字经济集聚区。

扎实搞好试点示范。加快推进智慧交通建设，重点围绕“交通状态一屏感知、安全应急一键调度、信号控制全域优化、出行服务一端智行”目标，加快建设一朵云、一个库、一张图、一中心、一个端等“五个一”体系，打造智慧交管、公共交通、智慧出行、自动驾驶等四大应用平台，让交通管理更安全、运行更畅通、服务更精准，市民出行更便捷。全力推进智慧医疗建设，重点围绕“诊疗全程智能化、健康管理主动化、医疗信息数据化”目标，加快建设全民健康信息、互联网医院、慢病健康管理等三大平台，让民众享受个人全生命周期健康管理、区域优质医疗资源“一网问诊”、足不出户享受慢病服务等智慧医疗成果。

提速发展数字产业。集聚数据资源，依托大数据产业园，大力发展服务外包、软件信息、大数据处理、数字内容和电子商务，瞄准互联网头部企业持续发力，力争入园企业达450家、实现产值300亿元。加强数据处理，提高呼叫和数据处理效率，加快建设字节跳动、高德、哔哩哔哩（B站）等数据处理项目，座席规模增加5000席、达到1.5万席。拓展智能应用，依托百度构建自动驾驶测试平台，探索开展自动驾驶出租载人运营业务，推动红旗汽车等企业开展测试和示范运营。丰富数字内容，依托爱奇艺、中国人民大学文化科技园、达瓦等企业，新建数字影视棚，构建“云+端”实时渲染平台，打造西南最大数字内容制作基地。推动数字化治理，联合华为、普天等企业，围绕政务大数据、工业互联网等云计算应用需求，高标准建设渝西大数据中心。

加快构建数字生态圈。推动人才集聚，提质扩容大数据产业人才联盟，成员高校增至100家以上，推动政校企合作项目50个，搭建5000平方米数字经济公共实训中心，构建每年输出3万名大数据人才蓄水池。丰富应用场景，继续推进智慧城市建设，加快推进智慧永川智能中枢综合服务平台、运行管理中心、政务数据资源池等项目建设，建成智慧城市运营中心实体大厅，打造丰富的智慧公共服务应用场景。强化政策支撑，全面落实“大数据发展20条”，强化财税、土地、金融、社保、住房、教育等综合配套政策供给，加快形成适应数字经济特点、鼓励新技术新业态发展的政策环境。

数字经济是构建新发展格局的技术支撑。我们要加快构建“云联数算用”全要素群，培育“芯屏器核网”全产业链，塑造“住业游乐购”全场景集，加快推动数字产业化、产业数字化，努力把数字经济打造成为永川又一张名片！

（四）加快实施消费升级行动，打造区域性现代服务业高地。

推动商贸服务业转型升级。大力推进消费供给侧升级，优化消费需求侧管理，积极参与“巴渝新消费”行动，努力形成需求牵引供给、供给创造需求的更高水平消费。实施核心商圈建设提升行动，改造提升渝西广场、人民广场、万达广场商圈，扩容升级兴龙湖中央商务区，建成“永川里”城市创意秀场、凤凰湖爱情汽车广场。加快引进国内外知名品牌渝西首店、旗舰店、品牌连锁便利店，培育永川特色小店，核心商圈零售总额达到300亿元以上。大力发展夜间经济，以长乐坊、华茂中心为试点，优化功能配套，集聚要素资源，培育“夜味、夜养、夜赏、夜玩、夜购”业态，打造具有烟火气、永川味、时尚范的不夜永川新景象。加快培育线上经济，促进服务业线上业态、线上服务、线上管理快速发展，引导商贸企业适应“宅经济”发展趋势，积极触网升级，支持零售、餐饮、住宿等运用社群、直播、推客等线上形式拓宽销售渠道和市场空间，网络交易额达到350亿元以上。

推动新兴服务业扩能升级。顺应消费品质化、智能化、多元化、服务化新趋势，加快培育依托信息技术和现代管理理念发展起来的、信息和知识相对密集的现代服务业。大力发展会展经济，建成投用中交世通大厦，加快建设会展中心，提升茶文化旅游节、进出口商品展等展会档次，高标准办好西部职教基地高峰论坛、中国科学影像传播大会及高端学术论坛、汽车产业论坛、生活纸发展论坛、双创升级发展峰会，支持企业在永召开经销商、配套商大会，提高智博会、西洽会、进出口博览会参展实效。做大做强现代金融业，支持各类金融机构在永川设立功能性总部、区域性总部、结算中心、业务管理中心，新引进金融机构2家，全区存贷款规模达到1800亿元以上。改善金融服务，加强“政保合作”，扩大直接融资规模，为重点项目建设和新兴产业发展提供支撑。大力推进企业上市，加快设立支持企业上市引导基金，新增证券市场挂牌上市企业5家。切实加强金融风险防范，确保不发生系统性风险。优化提升现代物流业，突出发展供应链物流、智能物流、冷链物流、应急物流等综合性和专业性物流，开工建设长城汽车物流基地，加快推进吉之汇农产品集散交易骨干冷链物流基地建设，推动城乡物流配送网络向末端延伸，扩大邮政物流基层覆盖范围，提升物流标准化、网络化、智能化水平，打造物流网络重要节点城市。积极培育专业服务、健身康体、养生养老、社区服务等新兴领域服务业。

推动旅游业提档升级。牢固树立“全域旅游”理念，重点打造“一心四区”，持续办好品牌活动，突出“心灵之旅，欢乐永川”主题，全面融入巴蜀文化旅游走廊。做大主题乐园，推动和探索乐和乐都经营管理体制改革，开工建设西部欢乐城冰雪世界、电声音乐广场。培优重点景区，完成松溉古镇重要节点改造，加快实施茶山竹海景区提升工程。提质乡村旅游，大力发展精品民宿、康体养老、研学教育等业态，打造“黄瓜山中华梨村—十里荷香—青峰里—板桥廊街—茶山竹海”乡村时光精品线路。提升旅游服务，加快渝西游客集散中心、公共服务设施、智慧文旅建设，完善导览标识系统和快旅慢游服务体系。全年接待游客2600万人次，实现旅游收入180亿元，加快建设区域性都市休闲旅游目的地，把永川打造成为令人向往的“诗和远方”！

发展现代服务业是构建新发展格局的重要环节。我们要大力培育新产业新业态新模式，突出现代服务业的高科技性、高附加值性、集群性、新兴性，让市场人气热起来、消费旺起来、商贸活起来，努力让永川成为一座充满活力、辐射周边的时尚消费城！

（五）加快推进城市提升行动，打造“双百”区域性中心城市。

高标准启动城东科技生态城建设。强化规划引领，顺应城市发展规律，引导城市向东发展，突出科技导向、生态本底、人居核心理念，着眼30平方千米、30万人口规模，全力打造成渝地区双城经济圈建设新平台、“科创中国”创新枢纽城市新支点、西部智慧产业新高地、山水园林城市新典范。聚焦科技铸魂，强化高端要素资源配置，加大科技企业、研发机构引进力度，建成城东科技生态城展厅，开展科技公园、科技馆前期工作，推动无人驾驶、数字孪生、新型智慧城市等在城东科技生态城的场景应用。聚焦生态赋能，启动启智湖、智慧湖及周边绿化建设，在城市建设中融入山水田园风光，打造生态智慧、生产智创、生活智能的新型城市。聚焦人居筑城，开工建设渝西区域医疗中心、一纵线，加快推进市政道路、综合管廊、水电气讯、生态环保等基础设施和配套设施建设，拉开城市建设骨架，力争新拓展面积3平方千米。聚焦产业兴城，围绕新生活、新职教、新康养、新文旅四大功能，引进一批产业创新、医疗康养、职业教育、文旅融合等示范项目，打造新型产城融合示范区。

完善基础设施网络。加快新型基础设施建设，突出新型网络、智能计算、信息安全、转型促进、融合应用、基础科研、产业创新等重点领域，大力推进数字设施化、设施数字化，打造全市领先的新型基础设施样板区。新建5G基站1122个，5G覆盖率、千兆光纤城区覆盖率、IPv6支持率达到100%，推动中心城区公共场所免费WiFi全覆盖。加快部署融合基础设施，新建综合能源站2个、公共充电桩80个。加快打造区域性综合交通枢纽，推动渝昆高铁永川段建设，开工建设永川南站智慧枢纽、凤凰湖产业园铁路专用线，加快永川至主城市域快线、二环线永川至合川段市域铁路、港桥铁路支线、三教铁路支线前期工作。开工建设永璧高速、三环高速陈食至油溪段，启动实施兴城大道凤凰湖园区段建设，改造永师路、一环路，加快永川至主城快速通道、毛家坡立交等前期工作。加快推进永川港区港口岸线综合整治。支持大安通用机场拓展运营，加快航空小镇规划编制和前期工作。推动利用国铁干线开行永川至中心城区的公交化列车前期工作。加快水利基础设施建设，完成白沙水库前期工作，提速推进渝西水资源配置工程（永川段），加快石梁桥、牛王沟水库建设，整治七一水库、邓家岩水库等8座病险水库，建成上游水库群至临江河（城区段）河库水系连通工程和大陆溪河吉安段、九龙河金龙场镇上游段综合治理工程。配合启动长征渠前期工作。实施水质提升工程，完成直饮水覆盖数5000户，实现城乡供水同质同价。

*实施城市更新行动。*推动新城区有序完善，坚持以人为本、集约发展，不断提升城市内涵。高北片区着力引进高端住宅、时尚消费等示范项目，提升城市门户形象；城南片区加快完善旺龙湖周边城市配套功能，打造集产业服务、商业商务、疗养居住为一体的综合新城；城西片区加快探花湿地公园建设，重点提升打造一批专业市场和仓储物流项目。加快建设海绵城市、韧性城市。推动老城区有机更新，全面开展城市体检，推动城市更新与安全保障、环境提升、功能完善等有机结合，改造老旧小区180个，推动“三无小区”封闭管理，支持老旧小区安装电梯50台以上，整治城市痛点100处。完成“三河汇碧”整治，打造亲水休闲商业综合体，彰显“老城记忆、城市客厅”独特魅力。推动公园城市建设，实施“增绿添园”“绿廊建设”行动，启动龙马大道、昌龙大道等7条城市绿道示范建设，强化屋顶阳台绿化美化，新增道路绿化70万平方米。有序推进旺龙湖公园、桃花山公园（三期）建设，建成望城生态屏障工程，早日实现500米一个市民公园、1000米一个休闲广场、2000米一处湖泊景观的公园城市美景。

*提升城市管理水平。*深化大城细管，下足“绣花”功夫，提升市政设施品质和市容环境卫生质量，实施城区“路平工程”，维修改造城市车行道、人行道及道路附属设施20万平方米，拆除违章建筑20万平方米，整治广告和店招店牌1万平方米。完成41个社区生活垃圾分类试点。持续推进物业管理品质提升行动，打造“六达标”小区124个。深化大城智管，建成智慧城管便民惠民服务平台、城市管理视频AI抓拍分析系统，创新智慧城管应用，推行城市综合治理“一网统管”、城市运行态势“一屏通览”、融合智慧调度“一键联动”，推动数字城管全覆盖。深化大城众管，推进“马路办公”向镇街延伸，落实“门前三包”，坚持“一街四方”网格化管理。巩固国家卫生区创建成果，推进国家生态园林城市、全国文明城区创建，让永川因山清水秀而“颜值”更高，因文明包容而“气质”更佳。

*城市能级是城市竞争力、影响力和辐射力的集中体现。*我们要紧扣“双百”区域性中心城市定位，突出产城景融合发展，全面提升永川国际知名度、城市繁荣度、商业活跃度、到达便利度、消费舒适度，加快打造居者自豪、来者依恋、闻者向往的美丽都市！

（六）全面推进乡村振兴战略，加快实现农业农村现代化。

*推动农业高质高效。*大力发展特色效益农业，加快发展精品农业、景观农业、设施农业、休闲农业，推进品种培优、品质提升、品牌打造和标准化生产，培育壮大新型经营主体，加快农业生产体系和经营体系现代化。新增流转土地1万亩，新增茶叶、经果等特色产业种植面积1万亩，食用菌栽培500万袋。全面落实粮食安全行政首长责任制，大力发展现代种业，调动农民种粮积极性。继续实施高标准农田建设、农田宜机化改造5万亩。坚决遏制耕地“非农化”，防止“非粮化”。支持朱沱、松溉、仙龙、何埂、宝峰、来苏等镇联合打造川渝现代高效特色农业示范带。实施农业品牌提升工程，新增“三品一标”产品认证20个，做强黄瓜山梨、永川莲藕等地理标志农产品，推广永川秀芽区域公用品牌，办好永川秀芽第五届斗茶大会、川渝农产品博览会，带动更多永川农产品走向市场、行销全国。加快农业“接二连三”，引进培育农产品加工企业4家以上，支持板桥、三教建设农产品加工基地；启动海棠橘乡、十里荷香等田园综合体建设；大力发展农村电商，打造纸业和食品网货生产基地。强化农业科技支撑，建立以企业为主体、市场为导向、产学研相结合的农业技术创新体系，加强创新成果产业化。引导职业院校、科研院所与企业合作，研发先进技术工艺和设施装备，推进技术成果就地转化。支持镇街成立乡村产业专家顾问团，为乡村产业发展提供智力支持。

*实施乡村建设行动。*推进镇街集镇提升行动，围绕镇街公园广场、示范街区、规范化农贸市场、公共停车场、标准公厕全覆盖目标，启动实施16个镇公园广场建设，全面完成中心城区外18个镇街场镇街区改造提升。新建“四好农村路”500千米。推动镇街服务中心全面达标。抓好村居换届选举工作。启动实施农村人居环境整治提升五年行动，突出“五沿”带动，继续开展卫生镇创建，探索试行“积分制”，扎实开展“五清理一活动”专项行动，依法依规有序开展农村房屋安全隐患排查整治。推动“三师一家”下乡，改造农村厕所5000户，建好黄瓜山农村人居环境整治示范片，建设区级示范院落200个，加快打造小组团、微田园、生态化、有特色的宜居乡村。全面实施数字乡村战略，以“互联网+”夯实乡村数字化基础，促进城乡数字化整合，实现

乡村数字化多领域创新应用，壮大乡村数字经济。建设互联网镇1个、互联网村10个，打造数字农品示范基地1个、智慧农业示范基地3个，农产品网络零售额达到10亿元以上。

巩固拓展脱贫攻坚成果。严格落实“四个不摘”要求，保持主要帮扶政策总体稳定，从顶层设计、制度衔接、项目安排等方面对已脱贫出列的市级贫困村和相对滞后村给予倾斜。接续推进全面脱贫与乡村振兴有效衔接，推进产业扶贫向产业振兴提升，补上技术、设施、营销等短板，因地制宜打造“一村一品”“一镇一业”“联镇成带”，完善利益联结机制，让农民更多分享产业增值收益。健全防止返贫动态监测和帮扶机制，对易返贫致贫人员实施常态化监测，重点监测收入水平变化和“两不愁三保障”巩固情况。对现有帮扶政策逐项分类优化调整，合理把握调整节奏、力度和时限，逐步实现由集中资源支持脱贫攻坚向全面推进乡村振兴平稳过渡。

民族要复兴，乡村必振兴。我们要按照“产业兴旺、生态宜居、乡风文明、治理有效、生活富裕”总要求，推动农业绿色化发展、规模化经营、品牌化营销、科技化支撑，努力绘就永川农业农村高质量发展的美好画卷！

（七）扎实推进创新和改革开放，持续增强发展动力活力。

建设区域性创新中心。引育优质创新主体，强化企业技术创新主体地位，坚持市场化导向，实施科技企业培育跃升行动，新培育高成长性科技企业5家、高新技术企业20家、科技型企业100家。实施科技创新资源引进行动，新引进产业技术研发中心、科技企业孵化器、技术转移机构等5家以上，加快建设创新服务综合体、技术转移中心、食用菌研究院、豆豉产业研究院、重庆交通大学永川研究院、大数据研究院、西南大学现代蚕桑实验基地。加快培育产学研融合的新型研发机构。激发人才创新活力，落实重庆英才计划，实施技工品牌提升计划、科技特派员计划，新培育一批高水平人才，加快培育技术经纪人，精准派遣科技特派员50名以上，积极营造“近悦远来”的人才发展环境和氛围。构建良好创新生态，健全鼓励创新投入机制，扩大知识价值信用贷款担保基金规模到3000万元，新增授权专利1000个、注册商标1000个，R&D占比达到2.6%。升级环重庆文理学院创新生态圈，做响“永创汇”双创品牌，健全科技投融资体系，形成支持科技创新的良好氛围。

深化重点领域改革。深化国资国企改革，深入实施国企改革三年行动，缩减国企管理层级，推进国企市场化、专业化重组，提升国企投融资能力。大力推进行业部门管理的国企公司制改革。完成全区党政机关和事业单位经营性资产集中统一监管。深化投融资体制机制改革，用好财政“资金三池”，建立定量蓄水、滚动补盈机制，保障政府投资项目资金需求；发挥政府基金引导作用，探索形成“政银保担投”五方联动的投融资模式，引导金融机构合理降低企业融资成本。深化农业农村改革，推动农村“三变”改革扩面，积极推进农村宅基地制度改革试点，探索农村宅基地所有权、资格权和使用权“三权分置”，盘活农村闲置宅基地2000亩；加快推进城乡融合发展试验区建设，统筹推进农村集体产权制度改革试点、农业设施登记抵押担保融资试点；加快推进供销社综合改革，推动“三社”融合发展。加大向朱沱镇下放部分区级经济社会管理权限力度。深化财税体制改革，健全预算绩效管理制度，加快构建全方位、全过程、全覆盖的预算绩效管理体系。牢固树立“过紧日子”思想，坚决取消无效或不必要支出、压减非刚性支出、严控新增支出！

扩大高水平对外开放。建设开放平台，高效集聚“五类要素”，协调发展“五类贸易”，加快推动综合保税区设立工作，按照“边建设边招商”思路，全力推进综合大楼、展示展览中心、查验监管区、路网及围网等工程建设，全年入驻项目50个。畅通开放通道，依托长江黄金水道、中欧班列、陆海新通道、渝满俄班列，推动长城汽车、雅迪电动车、星星冷链、理文纸业等企业开拓海外市场、扩大出口规模，进出口总额达到40亿元；实际利用外资3.7亿美元。加强中新合作，推动中新国际肿瘤医院开诊；鼓励企业赴新加坡发行海外债券，降低融资成本；探索拓展职业教育、大健康、城市发展等合作领域。

打造营商环境最优区。对标世行标准，以投资者办事全生命周期、全流程便利为原则，全面落实涵盖18个评价指标改革举措，营造市场化、法治化、国际化营商环境。深化“放管服”改革，开展“互联网+政务服务”，推进“服务公社”和“渝快办”有机衔接，实现132个政务服务事项跨省通办、95个川渝通办事项全网通办。激发市场主体活力，放宽市场准入，对新产业新业态新模式实行包容审慎监管，探索推进涉企政策“免申即享、协同办理”改革，营造宽松便捷的准入环境、公平有序的竞争环境和高效规范的监管环境。优化民营经济发展环境，鼓励民营企业建立现代企业制度，支持民营企业参与科技创新，促进民营企业加快发展。切实保护民营企业合法权益，深化“四帮一体验”活动，认真解决民营企业实际困难，积极创建民营经济示范区。扎实推动“诚信永商”建设，培养高素质企业家队伍。开展“政企双向评价”工作，建立规范化机制化政企沟通渠道，把障碍破得更彻底，把烦苛去得更干脆，把服务做得更到位！

创新和改革开放是构建新发展格局的根本动力。我们要以“从0到1”的执着、敢为人先的精神、“天下一家”的胸怀，坚定不移推动更大力度创新、更深层次改革、更高水平开放，不断为永川发展注入生机和活力！

（八）扎实推进生态文明建设，加快建设山清水秀美丽永川。

深入打好污染防治攻坚战。打好碧水保卫战，巩固提升临江河治理成果，统筹推进小安溪、九龙河流域治理。开工建设第四污水处理厂，新建新城片区污水管网40千米、镇街雨污管网20千米，启动实施中水回用工程、城区河道补水工程和冬水田蓄水示范工程，抓好污水处理厂、城镇排水、流域断面、农贸市场长效管理，确保三大河流水质稳定在Ⅲ类。打好蓝天保卫战，推动23个镇街空气质量小型站建设，启动城区重点管控区域餐饮油烟在线监控系统建设，强化道路及工地扬尘、广告印刷业、工业企业挥发性有机物集中整治，空气质量优良天数达到300天以上。打好净土保卫战，以钉钉子精神整治农村面源污染，实施化肥农药减量增效行动，加大废弃农膜回收力度。强化重点行业企业用地状况监测。开展无废城市创建。强化噪声污染整治，打造安静居住小区。持续推进第二轮中央环保督察反馈意见整改。

加强生态修复治理。筑牢长江上游生态屏障，按照“共抓大保护、不搞大开发”要求，建立协调联动执法机制，持续推进“十年禁渔”，做好长江流域禁捕退捕工作，加快长江入河排污口整改，切实担负起“上游责任”。严格落实河长制，启动实施城区“六水九湖”提档升级工程，加强城市集中式饮用水水源地保护，开展池塘循环水养殖生态修复。全面推行林长制，建立森林资源保护管理长效机制，加强云雾山、箕山、黄瓜山等自然山体和废弃矿山的管护及修复，做好松材线虫病防治，扎实推进国土绿化行动，实施森林抚育2万亩，森林覆盖率达到51%以上。加强环境监测预警，启动渝西生态环境监测分中心、生态环境应急分中心、辐射监管监测应急分中心建设，提升环境监测和应急处置能力，有效防范和降低生态环境风险。

完善生态文明体制机制。创新绿色发展体制，以减污降碳为总抓手，深入落实生态补偿、排污许可、总量控制和生态环境损害赔偿等制度，积极参与全市排污权、碳排放权、生态地票交易，提升能源利用效率，为实现国家碳达峰、碳中和目标贡献永川力量。健全环境治理体制，全面落实水环境保护联合执法快速响应机制，强化生态环境“三线一单”常态化管理，深化建筑行业和工业大气污染治理机制改革，持续推进领导干部自然资源资产离任审计。开展绿色创建行动，启动创建国家“绿水青山就是金山银山”实践创新基地、国家生态文明建设示范区，着力推进产业生态化、生态产业化，努力形成绿色生产方式和生活方式。

良好生态环境是最普惠的民生福祉。我们要学好用好“两山论”，走深走实“两化路”，推动铁腕治污再升级、生态修复再提速、长效管护再落实，加快建设蓝天白云、清水绿岸、鸟语花香的生态永川！

（九）统筹抓好疫情防控和安全稳定工作，持续巩固来之不易的良好态势。

抓好常态化疫情防控。守住外防输入关口，保持高度重视、高度警惕、高度负责的状态，坚持人物同防、闭环严防、关口细防、横向联防、社会谨防，持续加强境外来人来物、中高风险地区来永返永人员等监测管理，抓好进口冷链食品核酸定期检测和预防性全面消毒，有效阻断病毒输入途径。落实内防反弹措施，加大重点人群健康筛查和核酸检测频次，强化医院、学校、景区、商超市场、养老机构等重点场所防控措施，引导群众做好自我防护，防止集聚交叉感染。健全公共卫生体系，实施疾控能力提升行动，筹备迁建疾控中心，更新疾控设施设备，组建公共卫生风险评估专家库，构建疾控中心、骨干医院、镇街卫生院三级疾控体系。进一步提升基层医疗机构救治能力，将23个镇街卫生院救护车全部更换为监护型救护车。优化公共卫生服务管理，实现基层医疗机构规范化发热门诊（诊室）全覆盖。有序推进疫苗接种，严格疫苗全流程管理。强化应急保障，启动渝西应急物资储备库前期工作，提升重大公共卫生事件“空—地”一体化急救水平；加强应急物资储备，完善应急预案，切实提升应急能力。

抓实安全生产。牢固树立安全发展理念，严格落实“靠无私、靠敬畏、靠程序、靠基本面、靠投入”要求，以安全生产专项整治三年行动为抓手，扎实开展安全稳定大学习大排查大整治大执法行动，制定出台抓好安全生产硬措施，有效解决安全工作“最后一公里”问题。构建安全生产齐抓共管格局，调整镇街、部门安全监管领导体制，严格落实“四方责任”，突出抓好道路交通、建设施工、高层消防、森林防火、旅游、工贸、矿山、食品药品等重点行业领域专项整治，持续强化关闭煤矿安全监管，坚决遏制重特大事故发生。夯实安全应急基层基础，全面完成老旧小区消防设施改造；配齐配强镇街安全监管设施设备，安装农村公路护栏150千米，加强安防工程建设，提升安全防护和安全通行水平；围绕自然灾害“防、治、救”，加强森林防火、防汛抗旱和地质灾害的预防治理，落实防灾减灾措施，加强应急救援体系建设，提高应急救援能力，确保城市安全、社会安定、群众安宁。

抓牢社会稳定。维护国家安全和经济安全，深入贯彻总体国家安全观，认真贯彻落实国家安全责任制、意识形态责任制，常态化动态排查经济安全风险，牢牢守住不发生系统性、区域性风险底线。推进社会治安防控体系现代化，坚持专群结合、群防群治，加快构建城乡统筹、网上网下融合、人防物防技防结合、打防管控一体的社会治安防控体系。严厉打击盗抢骗、黄赌毒、食药环等突出违法犯罪，开展全民反诈专项行动，加快推进执法办案管理中心、“云网工程”和智能化社区防控建设，打造一批平安小区和平安大院，提升社会治安立体化、法治化、专业化、智能化水平。继续实施基层派出所提升三年行动，新建基层派出所4个。扎实做好建党100周年安全稳定各项工作。防范化解社会矛盾风险，坚持和发展新时代“枫桥经验”，推进市域社会治理现代化试点，完善基层治理“三事分流”“信访代跑”机制，抓好“治重化积”专项行动，加快社会矛盾纠纷联调中心、基层社会治理智能应用系统建设，加强和促进乡村治理，有效处置社会关注、群众关心的遗留问题，将矛盾化解在基层、风险防范在源头。

抓实安全稳定工作务必要坚持人民至上、生命至上，始终做到居安思危、备豫不虞，以“眼中不揉沙子”的认真劲、“一竿子插到底”的责任心，绷紧“安全弦”、织密“防控网”、筑牢“防护墙”，在共建共治共享中建设更高水平的平安永川！

（十）扎实办好重点民生实事，更好满足人民群众对美好生活的向往。

构建高质量教育体系。全面贯彻

党的教育方针，坚持立德树人，深化教育评价改革，讲好思政课，切实提高青少年学生思想道德素质；着力提升基础教育质量和水平，办好基础教育课后服务，加强青少年心理健康教育和体育美育劳动教育；强化师德师风建设，加快培育高素质教师队伍。综合防控全区儿童青少年近视。实施学前教育优质普惠发展行动，建成投用职教中心附属幼儿园、红星旺龙湖幼儿园，强化城镇小区配套幼儿园治理，加快公办园建设，确保公办园在园幼儿占比达 50% 以上、普惠率达 86%。实施义务教育能力提升行动，开工建设旺龙湖小学、子庄中学，建成凤凰湖萱花中学、文昌中学、新区红旗小学、实验小学，加快永五中改扩建，启动永六中改扩建，续建卧龙中学等 6 所学校。实施普通高中示范提质发展行动，持续推进永川中学创建重庆市一流特色高中；推动枫叶国际学校成为西南地区一流国际学校；全年引进名校长、名教师 20 名。

提升就业和社会保障水平。落实就业优先政策，健全就业创业服务体系，保障职教学生、退役士兵、农民工等重点群体就业，城镇新增就业 2.4 万人以上，新增创业市场主体 1 万户以上。建成投用市级人力资源服务产业园。健全完善社保体系，促进社保精准扩面，稳步推进基本养老保险全国统筹。深化“一门受理、协同办理”社会救助综合改革，探索实施困难家庭救助帮扶综合评估。深化医保支付制度改革，持续推进药品集中带量采购及高值耗材联盟集采，推广医保电子凭证、DRGs 等重点应用，强化医保基金监管，探索建立医保智能审核和监控系统。加大残疾人、孤儿等社会困难群体关爱力度。提升退役军人服务管理保障水平，积极创建双拥模范城。新建劳动者港湾 20 个，持续为每一位辛勤的劳动者打造温馨驿站。加快养老事业发展，实施养老服务提升行动，新建镇级养老服务中心 9 个、村级互助养老点 141 个；加大民办养老机构扶持力度，新建医养结合综合养老服务体 3 家以上，新增床位 1000 张以上。推动特殊困难老年人家庭进行居家适老化改造。启动老年大学迁建前期工作。大力发展银发经济，支持引进高端康养机构。深化公办养老机构改革，健全养老服务体系，升级改造镇街敬老院，大力发展社区养老、互助性养老、普惠性养老服务，支持基层医疗卫生机构开展社区医养服务，让老年人三餐饭可口、休闲可娱乐、生病有看护，让他们在金色的余晖中沐浴着温暖的阳光！

全面推进健康永川建设。推进国家医学中心重庆永川分中心建设，加强市区协作、校地共建，加快启动重医附属永川医院东院区、重医永川研究院、医学大数据平台、退役军人优抚医院和荣誉军人光荣院等项目。提高医疗服务质量，大力引进高层次医疗人才，加快推进区中医院凤凰湖院区、重庆血液中心永川分中心、区精神卫生中心、三教镇卫生院建设，支持区妇幼保健院三级创建，深化与新加坡、北京、上海、广州和成都等国际国内知名医院远程会诊。改善基层医疗机构条件，实施中心卫生院提升工程、星级村卫生室全覆盖创建工程，建成 6 个区域镇街示范卫生院。深化城市医联体“三通”国家试点，加快构建覆盖城乡、优质高效的医疗卫生服务体系，全力推动全方位、全生命周期健康保障。坚持中西医并重，支持中医药事业传承创新发展。

繁荣发展文体事业。加强社会主义精神文明建设，践行社会主义核心价值观，深化群众性精神文明创建活动，发挥新时代文明实践中心作用，加强农村精神文明建设，推动形成文明乡风、良好家风、淳朴民风。持续推动文化惠民，编创一批献礼建党 100 周年文化艺术作品，编排川剧《黄开基》；推动汉东古城保护性发掘前期工作；装修投运新区图书馆并创建国家一级馆；建成城市书房 24 小时图书馆 1 个；加快推动永川大剧院、永川美术馆前期工作；推进全民阅读，建设书香永川。加快建设体育强区，高标准承办市六运会、市残运会，精心办好永川马拉松比赛、永川国际女足锦标赛、国际壁球精英赛、“中国杯”定向越野赛，启动永川奥体中心、恒温游泳馆、青少年足球训练基地前期工作，广泛开展全民健身活动，加快建设体育强区。

扎实办好民生实事。今年投入资金 28.4 亿元，重点实施老旧小区改造、“四好农村路”建设、村社便道建设、乡村清洁示范院落建设、教育惠民工程、医疗卫生服务能力提升工程、养老服务提升工程、公共文化服务进基层、低收入家庭大学生学费资助、中小学生护眼工程、就业创业帮扶、饮用水质提升工程、增绿添园工程、城市道路照明改造工程、城区厕所建设、永川图书馆工程、生活垃圾分类、智慧城市建设、社会综合治理工程、应急保障能力提升等 20 件民生实事，再解决一批人民群众最关心最直接最现实的利益问题。

为政之要，民生为本。我们要心系民生、心念民生，多谋民生之利、多解民生之忧，让人民群众的获得感成色更足、幸福感更可持续、安全感更有保障，让生活在永川的每一个人都能切身感受到稳稳的幸福！

四、切实加强政府自身建设

征程万里风正劲，重任千钧惟担当。实现“十四五”奋斗目标，书写高质量发展答卷，必须以更严格的标准推进政府自身建设、更高的效率推动政府职能转变、更优的服务提高政府治理水平，努力打造人民满意政府。

（一）始终坚持党的全面领导。深学笃用习近平新时代中国特色社会主义思想，心怀“国之大者”，牢固树立“四个意识”、始终坚定“四个自信”、坚决做到“两个维护”。注重从讲政治的高度做好经济工作，善于用政治眼光观察和分析经济社会问题，不断提高政治判断力、政治领悟力、政治执行力。自觉对标对表党中央的大政方针，坚决贯彻落实市委、市政府和区委决策部署，始终做到初心如磐、使命在肩。全面彻底干净肃清孙政才恶劣影响和薄熙来、王立军流毒，巩固风清气正的政治生态，践行“三个确保”政治承诺。

（二）推进政府治理体系和治理能力现代化。全面推进依法治区，巩固拓展全国法治政府建设示范区成果，坚持在法治轨道上推进政府治理体系和治理能力现代化。规范重大行政决策程序，建立“一府两院”法治联动机制，深化行政复议体制改革，着力构建依法、科学、高效的行政执法机制。全面推行行政机关负责人出庭应诉制度。认真谋划“八五”普法工作，提升全民法治意识和法治素养。自觉接受人大监督、政协监督、监察监督、司法监督，主动接受社会监督和舆论监督。健全政府守信践诺机制，政府承诺企业和群众的事项，必须说到做到、立说立办、坚决兑现。

（三）高质量抓好工作落实。锤炼抓落实的过硬作风，完善全程可量化的目标体系、督查体系、考核体系，做到靠作风吃饭、拿实绩说话，切实解决抓工作落实过程中“最后一千米”问题，让既定的决策部署真正兑现。全面提高政府系统政治能力、调查研究能力、科学决策能力、改革攻坚能力、应急处突能力、群众工作能力、抓落实能力，引导干部自觉增强补课充电的紧迫感，主动赶上时代潮流，练就敢抓落实善抓落实的执行力，提振敢担事、能干事、干成事的精气神，成为领导构建新发展格局的行家里手。

（四）坚决守住清正廉洁底线。严格落实中央八项规定精神、市委实施意见和区委具体规定，认真履行党风廉政建设主体责任，加大对行政审批、工程建设、国有资产等重点领域监管力度，深化拓展整治群众身边腐败和作风问题，强化“以案四说”“以案四改”，推动政府系统清明、清廉、清正。政府系统干部要如履薄冰、如临深渊、审慎用权，要修身洁行、慎独慎微、自省自重，做到“心不动于微利之诱，目不眩于五色之惑”，筑牢拒腐防变思想防线、制度防线，真正实现不敢腐、不能腐、不想腐！

永川，是一座底蕴深厚、充满魅力的美丽城市，是一方生机盎然、活力无限的发展沃土。自强不息、弘毅宽厚的永川人民，以必成之心、创未有之业，取得了令人瞩目的发展成就，绘就了载入史册的壮丽诗篇！站在“两个一百年”的历史交汇点上，迈向全面建设社会主义现代化国家新征程，我们唯有砥砺奋进、开拓进取、披荆斩棘、勇往直前，才能书写更加绚丽的华章，创造更加灿烂的辉煌！

新时代的大幕徐徐拉开，新征程的号角已经奏响。新时代是奋斗者的时代，新征程是追梦人的征程。让我们更加紧密地团结在以习近平同志为核心的党中央周围，在市委、市政府和区委的坚强领导下，在区人大、区政协的监督支持下，在全区广大干部群众的共同努力下，永葆初心、牢记使命，踔厉奋发、踵事增华，乘风破浪、扬帆远航，奋力谱写永川高质量发展、高品质生活新篇章，开启社会主义现代化建设新征程，以优异成绩迎接建党100周年！

（区政府办公室　张淞）

组织机构及负责人名录

市管（区委）

张智奎 区委书记

常晓勇 区委副书记，区政府党组书记、区长

蔡 焘 区委副书记

邓 文 区委常委，区政府党组副书记、副区长人选，区新城建管委党工委书记

宋 文 区委常委，区政府党组成员，副区长人选，永川高新区党工委书记，区社会主义学院院长（兼）

朱和胜 区委常委、区人武部政委

喻 彤 区委常委、纪委书记，区监委主任

王建华 区委常委、政法委书记

胡 川 区委常委、组织部部长

陈小东 区委常委、统战部部长

张小梅 区委常委、宣传部部长，区新城建管委党工委副书记、主任，软件园管委会主任

市管（区人大）

王志飞 区人大常委会主任

潘文峰 区人大常委会党组书记、主任人选，区委党校校长

孔 萍 区人大常委会党组成员、副主任

赵洪生 区人大常委会党组成员、副主任、一级巡视员

李光远 区人大常委会党组成员、副主任、一级巡视员

王晓英 区人大常委会副主任

颜 强 区人大常委会党组成员、副主任

市管（区政府）

杨 华 区政府党组成员，副区长

王寒峰 区政府党组成员，副区长

任伯平 区政府副区长，民盟区委主委

宋朝均 区政府党组成员，副区长

徐秀霞 区政府党组成员，副区长人选

陈 波 区政府党组成员，副区长人选，区公安局党委书记、局长，区委政法委副书记（兼），督察长（兼）

市管（区政协）

刘祥全 区政协主席

文良印 区政协党组书记、主席人选，区行政学校校长（兼）

张 健 区政协党组成员、副主席

罗朝友 区政协副主席，民建区委主委

钟代华 区政协副主席，区文联主席

陈其炳 区政协党组成员、副主席

张前勇 区政协副主席，九三学社区委主委

颜加洪 区政协副主席人选

市管（区法院）

高林平 区法院党组书记、院长

市管（区检察院）

詹文渝 区检察院党组书记、检察长

区纪委监委

赵智杰 区纪委常务副书记、区监委副主任

喻 宏 区纪委副书记、区监委副主任

冯军全 区纪委副书记

刘 慧 区监委委员（正处级）

艾春兰 区监委委员（正处级）

唐中力 区纪委常委、区监委委员（正处级）

兰学艳 区纪委常委（正处级）

李白科 区纪委常委、区监委委员、区纪委监委第七审查调查室主任

张恩荣 区纪委常委、区监委委员、案件审理室主任

蔡 晓 区纪委常委、区纪委监委办公室主任

彭谊先 区纪委监委组织部部长

何 力 区纪委监委宣传部部长

杨 波 区纪委监委党风政风监督室主任、三级调研员

唐再学 区纪委监委信访室主任

杨 科 区纪委监委法规研究室主任

钟 秋 区纪委监委案件监督管理室主任

王 伟 区纪委监委纪检监察干部监督室主任

喻廷军 区纪委监委第一监督检查室主任

陈定容 区纪委监委第二监督检查室主任

张 颖 区纪委监委第三监督检查室主任

文 捷 区纪委监委第五监督检查室主任

孙永超 区纪委监委第六监督检查室主任

朱 明 区纪委监委第八审查调查室主任

刘 源 区纪委监委第九审查调查室主任

胡 艳 区监委派出第一监察室主任

王 成 区监委派出第二监察室主任

陈登全 区监委派出第三监察室主任

具昌平 区监委派出第四监察室主任

李金明 区监委派出第五监察室主任

杨 晓 区监委派出第六监察室主任

区委办、区委机要保密局

张正元　区委办公室主任（区委研究室主任、区档案局局长、区委改革办常务副主任）

黄　健　区委办公室副主任（正处级）

赵　琛　区纪委监委驻区委办公室纪检监察组组长

陈　林　区委办公室副主任（区委研究室副主任）

许志浪　区委办公室副主任（区委改革办副主任）

曾显东　区委办副主任

魏伶龙　区委机要局密码督查员、三级调研员

徐　勇　区委保密委专职副主任

何兴国　区委机要保密局副局长（区委保密办〔区国家保密局、区密码管理局〕副主任〔副局长〕）

区委组织部（区委非公工委、区公务员局）

李万梅　区纪委监委驻区委组织部纪检监察组组长、三级调研员

郭　磊　区委组织部副部长（区委非公工委书记）

徐世燕　区党员教育中心主任

赵肖童　区委组织部副部长

区委宣传部

刘革敏　区委宣传部常务副部长

刘章智　区委宣传部副部长（区政府新闻办主任、区新闻出版局局长）

杨天海　区纪委监委驻区委宣传部纪检监察组组长、三级调研员

李云芳　区委宣传部副部长

王磊磊　区委宣传部副部长（区文明办主任）

区委统战部

胡绍华　区委统战部常务副部长区委台湾工作办公室〔区政府台湾事务办公室〕主任、区政府侨务办公室主任，区工商联党组书记、副主席（兼职）

龙世江　区委统战部副部长

区委政法委

文　波　区委政法委常务副书记

张道国　区委政法委副书记（区委国安办主任）（正处级）

唐　玲　区委政法委副书记

区委编办

李仕友　区委编办主任

李　珂　区委编办副主任

钟　娅　区委编办副主任

区委直属机关工委

高　山　区委直属机关工委书记

李亚璇　区委直属机关工委副书记

区委巡察办

范开利　区委巡察办副主任

张　波　区委第一巡察组组长

樊　防　区委第一巡察组副组长、三级调研员

付林碧　区委第二巡察组组长

李永利　区委第二巡察组副组长

王永群　区委第三巡察组组长

冯　宇　区委第三巡察组副组长、三级调研员

区委老干部局

曾祥禄　区委老干部局局长，区委组织部副部长（兼）、一级调研员

李启民　区委老干部局副局长

区府办

李世红　区政府党组成员，区政府办公室党组书记、主任，区政府研究室主任（兼）、区政府外事办主任（兼）、区政务服务管理办主任（兼）、区委外办主任（兼）

胡咏富　区政府办公室党组成员、副主任（正处级）

曾凡琴　区政府办公室党组成员、区纪委驻区政府办公室纪检组组长

杨　毅　区政府办公室党组成员、副主任（区政务服务管理办副主任）

李鸿飞　区政府办公室党组成员、副主任（区政府研究室副主任）

曹林瑞　区政府办公室党组成员、副主任（区委外办、区政府外事办副主任）

区发改委

马奇富　区发改委党组书记、主任

区发改委（区能源局）

邓正军　区发改委党组成员、副主任（正处级），区能源局党组书记、局长（兼）

区发改委

何世兰　区发改委党组成员、区纪委监委驻发展和改革委员会纪检监察组组长

刘科学　区发改委党组成员、副主任

熊　东　区发改委党组成员、副主任

周德芳　区发改委党组成员、副主任

区教委

徐静秋　区委教育工委书记、区教委主任（区委教育秘书组组长）

彭万明　区委教育工委副书记（区委教育秘书组副组长）

曾　艳　区委教育工委委员、区纪委监委驻教育委员会纪检监察组组长

陈启寨　区委教育工委委员、区教委副主任

童　斌　区委教育工委委员、区教委副主任

魏承文　区委教育工委委员、区教委副主任

区科学技术局

漆远英　区科学技术局局长、民革区委主委

杨本森　区科学技术局党组书记，重庆永川国家农业科技园区党工委副书记、管委会主任、一级调研员

陈官忠　区科技局党组成员、副局长、三级调研员

杨明彬　区科技局党组成员、副局长

区经信委

余　波　区经信委党组书记、主任

何泽雄　区经信委党组成员、副主任

廖小凤　区经信委党组成员、副主任

刘晓红　区经信委副主任

区公安局

王忠明　区公安局党委委员、副局长（正处级）、一级高级警长

喻小波　区公安局党委委员、区纪委监委驻区公安局纪检监察组组长、三级调研员

罗　进　区公安局党委委员、副局长、二级高级警长

张　龑　区公安局党委委员、区公安局副局长、二级高级警长

周　勇　区公安局党委委员、交巡警支队支队长、二级高级警长

李云川　区公安局党委委员、刑警支队支队长、二级高级警长

郭　斌　区公安局党委委员、政治处主任

刘春桥　区公安局党委委员、警卫处处长

李世琨　区公安局禁毒支队政委、二级高级警长

陈　卫　区公安局禁毒支队支队长、二级高级警长

陈　宏　区公安局校保支队支队长、二级高级警长

袁新忠　区公安局校保支队政委、二级高级警长

张　波　区公安局刑警支队政委、二级高级警长

张　军　区公安局扫黑除恶侦查支队政委

陈天寿　区公安局交巡警支队政委

刘　科　区公安局警卫处政委

区司法局

郑朝明　区司法局党委书记、局长、一级调研员

郭　毅　区司法局党委委员、副局长、三级调研员

李连勇　区司法局党委委员、副局长

谢军贤　区司法局党委委员、副局长

王玉琼　区司法局党委委员、政治处主任

区民政局

赵德君　区民政局党委书记、局长

张昌福　区民政局党委委员、副局长、三级调研员

程波韬　区民政局党委委员、副局长

区财政局

程　刚　区财政局党组书记、局长，区国有资产监督管理办公室主任（兼）

张腊梅　区财政局党组成员、区纪委监委驻财政局纪检监察组组长、三级调研员

林德超　区财政局党组成员、副局长

周伦兵　区财政局党组成员、副局长

江　兰　区财政局党组成员、区财政国库支付中心主任

钟　科　区政府投资评审中心主任

区人社局（区社会保险事务中心）

苟晓梅　区人社局党委书记、局长、一级调研员

陈　瑜　区人社局党委委员、区社会保险事务中心主任

李永春　区人社局党委委员、副局长（正处级）、一级调研员

曹睿杰　区人社局党委委员、副局长、三级调研员

侯昌海　区人社局党委委员、副局长

陈　闯　区人社局党委委员、区劳动人事仲裁院院长

张晓东　区人社局党委委员、区就业和人才中心主任

李　玲　区社会保险事务中心副主任

庞　华　区社会保险事务中心副主任

谢睦彬　区社会保险事务中心副主任

区生态环境局

蒋洪林　区生态环境局党组书记、局长

唐廷刚　区生态环境局党组成员、副局长（正处级）

蔡兴隆　区生态环境局党组成员、副局长

杨璐萤　区生态环境局副局长

洪炳刚　区生态环境局党组成员、区生态环境保护综合行政执法支队支队长

胡　川　区生态环境保护综合行政执法支队政委

区住房和城乡建委

李　勇　区住房和城乡建委党委书记、主任（区人民防空办主任）

刘　涛　区住房和城乡建委党委委员、副主任

周俐璐　区住房和城乡建委党委委员、副主任

罗守平　区住房和城乡建委党委委员、区住房服务中心主任

区城管局

包玉海　区城管局党委书记

杜金蓉　区城管局局长、民进区委主委

刘中文　区城管局党委委员、副局长（正处级）

盛书华　区城管局党委委员、副局长

张　力　区城管局党委委员、副局长

吴玉科　区城管局党委委员，区城市管理综合行政执法支队支队长

陈虹利　区城市管理综合行政执法支队政委

区交通局

曾宪勇　区交通局党委书记、局长、一级调研员

李国财　区交通局党委委员、副局长（正处级）

万六伦　区交通局党委委员、副局长、三级调研员

包树斌　区交通局党委委员、副局长

马小林　区交通局副局长

朱玺霖　区交通局党委委员、副局长

高其勇　区交通局党委委员、区交通运输综合行政执法支队支队长

蒋继平　区交通运输综合行政执法支队政委

区水利局

唐永红　区水利局党组书记、

局长

许　彬　区水利局党组成员、副局长、三级调研员

周　燚　区水利局党组成员、副局长、三级调研员

周宝佳　区水利局副局长

区农业农村委

赵　亚　区委农业农村工委书记、区农业农村委主任，重庆永川国家农业科技园区党工委副书记

杜清明　区委农业农村工委副书记、三级调研员

谢　斌　区委农业农村工委委员、区农业农村委副主任、三级调研员

杨必良　区委农业农村工委委员、区农业农村委副主任、三级调研员

吕先成　区委农业农村工委委员、区农业农村委副主任

何宗泉　区委农业农村工委委员、区纪委监委驻区农业农村委纪检监察组组长

吴聪聪　区委农业农村工委委员、区农业综合行政执法支队支队长

罗　曦　区农业综合行政执法支队政委

区商务委

张　静　区商务委党组书记、主任，区物流办公室主任（兼）

徐　坤　区商务委党组成员、副主任（区物流办副主任）

周　茜　区商务委副主任

区文化旅游委

杨　蓓　区文化旅游委党委书记、主任

付永洪　区文化旅游委党委委员、副主任、三级调研员

张　梅　区文化旅游委副主任、三级调研员

吴　雷　区文化旅游委党委委员、副主任

郭　亮　区文化旅游委党委委员、区文化市场综合行政执法支队支队长

区卫生健康委

杨　茜　区卫生健康委党委书记

张明春　区卫生健康委主任

李　旭　区卫生健康委党委委员、区纪委监委驻区卫生健康委纪检监察组组长、三级调研员

刘　益　区卫生健康委党委委员、副主任、三级调研员

陈兴燕　区卫生健康委党委委员、副主任

刘昌良　区卫生健康委党委委员、副主任

周　明　区卫生健康委党委委员、区卫生健康综合行政执法支队支队长

郭富宏　区卫生健康综合行政执法支队政委（正处级）

区退役军人事务局

汪华康　区退役军人事务局党组书记、局长

王定军　区退役军人事务局党组成员、副局长（正处级）

阳家艳　区退役军人事务局党组成员、副局长、三级调研员

刘相海　区退役军人事务局副局长

区应急管理局

唐文模　区应急管理局党委书记、局长，一级调研员

夏云林　区应急管理局党委委员、副局长（正处级）

王太祥　区应急管理局党委委员、副局长

汪云鸿　区应急局副局长

苏泽东　区应急管理局党委委员、副局长

张仁光　区应急管理局党委委员、区应急指挥中心（区安全生产“12350”举报投诉中心）主任

王　刚　区应急管理局党委委员、区应急管理综合行政执法支队支队长

杨　宁　区应急管理综合行政执法支队政委

区审计局

龙晓燕　区审计局党组书记、局长

杨泽露　区审计局党组成员、副局长

潘忠胜　区审计局党组成员、副局长

刘　欣　区审计局副局长

喻文龙　区审计局党组成员、审计联席办主任

王利红　区审计局党组成员、纪检组长

区统计局

黄代攀　区统计局党组书记、局长

罗晓莉　区统计局副局长

皮继泽　区统计局党组成员、副局长

区医疗保障局

文　章　区医保局党组书记、局长

邓安国　区医保局党组成员、副局长（正处级）

王明勇　区医疗保障局党组成员、副局长

袁家羽　区医疗保障局党组成员、区医疗保障事务中心主任

区林业局

黄海东　区林业局党组书记、局长、一级调研员

蒋　虞　区林业局党组成员、副局长、三级调研员

陈朝富　区林业局党组成员、副局长、三级调研员

夏　飞　区林业局党组成员、副局长

区金融办

陈　勇　区金融办党组书记、主任

唐　佳　区金融办党组成员、副主任

区信访办

罗学成　区信访办党组书记、主任，区委办副主任（兼）、区政府办副主任（兼）

谭立洌　区信访办党组成员、副主任

黄　勇　区信访办副主任

李回龙　区信访办党组成员、信访督查专员

区大数据应用发展管理局

唐代勇　区大数据局党组书记、局长

刘定友　区大数据局党组成员、副局长、三级调研员

李晓莉　区大数据局党组成员、副局长

区招商投资促进局

彭　俊　区招商投资促进局党组成员、副局长

张　维　区招商投资促进局党组成员、副局长

区新城建管委

具荣海　区新城建管委党工委委员、副主任（正处级），区软件园管委会主任

谭昌兰　区新城建管委党工委委员、区纪委监委驻区新城建管委纪检监察组组长、三级调研员

李　瑾　区新城建管委党工委委员、副主任、三级调研员

谢远林　区新城建管委党工委委员、副主任、三级调研员

蒋兆勇　区新城建管委党工委委员，区软件园管委会副主任

康　烨　区新城建管委党工委委员、副主任

张庆源　区新城建管委党工委委员、副主任

张晓波　区新城建管委党工委委员、软件园管委会副主任

高新区（区招商局）

盛　逵　区招商投资促进局党组书记、局长，永川高新区党工委委员、主任

高新区

许仁元　永川高新区党工委委员、副主任

皮生琴　永川高新区党工委委员、副主任

向章剑　永川高新区管委会副主任

蒋隆泽　永川高新区党工委委员、区纪委监委驻永川高新技术产业开发区管理委员会纪检监察组组长

永川高新区凤凰湖产业促进中心

陈建国　永川高新区凤凰湖产业促进中心党工委书记、二级巡视员

蒋光奎　永川高新区凤凰湖产业促进中心党工委副书记、主任

姚长科　永川高新区凤凰湖产业促进中心党工委委员、副主任、三级调研员

胡渝洪　永川高新区凤凰湖产业促进中心党工委委员、副主任

刘　刚　永川高新区凤凰湖产业促进中心党工委委员、副主任

张　弢　永川高新区凤凰湖产业促进中心党工委委员、副主任

永川高新区港桥产业促进中心

陈小武　永川高新区港桥产业促进中心党工委书记、主任

罗　伟　永川高新区港桥产业促进中心党工委委员、副主任

彭光霞　永川高新区港桥产业促进中心党工委委员、副主任

李　攀　永川高新区港桥产业促进中心党工委委员、副主任

张子奇　永川高新区港桥产业促进中心党工委委员、副主任

永川高新区三教产业促进中心

周　勇　永川高新区三教产业促进中心党工委书记、主任

陈永胜　永川高新区三教产业促进中心党工委委员、副主任

刘声科　永川高新区三教产业促进中心党工委委员、副主任

王　伟　永川高新区三教产业促进中心党工委委员、副主任

代陞兰　永川高新区三教产业促进中心党工委委员、副主任

区委党校

陈　军　区委党校（区行政学校、干部学院、社会主义学院）常务副校长、一级调研员

胡　健　区委党校副校长（正处级）

牟华清　区委党校副校长

张　娜　区委党校副校长

区机关事务管理中心

刘　秋　区机关事务管理中心党组书记、主任

易冬梅　区机关事务管理中心党组成员、副主任

郑才兵　区机关事务管理中心党组成员、副主任

区档案馆

吕东海　区档案馆馆长（区委党史研究室主任）

龙定容　区档案馆副馆长（区委党史研究室副主任）、三级调研员

钟　波　区档案馆副馆长

区信息化建设服务中心

刘　永　区信息化建设服务中心党组书记、主任

姜　毅　区信息化建设服务中心党组成员、副主任

区行政服务中心

张小红　区行政服务中心党组书记、主任

宋汉桥　区行政服务中心党组成员、副主任、三级调研员

谭　娟　区行政服务中心党组成员、副主任

唐定伟　区行政服务中心党组成员、副主任

区公共资源事务中心

肖安佳　区公共资源事务中心党组书记、主任

林昌佑　区公共资源事务中心党组成员、副主任、三级调研员

徐　智　区公共资源事务中心党组成员、副主任、三级调研员

区军供站

罗华利　区军供站党组书记、站长

邓月立　区军供站党组成员、副站长、三级调研员

区融媒体中心

余　淼　区融媒体中心党组书记、主任

康钦华　区融媒体中心党组成员、副主任

涂山懋　区融媒体中心党组成员、副主任

袁　园　区融媒体中心党组成员、副主任

钟　阳　区融媒体中心党组成员、

副主任

区互联网信息服务中心

何　滨　区互联网信息服务中心主任（区社会科学联合会主席）

胡远莉　区互联网信息服务中心副主任

石　松　区互联网信息服务中心副主任

区国有资产管理中心

宋开颜　区国有资产管理中心党委书记、主任

谭向阳　区国有资产管理中心党委委员、副主任、三级调研员

李玉奎　区国有资产管理中心党委委员、副主任、三级调研员

康　冲　区国有资产管理中心党委委员、副主任

区总工会

黄永健　区总工会党组书记、副主席、一级调研员

吴　涛　区总工会党组成员、副主席（正处级）

吴秀彩　区总工会党组成员、副主席

团区委

牟　丹　团区委书记

车开强　团区委副书记

张　黎　团区委副书记

区妇联

周　霞　区妇联党组书记、主席

朱孝娟　区妇联党组成员、副主席、三级调研员

鲁丽军　区妇联党组成员、副主席

区科协

罗炽长　区科协党组书记、主席

邹世珍　区科协党组成员、副主席、三级调研员

区文联

邓德海　区文联党组书记、一级调研员

陈远洋　区文联党组成员、副主席

区工商联

谢绍刚　区工商联主席

胡　军　区工商联党组成员、副主席

龙　贤　区工商联党组成员、副主席

区残联

林　梅　区残联党组书记、理事长

钟　林　区残联党组成员、副理事长（正处级）

周少莉　区残联党组成员、副理事长

区侨联

吴治华　区侨联主席

张玉娇　区侨联副主席

区供销社

瞿　江　区供销社党组书记、主任

王　勇　区供销社党组成员、副主任（正处级）

金富鹏　区供销社副主任

区人大

何　清　区人大常委会党组成员，办公室主任，机关党组书记

翁　琳　区人大常委会办公室副主任

何　羡　区人大常委会办公室副主任

何家玉　区人大常委会社会建设委员会办公室主任、机关党组成员

谭全华　区人大财政经济委员会办公室主任、机关党组成员

蒋德勇　区人大财政经济委员会办公室副主任

马仁友　区人大常委会教育科学文化卫生工作委员会主任，机关党组成员

周丽娟　区人大常委会教育科学文化卫生工作委员会副主任

汤泽扬　区人大常委会人事代表工委主任、机关党组成员

禹宁静　区人大常委会人事代表工委副主任

张　静　区人大常委会农业与农村工作委员会主任、机关党组成员

段梁英　区人大常委会农业与农村工作委员会副主任、三级调研员

白权伦　区人大城乡建设环境保护委员会办公室主任、机关党组成员、一级调研员

陈朝碧　区人大城乡建设环境保护委员会办公室副主任、三级调研员

陶世富　区人大常委会预算工作委员会主任、机关党组成员、三级调研员

刘　荣　区人大常委会预算工作委员会副主任、三级调研员

张　鹏　区人大监察和法制委员会办公室主任、机关党组成员

李文忠　区人大监察和法制委员会办公室副主任、三级调研员

区政协

代永强　区政协党组成员、秘书长

张朝国　区政协党组成员，办公室主任，区政协机关党组书记、一级调研员

张义骞　区政协副秘书长、区政协学习和联络委主任、机关党组成员

杨　玲　区政协办公室副主任

王国梅　区政协学习和联络委副主任

赵德兵　区政协提案委员会主任

张　卿　区政协提案委员会副主任、三级调研员

陈远红　区政协经济委主任、机关党组成员、三级调研员

苏公梅　区政协经济委副主任

何高全　区政协农业和农村委主任、机关党组成员

游松柏　区政协城建环保委主任、机关党组成员

杨光萍　区政协城建环保委副主任、三级调研员

陈显达　区政协教卫体和文化文史委主任、机关党组成员

何丰建　区政协教卫体和文化文史委员会副主任

石跃祥　区政协社会法制和民族宗教委主任，机关党组成员

陈财元　区政协社会法制和民族宗教委副主任

民主党派

蔡　勇　民革区委专职副主委

吴志君　民盟区委专职副主委

谭立杼　民进区委会专职副主委

黄玉玲　民建区委会专职副主委

侯　勇　九三学社区委会专职副主委

中山路街道

冯昭华　中山路街道党工委书记、一级调研员

屈　英　中山路街道党工委副书记、办事处主任

陈明富　中山路街道党工委委员、人大工委主任、一级调研员

吴至良　中山路街道党工委副书记

乔　良　中山路街道办事处副主任

金平聪　中山路街道办事处副主任、三级调研员

袁玉娟　中山路街道党工委委员、宣传委员、统战委员

刘　奎　中山路街道党工委委员、政法委员

廖贵琴　中山路街道党工委委员、纪工委书记

潘其树　中山路街道办事处副主任

邱　松　中山路街道党工委委员、人武部长、办事处副主任

姜雪娇　中山路街道党工委委员、组织委员

胜利路街道

王成虎　胜利路街道党工委书记、一级调研员

张啸红　胜利路街道党工委副书记、办事处主任

杨　平　胜利路街道党工委委员、人大工委主任

胡叶英　胜利路街道党工委副书记、三级调研员

王中彬　胜利路街道党工委委员、政法委员、三级调研员

喻身兵　胜利路街道办事处副主任、三级调研员

张梓榆　胜利路街道党工委委员、宣传委员、统战委员

肖顺洪　胜利路街道办事处副主任

蒋家伟　胜利路街道副主任

蒋　勇　胜利路街道党工委委员、纪工委书记

何维川　胜利路街道党工委委员、人武部长，办事处副主任

王显凤　胜利路街道党工委委员、组织委员

南大街街道

魏寿和　南大街街道党工委书记，重庆永川国家农业科技园区党工委副书记，一级调研员

董世清　南大街街道党工委副书记、办事处主任，重庆永川国家农业科技园区党工委委员、管委会副主任

凌遗德　南大街街道党工委委员、人大工委主任

陈定川　南大街街道党工委副书记

杨寿兵　南大街街道办事处副主任、三级调研员

李家容　南大街街道党工委委员、纪工委书记

肖　璐　南大街街道党工委委员、宣传委员、统战委员

戴　军　南大街街道党工委委员、人武部长、办事处副主任

江　勇　南大街街道办事处副主任

何　敏　南大街街道党工委委员、组织委员

段东良　南大街街道党工委委员、政法委员

陈瑞东　南大街街道办事处副主任

茶山竹海街道

邓和平　茶山竹海街道党工委书记

张严英　茶山竹海街道党工委副书记、办事处主任

罗仕林　茶山竹海街道党工委委员、人大工委主任、三级调研员

胡明群　茶山竹海街道党工委副书记

罗斌　茶山竹海街道办事处副主任

唐大林　茶山竹海街道党工委委员、纪工委书记

王大春　茶山竹海街道党工委委员、宣传委员、统战委员

邓普祥　茶山竹海街道党工委委员、政法委员

谢　娅　茶山竹海街道党工委委员、组织委员

谢克锋　茶山竹海街道党工委委员、人武部长、办事处副主任

刘小燕　茶山竹海街道办事处副主任

刘心平　茶山竹海街道办事处副主任

大安街道

孙继军　大安街道党工委书记

裴渝川　大安街道党工委副书记、办事处主任

李再奎　大安街道党工委委员、人大工委主任

吴　建　大安街道党工委副书记

张绪勇　大安街道办事处副主任

刘　刚　大安街道党工委委员、政法委员

陈军洪　大安街道党工委委员、宣传委员、统战委员

向　梅　大安街道办事处副主任

邓朝礼　大安街道党工委委员、人武部长、办事处副主任

黄上腾　大安街道党工委委员、纪工委书记

彭贤惠　大安街道办事处副主任

赖　媛　大安街道党工委委员、组织委员

卫星湖街道

唐智勇　卫星湖街道党工委书记

任　阳　卫星湖街道党工委副书记、办事处主任

邓　勇　卫星湖街道党工委委员、人大工委主任

喻身建　卫星湖街道党工委副书记、三级调研员

张　伟　卫星湖街道办事处副主任、三级调研员

丁　峰　卫星湖街道党工委委员、宣传委员、统战委员

叶　兵　卫星湖街道办事处副主任

魏乐阳　卫星湖街道党工委委员、纪工委书记

李　际　卫星湖街道党工委委员、人武部长、办事处副主任

陈柒洲　卫星湖街道党工委委员、政法委员

陈树林　卫星湖街道党工委委员、组织委员

涂　林　卫星湖街道办事处副主任

陈食街道

刘　强　陈食街道党工委书记

周　强　陈食街道党工委副书记、办事处主任

张　杰　陈食街道党工委委员、人大工委主任

吴至雍　陈食街道党工委副书记（正处级）

温绪珩　陈食街道办事处副主任

黄世涛　陈食街道办事处副主任

曹　科　陈食街道党工委委员、宣传委员、统战委员

黄天林　陈食街道党工委委员、纪工委书记

皮　勇　陈食街道党工委委员、人武部长、办事处副主任

陈翕林　陈食街道党工委委员、组织委员

张学均　陈食街道办事处副主任

胡　飞　陈食街道党工委委员、政法委员

朱沱镇

唐忠茂　朱沱镇党委书记

王　建　朱沱镇党委副书记、镇长

张正财　朱沱镇党工委委员、人大主席

陈　亮　朱沱镇党委副书记

曾凡丽　朱沱镇党委委员、宣传委员、副镇长

刘战军　朱沱镇党委委员、人武部长、副镇长

代　全　朱沱镇副镇长

谭　建　朱沱镇党委委员、政法委员、统战委员

曹　洋　朱沱镇党委委员、纪委书记

苟永琼　朱沱镇副镇长

冯　扬　朱沱镇人大专职副主席

李茂涵　朱沱镇党委委员、组织委员

三教镇

雷云伍　三教镇党委书记

邹昌彬　三教镇党委副书记、镇长

何丽红　三教镇党委委员、人大主席

孙恒　三教镇党委副书记

万光林　三教镇党委委员、宣传委员、三级调研员

曾又强　三教镇副镇长

廖　莉　三教镇党委委员、组织委员

陈友琴　三教镇党委委员、纪委书记

陈　沅　三教镇党委委员、政法委员、统战委员

罗昌成　三教镇副镇长

任　韦　三教镇党委委员、人武部长、副镇长

彭　粲　三教镇副镇长

仙龙镇

赵维领　仙龙镇党委书记

唐宗建　仙龙镇党委副书记、镇长

谢长城　仙龙镇党委委员、人大主席

蔡春梅　仙龙镇党委副书记

胡　波　仙龙镇党委委员、纪委书记、三级调研员

赵黔川　仙龙镇党委委员、政法委员、统战委员

李科定　仙龙镇党委委员、宣传委员

唐　洁　仙龙镇副镇长

崔学彬　仙龙镇党委委员、组织委员

赖如坤　仙龙镇副镇长

荣继超　仙龙镇党委委员、人武部长、副镇长

周凡琨　仙龙镇副镇长

何埂镇

梁　伟　何埂镇党委书记、一级调研员

田　强　何埂镇党委副书记、镇长

叶昌红　何埂镇党委委员、人大主席

胡　梅　何埂镇党委副书记

钟　蕖　何埂镇党委委员、组织委员

宋世彬　何埂镇副镇长

梁冰红　何埂镇党委委员、纪委书记

胡志刚　何埂镇党委委员、政法委员、人武部长、副镇长

谢　鸣　何埂镇副镇长

唐承平　何埂镇党委委员、统战委员

陈　波　何埂镇副镇长

罗　勇　何埂镇党委委员、宣传委员

来苏镇

蔡信勇　来苏镇党委书记、一级调研员

刘万军　来苏镇党委副书记、镇长

蒋承武　来苏镇党委委员、人大主席

罗华萨　来苏镇党委副书记

张从锋　来苏镇党委委员、宣传委员、三级调研员

姜人文　来苏镇副镇长、三级调研员

张增旗　来苏镇副镇长

肖　英　来苏镇党委委员、统战委员

邓　玲　来苏镇副镇长

陈如华　来苏镇党委委员、组织委员

刘　澜　来苏镇党委委员、纪委书记

孙晓明　来苏镇党委委员、政法委员、人武部长、副镇长

双石镇

刘　佳　双石镇党委书记

钟　强　双石镇党委副书记、镇长

程　春　双石镇党委委员、人大主席

唐恩财　双石镇党委副书记

蔡增杰　双石镇党委委员、宣传委员、统战委员、三级调研员

马国营　双石镇党委委员、人武部长、副镇长

覃仁华　双石镇党委委员、纪委书记
宾友波　双石镇党委委员、政法委员、副镇长
周英姿　双石镇党委委员、组织委员
李晨岑　双石镇副镇长

临江镇
宋　林　临江镇党委书记
薛　辉　临江镇党委副书记、镇长
刘中国　临江镇党委委员、人大主席
刘岩鎏　临江镇党委副书记
唐廷勇　临江镇党委委员、政法委员、副镇长
唐春燕　临江镇党委委员、组织委员
张彦起　临江镇党委委员、纪委书记
周城屹　临江镇党委委员、人武部长、副镇长
魏　艺　临江镇党委委员、宣传委员、统战委员
申希泉　临江镇副镇长

青峰镇
中　意　青峰镇党委书记、一级调研员
徐一村　青峰镇党委副书记、镇长
胡世莲　青峰镇党委委员、人大主席
武晓军　青峰镇党委副书记
章元斌　青峰镇党委委员、宣传委员、统战委员
蔡福多　青峰镇副镇长
李能敏　青峰镇党委委员、纪委书记
易中银　青峰镇党委委员、政法委员、副镇长
蒋中林　青峰镇党委委员、组织委员
付传笔　青峰镇党委委员、人武部长、副镇长

松溉镇
赵后波　松溉镇党委书记
雷　波　松溉镇党委副书记、镇长
田必武　松溉镇党委委员、人大主席
万代强　松溉镇党委副书记
尚东川　松溉镇党委委员、纪委书记
冯昭全　松溉镇党委委员、宣传委员、统战委员
罗　容　松溉镇副镇长
袁凯歌　松溉镇党委委员、政法委员、副镇长
周垂江　松溉镇党委委员、组织委员
李迎春　松溉镇党委委员、人武部长、副镇长

红炉镇
李建勋　红炉镇党委书记
李天强　红炉镇党委副书记、镇长
穆勇全　红炉镇党委委员、人大主席
蒋　琼　红炉镇党委副书记
喻安然　红炉镇党委委员、人武部长、副镇长
汪　洋　红炉镇党委委员、组织委员
杨　勇　红炉镇党委委员、纪委书记
周传丰　红炉镇党委委员、政法委员、副镇长
刘静梅　红炉镇副镇长
童　苗　红炉镇党委委员、宣传委员、统战委员

金龙镇
李　凯　金龙镇党委书记
刘　仪　金龙镇党委副书记、镇长
黄小义　金龙镇党委委员、人大主席
刘世春　金龙镇党委副书记
田　硕　金龙镇党委委员、纪委书记
陈久全　金龙镇党委委员、政法委员、副镇长
陈伯梅　金龙镇党委委员、宣传委员、统战委员
冯应忠　金龙镇党委委员、人武部长、副镇长
唐　宇　金龙镇党委委员、组织委员
宋　睿　金龙镇副镇长

板桥镇
黄德彬　板桥镇党委书记
周　萍　板桥镇党委副书记、镇长
孔德林　板桥镇党委委员、人大主席
邓成红　板桥镇党委副书记
盘　宏　板桥镇党委委员、政法委员、副镇长
周　利　板桥镇党委委员、组织委员
赖　芳　板桥镇党委委员、纪委书记
胡　跃　板桥镇副镇长
李占强　板桥镇党委委员、宣传委员、统战委员
王冠楠　板桥镇党委委员、人武部长、副镇长

吉安镇
胡　波　吉安镇党委书记
张　敏　吉安镇党委副书记、镇长
汪　丹　吉安镇党委委员、人大主席
袁新德　吉安镇党委副书记
冯昭煦　吉安镇党委委员、政法委员、副镇长
吴平建　吉安镇副镇长
吴小川　吉安镇党委委员、纪委书记
李艳红　吉安镇党委委员、组织委员
张蔚江　吉安镇党委委员、人武部长、副镇长
江永玉　吉安镇党委委员、宣传委员、统战委员

永荣镇
胡明建　永荣镇党委书记
王　广　永荣镇党委副书记、镇长
邓才军　永荣镇党委委员、人大主席
姚春梅　永荣镇党委副书记
苏小平　永荣镇党委委员、纪委书记
曾　静　永荣镇党委委员、宣传委员、统战委员

闻　豪　永荣镇副镇长

黎朝波　永荣镇党委委员、政法委员、副镇长

邹代强　永荣镇党委委员、人武部长、副镇长

游博文　永荣镇党委委员、组织委员

宝峰镇

尧华霖　宝峰镇党委书记

张　敏　宝峰镇党委副书记、镇长

王晓波　宝峰镇党委委员、人大主席

龚恩江　宝峰镇党委副书记

刘孙荣　宝峰镇党委委员、宣传委员、统战委员

李厚容　宝峰镇党委委员、纪委书记

龙远红　宝峰镇党委委员、组织委员

肖　兰　宝峰镇副镇长

唐小华　宝峰镇党委委员、政法委员、副镇长

何建华　宝峰镇党委委员、人武部长、副镇长

五间镇

苏祖兵　五间镇党委书记

贾林涛　五间镇党委副书记、镇长

邹　荣　五间镇党委委员、人大主席

赵　品　五间镇党委副书记

蒋茂林　五间镇党委委员、纪委书记

周光平　五间镇党委委员、政法委员、副镇长

温　勇　五间镇党委委员、人武部长、副镇长

吴　娟　五间镇党委委员、宣传委员、统战委员

唐　凯　五间镇党委委员、组织委员

陈生华　五间镇副镇长

（区委组织部）

重庆市永川区2021年国民经济和社会发展统计公报

重庆市永川区统计局　国家统计局永川调查队

（2022年3月4日）

2021年是“十四五”规划和全面建设社会主义现代化国家新征程开局之年。面对国内外风险挑战增多的复杂局面，在区委区政府的坚强领导下，全区坚持稳中求进工作总基调，统筹推进疫情防控和经济社会发展，持续推动永川高质量发展取得新成效，人民生活水平显著提高。

一、综合

经重庆市统计局初步核定，全区地区生产总值1144.2亿元，按可比价计算，比上年增长9.4%。第一产业增加值83.3亿元，比上年增长6.4%。第二产业增加值604.4亿元，比上年增长8.9%。其中，工业增加值466.9亿元，比上年增长10.5%。第三产业增加值456.5亿元，比上年增长10.7%。三次产业结构由2020年的7.7∶52.7∶39.6调整为7.3∶52.8∶39.9。

二、农业

全区粮食作物播种面积98.9万亩，比上年增长1.0%。油料播种面积18.3万亩，比上年增长0.7%。蔬菜播种面积43.1万亩，与上年持平。

粮食总产量48.4万吨，比上年增长0.6%。蔬菜产量74.0万吨，比上年下降0.3%。水果产量14.1万吨，比上年下降4.4%。水产品产量4.6万吨，比上年增长3.3%。油料作物2.6万吨，比上年下降1.2%。出栏生猪39.8万头，比上年增长47.6%。出栏牛3629头，比上年下降23.9%。出栏羊8.4万只，比上年增长7.0%。出栏家禽1878.5万只，比上年下降2.8%。猪肉产量3.1万吨，比上年增长53.0%。牛肉产量477吨，比上年下降24.1%。羊肉产量1277吨，比上年增长7.1%。禽肉产量2.8万吨，比上年下降4.4%。

农林牧渔业总产值122.5亿元，按可比价计算，比上年增长7.8%。其中，农业产值72.1亿元，比上年增长2.3%；林业产值4.4亿元，比上年增长8.0%；牧业产值34.8亿元，比上年增长21.5%；渔业产值9.9亿元，比上年增长6.6%；农林牧渔专业及辅助性活动产值1.4亿元，比上年增长7.1%。

三、工业和建筑业

全区规模以上工业企业356家，产值1550.2亿元，比上年增长18.7%；规上工业增加值比上年增长11.8%。产值1亿~5亿元的企业119家，产值282.7亿元；5亿~10亿元企业69家，产值508.4亿元；10亿元以上企业27家，产值707.9亿元。产业园区规模以上工业企业产值1367.5亿元，比上年增长23.1%。

规模以上工业企业营业收入比上年增长19.1%。利润总额比上年增长22.7%，利税总额比上年增长27.0%。产品销售率98.3%。

全区共有建筑业联网直报企业137家。其中，施工总承包一级资质企业8家，施工总承包二级资质企业32家，施工总承包三级资质企业71家。建筑业注册地总产值比上年增长17.5%。建筑业税收收入6.3亿元，比上年下降8.1%。

四、固定资产投资

全区固定资产投资比上年增长11.0%。第一产业投资比上年增长518.0%，第二产业投资比上年增长9.2%，第三产业投资比上年增长12.2%。其中，5000万元及以上项目投资比上年增长6.4%，5000万元以下项目投资比上年增长24.7%，民间投资比上年增长20.3%，工业投资比上年增长10.2%，房地产投资比上年增长17.2%。

五、国内贸易和对外经济

全区社会消费品零售总额505.3亿元，比上年增长21.3%。批发业销售额1169.1亿元，比上年增长32.6%。零售业销售额278.3亿元，比上年增长22%。住宿业营业额10.2亿元，比上年增长24.6%。餐饮业营业额62.6亿元，比上年增长20.9%。

实际利用外资1.4亿美元，比上年下降43.8%。进出口总额57.7亿元，比上年增长51.2%。其中，出口总额32.0亿元，比上年增长37.7%；进口总额25.6亿元，比上年增长84.1%。

六、规上服务业

全区规模以上服务业企业83家，营业收入119.2亿元，比上年增长29.1%。大数据产业园规模以上服务业营业收入42.1亿元，比上年增长37.6%。交通运输、仓储和邮政业营业收入39.1亿元，比上年增长36.9%。营利性服务业营业收入44.3亿元，比上年增长24.8%。非营利性服务业营业收入34.2亿元，比上年增长27.6%。

七、交通、邮电和旅游

全区公路水路客货运总周转量74.0亿吨公里，（同口径）比上年增长12.6%。其中，货运周转量73.8亿吨千米，客运周转量2.5亿人千米。公路里程5122.8千米，行政村通客车率100%，公交线路31条，拥有客车662辆、出租车540辆、公交车341辆。公路客运量达493万人，公路货运量3871.4万吨，水运货运量394.8万吨。

全区邮电主营业务收入12.1亿元，（同口径）比上年增长11.1%。其中，永川区邮政主营业务收入3.4亿元，（同口径）比上年增长9.5%。移动电话用户142.9万户，（同口径）比上年增长 3.7 %；固定电话用户 20.4 万户，（同口径）比上年增长 1.5 %。年末互联网用户 47.0 万户，（同口径）比上年增长 10.0 %。

全区接待旅游 2636 万人次，旅游总收入 185.6 亿元。其中，乐和乐都门票收入 9992 万元。

八、财政

永川级一般公共预算收入 43.8 亿元，比上年增长 8.3%。其中，税收收入 33.1 亿元，比上年增长 12.5%，增值税 10.0 亿元，比上年增长 8.4%，企业所得税 8.6 亿元，比上年增长 58.1%。政府性基金收入 67.3 亿元，比上年增长 5.2%。永川级一般公共预算支出 98.6 亿元，比上年下降 7.5%。其中，教育支出 22.9 亿元，社会保障和就业支出 13.0 亿元，卫生健康支出 8.5 亿元，城乡社区事务支出 9.8 亿元。

九、金融和保险

全区年末共有银行 20 家，小额贷款公司 5 家，担保公司 2 家，证券机构 3 家。金融机构人民币存款余额 917.5 亿元，（同口径）比上年增长 15.3%。其中，住户存款 655.9 亿元，（同口径）比上年增长 14.0%。金融机构人民币贷款余额 715.9 亿元，（同口径）比上年增长 6.6%。其中，个人贷款 349.9 亿元，（同口径）比上年增长 9.5%。人民币存贷比 78.0%。

全区保险公司 30 家，保险业保费收入 55.3 亿元，（同口径）比上年增长 0.5%。其中，财产险保费收入 7.6 亿元，比上年下降 1.6%，人身险保费收入 47.7 亿元，（同口径）比上年增长 0.8%。

十、城市建设

全区商品房施工面积 641.0 万平方米，比上年下降 8.4%。竣工面积 87.2 万平方米，比上年增长 4.7%。商品房销售面积 249.7 万平方米，比上年增长 24.6%。其中，住宅销售面积 231.0 万平方米，比上年增长 27.0%。商品房销售额 146.9 亿元，比上年增长 24.1%。其中，住宅销售额 138.3 亿元，比上年增长 26.8%。

新增建成区绿化覆盖面积 51.1 万平方米，城区绿地率 38.2%，绿化覆盖率 39.9%，人均公共绿地面积 23.2 平方米。新建车行道 15.5 千米，新建人行道 12.1 万平方米。

十一、教育、科学技术和文化、体育

全区幼儿园 147 所，小学 111 所，初中 27 所，普通高中 8 所，特殊教育学校 1 所，高等院校 8 所，中等职业学校 8 所。幼儿园招生 0.7 万人，在校生 3.1 万人，小学招生 1.1 万人，在校生 7.3 万人，初中招生 1.4 万人，在校生 4.6 万人，普通高中招生 0.7 万人，在校生 2.1 万人，特殊教育学校招生 19 人，在校生 210 人，高等院校招生 3.6 万人，在校生 11.7 万人，中等职业学校招生 1.8 万人，在校生 3.9 万人。幼儿园入园率 92.4%，小学入学率 100%，普通初中入学率达到 99.97%。

全区高新技术企业 194 家。成功申报市级以上科技项目 119 个，科技项目投入资金 1700 万元，全年申请有效发明专利 214 个，授权 2708 件，市场主体 10.3 万个，登记科技成果 23 件，获得市科技奖项 8 项。

全区博物馆 3 个。图书馆 1 个，藏书 90 万册（包含数字文献）。综合档案馆 1 个，馆藏案卷 24.3 万卷。专业档案馆 3 个，文化馆 1 个。报社 1 家，出版报纸 542 万份。电视台 1 个，广播电台 1 个，区级播控中心 1 个，镇街广播站 22 个，村级播控中心 206 个。有线电视用户 44.2 万户，有线电视综合人口覆盖率 100%。

全区经常性参加体育活动人口占总人口比重达 53.1%。未举办国际性赛事，重庆市级比赛 56 次，区级大型赛事 27 次，镇（街）、区级各部门和体育协会举办体育赛事 23 次，参与 3.8 万人次。完成全国 20～60 岁体育健身活动和体质状况抽测指标 1372 人，获重庆市级以上体育比赛金牌 112 枚。

十二、环境和安全生产

全区森林覆盖率达 51.0%。空气质量优良天数达 323 天。城区饮用水水源水质达标率达 100%，集镇饮用水源水质达标率 96.0%。城市区域环境噪声 52.3 分贝，道路交通噪声 65.5 分贝。城镇生活垃圾无害化处理率 100%，农村生活垃圾有效治理率 100%。

全区生产安全事故 21 起，死亡 22 人。其中，煤矿行业无事故，道路交通生产安全事故 16 起，死亡 16 人，机械、冶金等八大行业事故 2 起，死亡 2 人，其他行业事故 2 起，死亡 3 人，建筑行业事故 1 起，死亡 1 人，央企业无事故，全年无重特大事故。

十三、卫生

全区医疗卫生机构 727 个。其中，医院 28 个，乡镇卫生院 16 个，卫生健康综合行政执法支队 1 个，疾病预防控制中心 1 个，村卫生室 288 个，社区卫生服务中心 18 个，诊所（卫生所、医务室）345 个。医疗卫生机构床位数 9397 张，医疗卫生机构各类人员 9631 人。卫生技术人员 7990 人，其中，执业（助理）医师 2826 人，注册护士 3867 人。

十四、人口

全区常住人口 114.92 万人，比上年减少 0.07 万人。其中，城镇常住人口 81.75 万人，常住人口城镇化率为 71.14%，比上年提高 1.2 个百分点。

户籍人口 113.86 万人。其中，男性 57.33 万人，女性 56.53 万人。城镇人口 52.15 万人。人口自然增长率 -1.19‰。人口出生率 5.34‰，出生人数 5971 人。死亡率 6.53‰，死亡人数 7297 人。出生婴儿男女性别比 1.08∶1。

十五、人民生活

全区居民人均可支配收入 39497 元，比上年增长 8.7%。其中，城镇常住居民人均可支配收入 45764 元，比上年增长 8.4%。城镇居民人均消费性支出 27875 元，比上年增长 10.1%。其中，食品消费支出占人均消费性支出的比重为 33.0%。农村常住居民人均可支配收入 23950 元，比上年增长 10.4%。农民人均总支出 37627 元，比上年增长 31.8%。其中，生产费用支出 5964 元，占人均总支出的 15.9%，生活消费支出 17737 元，占人均总支出的 47.1%。

城镇居民人均居住住房建筑面积为 39.0 平方米，比上年增加 6.6%。年末农村居民人均居住住房建筑面积 52.9 平方米，比上年增加 2.1%。

十六、社会保障

参加社会保险人数 218.6 万人，缴纳保费 41.5 亿元。参加养老保险

66.9 万人，缴纳保费 25.9 亿元。参加医疗保险 107.8 万人，缴纳保费 14.1 亿元。参加失业保险 15.2 万人，缴纳保费 0.8 亿元。参加工伤保险 28.7 万人，缴纳保费 0.8 亿元。参加生育保险 22.1 万人。

城镇新增就业人员 26886 人。指导帮助城镇登记失业人员就业再就业 8402 人。帮助城镇就业困难人员就业再就业 5817 人。城市最低生活保障人数 4872 人，比上年下降 4.0%，农村最低生活保障人数 17517 人，比上年下降 3.5%，城市低保标准提高到 636 元/人·月，农村低保标准提高到 515 元/月。农村特困人员 4079 人，比上年下降 14.6%，人均补助水平 9924 元/年，比上年增长 2.6%。城市特困人员 3125 人，比上年增长 21.6%，人均补助水平 9924 元/年，比上年增长 2.6%。

说明：

1. 本公报所列各项数据除统计部门直接统计核算外，其余相关数据由相应部门提供。

2. 本公报中 2021 年数据均为初步统计数，如与后期编辑出版的《永川统计年鉴（2022）》不一致，请以统计年鉴数据为准。

3. 部分数据因四舍五入的原因，存在与分项合计不等的情况。

4. 地区生产总值、各产业增加值绝对量按现价计算，增长速度按可比价计算。重庆市统计局按照国家要求，根据《重庆市年度区县生产总值统一核算方案》，对各区县 2020 年 GDP 数据进行了最终核实，本公报中 2020 年的 GDP 数据均为最终核实数。

5. 常住人口是指在本乡镇（街道）居住半年以上的人口，或虽居住不满半年，但离开户口登记地半年以上人口以及户口待定人口。

6. 行业统计标准：

规模以上工业：年主营业务收入 2000 万元及以上的工业法人单位。

有资质的建筑业：有总承包和专业承包资质的建筑业法人单位。

限额以上批发和零售业：年主营业务收入 2000 万元及以上的批发业、年主营业务收入 500 万元及以上的零售业法人单位。

限额以上住宿和餐饮业：年主营业务收入 200 万元及以上的住宿和餐饮业法人单位。

房地产开发经营业：全部房地产开发经营业法人单位。

规模以上服务业：年营业收入 2000 万元及以上服务业法人单位。包括：交通运输、仓储和邮政业，信息传输、软件和信息技术服务业，水利、环境和公共设施管理业三个门类和卫生行业大类。

年营业收入 1000 万元及以上服务业法人单位。包括：租赁和商务服务业、科学研究和技术服务业、教育三个门类，以及物业管理、房地产中介服务、房地产租赁经营和其他房地产业四个行业大类。

年营业收入 500 万元及以上服务业法人单位。包括：居民服务、修理和其他服务业，文化、体育和娱乐业两个门类，以及社会工作行业大类。

资料来源（以文中数据为序）：

本公报中水产品数据来自区农业农村委员会；进出口数据来自区商务委员会；交通数据来自区交通局；邮政数据来自中国邮政集团有限公司重庆市永川片区分公司；通信数据来自移动永川分公司、联通永川分公司、电信永川分公司；文化、旅游、体育数据来自区文化和旅游发展委员会；财政数据来自区财政局；金融和保险数据来自区人民银行永川支行和金融工作办公室；部分城市建设数据来自区住房和城乡建设委员会；教育数据来自区教育委员会和永川高新区；科技数据来自区科学技术局；专利与市场主体数据来自区市场监管局；档案数据来自区档案馆；森林数据来自区林业局；噪声、空气、水质监测数据来自区生态环境局；垃圾处理数据来自区城市管理局；生产安全事故数据来自区应急局；医疗卫生数据来自区卫生健康委员会；人口数据来自区公安局和区卫生健康委员会；社会保障数据来自区人力资源和社会保障局；医疗保险数据来自区医疗保障局；城乡低保、城乡特困人员救助数据来自区民政局；其他数据来自区统计局、国家统计局永川调查队。

（区统计局）

索引

一、本索引采用主题分析索引法编制。按主题词首字汉语拼音（同音字按声调）顺序排列，若首字拼音相同则按第二字音序排列，以此类推。索引主题词后的阿拉伯数字表示该主题内容所在页码。

二、“大事记”“特载”“附录”等具体内容，各部目“综述”“概况”，各镇街的“经济发展”“社会事业”“政治建设”“经济建设”“城镇建设”“社会建设”“城区建设”等统一条目，以及正文中的图、表、名录未做索引。

三、以数字开头的索引词放在索引末。

A

爱国卫生运动 282
安诚保险永川中心支公司 199
安全风险管理平台投用 333
安全生产 307
安全生产队伍建设 308
安全生产三年专项整治行动 308
安全生产责任体系建设 307
安全生产综合执法 308
安全稳定 242
安全宣传与培训 309
安置帮教 128
案件办理 129

B

“巴渝儿女歌唱党”万人同唱一首歌永川分会场活动 266
“巴渝工匠”杯重庆市第三届茶叶行业职业技能竞赛 180
百年人寿保险股份有限公司重庆市永川中心支公司 202
板桥镇 326
办公用房管理 90
褒扬纪念 304
宝峰镇 321
保密工作 71
保密管理 71
保密宣传 71
保险 199
保险业监管 199
保障性住房管理 300
闭幕式 29，31
标准化管理 146
标准化生产 156
殡葬管理服务 301
兵员征集 130
不动产登记 172
不动产登记管理 172

C

财政 136
财政保障民生 136
财政管理改革 136
财政监督 137
财政收入 136
财政预算执行审计 139
财政支持城市品质提升 137
财政支持防范化解重大风险 137
财政支持农业农村发展 137
财政支持实体经济发展 137
财政支持污染防治 137
财政支出 136
参加创新创业比赛 238
参建参治 131
参政议政 100-105，115
残疾人扶贫 117
残疾人基础建设 117
残疾人教育 118
残疾人就业 117

残疾人康复　117
残疾人权益保护　118
残疾人社会保障　117
残疾人文体活动　118
蚕桑生产　151
测绘管理　218
“茶山竹海杯”第一届成渝地区双城经济圈围棋对抗赛　289
茶山竹海街道　334
茶山竹海景区建设　186
茶山竹海路段绿色公路提升项目　335
茶叶生产　150
产品质量安全监管　146
产业发展　206
产业招商　205
长城汽车·2021永川马拉松赛　31
长城汽车股份有限公司重庆分公司　166
长城汽车股份有限公司重庆分公司汽车冲压及焊装智能化工厂　163
长江禁捕退捕　154
场地迁建信息化项目建设　135
“唱支山歌给党听”永川区庆祝中国共产党成立100周年合唱比赛　265
陈食街道　337
成都银行股份有限公司重庆永川支行　197
成品油　175
成人教育　262
成人教育与民办教育　262
成渝地区大数据与人工智能产业职业教育集团　208
成渝地区双城经济圈高新技术产业开发区协同创新战略联盟　207
成渝地区双城经济圈建设　52
成渝地区双城经济圈建设卫生健康一体化发展　276
成渝地区双城经济圈建设卫生健康一体化工作联席会　276
成渝地区双城经济圈乡村振兴学院联盟　225
“诚信永商”建设　104
城区供水保障　225
城市标识　39
城市道路建设　219
城市道路照明改造工程　84
城市地标　39
城市更新行动　219
城市公厕建设及管理　224
城市供水监督管理　223
城市管理执法　224
城市基层党建　64
城市建设　219
城市经营　221
城市客运　214
城市生态园林建设　224
城市提升行动　219
城市形象　39
城市照明设施建设　223
城市智能化管理　224
城市重点工程建设　219
城乡发展　218
城乡建设　334
城乡建设环境保护委员会　95
城乡建设纠纷调处　170
城乡居民合作医疗保险　295
城乡商贸网络体系　173
城乡最低生活保障　297
城镇房屋住用安全管理　171
城镇排水　226
城镇天然气供应　220
池塘养殖尾水治理　154
出版印刷管理　65
出入境管理　122
出席赛事　289
储气设施设备建设　220
川南渝西大数据产业联盟　166
川渝两地文化交流　263
川渝两地文化艺术交流　117
《川渝黔融媒体城际新闻》开播　273
“川渝通办”服务　86
川渝异地远程评标合作　135
川渝政法交流合作　119
传染病防治　278
传染病卫生监督　280
创新创业　206，237
创业带动就业　292
春耕农资稳价保供　180
春季房地产展示交易会　171
慈善救助　297
从业资格管理　215
从优待警　124
村级综合服务社建设　180
村镇规划　218

D

打击非法行医　280
打击违法犯罪　121
打击刑事犯罪　125
打造营商环境最优区　66
大安街道　336
大病保险　295
大家财产保险有限责任公司永川支公司　201
大气环境质量　228
大气污染防治　233
大数据产业　166
大数据产业发展　166
大数据应用发展管理　87
大型商圈商场　174
淡水养殖　154
党的建设　52
党的政治建设　63
党史编研成果　74
党史宣传教育　74
党史学习教育　63，65
党史研究　74
党史资料征集　74
党外代表人士工作　66
党校教育　72
党政读物发行　274
档案安全管理　270
档案法治建设　269
档案管理　269
档案接收整理　269
档案开发利用　270
档案宣传教育　270
档案业务指导　270
道路交通安全管理　123
道路运输市场规范　214
道路运输行业安全监管　214
德育教育　242
地方病防治　279
地方储备粮扩容　181
地方调查统计　139
地方金融维稳　191
地方志　270
地方志信息化建设　270
地方志资源开发利用　270
地理信息社会服务　219
地质地貌　40
地质灾害防治　229
第二届“永川秀芽”杯全国茶叶加工工职业技能竞赛总决赛　180
第九届重庆永川国际茶文化旅游节专题营销　187

第三届川渝厨艺邀请赛暨永川美食文化节 178
第三届十大“永川工匠” 342
第三届十大“永川工匠”“服务标兵”发布典礼 107
第三届中国西部国际投资贸易洽谈会永川展位 177
第三届中国西部国际投资贸易洽谈会永川专场签约仪式暨永川区 2021 年第 2 次招商引资项目集中签约活动 178
第十二届西瓜旅游文化节暨采果季 187
第十九届中小学生艺术节 243
第五届中国客服节 221
典型案例 127
电力工业 167
电力科技创新 168
电力重点工程建设 167
电商品牌培育 176
电商人才培养 176
电商物流市场 175
电网服务 168
电网建设 167
电子商务 175
电子统计台账试点工作 139
电子信息产业 165
调味品生产 152
定点医疗机构管理 296
“懂沟通、会表达”亲子教育小组活动 302
督查工作 73
队伍建设 99
对台工作 67
对外交往 205
对外贸易及外经合作 204
多元合作互助推进社区居家养老服务 333

E

儿童福利 299

F

法律服务 128
法律援助 129
法院 126
法治 119
法治教育 242
法治永川建设 119
法治政府建设 120
反不正当竞争与反垄断 146
反腐倡廉教育 99
防雷安全监管执法 239
防灾减灾 307
房地产价格调查 145
房地产开发企业资质管理 171
房地产开发项目管理 171
房地产市场 171
房地产市场调控 171
房地产市场矛盾风险化解 171
房地产业 170
房地产中介 171
房屋交易 171
房屋征收管理 171
房屋租赁 171
“放管服”改革 86
放射卫生监督 280
非公经济人士培训 105
非物质文化遗产 47
非物质文化遗产保护传承 271
废弃农膜回收利用 180
风险防控 138
风险监测 307
服务保障 29
服务大局 110
服务方式优化 105
“服务公社”信息惠民平台 221
服务经济发展 125
服务民生警务 123
服务民营企业 104
服务企业发展 162
服务侨界 115
服务业发展 50
服务业统计 142
辐射放射及固体危险废物污染防治 233
福利补贴发放 298
福利彩票销售管理 298
妇联组织建设 111
妇女儿童关爱救助 111
妇女儿童权益维护 111
妇女思想引领 111
妇幼保健 281
附录 370
富德生命人寿永川中心支公司 202

G

改革开放创新 50
干部监督管理 64
干部培训 72
干部选拔任用 63
“干部作风建设年”活动 98
干线公路建设 213
高等教育 252
高清转播 272
高素质农民培育及认定 156
高速公路建设 212
高铁建设 212
高校毕业生就业 292
高新技术产业发展 237
高新技术推广应用 237
高新区生态环境分局 227
个人荣誉 353
耕地保护 228
工会帮困扶贫 107
工会组织建设 106
工伤保险 294
工商银行永川片区支行 193
工业 162
工业安全生产 163
工业技能培训 162
工业技术创新 164
工业技术改造 163
工业经济发展 50
工业经济发展举措 162
工业企业 166
工业生产要素保障 162
工业生产者价格调查 145
工业统计 142
工业运行监测 163
工业招商引资 162
工业转型升级 163
公安 121
公安队伍建设 124
公共场所卫生监督 280
公共机构节能 232
公共气象服务 239
公共卫生服务 275
公共文化 263
公共文化服务建设 274
公共文化基础设施建设 263
公共资源交易大数据分析系统 135
公共资源交易服务 135

公共资源交易改革 134
公共资源交易管理 134
公立医院人员总量备案管理试点 69
公路服务站（点）建设 214
公路工程质量管理 215
公路路政管理 215
公路养护 215
公路运输 214
公路运政管理 214
公路站场管理 215
公务接待 90
公务用车管理 90
公务员医疗保险 295
公务员职务与职级并行 63
公益诉讼 125
公证工作 129
供排水 225
供销合作 180
巩固拓展脱贫攻坚成果 149
共青团重庆市永川区第十九次代表大会 110
固定资产投资 132
关心下一代工作 73
光大银行永川支行 197
广告监管 146
规范化卫生健康监督执法机构建设 279
规范性文件审查 120
规划编制 206
国防动员准备 130
国防教育 131
国华人寿保险股份有限公司永川中心支公司 202
国家调查统计 143
国家基本药物制度实施与药品集中采购 275
国家统一法律职业资格考试 129
“国家卫生区”创建成果巩固 283
国家卫生镇创建通过初评估 336
国家医保信息平台正式上线 297
国家智能制造试点示范项目 164
国库管理 191
国库收付 137
国民经济核算 141
国企退休人员社会化管理移交社区 295
国任财产保险股份有限公司重庆分公司永川支公司 201
国寿财险永川支公司 201
国土空间规划 218
国有企业改革 134
国有资产管理 137
国有资产管理监督 78
国有资产监督管理 134
国有资产综合利用 134
国资国企管理 134

H

海关监管 211
航空运输 217
航空运输管理 217
何埂镇 313
何埂镇新泉村土地整理项目 228
河长制工作 229
河道管理 229
河流 41
恒大人寿保险有限公司重庆分公司永川营销服务部 202
恒丰银行永川支行 198
红炉镇 321
红炉镇佛泉寺公益性公墓一期工程 302
红十字会志愿服务 118
宏观经济管理 132
互联网募捐活动 298
“互联网+医疗健康”服务体系建设 283
互联网+政务服务 85
户政管理 123
护理管理 277
华绣中等专业学校 250
环境监管 233
环境卫生管理 223
环境质量 228
环文理学院创新生态圈建设 237
换届纪律 98
会计事务管理 138
会展业 177
惠民文化活动 274
婚姻和收养登记 301
货币发行及现金管理 191
货币政策传导 191
货物运输 214

J

机车市场 175
机动车及驾驶人管理 123
机构编制 68
机构编制资源配置管理 68
机构改革 149
机构人员 121
机构职能优化协同 68
机关党建 69
机关党组织建设 69
机关事务管理 90
机关事业单位养老保险 294
基层党组织建设 70
基层基础服务体系建设 304
基层基础工作 124
基层农业技术培训 156
基层群众自治 301
基层卫生 280
基层卫生创建 283
基层医疗卫生人员培训 281
基层组织建设 109
基础教育 243
基础设施建设 72，208，209
吉安镇 329
疾病监测 279
疾病预防控制 278
集体荣誉 344
集中采购代理项目管理 135
计划生育奖励扶助 291
计划生育特殊家庭关怀扶助 291
计量管理 146
纪检干部监督 99
纪检干部培训 99
纪检监察体制改革 97
纪律审查 98
技术创新和研发项目申报 164
继续医学教育 282
暨重庆市第六届运动会半程马拉松赛举行 31
家电交易市场 175
家具建材交易市场 174
家庭文明建设 111
价格监管 146
监督工作 78
检察 125
减轻农民负担 158
建设工程档案管理 170
建设工程全流程电子招投标 135
建设工程项目审批改革 169
建设工程消防设计审查验收 170
建设工程招投标管理 169
建设工程质量管理 170
建设规划 218

建设领域统计 142
建设项目审查与审批 169
建设银行重庆永川支行 193
建议和提案办理 85
建置区划 44
建置沿革 44
建筑工程安全管理 170
建筑工程监理 169
建筑节能管理 232
建筑企业管理 170
建筑市场管理 169
建筑业 169
建筑业·房地产业 169
建筑执业教育 170
健康教育与健康促进 283
健康永川 282
交流协作 72
交通安全生产 213
交通规划 212
交通银行股份有限公司重庆永川支行 194
交通运输 212
交通执法 213
交易现场管理 135
教材教辅发行 274
教师队伍 242
教卫体和文化文史委员会 95
教学管理 72
教育 241
教育督导评估 242
教育科研 242
教育民生工程 242
教育装备与信息化建设 243
教育资助 242
接受监督 126
节能工作 232
节能宣传培训 232
节约用水 230
今日永川 273
金龙镇 328
金龙镇第八届人民代表大会第一次会议 329
金融产业招商引资 190
金融风险防范与处置 190
金融统计 192
金融消费纠纷调解室 192
金融消费权益保护 192
金融业 190
金融助力乡村振兴 191
进出口贸易 204
禁毒工作 122
经费保障 242
经济发展规划编制与实施 132
经济犯罪侦查 122
经济管理 132
经济结构与产业布局 132
经济社会发展 50
经济委员会 95
经济责任审计 139
精品线路游 189
精神疾病防治 279
精神文明建设 302
景区管理 188
竞技体育 289
纠纷化解 121
九三学社重庆市永川区第五次代表大会 104
酒类管理 175
旧志整理与出版 270
救灾物资保障 307
救助工作 118
就业创业帮扶 84
就业服务 291
居民收入分配 293
居民用电提升工程 168
决议决定 78
决议决定　人事任免 78
军供保障 305
军事 130
军事训练 130
均衡教育 242

K

开放型经济 204
开幕式 28，30
勘察设计 170
“科创中国”永川区试点城市建设 113
科大讯飞人工智能产业基地 222
科技成果转化 235
科技创新投入体系建设 235
科技创新与服务 113
科技和创新工作 169
科技金融创新 236
科技平台建设 236
科技人才引育 236
科技生态城建设 222
科技体制改革 236
科技下乡 112
科技项目管理创新 236
科技项目招商引资 235
科技型企业培育 237
科技志愿服务 113
“科普大篷车渝州行”永川站活动 114
科普宣传 113
科普阵地建设 113
科学技术 235
快递末端网点备案 176
快递下乡工程 176
矿产资源 42
矿产资源保护 228
矿产资源管理 229
困境儿童和农村留守儿童关爱保护 299
困难群众基本生活保障 297

L

垃圾处置费征收 224
来苏镇 319
来苏镇第八届人民代表大会第一次会议 320
来苏镇第七届人民代表大会第十次会议 320
来苏镇第七届人民代表大会第十一次会议 320
劳动保障监察执法 294
劳动关系 293
劳动管理 293
劳动技能竞赛 107
劳动力调查 145
劳务派遣及劳动合同管理 293
老干部工作 70
老干部管理 70
老干部活动 71
老干部政治和生活待遇 70
老干部作用发挥 71
老旧小区改造 84，223
老龄工作宣传 302
老龄政策落实 302
老年人健康服务 283
老年食堂推广 302
乐和乐都景区建设 186
离退休干部党组织建设 70
理论学习 64
理论研究 72
历史人文 47

历史文化保护 219
利用外资 204
联络联谊 115
廉洁教育 99
廉洁文化宣传 99
粮食安全保障机制 181
粮食流通 181
粮食流通监管 181
粮食生产 150
粮食行政执法 181
林产业建设 153
林区安全建设 231
林业 153
林业行政审批制度改革 153
林业有害生物防控 231
临江镇 312
临时救助 297
领导干部接访下访 90
“领事机构、商协会和外商投资企业永川行”活动 179
流浪乞讨救助 297
泸永荔枝龙眼、茶叶产业联盟 155
旅行社 188
旅游安全管理 188
旅游饭店选介 188
旅游服务 185
旅游管理 188
旅游规划 186
旅游基础设施建设 185
旅游接待 185
旅游商品 188
旅游线路 189
旅游项目建设 185
旅游行业监管 188
旅游业 185
旅游营销 187
旅游资源 43

M

慢性病综合防治 278
矛盾纠纷排查化解 90
贸易外经统计 142
媒体融合发展 273
煤炭行业管理 133
美丽家园建设 111
美术活动与创作 267
门店经营 274
门诊慢特病费用跨省直接结算试点 296
民办教育 262
民兵队伍建设 130
民革重庆市永川区第四次代表大会 101
民工工资管理 169
民间文艺活动与创作 269
民建重庆市永川区第六次代表大会 102
民进重庆市永川区第五次代表大会 103
民盟重庆市永川区第六次代表大会 101
民生保障 54
民事审判 126
民事行政监督 126
民俗文化活动 265
民营经济统战工作 66
民用航空产业 166
民主党派·工商联 100
民主党派工作 66
民主监督 94
民主监督　参政议政 94
民族 50
民族事务 67
名特优新农产品 157
“母亲心理成长计划” 111

N

纳税服务 138
南大街街道 333
内部审计 139
能源安全监督管理 134
能源管理 133
能源规划 133
能源统计 142
年鉴编纂与出版 270
年轻干部培养 63
凝聚共识 94
农产品交易市场 175
农产品品牌培育 157
农产品生产加工流通 155
农村产业结构调整 154
农村公路建设 213
农村公路生命安全防护工程（市级） 85
农村供水保障 225
农村合作经济组织建设 158
农村合作经营管理 157
农村基层党建 64
农村建筑人才培养 169
农村经济统计 141
农村客运 214
农村劳务开发 292
农村面源污染治理 233
农村人居环境整治 225
农村水价综合改革 226
农村土地承包及流转管理 158
农村土地承包经营纠纷解决 158
农村卫生 280
农村住房安全管理 171
农房建设 169
农机安全监管 155
农机购置补贴 155
农机技术推广 155
农机社会化服务 155
农民工工资支付保障 294
农民技术职称评定 156
农田建设 149
农田宜机化改造 155
农业 149
农业保险 150
农业部水产健康养殖示范场创建 154
农业产业发展 154
农业法治宣传 156
农业和农村委员会 95
农业机械化 155
农业基础设施建设 149
农业科技推广和服务 156
农业农村统计统计 144
农业农村污染防治 233
农业全程社会化服务 180
农业水价改革 160
农业统计调查 144
农业新型经营主体培育 155
农业信息化 150
农业行政执法 156
农业植保 152
农业植保技术管理 152
农作物病虫预报与防治 152

P

培养选树工匠人才 106
平安人寿永川中心支公司 201
平安银行重庆永川支行 198
平台建设 204
浦发银行永川支行 199
普法依法治理 128

普惠金融 190
普惠金融服务 192
普通高中教育 243

Q

其他金融机构 202
气候 41
气象 238
气象防灾减灾科普宣传 239
气象设施建设 239
气象预警和应急联动体系建设 238
气象装备运行保障 239
气象综合监测和预警信息发布 238
企业安全生产标准化创建 309
企业服务 209-211
企业人才工作 165
汽车摩托车产业 165
强农惠农政策落实 149
侨界思想政治引领 115
侨务工作 67
青峰场镇中心街区改造工程 328
青峰镇 327
青峰镇第八届人民代表大会第一次会议 328
青年创新创业行动 109
青年志愿服务行动 109
青少年法治教育 74
青少年活动 109
青少年科技活动 113
青少年权益维护 110
青少年思想道德建设 109
清洁能源发展 133
清理拖欠中小企业账款 167
秋季房地产展示交易会 172
区花 40
区划地名管理 301
区级重点工业项目 162
区级重点项目 132
区计划生育协会服务 291
区纪委常委会议 98
区纪委全委会议 97
区军休中心服务保障 304
区科协第七届委员会第六次全体会议 114
区科协第七届委员会第七届全体会议 114
区民政局婚姻收养登记处办公地点搬迁 302
区人大财政经济委员会 79
区人大常委会教育科学文化卫生工作委员会 80
区人大常委会农业与农村工作委员会 80
区人大常委会人事代表工作委员会 80
区人大常委会议 75
区人大常委会预算工作委员会 80
区人大城乡建设环境保护委员会 79
区人大监察和法制委员会 79
区人大社会建设委员会 79
区十七届人大常委会主任会议 76
区树 39
区退役军人服务中心服务保障 304
区委常委会议 59
区委全委会议 59
区镇村换届选举 63
区政府常务会议 81
区政府全体会议 81
曲艺活动与创作 268
全国科普日系列活动 114
全国汽车工程领域专业技术转移转化能力提升交流培训会 114
全国卫生镇创建 317
全国文明城区创建 303
全国五一劳动奖章获得者 339
全国重点军供站创建 305
全国最大数字虚拟影棚建成 222
全面深化改革 62
全面推行林长制 231
全民参保登记 294
全民健身服务体系建设 289
全民免费接种新冠疫苗 296
全市医保基金监管座谈会在永川召开 297
群众身边的突出问题处置 98
群众体育 290
群众团体 106
群众文化 264
群众文化活动 264

R

燃气安全 220
人保寿险永川区支公司 202
人才管理 64
人才引进培育 88
人大代表调研 79
人大代表工作 78
人大代表建议及办理 78
人大代表联系群众 79
人大代表培训 79
人大监督 127
人防干部队伍建设 131
人防工程建设管理 131
人防宣传教育 131
人工影响天气作业 239
人口 47
人口和计划生育 291
人口和就业统计 143
人口状况 291
人民大学文化科技园 222
人民防空 131
人事人才 88
人事任免 78
认证认可管理 146
融媒体 272
融资服务 167

S

“三孩”政策实施 291
三教镇 325
三教镇第八届人民代表大会第一次会议 326
森林防火 231
森林资源保护 231
森林资源监管 231
山脉 40
商会建设 104
商贸服务业 173
商贸重点项目 173
商事审判 127
社保基金监管 294
社保降费减负 295
社会保险 294
社会法制和民族宗教委员会 96
社会风险评估 90
社会服务 74，100-102，104，273
社会福利 298
社会工作专业人才队伍建设 301
社会救助 297
社会救助体系建设 297
社会科技和文化产业统计 143
社会面巡逻防控 122

社会民生 51
社会生活 291
社会事务 301
社会事业监督 78
社会养老服务体系建设 299
社会医疗救助 278
社会责任实践 105
社会治安治理 122
社会治安综合治理 125
社会治理 55
社会治理创新 331
社会治理体系建设 119
社会主义核心价值观 303
社会主义民主法治建设 55
社会综合治理工程 84
社会组织管理 302
社科服务 272
社科普及 271
社科研究 271
社区建设 301
社区矫正 128
社区教育 262
社区体育文化公园建设（市级） 85
社区卫生 281
社区治理创新 301
摄影活动与创作 267
身边好人和道德模范评选 303
审计 138
审计信息化建设 139
生活垃圾分类及处置 224
生活饮用水卫生监督 280
生态保护与修复 227
生态环保规划 227
生态环境 227
生态环境督察 233
生态环境监测 227
生态环境监督 78
生态环境审批 233
生态环境执法 233
生态建设 54
生态文明建设 317，319，323，329，332
生物安全 280
生物医药及大健康产业 166
生物资源 43
生猪养殖 153
声环境质量 228
胜利路街道 331
胜利路街道社会矛盾纠纷联调中心 333
失业保险 294
师德师风 242
诗词活动与创作 268
湿地保护管理 232
石笋山景区建设 186
实验小学建成 222
实战化警务培训 124
食品安全监测 279
食品安全监管 147
食堂管理 90
食盐市场管理 182
市场管理 170
市场价格监测 148
市场监督管理 146
市场监管法治建设 146
市场监管综合执法 147
市场主体信用体系建设 146
市场主体注册登记 146
市级重点项目 132
市政基础设施维护管理 223
市政市容管理 223
事业单位登记管理 69
事业单位人员管理 88
收费和价格管理 148
首届数智化助力乡村振兴永川论坛 114
首届西部职业教育高峰会 207
书法活动与创作 267
“书香润万家·亲子诵读”家庭诵读大赛 112
蔬菜生产 151
数据质量管理 139
“双创”示范基地 238
双石镇 324
水果生产 151
水旱灾害防御 160
水环境质量 228
水利 158
水利安全质量监管 160
水利行政审批 161
水利行政执法监管 160
水路运输 215
水土保持 230
水文水质监测 161
水污染防治 233
水资源 42
水资源保护 229
水资源管理 229
税收征收管理 138
税务 138
司法改革 127
司法鉴定 129
司法行政 127
思想建设 103
思想政治建设 69
思想政治教育 131
思想政治引领 65
“四好农村路”建设 84
四季精华游 189
四望山物流园项目 211
“四种形态”处理 98
饲料兽药生产管理 154
松溉古镇景区建设 186
松溉镇 314
松溉镇第八届人民代表大会第一次会议 315

T

“他吸引了全世界的目光——纪念周恩来总理珍品展” 265
太平财产保险有限公司永川支公司 200
太平人寿保险有限公司永川中心支公司 201
太平洋寿险永川中心支公司 201
泰康人寿保险有限公司重庆永川中心支公司 201
特困人员供养 297
特色街区 179
特色美食 49
特色农产品 156
特色消费品产业 165
特殊教育 243
特种商品流通 175
特种设备安全监管 147
提案办理 94
提案委员会 94
提案征集 94
体育 288
体育场馆管理 288
体育惠民行动 290
体育人才培养 289
体育设施建设 288
体育艺术教育 243
天安财产保险股份有限公司重庆市永川支公司 199
天然气管网建设 220
天然气价格 220
铁路运输 216
通信 183

统计 139
统计调查项目管理 144
统计督察整改 140
统计法治监督 140
统计法治建设 140，143
统计服务 141，144
统计基层基础建设 140
统计交流合作 140
统计名录库管理 140
统计年鉴编纂 141
统计设计管理 141
统战工作 65
投资促进 206
投资审计 139
土地变更调查 228
土地储备 228
土地供应与监管 228
土地征收 228，338
土地整治复垦 228
土地资源 42
土地资源保护 228
土壤污染防治 233
土特产品 156
推动成渝地区双城经济圈建设重庆四川党政联席会议第三次会议 133
退役军人安置 303
退役军人就业创业 303
退役军人事务 303
退役军人思想政治建设 303

W

外汇监管 191
网络安全保障 68
网络安全管理 123
网络安全和信息化管理 68
网络舆论管理 68
网上信访 90
网信队伍建设 68
网约车管理 215
为农服务 180
违法案件查处 156
维护社会大局安定 119
维稳处突支队营房及新城派出所建成 222
维修管理 215
卫生 275
卫生采购项目 276
卫生对口支援 281
卫生监督 279
卫生监督协管 280
卫生监督执法体系建设 279
卫生健康 275
卫生人才 276
卫生项目建设 276
卫生行政处罚 279
卫生学校教育 282
卫生应急 311
卫星湖街道 335
未成年人保护中心 299
未成年人司法保护 126
未成年人思想道德建设 302
位置面积 40
委员提案 94
文化 263
文化部门行政审批 271
文化惠民工程 264
文化建设 55，316，328
文化市场管理 271
文化市场综合执法 271
文化宣传 116
文化遗产保护 270
文化遗产宣传活动 271
文化志愿服务 264
文明创建活动 303
文明行为促进 302
文物保护 270
文物考古发掘 270
文学活动与创作 266
文学艺术 266
文艺成果 116
文艺创作活动及评论 269
文艺活动 116
文艺人才培养 116
我们永远向太阳——庆祝中国共产党成立 100 周年重庆市“红岩少年”阅读大赛 266
污染防治 232
无偿献血宣传 281
“无废城市”建设 232
五间镇 318
武警执勤一大队 131
舞蹈艺术活动与创作 267
物价管理 148
物流业 176
物业管理 172
物业行为监管 172
物质文化遗存 47

X

西部港桥木材交易市场 211
西部职业教育基地建设 206
西部职业教育基地优质师资共享平台 207
西南证券股份有限公司重庆永川证券营业部 202
仙龙镇 317
现场直播 272
现代农业发展 50，318
献血服务 281
乡村旅游 186
乡村旅游建设 187
乡村清洁示范院落建设 84
乡村人才培育培养 89
乡村振兴 225，316
乡村振兴和城市提升 50
乡村振兴气象保障 239
乡村振兴示范点建设 225
乡镇临时救助备用金 297
项目建设 209–211
消毒产品卫生监督 280
消防 309
消防队伍管理 310
消防监管 309
消防执勤备战 310
消费帮扶 176
消费扶贫 150
消费者权益保护 147
销售电价 168
小城镇建设 223
小微企业融资 190
心理健康教育 243
新的社会阶层人士统战工作 66
新华人寿保险股份有限公司重庆分公司永川营销服务部 201
新媒体建设 273
新能源产业 166
新能源汽车 237
新区基础设施建设 220
新区建设 220
新区市政建设 221
新闻发布会 32
新闻宣传 65，272
信访工作 89
信访积案化解 90
信访突出问题治理 90

信息安全管理 87
信息化建设和管理 141
兴业银行永川支行 198
星光社区便民服务中心建成 222
星湖路片区街区改造工程 336
星级酒店管理 188
刑事检察监督 126
刑事审判 126
刑事执行监督 126
行业领域党建 64
行政处罚案卷评查 120
行政复议应诉 128
行政复议与应诉 121
行政区划 45
行政权力清单与责任清单编制 120
行政审判 127
行政审批 213
行政审批制度改革 85
行政体制改革 69
行政执法改革 121
行政执法规范化建设 121
行政执法人员管理 121
幸福人寿永川中心支公司 202
休闲农业与乡村旅游示范点建设 155
畜产品质量安全监管 154
畜牧品种改良 153
畜牧养殖污染治理 154
畜牧业 153
畜牧业疫病防控 153
宣传工作 64
“学党史 感党恩 跟党走”职工故事大赛 108
“学党史、守初心、担使命”知识竞赛 108
学前教育 243
学生军训 131
学术交流 113
学习和联络委员会 96
学校简介 243
学校卫生监督 280
血液采供 281
血液采集 281
血液管理 278
巡视巡察 97

Y

压实安全监管责任 308
烟草经营 181
烟草现代零售终端建设 181
烟草专卖管理 181
阳光财产保险股份有限公司重庆市永川中心支公司 200
阳光人寿保险股份有限公司重庆市永川中心支公司 201
养老金发放及调整 294
药品化妆品医疗器械安全监管 147
药品价格管理 295
业务服务 274
页岩气管线建设 220
页岩气开发 133
页岩气勘探工作启动 336
医保服务站建设试点 296
医保基金监管 296
医保监督检查 296
医疗安全管理 277
医疗保障基金跨区域监管协作 296
医疗机构 283
医疗机构监督 280
医疗救助 295
医疗行业作风建设 277
医疗质量控制 277
医疗秩序维护 277
医学教育 282
医药卫生体制改革 275
医院运行规范化 277
医政管理 276
依法治区 128
移民 305
移民后期扶持 305
遗体器官捐献和造血干细胞采集 118
义务教育 243
疫苗接种 278
音乐活动与创作 268
银行 193
银行服务发展 190
银行业监管 193
引资引智 115
饮用水水源地保护 230
饮用水水质提升工程 84
应急管理 307
应急救护 118
应急救援 310
应急救援队伍建设 311
应急演练 311
应急预警信息发布 310
应急值守 310
应急指挥信息化平台建设 310
楹联活动与创作 269
拥军优属 303
永川博物馆 264
永川博物馆景区建设 186
永川春游赏花季专题营销 187
永川电视台 273
永川东火车站 216
永川高新区凤凰湖产业园 208
永川高新区港桥产业园 210
永川高新区三教产业园 209
永川广播电视大学 261
永川国家高新技术产业开发区 206
永川国家农业科技园区 236
永川获批中国（重庆）自由贸易试验区（永川高新区）联动创新区 204
永川快递智能分拣中心 177
永川—彭水消费帮扶展示展销暨第三届永川电商节 176
永川区 2021 年科技活动周 236
永川区残疾人联合会 117
永川区第六次归侨侨眷代表大会 116
永川区第七届社区体育节 290
永川区第三届十大“服务标兵” 343
永川区第十七届人民代表大会第六次会议 75
永川区第十七届人民代表大会第七次会议 75
永川区第十三次妇女代表大会 111
永川区第十一届青少年科技创新大赛 114
永川区妇女联合会 110
永川区港航服务中心 216
永川区高敬鸿胜利路街道养老服务中心 300
永川区工会第十四次代表大会 107
永川区工商联（总商会）第十三次会员代表大会 105
永川区工商业联合会 104
永川区公安局执法办案管理中心 124
永川区归侨侨眷联合会 114
永川区规划展览馆 219
永川区国家城乡融合发展试验区建设 132
永川区红十字会 118
永川区获批创建“智慧医保”创新应用示范区 296
永川区健康养老行业职业技能竞赛 293
永川区静脉产业园 224

永川区聚翔小额贷款有限责任公司 203
永川区科学技术协会 112
永川区·彭水县消费帮扶对接会 176
永川区青少年儿童体育学校 289
永川区青少年宫 110
永川区庆祝 2021 年“中国农民丰收节”暨首届乡村艺术节 117
永川区“区树”“区花”评选活动 153
永川区全民终身学习活动周 262
永川区人民代表大会 75
永川区人民政府 81
永川区人武部 130
永川区社会服务行业职业技能竞赛 293
永川区社会科学联合会 271
永川区社会矛盾纠纷联合调处中心 120
永川区失能残疾人集中供养中心 118
永川区首届内部审计工作理论研讨会 139
永川区双石养老服务老年公寓 300
永川区水利学会 161
永川区“体彩杯”第三届全民健身运动会 290
永川区图书馆工程 84
永川区图书馆装修工程完成 222
永川区文化艺术馆 264
永川区文化
艺术界联合会 116
永川区养老产业展览会 299
永川区亿发小额贷款有限责任公司 203
永川区银桥小额贷款有限责任公司 203
永川区政协常委会议 92
永川区政协主席会议 93
永川区知识产权综合保护工作启动仪式 240
永川区制造行业职业技能大赛 293
永川区智慧城市综合指挥中心 87
永川区总工会 106
永川人民广播电台 273
永川手机报 273
永川图书馆 264
永川图书馆新馆建成 264
永川秀芽第五届斗茶大会 151
永川职业教育中心 246
永川“智慧养老”云平台 299
永川“中华慈善日”活动和“99 公益日”活动 298
永川综合保税区获批 204
永荣镇 322
永荣镇第七届人民代表大会第十次会议 324
永荣镇第七届人民代表大会第十三次会议 324
用气保障 220
优待抚恤 303
邮政 182
邮政储蓄银行永川区支行 195
油料生产 150
渝西都市报 273
渔业 154
渔业安全生产监管 154
渔业生态资源保护 154
玉屏书院 264
预拌砼行业 170
预算决算审查监督 78
院内感染管理 277
孕产妇保健 281

Z

灾害防治管理 307
灾害信息员队伍建设 307
再生资源 175
造林绿化 232
噪声污染防治 233
展会招商 205
战略新兴产业 165
张春贤到永川调研“医疗保障法”立法 296
招商格局优化 205
招商银行永川支行 196
招商引资 205，208-210
招商引资及产业发展 220
招商责任体系建设 205
招用工平台服务 292
镇·街道 312
征信体系建设 192
证券 202
政策贯彻落实跟踪审计 139
政法队伍建设 120
政法委及综治 119
政府采购 137
政府投资与管理 132
政府网站管理 86
政府债务管理 137
政务督查 85
政务服务 85
政务服务阵地建设 86
政务公开 85
政务数据资源整合与应用 87
政务外网建设 86
政务信息化 86
政协委员构成 92
政协永川区第十五届委员会第五次会议 92
政协永川区第十五届委员会第五次会议提案 94
政治协商 92
支持实体经济发展 190
支出管控 136
支付结算管理 192
支柱产业 165
知识产权保护 240
执法办案质量年 279
执法规范化建设 123
执法检查 78
执法司法督查 120
执勤战备 131
执行工作 127
职工活动 107
职工普惠服务 107
职工权益维护 106
职工医疗保险 295
职工医疗保险“两病” 295
职业病防治 279
职业技能提升 89
职业教育 244
职业教育基础设施建设 206
职业卫生监督 280
植物检疫 152
志书编纂与出版 270
志愿服务 303
志愿者助残 118
质量抽检 156
智慧办公 86
智慧城市建设 84
智慧河长管理系统 231
智慧交通建设 213
智慧医疗建设 283
智慧永川建设 87
智能家居及材料产业 165
智能装备产业 165
中国冰雪大篷车百场巡回（重庆站）启动仪式暨永川区站推广活动 290
中国大地财险渝西中心支公司 199
中国电信股份有限公司永川分公司 183
中国—俄罗斯光电关键技术国际学研讨会 114
中国共产党来苏镇第八次代表大会第一次会议 320

中国共产党松溉镇第八次代表大会 315
中国共产党永川区何埂镇第八次代表大会 314
中国共产党永川区纪律检查委员会 97
中国共产党永川区青峰镇第八次代表大会 328
中国共产党永川区三教镇第八次代表大会 325
中国共产党永川区委员会 52
中国共产党重庆市永川区金龙镇第八次代表大会 329
中国共产党朱沱镇第八次代表大会 317
中国共产主义青年团
永川区委员会 108
中国国际智能产业博览会永川展厅 163
中国国民党革命委员会
永川区委员会 100
中国建筑卫生陶瓷协会 2021 技术与装备论坛 210
中国九三学社
永川区委员会 103
中国—老挝职业教育发展共同体 207
中国联合网络通信有限公司永川分公司 184
“中国梦·劳动美”永川区职工电视歌唱大赛 108
中国民生银行永川小微支行 198
中国民主促进会
永川区委员会 102
中国民主建国会
永川区委员会 101
中国民主同盟
永川区委员会 101
中国农业银行股份有限公司永川支行 193
中国平安财产保险股份有限公司永川支公司 199
中国人民财产保险股份有限公司永川支公司 200
中国人民银行永川中心支行 191
中国人民政治协商会议永川区委员会 92
中国人寿永川区支公司 202
中国太平洋财产保险股份有限公司永川支公司 200
中国乡村振兴青年服务站和重庆文理学院乡村振兴学院打鱼河村工作站授牌仪式 315
中国移动通信集团重庆有限公司永川分公司 184
中国银行股份有限公司重庆永川支行 193
中国邮政集团有限公司重庆市永川片区分公司 182
中国致公党永川支部 103
中华财险永川中心支公司 200
中介招商 205
中山路街道 330
中小企业 167
中信银行永川支行 197
中医科研 282
中医事业 281
中医药服务能力建设 282
中医药人才培养 282
中医医院改革与管理创新 281
种植业 150
种子管理 152
仲裁 129
仲裁案例 129
重大活动气象服务保障 239
重大主题宣传 272
重点产业转型升级 163
重点改革项目 62
重点规划统筹 218
重点民生实事 84
重点商品交易市场 174
重点水利工程建设 158
重点水利项目前期工作 158
重庆财经职业学院 258
重庆城市科技学院 253
重庆城市职业学院 256
重庆广播电视信息网络有限公司永川分公司 274
重庆航凌电路板有限公司定制化 PCB 产品柔性制造智能化工厂 164
重庆红江机械有限责任公司大功率船用柴油机核心零部件制造智能化工厂 164
重庆金玖生态农业园 152
重庆静星健康养老服务有限公司 299
重庆科创职业学院 259
重庆理文造纸有限公司 167
重庆名牌农产品 157
重庆农村商业银行永川支行 194
重庆三峡银行永川支行 198
重庆市第八届“海棠香国”美术作品展 266
重庆市第六届残疾人运动会开幕式文艺展演 265
重庆市第六届残疾人运动会在永川区举行 30
重庆市第六届劳动模范 339
重庆市第六届运动会开幕式文艺展演 265
重庆市第六届运动会在永川区举行 28
重庆市第四届老年人运动会乒乓球比赛 290
重庆市工业高级技工学校 244
重庆市华为技工学校 251
重庆市汇恒小额贷款有限公司 203
重庆市计量质量检测研究院第三分院 147
重庆市经贸中等专业学校 247
重庆市老干部休养所 71
重庆市农业机械化学校 246
重庆市农业科学院茶叶研究所 237
重庆市农业科学院特色作物研究所 237
重庆市双业融资担保有限公司 203
重庆市先进工作者 340
重庆市乡村振兴示范村（黄瓜山村）开园 334
重庆市新华书店集团
有限公司永川分公司 274
重庆市医保服务站工作推进会在永川召开 297
重庆市永川民进学校 250
重庆市永川区儿童医院 287
重庆市永川区妇幼保健院 285
重庆市永川区和睦家养老服务中心 300
重庆市永川区亮哥医养中心 299
重庆市永川区人民医院 284
重庆市永川区食品药品检验所 147
重庆市永川区夕阳之家 300
重庆市永川区中小企业融资担保有限公司 202
重庆市永川区中医院 285
重庆市邮政管理局七分局 182
重庆市渝西卫生学校 249
重庆水利电力职业技术学院 254
重庆文理学院 252
重庆西部计划志愿者乡村振兴创新项目设计大赛复赛 110
重庆雅迪科技有限公司 167
重庆医科大学第五临床学院 251
重庆医科大学附属永川医院 283
重庆银行永川支行 195
重庆永川北银村镇银行股份有限公司 195
重庆永川海事处 216
重庆永信科技有限公司显示面板减薄研磨镀膜智能化工厂 164

重庆云谷·永川大数据产业园 166
重庆智老尊享养老服务有限公司 300
重庆智能工程职业学院 260
重要会议 59，75，81，92
周转用房管理服务 91
朱沱镇 315
朱沱镇第八届人民代表大会第一次会议 317
朱沱镇公共服务中心投入使用 317
主题教育活动 73
主题宣传 65
主要林产品 153
主要农产品生产者价格与中间消耗调查 145
助力柠檬产业规模化 211
助推永川综合保税区申报建设 211
住房保障 300
住房公积金贷款 300
住房公积金归集 300
住房公积金提取 300
住户调查 144
住宿餐饮业 179
专门委员会 94
专门委员会及常委会办事机构 79
专题培训 164
专项督查 73
专项经营 181
专项治理 98
专项资金审计 139
专业职称考试 282
自然保护地监管 234
自然地理 40
自然灾害 307
自然资源执法监察 229
自然资源资产审计 139
宗教 50
宗教事务 67
综合统计与设计管理 144
综合政务 85
综述 275，288
组织工作 63
组织建设 73，100-103，118
组织生活 103
组织收入 136
“最美家庭”“最美阳台”“最美庭院”评选活动 112
作风建设 98

数字首

“12350”热线 311
2021 爱尚重庆·永川区网上年货节暨年货云展会 176
2021 年成渝地区双城经济圈现代制造业技能大赛 107
2021 年度“感动永川人物” 340
2021 年全国行业职业技能竞赛暨中国船舶集团有限公司职业技能竞赛（数控车工项目） 293
2021 年永川区“大创慧谷”大学生创新创业大赛 292
2021 年永川区家政服务职业技能竞赛 293
2021 年重庆市职业教育高质量发展主题巡讲暨教学视导活动 208
2021“一带一路”暨金砖国家技术创新大赛国内总决赛 207
2021 永川春季旅游消费节 178
2021 永川·松溉春季旅游消费节 315
2021 永川夜生活节 179
2021 中国科技影视高峰论坛 221
2021 中国汽车零部件科技创新大会暨 2021 第三期科创中国@重庆双月论坛 114
2021 重庆市街舞大赛永川分赛 266
“3+1”改革试点区工作 112
“9·30”公祭日活动 304